CATHERINE
DE MÉDICIS

JEAN ORIEUX

CATHERINE DE MÉDICIS

ou

La Reine noire

Grandes Biographies
FLAMMARION

© Flammarion 1986
ISBN 2-08-064893-4
Printed in France

Préface

La vie de Catherine de Médicis n'est pas seulement celle d'un personnage insigne de l'Histoire de France, elle est un moment crucial de la civilisation européenne moderne. C'est pourquoi il fallait donner dans l'histoire de sa vie une place importante à son environnement : la société italienne qui l'a engendrée et la société française où elle a vécu et qu'elle a régentée — à sa façon très personnelle.

Catherine de Médicis a été la reine de trois rois, ses trois fils, pendant trente ans. Elle a été créée à Florence et à Rome de 1519 à 1533 mais, par son mariage avec Henri d'Orléans, deuxième fils de François Ier, elle a été remodelée à la cour de France. Sa personnalité n'est compréhensible dans ses détours et ses mystères que si l'on connaît ses sources originelles. Catherine n'est devenue « la reine noire » des Français que sous l'action, irrésistible et inconsciente, de son hérédité et de son éducation florentine et romaine, conjuguées à l'action brutale de la cour et de la société française après son mariage : elle avait quatorze ans et une effarante expérience de la dissimulation et de la politique. N'est-ce pas synonyme ? Catherine est un pur produit du xvie siècle italien et français à la fois. Un proverbe africain dit très bien cela : « Tu es plus le fils de ton époque que le fils de ton père. »

Comment pourrait-on la faire revivre hors de la cour des Valois, du siècle de la Renaissance et des guerres de religion ? Elle est, à elle seule, tout cela réuni. Déracinée de Florence, elle se trouva transplantée sans aucun ménagement dans le lit de son jeune mari, dans une cour et un pays étrangers et plutôt hostiles. Dans le lit, elle trouva l'amour, celui de

*toute sa vie, l'unique. Dans la cour et le pays, des malheurs sans fin.
Le choc fut rude. La façon dont elle s'acclimata est déjà profondément
révélatrice de sa nature secrète. Mais révélatrice aussi de la société
française du moment. Elle dut se franciser tandis que la mode à la
cour était de s'italianiser. Le rare de cette conjoncture qui aurait pu lui
être favorable, c'est qu'au contraire Catherine fut tenue par l'aristocratie et même par le peuple comme un corps étranger et d'autant plus
qu'elle n'était pas de race royale. Ce ne fut pas là la moindre des
difficultés qu'elle eut à surmonter. Pour dépeindre cette longue et
humiliante naturalisation dans l'ombre d'un époux qu'elle idolâtrait et
qui ne l'aimait que sur commande, il fallait, pour faire son portrait qui
est au centre de tout, faire aussi celui de ses partenaires : le roi, les
maîtresses, la famille royale, les grands et relater les rumeurs populaires. On voit se refléter en eux la façon dont elle a su se faire
accepter tantôt par sa soumission et même par une rassurante humilité
et plus tard par son autorité quand, au nom du roi, elle défendait la
monarchie et la France comme aucun de ses fils n'a su le faire. Et
toujours avec une merveilleuse intelligence.*

*Cette étrangère méprisée dut cependant gouverner le royaume plongé
dans une révolution inouïe, non pas politique et sociale : les cadres de
la société restèrent inchangés — apparemment. La Renaissance fut
une révolution des intelligences et des âmes. Trop d'innovations ont
bouleversé les croyances ancestrales pour que les gens de ce siècle
n'aient pas été à la fois éblouis et déboussolés. On a découvert un
nouveau monde contenant une humanité qui ne connaissait pas Dieu et
que les textes sacrés ignoraient. Alors ? Copernic découvre un nouveau
ciel : la Terre n'est plus le centre de l'Univers, elle n'est qu'une boule
de terre tournant esseulée avec d'autres boules de terre. Alors ? Qu'en
était-il donc de notre Terre pétrie par Dieu pour l'Homme pétri lui-
même de la même terre ? Qu'en était-il des rêves sublimes de Dante et
des enseignements sacrés de la Sainte Eglise qui nous logeaient,
créatures uniques, au cœur de la Création placée comme un joyau dans
un écrin scintillant, le firmament ? Tout était remis en question,
l'enseignement de l'Eglise d'abord et même l'institution cléricale et
romaine.*

*En outre, ce siècle découvrit les œuvres grecques et latines, c'est-à-
dire une autre manière de penser et de croire. La liberté de penser sortit*

du puits de l'ancienne ignorance. On se crut apte à juger de tout et on ne s'en priva pas.

Catherine, avec la couronne de son mari, hérita la plus vaste, la plus passionnée, la plus sanglante contestation de notre histoire : les guerres de religion.

Tout commença par des diatribes et se poursuivit par des rébellions, des supplices et finit en guerre civile. Catherine eut bientôt vu que les progrès de l'hérésie, comme on disait alors, se confondaient avec ceux des ennemis de la monarchie et de l'unité du royaume. Elle n'avait, pas plus que François Ier et la famille royale, de haine contre le calvinisme. La haine vint quand les calvinistes attaquèrent la couronne et la dynastie des Valois. Mais qui donc attaquait le roi ? Les honnêtes et vertueux réformés profondément chrétiens ? Pas du tout, eux croyaient en paix qu'il était bon de revenir à la pureté des Ecritures. Mais il y avait, en face de Catherine et en armes, le premier prince du sang, Bourbon, roi de Navarre, ses cousins les Condé et, autour de ces princes, la plus haute, la plus puissante, la plus rebelle aristocratie féodale : plusieurs Montmorency, leurs neveux les Châtillon-Coligny, les Rohan, les La Rochefoucauld, les Durfort, les Montgomery, Turenne, Uzès et Lesdiguières... et d'autres. Qu'est-ce à dire ? Que les guerres de religion furent savamment et puissamment organisées par des gens de guerre émérites ; en réalité, ces guerres civiles se présentent à l'historien comme la dernière et la plus sanglante rébellion de la grande féodalité contre le pouvoir royal qui depuis les premiers Capétiens n'avait jamais cessé de l'abaisser et de la soumettre. Tocqueville a parfaitement mis les choses au point[1] *: «* En France, les rois se sont montrés les plus actifs et les plus constants des niveleurs. Quand ils ont été ambitieux et forts, ils ont travaillé à élever le peuple au niveau des nobles (*genre Louis XI et François Ier*)... Lorsqu'on parcourt les pages de notre histoire, on ne rencontre pour ainsi dire pas de grands événements qui depuis sept cents ans n'aient tourné au profit de l'égalité. Si, à partir du XIe siècle, vous examinez ce qui se passe en France de cinquante en cinquante années, au bout de chacune de ces périodes vous ne manquerez pas d'apercevoir qu'une double révolution s'est opérée dans l'état de la société. Le*

---

1. Tocqueville. Introduction à *La Démocratie en Amérique.*

noble aura baissé dans l'échelle sociale, le roturier s'y sera élevé : l'un descend, l'autre monte. »

C'est pour avoir voulu maintenir la tradition capétienne que Catherine a trouvé face à elle, c'est-à-dire face au trône, la formidable conjuration des guerres prétendues de « religion ». Les rebelles avaient bien choisi leur moment : l'anarchie du royaume, la faiblesse (supposée) d'une femme étrangère, celle bien réelle de ses fils, enfin, pour justifier leur entreprise, la corruption de l'Eglise. Ils avaient ainsi un bon et respectable prétexte : la réforme religieuse. En invoquant solennellement l'inanité de « la présence réelle dans l'Eucharistie », les grands feudataires contestaient les droits du roi à unifier le royaume et à soumettre tous ses sujets du plus haut au plus bas à la loi royale. Ils s'apprêtaient à morceler le domaine si bien rassemblé par les descendants de Hugues Capet et de Saint Louis et à reconstituer à leur profit le morcellement féodal. Et vive la guerre civile ! Aucune guerre n'est plus cruelle, plus haineuse, plus implacable et ruineuse. Ce fut le calvaire de la France pendant quarante ans. Catherine fit l'impossible pour l'éviter.

Tout un peuple a cru qu'on brisait non seulement ses autels et ses statues mais sa foi. On le vouait à l'hérésie, donc à la damnation éternelle. Dans une énorme masse du peuple français, les croyances du Moyen Age étaient encore intactes. Il n'y avait en France que 5 à 6 % de réformés. Une minorité mais de quelle qualité et militante et guerrière ! Ni Catherine ni ses fils n'avaient de génie militaire. L'armée royale ne fut jamais aussi bien organisée, aussi bien entraînée et aussi bien commandée que celle des réformés. A vrai dire, l'argent manqua toujours au moment de combattre. Pourquoi ? Parce que le déficit est un mal chronique de tous les régimes et de toute l'Histoire de France. En l'occurrence, Catherine, sauf en quelques occasions, ne prépara pas la guerre comme elle aurait dû le faire parce qu'elle ne croyait pas aux vertus de la guerre. Toute violence était contraire à sa nature, elle croyait que la force ne pouvait engendrer une solution politique. Sa devise pourrait être : « Bella geri placuit nullos habitura triomphos... Il ne peut y avoir de triomphe dans la guerre. » C'est une devise d'humaniste. En s'y conformant, elle jouait perdante en face de ses ennemis surarmés. Mais elle disposait d'autres atouts en lesquels elle avait une confiance absolue : la négociation, la diplomatie, la conciliation. Cela lui réussit souvent mais passagèrement.

Pour comprendre cette disposition très particulière de Madame

Catherine, il faut remonter à son enfance. Sa vie ne fut qu'une succession de malheurs, elle les accepta et les surmonta tous parce que le destin que lui avaient fixé les astres l'avait élevée au sommet de la pyramide humaine. On l'a souvent dépeinte comme une reine impitoyable. Quelle erreur ! Elle était avant tout courageuse et intelligente. Devant une catastrophe, son attitude est de la dominer. Elle comprend le mécanisme du malheur. Quand il devient fatal, elle l'admet, elle le traite comme elle traitait un ennemi : elle l'amadoue et le désarme. Certes, il n'est pas vaincu, mais il est neutralisé pour un moment. Rien n'est jamais réglé, tout est surmonté jusqu'à la prochaine récidive. Elle a dans le sang une expérience immémoriale de la politique. L'antique civilisation méditerranéenne revit en elle. Son compatriote, Machiavel — et souvent son guide —, ne lui a, au fond, rien appris. Il la réconforte néanmoins dans ses combinazione. Florence et l'histoire des Médicis, celle de ses oncles et cousins papes à Rome, avaient été dès son enfance ses irremplaçables répétiteurs en négociations aussi subtiles que dangereuses pour leurs partenaires. Tous les moyens lui furent bons, sauf ceux que certains historiens ou romanciers du XIXᵉ siècle lui ont prêtés, l'assassinat et le poison. La séduction par fausses promesses, par largesses, oui — et, puisque les Gaulois étaient tellement galants, pourquoi pas les « dames galantes » en guise d'agents politiques et diplomatiques. Mais la « galanterie », dans son cas, n'était qu'une discipline très surveillée.

Un des traits les plus étonnants de Madame Catherine fut son invincible optimisme — comprenons courage. Alors que sa vie s'écoula en cascadant de catastrophes en assassinats, de trahisons en défaites, elle surmonta tout en attente de jours meilleurs. Cette reine accablée de deuils et de revers avait une foi extraordinaire en son étoile et cette femme réputée à tort insensible était pleine d'amour : pour son mari, son roi, son amant, pour ses enfants parce qu'ils étaient ceux de son époux, parce qu'ils étaient porteurs du sang royal — et elle, non. Elle en souffrait toujours et cela exalta son amour maternel parfois jusqu'à une sombre passion pour son chéri, Henri III. Dès sa première enfance, elle eut à l'égard du malheur et du danger cette attitude courageuse d'une grande noblesse : lors de la révolution de Florence allumée par Savonarole, le peuple la recherchait comme héritière des Médicis. La foule animée par des notables voulait sa mort et dans des conditions atroces. Elle était cachée chez des religieuses cloîtrées, il n'y avait entre cette horde hurlante que la porte du couvent et les prières et les chants d'innocentes religieuses : elle ne se troubla pas, elle répondit à ses agresseurs. Quelque chose lui disait que son sort était supérieur au leur. Et de ces jours tragiques au couvent des « Murates » elle conserva toute sa vie le souvenir de jours heureux. Le danger jamais ne l'effaroucha. Il la fit réfléchir pour mieux le détourner de ses enfants et du royaume qu'elle avait en charge.

Pourquoi cette espèce de confiance en son étoile ? Parce que la vraie religion de Catherine n'est pas celle de Rome. Elle est et resta fermement catholique parce qu'il n'en pouvait être autrement pour une Médicis et pour une reine de France. En fait, elle est, comme les grands Médicis, une intelligence païenne ; sa foi, c'est l'astrologie ; son grand prêtre, c'est Nostradamus ; son directeur de conscience ou plutôt de conduite, c'est Ruggieri, son astrologue personnel. C'est ce qui explique sa tendance à la tolérance et son attitude conciliante avec les calvinistes. La théologie pour elle n'était qu'un obstacle à la politique d'unité royale. Jamais elle ne céda aux pressions du roi d'Espagne, jamais elle n'accepta son aide contre les réformés de France, il lui offrit d'installer l'Inquisition dans le royaume des lis, elle repoussa cette offre même dans les moments désespérés. Cette étrangère osa parler de patrie en défendant le royaume de Saint Louis.

Elle connut souvent de ces moments effroyables, les massacres, les guerres, les attentats, la Saint-Barthélemy qui la dépassa et la terrorisa, les intrigues de son entourage, les scandales de sa fille Margot, les folies de son fils Henri III, les félonies de son dernier rejeton Alençon. La vie de Catherine tient du prodige tant par le foisonnement des crimes, des scandales sanglants, des débordements érotiques et des sacrilèges que par l'exaltation de la foi et par la splendeur des beaux-arts, de la littérature et du luxe. Jamais tant de tragédies à répétition ne se déroulèrent dans des décors aussi prestigieux. Catherine y contribua personnellement : elle fut un architecte hors pair, entourée d'architectes et de sculpteurs de génie. Les Tuileries, un immense chef-d'œuvre, c'était elle. Personne ne sut comme elle en France organiser une fête, régler un ballet, faire respecter l'étiquette, ordonner et composer un banquet, rénover la cuisine et même l'équitation. Dans la splendeur des palais royaux, la mort guettait derrière les portes et les tapisseries. Elle avait apporté avec elle un certain génie théâtral que ses fils — surtout Henri III — portèrent au zénith. Elle l'admirait en cela, elle l'encourageait même dans des débauches que l'Europe n'avait pas connues depuis la chute de Rome et ne connaîtra plus après la fin de la Médicis et de son fils. Même l'assassinat devenait une œuvre d'art théâtral : celui du duc de Guise est d'une effroyable splendeur.

Pour comprendre le personnage et la vie de Catherine de Médicis, il faut la tenir toujours enveloppée et plongée dans son temps et ne pas mêler les idées du nôtre à celles qui régnaient au XVIᵉ siècle. Imaginons, en contre-épreuve, que Catherine ou Calvin ou le duc de Guise ressuscitent et essaient de comprendre notre société et notre morale (s'il en reste). Ils seraient glacés d'horreur. Il faut nous persuader qu'il y a des comportements, des sentiments, des croyances beaux ou laids que nous ne partageons pas et que nous ne comprenons même plus. Or, ils dominaient la vie de Catherine et des Français de son temps. Telle est donc la vie de cette reine, mère de plusieurs rois, dans un siècle fort étrange que nous devions ressusciter au plus près de sa vérité à la fois effrayante et fascinante.

Cette Catherine de Médicis ne ressemble pas tout à fait à la peinture traditionnelle que le XIXᵉ siècle nous a transmise — souvent noircie par quelques romanciers plus ou moins populaires mais efficaces sur l'esprit public. Pourquoi ? Peut-être parce que les historiens du XIXᵉ siècle romantique ont regardé le XVIᵉ siècle, les guerres de religion et Catherine de Médicis avec des lunettes teintées aux couleurs des grandes journées de 1848. Eugène Sue, avec ces yeux-là, aurait très bien dépeint une Catherine aux couleurs du temps. Leur histoire ressemble assez aux drames romantiques. C'est très pittoresque mais est-ce encore de l'Histoire ? Peut-être aussi avons-nous aujourd'hui l'avantage d'être mieux informés qu'eux sur les dessous de la société du passé. Le mérite en revient aux historiens du XXᵉ siècle. Le renouvellement de l'Histoire à notre époque tient à la fois à l'enrichissement prodigieux des connaissances, à la découverte d'archives nouvelles et surtout à une largeur d'esprit, à une liberté de vue et à une objectivité en une certaine manière scientifique qui ont donné des œuvres lumineuses dont la vérité peu à peu a gagné le public.

Toutefois, dans ma gratitude pour ceux qui ont éclairé ma voie, je ferai une exception pour un auteur du XIXᵉ siècle, Balzac. Elle est de taille. On peut me dire que Balzac n'est pas un historien mais il a le génie de l'Histoire. Cependant, ce n'est pas un amateur. Dans son essai sur Catherine de Médicis, il fait preuve d'autant de connaissances que les historiens de son temps en possédaient. Lui, d'un coup d'aile, les dépasse. Il dépeint Catherine de Médicis, « homme politique » oserai-je dire, comme personne avant lui n'avait osé le faire. Il fut aidé en cela par un don de pénétration en quelque sorte médiumnique et ce qu'il affirme en 1840 par intuition se trouve confirmé, un siècle plus tard, par les investigations de nos historiens actuels.

Parmi les nombreux auteurs à qui je dois une reconnaissance particulière, je citerai J. H. Mariejol (Ed. Tallandier), l'Anglais Hugh Ross Williamson (Ed. Pygmalion) dont l'objectivité est remarquable s'il n'a pas la richesse de Mariejol ni du magnifique ouvrage de J. Héritier (Lib. Académique Perrin), les ouvrages riches et brillants de Philippe Erlanger sur Diane de Poitiers *et* Henri III, *celui de Jean-Marie Constant sur* Les Guises (Hachette), *de Pierre Miquel* Les Guerres de religion (*Ed. Club pour vous, 1980*) *et aussi Guy Breton fourmillant d'histoires révélatrices. Pour Balzac :* Catherine de Médicis *et les* Etudes philosophiques *et* Etudes analytiques. *De Prosper Mérimée :* Chronique du règne de Charles IX *et sa préface. Enfin, l'œuvre la plus représentative et la plus riche sur les Médicis est actuellement celle de M. Ivan Cloulas :* Catherine de Médicis *et* Laurent le Magnifique (*Fayard*). *L'auteur a réuni magistralement dans ces deux ouvrages la somme de ce que l'histoire actuelle possède sur ces deux personnages et leur temps. La part politique et, ce qui est plus rare, la part économique et financière y sont exposées de façon passionnante. C'est avec admiration et reconnaissance que je rappelle ici tout ce que je dois à ces historiens.*

De cette masse de savoir qui tient du merveilleux car les histoires de l'Histoire surpassent en nouveauté, en grandeur, en fraîcheur et en beauté tous les poèmes épiques et tous les romans du monde, voilà d'où a jailli toute vive une Catherine de Médicis qui m'a stupéfié comme son siècle peut le faire en tous les domaines. Ce fut une vie à grand spectacle, une véritable œuvre shakespearienne. Elle fut vécue à la même époque dans des âmes semblables à celles des héros du génial Anglais, livrées aux mêmes passions, dans des décors royaux tout pareils à ceux où vécut Catherine, comme Elisabeth 1ʳᵉ, et les costumes mêmes des personnages sont identiques. On retrouve dans les sombres histoires de Catherine et de ses enfants les humaines et sublimes démesures de Shakespeare ; ici, elles se jouent au naturel sur les marches du trône des derniers Valois. L'intrigue se noue et se dénoue sous l'œil implacable de « la reine noire » qui sait tout, qui comprend tout, l'envers et l'endroit, de tous ses protagonistes. Elle unit et désunit, tantôt ange, tantôt démon, toujours supérieure à la mêlée.

Supérieure, elle le resta jusqu'à son avant-dernier jour. Le dernier jour lui échappa. Son fils idolâtré l'avait disgraciée. Elle en mourut dans le désespoir absolu. Sa mort fut aussi noire que ses éternels voiles de crêpe mais ce fut celle d'un « grand roi ». Le royaume des lis était intact. Son œuvre était accomplie.

Jean ORIEUX

MAISON DE MÉDICIS

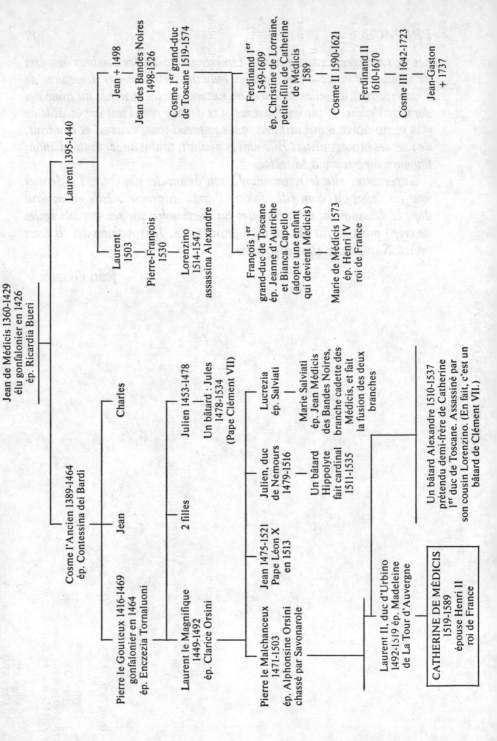

MAISON DE BOURBON

Branche cadette issue des comtes de la Marche sous le nom de Bourbon-Vendôme

Jean II, comte de la Marche, épouse Isabelle de Bourbon 1477

Louis de B., prince de La Roche-sur-Yon + Montpensier 1520

Louis II duc de Montpensier 1513-1582

François de B., duc de Montpensier 1592

Henri de B., duc de Montpensier, 1553-1606

François de Bourbon comte de Vendôme + 1495

Antoinette de B. ép. duc de Guise

Marguerite de B. ép. François de Clèves, duc de Nevers

Branche aînée St Louis

Robert de Clermont 6ᵉ fils de St Louis

Louis, 1ᵉʳ duc de Bourbon Il y eut huit ducs de Bourbon jusqu'à Charles, connétable de Bourbon, mort à Rome 1527.

Charles de B. duc de Vendôme ép. Françoise d'Alençon

Charles cardinal de B. (Charles X, roi de la Ligue)

Jean de B. tué à St-Quentin 1557

Louis prince de Condé

Henri 2ᵉ prince de Condé

tige des princes de Condé et de Conti

Antoine de B. 1518-1572 épouse Jeanne d'Albret, reine de Navarre, lui-même hérita du royaume de Navarre

Catherine de B. ép. duc de Bar.

Henri de B., 1533-1610 roi de Navarre roi de France Henri IV ép. Marguerite de Valois puis Marie de Médicis

Louis XIII Louis XIV Charles X 1830

MAISON DE GUISE-LORRAINE

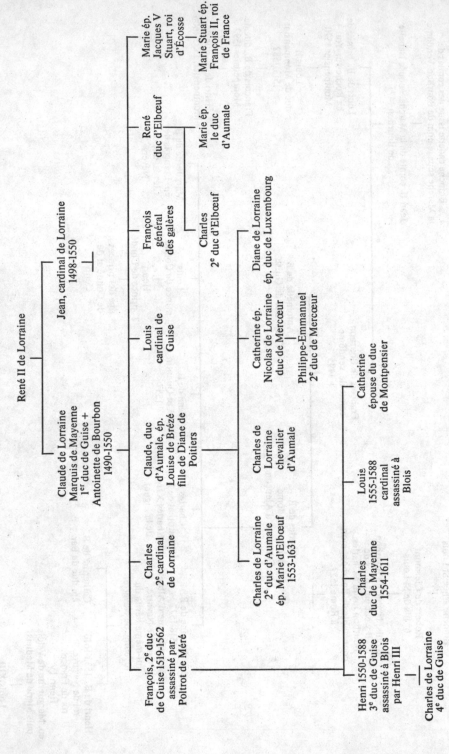

René II de Lorraine

Claude de Lorraine
Marquis de Mayenne
1ᵉʳ duc de Guise +
Antoinette de Bourbon
1490-1550

Jean, cardinal de Lorraine
1498-1550

François, 2ᵉ duc
de Guise 1519-1562
assassiné par
Poltrot de Méré

Charles, 2ᵉ cardinal
de Lorraine

Louis
cardinal de
Guise

François
général
des galères

René
duc d'Elbœuf

Claude, duc
d'Aumale, ép.
Louise de Brézé
fille de Diane de
Poitiers

Marie ép.
Jacques V
Stuart, roi
d'Écosse

Marie Stuart ép.
François II, roi
de France

Charles de
Lorraine
chevalier
d'Aumale

Charles
2ᵉ duc d'Elbœuf

Marie ép.
le duc
d'Aumale

Charles de Lorraine
2ᵉ duc d'Aumale
ép. Marie d'Elbœuf
1553-1631

Catherine ép.
Nicolas de Lorraine
duc de Mercœur

Diane de Lorraine
ép. duc de Luxembourg

Philippe-Emmanuel
2ᵉ duc de Mercœur

Henri 1550-1588
3ᵉ duc de Guise
assassiné à Blois
par Henri III

Charles
duc de Mayenne
1554-1611

Louis
1555-1588
cardinal
assassiné à
Blois

Catherine
épouse du duc
de Montpensier

Charles de Lorraine
4ᵉ duc de Guise

Première partie

L'ASCENSION

L'enfant de la mort

Le 13 avril 1519 naquit à Florence dans le splendide palais Médicis qu'on appelait Riccardi, situé via Larga, aujourd'hui rue Cavour, Catherine, Marie, Romola Médicis, fille de Laurent de Médicis, duc d'Urbin, petit-fils de Laurent le Magnifique et de Madeleine d'Auvergne, princesse française.

Le père de cet enfant agonisait dans la chambre voisine et sa mère en faisait autant et devait mourir quelques jours plus tard d'une fièvre puerpérale. Catherine ne tenait à la vie que par un fil d'espoir : elle était la seule descendante directe et légitime de Laurent le Magnifique. Au mois d'août, on pensa qu'elle ne survivrait pas : elle survécut. Ce fut son premier affrontement avec la mort. Combien d'autres allaient suivre.

Telle fut la sinistre entrée de Catherine de Médicis dans une vie qui devait être une des plus illustres de notre histoire moderne tout en restant entachée de cette fatalité funèbre qui la poursuivit sur le trône le plus prestigieux d'Europe, dans la gloire, dans l'amour, dans ses enfants, dans sa politique, et qui, à tort ou à raison, la poursuit encore dans la postérité.

Quel est le secret de cette naissance effrayante et grandiose, naissance d'une héroïne de tragédie par la splendeur du décor, de la famille, de la patrie florentine et romaine, mais tragique surtout par les sourdes menaces de la fatalité qui ourdissait déjà les drames les plus sanglants autour du berceau de cette petite fille née entre deux cercueils.

Son secret est lourd et somptueux, il s'appelle à la fois Médicis et Florence.

Les Médicis ou le rayon d'or

A la fin du xve siècle, la maison de Médicis, au faîte de sa puissance, étendait son rayonnement et son pouvoir sur toutes les grandes capitales de l'Europe : Londres, Paris, Bruges, Vienne et Rome. Elle n'avait ni la puissance ni la gloire des armes mais à un degré jamais égalé l'insidieuse et invincible puissance de l'argent. Les rois empruntaient aux Médicis, les Médicis finançaient les guerres des rois. Ils commanditaient ainsi en sous-main la politique des trônes. En avançant ou en retirant leurs florins telle monarchie perdait une province ou s'en appropriait une autre. Sans autorisation de l'empereur, Florence frappait monnaie, le florin d'or était l'étalon monétaire de l'Europe. Devant le florin le sceptre impérial s'inclinait. Or, le florin était entre les mains des Médicis.

Cette famille n'était pas noble et, pendant plusieurs siècles, non seulement elle ne se targua pas de l'être mais, dans leur propre ville de Florence, république avant la mode d'être républicain, les Médicis, richissimes banquiers, sans doute les plus riches d'Occident, pactisèrent avec le peuple. La noblesse les exécrait d'autant plus que, dans cette ville « démocratique », plus le pouvoir aristocratique fondait plus celui des Médicis « républicains » devenait en fait le pouvoir de véritables princes. Avec la même habileté qu'ils apportaient à canaliser la fluidité des capitaux internationaux, ils surent capter en leur faveur les fluctuations de la popularité qui leur conférait le pouvoir politique. Les Médicis savaient flatter cet orgueil démocratique des Florentins, ils ne s'imposèrent jamais par la force au *minuto popolo*, le petit peuple ouvrier. Ils firent en sorte que leurs merveilleuses qualités d'administrateurs, d'orateurs et d'organisateurs de fêtes largement payées par leurs irrésistibles florins d'or fussent reconnues comme indispensables à la prospérité de la ville et au maintien des libertés des citoyens. L'autorité des Médicis, n'étant pas imposée mais appelée par la masse des Florentins, se maintint pendant de longues périodes de prospérité sans être contestée bien qu'elle fût parfois aussi lourde que celle d'un despote. Le miracle Médicis est d'avoir enfanté du XIIe au XVIIe siècle des Médicis fidèles à cet idéal, toujours soucieux d'être en accord avec les aspirations populaires sans cesser d'être aussi avisés, aussi actifs et aussi heureux dans leurs spéculations financières. Ils furent, à leur zénith, la famille non seulement la plus riche mais la plus intelligente d'Europe. Au fond, c'était cela leur vraie richesse. Enfin, pour être florentins à la perfection, ils furent aussi des artistes et des mécènes incomparables. Grâce à eux, Florence ne fut pas seulement la capitale financière de leur temps, elle en fut la capitale des lettres et des arts. La Florence des Médicis, c'est l'épanouissement de la Renaissance et de l'humanisme dont s'est nourrie jusqu'à nous la civilisation occidentale.

On voit qu'à défaut d'arbre généalogique et d'armoiries prestigieuses les Médicis, au moment de la naissance de Catherine, pouvaient se targuer devant les princes italiens et les monarques d'Europe non seulement de mérites éclatants mais d'une puissance réelle.

Leur importance étant reconnue et leur pouvoir aussi, c'est alors que de nobles armoiries vinrent consacrer leur réussite. Les anciens Médicis avaient bien leur blason, il prêtait à sourire. Leur premier ancêtre connu était, dit-on, médecin — d'où leur nom. A vrai dire, il aurait été plutôt apothicaire, d'où les sept pilules qui figurent dans ce blason. On les appelait *palles* au début mais les pilules devinrent bientôt besants ou tourteaux qui sont des « pièces nobles » en héraldique tandis que les pilules, même dorées par des milliards de florins, ne sont que du matériel pharmaceutique.

Les banquiers Médicis avaient des admirateurs avisés, dont notre roi Louis XI, qui ne passe pas pour un niais ; celui-ci fut le premier à juger que de si grands et de si utiles financiers ne pouvaient se contenter de sept pilules dans leur blason. Il fit un geste étonnant pour montrer au monde en quelle estime il les tenait. En 1464, à la mort de Cosme de Médicis, le roi de France attribua au fils de Cosme, Pierre dit le Goutteux, le privilège insigne de faire figurer trois fleurs de lis dans son blason. Les lis capétiens mêlés à des pilules : quelle ascension et quelle prophétie ! Les pilules et les lis ainsi mariés, c'était déjà le destin de Catherine, l'alliance des Médicis et de la France, qui ne s'acheva qu'avec l'extinction de la famille au XVIIIe siècle. C'est ainsi que, grâce au génie des Médicis et au flair de Louis XI, Florence est restée la ville des lis.

Les Médicis n'en perdirent pas leur simplicité et leur goût du peuple qui faisaient leur force. Alors que les trônes de France et d'Angleterre traitaient avec eux comme arbitres de la politique italienne, ils gardaient avec leurs concitoyens cette bonhomie de bourgeois tenant boutique. Mais quelle boutique ! Cet art de parler aux bonnes gens du commun est pour beaucoup dans leur popularité — c'est-à-dire dans leur autorité politique. Nulle ville au monde n'était aussi difficile à gouverner que Florence. Cette « république » était en fait une ploutocratie toujours remise en question par les guildes, sortes de corporations au nombre de vingt et une, unissant de façon étroite tous les artisans et commerçants groupés sous la bannière (le gonfalon) d'un même métier. La plus riche et la plus puissante était la guilde de la laine. Les Florentins achetaient la laine en Flandre et en France, ils la traitaient, la teignaient et la tissaient. Ils étaient les seuls à connaître l'alun venu d'Orient, et certaines teintures donnaient à leurs tissus une qualité inégalée qui les imposait sur toutes les places occidentales. Les Médicis ne furent jamais des « lainiers », ils prirent une autre voie : ils se firent banquiers dès le XIIIe siècle. Ils n'étaient pas pris dans une corporation, ils les dominaient toutes. Leur république avait été reconnue libre par Frédéric Barberousse en 1183 ; cette liberté leur permit d'exporter et d'importer à leur guise selon leur remarquable don de trafiquants. L'énorme masse monétaire provenant du commerce international passait par la banque des Médicis et était l'objet de leurs spéculations et de leurs placements à l'étranger. C'est cet argent qui leur permit de jouer peu à peu un rôle européen car, pour eux, « économie » se traduisait par « politique ». Celle des Médicis ne reposait pas sur la gloire de soumettre telle ville et d'en faire un fief vassal comme cela était pratiqué dans toute l'Europe féodale, leur affaire était d'établir avec la ville satellite un pacte donnant à Florence des avantages pour ses transactions commerciales ou financières : ce n'était pas une vassale, c'était une cliente — un peu forcée, disons. Par exemple, Pise, à qui Florence accorde une aide d'argent, reconnaît cette protection à condition de garantir à sa généreuse protectrice et à ses négociants le libre accès à la mer. Florence finit ainsi par créer une sorte de ligue des villes toscanes qui sert ses intérêts. Elle s'appuie sur la papauté qu'elle a soutenue dans sa défense de l'orthodoxie contre les Cathares en particulier. Elle se fortifie confortablement dans une enceinte de remparts magnifiques extrêmement coûteux. La république, conseillée par les Médicis, opère les prélèvements nécessaires sur les fortunes des citoyens afin de subvenir aux dépenses des fortifications. Tout cela s'effectue dans la turbulence, les rivalités, les intrigues, les haines de clans et de personnes mais avec l'approbation du peuple. Florence a toujours vécu une vie fiévreuse, dans une atmosphère de guerre civile qui parfois éclate avec violence. La plus terrible de ces guerres civiles fut engendrée par la rivalité des guelfes et des gibelins. Les gibelins s'appuyaient sur les artisans, les guelfes sur les grandes familles. Chacun mobilisant les siens, une moitié de la ville s'acharnait à égorger l'autre. Les gibelins trouvaient appui auprès de l'empereur Othon IV, les guelfes auprès de Frédéric de Hohenstaufen. On reste confondu devant ces luttes terribles qui ensanglantent la ville merveilleuse, par ces haines inexpiables trahissant pareil instinct de destruction chez un peuple tellement créateur. Le Florentin est un mélange détonant d'esprit positif et même de lucre et de passion fanatique. Florence n'est pas une ville gaie, ni facile. A côté des truculences de Paris ou de Londres au début du XVIe siècle, Florence paraît austère. La cruauté est partout en deçà et au-delà des Alpes, avec sans doute plus de grossièreté en France et en Angleterre, mais la vie y explose tantôt dans le rire et les ripailles tantôt dans le sang et le reste. A Florence, la cruauté et la haine sont d'une méchanceté moins vulgaire, plus calculée, plus nerveuse au fond et plus tenace. Et pourtant, c'est dans ce creuset que se sont développés la plus brillante culture, les calculs politiques les plus astucieux comme les plus sordides et d'où le génie des affaires s'est envolé vers les capitales européennes. Les choses éclatantes ne peuvent naître que dans le feu.

Au milieu des troubles, la prospérité s'effondra mais les cadres et les idées subsistèrent. Dès que le calme se rétablit, ce fut de nouveau l'afflux d'argent. Après l'affreuse guerre des guelfes et des gibelins, la ville reprend de plus belle son ascension. Au début du xive siècle, elle a quatre-vingt-cinq mille habitants, c'est considérable pour l'époque ; elle en atteint bientôt quatre-vingt-quinze mille, chiffre qui ne sera de nouveau égalé qu'en 1860, après l'unité italienne. Hélas ! la peste de 1354 tue cinquante-quatre mille personnes. Et tout se rétablira ensuite. La prospérité, la fortune ne donnent pas aux Florentins et surtout pas aux Médicis l'ambition de conquérir le monde, ni même l'Italie. Leur esprit positif est opposé à l'esprit militaire et guerrier ; pas de chefs d'armée ni d'armée régulière dans la république. Les Florentins ont fait le calcul suivant : il est plus avantageux de laisser les citoyens au travail que de les transformer en soldats. En cas de conflit armé, il est moins onéreux et moins paralysant pour la cité d'avoir une armée de mercenaires étrangers, les *condottieri*, qui font la guerre pour Florence. Leurs capitaines sont des sortes de chefs d'entreprise de guerre qu'on paie et qu'on licencie quand ils ont fait leur travail.

Les guerres civiles, la peste et autres inconvénients tragiques comme l'assassinat ou l'exil ont peu à peu fait disparaître la plupart des familles aristocratiques. Il n'en reste que deux vraiment importantes à la fin du xive siècle, les Strozzi et les Médicis. Le rôle des Médicis, dans cette lente élimination des nobles, n'est pas douteux. Un de leurs ancêtres, Sylvestre de Médicis, avait donné voix prépondérante aux artisans et aux ouvriers au cours de la guerre civile. Sylvestre avait joué les tribuns du peuple, il s'était appuyé sur un simple cardeur de laine, Michele di Sando : Crésus allié à un manœuvre ! Il réussit à soulever les tisserands, les couturiers, les teinturiers, tout un petit peuple innombrable et enthousiaste d'ouvriers non qualifiés dont il fit une masse à sa dévotion contre les factions mieux armées mais divisées des grandes familles. Les descendants de Sylvestre suivirent fidèlement ses traces. C'est ainsi que, sortis d'une boutique d'apothi-caire, les Médicis s'acheminèrent avec lenteur et certitude vers le pouvoir suprême de Florence.

On voit que l'art de manœuvrer les factions pour assurer son pouvoir est cultivé de longue date dans la famille Médicis : Catherine n'ignorait pas son histoire. C'est elle qui ferme le cortège des grands Médicis qui la précédèrent, ce sont eux qui nous aident à mieux comprendre la « reine noire » qui devait régner trente ans sur la France déchirée.

Les princes Médicis ont été couvés par la république

Le premier Médicis à faire figure d'homme d'Etat à Florence est Jean, surnommé de Bicci, élu prieur de la guilde des banquiers en 1402. Son mandat, qui fut renouvelé en vertu de ses sentiments républicains, le conduisit au faîte des honneurs démocratiques en 1421 où il fut élu gonfalonier.

La ville n'eut pas à le regretter. Financier richissime, il se donne les gants de faire établir en 1426 un cadastre des biens des plus riches familles afin de mieux taxer leur fortune. Il se dévoue pour l'assistance publique, il finance la construction de monuments et d'églises. Les célèbres sculpteurs Donatello et Ghiberti ornent, grâce au mécène, Orsanmichele. Brunelleschi travaille à la cathé-drale. Masaccio peint la chapelle Brancacci.

Cette œuvre admirable va être poursuivie par son fils Cosme qui lui succède en 1428. Cosme a les mêmes qualités que son père mais encore plus de moyens et d'activité. Un complot de la noblesse l'écarte un moment du pouvoir en 1433. Il reparaît en triomphe en 1434 et est élu gonfalonier. Le voici maître de Florence comme aucun gonfalonier ne le fut avant lui. Son pouvoir est incontesté, la faveur populaire le soutient à fond. Il pourra l'exercer, chose rare, jusqu'en 1464. Merveilleuse période de prospérité sous cette dictature qui ne dit pas son nom et maintient Florence en paix dans l'illusion de la démocratie. Cosme est le plus généreux et le plus éclairé des mécènes. Brunelleschi achève le dôme qui fait l'admiration universelle. On en croit à peine l'histoire quand elle fait l'énumération des artistes que Cosme groupa et subventionna : Luca Della Robbia, Filippo Lippi, Andrea del Castagno, Domenico Veneziano, Paolo Uccello et Fra Angelico. Jamais aucune ville d'Occident ne vit pareille éclosion de génies artistiques. Cosme confie à l'architecte Michelozzo la construction de son palais de la via Larga. C'est là que devait naître, un siècle plus tard, le dernier rejeton des Médicis, Catherine. L'architecture du palais, comme celle de la plupart des palais florentins, n'est ni gracieuse ni légère. Ils sont tous pris dans les rues d'une ville soumise à la peur des émeutes et des guerres intestines. Les grandes familles, toujours menacées — soit par des familles rivales soit par le peuple —, s'enfermaient dans de véritables forteresses urbaines. Vraiment cette architecture n'a pas connu le sourire. Le rez-de-chaussée du palais est formé d'énormes pierres en bossage très accentué, admirablement taillées et appareillées mais d'une sévérité imposante. Le premier étage s'affine : les pierres sont polies et de plus petites dimensions ; il est aussi plus lumineux. Le second est clair et déjà aimable. L'ensemble demeure lourd, d'un équilibre admirablement intelligent. A l'origine, le palais était carré et ainsi plus facile à défendre. Une loggia s'ouvrait à l'un des angles, elle fut supprimée au début du xvie siècle lorsque le pouvoir des Médicis fut remis en question. Leur palais était alors sujet à des attaques et à de véritables sièges. Sur la façade, les fenêtres géminées sont surmontées d'un arc à faible relief de façon à ne pas ôter à la muraille la beauté nue et sévère de la pierre et surtout à conserver toute son importance à l'énorme corniche en avant-toit qui couronne tout l'édifice, ajoutant à sa redoutable austérité un air de grandeur saisissant.

Toute la grâce du palais était réservée à la cour intérieure entourée d'une élégante colonnade dont le bandeau reproduit les camées antiques que possédaient les Médicis. C'est là qu'étaient la vie et la fête comme dans toute maison méditerranéenne. Dans le jardin qui prolongeait la cour, on pouvait admirer le *David* de Donatello et son autre chef-d'œuvre, *Judith tranchant la tête d'Holopherne*.

Cosme réussit aussi bien dans ses entreprises financières que dans l'administration de Florence. Il porte la colossale fortune des Médicis à un chiffre jamais atteint. Sa puissance politique s'exerce sur toute l'Italie : sur sa demande, le pape Eugène IV réunit à Florence le concile de 1439 qui se propose de réconcilier les Eglises orthodoxes grecques et l'Eglise romaine. L'empereur d'Orient, Jean Paléologue, et le patriarche de Constantinople sont les hôtes des Médicis. Cosme fonde l'Académie platonicienne et la Bibliothèque Médicis où vont s'entasser les manuscrits grecs et latins que Cosme fait rechercher partout et fait recopier et reconstituer. Bientôt l'imprimerie diffusera ces trésors dans tout l'Occident. C'est ici, sous Cosme de Médicis, que cette résurrection de l'Antiquité, jusqu'alors réservée à une infime minorité de savants, va désormais rayonner sur le monde sous le nom de Renaissance et d'humanisme.

Dans ce palais qu'il avait fait construire, Cosme meurt en 1464. Il apparaît comme le véritable fondateur de la dynastie Médicis. La seigneurie qui groupait les élus des divers corps de métiers et des guildes et d'où émanait tout pouvoir à Florence, cette seigneurie si jalouse de ses droits démocratiques (assez négligés depuis trente ans) décerna cependant à Cosme le titre suprême de *Pater patriae* en reconnaissance de sa bienfaisante dictature. Suprême habileté de la famille, c'est par la voix du peuple que les Médicis sont déjà reconnus « de fait » princes de Florence.

Pierre, dit le Goutteux, succéda à son père Cosme. Déjà le pouvoir se transmet de père en fils. Pierre n'avait pas l'étoffe de Cosme ni son prestige mais il eut un mérite capital : il sut « maintenir » l'œuvre et le prestige de son père. Sans esbroufe, avec la bonhomie ancestrale des Médicis, il s'installa dans son rôle de « prince ». C'est à lui que Louis XI accorda ses trois fleurs de lis.

Par un bonheur inouï, le successeur de Cosme et de Pierre fut le génie de la famille et de Florence. C'est Laurent le Magnifique. Il avait été élevé dans le palais avec son frère Julien et ses deux sœurs. Un autre Médicis vint plus tard y faire son éducation : Jules, bâtard de Julien. Nous retrouverons ce petit bâtard et quelques autres, car dans le palais Médicis le bâtard pullule. On sent que la famille florentine n'avait pas tout à fait oublié la *gens* romaine. Le lien de consanguinité, si fort dans la famille française à la même époque, n'avait pas ici la même importance, l'affiliation suffisait. Le bâtard de Julien était un vrai Médicis, son illégitimité ne semblait gêner personne, surtout pas le pape. D'ailleurs, ce Jules bâtard deviendra pape sous le nom de Clément VII. Nous reparlerons de lui.

Maintenant c'est Laurent qui est prince de Florence dans sa splendeur : jamais la république ne fut moins démocratique, jamais Florence ne fut plus grande, plus riche, plus glorieuse et plus heureuse. Laurent, c'est l'épanouissement solaire de la fortune, de l'intelligence, de la gloire des Médicis et de leur patrie. Laurent y apporta en plus sa générosité, son amour des arts. Florence le reconnut comme son véritable souverain et la postérité consacra sa gloire par le titre de Magnifique [1]. Sous son règne — comment appeler autrement cette période de 1469 à 1492 où la royauté de Florence sur les arts, les lettres, la philosophie, la poésie, la théologie s'exerça sur toute la chrétienté ? — Laurent apparaît comme un personnage apollinien, un génie dont le rayonnement engendre autour de lui des génies éblouissants. Avec lui, le cortège historique des Médicis atteint le zénith de sa lumineuse ascension. Les Médicis n'étaient pas beaux mais Laurent fut d'une laideur remarquable, d'une laideur sculpturale, et il séduisit son siècle.

Il accède au pouvoir à vingt ans. Il sait tout ce qu'on savait de son temps dans les arts, les lettres anciennes et modernes, en politique, en histoire, en finances. Son jeune frère Julien est aussi brillant que lui, aussi aimé que lui et ils s'aiment. Florence idolâtre ses deux princes dans la paix et la prospérité. Hélas ! trop de succès, trop de dons, trop de popularité leur attirent inévitablement des envieux dans cette ville où l'unanimité n'a jamais existé, où le besoin d'intrigues et de complots est permanent. L'instigateur de celui qui faillit anéantir le miracle florentin est le pape Sixte IV. En 1478, il espérait installer un de ses neveux à la place des Médicis. Pour faire disparaître ceux-ci, il fomente un assassinat particulièrement odieux, surtout lorsque l'idée vient

1. L'intelligence, la grandeur et l'humanité de Laurent le Magnifique sont admirablement ressuscitées dans l'ouvrage de M. Ivan Cloulas, *Laurent le Magnifique*, Fayard, 1982.

d'un pape : en pleine messe, à la cathédrale, les deux Médicis sont assaillis par les sbires pontificaux. Julien est mortellement blessé. Laurent peut s'enfuir. C'est lui, le rescapé, qui réussit à réunir un concile contre le pape et qui, comble d'ironie, fait excommunier le Saint-Père. Il parvient, en outre, à déjouer les intrigues du pape assassin qui avait voulu jeter contre Florence les armées de ses alliés italiens. Le péril était grand. Le prestige et l'intelligence de Laurent aussi : il dénoua par sa diplomatie les alliances pontificales et sauva sa ville comme il avait sauvé sa vie. C'est un beau pays celui où il suffirait d'être intelligent pour éviter une guerre.

Ainsi la merveilleuse fête de l'art et de l'humanisme put continuer. Elle égala la Grèce de Périclès et elle surpassa tout ce qui a existé depuis. Botticelli peint *La Naissance de Vénus, Mars et Vénus,* où l'on retrouve le souvenir de Julien. *Le Printemps,* hymne à la beauté, célèbre la jeunesse et le triomphe des princes Médicis. Dans ce tableau, on voit le radieux, l'inoubliable sourire de Florence qu'a inventé Botticelli. Deux artistes vont dominer leur époque et le monde jusqu'à nous : Vinci et Michel-Ange. Vinci, esprit universel, s'est formé dans l'atelier de Verrocchio. Michel-Ange, apprenti dans l'atelier de Ghirlandajo, est le favori de Laurent. Il sculpte l'autre *David,* celui de la Seigneurie. Ingénieur, il reconstruit les remparts de la ville. Enfin, Raphaël, né à Urbino, ville satellite de Florence, siège d'un duché que les Médicis convoitent, gagnent et perdent à diverses reprises, ce Raphaël vient s'établir à Florence au moment où le génie de Vinci et celui de Michel-Ange s'affrontent au Palazzo Vecchio. Michel-Ange va sculpter le tombeau des Médicis, impérissable chef-d'œuvre qui immortalisera la gloire de la famille.

On peut dire que tous ces artistes et tous leurs chefs-d'œuvre ont été inspirés et vont être réalisés grâce à l'amour de Laurent pour les arts, grâce aussi à sa générosité et à la fortune des Médicis. L'argent n'a pas d'odeur mais il peut avoir d'admirables couleurs.

« *Parvenu jusqu'au faîte, il aspire à descendre* »

Le fils de Laurent le Magnifique est appelé Pierre l'Infortuné. Quelle faiblesse fit chuter celui-ci du sommet des honneurs au bannissement ? Cette fois, le sang des Médicis s'est appauvri, le génie ancestral est en sommeil. Certes, les circonstances étaient difficiles : les armées françaises de Charles VIII qui venaient conquérir l'Italie, avant de s'y perdre, s'avançaient vers Florence. Pour faire face au danger, il aurait fallu un Cosme ou un Laurent. Au lieu de cela, le pauvre Pierre offre à l'envahisseur Pise et plusieurs autres places, pensant ainsi le détourner du pillage de Florence. La réaction populaire contre cette « trahison » est si vive que les Médicis sont chassés de la ville (1494). Deux ans après la mort du Magnifique, Florence, désemparée, tombe entre les mains d'un moine dominicain fanatique et réformateur, Savonarole. Finis la démocratie et le libéralisme des Médicis. Saisi d'une fureur de destruction, Savonarole fait brûler les œuvres d'art et quelques Florentins. La ville, terrorisée et ruinée, finit par se révolter et Savonarole est brûlé à son tour. Le pape Alexandre VI Borgia a encouragé la révolte contre le dominicain illuminé. Puis il envoie son fils César Borgia assiéger Florence pour la remettre à la raison. La ville semblait perdue quand le Borgia mourut avant de donner l'assaut. Le pire était évité mais les malheurs de Florence continuèrent.

Tant que les Médicis furent bannis, la ville ne connut ni paix ni prospérité. Le pape Jules II décide de chasser les Français de la Toscane, alors que le gonfalonier Soderini choisit de rester fidèle aux Français. La colère du pape contre ce traître lui dicte une résolution surprenante : il rappelle les Médicis qui reprendront leur place à Florence. Pour cela, il fallait d'abord soumettre la ville. Ce soin est confié à Jean, cardinal de Médicis, fils du Magnifique et frère de Pierre l'Infortuné. Jean prend la tête des armées du vice-roi espagnol de Naples, armées redoutables par leur sauvagerie. Le cardinal s'empare de la ville de Prato et se livre à un massacre si épouvantable que la population de Florence, redoutant pareil traitement, chasse Soderini, paie au pape un tribut de cent mille florins et accueille de nouveau les Médicis. C'était en 1512. Leur exil avait duré dix-huit ans. Florence était ruinée.

Sous l'autorité intelligente et bienveillante de Julien de Médicis, troisième fils du Magnifique et frère du cardinal Jean, Florence retrouva la paix. Mais sa gloire et sa fortune ne se relevèrent jamais de l'épisode Savonarole et de dix-huit ans de désordre. Grâce aux Médicis, tout n'était pas perdu : le nouveau pape était (par quel hasard ?) le cardinal Jean de Médicis, élu sous le nom de Léon X. C'était un atout pour Florence et pour son prince, Julien. Léon X donna à son frère et à leur ville la suzeraineté sur Parme, Modène et Plaisance. Léon X pensa récupérer pour sa famille le duché d'Urbin, il aurait fallu pour cela en chasser le neveu du pape défunt, Jules II. Peu importe, le nouveau pape était prêt à lancer une armée contre Urbin. C'est la sagesse de Julien qui l'en dissuada. A cette guerre d'annexion il préféra une agréable mission dont le chargea le pape à la cour de France, à l'occasion du récent avènement du jeune roi François Ier. Julien partit en 1516. Tout en faisant les compliments du pape et les siens avec beaucoup de charme et de finesse, cet aimable et avisé Médicis réussit à épouser la sœur de Louise de Savoie, mère du nouveau roi, et à se faire donner le duché de Nemours. C'était mieux que la guerre à Urbin. Voilà donc un Médicis allié — et de près — à la famille royale de France et porteur d'un titre du duc français. C'était un beau coup. Ainsi, de génération en génération, l'alliance des Médicis et de la monarchie française se resserre... Dès lors, une seule marche les sépare du trône. Catherine, la nièce de Julien, n'est pas encore née mais une sorte de fatalité est en train de lui préparer sa place sous le dais fleurdelisé.

Pour Julien de Nemours, c'est ainsi qu'il s'appelle désormais, les jeux sont faits : il mourut l'année suivante. Affaire sans suite. Toutefois, il laissait à Florence un bâtard, encore un : Hippolyte, né en 1511, que nous allons retrouver près de sa jeune cousine Catherine.

Rien n'est plus lourd qu'un illustre héritage

Tels furent les ancêtres de Catherine, telle fut sa patrie, Florence. Tout cela était dans son berceau et dans son sang. Ce passé reparaîtra plus tard à la surface, tout au long de la vie de notre héroïne sur le trône de France. Ce qui demeura secret de l'héritage florentin n'exerça pas moins d'influence sur le comportement de la reine de France que les tics de langage ou certaines manières italiennes remarqués au grand jour par les Français : l'invisible était plus important.

Dans cette part secrète, capitale de l'héritage florentin, figurent la part du sang et la part de l'esprit.

Le sang des Médicis est aussi chargé que leurs coffres. Nous venons de voir mourir prématurément son cousin, le duc de Nemours ; nous avons déjà enterré le père de Catherine à l'âge de vingt-huit ans et sa mère à dix-sept ans ; celle-ci, Madeleine de La Tour d'Auvergne, fut très probablement contaminée par son époux, Laurent, duc d'Urbin, tuberculeux et frappé du « mal de Naples ». Ces morts prématurées ne sont ni les premières ni les dernières dans la famille de Catherine. Sans doute, au début du XVIᵉ siècle, la longévité n'était pas ce qu'elle est au XXᵉ. Mourir jeune était fréquent. Toutefois, chez les Médicis, c'était encore plus fréquent qu'il n'était d'usage. Il semble bien qu'ils apportaient dans leur bagage héréditaire, outre les qualités intellectuelles que nous leur connaissons, de lourdes tares physiologiques : la tuberculose se développe chez eux avec une facilité et une rapidité foudroyantes, la syphilis et ses séquelles viennent de faire leur apparition notamment chez Laurent, duc d'Urbin, père de Catherine, les scrofules s'y révèlent aussi. Tout cela était peut-être mal défini à l'époque où, dans un mariage, l'arbre généalogique et les biens de fortune étaient mieux appréciés et évalués que les prédispositions physiologiques. Il nous est difficile de ne pas faire, dans l'héritage recueilli par Catherine de Médicis, la part de ces tares qui pèseront lourdement sur l'avenir de sa descendance et de la France.

Elle apportait aussi, en tant que florentine et Médicis, une certaine façon lucide et impitoyable de regarder le monde et la société et un art de manœuvrer les hommes pour se servir d'eux. Cet art de la concertation et de la diplomatie était vivant à Florence depuis longtemps et avait été exercé, nous l'avons vu, par les ancêtres de Catherine, bien avant qu'un illustre florentin n'eût exprimé les règles de cet art avec une perfection telle qu'elles devinrent par la suite le bréviaire de tout homme d'Etat. C'est de Machiavel qu'il s'agit et de son chef-d'œuvre, *Le Prince*. C'est peu de dire qu'il naquit à Florence en 1469, qu'il y mourut en 1527, qu'il y exerça les fonctions importantes de « chancelier de la seigneurie » pendant quinze ans, qu'il fut chargé à bon escient de vingt-trois missions à l'étranger, dont plusieurs en France, pays qu'il aimait modérément, étant plutôt serviteur de l'empereur Charles Quint et du pape que des rois de France. Penchant qui explique qu'il fut proscrit de Florence au retour des Médicis en 1512. C'est justement cet exil qui lui permit d'écrire *Le Prince*. Il le fit en écrivain de génie, ce qui contribua au rayonnement extraordinaire de son ouvrage. A Florence, l'art est partout, même au service du diable.

Voici comment Machiavel parle à son Prince : « *Le point est de bien jouer son rôle et de savoir à propos feindre et dissimuler. Et les hommes sont si faibles et si simples que celui qui veut les tromper trouve aisément des dupes.* » Ainsi le Prince doit tromper, c'est pour lui légitime et voici la manière de procéder : « *Il doit s'efforcer de se faire une réputation de bonté, de clémence, de piété, de loyauté et de justice ; il doit d'ailleurs avoir toutes ces bonnes qualités* (afin de les afficher, non pour les pratiquer) *mais rester assez maître de soi pour en déployer le contraire lorsque cela est expédient. Je pose en fait qu'un prince et surtout un prince nouveau ne peut exercer impunément toutes les vertus de l'homme moyen parce que l'intérêt de sa conservation l'oblige souvent à violer les lois de l'humanité, de la charité, de la loyauté et de la religion.* » Voilà donc pour la morale du Prince. Mode d'emploi : « *En un mot, il doit savoir persévérer dans le bien lorsqu'il n'y trouve aucun inconvénient et s'en détourner lorsque les circonstances l'exigent.* » C'est beau, la clarté !

Tels sont les préceptes politiques du sage florentin qui ont nourri les cours et les ministères du monde entier. Oui, c'est peu de dire que Machiavel est florentin, il est Florence, c'est-à-dire suprêmement doué d'intelligence calculatrice, de raison libre, de passion contenue, de cruauté à l'occasion, enfin artiste en son art d'écrire dans un style d'une pureté et d'un éclat admirables.

Catherine, en naissant, avait *Le Prince* dans le sang, mais pour plus de sûreté elle en fit plus tard son livre de prières. Lorsqu'elle se maria avec le fils du roi de France, personne n'aperçut dans sa corbeille de mariage cet extraordinaire diamant noir qu'elle apportait à la cour des Valois, qui s'appelait Machiavel et dont les feux impitoyables perçaient les murailles et les cœurs pour assurer en secret le pouvoir à ceux qui possédaient ce talisman. Talisman qui n'avait en somme d'autre magie que d'avoir été sécrété par une intelligence d'une liberté morale s'exerçant dans une éblouissante civilisation sans morale et sans religion.

Travaux d'approche vers le trône des lis

Après la mort de Julien, le pape Léon X, en bon Médicis, voulut assurer le pouvoir des siens sur Florence. Il le confia à Laurent, fils de l'Infortuné et unique héritier légitime de la branche aînée de la famille. Toutefois cette transmission héréditaire du pouvoir était illégale à Florence ; en d'autres temps elle eût été impossible mais le pape était tout-puissant et les Florentins, affaiblis par les guerres civiles et la décadence économique, n'avaient plus leur belle ardeur républicaine des siècles passés : ils laissèrent s'instituer le pouvoir personnel héréditaire. Léon X, qui avait renoncé devant les scrupules de Julien à conquérir de vive force le duché d'Urbin, n'hésita plus : ses armées chassèrent le duc en place et le souverain pontife fit don du duché à Laurent, son neveu, qui fut le premier Médicis à porter le titre de duc d'Urbin. Ainsi paré de ce titre et fort de l'appui du pape, Laurent fit sentir à Florence qu'elle avait un maître. Léon X voyait plus loin : étant donné la situation précaire des Etats italiens, toujours en passe d'être conquis par le roi de France ou par l'empereur, il jugea prudent de donner à Laurent un des deux « Grands » pour protecteur. Suivant la tradition Médicis, il choisit d'abord le roi de France. Comme, à l'époque, rien ne valait un bon contrat de mariage pour s'assurer un bon traité d'alliance, le pape demanda à François Ier une épouse choisie dans la famille royale ou parmi les grands noms de France pour son neveu le duc d'Urbin. Le roi de France répondit sans tarder, le 26 septembre 1517, qu'il marierait volontiers Laurent à « *une belle et bonne dame* ». L'empressement du roi n'était pas gratuit : il désirait avoir l'appui du pape pour investir le royaume de Naples et en ceindre la couronne. Il choisit donc pour épouse de Laurent Madeleine de La Tour d'Auvergne. Les Médicis n'avaient plus qu'à dire merci pour le choix vraiment royal qu'avait fait François Ier.

Madeleine appartenait par son père à l'une des plus anciennes et des plus grandes familles féodales. Quant à sa mère, Jeanne de Bourbon-Vendôme, elle était de sang royal, descendante de Saint Louis. La chose mérite attention car l'avenir de notre Catherine de Médicis est justement accroché à cette branche de l'arbre généalogique de Madeleine de La Tour d'Auvergne. Jeanne de Bourbon était veuve de son parent le duc de Bourbon, chef de la famille capétienne des Bourbons, descendants de Robert de Clermont, fils de Saint Louis. En secondes noces, Jeanne avait épousé le comte d'Auvergne, possesseur d'immenses fiefs en Auvergne et en Berry, des comtés de Castres et de Lauragais. Il était également comte de Boulogne et descendant du frère de Godefroi de Bouillon. Madeleine avait seize ans, sa sœur Anne était mariée à un prince de la famille royale d'Ecosse, le duc d'Albany. Les deux sœurs, étant orphelines, possédaient en terres et en argent une fortune considérable. On voit que Laurent, tant pour l'honneur que pour l'argent, faisait dans ce mariage une très bonne et même une très grande affaire. Les défunts Médicis durent frémir de joie dans leurs tombeaux de marbre car, à côté de ces grandeurs princières, leur héritier Laurent n'était duc d'Urbin que depuis six mois et dans des conditions fort discutables au regard des grands féodaux français — mais il était neveu du pape, il gouvernait Florence comme un prince légitime et, surtout, il était le protégé de François Ier. Celui-ci, persuadé qu'il faisait de son côté une excellente affaire (il se voyait déjà roi de Naples...), voulut donner à cette union un éclat extraordinaire. François réussissait mieux ses fêtes que ses transactions diplomatiques. Ainsi le mariage de Laurent de Médicis, à Amboise, fut une splendeur.

Il fut précédé par le baptême du dauphin François, qui venait de naître, et c'est Laurent qui eut l'honneur de tenir l'enfant car il représentait le pape, parrain du futur roi. Laurent distribua les cadeaux envoyés par Sa Sainteté : des bijoux, des objets d'art et une somptueuse curiosité, un lit incrusté de perles !

Les fêtes du mariage s'ouvrirent et ne cessèrent que dix jours plus tard. Le château d'Amboise ne présentant pas de salle assez vaste pour contenir la foule des invités, la cour du château avait été transformée en grotte enchantée ; une immense tenture en formait le toit et elle était close de merveilleuses tapisseries. C'est là que se succédèrent banquets et ballets. Le roi avait placé le duc d'Urbin à son côté, Madeleine avait pris place près de la reine Claude. Les mets et les vins les plus fins furent servis avec une abondance pantagruélique — couleur d'époque. Les festins duraient des heures. Des trompettes accueillaient l'arrivée et la procession des plats, elles couvraient les voix et répandaient une excitation plus guerrière que galante. C'était somptueux et accablant, cela sentait encore le Moyen Age et le Gaulois. Cette ripaille royale où régnait la plus franche gaieté dans un luxe inouï de soieries, de fourrures et de pierreries, c'était la France où retentissait le rire de Rabelais.

La reine Claude accompagna Madeleine dans la chambre nuptiale et, le lendemain, la fête reprit.

François Ier et sa cour adoraient les jeux violents et les tournois : la chevalerie se survivait dans ces simulacres de batailles et dans les lectures romancées des prouesses de Roland et d'Amadis de Gaule. En réalité, la guerre, au xvie siècle, n'était déjà plus celle des chevaliers, mais ces beaux seigneurs se plaisaient à ces fanfaronnades nostalgiques. Ils revêtaient des armures mirobolantes, véritables orfèvreries d'acier, d'argent et d'or, ils s'empanachaient de plumes et brandissaient leurs fanions armoriés. Bref, ils jouaient sur un théâtre brutal et dangereux le rêve d'un passé d'où ils tiraient leur noblesse, leur orgueil et surtout leur plaisir. Lors du mariage de Laurent de Médicis, on simula le siège d'une ville factice en bois, entourée de fossés, d'où de vrais canons tiraient de faux boulets capables de jeter les hommes par terre avec la dernière violence. Dans l'ardeur de ces faux combats, on échangeait de vrais coups. C'est ainsi que le divertissement d'Amboise laissa plusieurs morts sur le terrain. Qu'importe ! Quelques cadavres pour s'amuser n'ont jamais empêché les Gaulois de se livrer à leurs jeux sans malice.

Le duc d'Urbin fit de son mieux mais il était un peu dépassé. Il est vrai qu'il relevait à peine d'une grave blessure causée par une arquebusade lors du siège d'Urbin. Son bon duché lui avait valu un mauvais coup. Toutefois, si la chronique officielle le jugea très crâne, des propos plus discrets le trouvèrent peu hardi et peu endurant. Ce Florentin s'apercevait qu'il était venu se marier chez les barbares.

Il montra bientôt sa supériorité en déballant les présents qu'il apportait à sa femme, au roi et à la reine. Trois cent mille ducats à Madeleine, au roi des bijoux ainsi qu'à la reine puis des tableaux : notamment *La Sainte Famille* de Raphaël pour l'oratoire de la reine et *Saint Michel terrassant le dragon* du même peintre pour le roi. Ces deux tableaux font partie du patrimoine national, au Louvre.

Madeleine reçut de François Ier une pension de dix mille écus et Laurent une compagnie de gens d'armes et le collier de l'ordre de Saint-Michel ; en outre, le roi, l'ayant pris en amitié, l'emmena visiter le duché de Bretagne qui venait d'être rattaché à la France. C'est à peine si le jeune époux disposa de quelques loisirs mesurés pour prouver à sa femme qu'il était bien son mari.

Avant de regagner l'Italie, ils firent un court séjour en Auvergne pour visiter les possessions de Madeleine et rencontrer sa sœur, la duchesse d'Albany, afin de régler le partage de leurs biens. Ces biens qu'un jour Catherine de Médicis, héritière de sa mère, viendra à son tour évaluer et gérer.

La lune de miel, la gloire et la mort

Le duc et la duchesse d'Urbin font leur entrée solennelle à Florence le 7 septembre 1518. Tout leur sourit. Pendant quelques mois, c'est le bonheur. Laurent a gagné sur tous les plans. Politiquement, il est félicité par le pape lorsqu'il rend compte à celui-ci des entretiens qu'il a eus avec François Ier et des promesses qu'il en a reçues. Le pape est sûr que Florence est en bonnes mains. Personnellement, son mariage donne à Laurent un surcroît de prestige considérable. En outre, la ville des Médicis a parfaitement accueilli la jeune duchesse dont la beauté, la grâce, l'élégance et la bienveillance ont séduit les Florentins. Enfin, suprême succès de Laurent et de la duchesse, celle-ci est enceinte. Le pouvoir de Laurent est assuré. Sa joie est d'autant plus grande qu'à la cour de France certains avaient émis des doutes sur les possibilités de Laurent d'être père en raison de sa blessure et d'autres atteintes plus pernicieuses à sa virilité.

Ce bonheur ne dura pas. Après sept mois de mariage, Laurent tomba malade : une mauvaise fièvre le minait. On le transporta, la veille de Noël, à sa villa de Montughi où l'air était meilleur que dans le vieux palais Riccardi. Il n'en revint qu'en avril pour contempler une dernière fois les fresques de Gozzoli représentant le voyage des Rois Mages sous les traits des Médicis. Là, il revit Laurent le Magnifique, son grand-père, derrière le vieux Pierre le Goutteux. Sur le plafond de la salle des fêtes peint par Giordano, il put encore admirer ses ancêtres mêlés aux divinités de l'Olympe. Il eut le temps de voir naître sa fille puis il mourut et la jeune mère, Madeleine, en fit autant quelques jours plus tard. Ayant ainsi payé leur lourd tribut aux tares de la famille, ils laissaient, le 13 avril 1519, à la postérité une petite Catherine de Médicis. Elle était le dernier atout de cette prodigieuse famille. Tous les Médicis survivants ne virent plus que cette chétive créature. Pour eux, elle était sans prix. Ils s'employèrent aussitôt, pape en tête, à la monnayer. Pour cette race de banquiers mâtinés de Machiavel, l'enfant c'était de l'argent. Le pouvoir viendrait ensuite.

Catherine au berceau : simple atout dans le jeu du pape

La mort de Laurent réduisait à néant les plans que Léon X avait tirés sur le roi de France. Qu'à cela ne tienne, il se retourna aussitôt vers l'ennemi mortel de François Ier, Charles Quint, et signa avec lui un traité secret. Le roi ne se doutait de rien. Ce n'était que le début de ses déboires italiens. La chevalerie de celui qu'on a appelé le roi-chevalier n'était que jobardise auprès de ses « alliés » florentins et romains. Le pape, pour l'endormir, fit même semblant de soutenir — en la torpillant — la candidature de François à l'Empire. Bien entendu, c'est Charles Quint qui fut élu et béni par Léon X.

Catherine tomba malade au mois d'août. Le pape prit peur. Dès qu'elle put supporter le voyage — elle avait cinq mois —, il la fit transporter à Rome afin d'avoir son trésor sous la main. Il lui choisit un excellent garde du corps en la personne du cardinal Jules de Médicis, bâtard de Julien, frère du Magnifique. Ce Jules était une mauvaise fée veillant sur ce berceau, mais il avait l'œil. Homme sans foi, il possédait le génie de l'intrigue et de la politique. Le pape lui avait aussi confié le gouvernement de Florence afin que la ville ne perdît pas l'habitude d'avoir un Médicis pour maître. On se demandait ce qui arriverait si Catherine disparaissait : après elle, il n'y aurait plus que des bâtards. Jules (c'est lui qui avait manigancé l'élection de son cousin Léon X) était cardinal sans avoir été ordonné prêtre. Il est vrai qu'il était Médicis sans parents légitimes. A côté de ce curieux ange gardien et plus près de l'enfant se tenait sa grand-mère Orsini. Quand celle-ci mourut en 1520, sa tante Lucrèce Salviati la remplaça ainsi qu'une autre tante, sœur du Magnifique, Clarice Strozzi, qui était « l'homme de la famille ».

François Ier ne perdait pas de vue les affaires des Médicis. Se croyant quelques droits sur la fille d'une princesse française qu'il avait mariée lui-même, il demanda d'être le tuteur de Catherine. Son calcul fut vite déjoué : il était clair qu'il voulait posséder un gage en garantie des promesses que lui avait faites le pape. Il essuya un refus. Catherine fut précieusement gardée à Rome.

En réponse aux prétentions du roi, Léon X afficha son alliance avec Charles Quint et aida celui-ci à chasser les Français du Milanais en 1521. Le pape disait qu'il marierait Catherine à son cousin Hippolyte que nous connaissons, le bâtard du charmant duc de Nemours. Hippolyte avait alors dix ans et Catherine trois. Sa Sainteté avait vraiment le goût des mariages prématurés. Hélas ! la malaria qui sévissait à Rome en cette année 1521 l'expédia lui-même prématurément à l'âge de quarante-six ans.

Les intérêts de Catherine n'étaient pas pour cela négligés. Ils étaient gérés par son oncle, le duc d'Albany, et les soins que nécessitaient son enfance et son éducation étaient très bien assumés par Lucrèce Salviati, épouse du richissime banquier Salviati. Lucrèce était la sœur de Léon X et de Julien de Nemours.

Afin que Catherine prît dès son jeune âge une idée des bigarrures de sa famille, on l'éleva avec deux jeunes garçons Médicis et bâtards : l'un, Hippolyte, et l'autre nommé Alexandre. On lui dit (en lui mentant) que cet Alexandre était son demi-frère, fils de Laurent, le défunt duc d'Urbin. C'était faux. Alexandre avait la particularité d'être négroïde, crépu et lippu. Intellectuellement, il n'était pas brillant, tout au contraire d'Hippolyte, intelligent, artiste et retors, et séduisant comme les Médicis. En réalité, Alexandre était le fils du cardinal Jules et d'une Mauresque. Le cas n'était pas exceptionnel dans l'Italie du Sud. Comme les Maures barbaresques vendaient des esclaves chrétiens, on vendait en Italie des esclaves africains, d'où Alexandre teinté.

L'enfance de Catherine, qu'on appelait à Florence par complaisance la « duchessina » parce que son père avait été passagèrement duc d'Urbin, fut bouleversée par les guerres, les révoltes, les crimes, les changements de régimes. Les premières années romaines et florentines de cet enfant portent déjà tous les stigmates de l'histoire tragique et grandiose de la reine que les Français pourraient appeler leur « reine noire ». Elle est née et a été élevée dans un nœud de vipères. Toutes les monstruosités de la politique, de l'argent, de la haine, de la jalousie se sont jouées d'elle jusqu'à son mariage. Après, forte de cette éducation, elle est entrée dans le jeu dont elle n'ignorait ni les roueries, ni les dangers, ni la gloire.

On ne saurait comprendre la vie de la future reine de France si l'on ignorait la complexité de l'histoire de Florence, des Etats italiens et de la Rome pontificale. Son avenir dépendait du sort de Florence et de la papauté.

A la mort de Léon X (de son nom Jean de Médicis), le trône de saint Pierre échappa à sa famille. En 1521, son successeur, Adrien VI, était un Flamand inconnu à Rome, mais bien connu de Charles Quint qui l'imposa. Il avait été son ancien précepteur aux Pays-Bas et devint son conseiller intime. Adrien VI était fort dévot et fort honnête : c'était la consternation dans le clan Médicis — et même ailleurs. Cette élévation au trône pontifical d'une créature du roi d'Espagne était une défaite pour le parti français et pour ses alliés florentins. Ceux-ci en eurent la preuve rapidement : Adrien VI leur reprit le duché d'Urbin et le rendit aux Della Rovere, ses premiers possesseurs. Le cardinal Jules, désespéré, se retira à Florence en emportant son trésor, c'est-à-dire Catherine. Il n'y languit que vingt mois : un hasard heureux (aidé, semble-t-il, par un poison efficace) mit le pape flamand au tombeau. Jules organisa à sa façon le conclave qui devait élire le nouveau pape. Il le chauffa de son mieux, mais il ne lui fallut pas moins de sept semaines de canailleries pour sortir lui-même pape du dernier scrutin. C'était le 19 novembre 1523. Il prit le nom de Clément VII.

Catherine parmi les monstres couronnés

Voici Catherine nièce du pape, c'est ce qu'on dit et ce que Jules laisse dire. C'est faux, elle est sa cousine au cinquième degré. Peu importe. Le nouveau pape va s'employer à régler le sort de la duchessina sans duché pour assurer la gloire des Médicis et surtout sa propre fortune et son pouvoir politique. Dans tous les calculs de ce pontife, il n'est jamais question de théologie ni de l'Eglise, sauf quand il s'agit de ses biens temporels et des frontières de ses Etats.

Dès que Clément VII est pape, Catherine devient « objet » politique, elle se trouve à son insu (elle a quatre ans !) partie prenante dans les intrigues italiennes et même européennes. Clément VII se tourne d'abord vers la France. Ce n'est que pour leurrer François Ier, flatter ses visions de royaume de Naples, de duché de Milan et autres songeries. Spécialiste du double jeu, il fait de même avec Charles Quint, l'ennemi mortel du roi de France. Mais le Habsbourg est un partenaire plus coriace, un réaliste autrement plus dangereux en affaires. Il a été élevé à Bruges et à Anvers parmi les banquiers et les négociants, il est plus flamand qu'espagnol et surtout extrêmement puissant. Sachons qui était ce souverain redoutable, empereur du Saint-Empire romain germanique qui se prenait pour l'héritier de Charlemagne et des Césars. Ses Etats encerclaient la France. Sa menace (puis celle de son fils Philippe II) pèsera de tout son poids sur la vie entière de Catherine comme elle pèse déjà sur la vie de François Ier. Pour lors, Charles Quint peut envahir la France de tous côtés, au nord avec ses armées des Pays-Bas, à l'est sur le Rhin et par la Franche-Comté, terre d'Empire, par les Alpes avec ses armées qui occupent la Lombardie qu'il a conquise ; enfin, roi d'Espagne, il peut l'envahir par le sud, le Languedoc. A son heure, il fera tout cela. En outre, Charles Quint reçoit à pleins galions l'or des Amériques.

Avec un tel voisinage, la France du XVIe siècle vivait en état de siège. François Ier s'en était magnifiquement tiré en 1515, à Marignan. Depuis, Charles Quint, devenu empereur, possesseur du royaume de Naples, paraissait invincible. Clément VII avait peur de lui, non sans raison. Aussi crut-il bon de signer un traité secret avec le roi de France, le seul capable de tenir tête à l'empereur dans le cas où celui-ci menacerait les Etats pontificaux.

Mais jouer entre deux ennemis eût été trop simple pour un pape qui n'avait guère étudié que Machiavel. Aussi introduisait-il dans son jeu un troisième démon couronné, Henri VIII d'Angleterre. Celui-ci pouvait, selon l'intérêt du moment, faire pencher la balance soit en faveur de l'empereur si le pape souhaitait écarter François Ier, soit en faveur de François Ier si l'empereur devenait menaçant. Pour Henri VIII, la balance pencherait toujours en faveur de l'Angleterre.

La situation du roi de France en 1524 n'était pas rassurante. Les Impériaux avaient repoussé les Français du Milanais. L'empereur pouvait sans cesse reconstituer ses forces en Allemagne en recrutant reîtres et lansquenets. En plus, il avait à son service le meilleur chef de guerre de l'époque, le connétable de Bourbon, premier prince du sang de France, le vrai vainqueur de Marignan. Pour le malheur de la France, il était cette fois du mauvais côté. Nous verrons pourquoi lorsque Catherine fera son éducation de princesse royale à la cour de France et apprendra par quelle machination s'était tramée la « trahison » du connétable-duc de Bourbon. En Lombardie, François Ier avait assez de forces pour poursuivre les Impériaux, mais il s'attarda à faire, pendant des mois, le siège de Pavie ; quand il se décida à les attaquer, c'était trop tard, le connétable de Bourbon avait reconstitué une armée formidable de reîtres et conçu un plan de bataille génial. Les Français avaient l'enthousiasme et leur folle bravoure dans l'improvisation. Les beaux seigneurs furent écrasés. La noblesse française se fit hacher autour de son roi, rescapé par miracle et lui-même fait prisonnier. Le désastre était total.

Quelle horrible revanche pour Bourbon sur ce roi qui l'avait humilié, déshonoré, dépossédé de ses charges et de ses biens et acculé à fuir à l'étranger ! Après Pavie, la France, sans roi et sans armée, était à la merci du vainqueur. L'Italie aussi.

Triste sort du roi chevalier vaincu et prisonnier

Avant la bataille, Clément VII, croyant que les Français allaient rééditer le coup d'éclat de Marignan, avait envoyé quelques renforts à François Ier de façon à se trouver au dénouement du côté du vainqueur. Mal lui en prit. Charles Quint, pour le punir, annexa Parme, Modène et Plaisance qui appartenaient au pape. Il rançonna de même tous les Etats italiens qui avaient soutenu François Ier. Dans l'affaire, Catherine avait momentanément perdu toute valeur politique. Pour cette fois, le pape ne put tirer d'elle aucun profit.

Quant à François Ier, il eut le tort de croire qu'au cours d'une rencontre avec l'empereur, son « frère » couronné, un chevalier, il trouverait avec lui un terrain de négociation chevaleresque. Il en était si sûr qu'il s'offrit de lui-même à se rendre à Madrid entre les mains de son vainqueur. Notre François avait lu des romans de chevalerie ; le don Quichotte, c'était lui et non le roi d'Espagne. Dans l'avenir, il se montra plus réaliste. Il s'embarqua donc sur un vaisseau espagnol escorté par la flotte impériale. Une flotte française, renforcée par la flotte gênoise, était prête à attaquer la flotte espagnole, bien plus faible, afin de délivrer le roi. C'est le roi lui-même qui interdit cette action contre l'honneur. Il allait bientôt s'en repentir. A Madrid, Charles Quint le fit jeter dans un cachot. François Ier découvrit alors la haine dont il était dépourvu. Sa captivité lui fut un supplice. Pour ce prince bâti en athlète — il mesurait près de deux mètres —, rompu à tous les exercices violents, la lutte, la chasse, les tournois et la guerre où il combattait comme un simple chevalier, la claustration, c'était déjà la mort. A ces gymnastiques diverses il faut bien sûr ajouter les exercices d'amour qu'il pratiquait avec la facilité, l'ardeur et la gentillesse des tempéraments généreux et infatigables. On devine son accablement dans la sinistre tour de Madrid. Il faillit mourir de douleur et de maladie.

Charles Quint craignit alors que la dysenterie ne lui fît perdre cet otage inestimable car le roi de France était — après l'empereur — le souverain le plus puissant, le plus riche et le mieux servi de la chrétienté. Prestigieuse couronne qui serait un jour celle de Catherine. Quoique vaincu et prisonnier, François restait toujours le roi du « *plus beau royaume sous le ciel* ». L'empereur régnait sur des terres immenses, c'est vrai, mais son empire était formé par une marqueterie d'Etats séparés par des distances souvent considérables, souvent fort étrangers les uns aux autres. Entre les Pays-Bas et l'Andalousie, entre Naples et l'Autriche, qu'y avait-il de commun ? Alors que la France, depuis Louis XI, était déjà une nation et que ses provinces, dans leur diversité, étaient rassemblées dans la main du roi et de ses fonctionnaires. Quand il voulait de l'argent ou des hommes, François Ier les trouvait chez lui. Charles Quint le savait fort bien et, puisqu'il tenait à sa merci ce roi magnifique, il fallait monnayer la prise. Si François mourait dans son cachot, l'empereur perdait tout, car le roi de France ressuscite-rait immédiatement à Paris. François Ier avait deux fils : le dauphin François, âgé de huit ans, le cadet Henri, âgé de sept ans. Le dauphin hériterait immédiatement le pouvoir royal. Il aurait pour régente la mère de François Ier, Louise de Savoie, femme intelligente, de grand caractère, rompue aux affaires, aidée par sa fille Marguerite de Valois qui la valait bien. Les affaires du royaume seraient en de bonnes mains et, pour le coup, Charles Quint trouverait en face de lui la haine servie par une grande habileté. Ses ambassadeurs et ses espions ne lui avaient rien caché de tout cela, aussi adoucit-il les conditions de la captivité. Il consentit même à négocier. Mais ses exigences furent extrava-gantes. François en fut si choqué qu'il se dit, non sans raison, que, en vertu d'un principe de l'ancienne chevalerie, tous les engage-ments qu'il allait être obligé de prendre sous la contrainte seraient sans valeur. Il accepta donc de renoncer — quel crève-cœur ! — à toutes ses ambitions sur le Milanais et autres Etats italiens ; il accepta la cession de ses droits de suzeraineté sur l'Artois et les Flandres (cela n'engageait pas le domaine royal), il accepta même de céder la Bourgogne (simple clause de style assortie de restriction mentale), enfin il accepta le pire : en échange de sa liberté, il s'engagea à livrer ses deux fils qui viendraient le remplacer dans son cachot. Il avait failli y mourir, les deux petits princes résisteraient-ils ? Là était la plaie ouverte. Mais il signa tout... On verrait plus tard. Pour la Bourgogne[1], de toute façon, la cession était impossible, François Ier n'aurait pu la détacher du royaume, même s'il l'avait voulu. Il aurait eu tous les grands corps de l'Etat contre lui : son conseil, les Parlements, le ban et l'arrière-ban de la noblesse, le peuple même, informé dans les églises et sur les foires. Le fulgurant passage de Jeanne d'Arc dans le ciel français avait laissé des traces. Charles Quint traitait en féodal. François Ier ne l'était plus, il était le roi moderne d'une nation. Voilà ce que Catherine, un jour, devrait comprendre, car la politique du roi de

1. Quelque quatre cents ans plus tard, Hitler émit la même prétention. Coïncidence ou idée fixe ?

France ne ressemblerait pas aux subtils tripotages florentins. Charles Quint tenait par-dessus tout à la Bourgogne. Il l'appelait « notre pays » parce qu'il était le petit-fils de Charles le Téméraire dont il portait le nom : il raisonnait comme au temps des Croisades (Machiavel l'avait qualifié d'imbécile). C'est pour être sûr de récupérer « son » duché qu'il prit les enfants de France en otages.

Ce traité absurde et démodé, appelé traité de Madrid, le satisfit si bien qu'il donna en prime à François Ier la main de sa sœur, Eléonore d'Autriche. Comme celle-ci va être reine de France, nous devons la connaître car Catherine de Médicis, jeune épouse du dauphin, observa celle qui préfigurait le sort auquel semblait promise la jeune Florentine. Eléonore, veuve du roi du Portugal, se morfondait au fond d'un funèbre palais de Madrid. Elle attendait, en étouffant dans le terrible protocole de la cour d'Espagne, que l'empereur lui trouvât un mari. Comme dans le drame le plus sombre il se glisse parfois un rayon de joie, une douceur d'amour se glissait furtivement dans la triste vie de l'infante et dans le noir cachot du roi-chevalier. La bonne, la douce Eléonore faisait dans le plus grand secret des visites au prisonnier de Charles Quint. Si celui-ci avait surpris ce manège, la malheureuse aurait été murée à vie dans quelque couvent d'Estremadure. Eléonore, elle, n'avait rien d'une Vénus, elle était plutôt nabote, tassée sur le bas, mollasse, fondante et ornée de la lippe des Habsbourg. Elle n'avait jamais rêvé d'être aimée par un aussi beau chevalier. Pour lui, sevré de toutes les douceurs du monde, la nabote représentait la Femme. Avec elle, toutes les femmes de l'univers entraient dans son cachot. Imaginatif, sensuel et poète comme il l'était, cette présence ranimait en lui sa gaieté foncière, la délicatesse de son esprit de galanterie. La sœur de Charles Quint croyait au miracle en découvrant cet archange qui lui récitait des vers exquis et faisait l'amour comme Eros en personne. Une nuit, dans son délire amoureux, il lui dit qu'il l'épouserait : elle crut se pâmer. Pour l'achever, il ajouta : « *Vous êtes belle comme un ibis.* » Bien qu'elle n'eût jamais entendu parler d'ibis, elle défaillit de bonheur. Elle sut alors qu'elle était amoureuse de cet archange qui était roi de France de son état et qu'elle vivait, dans ce cachot, les plus belles heures d'un amour qui serait éternel. Quant au beau François, il fit plus tard de nombreuses variations sur le même thème sans plus se souvenir de l'ibis.

On devine que, lorsque Charles Quint, par son traité, offrit au roi d'épouser Eléonore, celui-ci accepta le cadeau avec quelque désinvolture : c'était bien la moindre des choses. On peut sans se tromper lire sur le visage de François l'esquisse de ce sourire narquois qui lui était si naturel et qui faisait son charme... Après tout, le mariage avec Eléonore pouvait bien être utile à un rapprochement entre les deux ennemis.

Le 21 février 1526, Charles Quint ouvre les portes du cachot du roi de France. Pendant plusieurs jours, à Madrid, les deux souverains jouent en public la comédie de la réconciliation, ils festoient, font leurs dévotions ensemble et s'embrassent en cérémonie. Il ne leur manque que la bénédiction de l'honnête Clément VII.

Le 17 mars 1526, François est devant la Bidassoa, sur la rive espagnole. En face, il peut voir ses deux enfants et leur garde qui vient les livrer en échange de sa propre libération. Ils montent dans une barque, leur père dans une autre. Ils se rencontrent au milieu de la rivière, dans une petite île. Leur père se précipite vers eux et les tient longtemps embrassés. Quand ils se séparent, les Espagnols emportent les enfants vers l'Espagne et François Ier va vers la France, son soleil. Avant de quitter la rive française, les deux petits princes ont été congratulés, caressés par leur escorte de seigneurs et de dames. Glacés d'effroi et dignes, ils se laissent faire, impassibles : ils apprennent à être roi. L'une des dames, la plus belle, embrasse longuement les enfants. Pour le plus jeune, Henri, ce baiser et cette beauté seront inoubliables.

Détail : la beauté en question s'appelle Diane de Poitiers, grande sénéchale de Normandie. Le destin vient de pousser un pion dans cette jeune vie... et dans celle de notre petite Catherine.

La vengeance de Charles Quint sur Rome terrifie Catherine pour la vie

De ces événements qui paraissent si éloignés de Rome et de Florence, du sort de ces jeunes princes qui ont l'âge de Catherine dépend le sort de notre héroïne. Elle ne les connaît pas, mais tout ce qui leur arrive va retentir sur sa vie. Tout ce que fait François Ier pour sauver son royaume et sa couronne, il le fait, sans le savoir bien sûr, pour cette petite fille presque aussi prisonnière en ce moment dans son palais de Florence que les petits princes à Madrid. Car Florence est alors en colère.

Très mal gouvernée par le cardinal Passerini qui exerçait le pouvoir au nom du pape, la cité se souleva contre les Médicis. Lorsque Hippolyte était venu à Florence, tout le monde avait cru qu'il allait gouverner la ville de ses ancêtres, qu'il épouserait plus tard sa cousine la duchessina, légitime héritière de Laurent le Magnifique. Cette solution aurait plu au peuple. Mais le tortueux Clément VII avait d'autres plans. Il écarta Hippolyte, que Catherine aimait tendrement et admirait. C'était un vrai Médicis séducteur, cultivé, habile. Lui aussi aimait sa jeune cousine, non parce qu'elle était belle mais parce qu'elle le charmait par son intelligence, son appétit de savoir, son goût pour les arts et ses manières gracieuses et très douces. Hélas ! il n'est plus question du mariage naguère projeté par le pape Léon X. Clément VII veut que Florence appartienne à un Médicis, mais ce sera son bâtard Alexandre le More et non l'autre. Choix détestable. Alexandre s'est fait haïr par ses scandales, sa dureté, son mépris pour les Florentins. Le moment était mal choisi d'exciter leur haine. La guerre venait d'éclater dans l'Italie du Nord, car la domination de Charles Quint devenait insupportable. En Italie, on tremblait dès que l'empereur se déplaçait avec ses mercenaires. Aussi, tout ce qui pouvait affaiblir l'empereur réjouissait non seulement François Ier mais les Etats italiens, même les souverains d'Europe dont Henri VIII d'Angleterre. Mais celui qui le haïssait le plus — encore que plus sournoisement que les autres —, c'était Clément VII. N'allait-il pas jusqu'à souhaiter la victoire des Turcs qui avaient envahi la Hongrie et menaçaient Vienne ? Le Saint-Père appelant la victoire du Croissant sur le plus catholique des souverains, c'était un comble.

Dès que François fut de retour à Paris, le pape pensa avoir retrouvé son allié contre l'empereur. Il eut l'idée d'une ligue dirigée contre Charles Quint mais pas ouvertement. Tout restait secret. Les ambassadeurs du Saint-Siège, de Florence, de Venise demandèrent simultanément audience à l'empereur. De façon fort pateline, ils lui firent cette honnête proposition : tous les Etats chrétiens s'uniront pour joindre leurs forces à celles de Charles Quint afin d'écraser les Turcs qui lui donnaient tant de mal en Hongrie et en Méditerranée. Il ne pouvait qu'accepter. Oui, mais la proposition était assortie de quelques conditions. La ligue chrétienne exigeait d'abord que l'armée de l'empereur quittât l'Italie, que Charles Quint renonçât à la Bourgogne et qu'il rendît les petits princes à la France. Il prit très mal l'affaire et renvoya les ambassadeurs. Les alliés n'attendaient que cette provocation. Ils envahirent la Lombardie et voici la guerre allumée. Charles Quint devait se battre sur deux fronts. La situation était critique et sa colère terrible. François Ier aurait pu alors avoir sa revanche : il ne l'eut pas. Sa légèreté, la douce vie de France, l'influence de ses femmes, les plaisirs de la liberté et du pouvoir retrouvés le détournèrent d'un grand dessein. Tel est le roi. L'envers de ses qualités humaines, c'est la faiblesse et l'inconstance de sa politique. Le nonce qui était à Paris à cette époque écrit de François Ier : « *Les choses agréables effacent en son esprit les pensées les plus graves.* » Au lieu de venir prendre la tête de l'armée de la ligue et surtout de la sienne, il laisse le commandement à Della Rovere — le duc d'Urbin, le vrai —, homme sans courage et sans talent. Charles Quint fait venir d'Allemagne une masse de reîtres et de lansquenets que Bourbon va commander. Au sud, la remarquable armée espagnole quitte Naples et remonte vers Rome. François Ier, que le pape appelle à l'aide, lui envoie cent mille ducats pour acheter des Suisses. Secours dérisoire. Henri VIII fera mieux ; il ouvrira un troisième front en attaquant les Pays-Bas espagnols.

Clément VII, sentant la partie perdue sur le plan militaire, au lieu d'acheter des Suisses, vire de bord et offre son alliance à Charles Quint. Trop tard, l'empereur est furieux, il sait maintenant que la ligue a été fomentée par le pape et il veut se venger. Rome est à sa merci. L'armée des reîtres, commandée par Bourbon, s'approche au nord de la ville sainte tandis que les Espagnols remontent de Naples. Clément VII, terrifié par l'armée de Bourbon, fait offrir à celui-ci une énorme rançon : on la juge insuffisante pour payer l'arriéré de la solde des reîtres qui, n'ayant pas vu un florin depuis des mois, menacent de se révolter et de tuer Bourbon. Pour contenir leur mutinerie, celui-ci leur offre de se payer eux-mêmes le plus largement en pillant la Ville éternelle. Quelle aubaine pour ces barbares déchaînés ! Charles Quint les laisse faire.

De toutes les horreurs de ce siècle — qui en compte cependant plusieurs de première grandeur —, le sac de Rome est sans doute la plus horrible. C'est un forfait si démentiel et si ignoble contre l'humanité, contre Dieu, contre la civilisation qu'il peut s'inscrire parmi les plus grands crimes de l'histoire européenne, engendré par les Européens eux-mêmes et accepté, sinon ordonné, par le souverain le plus catholique du monde, l'empereur du Saint-Empire et roi d'Espagne, Charles Quint.

L'assaut fut donné le 6 mai 1527. Les murailles, mal entretenues, ne résistèrent pas. Les hordes se jetèrent dans la ville défendue par quelques Suisses. Bourbon fut tué sur la brèche. Peu importe, la vague était lancée, elle déferla dans la ville sans défense. Et ce fut l'innommable pendant des jours et des jours. Le fanatisme religieux des reîtres luthériens ajoutait sa férocité à la soif de pillage et au plaisir de tuer, de torturer, de violer, de brûler. Leur chef, Frundsberg, montrait la chaîne d'or avec laquelle il se flattait d'étrangler le pape de ses propres mains. Avant de saisir le Saint-Père, on se vengeait sur une population innocente. On saccageait les églises et les couvents d'abord, puis les palais, puis tout et n'importe quoi pour le plaisir de détruire. On avait revêtu un âne de vêtements sacerdotaux, on le fit entrer dans une église et on voulut obliger un prêtre à donner à l'animal une hostie consacrée. Il refusa. On le découpa en morceaux devant l'autel. Les rues étaient jonchées de cadavres mutilés ; les œuvres d'art dont Rome regorgeait, victimes elles aussi, étaient brisées ou brûlées. Tout ce qui était or ou argent était volé. Les reîtres, revêtus de chasubles couvertes de sang romain, s'en allaient chargés d'or catholique. Combien d'œuvres d'art sans égales, combien d'irremplaçables manuscrits anciens périrent avec les misérables victimes ? Quant au pape, il survécut. Il s'était réfugié dans le château Saint-Ange. L'antique forteresse était réputée imprenable et elle le fut. Mais Clément VII demeurait prisonnier dans ses propres murailles. Du haut de la forteresse, il pouvait voir dans les rues les atrocités et les incendies, entendre les hurlements des suppliciés et des assassins et même les menaces de mort proférées contre lui. Pendant sept mois, il vécut ainsi en tremblant mais dans la rage de se venger.

Florence assiégée s'offre une nouvelle révolution et Catherine voit la mort en face

Que se passait-il à Florence pendant cette captivité ? Le sort de la ville importait plus à Clément VII que celui de Rome. Catherine, enfermée dans le palais Riccardi, écoutait les récits terrifiants du sac de Rome et les rumeurs menaçantes du peuple florentin. Pour cette petite Médicis nourrie dans l'admiration de l'art, de la poésie, des œuvres de l'Antiquité réunies par Laurent le Magnifique, le crime contre Rome n'était pas seulement commis contre la capitale pontificale et contre ses habitants, c'était un crime contre la patrie idéale des Médicis : l'art et l'intelligence. Les sanglantes horreurs et les ignobles sacrilèges perpétrés par les reîtres imprimèrent dans cette fillette sensible et fine une terreur ineffaçable. Désormais, le nom de reître ou de lansquenet fera surgir en elle les images insoutenables de Rome et de ses chefs-d'œuvre baignant dans le sang. Bien des années plus tard, la seule évocation des armées luthériennes lâchées à travers les villes et les campagnes de son royaume de France la feront frémir. Cette horreur de la violence sauvage expliquera certaines concessions, certains reculs inattendus de sa politique. On lui reprochera ses atermoiements, ses palinodies, ils seront moins souvent motivés par la roublardise que par la peur de la guerre et des mercenaires tudesques. Enfin, dans cette effroyable affaire, elle ne manqua pas d'écouter les commentaires de son entourage qui lui apprirent que Rome et le pape avaient été livrés aux hordes luthériennes par le très catholique roi d'Espagne. Cette surprenante conjonction de la politique et de la religion lui donnait déjà une sage leçon. Elle ne l'oubliera pas. Ce ne fut pas la seule qu'elle reçut cette année-là.

Lorsqu'on apprit à Florence que Rome avait été mise à sac et que le pape était prisonnier, le triste Passerini, qui ne tenait son pouvoir que de Clément VII, vit le peuple se soulever. On ne voulait plus des Médicis ni de leurs représentants. La seigneurie considérait que leur pouvoir était usurpé et qu'il fallait revenir à la tradition « démocratique » de Florence ; elle proclama la république. On laissa toutefois aux Médicis le droit de résider à Florence, on leur accorda même une exemption d'impôts pour cinq ans. Mais le peuple s'installa dans l'émeute permanente et la cité fut, une fois de plus, livrée à des bandes de pillards. La tante de Catherine, Clarice Strozzi, « l'homme de la famille », s'en prit à Passerini qu'elle accusa d'être la cause du désastre ; elle s'attaqua aussi violemment à Hippolyte et surtout à Alexandre jugés indignes du nom de Médicis. C'étaient les scandales d'Alexandre qui avaient fait détester leur famille alors que leurs ancêtres avaient su gouverner avec le peuple et s'en faire aimer. Elle les chassa du palais Riccardi et ne garda que sa nièce Catherine. Cette scène avait lieu pendant que l'émeute grondait aux portes du palais. Le cardinal Passerini et les deux Médicis eurent juste le temps de fuir par une sortie dérobée, ils purent quitter Florence avant d'être égorgés. Les portes cédèrent, la foule hurlante envahit le palais et commença le pillage. Catherine et sa tante restèrent les otages des révoltés enchantés de leur prise. Catherine fut confiée aux dominicaines de Santa Lucia qui la gardèrent sévèrement comme une prisonnière. Ces religieuses, « politisées », étaient favorables au nouveau régime et hostiles aux Médicis.

La peste, après la politique, s'introduisit bientôt au couvent. Il y avait déjà des milliers de morts dans la cité autour de Santa Lucia. Que les bonnes sœurs se guérissent si elles le peuvent, pensa la seigneurie, mais il faut sauver l'otage précieux. On retira donc Catherine des dominicaines pestiférées pour la confier à des bénédictines en odeur de sainteté dont le couvent, dit des Murates (les cloîtrées), était situé hors de la cité, de la peste et de la politique. Le transport de la duchessina se fit de nuit, en grand secret. Les sœurs de saint Benoît l'accueillirent avec joie, admiration et affection : elles aimaient les Médicis. Ce coup de peste fut une bonne affaire pour Catherine, elle allait être choyée pendant sa détention qui devint un des plus doux moments de sa vie. Les saintes femmes, absolument recluses, ne savent que faire pour cet enfant ; elles lui trouvent toutes les qualités qu'elle a : l'intelligence, le sérieux, la grâce des manières, la douceur et l'art de séduire. Et même la beauté qui lui manque : Catherine a un visage poupin, un teint mat très blanc et sans fraîcheur, la bouche épaisse, la paupière lourde et les yeux globuleux des Médicis. Elle n'a rien de sa mère, la ravissante Madeleine de La Tour d'Auvergne. Si, pourtant, elle en a la grâce, pas la beauté. La Fontaine dira : « *Et la grâce plus belle encore que la beauté.* » Catherine saura s'en servir. Déjà, aux Murates, elle sait en tirer parti, elle se laisse cajoler et gâter. Les religieuses ont des provisions qu'on peut dire providentielles en ce cas. Elles lui préparent des petits gâteaux, chose rarissime, car la ville assiégée est affamée. Elles poussent la délicatesse jusqu'à donner à leurs pâtisseries la forme des armoiries des Médicis : Catherine croque les « pilules » héraldiques et sucrées de son blason. Les bruits du monde en fureur s'arrêtent aux murailles des Murates.

Pas pour longtemps. La vie dévote et douillette de l'héritière des Médicis ne tient qu'à un fil, et le fil, c'est Clément VII qui en dispose et il n'est pas près de le lâcher. Après sept mois de rage, il a réussi à s'évader, c'était peu de jours avant l'internement de Catherine chez les Murates. Vêtu de loques et pourvu d'une fausse barbe, un panier au bras, un sac misérable sur le dos et sur la tête un chapeau en lambeaux, le Saint-Père a pu quitter Saint-Ange et Rome et, grimpé dans une charrette, gagner son domaine d'Orvieto.

Comme il a de la suite dans les idées et peu de rancœur pour ce qui vient de se passer à Rome, il entre en rapport avec Charles Quint : il lui fait des offres ! Voici le marché : que l'empereur débarrasse Florence des rebelles, mate la ville et rétablisse les

Médicis ; en échange, le pape couronnera Charles Quint empereur et roi des Lombards (cela flattera la mégalomanie de son farouche ennemi... d'hier). En outre, pour l'associer au coup de force contre Florence, il lui offre de faire épouser une bâtarde de Charles Quint, Marguerite d'Autriche, par son propre bâtard, Alexandre le More. Pour assurer leur élévation aux regards des autres Etats, Sa Majesté impériale fera d'Alexandre, duc héréditaire, le souverain de Florence. Pour parvenir à ses fins, ce même Clément, qui vient à peine d'échapper à l'étranglement par un reître, loue pour dix mille florins les services des mêmes mercenaires pour assiéger Florence et la piller. La cité des Médicis livrée aux barbares par un Médicis, pape de surcroît, c'est probablement surpasser Machiavel.

Cela, Catherine ne l'apprendra que plus tard : on voit que dans sa propre famille elle avait des modèles de très haute politique. Loin de ces calculs criminels, Catherine vit parmi les anges. Un demi-siècle plus tard, reine de France, elle fera encore des dons à ses chères Murates et leur écrira : « *L'enthousiasme infaillible avec lequel vous servez Dieu, l'intégrité et la pureté de la vie que j'ai, dans mon enfance, maintes fois observées dans votre couvent — où peut-être certaines de celles qui m'ont connue petite fille sont encore en vie — me poussent à vous témoigner ma gratitude pour les saintes prières que vous ne cessez d'offrir pour l'âme du roi mon mari et pour moi-même.* »

Hors de ce cloître, c'est l'enfer. Plus le siège dure, plus la population souffre et plus elle est violente. Dans cette ville enragée, une rumeur se répand : les Médicis et les Murates complotent contre Florence. C'était vouloir leur mort. A la seigneurie, on en discute. L'un des membres de l'honorable assemblée propose d'exposer Catherine sur les remparts où elle sera immanquablement tuée par les assiégeants payés par son oncle. Un autre suggère de l'enfermer dans un bordel et de la livrer aux soldats. La preuve de la trahison ? Les Murates font des gâteaux ronds à l'image des armoiries des Médicis. Crime inexpiable. Le 19 juillet 1530, en pleine nuit, la seigneurie vient ébranler la porte du couvent. Des sénateurs en personne exigent qu'on leur remette Catherine. On meurt de peur à l'intérieur mais on n'ouvre pas. On parlemente, on prie, on supplie, tant et si bien que les religieuses obtiennent un sursis jusqu'au matin. Catherine vient d'avoir onze ans, elle n'a pas perdu son sang-froid. Elle se fait tondre, elle prend le voile et l'habit et dit, très résolue : « *Ils n'oseront pas m'emmener, on les accuserait d'enlever une religieuse à son cloître.* » Elle avait encore des illusions. Quand les sénateurs et leurs hommes se présentent, Catherine refuse de les suivre : « *J'appartiens au couvent, je n'en sortirai pas.* » On la saisit dans son déguisement, on l'enlève et on va l'enfermer dans le couvent « bien-pensant » de Santa Lucia où l'on ne fait pas de musique ni de gâteaux ronds mais où l'on invoque plus volontiers Savonarole que saint François d'Assise. Toutefois, elle y est à l'abri des violences de la rue.

Par chance, le prince d'Orange, qui commande les assiégeants, est tué. Ses troupes sont lasses et démoralisées. Les assiégés, eux, sont trahis par leurs propres chefs, le peuple est affamé, à bout de forces. Des deux côtés, on veut en finir. Florence se rend. Alexandre le More s'empare brutalement du pouvoir et Catherine, tout simplement, reprend le chemin des Murates et retrouve les pâtisseries et les offices chantés par des voix célestes.

Elle a échappé à la mort, au viol, à la torture. Elle aussi apprend à régner dans un siècle ensanglanté.

Le bel Hippolyte évincé, le pape cherche un mari pour Catherine

Dès que Florence fut libérée, Clément VII rappela sa « nièce ». Rome avait déblayé ses ruines, enterré ses morts, restauré ses fresques et ses statues et fait briller ses dorures, la ville sainte pouvait de nouveau accueillir les pèlerins de toute la chrétienté dans une éternelle *fiesta* un peu chrétienne, un peu théâtrale et un peu païenne mais d'une beauté admirable en toutes façons.

Catherine habite chez sa tante Lucrèce Salviati, sœur de Léon X, qui héberge également son aimable cousin Hippolyte devenu cardinal de Médicis par la grâce de Clément VII : il l'a éloigné ainsi des ambitions politiques que ce trop brillant rival d'Alexandre pourrait bien manifester. Suriano, ambassadeur de

Venise, n'a pas manqué de noter que le jeune cardinal était jaloux d'Alexandre. Il le soupçonne de vouloir envoyer sa pourpre cardinalice au diable afin d'épouser la duchessina qu'il aime et dont il est aimé. Elle a onze ans mais, au xvie siècle et à Rome, c'est l'âge des grandes passions et des grandes envolées. L'ambassadeur nous a tracé un portrait d'elle à l'époque ; il ressemble à ceux que d'autres témoins ont laissés : des manières douces et gracieuses, une grande affabilité envers son entourage, mais « *elle est petite et maigre et ses traits ne sont pas fins* (on sait qu'ils sont franchement lourds), *enfin elle a les yeux saillants* ». Et elle les aura de plus en plus saillants. Un Milanais dit qu'il l'a vue deux fois à cheval. En effet, elle s'exerce à l'équitation non sans adresse. Elle ne se farde pas, dit-il, et il la trouve un peu lourde (il doit parler du visage car elle est maigre de corps). « *L'ensemble est d'une fillette qui ne sera pas femme avant un an et demi.* » Ce Milanais a des vues bien précises car il pense certainement à un mariage dont on parle à Rome autour du Vatican. Enfin il a remarqué, comme tous ceux qui ont approché Catherine, « *des sentiments élevés et, pour son âge, beaucoup d'esprit et d'intelligence* ».

Elle va cultiver ses dons avec application.

Le palais Salviati (il existe encore sous le nom de palais Madame) était une splendeur : ses marbres et sa bibliothèque étaient très admirés. C'est là qu'avec Hippolyte elle s'instruisit. Rome entière, ses palais, ses églises, la Sixtine, les jardins peuplés « d'antiques » que les papes collectionnaient, offraient à leurs regards le musée le plus riche du monde. Ils pouvaient admirer la gigantesque construction de la basilique Saint-Pierre, les ruines romaines qui ne l'étaient pas moins. Tous ces monuments de marbre et de pierre, leur souveraine grandeur et leur beauté inspirèrent à Catherine une admiration profonde qui fit d'elle un bâtisseur remarquable de palais.

Hippolyte, en bon Médicis, ne se contentait pas des beaux-arts, il intriguait à Florence afin de provoquer un mouvement populaire en sa faveur et contre Alexandre ; il pensait ainsi s'emparer du pouvoir qu'il jugeait injustement dévolu à son moricaud de cousin. Ses intrigues n'eurent aucun succès : les Florentins, las des guerres politiques, ne s'enflammaient plus ni pour ni contre la

république ou les Médicis, leur passion démocratique était bien
éteinte. Personne ne bougea, sauf le pape qui réagit en priant
sèchement Hippolyte de ne plus se mêler des affaires de Florence.
Pour être sûr d'être obéi, il fit de lui son légat en Hongrie.
Hippolyte, au lieu de se présenter en capa magna, se déguisa en
Magyar et c'est ainsi que le Titien l'a peint : le chef orné d'une
superbe aigrette de diamants. Quand il rentra à Rome, il s'était
composé une escorte de cavaliers turcs, indiens et mongols du plus
bel effet. Quand on dit que Rome est un théâtre, on ne force pas la
vérité. Qu'on imagine cet escadron bariolé, barbare et somptueux
piaffant autour d'Hippolyte, magnifique dans ses atours orientaux
— magnifique et peu rassurant. Tel était ce cardinal romain encore
adolescent qui aurait pu régner sur Florence avec sa cousine
chérie.

Ce fut Catherine que le pape envoya à Florence pour légaliser,
en quelque sorte, le pouvoir contestable d'Alexandre le détesté —
car c'était elle l'héritière légitime. Elle avait frôlé un terrible
danger : son « bon oncle » aurait été capable de la marier à
Alexandre s'il n'avait déjà conclu avec Charles Quint le marché de
marier son favori à Marguerite d'Autriche. Catherine avait été
sauvée de ce mariage, Clément VII lui en prépara d'autres. Il ne
manquait pas de projets entre lesquels il balançait. Donnerait-il la
duchessina à Hercule d'Este, prince de Ferrare ? Ou à Jacques V,
roi d'Ecosse, que lui avait proposé le duc d'Albany, oncle de
Catherine et tuteur de Jacques V ? Ou à un bâtard d'Henri VIII
d'Angleterre ? Il la promit au prince d'Orange assiégeant Florence
afin de l'encourager à bien piller ses compatriotes florentins.
Orange fut tué, Catherine échappa à ce prétendant et Clément VII
à sa promesse et au versement de quatre-vingt mille écus. Tout
semblait sourire à ce pape : Florence était prise et soumise aux
moindres frais. Il pensa un instant donner sa nièce à Della Rovere,
le vrai duc d'Urbin, ce qui aurait enfin permis à Catherine d'être
duchessina légitime et légale. Mais ce parti n'était pas à la hauteur
des ambitions pontificales et, après tout, Catherine était déjà
duchessina par habitude. Il se présenta un autre parti, plus
reluisant, le duc de Milan, François Sforza. Mais, le malheureux
étant écartelé entre deux ogres, le roi de France et l'empereur, la

possession de son duché était des plus incertaines : il fut rejeté comme les autres.

Catherine, en 1530, n'avait que onze ans. Son bon « oncle » pouvait donc la garder quelque temps en réserve pour un meilleur emploi.

La paix des Dames, ou comment deux haines conjuguées font une bonne paix

Sa captivité n'avait rien changé à la politique de François Ier. Il tenait toujours autant à l'Italie qu'à l'intégrité de son royaume. Des engagements pris à Madrid, il n'en respecta aucun (même pas le mariage avec la douce Eléonore qui se mourait d'amour en attendant). Il était infiniment plus avantageux pour lui d'être fidèle au vieux principe de chevalerie qu'à ses promesses. Donc pas de Bourgogne pour Charles Quint qui, lui, invoquait le parjure. Il avait repris le Milanais que François Ier aussitôt s'acharnait à lui reprendre. L'empereur, après Pavie, avait renforcé son pouvoir sur tous les Etats italiens et sur le royaume de Naples que François, incorrigible, convoitait encore malgré ses déboires. Il comptait beaucoup sur la haine des Italiens contre les Impériaux mais était en partie paralysé par Charles Quint qui détenait un atout maître : il gardait en otages les deux fils de France, le dauphin François et son cadet Henri d'Orléans. A ce sujet, de mauvais rapports étaient venus de Madrid sur la cruauté de leur détention qui ressemblait à une odieuse vengeance. Ces rapports n'étaient pas faux. En 1529, le sieur Bordin, notaire à Paris, avait été envoyé par Louise de Savoie pour s'informer sur l'état des enfants royaux. On lui interdit de voir les petits princes. Il devait leur remettre deux toques de velours, on les lui prit, on les montra aux enfants et on les confisqua. On refusa à Bordin de mesurer la taille des petits prisonniers que leur père avait demandée. On refusa sous prétexte que Bordin voulait exercer un sortilège. Sadisme, bêtise et méchanceté. Bordin, en secret, put cependant être introduit dans le cachot de ses petits princes : il les trouva assis sur un banc de pierre creusé dans l'épaisseur de la muraille, à l'endroit d'une étroite fenêtre obstruée par une double grille de fer. Ils se tenaient là pour avoir un peu d'air et de lumière. Charles Quint avait fait disparaître les domestiques français que leur père leur avait donnés. Les uns avaient été vendus comme esclaves, les autres tués. Les enfants vivaient dans une solitude totale, ils avaient perdu l'usage de notre langue et ne comprenaient que quelques mots d'espagnol. Ils avaient pour seule distraction de dessiner sur les murs. A vrai dire, ils en avaient une autre, rare et précieuse : Eléonore, en souvenir des douceurs du cachot du père, venait, à grand péril pour elle, apporter quelques nourritures, leur parler français et leur chanter des ritournelles. Les pauvres enfants restaient sans voix : la solitude, la faim, la faiblesse les tenaient comme hébétés. A ce spectacle, Bordin pleura.

On imagine les sentiments de François Ier, de Louise de Savoie, de la cour et du peuple lorsque ces nouvelles se répandirent. Désormais la guerre entre les deux Grands n'était plus seulement une affaire d'Etat mais de haine personnelle. Les deux souverains s'insultaient par l'intermédiaire de leurs ambassadeurs. François provoqua même Charles Quint en duel selon toutes les règles de la chevalerie. L'autre lui répondit de même mais le duel n'eut pas lieu. Cependant, la guerre avait complètement épuisé les deux rivaux. Financièrement, ils étaient à bout de souffle. En outre, Charles Quint avait en Allemagne de graves difficultés avec les princes luthériens qui refusaient de reconnaître l'autorité impériale. En vertu de son titre et de son catholicisme intransigeant, il voulait en finir avec l'hérésie. Pour cela, il lui fallait un répit avec François Ier. Celui-ci ne manifestait alors aucune animosité ni intolérance contre l'hérésie, il encourageait même les luthériens dans leur lutte contre Charles Quint et il se fit d'eux des alliés. Il fit mieux encore : il signa un pacte avec les Turcs, ce qui horrifiait son ennemi mortel mais avait pour effet de rabattre ses prétentions sur la France.

Comment faire la paix ? Les deux souverains se haïssaient si fort qu'il était impossible qu'ils se tinssent face à face. Chacun d'eux chargea de ses intérêts une personne de sa famille capable de la défendre et d'aboutir à un compromis honorable pour les deux parties. François, bien sûr, choisit sa mère (à moins qu'elle ne se fût choisie elle-même). Quant à l'empereur, il délégua sa tante, Marguerite d'Autriche, fille de l'empereur Maximilien de Habsbourg et de Marie de Bourgogne de qui elle tenait le dangereux attrait, partagé avec Charles Quint, pour cette province française. En outre, elle gouvernait les Pays-Bas d'une manière remarquable, dépourvue de toute faiblesse. En tous points, elle était bien digne d'affronter l'incomparable mère du roi qui, elle, avait gouverné la France pendant la captivité de son fils et continuait : François ne prenait jamais une décision sans elle, elle en prenait parfois sans lui. Ces deux négociatrices étaient de façon égale armées par la haine. Marguerite d'Autriche haïssait la France non seulement en tant que Habsbourg mais en souvenir d'une offense que la cour de Charles VIII lui avait infligée jadis. Elle aurait dû, par traité, épouser le roi. Elle avait été amenée en grande pompe à la cour de France en qualité de future reine et reçue comme telle. Elle avait vécu un rêve merveilleux dans les châteaux de la Loire et, au bout de deux ans de magnificence, on l'avait renvoyée comme elle était venue chez son frère l'empereur. Son promis avait épousé Anne de Bretagne. Louise de Savoie avait en face d'elle une ennemie implacable.

Louise n'était pas en reste contre les Habsbourg : Charles Quint avait traité son fils adoré, le plus beau, le plus aimable, le plus courageux, le plus cultivé roi du monde, comme un prisonnier de droit commun. En ce moment même, ses deux petits-fils subissaient une captivité affreuse. Ces raisons passionnelles pour l'une et l'autre n'allaient pas faciliter la négociation. Leur rencontre eut lieu à Cambrai. Elles s'affrontèrent comme deux harpies. Un témoin note qu' « *elles manquèrent plusieurs fois de se prendre aux poils* ». Comme le bon sens politique leur revenait ensuite, elles réussirent à établir un vrai traité de paix qu'on appela en toute candeur « la paix des Dames ». Il fut signé à Cambrai le 3 août 1529.

Les clauses étaient dures : François Ier renonçait à toutes ses possessions italiennes — en France même, il perdait ses droits de suzeraineté sur l'Artois et les Flandres qu'il tenait des premiers capétiens. En plus, il devait rembourser à Henri VIII les sommes

énormes que Charles Quint avait empruntées à l'Angleterre.
Enfin, humiliation suprême, le roi devait indemniser les héritiers
du connétable pour les biens que Louise avait fait confisquer et
gracier les détenus prétendument complices du « traître » (en
particulier Jean de Poitiers, sire de Saint-Vallier, père de Diane de
Poitiers, ce qui ne fut pas sans importance pour l'avenir de notre
Catherine). Néanmoins, les terres et seigneuries confisquées
restaient acquises à la couronne. Sur ce sujet (en payant très cher),
François Ier marquait un point contre la féodalité survivante :
l'immense domaine du duc de Bourbon rassemblé par la fille de
Louis XI, Anne de Beaujeu, était définitivement démantelé. De la
trahison du connétable, François Ier tirait finalement un prodigieux bénéfice pour la couronne.

Restait la libération des petits princes. A force de marchandages
et d'intimidation (elle évoqua ses alliances avec les luthériens et
avec les Turcs qui attaquaient l'Empire et les corsaires qui
coulaient à qui mieux mieux les galions chargés d'or des Incas),
Louise fit baisser le montant de la monstrueuse rançon de ces
misérables enfants. Charles Quint, dans sa rage, l'avait fait monter
à quatre millions d'écus d'or. C'était inimaginable. Elle fut
ramenée à deux millions quatre cent mille. Jamais la France ni
même l'Europe, à cette époque, n'aurait pu trouver pareille masse
d'or. Louise rappela à son cher fils que Charles Quint lui avait
offert la main d'Eléonore. François se souciait peu d'épouser cette
pauvre infante disgraciée. Sa favorite, Anne de Pisseleu, aussi belle
qu'âpre, intrigante et dominatrice, l'engageait à refuser l'infante.
Sa mère lui chanta une autre chanson : s'il épousait, comme
convenu, Eléonore, on pouvait faire valoir que la dot de celle-ci
serait retenue sur la rançon des enfants royaux. Au lieu de payer
deux millions quatre cent mille écus d'or, on n'en verserait qu'un
million deux cent mille. François Ier se souvint qu'il était roi et
accepta le mariage pour épargner un million deux cent mille écus à
son pays. Après tout, Eléonore ou une autre, il devait se marier et,
avec celle-ci, il était sûr que le ménage royal serait paisible. Un ibis
n'est pas un aigle. Enfin, il y avait la clause qui faisait accepter
toutes les autres, qui soulageait le roi et la France : Charles Quint
renonçait définitivement à la Bourgogne. Au fond, il ne perdait

rien, il avait fini par comprendre que la Bourgogne, il ne l'aurait jamais.

La plus heureuse dans cette affaire était la dame numéro trois qui n'avait pas eu voix au chapitre, dont le sort avait été réglé par les deux autres, c'était Eléonore. Quand elle apprit que François Ier allait l'épouser, il lui échappa un mot d'amour étonnant qui faisait fi de la politique, de l'argent, de toute réalité et même de l'oubli de son prétendant qui, durant quatre ans, ne lui avait pas donné signe de vie ; pas un billet doux, pas le moindre quatrain de ces vers charmants qu'il avait promis de lui envoyer. Eléonore pardonnait tout. « *S'il m'épouse, c'est qu'il m'aime* », s'écria-t-elle. Jamais amour ne fut plus vrai, jamais conclusion ne fut plus fausse.

La liberté pour quatre tonnes d'or !

L'annonce de la paix suscita l'enthousiasme, néanmoins il fallait trouver l'or de la rançon. Dans un premier bon mouvement, la noblesse offrit le quart de son revenu. Mais son second fut de ne rien payer. On la taxa du dixième. Quant au gros de la somme fabuleuse, il fut fourni par le gros de la nation, c'est-à-dire par la taille, impôt payé par toute la roture. Cet impôt, déjà lourd, fut doublé en l'occasion. Le sacrifice demandé au peuple était effrayant.

Dès que le montant de la rançon fut réuni, une longue file de mulets chargés d'or se mit en route pour Bayonne. Ils y arrivèrent peu à peu. Des commissaires espagnols étaient présents pour vérifier la cargaison, compter et peser pièce à pièce. Certains écus avaient été grattés, il fallut les remplacer. François Ier, furieux de cette fraude, fit rechercher les coupables. Ils furent pendus.

Un Anglais envoyé de Henri VIII assistait à l'opération et devait prélever la part de son maître selon les engagements pris au traité de Cambrai. Montmorency représentait le roi. Il put assister à une sorte de miracle : Henri VIII renonçait aux cinq cent mille écus d'or et il rendit même le joyau que François Ier avait donné en gage. Pourquoi cette générosité inexplicable ? Parce que le roi d'Angleterre voulait répudier sa femme Catherine d'Aragon pour épouser sa favorite Anne Boleyn. Il suppliait sans succès le pape d'annuler son mariage. Il comptait sur le prestige et la complaisance de François Ier pour emporter la décision de Clément VII. Les petits cadeaux facilitent en général les négociations, sauf en cette triste affaire où tout le monde fut perdant, comme on le verra.

Ces minutieuses vérifications durèrent quatre mois. François Ier, installé à Bordeaux avec la cour, attendait un message pour se mettre en route afin de retrouver ses enfants, d'accueillir et d'épouser Eléonore. Ceux-ci arrivèrent sur la rive espagnole de la Bidassoa le 1er juillet 1530. Les petits princes et leurs gardiens espagnols prirent place dans une barque. Eléonore et ses suivantes attendaient dans une autre. L'infante ne devait débarquer que lorsque la totalité de la rançon serait déposée sur le sol d'Espagne. Sur la rive française, on chargea plusieurs barques de sacs d'écus : quatre tonnes d'or ! Cette masse incroyable de sueur, de larmes et de sang allait passer aux mains de Charles Quint qui pourrait toujours s'en servir pour fomenter une nouvelle guerre contre la France. Elles coûtaient cher la défaite de Pavie et la « trahison » du connétable de Bourbon !

Les barques se détachèrent simultanément des deux rives opposées et se rencontrèrent au milieu de la rivière sur la petite île des Faisans. L'échange des enfants royaux se fit dans la plus grande méfiance et sans cérémonie. L'or partit pour l'Espagne et les enfants pour la France. La barque d'Eléonore suivit le mouvement. Quel pays, quelle cour, quel roi allait-elle découvrir ? Elle ignorait tout, sauf que son mari était beau.

Madame Infante, *voici votre nouveau royaume*

Le pays et le roi sont ceux que Catherine de Médicis va bientôt découvrir à son tour. La noblesse féodale s'enfonce depuis Louis XI dans son déclin. Les terres ne rapportent qu'à ceux qui les cultivent eux-mêmes (c'est-à-dire qu'ils les font cultiver par des

journaliers). Les gros fermiers (on les appelle « laboureurs ») et
les riches bourgeois propriétaires s'enrichissent tandis que
l'ancienne noblesse chevaleresque, qui a donné ses terres selon
les baux du XIIe ou du XIIIe siècle, perçoit des redevances
dérisoires évaluées en monnaie de ces temps révolus, alors que
l'afflux d'or et d'argent des Amériques vient de provoquer, au
XVIe siècle, une dévaluation considérable de la monnaie. Cela a
été une véritable révolution financière. Les nobles en ont été les
premières victimes, beaucoup ont vendu leurs terres inutiles et
se sont mis au service du roi. Cependant leur soumission est loin
d'être acquise, le souvenir de leur grandeur passée est toujours
vivace, le réveil de l'orgueil les fait volontiers recourir à la
violence pour s'affirmer contre le pouvoir royal quand ils en
trouvent l'occasion. Ces occasions ne leur manqueront pas,
même si elles sont mauvaises.

Quant à l'Eglise de France, elle est entre les mains du roi
depuis le Concordat de Bologne signé en 1516 par le pape et
François Ier. Celui-ci distribue ou retire à sa guise les « bénéfices » des immenses biens de l'Eglise. Il les attribue aux cadets
des grandes familles ou parfois aux bourgeois qui le servent
bien. Quand ses finances vont mal, il opère sur les biens
ecclésiastiques des prélèvements qui nous paraissent aujourd'hui
exorbitants. Le clergé crie, se plaint à Rome en pure perte et il
paie. Il s'agit, bien sûr, du haut clergé : évêques et abbés de
richissimes abbayes. Le bas clergé, surtout dans les campagnes,
vit dans un état presque misérable, il est souvent d'une ignorance incroyable et sa conduite n'est pas toujours digne de son
sacerdoce — mais cela est une idée de notre temps et non du
XVIe siècle ; or, justement les temps vont changer et les idées sur
le clergé aussi. Cet état lamentable de l'Eglise est général en
Europe, en France sans doute un peu moins dégradé qu'ailleurs
mais le mal est grand et le pauvre peuple n'est guère soutenu, ni
matériellement ni spirituellement. Cela ne l'empêche pas de faire
des enfants : six, huit, dix par foyer, dont la moitié à peine
survit. Les survivants ? Les guerres, la soldatesque de tous
bords, la peste, la variole, la famine dépeuplent des contrées
entières. Ceux qui restent travaillent dur ; il suffit de quelques

années de paix et de quelques bonnes récoltes et les voilà sauvés. La France est le seul pays où, de loin en loin, le bas peuple peut manger du pain blanc.

Tout cela, c'est le fond du décor. Eléonore n'en vit rien et Catherine n'en vit guère davantage en débarquant : elles vivaient sur le devant de la scène où s'épanouissait le plus brillant renouveau de la civilisation occidentale. On l'a appelé Renaissance. Pour la France, la Renaissance c'est François Ier et sa cour. Florence, on l'a vu, avait presque deux siècles d'avance sur les Gaulois. Le roi, comme sa mère et sa sœur Marguerite, était fasciné par l'Italie. C'est la beauté des arts qui servit d'appât : elle était irrésistible. Cependant, l'apport le plus explosif de la nouvelle civilisation n'apparut pas tout de suite. On n'en eut conscience que lorsque l'explosion eut bouleversé les consciences. Cette explosion, c'est la liberté de juger, la raison raisonnante, la libre expression de toute pensée, sans respect pour les dogmes religieux, pour les systèmes philosophiques, pour les principes et les traditions sur lesquels reposaient les institutions jusqu'alors indiscutées. Cette grande flambée d'intelligence prit le nom d'humanisme et jeta tous ses feux avec la jeunesse du roi. Il avait vingt et un ans à Marignan en 1515 ! Il rayonnait comme un soleil sur la jeunesse de la France qui adorait ce chevalier magnifique et libéral, l'imitait en tout et se fit hacher pour lui à Pavie.

Autour de lui et par lui se crée un nouveau type de seigneur, un Français en mutation, un Gaulois italianisé, le *courtisan*. Un Florentin vient de publier un livre fameux, *El Cortegiano*. L'homme de cour y trouve son nom et son code de vie : il faut plaire et d'abord à son roi. François Ier et ses seigneurs, éperdus d'italianisme, se sont mis à cette école. On raffine sur tout : sur les manières, sur les vêtements, le langage, les armes, l'amour, la poésie, la musique, l'architecture, l'ameublement et même la cuisine. A vrai dire, les Français imitent en se forçant un peu. Leur naturel reparaît souvent sous les apparences. Les gracieusetés de cour n'empêchent pas ces beaux seigneurs ni même leurs belles dames de faire de leur siècle un temps de brutalité inouïe. Les velours, les dentelles, les parfums, les bijoux, le goût des vers et de la musique, du latin mis en français, des contes raffinés et érotiques coexistent de façon terrifiante avec ce que les mœurs féodales ont de plus barbare. Il est stupéfiant de découvrir dans ces hommes et ces femmes une intelligence, un charme plein de noblesse, des élégances et des grâces insurpassables entremêlés à des éclats de violence sanguinaire, à des ruses de bandits et à des cruautés atroces.

Jamais peut-être l'homme n'a été plus totalement lui-même qu'en ce siècle de la Renaissance : tous les dons de l'intelligence se sont épanouis en même temps que les instincts de fauves qui sont en nous. Jamais les supplices n'ont été aussi nombreux et aussi pervers dans le raffinement qu'en ce siècle brillant. Tout brille en effet chez les contemporains de François Ier et de Catherine, tout, sauf la morale. Du Saint-Père au dernier des lansquenets luthériens, on peut tout se permettre contre son prochain dès qu'il gêne, parfois parce que sa façon de penser déplaît ou qu'on le soupçonne de prier autrement que soi, ou parce qu'on envie son bien ou sa femme ou tout simplement parce qu'on a été payé pour le tuer. Pas l'ombre d'un regret. Un massacre en appelle un autre et on recommence. Sur ces horreurs jetons le manteau de la religion ou celui de la Réforme, l'un vaut l'autre. Et voilà le crime justifié, glorifié, sanctifié.

L'érotisme va de pair, on raffine sur tout. Les débauches les plus folles suivent avec le plus grand naturel les actions de grâces, les viols succèdent aux processions, les églises sont le théâtre de vraies bacchanales. Cela dit, les âmes sont pures de tout repentir. Pour le reste, toutes les passions y cohabitent, sauf l'hypocrisie, le faux sentimentalisme, le romantisme et le puritanisme du XIXe siècle. Aussi, ces seigneurs et leurs femmes, qui leur ressemblent en tout et parfois les surpassent en esprit, en culture et en cruauté, vivent avec un parfait naturel leurs plaisirs intellectuels et leurs passions sanglantes. Ils sont d'une santé morale sans défaut parce que ce sont des êtres complets, sans freins, sans frontières morales et d'un courage qui ne cède jamais, même à la mort violente qu'ils savent recevoir autant que donner. Les fioritures d'*El Cortegiano*, les courtisans français les réussirent assez bien parce qu'ils étaient doués pour tout, même pour la « mode ». Or, ce fut pour eux surtout une « mode » que de traduire des vers latins ou des contes

italiens. De faire des vers et des chansons, de soupirer poétiquement pour leur « dame » alors qu'ils venaient d'en violer une autre
entre deux portes. Leur vraie vocation était de faire la guerre, de se
battre en duel, de comploter ou d'organiser des coups de main. Ils
ne se méfièrent pas assez de cette « mode ». Ils discutaient de
poésie, de philosophie et de théologie avec esprit en pensant qu'ils
se débarrasseraient de tout cela au cours d'un bel attentat, d'une
passe d'armes bien meurtrière et d'une folle orgie. Ces beaux
chevaliers avaient déjà perdu leurs fiefs, ils ne savaient pas qu'à la
cour, à l'ombre du roi, ils perdaient leurs âmes. Au xviie siècle, ces
terribles comploteurs ne seront plus que les domestiques de Sa
Majesté, encasernés à Versailles.

En 1530, ils remuaient encore mais le plus brillant et le plus
parfait chevalier des temps nouveaux, c'était François Ier. Humaniste, il ne s'embarrassait pas d'idées reçues : il les accueillait
toutes pourvu qu'elles fussent ingénieuses et plaisantes. Il recherchait la compagnie des bourgeois cultivés, des nouveaux anoblis,
des artistes, des lettrés, des imprimeurs. Cela est tout à fait neuf :
il suffisait, pour lui plaire, d'avoir un talent, du goût, de l'esprit et
un air de gaieté. Les manières pleines de bonne grâce et même de
bonhomie qui lui étaient naturelles cachaient aussi un calcul
politique : aucun roi n'a anobli autant de roturiers. D'abord il
faisait payer très cher les charges anoblissantes, le Trésor y
gagnait. Ensuite il créait une classe de noblesse nouvelle, classe
obéissante, servante dévouée de la couronne, bien plus rassurante
que la grande noblesse toujours crêtée d'insolence. En somme,
l'héritier de Louis XI continuait son œuvre. La manière changeait,
le sourire était nouveau, la main de fer était la même. Il est bien vu
du roi que ces nouveaux familiers amènent à la cour leurs femmes
et leurs filles à condition qu'elles soient aimables, dansent et
chantent. Catherine sera étonnée de la liberté dont jouissent les
femmes à la cour de France.

Le roi a le goût de la fête, de la joie, il aime les vêtements
somptueux pour lui et pour son entourage. Pour l'approcher,
hommes et femmes sont parés comme des châsses, couverts de
joyaux. Au cours des fêtes, dans ses châteaux où il accumule les
œuvres d'art, tableaux et statues achetés en Italie et tapisseries des

Flandres, il fait succéder aux ballets et aux festins des jeux de plein air — nous dirions des sports. Les plus violents ont sa préférence, il y excelle. Parfois, la brutalité devient absurde comme cette bataille avec des tisons enflammés au cours de laquelle un de ses gentilshommes lui brûla la joue si fort qu'il laissa pousser sa barbe pour cacher la cicatrice. Toute la cour se mit à porter la barbe. Rien n'aurait pu l'empêcher de se livrer à ces exercices. Sa haute taille, sa force, son audace faisaient de lui un véritable champion à la lutte, au saut, à l'épée, à la paume et aux joutes des tournois. C'était, en outre, le plus charmant compagnon dans les jeux et à la guerre. De naissance, il était gai, dépourvu d'acrimonie. Il lui arriva d'avoir des colères terribles par leurs conséquences. Il tolérait facilement les différences, il acceptait la liberté des propos, des comportements, mais il ne fallait jamais attenter à l'autorité royale, à la majesté des lis. En plus, il savait oublier — ou faire semblant. Il disait : « *La vengeance fait la preuve de la faiblesse d'un roi et la magnanimité, sa force.* » Cette maxime n'est pas très florentine. Cependant Catherine saura, à l'occasion, s'en servir.

Voici comment le maréchal de Vieilleville, grand soldat, grand honnête homme qui vécut très proche du roi, le dépeint : « *Nous avons vu François tant qu'il a vécu le plus beau et le plus grand homme de sa cour et d'une telle force corporelle qu'aux joutes et tournois il renversait tout ce qui se présentait à lui et pour cette force et adresse et sa très belle assiette à cheval, les princes, seigneurs et capitaines de sa gendarmerie l'estimaient le premier homme d'armes de son royaume.* »

A cette brillante réputation auprès des chevaliers s'en ajoute une autre tout aussi flatteuse auprès des dames qui le considèrent comme le premier des amants de son royaume car à ses prouesses dans les jeux de l'amour il donne un charme inimitable par la plus gaie et la plus fine galanterie.

L'un des grands familiers de François, pilier de « *la petite bande* » qui l'entoure et le suit dans ses plaisirs et même dans ses méditations, n'est pas précisément un de ces récents anoblis qu'il savait s'attacher. Celui-ci est le cardinal Jean de Lorraine. Cardinal à vingt-cinq ans : cette élévation n'était qu'une commodité et ne l'engageait en rien sur le plan spirituel. Il était très aimé du roi, sans doute parce que l'un se mirait dans l'autre et que chacun s'admirait en son semblable. Le cardinal nous en apprend beaucoup sur le roi. Seigneur magnifique, très libéral dans sa pensée et sa conduite, remarquablement intelligent et très généreux, Brantôme dit de lui : « *Ses dépenses, ses dons de gracieusetés en font foi* (de sa générosité) *et surtout sa charité envers les pauvres.* » Ce cardinal avait donc au moins une vertu chrétienne. Il se faisait accompagner d'un valet qui portait une gibecière pleine d'écus et il donnait à pleines mains « *sans rien trier* » à ceux qui l'imploraient. Un jour, à Rome, il donna une poignée d'or à un misérable aveugle qui s'écria : « *Si tu n'es pas le Christ, tu es sûrement le cardinal de Lorraine.* » Sa réputation était bien assurée dans la Ville éternelle.

Avec les dames, il était encore plus généreux car ce cardinal de la Renaissance ne récompensait pas leur vertu mais le talent qu'elles mettaient à n'en pas avoir. Etant très riche et très amoureux, il était couvert des plus belles femmes. François Ier le voulait ainsi. Il prenait grand plaisir au récit que le disert cardinal lui faisait de ses aventures. Le roi exigeait force détails sur toutes les particularités de ces rencontres. Le savoir-faire du cardinal et de ses belles faisait rire François comme Pantagruel. Mais il ne voulait pas que le nom des dames fût divulgué, ni même que ces historiettes fussent répétées. Il voulait que les dames fissent courir tous les dangers à leur vertu mais que leur honneur fût épargné. Il disait que ce qu'il était permis de faire, il n'était pas permis de le publier. La médisance lui déplaisait fort et certains vantards de la cour qui eurent l'impudence de se glorifier en public de leurs conquêtes furent obligés de s'enfuir à l'étranger quand ils apprirent la colère du roi.

Le cardinal ne courait pas ce risque. A ces dons en générosité, en belles lettres, en galanterie s'ajoutait une remarquable habileté politique : la discrétion en faisait partie. Tant de qualités, d'adresse et l'amitié du roi préparaient et justifiaient l'extraordinaire fortune des princes lorrains à la cour de France.

Catherine aura à compter avec le magnifique cardinal et le reste de la famille de Guise.

L'envers des qualités de François Ier est bien connu. D'abord, il ne tient pas en place, il est toujours sur les routes, allant d'un château à l'autre, d'une ville à l'autre. Son caractère impulsif fait mener une vie exténuante à ses familiers et aux officiers de la couronne. Il ne supporte pas qu'on soit fatigué ou indisponible. Il faut être présent et prêt à tout. Le pouvoir est partout où il se trouve, parfois dans une clairière. Au milieu des forêts, on tient conseil. Il fait coucher son monde dans la paille des greniers tout aussi bien que dans le luxe de ses châteaux. Il travaille sans papiers et sans emploi du temps, comme il s'amuse, pensant que son intelligence vive et brillante suffit à tout. Il comble de pensions, de bijoux, de seigneuries ou d'abbayes ses maîtresses et ses amis. La construction de ses châteaux n'est pas moins coûteuse, ses largesses aux artistes non plus, enfin il y a l'effrayant déficit que la guerre continuelle a ouvert sans espoir de le voir se combler. Le Trésor est toujours vide, c'est pourquoi le magnifique François est de tous nos rois celui qui a fait payer les impôts les plus lourds à son peuple. La charge fiscale des Français sous le bon roi Louis XII fut multipliée par quatre sous son aimable successeur. Mais, de tous les rois de France, François est le seul qui a su rire. Son rire désarmait. Quand les Gaulois rient, ils paient. On l'aimait. La nation se reconnaissait dans ses défauts tout autant que dans ses qualités. Il était français.

Tel était l'époux d'Eléonore, le futur beau-père de Catherine, tels étaient son royaume et sa cour. Mais, avant Catherine, c'est Eléonore qui va à la découverte.

Fastes, bonheurs et amertumes d'un mariage royal

Frissonnante de bonheur, l'infante toucha la terre de France dans un transport d'amour. Elle allait retrouver son enchanteur. Les petits princes, Eléonore et leur escorte se mirent en route pour Mont-de-Marsan où le roi et la cour les attendaient. Pour Eléonore, Cythère s'appelait Mont-de-Marsan. Les retrouvailles du roi et de ses fils éclipsèrent un peu celles qu'il eut avec son « ibis ». Se souvenait-il seulement de l'avoir transfigurée une nuit en oiseau exotique ? La cour fit cependant à la future reine l'accueil qu'on lui devait. Elle déçut la plupart des courtisans qui auraient souhaité voir arriver une déesse. Néanmoins, on mit plus de chaleur dans la réception que le protocole n'en exigeait parce que tout le monde était persuadé que le mariage du roi avec la sœur de l'empereur écartait tout danger de guerre.

Dans la petite ville gasconne, le peuple le croyait aussi. De sorte qu'Eléonore fut acclamée à pleines rues non comme un ibis mais comme la colombe de la paix. Elle se sentait aimée, elle ne touchait plus terre, la triste infante, lorsque, harnachée de drap d'or, de damas, de perles et de pierreries, elle épousa son amant, son chevalier, son roi dans une modeste abbaye des environs de Mont-de-Marsan, le 7 juillet 1530.

La nuit de noces lui fit voir le firmament. Son chevalier multiplia ses prouesses comme il savait le faire. La cour, le lendemain, n'ignorait rien des détails de cette nuit. Le peuple en fut vite informé et trouva que son roi, en épousant si gaillardement la sœur du terrible empereur, faisait de celui-ci non plus un ennemi mais un frère et remportait dans le lit nuptial une victoire pacifique qui garantissait une longue paix. Le peuple fit des mots sur les exploits érotiques du roi, mots d'une crudité insoutenable aujourd'hui. Théodore de Bèze s'en tira plus décemment en faisant un quatrain de vers latins qui peut se traduire ainsi librement : « *Auguste Eléonore, vous n'êtes pas moins belle qu'Hélène de Troie* (mensonge, elle n'était pas belle du tout) *mais bien plus admirable qu'elle car elle causa la guerre et vous portez la paix.* » (Rien n'était moins sûr mais la cour et le peuple voulaient le croire.)

François Ier avait aussi amené sa favorite, la très belle Mlle d'Heilly, Anne de Pisseleu, aussi rouée que femme de cour peut l'être : elle écoutait, regardait, tirait ses plans et attendait le moment d'entrer en scène pour balayer toutes ces mièvreries. On devine avec quel regard cette beauté redoutable examina la reine. Les deux femmes ne pouvaient qu'être ennemies. La favorite fut vite rassurée : Eléonore n'était pas de taille à la gêner. Elle ne serait jamais qu'une reine insignifiante : ni le roi ni la France n'attendaient rien d'elle. Même pas des enfants. Aussi Anne joua-t-elle le jeu. Elle se tint habilement sur la réserve pendant les fêtes et sut s'effacer afin que le roi accomplît brillamment ses devoirs. Anne savait que la reine, c'était elle : beauté, jeunesse, intelligence, orgueil, ténacité et cupidité, elle avait tous les dons pour dominer. Sa seule vraie rivale à ménager, c'était Louise de Savoie, la mère indomptable. Elle l'avait amadouée. D'ailleurs, même pour la beauté, elle ne régnait pas seule. Diane de Poitiers était présente à Mont-de-Marsan. Mais il n'y avait aucune rivalité entre elles auprès de François Ier. Diane était irréprochable, c'était une déesse de marbre, glaciale et fascinante. Sa fidélité envers son époux, Louis de Brézé, grand sénéchal de Normandie, ne pouvait être mise en doute. Le grand sénéchal n'eût pas toléré le moindre soupçon : il avait de qui tenir. Il était le petit-fils d'Agnès Sorel et de Charles VII. Sa mère avait été assassinée par son père pour crime d'adultère. Diane ne risquait pas de subir le même sort : son orgueil glaçait toute galanterie. Elle approchait le roi parce que François Ier admirait son intelligence, sa discrétion, la sûreté de ses conseils de même qu'il écoutait ceux de son mari, le grand sénéchal.

Tout comme celui-ci, Diane appartenait à la plus haute noblesse. Elle savait le faire sentir et même le faire valoir. Si l'on ignorait cela, sa conduite à la cour et son rôle dans le mariage de Catherine qui se préparait dans l'esprit du roi et dans celui du pape ne pourraient être compris. Le père de Diane, Jean de Poitiers, comte de Saint-Vallier, était le fils d'Aymar de Poitiers et de Jeanne de La Tour d'Auvergne. Cette Jeanne était la sœur de Jean de La Tour, comte d'Auvergne, qui avait épousé en 1495 Jeanne de Bourbon, et ils avaient eu pour fille Madeleine de La Tour d'Auvergne que nous connaissons, épouse de Laurent de Médicis ; ce sont les parents de notre Catherine. Diane de Poitiers est donc la cousine de Catherine de Médicis, avec cette nuance que Catherine avait pour grand-mère une princesse de Bourbon, chose qui rehaussait encore le cousinage de Diane et de Catherine. La grande sénéchale se prévalait de cette alliance de son oncle avec la famille des Bourbons, premiers princes du sang de France. Pour l'orgueil de Diane, c'était plus qu'une nuance. C'est cette déesse, un instant dégelée, qui avait donné, quatre ans plus tôt, ce baiser inoubliable au petit prince Henri au moment où il quittait sa patrie pour un cachot d'Espagne. C'est encore elle, beauté inchangée, qu'il revit à Mont-de-Marsan dans la suite étincelante de son père. Elle l'avait embrassé au départ parce que toute la cour ne s'apitoyait que sur son frère aîné le dauphin. Le cadet se sentait à l'écart, renfrogné, peut-être jaloux déjà. Diane avait pressenti tout cela. En retrouvant le petit Henri, elle retrouva aussi le souvenir de leurs adieux muets et, tandis que la cour papillonnait autour du dauphin, de la nouvelle reine et du roi, elle seule lui montra qu'elle savait qu'il était Henri, duc d'Orléans, fils du roi. Etait-ce calcul ? Etait-ce sensibilité ? En tout cas, ce simple geste d'intérêt pour cet enfant devait avoir des conséquences inimaginables.

Quant à Henri, un peu perdu dans ce théâtre de soie, d'or, de pierreries, il ne vit que Diane, éblouissante apparition d'une sorte de divinité dont il avait gardé un souvenir un peu irréel, mais elle était bien vivante, surgie d'un monde lumineux où l'on riait, où l'on dansait dans un luxe inouï et sur lequel régnait le plus bel homme du monde et le plus souriant qui était son père, le roi de France. Voilà ce que cet enfant triste et renfermé découvrait au sortir du tombeau où Charles Quint l'avait enfermé pendant quatre ans. Il reçut l'apparition de la déesse dans un trouble délicieux qui imprégna pour la vie son âme inquiète et mélancolique. Il avait onze ans, la déesse en avait trente et un.

Il ne laissa rien paraître de son émoi et n'en souffla mot et pour cause : son frère et lui avaient presque perdu l'usage de la parole. Ils demeuraient muets et tremblants au milieu de ce tourbillon. Il leur faudrait bien des années pour se retrouver eux-mêmes et vivre dans ce monde qui était le leur et d'où la paralysie causée par une solitude inhumaine les tenait exclus même après leur libération. Très lentement, ils purent se réadapter mais ils ne furent jamais tout à fait « normaux ». Cette réclusion dans un âge où tout laisse une trace dans l'âme les marqua pour la vie, surtout Henri. Son aîné, François, d'intelligence plus vive, de caractère plus ouvert, ressemblait à son père, il surmonta plus vite que son frère ses troubles psychiques et une sorte d'aphasie passagère. Henri garda toujours une altération de sa sensibilité et une difficulté de communication. Lamentable, ce retour des petits princes ! Les fils de François Ier, le plus gaulois de nos rois, et de Claude de France, fille de Louis XII et d'Anne de Bretagne, n'étaient plus les enfants des lis, ils ne se sentaient même plus français. Tout le reste de leur vie allait être un effort plus ou moins réussi pour réintégrer leur famille, leur patrie et leurs responsabilités. Un sentiment restait très net, très puissant en eux, la haine de leurs geôliers, de Charles Quint et de l'Espagne. Et un autre aussi, en sourdine mais puissant : ils en voulaient à leur père de les avoir livrés pour se libérer. C'est Henri surtout qui ressentait cette animosité mêlée à quelque jalousie pour son frère qui prenait mieux les choses.

La preuve de leur haine contre l'Espagne de Charles Quint fut administrée à Mont-de-Marsan même. Un des grands d'Espagne qui les avaient accompagnés ainsi qu'Eléonore, voulant faire sa cour à François Ier, soutenait sans vergogne que ses fils avaient été choyés à Madrid. Il s'adressa aux enfants et les pria de confirmer au roi leur père ce qu'il venait de lui dire si effrontément. Henri, buté, tourna le dos au lèche-roi et, pour toute réponse, « *il lui lâcha un vent* », rapporte le témoin de la scène. Pour un enfant qui avait du mal à s'exprimer, cela valait un long discours. Il est juste d'ajouter au crédit — si l'on peut dire — du jeune prince qu'il avait gardé de sa captivité nourrie de « *garbanzos y habichuelas* » (pois chiches et haricots) une disposition remarquée par la cour de « *faire des bruits* ». Pour un contemporain de Rabelais, dans une France très rabelaisienne, ce n'était pas catastrophique. Toutefois, l'envoyé de Charles Quint se le tint pour dit. Tel était à onze ans Henri d'Orléans, le futur époux de Catherine.

C'est seulement à Paris que chacun, à la cour, put retrouver sa place

Eléonore n'était pas tout à fait reine tant qu'elle n'avait pas été sacrée. Ce qui fut fait à Saint-Denis le 15 mars 1531. Mais, avant d'y arriver, elle dut, avec toute la cour, traverser la France. Couchée dans sa litière, elle fit halte à Bordeaux, à Angoulême, à Cognac, patrie de François Ier, à Blois, à Saint-Germain. Ce n'était partout que fêtes et banquets, mais ses nuits, dit la chronique, étaient royalement plus mouvementées que ses jours. Elle avait toutes raisons de se croire follement aimée.

A Paris, tout changea : le temps devint très mauvais et son

époux ne troubla plus son sommeil. Elle commença ainsi sous un ciel gris et froid son apprentissage à la cour de France. Il fallut attendre des semaines pour que le temps permît au somptueux cortège de se rendre de Saint-Denis à Notre-Dame afin qu'elle fît son entrée officielle dans Paris et que le peuple, friand de ces cérémonies spectaculaires, pût admirer la nouvelle reine, annonciatrice de la paix.

Dans sa litière de drap d'or, elle parut couverte de fourrures précieuses, chargée de perles et de pierreries et portant la couronne de diamants et de rubis qu'on venait de poser sur sa tête à Saint-Denis. De chaque côté de sa litière, chevauchaient les deux petits princes qu'elle avait consolés dans leur prison. Derrière, venait Louise de Savoie, la vraie reine, dans une litière aussi somptueuse que celle d'Eléonore. Les murs de Paris s'étaient couverts de tapisseries et le cortège étincelant, formé de seigneurs dorés et empanachés, de dames tout aussi éclatantes sur des haquenées harnachées comme des princesses, s'avançait lentement au milieu des vivats populaires et des chants. A Notre-Dame devait avoir lieu une cérémonie grandiose qui ferait d'Eléonore, reine de France à Saint-Denis, la reine de Paris.

Juste avant d'atteindre le porche de la cathédrale, une cérémonie muette mais très visible stupéfia les assistants et, plus que quiconque, la reine fraîchement sacrée. A la fenêtre bien ouverte d'une maison donnant sur le parvis, sorte de première loge pour voir la reine en sa gloire et en être vus, le roi et Anne de Pisseleu se tenaient comme deux amants enivrés sans se soucier que, pour les gens du cortège et pour le peuple, c'étaient eux qui étaient devenus le vrai spectacle et non la reine couronnée.

Telle était l'insolente vengeance que la favorite s'était fait offrir par le roi. Il la payait ainsi de sa sagesse et de sa discrétion à Mont-de-Marsan et durant le voyage. La pauvre Eléonore n'était sacrée que depuis le matin et, à deux heures de l'après-midi, elle se trouva ainsi informée avec tout Paris que son amour et son règne étaient terminés. Sa vie désormais ne fut qu'une longue et grise pénitence, si grise que l'Histoire ne mentionne d'elle que son nom et rien de ce qu'elle fut.

Les réactions sont curieuses : elles auraient pu venir d'Eléonore

ou du peuple, ou du clergé. Pas du tout. Elles vinrent d'Angleterre. L'ambassadeur d'Henri VIII, dont la cour était un scandale
permanent et qui savait si bien décapiter ses épouses, fit un rapport
où il déclara que sa pudeur avait été blessée par le tendre colloque
du roi et de la favorite qui, merveille de style, « *dénonçait une assez
grande intimité entre ces deux personnes* ». Si c'est de l'humour, il est
charmant ; si c'est de la vertu, il est ridicule.

Outre cette réprobation diplomatique de peu d'effet, Anne de
Pisseleu devait encore supporter la rivalité de l'autre favorite, la
comtesse de Châteaubriant. Celle-ci était sur le déclin mais
François tenait encore tendrement à elle. Un retour de flamme
pouvait mettre la fortune d'Anne en danger, or elle voulait régner
seule sur le roi, sur la cour et hélas ! sur la politique.

Au soir même de cette journée triomphale, elle allait recevoir un
affront inattendu qui vengerait la reine de celui qu'elle lui avait
infligé devant le peuple entier.

Le soir donc, l'usage voulait que la fête se terminât par un
tournoi. Les beaux seigneurs, dans leurs armures brillantes comme
des pièces d'orfèvrerie, le casque empanaché, paradaient dans les
lices, devant les tribunes où se tenaient le roi, les grands
personnages et toutes les belles en leurs atours époustouflants. Les
chevaliers sous le casque n'étaient identifiables, comme les chevaux de course, que par leurs couleurs et par leurs armoiries qu'on
lisait sur leurs fanions. Toutes les dames les connaissaient de plus
ou moins près, les jugeaient, les jaugeaient et, parmi eux, se
choisissaient un favori. Ces fiers-à-bras auraient été bien étonnés si
on leur avait dit ce qu'ils étaient réellement : des « hommes-
objets » que les dames galantes se disputaient, se cédaient ou
s'échangeaient. On préférait dire, par bienséance, que chacune
avait été choisie par son champion ou par son chevalier servant. Ce
décorum est à peu près tout ce qui restait de l'ancienne chevalerie.
Chaque époque a sa mode rétro. La noblesse y tenait d'autant plus
que ça ne servait à rien, sauf à s'amuser. Le tournoi avait lieu
devant l'hôtel Saint-Pol, à l'endroit où la rue Saint-Antoine, en son
début, s'élargit et laisse comme une place. Il n'y en avait pas
beaucoup dans le Paris du XVIᵉ siècle encore moyenâgeux. Cet
emplacement est tellement riche d'histoire que nous y évoquons

notre héroïne florentine car, bien qu'elle fût absente ce soir-là, son sort déjà s'y préparait.

Le tournoi était donné en l'honneur de la reine, comme il se devait, mais aussi pour présenter les jeunes princes qui faisaient à cette occasion leur entrée dans Paris et qui, ce soir-là, paraissaient sous l'armure, chevauchant leurs palefrois caparaçonnés et fleurde-lisés. En cette fête, Henri d'Orléans, qui avait répondu si laconiquement à l'envoyé de Charles Quint, montra plus de délicatesse. Il vint incliner sa lance et son fanion devant « sa dame ». Ç'aurait dû être la reine Eléonore — ou encore Louise de Savoie, sa grand-mère bien-aimée — ou même Anne de Pisseleu pour plaire au roi ou, pourquoi pas ? une jeune et belle damoiselle de frais minois et de haut lignage. Non, il s'inclina devant Diane de Poitiers qu'il déclara publiquement « sa dame » et dont il se fit ainsi le champion. Cet hommage, officiel, n'en demeurait pas moins un peu enfantin, mais la grâce et l'imprévu de ce geste firent sensation. Cependant, à part Henri, nul ne savait que cet engagement le liait pour la vie. Diane ne fut pas la moins surprise : elle sut sourire et laissa deviner son étonnement charmé tout en dominant la situation par son maintien royal et gracieux : tout un art. Elle était mieux armée que la douce Eléonore devant les affrontements de la cour, plus dangereux que les champs de bataille. Anne de Pisseleu ne perdit rien de la scène, elle se mordit les lèvres : elle avait espéré mieux.

Pour finir la journée sur une galanterie, on eut l'idée de demander aux nobles chevaliers de désigner par un vote secret la plus belle dame qui siégeait dans la tribune royale. Après le succès si bien affiché de la favorite sur le parvis de Notre-Dame, on pensait qu'à coup sûr elle serait choisie. Outre la faveur royale, sa jeunesse (elle avait vingt ans), sa beauté, son allure de nymphe éblouissaient la cour et le peuple. Dans le silence, en attendant que le héraut proclamât le nom d'Anne de Pisseleu, celle qui allait avoir sur le roi, sur les affaires de l'Etat et sur celles des courtisans une importance considérable, on perçut une sorte d'émotion. Ce vote constituerait une investiture publique de la favorite sur qui tous les regards étaient fixés. Elle était rayonnante, sûre d'elle. Quand le héraut annonça que les voix étaient également partagées entre

Mlle de Pisseleu et Mme la grande sénéchale, ce fut la stupeur. Anne ne put pas surmonter l'affront, elle se leva et quitta la tribune. Elle éclata d'un rire faux et « *traita de fous ceux qui avaient osé lui préférer une vieille femme de trente-deux ans* ». C'était vrai, Diane avait bien cet âge, mais elle était aussi belle, aussi fraîche que sa rivale.

Henri d'Orléans venait, par son amour d'enfant pour cette « vieille femme », de susciter à son insu une haine irrémédiable entre deux femmes qui allaient, tantôt pour le bonheur du roi, tantôt pour celui d'Henri, souvent pour le malheur de la France et toujours pour celui de la future épouse d'Henri, Catherine de Médicis, bouleverser la cour, la politique pendant vingt ans, jusqu'à la mort d'Henri qui fut tué ici même où il avait proclamé son amour.

Tels sont les acteurs et le théâtre où la petite duchessina allait devoir bientôt jouer un rôle capital dont les dangers et la grandeur ne sauraient se comprendre si l'on ignorait les coulisses de la société française de 1531 où se trament déjà les comédies et les tragédies de l'histoire où allait s'engager la fille des Médicis.

La France ayant récupéré les petits princes, la comète lui ravit leur grand-mère

La perte de Louise de Savoie a privé la future épouse d'Henri d'un appui et d'informations qui lui auraient été précieux. Mais, lorsque Catherine arriva, l'incomparable mère de François Ier était partie sur ordre venu du ciel. Ce sont des choses qu'il faut savoir quand on doit être un jour reine de France et reine mère pendant trente ans.

Dans la nuit du 6 au 7 juin 1531, Paris, affolé, crut à la fin du monde. Une immense lueur embrasait le ciel. En outre, la peste venait de faire son apparition. Le peuple entier, à genoux dans les rues, implorait le Seigneur de l'épargner. On crut voir un dragon de feu parcourir l'espace, comme dans la mythologie chinoise qu'on ne connaissait pas mais qu'on inventait dans la panique. Les

astrologues, eux, disaient qu'il s'agissait de la comète. Quand le
monstre flamboyant fut ramené à sa vraie nature, il ne parut pas
moins menaçant car la croyance populaire faisait de la comète le
signe précurseur des plus terribles calamités. On crut à la mort du
roi, à la guerre, à la peste des siècles passés. C'était la mère du roi,
Louise, qui était menacée, celle qui avait en main les affaires du
royaume, qui avait fait la paix, racheté ses petits-fils, marié
François à Eléonore, celle qui contenait les exigences des favorites.
Si elle mourait, le royaume perdait la tête. Voilà la catastrophe
qu'annonçait la comète.

A cette date, Louise venait de quitter Paris pour Fontainebleau
où la peste n'avait pas encore fait son apparition, mais elle était très
fatiguée. On fit tout pour l'empêcher de voir la comète et ce n'était
pas facile. Une nuit, entre deux volets mal joints, elle aperçut une
lueur étrange, elle appela, croyant à un incendie. On lui raconta
que c'était la lune. Or, comme tout le monde à la cour et ailleurs en
ce temps, elle se tenait au courant des phases de la lune et des
conjonctions d'astres ; elle savait bien qu'il n'y avait pas de lune en
ce moment. Elle fit ouvrir ses fenêtres, elle vit le ciel en feu, elle
comprit et tira la conclusion. C'est Brantôme qui nous la rapporte :
« *Voilà un signe*, dit-elle, *qui ne paraît pas pour les personnes de basse
qualité. Dieu le fait paraître pour nous autres grands et grandes. Refermez
la fenêtre, c'est une comète qui m'annonce ma mort, il faut me préparer.* »

En fait de préparation au grand voyage, elle voulut encore en
faire un petit. Voyager, c'est une maladie de la cour de France à
cette époque. Même aux portes du tombeau, ils allaient par monts
et par vaux, d'un château à un autre, d'une ville à l'autre. Jusqu'à
Louis XIV, la France est une monarchie ambulante. Quand ce roi
la cloîtra à Versailles, il la coupa de ses racines provinciales et
populaires. Les anciens rois étaient plus politiques, ils avaient
compris que les Français voulaient bien servir un homme couronné
et sacré mais pas une idole, fût-elle dorée.

Louise se fit donc transporter dans son château de Romorantin
qu'elle aimait, mais elle dut s'arrêter à Grez-en-Gâtinais. Là, elle
prit le chemin du ciel. Elle avait cinquante-quatre ans.

La douleur de François Ier fut déchirante. Il aimait profondément sa mère et il savait que personne au monde ne l'aimerait

comme elle, ne le servirait avec plus de tendresse et même d'adoration. Elle savait épargner à son fils tous les soucis qu'il était en son pouvoir d'écarter. François avait horreur des paperasses de l'administration dont sa mère savait si bien se servir avec l'aide de son juriste, le conseiller Duprat, tout à sa dévotion, exécutant selon des formes légales irréprochables les décisions parfois peu licites de Madame, au nom du roi. Désormais, François devrait être roi tout seul et absolument. Il le fut, il en avait tous les moyens.

Néanmoins, avant de chanter sur son tombeau la gloire de Madame — on l'appelait « Madame sans queue », c'est-à-dire sans autre titre, tous étant superflus —, il ne faut pas cacher que cette femme de tête et de passion porte une écrasante responsabilité dans le plus grand malheur qui se soit abattu sur la France pendant le règne de son fils François qu'elle appelait « *mon cœur, mon seigneur, mon dieu...* » car c'est elle qui fut à l'origine de la « trahison » de Bourbon ; elle en fut même l'artisan.

Après avoir comblé de faveurs incroyables ce Bourbon, après l'avoir investi de la charge suprême de connétable de France, non seulement pour sa naissance, chef de la maison de Bourbon, premier prince du sang, non seulement pour ses réelles qualités intellectuelles et surtout militaires qui faisaient de lui le plus brillant chef de guerre d'Europe, mais aussi parce qu'on l'aimait, après cette élévation, on décida brusquement de l'écraser sous l'indignité. François Ier l'aimait comme compagnon d'armes et de plaisir, comme merveilleux conseiller politique et militaire, car le vrai vainqueur de Marignan c'était Bourbon. Cela se savait, le roi en souffrait secrètement. Mais tout alors était parfait. Le roi et sa mère plus encore ne savaient plus quoi offrir au premier prince de France après Sa Majesté : Louise s'offrit elle-même. Elle fut, dit-on, la maîtresse du connétable. Pas de preuves, mais de lourdes présomptions. Bourbon devint veuf de Suzanne, sa cousine, fille unique du duc de Bourbon et d'Anne de Beaujeu, fille de Louis XI. Elle lui avait apporté les immenses domaines que sa mère avait réunis pour la maison de Bourbon : tout le centre de la France leur appartenait. Moulins était leur capitale. Leur cour brillait comme celle d'un souverain. C'était le dernier et le plus formidable rempart de la féodalité depuis la chute de la maison de

Bourgogne. Bourbon refusa d'épouser Louise de Savoie. L'amour aussitôt se changea en haine. Louise eut beau jeu de réveiller la jalousie de François, d'exciter sa méfiance contre ce trop puissant cousin, elle rappela les exemples funestes du passé, la rébellion des princes apanagés et des grands vassaux contre la couronne, on inventa des preuves de complot. Le conseiller Duprat fit merveille avec sa légion de légistes royaux rompus à l'art de faire dire aux vieux textes ce que la volonté du roi exigeait pour le présent. On humilia Bourbon publiquement en lui retirant sans explication le commandement de l'armée. Quelle folie, se priver du meilleur chef de guerre devant un ennemi comme Charles Quint! Louise et Duprat attaquèrent l'héritage de Bourbon. On lui contesta la possession des biens de sa femme dont il était l'héritier. On les confisqua. On ne paya plus ses pensions. On fit le vide autour de ce prince : les courtisans s'écartèrent de lui comme d'un pestiféré. C'en était trop pour ce fils des Capétiens conscient de sa valeur et de sa puissance. L'orgueil et la rage de se voir dépossédé et destitué sans raison lui firent prendre dans le désespoir le parti funeste de fuir à l'étranger et de se mettre au service de Charles Quint... Le résultat fut Pavie, la captivité du roi, celle des princes, la perte de l'Italie, des Flandres et de l'Artois et cette effrayante hémorragie d'or. Quand Louise de Savoie entreprenait une affaire, même une affaire de cœur, on voit qu'elle savait lui donner des proportions terrifiantes.

Catherine, un peu plus tard, fut instruite de cette histoire, elle put faire le rapprochement entre le connétable de Bourbon et ses reîtres qui s'étaient illustrés au sac de Rome, dont l'horreur la poursuivait encore. Rien ne l'empêchait de penser qu'à l'origine de ce crime la vengeance insensée de Louise de Savoie n'était pas étrangère et que cette famille de France, dont elle faisait alors partie, n'était pas tout à fait innocente. L'Histoire a parfois d'étranges recoupements.

Après le deuil éclatant de la cour, Anne de Pisseleu laissa clairement voir qu'elle était désormais non seulement la maîtresse du roi mais celle des affaires. Pour François Ier, la politique passa d'abord, avec les affaires de Bretagne. Il renoua avec la favorite précédente — comtesse de Châteaubriant — par plaisir peut-être, par intérêt sûrement. Il avait surtout besoin de M. de Châteaubriant, gouverneur de Bretagne. Ce duché, réuni depuis peu à la couronne, avait encore des rêves séparatistes. Afin de resserrer les liens avec la France, le roi entreprit avec le jeune dauphin François un long voyage en Bretagne organisé par M. de Châteaubriant qui n'avait rien à refuser à Sa Majesté. C'était un mari d'une complaisance parfaite. François Ier, avec sa générosité magnifique, combla de faveurs, argent, bijoux, seigneuries ici et là, ce ménage irremplaçable. M. de Châteaubriant fit acclamer le roi partout où il séjourna avec son cortège époustouflant : il ruinait les villes et les éblouissait. Aux états de Bretagne, le dauphin de France fut reconnu définitivement duc de Bretagne : il était par sa mère Claude, fille de la duchesse Anne, l'héritier de sa grand-mère. Tout en menant au mieux ses affaires politiques, le roi eut avec Françoise de Châteaubriant un renouveau d'amour, ce qui ne l'empêcha pas de cueillir ici et là de charmantes bergères, avec sa bonne grâce naturelle.

Au retour, Anne de Pisseleu fit à François Ier des scènes violentes, elle simula des convulsions, se dit morte, interdit sa porte au roi. Cela ne changea pas l'humeur aimable et galante de François ; il était ravi du voyage breton, ravi d'avoir renoué avec Françoise, d'un caractère plus doux et d'un esprit plus fleuri qu'Anne, mais... elle avait vieilli. Peu importe, elle habitait loin. Avant la mort de sa mère, François était entouré par quatre femmes, maintenant il n'en avait plus que trois : la reine Éléonore qui pleurait et priait sans rien dire, la comtesse de Châteaubriant qui envoyait des vers charmants et tendres, pleins de la tristesse discrète d'une femme qui se sait délaissée tout en étant encore aimée, enfin il y avait Anne de Pisseleu qui faisait plus de bruit que Charles Quint et Luther mais avec plus de charme. François Ier menait son attelage à trois avec gentillesse, il ne voulait faire de peine à personne, mais c'est Anne de Pisseleu qui passait avant ses autres maîtresses, Anne dont il écrit si joliment qu'elle

Tient son cœur uni et joint
Voire attaché de si très près au mien
Que je ne puis, ne veux n'être point sien.

Et, pourtant, c'est encore l'amour de l'Italie qui primait tous les autres.

Qu'importe la mésalliance auprès du rêve d'Italie!

Après la paix des Dames, il avait les mains libres non pour guerroyer mais pour se ménager une revanche diplomatique. La diplomatie n'est pas la guerre, elle la prépare. Il espérait qu'en se faisant du pape un allié il s'avançait d'un bon pas vers le royaume de Naples. Il rassemblait ainsi autour de lui et du Saint-Père divers princes italiens soudés par leur haine de l'empereur et des Espagnols. Mais l'empereur était si redouté que ni le pape ni les princes n'osaient bouger. C'était au roi de France de prendre l'initiative.

Au XVIe siècle, un bon mariage vaut une alliance. C'est ce que la France avait cru lorsque son roi épousa Eléonore. Et c'est ce que François espérait réaliser en faisant épouser par son second fils, Henri d'Orléans, frais émolu des geôles espagnoles, une princesse italienne et, de surcroît, nièce du pape : notre Catherine. L'idée de ce mariage vient donc de François Ier : marier un enfant des Capétiens à la fille de marchands et de banquiers étrangers, c'était, en 1530, une idée folle. Sauf pour François Ier. Si quelqu'un d'autre la lui avait proposée, elle lui aurait paru insultante. Il la trouva si naturelle qu'il la proposa au conseil. Montmorency s'y opposa avec quelque violence, parla de mésalliance et d'honneur. François fut troublé car Montmorency était une sorte d'oracle, chef de la première maison féodale de France, premier baron de la chrétienté, têtu, borné, dur mais irréductible et fidèle serviteur de la couronne : son avis avait force de loi. Tout au moins pour un moment. François alla s'enquérir de l'opinion d'un autre de ses amis et son plus sûr conseiller, le maréchal Louis de Brézé, grand sénéchal de Normandie, très bien secondé dans ses affaires par sa femme que nous connaissons, la superbe Diane de Poitiers. Auprès d'eux, il entendit exactement ce qu'il souhaitait entendre. Ces belles paroles tombèrent avec grâce et conviction des lèvres mêmes de la grande sénéchale qui démontra sans erreur que Catherine n'était pas de si basse naissance car sa mère (cousine de Diane) était la fille de Jeanne de Bourbon. (Cela signifiait : « Elle est presque d'aussi bonne race que moi. ») François Ier se jeta sur l'argument et, avec ou contre Montmorency et les seigneurs grincheux, il se jura de marier son fils à la fille Médicis. Il avait perdu ses possessions italiennes, eh bien, Catherine serait son morceau d'Italie.

Quel stupéfiant recoupement du destin de Catherine et de Diane ! C'est sur l'avis de celle-ci que Catherine va épouser Henri, l'amant à vie de Diane. C'est à la femme qu'elle a le plus haïe que Catherine doit d'avoir épousé le seul homme qu'elle ait aimé. Et que l'autre lui a pris.

Diane est tellement engagée dans la vie de Catherine, elle a, depuis ce jour où elle poussa François Ier à marier Henri d'Orléans à la fille des Médicis, tellement maîtrisé le destin de sa rivale qu'il faut connaître les antécédents de cette déesse dont nous n'avons aperçu que l'altière silhouette, l'éclatante beauté et la glaciale dignité.

Son père, le sire de Saint-Vallier, eut le malheur d'être l'ami et le confident du connétable de Bourbon. Quand celui-ci s'enfuit à la cour de Charles Quint pour se mettre au service de l'ennemi mortel de François Ier, le roi fut informé que Saint-Vallier était au courant des projets du traître. On le déclara aussitôt complice — ce qui était faux — et il fut condamné à mort. Diane, sa fille, et son mari, Louis de Brézé, usèrent de tout leur crédit pour obtenir sa grâce. En pure perte : condamné à perdre ses biens, à subir la peine capitale après la torture, il allait avoir la tête tranchée en place de Grève lorsque François se laissa fléchir. La vengeance n'était pas dans sa nature. « *Un roi qui se venge fait preuve de faiblesse* », disait-il. Néanmoins, il fallait être ferme pour contenir la grande noblesse toujours prête à se révolter. Saint-Vallier eut la vie sauve mais devait rester prisonnier à vie.

Quelque quarante ans plus tard, les ragots du *Bourgeois de Paris* et Brantôme (qui n'était pas né lors du procès) racontèrent que la grâce avait été obtenue par Diane qui s'offrit au roi pour sauver son

COUSINAGE
DE DIANE DE POITIERS
ET
DE CATHERINE DE MÉDICIS

Bertrand de La Tour,
comte d'Auvergne,
épouse en 1444
Louise de la Trémouille.

Cinq enfants dont :

Jeanne de La Tour épouse en 1472 Aymar de Poitiers, comte de Saint-Vallier.	**Jean de La Tour,** comte d'Auvergne, épouse Jeanne de Bourbon, fille du comte de Vendôme,
dont	*dont*
Jean de Poitiers Saint-Vallier, mort en 1539, épouse Jeanne de Baternay.	**Madeleine de La Tour d'Auvergne** épouse en 1519 Laurent de Médicis, duc d'Urbin.
dont	*dont*
DIANE DE POITIERS épouse Louis de Brézé, comte de Maulévrier, grand sénéchal de Normandie.	**CATHERINE DE MÉDICIS (1519-1589)** épouse Henri de France, duc d'Orléans, puis roi Henri II.

En vertu de la parenté qui apparaît ici, Diane estima que sa cousine n'était pas aussi indigne qu'on le disait d'entrer dans la famille royale puisque sa propre grand-mère était la sœur du grand-père maternel de Catherine.

père alors que rien de pareil n'avait été dit au moment de l'affaire ni ensuite. Cette fable fut reprise par le protestant Régnier de la Planche. Par haine de Diane, farouche soutien des Guises et du parti catholique, il répandit cette calomnie : « *En son jeune âge, Diane racheta de son pucelage la vie du sieur de Saint-Vallier, son père.* » On décrit la scène : Saint-Vallier en chemise sur l'échafaud, où le bourreau s'apprête à lui trancher la tête, quand un cavalier, fendant la foule, crie : « *Holà ! arrêtez, voici la grâce du roi.* » Et il agite son papier. Brantôme, sans malice, raconte l'histoire en lui donnant les couleurs de la putasserie qu'il affectionne et raconte que le digne Saint-Vallier descendit de l'échafaud, tout étonné d'être encore vif, et ne sut rien dire d'autre que : « *Dieu sauve le bon c... de ma fille qui m'a si bien sauvé.* »

Tout est faux, sauf la grâce du roi. Tous les historiens, mémorialistes, chroniqueurs contemporains reconnaissent que la fidélité et la vertu conjugales de Diane sont irréprochables. Même Michelet, qui la hait, n'égratigne pas sa vertu. Pour ce qui est du pucelage, c'est une dérision. Diane était déjà mariée et mère de plusieurs enfants.

On essaya d'accréditer la fable d'une liaison de Diane et du roi en produisant dix-sept lettres d'amour qu'elle aurait adressées au roi. Faux. Ces lettres ne sont pas d'elle mais de la comtesse de Châteaubriant, maîtresse en titre avant Anne de Pisseleu. Les défauts de Diane ne sont pas ceux qu'on invente — mais d'autres, bien réels. Nous les verrons en action pour le malheur de Catherine.

Cependant, François Iᵉʳ s'aperçut que la négociation du mariage serait moins facile que prévu. Il commença par rassurer le conseil et la cour car la Médicis ne serait jamais reine de France. Le dauphin François était en parfaite santé ; il serait roi et marié à une princesse fille de roi. La fille des banquiers serait duchesse d'Orléans. Après tout, les Orléans, dans la monarchie française, ont souvent été des cadets, disons assez tapageurs. Les Orléans-Médicis seraient donc conformes à cette réputation, tout au moins pour leur mésalliance. Ce n'est pas pour si peu que François Iᵉʳ allait renoncer à ses projets avec le Saint-Père. Cette union était pour l'époque si scandaleuse qu'aucune cour d'Europe, sur le moment, ne la crut réalisable. Charles Quint, le premier, ne put jamais admettre que le roi de France s'abaisserait à pareille mésalliance. C'est ce qui perrmit à François Ier de mener ses négociations matrimoniales et pontificales dans le secret.

Les affaires sont les affaires et ce mariage en est une

Les illusions que la passion du roi pour l'Italie entretenait en lui troublaient souvent son intelligence pourtant pénétrante et réaliste sauf sur ce sujet. Il s'imagina que le pape allait être si flatté de sa proposition qu'il lui accorderait sa nièce sur l'heure. D'ailleurs, il avait, croyait-il, des droits sur elle. N'était-elle pas fille d'une princesse française mariée par ses soins à Laurent de Médicis ? Aucun des prétendants que le pape avait recherchés pour Catherine n'avait le prestige du duc d'Orléans. Aurait-il seulement osé espérer un aussi grand prince pour sa « nièce » ? Pour François, le mariage était quasiment fait : « *car tel est mon bon plaisir.* » Il se voyait déjà à la tête d'une ligue des Etats italiens chassant les Impériaux d'Italie... Il reprenait le Milanais..., ensuite Naples l'attendait. Henri VIII serait son allié, il le lui avait promis s'il obtenait son divorce de Clément VII ; les princes luthériens d'Allemagne et même les Turcs se rangeraient à ses côtés... Rêvons. Mais d'abord il faut marier Henri et Catherine.

En 1530, il envoya à Rome un premier messager, le duc d'Albany, porteur des propositions de mariage. Si Clément VII fut flatté, il le cacha bien. Il s'en tira avec mille politesses et, considérant que le demandeur avait l'air pressé, il crut bon de le faire attendre et de solliciter un délai de réflexion. Le duc repartit couvert de bénédictions mais sans aucun engagement. A vrai dire, la duplicité de cette attitude s'explique surtout par la peur. Clément VII, comme tous les petits Etats italiens depuis le sac de Rome, était terrorisé par les reîtres de Charles Quint. Le pape ne savait quelles seraient les réactions de l'empereur s'il s'avisait de prendre ombrage de ce « mariage ». C'est pourquoi François Ier attendit un an.

En 1531, il envoya un nouveau négociateur, Gabriel de Gramont, évêque de Tarbes, chargé d'un contrat à discuter. Les choses avancèrent. Mais, comme Catherine et Henri n'avaient que douze ans, François Ier souhaitait que, en attendant que les promis fussent en âge de consommer le mariage, Catherine vînt vivre à la cour de France. Les biens attribués à chacun étaient énumérés, le chiffre de la dot devait être fixé par le pape mais le roi demandait que le Saint-Père lui reconnût la possession des villes de Reggio, Livourne, Modène, Parme et Plaisance. Le duché d'Urbin, dont on parle toujours et qu'on ne voit jamais, devait faire partie de la dot. En échange, le roi garantissait à son fils et à sa future épouse des biens et des revenus considérables en France. Tout cela n'était que promesses dans le vent mais, comme le vent venait d'Italie, il grisait François. Il signa le projet de contrat au château d'Anet, le 24 avril 1531. Le pape signerait-il à son tour ?

Clément VII parut conciliant à première lecture ; puis il fit baisser les prix. Il proposa cent mille écus pour la dot. C'était bien peu pour entrer dans la famille du roi de France. Encore l'évêque de Tarbes dut-il admettre que, dans cette somme, étaient inclus les biens que Catherine possédait à Florence du fait de son père et qu'elle aurait dû apporter en mariage en plus de sa dot. Par son calcul, le pape donnait cent mille écus et en retenait une bonne part. Autre objection : il refusa tout net de laisser partir Catherine en France avant son mariage. Il ne livrerait la fille que contre paiement comptant, le jour du mariage, qui fut fixé à Nice en 1533.

François Ier insista pour qu'on lui envoyât Catherine. Refus formel du pape. Le roi s'inquiétait car il savait que le pape était alors en pourparlers avec Alexandre Sforza. Mais ce qui aurait été bien plus inquiétant pour le roi (s'il l'avait su), c'est que Clément VII négociait une alliance avec Charles Quint que le pape ménageait de son mieux car c'est justement en 1533 que Charles Quint va faire d'Alexandre le More, bâtard de Clément VII, le duc souverain de Florence et de la Toscane, après son mariage avec Marguerite d'Autriche, fille naturelle de l'empereur. Clément VII

mena à bien simultanément deux affaires presque inconciliables :
le mariage de son bâtard avec une fille bâtarde de Charles Quint et
celui de sa (fausse) nièce avec le vrai fils de François Ier et de Saint
Louis. Quelle duperie !

Dès que l'empereur apprit la signature du contrat de mariage de
Catherine de Médicis, il entra en fureur et, de rage, il maria une de
ses nièces, princesse de Danemark, avec Sforza, duc de Milan. Il
marquait ainsi que le Milanais était désormais intouchable. Le
pape pouvait toujours le promettre à François Ier, cela ne signifiait
rien. Il en était de même pour toutes les autres promesses du
contrat : le pape donnait des villes et des Etats qui ne lui
appartenaient pas et qu'il était incapable de conquérir — sauf avec
les armées de François Ier. Tel était le bon allié que le roi s'était
donné.

Le contrat signé, Catherine fait ses malles

Durant ces négociations qu'elle ignorait, car dans ces sortes
d'affaires les premiers intéressés ne sont que des objets de
marchandage, Catherine attendait à Florence. Elle y vivait dans la
joie. Les mauvais jours du siège étaient oubliés. Les Médicis
régnaient, la ville était en fête et Catherine était toujours au
premier rang. Elle se plaisait dans ce rôle de petite princesse, elle
savait le tenir avec autant de bonne grâce que de dignité et le
peuple florentin, qui avait retrouvé sa gaieté, acclamait chaleureu-
sement la petite-fille de Laurent le Magnifique d'autant plus
volontiers que le duc Alexandre était détesté.

Le contrat étant signé, il fallut préparer le mariage. Catherine
vécut alors dans les amoncellements de draps d'or et d'argent que
son entourage fit tisser à Mantoue pour tailler ses robes d'apparat.
On lui tissa des draps de lit de soie noire et écarlate. Pour cela, il
fallut réunir plusieurs livres d'or, d'argent, de soie filée. Les
brocarts et les damas s'entassaient dans des coffres précieux. Pour
payer ces merveilles d'un prix écrasant, son cousin le duc fit un
miracle de sa façon : il imposa lourdement Florence afin, disait-il,

de réparer les remparts de la ville. Le produit de cet impôt exceptionnel se perdit dans les coffres du trousseau remplis de mille trésors — et dans les fonds personnels d'Alexandre. Jamais les murailles ne virent un maçon.

Les chipotages du pape autour de la dot, les lenteurs de la négociation avaient un peu indisposé le roi ; il trouvait qu'on lui envoyait la fille des banquiers les plus riches du monde plutôt démunie. Il fallut qu'aux cent mille écus de la dot le pape en ajoutât trente mille en dédommagement des biens paternels qu'elle abandonnait à Florence. En contrepartie, le pape obtint de ne pas payer cette somme d'un coup mais par versements échelonnés après le mariage. Le fourbe ! Du côté français, Catherine recevait autre chose que du vent : le château de Gien, une pension de dix mille livres ; son époux, lui, en plus de son duché d'Orléans, recevait une pension de cinquante mille livres.

Cependant, le pape chargeait Catherine de bijoux de toute beauté. Il lui donnait une parure d'or incrustée de gros rubis et de diamants, plus un diamant d'une taille et d'une pureté admirables, dit « en table ». Une autre parure d'émeraudes et de perles énormes, dont l'une en forme de poire pendante, était une des plus belles qu'on eût jamais vues, enfin un ou peut-être plusieurs colliers de perles sans pareilles [1]. Cette énumération ne se justifie que par l'immense valeur de ces joyaux qui doublait certainement le montant de la dot. C'était en somme le meilleur de ce que Catherine apportait à la France. Elle possédait, à titre personnel, les immenses biens qui lui venaient de sa mère, en Auvergne, et qui n'entraient pas dans les biens de la couronne.

Il faut ajouter à ces joyaux bien réels quelques « perles » de Clément VII qui n'appartenaient qu'à lui et à sa malice. Il promit à François Ier trois pierres d'une beauté et d'une valeur inestimables qui étaient connues sous le nom de Naples, Gênes et Milan. Etaient-ce les villes ? Etaient-ce des joyaux ? François crut ce qu'il

---

1. Ces perles furent données trente ans plus tard par Catherine à Marie Stuart, épouse de son fils François II. Quand, après la mort de ce roi, Marie Stuart regagna l'Ecosse, elle emporta les perles, et, quand la reine Elisabeth lui fit trancher le cou, elle prit le collier qui est sans doute dans le Trésor de la Couronne d'Angleterre.

voulut. Or il se trouve que, dans l'inventaire des bijoux de la couronne de France, figurent un diamant dit « Pointe de Milan », une perle dite « Œuf de Naples » et un diamant dit « Table de Gênes ». On a cru à tort qu'ils venaient des largesses du pape ; en réalité, ils étaient dans le Trésor royal avant Clément VII. François n'a donc reçu ni les joyaux ni les villes du même nom. Sa Sainteté jouait sur les mots avec un humour bien personnel.

Comme prévu, Catherine devait s'embarquer à La Spezia le 10 août pour Nice où le mariage devait être célébré. Contretemps : François Ier, qui se rendait de Paris à Nice, tomba gravement malade à Lyon. La nouvelle arriva en juillet à Florence. Il fallut attendre. A la mi-août, on attendait encore. Pas de nouvelles du roi mais une rumeur circulait : le duc de Savoie, créature de Charles Quint, aurait refusé de recevoir le roi de France et le pape en son comté et ville de Nice. C'était vrai. Le duc de Savoie ne faisait qu'obéir aux ordres de l'empereur qui manifestait ainsi son hostilité par ce mouvement de mauvaise humeur. On décida que le mariage aurait lieu à Marseille.

Fin août, le duc d'Albany vint au-devant de Catherine et apporta des nouvelles rassurantes du roi et une cassette de joyaux (cadeau hors contrat), geste gracieux de son magnifique futur beau-père. Ainsi rassurée et parée, Catherine quitta Florence le 1er septembre 1533, après avoir offert fêtes et banquets aux personnages de sa « principauté » qu'elle quittait pour toujours. Son cousin Alexandre, maintenant duc de Toscane, souverain héréditaire, vint la saluer à La Spezia [1]. Le duc d'Albany, son oncle, lui faisait escorte avec une brillante troupe de seigneurs français choisis par François Ier pour leur belle allure. Les Français étaient arrivés à bord de nombreuses galères et autres vaisseaux du roi. Le 6 septembre, Catherine s'embarqua par bon vent et, le lendemain, elle arrivait à Villefranche.

---

1. Alexandre régna jusqu'en 1537, date à laquelle il fut assassiné par son cousin Lorenzaccio. La couronne passa alors à Cosme Ier, fils de Jean de Médicis, dit « des Bandes Noires », qui avait épousé Marie Salviati, petite-fille du Magnifique, réalisant ainsi la fusion des deux branches des Médicis. Marie était la sœur du père de Catherine. C'est donc la branche cadette des Médicis, issue de Cosme Ier, qui donnera Marie de Médicis, épouse d'Henri IV, et la lignée des grands-ducs de Toscane qui s'éteignit en 1743.

Elle dut y attendre un mois l'arrivée de Sa Sainteté. Le duc d'Albany était reparti pour La Spezia, accompagné du comte de Tende, amiral du Levant, pour accueillir et escorter le pape. Cependant, celui-ci allait de ville en ville en Italie sans se presser outre mesure. Enfin il rejoignit sa flotte de galères splendidement pavoisées, ornées de damas rouge, or et violet. C'était féerique sur la mer et dans le soleil. Son escorte n'était pas seulement ecclésiastique : deux compagnies de fantassins en uniformes chamarrés et des lanciers encadraient une cohorte de prélats en capa magna. Le cardinal Hippolyte brillait entre tous au milieu de ses Magyars enturbannés et à aigrettes qui allaient faire sensation à Marseille. Les vaisseaux s'ornaient de sirènes et de statues magnifiques. C'était la flotte d'apparat d'un prince italien de la Renaissance. Celui-ci était aussi pontifex maximus — mais c'était un hasard.

A la sortie du port, les galères espagnoles et celles de l'ordre de Malte tirèrent des salves d'honneur pour saluer le saint sacrement, qui voyageait dans la première galère, et Clément VII, qui était dans la seconde. Il fallait bien penser aussi à la religion. Sous cette protection et avec l'aide du beau temps, on arriva vite à Ville-franche, le 11 octobre, où Catherine attendait, et, sans tarder, ils mirent le cap sur Marseille. Dès que la flotte pontificale fut en vue de la ville, elle se trouva entourée d'une multitude de vaisseaux marseillais, pavoisés aux couleurs du pape et débordant de musique et de vivats. Les canons du château d'If grondèrent. Ce n'était rien auprès de la formidable salve de trois cents canons qui accueillit comme le tonnerre Clément VII et sa pseudo-nièce mais vraie fiancée d'Henri de France. Montmorency, premier personnage du royaume, reçut le souverain pontife et le conduisit près de l'abbaye Saint-Victor, au « Jardin du roi », où il devait passer la nuit. Le lendemain, il devait résider dans un château en bois, construit spécialement pour sa venue, situé sur la place Neuve. Quoique improvisé, ce château était assez vaste, royalement meublé de tapisseries et du mobilier apportés des châteaux de François Iᵉʳ. Cet ingénieux logis avait été conçu de telle sorte qu'il pouvait être en communication directe avec l'antique château des comtes de Provence où résidait François : on avait couvert la rue qui séparait les deux résidences par une énorme charpente formant un pont supportant une vaste galerie, admirablement aménagée par les architectes du roi. Cette salle commune aux deux souverains pouvait servir de salle d'audience et, quand ils le désiraient, de lieu de réunion particulière à François et au Saint-Père.

Le cardinal légat Duprat, les cardinaux de Bourbon, de Lorraine et de Gramont formèrent la cour française de Clément VII.

François fit son entrée solennelle à Marseille le lendemain, le 13 octobre ; la reine Eléonore, les princes l'entouraient avec une foule de seigneurs et de dames et une escorte militaire de toutes armes et de toutes les couleurs. Le peuple était dans le ravissement.

Les politesses échangées, les deux souverains réunis ne parlèrent plus de contrat, mais de traité d'alliance. Pour François, le mariage ne devait aboutir qu'à cela. L'accord fut parfait sur tous les points suivants : dès l'année qui suivait, François et son fidèle allié Clément VII feraient ensemble la conquête du Milanais. Henri d'Orléans deviendrait aussitôt duc de Milan avec la bénédiction du Saint-Père. (Et celle de Charles Quint, y pensait-on ?) Ensuite, on s'emparerait d'Urbin : ce serait chose aisée. On croit rêver en les écoutant rêver. Il est vrai qu'un seul se livrait aux douceurs du songe. Le pape n'était venu à Marseille que pour conclure une bonne affaire. Il n'attendait dès lors qu'une chose : que Catherine entrât dans le lit d'Henri. Pour le reste, que le roi s'amuse avec son Milanais et autres « perles » d'Italie. Le pape n'avait qu'un souci : éviter la colère de Charles Quint et, pour cela, lui donner des gages. Il avait déjà commencé à trahir son allié François Ier.

Pour un beau mariage, ce fut un beau mariage

Quand on mit les deux fiancés en présence, ils s'observèrent. Catherine, dit-on, trouva Henri beau et elle l'aima tout de suite. Brantôme est moins flatteur, il le juge « *un peu moricaud* ». Bizarre, cette impression. En réalité, s'il n'était pas très gracieux, Henri, déjà grand et assez massif, était bien fait et très robuste. Il observa

la Florentine sans enthousiasme : courtaude, maigre, un visage
rond, vulgaire, les yeux globuleux, de grosses lèvres. C'était ça, la
fleur d'Italie ? Il était habitué à mieux. Il se détourna. Pour un
début, c'était manqué. Son idéal, il le connaissait, sous les traits de
Mme la grande sénéchale dont le mari était mort l'année précédente. Au lieu de Diane, il lui fallait épouser ce laideron parce que
son père, le roi, avait des difficultés italiennes avec la maison
d'Autriche : la réalité politique lui parut détestable.

Peu importe ce genre de sentiments. Un mariage royal, c'est une
cérémonie, une affaire et une fête. Le mariage de Catherine
ordonné par François Ier fut une splendeur. La mariée parut en
public, le 23 octobre, sur un cheval habillé de toile d'argent, elle-
même revêtue de brocart d'or. Ses dames d'honneur en brocart et
toile d'or l'entouraient. Au-devant d'elles, marchaient huit pages
en soie et velours et six chevaux revêtus de même et tenus à la
main. Le peuple de Marseille était béat d'admiration. On n'avait
jamais vu pareil spectacle. On procéda d'abord à la présentation et
à la confrontation officielle dans la chambre du pape. Catherine se
prosterna devant son « oncle » et lui baisa les pieds. François Ier en
usa autrement : il la releva, l'embrassa et la fit embrasser par le
fiancé, Henri d'Orléans, et par son dernier fils, le duc d'Angoulême. Catherine fit ensuite sa révérence à la reine Eléonore. Cela
fait, on se mit à table, en grande cérémonie. Le pape et le roi
étaient seuls à une table. Un concert et un spectacle italien
prolongèrent le défilé des plats.

Le contrat n'était pas encore signé. On attendait le lundi
27 octobre pour conclure enfin ; mais la veille, le dimanche, on
s'attabla pendant des heures pour un nouveau banquet.

Dès que les signatures furent apposées, le Saint-Père prit Henri
d'Orléans par la main et le dirigea vers la fameuse galerie
échafaudée sur la rue où Montmorency, représentant le roi, vint
au-devant du pape en tenant la main de Catherine. Les deux jeunes
fiancés échangèrent leurs serments et engagements sacrés devant le
cardinal de Bourbon. Henri d'Orléans embrassa Catherine et
aussitôt la musique éclata et l'assistance se mit à danser.

Ce n'était qu'un prélude. Le lendemain, le pape bénit les époux
au cours de la messe nuptiale. La petite Médicis, engoncée dans ses

brocarts d'or et dans ses hermines, une couronne d'or sur la tête, ne parut pas plus belle à son mari. Dès lors, l'assistance ne pensa plus qu'à festoyer. Un troisième banquet, un ballet de masques italiens enchantèrent le roi : il y prit part ainsi que son ami le cardinal de Lorraine et le cardinal Hippolyte de Médicis. Les trois étaient éblouissants, chacun à sa manière, mais le roi, en satin blanc fleurdelisé, était vraiment le roi de la fête comme il était roi de France. Il était plus gai que son fils. Ignorait-il la sinistre prédiction d'un devin de Florence à la naissance de Catherine : « Elle sera la cause de grands malheurs » ? Lui ne pensait qu'aux duchés de Milan et d'Urbin.

Pour le moment, c'était la joie. Le pape se retira, on n'attendait que cela : les jeunes époux allaient se retrouver seuls dans le lit nuptial. La reine Eléonore conduisit Catherine dans la chambre où Henri vint la rejoindre. Le lit que le roi leur avait fait préparer était d'une telle richesse que les brocarts d'or et les incrustations avaient coûté, dit-on, soixante-mille écus d'or (le prix d'un porte-avions en 1980). Mais ce luxe ne rendit pas Catherine plus attrayante pour Henri. A vrai dire, c'étaient encore des enfants : ils avaient l'un et l'autre quatorze ans. Henri aurait volontiers sommeillé. Mais le mariage devait, par raison d'Etat, être consommé sur l'heure. Son père avait sans doute remarqué quelque froideur chez son fils ? Il voulut en personne s'assurer que le prince ferait son devoir. Catherine était prête mais elle restait immobile et muette et elle savait qu'elle n'avait rien d'autre à faire. Tout à coup, la porte s'ouvrit devant le roi : « *Allons, mon fils.* » En plus de l'intérêt politique, Henri avait à soutenir la réputation de galanterie d'un prince français. L'ambassadeur Don Antonio Sacco rapporte que le roi voulut les voir au lit « *et quelques-uns ajoutent qu'il les voulut voir jouer et que chacun fût vaillant à la joute* ».

On dit aussi que le pape, sans être présent, se tenait aux aguets, informé du déroulement de la joute.

Telle fut la nuit de noces de Catherine de Médicis. Elle en garda un souvenir impérissable et un amour éternel et unique pour son mari — sans espoir de retour.

Pendant que s'exécutait dans un secret très relatif la consommation du mariage, l'assistance se livrait à une vraie bacchanale. Tout

était permis et tout fut accompli. Les Français et les Florentins
rivalisèrent dans la débauche. On avait invité une célèbre courtisane de Marseille, d'une beauté sculpturale — comme si l'on
craignait que les dames de qualité eussent encore quelque chose à
apprendre. Quand la fête fut à son zénith, la belle se mit toute nue
et eut l'idée de tremper ses seins dans les coupes de vin et de les
offrir à qui voulait. Sa trouvaille eut tant de succès que les dames
l'imitèrent, et la fête se transforma en orgie. De jeunes seigneurs
exhibaient une telle exaltation que les dames, enflammées, ne
résistaient à aucun de leurs assauts. Ils se jetaient sur elles à même
le parquet et, dit le chroniqueur, « *ils blessaient leur pudeur* ». C'est
vraiment par pur euphémisme.

Aux premières heures, le pape vint en personne s'assurer que le
mariage était bien consommé. La chronique va peut-être plus loin
que la vérité mais elle rapporte que Sa Sainteté ne se contenta pas
des assurances que lui donnèrent les époux enfants, car l'affaire
était d'importance pour lui. « *Il voulut vérifier de l'œil et du doigt.* »
A vrai dire, il était si méfiant qu'il tremblait de peur que, pour une
raison ou pour une autre, François Ier ne s'avisât que ce mariage
était une duperie et ne lui rendît sa « nièce », ses perles et ses
fausses promesses. Comme il n'avait nulle envie de tenir ses
engagements, il souhaitait d'autant plus que Catherine eût tenu les
siens. Dès lors, il se sentit dégagé de toutes ses promesses.
Cependant, pour plus de sécurité, il aurait aussi voulu que
Catherine fût enceinte. Il resta donc encore un mois à Marseille
dans cet espoir et alla, chaque soir, bénir les jeunes époux dans leur
lit avec des mines plus égrillardes que dévotes.

Du moment que le Saint-Père s'attardait, la cour en fit autant.
Elle en profita pour faire durer la fête du soir du mariage. La belle
jeunesse qui entourait le roi n'était pas pressée de retrouver les
frimas du nord de la Loire. La mode était de s'embarquer dans des
vaisseaux légers empruntés aux pêcheurs qu'on tapissait de
brocarts et d'aller au rythme aimable des rames jusqu'au château
d'If qui devint la Cythère de la cour de France. Mais elle était
exiguë et peu propice aux parties. On découvrit alors sur la côte
des golfes étroits et profonds, des anfractuosités secrètes tapissées
de sable pur et baignées d'une eau lumineuse. C'est ce qu'à

Marseille on appelle calanques et que les paillards de la cour appelèrent chambres d'amour. On s'y rendait en troupe par eau et par terre et, comme l'air était doux, l'eau tiède, les vêtures devinrent légères, légères... Les beaux seigneurs gaulois et leurs belles, qui avaient une teinture de latin, jouaient aux faunes et aux nymphes et célébraient Aphrodite.

L'Antiquité renaissait de multiples manières. Le roi François faisait son métier de roi. Le matin, revêtu d'une ample robe blanche à fleurs de lis, il touchait les écrouelles par centaines : « *Sois guéri, le roi te touche.* » C'était le côté prêtre du roi de France qu'il assumait avec un sérieux et une patience infinis : il devait être à jeun et officiait debout pendant des heures. Chaque patient recevait une pièce d'argent. Après, il allait harponner les thons qu'on élevait dans un bassin du vieux port. Comme il était adroit en tous les exercices, il crochetait souvent d'énormes poissons, pour la joie des pêcheurs et du peuple qui l'admiraient. Les travailleurs qui, tout à côté, rouissaient le chanvre pour faire les câbles de marine jouissaient de ce beau spectacle. Cet endroit où l'on tordait le chanvre (canabis) s'appelait la Canebière. On ne l'a pas encore oublié. Tout le monde avait l'air de s'amuser, sauf les jeunes époux. Catherine ne s'ennuyait pas, elle était heureuse, amoureuse, comblée et silencieuse. Henri, hors ses exercices conjugaux, restait ce qu'il était : sombre, taciturne, plongé dans ses romans de chevalerie comme don Quichotte. Ils vivaient enfermés. Elle par plaisir, lui par ennui, ruminant sa déception et ses songeries chevaleresques. Jamais il ne s'habituerait à cette femme qu'il jugeait laide, incompréhensible et par trop exotique.

Le pape les harcelait sans résultat de ses bénédictions intéressées. Au bout de trois semaines d'attente inutile, il décida de partir, peu satisfait. Au moment du départ sur la galère qui le ramenait à Civita Vecchia, il murmura à l'oreille de sa « nièce » : « *A figlia d'inganno no mania mai la figli nolenza.* » (A une fille d'esprit, les enfants ne manquent jamais.) Ce qui laisse entendre que tous les moyens sont bons à une femme pour se faire engrosser. Comme dit le peuple, ce qui ne vient pas de l'un peut venir d'un autre. La famille Médicis n'avait jamais manqué de filles d'esprit ; d'une façon ou d'une autre elles avaient toujours assuré la descendance. Pour le coup, le conseil de son oncle tombait mal. Catherine était sourde à ce genre d'insinuation ; elle resta fidèle à Henri, elle était amoureuse et, sur ce chapitre, sa vertu est inattaquable. A son époque, venant d'où elle venait et tombant à la cour de François Ier, on peut dire que cette vertu à elle seule suffirait à faire de Catherine un personnage fort original.

La cour quitta le soleil, la mer et les bacchanales pour rejoindre Paris. Catherine pouvait dire adieu non seulement au soleil de la Méditerranée mais aussi à l'amour. Son mari, elle le gardait, mais elle n'aurait plus jamais d'amant. En plus du conseil à sa « nièce », le pape laissa quelques reliques aux Marseillais, une corne de licorne à François Ier afin de le protéger contre le poison et, par métaphore, contre le poison de l'hérésie luthérienne qui gagnait la France et dont le roi ne paraissait pas se soucier. En outre, Sa Sainteté fit quatre cardinaux français dont un mémorable, Odet de Châtillon, frère de Gaspard de Coligny. Nous reverrons ces personnages. Le pape s'embarqua le 20 novembre 1533, il arriva à Rome le 11 décembre.

A peine arrivé, fidèle à ses plans, il prit contact avec l'envoyé de Charles Quint, Andreossi, et il renia son alliance avec François Ier. De son côté, François Ier, sûr de Clément VII, proclamait ses droits sur Milan et Urbin en faveur de son fils, Henri. Une fois de plus, il était floué par ses rêves et par son allié mais il ignorait encore toute l'étendue de son malheur.

Le voyage forme la princesse

Catherine apprit aussitôt à se faire à l'humeur voyageuse du roi et de la cour de France qui regagnèrent Paris en remontant la vallée du Rhône. Le roi, depuis deux ans, n'avait pas de résidence fixe. Il avait commencé en 1531 à parcourir les provinces du royaume. Par ses fêtes et par sa présence souriante et magnifique, il avait tenu à remercier les Français d'avoir supporté sans récriminer l'énorme charge fiscale qu'il leur avait demandée pour payer la rançon démentielle exigée par Charles Quint. Le cortège royal formé de plusieurs milliers de personnes, chevaux, chariots et litières pour les dames, avait parcouru la Normandie et la Bretagne, l'Artois et la Picardie puis la Champagne, était descendu vers le sud, avait visité le Lyonnais, le Berry, l'Auvergne, le Languedoc et s'était arrêté à Marseille pour le mariage d'Henri et de la nièce du pape. Ce n'avait été partout que joie et amour.

Sur le chemin du retour, la nouvelle duchesse d'Orléans voyagea en compagnie des filles du roi. La cour évacua sans hâte Marseille et se regroupa en Avignon. Le 16 novembre 1533, on prit la route de Paris. La jeune mariée italienne eut tout loisir de connaître les plaisirs et les fatigues d'être trimballée en litière, plus secouée qu'une barque sur une mer agitée, l'imprévu des horaires invraisemblables, des haltes dans des bourgades et des logis de palefreniers qui donnaient lieu à toutes sortes de surprises ; enfin il fallait être au garde-à-vous pour assister aux cérémonies, aux banquets, aux bals sous de lourds costumes d'apparat. C'était un régime exténuant que le roi exigeait de tous. Le peuple payait, il fallait lui en donner pour son argent.

Catherine comprit cela sur-le-champ : elle tint parfaitement sa place dans la figuration royale, sans retard, sans fatigue, harnachée de drap d'or, de fourrures et de bijoux. Elle joua aux côtés du roi son rôle de duchesse d'Orléans, comme si elle eût été sur un théâtre (cela sert d'être florentine). Elle observait le scénario des entrées solennelles dans les villes, le déroulement des défilés, les présentations des notables, le ton et le style des harangues, la hiérarchie de la société française, les corporations, les artisans, les commerçants, les gens de robe. Jusqu'au dernier rang de la société, chacun défilait devant le roi, ayant le costume de son état et sa place marquée. Et le tout formait un bloc : le royaume de France. Pour une Italienne, c'était nouveau et elle ne l'oublia pas.

A Lyon, premier contact avec un vrai problème de politique intérieure. Elle fut témoin du vif mécontentement du roi en apprenant que l'Université de Paris était en effervescence : des échauffourées y avaient éclaté. Le comble, c'est que le désordre avait été provoqué par le recteur même de l'Université à la suite d'un sermon qu'il avait prononcé le jour de la Toussaint sur la réforme de l'Eglise et la validité des dogmes. Pour saisir toute la portée et la virulence des propos, il suffit de savoir que l'auteur du sermon s'appelait Jean Calvin et que le recteur, Nicolas Cop, n'était que son porte-parole. Affaire à suivre. Catherine ne se doutait pas que l'affaire allait la suivre et la poursuivre jusqu'à son dernier souffle.

Pour montrer aux turbulents novateurs de la Sorbonne qu'il avait les moyens de les remettre dans le droit chemin, François Ier adressa aussitôt au Parlement de Paris, sous la juridiction duquel se trouvait la Sorbonne, les bulles que le pape lui avait remises à Marseille (en même temps que la corne de licorne symbolique) et par lesquelles il rappelait au roi qu'il devait enrayer au plus tôt les progrès de l'hérésie luthérienne dans son royaume ; pour y parvenir, il l'engageait à y instaurer l'Inquisition. Rien de moins.

Avec de telles assurances, le Parlement était armé pour sévir. Catherine s'aperçut alors que le gentil roi n'aimait pas la sédition et que son sourire pouvait devenir très menaçant.

Le cirque royal reprit sa tournée et arriva à Paris le 9 février 1534. Il ne lui avait fallu que trois mois pour aller de Marseille à Paris. Mais Catherine n'avait pas perdu son temps.

De l'art de s'aplatir pour gagner les sommets

La duchessina n'était certes pas sans expérience du monde de la politique et des usages des cours. Elle avait, à Rome surtout, assisté aux cérémonies des entrées des ambassadeurs étrangers. Rome était alors le nœud de toutes les politiques européennes et même mondiales. Catherine savait la géographie, les noms des princes, leurs ambitions, leurs succès et leurs échecs, les mariages, les alliances. Elle savait voir, écouter et retenir. Il y avait entre cette princesse florentine et romaine et une infante espagnole, par exemple, un abîme : celui qui la différenciait de la bonne reine Eléonore qui ne savait rien.

Cependant, il restait à la petite Italienne élevée parmi les soutanes rouges ou noires beaucoup à apprendre sur les mœurs, les usages, les caractères de la cour de France et sur les affaires du royaume. Elle y était vraiment étrangère et considérée comme telle par le milieu où son mariage l'avait brusquement plongée. En outre, ce milieu la rejetait et la méprisait. Elle devait donc non seulement apprendre à connaître cette nation, mais encore s'en faire aimer ou tout au moins tolérer sans provoquer d'hostilité ouverte.

Si l'on en croit l'ambassadeur vénitien, l'hostilité était générale : « *Monsieur d'Orléans est marié à Madame Catherine de Médicis,* écrit-il, *et cela déplaît à toute la nation. On a le sentiment que le pape Clément a manqué à sa parole envers le roi...* » Et les Vénitiens étaient d'excellents informateurs. La noblesse la méprisait parce qu'il lui déplaisait d'avoir à plier le genou devant une princesse de basse extraction et le peuple la rejetait parce qu'elle s'entourait d'Italiens plus ou moins magiciens et grippe-sous. Le peuple admettait que le roi achetât à prix d'or des tableaux et des statues et payât des artistes italiens mais il n'admettait pas qu'une fille de ces gens-là, fût-elle nièce du pape, entrât dans le lit du fils de Sa Majesté. Le bon peuple était plus traditionaliste que son roi et rien ne put jamais effacer ses préventions contre Catherine. Beaucoup d'historiens l'ont imité.

C'est dire que les débuts de la duchessina s'annonçaient difficiles. Mais elle n'était pas désarmée.

D'abord, elle connaissait sa faiblesse principale : sa naissance. Elle n'y pouvait rien changer. Mais elle possédait les qualités de sa race : l'intelligence, la souplesse et une rare puissance de dissimulation. Le milieu ecclésiastique où elle avait vécu lui avait appris la réserve, le contrôle de soi, l'art de flatter. Elle était experte en compliments et en caresses. Sa douceur, sa modestie et même son humilité devant les puissances la servirent admirablement. Si elle avait commis l'erreur de se targuer de son rang de seconde princesse du sang, on l'aurait broyée. Elle s'effaça, elle flatta, elle sourit. De ces simples agréments elle se fit un masque impénétrable et d'autant plus dangereux qu'il demeura longtemps insoupçonné et qu'il estompa la plus profonde intelligence de la cour.

Si seulement elle avait été belle ! Mais, à défaut de beauté, elle charmait par la conversation la plus aimable. Sans l'étaler, elle faisait apprécier sa culture bien supérieure et plus variée que celle des dames et même des seigneurs de la cour. En plus de son goût artistique développé à Florence et à Rome pour la musique, la poésie, la peinture, la sculpture et même l'architecture, elle savait assez de grec et de latin. Elle continua en France à étudier les langues anciennes et elle traduisit Horace, ce qui est tout à fait Médicis. Enfin, en géographie, en astrologie, en physique et en mathématiques, ses connaissances surpassaient toutes celles des femmes de la cour. Même la sœur du roi, la célèbre Marguerite d'Angoulême devenue reine de Navarre, un des esprits les plus brillants de son temps, n'avait qu'une culture littéraire et elle fut séduite par sa nièce, par son intelligence et son savoir tout autant que par sa douceur.

Ronsard lui-même célébra Catherine non pour sa beauté mais pour son savoir :

> *Quelle dame a la pratique*
> *De tant de mathématique ?*
> *Quelle princesse entend mieux*
> *Du grand monde la peinture*
> *Les chemins de la nature*
> *Et la musique des cieux ?*
>
> (L'Astrologie)

En français, elle s'exprimait fort bien, mais elle écrivait notre langue de façon à peu près phonétique et approximative, ce qui rend la lecture de ses lettres accablante : le déchiffrage relève de la devinette. Quant à sa prononciation, assez correcte, elle demeura toute sa vie entachée d'accent italien, ce qui ne fut pas toujours un charme pour ses auditeurs et ne contribua pas peu à rappeler de façon désagréable son origine et à entretenir contre elle la suspicion qui l'avait accueillie. Ce ne sont que bavures, mais c'est sur elles que la méfiance et un mépris plus ou moins avoué se sont fixés de son vivant et qui, chez certains, durent encore.

Elle n'ignorait pas cela. Plus intelligente encore qu'orgueilleuse, elle avait conscience de la fragilité de sa situation dans la famille royale et surtout parmi ces seigneurs et ces dames qui ne lui pardonnèrent jamais son élévation quasi miraculeuse. Elle connaissait plus ou moins par son éducation romaine les traquenards des cours et de la politique. Après tout, elle était à la merci d'une intrigue, d'un caprice du roi, d'une favorite, d'un prince, d'un clan d'irréductibles ou même d'un souverain étranger. Les exemples ne manquaient pas. A Londres, à la cour d'Henri VIII, les épouses étaient répudiées et décapitées, à Florence, son cousin Alexandre le More était assassiné par Lorenzaccio, son parent ; quant à son cher cardinal Hippolyte, le beau et fantasque Médicis, il fut empoisonné par Alexandre. La cour de France passait pour moins dangereuse, mais sait-on jamais ? Les poisons franchissent aisément les frontières et, en outre, le roi de France utilisait d'autres armes tout aussi redoutables. Catherine était maintenant au courant de l'affaire du connétable de Bourbon. Le personnage était d'une autre naissance et d'une autre importance politique que la petite duchessina sans duché, pourtant on l'avait rayé de l'histoire non par le poison ou le poignard (à la mode Médicis qui deviendra bientôt française) mais par de savantes manipulations de textes juridiques. C'est moins expéditif que les liqueurs des Borgia mais aussi efficace.

En vérité, Catherine avait peur. Elle a toujours vécu dans la peur depuis son enfance : depuis le sac de Rome, depuis sa séquestration à Florence, depuis son entrée dans cette cour et ce pays hostiles, et elle aura peur jusqu'à son dernier jour. C'est un des secrets de son comportement. C'est, pour lors, celui de son humilité déplaisante devant les grands, devant les favorites, devant tout l'appareil monarchique. Elle se sentait méprisée et, le pire, elle croyait que ce mépris n'était pas tout à fait injustifié car elle souffrait toujours de sa naissance. En revanche, elle mobilisa toutes les ressources de son exceptionnelle intelligence et de sa redoutable volonté d'être digne de son destin prodigieux. Puisque le sort et les conjonctions astrales (elle parle plus des astres que de Dieu, chose à remarquer) l'avaient placée au sommet des hiérarchies humaines, elle se montra d'une reconnaissance, d'une soumission absolues au roi, son maître, qui l'avait choisie et entre les mains de qui elle se tenait immobile et tremblante ; elle se comporta de même avec son époux qui était lui aussi son roi et son maître. Dans le secret de cette soumission et de cette humilité, elle se forgea, à l'insu de tous, une âme de princesse française. Et nous serons étonnés de voir plus tard cette étrangère sans naissance donner à des princes du sang et à des seigneurs français des leçons de loyauté envers la couronne des lis et leur patrie, la France.

Clément VII joue son dernier mauvais tour

La situation de Catherine à la cour ne fut pas facilitée par son « bon oncle » le pape. Celui-ci, à peine arrivé à Rome, à son retour du mariage de Marseille, le 11 décembre 1533, s'empressa, nous l'avons dit, de recevoir l'envoyé de Charles Quint, le signor Andreassi, afin de rassurer l'empereur sur sa fidélité et de bien trahir le roi de France, l'ami, l'allié qu'il venait de couvrir de bénédictions et griser de promesses. Il dévoila à Andreossi les ambitions de François Ier sur le Milanais et Urbin, qu'il comptait donner à Henri d'Orléans. Sa Sainteté déclara avoir refusé toute aide au roi par loyalisme envers l'empereur et, pour l'en convaincre, elle lui révéla les plans de l'attaque imminente que les Turcs, poussés par François, allaient diriger contre Charles Quint en Méditerranée.

Comme sa mission dans le mal était remplie, Clément VII, imitant de nombreux Médicis, mourut prématurément le 25 septembre 1534. Tous les projets de François Ier, si légèrement échafaudés sur la mésalliance de son fils Henri, s'écroulèrent. La dot de Catherine n'était même pas payée. Les bijoux offerts n'appartenaient pas au pape mais au Vatican. François Ier comprit un peu tard qu'il avait été floué.

Son fils Henri fut aussi déçu. Il se sacrifiait de son mieux sur l'autel conjugal en pensant à ce mirobolant duché de Milan qu'on lui avait promis en récompense et au duché d'Urbin qui devait suivre. Il se demandait — comme tous les cadets — s'il resterait toujours duc d'Orléans, dans l'ombre de son frère, le dauphin François, qui serait roi un jour. Sa mine sombre s'assombrit un peu plus. Michelet, souvent emporté par son lyrisme, écrit qu'Henri se détourna de sa femme « *comme d'un ver né du tombeau de l'Italie* ». Belle image macabre, inspirée par la haine de Michelet pour Catherine, car la haine comme l'amour a ses trouvailles mais celle-ci est fausse. Henri rendit ses devoirs très ponctuellement à son épouse, sans résultat, c'est vrai, mais cela ne dépendait ni de sa bonne volonté ni de son mérite. Il ne l'aimait que par devoir ; son idéal, on le sait, était tout à fait différent. C'est François Ier qui exprima en un mot toute l'amertume de la situation : « *J'ai eu la fille toute nue.* » L'Italie restait hors de portée et, hélas ! toujours aussi désirable.

Intégration réussie dans la famille royale

Un des étonnements de Catherine en arrivant fut le faste qui régnait à la cour de François Ier. Mais ce qui la surprit davantage fut le nombre de femmes belles, cultivées et libres qui en faisaient le luxe et le charme. Le roi leur servait des pensions à titre de dames ou damoiselles attachées à la personne des princesses du sang avec des fonctions diverses : dames d'atour, dames d'honneur, dames de chambre. Leur vraie fonction était d'être présentes, belles et somptueusement habillées. La splendeur de cette cour était un gouffre d'argent. Tout ce beau monde vivait en costume d'apparat et cette représentation perpétuelle coûtait un million cinq cent mille écus par an. L'entretien et la construction des châteaux, la solde des diverses maisons militaires, gardes écossaise, suisse et française figurent dans ce budget, mais c'est la répartition qui est ahurissante pour des assujettis à la Sécurité sociale en 1986. Ainsi les pensions des dames, le prix des banquets, bals et festivités diverses absorbent quatre cent mille écus[1], la chasse et les bijoux cent mille, ce qui fait cinq cent mille écus pour l'apparat. Les bâtiments figurent pour cent mille écus, ce qui est peu quand on pense aux châteaux construits par François Ier. Alors que toute la maison militaire du roi, comptant plusieurs milliers d'hommes magnifiquement équipés et armés, ne coûte que deux

---

1. Parité monétaire approximative pour le XVIe siècle : 1 livre tournois équivaut à peu près à 100 F 1985, encore que son pouvoir d'achat fût certainement supérieur. 1 écu valait 3 livres. 1 livre 20 sols.

cent mille écus, on découvre que le bataillon des beautés en engloutit quatre cent mille ! Le roi pouvait bien montrer les plus beaux sourires et les plus beaux décolletés d'Europe, mais ce n'était pas les moins chers. N'oublions pas qu'il nous a légué les plus beaux châteaux de son temps. Catherine put visiter avec le roi les échafaudages entre lesquels s'élevait le château de Madrid, au bois de Boulogne (ce château a disparu). Il le faisait décorer de faïences florentines qui rappelaient son pays à la petite Médicis. Comme François Ier ne put achever cette construction, c'est elle qui la mena à terme trente ans plus tard. Le roi avait alors en chantier Villers-Cotterêts (pour la forêt et la chasse), Chambord et Fontainebleau. Ces deux derniers sont des châteaux considérables et des chefs-d'œuvre inégalés de la Renaissance française. Le curieux, c'est qu'ils sont d'inspiration italienne et même d'exécution italienne en grande partie mais, par une sorte de magie, l'italianisme s'est remodelé à la française. C'est bien un phénomène de transmutation de l'art italien en art français qui s'est opéré au XVIe siècle quand on pense que les architectes, les artistes et même les maçons, souvent italiens, ont créé sous l'œil du roi et sous le ciel de France des châteaux tellement français qu'on oublie leur origine. Catherine y retrouvait le génie de sa patrie et cela lui rendait François Ier encore plus cher, car c'est dans son italianisme merveilleusement naturalisé français qu'elle le trouvait le plus aimable et le plus admirable.

Etonnée par le faste royal, elle ne le fut pas moins, quoique discrètement, par la famille de France. Pour le roi, nous le connaissons. Catherine ne pouvait pas moins faire que de le vénérer : au milieu de l'hostilité à peu près générale, il était son allié, son défenseur, son roi, son père. Non seulement lui, mais tous les princes et les princesses royales accueillirent Catherine avec amitié : ils étaient trop grands seigneurs pour partager le mépris que de moindres seigneurs affichaient. D'ailleurs, c'est le roi qui l'avait introduite dans sa famille, il aurait eu mauvaise grâce à la renier. Et pourtant les motifs de rejet ne manquèrent pas. Si François avait eu l'âme aussi basse que Clément VII, il aurait pu lui renvoyer « *la fille toute nue* », la fausse nièce, ses faux serments avec les vrais bijoux volés au Vatican. (On les garda, c'est tout ce qui restait de l'affaire.)

Catherine sut se faire comprendre et aimer de la famille royale et

d'abord du roi qui devina le premier la réelle supériorité intellectuelle de la petite Florentine. Il ne fut pas insensible, habitué qu'il
était à être aimé des femmes, à l'admiration qu'elle lui portait,
qu'elle savait rendre flatteuse et tendre avec respect et beaucoup de
finesse. Enfin, il sentait en elle une soumission absolue et sincère.
L'œil aigu de l'ambassadeur vénitien ne s'y est pas trompé quand il
écrit : « *Elle est obéissante, c'est sa force.* » Les grands aiment cela.
Elle faisait tout pour se trouver en toute occasion près du roi : dans
tous les « *honnêtes exercices comme la danse où elle avait très belle
grâce et majesté* », dit Brantôme, qui ajoute : « *Elle aimait la chasse
fort bien aussi.* » Sur ces deux points elle enchantait son beau-père.
C'est pour lui plaire et pour le suivre dans ses chasses les plus
difficiles et même les plus dangereuses qu'elle inventa — ou tout
au moins introduisit en France — une nouvelle manière de monter
à cheval qui allait transformer la condition des dames chasseresses.
Elle monta en amazone. C'était une révolution car jusque-là les
dames étaient assises sur un siège placé sur le cheval : on l'appelait
« sambue ». Les deux jambes pendaient du même côté et les pieds
reposaient sur une planchette. Ni le trot ni le galop n'étaient
possibles ; les dames ne pouvaient qu'aller l'amble sous peine de
choir. Comment, dans de telles conditions, suivre les cavaliers
dans une chasse à courre ? La solution trouvée et pratiquée par
Catherine plut infiniment au roi : les femmes pourraient désormais
l'accompagner partout, et sa belle-fille en particulier dont l'adresse
et l'endurance l'enchantaient. En outre, cette innovation servait
personnellement Catherine. Bien qu'elle ne fût pas coquette, cette
manière de monter en passant la jambe au-dessus de l'arçon lui
permit de faire admirer ce qu'elle avait de mieux, ses jambes. (Elle
avait aussi de très belles mains.) Ce progrès extraordinaire qu'elle
fit faire à l'art équestre féminin l'installa définitivement dans la
« petite bande » des seigneurs et des dames préférés du roi.

L'engouement pour cette mode fut foudroyant : toutes les
dames l'adoptèrent et, ce faisant, toutes levèrent la jambe par-
dessus l'arçon. Ce ne fut pas sans quelque conséquence. Comme
les jupes volaient souvent bien au-dessus de la décence et comme, à
l'époque, les femmes ne portaient rien sous leurs jupes, les
cavaliers profitèrent du spectacle. On en fit des railleries, ce qui

obligea les dames amazones à porter un sous-vêtement jusqu'alors inconnu de leur sexe, nommé culotte dans notre vocabulaire et caleçon au XVIᵉ siècle. Cette innovation troubla beaucoup : non pas les paillards mais, au contraire, les tenants de la vertu et les théologiens. En vertu du dogme de la séparation absolue des sexes, le caleçon-culotte était un attribut spécifique du vêtement masculin, absolument interdit aux femmes. N'avait-on pas brûlé Jeanne d'Arc parce qu'elle portait des vêtements d'homme ? Ainsi, la polémique virulente engendrée par le caleçon nous apprend que les théologiens, défenseurs du fameux dogme, préféraient l'exhibition des cuisses et du reste des amazones à leur dissimulation sous un caleçon impie. Ils jugeaient que, les femmes étant allées de toute éternité les fesses nues sous leurs jupes, à pied et à cheval, elles n'avaient qu'à continuer. Henri Estienne — cité par Guy Breton — est plus large d'esprit, il admettait le caleçon pour des raisons pratiques car « *il tenait les fesses plus nettes, les gardant de la poussière et du froid* » ; d'autre part, lorsque les femmes « *en montraient plus qu'il ne convient* », le caleçon les protégeait « *contre les jeunes gens dissolus qui venant mettre la main sous la cotte ne peuvent toucher aucunement leur chair* ». Humaniste vertueux et néanmoins lucide, il ajoute, désabusé, que le caleçon ne protégera rien car les femmes le feront confectionner dans des étoffes si riches et si attrayantes que ce vêtement nouveau servira plutôt à « *attirer les dissolus qu'à défendre les femmes contre leur impudeur* ». Vue prophétique sur l'avenir des culottes. Telle fut la première contribution de Catherine de Médicis à la civilisation de la France. D'autres suivront qui émurent non seulement les amazones et les dissolus de la cour mais les peuples jusqu'au plus profond d'eux-mêmes.

Et voici le reste de la famille

Nous connaissons déjà son mari, Henri, qu'elle adore depuis la première nuit de Marseille : elle l'aime charnellement, à la passion et humblement. Lui n'est passionné que par sa « dame », en rêve, et par les exercices physiques. C'était un athlète véritable : il sautait plus de sept mètres en longueur (il aurait pu être champion de France). Dans tous les jeux violents et les combats, il excellait comme son père. Cela a laissé croire qu'il était sans culture, or ce prince était loin d'être un butor. Comment aurait-il pu rester insensible et inculte dans cette cour qui réunissait alors tout ce que la Renaissance et l'humanisme apportaient de nouveau, de vivifiant, de beau ? En nul endroit au monde, l'intelligence n'était aussi contagieuse. Mais Henri manquait de spontanéité, de vivacité. La chronique l'a desservi en notant son fâcheux penchant « à faire des bruits », comme celui dont il avait gratifié, à Mont-de-Marsan, l'ambassadeur de Charles Quint. Il se dégageait mal de sa mélancolie, de ses songes sous l'influence des romans de chevalerie. Il s'était fait, avec ces lectures, une conception idéalisée de l'amour platonique. Il déifiait la Femme aimée, « sa dame » : amour respectueux et soumis qui ressemblait à un culte. Etrange, ce jeune prince tout en muscles vénérait la fleur bleue. Ce qui ne l'empêchait nullement de faire à Vénus de rapides et nombreux sacrifices. Cependant, Diane régnait sur son cœur apaisé comme une déesse intouchable — momentanément. Afin que nul n'ignorât l'objet de son culte, il portait les couleurs de sa déesse depuis son veuvage : le noir et le blanc. L'altière veuve inaltérable et le prince jouvenceau ne se confondaient que dans ce galant demi-deuil que toute la cour observait et Catherine aussi. Mais elle supportait en silence depuis son arrivée. Cette cure de silence allait se poursuivre pendant vingt-six ans.

Elle entretenait des relations aimables et enjouées avec ses beaux-frères, le dauphin François et le plus jeune, Charles. Celui-ci était le plus rieur : il n'avait pas connu les cachots de Charles Quint. Le dauphin était le plus cultivé, vraiment féru de lettres latines, mais, quoique moins sombre qu'Henri, il avait gardé de sa réclusion certaines particularités. Il s'enfermait avec quelques familiers ou bien « *il ne savait que piocher en terre* ». Pour un futur roi, c'est un divertissement original que d'être terrassier.

Toutefois, c'est avec la tante de son époux et sœur du roi, Marguerite, dite « la Marguerite des Marguerites », devenue reine de Navarre par son mariage avec Jean d'Albret, que Catherine trouva une amie et une alliée.

.Marguerite ressemblait étonnamment à François Ier tant au physique qu'au moral. Elle l'idolâtrait au point de lui écrire : « *J'étais vôtre avant que vous ne soyez né, vous êtes pour moi plus qu'un père, une mère et un mari. Auprès de vous mon mari ni mon enfant ne comptent plus.* » Cette princesse de la Renaissance aux idées très modernes reconnut tout de suite la valeur de sa nouvelle nièce. Ce n'est pas elle qui lui aurait reproché son origine ; au contraire, elle l'accueillit comme tout ce qui venait d'Italie adorée. Elle-même était pétrie d'italianisme. Traductrice et imitatrice de Boccace, elle est restée célèbre par son livre de nouvelles, *L'Heptaméron,* où son caractère plein de gaieté et de gaillardise, sa liberté d'esprit et ses penchants mystiques à l'occasion font le plus savoureux mélange et donnent un reflet attachant de la vie de cour, des rêves et du comportement de ses contemporains. En outre, c'était une âme généreuse. Elle avait pour secrétaire le poète Clément Marot, bien choisi pour son délicieux talent et ses idées aussi libres que celles de sa protectrice. Nous le retrouverons bientôt en pleine actualité. Elle aima Catherine et celle-ci le lui rendit à tel point qu'en se joignant à sa petite belle-sœur, autre Marguerite dite de France, elle résolut d'écrire en collaboration un recueil de nouvelles sur le modèle de *L'Heptaméron.* Ce projet de la Florentine enchanta la reine de Navarre, le roi et même Henri qui voulut participer à la confection de ces nouveaux contes. Chose qui ne saurait être le fait d'un garçon ignare et sans goût. Nous savons qu'il aimait la poésie de Mellin de Saint-Gelais, qui ne dépeignait pas précisément des amours platoniques. Le poète chantait ses vers en s'accompagnant au luth, ce qu'Henri adorait. Lorsque Clément Marot eut commencé à traduire les *Psaumes* en vers français, ce fut une éblouissante révélation, si grande qu'ils furent mis en musique et chantés par toute la cour et par tous les milieux lettrés et même bien au-delà. Le dauphin Henri fut tellement séduit qu'il voulut lui-même composer la musique d'un psaume. Son choix s'arrêta sur :

> *Bien heureux est quiconque*
> *Sert Dieu volontiers.*

Catherine prit la suite de son époux bien-aimé et choisit le psaume :

Vers l'Eternel des opprimés le Père
Je m'en irai.

Etait-ce une allusion lointaine à sa situation conjugale ? Bref, on chanta les psaumes de Marot à la cour, chez le roi et les princes sans penser que les réformés s'en faisaient déjà une arme contre l'Eglise. Le roi et sa famille n'avaient aucune prévention ni intolérance. Catherine moins que quiconque. Elle ne voit dans les *Psaumes* que poésie et musique. D'ailleurs, avec son mari, avec sa jeune belle-sœur Marguerite, elle chante aussi volontiers les *Odes* d'Horace. Cet éclectisme est à retenir. Chanter les *Psaumes* au moment où la Réforme gagne peu à peu la France pourrait passer pour un manque d'information de la cour ou pour une preuve de légèreté française. Mais, pour une Médicis, le fait relève plutôt d'une information et d'une culture beaucoup plus vastes qui englobent à la fois Marot, les *Psaumes*, les réformés et surtout Horace qui est païen. Païen ou non, il fait partie du patrimoine familial et florentin de Catherine bien plus que les *Psaumes* qui ne sont qu'une mode charmante à ses yeux. Son grand-père, le Magnifique, ne chantait pas les *Psaumes* mais il savait Horace par cœur. Nous savons déjà que la famille Médicis était par bien des côtés et bien des façons de penser plus proche d'une « gens » romaine que d'une famille chrétienne et assez germanique telle qu'elle existait en France. Cela n'empêcha pas cette « gens » teintée de paganisme de fournir en quantité des papes et des cardinaux. Catherine était Médicis et elle le restera jusqu'à la fin.

On voit en tout cas qu'après plusieurs années de mariage et de stérilité ni son mari ni sa famille ne la traitaient « *comme un ver né d'un tombeau* ». Mateo Dandolo, ambassadeur de Venise, écrit même : « *Elle est aimée et caressée du dauphin à la meilleure enseigne... il ne se trouverait personne qui ne se laissât tirer du sang pour avoir* (pour qu'elle ait) *un fils.* » Mais elle n'en avait pas.

En plus des personnes royales, Catherine devait aussi plaire à quelques très hauts et très puissants personnages du royaume qu'elle flattait de son mieux et qui semblaient la tenir en estime et amitié puisque le roi donnait le ton.

En premier lieu, Montmorency, grand maître de l'artillerie, puis connétable de France en 1538, dont nous connaissons déjà la carrure, l'intransigeance et la dureté : il était vénéré par le roi et par Henri. A son endroit, Catherine n'eut qu'à modeler sa conduite sur celle de ses seigneurs et maîtres. Montmorency n'était pas le seul de sa famille à se tenir au premier rang, il y poussait aussi ses deux neveux. Le premier est Odet de Châtillon, fait cardinal à Marseille par le pape Clément VII. L'avenir nous apprendra que par ce choix Clément VII prouvait encore qu'il savait attirer les catastrophes. Le second, son frère, est Gaspard de Coligny qui devint amiral de France : c'est un des personnages clés de l'histoire sanglante du siècle de Catherine de Médicis. Pour l'instant, ces deux Châtillon étaient fort amis de Catherine qui admirait leur intelligence, leur souplesse égale à la sienne, si bien qu'elle s'y trompa sur le moment.

La cohorte royale serait incomplète si l'on omettait la favorite en titre, l'époustouflante Anne de Pisseleu, faite duchesse d'Etampes en 1534. Elle ornait la famille du côté gauche. Nous l'avons déjà entrevue à l'occasion de l'affront reçu en public lorsque les chevaliers avaient donné à la beauté de Diane de Poitiers autant de suffrages qu'à la sienne qu'elle jugeait incomparable. Depuis, sa haine n'avait pas désarmé, d'autant plus que, si elle était la favorite du roi, Diane semblait en passe de devenir celle du dauphin. Non, Diane n'était encore que « la dame de ses pensées », elle ne régnait que sur son âme, sa vertu était inattaquable mais son pouvoir sur Henri l'était autant. Mme d'Etampes ne le supportait pas. Elle faisait tout pour exciter le roi contre son fils, qui déjà ne lui plaisait guère, afin d'atteindre Diane. Mme d'Etampes ne l'appelait que « la vieille ». Elle n'avait pourtant que neuf ans de moins que cette vieille. Elle faisait dire qu'elle était née le jour du mariage de Diane. C'est faux. Mais, comme la haine était réciproque, Diane faisait répandre dans l'entourage du roi que la duchesse avait des amants. C'était beaucoup moins faux. François Ier put le constater. Une fois, en revenant de la chasse, il entra brusquement dans l'appartement de sa maîtresse : elle était couchée avec un gentil-homme, Christian de Nançay. Devant le scandale qui allait suivre, le roi hésita. Il eut la présence d'esprit de jouer une petite scène qui aurait pu figurer dans un conte de sa sœur. Il s'en prit au jeune galant et eut l'air de n'avoir pas reconnu la favorite qui se cachait sous les draps et qu'il traita comme une inconnue sans importance. Et, s'adressant à Nançay : « *Vous, Monsieur, qui avez osé vous introduire ici et vous débaucher avec une suivante de Madame d'Etampes, allez réfléchir en prison sur votre insolence.* » Et c'est le roi qui sortit. Nançay ne moisit pas longtemps en prison ; Mme d'Etampes, sûre de l'impunité, le fit libérer. Elle était intouchable.

Lorsque Catherine, après son mariage, revint de Marseille, elle eut tout le loisir d'observer la cour en voyage : voici ce qu'elle apprit lors de la halte que François Ier fit au château de Blois. C'était pour Noël. Il distribua des cadeaux aux dames et accorda terres et seigneuries à ses valeureux officiers. La reine reçut des bijoux d'Italie. Mais c'est à Anne de Pisseleu qu'il offrit le cadeau le plus inattendu : il lui offrit un mari. Catherine, muette, s'instruisait. Le roi avait choisi pour sa maîtresse un seigneur de haut lignage, Jean de Brosse, fils du haut et puissant prince le duc de Penthièvre, aussi malheureux que grand car il avait misé sur le connétable de Bourbon. Il avait sauvé sa tête mais Louise de Savoie l'avait dépouillé de tous ses biens et de tous ses titres. Il en était mort de douleur. Son fils se terrait misérablement. Nul ne s'avisait de se souvenir de ce pestiféré, sauf le roi qui eut envie de le guérir de sa peste de disgracié. Il le fit duc d'Etampes et de Chevreuse, lui rendit ses biens et l'amitié royale. Le nouveau duc se jeta aux pieds du roi qui le releva avec gentillesse et le pria d'aller plutôt se jeter aux pieds de sa fiancée : Anne de Pisseleu. Ce qu'il fit. On ne refuse rien du roi. Il accepta de même la dernière clause du contrat : « Dès que le mariage sera célébré, le duc se retirera seul au château d'Etampes. » Compris ? Jean de Brosse trouva l'épreuve difficile mais très profitable pour un mari postiche.

Anne devint donc duchesse d'Etampes sans rien changer à sa situation de vice-reine. Elle prodigua à son bon roi d'innombrables marques de la tendresse la plus désintéressée, élans d'amour qui donnent à croire que le cœur des favorites a parfois les mêmes déclics qu'une machine à calculer. Comme François Ier était beau joueur en toute occasion, il permit à Jean de Brosse d'être effectivement le mari de sa femme une fois, une seule, le soir des noces. Après, fini.

Catherine regardait ces Français au milieu desquels elle allait vivre en se disant que leur légèreté les rendait plus impénétrables que les plus tortueuses dissimulations florentines.

Le roi avait toutes les patiences et toutes les faiblesses avec Anne. Elle en abusait. Sa cupidité était insatiable. Cela paraissait plus naturel à la Florentine élevée à Rome que les particularités du mariage d'Etampes. Et, pourtant, il y a sujet à étonnement. La favorite pensa à étendre les bontés du roi à toute sa famille, soit, mais le rare de la famille d'Anne est qu'elle comptait au bas mot deux douzaines de frères et sœurs. On maria tout ce qu'on put à des familles considérables. Le reste, on le maria à l'Eglise : on les fit évêques, abbés ou abbesses. Le roi en nantit plus de vingt.

Le peuple pardonnait beaucoup de choses à son roi mais, dans une période où la guerre, une fois de plus, avait alourdi les impôts sans rétablir les finances, Paris regimba et voulut donner une leçon à ce roi prodigue et léger. Ce furent les gens de la basoche qui imaginèrent la manifestation de mécontentement dont la cause fut le licenciement de mille deux cents gens d'armes qui assuraient la sécurité des Parisiens. Leur façon de présenter une remontrance au roi semble sortie d'un chapitre de *Pantagruel*.

Les organisateurs firent tailler dans un tronc d'arbre, par d'habiles artisans, un énorme sexe viril, fort ressemblant, qu'ils placèrent sur un char. Ils le promenèrent dans les rues en le fouettant sans pitié et en chantonnant que le roi « *en son âge vieil* » était « *toujours subject à volupté* » au grand dam des finances. Et l'esprit rabelaisien du bon peuple, voulant faire d'un mal « *un subject de joie* », imagina ce dialogue :

— A qui est donc ce pauvre v... que vous fouettez et quel mal vous a-t-il fait ?

— C'est le v... du roi, il l'a bien mérité et même pis.

— Et qu'a-t-il fait, a-t-il chevauché sa cousine ?

— Il a fait pis.

— A-t-il chevauché sa sœur ?

— Il a fait bien pis !

Après bien des questions venait le trait final.

— Mais quel est donc son crime ?

— Il a chevauché mille deux cents gens d'armes.

Un rire énorme secouait la foule.

François Ier trouva cette gaieté déplaisante. Mais il n'eut garde de sévir. Il n'était pas dans son caractère de punir ni même d'interdire ces manifestations populaires[1]. Il conserva toute sa faveur à Mme d'Etampes, plus avide que jamais. La guerre continua entre elle et Diane de Poitiers.

Le grave, c'est que cette guerre des dames va dégénérer en rivalité politique (et plus tard religieuse), et c'est la France qui en fera les frais.

Catherine assistait, dans l'ombre de son mari, à l'affrontement des deux tigresses. Elle n'en retint qu'une chose : puisque Mme d'Etampes était toute-puissante, elle n'avait qu'à lui faire sa cour le plus humblement possible. C'est ce qu'elle fit et elle s'en trouva bien. La favorite agréa la Médicis et le roi lui en fut reconnaissant. Néanmoins, la cour restant partagée en deux camps ennemis, Catherine était condamnée à se faire tolérer par l'un et par l'autre. Toute autre que la Florentine aurait succombé sous la haine, soit de la favorite du roi, soit de la favorite de son propre époux, ou peut-être des deux unies contre une intruse.

Voici devant quel problème se trouvait la jeune dauphine. Lequel des deux camps en présence serait le vainqueur ? C'est la seule question qui l'intéressait.

Dans le premier camp, celui de son mari auquel elle appartenait fatalement, il y avait Montmorency, ses deux neveux et, en tête bien sûr, Diane de Poitiers qui elle-même avait ses alliés : les princes lorrains, les Guises, dont le duc d'Aumale, qui épousera la fille de Diane, le duc de Guise dit le Balafré, chef de guerre, un des personnages clés de l'histoire de ce temps, ennemi des Châtillon-Coligny, enfin l'autre Guise, le cardinal de Lorraine, fort intelli-

---

1. Cet étonnant numéro de liberté d'opinion et d'expression venant après bien d'autres marques de la tolérance et de la bienveillance de François Ier, il est juste de souligner que, sur un autre point au moins, il se montra intolérant et sévère ; il ne supportait pas chez ses sujets l'ivresse publique. Par ordonnance de 1536, il décréta que « *quiconque sera trouvé ivre sera jeté en prison au pain et à l'eau* » (durée non fixée). En cas de récidive, ce sera le fouet ou le bâton. A la seconde récidive, le fouet en public. A la troisième, l'incorrigible aura le fouet et une oreille coupée en signe d'infamie et le bannissement suivra. Sa Majesté était paillarde mais antialcoolique.

gent politique. La reine Eléonore figurait dans le clan de Diane — elle ne pouvait se joindre à Mme d'Etampes.

Du côté du roi et de la favorite, il y avait Marguerite de Navarre, l'amiral de Brion, divers seigneurs que rejoindront un peu plus tard les Châtillon-Coligny : tout ce milieu était favorable aux idées de Luther tandis que celui de Diane était farouchement catholique. Ainsi commencent à prendre forme les deux factions qui allaient déchirer la France.

Catherine flotte entre les deux. Elle fait la cour à la maîtresse de son mari comme à celle du roi, son beau-père, avec la simple différence qu'elle haïssait à mort Diane de Poitiers devant qui elle s'aplatissait de son mieux. L'autre acceptait les flatteries avec quelque condescendance, en attendant l'occasion de se débarrasser de cette insignifiante petite Italienne. En l'occurrence, Diane se révélait plus orgueilleuse qu'intelligente et Catherine plus intelligente qu'orgueilleuse, encore que son orgueil, un jour, étonnera le monde.

Enfin Catherine ne pouvait ignorer la première famille des princes du sang, les Bourbons, bien que ceux-ci restassent en retrait de la famille royale et pour cause. Depuis l'affaire du connétable, François Ier les tenait tous en suspicion. Il ne leur confiait ni charge ni commandement, il leur chicanait même leur place dans les préséances de la cour. Cette méfiance et ces humiliations devaient un jour porter des fruits amers — c'est Catherine qui les cueillera. Pour lors, le chef de famille était Antoine de Bourbon, la branche aînée s'étant éteinte avec le connétable. Antoine de Bourbon-Vendôme, fils du comte de la Marche, descendait en ligne directe de Robert de Clermont, fils de Saint Louis. Antoine épousa la fille de Marguerite de Navarre, sœur du roi, Jeanne d'Albret. Ce mariage fit de ce Bourbon le roi de Navarre. Leur fils, Henri de Navarre, devint roi de France (et de Navarre) sous le nom d'Henri IV. Antoine avait un frère cadet, Louis, prince de Condé, un peu bossu et tordu au physique et au moral, d'où sortit la maison de Bourbon-Condé, et un troisième frère, le cardinal de Bourbon. Tous ces Bourbons joueront un rôle capital dans les guerres civiles dites de religion dont Catherine devait assurer l'arbitrage à la façon florentine.

Autre trait des mœurs des Gaulois

La jeune Florentine s'est-elle laissé prendre aux séductions de la cour, à la facilité des mœurs, aux hardiesses charmantes de la galanterie et de l'esprit ? C'est peu probable. Elle en avait trop vu à Florence et à Rome pour croire aux apparences. Si elle avait eu cette faiblesse, la mort de l'ancienne favorite, la délicieuse comtesse de Châteaubriant, aurait suffi à réveiller sa méfiance. Le fait divers est atroce.

Françoise de Châteaubriant mourut à quarante-deux ans. Le roi, son amant infidèle mais non oublieux, l'aimait encore de loin. Son affliction fut constatée par toute la cour. En souvenir des tendres vers qu'ils avaient échangés, il composa pour elle un « tombeau » qui s'achevait ainsi :

> *L'âme est en haut, du beau corps c'en est fait*
> *Icy dessous.*

Ce deuil fut porté dans la façon gracieuse du roi et de la cour. Mais il y avait un mari, le comte de Châteaubriant, dont le dévouement et la complaisance envers le roi avaient été exemplaires. Son avidité d'argent et de seigneuries ne l'était pas moins. Alors que sa femme était encore vivante, M. de Châteaubriant sollicita du gentil roi, qui l'avait si bien cocufié, une nouvelle grâce. Il demanda que tous les biens donnés à « la maîtresse » revinssent au mari si son épouse mourait avant lui. Grâce accordée. Sa fortune étant assurée, le mari voulut avec les biens récupérer aussi son « honneur » de cocu. Il choisit un procédé horrible. Il enferma la malheureuse dans une chambre tendue de noir et il la laissa pendant des mois languir dans ce cercueil. Un jour, elle vit entrer son mari accompagné de plusieurs hommes masqués et armés de longs couteaux qui se saisirent d'elle, lui tranchèrent proprement les veines des bras et des jambes et la laissèrent ainsi, comme une bête, se vider de son sang, sous l'œil impassible du mari.

Le fait, sous forme de conte noir, fut connu à la cour. Le roi ne pouvait rester insensible à pareille rumeur. Il ordonna une enquête et il en chargea Montmorency en qui il avait toute confiance. Celui-ci, cuirassé de rigueur et d'intégrité, partit pour la Bretagne. Il en revint : Mme de Châteaubriant était décédée de mort naturelle. Plus trace de rumeur. A l'époque, on mourait si jeune et si souvent de mort très naturelle, ou un peu naturelle ou parfois moins naturelle, qu'on ne parla plus de celle de Mme de Châteaubriant.

Toutefois, une nouvelle survint un peu plus tard, qui n'avait rien de sanglant : on apprenait que M. de Châteaubriant avait, sans raison connue, déshérité tous ses neveux et, chose des plus surprenantes, institué Montmorency son légataire universel. Etrange conclusion de l'enquête.

On peut toujours s'interroger sur l'innocence du mari et la probité de l'enquêteur.

En écoutant ce conte cruel, Catherine put se dire qu'à Florence on ne faisait pas mieux.

Princesse sans naissance et épouse sans enfants, Catherine est guettée par la haine

En dépit de l'affection du roi et de sa famille, Catherine se sentait fragile. On sait que, depuis l'enfance, elle a toujours ressenti autour d'elle la menace de dangers mortels. Tous n'étaient pas imaginaires car elle était vulnérable sur deux points. D'une part, elle n'avait pas encore d'enfant, d'autre part elle s'était créé un entourage d'Italiens qui étaient détestés et qui la rendaient encore plus détestable.

Sa stérilité attristait la famille royale mais, plutôt que de condamner Catherine, le roi et sa sœur s'apitoyaient sur elle et ils espéraient toujours. En revanche, la cour et le peuple s'indignaient méchamment de cette stérilité insultante pour le royaume. A quoi servait-elle, cette étrangère, si elle n'était pas capable de donner des enfants à la couronne ? Son mari n'était-il pas le premier prince de France après le dauphin ? Cette haine était très grande et elle ne fera que s'aggraver avec les années de stérilité. Déjà, le mot terrible de répudiation a été prononcé à la cour, peut-être prématurément, peut-être légèrement, mais Catherine en a frémi. D'autant qu'elle sait qui l'a prononcé, très près du roi : c'est le cardinal de Lorraine, un peu vif peut-être. Catherine ne le lui pardonnera jamais, ni à lui ni à sa famille, les Guises — les amis de Diane qu'elle hait.

A cette hargne méprisante s'ajoutait l'indignation que ses Italiens soulevaient contre eux et contre elle. Tous les charmes de la cour ne pouvaient, c'est bien naturel, lui faire oublier sa patrie. C'est ainsi qu'elle essaya de la recréer autour d'elle en s'entourant de Florentins. Le plus cher de ses compatriotes était Strozzi, son parent, mais le pape le rappela à Rome et, à sa place, ses trois fils vinrent à la cour et chacun prit le commandement d'une compagnie d'arquebusiers, sans coup férir, au débarqué, ce qui suscita quelques jalousies. Elle aurait aimé avoir auprès d'elle son « fiancé » d'enfance, son très cher Hippolyte, mais leur affreux cousin, le tyran de Florence, Alexandre, l'avait empoisonné en 1535. Il semble bien que la présence tapageuse du fringant cardinal Hippolyte eût été catastrophique pour la réputation de Catherine.

Moins voyant, mais aussi intrigant qu'intelligent, était le banquier Gondi qui fera souche en France. Sa femme, dame d'honneur de Catherine, sera plus tard gouvernante des enfants de France quand Catherine les aura faits. Le fils Gondi s'illustra sous le nom français de maréchal de Retz et leur arrière-petit-fils, le célèbre cardinal de Retz, ne fera mentir, ni par sa conduite ni par ses *Mémoires*, l'héritage d'intelligence, d'astuce et d'intrigue de la famille. Un jeune frère du duc de Mantoue, Birago, était aussi des intimes de Catherine. Il s'éleva, par son habileté et son dévouement, aux plus hautes charges de l'Etat sous le nom de chancelier de Birague — une rue de Paris porte son nom. Enfin, Ludovico de Gonzague s'implanta si bien à la cour que ses descendants, les Gonzague, furent ducs de Nevers.

Ces trop belles implantations soulevèrent des haines tenaces contre Catherine. Haine des jaloux certes, mais aussi haine des protestants qui voyaient en ces papistes des ennemis. Et, de fait, au moment de la Saint-Barthélemy, tous ces Italiens se trouvèrent dans l'entourage intime de la reine. On devine qu'ils passèrent pour ses conseillers.

Ce n'est pas tout. Catherine ne pouvait vivre loin de ses astrologues, les deux frères Ruggieri, Cosimo et Lorenzo. C'est l'envers de sa façade publique, on se demande si ce n'est pas la plus importante car, toute sa vie, son comportement semble dicté et orienté par ces prodigieux devins. Son esprit était imprégné depuis l'enfance des sciences secrètes. La faveur des Ruggieri remontait au père de Catherine qui avait eu pour le père de Cosimo et Lorenzo le même engouement que Catherine eut pour ceux-ci. Ruggieri l'Ancien était médecin de Laurent, ce qui n'empêcha pas Laurent et sa femme Madeleine de mourir à la fleur de l'âge, mais rien ne pouvait entamer la foi de Catherine pour ce genre de « médecins » dont le talent était fait d'alchimie, de cabale, d'astrologie. Pour le peuple, ils n'étaient que des « sorciers », c'est-à-dire des êtres démoniaques, or Catherine était en accointance avec eux. « *Ruggieri l'Ancien était si considéré dans la maison de Médicis*, écrit Balzac dans son essai sur Catherine de Médicis, *que les deux ducs Cosme et Laurent furent les parrains de ses deux enfants. Il dressa de concert avec le fameux mathématicien Bazile le thème de nativité de Catherine en sa qualité de mathématicien, d'astrologue et de médecin de la maison, trois qualités qui se confondaient souvent.* »

Comment aurait-elle pu, superstitieuse comme elle l'était, se passer de ces « magiciens » qui avaient servi ses ancêtres, pénétré tous leurs secrets et même deviné ceux de leur postérité ? Le vrai pape de la véritable et si étrange religion de Catherine, c'était Ruggieri et non celui du Vatican. Elle était fixée sur le compte de celui de Saint-Pierre, son « oncle » Clément VII lui avait ouvert les yeux : elle n'ignorait pas qu'il avait recours aux mêmes pratiques que Ruggieri, qu'il était aussi superstitieux qu'elle pour la simple raison qu'au XVIe siècle tout le monde l'était en Italie et que, jusque dans l'Eglise, on utilisait les rites religieux les plus sacrés à peu près dans le même esprit que des philtres et des talismans. Pour Catherine, les vrais protecteurs de sa famille sont les trois Mages dont la fête, l'Epiphanie, est également sa propre fête. Elle a admiré la fresque du palais de la via Larga où ses ancêtres figurent dans le cortège des Rois Mages ; de même, à Santa Maria Novella, Botticelli a peint pour les Médicis *L'Adoration des Mages*. Entre ces mages médicéens et la pure magie, il n'y a pas de frontière. La route de Bethléem suivie par ces rois venus d'ailleurs les menait au berceau du Christ, c'est certain, mais, pour les Médicis, la route allait bien plus loin que l'Ecriture ne l'annonce ; elle les conduisit aux sciences du mystère, notamment à l'astrologie et à l'alchimie. Pour Catherine comme pour ses ancêtres, c'est là que résidait la vraie croyance. Les Français n'ont pas compris cela tout de suite mais ils ont subodoré dans l'entourage italien de Catherine une odeur de soufre et ils soupçonnèrent aussitôt l'étrangère de préférer ces relents démoniaques au parfum d'encens de la sainte messe.

Ce soupçon était-il justifié ? Peut-être. En tout cas, les préparations des Ruggieri dans leurs cornues mystérieuses, les longs tête-à-tête qu'elle avait avec eux dans des cabinets noirs permettaient à des imaginations inquiètes et malveillantes de croire le pire. Que pouvaient-ils cuisiner si secrètement sinon des poisons ? Voilà, c'est fait : le soupçon et le mot fatidique sont nés ensemble. Le poison ! Le mot va s'attacher à Catherine et à ses comparses pour l'éternité. Sa foi en Ruggieri est totale et pourtant ce qu'il lui annonce, ce qu'il lit dans les conjonctions astrales est apparemment impossible — mais c'est écrit dans le ciel. Il lui prédit qu'elle sera reine et qu'elle aura de nombreux enfants. Mais c'est incroyable, le dauphin a dix-neuf ans et se porte à merveille et elle est persuadée qu'elle est incapable d'enfanter. Elle vit dans l'angoisse et dans l'espoir. Ruggieri lui répète la prophétie prestigieuse. Elle dissimule. A la cour, elle sourit avec son inaltérable douceur, elle flatte, elle caresse, elle rassure. Elle attend l'irréalisable que ses mages lui ont promis.

Et pourtant ces Italiens honnis apportaient aussi bien des trésors. On les jalousait, on les admirait, on les imitait. Un ouvrage a paru en France en 1505, dû à Platine de Crémone, pseudonyme de Bartholomeo Sacchi, important personnage de la cour vaticane, sous le titre *De honesta voluptate et valetudine*, sorte de manuel de savoir-vivre et d'art de vivre qu'on peut placer à côté de *El Cortegiano* dont nous avons parlé. Cet ouvrage, comme l'indique son titre, donne les meilleures recettes pour bien jouir des plaisirs de la table sans manquer aux règles de la morale ni à celles de l'élégance. Il fournit même des conseils d'hygiène. C'est l'œuvre d'un homme d'une grande culture et d'une grande civilité. C'est en tout cas une œuvre tout à fait moderne. Il recommande de se laver les mains avant de se mettre à table et de ne pas se moucher dans les pans de la nappe, il préconise l'usage de la fourchette, plus élégante et plus propre que les doigts. Ces recommandations seront suivies en France avec plus de quarante ans de retard. C'est l'entourage de Catherine qui donna l'exemple car, pour mettre ces conseils en pratique, il fallait des modèles et c'étaient les Italiens. Ce sont eux qui ont formé d'excellents maîtres d'hôtel capables de penser et d'ordonner la composition d'un repas. Finies les ripailles rabelaisiennes. Un festin devenait une cérémonie.

Ce sont les Florentins qui ont remanié l'ancienne cuisine française et moyenâgeuse, c'est d'eux que date notre cuisine actuelle. Le célèbre cuisinier Raymond Oliver, évoquant ce renouvellement, parle tout simplement de « *la Révolution de 1533* » qui bouleversa le contenu des casseroles. D'abord, on sépara les plats salés des plats sucrés. Comme partout en Europe, on mangeait ensemble les viandes et les fruits sucrés. Certains pays ont gardé ce vieil usage. C'est en pâtisserie que les Italiens ont été surtout des novateurs : friandises, confitures, gâteaux montés comme des pièces d'architecture firent le ravissement de la cour. Un signor Frangipani, d'excellente famille, nous a légué la frangipane. Notre Montaigne se souvient de ses entretiens avec le maître d'hôtel du célèbre cardinal Carafa (*Essais* I.51) : « *Il m'a fait un discours de cette science de gueule avec une gravité et contenance magistrales comme s'il m'eût parlé de quelque grand point de théologie..., tout cela enflé de riches et magnifiques paroles...* » Le cardinal était sans doute moins éloquent en théologie que son maître d'hôtel en « science de gueule », ce sujet ne supporte pas la moindre improvisation.

On voit que, si la dot de Catherine n'a pas été payée, l'Italie offrit avec la petite Médicis de belles compensations à la France — et à l'Europe du xvie siècle dont les Italiens ont été les éducateurs non seulement dans les beaux-arts mais dans le raffinement des manières et de l'art culinaire.

On rêve de nouvelles guerres en Italie alors que des bûchers bien réels
allument déjà la guerre civile en France

On se souvient que la mort du pape Clément VII avait sur le moment bouleversé les projets du roi sur l'Italie. Mais il en aurait fallu davantage pour le faire renoncer à ses chimères. Il commença par se constituer une armée. Comme le trésor était vide, au lieu de recruter des mercenaires qu'il ne pourrait payer, il eut l'idée de lever des troupes dans son propre royaume par une ordonnance du 24 juillet 1534. L'initiative était surprenante. Catherine put observer qu'à Florence aucun citoyen de la « république », même si on l'avait payé, n'aurait consenti à faire la guerre : c'était une entreprise comme une autre — plutôt de mauvais aloi — qui ne concernait pas les Florentins. Ils payaient des soldats et eux restaient dans leurs remparts où ils avaient mieux à faire.

Pour remplacer les appuis que le pape lui avait promis si trompeusement, François Ier chercha d'autres alliés contre Charles Quint. Il envoya en Allemagne son brillant diplomate du Bellay pour soulever les princes luthériens contre l'empereur Charles Quint. Il réalisa même une alliance, tout à fait insolite et même scandaleuse pour un prince chrétien, avec le sultan de Turquie qui était sur terre et sur mer le plus grand adversaire de la chrétienté, chose moins importante aux yeux du roi que le fait que les Turcs étaient surtout les ennemis de l'empereur jusqu'aux portes de Vienne et en Méditerranée.

Toutefois, un événement plus grave qu'il n'y parut sur l'heure se produisit en France les 17 et 18 octobre 1534, qui faillit faire échouer l'alliance du roi avec les princes luthériens. L'histoire l'appelle l' « affaire des Placards ». Voici à quoi elle se réduisit sur le moment. Dans plusieurs villes de France, le même jour, les réformés affichèrent les fameux placards attaquant l'Eglise et nommément la messe. Le fait fut aggravé par la hardiesse provocante des réformés qui collèrent leurs placards sur la porte même du roi. C'était un crime de lèse-majesté. Bien que cette attaque personnelle l'eût fait bondir de colère, le roi aurait été enclin à l'indulgence. Mais on apprit le même jour que les fameux placards avaient été affichés dans plusieurs villes de France. Les réformés possédaient donc un parti organisé sur le plan national. C'était sérieux.

A la cour, la politique des maîtresses exploita à sa façon le nouveau scandale. La grande sénéchale répandit le bruit que la duchesse d'Etampes elle-même avait facilité l'affichage. C'était probablement vrai. La favorite disposait d'arguments très personnels pour rassurer le roi qui, n'étant pas fanatique, ne demandait pas mieux. Il promit même à sa douce amie qu'il ne prendrait aucune sanction contre ses protégés. Oui, mais, il y avait le Parlement, les tribunaux ecclésiastiques qui étaient armés pour sévir. Le Parlement jugea tout autrement l'affaire que le roi. Il poursuivit les coupables — tout au moins ceux dont on osa se saisir. Ils furent condamnés, au nombre de six, à être brûlés vifs et conduits en place de Grève, où étaient dressés les bûchers, par une immense procession expiatoire, le 21 janvier 1535. Ce fut le début des horreurs.

François Ier en fut assez contrarié car le fait de brûler six luthériens en grande pompe risquait de lui faire perdre l'alliance des princes luthériens d'Allemagne à laquelle il tenait beaucoup pour reprendre la guerre contre Charles Quint. Il se chargea donc d'expliquer à ses amis les princes allemands que les six condamnés ne l'avaient pas été pour leur croyance — ce qui était vrai — mais pour crime de lèse-majesté, chose que tout prince régnant comprend fort bien. Ainsi l'alliance avec les luthériens allemands fut préservée.

Il y avait déjà eu des poursuites moins spectaculaires contre les réformés mais qui dénotaient chez les juges, surtout à Paris, une vigilante hostilité contre l'hérésie. Une de leurs victimes fut le charmant poète Clément Marot.

Le tribunal ecclésiastique s'était saisi de sa personne à l'instigation de Diane de Poitiers dont il avait raillé de façon injurieuse l'âge, les fausses dents, les faux cheveux, les rides... Tout cela suggéré par Mme d'Etampes et mis en vers allègres par le poète virtuose en badinage. Pour son malheur, il tomba entre les mains du redoutable Bouchart, théologien enquêteur à la Sorbonne dont le badinage était le moindre défaut. Malgré les dénégations du poète, il fut convaincu « *d'avoir mangé du lard en carême* ». Il fut déclaré hérétique et digne d'un honnête châtiment afin de se repentir de son erreur. Il passa un an en prison pour cela. François Ier, en riant de sa mésaventure, le fit sortir du trou. Marot ne riait pas du tout.

Comme il était, sinon hérétique, du moins plein de sympathie pour les idées nouvelles et d'autant plus cordialement qu'étant le protégé de Mme d'Etampes et de Marguerite de Navarre il encensait leurs idées afin de faire sa cour, son incarcération fut ressentie comme un camouflet par la favorite. En revanche, ce fut un petite victoire pour Diane. Quant au poète, il la subit comme une grande injustice. Aussi, même si en entrant en prison il lui restait quelque teinture de catholicisme, à sa sortie il était farouchement luthérien. Quand il vit qu'on brûlait ses coreligionnaires en place de Grève, ayant l'épiderme sensible et l'odorat offusqué par cette horrible odeur de grillé, il prit la fuite. Il s'exila. Cependant, poète autant que prudent, il laissa en partant un *Adieu aux Dames de Paris* où il révélait à sa façon narquoise et très explicitement les turpitudes des belles de Paris qui avaient cocufié cent fois leurs maris, avec lui ou avec ses bons amis. Ce fut un beau tapage. Sans considération d'hérésie ou d'orthodoxie, il eût risqué le pire, soit sous le bâton, soit d'un coup d'épée au travers du corps. Mais il était déjà à Venise où, possédé par la foi nouvelle, il traduisit de sa plume enchanteresse les *Psaumes* et composa des cantiques que les protestants français chantent encore sans se douter qu'ils ne les chanteraient pas si Diane de Poitiers n'avait pas été l'ennemie de Mme d'Etampes. Le résultat fut que le roi, contrarié de ces persécutions, devint plus favorable aux réformés. Diane perdait en fin de compte et il en serait toujours ainsi tant que la duchesse partagerait le lit du roi.

Catherine, dans son coin, observait cette étrange politique. A vrai dire, cette histoire de protestants et de réforme de l'Eglise lui paraissait — comme à bien d'autres — assez surfaite. A ses yeux d'étrangère et d'Italienne, nièce du pape, ces revendications religieuses n'étaient qu'un caprice des Français discutailleurs, ergoteurs, procéduriers. Elle y attachait bien moins d'importance qu'à la rivalité des deux super-puissances, la d'Etampes et la sénéchale. Là était pour elle le grand problème. Qu'un quarteron de bavards attaquât l'Eglise, balivernes. L'Eglise telle qu'elle la voyait, du point de vue de Rome et de la puissance vaticane, l'Eglise en avait vu d'autres. Pour elle, Médicis nourrie dans le sérail romain, les discours de quelques Français et de quelques Allemands, tous assez mal dégrossis, ne pouvaient ébranler le trône du Saint-Père, même avec des affiches sur la porte du roi. L'avenir lui ouvrit les yeux.

Elle était surtout attentive à la guerre que se livraient « les maîtresses » et surtout à la colère de Mme d'Etampes, celle-ci secondée par Marguerite, la sœur du roi. Ces deux vertus exemplaires se firent les championnes de l'épuration de l'Eglise romaine. Pour y parvenir, elles pensèrent que le meilleur moyen était de convertir le roi aux idées nouvelles. Bon prince, il se laissa faire. Elles l'emmenèrent une fois à Saint-Eustache pour écouter, en chaire, un prédicateur luthérien (on peut remarquer le laxisme de l'Eglise qui supportait cela). On lui avait seriné son sermon, composé tout exprès pour troubler le roi. Le prédicateur en fit trop, il s'embrouilla, cria, frappa à coups de poing la chaire... Bref, le roi sortit, fâché qu'on l'eût dérangé pour entendre ce grotesque.

Une autre fois, elles pensèrent l'endoctriner à domicile. Elles firent venir un théologien de leurs amis qui contestait la messe avec les arguments de Luther. Le roi, qui savait mieux son catéchisme que le docte luthérien, n'eut pas de peine à le prendre en faute et il s'amusa à lui montrer ses erreurs. L'autre se troubla, bredouilla et, consterné, s'en alla. Il revint, dit-on, à son catéchisme et se retrouva catholique. Le roi ne se fit pas luthérien pour si peu — ni même anti-luthérien.

En face de Mme d'Etampes, Diane était décidée à tout faire pour empêcher le roi de favoriser la Réforme. Il fallait d'abord le convaincre du danger que représentait cette doctrine qui engendrait des troubles, qui contestait non seulement l'autorité du pape mais bientôt celle du roi. Elle délégua auprès de François Ier le grand maître Montmorency. Lui seul pouvait contrebalancer l'influence de la favorite en faveur de l'hérésie et amener le roi à écraser la rébellion dans l'œuf. L'œuf, pour Diane, c'était Mme d'Etampes. Le roi écouta Montmorency avec toute l'amitié et le respect qu'il avait pour lui. Il fut cependant surpris de le voir trancher cette affaire avec une pareille rigueur car, pour tout remède, son noble conseiller lui dit :

— Sire, il faut brûler ces hérétiques.

— Jamais, répondit François Ier.

Il n'était pas plus d'avis de les exterminer que de les écouter. Il était catholique et il était le roi de tout son peuple.

Furieuse de cette démarche, Mme d'Etampes, sachant quelle en était la source, fit composer par Marot, qu'elle avait encore sous la main, avant son arrestation, un libelle fort injurieux contre la sénéchale ; celle-ci n'était pas nommée, toutefois il était facile de deviner. Bien que le texte ne trompât personne, son ambiguïté fut habilement utilisée par Diane. Elle fit répandre par son entourage que les injures s'adressaient à Dieu. Voilà Marot blasphémateur ! Les juges s'emparèrent de lui. Ne pouvant le convaincre de blasphème, c'est alors qu'on se contenta de l'accuser d'avoir mangé du lard. On connaît la suite. A travers lui, c'était la favorite qui était condamnée par les soins de Diane.

Lorsque le roi fut excédé par les rapports qui lui parvenaient des provinces où ses bons sujets s'entre-tuaient parfois pour une messe en latin ou un prêche en français, il accorda au Parlement, malgré qu'il en eût, le droit de considérer l'hérésie qui était à l'origine des désordres comme « hors la loi ». La persécution devenait légale. Ces dames n'avaient pas peu contribué à ce beau résultat. La duchesse, en apprenant que ses protégés risquaient d'être poursuivis, crut bon d'avoir une crise de nerfs et déchira son mouchoir entre ses dents. Si on lui eût donné carte blanche, le parti catholique aurait été exterminé. Quelle satisfaction de voir la trop belle tête de Diane sauter sous la hache du bourreau ! Diane, de son côté, voyant les Parlements bien armés pour sévir, espéra le moment où celui de Paris ferait griller la favorite hérétique.

Pourquoi tout ce bruit, tous ces juges, tous ces bûchers ?

La réforme de l'Eglise était dans l'ordre des choses et du temps. Les peuples respiraient ce renouveau qui était dans l'air de la Renaissance. Catholiques ou non, ils attendaient un rajeunissement de l'Eglise. Or, cette réforme inéluctable, Rome ne la faisait pas. Alors le changement se fit hors de l'Eglise et contre elle. De là vient tout le drame. Quand, pour entreprendre cette réforme, le pape Paul III décida à Farnèse, en 1538, la réunion d'un concile, on dut attendre sept ans encore avant que celui-ci tînt séance plénière, à Trente, le 13 décembre 1545. Il y avait trente ans que Luther prêchait contre Rome ; il avait converti la majorité des princes allemands et fait de nombreux adeptes en France, jusque dans la famille royale. Un tel retard se rattrape difficilement. Il faut reconnaître que l'Eglise sut faire son examen de conscience, qu'elle retrouva sa doctrine épurée, sa vérité et sa force. Ce qu'elle fit lui permit de survivre et même de triompher. Mais elle prit son temps : le concile de Trente ne s'acheva qu'en 1563. Trente ans pour se décider et vingt ans pour agir : la Réforme était ancrée profondément.

Celle-ci avait trouvé son meilleur terrain dans les faiblesses et les corruptions de l'Eglise au xvie siècle. Clément VII et la cour pontificale nous ont déjà ouvert les yeux mais, en France, le haut et le bas clergé n'étaient pas beaucoup plus édifiants.

Les prêtres desservants se trouvaient dans un état d'ignorance et de pauvreté inimaginable. Certains savaient à peine lire, les offices étaient réduits à des simulacres, les sacrements aussi ; beaucoup de paroisses étaient délaissées, aucun enseignement religieux n'était donné. Certaines villes même retombaient dans l'ignorance de la religion et dans l'impiété faute de prêtres. Quant au haut clergé, comme il ne tenait ses charges que du roi, selon le Concordat, il ne les recevait pas pour son zèle religieux mais pour services rendus à la couronne ou simplement par faveur royale. Ces nobles prélats, dans l'ensemble, se souciaient peu de leurs diocèses ou de leurs abbayes où ils ne résidaient pas, sauf pour en percevoir les bénéfices dépensés à la cour.

Et, malgré ce lamentable état des choses, l'immense majorité du peuple, adonnée par tradition et par besoin de spiritualité au culte des saints, de la Vierge et de ses images de pierre, de ses vitraux, continuait à voir dans la messe, quand elle pouvait l'entendre, un mystère bouleversant et demeurait croyante et fidèle à son Eglise.

Dans les villes, cette foi naïve devenait souvent malicieuse et on ne se gênait pas pour fronder la hiérarchie, les prêtres, les moines et les nonnes dont les insuffisances et les travers n'échappaient pas à la critique. C'était facile car, au début du xvie siècle, le clergé, du haut en bas de la hiérarchie, vivait ouvertement avec des femmes. Des enfants naissaient de ce concubinage. Le peuple gaulois n'y avait pas vu trop d'inconvénients et se serait longtemps contenté de faire des farces pleines d'irrespect et souvent fort grossières si certains excès de plusieurs prêtres n'avaient causé un vrai scandale. Jusque-là, les propos n'étaient ni menaçants pour les prêtres ni offensants pour la religion. Le dogme et la foi n'avaient rien à voir avec la paillardise du clergé. Cependant, la colère monta lorsque certains prêtres, pleins de mépris pour leurs ouailles, s'attaquèrent lubriquement aux femmes et aux filles des bons fidèles. Qu'ils s'ébattent avec des femmes de petite vertu, en rupture de famille, soit, mais pas avec les femmes mariées ou les vraies pucelles ! Alors des sortes d'émeutes éclatèrent en plusieurs endroits : avec les idées nouvelles qui circulaient, le bon peuple devenait moins patient. Mais la religion, l'Eglise étaient toujours respectées. Pour voir les premières atteintes à l'Eglise et aux églises, il fallut attendre que Mme d'Etampes, folle de rage d'avoir assisté à la condamnation de ses protégés, donnât l'ordre à ses amis luthériens de briser les statues des saints et les vitraux. C'est à cette pétulante personne que l'on doit l'inauguration de ce vandalisme qui fut ressenti par le peuple catholique comme un sacrilège inouï qui l'attacha davantage à sa foi. Car, si les gens secouaient la soutane d'un curé paillard, c'était seulement pour manifester leur volonté de ne pas être cocufiés par lui et de ne pas recevoir à la maison leur fille avec — pour reprendre l'expression même de leur revendication — « *un petit enfant de chœur dans le bénitier* ». Ils posèrent un peu partout dans le pays la question qui s'imposait à tous : pourquoi obligeait-on les prêtres à une chasteté qu'ils n'observaient pas, alors qu'il était si facile — à leurs yeux tout au moins — de mettre fin à leurs débordements scandaleux en les mariant comme tout le monde ? Ils soulevaient sans le savoir un très vieux, très insoluble problème. Et, sans le savoir peut-être, ils subodoraient et formulaient une des plus révolutionnaires propositions de Luther : « Plus de célibat des prêtres ! Plus de claustration pour les moines et les nonnes ! »

A vrai dire, cette solution radicale n'avait pas besoin de Luther pour être connue. Le Vatican n'avait pas oublié l'histoire fort embarrassante pour l'Eglise des prêtres mariés au VIe siècle. Ces souvenirs la rendaient très réticente sur ce chapitre.

Dans les premiers siècles, les prêtres pouvaient convoler. Or, leurs femmes et notamment celles des évêques se rendirent tristement célèbres par leurs intrigues et leurs débauches en vue de faciliter l'élévation de leurs époux à des dignités ou à des sièges épiscopaux importants. Pour un chapeau de cardinal, certaines étaient capables de tout. Grégoire de Tours raconte, en se lamentant, les dévergondages effrayants de la femme de l'évêque du Mans qui organisait des orgies parfois sanglantes. Pour éviter le retour de pareilles erreurs, la papauté jugea bon d'instituer le célibat des prêtres.

Les bonnes gens de 1535 se souciaient peu des scandales des femmes d'évêques du VIe siècle. Ils ne voyaient que le scandale du célibat de leur curé. Ils s'étonnaient que le pape laissât faire, ils ignoraient les turpitudes de Rome. S'ils les avaient connues, Paris leur eût semblé peuplé de petits saints. Ils ne croyaient que ce qu'ils avaient sous les yeux. Les luthériens se promirent de montrer au peuple ce qui se passait réellement à l'ombre et même au soleil du Vatican.

C'est ainsi que la rumeur apprit aux Parisiens qu'un certain livre qu'ils ne pouvaient lire — mais dont quelques personnes de savoir et dignes de foi, qui l'avaient lu, faisaient des comptes rendus stupéfiants — dévoilait toute la corruption du clergé romain. Cet ouvrage avait pour titre : *Livre des taxes de la cour de Rome*. Etant publié en latin, il ne fut connu que de rares lecteurs lettrés dont certains n'étaient pas d'Eglise. Ceux-ci dévoilèrent dans de petits cercles le prix des « indulgences » de la papauté pour les faiblesses des clercs. Toutes les fautes étaient consciencieusement répertoriées et le pardon de chacune était tarifé au plus juste. Les informations recueillies dans toute la chrétienté faisaient du *Livre* le guide le plus complet de tous les débordements auxquels étaient sujets les membres du clergé séculier et régulier de l'un et l'autre sexes. Tout était prévu, même « *les cas de bougreries et péché contre nature, fût-il fait avec des bêtes brutes* ». Pour ces spécialistes romains formés aux lettres antiques, rien de ce qui est humain n'était étranger. Toutefois, le cas de bougrerie était surtaxé : 90 tournois, 12 ducats, 6 carlins. Hors de prix ! Mais, à Paris, un laïc accusé des mêmes erreurs était brûlé vif. Plus accessible, le péché avec une nonne ; le clerc s'en tirait avec 36 tournois et 9 ducats. Dans certaines circonstances, il avait droit à un rabais à 3 ducats. « *Pour un qui tiendrait à pot et à feu une concubine* », il pouvait vivre en ménage avec 21 tournois, 5 ducats, 6 carlins. C'était la solution la plus économique. La liste est interminable.

Les protestants se firent un devoir et un plaisir de traduire en français et de publier le livre sous forme de pamphlet en lui donnant le titre alléchant de : *Taxe des parties casuelles de la boutique du Pape*. Ce tarif fit plus de ravages dans les rangs catholiques que tous les prêches de Calvin.

Le procédé était excellent car c'est en dénonçant ce genre d'abus avec une verve et une truculence plus gaillardes que celles du *Tarif* que Luther remporta les plus grands succès. Mais qui était donc ce moine allemand qui bouleversait l'Europe occidentale ? Martin Luther fit un voyage à Rome en 1511, en qualité de moine augustin. Il découvrit alors ce que nous avons découvert nous-mêmes dans la personne et dans l'entourage du pape Clément VII. Pour un honnête croyant, le choc fut démoralisant. Ebranlé, non dans sa foi, mais dans son respect et son obéissance à la papauté, il rentra en Allemagne, fit une crise de mysticisme qui ne dura pas, puis il explosa. A Wittenberg, il nia publiquement, énergiquement l'autorité du pape, la hiérarchie catholique, le célibat des prêtres, les vœux monastiques, le culte des saints et enfin la messe et l'Eucharistie. Excommunié pour cet exploit, il brûla la bulle pontificale sur la place publique. Poursuivi en 1521, il fut recueilli, caché et protégé par l'électeur de Saxe. Au château de Wartbourg, il fit de la Bible une admirable traduction en allemand car c'était un puissant écrivain. Exalté à la fois dans le mysticisme et la sensualité, il enleva une nonne et l'épousa. Il était profondément croyant et sa révolte vient probablement de la sincérité et de l'intransigeance de sa foi. Il croyait fermement au diable. Un jour, il crut le voir en face et il lui jeta son encrier au visage. Peut-être avait-il avec lui des relations privilégiées.

Il possédait un véritable talent de tribun, une éloquence flamboyante qui électrisait les foules. Il se servait des princes convertis et les princes se servaient de lui. Il savait flatter les appétits sensuels, il prônait la bonne chère et se gardait bien d'interdire la fornication avec les nonnes, puisqu'il en avait épousé une, mais il interdisait l'ingérence du pape dans cette sorte d'exercice et surtout le fait de le rendre payant. L'Allemagne l'applaudit. Comme la France n'est pas loin, elle entendit l'écho des prêches et les applaudissements. Malgré la fidélité catholique, les idées de Luther correspondaient trop aux critiques du peuple français pour qu'il les rejetât. Certains s'y attachèrent et les acceptèrent en bloc ; ce ne fut qu'un petit nombre. Les autres, qui avaient reçu et compris le message du truculent prophète, refusèrent cependant d'admettre la rupture avec Rome. Luther excommunié leur parut simplement hérétique. Néanmoins, il garda des fidèles qui n'étaient pas de petits personnages — même de rares membres du clergé comme l'évêque de Meaux. Quant à ceux et à celles qui entouraient le roi, on les connaît.

Toutes les attaques de Luther contre les abus de l'Eglise, contre la corruption évidente et inadmissible de Rome, au fond, n'atteignaient pas l'essentiel de la foi catholique : l'Eucharistie, les sacrements échappaient à ces attaques. Les disciples de Luther le savaient. Etant des humanistes, des esprits libres et déjà rationalistes, ils ne s'attaquèrent plus aux abus qui amusaient le peuple et servaient leur propagande, ils s'en prirent au mystère même de la messe, à la présence réelle dans l'Eucharistie. Le miracle sur lequel était fondé l'Eglise fut sapé. Voici la phrase de Luther, la menace mortelle fixant la doctrine nouvelle : « *J'affirme que la prostitution, le meurtre, le vol, l'adultère sont moins pernicieux que l'abominable messe papiste. Lorsque la messe sera supprimée, nous aurons supprimé la papauté. C'est sur la messe comme sur un roc que repose la papauté. Tout s'écroulera en même temps que la messe.* » C'était bien vu : il y avait un roc.

A cette violence l'Eglise n'avait pas répliqué. Pourtant, parmi les fidèles et hors de la hiérarchie romaine, s'élevait dans le silence, presque en secret, un rempart de foi contre ces nouveautés turbulentes. Le 15 août 1534, l'année des « Placards » — hasard ou miracle ? —, un ancien officier espagnol, touché par la grâce, Ignace de Loyola, se réunit à Montmartre avec plusieurs de ses amis, espagnols pour la plupart. Ils décidèrent solennellement de se consacrer à « *servir le Vicaire du Christ en terre pour servir le Seigneur et l'Eglise* ».

L'armée catholique contre la Réforme venait de naître, c'était la première vraie réponse de l'Eglise à la nouvelle hérésie... et le vicaire du Christ n'en savait rien. Rome mit longtemps avant d'accepter la constitution de l'ordre de Jésus. En 1556, à la mort de Loyola, le Saint-Siège n'avait pas encore approuvé cette constitution. Mais les frères avaient déjà travaillé selon leurs engagements et organisé leur ordre quasi militaire. Leur gouverneur portait le titre de général. L'obéissance absolue au pape était la règle. Le but : terrasser l'hérésie où qu'elle fût dans le monde. Certaines pensées d'Ignace de Loyola méritent réflexion : « *L'esprit doit être dirigé vers Dieu Notre Seigneur et Notre Créateur pour l'amour duquel nous devons obéir à un homme.* » Il faut bien lire : *à un homme* qui est le pape. Ainsi un ordre du Saint-Père doit être écouté comme un ordre de Dieu. L'obéissance devenait une vertu sacrée. « *Aie confiance en Dieu comme si le succès de ton action dépendait tout entière de toi et pas du tout de Dieu, mais en même temps applique ton âme à tes actes comme si tu étais impuissant et Dieu devait tout faire.* » C'était à la fois sauver la liberté de la créature et la toute-puissance de son créateur. On découvre la négation de la « prédestination » calviniste et l'affirmation de la liberté de l'homme responsable de ses actes et de son salut.

Voilà sur quoi les théologiens des deux bords allaient s'affronter jusqu'à la fin du siècle, en discours, libelles, sermons et prêches, en appels à Dieu — au même Dieu — pour exterminer le papiste ou le huguenot. Les grands du royaume se lancèrent dans l'affaire les armes à la main. On disait qu'on combattait pour ou contre la présence réelle dans l'Eucharistie, pour la prédestination ou pour le libre arbitre, pour ou contre la Vierge et les saints. En fait, les grands meneurs se disputaient les titres, les charges, l'argent et les terres. Quant à la piétaille des deux bords dont nul ne se souciait, ces bons croyants qui vivaient dans la foi, qui croyaient jusqu'à en mourir que le Christ était présent dans l'hostie, et les autres qui se faisaient hacher en proclamant que l'hostie n'était qu'un peu de farine et que le pape était Satan sur terre, on persuada cette piétaille qu'elle se préparait le chemin du Ciel en égorgeant, en étripant, en brûlant ses frères chrétiens d'en face.

Voilà ce qui menaçait de remplir le royaume de bruit et de fureur. Voilà ce qui excita tant de juges à faire allumer tant de bûchers, cependant qu'à la cour, et le roi le premier, on ne se doutait pas encore de l'ampleur de la haine qui commençait à troubler la France. En 1536, toujours aimable, le roi reçut en hommage l'ouvrage de Calvin, *L'Institution chrétienne*, qui fit les délices de sa sœur et de sa maîtresse et qui, dans quelques années, allait mettre son royaume au pillage. Mais il ne lut pas le livre, il rêvait de conquérir l'Italie, une fois de plus.

En ruinant la Provence et Charles Quint, Montmorency est fait connétable

Allait-il faire la guerre? L'argent manquait encore. Charles Quint n'était pas fort bien fourni non plus. François Ier, de plus en plus impatient, commença par remplir ses coffres par un procédé qui ne lui était pas inconnu mais que Catherine trouva d'une rare hardiesse : le 12 février 1536, ce roi si bon catholique fit saisir brusquement le tiers des biens des églises et la moitié des biens des évêques et archevêques. Les protestations, les récriminations, les appels au Vatican le laissèrent, comme chaque fois qu'il renouvela la saisie, absolument indifférent : le roi est maître dans son royaume, des grands comme des petits. Les petits avaient courageusement payé sa rançon, les grands devaient payer la guerre.

Catherine ne perdit rien de cette leçon, elle admirait tellement le roi ! Sa désinvolture à l'égard des autorités religieuses lui plut beaucoup. Elle était fascinée par ce pouvoir irrésistible de la couronne. Elle s'y attachait, elle s'y insérait et espérait un jour s'y identifier. Les astres le lui avaient promis. Elle se devait d'être une vraie princesse de France sans autre préjugé que le pouvoir absolu du monarque.

En attendant les rentrées de fonds, les deux ennemis essayèrent de trouver un terrain d'entente. Pourquoi pas un mariage entre les deux maisons rivales ? Charles Quint délégua sa sœur Marie de Hongrie, François Ier délégua sa femme Eléonore, également sœur de l'empereur et de Marie gouvernante des Pays-Bas. Elles se réunirent à Bruxelles en août 1535. C'est le duché de Milan qui était toujours objet de convoitise. Charles Quint accepterait-il de le donner à un fils de François Ier ? Comme on l'avait déjà espéré, il pourrait revenir à Henri d'Orléans, l'époux de notre Catherine. Pas question : Charles Quint ne veut pas que le mari de Catherine de Médicis soit duc de Milan car, une fois installé, il réclamerait au nom de sa femme la Toscane, Urbin et, de là, pourquoi pas le royaume de Naples dont Charles VIII et Louis XII avaient rêvé et dont François Ier rêvait toujours. C'est ainsi que le mariage Médicis se retourna contre les ambitions du roi qui avait cru les servir par cette mésalliance. Si Henri avait épousé une princesse allemande, le duché de Milan était à lui.

François, sans attendre, envahit la Savoie et le Piémont. Henri partit en guerre pour conquérir « son » duché car le duc de Milan, Sforza, venait de mourir. L'armée était commandée par le maréchal de Brion, ami de Marguerite de Navarre, des réformés et de Mme d'Etampes. Henri, avant de partir, avait fait à sa femme des adieux très conventionnels tandis qu'il fit à Diane de Poitiers une longue visite. Elle eut le plaisir de le voir vêtu de noir et de blanc, ses couleurs. Le roi, impatienté par la lenteur de Brion dans sa conquête du Piémont, lui retira le commandement pour le donner à Montmorency. Or, celui-ci, on le sait, était du parti de Diane. Son élévation était un échec pour la favorite. Catherine n'eut garde d'oublier que Diane avait toujours un très grand pouvoir auprès du roi.

La réaction de Charles Quint à l'invasion du Piémont ne se fit pas attendre. Ses armées d'Italie étaient prêtes et plus nombreuses que celles du roi. Il envahit brutalement la Provence en passant par Nice qui appartenait au duc de Savoie. C'était le désastre à bref délai : le roi n'avait pas d'armée suffisante pour repousser les Impériaux. Montmorency, chargé d'enrayer l'invasion qui allait amener les reîtres au cœur de la France, eut recours à l'horrible pratique de la terre brûlée. Le procédé convenait assez au caractère du personnage. Mais y en avait-il d'autre devant le danger ? Ce furent donc les Français eux-mêmes qui brûlèrent les villages, les fermes, les récoltes, détruisirent jusqu'aux meules des moulins ; ils empoisonnèrent les sources et les puits et, par une précaution perfide, épargnèrent les arbres fruitiers et les vignes. Les Impériaux s'avancèrent dans un désert, leur ravitaillement n'arrivait plus, les paysans provençaux attaquant les charrois. Bientôt, cette armée impressionnante fut décimée par la faim et par la dysenterie causée par les fruits verts et les eaux polluées. Elle finit par atteindre Marseille, l'assiégea mais fut repoussée avec de lourdes pertes. Les débris de la puissante armée impériale firent retraite vers l'Italie. Ce n'était que des bandes de traînards affamés, sans armes, ne laissant derrière eux que des ruines et des cadavres. La France avait échappé à l'invasion. Charles Quint n'avait plus d'armée, mais la douce Provence était à reconstruire et à repeupler.

Montmorency, à Avignon, installé dans un camp modèle, avec une armée intacte, bien nourrie, bien entraînée, formée de trente mille mercenaires suisses, savourait sa cruelle victoire. François Ier eut pour lui une reconnaissance immense qui lui valut le titre prestigieux de connétable de France. Quant à Henri, son admiration, sa vénération même pour Montmorency allaient faire de ce personnage austère et implacable un des plus importants dignitaires du royaume, d'autant plus important qu'un événement imprévu et tragique fit du mari de Catherine le dauphin de France et d'elle la future reine.

Deux simples faits divers : une mort, un mariage

Dans une famille royale aussi prestigieuse, tout est d'importance. « Chez les rois, rien n'est petit », dit l'autre. Le 10 août 1536, le dauphin François, le fils préféré du roi, meurt brusquement à Tournon. A la suite d'une partie de paume très disputée avec son secrétaire, le comte de Montecuculli, il boit abondamment de l'eau à la glace, tombe malade et meurt le lendemain. L'autopsie, opérée par sept chirurgiens, conclut à une mort naturelle. Le roi se montra profondément affligé, il aimait son fils, bien que celui-ci lui parût un peu trop réservé : François Ier s'étonnait surtout qu'il n'eût pas de maîtresse à dix-sept ans. Quand il apprit que le dauphin avait pour Mlle de l'Estrange une passion endiablée, il en fut satisfait. Les excès sportifs et ceux de l'amour ne sont peut-être pas étrangers à cette pneumonie foudroyante qui le fit mourir à dix-huit ans. La rumeur n'accepta pas les conclusions des médecins, l'opinion générale fut que le dauphin avait été empoisonné. On eut tôt fait de désigner le coupable et de lui donner des motifs. Montecuculli fut accusé : il avait lui-même servi l'eau glacée au prince ; en outre, il était italien, ancien agent de Charles Quint qu'il avait trahi (apparemment, disait-on) afin de se mettre au service de la France, c'est-à-dire pour mieux servir son premier maître. Bref, soumis à la torture, le malheureux avoua tout ce qu'on voulut : il aurait dû également empoisonner le roi. Un procès public à Lyon le condamna au supplice des régicides : l'écartèlement sur la place publique. Ce qui fut fait à Lyon. Son corps dépecé fut pris par la foule et déchiqueté. La sœur du soi, la poétesse Marguerite de Navarre, vint se repaître du supplice.

Cela fait, une rumeur persista. Pourquoi avait-on assassiné le dauphin ? Par quel acheminement le poison de Montecuculli était-il parvenu jusqu'au prince ? A qui ce crime profitait-il ? François Ier repoussa ces bruits. Il refusa même de croire que Charles Quint avait voulu se défaire du dauphin. Mais on continua à penser que le poison de l'Italien était italien, qu'il provenait des cabinets noirs de Catherine de Médicis et que c'était pour devenir dauphine qu'elle avait fait empoisonner François. Tout était faux, même la culpabilité de Montecuculli. Cependant, le soupçon resta une fois de plus attaché à Catherine de Médicis. Il y avait néanmoins une chose vraie : c'est qu'elle devenait dauphine et que rien ne s'opposait plus à ce qu'elle fût un jour reine de France. Et si les Ruggieri avaient vu juste ?

Pendant que le roi était à Lyon durant la campagne de Provence, le roi Jacques V d'Ecosse vint en France apporter son aide à François Ier et également pour conclure son mariage avec une princesse française. Pour la guerre, il arrivait trop tard : la Provence était délivrée. Il ne lui restait qu'à épouser la fille du duc de Bourbon-Vendôme, Marie de Bourbon, qui avait été choisie pour lui. Toutefois, en ce siècle, l'imprévu et la fantaisie étaient encore possibles, même dans les mariages royaux. Le hasard voulut qu'en chevauchant autour de Lyon Jacques V et les cavaliers de sa suite surprissent au bord d'un clair ruisseau quelques jeunes filles qui, se croyant seules au monde, se baignaient toutes nues. L'une d'elles parut à Jacques V plus belle qu'une nymphe. Les filles, se voyant découvertes, s'enfuirent... Or, le soir, au cours de la fête donnée par François Ier pour Jacques V, celui-ci reconnut sa nymphe aux côtés du roi : c'était sa fille cadette, Madeleine de France. Jacques, ébloui, renonça aussitôt à Marie de Bourbon et demanda la main de Madeleine à François Ier qui la lui accorda. Les fiançailles furent célébrées sur-le-champ. Le mariage eut lieu le 1er janvier 1537 et les nouveaux mariés regagnèrent l'Ecosse. Las ! le règne de Madeleine dura deux mois : elle mourut tuberculeuse. Son page s'appelait Pierre de Ronsard, on disait qu'il était aussi poète. Quant aux Stuart, ils nous reviendront bientôt.

Un grand destin risque de finir dans un cloître

Les prophéties des Ruggieri semblaient se réaliser mais elles étaient encore loin du compte. Catherine pouvait fort bien voir Henri roi de France sans être elle-même reine de France pour la simple raison qu'elle risquait fort de n'être plus son épouse le jour de son avènement. La terrible sentence qui la menaçait devint plus précise et plus imminente dès qu'elle fut dauphine : une future reine sans enfant attirait une répudiation inévitable. Cet immense honneur qui la destinait au trône fit de chacun de ses jours un jour d'angoisse et de peur. Ce profond désarroi, elle le dissimulait avec son art coutumier sous ses atours, ses toiles d'or et sa charge de perles et de pierreries, le 1ᵉʳ janvier 1537, à Notre-Dame, lors du mariage de sa jeune belle-sœur Madeleine avec Jacques V. Ces honneurs trop lourds pour une dauphine stérile la plaçaient désormais au premier rang à côté de la reine Eléonore. Selon l'apparat, elle était presque reine mais, dans quelques semaines, elle ne serait peut-être plus rien. Elle ne craignait plus qu'on la renvoyât en Italie parce que son « bon oncle », qui pensait à tout, avait pris la précaution, à Marseille, de la faire naturaliser « princesse française » afin que, si le mariage était rompu (sait-on jamais avec les conditions crapuleuses qu'il avait faites ?), les Français ne pussent pas lui renvoyer l'épouse répudiée. En revanche, elle savait qu'elle n'échapperait pas au couvent.

Un autre événement extrêmement dangereux pour la situation de Catherine survint au cours de l'année 1537 : la guerre avait repris avec Charles Quint. Le dauphin Henri s'y comporta fort bien. Sa tante Marguerite de Navarre aussi ; elle était venue combattre les Impériaux pour son frère adoré. Elle fit merveille à Saint-Riquier assiégé. Elle mobilisa les femmes et, à leur tête, monta sur les remparts. Toutes arquebusèrent, tranchèrent et pourfendirent si bien que les Impériaux déguerpirent. La « Marguerite des Marguerites », on le voit, savait faire autre chose que des contes en vers ou en prose. Comme elle avait le sens des formules, elle dit aux dames combattantes et aux hommes aussi : « *Il serait temps que les femmes devinssent des hommes pour rabaisser l'orgueil des téméraires ennemis.* » Ce disant, sans toutefois cesser d'être femme, elle se trouva victorieuse.

Sans faire de pareils discours, le dauphin Henri alla guerroyer en Italie pour s'emparer une fois de plus du duché de Milan (et le perdre de même). Or, il réalisa au cours de cette campagne un exploit inattendu qui ne changea pas le cours de la guerre mais celui de la famille royale et de la dynastie. Ce prince, qui passait pour inapte à la reproduction, fit un enfant, non pas à son épouse mais à une jeune Italienne originaire de Moncalieri qu'il avait un peu séduite et un peu violée. Cette fraîche vierge s'appelait Philippa Ducci. Dès qu'elle déclara sa grossesse, on la mit sous bonne garde en attendant le résultat. Ce fut une fille qui naquit en 1538. La mère se retrouva au couvent et la fille en France. Le cas était si remarquable que Diane de Poitiers en personne prit soin de l'enfant. Elle la fit baptiser et lui donna son prénom, Diane. Elle la fit élever comme une princesse. Par la suite, l'enfant fut légitimée sous le nom de Diane de France et mariée à Hercule Farnèse, duc de Castro.

Jusqu'à cet exploit du dauphin, on avait admis que la stérilité de son mariage lui était peut-être imputable car il était affligé d'une sorte de distorsion du sexe, appelée hypospadias. Particularité qui ne l'empêchait pas de se livrer à ses exercices amoureux mais qui, disait-on, le rendait inapte à féconder son épouse. Catherine ne paraissait donc pas alors entièrement responsable. Tout venait de changer pour son malheur. Désormais, la naissance de la petite bâtarde faisait de Catherine la seule coupable. Elle se crut perdue.

Elle l'était dans l'esprit de la cour. Déjà, on lui donnait des remplaçantes. Brantôme rapporte : « *Il y a force personnes qui persuadent au roi et à M. le Dauphin son mari de la répudier car il y a besoin d'avoir de la lignée en France.* » Diane fut de cet avis — elle en changea par la suite. Elle proposa comme future dauphine la fille du duc de Guise, Louise de Lorraine, dont la sœur Marie venait justement d'épouser Jacques V qui, à peine veuf, s'était remarié de nouveau en France[1]. Pour Diane de Poitiers, ce mariage du dauphin avec Louise de Lorraine eût été le pactole, car, déjà idolâtrée par le futur roi, elle aurait en outre dominé la reine par les Guises. Elle aurait pu alors tout se permettre. Cependant, les Guises étaient certainement moins souples que la petite Médicis. Ces princes lorrains étaient de grands fauves peu disposés à partager le butin, tout comme Diane. Aussi préféra-

1. De ce nouveau mariage avec une fille du duc de Guise va naître une petite fille, nièce des princes lorrains, bien connue de l'Histoire de France et d'Angleterre sous le nom de Marie Stuart.

t-elle la prudence et choisit-elle de maintenir encore Catherine. Elle la jugeait de tout repos — sur sa bonne mine un peu poupine.

C'est ainsi que Diane se fit l'alliée de la dauphine et que celle-ci, ravalant sa haine, se fit la servante de la maîtresse de son mari. En échange du soutien que lui apportait la grande sénéchale, Catherine devait lui communiquer toutes les décisions prises en conseil chaque fois qu'elle pourrait les surprendre. La haine de Mme d'Etampes ne permettait pas à Diane d'approcher du conseil royal. Catherine, en tant que dauphine, le pouvait. Les affaires sont les affaires.

De l'autre bord, Mme d'Etampes, ayant appris le projet de sa rivale de répudier Catherine, prit aussitôt le parti contraire. Elle aussi redoutait le remariage du dauphin. Elle connaissait trop bien la grande sénéchale, marquise de Brézé, fille du comte de Saint-Vallier, des comtes de Valentinois, apparentés aux dauphins de Viennois et descendante de l'antique maison de Poitiers ; avec un pareil lignage elle était capable, une fois la Médicis reléguée dans son cloître, d'épouser elle-même le dauphin Henri qui, dans l'état extatique où il vivait, n'avait rien à refuser à sa déesse. Mme d'Etampes tremblait devant pareil dénouement. François Ier était malade, il vieillissait vite. Si Diane avait un jour le pouvoir, c'en était fait de Mme d'Etampes, elle risquait de finir comme Françoise de Châteaubriant.

Le sort de Catherine était entre les mains de ces puissances. Par un hasard étrange, elle était momentanément soutenue par les deux partis ennemis. Elle était consciente de la précarité de cet équilibre. Elle avait un seul allié, un seul recours : le roi. C'est lui qui l'avait mariée, il était le seul juge. Elle alla se jeter à ses pieds. C'est peut-être le moment le plus émouvant de sa vie. Tout ce qu'elle avait vécu jusqu'alors aboutit à cette scène et tout ce qui suivra dépend de la décision du roi. Le cloître ? ou le trône ? La Florentine se savait aimée et estimée, elle sut agrémenter le spectacle de sa douleur et de sa soumission avec une merveilleuse habileté. Elle se prosterna, se jugea coupable, consentante à tout ce que le roi exigerait d'elle, soit la claustration, soit une place effacée à la cour pour servir la famille royale en toute humilité. François Ier la releva et l'embrassa. Il lui dit : « *Ma fille, Dieu a voulu que vous soyez ma bru et la femme du dauphin, je ne veux pas qu'il en soit autrement.* » Par ces mots, il la mariait une seconde fois. La première c'était à Marseille, à Henri d'Orléans. Cette fois-ci, c'était au futur roi de France. Il lui dit qu'il fallait persévérer pour avoir des enfants, qu'elle en aurait un jour : il était peut-être le seul en France, à ce moment-là, à le pressentir et à savoir qui était réellement cette petite Italienne. Il avait observé son comportement au milieu des roueries des favorites et des courtisans, de l'indifférence polie de son époux pour cette jeune femme énamourée, de la méfiance et des calomnies publiques. Elle avait essuyé tous les affronts, ignoré l'hostilité et réussi parfois à séduire ceux qui lui voulaient du mal. Voilà pourquoi il voulut la garder car, pour lui, Catherine était déjà une tête politique, bien plus que son fils le dauphin. Mme d'Etampes assistait à la scène. Elle était blême. Si le roi avait renvoyé Catherine, que serait-elle devenue à l'avènement du dauphin ? La présence de Catherine sur le trône la protégerait un jour contre les fureurs de la favorite du nouveau roi.

C'est ainsi que Catherine échappa à la répudiation, mais il lui fallait, pour être invulnérable, un fils.

Elle le veut, elle l'aura, les mages et les devins n'ont pu se tromper sur le destin d'une Médicis : ils lui doivent cet enfant. Mais ils n'ont pas fixé de date.

Catherine bafouée par l'éclatante Diane de Poitiers

C'est au cours de l'année 1538 que les relations du dauphin et de Diane cessèrent d'être platoniques. La date est incertaine. Le fait resta assez longtemps secret mais il est bien réel. François Ier était souvent indisposé par le caractère et le comportement de son second fils. Sa mélancolie, ses manières rudes lui paraissaient insupportables et peu dignes d'un futur roi de France. Il l'aurait souhaité tel que lui-même : galant, brillant et gai. Sachant l'admiration passionnée que ce lourdaud, encore sous le coup de l'humiliation subie en Espagne, portait à la grande sénéchale, le roi pensa utiliser ces bons sentiments. Il pria donc la déesse de donner au dauphin les manières de la cour, les ornements de l'esprit et cette gentillesse aristocratique qui convient au souverain d'une nation sensible à ces marques extérieures d'un pouvoir courtois bien qu'absolu. Diane, sans rien sacrifier de sa dignité qui ne l'empêchait pas d'être sensible à l'adoration d'un prince qui serait roi un jour, s'engagea volontiers à civiliser le dauphin. La déesse superbe et intouchable se fit ainsi la pédagogue de Vénus. Son succès dépassa les espérances, Henri fit des vers où il mettait plus d'abandon et de chaleur que dans ses manières. Il avait dix-neuf ans. Diane en avait trente-neuf. Elle n'en fut que plus sensible à la jeunesse de son chevalier, à la chaleur communicative de son amour. Pour la première fois de sa vie, cette femme qui n'avait connu qu'un homme, un vieux mari, ressentit près d'Henri une douceur secrète, inconnue de ce corps de marbre et de ce cœur glacé d'orgueil. Elle avait d'ailleurs de quoi séduire encore : sa « jeunesse » à elle était stupéfiante, on ne pouvait l'attribuer qu'à l'usage de philtres secrets. En réalité, elle ne tenait qu'à son hérédité et à un régime parfaitement adapté à son tempérament. Elle se levait à cinq heures, elle prenait en toute saison des bains d'eau froide. Puis elle montait à cheval dans les bois et les prés, par tous les temps, jusqu'à dix heures. Après un petit repas, elle se recouchait et dormait ou lisait jusqu'à midi. Elle prenait un déjeuner, s'habillait et voyait du monde. Elle dînait et se couchait à huit heures, sauf les soirs de bal à la cour. Elle n'utilisait ni fards, ni crèmes, ni poudres. Elle avait une peau et un teint éblouissants et une chevelure somptueuse.

Quand sa faveur fut devenue publique, on s'empressa de publier toutes ses perfections. Toute beauté, pour être comparable à celle de Diane, devait posséder comme elle :

Trois choses blanches : la peau, les dents, les mains.

(Catherine avait la peau grasse et terne mais de belles mains.)

Trois choses rouges : les lèvres, les joues, les ongles.

(Catherine avait les joues jaunâtres et les lèvres épaisses.)

Trois noires : les yeux, les sourcils, les paupières.

(Catherine avait bien ces choses noires mais les yeux globuleux, encore qu'étincelants, sous de lourdes paupières.)

Trois courtes : les dents, les oreilles, les pieds.
(Pour Catherine rien à signaler, tout cela était court.)
Trois grosses : les bras, les cuisses, le gras de la jambe.
(Catherine avait de belles jambes, elle les a montrées.)
Trois petites : les tétins, le nez, la tête.

Catherine avait un gros nez et la tête grosse et ronde. Elle sortait écrasée de la comparaison avec sa rivale. Le visage de Diane n'était sans doute pas extrêmement beau. La bouche avait quelque chose de maussade et l'ensemble, sans être irrégulier, n'attirait pas. Son adorateur reconnut un jour que le visage de sa dame « *était honnête* », sans plus. Mais son corps était parfait, sa démarche, son élégance éclipsaient toutes les plus fraîches beautés de la cour. Sauf Mme d'Etampes, toutes les femmes admiraient, enviaient et copiaient la grande sénéchale. Elle en imposait mais on ne l'aimait pas.

Son prestige tenait aussi à sa vertu inattaquable — en réalité à sa froideur. Même ses pires ennemis sont d'accord sur ce point. C'est pourquoi on croyait que l'amour platonique du dauphin durait encore, alors qu'il avait cessé de l'être depuis longtemps. Même l'ambassadeur de Venise, Contarini, s'y est trompé : en 1546, il continuait à faire des rapports sur la vertu du couple en demi-deuil. Il était le dernier à croire à cette « vertu ». D'ailleurs, il fut détrompé quand les amants s'installèrent au grand jour.

Cependant, avant de se constituer en « ménage », il leur fallut du temps et bien des précautions. Pour Diane, au départ, il y avait eu à faire le saut. Comment allait-elle transformer la veuve irréprochable du marquis de Brézé en favorite du dauphin ? Comment ferait-elle de sa déité marmoréenne une femme amou-reuse d'un jeune homme de dix-neuf ans ? Car elle tenait à sa statue qu'elle avait dressée elle-même. Bien que gagnée par l'attrait irrésistible de l'amour, elle fit en sorte de s'y abandonner sans rien perdre de son prestige. Elle cédait sans déchoir puisqu'elle cédait au futur roi de France après avoir résisté six ans à un amour chevaleresque. La cour fut vite persuadée que la grande sénéchale ne serait pas une « favorite passe-temps », que son pouvoir durerait autant que le règne. Elle céda au plaisir certes, mais en sachant quel était son pouvoir sur ce prince faible. La contrepartie de la volupté serait plus importante que le plaisir même : elle subodorait les jouissances du pouvoir politique, la possession de terres et de châteaux, de monceaux d'or et de joyaux, sans oublier l'élévation de ses enfants et de ses proches. Dans sa belle tête calculatrice se glissa aussi la satisfaction ironique de déplaire à Mme d'Etampes et de se faire craindre d'elle avant de l'écraser un jour. Et l'autre, la dauphine, la Médicis ? Nul ne se souciait d'elle dans tous ces calculs, ni son mari, ni Diane, ni qui que ce soit. Pourtant, elle serait reine. Non, la vraie reine sera Diane. Et l'autre ? Elle sera aux ordres tout simplement.

Tout aussi simplement, ils avaient les uns et les autres oublié de se demander ce que la petite Médicis pensait de son propre sort. L'avenir le leur apprendra.

Quand la rumeur des amours accomplies de Diane et du dauphin se répandirent, les chroniqueurs parisiens se firent moins d'illusions que l'ambassadeur vénitien. L'un, trempant sa plume dans l'encrier de Gargantua, écrivit ceci à l'adresse de la grande sénéchale et le fit circuler dans la ville : « *Elle se sentit grande chaleur et fortes démangeaisons au corbillon ainsi que grande envie de se faire mijoter le tétin.* » C'est cru, c'est vrai et très insuffisant ; il oubliait l'essentiel dans le cas de Diane : l'orgueil, l'ambition et la cupidité.

Catherine avait suivi les progrès de la passion de son bien-aimé avec une douleur secrète. Qui sait si sa vie n'en serait pas assombrie à jamais ? Qui sait si cette passion n'allait pas précipiter sa répudiation ? Elle avait remarqué que son mari avait changé. A mesure que Diane avait laissé espérer à Henri qu'elle pourrait un jour « couronner sa flamme », celui-ci, rongé par l'impatience, de sombre qu'il était devint sinistre, brusque, inabordable. Allait-il mourir avant d'avoir régné ? La haine de Catherine pour cette rivale si puissante devint au fond de son cœur un horrible supplice. Rien n'en devait paraître. Le connétable de Montmorency se chargea d'apporter au dauphin le remède à son mal. On sait combien Henri avait d'admiration et de respect pour le connétable, il lui obéissait comme à un père et se formait à ses conseils et à son exemple. L'austère personnage réunit les deux amoureux dans son château d'Ecouen qu'il avait magnifiquement transformé au goût du jour. C'était un vrai bijou de la Renaissance. On y admirait en particulier une salle ornée de vitraux célèbres pour leur obscénité :

il y reçut Henri et Diane. Ils s'extasièrent sur la lumière qui jouait dans les vitraux. Ils se regardaient intensément. Leur vieil ami les conduisit dans une chambre et les y laissa.

Cette première rencontre fut éblouissante pour l'un et pour l'autre. Diane eut avec cet amant athlétique de dix-neuf ans la révélation du plaisir. Quant à lui, c'était l'épanouissement de la passion de toute sa vie, l'unique et exclusive jouissance. Ils prirent l'habitude de répéter souvent l'exercice en se rendant secrètement à Ecouen. Le manteau du patriarcal connétable tendait autour de leur plaisir un rideau impénétrable. Il nous reste quelques témoignages écrits de l'amour du dauphin pour « sa dame », tel ce billet : « *Je crois que vous pouvez assez penser le peu de plaisir que j'aurai à Fontainebleau sans vous voir, car étant éloigné de celle de qui dépend tout mon bien, il est bien mal aisé que je puisse avoir joie. Je ne puis vivre sans vous.* » Et il signe : « *Celui qui vous aime plus que lui-même vous supplie avoir toujours souvenance de celui qui n'a jamais aimé que vous.* » Sous la plume d'Henri, ce n'est pas un madrigal. Il est l'homme d'une seule foi, d'un seul engagement, d'un seul amour. Ce fut vrai jusqu'à sa mort.

Sur ce sujet, nous n'avons plus les lettres que Diane lui écrivit après « la révélation », elle les fit détruire de son vivant. Dommage ! nous aurions su ce que devenait sa froideur dans les bras de ce jeune amant d'une fougue et d'une tendresse éperdues. Toutefois, un poème qu'elle écrivit après les visites à Ecouen a échappé au feu. La forme en est fleurie mais l'émoi y paraît à nu.

> *Voici vraiment qu'Amour un beau matin*
> *S'en vint m'offrir fleurette très gentille*
> *Et mon cœur s'en pâmait.*

« *Fleurette très gentille* » est très édulcoré par rapport à ce que Catherine surprit plus tard des ébats des amants répétant à l'envi ceux d'Ecouen. Diane d'ailleurs ne peut se retenir de préciser :

> *Car voyez-vous fleurette si gentille*
> *Etait garçon frais, dispos, jeunet*
> *Ainsi tremblante et détournant les yeux*
> (de quel spectacle ?)

> *Henri, lui dis-je Ah ! n'en serez déçue*
> *Reprit Amour et soudain à ma vue*
> *Va présentant un laurier merveilleux.*

Elle n'a donc pas détourné les yeux de ce « *laurier merveilleux* », rameau symbolique si bien trouvé par cette déesse qui ne saurait faiblir que devant le laurier d'Apollon. Un dernier mouvement de pudeur, cela se doit : « *Mieux vaut, lui dis-je, être sage que reine.* »

Rions de la trouvaille car Diane fit en sorte de paraître sage sans l'être et d'être plus reine que Catherine. Puis elle achève sur cet aveu charmant qui n'aurait jamais dû tomber sous nos yeux :

> *Mais me sentis et frémir et trembler*
> *Diane faillit vous devinez sans peine*
> *De quel matin je prétends reparler.*

Inoubliable matin d'Ecouen, miracle du rameau de laurier qui couronna un parfait amour et un règne boiteux.

Catherine ne fut pas la première informée de la rencontre d'Ecouen. L'honneur de la découverte en revint à Mme d'Etampes. La haine a des yeux de lynx. Sa colère n'eut plus de bornes. « *Elle avait le goût du fiel dans la bouche quand elle pensait à Diane.* » Elle excita de tous côtés une campagne d'injures contre la maîtresse du dauphin. Ce n'est plus le subtil et malicieux Marot qui attaque Diane, ce sont des plumitifs grossiers, excessifs et ridicules. Mais ces ordures circulent dans le public et à la cour, à l'exemple de celle-ci adressée à Diane : « *Toi, il te reste à peine un fragment de dent dans les joues, la puce y fait son nid en toute tranquillité. Toi qui peins ton visage de couleurs achetées, qui ornes ta bouche de dents fausses, qui caches les neiges de ta tête sous une chevelure d'emprunt dans l'espoir que les jeunes gens te suivront, tu es bien sotte...* etc. » Tout est faux, sauf la vulgarité. Diane n'a jamais été coquette, elle n'a jamais essayé de séduire des jeunes gens, toutefois un seul l'a suivie et séduite : le futur roi de France, il est la jeunesse, l'avenir du pouvoir. « La vieille » l'a conquis. Voilà ce qui a blessé à mort Mme d'Etampes qui ne se lasse pas de faire répandre de nouvelles injures : « *Que la Poitevine m'écoute, qu'elle sache bien ceci : les femmes ne renaissent jamais car celles que le temps a fait choir dans l'usage, celles-là avec le temps deviennent hors d'usage : une fois tombées elles ne se relèvent plus.* »

Dommage pour la haineuse favorite et encore plus pour Catherine, Diane de Poitiers n'était pas du tout hors d'usage et le temps sur elle n'avait pas de prise. « *La plus vieille des vieilles, la plus dégoûtante, la plus usée* », disait Mme d'Etampes, pouvait demain être plus que reine sans cesser d'être jeune.

Ces injures furent malheureusement interprétées par le parti de Diane, qui était le parti catholique, comme émanant non seulement de la favorite mais de son parti, celui des réformés. On répondit donc aux injures en accusant publiquement la favorite de tromper le roi — ce n'était pas nouveau — mais on désigna son amant le plus en vue qui était Théodore de Bèze, fervent disciple de Calvin, ami de Marguerite de Navarre et autres tenants de la Réforme. Théodore de Bèze était encore, en ces débuts de confrontation religieuse, plus célèbre pour ses prouesses galantes que pour ses prêches calvinistes. Les petits poètes faisaient des vers sur son infatigable libertinage. Malgré cela, il ne paraît pas croyable que Mme d'Etampes ait été à son tableau de chasse mais, à la guerre comme à la guerre, Diane fit répandre la nouvelle de façon à compromettre davantage Mme d'Etampes pour sa complicité bien connue avec les réformés que pour son dévergondage. Le coup aurait pu porter si François Ier eût été différent. Bien qu'il commençât alors à se sentir fortement indisposé contre les protestants et leur turbulence (il avait commencé à sévir contre les trublions, non contre les chefs), il était sans forces devant la favorite. En outre, dans cette querelle de dames, il n'avait garde de hasarder la majesté royale : on a vu avec quelle habileté il avait escamoté la tromperie de sa favorite avec M. de Nançay. Aussi, en dépit des dénonciations, il ne réagit pas. Mme d'Etampes put continuer ses galanteries d'un côté et ses intrigues avec les calvinistes d'un autre. N'empêche que l'affrontement des deux partis avait trouvé un prétexte pour s'exprimer. Ce n'était qu'un début. Mais chacun avait pris position et Diane avait en quelque sorte désigné Mme d'Etampes à la haine du peuple catholique.

Catherine assistait à ce conflit de deux femmes redoutables, plus puissantes qu'elle, et que la jalousie rendait criminelles car d'une haine personnelle elles alimentaient déjà une guerre civile : Diane avec les Guises et Montmorency contre Mme d'Etampes avec Marguerite et les réformés qui se groupaient autour d'elle. Celle-ci gagna la première manche, elle fit disgracier le connétable. François Ier le renvoya avec ces mots : « *Je n'ai rien à vous reprocher sauf que vous n'aimez pas les gens que j'aime.* » Mme d'Etampes le faisait condamner pour le crime d'avoir uni et aimé « la vieille » et le dauphin. Cette disgrâce consomma la rupture entre le roi et son fils Henri. Celui-ci ne pouvait plus voir son père qui, dès lors, tint le dauphin complètement à l'écart des affaires. Catherine put constater que son cocuage si douloureux avait aussi de graves répercussions sur la politique de la France. Elle se vit interdire par son mari d'adresser la parole à Mme d'Etampes.

D'ailleurs, elle ne pouvait rien dire à personne de ce qui lui tenait le plus à cœur. Il lui restait le loisir de comparer la façon française dont s'exerçait la jalousie à la façon florentine. Les Français atteignaient rarement les grands effets. Ils avaient certes des brutalités mais souvent des accommodements, d'où Catherine put déduire qu'ils manquaient de vraie méchanceté. Une pirouette, une trouvaille verbale dénouait souvent en comédie ce qui aurait, en Italie, fini par un beau carnage. Ce n'est pas qu'elle souhaitât le carnage car la violence n'était pas son fait. Elle avait d'autres armes en réserve. Toutefois, elle se sentait menacée par la faveur nouvelle de la Poitevine car la dame élue par le dauphin était d'une espèce à sang-froid, calculatrice, prévoyante à long terme, inflexible dans ses desseins. Que pouvait-elle faire lorsque toute la cour et toute la France et toutes les cours d'Europe furent informées du bonheur du dauphin et de l'élévation de Diane de Poitiers ? Que pouvait-elle faire devant ce cocuage affiché ? Elle afficha le visage le plus serein et le plus souriant et la plus grande amitié pour Diane, sa protectrice.

Comme tout le monde, elle put voir le nouveau chiffre de son mari formé en combinant son initiale H au D de Diane. Cela donnait ⌒. Certains ont voulu aussi y voir deux croissants accolés, le croissant étant l'emblème de Diane chasseresse. Enfin, à force de déchiffrer le chiffre, d'autres ont préféré y voir non pas le D de

Diane mais le C de Catherine entrelacé à l'initiale de son époux bien-aimé. C'est précisément à cette astucieuse interprétation que Catherine se rallia. Elle ne voulut voir dans la trouvaille des deux amants que son propre monogramme. Cependant Henri le fit graver dans ses châteaux, dans ses appartements et ceux de sa maîtresse, il le fit même broder sur ses habits.

Peu importe, Catherine avait tout lieu d'être fière de ce monogramme : elle l'avait annexé, si bien que, quarante ans plus tard, elle le fit graver sur le tombeau de son mari et sur le sien. Diane en était dépossédée. Voilà qui était Catherine : d'un affront elle se fit une gloire.

Pour le moment, Diane triomphait mais Catherine était moins vaincue que la cour ne le croyait.

Où l'alchimie échoue, la gymnastique médicale réussit

En dépit de sa périlleuse situation, Catherine continue en silence et avec passion à s'informer des affaires de l'Etat, des ambitions et des factions des grands, des rumeurs des ambassades. Elle n'avait que le droit de se taire mais elle profitait intensément de celui qu'on ne pouvait lui retirer de se tenir au courant et de s'initier à l'exercice du pouvoir. Elle n'avait pas d'enfant mais elle méritait d'être reine. François Ier en avait décidé ainsi. Cependant, il n'était pas immortel et la France entière était d'opinion contraire. Catherine le savait et elle fit tout et le reste pour devenir mère afin d'être sûre d'être reine.

Elle commença par faire appel à des alchimistes. L'un de ceux qu'elle gardait en réserve lui prépara certain cataplasme infaillible contre la stérilité. Voici la recette de cette panacée. C'était une purée de vers de terre, de bois de cerf pilé et de bouse de vache. Pour édulcorer et parfumer ce que ce mélange pouvait avoir de violent, on y ajoutait de la poudre de pervenche délayée dans du lait de jument. Ce cataplasme devait être appliqué sur la source de toute vie. On appliqua et on attendit. Rien. On appliqua et on attendit encore. On appliqua tant et plus sur un ventre irrémédiablement plat. On attendrait encore si l'on n'avait changé de médication. Comme on qualifiait — et on qualifie encore dans les campagnes — les femelles (et les femmes) improductives de « mules », un autre des conseillers de la pharmacopée secrète préconisa, afin de soigner le mal par le mal et cette stérilité par une autre, de boire de bonnes rasades d'urine de mule. La dauphine s'abreuva docilement et rien ne s'ensuivit. Toutefois, même après ce remède qu'on n'ose dire de cheval, on lui conseilla fortement de ne pas approcher les mules, de bien se garder de les monter et même de ne pas se faire traîner en litière par ces bêtes frappées du même mal qu'elle.

On voit que la dauphine ne manquait ni de courage ni d'estomac pour garder sa place.

Les alchimistes ayant échoué et le temps passant, Catherine pensa que son mal venait d'autres causes. Elle se persuada que son mari ne faisait pas l'amour avec elle dans d'aussi bonnes conditions qu'avec la Poitevine : celle-ci usait certainement de philtres et de charmes et sans doute se livrait-elle sur le dauphin à des pratiques « enchantées ». Si Catherine parvenait à les connaître, elle ensor-cellerait son mari et serait enceinte à tous coups. Lasse de se morfondre dans l'ignorance, elle voulut en avoir le cœur net. Elle s'ouvrit de son souci à une de ses dames d'honneur fort dévouée, fort discrète et assez futée qui lui conseilla de faire percer le plancher (les plafonds étaient en bois) au-dessus du lit de Diane que le roi partageait presque chaque nuit. De ce trou, elle pourrait épier « *le jeu que jouaient son mari et la dame* ». Elles firent même percer plusieurs trous pour ne rien perdre.

« *Elles ne virent rien que de très beau car elles aperçurent une femme très belle, blanche, délicate et très fraîche, moitié en chemise et moitié nue, faire des caresses à son amant, des folâtreries bien grandes et son amant lui rendre la pareille de sorte qu'ils sortaient du lit et se couchaient et s'étalaient sur le tapis velu...* » Catherine « *ayant aperçu le tout, de dépit s'en mit à pleurer, gémir, soupirer et s'attrister, lui semblant et aussi le disant que son mari ne lui rendait le semblable et ne faisait avec elle les folies qu'elle lui avait vu faire avec l'autre* ».

Catherine comprit qu'elle n'obtiendrait pas d'un mari si peu empressé le remède à sa stérilité.

En désespoir de cause, on fit appel à la médecine. Ce fut Fernel, célèbre médecin de la cour, qui, avant tout cataplasme, examina Madame la Dauphine dans tous les appareils de sa féminité. Il découvrit dans leur conformation une anomalie qui empêchait la semence royale d'arriver à bon port. C'était catastrophique car cette anomalie venait s'ajouter à celle de son mari « *tordu dans sa nature* ». Comme le dit Brantôme, il avait « *le vit tort* » mais, du moins, il n'était pas stérile : il en avait donné la preuve éclatante.

Cependant, l'ingénieux Fernel avait son idée pour ménager un cheminement normal au sperme du dauphin. A une grande expérience de ces distorsions il ajoutait, sans doute, une dose appréciable d'art érotique. Car il révéla à Henri et à Catherine que leurs deux distorsions pouvaient, avec un peu d'adresse, se compenser. Ainsi, le germe delphinal irait où la France entière désirait qu'il arrivât. Il leur enseigna une certaine gymnastique acrobatique. Henri, homme de cheval et de devoir, la réussit parfaitement : en mai 1543, la dauphine était enceinte. Le pape, Paul III Farnèse, en reçut la nouvelle en août. Le nonce lui précisait que la grossesse datait de trois mois. La joie fut générale dans les châteaux et les chaumières, mais c'est à la cour qu'on s'agitait le plus. On ricanait gauloisement du succès de ces distorsions.

Brantôme rapporte une histoire qui courait dans les galeries de Fontainebleau. Il la répète quarante ans après, peut-être l'a-t-il embellie comme il lui arrive de le faire. Cependant, il donne bien le ton des propos d'alors et de la familiarité des Français avec leurs princes. Une dame de la cour complimenta François Ier tout heureux de la grossesse de Catherine et, bonne langue, lui dit qu'étant donné la grandeur du service que la dauphine rendait à la couronne elle méritait de recevoir un cadeau magnifique. Le roi lui dit qu'il y avait pensé. La dame insista : un cadeau considérable, une belle abbaye pourvue d'un grand bénéfice. Le roi lui dit qu'il n'y en avait pas de vacante. « *Si*, répliqua la dame, *j'en connais une qui fera honneur à la dauphine et au dauphin qui l'a rendue vacante.* » « *Laquelle ?* » demanda le roi. « *L'abbaye de Saint-Vit-Tort.* » François Ier éclata de rire.

C'est un fils qui naquit à Fontainebleau le 19 janvier 1544. Marguerite de Navarre exprima sa joie, celle du roi et de la France par ces vers :

> *Un fils ! Un fils ! un nom dont sur tous noms*
> *Très obligés à Dieu nous nous tenons.*
> *O Fils heureux ! Joye d'un heureux père.*
> *Souverain bien d'une contente mère !*
> *Heureuse foy qui après longue attente*
> *Leur a donné le fruit de leur prétente.*

Oui, pour Marguerite, l'enfant avait un nom auquel elle tenait par-dessus tous les autres : il s'appelait François, comme le roi, il devrait régner un jour sous le nom de François II.

Son grand-père était tellement heureux et passionné qu'il se pencha non seulement sur le nouveau-né mais sur toutes les phases de l'accouchement et qu'il examina même « *tout ce qui sortait avec l'enfant* » afin d'en tirer des prédictions sur l'avenir de l'héritier du trône. Les prédictions furent favorables et confirmées par la position des astres à l'heure de la naissance. Le soleil n'était pas encore couché. Le roi fit même demander au pape de lui envoyer les conclusions de ses savants astrologues particuliers. Il fut prédit que l'enfant serait vigoureux et qu'il aurait de nombreux frères et sœurs. Pour ce qui est de la vigueur du petit François, l'avenir démontra que l'erreur des devins était totale ; en revanche, ils ne se trompèrent pas sur le grand nombre de frères et sœurs qu'il allait avoir.

Le cas de Catherine est tellement surprenant qu'on ne peut attendre d'en administrer la preuve. Sa stérilité si tenace, qui avait duré dix ans, dissimulait une fécondité imprévisible car, en onze ans, à dater de la naissance de son premier fils, elle donna le jour à dix enfants. Elle n'eut en somme aucun répit entre deux grossesses.

Voici la liste de ses enfants dans l'ordre de leur parution. Il faut dire que, sur dix, sept seulement vécurent et pas toujours dans de bonnes conditions.

Le deuxième enfant fut Elisabeth, née le 2 avril 1545, quinze mois après l'aîné. Nous la retrouverons reine d'Espagne.

Le troisième fut Claude, née le 12 novembre 1547. On la mariera au duc de Lorraine.

Le quatrième fut Louis, né le 3 février 1549, qui eut à peine le temps d'être duc d'Orléans avant de mourir en octobre.

Le cinquième, Charles-Maximilien, naquit le 27 juin 1550, c'est le futur Charles IX.

Le sixième s'appelait Edouard-Alexandre à sa naissance, en 1551. Il changea de nom plus tard et régna sous celui d'Henri III.

Le septième, une fille, naquit le 14 mai 1553. On l'appela Marguerite comme sa tante la reine de Navarre ; elle devint célèbre sous le nom de la reine Margot, épouse d'Henri de Navarre.

Le huitième, né le 18 mars 1555, presque nain, fut appelé Hercule à son berceau. On le débarrassa ensuite d'un tel patronage ; on le connaît comme François, duc d'Alençon.

Enfin, les neuvième et dixième rejetons furent deux jumelles nées le 24 juin 1556, Jeanne et Victoire. L'une ne vécut que quelques semaines et l'autre ne parvint pas à naître. Catherine faillit en mourir. L'enfant était « *morte depuis six heures en son ventre* ». Il fallut découper le petit cadavre pour l'extraire et « *sauver ladite dame* ».

Après ce fiasco, la belle race des Valois servie (ou desservie) par la Médicis était à bout de course.

Etrange solidarité du triangle conjugal

Dans cette affaire, Catherine ne fut pas sans mérite. Il faut reconnaître que son mari y fut aussi pour quelque chose mais ce qui est moins banal, c'est la part importante qui revient à Diane dans cette cascade de naissances.

Ce ménage à trois que Guiffrey appelle « *triangle conjugal* » présente un parfait exemple de solidarité. L'édifice repose sur une base inébranlable qui est Diane. Si Catherine fait des enfants, c'est parce que Diane a donné l'ordre de les faire. Depuis l'éblouissant matin d'Ecouen, Henri aurait volontiers oublié son devoir conjugal. On le sait, il n'a jamais aimé sa femme. Il l'estime, il la respecte, il a même, à la longue, conçu de l'amitié pour elle, mais il ne tient pas à partager son lit. Alors que Catherine a pour lui une vraie passion, son mari adore passionnément une autre femme — et une seule. Catherine la hait. Or cette femme n'est même pas jalouse de l'épouse de son amant : elle se sert d'elle comme d'une bonne carte dans son jeu. Lorsque Henri parlait de Diane à sa femme, il l'appelait « *notre grande amie* ». Lorsqu'il interdit à Catherine d'adresser la parole à Mme d'Etampes, il la désigna par « *cette femme qui veut nuire à notre grande amie* ».

Et, de fait, « *la grande amie* » avait de grandes bontés pour Catherine. C'est à elle que l'épouse devait le bonheur de recevoir quelquefois son bien-aimé dans son lit où elle l'accueillait avec des transports de tendresse. Jamais elle ne se serait permis le moindre reproche, ni de laisser paraître la moindre ombre sur sa joie, ni de faire la moindre allusion amère à « *la grande amie* ». Tout n'était pas hypocrite dans cette dissimulation : il ne faut jamais oublier que Catherine voyait en son époux un personnage tellement supérieur à elle, fils de roi, roi un jour et son roi à elle depuis Marseille. Il était sacré à ses yeux, elle n'était que la première et la plus soumise de ses sujettes. Trop heureuse de le prendre quand Diane le lui renvoyait. Les témoignages ne manquent pas sur ce rôle de Diane. Parfois, le soir, Henri, pressé de retrouver sa déesse, commençait à se déshabiller dans sa chambre. Mais celle-ci, certains soirs, le priait d'aller plutôt retrouver sa femme. Sans Diane, il n'y aurait pas pensé et la liste de ses héritiers eût été plus courte. Mais l'amour de Diane contenait une forte dose de politique. S'il rechignait, elle commandait : « *Il le faut, vous êtes dauphin, vous devez donner des héritiers à la reine.* » Il ramassait ses chausses et allait où le devoir l'appelait. Il l'accomplissait, dit-on, avec fougue ou avec rage mais le résultat était inscrit dans l'Histoire. Michelet résume d'un trait la situation : « *Quand Henri II couchait avec sa femme, c'est que Diane l'avait exigé et voulu.* »

On peut dire que la grande sénéchale a organisé ces naissances répétées afin que Catherine n'eût aucun loisir pour regretter son mari et pour intriguer. La déesse crut maîtriser sa proie en faisant d'elle une machine à enfanter.

Bien que, le jour du baptême du petit François, à Fontaine-bleau, Catherine fût à l'honneur et que toute la cour en grand apparat lui fît escorte dans la galerie royale jusqu'à la chapelle des Trinitaires où son fils reçut le premier sacrement, bien que parée comme une châsse sous les draps d'or, la mante de vair et la charge de joyaux que François Ier lui avait offerts, elle ne se sentait pas la triomphatrice de la fête. Ce n'est pas elle qui comptait, c'était l'héritier du trône. On ne lui en laissa même pas la garde. C'est « *la grande amie* » qui le lui enleva et qui prit soin de l'élever. Catherine avait fait l'enfant mais c'est à Diane que revint l'honneur d'en faire une prince héritier. Ce n'était là qu'un début. Par la suite, Diane s'appropria tous les enfants de Catherine : à ses yeux, ils n'étaient que les enfants d'Henri, donc ils lui appartenaient. Sans consulter la mère, la favorite et le dauphin donnèrent à l'enfant les nourrices qui leur plaisaient et plus tard les maîtres italiens qui étaient à la mode. Ceux-ci ont pour noms Pierre Danes, Virgilio Bracesco. Pour gouvernante, ce fut la bonne Mme d'Humières. Le choix de Diane était excellent : Mme d'Humières était femme d'expérience, elle avait enfanté et nourri à peu près une douzaine d'enfants dans les meilleures conditions. Si cette naissance avait permis à Catherine de sauver à la fois son rang de dauphine et de garder son mari adoré, en fait c'est Diane de Poitiers qui avait la gloire de l'événement.

Et, cependant, ce ménage à trois dura vingt ans sans accroc. L'amour était sa raison d'être, une sorte d'amour unique et exclusif, tout autant celui de Catherine pour son mari que celui d'Henri pour Diane. Mais ce qui fit le ciment de ce trio et lui permit de durer, c'est l'intelligence des deux femmes. Diane avait le rôle le plus facile, elle était la plus forte, elle dominait. Celui de Catherine était plus ingrat, il exigeait plus de rouerie et d'attention et une grande domination de soi. Elle promit à son mari de prendre en toute occasion le parti de sa maîtresse. Elle le fit : fille de Machiavel, son intérêt lui ordonnait d'étouffer ses sentiments ; ce n'était pas à la portée de la première venue que de juguler la haine que lui inspirait Diane. Mais, à ses yeux de Médicis, cette haine n'était qu'une erreur passionnelle qu'il fallait taire et corriger par une conduite bien réfléchie. Elle joua donc son rôle à la florentine et sut rendre la haine qui l'habitait semblable à la soumission et même à l'amitié. Alors que Diane, triomphante, affichait son amour et son pouvoir, Catherine, silencieuse et souriante, distillait à l'insu de tous une vengeance à retardement. Ces Gaulois lui paraissaient naïfs et légers, ils ne savaient pas vivre, ils étalaient tous leurs sentiments et tous leurs calculs. Elle leur donnerait peut-être un jour des leçons dans l'art de conduire les affaires — et même leurs propres affaires. Voilà ce qu'elle pensait pendant que les beaux seigneurs et leurs belles dames s'empressaient auprès du roi, du dauphin et de Mme la grande sénéchale sans trop remarquer la mère d'un futur roi.

Où Catherine apprend à se méfier des favorites qui se mêlent des affaires du royaume

Les fêtes du baptême furent écourtées par la politique et par la guerre. Depuis plusieurs années, la rivalité avec Charles Quint n'avait laissé aucun répit à François Ier. Cependant, le roi aurait volontiers négocié, il n'avait plus son bel élan de naguère, il était malade. Un abcès, mal placé, au périnée s'était ouvert et suppurait sans cesse. Pour un cavalier et un athlète, c'était un très douloureux handicap. Etait-ce la conséquence d'une maladie vénérienne importée en Europe au début du siècle et que le roi aurait contractée en Italie où elle était d'abord apparue ? C'est possible. Sa mère savait que, peu après Marignan, il avait souffert de cette contamination. Ce pénible retour du mal lui faisait perdre en partie sa combativité. Il avait donc essayé de négocier dès 1538 à Compiègne avec Marie de Habsbourg, gouvernante des Pays-Bas. Il apaisa les craintes qu'elle avait, et qui étaient celles de Charles Quint, de voir la France soutenir la rébellion des Flamands contre les Habsbourg d'Espagne ou d'Autriche et également celle des Milanais contre l'occupation espagnole. C'eût été de bonne guerre pour François Ier mais il s'abstint. Deux ans plus tard, il fit mieux — ou pire : il permit à Charles Quint en personne de traverser la France pour se rendre d'Espagne aux Pays-Bas afin de châtier plus rapidement les Gantois révoltés que la gouvernante Marie n'arrivait pas à soumettre. L'empereur traversa donc la France du sud au nord en 1540. Politiquement, c'était insensé. Le roi céda-t-il à l'orgueil de montrer à son ennemi la beauté et la richesse de son royaume ou à l'un de ces élans chevaleresques qui réussissaient si mal à ses intérêts ? On pense qu'il aurait pu être aussi chevaleresque en soutenant les Flamands opprimés, et c'eût été de bonne politique car les Gantois, en faisant appel à lui, voulaient, après leur libération, se donner à la France. Il refusa ce don.

On suit avec étonnement Charles Quint au cours de ce voyage. Il fut fêté comme un souverain allié et ami sur tout son parcours. Les Français avaient-ils — comme leur roi — déjà oublié que ce personnage redoutable qu'ils encensaient était leur pire ennemi ? Charles Quint ne l'oubliait pas : il se mourait de peur. Il s'imaginait que ces festivités n'étaient que des pièges pour l'attirer jusqu'à Paris où François Ier lui rendrait la politesse du cachot de Madrid. Charles Quint connaissait mal le roi en le jugeant d'après lui-même. Il faut toutefois signaler que, au cours de ce voyage de plusieurs mois, de fâcheux incidents — ou accidents — entretinrent la méfiance et la peur de Charles Quint. A Bordeaux, il faillit être asphyxié ; à Amboise, un incendie provoqué par un veilleur de nuit imprudent détruisit la tour Heurtault où couchait l'empereur et d'où il put déloger à temps ; dans une autre ville, une pièce de bois tombant d'un toit l'assomma à moitié. Enfin, à Fontainebleau, une facétie d'adolescent turbulent et joyeux faillit tout compromettre. Le dernier fils de François Ier, le jeune Charles d'Orléans, le plus vif, le préféré, l'espoir de Mme d'Etampes qui était prête à tout pour faire de lui le dauphin après avoir éliminé Henri et sa déesse abhorrée, ce jeune écervelé crut plaisant de sauter par surprise en croupe de l'empereur, de l'enserrer dans ses bras en s'écriant : « *Sire, vous êtes mon prisonnier.* » Charles Quint, peu habitué à ces gauloiseries, fut glacé de terreur : il se crut pris. Toute sa haine pour les Français lui remplit le cœur. Il oublia les splendeurs des châteaux et des villes, la richesse des cultures et l'habileté des artisans, les flatteries et les fêtes. Il n'eut plus qu'un désir : quitter au plus tôt ce pays où les incidents de parcours étaient par trop inquiétants.

Catherine assistait à ces folies qui faisaient rire les écervelés de la cour et qui, un jour, se paieraient très cher. Ce n'est pas elle qui se serait permis de plaisanter de la sorte avec un ennemi aussi dangereux, pas plus qu'elle ne lui eût ouvert ses châteaux et ses villes. Cependant, c'est surtout Mme d'Etampes qu'elle observa de son œil impitoyable. La conduite de la favorite à l'égard de Charles Quint méritait cette attention. Déjà, pour atteindre le dauphin Henri, elle favorisait les réformés au risque d'exciter des complots, des émeutes et finalement la colère et la répression du roi. Maintenant elle voulait la guerre avec l'empereur mais, chose inimaginable, elle la ferait du côté des ennemis contre l'armée royale. Encore fallait-il que Charles Quint sût qu'il avait une alliée de cette importance au cœur même de la place. Il avait pu être informé et remarquer de ses propres yeux combien était grand le pouvoir de Mme d'Etampes sur François Ier. Pourquoi aurait-il refusé de s'en servir alors qu'on lui faisait comprendre qu'on pourrait le seconder dans ses desseins ? La favorite fit à l'empereur une cour bien plus obséquieuse que le protocole l'exigeait. Elle ne le quittait pas, elle était toujours dans son ombre. La chronique, peut-être malveillante mais pas à tort, relate l'anecdote suivante. Un jour, après la chasse, Charles Quint désira se rincer les doigts. Pendant qu'on lui versait de l'eau parfumée sur les mains, la favorite se tenait à ses côtés et lui tendit une serviette. Une bague ornée d'un énorme diamant glissa — hasard ou non ? — du doigt impérial et tomba. Mme d'Etampes se précipita pour la ramasser et la rendre à l'empereur qui la pria de garder ce joyau : « *Il est en de trop belles mains pour que j'ose le reprendre* », dit-il. Ces galanteries n'étaient pas dans sa manière. En fait, ils avaient déjà conclu un pacte et ce diamant n'était qu'une avance sur le prix des services qu'il attendait de cette jolie personne. Elle eut avec l'empereur des entretiens politiques puisqu'elle put se flatter auprès de François Ier d'avoir fait avancer ses affaires de façon fort avantageuse. Elle avait, disait-elle, obtenu de Charles Quint la promesse de marier une de ses filles à ce gentil Charles d'Orléans qui sautait si lestement en croupe de l'empereur. Celui-ci donnerait en dot à sa fille le Milanais. Rien ne pouvait être plus agréable au roi. L'empereur aurait même promis à Mme d'Etampes d'octroyer au fils qui naîtrait de cette union les Pays-Bas. Ainsi Charles d'Orléans serait un jour souverain du duché de Milan et des Pays-Bas. La favorite prévoyait qu'à la mort de François Ier Charles d'Orléans, soutenu par son impérial beau-père, pourrait disputer la couronne de France à son frère aîné. Dès lors, Mme d'Etampes aurait quitté la France pour Bruxelles afin d'échapper à la haine de Diane et d'attiser la guerre contre Henri et contre sa maîtresse. Le projet de Mme d'Etampes aurait fomenté à la fois la guerre étrangère et une guerre civile, une réédition de la guerre de Cent ans avec le parti des Bourguignons et le parti des Armagnacs, les uns pour le dauphin Henri, les autres pour Charles et les Impériaux. Mme d'Etampes n'en était pas à un massacre près, pourvu que Diane succombât. C'est ainsi qu'elle finit par susciter une guerre dont le roi ne voulait pas.

Il est vraisemblable que Charles Quint ait fait ce genre de promesses qui ne l'engageaient en rien mais qui lui permirent de s'en aller au plus vite et de gagner Bruxelles. Si Mme d'Etampes tenait tant à ce mariage, ce n'était pas sans raison. Lors de ces négociations en 1540, Catherine était encore stérile mais le protégé de la favorite, Charles, avait seize ans ; il pouvait donner promptement des héritiers à la couronne et être par un tour de force proclamé dauphin. La menace de ce mariage était redoutable pour Catherine.

A peine arrivé à Bruxelles, l'empereur fit savoir que le projet de mariage et le Milanais n'étaient que vagues propos. Nul ne semble s'être avisé que Charles Quint n'avait peut-être pas dans son alliée une confiance absolue, car il était le champion du catholicisme devant la montée des luthériens et il avait très certainement quelques informations sur le rôle joué par la favorite dans les progrès de la Réforme en France jusque dans l'entourage du roi.

Mme d'Étampes veut sa guerre contre Henri et contre Diane

Pour une fois que François Ier n'avait pas envie de conquérir un morceau d'Italie, la France aurait pu avoir la paix. De son côté,

Charles Quint, ayant en deux mois écrasé les Gantois, était revenu à de meilleurs sentiments. Il reparla des projets de mariage : il était prêt à donner sa fille Marie à Charles d'Orléans. Etait-ce la satisfaction d'avoir dompté les Flamands ? Etait-ce en reconnaissance de l'immense service que lui avait rendu François Ier ? On ne sait. Mais ce qu'il offrait en dot à sa fille, future duchesse d'Orléans, était considérable : les Pays-Bas, la Franche-Comté, le Charolais. Cependant, en contrepartie, François Ier devait évacuer la Savoie et la Lombardie et les rendre à leurs princes légitimes — chose qui, un jour, serait faite de toute façon. Le mariage était donc une excellente affaire. C'est Montmorency, partisan de la paix, qui avait négocié ce contrat de mariage. Il croyait, non sans raison, s'en être tiré avec honneur et profit pour son roi — tout en assurant la paix pour l'avenir. Il eut la surprise douloureuse d'être désavoué, disgracié et exilé de la cour : il avait touché à l'Italie. Il avait osé renoncer sur le papier à ces possessions éphémères qui faisaient rêver François Ier et ruinaient le royaume. Le roi préféra refuser la Flandre, la Franche-Comté et le Charolais pour conserver ses visions ultramontaines. En réalité, Montmorency avait surtout contrecarré les desseins de la favorite.

Un affront public sanctionna la disgrâce du connétable à l'occasion des fiançailles de la nièce de François Ier, Jeanne d'Albret, fille de son illustre sœur Marguerite, épouse de Jean d'Albret, roi de Navarre. Leur fille unique, cette petite Jeanne, âgée de douze ans, se fiançait à Antoine de Bourbon-Vendôme, devenu chef de la maison de Bourbon et premier prince du sang depuis la disparition de la branche aînée en la personne du connétable duc de Bourbon. Jeanne, héritière du royaume de Navarre, faisait entrer la Navarre dans la maison de Bourbon et, par celle-ci, dans le domaine des rois de France. Malgré son jeune âge, Jeanne d'Albret était déjà une personne peu facile : intelligente certes, mais d'un caractère irréductible et implacable dans ses haines. Elle était déjà passionnément gagnée par les idées de Calvin. Il est vrai que sa mère l'avait nourrie de ces idées nouvelles. Mais Marguerite était une dilettante, nous dirions une « intellectuelle avancée », alors que sa fille tenait plutôt de Savonarole. On racontait déjà un de ses premiers exploits. Sur une broderie que sa mère avait faite, représentant la célébration de la messe — ce qui indique que Marguerite n'était pas fanatiquement anticatholique —, sa fille, indignée, rebroda toutes les têtes des prêtres et les transforma en têtes de renard. Ce n'était qu'un début, un jeu d'enfant.

Lors des fiançailles, c'est son oncle, le roi François Ier, qui la conduisit à l'autel. La petite futée fit mine de ne pouvoir marcher, accablée sous le poids du manteau d'hermine, de la couronne et des joyaux. Le roi ordonna au connétable de Montmorency de porter la princesse. Il n'osa refuser mais c'était l'office d'un valet de chambre et non d'un Montmorency, connétable de France. S'étant exécuté, il quitta la cour. « *C'en est fait désormais de ma faveur*, dit-il. *Adieu lui dis.* » Il ne reparut qu'après la mort de François Ier.

Le plus furieux en cette affaire fut le dauphin. On avait osé disgracier et traiter de façon injuste et humiliante son cher connétable, son modèle, le premier chevalier de France. Du coup, il rompit les relations avec son père. C'est à ce moment qu'il interdit à sa femme d'adresser la parole à Mme d'Etampes qu'il soupçonnait — sans se tromper — d'avoir fait renvoyer Montmorency qui voulait la paix parce qu'elle voulait la guerre au moment où Charles Quint, pour une fois, venait de faire au connétable une offre tout à fait pacifique.

Le refus de la cour de France provoqua une prompte et violente réponse de l'empereur. Il fit assassiner en Italie, le 3 juillet 1541, deux ambassadeurs de François Ier, Ringon et Frégose, que le roi envoyait auprès du sultan dont il voulait resserrer l'alliance en vue d'une guerre devenue inévitable. Mme d'Etampes avait gagné. François Ier ouvrit les hostilités le 10 juillet 1542 en Lorraine.

Malgré une bonne préparation de ses armées, malgré le soutien des princes luthériens de l'Empire, notamment du duc de Clèves, auxquels se joignirent les rois d'Ecosse et de Danemark, les forces royales n'eurent que des échecs. En l'absence du connétable de Montmorency, l'armée du sud était commandée par le dauphin, celle du Rhin par son frère Charles. Henri échoua piteusement devant Perpignan. Faut-il reprendre la rumeur qui circula alors ? Les troupes impériales qui occupaient la ville auraient été informées du projet du dauphin, des forces dont il disposait et de la date où il mettrait le siège. Les Impériaux auraient alors fait entrer promptement dans les remparts des renforts et une nombreuse artillerie dont le dauphin ignorait l'existence. On murmurait que Mme d'Etampes aurait assuré le service de renseignements de l'ennemi. Faut-il la soupçonner de trahison ou faut-il soupçonner Diane de Poitiers d'avoir répandu la nouvelle ? Les deux versions sont plausibles. En conclusion, François Ier, déjà fâché contre le dauphin, fut rendu furieux par cet échec et le reçut très mal. La favorite attisa sa colère.

Quant à Charles, il avait tout simplement confié son armée du Luxembourg à des subalternes pour venir rejoindre sans aucune utilité son frère à Perpignan dont celui-ci avait déjà levé le siège. Les Impériaux en profitèrent pour envahir la Champagne et la piller.

Nouveau malheur : Henri VIII rompit son alliance avec François Ier pour s'allier à Charles Quint. Il fallut donc se défendre contre les débarquements anglais en Normandie et en Bretagne sans cesser de faire face aux Impériaux en Champagne.

Un seul rayon de soleil : la flotte du sultan Soliman, commandée par un renégat redoutable, le célèbre Barberousse, maintint les côtes françaises de Provence hors d'atteinte des Impériaux, grâce à quoi Nice fut reprise.

Après cette triste année 1543, survint l'heureuse naissance du fils d'Henri et de Catherine, mais les bruits de guerre interrompirent les fêtes de janvier 1544. Les Français remportèrent une victoire en Savoie, à Cerisoles, en avril. Exploit d'un jeune chef qui faisait ses preuves, le comte d'Enghien, futur prince de Condé, qui reparaîtra plus tard sur le devant de la scène. On ne put exploiter ce succès car, les Impériaux s'étant avancés jusqu'à Saint-Dizier qu'ils assiégeaient, il fallut rappeler l'armée du comte d'Enghien, ce qui n'évita pas la catastrophe. Saint-Dizier capitula dans les conditions les plus suspectes : Charles Quint avait eu connaissance du code et fait remettre au défenseur de la place, le comte de Sancerre, un ordre de capitulation signé du roi. Sancerre obéit et capitula. Qui avait livré le code à l'empereur ? On soupçonna l'amant de Mme d'Etampes, Longueval. C'était une nouvelle présomption de la culpabilité de la favorite dans cette succession d'échecs. Il faut ajouter que « *la Poitevine, la vieille ridée* » fit plus de bruit autour de ces trahisons que la favorite n'en avait fait avec les rides, les fausses dents, les faux cheveux de la grande sénéchale. Il est vrai que le sujet avait plus d'importance.

Cette capitulation rendit les Impériaux maîtres d'un énorme ravitaillement et d'armes accumulés dans la place afin de résister à un siège long et dur. Ils firent de même à Epernay dépourvu de secours mais riche de subsistances. Ils pouvaient désormais s'avancer jusqu'à Meaux où on vit leurs premiers détachements. Paris était à leur portée !

Un historien du xviiie siècle, L. Prudhomme, dans son ouvrage *Les Crimes des reines de France,* écrit au sujet de ces « trahisons » d'une favorite faisant fonction de reine légitime : « *Il est certain que Charles* (Quint) *fut parfaitement instruit du moment où il fallait attaquer Epernay remplie de subsistances pour l'armée. Cette perte funeste pour l'Etat fut suivie de celle de Château-Thierry également pourvue de farine et de blé et livrée par la même trahison. Les troupes impériales firent des courses jusqu'à Meaux, Paris en fut si épouvanté que les habitants ne pensèrent qu'à se sauver...* » D'autant plus que Henri VIII, dont les armées avaient débarqué à Calais, avait promis de faire sa jonction avec Charles Quint pour prendre Paris ensemble. C'eût été une répétition du sac de Rome. Dans la panique, les Parisiens s'enfuirent par route et par eau vers Mantes et Rouen. François Ier, très malade, se fit transporter dans sa capitale pour y apporter un peu d'espérance. Son courage et son calme rassurèrent la population. « *Que je vous défende au moins de la peur sinon du danger* », dit-il sans dissimuler le péril et sans le craindre.

Un miracle sauva Paris. Ce n'est ni le premier ni le dernier. Charles Quint allait s'emparer de Meaux avant de s'élancer vers Paris quand son armée se mutina. Les Allemands et les Espagnols qui la composaient se jetèrent les uns sur les autres ; ils s'entre-tuèrent de leur mieux et détruisirent les subsistances qu'ils avaient pillées. Le dauphin Henri crut le moment venu d'attaquer cette armée déjà défaite. La victoire était assurée, oui mais... le dauphin passerait alors pour le sauveur de Paris et, du même coup, Diane triompherait. Pareille victoire était insupportable à la favorite. Elle exigea du roi qu'il demandât la paix dans des conditions désastreuses. Il lui obéit et signa le traité de Crépy-en-Valois le 16 septembre 1545. Le roi dut livrer à Charles Quint vingt places fortes : c'était ouvrir le royaume à toutes les invasions des Impériaux.

Mme d'Etampes fit plus encore : elle organisa un voyage triomphal pour l'empereur qui regagnait Bruxelles après sa victoire sur la France. Elle couvrit de fleurs celui qui venait de saccager la Champagne et de menacer Paris. On vit même ce spectacle inouï : la favorite partageant la litière de la reine Eléonore dans la suite de l'empereur.

La rumeur de la trahison finit par inquiéter le roi. Diane s'y employa de son mieux. Il demanda une enquête. Mme d'Etampes trouva la parade : elle cria plus fort que quiconque à la trahison et fit elle-même arrêter une dizaine d'innocents. Par erreur, les policiers capturèrent aussi un véritable espion attaché à Mme d'Etampes qui risquait de parler sous la torture. Dès qu'elle l'eut appris, elle le fit relâcher et tança les policiers. Ils se vengèrent sur les autres. Et on ne parla plus de trahison.

A pareil spectacle, Catherine faisait ses classes de future reine. N'aurait-elle pas un jour, comme la douce Eléonore aujourd'hui, à subir la tyrannie et l'humiliation d'une favorite ? Elle savait que Diane ne serait pas plus accommodante que la duchesse d'Etampes. Mais elle ne pouvait guère être pire.

Au cours des négociations du traité, on avait envisagé encore une fois le mariage de Charles d'Orléans avec la fille de Charles Quint, Marie, ou peut-être avec sa nièce, fille de Ferdinand d'Autriche. De toute façon, Charles Quint donnerait en dot à la fiancée le Milanais (ce Milanais qui ne lui appartenait pas plus qu'il n'appartenait à François Ier). Contre cette fallacieuse promesse, François devait donner à son fils le duché d'Orléans, les possessions de Bourbon, les fiefs de Châtellerault et même l'Angoumois ! C'était une pure folie que d'accepter de détacher du domaine royal tous ces fiefs pour les attribuer à un prince marié à une fille de Charles Quint, lequel pourrait un jour se prévaloir de droits sur le royaume. Pour apaiser les craintes de

François, l'empereur renouvela encore sa dérisoire renonciation à ses droits sur la Bourgogne.

Le dauphin Henri eut une réaction de roi : il s'éleva solennellement contre l'abandon de ces territoires et fit prendre acte par notaire de sa protestation. François Ier était réellement diminué. Comment pouvait-il retomber dans les erreurs des premiers Valois démembrant le domaine royal en faveur des princes apanagés, cause de tant de guerres intestines ? Avait-il oublié la rébellion des ducs de Bourgogne que Louis XI avait eu tant de mal à réduire ? Sous l'influence de la favorite, oubliait-il d'être roi, lui qui savait si bien l'être ?

Le jeune Charles d'Orléans n'eut pas le temps de profiter de ce mariage trop beau pour être honnête : il mourut, juste avant la signature du traité, le 9 septembre 1545. Quelle déception pour Mme d'Etampes ! Toutes ses intrigues, tous les massacres, toutes les villes mises à sac n'avaient servi à rien. Désormais, aucune manigance ne pouvait empêcher Henri d'être roi un jour prochain, Catherine reine et Diane toute-puissante. Pour lors, la rupture entre le roi et le dauphin était totale.

Cependant, la bienveillance de François Ier pour Catherine demeura inchangée. Il continuait à la voir, à s'entretenir avec elle avec le même plaisir et la même amitié, il la tenait informée et, du coup, la formait aux affaires. Publiquement, il la traitait en future reine. Il la combla de cadeaux inestimables : des joyaux sans pareils, d'une valeur bien supérieure à cette « *abbaye de Saint-Victor* » pour rire. Toutes ses grâces étaient pour la dauphine alors qu'il ne confia plus de commandement à son fils ni ne l'informa de ses affaires.

Le 2 avril 1545, elle donna le jour à une fille, Elisabeth. Le roi crut bon de choisir Henri VIII pour parrain à l'enfant, façon de célébrer la réconciliation et la paix qu'il venait de signer avec son ennemi de la veille. La petite princesse, sitôt baptisée, fut accompagnée à Blois par Catherine. Elle y rejoignit son frère François qui y était élevé.

Au lieu de se reposer après ses couches et les fatigues des cérémonies du baptême qui furent splendides, tout autant pour honorer le parrain Henri VIII, dont on voulait se faire un allié, que pour la petite princesse, car Henri VIII avait envoyé un ambassadeur extraordinaire chargé de cadeaux somptueux, Catherine donc, quoique affaiblie, escorta son mari dans l'Est. C'est la première fois qu'elle participait à une activité en quelque sorte officielle. Et, si son mari lui a permis de l'accompagner, c'est qu'ils vivaient en meilleurs termes qu'on a bien voulu le dire. Le dauphin allait tout simplement contrôler les travaux de fortifications nouvelles et de reconstruction des villes comme Vitry-en-Perthois, détruites par les Impériaux sur les frontières de la Lorraine.

Catherine était heureuse de suivre son mari qu'elle avait tout à elle, hors de la tutelle insupportable de Diane. Mais ce bonheur ne l'empêcha pas de tomber très gravement malade près de Mézières. C'était en novembre. Les chevauchées par un temps glacial, les gîtes dont le confort tenait plus des camps militaires que des appartements de Fontainebleau avaient eu raison de sa résistance et de sa volonté. Dans ce malheur, elle eut une joie profonde : son mari interrompit ses déplacements et s'installa à son chevet, plein d'inquiétude et de douceur. Elle se sentit aimée.

La fin d'un roi magnifique

Dans l'admiration et l'amitié qu'elle vouait à son beau-père, Catherine avait toujours trouvé un réconfort qui allait bientôt lui manquer. François Ier était aux prises avec les misères de son affreuse maladie, avec les malheurs d'une guerre sans gloire ni profit et avec les bruits de séditions religieuses qui montaient jusqu'à lui depuis plusieurs années. Ce roi, qui a su si souvent se montrer tolérant et humaniste, oublia une fois de l'être dans des circonstances abominables. En 1540, une population entière fut massacrée dans le Lubéron. Ces gens paisibles, les vaudois, étaient des disciples d'un bourgeois lyonnais du XIIe siècle appelé Valdo, d'où le nom pris par la secte. Il prêchait la pauvreté comme première vertu et donna l'exemple en distribuant tous ses biens. Il prêchait aussi la pauvreté totale pour l'Eglise et une vie conforme en tous points à l'Evangile. Il avait aussi simplifié le rituel à l'extrême. Cependant, les vaudois, persécutés à plusieurs reprises, n'avaient jamais voulu rompre avec l'Eglise et, au XVIᵉ siècle, ils n'avaient aucun rapport avec les réformés. Mais ils passaient pour « différents », ce qui ne se pardonne pas. On les aurait peut-être oubliés dans leurs montagnes arides et leur pauvreté si les réformés et leurs revendications n'avaient ranimé la vieille haine contre ces dissidents, notamment parmi les magistrats du Parlement d'Aix-en-Provence. C'est de là et non du roi ou de son entourage que partit l'ordre d'exterminer ce peuple laborieux, vertueux et pauvre. Ce nouveau massacre des Innocents reste un des faits les plus ignobles du siècle. François Iᵉʳ l'ignora, dit-on. Mais il n'est pas croyable qu'il ne l'ait pas appris, même avec un certain retard. Or, il ne réagit pas comme il aurait dû le faire. On laissa aller les choses. Un procès fut intenté plusieurs années après à l'ordonnateur de ce carnage inique : le président du Parlement d'Aix, Meynier, seigneur d'Oppède. Le procès fut jugé à Paris avec une prudente lenteur. Le roi eut le temps de mourir et n'entendit pas la sentence que son fils Henri II, à peine couronné, avait exigée. On la rendit : ce fut l'acquittement et la réintégration du sieur Meynier, seigneur d'Oppède, dans ses fonctions de président du Parlement. Ses collaborateurs et les exécuteurs furent acquittés dans la même journée.

Est-ce que Catherine qui admirait tant son beau-père et assimila si bien ses leçons de politique se souvint que, lorsqu'on est roi, le laisser-faire devient un crime ?

Ni ce massacre qui entache son règne, ni bien d'autres malheurs ne firent renoncer François Iᵉʳ à sa passion — la dernière, la plus brillante — pour les arts et les artistes. En 1545, il commandait encore de grands travaux à des Italiens et à la nouvelle vague d'artistes français. Depuis que Léonard de Vinci était mort dans ses bras à Amboise, en 1519, il n'avait cessé de faire appel aux artistes florentins et romains, Andrea del Sarto, le Primatice, Rosso, Benvenuto Cellini. A Paris, il avait fait reconstruire l'Hôtel de Ville dans le style nouveau. Ce chef-d'œuvre de la Renaissance fut incendié par la Commune en 1871. Le Louvre était resté une forteresse du Moyen Age, il entreprit de le moderniser. Il fit raser le vieux donjon, mais il restait encore beaucoup à faire. Il confia les travaux de la rénovation, en 1546, au génial Pierre Lescot. Le cardinal du Bellay avait ramené de Rome un merveilleux architecte, Philibert de l'Orme. Paris s'embellit de chefs-d'œuvre. Le sculpteur Jean Goujon édifia la fontaine des Innocents. Le roi se faisait porter, non sans douleur, sur les chantiers de construction de ses châteaux : Chambord, Villers-Cotterêts, Saint-Germain-en-Laye. A Fontainebleau, il faisait venir par centaines des « antiques » achetés en Italie. Ces lourdes caisses arrivaient par mer jusqu'au Havre-de-Grâce qu'il avait fait construire et de là elles remontaient la Seine jusqu'à Paris. L'insigne innovation de ce royal mécène fut son désir de faire admirer ces chefs-d'œuvre par le plus grand nombre de ses sujets. Pour cela, il créa à Fontainebleau un véritable atelier de moulages et de fonte pour reproduire les originaux. Les reproductions furent dispersées et exposées en public. Il était lui-même son ministre de la Culture et des Beaux-Arts.

Non seulement il était d'une grande générosité avec les artistes mais il les aimait. Il respectait en eux le talent. En cela il agissait en roi, tout en étant avec eux d'une grande et gaie familiarité. Pour lui plaire, les artistes se surpassaient.

Il n'en allait pas de même avec la duchesse d'Etampes. Elle exigeait des artistes une soumission totale. Benvenuto Cellini, qui n'était pas un ange, regimba. Il avait osé montrer un de ses projets au roi sans en référer à la favorite. Elle demanda le renvoi de l'artiste. Une fois de plus, le roi céda. Cellini ne céda pas. Comme il venait de sculpter un imposant Jupiter, il le fit placer où il devait être dans la grande galerie de Fontainebleau. Ce mépris de ses ordres rendit la favorite furieuse : elle essaya de faire assassiner Cellini. Il en réchappa car l'artiste était à l'occasion un peu spadassin et, comme on disait, « assassinateur » pour son propre compte. Il se vantait d'avoir assassiné le connétable de Bourbon. Un peu hâbleur, l'artiste. Peu importe, il créait des merveilles, maniant le poignard et le burin avec la même dextérité. Néanmoins, la haine de la favorite était si dangereuse qu'il préféra quitter la France. Son départ eût été manqué s'il n'avait auparavant tiré vengeance de son ennemie. Le jour où l'on inaugura la grande galerie où figurait, parmi bien d'autres chefs-d'œuvre, le fameux Jupiter, le roi et la cour eurent la surprise de voir la statue du dieu de l'Olympe revêtue d'une ample chemise. Comme on s'étonnait de pareil accoutrement, Mme d'Etampes déclara avec aigreur que c'était pour cacher les défauts de la statue. Cellini, aux aguets, répondit vivement : « *Je ne suis point homme à cacher mes fautes, c'est pour l'honnêteté que j'ai mis ce voile mais, puisque vous ne le voulez point...* » D'un geste brusque, il fit voler la chemise et la favorite se trouva nez à nez avec le sexe très olympien que Cellini avait donné à son Jupiter. « *Lui trouvez-vous assez de ce qu'il faut ?* » demanda-t-il à la duchesse, qui resta muette. Ce fut un bel éclat de rire dans la galerie. Le roi trouvait que Cellini était riche de talents divers. La favorite, dans sa rage, se retira. Tous ces rires l'insultaient. Elle demanda au roi de faire pendre Cellini. Le roi reçut la requête en souriant. Mais Cellini sentit la corde fatale derrière la faiblesse de François Ier, aussi prit-il sans tarder le chemin de l'Italie. Dommage pour la France[1] !

L'année suivante, en 1546, lorsque sa fièvre tombait et que son abcès cessait de suppurer, le roi gardait encore toute sa prestance et sa grâce souveraine. Mais son mal, implacable, le minait. En janvier 1547, Henri VIII mourut. François Ier s'en félicita. Il n'avait aucune raison de pleurer un allié aussi fourbe. Puis, s'avisant qu'il avait à peu près le même âge, il resta pensif... Quelques jours plus tard, il prit un « rhume », la fièvre le saisit et ne le quitta plus. Son entourage entrevit sa fin. Mme d'Etampes, terrorisée par l'avenir, ne tenait plus en place. Mais le roi continuait à être roi, il lui arrivait même d'aller à la chasse. En février, ses médecins trouvèrent son abcès tellement infecté qu'ils parlèrent « *d'état de pourriture* ». Il était perdu.

A la cour et à la ville, le bruit se répandit. On évoqua l'histoire de la Belle Ferronnière à qui son mari, honnête bourgeois cocufié par le roi, avait, pour se venger, communiqué la vérole afin qu'elle la transmît à son royal amant. Pure légende. Si vérole il y a, le roi l'avait depuis longtemps. Sa mère, Louise de Savoie, disait trente ans plus tôt que son fils avait « *mal à la part secrète de la nature* ».

---

1. Lettre d'Alvaretto, ambassadeur de Ferrare au 29 janvier 1545, citée par Guy Breton.

Chez les rois, rien n'est secret. En fait, c'est probablement de tuberculose (et du reste) qu'il mourut, âgé de cinquante-trois ans, le 31 mars 1547, en son château de Rambouillet. Il supporta son mal avec le courage qui lui était naturel. Dès qu'il sentit venir la fin, il demanda son fils avec qui il fit la paix, assortie de solennelles recommandations.

Par un tardif retour sur ses propres faiblesses, il pria le dauphin de ne pas se soumettre, comme il l'avait fait, à la volonté des femmes. Il ne cacha pas qu'il s'inquiétait de l'influence excessive de Diane de Poitiers et, par elle, de ses chers amis, les Guises, famille d'une redoutable ambition soutenue par des mérites, un courage et une intelligence exceptionnels. A son dernier souffle, il donna ce dernier conseil : « *Méfiez-vous de la maison de Guise. Ils dépouilleront vos enfants jusqu'à leur gilet et vos pauvres sujets jusqu'à leur chemise.* » Catherine l'écouta et ne l'oublia jamais.

A propos des femmes, il n'eut garde d'oublier sa favorite et recommanda à son fils de prendre Mme d'Etampes sous sa protection. C'était peut-être trop demander à Henri et à Diane. Le roi, d'ailleurs, espérait si peu être obéi sur ce point qu'il avait déjà donné l'ordre à la superbe favorite de partir sans plus attendre. Elle fit alors une grande pâmoison, se roula par terre en criant : « *Terre engloutis-moi.* » Le parquet restant indifférent, elle fila prestement se terrer dans son château de Limours en attendant la foudre.

Et Catherine, en tout cela, quelle figure faisait-elle ? Les premiers rôles étaient pris par Henri, par l'ancienne favorite et surtout par la nouvelle, Diane. La nouvelle reine n'avait qu'un second rôle. Mais, dans la sincérité du chagrin que lui causait la mort de François Ier, elle avait le premier. Elle seule, à la cour, gardait le culte de cet homme d'honneur, de sa magnificence, de son humanité, de sa passion des arts et des bâtiments confondue avec son amour de l'Italie, et surtout elle avait été marquée par la haute idée qu'il se faisait de la majesté royale et de son pouvoir sacré. C'est pour être digne de lui que, tout au long de sa vie, Catherine fera tout et plus encore pour sauver cette couronne de France qu'un destin, inscrit dans l'Histoire le jour où Louis XI donna trois fleurs de lis à son aïeul, venait enfin de poser sur son front.

Deuxième partie

LE TRÔNE DE FRANCE

Catherine est-elle reine ou fait-elle de la figuration ?

Quand les larmes furent séchées, il fallut pourvoir aux affaires. Avant celles de l'Etat, on régla celles de la famille, c'est-à-dire celles de Mme d'Etampes. Celle-ci tremblait dans les murs de son château de Limours. Elle s'attendait à être arrêtée, jetée au cachot, peut-être étranglée. C'est ce qu'elle eût fait de la Poitevine si les rôles eussent été inversés. Mais Diane était bien supérieure en rouerie et en politique. Du moment que sa rivale n'était plus rien, elle ne s'acharna plus. Elle avait mieux à faire, l'argent et le pouvoir l'intéressaient plus que la vengeance. Sa nouvelle rivale était la reine Catherine, d'une tout autre qualité et moins dangereuse, encore qu'elle exigeât certains ménagements. Epouse du roi, mère du dauphin et de plusieurs princes royaux, elle était intouchable. Il suffisait que Diane la maintînt dans l'effacement et la soumission comme elle l'avait déjà fait. Mais, au fond, que savait-on de cette nouvelle reine ? Qu'elle était cultivée, douce, malléable, en adoration devant son mari. De son caractère profond, rien n'avait transpiré. Diane et son entourage de grands seigneurs croyaient que, si l'on n'avait rien remarqué en Catherine, c'est qu'il n'y avait en elle rien de remarquable, c'est-à-dire de dangereux. Les grands seigneurs, tout comme Diane, n'avaient pas soupçonné ce qu'il y avait de secret, de calculateur, d'informé chez cette petite femme boulotte. Leur morgue, leur orgueil, leur ambition frénétique et leur cupidité les empêchaient de lire derrière le regard noir, opaque et huileux de Catherine toutes les astuces de Machiavel, plus le courage. C'est pourquoi Diane, sûre de son pouvoir, ne demandait que le statu quo du triangle conjugal... et royal.

Si elle avait voulu en savoir davantage sur sa rivale devenue reine, elle aurait pu s'adresser à la petite coterie italienne que nous connaissons et qui entourait Catherine. Mais on était très secret chez ces trop brillants immigrés. D'ailleurs, on les tenait en suspicion ; ils prenaient trop de place.

Un personnage au moins avait sur la jeune reine des idées plus approfondies. Il avait de longs entretiens avec elle ; l'intérêt et la sympathie réciproques leur permettaient de parler assez librement. Il appréciait l'intelligence et la culture de Catherine. Etant neveu de Montmorency, il l'approchait facilement. Il s'appelait Coligny. Leur dialogue se poursuivra jusqu'à ce que mort s'ensuive.

Cela intéressait médiocrement Diane. Dans l'avenir, elle se ravisera. Pour l'heure, la duchesse d'Etampes la préoccupait davantage que la reine.

Si, pour l'époque, elle se montra si magnanime envers sa mortelle ennemie déchue, c'était peut-être par calcul. Sait-on dans une cour ce que réserve l'avenir aux puissants du jour ? Si Henri II venait à disparaître brusquement (la mort rôde toujours autour des grands de ce siècle), qu'adviendrait-il d'elle devant une reine régente ? Diane évita de créer des précédents trop cruels qui pouvaient un jour se retourner contre elle. Sa froideur bien connue lui laissait la liberté de calculer.

Pourtant, la cour attendait et souhaitait le pire pour Mme d'Etampes. On disait que ses jours étaient comptés et que tous ses biens reviendraient à la couronne. On avançait même un argument excellent pour la faire condamner. Le Parlement ne s'y refuserait pas car il était de notoriété publique que Mme d'Etampes était luthérienne, pratiquait l'hérésie et favorisait les hérétiques. Or, on la laissa dans les transes mais sans sévir contre elle, en son château de Limours où elle put chanter les psaumes si elle le désirait et maudire la messe et le pape entre ses murailles.

Catherine observait avec beaucoup d'attention cette façon de liquider la situation d'une ennemie exécrée. Elle avait déjà vu comment s'était achevée la carrière de Mme de Châteaubriant. Elle apprit donc que son mari Henri II avait repris à Mme d'Etampes les bijoux de la couronne qu'elle détenait et qu'elle rendit sans se faire prier. La nouvelle reine ne fut pas autrement surprise de voir que ces bijoux restitués par l'ancienne favorite furent aussitôt offerts à la nouvelle et non à la reine. C'était la cour de France telle que Catherine la découvrait depuis quinze ans.

La suite ne l'intéressa pas moins. De même que Mme de Châteaubriant avait eu un mari complaisant, Mme d'Etampes en avait un qui s'était tenu coi. Le roi mort, c'est lui qui se chargea de conclure la carrière de son épouse. Elle l'avait non seulement méprisé et humilié mais elle avait détourné à son profit les énormes pensions que le roi magnifique faisait verser à l'honorable cocu. Celui-ci, désormais fort de ses droits conjugaux, exigea sans douceur de les exercer dans leur totalité. La dame, qui avait perdu sa superbe, s'y résigna, pensant que ce n'était qu'un moment à passer. Hélas ! le duc d'Etampes avait aussi apporté des papiers qu'il obligea sa femme à signer. C'étaient les donations en bonne et due forme de tous ses biens : Dourdan, Chevreuse et Limours qu'elle tenait du feu roi. Devenu maître de ces immenses biens, son mari expédia sa femme en Bretagne où elle demeura séquestrée dans le sinistre manoir de la Hardouinaye pendant dix-huit ans. Elle n'en sortit que morte.

Diane n'avait pas eu besoin de se venger.

Quant à Catherine, la reine, elle venait de retrouver un ami, un allié, le connétable de Montmorency qu'elle appelait « *mon compère* ». Il était aussi celui de Diane — on n'a pas oublié le charmant service qu'il avait rendu aux deux amants dans son château d'Ecouen — mais, comme il était le fervent inconditionnel du roi, son mari adoré, Catherine, en épouse et en reine irréprochable, ne tenait pas compte de ces complaisances. Elle ne considérait, en bonne politique, que le dévouement de Montmorency et son amitié pour elle.

D'autre part, elle avait trouvé, au moment où Montmorency avait été disgracié par le roi défunt et par Mme d'Etampes, un allié nouveau, une sorte de défenseur fanatique, d'un dévouement aveugle, Gaspard de Saulx, seigneur de Tavannes. Personnage redoutable, illustre et féroce guerrier des guerres d'Italie, aussi remarquable par sa laideur que par son cynisme et son courage, il avait voué un culte à Catherine et ne pouvait supporter de la voir souffrir à cause de Diane. Il lui offrit, un jour où celle-ci avait été humiliante, d'aller lui couper le nez et de l'apporter à son idole Catherine. Elle eut du mal à le retenir. Néanmoins, elle fut touchée par cet hommage aussi barbare que sincère. Depuis lors, Tavannes ne quitta plus Catherine de Médicis. Dans la nuit de la Saint-Barthélemy, Catherine n'avait auprès d'elle que cinq fidèles, dont Tavannes. Il était le seul Français.

Pour lors elle était reine — sans l'être tout à fait, n'ayant été ni sacrée ni couronnée. Or elle ne pouvait l'être que lorsque son mari, le roi, l'aurait été. C'est à cette cérémonie solennelle qu'il fallait procéder sans tarder.

Préludes à un sacre époustouflant

Dans les semaines et les quelques mois qui suivirent la mort de François Ier, la nouvelle cour réunie autour d'Henri II et de Diane vécut une vie enfiévrée. Le jeune roi n'attendit pas d'être l'oint du Seigneur pour agir en monarque absolu de droit divin. A vingt-huit ans, un jeune roi, plein de force et d'impatience rentrée contre l'administration de son père, va vite en besogne, surtout lorsqu'il est poussé par une femme de la trempe de la sénéchale.

Le cardinal de Tournon, archevêque de Reims, et le maréchal d'Annebault, favoris du roi défunt, sont immédiatement renvoyés. Diane renouvelle en son entier le conseil du roi avec ses amis et ses parents. Le roi exige que son compagnon d'armes, Jacques d'Albon de Saint-André, en fasse partie. Le connétable de Montmorency s'enferme des heures avec Henri pour choisir les nouvelles têtes et disgracier les anciennes. En réalité, Montmorency et Diane sont parfaitement d'accord. Ce sont eux qui détiennent le pouvoir. Diane a, en outre, des alliés puissants, elle les soutient et eux imposent partout sa volonté. Ce sont les Guises, princes lorrains : François, comte d'Aumale, et son frère Charles de Lorraine, archevêque de Reims. Celui-ci devient, peu après l'avènement d'Henri, cardinal à vingt ans. Il avait déjà de l'ancienneté puisqu'il était archevêque à neuf ans. Ce chapeau de cardinal lui est bien nécessaire puisqu'il va bientôt sacrer le roi à Reims.

Les faveurs pleuvent sur les disgraciés de François Ier et de Mme d'Etampes. Montmorency est le mieux traité : connétable, grand maître de l'artillerie, gouverneur (presque vice-roi !) du Languedoc, il est gratifié de cent mille écus en compensation des pensions non perçues pendant sa disgrâce. Ses charges lui rapportent vingt-cinq mille écus par an. En monnaie actuelle, cela se chiffre par milliards. Sa famille n'est pas oubliée : il a trois brillants neveux, fils de sa sœur, les frères Châtillon. L'aîné, Odet, est cardinal de Châtillon, archevêque ; il se voit attribuer quantité de biens ecclésiastiques et l'évêché-pairie de Beauvais. Nous verrons plus tard à quoi et à qui serviront les revenus de ces biens de l'Eglise. Son cadet, Gaspard de Coligny, le compère de Catherine, est fait colonel général de l'infanterie. Avec son oncle le connétable, ils ont toute l'armée royale en main.

Les Guises sont aussi bien servis. François d'Aumale est fait duc, gouverneur de Normandie et du Dauphiné et, quoique prince lorrain donc étranger à l'époque, Diane lui fait donner par le roi le même rang qu'à Antoine de Bourbon, roi de Navarre, premier prince du sang de France. Passe-droit exorbitant, fait autant pour humilier les Bourbons que pour exalter les Guises et qui fait naître entre ces deux familles une haine qui se nourrira par la suite de toutes sortes de motifs politiques et religieux. Elle fait des Bourbons les ennemis de la dynastie des Valois. C'est Catherine et ses fils qui en paieront les frais.

Jacques d'Albon de Saint-André est fait maréchal, gouverneur de Lyon, d'Auvergne et du Bourbonnais. Avec les deux autres grands favoris, le nouveau maréchal partage six cent mille livres d'un impôt prélevé sur le clergé.

Catherine obtient peu de chose : la reine n'a que deux cent mille livres pour sa maison — et une satisfaction d'ordre politique : ses cousins germains les Strozzi, qui, exilés de Florence, vivent en

France, reçoivent d'énormes gratifications afin de mener leur lutte contre leur cousin Cosme de Médicis, fait duc héréditaire de Toscane par Charles Quint. Il règne en monarque — on dit « tyran » —, alors que les Strozzi, banquiers, veulent rétablir la « république ». Catherine les soutient. Henri II leur promet de les aider à rétablir les libertés du peuple florentin. Les guerres d'Italie vont-elles recommencer ?

Enfin, il y a Diane qui participe à la succession du feu roi et de sa favorite déchue — on pourrait dire à la curée tant elle y a mis d'acharnement. Elle se chargea elle-même de s'attribuer les récompenses qu'appelait son éminente situation. Sa cupidité a dépassé tout ce qu'on avait pu voir à la cour où pourtant on avait vu de grandes choses en ce domaine.

D'abord, elle se fit donner tous les joyaux de Mme d'Etampes. Puis elle rafla le montant d'un impôt que devait payer au Trésor tout détenteur d'une charge royale à l'avènement d'un nouveau monarque. Cet impôt, appelé « *droit de confirmation* », rapportait trois cent mille écus : du Trésor, ils passèrent dans la bourse de Diane. Son avidité était si éveillée qu'elle s'avisa qu'il existait une taxe spéciale sur les cloches : elle s'en fit attribuer le montant, ce qui permit à Rabelais d'écrire que « *le roi avait pendu toutes les cloches du royaume au col de sa jument* ». C'est gai, mais cela ne remplit pas le Trésor. Elle réussit à s'approprier personnellement ce que l'on appelait « terres vagues », c'est-à-dire les terres sans propriétaire connu et qui revenaient à l'Etat. Elle en fit autant pour les biens confisqués par voie judiciaire aux hérétiques juifs et protestants. En outre, elle se fit donner par le roi un joyau magnifique, le château de Chenonceaux. Or, c'était un bien de la couronne, donc inaliénable. C'était tellement scandaleux que Catherine, en apprenant cette donation, osa élever la voix devant le roi. Ce fut en pure perte. Toutefois, il y avait en France des légistes royaux plus royalistes que le roi : ils résistèrent. Le précédent propriétaire, le financier Bohier à qui François Ier avait acheté le château, n'avait accepté la vente de son bien qu'à condition qu'il ne sortirait jamais du domaine royal. Il pouvait donc s'opposer à la donation à une tierce personne. Ce qu'il fit, bien que Diane eût fait valoir avec un beau cynisme que le roi lui donnait ce château non en récompense des services qu'elle rendait personnellement à la couronne mais en souvenir « *des services* (d'un tout autre ordre) *que son mari Louis de Brézé, grand sénéchal de Normandie, avait rendus au feu roi François* ». Par corruption et par menaces et peut-être sévices, la grande sénéchale, en 1555, finit par se rendre maîtresse de Chenonceaux ; il lui avait fallu sept ans de procédure. Elle n'en jouit que quelques années.

Afin de ne rien perdre des bénéfices qu'elle s'était appropriés, elle se faisait chaque jour rendre compte, par un des trésoriers du roi, des biens confisqués et des rentrées d'argent sur lesquelles elle prélevait sa part. Son influence sur Henri II était sans bornes. Le conseil du roi, avec Montmorency et les Guises, était entre ses mains. Le roi lui-même venait chaque jour pour lui faire un compte rendu des mesures prises. Les rapports des ambassadeurs étrangers sont stupéfiants sur ce sujet : « *On ne peut voir Sa Majesté s'occuper d'autre chose que de courtiser à toute heure la sénéchale après dîner et le soir après le souper de sorte qu'en moyenne ils doivent rester ensemble au moins huit heures et, s'il arrive qu'il sorte dans la chambre de la reine, il l'envoie chercher au point que chacun se lamente et remarque qu'il se tient plus mal que le feu roi.* » (Alvaretto, ambassadeur du duc de Ferrare.) En effet, François Ier ne faisait pas venir la favorite dans la chambre de la reine lorsqu'il s'y rendait.

Catherine supportait tout non sans douleur car elle aimait si passionnément son mari qu'elle ne pouvait être que jalouse. Que faire ? Diane était la plus forte et le roi suppliait son épouse de ne point s'insurger ouvertement. Elle lui obéissait en tout. L'ambassadeur Contarini écrit : « *... Sur les prières instantes du roi elle s'est résignée et elle supporte avec patience. La reine fréquente même continuellement la duchesse, qui de son côté lui rend les meilleurs offices dans l'esprit du roi et c'est elle qui l'exhorte souvent à aller dormir avec la reine.* » Donc rien n'est changé au régime qui dure depuis des années.

Cependant, Catherine perdit parfois patience, elle fit à son mari quelques scènes violentes, rares et vite étouffées. Mais les propos qu'elle tenait sur sa rivale étaient des plus vifs et le titre de putain dont elle la gratifiait était le plus doux. Un de ses fidèles avec

Tavannes, le duc de Nemours, florentin et cousin, la trouva un jour dans un tel état de fureur contre la favorite qu'il se déclara prêt à aller jeter du vitriol au visage de cette odieuse déesse.

Plus de quarante ans après ces scènes, dans une lettre à sa fille Margot où elle lui donnait certains conseils sur la vie conjugale, elle écrit, en se souvenant de ses rapports avec la favorite : « *C'était le roi et encore je lui faisais connaître que c'était à mon grand regret car jamais femme qui aima son mari n'aima sa putain car on ne peut l'appeler autrement encore que ce mot soit vilain à dire à nous autres.* »

Ce tardif sentiment des convenances langagières dut faire sourire Marguerite de Valois, épouse d'Henri de Navarre, qui en avait entendu et dit bien d'autres. Mais la haine de sa mère pour la Poitevine ne s'éteignit jamais. Il lui arriva même, une fois, de servir ce mot mal sonnant à la sénéchale en personne. Il semble que ce soit le seul exemple de rébellion ouverte contre Diane. Catherine était en train de lire. La toute-puissante maîtresse entra et demanda à la reine ce qu'elle lisait : « *Je lis les historiens de ce royaume, Madame*, lui dit-elle avec suavité, *et je trouve que de tous temps les putains ont dirigé les affaires des rois.* » La nouvelle duchesse de Valentinois n'insista pas, le statu quo exigeait le silence. Car Diane venait d'être faite, le 23 septembre 1548, duchesse de Valentinois, ce qui n'était pas une mince affaire, sans parler du titre extrêmement honorable. D'une part, elle recouvrait le comté de Saint-Vallier qui avait été confisqué à son père au cours de l'affaire du connétable de Bourbon, en plus elle recevait les fiefs considérables de Valentinois et de Diois. Protestations à la cour : ces fiefs relevant du Dauphiné ne pouvaient appartenir qu'à un prince du sang. Qu'importe, Diane les garda.

Il semble que les deux amants Diane et Henri II connurent alors une sorte d'ivresse du pouvoir. L'espèce de fureur qu'ils mirent à destituer les uns, à exalter les autres, à commander, à s'approprier se trouve illustrée par une affaire qui frappa tellement les contemporains qu'elle devint quelque peu légendaire et passa à la postérité, encore qu'elle n'eût que peu d'importance sur le plan politique. L'Histoire l'a pourtant enregistrée sous le nom du « coup de Jarnac ». Elle ne concerne que la cour et deux factions rivales tenant l'une pour l'ex-favorite, Mme d'Etampes, et l'autre pour Diane. Il ne s'agit que d'une résurgence des mœurs féodales, ce qui n'était pas pour déplaire à Henri II, bourré de romans de chevalerie. Sur ce chapitre sentimental comme sur le chapitre politique, Henri II est très en retard sur son père et même sur ses prédécesseurs Louis XI et Louis XII qui étaient plus « modernes » que lui. Ce n'est pas Diane qui risquait de le moderniser. Entichée de sa haute naissance et de ses titres, elle aussi était encore féodale. Cette affaire Jarnac, c'est elle qui la provoqua. Le roi, trop heureux de ressusciter un « duel judiciaire » dans le style du XIIe siècle, suivit les conseils de sa « dame ». Il eut bientôt tout lieu de s'en repentir.

Le fond de la querelle qui opposait les deux chevaliers était la séquelle d'une injure qui aurait été proférée, avant la mort de François Ier, par le dauphin Henri à l'endroit de Mme d'Etampes. Rien n'est très clair ni très sûr. Mais les parties décidèrent de trancher le différend par le duel de deux champions. L'un, champion de Mme d'Etampes, était Guy Chabot, baron de Jarnac, et l'autre, champion du dauphin et de Diane, François de Vivonne, seigneur de la Châtaigneraie. La mort du roi et l'avènement d'Henri II avaient fait remettre la rencontre. Elle eut lieu dans la forêt de Saint-Germain. La cour et le peuple y assistaient, le roi dans sa tribune, assis entre ses deux « reines » : la fausse, resplendissante d'orgueil, savourant déjà le triomphe de son champion, et la vraie, Catherine, pas très intéressée par les exploits chevaleresques mais tenue en éveil par une éventuelle défaite du champion de sa rivale. Elle y avait indirectement poussé car le baron de Jarnac s'était entraîné avec un fameux maître d'armes italien, sur les conseils du célèbre cousin Strozzi qui avait lui-même enseigné à Jarnac un coup magistral et peu connu en France. La Châtaigneraie se présentait en vainqueur : athlétique, hardi, habile, il dominait Jarnac. Toutes les chances étaient de son côté, c'est-à-dire du côté du roi et de Diane. Or, soudain, dans le feu du combat où Jarnac devait succomber, celui-ci, dans un éclair de sa lame, trancha le jarret, les tendons et l'artère du colosse qui s'écroula. Les hérauts d'armes jugèrent le coup régulier et Jarnac vainqueur. Blêmes de rage, le roi et Diane s'inclinèrent. Ce camouflet leur fut infligé le 10 juillet 1547. Quinze jours après, le 25 juillet, Henri II fut sacré à Reims.

Le sacre d'un roi de la Renaissance

En ce grand jour d'été, la ville, resplendissante, était transfigurée dans son décor de féerie. Les maisons étaient tendues de tapisseries ou de draps blancs piqués de fleurs, le sol était jonché de verdure, des oriflammes multicolores palpitaient, des guirlandes de feuillage et de fleurs se tendaient d'une maison à l'autre et, à l'entrée des rues, s'élevaient des arcs de triomphe. Ces merveilles d'un jour ruinaient la ville pour un an. Qu'importe, c'était la joie car, en ce jour, le roi devenait roi de droit divin ; le sacrement indélébile faisait du souverain absolu une sorte de pontife.

A huit heures, le jeune roi, vêtu de satin blanc, monté sur un cheval blanc harnaché de blanc, franchit la porte de la ville. Le gouverneur et tous les notables en grands atours l'attendent et s'écartent pour lui montrer un monument étrange élevé pour l'accueillir. On dirait une grosse pomme entourée de rayons d'or : c'est un énorme soleil. Le roi admire, attend, le soleil s'ouvre, il en sort un cœur ingénieusement suspendu à des cordes pour se présenter au souverain. La foule applaudit. Le cœur s'ouvre, il contient une jeune fille, une nymphe, c'est-à-dire qu'elle est ravissante et nue. C'est ce qu'il y a de plus à la mode ; la Renaissance faisait naître des nymphes dans les sonnets des poètes, dans les parcs royaux, dans les rues de Reims et surtout au Collège de France, d'où la plupart prenaient leur envol. Le roi et le peuple, émerveillés, acclamèrent l'apparition. Celle-ci gazouilla un compliment à Henri II et lui présenta les clés de la ville. Elle réintégra sa niche en forme de cœur et disparut dans le soleil qui, bien machiné, se transforma soudain en fleur de lis. Le bon peuple se croyait au paradis.

Le roi et son cortège s'avancèrent dans les rues sous les acclamations et les fleurs. Sur une place, ils découvrirent une petite colline de velours dans les fausses anfractuosités de laquelle s'ébrouaient d'autres nymphes aussi belles et aussi nues et des hommes aux jambes velues et aux pieds fourchus jouant du pipeau.

Ce n'étaient là que nymphes surprises par des satyres, comme dans les églogues grecques ou latines qu'on traduisait à pleines pages dans les bons collèges et dans les bonnes sociétés. Henri II était charmé mais il ne délirait pas plus que la sénéchale. Si son père et sa tante Marguerite eussent été accueillis de la sorte, ils eussent fait des vers sur ce sujet ou tout au moins donné leur bourse à quelques poètes pour qu'ils les fissent à leur place. A vrai dire, ces nudités n'avaient rien d'égrillard. Les linguistes, les grammairiens et les nouveaux poètes leur avaient fait perdre tout ce que la gauloiserie d'antan aurait aimé dans leurs ébats. Ces nymphes et ces satyres n'étaient que des exercices littéraires transposés en tableaux vivants.

Ce qu'on vit ensuite dans la sainte cathédrale, d'où nymphes et chèvre-pieds étaient exclus, fut, dans un autre registre, bien plus scandaleux. Certes, le sacre eut lieu dans toute sa pompe. Le roi, vêtu et survêtu de robes brodées, apparut comme une sorte d'archange massif et puissant dans les plis lourds des brocarts d'azur brodés de lis d'or. Mais... mais, parmi ces lis, sur sa poitrine s'étalait le fameux monogramme H. D. entrelacés : Henri et Diane. Cet insigne le mariait à sa maîtresse en présence de la reine. Il osa l'afficher devant l'autel où il allait être sacré. Certains, on l'a dit, faisaient semblant de croire que l'entrelacs du H et du D pouvait fort bien se lire comme le C renversé de Catherine, et cette confusion fallacieuse des deux initiales C et D ne déplaisait pas au roi. Personne à la cour n'était dupe mais les apparences étaient sauves et la vérité de la situation était, en somme, respectée puisque le chiffre de ses deux femmes se trouvait mêlé au sien comme leurs vies l'étaient à sa vie. Derrière son masque de douceur, Madame Catherine avait plus d'un visage. Elle sut toujours montrer celui-là seul que les circonstances exigeaient qu'elle montrât. Quant aux gens de cour, seigneurs, dames, dignitaires, prélats et le cardinal-archevêque-duc, Charles de Lorraine, tous lurent le chiffre de Diane et non celui de Catherine.

D'ailleurs, c'est Diane qui se tenait au premier rang. Catherine étant enceinte, comme d'habitude, on l'avait placée dans une tribune. N'empêche que les quatre pairs et les prélats qui entouraient le roi en furent interloqués. En d'autres temps, ils eussent peut-être reculé devant l'adultère affiché si solennellement. Auprès de ce sacrilège, les jeux des nymphes et des chèvre-pieds n'étaient que naïfs passe-temps. Ce beau silence du peuple et des grands s'explique. Le peuple n'y vit pas malice. Quant aux grands, leur malice était plus avisée car leur grandeur dépendait plus de Diane qui faisait et défaisait les fortunes que de Catherine qui n'était que faiseuse d'enfants.

Le roi fut sacré par le sémillant cardinal de Lorraine, allié inconditionnel de la favorite comme toute sa parenté. Ce jeune prélat était doué d'une grande intelligence, d'un orgueil et d'une ambition démesurés et tout aussi dénué de scrupules qu'un vieux prélat romain — ou qu'un jeune prince Médicis. Il sacra donc allégrement le roi avec sa concubine à son côté. Catherine, dans sa galerie, assistait à la scène jouée avec toute la pompe des usages antiques et elle fit comme tout le monde, elle se tut. Au regard du cardinal-archevêque-duc Charles de Lorraine, Catherine, ses couches et sa qualité de reine camouflée n'étaient qu'affaires de nourrices, lui s'occupait d'affaires d'Etat.

Cependant, l'attitude du roi ne plaisait pas à tout le monde en dehors de la petite cour qui entourait Diane. On reprochait au roi sa soumission à Diane et aux Guises. Comme en témoigne ce quatrain qui circulait dans Paris :

> *Sire, si vous laissez comme Charles* (le cardinal) *désire*
> *Comme Diane veut par trop vous gouverner*
> *Fondre, pétrir, mollir, refondre, retourner*
> *Sire vous n'êtes plus. Vous n'êtes plus que cire.*

Le Florentin Ricaroli écrit : « *On ne peut dire à quel point sont parvenues la grandeur et l'autorité de la duchesse de Valentinois. On en vient à regretter Mme d'Etampes.* » C'était le comble de l'impopularité.

D'autres, plus égrillards, étaient moins gracieux :

> *Malgré son grand âge*
> *Diane ce soir à Blois*
> *Est en chasse, je crois,*
> *Pour y forcer un roi.*

> *Ah ! Catin, Catin* (ici diminutif de Catherine)
> *Quel dommage !*
> *Déesse peu sage*
> *La vieille ira de nuit*
> *Sonner un hallali*
> *Qui aura lieu au lit.*
> *Ah ! Catin, Catin, quel dommage !*

Le dommage était pour Catherine. Quant à l'autre, qu'on appelait encore « déesse », on la traitait de « la vieille » et ce n'était pas la calomnier : elle avait quarante-huit ans et son amant vingt-huit. Cela ne nuisait pas aux épanchements.

Le roi et Diane font l'amour, la reine délaissée fait la mode

Après souper, Diane et le roi étaient réunis, parfois la reine se trouvait là. On ne la supportait pas longtemps. Henri, prenant soin de la santé de son épouse, la priait gentiment d'aller se reposer. Catherine devait obéir. Elle sortait impassible mais ivre de fureur, ce qui se traduisait, note un témoin de ces petites scènes du ménage en triangle, par des coups de pied de la reine dans les meubles qui se trouvaient sur son passage.

Cependant, les intimes du couple numéro un restaient : Montmorency et les Guises. Ils faisaient leur cour. Diane étant assise, le roi s'installait entre ses jambes. « *Du giron d'elle* », il grattait sa « *guinterne* » (guitare) et chantonnait des vers. Il demandait à ses familiers si « *Diane n'avait pas belle garde* » et, pour faire valoir les attraits de sa dame, allait « *touchant quand et quand ses tétins et la regardant attentivement comme homme surpris de son amitié* ». C'était le regard d'un amour chaque jour renouvelé, étonné lui-même de son renouveau et de la joie inépuisable d'aimer et d'être aimé. Pauvre Catherine, elle était par ce regard plus trompée, plus délaissée, plus trahie que par les acrobaties érotiques qu'elle avait observées par le trou du plancher et plus trahie encore par cette unique et invincible rivale que si son mari avait collectionné les

maîtresses. Mais elle l'aimait tellement qu'elle lui pardonnait tout
— à lui seul.

Ni Henri ni Diane n'étaient gens à exhibition et à attendrissements. Rien en public ne trahissait leur intimité. Nous savons que
la déesse n'était de marbre et que le roi n'était royal que dans les
cérémonies ou dans l'exercice du pouvoir. Selon les témoignages
d'époque, leurs tête-à-tête semblaient des plus flamboyants. Un
soir, alors qu'il lui pétrissait les tétins avec trop de conviction, elle
lui dit de cesser car « *elle ne voulait pas être ridée* ». Il lui obéissait
comme l'enfant ébloui de Mont-de-Marsan qu'il était toujours
devant elle. Cependant, un soir, le feu saisit si fort cet athlète dans
la force de l'âge qu' « *il s'empara d'elle et l'entraîna fortement vers le
lit* ». Ce devait être un assez joli spectacle que de voir ainsi traitée
cette femme que toute la France avait admirée en déesse altière et
glacée dont la froideur et l'orgueil avaient fait reculer les amoureux
les plus hardis.

Aujourd'hui, ces brusques mouvements de passion nous paraissent à la fois dépassés et déplacés. Pas au XVIᵉ siècle. La vie privée
des rois était alors sans secret et ces coups de chaleur du monarque
ne déplaisaient pas, bien au contraire. En contrepartie, les
brusques flambées de cruauté étaient aussi courantes. Dans un cas
comme dans l'autre, on s'abandonnait à des pulsions passionnelles ; dans la fureur d'aimer ou dans le carnage, c'est la même
effervescence de l'instinct ou tout simplement de la vie d'une race
dont le sang bouillait encore.

Un soir où le joueur de guitare et sa dulcinée s'étaient jetés sur
un lit et s'y agitaient avec quelque furie, leurs familiers, Montmorency et le duc d'Aumale, qui tournaient le dos à la scène
principale et devisaient sans rien voir furent bien obligés d'entendre un grand bruit : le lit venait de s'effondrer. La sénéchale
résistait aux assauts, les lits non. La dame avait glissé dans la
ruelle. Le connétable et le prince lorrain la dégagèrent des couettes
sous lesquelles elle était ensevelie, cependant que Sa Majesté
rajustait sa chemise et l'enfonçait dans ses chausses. Mme la
duchesse de Valentinois riait éperdument : le fait ne lui était pas
coutumier, il avait fallu un lit rompu par l'amour pour que la
déesse « *de rire s'éclatât* ». Ces tours de force se reproduisirent, ils

étaient assez dans la manière royale. Un rapport diplomatique relate un autre fait semblable. L'ambassadeur de Venise, Alvaretto, reproduit une lettre de M. de Maisons du 1er octobre 1549 : « *Diane, y lit-on, allait se coucher, le roi était là. Sa Majesté vint la c... Ils donnèrent de si grandes secousses au lit que celui-ci vacilla et qu'ils faillirent tomber par terre. La duchesse dit à haute voix : " Sire ne sautez pas aussi fort sur mon lit, vous finirez par le casser. "* »

Lorsque naquit sa fille Claude, Catherine la vit à peine. On présenta l'enfant à son père et à Diane et celle-ci l'emporta et fit comme pour les premiers enfants. Elle se chargea de la faire élever et éduquer. Les enfants royaux étaient faits par Catherine et remodelés par Diane... Un jour, ces princes et ces princesses pourraient bien lui être utiles. M. d'Humières avait été nommé par la duchesse gouverneur des enfants de France sur les meilleures références dont la plus convaincante est qu'il était parent de la favorite et à son entière dévotion. La seconde est que sa femme, on l'a dit, avait une expérience incomparable des petits enfants. Aussi les coliques, les toux et le reste ne la prenaient jamais au dépourvu. Si l'on s'inquiète auprès de Catherine de ce que la petite Claude (future duchesse de Lorraine) tousse beaucoup, c'est Diane qui intervient et ordonne à la reine de ne pas se tourmenter, « *vu que Madame sa sœur aînée* (Elisabeth, future reine d'Espagne) *a eu aussi une toux de cette façon* ». On a de fortes raisons de penser qu'il y avait lieu de s'inquiéter. Tous les enfants de Catherine sont plus ou moins tuberculeux : alors, ils toussent. Pourquoi s'en étonner ? Diane écrit à Mme d'Humières : « *Je me fierai plus à votre opinion qu'à celle du médecin vu mêmement la quantité d'enfants que vous avez eus.* » Peu importe, le médecin n'en savait pas plus sur la tuberculose que la bonne Mme d'Humières.

Ainsi Diane avait l'œil à tout : Catherine laissait faire. Quand les enfants — les rescapés de la médecine de Mme d'Humières — prenaient un peu d'âge, c'est la favorite et non leur mère qui les présentait à la cour et les initiait aux usages. Il faut dire que Diane, sur le chapitre des préséances, du protocole, des saluts, des entrées, des sorties, des titres, des places et des atours, était imbattable. Tout obéissait à des règles immuables que la duchesse de Valentinois connaissait à fond. Elle veillait impérieusement à leur observation. Les seules entorses qu'elle y fit étaient à son avantage.

Bien bizarres à nos yeux ces usages de la cour dont on instruisait les petits princes. Mais, puisque nous pénétrons dans leur vie en même temps que dans celle de leur mère et de leur entourage, il faut bien nous mettre au courant, nous aussi, de leur comportement. On leur apprenait que, lorsqu'un prince se trouvait mêlé à la foule (notre bain de foule présidentiel ou ministériel), il se devait « *d'avancer les lèvres et de faire entendre une sorte de sifflement* » ! Etait-ce pour manifester la joie d'être au contact du bon peuple ? Les Italiens pullulaient, on le sait, à la cour de François Ier : il les avait choisis pour leurs talents et leur culture, Catherine en avait multiplié le nombre, soutenue en cela par le snobisme du moment. Ces immigrés de qualité avaient apporté d'étranges modes. Le chic était de se dandiner en marchant. Si l'on voulait faire sentir à un grand personnage tout l'honneur que l'on avait de se trouver en sa présence, voici la prescription : « *On pose un pied l'un sur l'autre et on se tient à peu près sur une jambe comme une cigogne.* » (Cité par Guy Breton.)

Quand les Français jouent aux singes — Voltaire dixit —, ils y réussissent bien. Les Italiens leur apprirent l'art ridicule de prendre des poses qui n'étaient pas du tout dans la tradition gauloise. Avec le temps, le ridicule alla s'atténuant. Cependant, ces « manières » subsistèrent jusqu'à la Révolution, à la cour bien sûr, mais elles avaient déteint sur la haute bourgeoisie et sur certaines parties du peuple de Paris en contact avec la noblesse. Cette affectation de mièvrerie raffinée commença donc par s'implanter dans l'entourage de Catherine. Un siècle plus tard, ce maniérisme connut son heure de gloire avec la « préciosité ». Les gens clairvoyants ne s'y trompèrent pas. Le cousin de Mme de Sévigné, Bussy-Rabutin, bourguignon bon teint, écrivit un beau chapitre de son œuvre sarcastique intitulé « La France devenue italienne ». Il n'était pas pour — ni sa cousine ni Molière. On oublie parfois d'attribuer à Madame Catherine la part qui lui revient dans cette mode néfaste. On lui reproche des poisons qu'elle n'a jamais employés, comme la légende le fait croire, mais on ne lui reproche pas ce poison bien réel qui dénatura la haute société, la rendit à la fois ridicule et odieuse au peuple gaulois qui tolérait plus volontiers les rudes seigneurs que les « petits maîtres ». Les « petits marquis » insolents, méprisants, contrefaits et maniérés étaient haïs. Jusqu'à la veille de 1789, le comte Almaviva, de Beaumarchais, incarne ce mépris en dentelles qui n'est pas la moindre cause de la haine populaire contre les gens de cour.

Voyez-vous cette cour de Catherine, peuplée de fauves en brocart de soie et d'or, voyez-vous ces seigneurs à la mode nouvelle se tenir les yeux mi-clos et les lèvres tendues comme pour donner des baisers ? Leurs saluts, cérémonies compliquées, obéissaient à des rites. Quand deux seigneurs se rencontraient, ils devaient « *seulement ployer le genou droit avec un doux contournement et mouvement du corps* », puis « *ôter le bonnet de la main droite, on le tient en bas, à gauche et la main droite au bas de l'estomac avec les gants... s'il s'agit de l'homme on l'embrasse par accolade, s'il s'agit d'un rang plus élevé on l'embrasse dessous le bras, d'autant plus bas on l'embrasse qu'il est plus grand socialement. S'il est égal, on l'embrasse d'un bras dessus l'épaule, l'autre dessous. Pour la femme on l'embrasse sur la bouche*[1] ». Enfin, une simplification ! Mais, pour les seigneurs, que de problèmes. Etait-on sûr d'être à égalité ? N'embrassait-on pas trop haut ou trop bas ? Si l'on baisait l'épaule et non le pectoral, le ressentiment de l'autre pouvait être dangereux. En revanche, si l'on en faisait trop, on s'abaissait soi-même et on devenait la risée des malveillants. Les deux erreurs obligeaient parfois à tirer l'épée.

Ces grimaces étaient pourtant le fait d'hommes d'un courage insensé, capables dans l'instant suivant des actions les plus violentes, les plus téméraires, avec un total mépris de la mort. Ces extrêmes cohabitaient : le courage était l'héritage des Gaulois, les singeries italiennes étaient « la mode ». La vanité était aussi puissante que le mépris de la mort.

Quant au roi Henri II, il ne sembla pas s'embarrasser de ces nouveautés. Voici son emploi du temps journalier[2].

1. Mathurin Cordier, auteur du *Manuel des convenances*, cité par Guy Breton.
2. Note de Laboureur. Additions aux *Mémoires de Castelnau*, t. II, p. 450.

Le roi s'habille sitôt levé. Le plus grand seigneur présent lui tend sa chemise. Les serviteurs apportent un à un les vêtements du jour. Le prévôt de l'hôtel vient demander au roi les clés qui sont confiées à Sa Majesté durant la nuit et qui les garde sous son chevet. Durant la nuit, aucune porte ne doit être ouverte.

Les seigneurs qui attendent dans l'antichambre sont introduits tour à tour selon leurs titres. Le roi parle à l'un, à l'autre en s'habillant, puis il fait sa prière devant l'oratoire qui est dressé chaque jour dans sa chambre.

Les courtisans se retirent. Seuls restent les cinq membres du conseil restreint, les personnages les plus importants de l'Etat. On discute des questions présentées, le roi seul décide.

A dix heures, toute la cour se rassemble pour entendre la messe, à onze heures le roi dîne. La salle où est dressée la table est jonchée d'herbes odoriférantes. Les couverts, les couteaux sont tendus au roi sous la *nef*, cloche d'argent apportée par l'écuyer tranchant. La table est entourée des premiers de l'Etat. Vient alors la procession des plats proposés par le maître d'hôtel, le grand panetier, le grand échanson et les pages des uns et des autres. L'écuyer de cuisine présente les plats de viande, toujours très nombreux et abondants, préparés avec des épices précieuses et redoutables. Le linge de table est parfumé à l'eau de trèfle et au mélilot. La nappe est fleurie d'œillets et d'étoiles en sucre. Des plats d'argent sont remplis de dragées et de fenouil.

Comment mange le roi ? Comme tout le monde, avec ses doigts. Pas de fourchettes, de rares cuillères. A Florence, les couverts sont en usage depuis longtemps, mais on y bâfre moins. Les Italiens, parlant des Français et des Allemands, les mettent dans le même sac : « *Barbaros*. » Quand le couteau et les doigts sont trop poisseux, on les lave dans des bassins remplis d'eau à même la table et on les essuie à la nappe qui retombe à longs plis.

Après le dîner, le roi donne de rapides audiences, dans l'embrasure d'une fenêtre, à quelque messager pressé ou à un ambassadeur. Ensuite, à cheval pour la chasse jusqu'au soir.

Le soir appartient à Diane. La reine attend...

Catherine n'est reine que par la patience

Les humiliations ne manquèrent pas à Catherine. Au retour d'un beau voyage à Turin où Henri II (encadré par ses deux femmes) était allé se faire acclamer comme dans son propre royaume, alors que Turin venait juste d'être pris au duc de Savoie, le trio royal fut reçu triomphalement à Lyon, le 23 septembre 1548. Les Lyonnais se surpassèrent : leur richesse, les nombreux artistes qui vivaient à Lyon firent des merveilles. Ils firent aussi et fort habilement leur cour à Sa Majesté : sur toutes les tentures qui ornaient les façades, sur les arcs de triomphe, sur les obélisques, les armes du roi étaient toujours accompagnées du fameux monogramme H-D. La déesse était de moitié dans le triomphe. Pas la reine. Un spectacle aussi ingénieux que celui de Reims fut une nouvelle exaltation de Diane et un camouflet pour Catherine : on put voir une superbe Diane chasseresse tenant en laisse un lion captif et, pour que nul ne s'y trompât, la laisse de soie était tressée de noir et de blanc, les couleurs de la favorite. Le lion captif représentait-il la ville de Lyon soumise à la favorite ou bien le roi lui-même ? On n'avait pas osé, toutefois, orner de fleurs de lis l'animal captif. Par une sorte de repentir, le lendemain, on reprit le spectacle en y faisant figurer les armoiries de la reine. C'était bien la moindre des politesses. Le roi, lui, s'en tirait à merveille : les fleurs de lis étaient partout à la gloire du « *restaurateur de la Gaule* ».

Catherine, dans cette ville très italianisée, eut, pour la consoler, la compagnie des nombreux *fuoriscuti*, c'est-à-dire les Italiens exilés souvent pour des raisons politiques et presque aussi souvent par intérêt. Elle trouva auprès d'eux, gens de qualité et fins politiques, des informations précieuses. L'Italie était de nouveau en effervescence. Une bonne guerre du roi de France contre les Impériaux, ou au besoin contre le pape, arrangerait bien les affaires de ces Italiens. Ils comptaient beaucoup sur la Florentine pour attiser la discorde à leur profit. Elle ne dit pas non. Elle avait déjà son plan et une alliée en vue, imprévisible mais efficace : Diane. Qui l'eût cru ? Nous les retrouverons bientôt faisant ensemble le siège du roi.

Comme l'Ouest, Poitou, Saintonge et Guyenne s'étaient soulevés contre la gabelle, le roi rentra à Paris. Il envoya Aumale, frère de Guise, en Poitou et Montmorency à Bordeaux. C'est sur le terrain qu'on juge les hommes. Le prince lorrain montra son armée et son savoir-faire. Il apaisa tout en intimidant. Il pacifia sans dégâts. Montmorency, fidèle à sa stratégie de sanglier, avant tout autre avis massacra. Avec cette particularité dévote : lorsqu'il lançait ses troupes au massacre, il récitait son Pater. Ce qui est à l'origine de ce dicton populaire : « *Dieu nous garde des patenôtres de M. le Connétable.* »

Faite duchesse de Valentinois, Diane était devenue princesse souveraine et avait même le droit de lever des impôts. Elle ne s'en priva pas. Elle s'attacha avec son âpreté bien connue à la mise en valeur de son duché. Elle se faisait soumettre les baux, les épluchait, comptait et recomptait les redevances. Ses hommes d'affaires étaient harcelés par elle. Rien ne lui échappait. Cette déesse qui courait après six deniers ne perdait rien de sa hauteur, de son terrible orgueil seigneurial, qu'elle fit royal. Elle transforma ses armes en associant les illustres besants de Poitiers aux croisilles d'or des Brézé ; elle y ajouta pour son compte « *trois croissants de gueule* » et, bien sûr, un semis de fleurs de lis. Pourquoi pas ? A cette altitude tout est permis. Ronsard, par anticipation poétique et courtisane, lui promit même une descendance royale [1]. Le roi la nomma « *suivante de la reine* ». Elle devenait ainsi l'ombre attachée à Catherine.

Cependant, elle ne put se faire sacrer reine de France. C'est le seul privilège qu'elle ne put contester à Catherine qui fut sacrée à Saint-Denis le 10 juin 1549.

La cérémonie fut loin d'avoir la splendeur du sacre à Reims. Toutefois, il y avait un point commun entre les deux : la présence de Diane au premier rang. L'assistance put voir que la France avait une reine en deux personnes. Elles portaient l'une et l'autre le même manteau d'hermine — fourrure réservée au manteau royal, privilège des ducs royaux, des princes du sang... Un lambeau était concédé aux présidents de cour en symbole de l'autorité souveraine

---

1. La prévision de Ronsard se réalisa car dans la descendance de Diane figure le roi Louis XV.

qui leur était déléguée. L'égalité scandaleuse de la favorite et de la reine devint éclatante lorsqu'on vit la fille de Diane, la duchesse de Mayenne, prendre la couronne surchargée de pierreries, trop lourde au front de Catherine durant l'interminable cérémonie, et, dans un geste inouï, la déposer aux pieds de sa mère. Pourquoi pas sur son front ? Diane ne l'aurait certainement pas trouvée trop lourde. Catherine fit semblant de ne rien voir.

Six jours plus tard, le 16 juin 1549, eut lieu l'entrée triomphale du roi et de la reine à Paris. Il ne s'agissait plus de guirlandes et de décors animés mais de véritables monuments élevés par les artistes les plus prestigieux : Jean Goujon fit des sculptures, Ronsard les inscriptions, Jean Cousin les peintures. Ici, pas d'exaltation des personnes : tout était dédié à la gloire de la monarchie. On ne vit même pas l'image du roi. Seule figure, celle de François Ier : les artistes ne pouvaient l'oublier. Pas un seul monogramme du concubinage : ni H ni D. La capitale ignorait le lit, elle se vouait au trône. Seules les trois fleurs de lis et la couronne royale étaient à l'honneur — avec une exception remarquable à laquelle Catherine dut être sensible : les « pilules » des Médicis figuraient à côté des lis sur le plus beau monument que Jean Goujon et Pierre Lescot avaient élevé à l'angle de la rue du Fer et de la rue Saint-Denis, c'était la célèbre fontaine des Innocents qui ennoblit encore ce quartier maltraité. Diane suivait derrière la reine.

L'année suivante, nouvelle entrée officielle des souverains à Rouen, le 1er octobre 1550. Diane fascina la foule par sa beauté et par la majesté de son maintien. Elle sut laisser le premier rang à la reine mais, à trois pas derrière elle, elle l'écrasait encore. Elle l'écrasait même par son luxe et par son train royal. Catherine n'avait aucune demeure comparable au château d'Anet que Diane tenait des Brézé et dont elle avait entrepris la modernisation en 1546. L'architecte du roi, Philibert de l'Orme, réalisa à Anet un des plus beaux chefs-d'œuvre de la Renaissance. Ici les H et les D s'entrelaçaient partout. Il est vrai que le H était vraiment chez lui car il surveillait personnellement les travaux, les dirigeait et... les payait bien entendu. Il voulait que sa Beauté eût le plus bel écrin du royaume. On pourrait, non sans raisons, le considérer comme bien de la couronne, tout comme Chambord ou Blois. A part les fondations, c'est Diane, c'est-à-dire Henri II, qui a tout recréé. Parmi plusieurs sculptures splendides, on en admire au moins une dont le symbolisme ne manque pas de hardiesse : la déesse Diane, couchée près d'un grand cerf royal, est visiblement vaincue par le plaisir et, si le cerf mérite la réputation qu'on lui a faite, la lassitude heureuse de la chasseresse ressemble fort à une voluptueuse revanche du cerf qu'elle a forcé. On retrouve le même symbolisme dans une autre sculpture. On y voit encore Diane et son illustre gibier se reposant au milieu de la meute des chiens aussi fatigués et heureux que leurs maîtres.

Peu importe au demeurant la clef qui permet de deviner l'intention qui a inspiré l'artiste, ce qui compte c'est la beauté de ces groupes sculpturaux, leur perfection tranquille, leur éternité. Cependant, la clef leur ajoute une certaine émotion voluptueuse qui les transmue et, de pierre, les fait chair. Ils ne sont pas seulement beaux, ils sont troublants.

Catherine, elle, demeurait au vieux palais des Tournelles à Paris. Parfois au Louvre, mais il était en reconstruction, c'est-à-dire à demi démoli. Elle se plaisait aux Tournelles. Le roi lui permettait d'employer Philibert de l'Orme pour y apporter quelques arrangements. Il construisit une fontaine dans le jardin où il amena l'eau des sources de Belleville ; elle y ajouta des écuries pour ses chevaux — son luxe — et une grande salle pour les dîners et les bals. Elle aimait danser. Elle se permit même d'utiliser le talent de l'architecte pour se faire construire une maison de campagne à Monceaux-en-Brie. C'est tout pour elle, alors qu'elle avait l'amour des bâtiments, un amour éclairé par le soleil de Florence et de Rome. Elle en fera la preuve plus tard.

Catherine s'inquiète, Diane est aussi un danger politique

La duchesse de Valentinois n'était pas femme à s'endormir dans la contemplation des chefs-d'œuvre. Sa vocation d'amoureuse était nettement orientée vers les grandes affaires, non celles de l'Etat mais les siennes et celles de sa famille. On sait qu'elle s'appuyait pour régner — il n'y à pas d'autre terme en son cas — sur les Guises et sur Montmorency. Cela faisait deux alliés, il y en avait un de trop. Elle fit en sorte d'éliminer le moins sûr : Montmorency. Il était usé mais l'affection aveugle que lui portait le roi le rendait invincible. Elle savait que, lorsque Henri II donnait sa parole ou son cœur, c'était irréversible. Montmorency pouvait donc tout se permettre, le roi l'approuvait toujours, même si son avis était différent de celui des Guises. Le vieux connétable était si sûr de son pouvoir qu'il prenait avec Sa Majesté des libertés qui stupéfiaient la cour et du même coup suscitaient des jalousies. Catherine elle-même trouvait cette ingérence du connétable pesante. Un jour que le roi était allé voir son vieil ami à Ecouen (et peut-être pour jeter un coup d'œil sur les fameux vitraux), Montmorency, sans se gêner, demanda au roi la permission de se laver les pieds. Le roi n'y voyant pas d'inconvénient, le connétable prit son bain de pieds dans une bassine d'eau chaude. Les assistants étaient médusés. L'ambassadeur Alvaretto, qui note tout, ajoute à son rapport : « *C'est tout juste si le connétable n'a pas uriné dans la chambre.* »

Les plus jaloux de cette prééminence furent les Guises. Ils sentirent que, tant que Montmorency serait auprès du roi, ils ne seraient jamais les premiers dans les bonnes grâces de Sa Majesté. Ils résolurent de le faire disgracier. Diane était, bien sûr, de leur avis. Catherine observait, attendant que s'ouvrît la brèche dans le clan qui lui prenait son mari.

Le pacte qui liait Diane et les Guises était des plus ambitieux. Ils ne se proposaient rien de moins que de s'unir à la maison de France, d'accaparer les lis et un jour la couronne. François Ier, on le sait, les avait percés à jour. Henri II semblait oublier l'avertissement que son père lui avait donné sur son lit de mort. Catherine ne l'oubliait pas. Jamais le vieux dicton français ne s'était vérifié avec autant de cynisme : « *Quand une femme entre dans le lit du roi, tous ses amis veulent nager dans la rivière.* [1] »

Les amis de la favorite vont jouer un rôle si important au cours des quarante années qui vont suivre, dans la vie de Catherine et de

1. On appelait « rivière » le creux que font les corps au milieu du lit.

ses fils, le destin de la France sera si bouleversé, tantôt en bien, tantôt en mal, par les princes lorrains qu'il faut, au moment où ils interviennent pour la première fois, complices de Diane, dans la grande politique, savoir qui ils sont afin de comprendre ce qu'ils vont devenir.

Leur père, Claude de Lorraine, premier duc de Guise (1490-1550), avait épousé Antoinette de Bourbon. Le Lorrain avait ainsi un pied dans la famille. Le frère de Claude était l'étincelant Jean, cardinal de Lorraine, ami de François Ier et tout-puissant à la cour et à Rome.

Ce n'était là qu'un début, Diane allait organiser la suite. En échange du bain de pieds qui donnait trop d'importance au connétable, elle exigea pour ses alliés des compensations. Elle fit d'abord nommer le cardinal Charles chef du conseil privé — de sorte que c'est elle qui présidait par cardinal interposé, à la place du connétable qui dut s'effacer.

L'ascension des Lorrains inquiétait Catherine. Elle notait tout et attendait des jours meilleurs. Elle fut ainsi instruite d'une nouvelle intrigue de sa rivale qui s'aventura sur une chasse jadis réservée aux Médicis : l'élection pontificale.

Paul III Farnèse venait de mourir (1549). Diane résolut de faire élire à sa place le célèbre ami de François Ier, oncle de ses amis, le cardinal Jean de Lorraine. Elle fit placer ses pions à Rome pour réunir les voix cardinalices sur son protégé. Le vieux sanglier Montmorency se fit renard en cette affaire et enraya la manœuvre. Il interdit à tous les cardinaux français de voter pour le Lorrain qui fut battu. Diane avait tellement promis la tiare au cardinal qu'il en mourut de déception. Catherine pouvait constater qu'en l'occurrence la cour de France s'italianisait sérieusement.

Diane n'y perdit rien. Comme elle avait encore un jeune cardinal sous la main, elle reporta sur lui tout ce qu'elle avait misé sur le défunt. Elle fit de lui une sorte de potentat de l'Eglise de France et le chef du parti catholique devant l'affrontement qui se préparait avec la Réforme protestante. Qu'on en juge : Charles de Lorraine cumulait les archevêchés de Reims, de Lyon et de Narbonne, les évêchés de Valence, d'Albi, d'Agen, de Luçon et de Nantes, sans compter les immenses bénéfices ecclésiastiques qu'il retirait de ses innombrables abbayes. Sa fortune était colossale, son pouvoir religieux aussi, mais Catherine voyait surtout l'effrayant pouvoir politique qu'il exerçait et qui pouvait un jour s'opposer à celui du roi. Ces scandaleuses actions furent signées par le roi dans la chambre de Diane avec le cardinal pour témoin.

Ce cumul insensé était le meilleur argument offert à la Réforme grondante contre les abus de l'Eglise. Le grave, c'est que le mauvais exemple était donné par Diane et les Guises, champions de la cause catholique.

Le frère aîné du cardinal, le duc François de Guise, né en 1519 comme Catherine, épousa la fille d'Hercule d'Este, duc de Ferrare, de Modène et de Regio. Henri II (c'est-à-dire Diane) négocia cette union. C'était plus qu'une alliance princière italienne. Anne d'Este était par la naissance bien plus qu'une Médicis car sa mère était Renée de France, seconde fille de Louis XII et sœur de Claude, épouse de François Ier, donc tante du roi Henri II. Ce mariage faisait de François de Guise le cousin germain du roi. Belle ascension pour ces cadets plutôt démunis de la maison de Lorraine. Il n'est peut-être pas indifférent de savoir que la mère du duc de Ferrare, donc la grand-mère de la nouvelle duchesse de Guise, était Lucrèce Borgia, d'éclatante renommée. La descendance des Guises aura de qui tenir. Le fils issu de ce mariage sera Henri, duc de Guise, dit le Balafré. Nous le retrouverons.

En regard de l'union magnifique des Guises et des Valois, l'autre union, volontairement célébrée sans faste, fut celle de Jeanne d'Albret, fille de Marguerite de Valois, la célèbre sœur de François Ier, avec Antoine de Bourbon-Vendôme devenu chef de la maison capétienne de Bourbon depuis la mort du connétable. Le mépris d'Henri II et de Diane était patent. Pourtant, Antoine de Bourbon, on l'a vu, faisait entrer ainsi le royaume de Navarre, dont Jeanne était l'héritière, dans la famille de Bourbon. Leur fils, tenu à l'écart, fut Henri IV, futur roi de France, tandis que le fils brillantissime des Guises, Henri le Balafré, ne fut que roi des Barricades. Toutefois, égaux devant la mort, ils périrent tous deux assassinés.

Mais ce n'est pas tout, les princes lorrains avaient encore d'autres atouts dynastiques. Diane ne s'alliait qu'à ce qu'il y avait de plus haut : au roi d'abord, de la main gauche, ensuite à ceux qui pouvaient devenir roi ou reine, tout au moins par parent ou parente interposés. Les Guises présentaient sur ce point toutes garanties. Leur sœur, Marie de Lorraine, avait épousé le roi d'Ecosse, Jacques V Stuart. Devenue veuve, Marie se trouva très menacée en Ecosse par les Anglais et les protestants qui firent assassiner son principal soutien, le cardinal Beatowon. La cour d'Angleterre avait le projet de réunir l'Ecosse et l'Angleterre sous une monarchie unique. L'occasion était bonne, il suffisait d'éliminer la régente, de s'emparer de sa fille, Marie Stuart, héritière du trône, âgée de cinq ans, et de lui faire épouser le jeune Edouard VI, roi d'Angleterre. Les Anglais s'apprêtaient à envahir l'Ecosse, la régente n'aurait pu leur résister. Ses oncles, les Guises, décidèrent avec Diane d'envoyer une armée en Ecosse. Il fallait un motif, ils le trouvèrent. Diane étant convaincue, Henri II le fut bientôt. Ce motif, le voici : le trio résolut de marier le dauphin François, âgé de quatre ans, avec Marie Stuart qui en avait six. L'expédition française en Ecosse fut couronnée de succès, elle ramena la régente et sa fille Marie à la cour de France. Comme le prétendant de Marie, Edouard VI, était en train de mourir, le trône d'Angleterre allait se trouver vacant du fait que le défunt roi Henri VIII avait déshérité ses deux filles, Marie et Elisabeth. Or, la petite Marie Stuart avait pour grand-mère la sœur d'Henri VIII, elle pouvait à son tour faire valoir ses droits à la couronne d'Angleterre. La duchesse de Valentinois et les Lorrains se contentèrent pour lors de fiancer les deux enfants. On verrait plus tard pour les droits au trône des Tudor. Dans la lancée, on profita de l'expédition écossaise pour déloger les Anglais de Boulogne qu'ils occupaient. L'exploit en revient au duc d'Aumale, frère des Guises.

L'événement de la cour, en l'été de 1548, fut donc l'arrivée de la jeune dauphine. Son succès fut total. C'était une enfant délicieuse. On remarque que Catherine n'a été consultée en rien au cours de cette affaire où l'on fiançait son fils aîné. Les Guises, un jour, seraient les oncles de la reine de France. Bien joué.

La gracieuse enfant des Stuart apportait dans ses bagages une créature splendide qui avait le titre de gouvernante de la jeune princesse. Elle s'appelait lady Fleming et s'enorgueillissait d'être la bâtarde, reconnue sous le nom de Jane Stuart, du grand-père de Marie, le roi Jacques IV. Cette Ecossaise sculpturale, auréolée d'une chevelure d'un blond ardent, avait une carnation éclatante et généreuse, bref tout ce qu'il fallait pour provoquer dans le paisible triangle royal un bel orage dont les retombées sentimentales et politiques allaient permettre à Catherine d'avancer d'un pas dans les affaires du roi et du royaume.

La belle Écossaise, Montmorency et le roi attirent les foudres réunies de la reine et de la favorite

On s'étonne toujours de l'emprise de Diane sur son amant et de l'extraordinaire fidélité de celui-ci. Cela est vrai avec quelques réserves. En fait, Henri II s'offrait parfois de rapides aventures ; selon l'expression d'un chroniqueur, « il allait au change ». Etant donné la richesse du tempérament royal, la vieille déesse ne pouvait subvenir à tout. On ne connaît pas le détail de ses escapades mais son fidèle et complaisant ami Montmorency le connaissait car il était souvent complice et même pourvoyeur. Cela ne contribuait pas peu à lui assurer une place éminente dans la faveur du roi. Il n'était pas homme à supporter des rivaux sur ce point. Toutefois, on a vu qu'il fut bien obligé de s'incliner quand le roi lui retira la présidence du conseil privé. D'autres signes l'avertirent de l'hostilité de Diane et des Guises qui annonçaient sa disgrâce. Il sentit que son bain de pieds n'impressionnait plus un prince de l'Eglise capable de mobiliser le clergé de France — et la favorite.

Pour se venger et ressaisir la faveur du roi, il fit un calcul simplet. Il crut qu'en supprimant la cause de la fabuleuse faveur des Guises il détruirait leur pouvoir. La cause, c'était la duchesse de Valentinois. Il suffisait, pensait-il, de la remplacer par une autre maîtresse. Plus belle, c'était difficile, mais aussi belle et plus jeune, c'était possible.

Catherine, en état de grossesse, surveillait les fauves se faisant les griffes. Elle se demandait si, de leurs combats, sortirait quelque chose de bon pour elle et pour son cher mari. Elle attendait depuis dix-sept ans, sans illusion, prévoyant que le vainqueur de cette intrigue ne serait pas encore un ami pour elle. Que souhaitait-elle ? Qu'on la laissât dans l'ombre du roi, elle y préparait sa revanche. Confiante dans son étoile, elle se disait qu'elle était la reine et que ses enfants seraient rois. Les connétables et les favorites passent. Le trône reste. De cela, elle était certaine car elle s'était identifiée au trône.

Montmorency, pour parvenir à ses fins, se fit une fois de plus entremetteur. La vie de cour a ses exigences. Il pensa à lady Fleming pour supplanter la duchesse. Il s'imaginait que, lorsque la liaison serait découverte, le scandale rejaillirait sur la jeune dauphine : on dirait qu'elle était élevée par une putain, le mariage avec le dauphin ne se ferait pas et les Guises seraient remis à leur place. En outre, Diane serait doublement offensée, tant par l'infidélité éclatante de son chevalier que par la disgrâce qui frapperait les Guises. Le connétable rêvait.

En août 1550, l'affaire Fleming éclata et ce fut un beau cauchemar. Diane chasseresse, étant tombée de cheval, s'était fracturé la jambe. Elle ne bougeait pas de son château d'Anet. Comme l'accident l'avait fatiguée et un peu flétrie, elle pria son chevalier de ne point essayer de la voir avant qu'elle pût paraître dans tout l'éclat de sa beauté et de sa « jeunesse » retrouvées. Ainsi, le roi avait des libertés. Montmorency en profita pour orienter la fougue amoureuse de Sa Majesté vers la resplendissante Ecossaise qui n'attendait que cette occasion. Dès la première rencontre, le roi fut ébloui par lady Fleming qui avait vingt-cinq ans de moins que sa déesse sans être ni moins belle, ni moins bien faite, ni moins experte. Ils se retrouvaient chaque nuit à Saint-Germain où résidaient Marie Stuart et sa suite, cependant que la souffrance et l'ennui creusaient de nouvelles rides à la « vieille ». Tout allait pour le mieux : les amants étaient aux anges et leur fidèle mentor voyait déjà sa vengeance assurée. Il accompagnait le roi chaque nuit, en grand secret, dans les appartements de Marie Stuart que partageait sa gouvernante et il poussait la conscience professionnelle jusqu'à mettre au lit son roi et à l'aider à se rhabiller quand il en sortait.

Oui, mais... les Guises veillaient jalousement sur leur nièce royale. Le plus astucieux d'entre eux, le confident de Diane (peut-être son amant, dit-on, ce qui est peu probable, la cupidité suffisait à les unir), Charles, le cardinal de Lorraine, éventa le secret. Il fut averti que le connétable se rendait de nuit dans les appartements de la dauphine. De quel droit ? Nul n'a le droit de franchir les portes d'un appartement royal. Il alerta la duchesse de Valentinois. Saisie des plus noirs soupçons, la déesse accidentée se fit transporter à Saint-Germain et, à deux heures du matin, Diane et les Guises, postés devant les appartements de Marie Stuart, attendaient que le connétable en sortît pour le confondre. Quand la porte s'ouvrit, ce fut le roi qui parut, le connétable était derrière. La stupéfaction fut réciproque mais le plus atteint fut certainement le roi. Diane, le regard étincelant de colère, le pétrifia. La scène racontée par Alvaretto, cet ambassadeur vénitien qui écoute à toutes les portes, tient du vaudeville mais, les protagonistes étant roi, connétable et déesse-reine, elle pouvait tourner au tragique en ce siècle où la mort ne fait reculer personne. Diane les écrasa tous. Sa colère fut terrible. Cette déesse marmoréenne explosa, les injures les plus odieuses pleuvaient sur le roi, elle lui montra l'indignité de sa conduite qui faisait de la gouvernante de la future dauphine une putain. Le roi capitula. Soumis, il la rassura, protesta de son amour, de sa fidélité de chevalier servant. Elle le traita avec une dureté et une hauteur qui firent de lui ce qu'il était toujours devant elle, l'enfant de onze ans subjugué par un baiser. La déesse en furie l'emmena sur-le-champ à Anet. L'allégorie de Lyon se réalisait : elle le tenait en laisse. Le vaincu était Montmorency. Si le roi ne le chassa pas, il perdit tout crédit : finis les bains de pieds. Les Guises triomphaient ainsi que Diane, plus puissante que jamais.

Lady Fleming n'eut pas l'air de comprendre le danger de sa situation. Comme elle se trouvait enceinte du roi, elle crut bon de pavoiser. Elle arborait sa grossesse avec une orgueilleuse satisfaction qu'elle exprimait non sans quelque crudité : « *Le sang royal a je ne sais quoi de plus suave et plus friande liqueur que l'autre, tant que je m'en trouve bien sans compter les bons brins de présents que l'on en tire.* » Elle croyait tout avoir, plaisir et profits, elle avait aussi le tort de fanfaronner. Henri II avait horreur de ces démonstrations.

Catherine aussi, Diane également. Lady Fleming ligua le triangle contre elle. La reine et la favorite, parfaitement solidaires, agirent sur le roi pour que l'Ecossaise fût rendue à l'Ecosse avec son poupon. Celui-ci fut, avant son départ, reconnu par Henri II sous le nom d'Henri de Valois. Il reparut plus tard à la cour, prit le nom d'Henri d'Angoulême, grand prieur de France[1].

Ainsi Catherine et Diane se trouvèrent alliées contre l'intruse mais surtout contre Montmorency, non seulement pour sa complicité avec l'Ecossaise, mais parce qu'il contrecarrait auprès d'Henri II les desseins politiques des deux femmes du roi unies dans le même projet de reprendre la guerre en Italie contre Charles Quint. L'obstacle à l'ouverture des hostilités était le pacifisme du connétable. Celui-ci disgracié, elles purent ensemble convertir le roi à faire leur guerre. Pour la première fois, bien qu'en sous-ordre, Catherine allait agir sur la politique royale.

Ses deux femmes ayant décidé la guerre, Henri II la fit

Dès avant l'affaire Fleming, le connétable se trouvait déjà isolé en raison de la politique à tenir à l'égard de Charles Quint. Henri II était encore sous son influence : Montmorency lui prêchait la paix avec de sages arguments. D'une part, il redoutait qu'une guerre avec un adversaire aussi puissant que l'empereur ne tournât au désastre ; d'autre part, en catholique fervent, il considérait qu'au moment où l'Eglise et les pays catholiques étaient dangereusement minés par l'hérésie luthérienne, une guerre entre les souverains des deux puissances les plus considérables de la chrétienté et les plus fermes soutiens de l'Eglise était en quelque sorte fratricide et sacrilège. Un tel conflit ruinait les

---

1. L'affaire Fleming ne fut pas la dernière aventure d'Henri II. Il eut en 1558 un fils de Nicole de Savigny qui ne fut pas légitimé, la mère étant mariée. L'enfant fut néanmoins titré comte de Saint-Rémy. Il eut pour descendante la triste héroïne de l'affaire du collier de la Reine à la veille de 1789 ; elle portait le titre de comtesse de Lamothe-Valois.

deux monarchies catholiques et faisait le jeu des réformés et des Turcs. Il était, au conseil, le seul de cet avis. En privé, le roi l'écoutait.

Contre le connétable, Diane et Catherine voulaient la guerre. Le lieu privilégié de l'affrontement entre les maisons de France et d'Autriche était toujours l'Italie. Il fallait, selon les bellicistes, en chasser les Impériaux afin de s'y tailler de belles possessions. Diane se souvenait que les Saint-Vallier et les sires de Valentinois avaient eu jadis des droits sur le marquisat de Cortone qu'elle espérait récupérer non pour l'occuper — pas de rêverie ! — mais pour le revendre au pape. Elle préférait un beau magot à des terres lointaines. C'est à peu près la seule ambition de Mme de Valentinois en politique.

De leur côté, les Guises, princes lorrains, n'oubliaient pas que la maison de Lorraine avait dans les temps régné sur Naples et la Sicile. Une fois de plus, leurs intérêts coïncidaient avec ceux de Diane. Aussi leur mot d'ordre commun fut : « Chassons les Impériaux de la péninsule et prenons leurs couronnes. » Diane se chargea de convaincre Henri II. Au début, ce ne fut pas facile, mais elle savait que son amant avait toujours sur le cœur le souvenir des souffrances et de l'humiliation endurées dans le cachot de Madrid. Le bon sens prêchait la paix, la haine prêchait la vengeance. Il suffit d'un souffle de la déesse pour ranimer la haine que le connétable apaisait.

On s'aperçut du changement du roi au moment du sacre. Henri II n'eut-il pas l'insolence et la folle provocation d'intimer l'ordre à Charles Quint de comparaître à Reims, afin de rendre à son suzerain, le roi de France, l'hommage que l'empereur lui devait en tant que vassal au titre de comte de Flandres ? Charles Quint, animé de la même haine, répondit qu'il viendrait à la tête de cinquante mille hommes. La guerre était inévitable. Les deux adversaires s'y préparèrent.

Catherine, en l'occurrence, joua son rôle dans le parti de la favorite, mais ses raisons n'étaient pas celles de Diane. Florentine avant tout, elle n'écoutait que son patriotisme, les haines, les vengeances et les intérêts de la famille Médicis. Le royaume de France n'était pas encore son affaire. Pour Florence, elle excitait

Henri II à reprendre la guerre. Contrairement à l'opinion reçue, il était attentif aux avis de sa femme. Il en était peu à peu venu aux sentiments que son père nourrissait pour la petite Médicis. Certes, il n'aurait jamais fait d'elle sa maîtresse mais, comme épouse, mère et conseillère discrète, douce, subtile et persuasive, il avait fini par s'apercevoir qu'elle était digne de sa confiance et de son affection. Catherine voulait la guerre pour abattre Cosme de Médicis, son lointain cousin, fils de ce condottiere appelé Jean des Bandes Noires [1]. Or, Cosme, étant grand-duc de Toscane par la grâce de Charles Quint, était un ennemi de la France, contre la tradition des Médicis de la branche aînée. Catherine et ses chers cousins Strozzi disaient que leur patrie, Florence, était entre les mains d'un tyran qui avait aboli toutes les libertés de la « république ». A ces nobles motifs idéologiques s'en ajoutaient d'autres. Les Strozzi, banquiers pour la plupart, voulaient récupérer — ainsi que tous les autres exilés « républicains » — les banques de Florence. Pour son compte, Catherine revendiquait les biens qui auraient dû lui revenir à la mort d'Alexandre assassiné, notamment le duché d'Urbin dont les Médicis n'avaient jamais pu conserver autre chose que le titre, d'ailleurs usurpé. Ce duché, Henri II aurait dû l'avoir lors de son mariage ; il le destinait déjà à son second fils, Louis d'Orléans, mais encore une fois on joua de malheur avec les possessions italiennes, car Louis mourut en 1549 à l'âge de huit mois, affublé d'un duché qui n'était pas encore conquis. Comment tant de gens à la cour et le roi en particulier ont-ils pu s'entêter dans cette conquête, dans ce mirage de l'Italie ?

Les affaires italiennes tiennent de la commedia dell'arte, du maquignonnage et du faux témoignage. Toutes ces palinodies pourraient être comiques si elles ne finissaient pas par des

---

1. Ce Jean des Bandes Noires, d'une branche collatérale des Médicis, avait épousé Marie Salviati, petite-fille par sa mère de Laurent le Magnifique. Leur fils, en qui se réunissaient les deux branches de la famille, fut Cosme Ier, duc, puis grand-duc de Toscane. Celui-ci eut pour successeur son fils François, grand-duc (1574-1587), lequel, n'ayant pas d'enfant de Jeanne d'Autriche, eut, d'un second mariage avec Jeanne Capello, une fille. Or, on dit que, ce mariage étant stérile comme le premier, il acheta une enfant du peuple pour en faire une Médicis. Cette fille, Marie, épousa plus tard Henri IV, roi de France. On voit que le panachage est une tradition Médicis.

carnages. C'est dans cet imbroglio qu'Henri II se jeta comme l'avait fait son père. Les Strozzi l'y poussèrent avec l'appui de Catherine qui fit de son mieux pour mettre ses cousins en valeur. Ceux-ci, une fois dans la place, n'avaient plus besoin de conseils pour se faire valoir et pour flatter. Catherine avait enfermé le roi dans une véritable mafia d'exilés florentins et napolitains. Henri II parlait très bien l'italien, il se laissait bercer par leur poésie, leurs discours et leur musique. Par leurs ambitions politiques aussi et c'était plus dangereux. Comment aurait-il résisté ? Les Strozzi lui promettaient tout ce qu'il revendiquait. Non seulement Urbin mais la couronne grand-ducale de Toscane dont Catherine était l'héritière légitime : les Florentins la lui offraient. Il était envoûté par ces charmeurs : sur soixante-quatorze pensions attribuées par la couronne à des étrangers, soixante-treize étaient versées à des Italiens. Le clan des Strozzi accaparait les places et l'affection du roi. L'un, chevalier de Malte, fut fait capitaine général des galères, il détenait le commandement de la flotte royale. Un autre, Robert, tenait les finances : ses banques de Lyon, Rome et surtout Venise qui drainait l'argent du Levant prêtaient au roi ; c'est lui qui avait procuré à Clément VII la dot de Catherine. Ce banquier faisait pleuvoir les florins sur les conseillers du roi. Il eut l'astuce, sur les conseils de Catherine, d'amadouer Montmorency qui le détestait et contrait sa politique belliqueuse, en lui offrant de superbes cadeaux, dont l'un est un des chefs-d'œuvre de la Renaissance : ce sont les deux *Esclaves* de Michel-Ange, au Louvre aujourd'hui. Le cadeau a coûté cher à la France, mais il est là. Un autre frère, Laurent Strozzi, fut fait évêque de Béziers, il était abbé de la richissime abbaye Saint-Victor à Marseille ; en 1557, il reçut le chapeau de cardinal. Sa pourpre permit à ses frères, banquiers, diplomates, militaires, d'être au courant de la politique romaine. Le personnage le plus flamboyant et le plus important des Strozzi était le fameux Piero, le préféré de Catherine, et il lui rendait bien son affection. Tous deux étaient petits-enfants du Magnifique. Piero avait, en outre, épousé une Médicis, la sœur de Lorenzaccio, l'assassin d'Alexandre qui avait ainsi bien débarrassé Florence et la famille. Piero avait mille talents et l'art de les faire briller par tous les moyens, surtout les plus théâtraux. Plein d'éloquence, d'intelligence, extrêmement cultivé, il traduisait le grec et les poètes latins avec facilité. Il était aussi plein de forfanterie, de témérité et d'une fatuité qui aurait dû le rendre insupportable à la cour et surtout à Henri II. Pas du tout, le roi était séduit par ce personnage de très petite taille juché sur des bottes trop hautes et trop vastes, frisé en hauteur, chapeauté d'énormes coiffures afin de gagner en taille et en volume ; il rembourrait ses chausses pour avoir des muscles dans les jambes. Néanmoins cet histrion ne devait pas être pris à la légère car il était violent et cruel tout autant qu'enjôleur, expéditif dans la manière de se débarrasser des gêneurs, courageux et hardi à la guerre sans y obtenir de brillants résultats, mais il ne désarmait jamais dans ses ambitions. Le jour de son sacre, Henri II lui décerna le collier de l'ordre de Saint-Michel qui n'ajouta rien à sa taille tout en lui donnant plus de hardiesse dans ses desseins politiques. Le même jour, le même collier fut remis au neveu de Montmorency, Coligny. Dix ans plus tard, on aurait bien aimé l'étrangler avec. L'Histoire a de ces rencontres...

Henri II, en plus de ses « alliés » florentins de Paris et de Lyon, avait fait alliance avec le duc de Parme et de Plaisance. Ce prince, Octave Farnèse, avait aussi l'avantage d'être le fils du pape Paul III. Ce mérite lui valut l'attention du roi de France. Le pape s'en montra touché car il redoutait l'empereur. Mais Octave, reniant l'autorité de son père et l'alliance avec la France, se rangea sous la protection de Charles Quint qui lui paraissait plus efficace. Afin de sceller cette nouvelle alliance, il épousa la fille bâtarde de l'empereur, Marguerite d'Autriche, qui avait déjà servi à assurer le titre de duc de Toscane au misérable Alexandre. Rendue veuve par le poignard de Lorenzaccio, elle se rendit utile une seconde fois en assurant le pouvoir d'Octave Farnèse sur son duché. On voit que les bâtardes servent beaucoup dans les affaires des principautés italiennes.

La trahison d'Octave bouleversa tellement Paul III qu'il en mourut. On connaît la suite. Sur l'intervention de Montmorency, le cardinal Jean de Lorraine fut battu au conclave et c'est un pape inféodé à Charles Quint qui fut élu sous le nom de Jules III.

Dans ces jeux de princes, on ne savait jamais en Italie qui était l'ami ou l'ennemi et pour combien de temps il le resterait.

Le nouveau pape commença par réclamer le duché de Plaisance avec l'intention de le réunir aux Etats pontificaux. Ce n'était qu'un biais pour le faire passer sous l'autorité impériale. C'était aussi une nouvelle déclaration de guerre à Henri II, protecteur des Farnèse. Celui-ci, cependant, ne se pressa pas d'intervenir : il avait si souvent été échaudé qu'il hésitait à se lancer dans une expédition immédiate, malgré la fureur des Strozzi. Il leur promit néanmoins une armée et douze mille écus d'or. Mais le pape Jules III devint si virulent et si insolent envers la France qu'Henri II le menaça d'imiter Henri VIII d'Angleterre, de rompre avec le Vatican et de créer une église gallicane indépendante de Rome. Pour commencer, il gela tous les fonds qui, récoltés en France, devaient être versés au Saint-Père et il mit dix mille hommes sur pied de guerre pour débarquer dans les Etats pontificaux.

Le pape comprit aussitôt : il envoya un légat à Paris, le 12 octobre 1551, pour apporter des bénédictions et des paroles de paix et un autre auprès de l'empereur chargé de promesses d'indéfectible fidélité. Afin d'être sûr du succès de sa mission, le nonce était muni de deux brefs de Sa Sainteté, l'un pour la reine Catherine, l'autre pour la « reine » Diane.

Quant aux cousins Strozzi et autres amis de Catherine, en dépit des mercenaires payés par Henri II, ils se firent battre lamentablement par les Impériaux. Dans l'affaire, la cause de Catherine fut mal servie par ses cousins. L'un d'eux, Léon, assassina son confident selon les meilleures traditions de l'époque et s'enfuit à Marseille avec deux galères royales, poursuivi par l'amiral de Tende. Montmorency, beau-frère de Tende, ne se priva pas de montrer la vanité de cette aventure italienne, la médiocrité des Strozzi et il osa même parler de la trahison de Léon. C'était blesser au vif Catherine, mais elle dissimula une fois de plus : sa cause était trop mauvaise. Elle fit mine de condamner le traître en souhaitant publiquement sa mort. Mais elle prêcha aussitôt la clémence. « *Il ne l'a pas fait par méchanceté* », disait-elle. En revanche, elle chargea sa victime de tous les péchés : le misérable félon assassiné avait mérité son sort tandis que son assassin, qui avait volé deux navires au roi, méritait, en toute justice, un rapide pardon et un retour en grâce. Qui chargea-t-elle de plaider la cause du traître ? Le connétable qui avait parlé de trahison. Quand Catherine sortait de sa discrétion, elle montrait son savoir-faire. Que Montmorency eût cent fois raison importait peu, elle défendit les Strozzi avec une mauvaise foi passionnée. En accord avec Diane et les Guises, elle voulait la guerre. Ils l'eurent.

Régente, Catherine ne régente rien

Il fallait d'abord neutraliser Montmorency. Diane, dont la haine n'était pas plus aveugle que l'amour, s'y employa. Elle amadoua l'irréductible connétable en lui faisant accorder par le roi une faveur insigne : il fut fait duc. Pour la première fois depuis les premiers Capétiens, le titre de duc, réservé en France aux princes du sang, fut attribué à un gentilhomme. Dès lors, le connétable, sans renoncer à ses idées, ne s'opposa plus ouvertement à la politique de Diane et de la reine. Il dut même préparer la guerre. On imagine avec quel enthousiasme il servit une cause qu'il désapprouvait. En fait, Montmorency admirait Charles Quint, sa politique anti-luthérienne et son grand besoin d'unifier la chrétienté sous une monarchie unique, la sienne. La couronne ducale fit taire ces beaux sentiments. Ayant tous les pouvoirs d'un connétable de France, chef de guerre, c'est lui qui présenta devant le Parlement de Paris une apologie de la guerre contre l'empereur qu'il attaqua violemment dans sa harangue du 12 février 1552. Les hostilités suivirent.

Le roi décida de prendre la tête des armées. Pendant son absence, il y aurait donc vacance du pouvoir. Et s'il était tué au combat ? Il fit une surprise à la cour : il nomma Catherine régente. Allait-elle enfin être reine à part entière ? On voit que sa « douceur » avait bien servi sa cause dans l'esprit de son mari. Cependant, le cadeau était trop beau aux yeux de Diane qui le ramena à de plus modestes proportions. Pour établir le pouvoir de la régente, il fallait un acte du roi signé en conseil et enregistré par le Parlement. C'est alors que la favorite intervint. Le garde des Sceaux, Bertrand, était une créature à elle siégeant au conseil. Il insista tellement qu'il se fit adjoindre à Catherine dans l'exercice de la régence. De la sorte, Diane était de moitié dans le pouvoir. On y ajouta le cardinal de Bourbon et le maréchal d'Annebault comme « tuteurs de la reine ». Dans ces conditions, que restait-il à Catherine du pouvoir royal que lui avait délégué son mari ?

Elle ne connaissait pas encore, au moment de ces manigances, la teneur exacte de l'acte qui en fait la traitait en mineure.

Le roi rejoignit l'armée en mars 1552. Sa diplomatie avait bien préparé le terrain. Les Turcs, toujours alliés depuis François Ier, poussaient leurs incursions dévastatrices jusqu'en Hongrie ; quant aux princes luthériens d'Allemagne, ils s'allièrent avec le roi de France contre Charles Quint qui les persécutait et dont ils refusaient la suzeraineté. En échange du soutien du roi et des subsides qu'il leur avait accordés au traité de Chambord signé deux mois avant, le 15 janvier 1552, ils lui accordèrent en qualité de « *défenseur des libertés germaniques et des princes captifs* » la permission d'occuper les trois évêchés de Metz, Toul et Verdun. Ces évêchés, de langue et de coutumes françaises, relevaient alors du Saint-Empire. C'était beaucoup plus sérieux et plus profitable, quoique moins ensoleillé, que les visions sur les duchés d'Urbin et autres rêveries florentines et napolitaines. Autant les expéditions italiennes paraissaient démodées et vaines, autant la guerre pour les évêchés et les princes allemands contre Charles Quint enthousiasma les Français. Le roi devint aussi populaire que son père, les artisans et les ouvriers demandèrent à partir en guerre.

Catherine fut la première victime de l'expédition. Elle suivait la cour qui suivait l'armée de loin et, à Joinville, elle tomba si gravement malade qu'on crut sa fin prochaine. Qui s'affola le plus ? C'est Diane. Si la reine disparaissait, c'était la fin du triangle magique qui faisait de la favorite la vraie reine et de la reine une figurante. D'ailleurs, on put voir le triangle se reconstituer autour du lit de Catherine. Le roi quitta ses troupes et s'installa conjointement avec sa maîtresse au chevet de sa femme, unis par la même inquiétude. Tous les témoins furent émerveillés par la tendresse du roi pour son épouse et encore plus par les soins touchants que, nuit et jour, lui prodigua la favorite. Mais la plus émerveillée de tous fut Catherine. Jamais son mari ne lui avait manifesté autant d'amour, jamais il n'avait été aussi près d'elle et aussi longtemps. Non seulement elle était régente mais elle était aimée ! Belle récompense de sa patience et de sa dissimulation. Le bonheur la guérit. En avril, elle était rétablie. Sûre de son mari, elle se sentit plus forte pour affirmer ce qu'elle avait toujours tenu secret : sa passion politique. Elle exigea qu'on lui présentât l'acte qui la faisait régente du royaume. Elle eut tôt fait d'en découvrir toutes les perfidies qui réduisaient ses pouvoirs de façon humiliante. Pour la première fois, elle s'insurgea. L'ambition forcenée des vieux Médicis revint au grand jour. Elle se souvint d'avoir lu *Les Histoires de ce royaume,* ce qui lui permit de mettre en comparaison les pouvoirs qu'avait Louise de Savoie, régente, durant la captivité de François Ier avec les pouvoirs dérisoires qu'on lui laissait. Elle osa désigner hautement le coupable : « *M. le Garde des Sceaux qu'on veut lui bailler comme compagnon.* » Elle osa même s'opposer à la publication du texte car, s'il était connu, « *il diminuerait plus qu'il ne l'augmenterait l'autorité que chacun estime qu'elle a, ayant eu cet honneur d'être ce qu'elle est au roi* ». Elle cria tout haut qu'étant la reine elle était souveraine légitime quand le roi lui déléguait son pouvoir. Pour sa convalescence, elle apprenait à la cour et à la France qu'une vraie Médicis avait non seulement envie de régner mais qu'elle avait le droit de le faire.

Ce fut une espèce de scandale. Montmorency, qui lui avait, à regret, soumis le texte, réagit selon sa manière et dit que l'acte serait publié tel quel. Elle le lui interdit. Sur quoi, son époux bien-aimé, qui avait rejoint l'armée, lui écrivit une lettre pour la prier de consentir à la publication. Elle se soumit, le roi avait parlé.

Sa prise de position était prématurée. Elle fut la première à comprendre qu'elle devait revenir à la manière douce. Elle s'humilia même devant Montmorency à qui elle écrivit : « *Je vous prie, mon compère, de m'avertir particulièrement de ce que j'aurai à faire en tout et partout.* » La souplesse est un art, elle savait où elle allait. Le jour viendrait où elle aurait tout le pouvoir pour elle seule, elle se sentait déjà prête à le prendre et à l'exercer sans faiblesse. En attendant, sagement, elle remit son masque de douceur.

Cependant, elle profita sérieusement des pouvoirs qu'on lui

laissait. Elle allait et venait à l'arrière des armées en campagne et pourvoyait de son mieux à l'intendance : fournitures, munitions et ravitaillement. Il faut croire que son zèle ne fut pas récompensé car son mari ne put la remercier que par ces mots décevants et ironiques : « *Ma mie, vous m'écrivez que la provision de vivres se continue par-delà, mais je vous avise qu'ici nous ne nous sommes aucunement sentis des secours qui soient venus de votre côté.* » Le génie des Médicis ne s'accommodait pas, semble-t-il, des problèmes de ravitaillement, il s'épanouissait de préférence dans des négociations plus subtiles et plus rentables. De son côté, Montmorency, toujours cassant, lui écrivit : « *Vous ne devez entrer en aucune dépense ni plus faire ordonnance d'autres deniers sans premièrement le lui faire savoir et entendre son bon plaisir.* »

Elle sut oublier ces rebuffades du connétable pour lui recommander très vivement de prendre soin du roi à la guerre, de le préserver des dangers auxquels il n'était que trop enclin à s'exposer. Tant d'inquiétude s'explique par cette phrase, cet aveu : « *Je vous parle en femme.* » De quel œil le rude connétable lisait-il ces recommandations ?

Pendant l'absence du roi, en 1554, elle voulut montrer que, régente sans beaucoup de pouvoirs, elle s'en donnait le décorum. Elle ne paraissait vêtue que de grands atours noirs et ordonnait, là où elle se trouvait, des dévotions spectaculaires pour la protection et la gloire du roi. Ce goût de la mise en scène dévote ne sera pas perdu. Son fils, Henri III, donnera plus tard de véritables festivals dévots aux Parisiens avec costumes et macérations publiques où il tiendra son rôle. On ne naît pas impunément à Florence.

Sur les frontières lorraines, les affaires sont plus sérieuses

Henri II, en 1552, avait pris possession des trois évêchés sans coup férir. On avait appelé cette marche militaire « la promenade sur le Rhin » bien qu'on ne l'eût pas atteint. Le duc de Guise, flanqué de l'inévitable Montmorency, toujours renfrogné, entra à Metz le 10 avril 1552. L'affaire ne faisait que commencer. Le roi eut la main heureuse en confiant le commandement de la place à François de Guise. Charles Quint s'avançait avec une armée considérable. Il ne pouvait tolérer que Metz devînt ville française. Lui-même a donné ses raisons : « *Les Français tiennent ici la route d'Allemagne jusqu'au Rhin et peuvent me barrer le chemin de la Haute Allemagne aux Pays-Bas sans parler de la menace sur Thionville et le Luxembourg. De Metz aussi ils peuvent entraver le commerce entre la Franche-Comté et les Pays-Bas.* » Pour lui le temps pressait car la ville, mal fortifiée, était en train de se transformer sous les ordres de Guise en véritable place forte. Mais elle avait encore des faiblesses dont Charles Quint comptait bien profiter. Toutefois, il connaissait la valeur du Lorrain. Chaque jour de retard augmentait les chances des défenseurs de Metz.

Le 20 novembre, Charles Quint fit défiler sa formidable armée sous les remparts de la ville d'où les assiégés purent l'admirer non sans inquiétude. L'artillerie commença à démolir les parties les plus vétustes des murailles. Quand elles s'effondrèrent, les troupes donnèrent l'assaut, croyant pénétrer par la brèche : elles durent reculer. Derrière les vieux remparts, Guise avait fait élever de nouvelles fortifications en gabions de terre d'où ses troupes purent mitrailler les assaillants. Tous les Français enfermés dans la place, du plus humble soldat aux princes, jusqu'au duc de Guise, tous transportaient des sacs de terre pour colmater les brèches. L'artillerie impériale s'épuisait en vain contre ces fortifications toujours relevées. Charles Quint fit creuser des sapes sous les remparts et sous la ville. Ces tunnels bourrés de mines allaient tout faire sauter. La situation était tragique car les troupes de l'empereur étaient si supérieures en nombre qu'une sortie était vouée à l'échec. La pluie, la neige, le froid de décembre, le typhus, fidèle accompagnateur des guerres de l'époque, et la famine décimèrent l'armée invincible. Les hommes désertèrent en masse et, le lendemain de Noël 1552, Charles Quint, lui-même malade, leva le siège avec les débris de ses armées. Autour de Metz, c'était un champ de morts. Les cadavres, les blessés, le matériel abandonné attestaient de l'immensité du désastre des Impériaux.

Cette victoire eut un immense retentissement. La gloire en revint à François de Guise qui supplanta définitivement le connétable. Il était désormais le grand chef de guerre du roi de France. Il est de bon ton, dans une certaine histoire « romantique », de faire des Guises des aventuriers, des chefs de clan diaboliques. François de Guise était très humain, très aimé de ses troupes et estimé de ses ennemis. C'était tout simplement un grand homme qui avait rendu, à Metz, un immense service à la France ; et bien d'autres suivront que certains historiens semblent ignorer.

On peut dire que l'échec devant Metz marque la fin du règne de Charles Quint. Son arrière-grand-père auquel il se référait souvent, Charles le Téméraire, avait perdu la vie et ses ambitions sous les murs de Nancy. La Lorraine et les Lorrains ne leur réussissaient pas [1]. Charles Quint allait abdiquer en 1556, laissant le pouvoir à son fils Philippe II, et terminer sa vie dans un renoncement monacal à Yuste, couvent d'Estrémadure, la province la plus sauvage et la plus aride d'Espagne. Il devait mourir en 1558.

Philippe, avec le pouvoir, allait hériter toutes les ambitions de son père et la volonté irréductible de les réaliser. C'est dire qu'Henri II et Catherine auraient dans le fils un ennemi aussi déterminé et intraitable que le père, ce fils qui, pour le moment, combattait en Italie avec les Impériaux.

Catherine entretient le mirage italien de son mari : elle perd et la France aussi

Catherine et Diane harcelaient le roi pour qu'il activât la guerre en Italie. Il payait les armées des Strozzi mais il ne payait pas de sa personne. Catherine, au contraire, soutenait avec plus d'ardeur ses amis et cousins italiens que les armées du roi qu'elle ravitaillait de promesses. Or, Philippe II se proposait d'en finir avec la présence

---

1. Par un curieux retour des choses, la dernière héritière des Habsbourg d'Autriche, Marie-Thérèse, épousa le descendant des ducs de Lorraine. C'est dans la famille de Lorraine que se fondit la branche aînée des Habsbourg qui prit le nom de Habsbourg-Lorraine alors qu'elle devrait se dire Lorraine-Habsbourg. Les premiers rejetons furent Joseph II, empereur, et Marie-Antoinette, reine de France.

des Français en Italie. Il fallait donc s'attendre à de violents affrontements. Les Strozzi étaient déjà sur place car Catherine leur avait fait rendre toutes les bonnes grâces du roi. Léon, au lieu des deux galères volées, reçut même le commandement de toutes les galères que le roi se proposait d'envoyer pour un débarquement en Italie. Piero Strozzi, le favori, obtint des lettres patentes de lieutenant général en Toscane — presque vice-roi car on disait qu'Henri II viendrait en personne introniser son second fils pour régner sur Florence. Rien n'était plus incertain. De nouveau le mirage leur brouillait l'esprit.

A la grande satisfaction de Catherine, Piero fit savoir au roi qu'il occupait Sienne d'où il comptait se lancer sur Florence pour en chasser le tyran, Cosme de Médicis. En fait, ce furent les troupes impériales qui délogèrent les Strozzi de Sienne. Ils se rabattirent sur la Corse qu'ils conquirent sur les Gênois pour le compte du roi de France.

Catherine était si acharnée au succès de cette guerre qu'elle voulut y contribuer personnellement en engageant tous ses domaines d'Auvergne qu'elle tenait de sa mère. Le roi lui en donna la permission. Elle réunit ainsi cent mille écus, le roi en ajouta plus du double. L'armée ainsi équipée, la flotte française alliée à celle du dey d'Alger parurent une force si terrifiante à Cosme que, se croyant perdu, il offrit sa fille en mariage à l'un des fils d'Henri II et de Catherine. Proposition rejetée.

La suite ressemble malheureusement aux précédentes expéditions italiennes. Léon fut tué au combat. Quant au pétulant Piero, il n'eut même pas le temps de faire état de son titre de lieutenant général en Toscane car son armée fut anéantie et lui grièvement blessé à Marciano, le 2 août 1554, par les Impériaux de Philippe II.

Catherine apprit la nouvelle avec une douleur déchirante. Sur l'ordre du roi, on essaya d'abord de lui cacher cette défaite car elle était à ce moment-là malade et enceinte. Elle accoucha quelques mois après de son huitième enfant, son dernier garçon, Hercule. Autant que la défaite, la blessure qu'avait reçue Piero la désespéra. Le roi jura qu'il n'abandonnerait pas l'Italie. Il semble que ses protestations étaient surtout destinées à consoler sa femme. La guerre en France prenait le pas dans l'esprit d'Henri II sur les intrigues italiennes. Les Siennois résistaient encore mais ils se sentirent abandonnés et ils se rendirent. Le roi perdait son dernier allié. Et Catherine son dernier espoir qui renaquit bientôt.

Un nouveau pape, Paul IV, élu en 1555, fit rebondir l'Histoire. Il avait, selon la mauvaise habitude de certains papes, un neveu, Carafa, aventurier, condottiere, bon à tout. Selon l'usage d'alors, l'honorable neveu fut fait cardinal. La pourpre ne lui fit pas oublier son armure. Il prit ouvertement et brutalement parti contre Cosme et contre Charles Quint. Trop tard pour les Français. Henri II était déçu par l'Italie ; en outre, les Impériaux avaient envahi le nord de la France. Toutes les prières de Catherine et de Strozzi, qui voulaient à toute force reprendre la guerre et réclamaient une nouvelle armée, ne convainquirent pas le roi. Un incident l'obligea pourtant à changer : les Espagnols saisirent les galères françaises et il fallut bien s'allier de nouveau avec le pape contre les Impériaux. En échange de cette alliance, le pape offrait à Henri II de couronner un de ses fils roi de Naples et un autre duc de Milan. C'était courir à un nouveau désastre. Le patriotisme de Catherine et de ses cousins était vraiment ruineux pour la France.

La catastrophe fut évitée parce que le roi fit la paix avec Charles Quint par le traité de Vaucelles, le 5 février 1556. Il s'engageait à suspendre toutes les hostilités, même celles de tous ses alliés. Ainsi les Italiens n'avaient plus rien à espérer du roi. Les Français furent bannis et, de protecteurs de la veille, ils devinrent des traîtres. Afin de les bien trahir à son tour, le pape invita le représentant de Charles Quint, son ennemi d'hier, et l'embrassa comme un frère retrouvé.

Catherine, cependant, ne renonçait pas pour ce geste à la *combinazione*. Le baiser de paix l'impressionna si peu qu'elle assura le pape de sa fidélité à leurs projets. Paul IV partageait cette façon de voir et de manœuvrer. Il envoya sans tarder à Paris son neveu cardinal-condottiere en qualité de légat dûment chargé de cadeaux précieux. Carafa convainquit le roi qu'en dépit du baiser de paix accordé à l'ambassadeur de Charles Quint le pape était toujours farouchement ennemi des Impériaux et, pour en donner la preuve, Carafa apprit à Henri II que Sa Sainteté venait d'excommunier les princes Colonna, féaux serviteurs de l'empereur et adversaires de toujours du roi de France. L'excommunication entraînait la confiscation des immenses biens des Colonna. Simple détail, c'est Carafa qui se les appropria.

Catherine trouvait tout cela limpide et encourageant. Montmorency enrageait. Le roi l'aurait volontiers suivi mais il faiblit de nouveau. Décidément, les « chansons » italiennes le tenaient sous un charme. Il envoya M. de Rambouillet à Rome pour rassurer le pape ; il le soutiendrait s'il était attaqué. Afin de témoigner de sa bonne volonté, il fit l'honneur au légat de Sa Sainteté de l'inviter à tenir sur les fonts baptismaux une des deux filles jumelles que Catherine venait de mettre au monde le 24 juin 1556. Ce fut la dernière grossesse de cette héroïne de la maternité ; les jumelles, Victoire et Jeanne, étaient ses neuvième et dixième enfants. Elles ne vécurent pas. Cependant, Victoire, par son baptême, avait tout de même servi au rapprochement avec le Saint-Siège.

Sur ce, le duc d'Albe, vice-roi de Naples, attaqua les Etats pontificaux. Catherine, presque aussi mourante que ses deux filles après un accouchement terrible, trouva encore la force d'exhorter son mari à reprendre la guerre en Italie et à envoyer une armée au pape. Le roi promit mais ne se pressa guère. Il finit par confier l'armée d'intervention au duc de Guise qui s'était illustré au cours de la campagne de France. Les succès ne lui manquèrent pas en Italie mais aucun ne se révéla décisif : Guise était entouré de trop de chefs, en plus des Strozzi toujours présents et intrigants. Piero, tout fier des succès qu'il n'avait pas remportés, revint en France apporter ces bonnes nouvelles à sa chère cousine. Elle l'embrassa. Elle rayonnait de joie pour une victoire qui n'était qu'un mirage. Il eût mieux valu que Strozzi restât en Italie et se fît battre une fois de plus sans grande conséquence et que le duc de Guise gardât son commandement de l'armée royale sur la frontière des Pays-Bas. Quelle désastreuse décision Henri II avait prise sur les prières de Catherine ! Il se priva de son meilleur chef de guerre au moment où les Impériaux s'apprêtaient à envahir la Picardie et la Champagne sous les ordres d'un remarquable stratège, le duc Philibert de Savoie.

Philippe II anéantit les rêves italiens de Catherine et ramène le roi à la réalité

Cependant que François de Guise et son excellente armée perdaient leur temps en Italie, Montmorency, débarrassé de son rival, ayant retrouvé le haut commandement de l'armée royale, allait montrer son savoir-faire. Il conduisit cette armée qu'il enferma dans Saint-Quentin. C'était le plus gros et le meilleur des forces royales. Or, Saint-Quentin n'avait que des remparts en ruine, dans un pays plat, sans défenses naturelles. L'erreur semble inexplicable. Le génial Philibert de Savoie en profita aussitôt, il investit la ville. Elle était dans un étau, l'armée royale était perdue. La reddition eut lieu le 10 août 1557, jour de la Saint-Laurent. La victoire des armées de Philippe II éclata dans toute l'Europe. La suprématie du roi d'Espagne était indiscutable. L'impéritie de Montmorency nous ramenait au lendemain de Pavie, avec cette circonstance aggravante que Paris se trouvait à la portée des armées impériales : la route était libre jusqu'au faubourg Saint-Denis. Le désastre paraissait irréparable. Tous ceux, noblesse ou piétaille, qui n'étaient ni tués ni blessés étaient prisonniers. En tête, Montmorency emmené à Gand avec ses quatre fils, plus le maréchal de Saint-André, le prince Charles de Bourbon, le duc de Longueville. Le neveu de Montmorency, Coligny, résista encore dix-sept jours et permit à Henri II de rappeler d'Italie Guise et son armée.

Philippe II, enivré par cette victoire inattendue qui inaugurait son règne, fit le vœu de construire un palais sans pareil pour perpétuer la victoire et rendre grâces à saint Laurent. Pour cela, il voulut que son palais eût la forme d'un gril, instrument du martyre de son saint protecteur. On a un peu oublié la victoire (ou le désastre) de Saint-Quentin mais le palais de l'Escorial, dans sa majesté granitique et sinistre, est encore là pour des siècles.

La gloire aveugla Philippe II. S'il avait donné l'ordre à Philibert de Savoie de foncer sur Paris, la France eût été réduite à merci. Mais il s'amusa à collectionner les villes du Nord sans défenses puis à détruire Noyon de fond en comble. Dans le danger, Henri II réagit bien. Il put réunir sans délai assez d'argent pour reconstituer une armée. Il savait que les opulents Habsbourg, possesseurs de la moitié de l'Europe et des Amériques, étaient toujours à court d'argent. Si Philippe II pillait méthodiquement le Nord et la Picardie, c'était pour nourrir ses cinquante mille hommes qu'il ne pouvait payer et les laisser se payer eux-mêmes sur l'ennemi, en l'occurrence les villes et les paysans de France.

Quand Guise arriva avec ses troupes, réunies à celles que le roi avait pu armer, il avait en main une armée redoutable et capable de faire oublier Saint-Quentin. Le roi le nomma lieutenant général du royaume. A côté, la régence de Catherine ne pesait pas très lourd. A Bruxelles, Philippe licenciait la plupart de ses troupes. Il était sûr de l'écrasement des Français.

Guise ne commit pas l'erreur de les poursuivre et d'envahir les Pays-Bas. Il prit sa revanche sur l'alliée de Philippe II, l'Angleterre. Sa manœuvre trompa à la fois l'un et l'autre par sa rapidité : il mit le siège devant Calais. La prendre n'était pas une mince affaire ; la ville, fortifiée par les Anglais depuis 1351, était réputée imprenable. C'était leur ultime possession sur le continent, ils y tenaient fort. Guise s'en empara et rendit Calais à la France le 4 janvier 1558. Magnifique réponse à Philippe II et à sa femme Marie Tudor, reine d'Angleterre, mettant ainsi le point final à la guerre de Cent Ans.

Il n'est pas interdit de porter ce haut fait au crédit de François de Lorraine, ni de se souvenir qu'une Jeanne (de Lorraine) avait, un peu plus d'un siècle auparavant, « bouté les Anglais hors de France ».

Sur sa lancée, le duc de Guise reprit Thionville aux Impériaux le 20 juin 1558. Au cours de l'affaire, Piero Strozzi, plein de courage, trouva la mort.

Les Parisiens avaient tremblé après Saint-Quentin, ils avaient cru voir les reîtres et les Espagnols de Philippe II aux portes de leur ville sans armée pour la défendre. C'est alors que naquit dans la capitale une sorte de vénération pour le duc de Guise, vainqueur de Metz, de Calais, de Thionville, leur sauveur. Vénération pour sa valeur militaire d'abord mais aussi pour son caractère, sa générosité, sa gentillesse, son panache et plus encore pour son catholicisme. La religion menacée par la Réforme montante faisait déjà de lui le champion de l'Eglise catholique. Pour les Parisiens attachés à leur foi, il était leur héros. Que va réserver l'avenir à ces enthousiasmes et à ces espérances ?

Catherine jouait son rôle au milieu de ces menaces. Elle montra qui elle était au cours de la panique ayant suivi le désastre. Henri II fut alors un vrai roi. Sa résolution, son courage et sa foi rassemblèrent autour de lui les énergies du royaume. D'abord, celle de sa femme.

Mme la régente n'avait guère de pouvoir, sauf celui de paraître et de parler. On sait qu'une des raisons les plus importantes du rétablissement de l'armée, du prestige royal et de la confiance fut l'argent. La France était un pays admirable par sa cohésion et son administration. On se souvient que François Ier, pour ses guerres, pour sa rançon, pour ses bâtiments, ses artistes et ses femmes, fut un gouffre d'argent. Mais, quand il en demandait, les écus arrivaient. Henri II, après Saint-Quentin, fit de même. Il demanda une contribution exorbitante au pays : l'argent vint à lui sans tarder. Catherine s'y employa avec plus de succès qu'à l'acheminement des fournitures. Elle se présenta dans sa mise en scène de reine funèbre à l'Hôtel de Ville de Paris, entourée d'autres dames dont la sœur du roi, Marguerite, toutes aussi impressionnantes dans les mêmes atours de deuil. Sa harangue était prête. Elle ne prit pas le ton d'une reine qui exige et qui ordonne, elle retrouva celui des Médicis, démagogues experts, flattant le *populo minuto*. Elle parla à ces bons bourgeois de Paris avec humilité, elle évoqua le danger qui les menaçait tous, roi, reine, nobles, bourgeois et manants, elle versa un pleur et leur en fit verser un autre. Elle joua si bien que ces notables crurent qu'elle avait du cœur. Aucun souverain ne les avait habitués à de telles « douceurs ». Aussi ces gens d'ancienne et riche bourgeoisie, peu enclins à lâcher leurs écus, fondirent en écoutant ces paroles de miel et accordèrent d'un seul élan à Mme la régente les énormes secours que le roi attendait d'eux. Elle venait de donner la preuve publique qu'elle savait gouverner.

Le roi put immédiatement équiper dix mille hommes. Les états généraux, qui siégeaient au même moment, garantirent la levée des contributions extraordinaires. L'armée nouvelle qu'Henri II créa était remarquable. Guise, à Calais, en fit la démonstration.

Celle que Philippe II se hâtait de reconstituer n'était pas moins puissante. L'affrontement pouvait être terrible entre le duc de Guise et Philibert de Savoie. Mais Philippe II hésita. Henri II n'était pas non plus partisan de rouvrir les hostilités. Montmorency, de Gand où il était prisonnier, ne restait pas inactif. S'il ne savait plus faire la guerre, il travaillait efficacement à faire la paix. Cette paix qu'il prêchait depuis longtemps, il la négociait en secret avec Philippe II. Il y tenait d'autant qu'il en attendait sa liberté. Il faut dire que roi d'Espagne et roi de France avaient engagé toutes leurs ressources pour préparer la guerre, si bien que l'argent manquait pour la faire. Enfin, une autre menace pesant sur les Pays-Bas et l'Allemagne aussi bien que sur la France les contraignit à s'accorder. Ils signèrent la paix au Cateau-Cambrésis, le 2 avril 1559, parce que les réformés dans leurs Etats respectifs créaient des incidents de plus en plus graves et de plus en plus fréquents qui allaient jusqu'à de véritables soulèvements, à des destructions et à des crimes. Henri II en était exaspéré, c'est ce qui le poussa à signer ce traité avec un peu trop de hâte.

En France, cette paix fut très mal accueillie par une partie de la cour et de l'armée, notamment par les Guises, persuadés que Philippe II, plus exténué que la France, n'aurait pas dû obtenir par ce traité tout ce que la France lui avait cédé. Il est vrai qu'Henri II perdait tout ce qu'il avait conquis en Italie, la Savoie et le Piémont, et qu'il abandonnait définitivement ses alliés. Catherine était en larmes ; toute sa politique s'effondrait. Cependant, ces abandons étaient, au fond, profitables à la France. Finies, ces rodomontades ruineuses. Louis XII, François Ier, Henri II s'étaient dépensés durant quarante ans de guerre pour quels résultats ? Quels territoires restaient acquis à la couronne ? Aucun. Ni le comté de Nice ni la Savoie. On se grisait en convoitant Naples..., Florence... Le meilleur de cette folie italienne fut l'accessoire, l'inespéré, l'impalpable, l'éternel, ce fut la révélation d'une pensée nouvelle : les auteurs grecs, romains redevenus vivants, vivifiants, les arts d'une beauté et d'une richesse éclatantes dans la lumière d'un ciel plus bleu. La France connut une sorte d'expansion de l'intelligence et de sa sensibilité qui valait toutes les expansions territoriales avortées. Ce fut la Renaissance. Voilà ce que les armées royales rapportèrent d'Italie. Ajoutons la manière de manger avec une fourchette et, s'il faut tout dire, parmi les chefs-d'œuvre antiques, elles rapportèrent aussi la vérole nouvelle.

Guise voulait poursuivre ses conquêtes. Il critiquait violemment Montmorency, auteur de cette reculade. Avant de signer, Henri II hésita. Finalement le vieux connétable eut gain de cause grâce à Diane, à qui il promit, en échange de son soutien, de marier son fils avec la petite-fille de Diane, Mlle de Bouillon. La favorite ne céda pas seulement à l'offre de son compère, elle eut l'honneur insigne d'être sollicitée par la plus haute autorité de la chrétienté, le souverain pontife. Il lui envoya une lettre, comme si elle eût été reine de France, pour lui demander de faire la paix. « *Ce devoir est particulièrement impérieux*, écrivait-il, *pour ceux* (dites pour celles, Saint-Père !) *qui peuvent se prévaloir d'autorité sur les princes ou de faveur de leur part.* » Diane s'en prévalait, la démarche du pape en était la preuve. Démarche scandaleuse aux yeux des fidèles. Aussi la voix publique y répondit sans douceur. On disait et on écrivait que le « *Saint-Père venait de reconnaître comme bon et honorable le visqueux état de putain* ». En ce temps-là, les journalistes avaient déjà des libertés.

Putain ou non, Diane fit signer le traité de paix au roi avec autant d'autorité qu'elle l'avait poussé à faire la guerre. En outre, elle maria sa petite-fille au « premier baron de la chrétienté » et se trouva de surcroît dans les bonnes grâces du souverain pontife.

Cependant, Catherine, éperdue à l'idée de renoncer à Florence au profit de Philippe II et de Cosme, se jeta aux pieds du roi et le supplia de conserver à tout prix le Piémont et ses droits sur Urbin, Florence et Naples. Henri II la rabroua car elle se permit de critiquer le connétable, artisan de cette paix honteuse, et c'est à cette occasion, sachant le rôle de Diane, que, hors d'elle, l'injure cinglante lui échappa : « *En ce royaume les putains ont souvent dirigé les affaires des rois.* » On voit que la paix qui régnait entre les rois de France et d'Espagne n'était pas contagieuse et qu'en peu de jours, en ce mois d'avril 1559, l'état de putain avait été par deux fois reconnu à la déesse Diane.

Catherine, quoique totalement perdante sur la carte italienne, se trouva gagnante pour l'avenir sur la carte française. En s'opposant au traité contre Diane et Montmorency, elle se trouva alliée aux Guises. Dès lors, elle s'appuya sur eux et eux misèrent sur elle. Un proche avenir allait montrer que leur jeu était le bon. Catherine n'était-elle pas informée par ses astrologues que Diane ne paraissait plus sur la scène de l'Histoire dans les mois prochains ? Les Guises, en revanche, tenaient un grand rôle dans leurs prophéties, faciles au demeurant à prévoir : leur nièce Marie Stuart, reine d'Ecosse, avait épousé le dauphin François le 24 avril 1558, elle serait donc reine de France. Les Guises l'auraient en main. Ces princes lorrains jouaient aussi la carte de l'avenir. Une sorte de flair guide souvent ces personnages hors du commun. Napoléon croyait aussi fermement à sa « bonne étoile » qu'au théorème de Pythagore. Les Guises appartenaient magnifiquement à cette espèce de grands fauves ; les événements historiques ont, pour eux, un fumet spécial qui les conduit vers la puissance et la gloire. Ils abandonnèrent Diane et firent cause commune avec Catherine.

Pour couronner la gloire des Lorrains, Henri II maria sa fille à Charles de Lorraine. Ainsi Catherine put voir sa fille Claude sur un trône ducal. Quant au vainqueur de Metz et de Calais, il se trouvait encore plus étroitement lié à la couronne de France : une mère Bourbon, une nièce destinée à être reine de France, la fille du roi mariée à son cousin, le duc de Lorraine. Cependant, son opposition violente aux clauses du traité du Cateau-Cambrésis lui fit perdre la faveur du roi retombé sous l'influence de son vieux mentor Montmorency et de sa vieille maîtresse qui approchait de la soixantaine la plus triomphante du siècle.

Pour mettre du baume sur les plaies d'orgueil du roi, les diplomates négocièrent deux magnifiques mariages de princesses royales, en plus de celui de Claude et du duc de Lorraine. Il s'agit d'Elisabeth, la fille aînée d'Henri II et de Catherine, qui épousa Philippe II, roi d'Espagne, et de la sœur du roi, la princesse Marguerite, avec le duc de Savoie. Ces deux princesses étaient destinées à amadouer deux ennemis du roi de France. C'est ce qu'ont toujours proclamé les diplomates, alors que les ennemis sont restés ennemis. Marie Tudor étant morte, c'était tout de même une bonne raison pour rompre l'alliance de l'Espagne et de l'Angleterre. Quant à Marguerite, elle avait vieilli dans un célibat un peu fantasque, orné de belles-lettres, et s'était trouvée d'un placement difficile car elle avait un âge presque hors d'âge à l'époque pour faire une fiancée : elle avait trente-six ans. En plus de sa vertu déjà ancienne, elle apportait à son époux le Piémont et la Savoie. Or, les armées royales occupaient toujours ces deux provinces ; le traité leur parut inique, elles refusèrent d'abord de les évacuer. Puis elles obéirent. Brantôme, ayant eu connaissance des propos que les troupes tenaient sur la vieille vierge qu'on mariait à si haut prix, se fait un plaisir de les consigner : « *Que maudit soit le c... qui tant nous coûte.* » Et « *Faut-il que pour cette petite pièce de chair qui est entre les jambes de cette femme on rende tant de belles et grandes pièces de terre.* » Brantôme s'arrête : « *Bref, si je voulais*, dit-il, *débagouler une infinité de telles causeries, je n'aurais jamais fini.* » Il a tout de même rempli une bonne page de telles « *causeries* » qui prouvent que l'armée royale n'était pas pour la paix et qu'elle n'était pas muette.

Catherine fut heureuse de ces alliances, surtout de celles de ses filles avec le duc de Lorraine et Philippe II. Ces mariages étaient alors considérés comme des succès politiques et l'équivalent de victoires militaires. L'honneur d'Henri II était sauf — par pure convention.

En fêtant imprudemment un désastre, le roi perdit la vie

La cour et Paris s'apprêtaient à fêter non pas la paix si chèrement payée mais les mariages qui faisaient l'ornement du traité et camouflaient la défaite. On sait que les Parisiens étaient toujours prêts à s'enchanter des éblouissantes exhibitions royales, à fermer boutiques et ateliers et à se livrer à toutes les festivités qui accompagnaient ces explosions spectaculaires du luxe et de la puissance de la monarchie. Or, on note qu'en ce mois de juin 1559 le peuple boude la fête, boude la paix, tout comme les Guises et Catherine. C'est le roi qui paraît le plus intéressé à préparer le théâtre de sa propre mort.

Il excellait dans tous les exercices militaires et notamment dans les tournois. Ces joutes chevaleresques, parodies magnifiques de la guerre, presque aussi dangereuses et brutales qu'elle, se déroulaient rue Saint-Antoine parce que c'était la rue la plus large, formant une vraie place de vingt-cinq à trente mètres de large sur plus de cent cinquante mètres de long. Le roi et la reine résidaient alors tout près de là, dans le vieux palais des Tournelles entouré d'une muraille garnie de petites tours, d'où son nom. Dans le Paris concentré du Moyen-Age, il n'y avait pas le choix, l'emplacement de Saint-Antoine était unique. On le fit dépaver et sabler pour les chevaux. Les lices sur lesquelles allaient s'affronter les champions et courir l'un vers l'autre à fond de train pour que le choc fût le plus rude possible et désarçonnât le rival étaient séparées par une palissade de la hauteur du garrot des chevaux. Les chevaliers se tenaient de part et d'autre de la séparation. Le long des lices s'élevaient les tribunes richement ornées où les dames et les seigneurs prenaient place selon un ordre hiérarchique rigoureux. Au centre de la tribune royale, trônaient les deux reines Catherine et Diane, entourées de la fine fleur de la cour, tout cela frémissant dans les brocarts, l'or, les plumes, les perles et les diamants. Les tribunes de charpente étaient édifiées tout contre les façades des maisons riveraines qu'elles aveuglaient et asphyxiaient. Les habitants alors montaient sur les toits : c'était le « poulailler » de ce prodigieux théâtre. Ainsi perchés, les riverains pouvaient à la fois respirer et admirer. S'ils étaient venus pour applaudir à des prouesses, ils ne se doutaient pas qu'ils allaient assister à un final tragique.

Les tournois devaient conclure les cérémonies de deux mariages royaux. Le premier célébré fut celui d'Elisabeth et de Philippe II. Sa Majesté espagnole ne daigna pas paraître elle-même à son mariage : le roi d'Espagne, prétexta-t-elle, ne pouvait aller chercher son épouse, l'usage voulant qu'on la lui amenât. Très bien, merci. Il attendit à Bruxelles. Pour le représenter lors de la cérémonie où on allait marier « Son Absence » avec Elisabeth, il délégua le duc d'Albe, le prince d'Orange et le comte d'Egmont.

Le mariage eut lieu à Notre-Dame le 28 juin. Toute la cour était présente en ses plus beaux atours. Parmi les grands seigneurs (cette présence est intéressante, on le verra), deux des frères Châtillon, Coligny et d'Andelot. Ce dernier avait été arrêté quelques jours plus tôt par Henri II pour collusion avec les princes luthériens d'Allemagne afin d'organiser des émeutes de réformés dans Paris. Les deux frères, fortement soupçonnés d'hérésie, n'acceptèrent de paraître au mariage que contre la promesse que certains réformés arrêtés, dont plusieurs membres du Parlement, le conseiller Anne Du Bourg notamment, seraient libérés comme venait de l'être d'Andelot dont l'arrestation avait fait scandale dans la noblesse. Ils appartenaient à l'une des plus grandes familles de France, neveux de Montmorency. Henri II, contre son gré, avait cédé, non sans arrière-pensées. On voit quels progrès la hardiesse des tenants de la Réforme avait faits.

Après la cérémonie religieuse, afin de « consommer » le mariage, on procéda devant témoins à la petite cérémonie suivante : Elisabeth de France, âgée de quatorze ans, fut couchée sur un lit, sa jambe droite était nue, le duc d'Albe s'allongea à côté d'elle, sa jambe gauche nue contre celle de la jeune mariée. Au premier contact, le mariage fut déclaré consommé : Elisabeth était reine d'Espagne. C'était le temps des miracles.

Le second mariage ne fut pas célébré aussitôt, bien qu'Emmanuel Philibert de Savoie, futur époux de Marguerite, fût présent en chair et en os. Toutefois, on signa le contrat. La célébration, remise à quelques jours plus tard, serait l'occasion de nouvelles fêtes.

Les tournois purent commencer le mercredi 28 juin. Catherine ne partageait pas la joie et l'agitation générales, elle vivait dans les transes. A l'angoisse qui la tenait sourdement depuis son enfance s'ajoutait la douleur d'avoir perdu Florence, de voir son roi, son amant, son dieu humilié par ce traité. En outre, elle était saisie de peur, une peur nouvelle, une peur d'entrailles insurmontable, une peur qui venait de loin. Un Italien, célèbre astrologue, Simeoni, dit Lucas Gaurie, avait prédit plusieurs années plus tôt, en 1552, que son mari, dont l'avènement avait été marqué par un duel fameux (le duel de Jarnac), perdrait la vie au cours d'un autre duel, vers sa quarantième année, d'une blessure qui le rendrait aveugle. Or, Henri II avait alors quarante ans et quatre mois. L'horreur de cette prophétie poursuivait Catherine. En ce moment, Henri II faisait dépaver la rue Saint-Antoine.

Autre confirmation terrifiante pour une Médicis soumise comme tous ses parents de Florence et de Rome aux devins et à leurs prophéties, un nouvel astrologue qu'elle s'était attaché en plus des autres depuis 1556, nommé Nostradamus, avait écrit et publié les trop célèbres *Centuries* où l'on pouvait lire la prophétie suivante qui semblait s'appliquer au roi :

> *Le lion jeune le vieux surmontera*
> *En champ bellique par singulier duelle*
> *Dans cage d'or les yeux lui crèvera*
> *Deux classes une, puis mourir, mort cruelle.*

Elle-même avait vu en rêve la mort de son mari, mais dans l'état d'angoisse où elle se trouvait cette prémonition n'était qu'un reflet de ce qu'elle imaginait à longueur de journée. Qu'importe, elle croyait à la prémonition. Quant à la prophétie de Nostradamus, on pouvait se demander qui était ce « jeune lion ». Et le vieux ? C'est la sempiternelle histoire du déchiffrage puis celle de l'interprétation des œuvres du mage de Salon-de-Provence. Pour Catherine, « le vieux lion » était son roi, le combat singulier, le tournoi qui se terminerait par les yeux crevés et la mort cruelle.

C'en était trop pour cette femme amoureuse, superstitieuse et rongée d'anxiété.

Le combat eut lieu le 30 juin 1559. Il faisait très chaud ce jour-là. Le roi parut et salua les dames de la tribune. Il était empanaché de plumes noires et blanches et son cheval de même. Il portait toujours les couleurs de « sa dame ». Elle était là, inchangée ou presque, comme au jour de ce tournoi remontant à plus de vingt-cinq ans au cours duquel il avait, encore enfant, arboré les couleurs de Diane et où, pour la première fois aussi, Diane avait été traitée de « vieille » par la favorite d'alors, Mme d'Etampes, car elle était déjà vieille pour cette jeune beauté de dix-huit ans. Elle l'était encore plus aujourd'hui, elle avait soixante ans, et cependant elle était toujours belle et toujours favorite.

Henri II affronta d'abord son futur beau-frère, le duc de Savoie. Il plaisanta et le provoqua. « *Serrez bien les genoux,* lui dit-il, *car je vous veux bien ébranler sans respect de l'alliance et de la fraternité.* » Le duc de Savoie fut ébranlé. Le roi était tout heureux. Ensuite il affronta le duc de Guise. Celui-ci résista au choc : match nul. Midi sonna. Les combattants étaient exténués sous leurs armures. Henri se sentait en veine de continuer mais il transpirait tellement qu'on lui ôta son casque pour éponger la sueur qui ruisselait. Catherine n'en pouvait plus. En tremblant, elle le supplia d'arrêter le combat. Mais c'était une voix sans charme pour le convaincre. Sa déesse restait impassible et muette. Catherine insistant, il lui répondit galamment : « *C'est justement pour vous que je combats.* » Et aussitôt il demanda à son capitaine de la garde écossaise, Gabriel de Montgomery, comte de Lorges, de courir contre lui. Celui-ci se défendit d'accepter cet honneur dangereux car il y avait déjà un précédent fâcheux. On se souvient que François Ier, en jouant à la petite guerre avec ses seigneurs préférés, avait manqué d'être tué par une bûche enflammée qu'un de ses compagnons de jeu lui avait jetée à la tête. Ce compagnon était Montgomery, père du « *jeune lion* » qui allait se mesurer au roi en « *singulier combat* ». Devant les refus du jeune seigneur, Henri II dit : « *C'est un ordre.* » Les jeux étaient faits. Les trompettes sonnèrent. Les deux chevaliers se ruèrent l'un contre l'autre : aucun ne fut désarçonné. Le combat aurait dû s'arrêter. Le roi s'entêta, il exigea un second affrontement décisif. Son écuyer, Vieilleville, le pria d'interrompre : « *Sire, je jure le Dieu vivant qu'il y a plus de trois nuits que je ne fais que songer qu'il doit vous arriver quelque malheur aujourd'hui, ce dernier juin vous est fatal. Vous en ferez comme il vous plaira.* »

De nouveau Montgomery se permit de supplier le roi qui refusa. Il voulait conclure. Sous le choc extrêmement violent, la lance de Montgomery se brisa, la longue pointe aiguë du bois glissa sous la visière du roi, creva l'œil et pénétra dans le cerveau. Il se maintint en selle mais s'inclina sur l'encolure du cheval. Les deux panaches noir et blanc du cheval et du roi se confondaient. Des tribunes s'éleva un cri d'horreur.

Les écuyers du roi le prirent dans leurs bras avant qu'il ne tombât. Ils l'entendirent murmurer : « *Je suis mort.* » On lui ôta son casque d'où jaillit un flot de sang. Catherine s'était évanouie. La déesse Diane, statufiée, regarda passer sur une civière le corps de son amant. La vie était finie pour lui et « le règne » était fini pour elle.

Le roi respirait encore, le pouls était faible, on le transporta au château des Tournelles tout proche. Il voulut monter les marches, on le soutint mais il refusa d'être porté au prix d'un effort et d'un courage surhumains. Il tenait à finir en roi.

On le coucha sur son lit. Catherine et Diane sanglotaient. On n'entendra pas longtemps les sanglots de la déesse. Montmorency faisait le plus de bruit. Le duc de Guise et lui baignaient de vinaigre le visage et les mains du roi. Le jeune dauphin François, sorti d'un long évanouissement, était blême de peur : ce misérable adolescent de quinze ans tremblait à l'idée de la tâche effrayante qui l'attendait ; il savait que, privé de son père, il était sans forces. A ses côtés, sa femme, Marie Stuart, rayonnait de jeunesse et de beauté. Les autres enfants, trop jeunes, ne parurent pas.

Seul Ambroise Paré, l'illustre médecin, était capable de faire quelque chose devant un cas pareil. Mais, n'étant pas médecin ordinaire du roi, il n'était pas là. On l'envoya chercher. Les médecins présents s'affairaient mais ne purent que constater les dégâts causés par la lance de Montgomery ; ils sondèrent l'horrible blessure, en retirèrent de longues écharges de bois en faisant hurler de douleur le roi qui ne s'était jamais plaint, puis ils le pansèrent avec du blanc d'œuf. Ambroise Paré arriva. Après examen de la blessure, il se fit apporter la lance fatale et expliquer très minutieusement toutes les circonstances de l'accident. Puis il réfléchit un moment. Il demanda à la reine qu'elle fît sortir de prison trois ou quatre condamnés à mort, qu'on les exécutât et qu'on lui apportât les cadavres séance tenante. Chose faite. Ambroise Paré pratiquait la médecine expérimentale et, afin que l'expérience à laquelle il allait se livrer profitât à ses meilleurs élèves, il les fit ranger autour de lui et des quatre cadavres tout chauds. Les grands seigneurs et les dames, encore dans leurs atours de fête, étaient au second rang. Cela faisait un beau tableau, une prodigieuse préfiguration d'une *Leçon d'anatomie* qui n'a pas trouvé son Rembrandt. Armé d'une lance brisée semblable à celle de Montgomery, Ambroise Paré enfonça violemment la longue écharde de bois dans l'œil du premier cadavre. Il jugea que la blessure provoquée n'était pas identique à celle du roi. Il recommença sur le deuxième cadavre en visant mieux. Il approchait mais l'écharde avait dévié vers la droite. On jeta le cadavre devenu inutilisable. Il s'y reprit encore une fois avec le troisième supplicié. Ce fut encore plus mauvais ; il manqua l'œil et déchira le visage. Il ne restait qu'un cadavre. Fallait-il en quérir d'autres ? Catherine lui en aurait fourni tant et plus pour sauver son mari. Qu'on imagine cette boucherie au milieu de cette assistance engoncée dans ses brocarts et sa joaillerie, pétrifiée non par l'horreur mais par l'inquiétude de l'attente. Sauverait-on le roi ? Le roi gémissait sur son lit, il n'attendait rien. Devant le dernier cadavre, Ambroise Paré s'était recueilli un moment et apaisé. D'un coup sec, il plongea la pointe acérée dans l'œil et produisit enfin une blessure identique à celle qui faisait mourir le roi. Il farfouilla d'un doigt savant l'horrible plaie et conclut que le cas du roi était désespéré.

Henri II ne mourut pas tout de suite. Il eut même de loin en loin quelques lueurs de connaissance. Alors, il restait roi. Il dicta même une lettre au pape pour l'informer qu'il avait fait arrêter plusieurs membres du Parlement pour rébellion et hérésie. On voit combien il avait été blessé par l'insoumission et l'insolence des réformés et, s'il avait vécu, il aurait dressé contre eux une rude répression. Il eut encore le courage de demander qu'on célébrât immédiatement le mariage de sa sœur Marguerite avec le duc de Savoie. Ce qui fut fait à la hâte, sans aucune solennité, à minuit, dans l'église Saint-Paul. Lamentable cérémonie, où tout le monde était en pleurs et en deuil. Catherine n'y assistait pas. C'était le 9 juillet. Henri II était probablement mort, bien que la nouvelle n'en fût rendue publique que le 10 juillet.

Chacun savait dans l'entourage de la reine, après l'expérience d'Ambroise Paré, que le roi ne pouvait vivre que deux ou trois jours. C'est Catherine qui, pour se donner le temps d'assurer sa régence de façon indiscutable, fit repousser l'annonce de la mort jusqu'au 10 juillet. Mais elle n'attendit ni cette date ni même la mort d'Henri II pour interdire à Diane la chambre du roi. Celle-ci, prudemment, se garda bien de paraître ni de manifester son existence à la cour. Henri II fut enterré à Saint-Denis le même jour, ce qui laisse croire que cette hâte est la preuve qu'il était mort depuis plusieurs jours. Diane ne parut pas. Elle regarda, derrière un vitrail, passer le cortège et put, une fois encore, voir sur les tapisseries qui couvraient le catafalque le chiffre du roi et le sien toujours enlacés. Catherine avait-elle oublié de les faire disparaître ou continuait-elle à faire croire qu'il s'agissait du C de son nom ?

De sa retraite, Diane écrivit toutefois à la reine. Ce n'était plus l'altière et insolente rivale, c'était une humble sujette demandant pardon de ses offenses passées. Elle connaissait à merveille la dure loi du pouvoir, elle l'avait appliquée sans pitié aux autres et à Catherine d'abord. Cette loi, la voici : le puissant se doit d'écraser le plus faible. Le moment était venu de s'y soumettre à son tour. Elle s'y soumit. Elle pouvait s'attendre à tout, même à perdre la vie. A la place de Catherine, elle se serait vengée à mort. Elle prit soin de joindre à sa lettre de soumission la cassette contenant les bijoux de la couronne qu'elle détenait indûment. Cela donnerait du poids à sa contrition.

Catherine n'appartenait pas à la même espèce et elle le montra. Elle laissa à Diane la vie et ses biens, sauf un, Chenonceaux, parce qu'il était du domaine royal et inaliénable. Elle reprit donc Chenonceaux mais, en échange, elle eut un geste, elle lui offrit Chaumont avec ce commentaire : « *Elle faisait les délices de mon cher mari*, dit-elle, *j'ai honte de reprendre Chenonceaux, je lui donne Chaumont.* » C'est une perfidie mais elle est royale. Le caractère de Catherine s'y révèle. Contrairement à l'histoire romantique et romancée qui a recréé son personnage mélodramatique, elle n'a que très rarement voulu se venger et anéantir ses ennemis. Quand ils étaient trop forts, elle s'inclinait et les amadouait. Quand elle les avait abattus, elle essayait de se les concilier en ménageant l'avenir. Avec Diane, totalement neutralisée par la disparition du roi, elle joua la clémence d'Auguste. La haine ne fait pas partie de son arsenal, elle est trop intelligente et calculatrice pour ignorer que la haine est mauvaise conseillère dans l'art d'exercer le pouvoir politique, le plus incertain, le plus fluctuant qui soit. L'ennemi d'aujourd'hui sera peut-être l'indispensable allié de demain. La fille des banquiers n'aimait pas jouer perdante ; or, la haine est un mauvais numéro. Elle jugea que sa « générosité » convenait à la dignité royale qu'elle assumait enfin pleinement, elle fut donc généreuse — sans cesser d'être menaçante. Entre les mains d'une fille de Machiavel, la clémence aussi est une arme.

Son calcul était bon. Diane, anéantie, pouvait garder sa fortune, ses châteaux, ses seigneuries innombrables et tous ses titres. Elle vécut dans l'obscurité splendide du château d'Anet, où elle mourut en 1566. Elle avait enfin vieilli.

Quant à Montgomery, d'abord arrêté malgré les ordres du roi, il fut bientôt relâché. Mais il n'avait aucune confiance dans l'entourage de Catherine, ni dans les juges, aussi s'enfuit-il en Angleterre. Il en reviendra, chef protestant, à la tête d'une troupe pour lutter contre le roi et l'Eglise. Il ravagea alors la Normandie, fut pris et décapité en place de Grève en 1574, non comme régicide, mais comme rebelle.

Catherine prit un deuil éternel, elle ne porta même plus de vêtements de soie. C'est sous ce funèbre aspect que les peintres qui nous ont transmis son image l'ont représentée : « *la reine noire* ». Ce qui n'a pas peu contribué à noircir sa réputation.

Elle fut tellement bouleversée par la mort brutale du roi qu'elle ne put supporter la vue des lieux où il avait tant souffert avant de mourir. Non seulement, elle refusa d'habiter les Tournelles mais plus tard elle fit raser ce château [1]. Si elle avait pu, elle aurait fait raser la rue Saint-Antoine et tout le quartier. Elle alla habiter le Louvre, dans le souvenir et l'amour inextinguible de son mari. Selon la mode d'alors, elle choisit pour accompagner et illustrer son deuil un symbole : ce fut une lance brisée et une devise, *Lacrymae hinc, hinc dolor* : « De là viennent mes larmes et ma douleur. »

Aucun sentiment en elle ne fut plus sincère que cette douleur. Elle rendait vivants de la sorte l'amour et la vénération qu'elle avait

---

1. Sur cet emplacement fut édifiée la place des Vosges dont Victor Hugo disait qu'elle était née du coup de lance de Montgomery.

pour son amant et pour son roi. Elle reporta les mêmes sentiments passionnés sur ses enfants en qui elle adorait les porteurs du sang royal et de la dignité royale qu'elle n'avait eue que par mariage et non de naissance, ce dont elle souffrit toujours. A ses yeux, ses enfants avaient quelque chose de supérieur à elle, elle se devait désormais de défendre et même d'exalter ce principe sacré du sang valois. Elle le fit avec une passion sourde, dévorante, impitoyable et parfois, comme toutes les passions, aveugle. Cette couronne qu'elle tenait de son mari et à laquelle les astres l'avaient prédestinée, elle allait la sauver de tous les périls. C'est là le secret quelque peu magique de sa politique. Jusqu'à son dernier jour, elle ne fut que l'incarnation de cette passion et, dans une cour et une époque où les femmes du plus haut rang affichaient leurs amants successifs, où la luxure était publique, où les bals de la cour s'achevaient souvent dans des coucheries pour le plaisir des acteurs et des spectateurs, Catherine, veuve hiératique dans ses voiles noirs, cuirassée de douleur et d'ambition, est restée irréprochable, farouchement déterminée à jouer son rôle de reine et de mère de la royauté.

Troisième partie

LA MÈRE DES ROIS
RÈGNE SUR LES ROIS

La couronne des lis est aussi une couronne d'épines

L'héritage était lourd mais Catherine, s'étant fait attribuer les pouvoirs de régente à part entière, avait voulu en porter la charge : elle allait sans faiblir en subir l'écrasant fardeau.

A son immense douleur s'ajoutèrent d'autres peines. Elle vit partir avec un réel chagrin Marguerite, la sœur de son mari, qui suivit son mari, le duc de Savoie. C'était son amie, sa confidente en qui elle retrouvait l'esprit de son père François Ier et l'amitié qu'il portait à la petite Médicis. Elle n'oubliait pas que Marguerite avait toujours pris son parti contre celui de Diane, qu'elle était aussi la marraine du jeune François II. Avant de se quitter, elles eurent de longs entretiens politiques. Marguerite, comme plusieurs personnages de la cour de François Ier, avait des sympathies pour la Réforme. Sa tante, Marguerite de Navarre, et la favorite, Mme d'Etampes, ne s'en cachaient pas. Mais leur protestantisme était surtout une attitude intellectuelle, une philosophie en harmonie avec l'humanisme moderne bien conforme à la liberté de l'esprit hors des dogmes. Ces premiers sympathisants, fort lettrés, parlaient et écrivaient avec plus de désinvolture que de haine des abus de l'Eglise et des erreurs de sa théologie. Leur protestantisme ne protestait ni contre l'autorité royale ni contre l'ordre établi. Au fond, cette liberté d'esprit était aristocratique et François Ier la tolérait bien — sauf chez ses sujets qui poussaient la liberté de juger au point de juger l'autorité royale. Sa fille Marguerite était comme son illustre tante, la Marguerite des Marguerites ; au contraire, l'actuelle reine de Navarre, Jeanne d'Albret, épouse d'Antoine de Bourbon, appartenait à la nouvelle vague du protestantisme calviniste, militante, fanatique, d'un orgueil intraitable. C'est dans ces idées qu'elle éleva son fils Henri de Navarre — premier prince du sang —, le futur roi de France. Henri IV oublia quelque peu les leçons de sa mère... Marguerite ne manqua pas de recommander à Catherine, désormais toute-puissante, une grande mansuétude à l'égard des réformés. Elle l'adjura d'éviter les persécutions, de libérer les prisonniers, de surseoir aux peines. Elle la pria notamment d'avoir la plus grande considération pour son conseiller personnel qu'elle emmenait avec elle, tant elle y tenait, mais qui reviendrait bientôt en France. Il s'agit de Michel de L'Hospital. Cet avis ne fut pas perdu pour Catherine. Faut-il ajouter que la femme et la fille de Michel de L'Hospital étaient converties au calvinisme ? Cela ne découragea pas Catherine.

Etrange Catherine ! Elle est alliée, à fond, au lendemain de son veuvage, avec les Guises qui incarnent le loyalisme royaliste et catholique, or elle entretient secrètement, en toute sympathie, des intelligences avec les princes protestants afin d'éviter les persécutions que son mari adoré avait ordonnées. Qui veut-elle servir ou desservir, cette Florentine ambiguë ?

Pour équilibrer les penchants, elle resta, bien sûr, fidèle aux Italiens, catholiques et serviteurs de la couronne, en particulier aux Gondi. Gondi, riche Florentin, était marié à une Française, née de Pierrevive, fort bien adaptée aux calculs et à la finance de sa nouvelle famille. Catherine avait reconnu ses talents et l'avait nommée intendante des immenses biens qu'elle possédait. Mme de Gondi administrait la fortune et les seigneuries de la reine mère, elle finançait les bâtiments qu'elle faisait construire. En somme, Mme de Gondi remplissait des fonctions très lourdes et très délicates qui étaient le fait des hommes, mais Catherine ne jugeait que l'efficacité et la sûreté, elle était pour les temps nouveaux : elle n'avait pas un homme d'affaires mais une femme d'affaires. Afin que celle-ci eût rang à la cour, elle la nomma gouvernante du jeune Charles-Maximilien, le futur Charles IX. Il est superflu d'ajouter que la fortune des Gondi se trouvait à la hauteur de la confiance de la reine mère, des talents de Mme de Gondi et aussi de la faveur que continua de témoigner Charles IX à sa dévouée gouvernante. Leur fils, Albert de Gondi, hérita les mérites de ses parents et la faveur royale. C'est pourquoi l'histoire le connaît sous le titre de maréchal de Retz.

La situation de Catherine était cependant loin d'être de tout repos. Son anxiété chronique avait de quoi se nourrir. A peine Henri II fut-il enterré qu'elle abandonna le palais des Tournelles, sans respecter le deuil traditionnel des reines de France qui devaient pendant quarante jours ne pas quitter la chambre mortuaire du roi. Elle alla habiter le Louvre. Le duc de Guise et les Lorrains suivirent, à moins que ce ne fussent eux qui conduisirent le roi, la reine Marie Stuart, fille de leur sœur Marie, et la reine mère. Leur parenté avec la jeune reine les faisait tout naturellement les protecteurs et les conseillers privilégiés du roi qui obéissait en tout à sa femme. Pour le moment, ils étaient les alliés de Catherine. Elle les supportait, les utilisait parce qu'ils la servaient en servant le roi, mais elle les redoutait. Elle fit au début bon usage de leurs talents et de leur influence qu'elle contrôlait.

Enfermée dans sa chambre du Louvre, en pleins travaux de démolition et de reconstruction, elle se concentrait entre ses murs tendus de noir, son plafond noir, ses meubles noirs, ses fenêtres obstruées de tentures noires « *pour que ne puisse passer la lumière du soleil ni de la lune* ». Sa méditation n'était pas stérile. On lui apportait les rapports sur la situation du royaume. La fille des banquiers n'avait pas besoin de longues explications : c'était catastrophique. La dette de la couronne était cinq fois supérieure au revenu annuel des impôts. Dans certaines provinces, les paysans abandonnaient les terres : les récoltes ne suffisaient plus à payer l'impôt. Les fonctionnaires impayés se dédommageaient sur les plus pauvres contribuables. Même la petite noblesse provinciale, exempte de taille, avait été taxée d'office sous forme d'emprunts forcés. La situation de cette classe était devenue lamentable : elle ne pouvait presque rien retirer de ses paysans faméliques et ne pouvait rien gagner par le travail ou le commerce qui lui étaient interdits sous peine de dérogation. Faut-il s'étonner que cette noblesse, trouvant à s'engager dans les troupes des princes et des grands seigneurs réformés et rebelles, se soit facilement laissé tenter par l'aventure ? Après tout, la guerre était sa vraie vocation — et la source de ses profits.

Catherine ne devait pas compter sur son fils pour imposer son autorité — d'ailleurs le souhaitait-elle ? C'est elle qui portait la couronne d'un pays déjà atteint d'un mal effroyable qui allait lui infliger des épreuves plus horribles et plus cruelles encore que celles de la guerre de Cent Ans : la guerre civile.

François II avait quinze ans : majeur si l'on s'en tient à la coutume capétienne, mineur de toutes les façons. Catherine, on le sait, avait atteint en silence, depuis longtemps, sa majorité politique. Elle recueillit donc l'enfant éploré et le pouvoir. Il n'y avait rien d'autre à faire. François II était chétif, laid, malsain ; une mauvaise conformation l'empêchait de respirer, sauf la bouche ouverte. Les humeurs du nez et de la gorge s'écoulaient par un abcès dans l'oreille — probablement tuberculeux. Avec cela, inintelligent, irritable, sujet à des emportements frénétiques, à des pertes « d'équilibre », à des accès d'agressivité morbide. Pour s'étourdir, il se lançait dans des chevauchées extravagantes à travers les forêts royales. En outre, amoureux fou — ce n'est pas une métaphore — de sa femme Marie Stuart, il s'exténuait comme un forcené et sans y parvenir à consommer le mariage. Lamentable rejeton. Marie Stuart, son aînée de deux ans, était plus intelligente et plus mûre. Ils avaient été élevés ensemble dès leur petite enfance, se savaient destinés l'un à l'autre et, à leur manière, qui n'était pas la plus gaie, ils s'aimaient. Catherine eut l'habileté de traiter sa belle-fille en reine, de s'effacer devant elle en public et elle lui offrit les plus belles perles du monde qu'elle-même avait apportées en mariage. Il n'est pas certain que tout cela partît d'un cœur sincère : Catherine a toujours donné le pas à la politique sur ses sentiments. En l'occurrence, elle jugea bon de porter le masque respectable de la reine mère, régente, second rôle de conseillère, de protectrice, et nul ne put lire sur son visage l'effet que produisirent un jour les paroles de Marie Stuart, malencontreusement entendues par sa belle-mère. Elle l'appela en public « *cette marchande florentine* ». Rien ne pouvait être plus douloureux pour Catherine.

Rien n'était plus maladroit de la part de Marie qui n'en était ni à sa première ni, hélas ! à sa dernière erreur. Catherine ne l'oublia pas.

Son fils, le roi, adorait sa mère, comme la plupart de ses frères et sœurs. A quarante et un ans, Catherine pouvait enfin se sentir mère à part entière. Finie la mainmise de Diane sur les enfants royaux. Catherine se consacra totalement à sa progéniture et au pouvoir. Pour elle, c'était la même chose, ses fils étant la source du pouvoir. Pourtant, ses enfants n'avaient été ni faciles à faire ni faciles à élever, et le résultat ne fut pas très réussi. Ils étaient tous, à l'image de François, plus ou moins maladifs. Aucun n'avait hérité de la robustesse athlétique de leur grand-père et de leur père, c'est l'inquiétante hérédité Médicis qui avait prévalu. Il faut en convenir, les derniers Valois étaient tarés. Elle les aimait tels quels.

François II, dès son avènement et selon l'usage, constitua le douaire de sa mère. Il lui donna les châteaux de Villers-Cotterêts et de Monceaux, situé dans son comté de Meaux. Il lui donna le superbe duché d'Alençon, une pension de soixante-douze mille livres, plus les intérêts de sa dot versée au Trésor, s'élevant à huit mille six cents écus, plus les revenus des Dombes, du Forez... et autres. Elle était plus riche que du temps où elle était l'épouse d'Henri II et reine de France. Il est vrai que son fils n'avait pas à entretenir Diane de Poitiers.

Madame Catherine, destinée au pouvoir, est aussi destinée à gouverner dans la haine

Comment va-t-elle tenir ce royaume ? Elle est au moins sûre d'une chose : son fils le roi n'a pas d'autre volonté que celle de sa mère. Voici ce qu'on lit en tête des actes royaux : « *Etant le bon plaisir de la reine, ma mère et dame, moi aussi approuvant les choses dont elle est d'avis, je suis content et je commande que...* »

Le duc de Guise est son bras armé. Quarante ans, la force de l'âge et plein de gloire. On l'appelle le Balafré en raison du coup de lance qui, en pleine bataille, l'a défiguré. Il est lieutenant général du royaume — ce qui fait enrager les Bourbons. Il est la solidité, la loyauté, le rempart du trône contre les coups de force de l'étranger ou ceux, plus dangereux, de l'intérieur.

Son frère, le très brillant cardinal Charles qui vient de couronner François II comme il avait couronné son père, cet ex-favori de Diane, n'a rien d'un guerrier mais c'est un administrateur, un diplomate et un politique hors pair. Admirablement instruit de tous les rouages bureaucratiques, il est le seul capable de faire sortir les affaires du marasme. Il demande d'abord la paix : il l'a. Les pleins pouvoirs : Catherine les lui accorde — sous surveillance. Elle décide ce qu'il propose. Le petit roi signera. Elle apprécie la finesse et l'habileté du personnage. En réalité, elle le déteste. Elle n'a pas oublié son alliance avec la Poitevine. Toutefois, ses sentiments n'interviennent pas dans l'exercice du pouvoir. En grand seigneur sûr de lui, le cardinal a la manière rude, lucide et efficace. Il suspend les subventions royales aux services qu'il juge trop subventionnés ; il suspend les pensions des magistrats qui se paient suffisamment sur les plaideurs ; il licencie un partie de l'armée (dangereux, les soldats sans solde iront bientôt s'engager dans l'armée des réformés) et il supprime net toutes les pensions accordées par Henri II.

Le résultat immédiat de ces mesures est de dresser contre les Lorrains — et contre Catherine — une nuée d'ennemis du haut en bas de la société. Cette fois, ce ne sont plus seulement les réformés, ce sont tous les spoliés du fisc. L'opposition, au début, se manifeste par une grêle d'injures, de libelles des plus grossiers et des plus venimeux. Le cynique cardinal s'en rit sincèrement. Avec son nom, on fait des anagrammes, c'était la mode : « *Renard lasche le roi* » ou « *Hardi larron se cèle* ». Amusant car, s'il est hardi en ses réformes, il est poltron à la guerre. C'est un homme d'Eglise, mais, à l'époque, une soutane ne dispensait pas un cardinal de Lorraine de bien se tenir sur un champ de bataille. On le lui reproche, lui s'en fait gloire. Au début d'un poème où l'auteur mettait le cardinal en pièces, on lit : « *Tigre enragé ! Vipère venimeuse ! Sépulcre d'abomination.* » De se voir, lui qui n'était qu'un matou, traité de « tigre enragé » le fit mourir de rire.

Pour répondre à cette bordée d'injures, il promulgua en quatre lignes une nouvelle décision du roi qui s'adressait aux banquiers : d'un trait de plume, il réduisit le taux d'intérêt de 16 % à 8 %. Il avait l'art du dialogue rapide.

Cette forme de courage « administratif » complète bien celui de son frère, homme de guerre. La haine qu'ils avaient déclenchée n'allait pas se nourrir longtemps de seules insultes. Leurs ennemis étaient armés.

Tels étaient les alliés de Catherine et du trône. Ils n'étaient pas ceux que son cœur eût choisis : comme elle n'en pouvait pas avoir d'autres, elle dut s'accommoder de ceux-là.

Elle ne tarda pas à les contrer dans une de leurs entreprises de politique extérieure.

A peine Henri II était-il enterré avec les rêves d'Italie auxquels le traité de Cateau avait mis fin qu'un nouveau rêve vint enthousiasmer la cour — tout au moins les seigneurs les plus proches du jeune roi et de Marie, c'est-à-dire les Guises. Ce fut le rêve écossais. Voici comment il naquit ; les légistes royaux (sur ordre des Guises) établirent les preuves que François II, par sa femme, seule héritière du roi Jacques V d'Ecosse, pouvait revendiquer le trône des Stuarts. Il pouvait même revendiquer le trône d'Angleterre indûment occupé par la reine Elisabeth, qui avait été déshéritée par son père Henri VIII. C'était magnifique ! On fit aussitôt peindre les armoiries jumelées de France, d'Ecosse et d'Angleterre sur les murs des résidences royales. Il ne restait qu'à conquérir l'Ecosse et l'Angleterre. Une expédition commandée par un prince lorrain, le duc d'Elbœuf, partit pour occuper le royaume d'Ecosse et en chasser les Anglais qui l'avaient attaqué.

Catherine voyait d'un mauvais œil cette expédition. Elle n'approuvait que celles qui auraient dû lui rendre son duché d'Urbin. L'affaire tourna court, on signa le traité d'Edimbourg le 8 juillet 1560 qui mettait fin aux prétentions de Marie Stuart et du roi de France sur le trône d'Angleterre. Catherine en fut satisfaite, les Guises pas du tout. Ils tenaient beaucoup à ces couronnes d'Ecosse et d'Angleterre pour leur nièce et pour François II car ils envisageaient d'unir le royaume de France et d'Angleterre afin d'abattre la maison d'Autriche dont l'impérialisme menaçait la France, les Pays-Bas et l'Angleterre. Même après le traité, ni eux ni leur nièce ne se résignèrent au renoncement. L'Histoire en décida autrement — et Catherine aussi.

Sur d'autres sujets, elle était bien d'accord avec eux. Notamment pour écarter Montmorency du pouvoir. On ne lui pardonnait pas le traité du Cateau-Cambrésis et le désastre de Saint-Quentin. La haine entre les Lorrains et le vieux connétable, soutenu par sa puissante parenté, était inexpiable. C'est le jeune roi qui, selon la leçon qu'on lui avait faite, signifia à Montmorency qu'il aurait à rendre le cachet royal qu'il détenait en vertu de ses fonctions de gouverneur des maisons du roi ainsi que toutes les clefs des châteaux de la couronne. On n'osa lui enlever sa charge de connétable, ce qui eût été plus efficace. On lui infligea une vexation qui appelait une vengeance sans lui retirer sa prééminence. C'est la manière de Catherine de prendre et de rendre, de vexer et d'amadouer. Elle alla même offrir le titre de maréchal de France au fils du connétable. Curieuse manœuvre : elle privait de fonctions honorifiques Montmorency, l'humiliait et excitait sa haine sans toutefois le priver de ses pouvoirs de chef de l'armée, de gouverneur du Languedoc où il exerçait sur une province immense un pouvoir de vice-roi et, en plus, on faisait son fils maréchal de France alors qu'il était déjà gouverneur de Paris. Si elle avait laissé faire le duc de Guise et le cardinal de Lorraine, ils n'eussent pas attisé la haine de leurs ennemis pour les mieux armer ensuite. C'est la fameuse diplomatie « conciliatrice » de Catherine. Les Montmorency, Coligny, amiral de France, d'Andelot, général de l'infanterie, et le cardinal de Châtillon bouillaient de haine. Les trois frères Châtillon étaient, on le sait, du parti des réformés. Pour resserrer encore les liens puissants qui unissaient le clan Montmorency-Châtillon avec la Réforme, il faut savoir que le prince de Condé, prince du sang, frère du roi de Navarre, Antoine de Bourbon, et chef reconnu des huguenots, avait épousé la fille de la comtesse de Roye, sœur de Coligny et nièce de Montmorency. Le plus surprenant, c'est que le connétable et ses fils étaient de fervents catholiques. C'est ce qui prouve que le pacte de famille n'avait pas pour lien la réforme religieuse ni la religion tout court. Le lien véritable qui les unissait était antérieur au calvinisme et plus fort que lui, ce n'était ni une communion d'idées ni une foi, c'était le lien féodal, le lien du sang. Tous, Montmorency, Bourbons, Châtillon et tant d'autres que nous allons voir surgir de leurs châteaux et se grouper autour des princes et des grands féodaux, tous avaient été plus ou moins dépossédés de leurs anciens privilèges, de leurs seigneuries autonomes par Louis XI, Louis XII et François Ier. L'occasion leur parut bonne de recouvrer leur autorité, leurs vassaux, leurs privilèges d'antan et de prendre le pouvoir qui était à prendre entre les mains d'un enfant débile et d'une étrangère sans naissance, haïe des grands et du peuple. Déjà la légende d'une reine soupçonnée de basses intrigues, de menées tortueuses et criminelles était répandue par les ennemis de la couronne qui n'étaient pas de petites gens, mais la légende faisait des ravages dans le peuple. On l'accusait d'entretenir des sorciers ; ses astrologues n'étaient que des « empoisonneurs » dont elle payait les diaboliques cuisines. La légende a survécu jusqu'au XXe siècle. De son vivant, Catherine savait déjà ce que les réformés aussi bien que les Espagnols anti-réformés et même sa belle-fille Marie Stuart disaient d'elle.

En face de cette opposition puissante, François II et Catherine avaient pour défenseurs un autre clan, lui aussi assoiffé de grandeur et de pouvoir, les princes lorrains. Ceux-ci défendaient le pouvoir royal et la personne du roi parce qu'ils croyaient l'avoir en main. Si les grands seigneurs calvinistes sont contre le roi, c'est en principe parce que le trône est catholique et ne leur donne pas la liberté du culte. En fait, c'est parce que la royauté les a spoliés. Alors vive la dissidence et l'anarchie ! Redevenons seigneurs à part entière comme au XIIe siècle. Cela, en 1560, est dans les esprits, dans des colloques plus ou moins clandestins. Mais pour Catherine, pas plus que pour les Guises, il n'y a pas de secret. Leur information est bien faite. Ces idées et ces projets de rébellion peuvent passer dans les faits d'un jour à l'autre ; la guerre est imminente. Ces gens-là ont toujours fait peur à Catherine. L'affaire ne date pas d'aujourd'hui, elle était incluse dans l'héritage de son cher mari. Lui, l'aurait résolue à la manière Montmorency. Tandis que Catherine, avec sa politique ondoyante, prise pour de la faiblesse, allait encourager ses ennemis et les pousser au pire.

On se souvient que les Bourbons avaient toujours été tenus à l'écart par François Ier et Henri II. De nombreuses vexations s'étaient répétées et étaient devenues une sorte de ligne de conduite de la couronne que Catherine, docile aux leçons de François Ier, n'eut garde d'oublier. Ces préventions contre les princes du sang pouvaient s'appeler prudence — et aussi bien provocation. Si Catherine était sortie de la cuisse des Habsbourg, des Saxe ou des Stuart, elle eût été moins prudente mais elle savait le cas que les Bourbons, les Montmorency et Diane de Poitiers faisaient d'une Médicis. Elle ne pouvait gouverner qu'en attisant la rivalité entre ces terrifiants personnages sans qu'aucun triomphât définitivement. Tant qu'ils s'entre-tuaient, son fils pouvait régner.

Elle fit donc en sorte de réduire autant que possible la place des princes du sang dans le gouvernement de François II. Ne pouvant les éliminer, elle les noya dans le flot des notables qui constituèrent le fameux conseil privé. Elle se résigna à offrir un siège à trois Bourbons : l'un à Antoine, l'aîné, roi de Navarre, un second à son frère, le prince Louis de Condé, et un troisième au duc de Montpensier, autre branche des Bourbons. Ils furent neutralisés par trente conseillers qui ne leur étaient guère favorables. Elle faisait un bon calcul en donnant la prééminence aux Guises car ceux-ci bien que très puissants, ayant des mérites et ayant rendu au royaume des services autrement éclatants que les Bourbons, ne pouvaient en aucune manière prétendre au trône en dépit de leurs alliances, tandis que les Bourbons en avaient le droit. Selon la tradition monarchique, c'est Antoine de Bourbon qui aurait dû, à la mort d'Henri II, être lieutenant général du royaume et non le duc de Guise. Catherine n'avait pu l'admettre. Elle imaginait déjà les ogres de Navarre évincer ses enfants et ceindre la couronne à la place des chétifs Valois. Dans sa passion maternelle, elle se refusa toujours à cette idée. Cette haine irréductible de Catherine pour les Bourbons, qui la lui rendaient bien, est une des clefs de la guerre civile qui couve déjà.

Mais qui étaient donc ces Bourbons redoutés et rejetés ?

Antoine, premier prince du sang, est un homme plutôt frivole, changeant, ne disant ni oui ni non, ou plutôt oui et non tour à tour. Amateur de panache, brave comme tout le monde mais inconsidéré, imprudent, peu discret, ce n'était pas l'homme des complots. Un témoin de l'époque écrit : « *Il aborde volontiers les grandes entreprises mais on craint qu'il n'ait pas des forces proportionnées à ses hauts desseins.* » Sa femme et son frère le connaissaient et ils ne devaient guère le mettre dans le secret de leurs entreprises car on devine à travers les témoignages qu'il était bavard et vantard. Son comportement et son apparence semblent s'accorder à son caractère. Abondamment chevelu, le poil roux mal entretenu, paradant volontiers, portant selon la mode des boucles d'oreilles, il choisissait les siennes voyantes, formées de pierres de couleur. On l'avait surnommé « caillette » parce que, comme une caille change de plumage selon les saisons, lui changeait d'opinion. On l'appelait aussi « l'échangeur » pour cette raison. Bref, lui seul n'aurait pas été un danger pour la couronne, c'est un personnage que Catherine aurait facilement manœuvré. Pour le moment, sa femme Jeanne d'Albret le tenait en laisse. Dans l'avenir, il changea de laisse.

Tout autre était son cadet, Louis de Condé, mal bâti mais d'une solidité à toute épreuve. Bossu et légèrement tors, laid de visage, mais d'un courage, d'une énergie, d'une habileté diaboliques, il n'avait avec son aîné qu'un goût commun : un penchant frénétique pour les femmes. Outre ses vertus viriles, il possédait pour s'opposer à Catherine des armes plus subtiles, celles qu'elle-même maniait à la perfection : le secret, la dissimulation, le mensonge. L'histoire ne dit pas qu'il suivait la mode des boucles d'oreilles, mais il est une mode de son siècle qu'il suivait impitoyablement : la cruauté. Celui-ci était le véritable ennemi, le plus dangereux du trône des Valois. Catherine l'avait jugé à sa valeur, elle le redoutait.

Elle s'était adroitement débarrassée de la présence des deux frères en les expédiant en missions flatteuses et sans conséquence. Antoine était en Espagne où elle l'avait chargé de « remettre » à Philippe II sa femme, Elisabeth, qu'il n'avait pas daigné venir chercher lui-même. Quant à Condé, il était à Bruxelles pour discuter de certaines clauses du traité du Cateau-Cambrésis. Malheureusement pour Catherine, cette absence ne serait pas éternelle.

Parmi les trop nombreux membres du conseil privé, figuraient Catherine et Marie Stuart, puis le duc de Savoie et le duc de

Lorraine parce que leurs femmes étaient filles de rois de France (curieuse présence de Philibert de Savoie, ennemi de la France et allié de Philippe II) ; on y trouvait aussi des personnages nouveaux comme Michel de L'Hospital, des légistes pour lesquels Catherine avait de l'estime, puis l'évêque de Valence, Monluc, remarquable diplomate, et quelques autres dont on ignorait qu'ils avaient, comme Michel de L'Hospital, des attaches avec les réformés. Les princes Bourbons firent remarquer avec quelque aigreur qu'eux, princes du sang, ne comptaient pas plus qu'un conseiller de robe. On laissa dire.

En vérité, pour Catherine, c'est le conseil tout entier qui comptait pour rien : elle attendit un an avant de le convoquer ; encore prit-elle soin, pour ôter toute importance à cette réunion, d'assembler en même temps les chevaliers de l'ordre de Saint-Michel. Ce n'était plus un conseil privé mais une réunion publique. Madame Catherine en son royaume manœuvrait comme dans la « république » de Florence. Ce fut une foire aux vanités, aux dépens de l'orgueil des Bourbons. A tel point qu'on « oublia » d'attribuer à Antoine, roi de Navarre, un appartement. Dès que Catherine lui eut accordé une audience, il ne lui resta plus qu'à repartir ; on devine dans quels sentiments pour la reine mère et pour la cour. En dehors de ce conseil fantôme, Henri de Guise, le cardinal et Catherine gouvernaient à huis clos avec quelques conseillers triés sur le volet de la haute administration. Ces gens de robe voués aux affaires de la monarchie depuis des générations formaient une véritable aristocratie de la paperasse, plus fermée que l'autre, et se léguaient par héritage ou par mariage leurs charges inamovibles. Dans l'ombre de la cour, ils étaient la réalité du pouvoir. Ce sont eux qui, à travers la véritable subversion et les ravages de la guerre civile, maintinrent la monarchie et la France. C'est à Amboise que le premier coup fut porté à la couronne au mois de mars 1560.

*L'Histoire l'appelle le « Tumulte d'Amboise », les témoins se souvien-
nent de la boucherie d'Amboise*

C'est l'éternel complot d'une minorité virulente pour s'emparer
du pouvoir quand le souverain est incapable de l'exercer et de le
défendre. François II, on le sait, était le type même d'un prince
pitoyable qui avait remis son pouvoir à sa mère et à ses oncles. A
cet appétit de gouverner des conjurés s'ajoutait la haine des
réformés contre les Guises et Catherine qui, dans l'esprit des édits
d'Henri II, réprimaient sévèrement les manifestations des huguenots. Le conseiller au Parlement, Anne Du Bourg, fut brûlé en
place de Grève, comme Henri II l'avait voulu. Les protestants,
après la mort du roi, avaient espéré que la sentence ne serait pas
exécutée. Ils avaient multiplié les manœuvres auprès du jeune roi
et de ses conseillers mais Catherine et les Guises furent intraitables.
Les réformés se sentirent tous menacés et leur haine contre la reine
mère et les Lorrains les poussa au pire. Les princes Bourbons — et
Montmorency et ses neveux en sourdine — décidèrent de s'emparer de la personne du roi, d'assassiner les Guises si l'on pouvait ou
de se saisir d'eux pour les faire juger, condamner et expédier
légalement pour crime de lèse-majesté, d'usurpation de pouvoir,
d'exactions à l'égard du Trésor, d'accaparement de charges... Tout
ce dont on aurait pu accuser trois mois plus tard les comploteurs
s'ils avaient réussi leur coup. Les mêmes juges qui auraient
condamné les Guises auraient pu avec la même équité condamner
les princes et leurs amis car ils se seraient livrés à la curée du
Trésor après avoir éliminé les opposants. Quant au roi, il eût été le
roi fantoche comme devant.

Catherine avait flairé le danger. Elle essaya d'apaiser les haines
et demanda aux Guises de promulguer une amnistie pour tous les
protestants arrêtés pour faits de religion, sauf en cas de complot
armé. Elle espérait ainsi se concilier les réformés sincères, les
croyants, et les séparer de ceux qui n'étaient que des rebelles. Trop
tard, la grande affaire était lancée.

C'est un gentilhomme périgourdin, La Renaudie, qui en fut
l'organisateur. Il avait déjà eu maille à partir avec la justice.

Condamné comme « faussaire » à Dijon, il haïssait les Guises et les rendait responsables de sa condamnation. L'affaire qu'on lui confia n'était pas celle d'un novice. Si elle avait réussi, le sort du royaume aurait été changé. La Renaudie venait de faire un séjour à Genève auprès de Calvin. Celui-ci lui avait fait part de son plan politique et administratif qui serait appliqué à la France quand elle serait calviniste. Pour cela, il fallait que le roi le devînt ; d'abord s'emparer de lui, ensuite on convoquerait les états généraux qui décideraient de partager la France en cantons autonomes comme la Suisse. La Renaudie, séduit par ce découpage, l'expérimenta aussitôt dans son propre pays. Le premier canton — et l'unique — de ce modèle suisse et calviniste fut Périgueux. Il disparut dès sa naissance. La Renaudie avait des idées : « *C'est une grande folie*, disait-il, *que le pays soit gouverné par un seul souverain.* » Il en voulait un par district.

En ce mois de janvier 1560, son projet est plus militaire que politique. Il rassemble dans la région de Nantes des troupes armées venant de Normandie, de Bretagne et de Gascogne. En douceur, il les fait converger jusqu'à Tours. C'est, paraît-il, dans cette ville que, pour la première fois, le nom de « huguenots » désigna les réformés. Ce terme viendrait d'un lieu de réunion des protestants près de la porte de Hugues, à Tours. De là, il dirigea ses troupes en ordre dispersé en remontant la vallée de la Loire. L'objectif était Blois où séjournait la cour.

Les Guises veillaient en hommes de guerre. Blois ne leur parut pas un séjour facile à défendre : la ville et le château étaient très vulnérables. Amboise, tout près, était moins agréable mais mieux fortifié : ils firent déménager tout le monde. Entre Guise et La Renaudie, il y avait la différence qu'il peut y avoir entre un hardi et fier aventurier et un grand chef de guerre qui ne manque ni de hardiesse ni d'ingéniosité. Dans les romans romantiques de Walter Scott, c'est toujours le brave Robin qui gagne. Dans l'Histoire, c'est souvent différent et même Michelet, avec son merveilleux talent, n'a pas pu faire gagner La Renaudie.

Il avait pourtant de sérieux atouts. Ses troupes étaient nombreuses et dangereuses. En plus des soldats recrutés sur place, il avait des luthériens du Wurtemberg et des Hollandais. Les Anglais ne s'étaient pas enrôlés, mais Antoine de Bourbon avait eu des contacts secrets avec la reine Elisabeth. Jugeant cette affaire intéressante, elle lui avait accordé une importante subvention. Ce qui plus tard fit croire qu'elle en était l'instigatrice. Pas du tout : elle l'encouragea. Nuance. On voit que les princes avaient déjà eu l'idée de solliciter l'aide étrangère. Triste initiative qui servit bientôt d'exemple à la cour.

L'argent anglais ne porta pas bonheur aux conjurés. Cette entente secrète ne le resta pas longtemps et le plan de La Renaudie fut bientôt connu à Londres avant de l'être en France. Les catholiques anglais, persécutés par Elisabeth, avertirent le cardinal de Lorraine de ce qui se tramait. Cette information fut bientôt confirmée par l'évêque d'Arras, lui-même averti par un prince allemand de ses amis. L'éveil était donné. Il fallait aviser. Mais le péril s'annonça encore plus imminent lorsqu'un avocat parisien, protestant mais loyaliste, reçut chez lui La Renaudie qui se vanta de son entreprise et en révéla toute l'ampleur par fanfaronnade. L'avocat, Pierre d'Avenelle, terrifié par ces confidences mortelles, fit informer le cardinal.

La réaction est prompte. Amboise est mise en état de siège. Les portes sont murées. Des troupes sûres patrouillent sans arrêt autour de la ville et fouillent les forêts des environs, tandis que La Renaudie, sûr de son secret, poursuit sa manœuvre et resserre peu à peu l'encerclement de la ville. Personne ne pourra lui échapper.

Dans les murs d'Amboise, Catherine peut méditer dans la chapelle où, quarante-deux ans plus tôt, François Ier a marié Laurent de Médicis, son père, à Madeleine de La Tour d'Auvergne, sa mère. Quelle étrange assemblée dans ces murailles d'où personne ne peut ni entrer ni sortir ! Que pouvaient bien se dire les Lorrains et le prince de Condé et Coligny qui étaient présents ? Eux savaient tout du plan de La Renaudie et aussi du plan de défense qui allait anéantir leurs amis. Ils ne pouvaient rien faire pour leur éviter d'être écrasés et eux étaient pris au piège. Ces Guises étaient donc imbattables. Condé, dans son genre, l'était également. Qui pouvait penser que La Renaudie était son homme ? Il y avait bien quelque soupçon... On le nomma dans cette circonstance tragique capitaine des gardes du corps du roi. C'était un coup de Catherine : elle l'honorait mais son grade l'empêchait de quitter les appartements royaux. Elle le tenait aux arrêts.

Coligny n'avait pas encore avoué qu'il s'était converti au calvinisme durant sa captivité après le désastre de Saint-Quentin. Le moment eût été mal choisi pour le faire mais on savait qu'il avait pris parti. Il faut dire que Condé et Coligny signèrent l'édit qui se voulait apaisant, qui tolérait la liberté du culte sauf en public mais qui concluait que la religion nouvelle était condamnée car les loyaux sujets d'un roi catholique devaient vivre en bons catholiques. En d'autres circonstances, ils auraient refusé de signer.

Les patrouilles ramenèrent des groupes de pauvres paysans surpris dans les bois. Ils disaient vouloir parler au roi et invoquaient la Bible. François II, d'une fenêtre, s'adressa à eux, leur fit donner un peu d'argent et les engagea à rentrer chez eux. Avant de se retirer, ils apprirent au roi que derrière eux s'approchait une grosse troupe de plusieurs milliers de gentils-hommes. Ceux-là n'avaient pas que la Bible en main.

Dans un château des environs, les troupes royales arrêtèrent le baron de Castelnau et une troupe de protestants, saisirent des armes et des munitions. Castelnau était un parent de Coligny. Tenait-on la tête du complot ? Le cardinal le crut. Pas longtemps. Par la Loire arrivèrent de forts contingents armés qui assiégèrent aussitôt la ville. Ils furent repoussés. Le lendemain, le gros de l'armée rebelle, avec La Renaudie, encercla la ville. La Renaudie demanda à voir le roi. On le lui refusa. Il demanda à voir Condé. Son service ne permit pas au prince de paraître. Alors, La Renaudie attaqua. Il dut reculer. S'il avait compté surprendre, c'est lui qui avait tout lieu d'être surpris. Il avait compris, il se retira. Mais l'armée royale était partout autour d'Amboise. Guise lui fit donner la chasse. Pris dans une embuscade, il fut tué d'un coup d'arquebuse pendant l'échauffourée. Cette fois, le roi avait la tête du complot — pas tout à fait. Il y avait plusieurs têtes.

Le corps de La Renaudie fut écartelé et exposé sur le pont de la Loire avec cet écriteau : « *La Renaudie, chef des rebelles.* » Ceux-ci, épars, furent poursuivis et mis en pièces, les chefs saisis, ramenés à Amboise. Un renfort important qui arrivait du Midi fut intercepté par le duc d'Aumale et exterminé.

La répression, dans le style de l'époque, fut un chef-d'œuvre de l'horrible. Les chefs eurent l'honneur d'être exécutés dans la cour d'Amboise, on jeta la piétaille à la Loire. De la mise à mort on voulut faire un exemple, on en fit même un spectacle : au XVIᵉ siècle, on met l'art partout, même dans les massacres. Dès lors que la cour eut entière connaissance de la profondeur de la rébellion, elle jugea que sa répression devait glacer d'effroi les rebelles en puissance et les peuples stupéfaits. D'où l'ampleur de la représentation. On convoqua tous les notables de la vallée de la Loire, de Nantes à Orléans, pour qu'ils assistent au supplice dans les tribunes qui furent dressées. On s'y écrasa. A chaque fenêtre, des grappes humaines se penchaient ; sur les toits, des gens s'accrochaient au risque de glisser — pour ne rien perdre de cette boucherie humaine.

Dans la tribune royale, François II, livide, se tenait entre sa femme Marie Stuart et sa mère — en grand deuil, visage poupin en cire jaunâtre. Condé était à côté de Marie Stuart ; près de lui se trouvait le second fils de Catherine, Charles d'Orléans, dix ans. On lui avait imposé ce spectacle sanglant : il serait roi bientôt, son frère était à bout de forces, or un roi doit voir la mort et le sang. Pourtant, cet enfant n'était pas très équilibré ; à la chasse, déjà, la vue du sang lui donnait une excitation morbide. Qu'allait-il éprouver devant tous ces cadavres ensanglantés ? Nul ne s'en souciait. Il fallait qu'il y assistât. Le nonce du pape était assis juste derrière Condé.

Coup de théâtre : les cinquante-deux chefs rebelles qui vont être exécutés, d'un même mouvement, s'inclinent devant Condé : ils saluent leur chef. Personne ne respire. Le bossu est impassible. Il sait qu'aucun des conjurés ne l'a trahi ni ne le trahira, la tête sur le billot. C'est lui la vraie tête. On le soupçonne si fort qu'on a saisi tous ses papiers. On n'a rien trouvé, il a tout nié. Son habileté n'a laissé aucune trace. Le petit bossu a poussé l'astuce — et le courage — jusqu'à rester à la cour au lieu de s'enfuir quand il aurait pu le faire. Pour le moment, il est intouchable, Coligny aussi. Les temps changeront...

Le duc de Guise est à cheval, en grand arroi, devant le roi, au pied de la tribune. Trompettes. Le spectacle peut commencer. Le premier rebelle monte sur l'échafaud. Les autres, alors, entonnent en chœur un des psaumes traduits par le gentil Marot. Pendant toute la durée du supplice, ils ne cesseront pas de chanter mais peu à peu le chant perd de sa force, à mesure que les têtes, l'une après l'autre, roulent sur les planches. Le sang ruisselle sur les pavés où les corps s'entassent. Il n'en reste qu'un, Castelnau. Il chante seul. Les assistants s'agitent ; on supplie la reine de l'épargner. Le roi refuse. La hache s'abat, la tête roule au loin, le sang s'ajoute au sang. Condé se retourne vers le nonce et lui dit : « *Vous pourrez dire au pape, Monseigneur, que, si les gentilshommes français savent monter un complot, ils savent aussi mourir.* » Il est à remarquer qu'il n'a pas dit, comme on aurait pu s'y attendre, que *les huguenots* savaient mourir, il a dit *les gentilshommes.* Cela mérite attention. Dans l'esprit du prince, la qualité du noble prime sa religion. On s'en doutait.

L'assistance, éclaboussée de sang, muette d'horreur, a assisté à la boucherie sans manifester, sans détourner les yeux.

Pourquoi Catherine avait-elle voulu ce sacrifice humain ? Ce n'était ni dans son caractère ni dans sa manière. La violence et le sang n'ont jamais été ses atouts. Pas question pour autant d'invoquer sa sensibilité. Sa famille, son enfance l'ont cuirassée à vie. Cependant la violence est contraire à sa nature ou, si l'on veut, à ses calculs : elle est négociatrice, conciliatrice, retorse, pleine de duplicité. Elle n'est pas de ceux qui disent : « Que le plus fort gagne ! » mais : « Que le plus malin rafle la mise ! » même avec des cartes truquées. On n'a pas été en vain élevée par l'honnête Clément VII ; avec de tels principes, inutile de verser le sang, c'est une solution de barbares. Alors pourquoi cette boucherie ?

Parce que ce carnage s'imposa à elle comme un devoir horrible et inévitable au nom de sa religion véritable qui est celle du trône des Valois. Les rebelles avaient attenté à ce qu'il y avait de plus sacré à ses yeux : la couronne de son fils. Nous sommes, sur ce point, hors de toute politique rationnelle. A Amboise, on ne punit pas des huguenots hérétiques à la religion catholique, on punit un sacrilège inexpiable, celui de lèse-majesté. Les sujets du roi, en se rebellant, se sont rendus coupables d'une sorte de viol mystique qu'il faut effacer dans le sang et non pour se repaître de sang et de vengeance. Elle n'éprouva qu'un immense dégoût mais c'était pour elle une cérémonie expiatoire se rattachant à un culte très ancien, très primitif et d'autant plus exigeant qu'il était instinctif plus que raisonné. Il lui fallait, devant le plus de monde possible, sacrifier les coupables à ses idoles, à ses totems qui étaient alors pour elle et pour les peuples : la couronne, le sceptre, les lis. Catherine obéissait à des impératifs qui dépassaient sa personne, elle se savait vouée par les astres à ce rôle de reine, mère de rois, et son destin était d'assumer ce rôle écrasant aussi bien dans l'horreur que dans le faste. Elle l'assuma.

Durant le sanglant spectacle, une seule personne donna des signes de répulsion : Marie Stuart. Catherine la foudroya du regard. Elle jugea que sa belle-fille n'était pas digne de son sang : une reine n'a pas droit à l'émotion.

La propagande des princes et du parti calviniste tira profit de ce massacre avant d'en tirer vengeance. Ce fut fait de façon très habile. Par l'image révoltante du supplice, par des textes répandus dans tout le pays, par les prêches, les huguenots firent du complot une victoire morale. Non seulement auprès des réformés. De bons catholiques virent dans les Guises et Catherine les bourreaux de la nation.

Catherine verse du baume sur les plaies inguérissables qu'elle vient d'ouvrir

Bien que vaincue, la rébellion avait fortement impressionné les Guises et la reine mère. Celle-ci reprit aussitôt, sans vergogne, sa politique de clémence à l'égard des réformés. Elle se rallia avec complaisance à la proposition de son « compère », comme elle l'appelait en souvenir de leur amitié de jeunesse : Coligny. Il désirait réunir une assemblée de notables. Elle accepta. La réunion eut lieu à Fontainebleau le 21 août 1560. Les princes y assistaient — sauf les principaux, Antoine de Navarre et Condé. Ils refusèrent l'invitation. Condé avait quelque appréhension assez justifiée. D'ailleurs, les deux frères préparaient autre chose qu'une assemblée de discoureurs. Montmorency, lui, y parut. Au lieu de harangue, il se présenta à la tête d'un millier de chevaliers en armes. Quelle régression pour le pouvoir royal qui ne pouvait se faire d'illusions sur son interlocuteur ! Quel grand du royaume se serait permis une telle insolence devant François Ier ?

Un nouveau personnage fit alors son entrée en scène, le chancelier Michel de L'Hospital. Catherine l'avait choisi pour tenir la balance égale entre les Lorrains et le parti des princes, des Montmorency, des Châtillon-Coligny. Après l'affaire d'Amboise, elle eût volontiers sacrifié les Guises si cela avait dû apaiser la haine de ses ennemis. Mais elle comprit vite que, sans eux, elle eût été seule en face de la violence et de la détermination du parti réformé. Elle garda les Guises pour garder la couronne.

Dès que l'assemblée fut réunie, Coligny s'en prit vivement aux Guises. Le duc lui répondit : « *Vous ne parlez qu'en votre nom, vous n'avez de mandat de personne.* » Curieux ce Guise qui, au nom du roi, demandait à ce grand seigneur de qui il tenait son autorité. Ce petit air démocratique, plutôt original, montre assez la profonde différence qu'il y avait entre les deux partis en présence : le duc, lieutenant général du royaume, représentait le pouvoir légitime, Coligny, l'aristocratie réformée et rebelle. Vaincue ? Pas du tout. Elle avait le verbe haut. Coligny répliqua qu'il pouvait réunir dix mille signatures pour interdire les persécutions contre les huguenots. Guise lui répondit qu'il en aurait cent mille pour qu'on les continuât. Curieux aussi cet appel à une sorte de plébiscite. D'ailleurs, la proportion des signatures entre les deux partis n'était pas exacte. Bien que le nombre des protestants eût considérablement augmenté entre 1555 et 1560, ce qui avait inquiété Henri II au point de durcir la répression, ils n'étaient qu'une très faible minorité. Selon l'ambassadeur de Venise, toujours bien informé, il n'y avait en France que quatre cent mille protestants sur seize millions d'habitants. Par la suite, les conversions se multiplièrent, mais le nombre des réformés ne dépassa pas 5 % de la population du royaume.

Ce faible pourcentage ne signifie rien dans l'affrontement qui se

prépare. Le parti des princes rassemblait la qualité et l'efficacité.
Les cadres étaient formés par les seigneurs, surtout du Midi, mais
il y en avait un peu partout, en Normandie, en Poitou, en
Angoumois, en Saintonge. En outre, ils recrutaient des hommes
parmi leurs vassaux, ils avaient de l'argent pour les armer et
surtout ils avaient la foi et le courage des attaquants contre un
pouvoir mou, cruel par à-coups, fluctuant et, d'autre part, contre
un clergé divisé, déconcerté, mal préparé à se défendre. Qu'importe au XVIᵉ siècle d'avoir la majorité ? Quand Guise invoquait ses
cent mille signatures contre les dix mille de Coligny, ce n'était
qu'un argument polémique. Il savait fort bien que le seul argument
valable pour le pouvoir royal était d'avoir une armée supérieure à
celle de Condé. Que pesaient des millions de sujets du roi
catholique, muets, inorganisés, sans armes, contre des chefs de
guerre comme Condé, Coligny, amiral ne l'oublions pas, le
connétable Montmorency et tant d'autres de premier plan tout
autant par leur valeur guerrière que par leur caractère ? Ils
disposaient de troupes bien armées, bien commandées et qui
allaient être renforcées de reîtres et de lansquenets venus d'Allemagne luthérienne.

De ce duel oratoire entre Guise et Coligny un témoin perspicace
a écrit : « *Ceci est un certain pronostic que l'un et l'autre seront quelque
jour de deux contraires partis qui ne sont encore formés.* » Mais, si les
partis existaient en puissance — le complot et le duel oratoire en
donnaient la preuve —, ils n'étaient pas encore proclamés. Les
batailles rangées seraient pour demain.

Catherine voulait à tout prix les éviter. Aussi garda-t-elle
toujours le contact avec les réformés de façon à négocier, même à
l'insu des Guises. Pour nouer le dialogue, elle aurait voulu avoir un
entretien avec le célèbre pasteur Chandieu. N'ayant pu l'obtenir,
elle rencontra le ministre de l'Eglise de Tours, Duplessis. Une
supplique lui fut adressée secrètement, transmise par le fils de son
pelletier, réformé, Le Camus. Les réformés se plaignaient que les
mesures de tolérance qu'elle avait prises ne fussent pas appliquées
et demandaient à vivre paisiblement selon leur foi. Elle aurait
volontiers accordé ce qu'ils demandaient s'il ne s'était agi que de
foi religieuse. N'empêche que les Guises, ayant saisi le porteur de

la supplique, le firent emprisonner. Elle laissa faire. Cependant, elle persévéra à établir un dialogue en vue d'un modus vivendi de tolérance avec la nouvelle religion. C'est ainsi qu'elle prit les avis du sieur de la Planche mais les événements allèrent plus vite que ces conciliabules. Elle a très sincèrement voulu se rapprocher des huguenots pour qui elle n'avait aucune haine en tant qu' « hérétiques ». Cela n'avait pas grande importance pour elle. C'était l'insoumission qui l'inquiétait et non le chant des psaumes car elle les chantait avec Marguerite, et les bons informateurs du parti réformé savaient qu'elle possédait une Bible, des textes luthériens en français et que non seulement elle les lisait mais les faisait lire par ses domestiques. Le fanatisme en elle n'était pas religieux. Il était maternel et dynastique.

Le duc et le cardinal sentirent que la reine mère était prête à faire volte-face. Devant ce danger et l'impréparation du pouvoir et des catholiques, ils lâchèrent du lest pour gagner du temps. Ce recul n'était guère dans leur manière. Ils acceptèrent donc — du bout des lèvres — les propositions de Coligny. S'ils refusèrent aux réformés le droit d'élever des temples, ils renoncèrent pourtant à toute persécution contre les croyants sincères qui écoutaient le prêche pour le salut de leur âme et non pour manifester leur rébellion. Ils acceptèrent, en plus de cette liberté de conscience, la réunion des états généraux et même une enquête faite par les notables sur les abus de l'Eglise. Ces concessions inespérées réunirent la majorité et l'assemblée se sépara, comme il est d'usage pour les assemblées, en décidant la réunion d'une autre assemblée, celle des états généraux, qui eut lieu à Orléans le 10 décembre 1560.

Entre-temps, l'attitude des Guises s'était durcie. Ils avaient arrêté un lieutenant de Condé sur la route du Béarn. Il était porteur de lettres et de plans adressés au prince qui révélaient l'organisation d'un nouveau complot, plus grand que le précédent. Il s'agissait de s'emparer de Lyon, capitale financière du royaume, de Poitiers, de Tours et d'Orléans, enfin d'assassiner les Guises. Dès cette découverte, le duc et son frère le cardinal réunirent à une heure du matin un conseil restreint présidé par Catherine assistée de Michel de L'Hospital. Ils firent poursuivre et arrêter le vidame de Chartres qui revenait de Genève avec Théodore de Bèze. Celui-ci, fidèle et astucieux conseiller de Calvin, put néanmoins rejoindre la Navarre où Antoine de Bourbon avait bien besoin d'être repris en main car son calvinisme donnait alors des signes de faiblesse.

L'humeur des Lorrains s'aigrit aussi pour un motif moins grave qu'une menace d'assassinat qui n'était pas une nouveauté pour eux. Une farce injurieuse des huguenots les blessa au vif. On se souvient que le nonce avait assisté à la tuerie d'Amboise et qu'il avait fait son rapport à Rome. Le pape, pour féliciter le roi, la régente et les Guises de leur zèle, envoya à la cour de France une lettre de louanges et un merveilleux tableau de Michel-Ange, une *Vierge à l'enfant*. Cet inestimable chef-d'œuvre fut confié à un honnête marchand présentant toutes garanties d'honnêteté et de compétence. Or, ce marchand était un luthérien camouflé. Entre ses mains, la Sainte Vierge du pape risquait le pire. Et le pire arriva. Ce marchand fit exécuter un tableau de mêmes dimensions mais d'une tout autre inspiration. On y reconnaissait le cardinal de Lorraine, Marie Stuart, Catherine, la duchesse de Guise dans un nu intégral et se tenant lascivement enlacés. Le tableau, dans son emballage, et la lettre du Saint-Père furent remis à leurs illustres destinataires auxquels s'étaient joints le cardinal de Tournon et le duc de Montpensier. Le cardinal lut devant eux le message du pape pour la plus grande satisfaction de tous. Alors on voulut admirer le chef-d'œuvre. Colère et consternation devant « *ces enlacements sensuels qui n'avaient rien de commun avec la Sainte Vierge* », dit le narrateur. Le cardinal, dans sa fureur, fit sur-le-champ brûler le tableau, ne doutant pas « *que ce fussent les huguenots qui lui eussent joué ce tour... Il leur a causé beaucoup de maux qui leur sont depuis survenus* », ajoute le *Réveil-matin des Français et de leurs voisins* composé par Eusèbe Philadelphe en 1574. C'était un brûlot protestant. Pourquoi douterait-on du fait qui dut bien faire rire les réformés ? Il est regrettable que la lutte entre les deux partis ne se soit pas plus souvent exprimée sous forme de farces de ce genre. La Sainte Vierge a certainement pardonné cette offense et a beaucoup plus souffert des violences criminelles des uns pour l'attaquer et des autres pour la défendre. Cette farce ne fait sourire qu'avec le recul du temps, car les Guises la prirent très mal. Ils s'en souviendront à l'occasion.

Les états généraux ne s'ouvrirent pas dans une atmosphère de conciliation malgré les efforts de Catherine et de son chancelier.

Premier esclandre : Antoine de Bourbon et son frère Condé refusèrent de paraître à Orléans. Leurs femmes Jeanne d'Albret et Eléonore de Roye, bien plus enragées qu'eux, leur dirent qu'Orléans était un piège, qu'ils y seraient arrêtés et supprimés. Pourquoi pas ? Ils réservaient bien le même traitement aux Guises. Toutefois, une convocation du roi ne s'éludait pas aussi facilement. Un refus brutal risquait de les faire déclarer rebelles et mis au ban du royaume. Le souvenir de leur oncle, le connétable de Bourbon, leur donna à réfléchir. Madame Catherine, en secret, sut les intimider : elle avertit sa fille Elisabeth, reine d'Espagne, et Philippe II et les pria de la soutenir dans l'épreuve. Antoine de Navarre réclamait pour sa femme la partie espagnole de l'ancien royaume de Navarre. Philippe II n'eut jamais l'intention de la leur donner. Mais il profita de la contestation pour masser des troupes à la frontière du Béarn. Les Bourbons comprirent que leur royaume ne pèserait pas lourd si les armées espagnoles l'attaquaient. Cette perspective inclina Antoine à plus de souplesse.

En outre, les Guises firent immédiatement donner l'assaut aux forces protestantes qui s'apprêtaient à s'emparer de Lyon. Comme elles n'étaient ni prêtes ni averties de l'attaque, elles furent écrasées et Lyon évita d'être transformé en canton annexe de Genève.

Pour ceci et pour cela, les princes Bourbons se présentèrent à Orléans. Les Guises avaient pris toutes dispositions pour qu'ils parussent sans armée. Leur arrivée ne donna lieu à aucune cérémonie. Ils se faufilèrent comme de simples gentilshommes parmi les autres, non sans essuyer quelques moqueries. L'accueil du roi fut encore plus mauvais : sans leur montrer aucun égard, il ne leur fit que des reproches et, s'en prenant vivement à Condé, il lui demanda quel rôle il avait tenu dans l'affaire d'Amboise. C'était jouer avec le feu que sa mère voulait éteindre. Catherine, devant la détermination du roi, prit peur. Si les Guises encourageaient à fond la colère de François II, tout était à craindre pour les Bourbons. Elle sentit alors qu'elle ne compterait plus, que le pouvoir tout entier serait entre les mains des Guises. Elle joua la modération et, pour contenir la puissance de ses alliés devenus ses rivaux, elle décida de soutenir les Bourbons afin de maintenir l'équilibre des forces entre lesquelles elle espérait louvoyer et gouverner sans violence. Ses craintes n'étaient pas vaines car Condé fut arrêté. Malgré ses virulentes dénégations, il fut convaincu de complot et de rébellion et jugé. Les Guises avaient dicté le verdict à ses juges : la mort. Ils ne purent l'obtenir sur-le-champ. Les juges, sachant le roi très malade à la suite d'un coup de froid pris dans les forêts, firent traîner le procès. Ils auraient sans doute suivi les Guises si Catherine, en sous-main, ne les avait engagés à surseoir le plus longtemps possible. Elle protégeait son ennemi mortel en vue d'une hypothétique réconciliation, aux dépens de ses meilleurs alliés. Le cardinal de Guise ne s'y trompa pas. Il réunit des juges à sa dévotion qui prononcèrent le verdict fatal. Condé devait être exécuté le jour même de l'ouverture des états généraux, le 10 décembre.

Sanglante inauguration pour une assemblée réunie en vue d'établir la paix dans le royaume. Elle n'eut pas lieu. Catherine avait misé sur l'imminence de la mort de François II. Le malheureux, en effet, rendit l'âme, le 5 décembre, dans d'horribles souffrances dues à un abcès au cerveau qui ne put s'écouler ni par l'oreille ni par la bouche. Ambroise Paré avait voulu trépaner. Catherine s'y était opposée. On a dit qu'elle souhaitait se débarrasser de cette façon de Marie Stuart et des Guises. Calomnie. Jamais Catherine n'a souhaité la mort de ses enfants. Ce sentiment est complètement hors de sa sensibilité et de son devoir tel qu'elle se l'était fixé.

Pendant l'agonie de François II, la chambre royale fut interdite à toute personne autre que la reine mère, Marie Stuart et ses oncles de Lorraine. Bouleversée, Catherine fit appel, comme en toute occasion extraordinaire, à ses astrologues préférés. Elle se garda de les introduire au château. Elle les convoqua à Chaumont que Diane n'occupait pas encore, les formalités de la transmission n'étant pas achevées. Ruggieri scrutait les astres du haut d'une tour. Il n'était pas seul. Elle avait réuni une sorte de conseil occulte. En dehors des mages que nous connaissons figuraient un nouveau, un Français, Ogier Ferrier, puis Simeoni, dit Luc de Gauric en France, astrologue du pape qui le tenait en si grande estime qu'il lui attribua un évêché. L'incomparable Nostradamus était là, bien sûr. Entre autres bévues, le mage de Salon-de-Provence avait fait à Henri II la prédiction suivante : « *Rien ne tente de s'élever contre la foi catholique* », grâce, disait-il, aux « *calculs astronomiques* » réalisés au mieux de sa connaissance. Cela au moment même où Henri II, effrayé du progrès de l'hérésie en ses Etats, activait les persécutions. Paris s'était, bien entendu, entiché du mage qui avait récolté en argent et en diamants une énorme fortune. Catherine était envoûtée. Cependant, ses largesses pour son envoûteur, comme celles du roi, étaient plus mesurées que son enthousiasme. Le mage, devant leur pingrerie, mais lesté des cadeaux des Parisiens, avait regagné son Salon d'origine où il se tenait prêt, avait-il promis à Catherine, à revenir dès son premier appel. Elle l'appela à Chaumont et elle l'y rejoignit.

La séance fut pathétique. Dans une chambre noire, un cercle était tracé au centre duquel la reine devait se tenir. Sur le mur, en face d'elle, un miroir. Aux quatre angles, on pouvait distinguer les quatre noms de Dieu en caractères hébraïques. Nostradamus était juif et versé dans la cabale. C'est lui qui opéra. Il psalmodia certaines incantations assez longues et, dans l'obscurité, Catherine vit passer dans le miroir des nébulosités. Elles s'éclaircirent peu à peu et le visage de son fils François, qui agonisait, lui apparut. Un rouet, dit-on, se trouvait là, sans préciser s'il était dans la chambre ou simple image dans le miroir. Sa roue, en tournant, ne fit qu'un tour. Selon d'autres témoignages, c'est l'image du roi qui fit le tour de la pièce. Or, chaque tour accompli représentait une année de règne. Il y avait un an et quatre mois que François avait succédé à son père. Son règne était donc fini.

Quand l'image de François eut disparu, celle de son frère Charles lui succéda dans le miroir et le rouet lui attribua quatorze tours, soit quatorze années de règne. Celui qui deviendrait Henri III prit la suite et le rouet tourna quinze fois. Catherine attendit l'apparition de son dernier fils, le dernier Valois : François, duc d'Alençon. Or, ce ne fut pas lui qui, dans le miroir fatal, succéda à Henri III mais l'image d'Henri de Navarre. Image odieuse entre toutes. Visage de l'usurpateur du trône de ses enfants. Elle fut tellement saisie qu'elle ne put retenir un cri qui partait de ses entrailles : non ! non ! et le rouet compta vingt-deux tours : son ennemi abhorré devait, en effet, régner vingt-deux ans.

Accablée, elle demanda à Nostradamus d'interroger le miroir et le rouet pour savoir quelle serait sa propre mort. Mais le miroir resta obscur et le rouet immobile. Ses astrologues ne purent lui donner qu'un avertissement : « *Méfiez-vous de Saint-Germain.* » Elle en fut si troublée que, de ce jour, elle ne mit plus les pieds à Saint-Germain sans appréhension malgré l'agrément qu'elle trouvait à ce château et à sa proximité de Paris.

Elle était tellement persuadée de l'infaillibilité de la prédiction du rouet que, lorsque son fils Henri, son adoré, fut élu roi de Pologne en 1573 et partit pour ce pays, elle lui dit : « *Vous reviendrez bientôt.* » Ce qui signifiait que le trône de France serait vacant sous peu, puisque le rouet n'attribuait plus qu'une année de règne et de vie à Charles IX. Ce mot fit croire que c'est elle qui avait décidé d'empoisonner Charles pour donner le trône à Henri. Charles IX apprit à la fois le mot de sa mère et l'interprétation qu'on en donnait. Il fut saisi de frayeur et de haine pour son frère et se serait horriblement vengé s'il en avait eu le temps. Encore une fois, Catherine se trouva chargée à tort d'un crime dont elle est parfaitement innocente. Mais la calomnie, sur sa lancée, continua de circuler. Quelle sombre, redoutable et magnifique poésie cette femme venue d'ailleurs, en relation avec l'*ailleurs*, traînait dans ses éternels voiles funèbres !

Tristes effets du génie conciliateur de Catherine pour réconcilier les irréconciliables

Dans la succession de François II, il y avait une jeune veuve. Au regard de Catherine, deux reines veuves près du trône, c'était une de trop. Pendant quarante jours, vêtue de blanc dans son appartement tendu de noir, Marie Stuart observa le deuil rituel des reines. Elle sentait que sa présence était indésirable. Déjà elle avait pu constater avec quelle rapidité sa belle-mère avait mis fin à l'affaire d'Ecosse. Or, c'était Marie Stuart qui incarnait les prétentions des Guises que Catherine, on le sait, voulait alors mettre à l'écart. En attendant des jours meilleurs, Marie se retira quelque temps en Lorraine auprès de ses oncles. Puis elle reparut. Elle se serait volontiers fixée à la cour mais Catherine lui enjoignit de regagner sans tarder son royaume d'Ecosse divisé, attaqué par les Anglais qui ne voulaient plus des Stuarts. Marie confia à ses oncles lorrains la gestion des biens qu'elle possédait en France et elle s'embarqua, désespérée et sans cérémonie, pour son royaume qui, déjà, ne lui appartenait plus. Catherine, en fait, l'envoyait à la mort. Elisabeth d'Angleterre se chargea d'y pourvoir.

La mort de François II avait tout remis en question. Dans la France d'alors, le gouvernement et la politique dépendaient uniquement de la personne du roi. Le pouvoir des Guises ne tenait qu'à leur nièce Marie Stuart et à la confiance aveugle de François II. Celui-ci disparu et leur nièce dépossédée de toute influence, ils redevenaient des seigneurs comme les autres. De son côté, Madame Catherine devait jouer serré pour se rapprocher des Bourbons sans toutefois lâcher complètement les Guises. Situation intenable. Mais elle ne pouvait rompre avec les Lorrains qui étaient aussi puissants que les Bourbons et plus populaires qu'eux à Paris et dans le parti catholique.

Avant que quoi que ce soit fût décidé au sujet de la régence, elle avait pris ses dispositions. La mère éplorée s'effaça devant « l'homme politique » qui était en elle. Le danger qui menaçait son pouvoir s'appelait Antoine de Bourbon, premier prince du sang après les enfants de Catherine. C'est lui qu'il fallait circonvenir sans tarder. Elle y réussit en faisant libérer Condé, en promettant de faire réviser son procès et de réhabiliter le prince. Elle se fit remettre le sceau royal que détenait Antoine, geste qui signifiait qu'il renonçait aux prétentions légitimes que lui garantissait la loi salique, le roi étant mineur. Pour ne pas heurter la loi capétienne, elle évita de se déclarer « *régente* » et prit le titre de « *gouvernante de France* ». Cette question de mots étant réglée et le consentement d'Antoine acquis, elle lui promit de le faire nommer lieutenant général du royaume. Etant tacitement entendu qu'il ne recevrait que les rapports des gouverneurs de provinces déjà annotés par la reine et sur lesquels il donnerait son avis quand on voudrait bien le lui demander. Tout cela se passa en conseil privé ; elle n'avait convoqué que ses fidèles légistes bardés des vieux parchemins de la couronne qui, en bonne et due forme, lui assurèrent le pouvoir absolu.

Les états généraux, réunis solennellement à Orléans, le 14 décembre 1560, ne furent pas informés de cette cérémonie intime. La situation n'échappa pas à l'ambassadeur de Venise : « *Dans le gouvernement la reine mère est considérée comme celle dont la volonté est suprême en toutes choses... de telle sorte que l'autorité sera conservée intacte par Sa Majesté, et dans le conseil il n'y aura d'autre chef qu'elle seule.* »

Quand les Guises apprirent l'arrangement qu'elle avait conclu avec Antoine de Bourbon et la promesse qu'elle avait faite de lui donner la lieutenance générale, ils ne firent pas de complot, eux, mais ils se retirèrent des affaires tout en gardant leurs charges et les yeux ouverts.

Le vieux et âpre Montmorency crut son heure venue de reprendre le pouvoir avec ses neveux les Châtillon : Coligny, Andelot et le cardinal. Une partie de la noblesse les soutenait. Une autre partie, non moins importante, se solidarisa avec les Lorrains. Tout annonçait la guerre civile.

C'est dans de telles circonstances que la fille des banquiers devint plus reine de France qu'aucune reine ne l'avait jamais été sur le trône des lis. Elle se fit attribuer des pouvoirs, des prérogatives et des honneurs que la plus célèbre, la plus orgueilleuse, la plus dominatrice des reines régentes de notre histoire, Blanche de Castille, n'avait jamais eus.

Toute grandeur se traduit par des symboles, surtout en ce siècle qui gardait une mentalité féodale sous le vernis moderniste de la Renaissance. Elle se fit donc graver un sceau royal. Jamais un souverain de France, ni Philippe Auguste, ni Saint Louis, ni Charles V, n'en eut d'aussi « parlant » ni de plus chargé. D'abord son effigie : sous ses voiles de veuve, son lourd visage surmonté de la couronne royale. Elle tient le sceptre à droite, la main gauche pointe un index impérieux. A sa dextre, l'écu de France avec ses trois fleurs de lis ; à senestre, les armes des Médicis, cinq besants (c'est plus noble que de dire les cinq pilules originelles). Voilà pour le côté face. Côté pile : le graveur a bourré tout l'espace dont il disposait avec toutes les armoiries que Catherine pouvait rassembler dans son ascendance : les armes de France, bien sûr, les armes des Médicis, plus les armoiries de sa mère La Tour d'Auvergne (un semis de fleur de lis à tour d'argent), plus les armoiries des comtes d'Auvergne, plus celles des comtes de Boulogne auxquels sa mère était apparentée. C'est tout. Diane de Poitiers dut ricaner comme une hyène en cage en voyant cet étalage. « *Elle n'est pas de si petite naissance* », se souvint-elle peut-être d'avoir dit, un jour lointain, à François Ier. Catherine n'avait omis que les armoiries de « son » duché d'Urbin. Elle fit bien, les nobles français s'en moquaient.

Ce pouvoir absolu qu'elle détenait n'avait jamais été aussi menacé. Allait-elle le garder ? Elle avait ses armes secrètes : sa manière fluctuante, ambiguë, qui aurait perdu n'importe quel souverain, la sauva. Pour elle, une alliance n'était jamais ni tout à fait sincère ni tout à fait menteuse. Cela lui permettait d'échapper à la fois à ceux qui l'accaparaient pour la soutenir et à ceux qui voulaient l'abattre car les premiers, disons les Guises, ne l'aidaient que pour s'emparer du pouvoir et elle se servait à l'occasion des princes réformés pour faire reculer les premiers. A vrai dire, elle avait Florence dans le sang. Et, si elle avait voulu compléter ses armes parlantes, elle aurait dû y introduire une anguille — d'or, cela s'entend.

Pour magnifique que fût le sceau de Catherine, il ne put résoudre aucune des terribles difficultés du moment. Les états généraux eux-mêmes ne purent que voir s'affronter les parties adverses sans trouver de solution car aucune ne voulait céder. Michel de L'Hospital fit des harangues admirables sur la tolérance. Le clergé se buta. Les réformés s'enhardirent de plus belle. D'abord le clergé refusa tout « don » en faveur du Trésor royal qui était vide. Catherine ne put rien obtenir non plus de la noblesse ni du tiers état : il refusa toute aggravation de la fiscalité et ne se gêna pas pour conseiller à la reine de diminuer les dépenses somptueuses et les pensions de la cour. Quelques réformes utiles furent adoptées, notamment dans le domaine judiciaire et surtout dans l'Eglise. On prévoyait un enseignement régulier et contrôlé du clergé, les hommes ne pourraient prononcer les vœux qu'à vingt-cinq ans et les femmes à vingt. La discipline dans le haut et bas clergé serait contrôlée. Les premiers effets des critiques calvinistes se faisaient sentir — un peu tard. Le mal était si évident que les meilleurs catholiques étaient prêts à amender l'Eglise. Mais de quel prix il fallut payer cette clairvoyance forcée par les « hérétiques » !

Catherine connut une autre alerte. Déjà déçue par le refus des états de l'aider financièrement, elle le fut bien davantage en apprenant qu'une agitation venait d'éclater au sein de l'assemblée avertie de la *combinazione* entre Catherine et les Bourbons. Les députés, surtout ceux de la noblesse, exigèrent que l'ancien droit capétien fût respecté et qu'Antoine de Bourbon devînt régent. Elle soupçonna Antoine d'avoir inspiré cette revendication. Il se défendit comme un beau diable mais, pour plus de sûreté, elle lui fit signer une renonciation formelle au titre de régent. Sur la lancée, elle obtint même la signature de Condé, ce qui était bien plus difficile, mais elle fit en sorte qu'il pût reparaître à la cour, c'est-à-dire qu'elle tint sa promesse de le réhabiliter, après révision de son procès, ce qui fut fait par le Parlement de Paris le 13 juin 1561. Quant à Antoine, après cette algarade, il fut réellement nommé lieutenant général du royaume. Les Bourbons pouvaient parler en maîtres à la cour.

Enfin, Catherine, avant la séparation des états généraux, prit de nouvelles mesures en faveur des réformés : les Parlements devaient faire relâcher les personnes incarcérées pour faits de religion.

Cette bienveillance fut interprétée par les chefs de la Réforme comme un acte de faiblesse et un encouragement à manifester de façon provocante leur croyance. Les désordres causés par eux n'avaient d'ailleurs pas attendu la fin des états généraux. Les calvinistes y avaient envoyé une délégation très dynamique et les élections s'étaient souvent déroulées, dans le Midi surtout, sous la menace et l'agression. Il faut dire qu'à la question religieuse s'ajoutait un très pénible malaise économique qui ne dépendait ni du roi ni de Calvin mais de l'afflux des métaux précieux provenant, à travers l'Espagne, de l'Amérique qui avait provoqué une dévaluation catastrophique de la monnaie. En dix ans, une pièce de monnaie avait perdu de 50 à 60 % de son pouvoir d'achat. La noblesse et les paysans avaient été les plus touchés car leurs baux étaient fixés sur une monnaie de valeur immuable. Au contraire, le commerce et les banques fructifiaient. On se souvient que le cardinal de Lorraine avait imposé aux banques de diminuer de moitié leur taux d'intérêt. Mais le Trésor royal n'en profitait pas et l'on a vu la dureté du refus des états de permettre la levée de nouveaux impôts. Une partie de la noblesse rurale, désemparée, se fit calviniste, les armes à la main. En Gascogne, dans le Languedoc, les troupes huguenotes se livrèrent au pillage en règle des seigneuries catholiques. A Montpellier, Montauban, Agen, soixante églises furent détruites, on compta mille deux cents assassinats. On tuait à vue les catholiques dans les seigneuries dont le seigneur s'était converti mais, quand le seigneur était resté catholique, on tuait d'abord le seigneur comme il arriva au baron de Fumel, en Agenais.

A Paris même, les réformés, se sentant soutenus en haut lieu, devinrent agressifs publiquement. A Saint-Merry, ils se groupèrent en grand nombre devant l'église et se mirent à chanter si fort que le prêtre ne put officier dans le vacarme ni les fidèles entendre la messe. Le curé eut l'idée de faire sonner les cloches à toute volée pour assourdir les chanteurs de psaumes. Ceux-ci, furieux, envahirent l'église, frappèrent les fidèles et cassèrent tout ce qu'ils purent. Le curé fit appeler le guet pour rétablir l'ordre. Mal lui en prit. Le chevalier du guet et ses gens d'armes embarquèrent tout le monde, y compris le curé. La nouvelle se répandit aussitôt dans la ville qui vit dans cette façon d'arrêter les victimes et les coupables, les catholiques dans leur église et les protestants qui les y agressaient, une véritable trahison du pouvoir. Les rues se remplirent de gens prêts à l'émeute, à la recherche de protestants pour les massacrer. Le Parlement dut intervenir. Il fit d'abord arrêter le chevalier du guet dont la conduite, pour le moins étrange, était à l'origine du tumulte et, avant d'instruire son cas, tous les fidèles et le curé furent libérés. Quant au chevalier du guet, il fut pendu séance tenante par décision judiciaire. La paix revint. On aurait pu toutefois se demander pourquoi le chevalier du guet avait été aussi expéditif et aussi partial. Il aurait fallu en chercher la raison au-dessus de ce fonctionnaire. On jugea bon de ne pas chercher car on aurait trouvé. Le gouverneur de Paris était le prince de La Roche-sur-Yon, prince Bourbon, cousin du roi de Navarre et de Condé et calviniste, donc comme eux intouchable avec la nouvelle politique de Catherine.

C'est pourquoi Paris, ville très catholique, vit dans les conces-sions de Catherine une sorte de provocation à l'égard de la religion du roi et de presque tous les Français.

En se séparant, les états généraux lui firent un cadeau empoisonné par les plus vertueuses intentions du monde. Puisqu'elle avait besoin d'argent, au lieu d'augmenter les impôts, ils la chargèrent de faire rendre gorge à tous ceux qui, sous le règne de son mari Henri II, avaient outrageusement pompé dans le Trésor royal : Montmorency, les Lorrains, le maréchal d'Albon et Diane, bien entendu, se trouvaient les premiers menacés, étant les plus gros consommateurs des finances publiques. Magnifique prétexte pour rapprocher ces ennemis politiques qui se réconcilièrent pour défendre leur argent.

Le ciel leur vint en aide. Pour prêcher le carême de 1561, Catherine, toujours favorable à ses ennemis, choisit l'astucieux évêque de Valence, Monluc (frère du célèbre maréchal de Monluc mais d'idées diamétralement opposées). Brantôme nous dit que le Monluc crossé et mitré « *était tenu pour luthérien ou calviniste* ». Cela ne semblait pas faire de doute pour les catholiques, pas plus que le catholicisme militant de son frère, le maréchal de Monluc, n'en faisait pour les calvinistes. Le sermon — ou plutôt le prêche — de l'évêque scandalisa tellement l'honnête Montmorency, fervent catholique et toutefois allié de ses neveux huguenots, qu'il quitta la chapelle royale et descendit avec sa femme dans les cuisines du château où prêchait en toute orthodoxie un bon moine jacobin devant les gens du service. Le connétable y trouva une excellente compagnie : les Guises et le maréchal d'Albon. Ce rapprochement dans la piété les amena le soir même à constituer une sorte de triumvirat. Quand les voies de la politique, secondées par une menace du fisc royal, sont éclairées par un bon sermon jacobin, le résultat est très étonnant. Les sinuosités de Catherine ne le sont pas moins. Déconcertés par la régente, les trois triumvirs se proposèrent de combattre la Réforme et se déclarèrent solidaires de Philippe II qui reprochait à la cour de France ses complaisances pour les chefs huguenots. C'était la contrepartie du soutien d'Elisabeth d'Angleterre et des princes luthériens au parti protestant. Triste affaire que les ingérences étrangères dans une guerre civile.

Leur première résolution fut d'unir leurs forces afin d'assurer une pression sur le pouvoir de Catherine et de ses nouveaux alliés. Enfin, allant au plus pressé, ils décidèrent d'empêcher touté enquête exigée par les états généraux sur les biens acquis sous le précédent roi. On se demande si cette dernière résolution n'est pas plus importante pour eux que les précédentes. En tout cas, c'est celle-ci qui a provoqué les premières. Catherine, informée de l'alliance de ces trois puissances, prit peur. Cette opposition n'était d'ailleurs pas sans rapport avec sa politique étrangère. Sa manie conciliatrice de l'inconciliable l'avait entraînée trop loin : elle avait sauvé Condé, elle écoutait avec faveur Coligny, elle avait pour conseiller très estimé Michel de L'Hospital qui prêchait la tolérance, donc le renforcement du parti de Condé, or, son gendre Philippe II et Philibert de Savoie étaient scandalisés et furieux de cette tolérance qui, pour eux, encourageait les conversions en privilégiant les protestants tout en excitant les catholiques à la résistance armée.

Catherine avait une certaine affection pour Philibert de Savoie parce qu'elle aimait toujours Marguerite qui l'avait engagée dans la voie de la tolérance. Mais Philibert, au contraire, était prêt à s'allier à Philippe II pour combattre l'hérésie en France. Les lettres de Marguerite et de Catherine avaient été interceptées par le maréchal de Tavannes ; ce fidèle serviteur du roi et fidèle catholique était persuadé, malgré l'affection qu'il avait pour Catherine, qu'elle faisait fausse route. Il note dans ses *Mémoires* : « *La reyne est résolue en faveur des huguenots dont elle espérait son salut contre le triumvirat.* » Elle essaya de calmer le duc de Savoie. Hélas, celui-ci n'était pas homme à se payer de bonnes paroles et demeura le fidèle allié du redoutable Philippe II dont la haine de la France, jusqu'alors seulement politique, s'exaspéra pour des raisons religieuses. Il crut que Catherine pactisait avec l'hérésie. Même Calvin fut satisfait — momentanément. Il écrivit alors :

« *Les concessions que la reine mère a dû consentir auront de grands résultats, notre Eglise va s'étendre de tous les côtés.* » C'est exactement ce que redoutait Philippe II. Aussi le roi d'Espagne menaçait — c'était très sérieux — d'envahir la Navarre et le Béarn de Jeanne d'Albret, dont celle-ci avait fait un foyer calviniste, le refuge des persécutés : de là rayonnaient les propagandistes qu'elle recevait de Genève et ceux qui étaient formés par ses soins. Théodore de Bèze, sorte de coadjuteur de Calvin, homme de grand esprit, de haute culture et d'une rare habileté manœuvrière, était le conseiller privilégié de la reine de Navarre. C'est grâce à l'organisation de Jeanne d'Albret que tout le Sud-Ouest de la France était en partie passé à la Réforme. Comme elle n'était pas femme à s'embarrasser de tolérance et de demi-mesures, le catholicisme était interdit dans ses Etats.

Catherine l'appréciait à sa juste valeur, qui était grande, et la redoutait plus que son mari Antoine de Bourbon qu'elle avait amadoué. Elle finit même par obtenir une victoire étonnante sur ce prince, lieutenant général du royaume, victoire si parfaite qu'elle n'eut plus rien à craindre de lui. Il faut savoir que, malgré les difficultés financières et les malheurs, Catherine, fidèle aux enseignements de François Ier, maintenait envers et contre tout la cour de France dans une somptuosité éblouissante. Elle n'y brillait pas par ses voiles noirs, mais autour d'elle elle exigeait le même cérémonial que François Ier avait institué, le même luxe des vêtements, des équipages, des bals et des festins, des chasses. Cela faisait partie de sa façon de régner et d'en imposer. Ainsi augmenta-t-elle le nombre de ses demoiselles d'honneur : de quatre-vingts sous le règne d'Henri II, il passa à trois cents. Ce n'était pas seulement pour la parade : les demoiselles, choisies dans la noblesse provinciale, étaient belles, gracieuses et surtout disciplinées. Elles n'écoutaient leurs soupirants que sur ordre. Mais, quand l'ordre leur était donné, Brantôme dit qu'elles étaient « *parées comme des déesses mais accueillantes comme des mortelles* ». On a appelé cette troupe avancée de la politique de Catherine « *l'escadron volant* ». Il a fait scandale dans les racontars bien postérieurs au XVIe siècle. Sous le règne de Catherine, les protestants en firent une invention de Belzébuth, mais cette troupe volante ne se livrait ni à la débauche ni à l'orgie. Catherine, on le sait, avait horreur de ces dévergondages qui étaient de mode en France du haut en bas de la société et surtout au plus haut de la société. Ces demoiselles étaient surveillées, le scandale était puni et, si l'une d'elles oubliait la règle et « *ne savait se garder de l'enflure du ventre* », elle était enfermée à vie dans un couvent.

C'est une de ces demoiselles que Catherine envoya en mission spéciale auprès d'Antoine de Bourbon. Elle était née Louise de la Béraudière, mais à la cour on l'appelait la belle Rouhet, nom qu'elle tenait d'une seigneurie de son père. Le roi de Navarre résistait mal à ce genre d'assaut. Il succomba comme prévu. Il ne manquait plus qu'à le manœuvrer pour qu'il perdît toute velléité d'agressivité à l'égard de la reine mère. Tout se passait dans le plus grand secret et la belle n'eut aucun mal à lui faire croire que, si la reine apprenait la nature de leurs rapports, elle exilerait la pauvre énamourée dans quelque cloître. Pour éviter pareil malheur, le bon prince se déclara prêt à tout pour complaire à la reine mère afin de s'assurer de sa clémence. C'est exactement ce que Catherine attendait de lui. C'est à ce moment choisi qu'elle lui demanda de signer une renonciation totale à la régence. Il signa, on l'a vu, sans discuter et se contenta d'une lieutenance générale assortie des restrictions que l'on connaît. Et il pensa sauver la belle Rouhet.

A Genève, Calvin, apprenant cela, s'affola. Il crut perdu le soutien irremplaçable que représentait pour sa cause le premier prince du sang. « *Il est tout à Vénus*, écrivait-il à un ami en parlant d'Antoine, *la matrone, qui est expérimentée en cet art, a extrait de son harem ce qui pouvait attraper l'âme de notre homme en ses filets.* » « L'âme », c'est beaucoup dire. Mais les théologiens, même mal pensants, mettent de l'âme partout. Pour Bourbon, la volupté et l'ambition trouvaient leur compte dans l'aventure. La belle Rouhet avait une telle emprise sur lui qu'il était devenu invisible à la cour mais surtout pour ses amis protestants qui le jugèrent avec mépris.

Calvin intervint directement auprès d'Antoine et lui écrivit pour lui rappeler ses devoirs, l'inciter à ouvrir les yeux sur le monde démoniaque que régentait la reine mère : « *Je vous prie donc, Sire, au nom de Dieu de vous éveiller à bon escient.* » Antoine préféra à ce réveil grognon la présence enchantée de la belle Rouhet. La voix de sa déesse, qui lui répétait avec un charme infini les instructions de Catherine, avait plus de succès que les messages de Genève. Le pouvoir de la belle était si grand que Catherine lui ordonna d'en mesurer toute l'étendue en accomplissant auprès du prince une ultime mission qui serait le couronnement de sa carrière. La belle Rouhet s'ingénia à démontrer à Antoine que leur amour atteindrait la perfection si, au lieu de se donner comme elle le faisait à un amant hérétique, au risque de perdre son âme dans un amour coupable, elle pouvait, sans remords, se donner à son amant redevenu catholique. Cela fait, elle verrait le ciel sur terre et lui aussi. Il fut très ému parce qu'il avait déjà eu des visions inoubliables de « ciel sur terre » qu'il voulait continuer à tout prix. Le sermon de Mlle de la Béraudière eut plein succès. Antoine de Bourbon abjura, se fit catholique, entra définitivement au parti de la cour et de Catherine et il eut même l'honneur d'être tué au combat, au siège de Rouen, dans l'armée royale. Entre-temps, il avait eu avec sa déesse diverses visions du paradis qu'elle lui avait promis, d'où naquit un enfant reconnu par Antoine sous le nom de Charles de Bourbon. Cet enfant de l'amour et d'une heureuse conversion fut, à peine sorti de page, nommé évêque de Comminges.

Les guerres de religion : cancer du siècle

Dans cette explosion de vie, d'intelligence, de savoir neuf qui enfanta la civilisation de l'Occident moderne, l'homme s'est épanoui avec une force vitale inconnue jusqu'alors. Il a libéré toutes les lumières et toutes les ardeurs de sa nature profonde en créant des œuvres sublimes au milieu de passions forcenées. Dans le corps même de cette société bouillante, saisie d'une frénésie de vivre et de braver la mort, s'est développé le cancer de la guerre civile.

Au moment même où la Renaissance atteignait l'apogée de sa puissance créatrice, son génie s'appliqua avec le même raffinement à enfanter la haine, la cruauté, la folie du meurtre et des destructions sacrilèges. Par une sorte d'absurdité tragique, cette société s'acharna à se mutiler, à s'exterminer alors qu'elle venait d'inventer un idéal admirable qui légitimait la liberté de l'homme, le respect de sa dignité, cet idéal appelé l'*humanisme*. Comprenne qui pourra que l'humanité est pétrie de satanisme autant que d'angélisme.

Au milieu de l'émotion qui régnait dans le royaume, notamment dans les assemblées de notables mais souvent dans les rues, Catherine, pour affirmer sa politique de tolérance et de réconciliation nationale, décida de réunir les deux partis adverses à Poissy. Pour montrer sa volonté de paix aux protestants, on donna à cette réunion un nom emprunté à la religion réformée, on l'appela le colloque de Poissy. On n'osa pas l'appeler synode bien qu'il l'eût mérité puisqu'il était à l'échelon national.

On ne peut comprendre dans quelle atmosphère menaçante Catherine prit cette décision si l'on ignore l'inquiétude et la peur du moment. Un incident est révélateur. Le 15 mai 1561, trois mois avant la réunion du colloque, le cardinal de Guise, archevêque de Reims, sacra son troisième roi. Le cardinal, comme son frère le duc, comme tous les fidèles et comme tous les catholiques, ressentait cruellement la prépondérance que le parti réformé prenait sur la couronne. Au moment de placer cette couronne sur le front du roi enfant, le cardinal lui adressa un avertissement solennel dont la destinatrice était sa mère : « *Quiconque conseillerait à Votre Majesté de changer de religion lui arracherait en même temps la couronne de la tête.* » Ce n'étaient pas là paroles en l'air : nous verrons quel était l'entourage du petit Charles IX et de ses frères et le danger que le trône courait alors. L'enfant, impressionné, fondit en larmes sous cette couronne à la fois si lourde et si fragile. La France éprouvait les mêmes sentiments.

Le cardinal venait de prononcer un principe politique absolu pour la monarchie française au XVIᵉ siècle : la France ne pouvait avoir de roi que catholique. Un certain Henri de Navarre le comprit plus tard, à son heure.

Catherine laissait les calvinistes prêcher sans se gêner dans le château de Saint-Germain où elle résidait alors avec le roi, ses deux autres fils, sa fille et toute la cour. Coligny et Condé y brillaient de tous leurs feux et encourageaient les protestants à manifester en tous lieux leur foi nouvelle. Les plus turbulents ne s'en privèrent pas. Ils organisaient des cortèges devant les couvents en chantant des chansons obscènes sur les moines et les nonnes. Les catholiques répondaient en proclamant que les prêches et les réunions calvinistes se terminaient en orgies. Les femmes qui y assistaient n'en revenaient pas indemnes. « *Celles qui à l'aller étaient femmes de bien s'en revenaient putains et paillardes.* » (*Mémoires* de Claude Haton.) Ou encore : « *Toutes les huguenotes ne sont que filles à trousser et farouches suceuses de moelle.* » Les huguenots, qui en disaient autant des bonnes sœurs, n'en devinrent pas moins enragés et, dans leur fureur, ils se vengèrent sur les curés, les moines dont ils pouvaient se saisir et aussi sur les églises, les statues qu'ils martelaient. Pour les catholiques, la vue de la Sainte Vierge écrasée à coups de marteau était un supplice car ils aimaient d'amour la reine du Ciel, leur messagère privilégiée auprès du Seigneur. Ces sacrilèges, plus encore que les meurtres, excitaient des haines incontrôlables. A Orléans, des femmes calvinistes pillèrent l'église Sainte-Euverte et, devant la foule, pissèrent dans les ciboires. Ces spectacles étaient faits pour rendre folles des populations entières qui croyaient voir Satan en personne souiller les vases sacrés. A Beauvais, le jour de Pâques, le cardinal-évêque, au lieu de célébrer la messe, la remplaça par la cène de Calvin : c'était le cardinal de Châtillon, frère de Coligny. La foule envahit le palais épiscopal. Le cardinal ne changea pas pour si peu. Presque partout, en France, des rixes éclataient.

Nous n'attendrons pas plus longtemps que le Vatican ait fini de tirer les conclusions qui s'imposaient devant les progrès du calvinisme. Nous connaissons ces conclusions, il est urgent d'en faire état pour savoir ce qu'était exactement la doctrine de l'Eglise au moment où Catherine de Médicis semblait en faire assez bon marché.

Pendant qu'on s'entre-tuait en France, l'Eglise, au concile de Trente, élaborait avec une lenteur coupable la réponse de l'orthodoxie à la Réforme. En d'autres termes, élaborait la réforme catholique pour répondre à celle de Calvin.

Réuni le 13 décembre 1545, le concile crut urgent, on le sait, de conclure ses travaux dix-huit ans plus tard, le 15 décembre 1563. Presque un demi-siècle après la proclamation de Luther.

Il faut reconnaître que les délais que les membres du concile s'accordèrent furent bien employés. L'Eglise affirme tout ce que Calvin lui dénie : les sacrements qui lui valurent tant d'insultes sont maintenus comme signes efficaces de la foi ; l'Eucharistie est fermement définie comme la présence réelle du Christ dans l'hostie ; la légitimité du culte des saints et des reliques et leur représentation figurée sont formellement reconnues et encouragées. En outre, le dogme étant intégralement et nettement réaffirmé, le concile procéda à des réformes rigoureuses du clergé. Il impose la résidence des évêques et des curés. Un évêque ne peut s'absenter plus de deux mois de son évêché. Il interdit le cumul des bénéfices ecclésiastiques. Il impose la création d'un séminaire dans chaque diocèse pour l'instruction et la formation d'un nouveau clergé capable d'évangéliser une population ignare ; le prêtre doit enseigner rigoureusement le catéchisme et prêcher en chaire chaque semaine. Tout cela ne demandait tout de même pas dix-huit ans de concertations.

Le résultat fut cependant remarquable car, tout en ne renonçant à rien de la tradition catholique, tout en proclamant le caractère sacerdotal du clergé que le sacrement de l'ordination plaçait hors du commun, on sentait dans l'esprit du concile cet air de modernisme qui caractérisait le siècle car les pères conciliaires étaient tous plus ou moins pénétrés d'humanisme. Ils ont fait de leur mieux pour préserver la liberté intérieure du chrétien, ils l'ont soustrait à l'emprise d'un Dieu dont la toute-puissance écraserait la créature. Ils ont sauvegardé l'amour, le libre arbitre et la miséricorde. L'homme chrétien fait son salut grâce à une sorte de coopération entre son Créateur et lui. C'est tout à l'opposé de la prédestination calviniste, c'est le refus de cette sorte de fatalité. Le concile laisse au chrétien l'espérance d'un arrangement entre la nature humaine et le monde de la grâce. Le chrétien doit compter sur lui pour se sauver mais il peut aussi compter sur tout un peuple d'intercesseurs, de saints bienfaisants et familiers : il dépose des fleurs à leurs pieds. Le chrétien, au sein de l'Eglise, n'est jamais seul ; son salut individuel se fait dans l'Eglise et par l'Eglise, la sainteté et les prières des uns rachètent les péchés et les crimes des autres.

Les conclusions du concile de Trente inauguraient en fait la renaissance catholique qui se poursuivit tout au long du siècle suivant. Mais les catholiques ne les connaissaient pas encore au moment où Catherine ouvrait les bras aux calvinistes.

Il faut dire qu'en ce bel été de 1561 Coligny et Condé avaient quelques raisons de croire qu'ils pouvaient tout exiger du pouvoir et l'obtenir tout de suite. Il est fort probable qu'en tête-à-tête avec de Bèze Catherine lui ait laissé entendre que son projet était d'établir l'égalité absolue entre les deux confessions, avec le droit d'élever des temples où les calvinistes le voudraient, de s'y réunir et d'y célébrer leurs offices selon leur gré. Théodore de Bèze et Calvin étaient si satisfaits des dispositions de Catherine qu'ils l'appelaient « *notre reine* » — celle qui ferait triompher leur cause. A la cour, ce vent nouveau tourna les têtes, le calvinisme devint à la mode, les conversions suivirent. De la cour, la contagion gagna le pays. Depuis la mort d'Henri II, où l'on estimait à quatre cent mille le nombre des huguenots, il était passé à un million à peu près. L'exemple venait d'en haut : les fils de Catherine, le roi Charles IX, Henri, duc d'Anjou, et le dernier, François d'Alençon, étaient prêts à se convertir. Seule la crainte de leur mère, qu'ils vénéraient et redoutaient, les retenait de faire le saut. Coligny s'occupait avec intelligence et douceur paternelle à les acheminer vers le culte réformé. Ces princes enfants, privés de père et de roi, étaient en admiration non pas devant le prédicant Coligny, mais devant un homme de haute culture, de volonté, de savoir-faire, à la fois grand seigneur hautain et souple courtisan. Il modelait ces enfants comme de la cire molle. Charles IX l'appelait père. Le plus convaincu était aussi le plus intelligent, Henri, le préféré de Catherine. Les discours de Coligny l'avaient si bien retourné qu'il ne pratiquait plus sa religion et endoctrinait même sa jeune sœur Marguerite : il l'empêchait, par la force, de lire ses prières et elle raconte dans ses *Mémoires* qu'il lui arracha des mains le livre que lui avait donné le cardinal de Tournon. Comme elle résistait, il lui fit croire que leur mère lui avait donné cet ordre et que, si elle ne cédait pas et persévérait dans le papisme, il la dénoncerait et la ferait fouetter.

Ce que faisait Coligny auprès des enfants royaux était bien plus important que d'ourdir des complots car, en France, qui tient le roi tient tout. Et le petit Charles IX était, par Coligny interposé, entre les mains de Calvin. On comprend maintenant l'admonestation du cardinal de Guise lors du sacre.

Aussi, dès la nouvelle réunion des états généraux le 27 août 1561, l'affrontement des partis se dessina bien vite. Les laïcs furent réunis à Pontoise, le clergé dans le couvent des dominicaines de Poissy. Les laïcs, fortement noyautés par les réformés, se montrèrent agressifs. Ils refusèrent tous nouveaux subsides à la couronne et se proposèrent de prélever sur les biens du clergé les sommes qui faisaient défaut au Trésor royal. Le clergé, devant la violence de l'attaque et sachant l'appui qu'elle trouverait auprès de la reine, céda. Les cardinaux réunis à Poissy se sentirent en perte d'autorité. Ayant cédé sur le plan financier et politique, il leur restait à gagner sur le plan religieux.

Cette réunion, dite colloque, pourrait s'appeler duel. Catherine ne voulait pas de duel, elle voulait une entente. C'est à la fois sa gloire et son erreur. Mais ce qu'elle fit alors est d'une hardiesse, d'un courage incomparables. On sait dans quel climat de haine le royaume se trouvait : elle voulut le pacifier à tout prix. Elle paya de sa personne. Elle alla elle-même au-devant de Jeanne d'Albret — une irréconciliable —, elle alla chez le roi de Navarre rencontrer Théodore de Bèze avant que s'ouvrît le colloque pour leur manifester son bon vouloir, les engagea à en user de même à l'égard du roi, son fils. On sait que l'orgueil de Catherine a des souplesses étonnantes quand il s'agit de réussir. Elle poussa même l'esprit conciliateur jusqu'à mettre face à face le duc de Guise et Condé qui se haïssaient à mort et à les enjôler de telle sorte qu'ils finirent par jouer sous ses yeux la comédie de la réconciliation. Comment put-elle espérer que Condé, qui avait organisé le complot d'Amboise, qui avait été démasqué par Guise, arrêté, condamné à mort, allait faire amitié avec son implacable ennemi ?

Elle avait pardonné à Condé parce que, à la veille du colloque, le pardon était utile à ses projets. Mais Guise avait justement des projets contraires et le pardon n'était pas plus dans sa nature que dans celle du haineux Condé. Elle fit si bien qu'ils s'embrassèrent. Elle était satisfaite. Pas eux.

Cela ne réglait rien. Elle le vit bien à Poissy en permettant à Théodore de Bèze et au cardinal de Guise de s'affronter publiquement et à égalité devant le roi et devant elle. Elle jouait gros jeu car, dans ce rapprochement qui ressemblait à une alliance avec l'hérésie, elle hasardait le prestige et l'autorité du roi catholique d'une France catholique. Ce courage, Catherine le puisait dans une conviction à toute épreuve : elle croyait à l'invulnérabilité de la majesté royale incarnée par ses fils, elle y croyait parce que son « destin », qu'elle connaissait, l'assurait qu'elle était choisie pour être l'instrument du maintien de la royauté des Valois et qu'aucun danger ne pouvait l'empêcher d'y réussir. Cette foi formidable dans la pacification de ses sujets réconciliés autour de la couronne faisait d'elle le souverain dépassionné de tous les Français, sans distinction de religion. Pour cela, cette étrangère mal aimée, mal comprise, calomniée avait plus de hauteur de vue politique que les partis en présence dévorés de passion. Quelle sera sa récompense ?

A Poissy, elle avait appelé six cardinaux, tous différents de caractère et de pensée. Chacun avait été choisi pour sa qualité particulière : le cardinal de Bourbon pour sa vieille amitié prête à la conciliation voulue par la reine ; le cardinal de Tournon pour son dévouement aux Valois ; le cardinal de Châtillon pour le contraire, mais il était le plus original, c'était le cardinal calviniste, ce qui n'est pas à la portée de n'importe quelle soutane, lui au moins soutiendrait toutes les concessions que la reine ferait à Coligny ; le cardinal d'Armagnac pour sa souplesse ; enfin, les deux Lorrains, le cardinal de Guise pour son prestige et parce qu'il fallait bien que les catholiques eussent une voix pour les défendre, ainsi que son frère le cardinal de Lorraine pour le seconder. Les princes lorrains étaient minoritaires mais ils étaient là.

Du côté protestant, Théodore de Bèze prenait la tête d'une délégation de douze ministres calvinistes, tous très remarquables par leur information, leur éloquence, leur habileté et leur intransigeance. Théodore de Bèze les surpassait par son savoir-faire, sa diplomatie, sa culture et sa parfaite connaissance de la reine et des personnages qui l'entouraient. Ils formaient un bloc inattaquable.

Que pouvait-il résulter de bon de l'affrontement de deux doctrines religieuses qui se rejetaient l'une l'autre et — chose plus dangereuse — dont les représentants se haïssaient personnellement ? Pourquoi ce rejet ? Pourquoi cette haine ? Parce que les doctrines étaient, en ces temps de foi, inconciliables. Leurs divergences paraissaient alors des injures, des hérésies ou des superstitions aux yeux des uns et des autres. Ils oubliaient les uns et les autres qu'ils étaient frères pour l'essentiel.

Les nouveautés du calvinisme

Dans la réforme religieuse inaugurée par Luther, le calvinisme se présente comme une nouveauté spécifiquement française. Sa doctrine est à la fois très claire et très rigoureuse, on peut dire qu'elle est déjà rationaliste. Elle n'a guère qu'un point commun avec Luther : la haine et la négation de la messe. Calvin souscrit absolument à la fameuse invective du moine allemand mais son style est différent ; cependant, sa conviction est identique, encore qu'elle soit plus tenace et plus absolue chez le prophète de Genève. Pour le reste de sa doctrine, Calvin est original. Luther est populaire, Calvin est élitiste. Selon lui, le chrétien est dégagé de toute responsabilité personnelle quant à sa vie éternelle car, avant même de naître, l'homme est prédestiné soit au salut, soit à la damnation. Rien à faire pour échapper à cette prédestination voulue par Dieu. La vertu la plus rigoureuse, la foi la plus sincère ne peuvent racheter celui qui est damné dès sa naissance, pas plus que les péchés, les vices, les blasphèmes ne peuvent damner celui qui est promis au salut. Il faut donc avoir la foi et la vertu chevillées dans l'âme pour persévérer dans la voie du bien sans espoir de changer son destin final. Oui, mais... le théologien a prévu l'impasse : si le croyant « *a le vif sentiment* » d'être prédestiné au salut, il a de grandes chances d'être parmi les élus. Alors, l'espérance renaît. Le croyant, ainsi rassuré, doit agir selon la morale la plus stricte afin de prouver qu'il est digne d'avoir été choisi pour le salut éternel. Cet équilibre entre la prédestination et la vertu permet au disciple de Calvin de se sentir privilégié. Comme tout réformé, du fait de son choix purificateur qui le débarrassait des superstitions du papisme, éprouvait ce « *vif sentiment* » qui l'assurait de son salut, l'ensemble des nouveaux croyants était pénétré d'un certain orgueil du fait d'avoir été choisi par Dieu de toute éternité.

Il y avait encore un point capital sur lequel Calvin, non seulement s'opposait au catholicisme, mais l'agressait. C'est l'Eucharistie. Pour les catholiques, le Christ était présent dans l'hostie consacrée, ils ressentaient cette présence charnelle lors de la communion du prêtre à l'autel et chaque communiant recevait avec l'hostie le sang et la chair du Christ ressuscité. C'est ce mystère de la présence réelle qui était nié et moqué par les réformés. Lorsque les calvinistes pillaient et saccageaient une église et jetaient aux chiens et aux porcs les hosties consacrées, c'est Dieu lui-même qui était jeté en pâture à de vils animaux, c'est la divinité et la résurrection charnelle du Christ qui étaient niées. Aux yeux des catholiques, il n'existait pas de crime plus abominable. De là naissaient des haines capables de toutes les cruautés.

Les protestants avaient remplacé la communion eucharistique par la cène. Ce n'était qu'un rappel symbolique du geste du Christ partageant le pain entre ses disciples. Il n'y avait là aucun mystère. Le pain de la communion n'était que du pain rompu à une même table. On l'appelait pour cela l'impanation. Les sacrements étaient réduits à des formalités sans mystère, le culte consistait en lecture de la Bible et en chant des psaumes. Les pasteurs, personnages importants, beaucoup plus instruits et mieux formés à l'enseignement et à la prédication que le bas clergé catholique, s'imposaient par leur valeur personnelle. Leur autorité ne tenait pas, comme dans l'Eglise romaine, à une hiérarchie mais à leur connaissance savante de la Bible considérée elle-même « *comme un instrument de propagande divine, et elle était interprétée par chaque pasteur selon ses goûts et les besoins politiques de sa secte[1] ».*

Quelle différence avec l'Eglise où l'interprétation des textes sacrés est fixée par les Pères et non par le lecteur, fût-il bon catholique ! Cela paraissait une liberté étonnante et dangereuse. N'empêche que la rigoureuse organisation instituée par Calvin valait toutes les hiérarchies. Les pasteurs et les diacres contrôlaient fermement leurs fidèles. Plusieurs « Eglises » voisines se réunissaient en consistoires, les consistoires en colloques qui se fondaient au sommet en un synode. Le premier synode de France s'était tenu à Paris en 1558. Ses décisions eurent une importance capitale pour la propagation du calvinisme. Cette organisation simple et rigide était plus disciplinée et plus rationnelle que celle de l'Eglise.

L'Eglise de Rome pouvait-elle s'accommoder de cette révolution qui avait pour fin sa destruction ?

Le colloque et ses fruits empoisonnés

Prête à beaucoup de concessions, Catherine n'en fit pas sur le protocole. Le 9 septembre 1561, le réfectoire du couvent des dominicaines de Poissy était transformé en salle de conférence royale. Au fond de la salle, dans une tribune tendue et couverte d'une tapisserie fleurdelisée, siégeaient en majesté le roi et la famille royale : Charles IX, onze ans, la reine mère, volumineuse dans ses éternels voiles de deuil, son second fils, Henri, duc d'Anjou, dix ans, et la jeune Marguerite de Valois, huit ans, enfin le ménage désuni mais présent d'Antoine de Bourbon et Jeanne d'Albret, reine de Navarre. Autour de la tribune royale, les prélats et docteurs de l'Eglise siégeaient en grand apparat. Sur le quatrième côté de la salle, derrière une barrière, furent introduits les pasteurs calvinistes qui se tinrent debout.

Catherine tenait au décorum plus qu'à la Sainte Trinité et pourtant, bien que faisant petite figure dans leurs austères

1. Hugh-Ross Williamson, *Catherine de Médicis*, Pygmalion, Paris.

pourpoints, ce sont les pasteurs qui allaient gagner la partie. Catherine les humilia en public pour leur accorder plus d'avantages en coulisse.

Théodore de Bèze souleva un grave incident en attaquant l'Eucharistie de plein fouet. Sur ce sujet et sur ce ton, nulle discussion n'était possible. Hors séance, il revint sur ses propos excessifs et ergota pour démontrer que la présence réelle était admissible mais que la présence du sang et du corps du Christ était seule discutable. On fit semblant de l'écouter. Le mal était fait. Huit jours plus tard, la fièvre étant tombée, nouvelle réunion. Ce fut le cardinal de Lorraine qui prit la parole. Il le fit brillamment, sans céder ni sur la présence réelle, ni sur la messe, ni sur le culte des saints, ni sur l'autorité sacrée de l'Eglise en matière de dogme. A l'appui de sa foi romaine, il invoqua l'Eglise dissidente d'Orient, dite orthodoxe, qui, comme Rome, croyait à l'Eucharistie ; il invoqua même contre la doctrine de Calvin l'Eglise luthérienne qui reconnaissait la présence réelle dans le pain et le vin de la communion. Le cardinal avait même demandé au duc de Wurtemberg de lui envoyer des ministres luthériens pour témoigner en faveur de la présence réelle. Ils arrivèrent après la réunion mais le duc avait fait parvenir au cardinal le texte de la *Confession d'Augsbourg* qui affirmait la foi luthérienne dans l'Eucharistie. Les ministres calvinistes ne voulurent pas l'entendre.

En fait, le colloque ne conciliait pas plus les doctrines que leurs représentants. Au contraire, il exaspéra les deux parties. Etrange Catherine ! Comment a-t-elle pu croire qu'elle amènerait les uns et les autres à résipiscence ? Non seulement elle excita les haines autour d'elle mais elle s'attira la colère du pape Pie IV qui ne pouvait admettre que la reine régente s'arrogeât le droit de réunir une sorte de concile prétendant statufier en matière de foi en vue de concilier le dogme catholique avec une doctrine hérétique. Seuls le Saint-Père et un concile réuni par lui pouvaient le faire ou l'interdire. On est en droit de lui demander pourquoi il ne l'a pas fait plus tôt.

Son dépit eut au moins l'heureux effet de lui faire rouvrir, dès janvier 1562, le concile de Trente afin de contrer les initiatives de la cœur de France. Il envoya son légat, le cardinal d'Este, à

Catherine afin qu'elle sursît à toutes décisions de son colloque et qu'elle attendît les conclusions du concile avant de statuer sur le sort des hérétiques du royaume. Catherine interrompit les débats théologiques du colloque mais elle « statua » selon sa volonté sur le sort de ses sujets calvinistes.

Une curieuse initiative fut prise par les cardinaux. Il faut dire que, dans la suite du cardinal légat, se trouvait un personnage sans apparat, un Espagnol du nom de Lainez, général de l'ordre des jésuites et, à ce titre, successeur d'Ignace de Loyola. On sait quelle fut l'efficacité de cet ordre tout récent dans sa lutte contre la Réforme et l'importance extraordinaire qu'il avait prise à Rome auprès du Saint-Père dont il avait toute la confiance. Cependant, l'ordre n'était pas encore admis en France. Le clergé gallican, extrêmement jaloux de son indépendance vis-à-vis du Saint-Siège, sauf en matière de foi et de dogme, se préservait de toute ingérence romaine dans ses affaires. Or, l'ordre passait aux yeux du clergé français pour une émanation de Rome, un instrument insidieux du pape contre les libertés gallicanes. Toutefois, devant le danger accru que présentait le calvinisme recrutant de plus en plus d'adeptes dans les hautes classes et exerçant sur la reine et le conseiller Michel de L'Hospital une influence qui écartait les catholiques du pouvoir, les prélats du colloque se résignèrent sans enthousiasme à autoriser les jésuites à s'installer en France. Leur méfiance leur dicta quelques restrictions. Les jésuites, en France, devraient se soumettre à l'autorité des évêques sans relever directement de Rome ; ils devraient respecter les droits et les établissements des curés et des universités ; en outre, ils auraient le statut de simples prêtres sous contrôle de la hiérarchie gallicane.

Cela fait, Lainez eut une entrevue avec Catherine. Il ne négocia pas à la manière florentine : il était, sans nuances, contre tout pacte avec les ennemis de la religion catholique apostolique et romaine. Il dit à la reine dans des termes si durs ce qu'il pensait de ses concessions à ses pires ennemis qu'elle en pleura à chaudes larmes. Elle n'en persévéra pas moins, comme on va le voir, dans son dessein chimérique et magnifique de réconcilier ses sujets des deux confessions.

Elle continua donc ses coquetteries avec Théodore de Bèze,

soutenue par Michel de L'Hospital qu'elle écoutait comme le père de la sagesse. Les rappels à l'ordre de Philippe II, son gendre, la faisaient trembler mais une extraordinaire confiance lui permettait d'espérer qu'avec l'aide de sa fille, Elisabeth, elle le calmerait. Théodore de Bèze recevait d'elle les promesses les plus encourageantes pour les huguenots, elle leur accordait toujours plus de facilités pour l'exercice de leur culte, mais Théodore voulait davantage, il voulait un édit royal en bonne et due forme. Elle le lui promit. Il fallait en étudier prudemment tous les termes et atténuer dans la forme les concessions accordées par le fond. Pourquoi aurait-il douté de la parole de Catherine ? Ne laissait-elle pas ses enfants, le roi d'abord, prier en français ? Ne la vit-on pas, elle, la reine mère, prendre plaisir, en public, à voir jouer une farce dans laquelle le petit roi Charles IX, déguisé en évêque grotesque, ridiculisait un prélat ? Cela était plus qu'une promesse, Catherine semblait avoir déjà choisi son parti.

Conséquences désastreuses d'un enlèvement manqué

Les Guises quittèrent la cour : le spectacle ne leur avait pas paru comique. Ils ne partaient pas sans arrière-pensées. Ils craignaient tellement que Coligny et de Bèze ne s'emparassent non seulement de l'esprit mais de la personne même de Charles IX et ne fissent de la monarchie capétienne, sacrée à Reims, une monarchie calviniste avec Genève pour capitale spirituelle, qu'ils eurent l'idée — malencontreuse entre toutes — de prendre un otage dans la famille royale. Façon comme une autre de compenser à leur profit la séquestration du petit Charles IX. Cet otage ne pouvait être que son frère, Henri d'Anjou. C'est le duc de Nemours, Jacques de Savoie, ami des Lorrains, qui se chargea de l'enlever, en le cajolant, afin de l'emmener en Lorraine. Le joli petit Florentin ne fut pas facile à convaincre. Il était déjà gagné, on le sait, aux idées de Coligny. Cependant, lorsque dans un entretien secret — ou presque — Nemours lui demanda s'il était calviniste, le petit futé lui répondit vivement : « *Je suis de la religion de ma mère.* » Au point où en étaient les choses, on pouvait comprendre ceci ou cela, mais une chose était certaine : il adorait sa mère et il lui obéissait en tout. Nemours l'avertit des complots qui se tramaient chez les réformés contre la couronne et la famille royale. « *Vous serez tué* », lui dit-il. Il aperçut alors derrière une tapisserie deux dames de la cour immobiles et silencieuses. Nemours rompit aussitôt l'entretien en engageant toutefois le jeune prince à écouter les avis de son confident habituel, son ami d'enfance, son camarade de jeux, l'autre Henri, le fils du duc de Guise, dit le Balafré. Ils s'aimaient depuis leur première enfance, ils allaient ensemble écouter certains cours au même collège. Henri de Guise, comme Nemours, lui demanda de le suivre en Lorraine puisque sa famille allait quitter la cour ; il y connaîtrait une vie délicieuse, il y serait choyé et fêté comme il ne l'avait jamais été en France, où tous les honneurs étaient pour son frère le roi. En Lorraine, il serait traité en futur roi et il serait en sécurité. Il y avait de quoi tourner la tête à un enfant. L'enlèvement devait avoir lieu le 31 octobre 1561, le jour où les princes lorrains levèrent le camp. Le duc de Guise, chef de famille, était accompagné de six cents cavaliers cuirassés et armés comme avant l'attaque, rangés dans un ordre que seuls les Guises savaient donner à une troupe leur appartenant. Cela les rendait très respectables devant leurs ennemis. Catherine surveillait le départ et surveillait aussi son fils. Etait-elle informée ? Les deux dames silencieuses n'étaient-elles pas l'oreille de la reine, de la mère ? Elle vit Nemours se pencher vers l'enfant chéri et murmurer dans son oreille. Aussitôt, elle fit venir Henri, l'interrogea. « *Il m'a dit : souvenez-vous de ce que je vous ai dit.* » Et il avoua tout à sa mère du projet des Lorrains.

De cette minute, Catherine, quels que fussent les services que les Guises eussent rendus à la couronne et à la France, et tous les services qu'ils pourraient leur rendre dans l'avenir, Catherine, de cette minute, ne put jamais voir en eux que des ennemis. Ils avaient osé étendre la main sur son fils adoré. Dès lors la passion maternelle ne fut que haine pour cette famille de Lorraine. Elle savait pourtant, au fond d'elle-même, qu'elle commettait une erreur politique désastreuse — l'aveuglement lui fit oublier son Machiavel. Elle allait livrer son pouvoir, celui de son fils le roi, à l'influence, sans contrepoids, de Coligny et du dangereux Condé.

A vrai dire, tous les gens de cette cour et de quelque parti qu'ils fussent, Catherine comprise (elle est de son temps et de son milieu), oui, tous, pour intelligents et experts en reniements, en faux-fuyants, en subtilité qu'on les découvre, tous sont, à certains moments, dominés par des poussées de fureur passionnée qui les enivrent et les aveuglent au point de les jeter dans les aventures les plus contraires à leur intérêt. On les voit alors courir comme des fous au-devant de la mort.

Catherine, bien que plus sage et plus calculatrice, n'était pas différente de ses contemporains lorsqu'il s'agissait de ses enfants et surtout de son Henri, le plus intelligent, le plus Médicis de la couvée ; et, pour une fois, celui-ci était beau et même pas trop taré.

Ses enfants aussi étaient des enfants de leur siècle, eux aussi avaient de ces retournements passionnels. Elle s'en aperçut avec Charles IX. Dans sa lancée procalviniste, elle lui offrit les *Psaumes* de Marot. Cela n'était pas grave, la poésie de Marot n'avait rien de subversif ni d'hérétique, mais, comme les huguenots les chantaient, elle lui recommanda de ne montrer ce livre à personne. Il courut le montrer à son précepteur qui le confisqua et le remit à Montmorency. Celui-ci, en bon catholique, fut outré que la reine eût donné ce livre au roi. Il le rendit à Catherine avec des observations plutôt amères. Catherine, de dépit, fit renvoyer le précepteur catholique et le remplaça par un huguenot. Où allait-elle ? C'était une provocation de donner un protestant pour précepteur au roi catholique dans une période où les passions religieuses s'exaspéraient. Elle avait suivi les conseils de la comtesse de Roye, belle-mère de Condé, et de Mme de Crussol, deux calvinistes fanatiques qui faisaient partie de ses dames d'honneur.

Que se passa-t-il dans l'esprit du jeune roi ? Son nouveau précepteur essaya-t-il de l'endoctriner sans douceur ? Coligny exigea-t-il de lui plus de pouvoirs encore que sa mère n'en avait confié à l'amiral ? L'enfant se rebiffa. On sait qu'il avait renoncé à la messe ; désormais, il s'y rendit assidûment. Il cessa de recevoir Coligny dans l'intimité et ne l'appela plus « père ». Enfin, pour donner tout l'éclat voulu à sa nouvelle orientation, il se présenta à la porte des appartements de Jeanne d'Albret, qui résidait alors au château de Saint-Germain. Il frappa. Nul ne répondit. Il entra brusquement, il était chez lui. Une assemblée de protestants écoutait le prêche de Théodore de Bèze. Le jeune roi, furieux et fort peu diplomate, apostropha l'assemblée : « *Ne vous y trompez pas, si vous continuez de la sorte vous serez tous brûlés, tous brûlés à cause de vos prêches.* » Cet éclat n'était pas fait pour seconder la politique de sa mère. En revanche, elle trouvait un immense réconfort auprès de son « *trésor* », la « *prunelle de ses yeux* », sa perle florentine, son Henri, devenu calviniste enragé. Grâce à lui, Catherine espérait rallier à la couronne les princes et les seigneurs huguenots. A vrai dire, la ferveur d'Henri avait été attisée par la haine nouvelle qu'il vouait aux Guises et qui ne le quitta plus jamais jusqu'à la fin de sa vie, en parfait accord sur ce point et sur tous les autres avec sa mère. Lui aussi, comme son frère et sa mère, obéissait à une passion intime qui commandait les décisions politiques les plus graves. La haine de cet enfant très sensible et très intelligent s'explique par une déception profonde, une sorte de trahison de l'amitié qui avait uni les deux Henri dans leur enfance. Or, ce projet d'enlèvement dont son ami le plus cher s'était fait le complice avait brisé cette amitié irremplaçable.

Scènes de ménage et guerres de religion

Les princes Bourbons connaissaient les mêmes dissensions religieuses et politiques — et passionnelles. Le troisième Henri de l'histoire, Henri de Navarre, né en 1553, n'avait que neuf ans. Elevé par sa mère Jeanne d'Albret dans le calvinisme le plus rigoureux et dans la haine absolue du papisme, il était disputé entre l'influence de son père Antoine, revenu au catholicisme, et celle toute-puissante de sa mère. Celle-ci méprisait ouvertement son mari — surtout depuis que Mlle Rouhet l'avait tendrement remis dans le chemin de Rome. Les époux étaient sur le point de divorcer. Catherine ne demandait pas mieux. Elle avait déjà prévu une épouse pour Antoine, ce serait Marie Stuart. Un rêve de marieuse comme Catherine en fit plusieurs. Antoine voulait garder son fils — c'était lui l'éventuel héritier du trône de France — et il tenait à lui faire réintégrer le bercail catholique.

La violence était partout dans l'air de ces années terribles. Calvin écrivait froidement à Jeanne d'Albret, qui se plaignait à lui de l'odieuse conduite de son mari, qu'il priait « *Celui en qui et par qui toutes choses peuvent devenir des bénédictions* » (même un cocuage ? même un reniement du calvinisme ?), il priait donc Dieu de rappeler promptement à Lui ce mari paillard et papiste de surcroît. Dans le clan d'en face, Catherine faisait la même prière, mais elle suppliait le Seigneur... « *de rappeler à lui la reine de Navarre afin que son mari puisse se remarier sans attendre* ». C'était mettre Dieu dans un cruel embarras.

Un jour, au moment où la cour était à Saint-Germain, la reine de Navarre allait monter en litière avec son fils. Son mari survint, la saisit par le bras et lui interdit de se rendre au prêche où il savait qu'elle se rendait avec le petit Henri. Elle refusa violemment d'obéir. Son fils, qui se tenait près d'elle, cria à son père : « *Dieu ne me fera pas aller à la messe moi non plus.* » Antoine, furieux, lui répliqua : « *Si vous faites cela, je vous déshérite et vous ne serez jamais roi de Navarre.* » Belle promesse ! La Navarre ne lui appartenait pas, elle était à Philippe II. Quant au petit obstiné, il fut roi de France. Pour l'heure, il n'en était pas question et son père lui décocha une gifle magistrale puis ordonna au précepteur du futur roi de complèter son ouvrage par une correction en règle. Celui-ci, un jésuite italien, dut s'appliquer de son mieux à jouer des verges pour obéir à un ordre qui lui parut venir du Ciel.

En dépit de ses faiblesses calculées et fort sujettes à caution en faveur des huguenots, Catherine, on l'a vu, haïssait Jeanne d'Albret au point de souhaiter sa mort. Ce n'était pas parce qu'elle était calviniste, c'est parce que la reine de Navarre appartenait à une autre espèce que la Florentine. Tous les atomes se repoussaient. Jeanne d'Albret haïssait en Catherine son sang Médicis, ses duplicités, elle voyait en elle un pur produit des pourritures romaines aussi ; toutes les concessions que la reine faisait au calvinisme, loin d'amadouer la farouche disciple de Calvin, étaient considérées par elle comme autant de pièges. Par son attitude, Catherine s'aliénait les Guises et les catholiques sans se concilier les protestants. Elle n'ignorait pas cette haine de Jeanne d'Albret, ni celle de son beau-frère, le prince de Condé. Quand Catherine, toujours prête à discuter, avait une entrevue avec la reine de Navarre, elles étaient l'une et l'autre assises sur des braises... mais la Médicis avait, on le sait, depuis son arrivée en France, une réelle disposition à avaler les couleuvres. La grande sénéchale l'en avait nourrie pendant dix-huit ans. Elle supportait donc les insolences de Jeanne d'Albret puisque son intérêt était alors de la ménager. Toutefois, elle lui fit sentir, à l'occasion, qu'elle savait apprécier la haine dont l'autre l'honorait. Il faut dire que Catherine — c'était peut-être une des faiblesses qui humanise un tel personnage — était gourmande. Friande, elle en a donné les preuves : elle initia la cour et la France, on s'en souvient, à la fine cuisine florentine ; ses cuisiniers importés firent eux aussi, à leur façon délectable, une « Réforme », sans doute plus agréable à un Dieu d'amour que la sanglante Réforme religieuse. Si Catherine aimait les plats raffinés, elle les aimait en grande quantité ; on ose à peine parler de gloutonnerie. D'où cet embonpoint considérable qui l'alourdit après son veuvage. Les peintres se sont bien gardés d'exagérer ses proportions dans les portraits qu'ils firent d'elle. Ils ont habillé ses volumes personnels, particulièrement au niveau des hanches, sous d'imposants vertugadins et des manches à crevés gonflées comme des outres que la mode d'alors imposait aux dames de qualité, surtout à la cour. Chez la reine, les manches dissimulaient des bras aussi épais que des gigots et les vertugadins des bourrelets naturels qui, dans son cas, remplaçaient les matelassages effrayants par quoi on donnait l'ampleur requise aux jouvencelles souples et fines comme des joncs sous leurs somptueux et écrasants falbalas. Aussi, après ses repas interminables, la reine mère avait-elle parfois des malaises et des langueurs. La reine de Navarre, nourrie de psaumes et de prêches rafraîchissants, n'était pas embarrassée par ces lourdes vapeurs. Elle n'avait que la peau et les os (elle mourut tuberculeuse, quelques années plus tard). Au cours d'un de leurs entretiens, après un dîner, la guêpe de Navarre piqua à plusieurs reprises la reine alourdie. Celle-ci supporta bien les premières attaques puis donna des signes de malaise et d'impatience qui amenèrent l'autre à lui demander innocemment si son état n'était pas provoqué par le nombre incroyable de melons que Catherine avait engloutis à table. A quoi la gourmande répondit en reine : « *Ce ne sont pas les fruits du jardin qui me font mal mais ceux de l'Esprit.* » L'esprit de rébellion sans doute dont Jeanne d'Albret lui faisait déguster les fruits indigestes.

Grandeurs et misères des illusions d'une fille de Machiavel, reine incomprise et sûre d'elle

Les calvinistes et Théodore de Bèze n'avaient pas eu le droit de s'asseoir au colloque mais ils eurent gain de cause avec l'édit du 17 janvier 1562 que Catherine leur avait promis. De l'échec de la rencontre elle fit, sur les conseils de Michel de L'Hospital, cet *Edit de tolérance* qui accordait aux huguenots la reconnaissance de leur religion. La liberté du culte était assurée ; cependant les prêches, publications, prières et réunions n'étaient autorisés que hors des villes pour éviter toute provocation, comme il s'en produisait souvent à Paris et ailleurs. Les réunions pouvaient se tenir dans les lieux où elles se tenaient d'habitude et elles ne seraient pas dispersées. La construction de temples dans les villes restait interdite. Les deux partis ayant accepté les termes de cet édit, on aurait pu croire que la paix intérieure allait régner, d'autant plus que ces mesures libérales laissaient espérer que, peu à peu, les deux confessions cohabiteraient paisiblement. Michel de L'Hospital et Catherine, d'un commun accord, accorderaient de nouvelles libertés pour s'acheminer vers une société tolérante sous l'autorité d'un roi qui ne ferait nulle différence entre ses sujets, qu'ils aillent à la messe ou au prêche. Pour apaiser les catholiques inquiets, Catherine s'engageait à élever ses enfants dans la foi catholique. On a vu ce qui en était. Nul ne s'y trompa parmi les catholiques intransigeants : la religion réformée était reconnue dans l'Etat. Le Parlement de Paris refusa d'enregistrer l'édit. Catherine l'y contraignit un mois plus tard, le 14 février 1562.

En fait, Catherine était allée très loin pour son temps et dans les circonstances dramatiques que créait le conflit religieux. Elle se comporta en souverain admirable d'intelligence et d'humanité, en souverain qui voit loin : elle a osé reconnaître que ce n'était pas la théologie qui devait faire la politique d'un Etat, car elle avait bien vu à Poissy que c'étaient les théologiens des deux bords qui avaient torpillé son plan de pacification. En grand homme d'Etat, ce qui primait à ses yeux, c'était le sort de l'Etat, c'est-à-dire du trône, et celui des peuples solidaires de la bonne santé du pouvoir légitime et de sa suprématie sur les factions. On lit sous sa plume cette phrase stupéfiante de clairvoyance et de modernité : « *Il ne s'agit pas de décider quelle est la meilleure religion mais d'organiser le mieux l'Etat.* » Et cette proclamation prophétique suit : « *On pourra être citoyen sans être chrétien et même en étant excommunié.* » La phrase pourrait être attribuée à un tribun de la Convention en 1793. Elle est signée : Catherine de Médicis, 17 janvier 1562.

On imagine l'effet que la lecture de ce texte produisit sur le pape et sur Philippe II. L'ambassadeur du roi d'Espagne, Chantonnay, vint aussitôt exprimer à la reine la colère de son souverain en l'accusant de faire de la France le royaume de l'hérésie.

Même les calvinistes n'apprécièrent pas toute l'étendue du risque que Catherine avait pris en leur faveur.

Tout, dans cette affaire de Poissy, reposait sur des illusions de Catherine. Elle avait cru qu'à son exemple et sous sa bienveillance les catholiques et les protestants se livreraient à un débat plein de sérénité et qu'en parfaits diplomates ils feraient des concessions sur tel point de doctrine en se rattrapant sur tel autre. Trouvant d'ingénieuses formules, elle espérait que les théologiens des deux bords sauraient exprimer en termes sibyllins et mielleux que les cardinaux avaient assoupli leur foi en la « présence réelle » moyennant quoi les calvinistes leur avaient accordé la « présence spirituelle » dans la cène avec une nuance de « réelle présence » et l'on finirait par se trouver d'accord. Elle ne comprenait pas l'entêtement de ces théologiens. C'était pourtant facile. Que n'avaient-ils connu, comme elle, l'exemple de son bon oncle Clément VII et de son entourage ! Si elle avait pu trancher elle-même de ces questions théologiques, elle eût sans tarder amalgamé les deux doctrines en une seule, et vive la paix ! Il ne fallait pour cela que concilier les inconciliables. Seuls les imbéciles et les fanatiques n'y réussissent pas.

C'est dans cet aveuglement que nous découvrons une particularité de la personnalité de Catherine — particularité fort rare en France en 1562. Plus commune sans doute dans le milieu extrêmement civilisé où la petite-fille du Magnifique avait été élevée à Florence et surtout à Rome ; cette particularité était que Catherine ignorait ce qu'était la foi. Cet attachement inconditionnel à une croyance et à un dogme était étranger à sa nature. Elle ne supposait pas qu'il y eût des gens, des foules de gens pour qui la moindre infraction au dogme catholique (ou à la doctrine de Calvin) était un crime parce qu'il y allait du salut éternel. Pareil détachement était-il pour elle et pour sa politique une force ou une faiblesse ? On en jugera sur le résultat de ses *combinazione*. En tout cas, cette disposition d'esprit la rendait tout à fait étrangère à la société fanatiquement religieuse de son temps. Devant le problème religieux, elle était « bloquée ». Certes, elle était catholique et ne pouvait être rien d'autre, étant issue du saint des saints pontifical. Mais son catholicisme n'était pas une religion ni une foi, c'était une civilisation. Cela impliquait une culture gréco-latine fort peu chrétienne et un comportement politique et social qui était celui des Etats princiers italiens, des Etats pontificaux et, bien sûr, de l'illustre « république » de Florence. Au fond, c'était l'état monarchique tel qu'elle l'avait découvert en France dans son équilibre absolu. Cet état était exactement à l'image de son catholicisme, il était intouchable. De mysticisme, point. Pour la morale, on l'adapte aux circonstances. Avec de telles idées, que pouvait-elle voir dans les premiers affrontements de la Réforme et de l'Eglise ? Elle y a vu l'agressivité et l'ambition des grands et des petits seigneurs aux dépens de l'autorité royale. Elle ignorait la foule des petites gens et des classes moyennes qui, en silence, s'étaient converties depuis longtemps par amour de la pureté dans le culte et d'un clair enseignement de la parole de Dieu reçue dans sa pénétrante nudité en langue française et dépourvue d'interprétation ecclésiastique. De cela Catherine ne se souciait pas, elle tolérait très bien que ces gens-là prient et chantent comme ils voulaient dans leur maison. Quand, sur les premiers bûchers, on immola des hérétiques comme Anne Du Bourg, elle ne pouvait comprendre qu'ils mourussent au milieu des flammes sans cesser de confesser leur foi dans la prédestination et de nier la présence réelle comme une superstition diabolique. Pour Catherine, cette foi nouvelle n'était qu'une pitoyable aberration. Elle ne la rejetait pas en tant que foi puisqu'elle n'avait pas de sens à ses yeux. Elle ne rejetait que le désordre que ces croyances engendraient. Elle ne se décida que tardivement et contre son gré à sévir non contre la Réforme mais contre les réformés rebelles.

Si elle avait des illusions sur son habileté à négocier avec les réformés, elle n'en avait guère sur les dogmes catholiques. Tout enfant, elle avait vu de trop près les prélats romains. On est en droit de se demander dans quelle mesure elle croyait à l'enseignement de l'Eglise et aux mystères de la religion et à la valeur des sacrements. Tout son comportement avant et pendant le colloque n'est pas celui d'une reine catholique. C'est celui d'une princesse florentine formée à l'humanisme, instruite par Machiavel, plus proche de la société romaine du Bas-Empire que du peuple français à la fin du Moyen Age et à l'orée des temps nouveaux. Pour un catholique français de 1562, cette Italienne n'est pas catholique. En réalité, disons le mot, Catherine est païenne. C'est le secret de sa politique à l'égard des huguenots en 1561 et 1562. Etant sans foi, elle tolérait toutes les croyances. Pour son propre compte, elle était superstitieuse. Voilà sa véritable religion, religion exigeante, envoûtante, dont les prodigieux mystères et les éblouissantes révélations éclipsaient ceux de Rome ; son culte, c'est l'astrologie et ses grands prêtres, Ruggieri et Nostradamus. En ceux-là elle croyait, car leurs prédictions ressemblaient déjà à une « science ». La science de l'avenir, science des rois. C'est d'eux qu'elle tenait cet optimisme qui assurait son pouvoir. Ne lui avaient-ils pas prédit qu'elle régnerait pendant trois règnes ? Pour le premier, tout s'était confirmé. Donc, désormais, aucune force au monde ne pourrait s'opposer au décret des astres. C'est pourquoi elle hasarda son pouvoir avec une générosité et une témérité folles dans son alliance avec les protestants. Elle était sûre d'avance de garder le trône, quoi qu'il advînt. Pour ce qui était de maintenir la paix, ce fut une autre affaire — non comprise dans les prédictions.

Illusions de Catherine sur ses dons de négociatrice avec Philippe II

Elle chargea son ambassadeur à Madrid de persuader le roi d'Espagne qu'elle ne faisait de concessions aux protestants que pour mieux les tenir en main et que la sagesse consistait, tout en restant une monarchie catholique, à compter les protestants parmi ses loyaux sujets. Cette façon de voir ne pouvait être comprise à Madrid. On le lui avait fait savoir durement en lui prédisant des catastrophes dont elle serait tenue pour responsable. Elle répondit sans se laisser impressionner : « *Et quant à ce que vous me mandez des malheurs qu'on nous prédit pour la diversité des religions en ce royaume, je crois véritablement qu'il y en a* (c'est Philippe II qui est visé) *qui seront bien marris d'y voir tant de pacification qu'il y a* (elle est la seule à croire à la pacification) *et de quoi nous avons été si sages de mettre fin aux troubles qui avaient trop longtemps duré.* »

Belle illusion ! C'est sa « paix » qui allait inaugurer la plus sanglante des guerres civiles. Les intérêts et les haines n'entendaient pas son langage qui était celui de la sagesse. Mais est-ce être sage que de l'être à contretemps ?

Autre illusion : elle voulait encore croire, malgré les précédentes rebuffades, que sa fille Elisabeth, reine d'Espagne, la seconderait dans son dessein d'amadouer Philippe II et de le retenir d'intervenir militairement ou par ses agents dans les affaires intérieures de la France. Elle négligeait un détail, c'est que le terrible Philippe II s'était humanisé sur un point : il aimait sa femme. Cela n'avantagerait pas Catherine car sa fille aimait tout autant son mari et lui était absolument dévouée. Elle servait les intérêts du roi d'Espagne et non ceux de la reine de France, celle-ci fût-elle sa mère.

Pour enjôler Philippe II, selon sa méthode, Catherine accusa les Guises de l'avoir acculée, par leur intransigeance, à apaiser les réformés poussés au désespoir et à la violence. Elle avait donc fait des concessions (momentanées) aux hérétiques pour éviter la guerre civile. Non seulement elle espérait se disculper d'avoir pactisé avec le diable aux yeux de Philippe II mais elle escomptait torpiller le crédit dont les Guises jouissaient auprès du roi d'Espagne au point d'avoir l'audace d'intriguer à Madrid pour que l'héritier du trône d'Espagne, Don Carlos, épousât leur nièce, Marie Stuart. Or, Catherine s'était mis en tête de faire épouser sa dernière fille, Marguerite, âgée de neuf ans, par le fils de Philippe II. Encore une illusion et elle y tenait. Si elle avait réussi, le mariage eût été curieux car Philippe II et son fils eussent été beaux-frères. Mais peu importe, par cette union Catherine évinçait les Guises détestés et, surtout, elle s'imaginait, grâce à ses deux filles, tenir le roi d'Espagne et son successeur sous son influence. Elle rêvait.

Pour assurer Philippe de ses bonnes intentions et de sa fidélité catholique, elle lui fit savoir qu'il serait avantageux pour la religion romaine de détacher Antoine de Bourbon de Calvin en lui restituant, en tant que roi de Navarre, la Navarre espagnole. Vraiment, elle se nourrissait de mirages. Philippe II n'avait pas l'intention d'offrir la Navarre à un prince français, il avait plutôt l'intention de lui reprendre la partie française de ce royaume partagé. D'ailleurs, Philippe II n'ignorait pas que Catherine avait déjà ramené le Bourbon dans le giron de notre sainte mère l'Eglise par le biais — si l'on peut dire — de Mlle Rouhet. Mais Catherine continua de croire qu'il était bon d'amuser ce prince léger par ce genre de fallacieuses promesses. Tant qu'il rêvait à ses « châteaux en Espagne », il n'était pas tenté de revenir au calvinisme. Avec une girouette, sait-on jamais ?

Faut-il mettre ces diverses erreurs de Catherine sur le compte de la naïveté ? Ce serait une erreur de plus. En fait, la Florentine « amusait le tapis », comme disent les joueurs retors. Elle gagnait du temps. Pendant qu'elle négociait, même dans le vide, avec Philippe II, il ne lui déclarait pas la guerre : c'est à peu près tout ce qu'espérait la reine mère de son dangereux gendre et voisin sur les Pyrénées, les Pays-Bas, le Rhin et les Alpes. Pour précaire qu'elle fût, cette paix valait bien quelques démarches apparemment sans suite. Mais elle se lançait dans ce genre de manœuvres avec un naturel et un optimisme qui étonnent de la part d'une femme méfiante, calculatrice et au fond anxieuse. Mais qu'on se souvienne de son enfance, de ses débuts auprès de François Ier. Alors, ceux qui l'approchèrent et l'étudièrent s'extasiaient sur sa grâce, sur l'intelligence séduisante de ses propos. Elle savait, quoique sans beauté, convaincre et enjôler. Aujourd'hui, sous ses voiles de deuil et sa graisse jaunâtre, elle gardait encore la coquetterie de ces dons innés de l'intelligence et du savoir-faire. Etait-ce une illusion de sa part ? Pas tout à fait, elle avait encore tous ses atouts. La preuve : voici ce que l'ambassadeur de Venise dit de la réputation dont elle jouissait à cette époque parmi ceux qui l'approchaient : « *...estimée pour son caractère bon, affable et modeste, femme d'une rare intelligence, rompue aux affaires notamment à celles de l'Etat.* » Ces dispositions sont en fait les armes d'une négociatrice prêchant la conciliation. « *En qualité de mère elle tient le roi sous sa main ; elle ne permet qu'aucun autre qu'elle couche dans sa chambre, elle ne le quitte jamais...* » C'est bien là ce qu'on appelle couver son enfant-roi. « *Elle est étrangère* (près de trente ans après son mariage, elle n'était donc pas encore « naturalisée » aux yeux de l'opinion publique) *et par conséquent enviée ainsi qu'elle-même le reconnaît franchement, elle n'est pas issue du sang des princes et des rois* (tout cela ne lui prédit pas une position très confortable, même sur le trône, et contribua à nourrir son anxiété foncière). *Elle gouverne avec un plein et absolu pouvoir et, comme si elle était roi, elle accorde les grâces, elle garde le sceau royal dont se sert le roi... elle donne la dernière son avis dans le conseil pour résumer l'opinion des autres.* » L'avisé Vénitien ne dit pas qu'elle décide sans tenir compte des avis des conseillers mais qu'elle s'inspire des diverses opinions avant de décider en dernier ressort. « *Comme d'abord elle n'avait rien d'important, on la croyait femme timide, mais son courage est grand au contraire.* » Elle en donne maintes fois la preuve.

A quarante-trois ans, elle était encore persuadée de son habileté, elle avait acquis l'expérience du pouvoir mais son charme d'antan et ses arguments frelatés rendaient plutôt méfiants ses interlocuteurs. Qui pourrait affirmer qu'elle a convaincu des hommes aussi avertis que Théodore de Bèze ou Coligny ou Condé ? Elle l'a peut-être cru à un certain moment mais les Guises savaient qu'elle jouait perdante et elle leur en voulait. De même, elle s'imagina que, si elle pouvait rencontrer Philippe II, elle saurait l'enrober de miel et de promesses et le convaincrait, en tête à tête, qu'elle était aussi bonne catholique que lui. C'était perdu d'avance.

Pourtant, la nature, l'éducation et l'exemple de sa propre famille l'avaient bien armée pour ce combat. On connaît depuis longtemps sa puissance de dissimulation. Ce n'est là que la partie passive de son vrai talent : le mensonge. Il serait vain de lui en faire un grief personnel car tous les grands personnages politiques avant Machiavel et depuis ont fait du mensonge leur arme préférée. C'est la seule efficace, à condition de savoir s'en servir ; Catherine savait. Pour être efficace, le mensonge doit être l'outil d'une inteiligence profonde, large, ouverte à tout — pas une intelligence d'intellectuel qui fausse tout en toute ingénuité. Catherine avait une intelligence feutrée, comprenant tout et assimilant les arguments de l'adversaire pour les lui resservir parfaitement falsifiés mais délectables. Faut-il ajouter que, nourrie aux lettres et à l'histoire anciennes, aucun des avatars du pouvoir, soit de la République, soit des Césars, ne lui était étranger. Enfin elle avait dans le sang l'histoire des Médicis et de Florence, celle de la papauté. C'était là une mine de stratagèmes inépuisable. Elle connaissait dès l'enfance toutes les tractations, toutes les roueries des cours italiennes où s'exercèrent des manœuvriers hors de pair. Aussi son art de négocier était-il souvent inspiré de ces modèles anciens insurpassables. Elle avait la voix douce, enveloppante, modeste et même humble si besoin était. Un mensonge ainsi modulé et insinué avait quelque chose d'indéfinissable, de profond, de séduisant et même de flatteur pour son auditeur — ou sa victime — au choix. Cet art-là est irrésistible. Mais il s'use à la longue. Aussi essaya-t-elle d'en ménager les manifestations — prudence subtile ! — car on savait aussi bien dans les cours étrangères qu'en France qu'elle dissimulait et savait tromper les plus retors. Elle put persévérer dans ses exercices d'équilibriste avec tant de maîtrise qu'elle réussit souvent à berner ou à amadouer — très passagèrement, il est vrai — ses ennemis les plus méfiants et même ses alliés. Tous étaient toujours sur leurs gardes car elle avait sur les uns et les autres une avance d'au moins dix siècles d'expérience latine dans l'art de

désarmer ses ennemis avant de recourir à la violence qu'elle avait
en horreur — quoi que sa légende en ait dit plus tard.

Le plus remarquable effet de la paix de Catherine fut un beau
massacre

Sa paix fut si mal reçue qu'elle lui valut de vives remontrances
des conseillers du Parlement qui, on le sait, s'obstinaient dans le
refus d'enregistrer l'édit et de le publier, ce qui le rendait lettre
morte. Elle en fut tellement exaspérée qu'elle quitta brusquement
Saint-Germain, monta à cheval et gagna la capitale pour forcer les
parlementaires à enregistrer son édit et les curés à le lire en chaire
dans tout le royaume. Pour une fois, elle ne domina pas sa colère,
elle admonesta d'une voix suraiguë insupportable ces toges et ces
intraitables bonnets carrés. Ceux-ci, effarés par cette violence
inhabituelle, essayèrent de tergiverser. Elle les menaça : elle avait
une garde et des cachots. En même temps, Condé et Jeanne
d'Albret organisaient dans Paris des émeutes de huguenots. Les
parlementaires, affolés par les menaces et par les troubles,
sachant que Catherine soutenait ceux qui les fomentaient, cédèrent. Toutefois, ils spécifièrent qu'ils n'enregistraient que tempo-
rairement l'édit malfaisant à leurs yeux, « *en attendant la majorité*
du roi » où tout serait remis en question.

Catherine, essoufflée, se contenta de ce demi-succès. Elle
quitta Paris à bout de forces et décida d'aller se reposer à
Fontainebleau. Elle y retrouvait toujours le souvenir de son cher
beau-père, François Ier, les artistes florentins de son mari adoré,
enfin le charme des eaux et de la forêt où elle pouvait chevaucher,
chasser et oublier les déceptions, les humiliations et les craintes
d'un pouvoir instable et d'un édit rejeté par l'opinion.

Elle n'eut même pas le temps d'atteindre Fontainebleau quand
l'épouvantable nouvelle lui parvint. Depuis la mort d'Henri II,
l'actualité était plutôt chargée. Il n'y avait guère de mois ou de
semaines qui n'apportât son lot de calamités. Comme elle avait
fait halte dans son charmant château de Monceaux, on vint lui

apprendre la catastrophe de la veille, celle que l'Histoire connaît sous le nom de massacre de Wassy.

Dans quelles circonstances cette tuerie eut-elle lieu ? Il n'y eut pas de préméditation, ni d'un côté ni de l'autre. Le principal coupable fut le terrible état d'esprit qui régnait entre les deux partis ennemis dont la haine avait été exaspérée par le fameux édit de tolérance. Il semble bien que ce massacre en fut la première et la plus cruelle conséquence. La méfiance des uns et des autres était telle qu'ils cherchèrent — et trouvèrent — des appuis à l'étranger. Condé, sentant que le parti catholique et des Guises n'accepterait jamais les concessions de Catherine, fit appel à Elisabeth Ire, reine d'Angleterre. Celle-ci était toujours prête à soutenir les huguenots moyennant une honnête rétribution : pourparlers en cours. Les Guises, de leur côté, se rendirent en Alsace en février 1562. Ils y rencontrèrent le duc de Wurtemberg pour lui demander l'appui de ses armées au cas où les huguenots attaqueraient les forces royales et catholiques. Quoique luthérien, Wurtemberg n'était pas hostile à ce genre d'intervention en France ; le pillage pouvait lui rapporter gros. Que ce fût pour l'Angleterre ou pour Wurtemberg, la question religieuse comptait moins que le profit qu'ils retireraient d'une guerre civile dans ce bon royaume. Elisabeth pensait bien récupérer Calais et quelques autres têtes de pont : Le Havre ne lui déplaisait pas. Quant à Philippe II, il se tenait prêt à franchir les frontières et à rétablir le catholicisme intégralement dans ce pays d'hérétiques.

On voit dans quel discrédit était tombé le gouvernement de Catherine dans les cours étrangères au moment du massacre de Wassy.

C'est à son retour de Saverne que le duc de Guise, le Balafré, passa à Joinville pour visiter sa mère qui y demeurait. Ensuite, il s'arrêta à Wassy qui était une terre de sa famille et où, par conséquent, il se trouvait chez lui. Il pensait y entendre la messe, c'était le dimanche 1er mars 1562. Dans cette petite ville, des protestants, au nombre d'un millier à peu près, s'étaient assemblés dans une grange toute proche de l'église où Guise et son escorte venaient d'entrer. Or, l'édit ne leur permettait pas de se réunir ni de tenir leur prêche dans les villes pour éviter toute provocation. La version des faits qui suivirent est double.

Les catholiques prétendirent que les huguenots, qu'ils avaient laissés en paix dans leur grange, s'étaient mis à chanter si bruyamment à la porte de l'église que le duc leur fit dire de se calmer et de ne point troubler la messe. Pour un duc de Guise, chez lui, c'était montrer beaucoup de patience. Les autres ne tinrent pas compte de l'avis. Le duc, excédé, sortit lui-même au milieu de ses hommes et intima l'ordre aux huguenots de regagner leur grange. Il fut accueilli par une bordée d'injures et de pierres. L'une l'atteignit au visage et rouvrit la blessure — la fameuse balafre — reçue sur le champ de bataille. A la vue du sang de leur chef, ses hommes, fous de rage, se jetèrent sur les manifestants et firent usage de leurs armes.

Il y eut entre cinquante et soixante tués et une centaine au moins de blessés : c'est là ce qu'il y a de plus certain dans cette affaire.

La version protestante est différente. Ce furent les hommes de Guise qui vinrent troubler le prêche par des salves d'armes à feu, par des bousculades et des coups. Les protestants se défendirent, les autres tirèrent et sabrèrent. La conclusion varie peu : soixante tués et deux cents blessés.

Immédiatement, le massacre fut exploité par le parti de Condé : c'était Guise qui avait voulu et ordonné le massacre. Il fut dès lors « le bourreau de Wassy ». La propagande calviniste fit retentir ses plaintes dans tout le royaume et dans les cours étrangères. Guise se défendit : il avait bel et bien été blessé d'un jet de pierres et ses hommes avaient réagi avec la violence de cette époque. Le fait d'être injurié et lapidé sur ses propres terres par des huguenots en infraction avec l'édit royal ne pouvait qu'engendrer cette effroyable tuerie.

Le sang versé à Wassy allait bientôt retomber sur la France entière. C'en était fait de l'édit de tolérance, de la tolérance tout court et de la politique de Catherine. La guerre civile venait de commencer ce dimanche 1er mars 1562.

Le vent change, Catherine aussi, et elle se raccroche au catholicisme

Guise fut reçu à Paris comme un sauveur. La ville entière l'acclama. Wassy n'était pourtant pas un très beau titre de gloire, il est certain qu'il se serait volontiers passé de celui-ci. C'était un chef de guerre prestigieux, un homme intelligent, cultivé comme on l'était en ce siècle, en outre généreux et souvent magnanime ; il n'avait rien d'un massacreur. Mais les malheurs et la folie de ce siècle ont fait de lui et de bien d'autres qui ne le valaient pas et dont les crimes, tout aussi grands, ont été laissés dans l'ombre par l'Histoire, les instruments de sanglantes représailles. Cette Histoire, lorsqu'elle se fait juge de moralité, les traite d'assassins. Puis vient le jour où ils deviennent les assassinés.

En attendant, il était fêté comme le roi de Paris. Le prince Louis de Condé, devant cet enthousiasme idolâtre, comprit que jamais ni lui ni son parti ne pourraient s'imposer à la capitale. On le sait plus opiniâtre et plus ambitieux que son frère aîné, Antoine, bercé dans les bras de Mlle Rouhet. Louis de Condé avait, dit-on, d'autres projets. Il s'était promis d'évincer son frère indigne de son rang de premier prince du sang puis, lorsque le parti huguenot serait victorieux des forces royales — grâce à lui —, il lui serait facile, pensait-il, d'écarter du trône les Valois papistes et dégénérés ainsi que leur mère diabolique (par quels moyens, monsieur le prince ?) et ce serait lui qui ceindrait alors la couronne de France. Etant né Louis de Bourbon, il avait déjà choisi son nom de roi : il serait Louis XIII. Cela n'était pas le plus difficile de son entreprise.

Pour lors, toujours en mouvement, il pensa que, puisque Paris lui échappait, il pouvait avoir mieux encore en s'emparant de la personne du jeune Charles IX et de sa mère. Les secrets filtrent toujours. La méfiance des Guises n'était donc pas imaginaire. Condé projetait de rééditer le coup d'Amboise qui avait pourtant si mal tourné. Peu importe. La reine mère et le roi ayant gagné Fontainebleau mal défendu, il décida de les enlever et de leur dicter ses volontés.

Il faut dire qu'il avait de nouvelles et bonnes raisons de craindre la reine car celle-ci, devant l'échec de son édit, avait fait volte-face.

Un mois après ses coquetteries, ses promesses, ses concessions aux calvinistes, elle exigea que les dames de la cour suivissent en bonnes catholiques tous les offices. Elle-même communia ostensiblement. Elle obligea son fils préféré, Henri, l'admirateur zélé de Calvin et de Coligny, à pratiquer avec assiduité la religion de sa mère. Quant au roi Charles IX, il avait, le premier, retrouvé tout seul le chemin des autels. Ce revirement annonçait une politique de rigueur qui ne rendit pas les huguenots plus malléables.

Théodore de Bèze exigea le châtiment public des coupables de Wassy. Elle tergiversa comme elle savait le faire. Qui donc aurait assez de pouvoir pour arrêter Guise en plein Paris ? Ceux qui essaieraient de mettre la main sur lui déclencheraient un soulèvement de la capitale qui s'étendrait à tout le royaume.

Elle nomma un nouveau gouverneur de la capitale, le cardinal de Bourbon, frère d'Antoine et de Condé, tout désigné pour une concertation. Catherine gagnait du temps. Sagement, le cardinal pria les deux chefs de parti de quitter la capitale. Condé, qui n'y pouvait rien faire, sortit. Mais le connétable de Montmorency et le peuple des rues demandèrent au duc de rester pour conserver la ville au roi.

Dès qu'il fut parti, Condé retrouva une armée protestante. Il se dirigea vers Meaux où Coligny l'attendait à la tête d'une autre armée. Tout était en place pour affronter les forces royales.

Catherine, fidèle à sa doctrine diplomatique, essayait encore d'endormir Condé. Elle lui écrivait alors : « *Je vois tant de choses qui me déplaisent que si ce n'était la confiance que j'ai en Dieu et l'assurance que vous m'aiderez à conserver ce royaume et le service du roi, mon fils... J'espère que nous remédierons à tout avec votre bon conseil et aide.* » Comment peut-on croire qu'elle comptait sur Condé pour conserver le pouvoir à son fils ? Ces simagrées feraient sourire si elles ne devaient finir dans le sang.

Devant les forces huguenotes réunies entre Paris et Fontainebleau, Guise comprit le danger que couraient le roi et même le trône. Il se rendit à Fontainebleau et supplia la reine mère de regagner Paris au plus vite avec le roi où ils seraient en sécurité. Elle refusa. Elle ne voulait pas rompre avec Condé, elle voulait discuter, et encore discuter. Il fallut l'obliger à accepter la protection de mille hommes d'armes du duc afin de n'être pas enlevée en route. Elle ne cacha pas qu'elle obéissait sous la contrainte et elle détesta un peu plus son allié. Préférait-elle être enlevée et séquestrée par Condé ? Elle croyait encore qu'il n'oserait.

Condé avait huit mille hommes. Théodore de Bèze le secondait mais leur armée n'était pas prête pour une vraie bataille. Comme il n'avait pu réussir l'enlèvement (une fois de plus, Guise lui avait fait échec), Condé se rabattit sur Orléans, prit la ville et en fit la capitale provisoire du calvinisme en France. De Bèze, expert en diplomatie et en propagande, publia une déclaration fort habile où il informait que Condé était le sujet loyal du roi, qu'il était dans son droit tandis que Guise, sujet rebelle, tenait captifs le roi et la reine mère. Toutes les cours étrangères reçurent l'information ; elle était si digne et de si bonne foi que la cause du prince calviniste parut juste à plusieurs — convaincus d'avance il est vrai, comme Elisabeth Ire. L'argent afflua de Bâle et de Genève dans les caisses de l'armée de Condé. De même, nombre de cavaliers vinrent s'engager sous sa bannière. C'étaient des hobereaux convertis, en mal d'aventures et de quelques pillages profitables. Peu versés en théologie, ils étaient courageux et redoutables sur un champ de bataille.

Catherine ayant, par la force des choses, changé de politique se trouvait maintenant entièrement solidaire du parti catholique. Ce n'était pas de gaieté de cœur mais ce parti de Guise était celui qui soutenait le trône de ses enfants. Elle avait fini par comprendre d'où venait le danger le plus pressant. Cet intérêt passager la rendit plus souple — non sans arrière-pensées.

Catherine négocie toujours pendant qu'on s'arme et qu'on assassine

Il était urgent pour la couronne de lever une armée capable de tenir tête à celle de Condé et de Coligny — ce qui signifie qu'il fallait de l'argent. Comme d'habitude, le Trésor royal était vide. C'est encore une fois les Guises qui réussirent à reconstituer les forces du roi : ils recrutèrent au total vingt-huit mille fantassins et six mille cavaliers. Les protestants en avaient un peu moins mais leurs recrues étaient souvent de meilleure qualité. L'artillerie royale était supérieure, surtout dans les sièges.

Catherine s'ingénia à trouver de l'argent pour financer tout cela. Faisons-lui confiance, une Médicis trouve toujours l'argent où il est. Puisqu'elle défendait la foi catholique, elle crut juste de demander au pape de participer aux dépenses de guerre. Il accepta à condition qu'on terrassât l'hérésie. Elle le lui promit. Sans sortir de ce bon royaume de France, toujours plein de ressources, elle demanda aux grands une contribution exceptionnelle, disons plutôt qu'elle ne demanda pas mais qu'elle préleva sans trop de formalités trois cent mille écus sur les grandes fortunes. Elle se souvenait des procédés expéditifs du cher François Ier pour remplir les coffres. Le roi d'Espagne, apaisé par ce projet de croisade anti-calviniste, lui fournit dix mille fantassins d'excellente qualité. Le duc de Savoie ne fut pas en reste : il lui envoya des fantassins et un parti de cavaliers.

On voit que l'armée royale organisée par les Guises ne manquait pas de recrutement. Cela était encore insuffisant. Par ses propres moyens, Catherine s'adjoignit des Suisses et des Allemands. Elle les paya avec l'argent du pape qui avait — partiellement — tenu sa promesse. Venise et Florence contribuèrent aussi à l'effort de guerre contre l'hérésie.

S'il est bon d'être armé, Catherine jugeait qu'il est meilleur de ne pas se servir de ses armes tant que la négociation est encore possible. La négociation, c'est sa spécialité, pas la guerre. Elle délégua donc à Orléans, auprès de Condé et de Théodore de Bèze, émissaires sur émissaires. Sans résultat. Elle leur envoya même le célèbre et habile Monluc, évêque de Valence, évêque remarquable parce qu'il était plus calviniste que papiste aux yeux mêmes des réformés. Elle en fit tant et tant qu'elle faillit réussir à neutraliser l'irascible Condé. Pour cela, elle se déplaça elle-même et le rencontra. Elle l'enveloppa, lui promit tout et même davantage. Ils s'embrassèrent sur la bouche comme il était d'usage entre les membres de la famille royale. Elle ne lui demandait qu'une chose, qu'il renonçât à la guerre. Sa démarche dénote un courage peu commun : elle était entre les mains de son ennemi. Cette persévérance désespérée en faveur de la paix montre au moins que cette « reine sanglante » qu'ont dépeinte l'Histoire et la légende avait horreur du sang versé.

Condé, croyant avoir obtenu dans cet entretien plus qu'il n'espérait obtenir dans une guerre toujours incertaine, accepta de sortir de France en signe d'apaisement. Las ! Coligny et ses hobereaux, qui n'avaient pas écouté le chant de la sirène florentine mais qui la connaissaient, refusèrent net l'arrangement ; ils préféraient la guerre avec les profits et les pouvoirs qu'ils en espéraient aux fallacieuses promesses de cette étrangère, suppôt du Vatican.

Déjà la France n'était plus en paix, c'était la guerre larvée pendant laquelle les deux armées ennemies se renforçaient avant de s'affronter dans des batailles rangées. A Sens, en avril 1563, on tua les protestants. En contrepartie, les moines de l'abbaye de Saint-Jean sont égorgés et jetés dans l'Yonne. Les Parisiens repêchèrent les cadavres un peu plus tard, ce qui ne calma pas leur haine des calvinistes. A Tours, les huguenots sont noyés dans la Loire ; à Angers, ils sont pendus. En revanche, dans le Dauphiné, le baron des Adrets se fit une effrayante célébrité par ses massacres réitérés de catholiques et par les tortures démentes auxquelles il se livrait sur ses victimes.

Plusieurs villes importantes tombèrent aux mains des protestants : La Rochelle, Poitiers, Le Havre, Dieppe et Caen. Ces villes se trouvent à l'ouest et plusieurs sont des ports. Elles serviront à recevoir les secours anglais. Chaque prise de possession s'accompagne de destructions et de massacres de catholiques. On voit alors reparaître le fringant vainqueur d'Henri II, le comte de Montgomery. Après un long et salutaire séjour en Angleterre, il s'est converti au calvinisme ; son intelligence, sa bravoure font de lui un chef de guerre. C'est malheureusement une guerre civile grâce à laquelle il compte se tailler de beaux domaines dans les biens ecclésiastiques et autres. Il se signale d'abord à Bourges dont il s'est emparé. Sa soldatesque pille la cathédrale, brise les statues, vole des vêtements sacerdotaux et en fait une mascarade. A Orléans, on viole les sépultures, le tombeau de Louis XI à Cléry est brisé ; à Vendôme ce sont les tombeaux des rois de Navarre qui sont mis en pièces sous l'œil de Jeanne d'Albret, reine de Navarre. Elle assiste et elle approuve. La folie s'est saisie de la France.

Catherine enfin y voyait clair. Elle voulut cependant avoir encore une entrevue avec Condé qui n'avait plus envie de négocier : ses armées étaient prêtes. Quand la reine parut devant lui, le petit bossu tout faraud lui dit qu'il se flattait de tenir tête aux forces royales et catholiques. Outrée, Catherine lui répondit : « *Puisque vous vous fiez à vos forces nous vous montrerons les nôtres.* » Soit, mais elle traitait d'égal à égal avec un rebelle. Mauvais début pour le pouvoir légitime.

Catherine et le trône vivent de plus en plus dangereusement

Jusqu'alors, l'affrontement entre les deux partis consistait pour les uns à briser les statues et les vitraux, à égorger quelques prêtres et d'innocents papistes et pour les autres à noyer ou à pendre des chanteurs de psaumes tout aussi innocents. La soldatesque tuait en toute impunité : les victimes n'étaient que des civils sans armes. Pas de risques et tout bénéfice avec le pillage qui suivit.

Après la rupture et la menace de Condé, l'armée royale intervint. Elle put de justesse s'emparer de Blois et s'y retrancher. Mais les calvinistes prirent Beaugency. C'est le Midi qui était le plus ravagé. En Guyenne, Durfort, seigneur de Duras, à la tête d'une armée à la solde de Jeanne d'Albret, mit à feu et à sang sa propre province et le Périgord ; c'est Monluc (le frère de l'évêque) qui écrasa Durfort sous les murs de Périgueux grâce aux fantassins espagnols que lui avait envoyés Philippe II. Les débris de l'armée protestante furent recueillis par La Rochefoucauld, regroupés et réconfortés dans ses terres d'Angoumois. Ce très grand seigneur était aux ordres de Condé et de Châtillon. Ne disait-on pas que le parti calviniste était celui de la haute noblesse ?

En Provence, le baron des Adrets s'empara d'Avignon, Etat pontifical, mais les catholiques reprirent Orange, place calviniste. En Languedoc, les calvinistes étaient presque partout les maîtres, ils retrouvaient les séquelles du catharisme. Cependant, Toulouse resta catholique et fidèle au roi. En Bourgogne, le vieux et fidèle maréchal de Tavannes chassa de Dijon et de Mâcon une armée de six mille Suisses calvinistes qui pillaient le pays. L'armée royale reprit Bourges en août. Maintenant, la vraie guerre saccageait le pays.

Un immense danger nouveau surgit alors. Catherine apprit que le vidame de Chartres et Montgomery avaient négocié un traité d'alliance à Hampton Court avec Elisabeth d'Angleterre, au nom de Condé. Celui-ci se conduisait en chef d'Etat et la reine d'Angleterre le traitait comme tel. Elisabeth fournissait au prince rebelle six mille hommes et de l'argent pour payer des mercenaires allemands, mais donnant, donnant : Condé devait livrer à l'Angleterre Le Havre, Dieppe, Rouen et bien sûr Calais.

La reine s'engageait toutefois à rendre Le Havre quand on lui livrerait Calais. M. le prince bradait le royaume qui serait un jour celui des Bourbons.

Coligny, de son côté, négociait à l'est. De Bèze et d'Andelot se rendirent à Heidelberg pour se constituer une armée de reîtres et de lansquenets. Et le paiement ? Les princes allemands, fournisseurs du matériel humain, se contentèrent d'un paiement différé. Leur prix avait de quoi faire trembler : ils se paieraient sur le pays ! Coligny, en prime, leur offrit le pillage de Paris. Rien de moins.

La terreur que Catherine avait gardée des reîtres lors du sac de Rome se réveilla et, au lieu de faiblir, elle décida de faire la guerre à ceux qui la lui faisaient ; elle y apporta le même courage et la même dureté.

Mais nul n'échappe à son naturel, celui de Catherine était de négocier. Voici comment, en 1562, l'ambassadeur de Venise voyait la négociatrice : « *Son appétit est énorme. Elle recherche les exercices, marchant beaucoup, montant à cheval, très active, elle chasse avec le roi son fils, le pousse dans les taillis, le suit avec une intrépidité rare. Son teint est olivâtre, elle est déjà grosse femme. Pendant qu'elle marche ou qu'elle mange, elle parle toujours de ses affaires avec l'un ou avec l'autre. Elle tourne non seulement ses pensées vers les choses politiques mais vers d'autres si nombreuses que je ne sais comment elle peut s'occuper à des intérêts aussi divers...* »

Elle était bien de son temps, elle en avait la vitalité, la diversité et l'intrépidité. A la guerre, le masque de douceur tombait, elle courait sous la mitraille « *comme un roi* » qu'elle était.

Cette persévérance dans la négociation paraît insensée. Elle essaya donc d'amadouer Condé et de retarder l'explosion. Celui-ci ne demandait qu'à gagner du temps en attendant que les Anglais fussent débarqués et les reîtres à pied d'œuvre en Champagne. Chaque fois qu'elle lui offrit de la rencontrer, il consentit mais il ne vint pas. (Il la connaît, il sait qu'elle recommencera.) Cependant, il finit par accepter le 9 juin. La rencontre eut lieu en rase campagne. Condé était si méfiant qu'il ne voulut pas descendre de cheval : il craignait un guet-apens ; il en connaissait les recettes. Un orage éclata. Il refusa d'entrer dans un hangar où il voyait un piège. L'orage n'avait-il pas été commandé par Ruggieri ? La reine et Condé avaient chacun une garde de cent cavaliers — la même pour les deux. La garde de Catherine était en rouge, celle du prince en blanc de pied en cap. C'était nouveau. Ce blanc allait devenir la couleur des armées calvinistes (d'où le fameux panache blanc d'Henri de Navarre). Catherine, étonnée par cette tenue, dit à Condé : « *Mon cousin, pourquoi vos hommes ressemblent-ils à des meuniers ? — Pour bien montrer, Madame, qu'ils peuvent battre vos ânes.* » Plaisante peut-être, mais peu favorable entrée en matière en vue d'une négociation. En fait, celle-ci ressembla vite à une dispute. Coligny avait fait la leçon à Condé. Sûr des forces dont il disposait, l'amiral avait recommandé au prince brouillon de tout refuser. Ce qu'il fit.

Pendant ce temps, les hommes des deux escortes fraternisaient, ils reconnaissaient les uns et les autres leurs amis, leurs parents. Un des seigneurs calvinistes de l'escorte de Condé écrit : « *J'avais une douzaine d'amis de l'autre côté dont chacun m'était aussi cher qu'un frère si bien que, chacun demandant la permission à son officier, les deux lignes de vêtements pourpres et blancs se sont trouvées mêlées et quand elles se sont séparées ce fut avec beaucoup de larmes dans les yeux.* »

Quand on parle de guerre civile, ce n'est pas un vain mot. Ils savaient qu'un jour prochain ils s'entre-tueraient en famille.

Quelques jours plus tard, Coligny offrait à Catherine de se

retirer avec son armée à condition qu'elle renvoyât dans leurs terres les Guises, Montmorency et le maréchal de Saint-André. Elle accepta. Les triumvirs s'en allèrent, l'armée royale était décapitée. Coligny en profita pour monter une attaque de nuit contre la cour. Quel miraculeux hasard la fit échouer ? L'armée de Coligny, dans l'obscurité, se fourvoya et se dispersa dans les bois. Au matin, Catherine apprit le danger auquel elle venait d'échapper et la félonie de Coligny. Atterrée, ne se sentant entourée que d'ennemis, elle s'épancha dans une lettre à sa fille : « *Tout ce qui se fait d'un côté ou de l'autre n'est dû à rien d'autre qu'au désir de gouverner et de me prendre sous couvert de religion ce que j'ai de pouvoir... il n'y a ni sainteté ni religion mais seulement passion, vengeance et haine de chacun.* » Il est curieux tout de même de voir qu'après le tour que vient de lui jouer Coligny il n'est pas plus mal traité par elle que « les autres » : c'est-à-dire ses alliés.

Ce danger écarté, restait le plus grave : l'invasion étrangère. Catherine et son conseil s'affolèrent. Allait-on revoir les débarquements anglais et les horreurs de la guerre de Cent Ans ? Afin d'y couper court, la majeure partie de l'armée royale, sous les ordres de Montmorency, se porta en Normandie. Un peu trop tard : Rouen était déjà aux mains des forces anglo-calvinistes commandées par Montgomery. Catherine, en « vrai roi », se mit à la tête de ses troupes qui assiégeaient Rouen. On la vit aller et venir sous les remparts d'où partaient les arquebusades qui décimaient ses hommes autour d'elle. Si son « oncle » Clément VII lui avait donné des leçons de diplomatie, François Ier lui avait appris comment doit se tenir « un roi de France » sur le champ de bataille. Antoine de Bourbon, fidèle jusqu'au bout — sauf à sa femme et à Calvin —, fut blessé à mort à ses côtés. Dans sa colère, elle fit installer toute son artillerie devant les remparts et ordonna de tirer dix mille coups de canon dans la muraille qui s'effondra. Par la brèche, entraînée par elle, sa troupe s'engouffra et Rouen fut prise le 20 octobre 1562. Bourbon avait été blessé le 15, il survécut cinq jours et, quoique mourant, il se fit traîner en litière pour entrer aux côtés de Catherine dans la ville libérée. Il mourut en route. Fidèle à ses changements, il se fit assister avant de rendre l'âme par un prêtre catholique et par un pasteur ; ils lui assurèrent tous les deux qu'il mourait dans leur religion respective. En apprenant sa mort, sa femme fit répondre que cette nouvelle n'avait pas d'intérêt pour elle. Elle en eut pour son fils Henri de Navarre, que son père gardait. Dès lors, Henri rejoignit sa mère et le Béarn et subit entièrement l'influence de cette fanatique princesse. Les témoins du départ du jeune Henri de Navarre disent qu'il regrettait beaucoup la cour et la vie de camp et qu'il était navré de regagner son lointain royaume pyrénéen.

La joie de Catherine d'avoir repris Rouen fut assombrie parce que Montgomery lui échappa. Il trouva le moyen de s'enfuir à bord d'une barque. Elle aurait aimé régler avec lui de très mauvais comptes. Elle le rendait responsable de l'alliance des calvinistes avec Elisabeth ; il se comportait depuis son retour en rebelle cynique et cruel ; enfin et surtout, Montgomery restait pour elle l'assassin de son mari et elle lui vouait une haine aussi inextinguible que son amour pour Henri II. C'était faux, Montgomery n'était pas l'assassin du roi, mais la passion de Catherine ne s'en souciait pas. Montgomery n'ignorait pas ce sentiment et les dangers qu'il lui faisait courir. Il faut peut-être chercher dans cette haine injuste la raison des agressions et des cruautés de Montgomery pour tout ce qui touchait à la couronne de Catherine.

L'armée de Condé avait suivi le mouvement de l'armée royale et s'était dirigée vers la Normandie afin de se joindre aux troupes anglaises qui occupaient déjà Le Havre. Cette armée, commandée par deux chefs remarquables, le prince et surtout l'amiral de Coligny, était à ce moment-là plus redoutable que jamais car elle avait eu le temps, pendant les fausses négociations, de s'adjoindre les reîtres et les lansquenets. Les tergiversations de Catherine avaient permis aux calvinistes de recevoir des renforts — première erreur. Il ne fallait à aucun prix en commettre une seconde en permettant au prince rebelle de se joindre aux forces anglaises.

Les forces royales coupèrent la route des rebelles à Dreux, le 10 décembre 1562. Ce fut une vraie et terrible bataille. Montmorency commandait en chef suprême. Toutefois, Guise s'était réservé une part importante de la cavalerie. Sur le champ de bataille, le Balafré, on le sait, était plus à l'aise que dans une grange de Wassy et surtout meilleur stratège que le solennel connétable que nous connaissons plus brutal que subtil. Le face à face mortel de ces deux armées eut lieu à Blainville, près de Dreux. Les cavaliers des deux partis qui allaient s'entre-tuer étaient français. Ils se connaissaient, ils avaient été frères d'armes sous le même drapeau à fleurs de lis, ils étaient amis et même parfois parents. Ce face à face avait quelque chose d'inhumain et de déchirant qui fut ressenti des deux côtés. Ils s'observèrent un moment en silence. Chacun était prêt à massacrer l'autre mais aucun n'osait commencer. Ce moment pathétique a été consigné par La Noue, grand honnête homme, calviniste d'âme, tolérant et humain, déchiré par ce combat fratricide : « *Chacun pensait en soi-même que les hommes qu'il voyait venir vers soi étaient ses propres compagnons, parents et amis et que dans une heure il faudrait se tuer les uns les autres ce qui donnait quelque horreur du fait sans toutefois diminuer leur courage.* » Leur courage ne fut pas diminué. Au contraire, ils apportèrent dans la bataille une sorte de fureur suicidaire pour effacer cet instant de faiblesse et se venger en quelque sorte sur l'autre de ce sentiment d'amitié qui avait failli les rendre lâches. Les cruautés des guerres civiles s'expliquent souvent par des sentiments refoulés qui prennent le masque de la haine et qui, en réalité, mériteraient un autre nom.

La charge de cavalerie protestante menée par Coligny fut terrible. Les forces royales reculèrent sans être rompues mais les chocs répétés de Coligny laissaient prévoir une victoire calviniste. C'est alors que Guise qui se tenait en réserve, caché dans un bois, se jeta sur le flanc des forces de Coligny et les écrasa. Une fois de plus, c'est à Guise que la couronne devait la victoire. Le maréchal de Saint-André, un des triumvirs, fut tué mais le prince de Condé était prisonnier de Catherine. Coligny, vaincu mais non abattu, rassembla en hâte les débris de son armée et essaya de gagner Orléans où il pensait refaire ses forces et reprendre la lutte. Guise comprit et voulut le poursuivre afin de l'écraser définitivement avant qu'il eût atteint « sa » capitale. Mal lui en prit.

L'assassinat du duc de Guise a programmé la Saint-Barthélemy

La victoire de Dreux avait mis un comble à la haine de Coligny pour François de Guise. C'est toujours ce Guise qui barrait la route à l'amiral calviniste. Et pourtant... leur passé ne laissait pas présager cette haine mortelle. Dans leur jeunesse, à la cour, tout les unissait : leurs jeux, leurs ambitions, la gloire et l'intelligence. Pendant les dernières années du règne de François Ier et les débuts de celui d'Henri II, ils étaient, comme l'écrit Brantôme, des amis inséparables... « *Tels de grands camarades du même âge, amis et complices au point qu'ils avaient coutume de porter la même livrée, les mêmes vêtements et de se présenter toujours côte à côte dans les tournois, combats mimés, courses d'anneaux et mascarades, commettant plus de folies et d'extravagances que tous les autres.* » Catherine, alors, avait pour tous les deux la même amitié et la même admiration pour leur gaieté, leur courage et leur valeur.

La première ombre vint de leur rivalité militaire. Coligny et Guise commandaient ensemble à Boulogne, Coligny l'infanterie, Guise la cavalerie. C'est là qu'il reçut sa terrible blessure au visage. Coligny, tout aussi valeureux que son ami, ne jouissait pas du même prestige. Ils étaient l'un et l'autre d'un orgueil aussi hautain mais Guise avait une manière à la fois noble et entraînante, un certain humour, le don du sourire au bon moment qui manquaient à Coligny. Celui-ci en souffrait non seulement dans ses rapports avec Guise mais avec son entourage. Son air rogue, son entêtement, son ton volontiers agressif dans les discussions qu'il se plaisait à provoquer et à faire durer ne lui attiraient guère de sympathies. Dès Boulogne, tout devint entre lui et son ami sujet de friction et de jalousie. Une querelle éclata entre eux à propos d'un duel entre deux officiers. Guise, qui avait le commandement de l'armée de Boulogne, voulut être l'arbitre. Coligny, nommé lieutenant général par Henri II, lui refusa ce droit en vertu d'un nouveau règlement militaire qu'il venait de rédiger et de publier sous son nom avec l'approbation du roi. Ce règlement reflétait l'esprit minutieux et tatillon de Coligny, un vrai code bureaucratique. Guise voyait la guerre de plus haut. Il se fiait moins, dans son commandement, à ces prescriptions impersonnelles qu'à sa propre valeur, à sa naissance et à sa popularité — ajoutons aussi à l'appui de Diane de Poitiers. Or, lorsque Diane plaida sa cause auprès du roi, celui-ci, pour une fois, lui refusa. Guise en fut très mortifié. La belle amitié avec Coligny était morte.

D'autres rencontres envenimèrent leurs relations. Peu après la prise de Metz par Guise qui lui valut l'admiration générale, Coligny eut la perfidie d'insinuer qu'il avait lui-même remporté la victoire tout en mentionnant l'aide que lui avait apportée son brillant second, M. de Guise. Outré, celui-ci dit à son ancien ami : « *Vous voulez donc m'enlever mon honneur ?* » L'honneur et l'orgueil se mêlant de la querelle, tout était à craindre.

Coligny, à son retour de captivité, après le désastre de Saint-Quentin, vint se ranger aux côtés de son neveu Condé : entre-temps, il s'était converti au calvinisme mais ne l'avoua que plus tard. On s'est demandé si cette conversion était religieuse ou politique. Les deux sans doute car, avec Condé et les grands feudataires du royaume qui s'étaient ralliés à Calvin, Coligny espérait bien prendre sa revanche sur les Guises exécrés qui incarnaient le parti adverse. Cependant qu'aux yeux de Guise, selon leur code de l'honneur, cette conversion était une trahison. Profondément catholique, il ne transigeait pas avec la religion. C'est ainsi que l'amitié rompue devint la haine la plus sanglante du règne de Catherine et de ses fils.

Dans sa retraite lamentable vers Orléans, Coligny était dévoré par le besoin de se venger. Il fit appeler un des espions qu'il entretenait dans l'armée de Guise qui le talonnait. C'était un jeune homme de vingt ans de petite mine et de « *petite taille au teint jaune* », appelé Poltrot de Méré. Il était, dit-on, cousin de La Renaudie, l'exécuteur malheureux du complot d'Amboise. Coligny lui ordonna d'assassiner Guise qui s'apprêtait à assiéger Orléans afin d'en déloger les rebelles qui n'auraient plus de place forte pour se retrancher. L'assaut contre Orléans était prévu pour le 18 février 1563. La veille, Guise passa à cheval l'inspection de ses troupes et des fortifications. Il se dirigea ensuite vers son campement. Poltrot de Méré et un page le précédaient. Poltrot avait remarqué que le duc avait, ce jour-là, omis de revêtir sa cotte de maille, « *ce qu'il n'avait jamais fait* ». Poltrot se rangea sur le côté du sentier, se dissimula derrière des broussailles et, lorsque le duc eut passé devant lui sans le voir, il lui tira une arquebuse dans le dos. Pour le vainqueur de Calais, de Metz et de Thionville, être ainsi abattu, c'était une injure. Poltrot, dès qu'il le vit tomber, s'enfuit. Coligny lui avait fait parvenir un excellent cheval qui lui permit de prendre de l'avance. Il était déjà loin quand le page donna l'alarme et revint auprès du duc avec des secours. Guise respirait encore.

La cour était à Blois, attendant la prise d'Orléans. Catherine, bouleversée par la nouvelle, fit aussitôt rechercher le meurtrier et exigea une vengeance exemplaire. Pour encourager les recherches, elle promit deux mille écus à qui identifierait le coupable et le double à celui qui le lui ramènerait. Ce n'était pas une affaire de sentiment, c'était une catastrophe politique. Elle comprit que l'assassin, en visant aussi haut, aurait pu viser plus haut encore car entre le roi, elle et Guise il n'y avait personne. Elle écrivit à la duchesse pendant que le duc, soigné par les chirurgiens de Catherine, survivait péniblement à son effrayante blessure : « *Bien que l'on m'ait assuré que le coup n'est pas fatal, je suis si troublée que je ne sais que faire. Mais je veux user de toute la faveur et de tout le pouvoir que j'ai dans ce monde pour le venger et je suis sûre que Dieu me pardonnera tout ce que je ferai dans cette voie.* » Cette dernière phrase est inquiétante car tout ce qu'elle fera pour venger le duc risque fort d'être atroce — à court ou à long terme. Ce crime avait réussi à la faire entrer dans la violence qu'elle réprouvait mais que les circonstances et les mœurs du temps lui imposaient.

Elle quitta Blois et se rendit aussitôt au chevet de Guise, à Orléans. Surprise : l'assassin y était aussi. Poltrot, dans sa fuite éperdue, s'était égaré et avait été rejoint et arrêté par les hommes du duc. Catherine ne laissa à personne le soin de l'interroger. Elle n'avait pas besoin de torture pour le faire parler, le misérable n'était pas de taille : il n'avait été capable que de tirer dans le dos du duc comme sur un gibier. Cela fait, il avoua tout, son forfait était trop lourd pour lui. Catherine écrivit à son amie inoubliable, la duchesse de Savoie, Marguerite, sœur d'Henri II : « *Il m'a dit de son plein gré et sans se faire prier que l'amiral lui avait donné cent écus pour accomplir cette mauvaise action et qu'il ne voulait pas le faire mais que de Bèze et un autre prêcheur l'ont persuadé et assuré que s'il la faisait il irait tout droit au ciel. Ce qu'entendant il s'était décidé pour mettre le projet à exécution. Il m'a dit en plus qu'il fallait surveiller le mieux possible mes enfants et veiller avec grand soin sur ma personne parce que l'amiral me haïssait infiniment. Voilà, Madame, cet homme de bien qui dit qu'il ne fait rien que pour la religion qui nous veut tous dépêcher. J'entends que, pendant cette guerre, il arrivera à la longue à tuer mes enfants et à supprimer mes meilleurs hommes. »*

Catherine emploie le mot « guerre » qu'elle repoussait jusqu'ici. Quant à sa crainte : « *il tuera mes enfants* », elle déclencha chez cette femme pacifique un réflexe passionnel extrêmement dangereux. Elle aussi assassinera les assassins. Elle en avait les moyens.

Et dans l'autre camp, comment voyait-on cet assassinat ?

Curieuse est la façon dont Coligny et de Bèze ont manipulé ce petit assassin. Lui aussi se sentait animé par la vengeance : il croyait venger la mort de son cousin La Renaudie. Il était un peu illuminé, de Bèze ne s'y est pas trompé. Que ses bons conseillers eussent promis à Poltrot cent écus, c'était banal, le salaire d'un tueur ordinaire, mais ils lui promirent le paradis, c'est ce qui le décida, et non les cent écus, à tenter le coup. Cet argument du paradis garanti pour le sectateur obéissant n'était pas nouveau, il était également en usage dans l'Inquisition espagnole. Aujourd'hui, il l'est chez les ayatollahs. Les pauvres d'esprit, on le voit, courent bien des dangers.

A l'accusation portée contre lui, Coligny réagit non sans cynisme. Il nia toute participation à l'assassinat mais il ne se priva pas de rendre publiquement grâces à Dieu de la mort de Guise. Il le fit non seulement par des prières mais par des fêtes. « *Cette mort,* proclama-t-il, *est le plus grand bien qui pouvait arriver à ce royaume et à l'Eglise de Dieu et particulièrement à moi et à toute ma Maison.* » Heureux celui dont les intérêts et ceux de sa famille coïncident avec ceux de l'Eglise de Dieu. On imagine la vague de haine que ces paroles soulevèrent dans le parti catholique et surtout à Paris.

Au sujet de Poltrot de Méré, Coligny voulut bien reconnaître « *avec sa franchise habituelle* », dit un de ses historiens, qu'il se servait de lui comme petit espion. Il reconnut même que ce garçon lui avait fait part de son dessein d'assassiner Guise, il n'avait donc pas eu à le lui commander, mais il reconnut aussi qu'il n'avait rien fait pour l'en dissuader. Peut-on parler de complicité ? Mais pourquoi lui avoir donné cent écus ? Simple gratification pour les services ordinaires de son espion. Toutefois, pour les petits services d'un petit espion, la somme était énorme. Et pourquoi lui avoir donné ce coursier de luxe ? Simple moyen d'avoir des nouvelles rapides. Coligny avait une façon insolente de se disculper qui ne convainquit personne. D'ailleurs, il ne se souciait pas autrement de s'innocenter.

Six jours après l'attentat, le duc de Guise mourut. Ses dernières paroles furent pour se défendre d'avoir été responsable du massacre de Wassy survenu contre sa volonté, puis il déplora la guerre fratricide qui déchirait la France et supplia la reine de faire la paix intérieure et de réunir tous les Français contre les armées étrangères qui étaient entrées dans le royaume. Ce n'étaient pas là des paroles de haine ni de simples vœux pieux. Catherine entendit le message politique, il concordait avec ses propres desseins.

Dialoguons, dialoguons, il en restera toujours quelque chose

Les Anglais occupaient Le Havre. Avec leur aide, Montgomery s'emparait de nouvelles villes en Normandie. Dans l'Est, les reîtres pillaient et ravageaient la Champagne à tel point que Coligny, qui les avait appelés, commençait à en être embarrassé et même à se sentir menacé par eux, car les envahisseurs qui avaient rassemblé un énorme butin ne le trouvaient pas suffisant, ils voulaient de l'argent et menaçaient de s'en prendre aux biens des Châtillon si leur commanditaire ne leur en fournissait pas. Coligny eut l'audace, au moment où Catherine négociait avec Condé, d'exiger que le pouvoir royal payât les reîtres et leur versât une indemnité substantielle pour les faire déguerpir. C'était beaucoup demander à la reine que de l'obliger à payer des mercenaires appelés par ses ennemis pour renverser le trône de ses enfants. Cette exigence provoqua la rupture des négociations et la Champagne continua à être pillée.

Devant de pareils dangers, Catherine se trouva alors dans une situation presque désespérée : « *Dieu a trouvé bon de me frapper une fois encore et avec moi ce pauvre pays. Il a utilisé la plus misérable des morts pour me prendre un homme qui se tenait au-dessus de tous les autres* (oublie-t-elle qu'elle l'avait renvoyé dans ses terres comme un mauvais conseiller, qu'elle l'avait traité en ennemi quand il l'avait fait sortir de Fontainebleau ? elle avait même écrit à Condé qu'elle était séquestrée par Guise et celui-ci avait envoyé sa lettre à diverses cours d'Europe)... *et s'était dévoué au roi, M. de Guise était le plus grand capitaine de ce royaume* (elle oublie qu'il en restait un autre, Coligny, mais il était contre elle), *l'un des plus grands ministres et des plus capables qui aient jamais été au service du roi. La perversité de cet acte, l'un des plus malheureux qui aient jamais été commis en France, s'ajoute aux maux commis par les mercenaires. Je ne sais pas ce que deviendront les choses sans M. de Guise parce que le connétable est prisonnier à Orléans et que nous n'avons plus d'hommes pour commander notre armée sauf le maréchal de Brissac, mais il n'est pas capable de le faire. Néanmoins, je dois le lui laisser croire. En attendant, c'est moi qui devrai commander et jouer le rôle de capitaine.* »

Elle le fit et fit bien. Son courage et son optimisme, sa foi en ses étoiles la mettaient au-dessus du malheur. Qui aurait pu croire que la petite Médicis, épouse à quatorze ans d'un prince indifférent, silencieuse, effacée, et même écrasée par son mariage, par la cour, par la maîtresse de son mari, serait un jour « *le capitaine* » du royaume déchiré ?

Dans ce malheur, elle avait un soutien et il était d'importance : l'immense majorité des Français qui voulaient la paix — comme elle. C'est le poète Ronsard qui fit entendre la voix de cette majorité silencieuse excédée par les pillages, les destructions, les meurtres. Catherine retrouva alors son arme favorite, la diplomatie. Nous dirions « le dialogue ». Elle disposait de deux interlocuteurs de choix : le prince de Condé et Montmorency. Condé était son prisonnier et Montmorency celui des calvinistes, mais ils le lui prêtèrent en vue d'une rencontre avec leur chef Condé dont ils espéraient la prochaine libération. Elle se servit d'eux comme de deux porte-voix, l'un transmettant la volonté royale aux calvinistes, l'autre aux catholiques. Elle était l'arbitre. Condé sentit qu'elle était prête à transiger car, au lieu de dialoguer avec lui, rebelle toujours agressif, elle était en droit de le faire décapiter. Condé accepta donc l'entrevue qui eut lieu le 7 mars 1563 près d'Orléans, dans une petite île de la Loire dite l'île aux Bœufs. Condé, selon sa manière, exigea d'emblée, sans conditions, l'application absolue de l'édit de tolérance signé à Poissy. Catherine aurait pu faire taire son prisonnier, elle préféra lui appliquer une autre médication. Comme elle avait été échaudée par les excès commis par les réformés dans l'application de l'édit, elle refusa, tout en se gardant de rompre. Condé devint moins violent. Ayant fait son numéro de prince irréductible, il pensa surtout à recouvrer sa liberté. Il était prêt à accepter les conditions de Catherine, quitte à tout refuser une fois libre et à la tête d'une armée. Elle lui offrit un nouvel édit signé à Amboise en mars 1563 qui restreignait les concessions faites à Poissy. La célébration du culte n'était désormais autorisée que dans les maisons des seigneurs hauts justiciers et seulement pour leur famille et leurs vassaux. Mais les vassaux n'avaient pas le droit de faire des réunions chez eux. Pour le petit peuple et les bons bourgeois, ils pouvaient assister aux prêches dans un seul temple dans chaque baillage. Paris était totalement interdit au culte réformé ainsi que toute la vicomté de Paris. Le dessein de la reine n'était pas de condamner une croyance religieuse, la liberté de conscience était toujours respectée, mais elle voulait mettre un terme à la multiplication des lieux de réunion, à la diffusion de la doctrine en public, afin de limiter les points de friction et les affrontements — comme à Wassy — entre les tenants des deux religions.

L'opinion publique ne manqua pas de remarquer que les très grands seigneurs calvinistes — comme déjà on l'avait pressenti — jouissaient seuls d'une totale liberté du culte alors que les sincères et simples croyants en étaient privés. C'est ainsi que s'insinua dans le peuple l'idée, qui n'était pas fausse, que le calvinisme était la religion réservée à la haute aristocratie.

Condé ne démentit pas cette idée, il accepta les conditions de

Catherine. Il ajouta et gagna sa liberté aux dépens de Calvin. Coligny et le prophète de Genève grondèrent de colère. Coligny reprocha au prince d'avoir fait fermer plus de temples que tous les catholiques réunis et, ce qui était pire, d'avoir tari le flux des conversions populaires en empêchant la prédication et les réunions à travers le pays. Lui n'aurait jamais cédé à Catherine. Quant à Calvin, il traita Condé de « *misérable qui avait trahi Dieu en sa vanité* ». Il ne restait plus au prince qu'à attendre de nouvelles circonstances pour retrahir en sens contraire. La Loire ne se priva pas de couler pour une trahison politique de plus ou de moins.

Il nous reste à savoir comment Catherine amena en douceur le prince à trahir ses amis calvinistes et son alliée la reine d'Angleterre. La magie de Catherine n'a rien de mystérieux.

Les vrais poisons de la Florentine

Si l'édit d'Amboise était un coup de maître pour assainir l'atmosphère de guerre civile qu'on respirait dans le royaume, il ne guérissait pas la plaie de l'invasion étrangère qui ravageait des provinces entières. Catherine pensa — ne pensait-elle pas à tout ? — qu'elle pourrait utiliser encore plus efficacement les bonnes dispositions dans lesquelles les soins assidus de Mlle de Limeuil avaient mis le prince de Condé. Pourquoi ne ferait-elle pas de lui un allié, un chef de guerre qui lui manquait, pour aider l'armée royale à débarrasser la Normandie des pillards soutenus par les soldats d'Elisabeth puis à reprendre Le Havre par où ils débarquaient ? C'était peut-être trop demander à Condé, qui avait lui-même appelé les Anglais, de le prier de les chasser. Mlle de Limeuil, à qui rien n'était impossible, fut chargée par la reine de présenter le projet de façon persuasive. Elle s'y employa aussitôt.

En plus des charmes de la belle, Catherine avait dans son jeu quelques bons atouts politiques. La situation actuelle de Condé n'était pas très confortable. Certes, il était libre mais il était honni par les calvinistes. Il ne savait trop vers qui se tourner, sauf vers le pouvoir royal. Son frère Antoine, lieutenant général, était mort, Guise aussi : les premières places étaient à prendre. Catherine connaissait bien son orgueil et son ambition forcenée. Après lui avoir offert la liberté et Mlle de Limeuil, elle le fit lieutenant général du royaume : un mois avant, il était en prison ! Entre l'orgueil et l'amour, il était piégé.

Peu de temps après, Mlle de Limeuil eut la satisfaction d'annoncer à la reine que le prince était prêt à prendre le commandement des armées calvinistes de Normandie et à se joindre aux armées royales pour chasser les Anglais et reprendre Le Havre. Sans ce revirement, elle n'aurait pas pu en venir à bout car Coligny et son frère d'Andelot, qui commandaient en Normandie, occupaient le terrain, barraient la route aux forces du roi et refusaient de combattre les armées de leur alliée Elisabeth : elle leur avait fourni de l'argent et des troupes et, en retour, ils lui avaient promis Calais et livré Le Havre.

Catherine avait vu juste. Condé, premier prince du sang, jouissait sur les armées calvinistes, formées de gentilshommes, d'un prestige que Coligny n'avait pas. Après tout, même s'il avait fait pour son parti une mauvaise affaire, il était toujours fidèle calviniste. Catherine ne lui en demandait pas plus : le prince devint le chef des armées rebelles ralliées au roi.

Dès que cet accord fut connu, ce fut la désolation chez les anglo-protestants. Elisabeth, par son ambassadeur, fit savoir qu'elle était navrée par tant d'ingratitude. Calvin adressa de nouvelles remontrances au prince qui oubliait le prêche et ses serments pour la volupté. Agrippa d'Aubigné se lamenta sur le désastre : « *La reine mère et Mlle de Limeuil occupaient tout l'esprit du prince* », dit-il. C'était une belle victoire dont Mlle de Limeuil partageait la gloire. Certes, avoir fait du prince des rebelles un lieutenant général du royaume pouvait un jour présenter un danger pour le pouvoir : en politique, le vent tourne souvent, mais, pour l'instant, Catherine avait gagné le plus pacifiquement du monde.

Telle fut la stratégie à laquelle Mlle de Limeuil consacra son savoir-faire qui, au dire du prince, était incomparable. Elevé dans les camps, peu galant, il n'avait jamais connu que des amours hâtives et bâclées. Il fut subjugué par l'art de l'ambassadrice particulière de Catherine.

Voilà quels furent les vrais poisons de la reine. Ils sont plus subtils et plus efficaces que tous les arsenics mélodramatiques, les « gants empoisonnés » qui tuaient dans les vingt-quatre heures ou même moins, les « parfums d'Orient » qui faisaient tomber raide mort, etc., que l'histoire romancée, romantique, romanesque du XIXe siècle a prêtés sans preuve à la Médicis empoisonneuse de Florence.

Toutefois, l'histoire de Mlle de Limeuil eut un épilogue qui mérite d'être conté car il éclaire les mœurs du temps et la société sur laquelle Catherine exerçait si dangereusement son pouvoir, sans négliger les conséquences politiques graves qu'eut pour la reine la conclusion de cette affaire qu'elle avait manigancée.

Mlle de Limeuil devint amoureuse de son prince bossu. Cela, Catherine ne le lui avait pas commandé. Les deux amants ne se quittaient plus, tant et si bien qu'au cours de leurs ébats délirants Mlle de Limeuil oublia la consigne de son service : elle se trouva enceinte. Or, la reine ne tolérait pas « *l'enflure du ventre* » chez les dames de sa suite. Apeurée, Mlle de Limeuil dissimula de son mieux sa grossesse. Mais, au cours du voyage de la reine à Dijon, en mai 1564, au beau milieu d'une audience solennelle de la cour, la belle se trouva mal. On eut à peine le temps de l'emporter, la porte n'était pas encore fermée derrière elle qu'elle donnait le jour à un petit garçon. C'était le scandale. Les uns s'indignaient, les autres ricanaient. Catherine était hors d'elle. Dans sa colère, elle fit arrêter la parturiente et l'enferma dans le couvent d'Auxonne. Son destin eût pu s'arrêter là. La politique exigea que, quelques mois plus tard, la maladroite reprît son service. Les protestants s'agitaient et tâchaient de récupérer leur prince volage. Catherine, prévenant le danger d'une rechute de Condé dans la rébellion, lui rendit Mlle de Limeuil. Ils se reconvertirent l'un l'autre à l'amour, séance tenante.

Condé habitait le château de Vallery que lui avait donné, en mourant, la maréchale de Saint-André en souvenir des bons soins qu'il lui avait prodigués quelques années plus tôt. Les capacités érotiques du prince ne le laissaient ni sans plaisirs ni sans profits. Les huguenots le harcelaient pour qu'il reprît la tête d'une armée calviniste en vue de relancer la guerre. Ce n'était pas une vaine menace pour Catherine. Calvin lui-même se déplaça et vint au château de Vallery pour admonester le prince. Sa visite et ses remontrances tombèrent très mal : Condé venait de retrouver son adorée. Il répondit brutalement à Calvin qu'il ferait l'amour avec qui lui plairait sans attendre la permission de personne. Quand Mlle de Limeuil parut, Calvin comprit qu'il avait perdu la partie et il prit la porte. Par la suite, il envoya Coligny à la tête de plusieurs délégations de huguenots qui furent aussi mal reçues. Mlle de Limeuil était vraiment digne de la mission que lui avait confiée Catherine.

Coligny revint à la charge. Il mit autant de ténacité à exiger que Condé renvoyât sa maîtresse que le prince en mettait à la garder. Condé était alors veuf d'Eléonore de Roye par laquelle il s'apparentait aux Châtillon. Il déclara à Coligny qu'il gardait Mlle de Limeuil parce qu'il ne pouvait se remarier qu'à une princesse de son rang et de préférence calviniste. Coligny écouta cette déclaration. Il remarqua aussi que Condé, malgré les apparences, ne brûlait pas d'une passion aussi farouche qu'auparavant. Comme le prince se proclamait toujours fidèle calviniste, l'amiral pensa qu'il n'était pas irrécupérable pour le parti. Aidé de ses conseillers, il trouva bientôt le moyen de ramener le prince dans le bon chemin : il lui proposa une épouse conforme à ses vœux. C'était la princesse de Longueville, jeune, riche, amoureuse et, comble de toutes ces vertus, calviniste. Affaire faite. Condé se jeta sur l'appât. Il épousa la princesse et en devint amoureux. Il congédia Mlle de Limeuil sans pitié mais non sans goujaterie : il lui fit rendre tous les présents qu'il lui avait faits. Elle le prit en haine.

Catherine répara les dégâts. Elle maria la belle abandonnée à un très opulent banquier de sa ville incomparable, Florence. Celui-ci était décoré du nom de Sardini. Peu importe, Mlle de Limeuil fut adulée et eut cent fois plus de bijoux, de fourrures, de draps d'or en dame Sardini qu'elle n'en eut jamais en concubine de ce prince pingre et bossu. Elle l'oublia vite.

Catherine de Médicis n'en put faire autant car Condé redevint bientôt l'ennemi n° 1 de la couronne. Coligny avait gagné la dernière manche [1].

Catherine administre la paix intérieure et fait la guerre aux Anglais

Lorsque la nouvelle du ralliement de Condé aux forces royales se répandit, un grand espoir naquit dans le pays. On crut que la guerre civile était terminée et que les villes et les campagnes allaient enfin connaître la paix. N'avait-on pas proclamé que l'édit d'Amboise était l'édit de pacification ?

Cependant, les affaires de l'Etat et la situation des provinces étaient lamentables. Catherine avait réussi à conjurer la guerre civile, il lui fallait maintenant administrer la paix. Elle ne pavoisa pas pour son succès car elle savait que, pour maintenir la paix, comme pour faire la guerre, il faut de l'argent. C'était son affaire. Le Trésor était vide, elle le remplit.

Elle se souvint à point nommé qu'aux états généraux de Pontoise les représentants du tiers état avaient jugé que le clergé n'avait pas été mis à contribution comme il aurait dû l'être. Bonne occasion de donner satisfaction à « la voix du peuple » tout en faisant rentrer de l'argent. Elle fit un édit draconien qu'elle présenta au Parlement : elle exigeait tout simplement la saisie et la vente d'une partie importante des biens de l'Eglise au profit du Trésor royal. C'était tellement scandaleux que le Parlement refusa d'enregistrer l'édit qui était ainsi inapplicable. Catherine l'y obligea sous contrainte et menaces et le Parlement s'exécuta en tenant « un lit de justice ». En fait, c'est le roi seul qui commandait.

---

1. Selon l'historien Guy Breton, Catherine aurait essayé d'envoûter Calvin en personne non par des philtres magiques mais par les charmes de ses dames de l'escadron volant. L'échec fut total. Guy Breton en donne la raison suivante : « *Il était alors de notoriété publique que le grand réformateur aimait plutôt les petits garçons.* » (Guy Breton : *Histoires d'amour de l'Histoire de France*, t. II, p. 235, Presses-Pocket, 1976.) Je n'ai pas trouvé d'autre trace de cette notoriété publique, ni dans les lettres de Catherine, ni dans les chroniques et les pamphlets du temps, ni même dans Brantôme qui est plutôt mauvaise langue. Cependant, Guy Breton est souvent très bien informé.

Le rapport de cette saisie fut considérable, à la mesure des expropriations : trois millions deux cent mille livres tournois. Si le roi d'Espagne avait les mines d'or du Pérou, le roi de France avait à domicile les biens ecclésiastiques pour y puiser son or. Le pape se contenta d'enregistrer les plaintes du clergé français, il ne pouvait rien. Le concile de Trente proclama l'illégalité de la spoliation dont l'Eglise de France était victime. Vaines paroles. En France, le roi est maître de tout, même de l'Eglise — du moins de ses biens.

Catherine put libérer l'Etat de ses dettes. Elle commença par désintéresser le duc de Savoie — sans lui donner d'argent. Elle le dédommagea des frais de guerre qu'il avait consentis, en lui livrant les dernières possessions françaises en Italie. Elle ne garda que trois places stratégiques, dont la forteresse de Pignerol. François Ier dut en frémir dans sa tombe.

Le danger le plus pressant venait d'Elisabeth d'Angleterre et des engagements insensés que les huguenots avaient pris avec elle à Hampton Court. En apprenant que Condé s'était rallié à Catherine, Elisabeth réclama Calais, comme promis, et garda Le Havre. Les calvinistes eux-mêmes essayèrent de la fléchir. Peine perdue. Elle était intraitable, encore plus furieuse contre les huguenots que contre Catherine. Elle leur reprocha durement leur ingratitude, l'oubli des engagements pris avec elle par Montgomery. Les huguenots, se souvenant alors qu'ils étaient français, rejoignirent avec Condé les forces royales en Normandie. Condé, lieutenant général, réunit toutes les forces françaises sous son commandement. C'était un joli mouvement d'union nationale.

Catherine, après ses heureuses négociations, n'oublia pas de se pourvoir d'une artillerie nouvelle qu'elle fit braquer contre Le Havre comme elle l'avait fait à Rouen. Elle fit également arrêter l'ambassadeur d'Angleterre, Throckmorton, qui avait poussé le zèle diplomatique un peu trop loin : il avait rejoint les rebelles pendant la guerre civile et il guerroyait avec eux contre l'armée royale.

Avant d'en finir avec l'Angleterre, Catherine ne pouvait négliger la grande émotion causée parmi ses sujets fidèles par l'assassinat du duc de Guise. Paris connut des heures inquiétantes en mars 1563 car c'est la capitale qui fut le plus bouleversée par ce crime. Le pouvoir offrit alors au peuple de Paris deux attractions extraordinaires dont il raffolait. Ces spectacles permirent à la foule surexcitée de vibrer passionnément pour son héros assassiné. Le premier spectacle fut la cérémonie mortuaire du duc de Guise à Notre-Dame. La pompe funèbre était impressionnante, digne d'un roi. Le corps était entouré de sa famille. En tête venait son fils Henri, nouveau duc de Guise, âgé de treize ans. Tout Paris était dans les rues, aux fenêtres, sur les toits, sur le parvis, on s'écrasait dans la nef. Tout un peuple houleux, dangereux rendait cette cérémonie populaire grandiose et à la fois effrayante car il s'agissait de la mort d'une idole immolée par des hérétiques. Pour ce peuple, Guise était le seul rempart contre l'hérésie et l'anarchie. Le pouvoir royal s'était trop compromis pour mériter la confiance. Dans cette foule en transe que se serait-il passé si des calvinistes avaient osé paraître ? Un horrible massacre. Il était dans l'air. Il fallait du sang pour le sang versé.

Le jeune duc, le portrait de son père, avançait, impassible, l'œil sec, un jeune et beau visage d'une dureté tendue. N'avait-il pas juré quelques jours plus tôt, à Blois, fondant en larmes dans les bras de son oncle, le duc d'Aumale : « *Dieu me damne si je laisse Coligny en vie...* » ? Son oncle lui avait répondu : « *Cordieu, je vous aurais tué si je vous avais trouvé dans d'autres dispositions.* » Paroles dangereuses pour « la pacification » toute verbale de Catherine. Les serments des princes lorrains ne sont pas des gasconnades.

Le second spectacle n'était en somme que le corollaire de la pompe funèbre de la victime. Ce fut le supplice, en place de Grève, de son assassin, Poltrot de Méré. Le pouvoir avait voulu que le châtiment fût spectaculaire. Quel roman que l'Histoire ! *On* fit croire à ce misérable qu'il échapperait au supplice et serait enlevé par les amis de Coligny s'il reniait ses aveux précédents et innocentait l'amiral. Pourquoi ce pauvre homme aurait-il repoussé cette chance folle ? Tout était fou dans son aventure et lui d'abord. Il ne savait pas, au fond de son cachot, qu'au-dehors une foule hystérique attendait son écartèlement pour se repaître de son sang, de ses entrailles et de ses cris. Nulle force au monde ne pouvait plus le soustraire à ce supplice et à son public. Il ignorait tout cela. Aussi crut-il à la promesse qu'*on* lui avait faite et renia-t-il, devant témoins, les aveux qu'il avait faits précédemment. Mais qui était ce *on* qui lui avait promis d'échapper au supplice et qui avait eu soin de réunir les témoins de sa rétractation ? *On* était puissant, c'était le gouverneur de Paris, cousin de Coligny, et secrètement calviniste. Hélas ! lorsque Poltrot, extrait de son cachot, comprit qu'il serait écartelé, il renouvela ses premiers aveux et, jusqu'à son dernier souffle, il accusa Coligny d'être l'instigateur du crime.

Que fit Catherine ? Il fallait, comme elle s'y était engagée, qu'elle poursuivît le criminel. Elle avait châtié l'exécuteur, restait à saisir l'ordonnateur.

Les Guises voulaient que Coligny comparût devant le Parlement. Coligny ne se souciait pas d'être jugé par un tribunal, fût-ce le plus haut du royaume. Il se considérait au-dessus des lois ordinaires. Catherine le fit tout simplement arrêter. Ironie des circonstances, c'est Condé qu'elle chargea de s'assurer de la personne de l'amiral, son allié d'hier, son coreligionnaire, son parent. Catherine faisait toutefois l'honneur à l'amiral d'être arrêté par le lieutenant général du royaume. Cela fait, elle para au plus pressé qui était de reprendre Le Havre aux Anglais.

Elle y réussit magistralement. Le Havre capitula le 23 juillet 1563. La garnison anglaise comprit que toute résistance était vouée à l'échec. Elle fit un bon calcul car les six mille Anglais qui occupaient la ville obtinrent le droit de l'évacuer et de rembarquer sans pertes ni dommages. Elisabeth signa la paix en avril 1564. Elle toucha même une indemnité considérable mais elle renonça définitivement à Calais. Elle ne perdait rien car elle ne l'aurait jamais eu. En somme, elle fit une bonne affaire. Et Catherine aussi, car la prise du Havre et l'union des forces royales et calvinistes étaient extrêmement populaires. Pour que le jeune Charles IX profitât de cette popularité renaissante pour la couronne, elle l'avait fait venir à Rouen où il attendit, fin juillet, la capitulation des Anglais. Dès que sa mère fut certaine de la victoire, elle le fit embarquer à Rouen et il arriva au Havre pour faire aux côtés de sa mère une entrée triomphale sous les acclamations de la foule et des armées royales et calvinistes unies.

Catherine venait de remporter un magnifique succès en politique intérieure et en politique extérieure.

La pacification n'est pas la paix

Dans l'enthousiasme de la victoire et de la réconciliation éphémère des Français, Catherine fit aussitôt proclamer la majorité de Charles IX par le Parlement de Rouen, le 17 août 1563. Le Parlement de Paris protesta et remontra sans aménité que cet honneur aurait dû lui revenir et que le roi, qui avait à peine plus de treize ans, ne pouvait être proclamé majeur selon le droit dynastique. Catherine fit répondre qu'il y avait eu des précédents à cette dérogation « *quand la situation du royaume l'exigeait* » et qu'il était licite de s'en prévaloir, même si le Parlement de Paris l'avait oublié. Elle eut le dernier mot.

Le jeune roi, investi de toute la souveraineté, était entouré du cardinal de Châtillon (pour plaire aux protestants) et du cardinal de Guise (pour plaire aux catholiques). Ainsi équilibrée, Sa Majesté prononça sa première harangue. Affirmant son autorité, il déclara qu'il ne supporterait plus « *la désobéissance qu'on m'a jusqu'ici portée* ». Son pouvoir personnel étant proclamé, il le remit aussitôt entre les mains de « *sa mère à laquelle il réservait la puissance de commander* ». Pour achever la démonstration, il descendit de son trône et nu-tête, sa coiffure à la main, il s'avança vers Madame Catherine qui fit la révérence à son roi avant de l'embrasser comme son fils. Il lui adressa alors de douces paroles d'amour filial qui étaient profondément sincères et il l'assura en toute solennité « *qu'elle gouvernera et commandera autant et plus que jamais* ».

Cela dit, Charles IX se présenta au peuple. Il toucha les écrouelles des malheureux qui se pressaient devant lui. Certains guérirent : il était vraiment roi. Toutefois, sa prise de pouvoir fut loin d'avoir le faste de celle de son père et de son grand-père.

Puisqu'il était — officiellement tout au moins — le maître absolu et le justicier suprême de ses sujets, c'est à lui que la famille de Guise s'adressa, en cette occasion, pour demander le jugement de Coligny. Ils avaient déjà présenté plusieurs fois, en vain, leur requête. Ils voulurent alors lui donner un éclat spectaculaire. A la sortie de la messe, tous les membres de la famille de Lorraine, en grand deuil, s'avancèrent vers le jeune roi et s'agenouillèrent à ses pieds. Impressionnant spectacle que celui de ces princes si orgueilleux et si puissants ainsi prosternés pour supplier leur roi de traduire Coligny en justice. Ce jeune garçon était écrasé par cette cohorte de femmes ensevelies sous leurs voiles funèbres et d'hommes aux visages tragiques, tout de noir vêtus. Ces personnages farouchement unis formaient sans doute, après le roi, la famille la plus considérable de France par sa richesse, par le faste de ses résidences, par son train de vie (une véritable cour l'entourait), par les troupes qu'elle entretenait, par la cohésion de tous ses membres et par leur intelligence. Cet immense prestige était une force politique (et militaire) redoutable. La force, c'était le duc assassiné ; la politique, c'était le cardinal de Lorraine. Les Bourbons, à côté, faisaient figure de princes provinciaux et même assez rustiques. Cependant leur ascendance capétienne les mettait au premier rang quoi qu'il advînt et quel que fût le prestige des Guises.

Bien qu'agenouillés aux pieds du petit Charles IX, celui-ci avait tout à craindre des princes lorrains. Leur chef investi depuis la mort du duc François était l'aïeule, Antoinette de Bourbon, mère de François. Elle était si fanatique qu'elle fit pendre un de ses vassaux quand elle apprit qu'il avait été soldat de Condé. Toute sa descendance pliait devant elle. C'était elle qui célébrait le culte de la vengeance. Autour d'elle, faisant bloc, sa belle-fille, la veuve, Anne d'Este, puis les frères du duc, le cardinal de Guise et le duc d'Aumale, puis les enfants, Henri, que nous connaissons, nouveau duc de Guise, compagnon de jeux d'Henri d'Anjou (futur Henri III) et de sa sœur, Marguerite de Valois, et aussi du troisième Henri, Henri de Navarre. Tous ceux qui vont faire l'histoire de la fin du siècle. Henri de Guise avait une sœur, Catherine, qui ne dépareillait pas la maison de Lorraine. Elle épousa le duc de Montpensier et devint, par haine de Coligny, une catholique aussi fanatique et farouche que sa grand-mère. Parmi tous ces enfants, ceux des Guises, ceux de Catherine et ceux des Bourbons, le plus beau était Henri de Guise, le plus charmeur mais aussi le plus autoritaire, le plus orgueilleux. Il écrasait les autres et s'en fit jalouser. Henri d'Anjou, l'enfant préféré de Catherine, notamment le détestait, l'enviait et le redoutait depuis l'enfance. Il se plaignait souvent de lui à sa mère. Sa sœur Marguerite, la future reine Margot, s'en plaignait aussi mais il était si beau, si blond, si agile et si fort qu'elle en devint un peu plus tard amoureuse.

Voilà tout ce qui grondait aux pieds du jeune Charles IX. Que pouvait-il faire devant ces fauves suppliants ? Il pleura. Ce n'était pas trop mal. Il fit mieux encore : il fit des promesses. Déjà politique ! Il promit de réunir un tribunal extraordinaire composé mi-partie de membres du Parlement (pour satisfaire les Guises) et mi-partie de membres du conseil du roi (pour satisfaire l'orgueil des Châtillon-Coligny). Sa mère avait dû lui souffler cette réponse car la demande des Lorrains n'était pas improvisée, on savait qu'elle aurait lieu. La scène préparée fut jouée comme une supplication ; en fait, c'était un ultimatum des Guises à la couronne.

Bien entendu, Coligny refusa de comparaître. Charles IX ne sévit pas. Et l'obéissance qu'il réclamait ? Pas question. Il s'accorda — politiquement — trois ans de réflexion pour rendre son jugement. Atermoyer ? Mais c'est tout l'art de Catherine. Aussi se réjouit-elle : « *Le roi, mon fils, de son propre chef et sans y être poussé, a pris une si bonne décision que son conseil entier l'a félicité* », écrit-elle. On jurerait, à l'en croire, qu'elle n'était pour rien dans cette « *si bonne décision* ». Bonne ? Sans doute pour maintenir encore un peu la paix si fragile, en ne donnant aucun prétexte aux calvinistes de reprendre les armes. Mais, d'autre part, les Guises, le peuple de Paris, les catholiques militants ne se sentirent-ils pas floués et plus maltraités que les coupables ?

Peu après, Catherine tomba malade. Elle jugea bon de ne pas se soigner. Elle mangea de son mieux et se rétablit assez bien pour entreprendre ses mille travaux. Elle fit alors ajouter au traité de paix qu'elle préparait avec la reine d'Angleterre des clauses économiques : liberté des échanges entre les deux pays et levée des droits qui étaient perçus sur les négociants. Excellent pour la reprise du commerce et des bonnes relations avec l'Angleterre. Elle décréta aussi que l'année commencerait désormais le 1er janvier, date fixe, tandis que jusqu'alors elle commençait à Pâques, fête mobile, ce qui causait toutes sortes de complications dans la vie civile et dans les affaires. Nous lui devons cette commodité.

Qu'on ne croie pas que les proclamations de paix intérieure et que la victoire des armées unies du roi et de Condé aient apaisé les troubles qui ruinaient la France. Au contraire, l'assassinat du duc de Guise déclencha une épidémie d'assassinats. La reine mère elle-même fut assaillie en juin 1563 et échappa de justesse aux tueurs. Une véritable organisation de meurtriers s'installa dans le royaume, l'assassinat par tueurs à gages devint une industrie. N'ayant pu tuer la reine, on tua son fidèle et proche serviteur, Chaury — c'est encore elle qui était visée. Ce Chaury était un valeureux soldat que lui avait recommandé Monluc pour former une garde spéciale pour le roi, « *les enseignes de la garde* » qui, par la suite, devinrent le régiment des gardes françaises. Parmi le groupe d'assaillants, on reconnut un des gardes personnels de Coligny et son ami Mouvans, chef d'un parti de huguenots gascons. Que faire ? Prendre des sanctions ? Catherine ne croyait pas à leur efficacité : elles entraîneraient des représailles. Frapper à la tête ? Les vrais coupables étaient trop forts pour elle. Le mal était partout. Même les magistrats royaux trempaient dans les guets-apens. On signale le cas d'un noble de Vendôme, loyal sujet, qui offrit ses services au commissaire du roi, un nommé Miron, pour l'aider à arrêter des assassins. Ce fut lui qui fut assassiné par ceux qu'il allait arrêter sur la dénonciation du commissaire lui-même. Autre affaire : la princesse de Condé (la nouvelle) fut assaillie dans son carrosse à la sortie de Paris par des catholiques enragés. Ils tuèrent son garde, un huguenot du nom de Couppé. Ce fut un scandale. Condé, déchaîné, cria qu'on avait voulu assassiner sa femme sur l'ordre des Guises. Catherine reprit son rôle de pacificatrice : elle réunit les Guises et Condé, les noya de bonnes paroles. Le cardinal de Lorraine, outré des accusations mensongères de Condé, menaça de quitter Paris et la cour. On le supplia. Les bonnes paroles apaisantes de la reine reprirent, elle en fit tant et tant qu'elle réussit à faire s'embrasser sous ses yeux le cardinal, Condé et le duc de Nemours. Ce n'était que simagrées mais Catherine était persuadée qu'elle pouvait maintenir les Gaulois en jouant ces saynètes italiennes. Elle écrivait à ce sujet à sa chère confidente, la duchesse de Savoie, qu'elle avait réussi à « *rapoynter ces grands* », de là, elle concluait un peu hâtivement que, ceux-ci étant réconciliés, « *le demeurant* (le peuple) *se maintiendrait en paix* ». Sa force était de rêver qu'elle avait résolu le problème alors qu'il s'en fallait du tout au tout.

Elle avait toutefois conscience d'une perte d'autorité et elle avait trop d'expérience de la cour de France et trop de finesse pour ne pas savoir qu'une des raisons de cet affaiblissement de son pouvoir — en dehors des querelles religieuses ou prétendues telles — était une raison sans raison, mais pour cela même irréductible : c'était sa personne qui était aveuglément haïe. Voilà d'où provenait cette contestation permanente qui engendrait l'anarchie. Pourquoi ? Parce que les Gaulois ne voulaient pas obéir à une femme qui, en plus, était étrangère. Quoi qu'elle fît, elle était critiquée et, si on ne trouvait pas motif à l'attaquer, les légendes circulaient, répandues par des libelles qui la chargeaient de crimes odieux et de tous les forfaits qu'on sait : magicienne, alchimiste, sorcière, empoisonneuse, envoûteuse. Les uns lui reprochaient d'être complice des protestants, les autres de Philippe II. En bref, pour ses ennemis des deux bords, elle ne gouvernait que pour les concussions et par les trahisons. Son entourage italien, que l'on connaît, lui fit aussi le plus grand tort. Autre reproche plus justifié : elle ne laissait pas son fils régner. A vrai dire, elle avait prévu cette critique, elle aurait voulu l'éviter, elle fit de son mieux pour que Charles IX parût aussi roi que possible, mais lui-même remettait tous ses pouvoirs à sa mère et, de son propre aveu, n'agissait que sous sa tutelle. Comme elle avait au plus haut point le goût et la capacité de régner, elle régna. Elle y fut presque obligée — et elle en fut ravie.

Charles IX était trop jeune et même plus jeune que son âge. Il n'aimait que les armes et le cheval, il n'avait aucun penchant pour les fêtes, il était dévot et pur. Sa santé n'était pas plus robuste que celle des autres enfants de Catherine mais il était plus grand, assez bien fait, quoique maigre et anémique. Son visage d'enfant éclairé de beaux yeux plaisait. Les Italiens qui l'approchaient et connaissaient les prédictions de Chaumont croyaient qu'il mourrait jeune. Quoique aimant les exercices violents, il manquait de souffle et en sortait exténué. Sa mère le poussa vers l'étude du latin, il y réussit assez bien, et il parlait couramment l'italien, comme toute la famille royale. Il montra des goûts artistiques et s'exerça à la peinture. Mais il était déjà marqué par le destin qui, pour lui comme pour ses frères, s'appelle tuberculose. A mesure qu'il s'affaiblira, il deviendra plus violent : on se rappelle ses cris et ses menaces. Peu à peu, il aura de véritables crises démentielles. Et sur cette faiblesse et cette sensibilité menaçantes sa mère veillait. Il avait pour elle une vénération profonde, il savait qu'il n'était roi que par elle et si, dans l'avenir, il lui arriva de secouer le joug, c'était pour le reprendre au plus vite.

Catherine fit son éducation de roi, tout au moins pour sauver les apparences, car, s'il paraissait bien être le roi, elle pouvait alors incarner en lui son pouvoir à elle. Elle lui recommanda de garder avec son peuple le plus de contacts possible, de sorte que sa personne et son pouvoir fussent connus et que les décisions prises sur le vif fussent suivies d'effet. Il fallait qu'il payât de sa personne et consacrât son temps à tous ceux qui venaient à lui pour lui soumettre leurs doléances : « *Prenez soin de leur parler toutes les fois qu'ils se présenteront dans votre chambre. Je l'ai vu faire ainsi à votre père et à votre grand-père et, lorsqu'ils n'avaient plus rien d'autre de propos de quoi parler, ils allaient même jusqu'à s'entretenir avec eux de leurs propres affaires de famille.* » Fort bon principe, mais oubliait-elle que « la gentillesse » royale de François Ier s'appuyait sur la force et la majesté du pouvoir ? Ce qui lui manquait et à son fils aussi.

Comment Catherine s'acharne à rendre à son fils le prestige et l'autorité de François Ier

Comment y parvenir dans l'anarchie sanglante qui ruinait le royaume ? C'est alors que naquit en elle le grand projet du périple qu'elle allait accomplir avec Charles IX à travers tout le royaume pour présenter la France à son roi et le roi à son peuple de façon à renouer les liens qui les tenaient unis et à restaurer l'autorité de la couronne des Valois. Mais les préparatifs du voyage seraient longs.

En somme, cette étrangère reprenait le vieux principe capétien sur lequel s'était édifiée la France : le roi doit vivre au contact de ses sujets et ses sujets doivent avoir accès à la personne même du roi. Le lien monarchique capétien était un lien personnel.

Catherine avait compris (ce que Louis XIV oublia) que le pouvoir monarchique en France était public et non encaserné dans un palais doré et dans des bureaux inaccessibles. Dans l'ancienne France, la capitale du royaume était où le roi se trouvait : à Reims, à Dijon, à Orléans, à Marseille, quand il marie son fils à Catherine, à Mont-de-Marsan, quand il épouse la sœur de Charles Quint. Son cher beau-père, à qui elle devait tant, lui avait laissé une bonne recette politique : « *Deux choses sont nécessaires pour vivre en paix avec les Français et leur faire aimer leur roi : les divertir et les occuper avec les exercices du corps.* » La recette est excellente mais la manière de s'en servir change tout. Pour François Ier, elle consistait à donner fête sur fête, à construire des châteaux, à exposer des œuvres d'art, à paraître à travers le royaume. Quant aux exercices du corps, on les connaît : la chasse, les joutes, les combats simulés et enfin la guerre. Voilà ce qu'il offrit à sa noblesse toujours indocile : elle se faisait tuer et ne complotait pas. Quant au peuple, on lui proposait les parades royales, le récit de ses exploits de chevalier de Mars et d'Eros et ses bons mots. Sa bonne réputation faisait le reste. Il insufflait à son peuple son courage et la gaieté gauloise qui étaient en lui. Or, pour son malheur et celui de sa réputation, Catherine n'avait pas accès à la joie. Elle en était exclue par son caractère, par les circonstances dans lesquelles s'était déroulée son enfance, par la manière dont elle s'était formée à sa nouvelle situation à la cour de France, en surmontant à force de volonté, de souffrance et d'humiliations les haines et les mépris. Dans cette cour et ce peuple bouillonnant de toutes les passions, y compris celle du plaisir et de l'inconstance, adorant « les mots », les formules percutantes et drôles, Catherine n'a jamais su rire, ni trouver la formule qui déclenche le rire et détend l'atmosphère en désarmant l'objection. Ce manque total d'humour, cette incompréhension déplorable de la nation sur laquelle elle régnait ont certainement plus contribué à son impopularité que toutes les fautes et les crimes qu'on lui imputait à tort. On a méconnu ses qualités politiques, son amour de la paix, son horreur de la violence parce qu'elle a méconnu un des traits les plus marquants de son peuple : elle a été un rabat-joie. En cela, elle fut et resta vraiment une étrangère. Impardonnable pour un chef d'Etat.

Elle était trop fine pour ne pas se douter du danger. Aussi se comporta-t-elle souvent selon un précepte qui transparaît dans ses décisions : « *Eh bien, puisqu'ils aiment s'amuser et rire, amusons-les et qu'ils rient entre eux.* » Elle donnait alors des fêtes sur commande, mais le cœur n'y était pas. Pour le faste, on le sait, elle n'était pas regardante parce que c'était le décorum du pouvoir royal. Ce prestigieux cérémonial, elle tint à le maintenir dans les pires circonstances tel que François Ier l'avait voulu. C'était son devoir de reine et d'héritière de la couronne, c'était aussi une force pour elle. L'extraordinaire beauté, la richesse, la discipline du spectacle royal en imposaient à tous, non seulement à ses sujets indociles mais aux souverains étrangers qui lisaient les rapports de leurs ambassadeurs subjugués par la majesté triomphante de la cour de France. Jamais de relâche dans le spectacle pas plus que dans les affaires, les deux d'ailleurs étant liés. Ceux qui ont vécu dans son entourage en ont été éblouis pour la vie. C'était « *un vrai paradis et école de toute honnêteté et vertu et l'ornement de la France* », écrit Brantôme. Comme les mots ont un sens, par « *honnêteté* » il faut comprendre politesse et par « *vertu* » courage et loyauté. Les calvinistes avaient un avis moins favorable. Pour eux, ce « *paradis* » était un lieu de débauche, ce qui n'était pas faux puisque leur chef Condé, son frère Antoine et le conseiller de Calvin, de Bèze, y jouèrent leur partie. Jeanne d'Albret était scandalisée parce que, disait-elle, « *ce ne sont pas les hommes qui prient les femmes mais les femmes qui prient les hommes* ». Il ne semble pas que les malheurs de la France à cette époque vinssent de ce galant renversement de la galanterie. Le mal était ailleurs. Il est bien vrai que, depuis François Ier, les femmes avaient une place prépondérante à la cour, à la fois par leur nombre, par leur beauté, leur qualité, leur instruction et leurs manières plus raffinées qu'elles enseignaient à leurs cavaliers. Catherine accrut encore leur influence. Ses trois cents dames d'honneur font l'éducation de la noblesse et secondent la politique de Madame Catherine. La légende a fait d'elles des dévergondées, c'est faux. Il y eut quelques accrocs dans certaines réputations mais la tenue de « l'escadron volant » était, on l'a vu, strictement surveillée. Ces belles dames étaient d'ailleurs entièrement libres de partir ou de rester. Mais gare au scandale !

Tenir la « maison de la reine » était une affaire financière considérable. Nous savons déjà que c'était une femme qui était chargée de cette gestion et non un homme, comme il était d'usage, ce qui suscita de venimeuses jalousies et des calomnies. Que la superintendante se soit graissé la patte, cela aussi faisait partie des usages. Tous les officiers royaux se payaient eux-mêmes sur leurs charges. Combien la reine entretenait-elle de domestiques ? Plusieurs centaines autour d'elle, plusieurs milliers si l'on ajoute diverses résidences, en comptant les simples serviteurs, les portiers, les suisses, les laquais et les valets de chambre qui étaient d'une qualité supérieure. Ensuite les services de cuisine, extrêmement importants : les festins jouaient un rôle politique. Aux cuisiniers en titre et aux aides de divers grades s'ajoutaient les pourvoyeurs dits officiers de bouche, chargés du ravitaillement de cette cour qui comptait autant d'habitants qu'une petite ville. Enfin, proches de la reine et des personnes royales, il y avait les aumôniers et la nuée de secrétaires de tous ordres. Puis, ce qui n'était pas le moins lourd de la dépense royale, il y avait les écuries. Tous les rois ont eu des écuries admirablement organisées, c'était le seul moyen de circuler, de circuler plus vite que les autres ; en bref, de tenir les provinces sous le contrôle du roi. Catherine fit plus que tout autre souverain pour ses écuries car, excellente écuyère, elle aimait les chevaux pour eux-mêmes — ce qui causait souvent leur mort car sa corpulence était difficile à jucher sur un fringant coursier et, une fois partie, elle ne s'arrêtait pas de sitôt. Après la quarantaine, elle les choisit moins fringants mais plus endurants. Quand elle demandait un cheval, elle ajoutait : « *Surtout qu'il soit bien fort.* » Ces centaines de chevaux magnifiques, les bâtiments, les voitures, les litières, les palefreniers, les écuyers, c'était un gouffre d'argent.

Il faut, pour se représenter « la maison royale », ne pas penser à une foule grouillante de serviteurs et d'officiers, mais plutôt à une caserne. Tout ce monde était hiérarchisé, jaloux de ses prérogatives, surveillé et contrôlé dans des attributions bien définies. Tout cela n'allait pas sans heurts, ni grincements ni violences, mais la main de fer des intendants maintenait l'ordre auquel Catherine tenait autant qu'au faste parce que sans discipline il n'y aurait pas eu de faste. Ce n'était pas tout, la reine avait encore à défrayer la « maison » de chacun de ses enfants. Pour Charles IX, étant majeur, sa « maison » était indépendante de celle de sa mère : c'était la maison du roi. Il restait Henri d'Anjou, qui avait treize ans. Quant aux deux derniers enfants, ils n'avaient encore aucun rôle. Ils étaient entre les mains de leurs gouvernantes et de leurs précepteurs, de leurs aumôniers et de leurs médecins.

Dans cette cour, beaucoup de survivances moyenâgeuses figuraient encore au cérémonial. Catherine y tenait beaucoup, c'était sa seule distraction. Elle continuait à entourer ses enfants de nains et de bouffons. Elle-même avait les siens et s'amusait avec eux. Ces étranges « jouets vivants » figuraient dans les comptes tenus par dame Claude. La naine préférée de la reine se nommait « Folle en pied ». Elle n'était pas seule, les autres avaient pour nom la More, la Turque. Certains nains avaient le privilège risible de porter l'épée comme de valeureux chevaliers. Ils formaient une petite troupe dont le service était assuré par un gouverneur de la même taille qu'eux, le sieur de Bezons. Nains et naines avaient leur « maison » complète, avec tous les serviteurs auxquels avaient droit les gens de bonne lignée. Le sieur de Bezons était toujours suivi d'un chapelain — modèle réduit pour ne pas dépareiller la collection. On leur payait même des précepteurs pour cultiver leur esprit et des apothicaires particuliers pour soigner leurs coliques. Enfin, ils étaient habillés par des tailleurs de talent qui leur confectionnaient des vêtements à leur taille aussi luxueux que ceux des princes, ornés de bijoux et de fourrures précieuses. Catherine, dans les fêtes de la cour, les tenait près d'elle ; c'était un petit grouillement rutilant autour de sa personne funèbre et impassible. Sa naine préférée, flanquée de sa suivante comme une princesse, ne quittait jamais la reine non plus que son perroquet et sa guenon. Dans les coulisses de l'histoire officielle, Catherine s'était ménagé un royaume en miniature, en marge de l'autre. Ce royaume de nains lui donnait de charmants plaisirs sans ombre, l'autre lui donnait une gloire empoisonnée par la haine et le crime. Aussi s'occupait-elle maternellement de ce petit monde fidèle et plein d'esprit. Elle le couvrait de cadeaux ; elle leur donnait un bel écu lorsqu'ils allaient à confesse, elle les mariait, les dotait et signait elle-même leur contrat.

Son parc d'attractions n'eût pas été complet si elle n'y avait ajouté des animaux divers. Son cousin, grand-duc de Toscane, Cosme, lui avait fait parvenir des lions : elle les installa à Amboise. Elle possédait des ours plus ou moins dressés. Le nez percé et tenus en laisse, ils faisaient partie de son escorte lorsqu'elle allait en voyage. Quant aux chevaux, elle les mettait dans son estime bien au-dessus des lions et des ours et même au-dessus de ses sujets les plus brillants. Eux au moins étaient des serviteurs sans reproche, en plus ils étaient beaux. Aussi achetait-elle à prix d'or les plus brillants coursiers du monde pour le plaisir de les posséder et de les monter. Chevaucher, c'était encore régner, comme le plus illustre des Valois.

Le prélude au grand voyage fut une fête vraiment royale

Avant de partir, elle jugea bon de rassembler tout son entourage turbulent et de donner de grandes fêtes. Elle choisit Fontainebleau en souvenir de François Ier. C'est là qu'elle prendrait congé de la fine fleur du royaume au milieu des splendeurs et des divertissements que les Gaulois aimaient tant. Et puis, elle les aurait en main.

Elle quitta Paris avec le roi le 24 janvier 1564. Mauvaise saison pour patauger avec son énorme convoi dans les chemins défoncés et inondés. On avait l'habitude, le temps ne comptait pas, on allait au pas et on s'arrêtait pour se désembourber.

Le premier jour, elle s'arrêta à Saint-Maur, courte étape, mais cela lui permit de rassembler toute sa suite en séjournant dans un petit château qu'elle possédait depuis peu, qui était fort incommode mais entouré d'une immense garenne. Elle fera embellir et agrandir le château un peu plus tard quand elle sera reprise par sa manie de construire. Cette halte ne fut pas inutile sur le plan politique. Le cardinal de Guise, chef de la délégation française au concile de Trente, vint la rejoindre au débotté. Le concile venait juste de se séparer et le cardinal s'empressa de rendre compte à la reine des conclusions définitives des pères conciliaires. L'affaire était capitale pour le règlement de la question religieuse en France et l'éventualité d'une reprise de la guerre civile qui couvait toujours.

Catherine, qui avait le conseil royal dans ses bagages, le réunit aussitôt.

L'exposé du cardinal fut fraîchement accueilli. Les nouvelles qu'il apportait ne plurent pas à la reine ni à certains de ses conseillers. Le cardinal lui-même n'était guère satisfait des résultats obtenus par sa propre politique. Il avait essayé devant le concile de faire prévaloir ses projets personnels. Ils étaient trop hardis et trop supérieurs aux vues des théologiens romains braqués sur les questions de dogme et aveuglément soumis au Vatican, pour être admis. Le cardinal de Guise considérait le catholicisme comme une force politique, un moyen de pacification de l'Europe occidentale. Déjà ! D'une part, il était d'accord avec Catherine pour faire de larges réformes dans l'Eglise. Le concile y avait en partie pourvu, on le sait. Mais le cardinal allait plus loin, il avait des vues œcuméniques limitées mais précises. Il pensait que, si l'Eglise de France faisait des réformes assez hardies, elle pouvait se rapprocher des luthériens d'Allemagne, bien moins radicaux et fanatiques que les calvinistes. Les pères conciliaires allemands l'avaient écouté favorablement et s'étaient rangés à ses idées. Ce rapprochement avec les luthériens présentait un double intérêt aux yeux du cardinal : d'une part, il établissait la paix avec les réformés allemands ; d'autre part, il isolait les calvinistes qu'il dissociait des luthériens. Le cardinal, pour hâter le rapprochement, acceptait que l'on chantât et que l'on priât en français dans les églises. La messe et l'Eucharistie gardaient leur caractère sacré — mais sur ce point, on l'a vu au colloque de Poissy, les luthériens acceptaient eux-mêmes le dogme de l'Eucharistie. Un seul point séparait le cardinal des luthériens : le mariage des prêtres. A tort ou à raison, il pensait que la question était secondaire. Le résultat seul lui importait : il voyait surtout que cette négociation pacifique préfigurait un ensemble franco-germanique qui, au-delà de la paix religieuse, rétablissait une sorte d'union que la rupture de l'Empire de Charlemagne avait brisée. En somme, le prince lorrain (qui se disait descendant de Charlemagne) retrouvait son rôle de lotharingien. Spirituellement tout au moins, il ressoudait les deux parts du vieil Empire occidental — et il isolait les calvinistes et affaiblissait son ennemi mortel : Coligny. Ce projet avait eu l'approbation de plusieurs évêques français mais ils avaient vu se dresser contre eux le bloc latin hispano-italien qui n'admettait aucune sorte de rapprochement avec l'hérésie et aucun assouplissement de l'autorité pontificale. Comment pouvait-on suspecter les Guises de pactiser avec l'hérésie ? Y avait-il en France catholiques plus fervents qu'eux ? On le leur a assez reproché pour qu'on en soit certain. Bref, le plan avait échoué. Sans doute l'assassinat du duc avait-il affaibli la position politique des Guises. Quoi qu'il en fût, le cardinal, déçu mais fidèle, avait dû accepter l'ordre de Rome.

Lorsqu'il présenta au clergé français les conclusions du concile, il le trouva moins soumis que lui. La vieille, l'indéracinable méfiance gallicane envers Rome se réveilla. L'Eglise gallicane acceptait bien ce qui concernait l'intangibilité du dogme catholique et romain mais elle refusa la nouvelle organisation du clergé. On sait que l'Eglise gallicane tenait déjà en suspicion l'ordre des jésuites trop inféodé au Vatican. Quelle différence avec Philippe II !

Catherine prit à fond le parti de l'Eglise française contre l'ingérence pontificale. Elle refusa même au pape le droit de juger les évêques français soupçonnés d'hérésie (comme Monluc, évêque de Valence, son cher conseiller et diplomate). En plus de cette résistance, le cardinal de Guise se heurta, au conseil, avec le chancelier Michel de L'Hospital qui soutenait et même inspirait les mesures les plus favorables aux huguenots. Les Guises le considéraient comme un traître parce que, dans un passé récent, il avait été un de leurs plus zélés partisans — un « client » de la maison de Lorraine. Il avait viré de bord à tel point qu'il prit sur lui, sans en référer ni au conseil ni à la reine, la décision d'autoriser dans les villes les prêches et les réunions sous l'autorité des pasteurs. C'était contraire à l'édit d'Amboise. Le Parlement refusa cette décision parfaitement illégale. Catherine, informée de cet abus de pouvoir, réunit le conseil et en confia la présidence à son chéri, Henri d'Anjou, treize ans ! Le conseil annula la décision comme il avait annulé, juste avant, la décision du cardinal de Guise de faire entrer dans les lois fondamentales du royaume les conclusions du concile de Trente. Elle arbitrait : le pape et Calvin étaient renvoyés dos à dos.

Pour lors, elle voyageait et sa prochaine étape était Fontainebleau.

Elle chargea les plus grands personnages et les princes d'organiser chacun sa fête. Ce fut le connétable qui offrit le premier dîner : superbe et guindé. Ensuite, malgré le deuil des Guises (mais politique familiale oblige), ce fut le jour du cardinal de Guise, aussi expert en banquets, bals costumés qu'en théologie, en lettres anciennes et en diplomatie. Sa fête fut une splendeur, on se crut revenu au temps de Mme d'Etampes. Catherine n'apportait dans ces festivités que son deuil, son masque gras et jaune, encadré d'un liséré blanc, son lourd corsage de velours noir sur lequel roulaient ses perles prodigieuses.

Elle offrit le troisième dîner puis la comédie dans la grande galerie et le bal avec la figuration éblouissante de ses trois cents déesses vêtues d'or et d'argent tissés dans la soie. En aucun lieu du monde on ne pouvait voir pareil spectacle.

La quatrième fête était réservée à son fils, Henri. Il inaugura ainsi sa carrière de frère du roi en éclipsant son frère sous l'œil attendri de sa mère. Après le dîner, on revint aux tournois et aux joutes. On put voir les maréchaux de France jouant à la petite guerre et s'escrimant à enlever d'assaut une forteresse de carton défendue par de jeunes seigneurs à pied, tandis que, vu leur titre, les maréchaux étaient à cheval. Pour donner plus de piquant au divertissement, les joueurs étaient masqués — à l'italienne. Quand la forteresse fut prise, on vit s'en échapper des nymphes et déesses à peine voilées que les combattants capturèrent très galamment. Pour respecter la tradition, la fête s'acheva par des tournois. Ils produisirent une étrange impression. On s'aperçut d'abord que ces joutes en armures n'excitaient plus l'enthousiasme de naguère. Quelque chose avait changé dans le goût et les mœurs, le Moyen Age se démodait très vite. En outre, ces tournois rappelèrent fâcheusement le souvenir du coup de lance de Montgomery. Catherine, littéralement momifiée dans sa douleur, revivait le spectacle atroce de la blessure et de la mort de son mari bien-aimé, son unique amour. Non, vraiment, la gaieté n'était pas son affaire. La fête finie, la cour prit la route.

Départ de la fantastique migration de propagande monarchique et d'union nationale

Aucun souverain ni chef d'Etat, avant et après Catherine, n'a jamais entrepris un voyage aussi long, aussi lourd, aussi lent, aussi profondément marqué dans la mémoire du peuple. On est confondu qu'avec les moyens de l'époque, l'état des chemins, les troubles sociaux fréquents et violents, les ravages des bandes de mercenaires, ce périple insensé ait pu non seulement avoir lieu mais réussir. Certaines petites villes de France et même de plus grandes n'avaient jamais reçu la visite d'un souverain et n'en reçurent plus jamais d'autre depuis celle de Catherine et de Charles IX. Ce nomadisme royal dura deux ans, pendant lesquels les affaires du royaume se traitèrent journellement dans des logis de fortune, souvent en cours de route dans les chariots cahotants et dans la litière de la reine mère. C'est ainsi que Charles IX et sa mère recevaient leurs conseillers et les ambassadeurs au cours de cette interminable et inconfortable déambulation. Il n'y eut aucune solution de continuité dans le gouvernement du royaume : par les soins de Catherine, le conseil royal était aux ordres de Leurs Majestés.

C'est le 13 mars 1564 que le convoi s'ébranla dans un ordre majestueux et une lenteur pachydermique. Tout ce qui comptait à la cour suivait, sauf Coligny et les Guises consignés dans leurs terres par le roi en attendant que le procès fût jugé — s'il y avait procès. On se souvient que Charles IX s'était accordé trois ans de réflexion pour en décider. Pour les traiter selon leur importance, Catherine les avait chargés, pendant son absence, de maintenir l'ordre dans le royaume : sombre ironie, c'était eux qui étaient précisément les organisateurs du désordre.

La reine emmenait avec elle ses trois enfants qui partageaient souvent son carrosse aussi vaste qu'une chambre, tendu de velours vert, avec banquettes et coussins. C'était une grosse machine de plusieurs tonnes traînée par six chevaux. Si elle versait, c'était la catastrophe, elle écrasait ses occupants. Dans le meilleur cas, il fallait mobiliser cinquante hommes pour la relever. Aussi allait-on prudemment. Chaque enfant avait sa suite personnelle, on disait « sa maison ».

Après le carrosse de la reine, venait le prince de Condé en qualité de lieutenant général. Lui aussi était suivi de sa maison. Ce n'est pas tout. La reine disposait également de deux litières portées par quatre chevaux chacune. Si le temps le permettait, elle y donnait ses audiences, couchée au grand air. Ce genre de transport ne paraît gracieux que sur les anciennes gravures, en réalité les litières provoquaient le mal de mer. Quand la reine voulait donner du mouvement à sa corpulence, elle demandait un des six magnifiques coursiers qui l'accompagnaient. Suivaient ses bagages personnels, transportés dans d'innombrables coffres de cuir noir cloutés d'or : les uns sur des chariots, d'autres à dos de mulets en longue caravane. Elle avait fait suivre son lit démonté qu'on remontait aux étapes, son linge de soie, sa garde-robe monumentale, ses bassins d'argent, ses aiguières, sa vaisselle d'or et d'argent pour les banquets qu'elle donnerait dans les villes. Elle transportait même les costumes et les décors pour la comédie et les arcs de triomphe démontables pour les bourgades qui n'auraient ni les moyens ni le savoir-faire pour les confectionner sur place. Elle n'avait même pas oublié les barques en prévision des fêtes qu'elle offrirait sur l'eau. La monarchie de Catherine sur les routes fait penser à un cirque en déplacement, d'une parfaite organisation ; et, pour être tout à fait cirque, le convoi traînait aussi la ménagerie de Catherine.

Pour assurer la vie quotidienne à tout ce monde dans les meilleures conditions possible, plusieurs centaines de domestiques et de palefreniers faisaient partie du convoi. La reine emmenait

aussi cinq médecins et cinq officiers des cuisines, cinq sommeliers
et, pour l'accompagnement des plats, des musiciens. Des chars
entiers lourdement chargés véhiculaient le ravitaillement de cette
ville ambulante quand on campait en rase campagne. Mais ces
haltes présentaient des dangers. Aussi une véritable armée, sous les
ordres de Condé, faisait escorte à la reine, au roi et à la famille
royale : quatre compagnies d'infanterie, une compagnie de che-
vau-légers et un régiment de gardes françaises confié à Strozzi,
cousin de Catherine. Les comptes étaient si bien tenus que les
chevaux y étaient mentionnés par leur nom, suivi du montant de
leur entretien. Ces comptes font état de huit mille chevaux pour la
suite royale, à laquelle doit s'ajouter — ce n'est pas peu de chose —
la suite des conseillers royaux, des ambassadeurs étrangers qui sont
là en observateurs de cette prodigieuse équipée dont ils feront des
rapports à leurs souverains. On disait la France ruinée par la
guerre civile, ils voient que le roi y vit dans un faste qu'aucun autre
souverain ne pourrait soutenir. Enfin, venaient les accompagna-
teurs innombrables de la cour et du gouvernement, le peuple des
secrétaires et des greffiers, les moines, les confesseurs, les pages, la
garde suisse et la garde écossaise. Qui pourrait oublier les dames
resplendissantes de l'escadron volant, trois cents déesses, ayant
chacune ses serviteurs ? Elles aussi faisaient partie du gouvernement de Catherine. Au sommet de cette pyramide royale, un
homme d'une importance capitale, qui ne figure dans aucune
histoire, ni politique, ni diplomatique, ni militaire, mais sur les
épaules de qui reposaient le bon ordre, le mouvement et la
subsistance de cette caravane inouïe, M. le Grand Prévôt, chargé
aux étapes de loger tout ce monde chez l'habitant, de le nourrir, de
se procurer du ravitaillement pour la route. Ce ne sont là que des
mots mais la réalité était plus lourde lorsque cette ville ambulante
venait s'installer dans une ville vraie, vivant dans ses murs
immobiles et étroits. La population était éblouie, c'est certain,
mais elle était aussi certainement ruinée pour cinq ans. Après tout,
elle en avait pour son argent : pendant quelques jours, elle voyait
ce qu'elle n'avait jamais vu qu'en rêve.

Catherine, artiste florentine, même en politique, avait prévu
l'effet de la présence réelle de la monarchie sur le peuple. Elle mit

. au point la plus prodigieuse entreprise de propagande et de publicité qu'un gouvernant ait jamais réalisée. Qu'on imagine l'émerveillement et la stupéfaction d'un peuple qui n'avait jamais quitté ses chaumières, ses villages, ses rues tortueuses et puantes des petites ou même des grandes villes, pour qui les spectacles les plus émouvants étaient les cérémonies religieuses, la féerie des cierges, des messes chantées, les processions et à qui tout à coup une rumeur apprend que le roi, la reine, les grands du royaume, avec des milliers et des milliers de cavaliers, vont passer des heures durant sur le chemin de tel endroit. On y court, on s'installe, on attend : les voilà. Tant de carrosses, tant de cavaliers, tant et tant de chars lourds de richesses fabuleuses et la présence sacrée du roi. On ne le verra peut-être pas en personne, mais il est là : le peuple sent à travers tout cet apparat le rayonnement en quelque sorte mystique du pouvoir. Cette puissance éclatante s'avance en ordre à travers le royaume, elle promène une sorte de certitude et de volonté de pénétrer le pays jusqu'au fond de ses villages et de ses campagnes. Il n'est pas besoin de discours pour créer l'émotion inoubliable qui soumet le peuple en le fascinant. Voilà en quoi ce voyage fut un trait du génie politique de Catherine. Elle rassembla autour du roi l'immense majorité des Français. Sans proclamation, sans étalage de son artillerie, de ses lansquenets, sans effusion de sang, elle montra la puissance et la majesté royales dans leur luxe, avec le courage de celui qui incarnait le droit légitime et sacré.

Quant au jeune roi, il découvrait lui aussi dans l'enchantement la diversité, la beauté et la richesse de son royaume. Il n'avait jamais vu de montagnes, ni de grands fleuves, ni la mer. Il allait découvrir tout cela et apprendre qu'un pays et un peuple, ce ne sont pas seulement de doctes rapports d'officiers d'administration et toute cette paperasse que son grand-père François détestait. Son royaume, c'était dix-huit millions de gens palpitants de vie, sous ses yeux. Au cours des étapes, la France lui offrit ses villes et ses paysages toujours changeants, ses populations originales dans leurs costumes, leurs coutumes et leurs langages. Elles n'étaient françaises que par la fidélité à leur roi qui les tenait toutes rassemblées, sans attenter à leur personnalité. C'était l'esprit de Philippe Auguste, de Saint Louis, de Charles V, de Louis XI et de

François Ier que cette étrangère de médiocre naissance insufflait à son fils Charles IX, roi de France.

Catherine n'était pas femme à se lancer dans pareille entreprise sans savoir où elle allait. Son itinéraire et ses haltes étaient parfaitement concertés. Restait l'imprévu, toujours à craindre dans un pays ravagé par des haines armées — ou par l'invasion étrangère. Avant son départ, elle avait projeté une rencontre avec son gendre Philippe II lorsqu'elle passerait dans les Pyrénées. Les relations restaient tendues entre eux. Confiante comme toujours dans ses talents de négociatrice, elle ne doutait pas qu'un entretien affectueux rendrait le roi d'Espagne plus accommodant. Pour répondre à ces bonnes dispositions, il eut un geste encourageant : il remplaça son ambassadeur à Paris, Chantonnay, très hostile à Catherine, par le seigneur Francès de Alvala qui avait pour consigne de se montrer bienveillant envers la reine et Charles IX jugés par Philippe II trop susceptibles. Mais il n'accorda pas pour autant l'entrevue demandée par Catherine. Il se réservait. Il voulait d'abord savoir quels sujets seraient abordés. Toutefois, il ne refusait pas le plaisir qu'il aurait à saluer la mère de son épouse bien-aimée. Attendons, pour savoir, d'être en vue des Pyrénées, elles sont si loin !

Catherine eut avant tout le désir de se rendre en Lorraine afin d'y revoir sa fille Claude, épouse du duc de Lorraine. Celle-ci attendait la naissance de son premier enfant qui allait faire Catherine grand-mère. On sait que l'amour maternel et les liens familiaux sont très importants pour elle. Enfin elle espérait rencontrer en Lorraine l'empereur Maximilien d'Autriche. Belle occasion de manifester son savoir-faire politique et son amour des alliances : elle avait décidé de parler de paix, son sujet favori. Pour cela, cédant à sa manie de marieuse, elle s'était promis de négocier avec Maximilien de Habsbourg le mariage de Charles IX avec la fille aînée de l'empereur. Sur sa lancée, elle se voyait déjà faisant coup double en mariant sa dernière fille, Marguerite de Valois, à l'archiduc Rodolphe, héritier de Maximilien. Cela valait bien de pousser une pointe dans le duché de Lorraine.

Avant d'y arriver, le convoi s'arrêta d'abord à Sens, le 14 mars 1564. L'atmosphère y était tendue car, un an à peine avant, des protestants y avaient été massacrés. Tout se passa sans heurt ni enthousiasme. Les notables firent leur compliment, offrirent un vase de vermeil puis, le 17 mars, le grand cirque reprit la route sans avoir déballé ses bagages.

Il fit halte à Troyes. Là, ce fut plus gai. Avant même d'entrer dans la ville, le roi et la reine eurent l'agréable surprise d'être fêtés par des troupes de satyres et d'hommes des bois au chef emplumé, jouant avec des chèvres et des ânes et une licorne en bois. On suppose que cela voulait représenter les nouvelles terres découvertes au-delà des mers où François Ier avait envoyé Jacques Cartier et où Coligny, entre deux complots, avait eu le bon esprit d'organiser des implantations de colons français en Floride et au Brésil. Cela se savait donc dans les provinces et Leurs Majestés en furent satisfaites tout autant que de l'accueil chaleureux de la ville qui s'était ornée d'arcs de triomphe, de colonnes et de devises flatteuses pour la couronne. Comme cette arrivée coïncidait avec la semaine sainte, le roi, le vendredi saint, lava les pieds des pauvres et la reine mère ceux des pauvres filles. Le roi toucha les écrouelles et tous les catholiques de leur suite, imitant Leurs Majestés, firent dévotement leurs Pâques. Les seigneurs protestants célébrèrent la cène hors de la ville, comme le prescrivait l'édit d'Amboise. Tout se déroula le mieux du monde. Catherine était si heureuse de cette paix qu'elle resta un mois à Troyes.

Elle n'y perdit pas son temps. C'est dans cette ville qu'elle signa le traité de paix avec Elisabeth, oui, dans cette ville où pendant la guerre de Cent Ans avait été signé le honteux traité de Troyes qui faisait du roi d'Angleterre le roi de France. Elle voulut montrer que, cette fois-ci, c'était un vrai traité de paix. Pour cela, elle avait convoqué le même ambassadeur d'Elisabeth, Throckmorton, incarcéré par ses soins et libéré pour signer le traité au nom de la reine d'Angleterre. Elle était assez contente de sa petite manigance, au demeurant amicale.

La halte suivante se fit chez le duc de Lorraine, à Bar-le-Duc. Ce fut aussi une halte heureuse. Catherine embrassa longuement sa fille, se réjouit de la naissance de son premier petit-fils, héritier du duché de Lorraine. Le sang des Médicis serait ainsi encore assuré d'un trône. Elle fut marraine de l'enfant. Les parrains furent

Charles IX et Philippe II, représenté par son envoyé extraordinaire. Ronsard avait composé une jolie pièce de circonstance à la gloire de Charles IX. Deux jours plus tard, on repartait.

La caravane, cahin-caha, descendit vers la Bourgogne. Après dix jours de cahots, elle s'accorda un peu de repos au couvent de Champmol où la cour admira les sépultures des illustres ducs de Bourgogne que revendiquait Charles Quint, sans négliger la province qui était autour. C'est dans ce couvent qu'avait été envoyée Mlle de Limeuil pour réfléchir sur l'incongruité d'accoucher au milieu d'une réception solennelle.

Le 22 mai 1564, ce fut l'entrée dans la capitale du duché, Dijon. La ville et la cour y déployèrent tout le faste possible. Le gouverneur était toujours le vieil ami inconditionnel de Catherine, le maréchal de Tavannes. Il fit grandement les choses et, sous son autorité, la sécurité était totale. Il avait gardé les goûts de sa jeunesse militaire sous les ordres de François Ier, aussi avait-il organisé force tournois et combats simulés. Il offrit aux souverains le spectacle impressionnant de l'attaque et de la prise d'une place forte battue par le tir de quatre gros canons. Le bruit de la canonnade fut si terrifiant que Catherine se crut sous les remparts du Havre détruits par son artillerie. Plus pacifiques furent les défilés sous les guirlandes et les arcs de triomphe, les harangues fleuries de louanges respectueuses et les échanges de cadeaux. Dijon offrit une pièce d'orfèvrerie inestimable où l'on voyait gravé le baptême de Clovis par saint Rémy, origine de la monarchie franque et française.

Ayant plié bagages, la cour reprit sa marche le long de la Saône jusqu'à Chalon. Là, Leurs Majestés et leur suite s'embarquèrent et descendirent la rivière jusqu'à Mâcon où l'on mit pied à terre. Ce ne fut pas la liesse de Dijon. La reine de Navarre, Jeanne d'Albret, faisait un séjour dans cette ville catholique à son retour de Genève où elle avait assisté aux obsèques de Calvin, mort le 27 mai 1564. Bien entendu, son passage fut marqué par des incidents. Elle s'était permis d'entrer dans la cité accompagnée de douze pasteurs. Catherine lui fit remarquer que cela était contraire à l'édit de pacification et lui demanda de renvoyer les pasteurs hors de la ville. Elle lui rappela que dans ses Etats du Béarn on lui reprochait de ne pas donner la liberté de conscience aux catholiques et lui fit promettre d'être plus tolérante et de traiter les catholiques comme en France on traitait les calvinistes. N'empêche que l'escorte de huguenots de la reine de Navarre insulta sans qu'elle intervînt la procession qui eut lieu le 3 juin. Le cardinal de Bourbon était en tête de cette procession. L'affaire pouvait dégénérer en massacre. Charles IX, sur les conseils de sa mère, au lieu de se laisser aller à la colère, s'abstint de représailles. Bien au contraire, il eut (ou on eut pour lui) une bonne et belle idée. Il fit recommencer trois jours plus tard la procession en manière d'expiation et, s'appuyant sans la montrer sur sa force armée qui l'accompagnait de loin, il eut la satisfaction de voir les gens de Jeanne d'Albret saluer bien bas le saint sacrement qu'ils avaient insulté l'avant-veille. Mais son succès fut de faire défiler devant Leurs Majestés tous les enfants de la ville, deux par deux, un catholique à côté d'un protestant ; c'était l'illustration de la grande idée de Catherine : le roi est le roi de tous les Français, sans distinction de religion. On se souvient qu'elle avait même ajouté « *même s'ils sont excommuniés* ». Le plus étonné par cette œuvre de pacification religieuse fut l'ambassadeur d'Espagne qui n'en croyait pas ses yeux.

Jeanne d'Albret, écœurée, préféra partir aussitôt pour la Navarre. Catherine ne fit rien pour la retenir. Elle avait été agacée par les discussions interminables et tatillonnes pour savoir si les enfants protestants pouvaient oui ou non marcher côte à côte avec les enfants papistes. Toutefois, Jeanne n'emmena pas ses pasteurs et elle confia son fils Henri à son oncle Condé — c'est-à-dire dans cette cour infestée d'idolâtrie. Le jeune Henri de Navarre fut enchanté de côtoyer le vice papiste : il avait toujours regretté la cour depuis la mort de son père, cette cour de France si décriée, si merveilleuse où il se sentait chez lui — et ne se trompait guère.

Ainsi, partout où ils passèrent, Catherine et le roi firent de leur mieux pour apaiser, pour effacer les différences, pour protéger et surtout pour éviter d'humilier. Leur patience fut souvent mise à rude épreuve.

En descendant vers le sud, la cour s'approchait des régions les plus pénétrées par la Réforme. Lyon avait été, deux ans plus tôt, le théâtre d'incidents inimaginables : les catholiques avaient été chassés de leur ville par les calvinistes. Genève était trop près et sa propagande trop active. Catherine éprouvait quelque inquiétude en s'embarquant à Mâcon pour descendre en douceur jusqu'à Lyon. Quel accueil recevrait-elle ? Pareil voyage exigeait un réel courage, sans parler d'une endurance physique peu commune. Elle avait été informée que les calvinistes de Lyon allaient se soulever en masse et massacreraient la famille royale. Elle prit cet avis pour ce qu'il était, c'est-à-dire une rumeur sans preuve. Néanmoins, comme les calvinistes exigeaient violemment de nouvelles concessions, elle répondit en interdisant le culte et toute réunion calviniste dans un rayon de quatre lieues autour de toutes les villes où séjournerait le roi.

D'ailleurs, un an auparavant, elle avait déjà pris certaines dispositions sécurisantes en nommant un homme énergique et loyal gouverneur de Lyon. C'était le maréchal de Vieilleville. Il avait pour mission de rétablir dans leurs droits les catholiques bannis et spoliés. Néanmoins, la communauté calviniste demeurait très forte en nombre mais surtout en qualité, en organisation et discipline. Un édit royal avait donné l'ordre aux réformés d'évacuer la chapelle des Cordeliers dont ils s'étaient emparés pour faire un lieu de réunion. Ils avaient murmuré mais obéi puisque le roi avait étendu à toutes les villes la même interdiction. Au fond, la vraie raison de cette réaction modérée était le profond désir de paix des protestants comme des catholiques. On le vit dans l'accueil fait au roi et à la reine. Ici aussi, ils eurent sous les yeux une procession d'enfants catholiques et protestants côte à côte, les catholiques ne se distinguant que par une petite croix sur leur bonnet. Il n'y eut aucune protestation. C'était un nouveau succès.

Lyon, cité cosmopolite, fit défiler devant Leurs Majestés les représentants de toutes les colonies étrangères. Les Italiens dominaient de beaucoup, riches banquiers florentins proches de la couronne, tout au moins par la finance. Chaque ville arborait ses couleurs et son costume. Les Florentins étaient en violet, les Lucquois et les Gênois en velours noir mais les Lucquois portaient la robe, les autres les hauts-de-chausses et le pourpoint. Les Allemands avaient revêtu une robe de soie noire. Le roi Charles IX trônait en pourpoint vert avec coiffe verte et plumes blanches. Il était sérieux et même triste à côté de son frère Henri d'Anjou, fringant dans un pourpoint cramoisi brodé d'argent. Le jeune Henri de Navarre — il était roi depuis la mort de son père — se tenait près de ses cousins. Sous l'œil réprobateur de Catherine, il s'intégrait à la famille de Valois en attendant de la remplacer.

Comme toutes les réceptions royales à Lyon, celle-ci était riche d'arcs de triomphe, de colonnes allégoriques, d'inscriptions adulatrices et de reconstitutions païennes. Et, comme du vivant de son mari Henri II, Catherine put voir accolées aux armes royales les armoiries des Médicis. Mais le temps où les « croissants » insolents de Diane supplantaient les « pilules » des Médicis était bien fini. Diane vivait encore, en silence. Enfin, elle avait beaucoup de rides. Et encore plus d'argent. Catherine parfois pensait aux unes et à l'autre.

La fête faillit être interrompue par le terrifiant baron des Adrets. Ce zélé calviniste vint à Lyon pour revendiquer la propriété des temples dans cette ville. Avec un tel personnage, la pacification n'avait aucune chance de réussir : il ne connaissait que la force du meurtre et de l'incendie. Catherine ne lui accorda rien. Pour une fois, elle rengaina sa manie de conciliatrice mais elle prit les dispositions qui convenaient avec le maréchal de Vieilleville. Elle laissa dans la ville, avant de la quitter, une force armée importante capable de tenir en respect le rebelle. Seul argument qu'il respectât. On voit qu'elle avait été bien avisée de se faire escorter par une véritable armée.

Cependant, elle profita de ses loisirs dans cette ville pour visiter les riches boutiques et même pour rendre visite à un peintre flamand refugié à Lyon et devenu célèbre sous le nom de Corneille de Lyon. C'était peut-être moins le peintre qu'un souvenir d'elle-même qu'elle alla retrouver dans son atelier, car c'est lui qui l'avait peinte en 1548 lors de la fameuse et éblouissante entrée d'Henri II dans la ville. Elle se revit dans ce portrait sur bois telle qu'elle était alors. Elle trouva son image bien changée mais elle admira la fidélité de la peinture ; elle reconnut la robe qu'elle portait en cette occasion. Aujourd'hui, ce portrait merveilleux reste un des plus fidèles et des plus parlants qu'on possède de Catherine de Médicis.

Après cette douce émotion, la politique. L'ambassadeur

d'Angleterre était toujours là. Elle était si fière de son traité de Troyes que le jour de la Saint-Jean, le 24 juin 1564, elle fit solennellement jurer ce traité sur l'autel de la cathédrale Saint-Jean.

Elle eut la joie de retrouver sa chère amie, son alliée des jours amers, la duchesse de Savoie : elles fondirent en larmes dans les bras l'une de l'autre mais ce n'était pas pour cela que le duc de Savoie avait fait le déplacement avec sa femme. Profitant de l'attendrissement, il demanda à Catherine de renoncer à ses droits sur Pignerol, une des dernières forteresses que possédait la France en Italie. Catherine jugea que le mélange de tendresse et de revendication faisait de la mauvaise politique. Sa réponse au duc signifiait : « J'ai déjà donné. » Elle ne lui accorda qu'une politesse assez dérisoire : elle le fit capitaine honoraire d'une compagnie. Quant au duc de Ferrare, Alphonse d'Este, venu lui aussi faire sa cour et glaner quelques avantages, il n'eut que le temps de demander sans rien obtenir car la peste se déclara dans la ville et chassa tout le beau monde d'un lieu aussi malsain.

La cour reprit la route du Midi en laissant à Lyon le souvenir de fêtes grandioses et vingt-cinq mille morts que la peste fit en quelques jours.

On s'arrêta à Roussillon, au bord du Rhône. Comme il n'y avait pas de ville à visiter ni d'étrangers à recevoir, Catherine et le conseil travaillèrent sous la présidence du roi. Ils prirent plusieurs mesures qui renforçaient le pouvoir royal. Pour les élections des maires et des jurats de villes il faudrait désormais présenter les élus en partie double ; sur les deux, le roi choisirait celui qu'on jugerait le plus obéissant. Nul ne parlait de centralisation mais cela se faisait à petits coups. L'édit d'Amboise fut repris, précisé et durci pour les contrevenants chaque fois que le culte protestant serait célébré dans des lieux non autorisés. Pour être équitable et montrer que le concile de Trente n'était pas lettre morte, les prêtres mariés ne seraient plus tolérés en France. Leur mariage déclaré nul, ils devraient se séparer de leurs épouses sinon ils seraient chassés du royaume. La protection due aux calvinistes n'était pas oubliée. Afin d'assurer les droits que leur accordait l'édit, tous les officiers royaux étaient tenus d'organiser et de défendre eux-mêmes le culte réformé dans tous les lieux où il était autorisé.

Enfin, la marieuse refit surface. Il s'agissait de Condé. Pas question de Mlle de Limeuil, on le sait. Celle-ci, dans sa fureur d'être évincée, avait expédié le marmot à Condé dans un panier, comme une chose qu'il aurait oubliée chez elle. Catherine et Coligny se disputaient le prince. Elle voulait le marier à la veuve du duc de Guise afin de le garder dans le parti catholique. C'était un beau parti : la duchesse Anne d'Este était de sang royal. Le projet de Catherine était osé. Condé n'était-il pas l'ami, l'allié de Coligny qui passait pour avoir fait assassiner le duc ? Qu'importaient ces délicatesses si elle gardait Condé dans son camp ? On sait qu'elle perdit son temps et que Condé épousa la candidate de Coligny, Mlle de Longueville, celle qui fut près d'être tuée à la sortie de Paris.

Le 16 août, le convoi poursuivit sa marche vers le sud, traversa Romans sans s'y arrêter et s'installa plus loin dans la grande ville de Valence — fort peu rassurante. Le baron des Adrets en avait fait sa capitale ou plutôt son repaire pendant deux ans durant lesquels il valait mieux ne pas trop montrer son catholicisme sous peine de mort et de tortures. Ses troupes entassaient dans la ville le produit des pillages. Depuis 1562, le baron sanglant avait été chassé de Valence redevenue fidèle au roi. Malgré les appréhensions, l'entrée du roi se fit dans les meilleures conditions. Catherine put admirer la statue qui la représentait en « Minerve la Sagesse ». En fait, sa politique ne réussissait pas trop mal. La paix régnait, imparfaite peut-être, mais ce n'était pas la guerre. Le beau climat venteux affligea cependant le roi d'une bronchite. (Ce mal reparaîtra souvent sous ce nom, faute d'un autre.) Pour cela, le convoi resta six jours en panne en rase campagne en attendant que le roi guérisse.

Sa mère et lui eurent toutefois à connaître d'une plainte des huguenots de Guyenne qui se disaient injustement privés des droits que leur accordait l'édit. Catherine et son fils adressèrent aussitôt une semonce à Monluc pour qu'il fît appliquer dans Bordeaux et toute la province les dispositions de l'édit d'Amboise renforcées par celles prises à Roussillon. Le ton de ce rappel montre combien elle tenait à l'application de son édit pacificateur.

L'étape d'Orange menaçait d'être dangereuse pour le roi, la reine et la cour. La principauté d'Orange était le centre de la prédication du calvinisme dans toute la région et le foyer de bien des rébellions. La population était presque entièrement convertie à la Réforme. Le gouverneur, Guillaume de Crussol, avait été nommé par Catherine avec mission de maintenir la paix ; il y réussissait tant bien que mal mais la paix était si fragile que la cour traversa la ville sans s'arrêter, même pas pour recevoir les compliments d'usage. On avait traversé aussi hâtivement Montélimar pour les mêmes raisons, le 12 septembre 1564. Telle était la manière de Catherine : elle montre sa force mais fait tout pour éviter de s'en servir. Si les nombreux et agressifs réformés d'Orange avaient profité de la halte pour attaquer le convoi, l'armée royale eût riposté victorieusement et fait un carnage tout aussi nuisible à la cause du roi qu'à celle des réformés. Peut-on parler de victoire sur ses propres sujets ?

Catherine préféra donc passer sans bruit et gagner Avignon le 23 septembre. Là, on respira. Les souverains et leur suite furent reçus en grande pompe par le nonce du pape, car Avignon était toujours ville pontificale. Les rues étaient pavoisées, les maisons décorées, tous les arcs de triomphe traditionnels se dressaient devant le cortège royal, les effigies des Vertus du roi et de sa mère proclamaient leur gloire. La mythologie, selon la mode, avait délégué des divinités païennes parmi les saints et les saintes de l'Eglise romaine et Neptune en personne annonça au peuple et à la cour sidérés que Charles IX porterait la gloire des lis au-delà des mers et soumettrait l'Afrique et l'Asie. Pauvre enfant qui à Reims trouvait sa couronne trop lourde ! Devant le palais des Papes, un festival, déjà, dressait une pyramide empanachée d'un nuage d'où sortit *la Vérité* (du catholicisme) en personne qui se jeta dans les bras d'une autre apparition, *la Justice* (du roi) qui bondit hors des flancs d'une montagne de carton qui voisinait avec la pyramide. Tout cela tenait du miracle pour l'édification des foules et le bien-être de Leurs Majestés. Dans cette ville catholique — mais pas complètement, on le verra —, on rattrapa les plaisirs dont on avait été privé à Orange et à Montélimar. On assista pendant des heures au défilé de tous les religieux de tous les couvents et de toutes les paroisses de la ville. Le duc de Savoie, le duc de Lorraine et le duc de Ferrare avaient rejoint la cour. Leur présence et celle de leur suite donnèrent encore plus d'éclat à la dernière cérémonie qui eut lieu le 28 septembre dans l'église Notre-Dame-des-Doms. Le roi y présida le chapitre de l'ordre royal de Saint-Michel. Ce fut l'occasion d'ouvrir les grands coffres du voyage et d'arborer les somptueux costumes et les manteaux rutilants qui éblouirent le peuple. La ville offrit de superbes cadeaux à Leurs Majestés, des pièces d'orfèvrerie et des manteaux brodés pour le roi et ses frères.

Après ce faste qui n'était que l'introduction à la politique, Catherine sut mettre le jeune roi en avant afin qu'il traitât directement avec le nonce, c'est-à-dire avec le Vatican, du sort des familles protestantes d'Avignon qui n'avaient guère de libertés ; or, la reine tenait à les faire bénéficier des dispositions de son édit. Le roi Charles IX se déclara protecteur des réformés de la cité pontificale. Le nonce fut ainsi obligé d'amnistier les réformés condamnés pour simple fait de religion et de restituer leurs biens à ceux qui avaient été spoliés. Enfin, elle obtint que des échanges commerciaux qui étaient interdits avec la cité maudite d'Orange fussent rétablis. Pour les Médicis, le commerce adoucit les mœurs. En échange de ces concessions, Catherine, toujours équitable, promit que l'armée royale protégerait Avignon contre les incursions des calvinistes d'Orange. Non seulement elle persévérait dans son œuvre de pacification mais elle affirmait les droits de la couronne de France sur Avignon qui n'était pontificale que de nom. Après trois semaines de festivités et de négociations, ce fut un nouveau départ, le 16 octobre.

La caravane royale allait traverser un désert de cailloux appelé la Crau pour se diriger vers la ville de Salon. Il fallait bien du courage, non seulement pour affronter ces cailloux surchauffés, mais pour entrer dans une ville où régnait la peste. Quel risque ! Si le cirque royal était contaminé, dans la promiscuité où vivaient tous ces gens entassés, ce serait une hécatombe et la ruine de cette entreprise fabuleuse et bénéfique pour le royaume. Le convoi s'avança quand même vers cette ville désertée par la plupart de ses habitants parce que la moitié étaient morts et les autres en fuite dans la campagne. Les édiles qui, non sans courage, étaient restés sur place pour nettoyer la ville et recevoir Leurs Majestés firent revenir une partie des fuyards. Quand on sait la terreur que répandait la peste, ce retour et cette mise en ordre de la ville, cette réception aussi digne et aussi touchante des souverains paraissent encore, même à distance, un acte de loyauté, de dignité et de courage fort émouvant. Cette ancienne France avait des mouvements de grandeur spontanés, souvent méconnus, qui révèlent un fond de noblesse morale.

Toutefois, on peut se demander pourquoi la prudente Catherine courut un risque qui pouvait être mortel. Ce n'était pas pour visiter une petite ville de médiocre importance. Pour elle, Salon était d'un intérêt primordial car c'était là qu'habitait son prophète, Nostradamus, et c'est lui qu'elle allait retrouver. Elle était sûre que rien de fâcheux ne pouvait lui arriver car dans toutes les prédictions de Nostradamus la ville de Salon n'avait jamais été citée. Elle jouissait d'une immunité totale. Elle-même ne devait craindre la mort qu'à Saint-Germain et son fils le roi Charles ne devait mourir qu'après le connétable qui ne devait lui-même trépasser qu'au-delà de quatre-vingt-dix ans. Or, il en avait à peine quatre-vingts. Elle s'inquiétait cependant car une autre prédiction affirmait que Charles IX mourrait après avoir quitté Avignon. Voilà ce qui bouillonnait dans la tête de cette reine impavide et calculatrice lorsqu'elle entra dans Salon. Après les harangues et les louanges, les notables offrirent à Leurs Majestés de leur montrer les vestiges de l'antique passé et de la gloire de leur ville. Les souverains n'étaient pas venus pour cela. Catherine avait entretenu son fils et l'avait certainement convaincu de l'extraordinaire pouvoir de Nostradamus, il était au courant des « mirages » sur lesquels sa mère vénérée réglait sa conduite. Aussi, à l'offre de ces bonnes gens, Charles IX répondit assez brusquement : « *Nous sommes venus pour voir Nostradamus.* » On s'inclina devant la volonté royale. Le prophète était la gloire de Salon.

Le roi et la reine furent introduits dans l'antre de l'alchimiste. Ce fut pour eux le moment le plus angoissant et le plus transportant du voyage : ils touchaient la source de la Vérité.

Catherine le trouva vieilli en dépit de ses philtres. Au cours de leur long tête-à-tête, elle exigea la confirmation de la fatale prédiction de Chaumont. Le miroir magique ne s'était-il pas trompé ? Une chose surtout torturait l'esprit de Catherine, une chose inadmissible pour elle. C'est qu'Henri de Navarre aurait un jour le trône de ses enfants. Elle haïssait ce petit Bourbon comme un imposteur, un ennemi personnel. Cette femme si compréhensive, si politique, sur ce sujet perdait la raison. Nostradamus confirma les révélations du miroir : à la mort de son fils Henri d'Anjou, régnant sous le nom d'Henri III, c'est bien son cousin, Henri de Navarre, qui serait roi de France. Nostradamus lui dit que c'était inéluctable, les astres le proclamaient pour qui savait déchiffrer leurs énigmes. Elle se rebiffa. Elle voulait d'autres preuves. Alors, Nostradamus lui demanda de faire appeler Henri d'Anjou, son bel enfant chéri, afin, lui dit le mage, d'examiner sur le corps du jeune prince la disposition des grains de beauté. Devant ce vieillard en longue robe de velours noir, perclus de goutte, le visage osseux, ravagé de rides profondes où brillait un intense regard noir, Henri demeura saisi. Lorsque Nostradamus, tenant sa canne à pommeau d'argent en le fixant d'un œil farouche, lui demanda d'ôter ses vêtements, le jeune prince crut entendre son précepteur lui donnant le même ordre lorsqu'il voulait le fouetter. Il s'enfuit à toutes jambes. Nostradamus n'insista pas. Mais, la nuit, il se rendit dans la chambre d'Henri pendant qu'il dormait. L'enfant se réveilla et, doucement, Nostradamus lui expliqua ce qu'il attendait de lui sur ordre de sa mère. Henri se laissa examiner par l'impressionnant personnage. Nostradamus fit part ensuite de ses conclusions à Catherine : le miroir avait dit vrai. La configuration des grains de beauté s'accordait parfaitement à la configuration des astres, le roi Henri de Navarre serait roi de France à la place des Valois. Dès lors, Catherine fut convaincue. Sa politique de marieuse prit un tour nouveau afin de replacer sur le trône le sang Valois et Médicis. Elle se promit de marier sa fille Marguerite à Henri de Navarre. C'était le seul moyen de survivre — partiellement — sur le trône des lis. Mais comme, en politique, il est bon d'avoir des solutions de rechange, elle ne renonça pas à essayer de marier Marguerite à Don Carlos, fils de Philippe II et héritier de la couronne d'Espagne. Ce qui serait aussi un joli coup. Dans le cas où elle échouerait, le mariage avec Bourbon-Navarre s'imposerait.

Voilà pourquoi elle avait affronté la peste à Salon.

La caravane prit la route d'Aix-en-Provence. Ici, les difficultés ne furent pas moindres, bien que d'un autre genre. A Aix, le mal venait non des rebelles calvinistes mais de la dureté et de la cruauté des autorités catholiques. On se souvient de l'horrible massacre des vaudois perpétré sous l'autorité du Parlement d'Aix. Pareil crime ne s'était pas reproduit, mais l'intransigeance haineuse et le fanatisme étaient les mêmes dans la docte assemblée. Ses arrêts contre les réformés étaient si sévères que même le Parlement de Paris, qui ne passait pas pour « hérétique », avait cru bon d'intervenir et ce furent les magistrats parisiens qui instruisirent le procès des juges d'Aix. Catherine était décidée à protéger les calvinistes contre ces magistrats forcenés. Aussi le séjour du roi dans cette ville qui aurait dû être accueillante et gaie ne fut pas une fête.

Il n'y eut ni banquets ni discours de louanges. Le roi n'écouta rien et ne donna que des ordres. Le Parlement devait être suspendu dans son entier et remplacé par des magistrats venus de Paris, ce qui fut fait le 24 novembre 1564. Morsan, le nouveau président désigné par le roi, réagit alors si fort contre les catholiques qu'il en fit poursuivre deux mille. Ils se réfugièrent à Avignon, chez le pape, d'où Catherine les fit extrader — on a vu qu'elle commandait à Avignon comme chez elle — afin qu'ils fussent jugés à Aix.

Les protestants auraient pu se sentir rassurés par cette politique équitable. Leurs chefs restaient rebelles à toute conciliation. Catherine apprit que, pendant son absence, ils avaient armé à Paris des troupes de huguenots. Dangereuse provocation dans cette capitale toujours inflammable. Elle avait écrit avec douceur à son « compère », comme elle appelait amicalement Coligny, pour lui signaler le danger que ses hommes faisaient courir à la paix (17 avril 1564). Elle lui rappelait tout ce qu'elle avait fait et faisait encore pour garantir les droits des calvinistes. Elle le suppliait de calmer ses coreligionnaires, l'assurant de sa bonne foi et de son amitié. La conclusion de cette exhortation était d'un tout autre ton, on y entendait la voix du souverain : dans le cas où les calvinistes n'entendraient pas ses paroles de paix, elle menaçait d'employer « *le sec et le vert* » contre tous, de quelque parti qu'ils fussent, « *sans autre considération que le repos de cet Etat* ».

Après les condamnations prononcées à Aix contre les fanatiques catholiques, elle n'excluait pas d'en prononcer contre les calvinistes fauteurs de troubles.

Cet équilibre toujours précaire, toujours recherché avec une opiniâtreté, une intelligence et, en somme, un profond amour du bien public, c'est l'honneur de Catherine. Trop souvent on a fait revenir le mérite de sa politique de paix et de tolérance à son chancelier Michel de L'Hospital. Grand honnête homme, plein de savoir, de dévouement et d'humanité, personne n'était mieux désigné que lui pour seconder Catherine dans la politique qu'elle avait choisie. Car c'est elle qui prenait les décisions, qui distribuait les sanctions en toute équité entre les catholiques et les calvinistes fanatiques. Michel de L'Hospital aurait été enclin à moins de justice, il penchait en faveur des calvinistes. Calvin misait ouvertement sur le chancelier. Au regard des catholiques — et de Philippe II —, cette amitié du chancelier de France était inquiétante. En somme, le peu de paix qui régnait encore dans le royaume était l'œuvre de Catherine.

Malgré l'importance et le charme de la ville d'Aix, la cour ne s'y attarda pas. Deux jours après les semonces, Leurs Majestés reprirent la route et, le 27 octobre 1564, elles entrèrent à Brignoles.

Ce ne fut qu'un cri d'admiration : les souverains et leur suite se crurent au paradis terrestre. Ici, nul ne parlait plus de massacre et de torture, de calvinistes et de papistes. Les filles de Brignoles, dans leurs gracieux atours provençaux, dansèrent pour le roi, la reine et la cour avec une joie, un entrain, une grâce qui charmèrent tout le monde, d'autant que dans ce pays béni, au lieu d'arcs de triomphe en carton peint, les souverains et les seigneurs découvrirent des jardins enchantés. Pour la première fois, ils eurent sous les yeux, sous la main, des orangers en pleine terre. C'était une nouveauté extraordinaire que la Provence devait aux Portugais qui avaient rapporté de Chine les premiers plants d'orangers en 1548.

Ils avaient prospéré dans ce merveilleux pays ensoleillé. Quelle révélation pour tous et pour Catherine, curieuse de plantes comme d'animaux exotiques. La cour put même admirer des palmiers rapportés des pays barbaresques. Cette halte sans intérêt politique fut savourée dans le ravissement et, trois jours plus tard, pour la Toussaint, la cour campait au bord de la mer. Autre émotion enchanteresse. Catherine n'avait pas revu cette mer latine — la sienne — depuis que les galères pontificales l'avaient amenée à Marseille pour se marier. Plus de trente ans s'étaient écoulés. Elle fut si délicieusement émue qu'elle eut envie de posséder une résidence sur cette côte : elle acheta à Hyères un emplacement boisé pour y construire... plus tard ou jamais, surtout pour rêver.

La cour traversa Toulon sans lanterner. Le roi visita le port, fit un tour en mer sur une galère commandée par un parent des Guises, le marquis d'Elbœuf, puis le convoi se dirigea vers Marseille.

Catherine y fit, le 6 novembre 1564, une entrée enthousiaste. Elle était émue de retrouver cette cité où elle avait connu l'amour, le seul, l'inextinguible amour de sa vie pour son mari. La population, fidèlement royaliste et catholique, rendit à la reine l'affection que celle-ci témoignait pour la ville. Même l'ambassadeur de Philippe II fut en admiration devant la ferveur de Marseille pour la couronne et pour l'Eglise. Le roi fit de grandes dévotions publiques. Comme il était protocolairement accompagné de son cousin Henri de Navarre, calviniste, celui-ci, se souvenant des leçons de sa mère, se tenait sur le seuil des églises et se gardait d'y entrer. Charles IX, dont la patience n'était pas la première vertu, agacé par ces manières, lui prit son chapeau et le jeta à l'intérieur de l'église où le roi de Navarre fut bien obligé d'entrer pour récupérer son couvre-chef de cérémonie. Puis l'on voulut jouir du pays et de la mer. Une expédition fut organisée pour permettre au roi de visiter le château d'If. La mer refusa de se prêter au jeu : la tempête et les vagues empêchèrent la galère royale d'aborder le rocher sur lequel était construit le célèbre château. On alla plus loin déjeuner dans une calanque abritée du vent. Pour prendre sa revanche sur Neptune, Charles IX eut l'idée, devant la mer apaisée et le ciel bleu, de simuler une bataille navale : un parti serait chrétien, l'autre turc. Le roi et ses amis étaient en Turcs — donc désignés pour la victoire. Abominable sacrilège aux yeux du señor Francès de Alvala : le roi de France et ses seigneurs travestis en infidèles triomphaient d'une galère chrétienne ! Il faut dire que la colère de l'ambassadeur d'Espagne s'expliquait non seulement par des raisons religieuses mais par des raisons politiques. Son maître, le roi d'Espagne, était en lutte ouverte avec les Turcs tandis que le roi de France était plutôt leur complice et même leur allié. Cette comédie navale devint sur le plan diplomatique une injure pour Philippe II. Charles IX n'avait choisi le parti turc que parce que les costumes étaient plus brillants et sa mère n'avait vu dans cette parodie de bataille qu'un jeu de jeunesse. N'empêche que le rapport acide partit pour Madrid et ne rendit pas plus douce l'humeur de Philippe II pour la couronne de France et spéciale- ment pour sa belle-mère.

La cour fut longtemps immobilisée à Arles. En raison d'une énorme crue, le Rhône était infranchissable. Le grand cirque campa presque un mois sur la rive du fleuve furieux. Les princes et leur suite eurent tout loisir d'admirer des combats d'hommes sans armes contre des taureaux qu'ils parvenaient à terrasser. Catherine se préoccupait de l'accueil qui lui serait réservé en Languedoc. Son édit de pacification n'avait guère pacifié cette province qui se donnait volontiers des airs de semi-indépendance. Elle était informée que le Parlement y était hostile à la tolérance. Il fallait donc l'amener à obéir et à instaurer la coexistence des deux religions sous l'autorité royale.

Au bout d'un mois, la décrue du Rhône permit de le remonter jusqu'à Tarascon où il serait possible de le franchir. Dans cette ville provençale et catholique, le culte réformé était interdit intra- muros mais il était autorisé dans la ville située sur la rive languedocienne, Beaucaire, et dans tout le pays cévenol. A Tarascon, on n'acceptait que les baptêmes et les enterrements calvinistes célébrés de nuit.

Lorsque la cour eut franchi le fleuve et débarqua à Beaucaire, elle fut accueillie par des huées et des injures. La caravane passa...

En chemin, Catherine fut tout heureuse de s'arrêter chez sa bonne amie Mme de Crussol, calviniste convaincue, on le sait, cependant que son mari, M. de Crussol, se révélait fidèle serviteur du roi et de l'Eglise. Ce zèle et la bonne amitié de Catherine pour ce couple qui avait résolu le problème de la coexistence des deux religions valurent à M. de Crussol le titre de duc d'Uzès. Il fut le premier en France à porter ce titre de duc en dehors des princes de la famille royale.

Autant la Provence avait été chaleureuse, autant le Languedoc, farouchement partagé entre deux fanatismes, donnait des inquiétudes à la reine mère. Or, Nîmes, à majorité protestante, réserva, contre toute attente, un excellent accueil à la cour. La ville s'était mise en frais. Un décor éblouit tout le monde. On vit sur une place une montagne se fendre en deux et accoucher d'un énorme crocodile qui marchait sur douze pattes grâce à six hommes cachés à l'intérieur. Ces bonnes manières n'empêchèrent pas les Nîmois de se plaindre, non sans raison, des persécutions que le gouverneur du Languedoc, Montmorency-Damville, faisait subir aux calvinistes. Le roi y mit bon ordre : il désigna un maître de requêtes afin de rendre, en son nom, leurs droits aux calvinistes persécutés.

De là, le convoi royal fit un détour par Aigues-Mortes puis remonta vers Montpellier. L'entrée eut lieu dans cette ville le 17 décembre 1564. Il faut dire que, si Montmorency avait malmené les calvinistes, ceux-ci pendant plusieurs années s'étaient rendus maîtres de Montpellier, avaient saccagé les églises, les avaient fermées au culte catholique et tenu la ville sous leur coupe qui n'était pas celle de la tolérance. Les troupes du gouverneur avaient rendu la ville au roi et au catholicisme juste un an avant que Leurs Majestés y fissent leur entrée. Les catholiques les accueillirent avec transports. On y fêta Noël de 1564 par de magnifiques offices religieux. Les autorités organisèrent de grandioses processions. Tous les habitants étaient tenus d'y participer sous peine de lourdes amendes. La jeunesse dansa un ballet fleuri. Toutefois, il semble que dans cette ville le rétablissement du catholicisme devait autant aux troupes de Montmorency qu'à l'unanimité des citoyens. Catherine dut le sentir car, bien que Montpellier fût capitale de province, la cour ne s'y attarda guère. Elle en partit après Noël et se trouva aux portes de Béziers le 4 janvier 1565.

Décidément, le Languedoc ne faisait pas bon visage à la reine et au roi. Le calvinisme, dans cette ville, n'était calme qu'en apparence. La rébellion couvait. Elle transparut dans la façon pour le moins insolente d'accueillir les souverains. Catherine eut le déplaisir de voir, avec toute la cour, une mise en scène bizarre montrant Diane, avec son croissant sur le front, en train de s'enfuir sous des arbres et poursuivie par des satyres. Amer rappel de la favorite exécrée et de la rivalité douloureuse de la reine et de la maîtresse du roi. Le roi eut aussi l'occasion de perdre patience en voyant représenter comme une affaire glorieuse la prise de Béziers par les protestants sur les troupes royales et catholiques, deux ans plus tôt. La politique de Catherine était peu appréciée dans cette région.

On connaît maintenant la tactique de la cour : quand l'atmosphère d'une ville était politiquement malsaine, on allait voir plus loin. La règle était : éviter les incidents et les sanctions. La cour se trouva bien de ce procédé. Elle alla à Narbonne où le catholicisme et le pouvoir royal étaient respectés. Ce fut la fête sans arrière-pensée. Catherine était si confiante qu'après avoir fêté solennellement les Rois elle offrit à son entourage une promenade en mer jusque sur les côtes catalanes. Elle était accompagnée, entre autres personnages, du cardinal de Bourbon et de son cousin Strozzi qui était son garde du corps ainsi que d'un visiteur venu au-devant de la cour, le gouverneur de Bordeaux, François de Peyrusse des Cars. Elle mit même pied à terre dans le petit port de Salce qui se trouvait alors dans le royaume d'Espagne ; elle y visita le jardin du gouverneur où elle admira encore des orangers. En foulant la terre du roi d'Espagne, c'est à sa fille, la reine Elisabeth, qu'elle pensa tant son désir de la revoir était grand et elle écrivit à M. de Saint-Sulpice, son ambassadeur à Madrid, que, privée de sa fille, elle avait eu plaisir « *à aller sur ses terres* ».

Les étapes se suivaient et ne se ressemblaient pas. A Carcassonne où elle entra le 12 janvier, l'atmosphère était encore empoisonnée par les massacres horribles qui y avaient eu lieu l'année précédente. Le bourreau de la cité avait écorché vif plusieurs réformés et, pour mettre un comble à l'horreur, « *il mangea le foie de l'un et scia tout vif un pauvre homme qu'il haïssait* ». De fête, il n'y en eut guère. D'autant qu'il se mit à neiger en abondance. La cour fut bloquée dans l'ancienne cité. Tous les préparatifs que la ville avait faits furent ensevelis sous cette avalanche. Les arcs de triomphe s'effondrèrent, les guirlandes et les banderoles traînaient sous la couche de neige. La petite Marguerite de Valois était transie, elle écrit dans ses *Mémoires* : « *Le temps glacial a gelé toutes les rivières de France, il a gelé aussi le cœur et le cerveau des hommes.* » Tandis que son frère, le roi, adorait ce temps. Du haut des remparts de la cité, il admira la basse ville et les pays d'alentour couverts d'un blanc manteau et il organisa avec son frère Henri et Henri de Navarre d'interminables batailles de boules de neige. Il dira plus tard que ce fut le meilleur souvenir du voyage. Sa mère se plongeait dans la lecture d'anciens textes sur le droit et la coutume de la monarchie française. Elle lut aussi un rapport fort désagréable qui lui parvint de Paris sur un incident inquiétant survenu dans la capitale. On l'informait que Montmorency, fils du connétable et gouverneur de Paris, homme intègre et appliquant brutalement la consigne donnée par Catherine de ne pas laisser entrer ni circuler dans Paris des gens armés, avait fait interpeller le cardinal de Lorraine qui s'était présenté à une porte de la ville avec sa compagnie d'arquebusiers. Or, depuis l'assassinat du duc de Guise, son frère le cardinal avait obtenu de la reine une autorisation écrite de circuler en tous lieux avec une escorte armée. Se jugeant trop grand prince pour obtempérer à l'ordre du gouverneur, il avait refusé de montrer l'autorisation de la reine. Montmorency, sans hésiter, avait fait charger par les troupes royales le cardinal et son escorte qui s'était dispersée en déroute, le 8 janvier 1565. Il faut dire que les Guises et Montmorency se haïssaient, bien que bons catholiques les uns et les autres. Mais les Montmorency, comme Michel de L'Hospital, avaient des complaisances pour les réformés, non pour des raisons religieuses mais parce que les Châtillon-Coligny, neveux du connétable et chefs du parti calviniste, étaient de « la famille ».

Devant ce cas, Catherine ne put trancher entre ces trop puissants seigneurs. Comme c'était une affaire entre catholiques et catholiques, les protestants ne firent bloc ni avec l'un ni avec l'autre des belligérants. Cependant, Condé, toujours imprévisible, prit parti pour les Montmorency. Que venait faire la religion dans ces guerres prétendues religieuses où, sous chaque affrontement, on découvre des rivalités d'intérêt, de famille ou souvent l'orgueil ? Catherine, dans la mésentente générale, prit le parti de la sagesse et renouvela plus fermement son interdiction aux Guises, aux Montmorency, aux Coligny et autres chefs huguenots de pénétrer en armes dans Paris. Les Guises eurent l'impression de n'être pas soutenus. Cela se saura hors des frontières.

Malgré la rigueur de l'hiver, la reine voulut rendre visite au seigneur de Ferrals dans un endroit glacial de la montagne Noire. Il n'y avait, en dehors du seigneur de ces lieux, homme de mérite dont Catherine fit un ambassadeur, rien de bien curieux à voir. Aussi M. de Ferrals, pour honorer ses hôtes royaux, crut-il de son devoir de leur offrir quand même une curiosité : il fit crever le plafond de sa grand-salle d'où il tomba une grêle de dragées et une exquise rosée d'eau parfumée. C'était moins dangereux que la politique dite de pacification.

A Castelnaudary, on se contenta d'un spectacle rapide et charmant. Sous la halle, les jeunes gens dansèrent à la mode du pays et le lendemain, 30 janvier 1565, la cour prit la route de Toulouse.

Elle pénétra dans la capitale du Languedoc le 1er février. Bien que le Parlement et l'immense majorité des habitants fussent catholiques, une minorité protestante, soutenue par quelques-uns de ces célèbres capitouls qui administraient la ville, avait provoqué en 1562 une véritable guerre de rues. Aucun des deux partis n'avait oublié ses pertes. Il avait fallu la puissante intervention de Monluc et de son armée pour rétablir l'ordre et remettre la ville au pouvoir du roi. L'entrée se fit selon le scénario connu : les notables défilèrent, les corporations suivirent selon un ordre hiérarchique prévu, les jeunes filles jouèrent les nymphes parce que les poésies de Ronsard déjà étaient connues. Enfin Monluc, étant sur place, vint réclamer à Leurs Majestés le remboursement des frais qu'il avait assumés avec son armée lors de son intervention victorieuse dans la guerre civile de Toulouse restée catholique grâce à lui.

Deux nouvelles vinrent surprendre Catherine. L'ambassadeur d'Espagne lui apprit que le roi d'Espagne consentait à envoyer sa femme à la frontière pour qu'elle pût voir sa mère. Catherine crut défaillir de bonheur, elle fondit en larmes. L'autre nouvelle la mit en colère et le roi aussi. On l'informait qu'à Paris Coligny venait d'entrer dans la ville à la tête de six cents cavaliers. Il profitait donc de l'absence du roi pour braver les édits et menacer la capitale. Le roi, furieux, renvoya sans les entendre les protestants de Toulouse qui venaient lui demander de nouvelles concessions et le droit de rouvrir leurs lieux de culte dans la ville. Le Parlement écouta en même temps une harangue contre les catholiques qui l'abasourdit autant que la cour. La menace d'une nouvelle rébellion se précisait. Catherine prit aussitôt le contre-pied des revendications protestantes et tint ferme sur ses positions. Elle espérait aussi que Philippe II, informé de sa fermeté, serait plus conciliant lors de leur entrevue à Bayonne. Car, bien qu'il n'eût pas répondu à l'invitation, elle espérait quand même : son optimisme ne se démentait jamais.

Pendant que la cour s'attardait à Toulouse, la reine ne pensait qu'à cette rencontre avec son gendre qui serait le point culminant de son voyage. En vue des dépenses qu'elle comptait faire pour la réception, elle emprunta des sommes considérables aux banquiers florentins. Elle acheta aussitôt des cadeaux somptueux pour offrir aux Espagnols de la suite du roi. Cela ne l'empêcha pas d'assister à des offices solennels dans toutes les églises de la ville et à des processions interminables, notamment celle qui promenait à travers la ville les reliques de saint Sernin, vénéré des Toulousains. Sa présence et celle du roi donnaient à l'Eglise catholique un prestige et une force dont elle avait grand besoin — et le pouvoir royal aussi. Au cours de ces cérémonies, ses deux fils, le roi et Henri son frère, furent confirmés par le cardinal d'Armagnac dans la splendide basilique Saint-Sernin. C'est à cette occasion qu'on changea les prénoms qu'on leur avait attribués un peu légèrement à leur naissance. Henri d'Anjou, duc d'Orléans, prenait officiellement le nom d'Henri en lieu et place d'Edouard-Alexandre. C'était son grand-père qui lui avait donné le prénom d'Edouard pour plaire au roi d'Angleterre. L'ambassadeur d'Angleterre fut vexé par cette substitution de prénom et le manifesta. Quant au dernier fils, le malheureux baptisé Hercule, on l'appela François, comme son grand-père. C'était plus convenable si, un jour, il devait être roi de France. A-t-on vu un roi s'appeler Hercule ? Ces prénoms étaient une mascarade, comme celle de déguiser les filles en nymphes et les garçons en satyres. On obéissait à la vogue de la mythologie.

Comme le séjour se prolongea un mois et demi, les jeunes princes poursuivaient leurs études. Catherine avait l'œil sur eux et sur leurs précepteurs. La famille royale avait été logée par les soins du cardinal-archevêque d'Armagnac dans l'archevêché qui n'avait pas les dimensions de Fontainebleau. Aussi, pour donner des chambres à tout le monde et des salles de travail aux jeunes princes, on avait compartimenté les galeries avec des cloisons en bois. Les beaux seigneurs et les belles dames vivaient un peu les uns sur les autres, ce qui n'est pas trop dire, si l'on en croit Brantôme. Il raconte à sa manière pimpante le curieux spectacle auquel le prince Henri et son camarade d'études, un autre Henri, comte de Tallart, assistèrent en mettant l'œil à une fente de la cloison qui séparait assez mal leur salle d'un cabinet voisin dans lequel ils avaient entendu quelqu'un s'agiter. Ils découvrirent « *deux fort grandes dames toutes retroussées et leur caleçon bas se coucher l'une sur l'autre, s'entre baiser en forme de colombes, se frotter, s'entrefriquer, bref se remuer fort, paillarder et imiter les hommes et dura leur échauffement près d'une bonne heure s'étant si très fort échauffées et baisées qu'elles en demeurèrent si rouges et si en eau, bien qu'il fît grand froid, qu'elles n'en purent plus et furent contraintes de se reposer autant. Et disait qu'il vit jouer ce jeu quelques autres jours tant que la cour fut là de même façon* ». Tels étaient les suppléments d'études dont jouissait le futur Henri III dans son cabinet de planches mal jointes.

En quittant Toulouse, la cour s'arrêta à Montauban, ville à majorité calviniste, place irréductible de la Réforme dans le Sud-Ouest où Monluc avait fait de nombreuses et sévères apparitions pour maintenir la ville au pouvoir du roi. La cour n'y séjourna pas, elle eut droit cependant à quelques arcs de triomphe.

De là, on prit le grand chemin de Bordeaux, mais on se donna le plaisir d'une halte à Agen, ville catholique, qu'on trouva fleurie et ornée de portraits de saints placardés sur les maisons.

Le 1er avril 1565, le royal convoi fut en vue de Bordeaux. Mais il n'y pénétra pas tout de suite. La reine, Charles IX et leurs familiers logèrent dans le château Saint-Genès, situé à Talence. Ils ne firent leur entrée officielle dans la capitale de la Guyenne que le 9 avril. Entre-temps, ils se donnèrent le plaisir d'errer incognito dans les rues et boutiques de cette ville marchande.

Leur entrée fut remarquable, elle se fit sur l'eau. Deux grands bateaux figurant des maisons véritables se présentèrent devant les quais. La ville, n'oubliant pas qu'elle commerçait avec les quatre coins du monde, offrit à Leurs Majestés des spectacles exotiques auprès desquels ceux qu'on leur avait montrés n'étaient rien ! Elles virent dans leurs costumes — ou absence de costume pour certains — des troupes d'Arabes, d'Egyptiens, d'Indiens, d'Africains authentiques se livrant à leurs danses dans leurs ornements multicolores.

Autre attraction, politique celle-ci, mais tout aussi curieuse, le président du Parlement de Bordeaux, M. de Lagebaston, était le parfait sosie de François Iᵉʳ : ressemblance non fortuite, il passait pour un bâtard du feu roi. Catherine, sidérée, écouta la harangue de ce noble magistrat avec une attention et une sympathie profondes car il fit un éloge convaincu de la toute-puissance du roi tant en matière religieuse que politique. Devant un si fidèle Parlement, le roi tint un lit de justice au cours duquel Michel de L'Hospital exalta de nouveau le pouvoir royal auquel devaient obéir les officiers et les magistrats afin d'appliquer rigoureusement l'édit de pacification. Allusion aux manquements du Parlement de Bordeaux qui n'avait pas toujours accordé aux réformés les libertés que leur autorisait l'édit.

Et ce fut un nouveau départ à travers les landes de Gascogne interminables, stériles et marécageuses. Avant de s'y engager, la cour honora d'une halte le petit évêché de Bazas, au sud de Bordeaux. On lui montra de hardis Gascons combattant des taureaux avec de simples piques inoffensives.

De là, en se traînant, le convoi atteignit Mont-de-Marsan. Catherine s'y immobilisa plus d'une semaine dans l'inquiétude. Ce n'était pas le souvenir de la première rencontre qu'avait eue, dans cette ville, son futur mari Henri d'Orléans avec sa future maîtresse Diane. A l'époque, elle était encore prisonnière au couvent des Murates. Ce qui lui donnait du souci et l'immobilisait, c'était l'absence de nouvelles de la cour d'Espagne, sauf une rumeur qui faisait croire que ni Elisabeth ni son mari ne viendraient au rendez-vous de Bayonne. Elle décida quand même d'aller les attendre comme prévu avec tout le décorum qu'elle avait préparé. Et la cour, sur son ordre, quitta Mont-de-Marsan le 24 mai 1565.

Son impatience était telle qu'elle laissa tout le train et les bagages et qu'elle partit en tête à toute vitesse. Elle arriva en secret à Bayonne. Elle inspecta incognito les préparatifs de la réception et des fêtes qu'elle avait commandées. Le silence de Philippe finit par lui faire comprendre qu'il ne viendrait pas mais elle comptait sur la présence de sa fille. Toutes les fêtes seraient pour elle. Il fallut bien qu'elle se résignât à l'absence et à l'affront que lui infligeait Philippe II quand son ambassadeur signifia à Catherine que son maître était trop mécontent d'elle pour venir s'asseoir à ses côtés et parlementer. N'avait-on pas perfidement rapporté au roi d'Espagne que Jeanne d'Albret, championne de l'hérésie, était également invitée ? Absurde rumeur que Catherine démentit aussitôt : « *Me prend-on pour une folle ?* » dit-elle. La nouvelle était fausse mais Philippe II en avait reçu d'autres aussi fâcheuses pour lui et qui étaient vraies : Catherine attendait à Bayonne un envoyé du sultan escorté de cent cinquante Turcs ; ils venaient lui demander de permettre à la flotte ottomane de refaire ses forces dans les ports de Toulon et de Marseille, soit pour attaquer les vaisseaux de Philippe, soit pour s'y réfugier si les Espagnols avaient le dessus. En outre, Philippe était informé que la reine faisait armer une flotte à Dieppe en vue de débarquer des soldats et des colons pour renforcer les établissements français en Floride, ce qui était interprété par le roi d'Espagne comme un acte d'hostilité. Il refusa donc l'entrevue avec un souverain qu'il considérait comme un ennemi, un complice de l'hérésie calviniste et un allié des infidèles musulmans.

Il consentit toutefois, de mauvais gré, à laisser partir la reine Elisabeth qui attendait à Vitoria l'ordre de son mari pour se mettre en route vers Bayonne. Catherine avait déjà envoyé son fils Henri à Vitoria au-devant de sa sœur qu'il rejoignit le 9 juin. Philippe II ayant enfin autorisé le départ, la sœur et le frère arrivèrent devant la Bidassoa le 14 juin. La nouvelle eut tôt fait de parvenir à

Bayonne. Catherine, ne tenant plus en place, courut à la frontière où elle attendit sa fille, on peut dire en bouillant car il faisait une chaleur torride. Les retrouvailles ne manquèrent pas de couleur. « *Leurs Majestés*, raconte un témoin, *ayant entendu dire que la reine d'Espagne allait traverser la rivière qui sépare les deux royaumes au sud, dînèrent très tôt et aussitôt après partirent pour ladite rivière près de laquelle elles firent élever des tonnelles feuillues à deux lieues de Saint-Jean-de-Luz. Là, elles vinrent et attendirent presque deux heures son arrivée dans une chaleur si horrible que cinq ou six soldats moururent étouffés* (ou rôtis ?) *sous leurs armures. Enfin, on aperçut la cour de la reine qui approchait. Alors la reine mère fut saisie d'une grande joie, traversa la rivière et se trouva face à face avec celle qu'elle avait si longtemps désirée. Leurs salutations et embrassements terminés, elles s'assirent sur le bateau et vinrent saluer le roi qui les attendait sur le rivage. Et lorsque le bateau aborda, Sa Majesté vint à bord avec les princes de sa maison et ils firent leurs salutations à la reine sans échanger aucun baiser. Et les troupes firent entendre une canonnade aussi furieuse que cela était possible et dont les Espagnols se trouvèrent fort étonnés. Ces cérémonies terminées tous montèrent à cheval et allèrent dormir pour la nuit à Saint-Jean-de-Luz.* »

La parade royale fut splendide mais Catherine en fut pour ses frais

Le séjour dura du 15 juin au 2 juillet, il fut superbe. Avant le siècle de Louis XIV, les fêtes que donna Catherine méritaient de s'appeler « *Les plaisirs de l'Ile enchantée* » : plaisirs qui se succédèrent, sans discontinuer, devant la reine Elisabeth, le duc d'Albe représentant le roi d'Espagne, leur suite de nobles espagnols, le roi Charles IX, les princes de la maison de France et toute la cour pourtant blasés et surtout devant les populations attirées par ce déploiement de merveilles. Pour la plupart des assistants, ce fut le plus beau, le plus grandiose, le plus délirant des spectacles. Il coûta autant qu'une guerre, il fit moins de victimes mais, malheureusement pour Catherine et pour la France, il ne rapporta rien d'autre que des applaudissements et la jalousie et l'envie des

Espagnols qui n'avaient nul désir de se laisser séduire. Un chroniqueur dit que ce fut « *le comble des bravades* », c'est-à-dire de la magnificence.

Les plus surprenantes attractions eurent lieu sur l'Adour. La cour et les Espagnols s'embarquèrent sur des bateaux admirablement parés de tapis et de brocarts étincelants. Tout ce beau monde, somptueusement vêtu, faisait une figuration flamboyante dans la représentation. Chaque seigneur portait sa fortune (et ses dettes) sur son pourpoint et dans les atours de sa femme. Peu importe, tout resplendissait dans la fête ensoleillée. Ces hommes et ces femmes vivaient ainsi parés comme les dieux et les héros des antiques légendes, ils rêvaient leur vie dans un spectacle éphémère et sublime. Ils s'éveilleraient ensuite dans une réalité démente tout aussi fabuleuse et souvent ensanglantée. En somme, ils passaient d'un rêve à l'autre. Ce dernier était plein de cupidité, de bravoure, d'orgueil et de mort. Car la mort rôdait en ce siècle, à toute heure et en tout lieu. Quelle importance ? De rêve en rêve, on vivait sans frein et sans remords au-dessus de l'humaine condition. On mourait en pleine jeunesse, en pleine passion, dans un cri tragique d'orgueil satisfait. Au xvie siècle, l'aristocratie c'était cela. Celle de 1900, celle de Mme de Guermantes, s'était noyée dans une tasse de tilleul avec la madeleine de l'auteur.

Tel était le monde qui étincelait dans les feux du solstice de 1565 que Catherine avait réquisitionnés pour la plus grande gloire de la couronne des Valois et le succès de sa fête. La reine mère n'avait pas en vain prodigué son argent, elle savait qu'elle tenait en main son ingouvernable noblesse plongée dans une sorte d'enchantement. Tant que tous ces chevaliers rêvaient, ils ne complotaient pas.

Par malheur, le duc d'Albe n'était pas d'un tempérament rêveur. Rêvons sans lui, faisons la fête avec la cour et le peuple.

Leurs Majestés française et espagnole remontèrent l'Adour jusqu'aux deux petites îles de Lahonce et de Roll. Le bateau de Charles IX était construit comme un château fort flottant. Une fortune pour parader quelques heures ! C'était de bonne politique pour Catherine : elle voulait montrer que la France n'était pas ruinée par les guerres civiles comme on le prétendait à Madrid. Le clou ou plutôt la nouveauté de la fête fut un théâtre sur lequel des acteurs jouèrent comme on n'avait encore jamais vu jouer, au naturel, une comédie avec des personnages de la vie quotidienne. Ils tinrent le public en haleine de dix heures du soir à quatre heures du matin, sans relâche ! Stupéfiante endurance des spectateurs et des acteurs. Ces gens-là avaient la curiosité, la puissance d'attention et l'enthousiasme d'une race forte, jeune et chaleureuse. Loin de décourager le public, cette comédie « moderne » inaugurait un genre théâtral qui donna des chefs-d'œuvre au siècle suivant et dans ceux qui suivirent. On voit que Catherine, chef d'Etat, restait bien la fille de Florence et qu'elle traînait dans son vertugadin cet amour de l'art et de la culture qui accompagna toujours ses manœuvres politiques et leur apporta un rayonnement qu'aucun autre souverain de son temps ne sut donner à ses marchandages.

La fête sur l'eau fut un autre succès. On vit sortir des flots, autour des vaisseaux royaux, des monstres marins charmants ou terribles et des sirènes qui chantaient sur les flancs des navires les louanges de Leurs Majestés qualifiées d' « *ornements de l'Univers* ». Sur une île figurant une scène naturelle, on assista au combat de chevaliers bretons contre des chevaliers irlandais, les uns défendant « *l'austère vertu* », les autres « *l'honnête amour* ». On aimait beaucoup les allégories, soit en poésie, soit en combattant. Après le combat qui passionna la cour, les preux, qui avaient plus d'un talent, chantèrent. Ils avaient de si belles voix que les sirènes se turent et s'enfoncèrent sous l'eau. L'un d'eux ravit tout le monde par sa voix d'or et, miracle ! ce chevalier irlandais prononçait si bien le français que la cour s'émerveilla de comprendre toutes les paroles de sa mélodie soutenue par sa lyre. Le ciel était descendu sur l'île de l'Adour.

Un témoin de ces fêtes écrivit que tous ceux qui y assistèrent « *étrangers de toutes nations ont été cette fois contraints par la vérité de reconnaître et de confesser que en cette matière la France a surmonté en parade, bravade, somptuosités et magnificences toutes les autres nations et soi-même* ». C'est exactement ce qu'avait recherché Catherine pour plaire avant tout à sa fille chérie et pour flatter son gendre Philippe II.

L'effet recherché auprès des Espagnols ne fut pas celui qu'elle espérait. Par sa faute. L'amalgame et la concertation des opinions et des intérêts contraires, qui lui étaient si chers, lui firent commettre des impairs déplorables. Loin de se concilier les uns et les autres, elle se les aliénait. Ainsi fit-elle à Bayonne.

Alors même qu'elle recevait les pointilleux représentants de Philippe II, elle les quitta pour aller au-devant de l'envoyé de Soliman le Magnifique et de sa troupe de Turcs dont la venue était annoncée. Elle accueillit les infidèles aux portes de la ville, les reçut en grande pompe à l'abbaye Saint-Bernard où elle les logea et écouta favorablement la requête du sultan, ennemi n° 1 de Philippe II. Le moment était mal choisi. Comment, après cela, croire que Philippe II lui accorderait sa confiance ? Telle était la nature de Catherine, le balancement entre le « je donne » et le « je reprends », la cajolerie et la menace. Elle s'adonnait avec naturel à cette diplomatie tortueuse qui lui a valu sa réputation de perfidie, comme elle s'adonnait à des prodigalités mirobolantes pour séduire car, pour elle, gouverner, c'était ce jeu de bascule entre les partis contraires : apaiser l'un, puis apaiser l'autre en l'excitant contre le premier. Ainsi s'explique l'instabilité des décisions, des accords qu'elle concluait aussi bien avec ses ennemis qu'avec ses alliés ou même contre eux. Elle procédait en politique comme ces guérisseurs un peu charlatans qui font des pansements avec des rubans roses ou bleus pour masquer les plaies qui, loin de guérir, s'infectent sous les mensonges.

Au fond, ces procédés tiennent moins à sa perfidie qu'à son horreur de la violence. La crainte de rallumer les haines et la guerre lui faisait jouer ce double jeu de la conciliation dont les funestes conséquences furent souvent un redoublement de la violence qu'elle voulait sincèrement conjurer.

Les entretiens politiques avec le duc d'Albe s'annonçaient donc plutôt mal mais cela ne la décourageait pas. On sait qu'elle était une mère et une marieuse passionnées. Aussi aborda-t-elle en priorité la question du mariage de ses enfants qui lui tenait plus à cœur que celle de la flotte ottomane. Elle s'apprêtait à combiner un mélange sentimental où entreraient les mariages et les affaires en suspens entre l'Espagne et la France dans une aimable confusion : ceci ferait passer cela. Comme toujours, pour mener son jeu, elle avait quelques cartes sous la table. Nous les connaissons. Voici les atouts dont elle disposait pour forcer la main à Philippe II. L'empereur Maximilien avait finalement accepté, en Lorraine, de marier l'archiduc Rodolphe à Marguerite de Valois et l'archiduchesse d'Autriche à Charles IX. Ces succès, elle les devait au cardinal de Lorraine qui était au mieux avec l'empereur (encore un succès des Guises qu'elle n'aimait pas et à qui elle devait tant de choses !). Elle pensait faire état de ces beaux projets pour impressionner Philippe II à qui elle demandait de marier son fils Don Carlos, héritier du trône d'Espagne, à Marguerite de Valois et de marier sa sœur, la reine douairière du Portugal, Dona Maria, à Henri d'Anjou. Elle fit mieux encore — ou plus mal —, cette marieuse enragée qui voulait voir ses enfants sur tous les trônes d'Europe. Elle avait introduit une demande en mariage auprès d'Elisabeth, la reine d'Angleterre, toujours sans époux, pour son fils le roi Charles IX, sans paraître se soucier qu'Elisabeth eût le double de l'âge de Charles, âgé de quinze ans. Ce calcul et cette démarche étaient insensés mais c'était pour elle une façon de faire pression sur le roi d'Espagne en lui représentant que l'alliance de la France et de l'Angleterre pouvait fort bien lui faire perdre les Pays-Bas qui ne demandaient qu'à se soustraire à la domination espagnole avec l'aide de leurs voisins anglais et français. De même que son alliance avec les Turcs était une menace car, dans le cas où Philippe n'accepterait pas les mariages auxquels elle tenait, l'union des flottes turque et française pouvait être fatale à la flotte espagnole en Méditerranée.

Ces menaces n'étaient que virtuelles. Elle présenta ses demandes avec grâce, comme un mouvement d'affection et de considération, et ne fit état des beaux engagements déjà pris que pour montrer à son gendre qu'elle les sacrifierait s'il mariait son fils à Marguerite et sa sœur à Henri d'Anjou. Elle ajouta même que, si ces mariages se faisaient, elle promettait de régler la question religieuse en France. Le duc d'Albe lui demanda comment. Elle se garda bien de le préciser mais elle jura qu'elle y pourvoirait et que tout le monde serait satisfait. Ces protestations d'amitié, cet étalage de promesses de beaux mariages, ces effusions sentimentales devant sa fille, ces vagues engagements ne convainquirent personne. Le duc d'Albe écouta tout cela, aussi réceptif qu'un bloc de granit. Il connaissait bien son maître, il en était le double. Il avait horreur de traiter les affaires de la sorte. Catherine n'avait fait qu'éluder le vrai problème qui était pour le roi d'Espagne d'extirper l'hérésie de France et de mettre fin à l'ingérence des protestants français dans la rébellion des Pays-Bas.

Catherine disait : « Marions nos enfants d'abord, nous réglerons ensuite la question religieuse. » Philippe II répondait : « Réglez d'abord le compte à vos hérétiques qui infestent votre royaume et nous verrons plus tard les affaires de mariage. » L'entente était impossible.

Tout autant qu'une question d'intérêt dynastique, leur rivalité provenait d'une différence de caractère, d'opinions, d'éducation. Elle croyait résoudre les conflits par d'habiles séances de comédie italienne, elle était persuadée que les faits pouvaient se modifier et se soumettre à un discours apaisant ; en somme, les mots et les sentiments étaient supérieurs à la réalité changeante. Tandis que Philippe II ne croyait qu'aux faits dans leur réalité brutale et intangible. L'un et l'autre étaient cependant assez sages — momentanément — pour se supporter sans rouvrir les hostilités. Peut-être parce qu'ils étaient l'un pour l'autre des adversaires également dangereux.

Le duc d'Albe présenta à Catherine les vues de son maître sous une forme qui ressemblait assez à un ultimatum : tout ce que la Florentine détestait. Philippe exigeait qu'elle bannît de France tous les ministres de la religion réformée, dans le délai d'un mois. Pas davantage. Ensuite, qu'elle révoquât sur l'heure tous les officiers royaux (fonctionnaires) suspects d'hérésie. Elle écouta sans répondre. Le duc d'Albe se retira et attendit la réponse. Ne voyant rien venir, il demanda une audience officielle. Elle l'écouta encore. Il lui fit un tableau circonstancié de tous les maux dont souffrait le royaume. Elle lui répondit que, puisqu'il les connaissait si bien, elle attendait qu'il lui en enseignât les remèdes. Froidement, le duc d'Albe les lui administra. Premièrement, elle devait renoncer à sa politique de négociations bienveillantes et de concessions envers les hérétiques. Elle les renforçait dans l'erreur et ne les rendait pas plus loyaux sujets du roi, au contraire. Elle lui demanda, pour le laisser s'enferrer davantage, s'il fallait aussi recourir aux armes. Il ne repoussa pas cette solution mais il dit que le moment n'était pas encore venu. Sombre perspective. Toutefois, il ajouta que le roi devait d'urgence et par la force chasser du royaume tous ses sujets qui faisaient partie de la secte diabolique.

Pour une fois, elle ne discuta pas, n'essaya pas d'amadouer, elle prit un biais pour éviter de s'engager et de rompre, elle offrit au duc une alliance de la France et des Habsbourg d'Autriche et d'Espagne. Cela n'était pas le sujet de l'entretien et le duc d'Albe lui fit le déplaisir de le lui dire en lui précisant qu'il n'était pas question d'envisager pareille alliance.

Elle rompit sur cette fin de non-recevoir. Elle était toujours prête à négocier mais elle ne voulait pas recevoir d'ordre d'un souverain étranger, fût-il son gendre. C'était l'échec.

Plus question des mariages projetés et rêvés. Elle aurait volontiers relancé ses offres et fait des promesses, c'était sa spécialité, mais elle eut le vif chagrin d'apprendre ces mauvaises nouvelles de la bouche de sa fille chérie, Elisabeth, qui les lui servit sans l'ombre d'une émotion. Pour la reine d'Espagne, ces refus étaient parfaitement justifiés par le seul fait qu'ils émanaient de son roi, son maître, son mari bien-aimé. Pour elle, les affaires de sa mère étaient celles d'une étrangère. Catherine aimait trop sa fille pour se séparer d'elle sur une aussi douloureuse déception. Mais elle n'oublia pas qu'elle était la reine de France et trop fière de l'être pour ne pas dissimuler son chagrin et son dépit. Aussi voulut-elle, en vrai souverain, que la séparation se fît solennellement avec toute la dignité et l'apparat de la royauté : elle réunit le grand conseil. Le roi Charles IX présidait, entouré de sa mère, de la reine d'Espagne, du duc d'Anjou, du duc d'Albe, de Don Juan Manrique, ambassadeur de Philippe II, du duc de Montpensier, des cardinaux de Guise et de Bourbon et du vénérable Montmorency, connétable de France. Celui-ci, on le sait, appartenait au parti des modérés, dit des « politiques », partisans de la tolérance et de la coexistence des deux religions autour du chancelier Michel de L'Hospital. Il prit la parole et soutint la reine : c'était signifier au duc d'Albe qu'elle persévérerait dans sa politique de tolérance et que les avis du roi d'Espagne étaient nuls et non avenus en

France. Le 2 juillet, on se sépara dans les larmes. Charles IX et sa mère ruisselaient en quittant Elisabeth moins émue qu'eux. Est-ce à ce moment-là ou peut-être plus tôt que Catherine eut ce mot déchirant pour Elisabeth : « *Comme vous êtes devenue espagnole, ma fille* » ? Les Florentins auraient pu aussi bien dire à Catherine : « Comme vous êtes devenue française, fille des Médicis. »

Charles IX accompagna sa sœur jusqu'à Saint-Jean-de-Luz, Catherine, n'arrivant pas à se détacher de sa fille, la suivit jusqu'à Irun et elle poussa Henri à lui tenir compagnie un jour de plus sur les routes d'Espagne.

Pendant ce temps, Charles IX découvrait l'Océan. Ce fut une révélation. L'expédition manquée au château d'If n'avait rien de comparable avec cette immensité tourmentée, restée infranchissable pendant tant de millénaires et au fond de laquelle se cachait le Nouveau Monde peuplé d'une humanité insoupçonnée jusqu'alors, recelant des richesses infinies et des superstitions terrifiantes. Charles IX scrutait l'horizon mouvant, fasciné par les pêcheurs basques qui s'aventuraient dans ce gouffre sans fin avec un courage stupéfiant pour pêcher les baleines. Peu de temps avant, deux de ses sujets venaient de prendre pied sur la côte américaine, juste au nord de la Floride, pour y planter le drapeau fleurdelisé et donner à leur roi Charles ce territoire qu'ils appelèrent en son honneur la Caroline et qui n'a pas changé de nom en changeant de maître. Ce cadeau allait coûter cher à la France par les soins du roi d'Espagne. Mais, de la côte de Saint-Jean-de-Luz, Charles IX ne pouvait pas voir que, sur la rive américaine, en face de lui, on massacrait ses sujets et on brûlait ses fleurs de lis.

Sur le chemin du retour, le convoi se traîne mais les événements vont vite

Le 14 juillet, la cour traversa Dax, puis fit de nouveau halte à Mont-de-Marsan. Les affaires ne chômaient pas. Les résultats déplorables de l'entrevue de Bayonne allaient mettre Catherine dans une situation angoissante.

Alors que Philippe II était persuadé que la reine mère se comportait comme une complice de l'hérésie, qu'elle était alliée aux Turcs et était capable de soutenir une révolte des Pays-Bas contre l'Espagne, les calvinistes français étaient persuadés du contraire. Ils haïssaient tellement Catherine que, loin de croire qu'elle avait fermement défendu sa politique de tolérance, qu'elle les avait protégés de l'Inquisition que Philippe II voulait introduire en France, ils faisaient circuler contre elle les rumeurs les plus fausses et les plus alarmistes. On prêchait ouvertement que cette Italienne diabolique avait, à Bayonne, conclu un pacte avec le roi d'Espagne afin d'exterminer le peuple des réformés. Les armées de Philippe II devaient se joindre à celles du roi pour en finir avec l'hérésie. Rien n'était plus faux, mais le soupçon était tellement ancré chez les protestants que, des années plus tard, au lendemain de la Saint-Barthélemy, certains calvinistes affirmaient que le massacre avait été décidé lors de la rencontre de Bayonne.

Or, on sait que, toute fine manœuvrière qu'elle fût, Catherine avait perdu sur les deux tableaux. Son gendre désormais la traita en ennemie à tel point que, pour montrer sa hargne, il essaya en tant que chef de la maison de Habsbourg de faire échouer le mariage de Charles IX avec l'archiduchesse d'Autriche. Quant aux protestants, ils la haïrent de plus belle et se préparèrent à la guerre. On mesure l'ampleur et la difficulté de la tâche qui pesait sur la reine mère et on se demande quel souverain, dans la même situation, aurait pu faire mieux ou seulement moins mal qu'elle.

Devant tant de dangers, elle crut bon, en passant à Mont-de-Marsan, de recevoir les délégués des cantons suisses avec lesquels elle renouvela les traités d'alliance. C'était, en vue d'un avenir menaçant, avoir l'assurance de se procurer d'excellents et loyaux soldats qui avaient souvent fait leurs preuves sous la bannière des rois de France.

Que le roi d'Espagne eût des intérêts opposés à ceux de la couronne de France, ce n'était pas nouveau. Depuis Charles Quint, la vision d'hégémonie des Habsbourg d'Autriche et d'Espagne était la source de nombreux conflits. Un ennemi extérieur, cela se combat selon les lois de la guerre, chose affreuse certes, mais le grand danger pour la France n'était pas celui-là, c'était d'avoir parmi ses propres sujets, ses propres parents, partout autour de soi, des comploteurs prêts à rallumer la guerre de rues, de maison à maison, de multiplier les attentats sur les routes, dans les villages, dans les églises. Voilà l'infernale menace qui pesait de nouveau sur le royaume. C'était un mal insaisissable. C'est pourquoi la pire conséquence de l'entrevue de Bayonne ne fut pas l'hostilité de Philippe II mais la recrudescence de la haine et du fanatisme dans les partis qui déchiraient la France.

Coligny était un personnage extraordinaire par ses talents, son intelligence, son orgueil intraitable, on l'a déjà vu. Outre le rôle primordial qu'il a joué dans l'organisation de la guerre civile, il en eut d'autres qu'on connaît moins et qui méritent davantage d'admiration. A propos des difficultés que le roi d'Espagne créait à Catherine, l'amiral (tel est le titre de Coligny) avait justement réalisé une œuvre remarquable, reconnue comme telle par la reine mère. C'est l'amiral qui avait créé les établissements français sur la côte nord de la Floride. Il avait envoyé les premiers explorateurs sur ces terres vierges pour en prendre possession au nom du roi de France. L'un de ces explorateurs a laissé son nom, Laudonnière. Il bâtit le fort Caroline et appela des colons français, protestants pour la plupart. Ils pouvaient là-bas célébrer leur prêche où bon leur semblait : la paix et la liberté étaient totales. Ils mirent en valeur ce pays désert avec un courage admirable. Avant eux, nul n'avait posé les pieds sur ces terres et nul ne pouvait les revendiquer. C'était oublier la mégalomanie de Philippe II. Les Espagnols possédaient beaucoup plus au sud divers établissements. Le roi d'Espagne ne put tolérer qu'on osât s'établir à plus de mille kilomètres des points où flottaient ses couleurs. Elisabeth, sa femme, fit elle-même part de la colère de son mari à M. de Saint-Sulpice, ambassadeur de France, elle lui dit que son roi ne pouvait supporter que « *les Français nichent aussi près de ses conquêtes ni que sa flotte soit contrainte de passer devant eux* ». En clair, Philippe signifiait que l'Amérique, l'Océan et l'Univers lui appartenaient. Il oubliait que la France ne faisait pas partie de ses possessions. Catherine le lui rappela lorsqu'elle lui répondit car, dans le style ultimatum cher à Philippe II, il avait sommé Catherine de faire évacuer les Français de la Caroline. Dans son style qui était plus nuancé, plus adapté à la nature des choses et aux bonnes relations entre Etats souverains, elle informa son gendre que le commerce était libre entre les hommes appartenant à des nations en paix comme l'étaient alors l'Espagne et la France ; quant à la mer, elle lui apprit qu' « *elle n'était fermée à personne qui va et trafique de bonne foy* », puis le pria de bien vouloir se souvenir que « *les rois de France n'ont pu accoutumé de se laisser menacer* » (octobre 1565).

Philippe II ne s'embarrassa pas de plus amples négociations. Il envoya, sans avertir, une flotte et une armée qui surprirent les colons français et les quelques soldats qui les avaient accompagnés ; ils les massacrèrent par traîtrise. Question réglée pour Sa Majesté espagnole. Si François Ier avait pu sortir de son tombeau, il aurait sur l'heure envahi les Pays-Bas et aurait aidé les Flamands à chasser les Espagnols détestés. C'eût été la réponse aux massacres de la Caroline. Mais Catherine n'était pas guerrière et elle savait, hélas ! trop bien que, si son royaume pouvait faire les frais de fêtes grandioses, il n'était pas en état de soutenir une guerre contre la puissante armée espagnole.

L'affaire de la Caroline permet de mieux comprendre la haine de Coligny pour Philippe II et le comportement qu'il aura par la suite à l'égard de l'Espagne. Mais, au massacre, le roi d'Espagne crut bon d'ajouter encore des remontrances parmi lesquelles l'une visait nommément Coligny. Il reprochait à Catherine de donner à l'amiral une place trop grande dans les affaires du roi et surtout de lui manifester son estime en public alors qu'elle aurait dû l'écarter de son entourage et même se débarrasser de lui et débarrasser le royaume de cet ennemi.

Elle eut le courage de répondre à son gendre, dont elle avait tout à craindre, une extraordinaire défense de Coligny (elle déchanta plus tard !) : l'amiral était d'une telle capacité et d'une telle valeur que, même s'il avait été juif ou turc, il aurait été encore digne de la faveur qu'elle lui accordait car, outre sa naissance et la place qu'il tenait, « *il n'y a prince aujourd'hui, ni seigneur plus digne de toute charge, qu'il est* ». Voilà dans quelle estime elle tenait le chef du parti réformé. Il est dommage qu'il ne lui ait pas rendu la politesse. Il resta son ennemi irréductible. Et Philippe, après cela, devint un peu plus enragé contre elle.

Aucun encouragement ne lui venait de son entourage. A part ses nains, ses naines et le reste de sa ménagerie, elle ne pouvait compter sur personne. Chacun, selon les circonstances, était prêt à trahir. Cependant, elle avait une consolation : ses fils la vénéraient ; ils ne l'aidaient guère mais ils lui obéissaient en toute chose et, avec le plus profond respect, ils l'aimaient comme elle les aimait avec une sourde passion car elle retrouvait en eux leur père adoré.

En remontant vers le nord, elle s'arrêta à Nérac, en pleine Gascogne, où elle reçut l'hospitalité de Jeanne d'Albret dans le charmant et inconfortable château qu'y possédait la reine de Navarre. Même ici, elle plaida pour la tolérance en demandant à son hôtesse d'accorder aux catholiques de son royaume la liberté du culte. Elle parla à une sourde.

Avant d'aborder l'Angoumois, fief de son cher beau-père François Ier, elle bifurqua vers le Périgord qui était ravagé par les guerres civiles et fit une visite à Bergerac. Il ne s'y passa rien d'extraordinaire, mais il est intéressant de s'y arrêter avec elle, car cette halte donne une idée d'autres assez semblables ; là se révèlent l'atmosphère d'une petite province et l'état d'esprit de ses notables.

Cette ville était le foyer du calvinisme en Périgord. La Renaudie y était bien connu, étant du pays. Son nom était Guillaume du Barry, dit la Forest, seigneur de la Renaudie. Grand ami de Condé, on sait qu'il fomenta le complot d'Amboise avec quatre calvinistes bergeracois, dont un avocat, d'Avenelle, qui d'ailleurs le trahit. La Réforme fut prêchée à Bergerac dès 1540 par des moines des trois couvents de la ville, jacobins, cordeliers et carmes. Les troubles qu'ils fomentèrent provoquèrent la ruine et la démolition du couvent de Saint-Martin et l'édification sur place d'un temple huguenot. En 1561, Bergerac était une des places fortes du calvinisme dans le Sud-Ouest. C'est là que s'était retranché le trop célèbre Durfort Duras qui fut écrasé après ses forfaits par

Monluc et Montpensier à la bataille de Vergt, en octobre 1562, où cinq mille protestants de Durfort périrent. Cette guerre civile dans la région avait été atroce. C'est dire que, peu de temps après ces tueries, la visite du roi et de Catherine n'était pas une affaire de tout repos mais elle apportait un espoir de paix.

La cour avait fait une halte de quatre jours dans la belle campagne de Langon avant d'arriver à Bergerac où elle franchit la Dordogne sur « *un pont de bois couvert de belle toile blanche et passant le dit pont fit son entrée, dîna et soupa à Bergerac qui est une belle et bonne petite ville et première ville du Périgord* », dit Abel Jonan, historiographe de Charles IX. Le syndic de la communauté de Bergerac, Jean de Volpilliac, écrit : « *Le roi Charles IX faisant son entrée dans la présente ville le 8 août 1565, on lui fit une chapelle de branches au bout du bourg de la Madeleine. M. le lieutenant Poynet lui fit la harangue, il entra dans la chapelle accompagné de la reine mère, de M. d'Orléans* (Henri d'Anjou), *du prince de Navarre, du connétable et autres princes et seigneurs.* »

Ici aussi les enfants défilèrent : on en compta cinquante. On sait qu'ils étaient vêtus de satin bleu garni de soie incarnat et blanc, qu'ils portaient une houlette comme des bergers et qu'ils chantèrent la louange du roi, mais on ne dit pas si les petits huguenots fraternisaient avec les petits papistes. C'était peu probable. Tous les corps de métiers défilèrent en costumes ; en tête venaient les mariniers car le trafic par eau sur la Dordogne était important. Un arc de triomphe, que le chroniqueur appelle tout simplement « *grand portail* », fit l'admiration, non de la cour qui en avait vu d'autres, mais des habitants qui l'avaient payé car il coûta deux cents livres. Une vraie gloire ! « *La fontaine Peyre pissa du vin tant que le roi passa.* » Après, elle se remit à l'eau. Après le dîner, le roi et sa suite allèrent jouer à la balle dans le jardin des Carmes, aujourd'hui jardin public.

A la fin du séjour, le roi s'occupa du collège de Bergerac qui n'était pas sans importance, il le dota de subventions auxquelles il fit contribuer son entourage, notamment les nobles seigneurs de la région. Le plus généreux fut aussi le plus grand prince, Henri de Navarre. Il accorda au collège deux cents livres de rentes, ce qui était un beau cadeau pour une ville calviniste sur le dévouement de laquelle il pouvait toujours compter [1].

Angoulême réserva à la famille royale d'autres émotions. Charles IX retrouva le duché de son arrière-grand-père, chef de la branche des Valois. Il alla prier sur la tombe de son aïeul, non sans évoquer l'horrible profanation dont les calvinistes s'étaient rendus coupables quelques années plus tôt en exhumant le prince, en décapitant le cadavre et en lui coupant les mains. Les souvenirs de la récente guerre civile surgissaient de tous côtés dans cette région où les protestants étaient en nombre et en force. Ils n'hésitaient pas à revendiquer des droits plus étendus avec une insolence qui déplut à Charles IX. Ces revendications suivies d'autres aussi agressives, soutenues par des communautés turbulentes, donnèrent quelque inquiétude à Catherine. Elle alerta Monluc qui vint renforcer l'escorte de la cour.

A Jarnac, ils trouvèrent un climat moins fiévreux, bien que la réforme y fût aussi puissante. Catherine eut la joie de renouer avec le seigneur du lieu, le baron de Chabot, le fameux Jarnac, vainqueur, on s'en souvient, du champion de Diane de Poitiers pour la grande satisfaction de Catherine. Ce seigneur, comme la plupart de ceux de cette contrée, était devenu calviniste. Mais, fidèle au roi, il assura Catherine de sa parfaite loyauté dans l'application de l'édit d'Amboise. Le cas était si rare que la reine en fut touchée. Néanmoins, dans cette province presque entièrement entre les mains des réformés, la sécurité de la famille royale devenait problématique. Il fallut parlementer avec les représentants de la noblesse, tous chefs calvinistes, afin qu'ils voulussent bien surseoir à toutes mesures d'hostilité pendant le séjour du roi en Angoumois. C'est dire la précarité de la paix prétendument instaurée par l'édit.

1. M. L'abbé Pommarède, historien et érudit périgourdin, a bien voulu me signaler que la reine mère éprouva quelque désagrément lorsqu'elle voulut se retirer dans le logis qui lui avait été réservé dans la maison d'un important notable, le médecin Daix. L'escalier conduisant à la chambre de Catherine était si étroit qu'elle ne put y passer. On le démolit et on le remplaça par une échelle où la reine grimpa, non sans aide ni sans effort, afin d'accéder à sa chambre. Cette gymnastique confirme que l'embonpoint de Catherine avait pris des proportions vraiment royales.

Il n'y eut donc pas d'incident. A Brouage, le roi, toujours épris des choses de la mer, admira le port, aujourd'hui envasé, que l'on construisait pour le commerce avec l'Amérique. Il reçut un accueil peu chaleureux. Il eut cependant le plaisir d'assister à un combat naval simulé, comme les empereurs romains en organisaient dans leurs naumachies. Il en fut émerveillé.

Catherine retrouva, à Cognac, avec émotion, le souvenir de François Ier dans sa ville natale et, comble de surprise, l'accueil fut aimable bien que la population comprît une forte proportion de réformés. Les fêtes se déroulèrent dans la joie et dans la concorde. Elle en fut si heureuse qu'elle écrivit à la duchesse de Guise qu'en cette ville en liesse « *tout danse, huguenots et papistes ensemble, si bien que si Dieu voulait qu'on fût aussi sage ailleurs nous serions en repos* ». C'était un des rares lieux où son édit avait été bien compris, bien appliqué et portait ses fruits : la paix et la prospérité. Mais c'était une exception.

Elle reçut une nouvelle lettre de Philippe II renouvelant ses reproches. Il l'accusait de continuer ses complaisances aux hérétiques et de réserver ses sanctions aux défenseurs du catholicisme et d'avoir notamment infligé « *à la maison de Lorraine les plus grandes indignités* ». Il écrivit même au cardinal de Lorraine pour le blâmer de les supporter au lieu de se rebeller contre la reine mère qui humiliait sa maison. Ces prétendues « *indignités* » rappelaient sans doute l'échauffourée qu'avait provoquée le gouverneur de Paris en refoulant le cardinal et son escorte. Le procédé du roi d'Espagne était assez insupportable : il poussait un seigneur français à se rebeller contre un suzerain. Il ne pourra pas être étonné si un jour les Français soutiennent les Flamands révoltés contre le roi d'Espagne. Le reproche de Philippe rendit Catherine furieuse contre les Guises qu'elle soupçonnait de s'être plaints auprès du roi d'Espagne. Elle convoqua le cardinal et lui fit une scène violente. Celui-ci protesta de sa bonne foi; il n'avait jamais informé Philippe II et il en donna la preuve en montrant à Catherine la lettre dans laquelle le roi lui reprochait sa soumission aux ordres de Charles IX et de sa mère. Le cardinal réaffirma vivement sa fidélité envers le roi qu'il avait couronné et sacré « *auquel*, dit-il, *pour mourir il ne voudrait en rien désobéir* ». Catherine avait à l'égard des

Guises des préventions qui n'étaient pas toujours justifiées. Toutefois, le cardinal s'étant disculpé, il ne manqua pas de bien situer son obéissance de fidèle sujet dans les limites de son non moins fidèle catholicisme. Ces deux fidélités n'allaient pas l'une sans l'autre. Il obéirait à son roi à condition, dit-il, que celui-ci « *s'emploie à maintenir la religion catholique et à abolir la nouvelle* ». C'était la thèse de Philippe II. « *Sinon,* ajouta le prince de l'Eglise et prince d'une maison souveraine, *il criera si fort que tous les rois de l'univers en oyront parler.* » De tous ces rois, c'était surtout le roi d'Espagne qui comptait. Catherine entendit l'avertissement.

Un autre étonnement agréable fut l'accueil de La Rochelle, place du calvinisme militant. La joie n'était pas éclatante mais la réception ne manqua pas de respect ni de dignité. On avait même délégué au-devant de Leurs Majestés de jeunes « déesses » voilées comme des statues grecques qui chantèrent la louange du roi et de sa mère. Cependant, on constata que le culte catholique n'était pas régulièrement autorisé dans la ville. Charles IX demanda que la messe fût célébrée durant son séjour et continuât de l'être après son départ. Il rencontra alors quelques résistances. Afin d'assurer la liberté du culte et pour que l'édit fût respecté, il bannit de la ville un pasteur et quelques bourgeois des plus récalcitrants. De sorte que protestants et catholiques purent, chacun de leur côté, faire leurs dévotions en paix.

De La Rochelle, le convoi gagna Niort et, de là, divers châteaux de grands seigneurs du Poitou et de la Vendée. La grande halte fut Nantes où résidait une assez forte minorité réformée. Un pasteur appelé de Suisse par M. d'Andelot, frère de Coligny, entretenait la foi calviniste, soutenu par de très grands seigneurs : les Rohan en particulier et Claude de Rieux, descendante des premiers ducs de Bretagne. La cour s'attardait un peu. Elle fit halte à Châteaubriant, dans le château appartenant au connétable de Montmorency. On se souvient dans quelles étranges conditions il avait hérité des biens du comte de Châteaubriant après la mort atroce de sa femme.

Catherine, en tous lieux où un dialogue pouvait s'instaurer, poursuivait sa politique de pacification et de tolérance. A Nantes, elle fit garantir le libre exercice du culte réformé dans les temples de la ville. Ailleurs, elle fit rouvrir les églises fermées par les protestants afin de les rendre au culte catholique. Enfin, à Rennes, elle rappela le gouverneur à ses devoirs car son zèle catholique s'accompagnait d'injustices et de brutalités.

A Angers, ce ne furent que fleurs et louanges. Ici, le calvinisme n'était pas représenté. En Anjou, la cour se promena paisiblement : c'était une tournée amicale chez des seigneurs loyaux et tout dévoués. La cour fit même une visite au poète Ronsard qui avait si bien chanté la gloire du roi, de la reine, de la couronne, de la beauté, de la jeunesse et de l'amour. Plus de polémique, plus de haine, plus de massacres. Le prieuré de Saint-Cosme, près de Tours, où demeurait le poète, était un havre de paix, d'amitié et de poésie.

Dans les derniers jours de novembre, la capitale de la Touraine se mit en frais pour recevoir le roi, la reine et la fine fleur de la France. Les Valois avaient tant fait pour leur province. La cour retrouva dans cette ville de Tours, riche de ses tissages de soie, les défilés colorés, les costumes, les danses et toute une population en fête pour acclamer le roi. Pas de désaccord : par miracle l'union régnait dans la fidélité au souverain. Les catholiques et les protestants, assez nombreux à Tours, vivaient en paix et encensaient ensemble le roi et sa mère parce qu'ils voyaient en eux la fin des guerres civiles dont ils avaient tant souffert.

En quittant Tours, le convoi royal se scinda en trois tronçons. Le premier se dirigea vers Chenonceaux avec Catherine. Ce château lui était cher, elle se souvenait comment elle l'avait repris à Diane. Un autre se dirigea vers Blois, et le reste vers Amboise. Fin décembre, le convoi se reconstitua à Blois et, de là, partit vers Moulins. L'ancienne capitale des ducs de Bourbon devint pendant trois mois la capitale des Valois et de la France. C'est là que Catherine reçut les ambassadeurs étrangers, envoya les siens dans les cours étrangères et fit sillonner l'Europe par ses coursiers et ses émissaires plus ou moins secrets. La politique française était, depuis Moulins, présente et agissante dans toutes les capitales.

C'est à Moulins, le 6 janvier 1566, qu'elle apprit avec une colère terrible le sale coup que Philippe II venait de faire en Caroline aux colons français. Toute la cour bouillait d'indignation. Comme

Coligny avait été l'instigateur, l'organisateur et en partie le commanditaire de l'expédition de Laudonnière à qui il avait remis cent mille écus pour armer ses bateaux, l'amiral vit son prestige grandir dans la mesure où la haine et le mépris pour Philippe II augmentaient. C'est ainsi que Philippe II fit, sans le vouloir, le jeu du protestantisme à la cour de France et amorça une étonnante faveur de Coligny auprès de Charles IX.

C'est de Moulins qu'en février 1566 Catherine promulgua les fameuses ordonnances. Son génie politique y éclate. Dans ce royaume déchiré, sa foi dans le pouvoir royal gardait toute sa force. Son sens de l'unité surmontait toutes les différences et toutes les haines. Jamais l'omnipotence royale ne s'était affirmée avec autant de netteté que dans les quatre-vingt-six articles publiés à Moulins. Elle prescrivait que les Parlements ne devaient réserver leurs remontrances aux édits royaux que dans les cas extrêmes et les plus rares. Elle brisait en quelque sorte l'obstruction dont ils usaient avec malice. Elle ne leur ôtait pas leur droit, elle leur laissait surtout celui d'enregistrer et de publier les volontés royales et celui de dire amen. Elle restreignait au maximum les pouvoirs judiciaires des villes et des seigneurs, quels que fussent leurs privilèges, au profit des tribunaux royaux. Comme les gouverneurs des provinces, surtout les plus éloignées, avaient pris au cours des troubles l'habitude de distribuer des grâces et autres prérogatives réservées à la couronne, ils furent enjoints d'y renoncer. Elle leur interdisait de lever des impôts, de faire pression sur les tribunaux. Ils n'étaient que des administrateurs délégués par le roi et non des proconsuls ou des vice-rois. Ces limitations aux pouvoirs des gouverneurs n'empêchaient pas Catherine de se conformer prudemment à l'ancienne coutume de la monarchie qui respectait les droits acquis des villes et des provinces, leurs particularités, leurs langues. Elle se garda bien de nier les « libertés » traditionnelles, libertés locales qui nous étonnent, nous citoyens soumis d'un Etat absolutiste. La plupart de ces intentions étaient déjà apparentes dans la politique de Louis XI et de François Ier, mais, à Moulins, Catherine en fit une somme, un corps de doctrine pour l'autorité royale toute-puissante. Certains historiens, devant l'affirmation d'un tel pouvoir, ont pu parler de « coup d'Etat ». Si elle reconnaissait les « libertés » anciennes, elle les définissait, les limitait afin qu'elles ne pussent jamais s'étendre sur le domaine qui n'appartenait qu'au roi. Elle rabaissait le grand seigneur, les arrogants gouverneurs au rôle de super-préfets. Elle annonçait en pleine anarchie la politique centraliste de Louis XIV, poursuivie à l'extrême par les Jacobins en 1792, bref le contraire même de la décentralisation. La monarchie a mis plusieurs siècles pour amorcer en douceur la centralisation. Combien de temps faudra-t-il pour « décentraliser » sans casser la baraque ?

Telle était, en cours de route, la pensée politique de Catherine. Il est superflu d'ajouter que, dans l'état présent de la monarchie et du royaume, elle n'avait pas les moyens de mettre en pratique ce qu'elle avait si bien projeté. D'autres s'en chargeront.

En plus des difficultés de gouverner et d'administrer, Catherine devait affronter les conflits personnels des grands du royaume qui pouvaient dégénérer en guerre civile. L'hostilité des Montmorency et des Guises l'inquiétait. Elle se promit selon sa manière caressante de les réconcilier à Moulins. Il y avait d'abord un pas difficile à franchir pour le roi et pour elle. On sait que Charles IX, à Rouen, avait demandé trois ans de réflexion avant de juger le cas Coligny, présumé coupable de l'assassinat du duc de Guise. Les trois ans étant écoulés, les deux clans attendaient que le roi tranchât. Le conseil se réunit le 29 janvier, il ne fit que prononcer l'arrêt qu'il n'avait osé formuler à Rouen avec l'accord du roi : Coligny fut déclaré innocent. L'amiral était dans un moment de faveur, une faveur qui s'annonçait si considérable qu'il était impossible qu'on le suspectât. En outre, les armées protestantes qui étaient derrière lui et Condé se révélaient trop puissantes pour qu'on le contrariât, même pour contenter les Guises. Catherine, toujours pacifiste, voulait à tout prix éviter une nouvelle guerre civile. Elle joua la carte du plus fort. On a vu en quelle estime elle tenait l'amiral. Cette faveur et cette bienveillance (passagères) étaient utiles à la paix. Le retournement se fera dès que la paix sera remise en cause. Cette faveur a pu faire illusion à d'excellents historiens qui ont épousé l'opinion de la cour et surtout celle de Catherine. Ainsi, le docte Mariéjol écrit que, lorsque Coligny se disculpa avec la désinvolture que l'on sait, « *il usa d'une justification maladroite qui ne prouvait pas moins son innocence* ». C'est mal connaître Coligny que de le croire à la fois maladroit et innocent. Il n'avait aucune de ces faiblesses et toutes les capacités.

Catherine, pour rapprocher l'amiral et les Guises, mit en scène une jolie séance d'accordailles à la florentine. Au cours de la comédie qu'elle seule avait envie de jouer, elle persuada avec son infatigable douceur, assortie de promesses, les deux ennemis mortels de s'embrasser devant elle, devant le roi, le chancelier et les grands dignitaires. Certes, ils firent le geste de s'embrasser tout en bouillant de haine et du désir de se tuer l'un l'autre. Ils ne lui pardonnèrent, ni l'un ni l'autre, d'avoir cédé à cette humiliante simagrée. De son côté, elle croyait avoir fait accomplir un grand pas à la paix civile. Le jeune duc Henri de Guise se refusa seul à cette humiliation. Les Guises s'en prirent au chancelier de L'Hospital, l'allié de Coligny et du calvinisme. Ils lui reprochèrent d'avoir fait des membres du conseil du roi de simples témoins de ses propres décisions. Sous son autorité, le conseil était sans voix, on ne le réunissait que pour « *ouyr régenter* » le tout-puissant chancelier. A vrai dire, s'il régentait, c'était sous les ordres de la reine-régente. Il faut reconnaître que transformer les tout-puissants et très intelligents princes lorrains en soliveaux était un vrai tour de force de Madame Catherine. Patience... le retour des choses sera violent et Catherine à son tour se rebiffera contre Michel de L'Hospital avec l'aide des Guises.

Avant d'achever le circuit et de revenir à son point de départ, Catherine voulut visiter l'Auvergne. Elle n'oubliait pas que les liens de sa mère et les racines de sa famille étaient implantés dans cette province. Elle-même y possédait encore de grands biens hérités des La Tour. Elle visita Vichy et le Mont-Dore, ses terres de Vic-le-Comte et les villes de Clermont et de Ferrand. Elle se contenta de conclure en douceur ce voyage épuisant qui durait depuis deux ans et de jouir de la naissance du printemps. On roula, on chevaucha dans la seule idée de mettre fin à l'épreuve d'endurance. Le convoi franchit la Loire à La Charité où la cour fit ses Pâques, puis remonta vers Auxerre où il ne s'attarda pas, traversa Sens et, le 21 avril 1566, Catherine put coucher dans son cher château de Monceaux-en-Brie où elle reprit souffle pendant quelques jours. Le 30 avril, la cour fit halte définitivement à Saint-Maur, dans le même logis qu'elle avait quitté pour le grand départ deux ans et quatre mois plus tôt.

Ce voyage fut probablement l'acte politique le plus extraordinaire que Catherine ait accompli. Aucun autre souverain n'a fait mieux que cette étrangère pour la propagande monarchique. Cet exploit fut-il profitable? Certainement à son fils qui connut son royaume et à elle aussi qui put en mesurer la diversité et la complexité. Il eut aussi l'avantage de montrer dans son faste et dans son altitude la puissance royale à des peuples qui ne pouvaient l'imaginer et qui en eurent sous les yeux la brillante réalité.

Toutefois, il serait excessif de dire, comme certains historiens, qu'elle a rétabli la paix religieuse. Certes, c'était son principal objectif, elle l'a proclamé. Elle l'a manqué. On a vu que sous ses pas la guerre civile couvait. Parfois même, l'hostilité éclata au grand jour. En fait, son cirque, son faste, sa manière bienveillante et enjôleuse et surtout son courage et sa foi dans le pouvoir royal apaisèrent un moment la violence. Dès qu'elle eut le dos tourné, le fanatisme refit surface.

Ce qui se passa à Pamiers illustre trop bien cette triste réalité et la vanité des apaisements qu'elle avait prodigués. A peine était-elle arrivée à Paris que la nouvelle lui parvint : les tenants des deux religions se battaient à mort dans les rues de leur ville. Les protestants avaient attaqué les couvents, assassiné moines et curés et fini par chasser la population catholique de la ville le 5 juin 1566. Les malheureux se cachaient dans la montagne. Ce massacre était le plus grave survenu depuis la publication de l'édit. Elle en fut très choquée et, sur le coup de la colère, elle écrivit à Montmorency-Damville, gouverneur du Languedoc, pour lui demander d'exercer des représailles très dures contre les réformés de Pamiers qui s'étaient, disait-elle, montrés plus cruels que les Goths et les Turcs. Il envoya un capitaine nommé Sarlabous qui investit la ville protestante mais les meneurs avaient eu le temps de s'enfuir. Il en rattrapa vingt-quatre des plus sanguinaires. Il les enferma. Ils s'enfuirent de nouveau. C'étaient des gens de ressource. Sarlabous les reprit un an plus tard avec un pasteur nommé Tachard qui les avait entraînés. Condamnés par le Parlement de Toulouse, ils furent exécutés avec leur prédicateur. Celui-ci passa pour un martyr.

Catherine fit de cette répression inévitable un argument auprès du pape et de Philippe II afin de les convaincre que sa politique d'apaisement n'avait rien d'une complaisance aveugle envers les protestants comme ils le lui reprochaient. Il n'est pas certain que le pape et le roi d'Espagne se soient laissé convaincre pour si peu. Cependant, en France, à son retour de voyage, l'opinion ne lui était pas entièrement défavorable. Pour elle, c'était presque un succès.

Catherine a parfois quelques satisfactions

La reine mère ne riait jamais. Elle goûtait cependant dans le secret de son cœur certaines gaietés sinistres qui avaient leur charme pour cette âme endeuillée. On sait qu'elle laissait, apparemment, vivre dans un oubli doré Diane de Poitiers. Or, les triomphes passés de sa rivale et les humiliations qu'elle en avait reçues n'étaient jamais sortis de sa mémoire. En 1564, elle se donna la satisfaction de rappeler à la déesse qu'elle était reine, qu'elle la tenait en son pouvoir et que la favorite devait à la générosité souveraine d'avoir conservé sa fortune et sa vie. Comme Catherine n'était ni violente ni cruelle, elle s'en prit simplement à la fortune de l'ex-belle — et encore par personne interposée. Elle fit poursuivre François Allaman, seigneur de Guépréau, accusé d'avoir, sous le feu roi Henri II, détourné les gabelles avec la complicité de la duchesse de Valentinois. En fait, c'était Diane qui était poursuivie car le produit du détournement effectué sur son ordre lui avait été remis. Tout était écrit, les scribes de la monarchie avaient de l'ordre. Le sieur de Guépréau fut condamné à mort. Catherine n'imagina pas sans plaisir avec quel frisson glacé la déesse avait dû apprendre la sentence. Peu après cette horrible nouvelle, Diane fut avisée qu'elle était elle-même condamnée à verser au Trésor le montant des sommes détournées. Nouveau plaisir pour Catherine car elle savait que Diane aimait infiniment plus l'argent que l'amour et que la tête de Guépréau lui importait moins que de se séparer de milliers de beaux écus.

Etrange époque ! Tout cela demeura platonique car la sentence de mort ne fut pas exécutée. Guépréau sauva sa tête en payant de fortes sommes au Trésor. La société était si troublée que Catherine préféra ne pas attiser des haines nouvelles. Diane, en effet, était l'alliée des Guises : elle avait marié une de ses filles au duc d'Aumale, frère du duc de Guise et du cardinal de Lorraine. En outre, son immense fortune entretenait autour d'elle une « clientèle » nombreuse et influente : trop de puissants seigneurs lui restaient fidèles. Catherine, ayant donné un coup de semonce, suspendit sagement sa vengeance. Elle se contenta, si l'on peut dire, d'envoyer la déesse vieillie, mais encore belle selon Brantôme qui est assez bon maquilleur de la vérité, en résidence surveillée à Limours qui ne valait pas le fastueux château d'Anet. Telles étaient les satisfactions secrètement savourées par Catherine.

Toutefois, dans ce jeu, tout n'était pas gai — mais dans les affaires de Catherine où fut la gaieté ? Elle put, sur ce point, mesurer que Diane n'était ni aussi recluse ni aussi abandonnée qu'on l'aurait cru et, autre constatation plus grave, que le pouvoir royal, dans l'anarchie des guerres civiles, n'était plus celui que son beau-père et son mari lui avaient légué.

Enfin, autre satisfaction, sans ombre celle-ci : juste au moment où Catherine et la cour achevaient leur périple, le 25 avril 1566, Diane de Poitiers, grande sénéchale de Normandie, marquise de Brézé et duchesse de Valentinois, mourut. Brantôme l'avait vue quelque temps avant : elle le séduisit car elle savait qu'il écrivait des portraits et qu'il les publierait. Elle tenait à ce que le sien fût soigné. C'est donc cette mauvaise langue et cette bonne plume de Brantôme qui laissèrent une sorte d'oraison funèbre d'une déesse encore fort aguichante : « *Je vis cette dame six mois avant qu'elle mourût si belle encore que je ne sache cœur de rocher qui ne s'en fût ému... Elle avait une très grande blancheur et sans se farder aucunement mais on dit bien que tous les matins, elle usait de quelques bouillons composés d'or potable et autres drogues que je ne sais pas... C'est dommage que la terre couvre de si beaux corps.* » Oui, mais la plume et l'imprimerie les sauvent de l'oubli. Les derniers portraits d'elle, loin d'être aussi réjouissants, montrent que les ans avaient fini par faire leurs ravages. Diane gardait son air altier mais son nez si pur était devenu un bec de vautour, les yeux étaient enfouis sous des paupières épaisses et ridées, le front était proéminent, la bouche sans lèvres : un trait de rasoir.

Elle fut inhumée à Anet, dans la chapelle, avec son petit-fils, le duc d'Aumale. Une joie très douce, très paisible détendit alors, un instant, le masque immuable de Catherine et les affaires reprirent leur cours.

Catherine ne s'attarda pas à Paris. L'atmosphère fiévreuse de la capitale ne lui plaisait guère, elle y était assaillie de sollicitations et de récriminations car on sait que les rois recevaient, dans leur chambre même, ceux qui voulaient leur parler. C'était l'ancien usage qui n'allait pas sans charme pour les solliciteurs ni sans inconvénients pour les souverains. Elle chercha, semble-t-il, à l'éviter car l'ambassadeur d'Espagne rapporte qu'elle courait avec son fils de dîner en dîner chez les bourgeois de Paris pour se débarrasser de la cour et des affaires. L'un de ces dîners revêtit une importance particulière, lui donna plus de plaisir que les autres et lui permit de traiter de ses propres affaires. Il eut lieu chez sa femme de confiance, cette Française que nous connaissons. Par son mariage avec Antoine de Gondi, elle s'était entièrement intégrée dans la cohorte italienne qui vivait sous l'aile de la reine et la secondait en toutes choses et notamment dans les questions d'argent. Ces Italiens qui ne jouaient pas aux grands seigneurs — avant de le devenir bientôt — avaient un rôle capital dans les décisions de Catherine. Ce soir-là, ayant fait ses comptes avec les Gondi, dont ceux des bâtiments (les Tuileries étaient en construction et en voie d'achèvement), Catherine décida de quitter Paris et d'aller respirer l'air du mois de mai 1566 à Fontainebleau. Après la grande tournée, ce fut la détente. La cour la suivit, elle put se distraire des chamailleries conjugales des hauts personnages quand, par hasard, ils ne complotaient pas contre le pouvoir.

On se souvient que le remariage de la veuve du duc de Guise assassiné avait soulevé quelques difficultés. Finalement, elle épousa le duc de Nemours, de la famille de Savoie. C'était un très bel homme, fort galant et très recherché par les dames qui l'étaient aussi. Dès que ce mariage fut annoncé, la très haute et très puissante dame de la Garnache, Françoise de Rohan, poussa les hauts cris d'une femme trahie et rassembla autour d'elle tout ce que la cour comptait de grands seigneurs calvinistes comme elle qui était en outre soutenue par sa cousine Jeanne d'Albret. Elle accusait le duc de Nemours, papiste, de l'avoir séduite, de lui avoir promis le mariage et de l'avoir abandonnée. Le duc n'avait sans doute pas eu besoin d'autres arguments que sa prestance pour venir à bout d'une vertu qui s'était rendue avant même d'être attaquée. Néanmoins, Françoise de Rohan était si haut perchée dans l'échelle de la noblesse et dans la hiérarchie calviniste qu'elle fit placarder par notaire à la porte de l'église « la forfaiture » de Nemours. Comme elle avait les appuis voulus pour manifester davantage sa rancœur, elle exigea par la voix de son procureur que le duc parjure eût la tête tranchée car, disait-elle, il l'avait brutalement violée. Et où ? Dans la chambre même de la reine. Ce sacrilège n'avait pas empêché le violeur de la mettre enceinte. Comme chacun était persuadé, et Catherine la première, qu'il n'y avait ni viol ni grossesse, les bruyants ébats de la dame firent la joie de la cour. Catherine elle-même laissa paraître une lueur amusée dans son regard huileux car elle s'intéressait discrètement mais avec application à ces petites histoires des grands qui parfois finissent dans les affaires d'Etat.

Retour aux affaires d'Etat

Les finances d'abord. Le déficit était énorme. Elle recourut au vieux remède : le prélèvement sur les biens ecclésiastiques. Il ne put combler le déficit. Les dettes du Trésor dépassaient d'un million huit cent mille livres les recettes prévues. Catherine réunit les évêques et leur demanda un nouveau sacrifice. C'est à croire que les biens de l'Eglise constituaient la réserve financière du roi dans laquelle il puisait selon son gré. Cela laisse supposer que l'Eglise disposait d'excellents moyens pour reconstituer son patrimoine régulièrement amputé par le pouvoir. Pour le coup, le clergé refusa tout net une nouvelle amputation.

A ce moment-là, la faveur de Catherine et de la cour allait tout entière aux « modérés » représentés par tous les Montmorency hostiles aux Guises et favorables aux calvinistes. Coligny était très bien en cour, conseiller privilégié du jeune roi Charles IX qui avait pour l'amiral une admiration sans borne. L'ambassadeur d'Espagne en était outré. Il écrivait à son roi que la faveur exorbitante dont jouissait l'amiral était une menace pour la religion et notamment pour l'Espagne. Il est vrai que Coligny et beaucoup de Français avaient quelques raisons de détester Philippe II. On vit dans Paris une procession formée par les veuves et les parents des Français massacrés en Caroline par le roi d'Espagne. Ce spectacle ranima la haine contre le massacreur. Le peuple de Paris était catholique mais, en s'insurgeant contre l'Espagne, il faisait le jeu de Coligny et des calvinistes car il servait les projets de guerre que celui-ci nourrissait contre Philippe II. Si Catherine croyait avoir trouvé la paix en choyant Coligny et Condé, elle allait bientôt déchanter.

Les Guises, eux, devant la tournure prise par la politique de Catherine et de Charles IX séduit par Coligny, avaient quitté la cour. Absence inquiétante de gens qui ne passaient pas pour se faire oublier dans une retraite, pieuse certainement, mais pas inactive. La séance de Moulins les avait ulcérés. D'autres « tolérances » de Catherine à l'égard de leurs ennemis étaient mal tolérées par eux. On connaît le cas du trop célèbre cardinal de Châtillon, frère de Coligny. Ce personnage, prince de l'Eglise catholique, calviniste flamboyant, rebelle en armes comme ses frères, et marié à Isabelle d'Hauteville, était, en dépit de tout cela, intouchable par sa naissance. Il continuait à percevoir ses énormes bénéfices ecclésiastiques qui finançaient la destruction de l'Eglise. Il n'était pas le seul. Plusieurs évêques hérétiques, moins éclatants que le neveu de Montmorency, continuaient à jouir de leurs évêchés et de leurs bénéfices. La curie romaine les avait condamnés et déchus mais elle ne put jamais obtenir de Catherine l'exécution de la sentence. On sait que le Concordat plaçait le clergé de France sous la seule autorité du roi qui le défendait

contre l'autorité pontificale. Le clergé gallican était très fier de sa
« liberté ». La contrepartie, on la connaît : les biens du clergé
étaient également sous l'autorité absolue du roi. Comme c'est le roi
qui distribuait les évêchés, les abbayes et autres biens ecclésiastiques, il en reprenait tout ou partie quand bon lui plaisait.
N'empêche que la protection que Catherine accordait à des prélats
hérétiques que Philippe II eût fait griller depuis longtemps attisait
les haines espagnoles et pontificales contre ces « tolérances ». Elle
négligeait aussi un peu trop les haines que de nombreux catholiques, en France, éprouvaient à l'égard de ces prélats privilégiés. Sa
position était certes difficile mais, quand elle croyait apaiser
Coligny par ses concessions — elle ne l'apaisait pas du tout —, en
revanche, elle excitait contre elle le pays catholique qui voyait les
chefs protestants en grande faveur et la réforme en grands progrès.

Ces progrès se manifestaient aussi hors de France. La Réforme
fit alors une percée puissante aux Pays-Bas. Elle contribua, en
partie, à une sorte de mobilisation des Flamands contre la
domination espagnole devenue insupportable. Rien n'était plus
contraire à cette population éprise de liberté civique, de bien-vivre,
de travail bien rémunéré que la manière de gouverner de Philippe II. Quand celui-ci apprit les progrès de la Réforme turbulente
aux Pays-Bas, il voulut leur appliquer la médication espagnole —
celle qu'il préconisait pour la France à Catherine et qu'elle
repoussa toujours, sachant quels effets catastrophiques elle aurait
sur les Gaulois. Elle eut le même effet sur les Flamands. En
France, l'institution de l'Inquisition risquait de balayer dans le
sang à la fois la monarchie et l'Eglise. Aux Pays-Bas, elle balaya la
domination espagnole de façon sanglante. Quand les bûchers de
l'Inquisition se dressèrent à Bruxelles et à Anvers, les bourgeois
des villes flamandes, qui avaient toujours administré leurs villes
sans céder leurs droits, ni devant leur suzerain le roi de France, ni
devant les ducs de Bourgogne, ni devant Charles Quint, s'enflam-
mèrent aussi vite que les autodafés. Même les catholiques s'insur-
gèrent. Le comte d'Egmont prit parti avec les chefs protestants
contre le roi d'Espagne. Ces protestants étaient le prince d'Orange
et son frère, Guillaume de Nassau. La révolte flamande éclata à
Anvers le 15 août 1566. L'insurrection avait un caractère violem-

ment anticatholique. Elle causa des destructions et des cruautés atroces. La splendide cathédrale d'Anvers fut ravagée, un célèbre Christ fut découpé à la hache, des trésors d'art subirent le même sort et combien de cadavres torturés jonchèrent le sol des églises, des places et des rues. Ce spectacle ignoble bouleversa le pays mais le signal de la résistance armée était donné. Philippe II, en l'apprenant, jura : « *Sur l'âme de mon père cela leur coûtera cher.* » Dans sa bouche la menace était terrible. Elle le fut. La réponse des Pays-Bas aussi.

Tout cela était étroitement lié à la politique de Catherine et de la France. Coligny et son parti voyaient dans cette révolte une excellente affaire, non pour les Flamands, mais pour le calvinisme français sinon pour la France. Tout, à cette heure, semblait favoriser son parti, même l'outrecuidance espagnole. Quand le duc d'Albe osa demander à Catherine de permettre aux armées espagnoles de traverser la France pour aller punir les Flamands, elle sut lui répondre, non sans malice, en rappelant comment à Bayonne il avait accueilli son offre d'amitié : « *Vu que*, écrivait-elle, *quand nous l'avons autant recherché* (l'accord), *il a tant fait le froid que je pensais que jamais il ne pût lui en venir envie.* » Ce refus n'envenima pas davantage la situation. Fâché pour fâché, Philippe II l'était à l'état chronique. D'autre part, le risque eût été trop grand d'ouvrir les frontières à l'armée d'un malveillant aussi retors et aussi puissant que Philippe II.

Les armées espagnoles remontèrent donc l'Italie puis la Franche-Comté, la Lorraine et le Luxembourg. Ces armées, les meilleures du monde à l'époque — c'est-à-dire les plus terrifiantes —, faisaient trembler même les pays amis qu'elles côtoyaient ; même les princes allemands qui avaient osé se soustraire à la suzeraineté de l'empereur se soumirent devant les armées espagnoles au lieu de leur barrer la route. Leur cruauté était proverbiale.

Catherine se méfiait tellement de son gendre et de la proximité de ses soldats avec nos frontières du nord qu'elle réunit un conseil extraordinaire à Saint-Germain : elle accepta de recruter six mille mercenaires suisses et dix mille fantassins français. Coligny l'approuva en espérant que ces troupes attaqueraient Philippe II aux Pays-Bas. Elle alla elle-même avec le roi inspecter les garnisons des places fortes de la frontière. Puis elle se tint sur la défensive, non seulement à l'égard des armées du duc d'Albe mais à l'égard des bellicistes du clan Coligny qui se voyaient déjà envahissant les Pays-Bas. Condé, avec l'arrogance habituelle du parti, exigea la guerre. La guerre avec l'Espagne ? Catherine n'en voulait pas, elle avait d'excellentes raisons pour cela mais elle eut contre elle à la fois les protestants, la jeunesse catholique qui voulait se battre et même son fils, le roi endoctriné par Coligny. L'amiral le poussait à se débarrasser de l'emprise de sa mère afin de devenir, à la tête d'une armée, le grand roi victorieux que ses sujets attendaient. Le bon jeune homme, pas très futé, se sentait l'âme d'un héros et d'un César. Coligny jouait gros jeu car, à la faveur d'une guerre, il avait l'occasion de triompher non pas tellement du roi d'Espagne que de Catherine, des Valois et des catholiques français.

Catherine trouva son fils moins docile et renfermé : il résistait aux arguments en faveur de la paix. Finalement, il plia. La toute-puissance dans le royaume, c'est bien elle qui l'avait. Elle sauva la paix mais elle ne vit pas le danger où il se trouvait en réalité : elle ne croyait plus à la guerre civile alors qu'elle se préparait à côté d'elle.

Elle fut soulagée d'avoir écarté le conflit car elle connaissait trop la valeur militaire de l'Espagne et les dangers terribles qu'elle avait fait courir à la France sous François Ier et sous Henri II. Les Châtillon-Coligny et Condé durent ronger leur frein, mais leur déception fut grande. Tant que cette diabolique Florentine serait auprès du roi, ils ne pourraient pas être les maîtres. Pourtant, ils se sentaient très près de l'être. Charles IX était une cire molle entre les mains de Coligny, il finirait bien par l'avoir, *sa* guerre. Le petit Condé était tout aussi haineux, aussi ardent, mais plus maladroit. Comme il n'était question que de guerre, le grand sujet était l'armée. Qui allait en prendre la tête ? Certes, le connétable avait encore bon pied mais, à soixante-quinze ans, c'était un grand vieillard. Comme ces messieurs de Châtillon avaient décrété que ce serait une guerre calviniste dont le but était de délivrer les calvinistes flamands, il leur parut normal que, même si le roi payait une armée catholique, elle fût commandée par un chef protestant. Noblesse oblige : Condé, prince du sang, se sentit tout désigné, par lui-même d'abord, comme chef de guerre, désigné aussi par sa nouvelle femme, Mlle de Longueville, éperdue de calvinisme et d'ambition. Elle n'avait qu'un tout petit mari d'un mètre cinquante-six dont elle voulait faire un grand homme de guerre. Elle intrigua de son mieux pour que Condé fût nommé lieutenant général. Hélas, les Coligny et les Condé durent se contenter de ruminer leur déception. Ils préparèrent donc en secret une nouvelle et terrible sédition — non contre le roi d'Espagne mais contre le roi de France. Quant au titre de lieutenant général, pas question d'y songer. Cette fois encore, Madame Catherine leur barrait la voie. Elle avait pour ce titre incomparable un candidat incomparable, son fils Henri, son idole, le duc d'Anjou. A seize ans, elle fit de lui un lieutenant général du royaume. Une folie ! Puisque le personnage entre en scène à côté de sa mère et surtout dans son cœur il nous faut le connaître. Henri est une des clés du caractère de sa mère.

Un prince charmant parmi de grands fauves

Dès sa prime adolescence, Henri avait réussi à enjôler la cour comme il avait enjôlé sa mère par le charme de sa personne. Sa beauté surprenait d'abord par ce qu'elle avait de rare. Il faisait penser à un de ces trésors de Florence modelé et peint par les géniaux artistes de sa patrie réelle des bords de l'Arno. Ses yeux noirs brillaient d'une douceur languide où passaient les vifs éclairs d'une intelligence perçante qu'il laissait filtrer entre ses cils bruns par un jeu de paupières tout féminin. Son teint très blanc, mat et précieux, la finesse admirable de ses traits, la grâce de son maintien, de ses gestes, l'extrême élégance de sa taille, ses manières raffinées, très différentes de celles des seigneurs qui l'entouraient, faisaient du jeune prince un être d'exception qui fascinait la cour. Les jeunes courtisans s'appliquèrent vite à l'imiter et même à le singer jusqu'au ridicule. Mais y a-t-il à la cour du ridicule à singer le frère du roi, le fils préféré de la reine toute-puissante ? Ils étaient ridicules quand même parce qu'ils n'avaient ni son naturel ni son intelligence. En somme, tous ces charmes étaient d'autant plus fascinants qu'on ne les avait jamais vus à la cour et qu'ils semblaient venir d'ailleurs. Henri était tombé du ciel dans cette famille exténuée des Valois que le ciel, justement, n'avait pas gâtée dans ses derniers rejetons.

De surcroît, les dons intellectuels d'Henri n'étaient pas ceux de la nation gauloise. L'intelligence des Gaulois était faite de bon sens, d'équilibre, d'un goût de raisonner capable de spéculations poussées mais contrôlées et d'une certaine méfiance des embardées imaginatives. Henri d'Anjou était beaucoup plus subtil, plus intuitif, capable d'appréhender dans un éclair toute une situation ou une personnalité, même dissimulée, et d'inventer ex-abrupto un argument décisif. Mais il y avait des failles : il était sujet à des hauts et des bas, à des attirances ou à des répulsions irraisonnées. En bref, il manquait d'équilibre. Au moindre choc sentimental, il s'effondrait et se reprenait, non sans souffrance. Il agissait par impulsions, quelquefois heureuses, pas toujours, mais il lui arriva dans le gouvernement d'avoir des coups de génie.

Son enfance couvée par Catherine en raison de sa santé délicate n'avait pas été celle des autres princes et seigneurs. Il s'était complu à vivre dans des appartements bourrés de tapis, de coussins, de tentures de soie. Il vivait alangui dans ce luxe oriental, enivré de parfums. Les tissus rares et les pierreries l'ensorcelaient. Etrange enfant de ces Valois qui chevauchaient par tous les temps à travers les forêts et se battaient en toute occasion ! Quelle hérédité lointaine d'un prince ou d'une esclave venus d'Orient resurgissait en cet adolescent ? Il était entouré de femmes qui l'adoraient, l'encensaient, le caressaient et l'engourdissaient sous leurs tendresses équivoques ; elles le traitaient en odalisque. Les ambassadeurs étrangers notaient avec étonnement cette éducation anormale d'un frère du roi qui serait un jour appelé à de grandes charges.

Même son instruction fut négligée. Il n'a tenu qu'à sa mère et à ses gouvernantes qu'il acquît une vaste culture car il aimait l'étude et y réussissait fort bien. Mais l'indolence et la cajolerie furent ses vrais précepteurs. Bien qu'il fût capable de tout comprendre, on ne lui apprit que peu de choses, il est vrai parfaitement assimilées. Par le brillant et la facilité de sa parole, il donnait l'impression d'être très lettré, ce qui était faux, mais surtout celle d'être très éloquent et très intelligent, ce qui était vrai. Sa mère laissa faire puisqu'il paraissait heureux. Elle oublia qu'il l'était surtout parce que ses défauts et ses mauvais instincts étaient satisfaits.

Par une apparente contradiction de la nature, ce jeune prince qui se complaisait dans la compagnie des femmes, jouait avec elles à des mascarades, les habillait et les déshabillait comme des poupées, manipulait leurs atours avec délices, se laissait lui-même vêtir de leurs robes somptueuses, ce jeune prince avait en même temps un penchant irrésistible pour des hommes plus âgés et forts sous la protection ou la domination desquels il se plaçait volontiers. Il admirait ce qui lui manquait : leur force, leur violence même. Son précepteur, le célèbre humaniste Amyot, lui inculquait l'amour des lettres anciennes, des idées nobles et généreuses qui font les grands princes et les héros. Henri n'y était pas insensible et il n'oublia pas cet enseignement brillant, hélas assez épisodique. Mais il y avait l'envers de ces belles leçons. Ses conseillers préférés, admirés et cajoleurs, flattaient et cultivaient en lui les dangereux penchants de sa nature : sa fourberie doucereuse, son amour des voluptés, des mollesses, des caresses verbales et autres. Le principal dispensateur de cette séduisante éducation, pernicieuse en diable, était son gouverneur, Villequier, qui pourrissait sciemment son pupille. Il se rendit ainsi définitivement indispensable à son prince. Il fit sa fortune en cultivant les faiblesses de son maître. La recette est ancienne, elle réussit toujours. L'emprise de Villequier sur l'adolescent florentin fut totale et ne se démentit jamais. Il avait vu clair dans la nature du prince bien avant que celui-ci eût compris quelque chose à sa différence avec les jeunes seigneurs de son âge. Villequier assura son pouvoir en réunissant autour d'Henri, encore inconscient du charme qu'il subissait de leur part, une escorte de jeunes courtisans athlétiques et dévoués. Le rusé gouverneur était tellement au fait des penchants du prince qu'il choisit pour commander cet escadron volant d'un autre genre un seigneur plus formé, plus vigoureux, plus autoritaire, Louis de Bérenger, seigneur du Guast, un Dauphinois, bretteur célèbre, magnifique, violent, à crinière cuivrée, d'une stature et d'une aisance à faire pâmer toutes les femmes de la cour, amateur d'aventures, les belles et les autres, aussi roué que courageux. Henri fut subjugué par Du Guast et le resta.

Il resta également fidèle à l'amitié et à l'admiration qu'il porta dès son enfance à son médecin Miron. Celui-ci s'attacha à Henri d'Anjou sa vie durant, il le soigna et le seconda aussi dans ses affaires. Il lui donna des conseils précieux, pleins de sagesse et de clairvoyance. Il fut un bon génie parmi de plus mauvais. D'ailleurs Miron était un médecin réputé, digne émule d'Ambroise Paré. Sa science était indispensable à Henri car, malgré sa beauté et ses dons d'esprit, ce prince n'était pas plus favorisé que ses frères sur le plan de la santé. Il était frêle. Charles IX avait une autre carrure, une force musculaire certaine comme Henri II, le goût des exercices violents, tandis qu'Henri n'avait ni le goût ni les moyens physiques de se livrer à ces activités brutales. Dès son enfance, les tares incurables apparurent : il avait au bras un abcès toujours suppurant qu'on n'essaya pas de fermer car, disait-on, cette suppuration lui évitait une infection généralisée ; il avait aussi une fistule à l'œil, manifestation permanente de la tuberculose congénitale de la famille. L'enfant chéri de Catherine ne l'était pas autant du ciel. Il prit cependant peu à peu goût à l'équitation et se montra finalement bon cavalier ; son entourage de fines lames le rendit également bon escrimeur.

Ce prince fut aussi le plus profondément catholique des princes de son temps. Sa foi, comme tout en lui, ne pouvait être simple ; ardente, passionnée même, elle prenait parfois toutes les apparences de la superstition. En cela aussi son italianisme était éclatant. Il s'adonnait à une dévotion tellement maniérée, ostentatoire et théâtrale qu'on a pu la croire hypocrite. Croyant se donner à Dieu, il se donnait surtout en spectacle. Les Français catholiques ne lui en demandaient pas tant. Plus de discrétion et de modestie les aurait mieux convaincus. Pourtant il était sincère, fidèle à sa nature. Si la prière et la pénitence prirent chez lui cet aspect théâtral, c'est parce que son sentiment profond ne savait s'exprimer, comme chez les acteurs-nés, que par des attitudes, des costumes, des macérations et des invocations spectaculaires. Ses vêtements de cour époustouflants, ses aigrettes, ses bijoux extraordinaires, ses parfums, ses fards le confortaient dans son rôle de prince et plus tard dans celui de roi qu'il saura assumer comme au spectacle dans de stupéfiants falbalas.

Toutefois, que ces afféteries et ces ornements ne fassent pas oublier les deux grandes vertus de ce prince : le courage et la conscience de son rôle.

Lorsque sa mère fit de lui le lieutenant général du royaume, elle avait déjà pourvu à son installation de premier prince de France après le roi, tant que celui-ci n'avait pas d'héritier mâle. Catherine fit enregistrer par le Parlement de Paris, le 14 juillet 1566, l'édit des donations que le roi accordait à son frère. On l'avait gâté. Selon la coutume, il prit le titre de duc d'Orléans, réservé au frère du roi. Cependant, l'usage continua de l'appeler duc d'Anjou car le principal de son domaine était le duché d'Anjou. Saumur en était retranché. S'y ajoutaient la baronnie de Baugé, le riche duché de Bourbonnais, le comté de Montferrand, celui de Montfort-l'Amaury, la seigneurie d'Usson. Ces domaines appartenant à la couronne ne pouvaient en être distraits, le duc d'Anjou n'en avait que la jouissance, mais ils étaient si considérables et si riches qu'ils lui assuraient un train de vie vraiment royal. C'est ce que sa mère voulait pour ce fils sans pareil et c'est aussi ce que les goûts de luxe et l'extravagante prodigalité du petit prince florentin exigeaient.

Tel était Henri d'Anjou, objet de la passion aveugle de sa mère. Aveugle au point qu'elle fit de lui, encore adolescent, le lieutenant général du royaume alors qu'il n'avait ni la maturité, ni l'expérience, ni même la force physique de tenir ce rôle écrasant. Le voit-on en chef de l'armée ? Peu importe, il l'était. Et Villequier, Du Guast et l'équipe de fines lames triomphaient. A eux la lieutenance générale du royaume ! Condé, débouté, n'acceptait pas facilement. Il s'agrippa, intrigua pour reprendre la place qui lui avait échappé, cela à la grande fureur d'Henri qui, excité par ses mentors, s'en prit violemment à lui lors d'une fête à Saint-Germain : « *Sachez*, lui dit le prince en public, *que je saurai vous rendre aussi petit compagnon que vous prétendez faire le grand.* » Condé, blessé à mort, se retira : « *Je n'ai donc qu'à vous céder la place et le fais volontiers.* » Il partit plein de rage dans ses terres de Vallery, où il alla mûrir une vengeance qui, on le verra, fut à la mesure de son humiliation.

Les féodaux calvinistes tentent le grand coup

Pendant que Catherine louvoyait pour éviter la reprise des hostilités et pensait tenir les protestants sous le charme de ses bonnes paroles, Condé et Coligny préparaient froidement une nouvelle guerre civile. Ils regrettaient toutefois d'avoir poussé la reine à recruter les Suisses car maintenant ces mercenaires constituaient une force royale qui s'opposerait fatalement à eux. Ils essayèrent de les faire renvoyer. Catherine refusa. Ils demandèrent à leur oncle le connétable de revenir à la charge. « *Ils ont été payés, il faut les utiliser* », leur répondit le vieux soldat. Charles IX lui-même tenait à ses Suisses. Il organisa une superbe revue qu'il passa avec un plaisir évident. « *Il faut qu'il en ait pour son argent* », dit sa mère.

Malgré ce contretemps imprévu, Condé et Coligny mijotaient leur coup. Le plan avait été dressé par d'Andelot, frère de l'amiral. Les forces protestantes étaient disséminées dans le royaume mais toujours prêtes à rejoindre sur ordre le lieu de rassemblement. Leur discipline était parfaite. En ce moment, elles étaient même supérieures en nombre à l'armée royale — en qualité aussi. Catherine avait laissé se désorganiser l'armée puisqu'elle croyait à la paix. Elle y croyait parce qu'elle la désirait.

La reine mère et la cour, en toute quiétude, goûtaient au château de Monceaux, en ce mois de septembre 1567, les plaisirs d'un bel automne agrémenté de fêtes, de festins si appréciés de Catherine et de chasses dans les forêts voisines. Elle reçut toutefois des renseignements inquiétants sur des rassemblements d'hommes en armes près de Monceaux, à Châtillon-sur-Loing, terre de Coligny. Pour une fois, sa méfiance ne fut pas mise en éveil, elle ne tint pas compte de l'avertissement. A force de vouloir persuader Coligny qu'elle était son amie, elle s'était persuadée elle-même que Coligny était le sien et qu'il n'entreprendrait plus rien contre le roi. Or, le plan d'attaque était déjà en voie d'exécution. Il ne s'agissait de rien de moins que de s'emparer de la personne du roi, de la reine mère, du duc d'Anjou et du cardinal de Lorraine. La monarchie et le parti catholique seraient politiquement décapités — et peut-être physiquement. Ce serait une belle riposte à Philippe II qui venait de faire trancher la tête, à Bruxelles, du comte d'Egmont et du comte de Hornes, ami de Coligny et calviniste. Cela fait, Condé et Coligny pensaient exterminer les Suisses, s'emparer de trois villes, Lyon, Toulouse et Troyes, en plus de celles qu'ils occupaient. Après quoi, Condé prendrait le pouvoir ; il serait plus que lieutenant du roi, il serait (presque) roi et y croyait dur comme fer.

Le rassemblement des forces protestantes fut fixé à Rosay-en-Brie, tout près de Monceaux où dormait si bien Catherine. Les cavaliers protestants s'y rendaient par groupes de trois ou quatre qui passaient inaperçus.

Un nouvel avertissement parvint à la reine qu'une concentration importante de cavaliers se préparait. Par précaution, elle envoya un courrier enquêter à Châtillon pour savoir ce que faisait Coligny. Les espions de l'amiral étaient meilleurs que ceux de la reine : il fut averti de la visite et la reçut à sa façon. Le courrier de Catherine trouva l'amiral en sarrau de paysan en train de soigner ses vignes. En d'autres temps, cet accoutrement et cette occupation invraisemblables auraient donné l'éveil à Catherine. Elle haussa les épaules et écrivit dans une lettre : « *Il a couru quelques bruits sans propos que ceux de la religion voulaient faire quelques remuements. Mais, Dieu merci, nous sommes autant paisibles que nous saurions le désirer.* »

En fait de remuement, elle allait être servie. On lui signala de nouveau la présence de cavaliers armés dans un bois tout proche où le roi devait aller chasser. Elle ne réagit pas davantage, ses conseillers non plus. Cependant, l'inquiétude gagna diverses personnes qui osèrent parler de complot. Le chancelier de L'Hospital, toujours indulgent pour les réformés, vitupéra les malveillants inventeurs de pareilles accusations contre l'irréprochable Coligny. Enfin la preuve et le détail du complot furent apportés à Catherine par un coursier du duc d'Albe qui, à Bruxelles, était mieux informé de ce qui se tramait à deux lieues de la résidence royale que Catherine elle-même — cette Médicis, à qui les historiens ont prêté une âme d'espion, était ce jour-là bien au-

CATHERINE DE MÉDICIS

dessous de sa réputation. Le rapport espagnol était pour elle et ses services un beau camouflet — et pour sa politique aussi. Elle se trouvait flouée et cernée en pleine campagne par ses ennemis mortels.

Le choc qu'elle reçut devant l'évidence de la trahison et du danger la laissa un moment engourdie de stupeur. Elle appela ce coup « *l'infâme entreprise* ». Les nouvelles les plus alarmantes se succédaient : Montereau, Lagny, Péronne, Melun tombaient tour à tour aux mains des rebelles. Cette guerre civile qu'elle s'était évertuée à repousser éclatait à ses côtés, menaçait sa personne même et celle du roi. Toute sa politique s'effondrait avec ses illusions.

Il n'était pas dans sa nature d'attendre les coups sans réagir. D'abord, il fallait fuir ce château sans défense. Son fils, elle, la cour filèrent immédiatement se mettre à l'abri derrière les remparts de Meaux. De là, c'était à Paris seulement que le roi retrouverait sa sécurité et son pouvoir incontesté dans la capitale catholique. Encore fallait-il pouvoir atteindre la porte Saint-Denis. Elle avait, dès la première minute, fait appel à ses six mille Suisses cantonnés à Château-Thierry. L'attente des sauveurs parut longue. Elle eut le temps de regretter — un peu tard — d'avoir trop négligé les soutiens catholiques du trône de son fils. L'affaire était des plus graves. Si les protestants réussissaient leur coup, la France devenait une nation protestante sous « la protection » de l'Angleterre et des princes allemands. S'ils ne le réussissaient pas, ils auraient fait la preuve que leur politique de violence était celle d'aventuriers qui désiraient s'emparer du pouvoir.

Pour lors, le danger venait de la cavalerie huguenote. Le colonel des Suisses, Pfyffer, demanda qu'on lui laissât pleins pouvoirs et que chacun lui obéît. Aucune force royale n'était en mesure de le seconder. Les fantassins suisses, armés de longues piques, se formèrent en carré. Au centre de cette tour humaine hérissée de pointes de fer, le colonel fit placer la famille royale et les principaux personnages de la cour. Ce carré se mit au pas et lentement s'avança vers la capitale. Un peu avant Lagny, la cavalerie huguenote parut. Condé et d'Andelot la commandaient. Catherine et le roi purent les voir. Avec quels sentiments ? On le devine. S'attendant à l'attaque, Pfyffer fit baisser les piques. Les cavaliers tournoyèrent mais n'eurent garde de venir s'y embrocher. On se souvenait encore comment, à Granson, les beaux chevaliers de Charles le Téméraire avaient péri transpercés par les piques des Suisses et le grand-duc d'Occident vaincu par la piétaille montagnarde. Les huguenots n'avaient pas d'artillerie, ils n'avaient que leurs pistolets et leurs épées. Ils harcelèrent longtemps le carré invulnérable et repartirent. Les Suisses reprirent leur marche prudente. Après Lagny, nouvelle attaque plus importante des cavaliers, toujours tenus en respect par le carré fortifié. Pfyffer eut alors l'idée, pour accélérer la marche, de constituer une sorte de rideau de fantassins, les piques pointées vers l'extérieur, derrière lequel la cour put s'activer vers Paris et finit par l'atteindre, le 23 septembre 1567, à quatre heures du matin. Mais dans quel état ! Les belles dames et leurs seigneurs n'offraient pas pour entrer dans la capitale un spectacle flatteur : ils étaient hagards, exténués, déchirés, la plupart avaient couru à pied derrière le rempart des Suisses. Si Catherine avait renvoyé ceux-ci, comme Coligny le lui avait perfidement demandé, la monarchie était perdue.

A vrai dire, elle n'était pas tout à fait sauvée. L'armée protestante et tous ses renforts restèrent massés à Saint-Denis et se proposèrent d'affamer la capitale. Ils commencèrent par brûler la chapelle.

Et nous retrouvons Catherine telle qu'en son naturel. A peine eut-elle repris son souffle que, une fois de plus, elle choisit de négocier avec ses ennemis. L'Hospital et le maréchal de Vieilleville se rendirent à Saint-Denis auprès de Condé pour s'enquérir de ses conditions. Catherine voulait tellement retrouver la paix — on se demande comment elle pouvait y croire — que d'emblée elle offrit aux rebelles l'amnistie pleine et entière. Condé, de toute la hauteur de son coursier, n'en fit aucun cas. Il joua le libérateur du peuple : il exigea la liberté totale de religion et du culte dans tout le royaume. Démagogue, il exigea également un allégement des impôts — cela fait toujours plaisir — en faisant remarquer avec impudence qu'ils devaient diminuer parce qu'il n'y avait pas de guerre : oubliait-il que celle qu'il faisait était ruineuse et qu'il se proposait d'en faire une autre à l'Espagne ?

Enfin, il exigeait la réunion des états généraux et l'expulsion de tous les Italiens du gouvernement. La reine mère sentit le vent de la menace. N'était-elle pas la première Italienne du royaume ? Comme compensation à ses efforts, ce bon patriote demanda qu'on lui remît les villes de Metz et surtout celles du Havre et de Calais. Cela ferait d'excellentes têtes de pont pour les Anglais et il pourrait à l'occasion les offrir à la reine d'Angleterre, moyennant finances, comme il avait déjà fait pour Le Havre.

Catherine, bien entendu, ne céda rien du tout en s'acharnant à continuer à discuter. L'essentiel était de gagner du temps et de l'argent afin de reconstituer une armée capable de mater les rebelles. Cependant, la menace de Condé était si grave que, la mort dans l'âme, elle se résolut à faire appel à Philippe II qui lui envoya deux mille cavaliers. Puis elle battit le rappel pour se procurer des fonds. Son cousin Cosme de Médicis, duc de Toscane, le duc de Savoie et le pape lui envoyèrent ce qu'ils purent. Le pape sollicita une garantie. Elle lui offrit la moitié des revenus des biens ecclésiastiques de France. Il accepta. A Venise, son banquier italien trouva porte de bois.

Pendant que Condé ergotait avec les envoyés de Catherine qu'il croyait tenir dans le piège de Paris affamé, Charles IX, de son côté, réunissait tout ce qui restait de l'armée royale, les bandes de Strozzi, et il battit le rappel de la noblesse catholique restée fidèle. Jusqu'alors, Charles IX était assez indifférent à ces guerres religieuses, mais « *l'infâme entreprise* » lui avait ouvert les yeux et, si ce n'était par zèle catholique, ce fut par orgueil blessé qu'il ne pardonna pas aux calvinistes de « *l'avoir fait marcher, dit-il, plus vite que le pas* » sur la route de Lagny. Il prit une initiative pour seconder sa mère : il ressuscita les antiques formalités de la sommation royale. Cela prenait du temps. Il envoya à Saint-Denis un héraut d'armes qui somma Condé, Coligny et d'Andelot de se rendre sans armes devant Sa Majesté sous peine de rébellion. Personne n'était dupe, les rebelles s'étaient installés depuis longtemps dans la rébellion et ils s'en faisaient gloire. Le roi n'attendait pas autre chose mais ses renforts arrivaient de jour en jour. Bientôt, son armée fut supérieure en nombre à celle des calvinistes, mais elle était mal organisée et mal commandée. Les huguenots, de leur côté, attendaient un renfort de reîtres venus d'Allemagne, ils seraient alors imbattables. Mais le duc de Guise, encore lui, les immobilisa en Champagne. Monluc, en Aquitaine, maintenait les huguenots gascons qui ne purent remonter vers Paris. Le roi était en force.

Le 10 novembre 1567, sous la vénérable mais peu astucieuse autorité du vieux Montmorency, l'armée royale fit une sortie en direction de Saint-Denis. La riposte brillante de Condé faillit donner la victoire aux rebelles car Montmorency, non sans perversité, avait placé en tête de l'attaque les milices bourgeoises de Paris, honnêtes civils peu aguerris, pour les punir de leur zèle ultra-catholique. Elles furent battues et décimées. Mais le combat reprit et, commencé à trois heures, il ne s'acheva qu'à la nuit par un succès de l'armée royale. Au cours de la reprise, Montmorency, malgré son âge, fonça furieusement et se trouva entouré d'ennemis et son cheval abattu. Il était perdu et allait se rendre selon les lois de la chevalerie. C'est alors qu'un ennemi personnel, un Ecossais, Robert Stuart, le reconnut. Montmorency, dans un effort désespéré, brisa les dents de son assassin, car c'en était un; Stuart tua le connétable à bout portant et lui fracassa les reins. Le connétable avait eu le temps de lui dire : « *Je suis le connétable.* » « *C'est justement pour cela que je vous tue* », lui répondit l'autre.

La victoire n'était pas très nette. Cependant, les calvinistes évacuèrent Saint-Denis. Ils trouvèrent à Montereau les troupes de La Rochefoucauld qui avaient fini par remonter de Gascogne et de l'Angoumois. Les reîtres de Casimir, l'électeur palatin, se joignirent bientôt à eux. Cela faisait une armée redoutable. Henri d'Anjou était bien incapable de lui faire face avec une armée royale hétéroclite. On lui adjoignit le duc de Nemours, le duc de Montpensier, catholiques et royalistes convaincus mais chefs de guerre peu convaincants, plus l'intendant des finances, Artus de Cossé, aussi nul en finances qu'en stratégie. Pour lui donner du talent, on le fit maréchal de France.

Personne chez les catholiques n'avait confiance dans ce commandement de quatre têtes vides. Catherine moins que quiconque, d'autant qu'elle ne croyait jamais à un règlement militaire des affaires politiques. Une fois de plus, elle voulut substituer sa diplomatie à un affrontement guerrier.

Les envoyés de Condé furent Téligny (gendre de Coligny) et Gastines. Avant toute chose, elle fit des concessions. A y regarder de près, les concessions de Catherine étaient inusables ; toujours les mêmes. Cette fois-ci, elle y ajouta une enjolivure ; elles étaient surtout favorables aux seigneurs hauts justiciers, ce qui pouvait lui concilier les nobles chefs de la rébellion protestante. Aussitôt ceux-ci accrurent leurs revendications.

Elle reçut quelques conseils du duc d'Albe et du pape qui l'engagèrent à trancher les têtes de Condé, de Coligny et autres personnages au lieu de leur faire des cadeaux. Elle ne dit ni oui ni non mais elle réfléchit à la question.

Philippe II, décidément bien renseigné sur les affaires de Catherine, lui fit dire par son ambassadeur que son commandement ne valait rien et qu'elle devait faire appel à Tavannes. Elle aurait dû y penser, le conseil était bon ; Tavannes, excellent chef de guerre et son vieil et fidèle ami, ferait l'affaire auprès de son fils, Henri d'Anjou. Cependant, toujours assidue au double jeu, Catherine, en ayant l'air d'écouter les conseils des Espagnols et en leur promettant de poursuivre la guerre à outrance contre les calvinistes, négociait la paix avec eux. Elle la voulait à n'importe quel prix. Elle se rendit elle-même à Chalon en janvier 1568, en publiant qu'elle allait y remanier le haut commandement. Elle le donna en effet à Tavannes. Ce n'était qu'une façade. Elle allait à Chalon pour rencontrer le cardinal excommunié Odet de Châtillon, frère de Coligny. De cette planche pourrie elle fit son compère et elle poussa l'audace jusqu'à rentrer avec lui à Paris. On peut voir qu'elle n'avait pas la rancune tenace contre « l'infâme entreprise ». Le peuple de Paris était plus susceptible. En apprenant l'arrivée du « compère » avec la reine, il devint furieux. Elle l'avait écrasé d'impôts, de prélèvements extraordinaires pour chasser les protestants qui les affamaient et elle osait revenir dans la capitale en amitié avec un des chefs de la rébellion mieux traité que les Guises qui vivaient à l'écart alors que Paris n'avait confiance qu'en eux pour assurer sa défense. Quand elle entra rue Saint-Denis, la foule la hua, l'injuria, menaça de bousculer sa litière. Il fallut disperser les Parisiens à coups de bâton. Sa popularité dans la capitale était au plus bas et elle s'y maintint.

Elle n'en persévéra pas moins dans ses négociations mais elle logea le cardinal à Vincennes : il y était plus en sécurité que dans la ville. Le nonce exigea l'arrestation du cardinal condamné. Elle ne l'écouta pas. Elle tenait à son « interlocuteur valable ». Pendant ce temps, l'armée royale s'enfonçait dans l'indiscipline complète. Ce qui affaiblissait la position de Catherine dans ses négociations. Les officiers se croyaient les possesseurs des troupes placées sous leur commandement. Ils en disposaient comme il leur plaisait. Certains étaient prêts à passer à la rébellion. Au moment où les reîtres s'avançaient en Champagne pour se joindre à l'armée de Condé, on aurait pu les arrêter ou les battre mais deux officiers, M. de Méru, fils de Montmorency, et Martigues, s'étant pris de querelle, crurent plus urgent de vider leur différend selon toutes les formes requises auxquelles s'ajoutèrent les délais d'une réconciliation chevaleresque tout aussi compliquée. Pendant ces cérémonies, les reîtres passèrent sans encombre et vinrent grossir l'armée calviniste. Condé fit aussitôt monter le ton de la négociation et durcit les conditions de paix. Aveuglée par ses talents diplomatiques, il semble que Catherine n'ait jamais admis qu'il fallait une armée puissante pour pouvoir traiter une bonne paix. Le résultat fut encore une fois catastrophique pour le peuple, pillé et massacré par les armées des deux bords qui prenaient sur les pauvres gens leur subsistance et leur butin. Charles IX écrivait : « *Vu l'état où est ce pauvre royaume et la grande ruine qu'y apporte la guerre, vous devez leur accorder* (aux calvinistes) *ce qu'ils demandent.* » Cette lettre, de toute évidence dictée par sa mère, était en somme une capitulation, mais Catherine préférait cela à la guerre.

La paix, si l'on peut dire, fut signée à Longjumeau le 22 mars 1568. Selon certains historiens, elle fut néfaste pour les protestants qui avaient traité pourtant en position de force. Cela paraît bien étonnant. Si l'on regarde les conditions, on est plutôt persuadé qu'elle fut catastrophique pour le pouvoir royal. Les rebelles gardaient tout ce qu'ils avaient précédemment acquis et toutes leurs places fortes. Leur rébellion demeurait totalement impunie et, comble de la dérision, le roi devait payer les reîtres et les princes allemands appelés par Condé pour combattre et détrôner leur payeur. Sans parler des destructions, des pillages et des meurtres commis en France. En revanche, Condé, Coligny, d'Andelot et le cardinal condescendaient à ce que le roi de France conservât une armée (et sa couronne). Sur un point tout au moins, et il est d'importance, les calvinistes étaient tenus en échec : le coup de main préparé en traîtrise sur la personne du roi et de sa mère les avait démasqués aux yeux de l'opinion publique d'un pays catholique et royaliste à 90 % au moins. On ne les prendrait désormais que pour des aventuriers sans loi, sans respect de la personne sacrée du roi. C'étaient des hommes de main avides de pouvoir et d'argent comme les premiers féodaux coupeurs de route dont la monarchie avait débarrassé le royaume. On les méprisa d'autant plus qu'ils avaient manqué leur coup. Sinon...

Sur la valeur de cette paix, le bon peuple se trompa moins que les historiens et les diplomates. Comme l'un des négociateurs était boiteux et l'autre s'appelait Malassis, la fausse paix de Longjumeau s'appela dans les rues « *la paix boiteuse et malassise* ». C'est le nom que l'histoire officielle aurait dû lui garder.

Dans les mois qui suivirent, les catholiques, enragés d'avoir été si bien roulés, se vengèrent en massacrant en diverses villes les réformés. Sinistre remède à une politique incohérente. Ce fut tout l'effet des concessions de Catherine. En réponse, les protestants massacrèrent les catholiques, notamment dans le Val de Loire, avec des raffinements inouïs. A Orléans, ils découpèrent en lanières un chanoine, l'aspergèrent de sel et de vinaigre et le laissèrent agoniser huit jours.

De toutes les places fortes que les protestants avaient gardées, La Rochelle était la plus importante. C'est de là que partaient les corsaires qui pourchassaient les galions de Philippe II. Le butin alimentait les caisses du parti pour entretenir la guerre. Ces corsaires prirent l'initiative d'aller porter secours aux Flamands. Catherine redouta une réponse fulgurante des armées espagnoles contre la France. Des Français s'engageaient déjà dans un corps de troupe pour aller guerroyer en Flandres contre les Espagnols ; elle les fit arrêter et envoyer aux galères. Ainsi sa politique de concession la rendait tout aussi cruelle qu'une politique de répression. Cette incohérence lui parut enfin dangereuse et inefficace et elle décida de mettre en accord les principes de la politique royale et son comportement. Elle se durcit à son tour. L'attitude de Condé et de Coligny, bien plus que Philippe II, fut l'instigatrice de sa nouvelle conduite.

Médiocres débuts de la nouvelle politique

La paix boiteuse, il fallut la payer : le Trésor était vide. La reine recourut aux emprunts. Nouvelles difficultés. La ville de Paris, ayant vu à quoi servait l'argent donné pour combattre Condé, refusa toute nouvelle avance. Un prélèvement forcé sur les revenus procura de quoi payer les reîtres afin de débarrasser la Champagne de leur odieuse occupation. Plus vite ils déguerpiraient et plus vite Condé et Coligny seraient privés de ce soutien toujours à leur portée. Les nouvelles des massacres qui ensanglantaient les provinces inquiétèrent Catherine : elle réunit le conseil pour le 1er mai 1568. De violentes douleurs d'entrailles et une forte fièvre l'empêchèrent d'y assister. Comme toujours, il y eut au conseil autant d'avis différents que de membres présents. Charles IX était incapable de trancher hors de la présence de sa mère. On s'en tint à des mesures bureaucratiques : on envoya des émissaires royaux auprès des gouverneurs pour leur donner des recommandations en vue d'assurer la police et d'arrêter les voleurs. Une infusion de verveine pour soigner un cancer.

Catherine crachait le sang, avait des hémorragies nasales, des douleurs dans la poitrine et une fièvre intense. Le roi prit peur. Désemparé, il appela les cardinaux de Lorraine et de Bourbon. Et si sa mère mourait ? Ne sachant que faire, il laissa faire les cardinaux.

Au moment où on la croyait perdue, elle se rétablit et, dès qu'elle eut repris quelques forces, elle gouverna. Sa première lettre fut pour féliciter Coligny d'avoir contribué à payer les reîtres afin d'aider à leur départ. Cela lui rendit espoir.

A vrai dire, elle était plus tourmentée par l'astrologie que par les événements présents : les astres lui avaient annoncé que la famille royale allait vivre une période extrêmement dangereuse. Mais, comme elle guérit, l'optimisme indestructible qui l'habitait lui redonna toute son énergie. Elle se sentit si réconfortée qu'en veine de félicitations elle envoya les siennes à Elisabeth d'Angleterre parce que celle-ci avait « généreusement » recueilli Marie Stuart qui avait échappé, grâce à ce secours, à ses sujets protestants révoltés. La convalescence faisait voir la vie en rose à la noire Catherine : ne savait-elle pas qui avait encouragé les Ecossais révoltés contre Marie Stuart ? Quelle protection de sa royale cousine Marie Stuart allait-elle recevoir ? A la tour de Londres ? La tête sur un billot ?

Devant ses propres affaires qui avaient failli être aussi tragiques que celles de la reine d'Ecosse, Catherine se consola en se répétant que ses malheurs tiraient sur leur fin car « *les temps changent tous les sept ans* », comme ses devins le lui disaient. Or les malheurs de la guerre civile avaient commencé en 1562, la période sinistre s'achevait. Etrange besoin de s'aveugler. Tout, au contraire, annonçait une aggravation. Les reîtres, se jugeant insuffisamment payés, refusaient de partir. Ils traînaient encore en Champagne chargés de leurs butins, et continuaient leurs pillages. Condé, lui, se retranchait dans son domaine de Noyers et le transformait en forteresse, tandis que Coligny faisait creuser des fossés à Châtillon et fortifiait son château. On revenait aux débuts de la féodalité.

Les huguenots réussirent à former une armée de Français qui se dirigea vers les Pays-Bas. Elle fut arrêtée et défaite avant d'avoir quitté la France par le maréchal de Cossé qui fit trancher la tête de son chef, Coqueville. Il l'envoya à Catherine qui reçut plutôt bien cet étrange présent. Elle acceptait ce genre de représailles depuis qu'elle avait pris ses nouvelles résolutions. L'autre tête qu'elle souhaitait voir tomber était celle de Condé. C'est son cher ami le maréchal de Tavannes qu'elle chargea de lui faire ce présent. Elle lui donna verbalement l'ordre de s'emparer de la personne de Condé et lui adjoignit plusieurs capitaines de confiance pour mener à bien cette entreprise difficile.

Charles IX tomba alors gravement malade et la partie fut remise. Condé garda sa tête.

La paix était si peu sûre que le roi et Catherine s'étaient eux-mêmes réfugiés à Boulogne, dans le château de Madrid devenu une véritable forteresse au lieu du gracieux château de plaisance qu'avait voulu François Ier. Les temps étaient changés. Six mille Suisses veillaient sur la famille royale. Catherine se permettait encore de dire à l'ambassadeur d'Espagne que la paix avait été signée « grâce à elle ». Elle ne trompait ni l'Espagnol ni elle.

D'autres malheurs l'attendaient. Charles IX était miné par la fièvre ; sa tuberculose faisait des progrès inquiétants. Le 17 août, il put se lever, très affaibli. Et Catherine, à son tour, tomba malade.

Les huguenots, eux, se portaient beaucoup mieux, la guerre civile se rallumait un peu partout. Dès que Catherine fut sur pied, ce fut sur pied de guerre. Il lui fallut d'abord revigorer l'armée royale et trouver de l'argent. Les impôts rentraient très mal. Plusieurs provinces ravagées ne payaient plus rien. Elle recourut au procédé habituel, le prélèvement sur les biens ecclésiastiques. Le pape lui accorda une aide à condition qu'elle fût garantie par le prélèvement sur l'Eglise de France et que l'argent fût uniquement consacré à la lutte contre les hérétiques. Michel de L'Hospital refusa de signer cet accord pour le roi et le traita de provocation : c'était prendre parti pour la rébellion, sa disgrâce devenait inévitable. La situation du roi et du catholicisme était ressentie comme si menacée dans le pays que Paris, les grandes villes du royaume et le clergé acceptèrent sans opposition les prélèvements indispensables pour faire face aux armées des réformés qui terrorisaient les villes et les campagnes. La pénurie d'argent était telle que Catherine dut engager ses bijoux et inventa un nouvel impôt indirect sur le vin. Celui-ci fut d'un excellent rapport : chaque pinte bue faisait entrer de l'argent dans le Trésor.

L'enlèvement de Condé tourna court. Catherine fut privée de « *cette tête si chère* ». Les espions du prince l'avaient averti de certains mouvements de troupes autour de Noyers. Il réussit à s'emparer d'un courrier porteur d'un billet : « *La bête est aux toiles, la chasse est préparée.* » L'avertissement était si clair que Condé déguerpit. Il put filer avec armes et bagages, toute sa maison, son importante escorte militaire, vers le fort imprenable : La Rochelle. En cours de route, Coligny se joignit à lui. Ils agglutinèrent à leur convoi tous les réformés qui voulaient rejoindre avec eux la Terre promise. Coligny, de sa belle plume, écrivit à Catherine que cet exode était la nouvelle fuite d'Egypte. Emphase mise à part, Charles IX aurait pu lui répondre que le misérable peuple hébreu qui fuyait le pharaon n'était pas composé de princes, d'amiraux, de cardinaux nantis de biens immenses, de forteresses et aussi d'armées qui ravageaient l'Egypte et avaient voulu s'emparer du pharaon et de son pays.

Si Condé s'échappa si aisément (sur avis qui lui avait été trop astucieusement destiné) c'est que Tavannes n'avait reçu qu'un ordre verbal de capturer un prince du sang. Il savait qu'en France — sauf à la guerre — ce sang était sacré et, comme il n'ignorait pas non plus que la politique est sujette à retournement, Condé, même arrêté, pouvait fort bien sauver sa tête. Tandis que celle de Tavannes risquait, un jour, de faire les frais de cette petite comédie.

Les affaires de famille ne consolent pas Catherine des affaires de l'État

Ses enfants ne lui donnaient pas que des satisfactions. Elle les aimait certes mais souvent contre eux-mêmes — sauf Henri qui jouissait d'un traitement privilégié. De plus, ils étaient loin de s'entendre. La préférence éclatante qu'elle manifestait pour son chéri suscitait chez son frère une jalousie de plus en plus vive à mesure que son cadet prenait plus de poids. La lieutenance générale avait ulcéré Charles IX. Aux dons qu'Henri avait reçus à sa naissance il supportait mal que sa mère ajoutât cette charge, la plus importante du royaume, qui faisait de son titulaire une sorte de vice-roi. Ce sentiment d'envie et de frustration prit bientôt chez le roi une tournure morbide. Charles IX n'avait jamais été très équilibré mentalement. Il était, on l'a vu, sujet à des colères incontrôlées qui faisaient trembler de terreur son entourage. Il était alors capable de tout et, chez un roi, le pire était non seulement impuni mais effacé. A la chasse, il éventrait et égorgeait de sa main les animaux, il plongeait le bras dans leurs entrailles

sanglantes. Il tuait avec délectation. Conscient de cette cruauté, il
ne savait comment dompter ces impulsions qui le torturaient lui-
même. Il essayait de dominer ces crises par des chasses exténuantes, des efforts physiques accablants : il aimait marteler
l'enclume jusqu'à épuisement, il soufflait à mort dans un cor en
faisant retentir le palais d'interminables et lugubres sonneries de
son instrument ; il s'arrêtait pour cracher le sang. Il échappait ainsi
pour un temps à ses démons intérieurs. Il lui arrivait de cingler les
personnes de son entourage avec un fouet de chasse. Il fut surpris,
plusieurs fois, à Paris, en pleine nuit, dans des rues obscures, en
train d'assommer les passants qu'il pouvait trouver.

Le même homme faisait des vers et se berçait de leur musique. Il
adorait Ronsard, qui fut son maître ès arts, et fit pour son poète les
vers suivants dont on ne saurait nier la qualité ni la délicatesse du
sentiment :

> *Tous deux également nous portons des couronnes*
> *Mais roi, je la reçus ; poète, tu la donnes.*
> *Ta lyre, qui ravit par de si doux accords,*
> *Te soumet les esprits dont je n'ai que les corps.*
> *Elle amollit les cœurs et soumet la beauté*
> *Je puis donner la mort, toi l'immortalité.*

Il fut capable, en musique, de composer des fanfares de chasse.
Très versé en vénerie, il dicta à son secrétaire, Villeroy, son *Traité
de la chasse royale* que sa mort prématurée ne lui permit pas de
terminer. Mais il voulut dédier la partie qu'il avait écrite à un
simple lieutenant de chasse, en ces termes pleins d'élégance et
d'estime : « *Je me sentirais trop ingrat et penserais être pris d'outrecuidance si, en ce petit traité que je veux faire de la chasse du cerf... je
n'avouais et confessais que j'ai appris de vous ce peu que j'en sais.* »

Le moins qu'on puisse dire est que les enfants de Madame
Catherine appartenaient à une humanité très compliquée.

Sa chasteté prolongée parut si extravagante dans cette cour que
la duchesse de Montpensier, en 1567, lui en fit la remarque sur un
ton persifleur qui déplut à ce jeune roi de dix-sept ans. Il releva
vivement son propos en lui disant que « *s'il se mettait un jour à
coqueter il donnerait tant d'exercice à toutes les dames qu'elles se*

repentiraient d'avoir éveillé le lion qui dormait ». C'était faire le bravache : les dames avaient tout fait pour l'éveiller et pour avoir « *de l'exercice* ». Cependant, comme les huguenots répandaient déjà le bruit qu'il était citoyen de Sodome, il poussa dès lors ses avantages ostensiblement auprès des dames de son entourage et même au-delà. On raconte qu'ayant rencontré au bord de la Loire des jeunes huguenots qui revenaient de la pêche avec leurs aimables compagnes, Charles IX et quelques seigneurs amis voulurent leur donner la preuve que Sodome n'était pas leur patrie. Charles dit à ses amis : « *Allons voir si ces parpaillotes sont aussi belles dessous que dessus.* » Ils battirent les garçons qui cherchaient à s'interposer puis ils violèrent les filles. Tout cela pour faire cesser les faux bruits et aussi pour goûter un moment de plaisir champêtre — sans parler de celui, plus trouble, d'assouvir sa brutalité latente. Il en fit d'autres [1] en compagnie de son frère et d'Henri de Navarre. Ils réunissaient des dames sans peur, aussi nues qu'Eve, qui leur servaient des mets exquis et des liqueurs fortes avant d'autres plaisirs qu'ils partageaient tous trois sans jalousie. Après quoi, Mme de Montpensier n'eut plus rien à dire.

En 1569, il rencontra à Orléans une jeune fille protestante qui avait le même âge que lui, Marie Touchet, dont le père était lieutenant du baillage. Il fut si échauffé par sa beauté qu'il voulut l'avoir dans son lit, le soir même. Les chroniqueurs ne tarissent pas d'éloges sur elle : « ... *le visage rond, les yeux vifs, bien fendus, le front plus petit que grand, le nez d'une juste proportion, la bouche petite, le bas du visage admirable.* » Un autre ajoute qu'elle était « *spirituelle et enjouée* ». Clouet l'a peinte en lui donnant une riche et éclatante carnation de blonde plutôt rousse. Touchet était d'origine flamande.

Elle se rendit sans difficulté à l'invitation de Charles. La première nuit fut un coup de foudre. Le roi, conquis, ne voulut plus se séparer d'elle. Il demanda à sa sœur Marguerite de la prendre parmi ses femmes de chambre, ainsi elle faisait partie de la cour. Près d'elle, il oubliait ses obsessions cruelles. Il l'aimait. Un jour, il lui remit un papier sur lequel il avait écrit : « *Je charme*

---

1. Sauval : *Galanteries des rois de France* (cité par Guy Breton).

tout. » Comme elle restait perplexe, il lui dit que c'était l'anagramme de son nom « Marie Touchet » qu'il venait de trouver lui-même. C'était un jeu à la mode.

Catherine laissa faire. En général, elle n'intervenait jamais dans la vie privée de ses fils. Sauf, on le verra, dans celle d'Henri d'Anjou ; en ce cas, la passion se mêlait avec la jalousie. Pour Marie Touchet, après information, Catherine fut rassurée. La favorite était modeste, elle ne s'occupait pas de politique et surtout elle ne faisait rien pour détacher Charles de sa mère. C'était parfait. Cependant, Marie Touchet était calviniste. Elle agit en douceur sur le roi pour le rendre aussi bienveillant que possible à l'égard de la religion nouvelle. Elle favorisa le rapprochement du roi et de Coligny dans une période difficile. Certes, les qualités et le prestige de l'amiral étaient bien connus du roi, l'influence de Marie Touchet ne fit que le conforter dans son penchant pour lui. Comme les forces de l'un étaient aussi réelles que la faiblesse de l'autre, la persuasion de Coligny se fit sentir bien après « *l'infâme entreprise* ». Catherine perçut parfois que son fils menaçait de lui échapper[1].

Comment, dans une famille pareille, desservie même par ceux qui auraient dû la soutenir de toutes leurs forces, comment aurait-elle pu rendre la paix à son royaume ?

La haine des deux frères devenait de plus en plus évidente. Henri méprisait son aîné pour sa brutalité mais il avait peur de lui. Il se retranchait derrière l'amour et la protection de sa mère. Quant à Charles IX, il haïssait son frère pour tout ce qui faisait la supériorité et le charme d'Henri. Mais le plus intolérable pour le roi, c'est que son frère était plus aimé et surtout plus populaire que lui. S'il n'avait tenu qu'à lui, il eût exilé son cadet ou (meilleure solution), dans un de ses accès de fureur, il l'eût assassiné. Mais entre eux il y avait Catherine, la mère toute-puissante, vénérée et crainte jusqu'à trembler devant elle. Quand il vit que les catholi-

1. Marie Touchet eut un fils de Charles IX que celui-ci reconnut, nomma et titra duc d'Angoulême. Il n'eut de remarquable que sa longévité : sa mère lui avait donné sa santé. Il mourut sous Louis XIV. Il jouait au fils de roi et frappait monnaie à son effigie. Louis XIV ne sentit pas son pouvoir menacé et n'y attacha pas d'importance.

ques adoraient Henri, Charles IX prit le parti des huguenots vers
lequel Marie Touchet le poussait. Il s'enfermait avec Coligny pour
entendre ses leçons — presque ses ordres —, il fit des Rohan et des
La Rochefoucauld ses amis et il fut plus attentif que jamais aux
conseils de sa bonne nourrice qu'il aimait, Nanon, calviniste
convaincue.

De son côté, Henri d'Anjou affichait, non sans imprudence, son
mépris pour l'entourage du roi.

Tout semblait fait pour les rendre frères ennemis, même leur
commune affection pour leur jeune sœur Marguerite. La dernière
fille de Catherine était de loin la plus réussie. Cependant, elle ne
comptait pas aux yeux de sa mère — sauf comme objet d'échange à
l'occasion d'un des mariages diplomatiques que celle-ci aimait
combiner. Marguerite était restée longtemps confinée à Amboise
avec son triste frère Hercule, rebaptisé François d'Alençon. Quand
elle parut à la cour, en 1568, elle avait quinze ans : ce fut un
éblouissement. Gaie, aimable, extrêmement cultivée, ouverte, elle
était aussi d'une beauté radieuse et, miracle ! en parfaite santé.
Seule la présence de sa mère la tenait dans une crainte paralysante.
Elle tremblait à son approche. Catherine, d'ailleurs, ne lui
adressait la parole que par pure formalité. Quelques mots de
recommandation accompagnés d'un regard sévère et rapide. En
revanche, ses deux frères la cajolaient et elle les aimait, chacun
différemment, avec, bien sûr, une préférence pour Henri, préférence visible et passionnée. Charles, qui n'avait pas d'ami et n'avait
pas encore découvert Marie Touchet, aimait Marguerite tendrement. C'était la seule personne auprès de qui il oubliait ses fureurs
et à qui il faisait ses confidences, la seule qui fût gaie et tendre avec
lui. De son côté, elle s'amusait à dompter en douceur ce grand
jeune homme brutal qui s'engourdissait de bonheur auprès d'elle.
Or, ce bonheur fut, lui aussi, empoisonné quand il s'aperçut qu'il
n'était ni le plus ni le mieux aimé et que toute l'attention, toute
l'attirance, tout le cœur de Marguerite étaient pour son frère
détesté.

Il est vrai qu'Henri fut pour Marguerite une révélation — une
révélation sans doute très poussée du sexe viril, encore qu'Henri
fût par bien des côtés aussi fille qu'elle. Il lui apprit la danse, le

maintien qu'elle devait avoir à la cour en toute circonstance, il l'initia aux modes du moment, de ses mains il soignait sa chevelure et la parait de perles et de plumes, il lui essayait les robes qu'il choisissait lui-même et allait jusqu'à les porter pour montrer à sa sœur la manière de se présenter et de marcher ainsi harnachée de soie, d'or et de dentelles devant la cour attentive.

Les jeux de ces grands enfants terribles n'étaient pas innocents, à la fois en raison de leur lourde hérédité et de la place qu'ils avaient au sommet de l'Etat. Ces jeux n'étaient pas ceux de la puérilité simple et honnête. Ce trio bariolé s'offrit toutes les initiations. C'est Marguerite, plus tard, qui vendit la mèche. En rappelant dans ses *Mémoires* les souvenirs de ses débuts, elle s'accusa très naturellement d'un double inceste. Lorsqu'elle devint reine de Navarre et l'épouse dévergondée du futur Henri IV, son frère chéri, qui régnait sous le nom d'Henri III, crut devoir prendre des mesures contre sa sœur qui n'était plus chérie. Celle-ci, indignée qu'il osât lui reprocher ses débordements, s'écria en public : « *Il se plaint que je passe mon temps ? Eh ! ne sait-il pas que c'est lui qui m'a mis le pied à l'étrier ?* »

Il ne lui reprochait pas cela, mais seulement de changer trop souvent de montures et de les choisir dans de mauvaises écuries.

Voici sur quelle famille régnait aussi Catherine. Elle laissait parfois filtrer une confidence à un ami italien. Elle eut vers cette époque, en 1569, un curieux et révélateur entretien avec l'aimable et subtil ambassadeur de Venise, Correro. Elle lui parla d'un vieux manuscrit qu'elle avait trouvé à Carcassonne lors de son voyage et elle le lisait avec passion. C'était le récit de la régence de Blanche de Castille pendant la minorité de son fils Louis IX âgé de onze ans, en 1226. Les nobles avaient pris les armes contre elle, ils s'étaient alliés aux hérétiques albigeois en Languedoc et, eux aussi, comme Condé et Coligny, avaient fait appel aux étrangers, notamment au roi d'Aragon. Toulouse était tombée en leur pouvoir et Blanche s'était trouvée contrainte de faire la paix. Elle avait perdu, mais préparé la revanche de son fils dans l'avenir. Et Louis avait gagné... Catherine ne manqua pas de faire des rapprochements entre sa situation et celle de Blanche de Castille. Correro écrit : « *Elle me montra comme tous ces détails lui rappelaient*

sa propre situation : veuve, étrangère, sans personne à qui se confier
avec un fils roi à onze ans. Les nobles s'étaient soulevés sous prétexte de
religion mais en vérité contre son gouvernement, appelant à leur secours
la reine d'Angleterre et les Allemands... La paix était signée grâce à elle
à l'avantage des huguenots et espérant obtenir par le temps ce qu'elle ne
pouvait obtenir par la guerre avec une grande effusion de sang. »
Correro lui dit que l'exemple de Blanche de Castille pouvait passer
pour une prophétie favorable de ce qui arriverait en France à son
fils et à ses propres sujets. Elle verrait le triomphe du roi. Cela lui
fit un grand plaisir mais elle pria Correro de garder le secret sur
leur entretien car, dit-elle : « *Je ne voudrais pas que quelqu'un*
d'autre sache que j'ai lu cette chronique parce qu'on dirait que j'imite la
reine Blanche de Castille qui est une Espagnole. »

Elle voulait ne devoir qu'à elle-même le succès de sa politique
mais sa réflexion dénote qu'elle souffrait encore d'être étrangère et
surtout qu'on pût croire qu'elle s'inspirait d'une Espagnole dans
un moment où l'arrogance des réformés lui créait de grandes
difficultés avec le roi d'Espagne.

Fin des concessions et autres palinodies : on massacre, on torture et on
brûle

Pendant que les protestants se groupaient et se fortifiaient à La
Rochelle, Charles IX tomba, une fois encore, gravement malade.
Une lancette maladroite ou contaminée provoqua un abcès dans un
bras ; il prit des proportions si alarmantes qu'on crut le roi déjà
mort. Toutes les églises de Paris célébrèrent des messes et des
prières publiques pour la guérison du roi : il guérit. Catherine
vivait un moment difficile, elle était forcée par les événements de
changer de politique, de renoncer à ses concessions, atermoiements et autres fioritures diplomatiques. C'était renier son naturel.
Consternée, elle se renia. Politique oblige.

A Longjumeau, elle avait temporisé mais, désormais, elle ne
pouvait plus reculer davantage. Ses ennemis venaient de recevoir
un nouveau renfort : la chute de Marie Stuart, reine d'Ecosse,

donnait la suprématie aux protestants et à Elisabeth sur les deux royaumes de Grande-Bretagne. Coligny reçut la nouvelle comme celle d'une victoire; persuadé qu'Elisabeth allait l'aider à réaliser en France ce qui avait réussi chez elle. Fort de cette espérance, il demanda au roi de nouvelles concessions en plus de celles du traité et il énuméra toutes les revendications qu'il tenait en réserve. Charles IX éclata : « *Aujourd'hui vous voulez être nos égaux, demain vous voudrez être nos maîtres et nous expulser du royaume.* » Il sortit en fureur et en criant : « *Le duc d'Albe a raison ! Toutes ces têtes sont trop fortes.* » Il entra en cet état dans le cabinet de sa mère. Elle l'apaisa. Elle était du même avis mais en silence.

Elle avait préparé à Saint-Maur, où elle s'était retirée, une proclamation qui n'attendait que la signature du roi. C'est de cette proclamation que datent les vraies et insurpassables horreurs de la guerre civile. Dans le texte, le roi regrettait les concessions faites par le passé. Elles n'avaient eu aucun effet d'apaisement sur la rébellion ; au contraire, les réformés n'avaient cessé de fomenter des troubles. Il exigeait la restitution de toutes les places de sûreté : La Rochelle, Montauban et autres dans le Midi et le Dauphiné, places interdites à l'autorité royale par les réformés. Il disait de ceux-ci : « *Leur damnée entreprise veut établir et instituer en ce royaume une autre principauté souveraine pour défaire la nôtre ordonnée de Dieu et diviser par tels artifices nos bons sujets de nous-même... par l'exercice de leur religion, assemblées qu'ils font sous couleur de prêches et de cènes auxquelles ils font collecte de deniers, enrôlements d'hommes, serments, associations, conjurations... et font actes d'ennemis mortels.* » On peut remarquer que les griefs du roi sont purement politiques, ils ne touchent pas à la croyance.

La déclaration exigeait que, sous quinze jours, les ministres réformés eussent quitté le royaume. Tout culte, autre que le catholique, était interdit sous peine de confiscation de biens et de personnes. Par mesure de clémence, le roi pardonnait à tous les réformés qui, sous sept jours, déposeraient les armes. Ils gardaient la liberté de conscience.

D'autres mesures aggravèrent ensuite ces premières dispositions : la révocation des officiers de justice et de finances appartenant à la « religion », la saisie des biens ecclésiastiques et des bénéfices dont les titulaires faisaient profession de calvinisme. Le chancelier de L'Hospital, choqué de voir les évêques calvinistes privés des biens de l'Eglise catholique, se retira.

L'ère des concessions et de la tolérance était finie. Celle de la guerre à outrance allait commencer.

Au départ de La Rochelle, les forces calvinistes donnèrent le signal. Elles s'emparèrent d'Angoulême où elles massacrèrent les prêtres, les femmes et les enfants. Pons, terrorisée par cet exemple, se rendit sous condition que la garnison de quatre cents hommes aurait la vie sauve. Malgré la promesse, ils furent égorgés. Aux environs de Bourges, mêmes massacres dans les villages. A Aurillac, les magistrats furent torturés et pendus. Les corsaires de La Rochelle s'emparèrent de sept navires portugais qui transportaient soixante-neuf missionnaires partant pour le Brésil : tous furent noyés. Ce n'était plus une guerre entre armées, c'était un terrorisme généralisé, proclamé et perpétré par des troupes commandées militairement et entretenues dans une folie de meurtre et de cruauté.

Les excès des troupes calvinistes soulevèrent une vague de haine et d'horreur contre « la religion ». Même les chefs de la Réforme déplorèrent cette cruauté. Théodore de Bèze écrivait : « *Assurément la défense par les armes est juste et nécessaire mais elles ont été si mal utilisées que nous devons prier Dieu pour qu'il nous apprenne à la manier d'une sainte manière. Puisse son Eglise être une assemblée de martyrs et non pas un refuge de brigands et d'assassins.* » Requête à transmettre à Coligny qui dirigeait les opérations.

Et l'honnête et chevaleresque La Noue, grand chef protestant, écrivit : « *Nous avons fait la première guerre comme des anges, la seconde comme des hommes, la troisième comme des démons.* »

Si les protestants le reconnaissaient, les catholiques, qui subissaient « ces démons », ne pouvaient que s'écrier comme l'un d'eux : « *Au nom du Ciel, les huguenots ont amené l'enfer sur terre.* »

Coligny avait trouvé un raffinement pour « faire le nettoyage » des abbayes : il obligeait les moines à se pendre mutuellement pour la grande joie de ses troupes. Après quoi, on pillait puis on incendiait.

Dans l'Est, les reîtres de Guillaume d'Orange poussèrent

En haut. Cabinet de deuil aux chiffres et aux attributs d'Henri II et de Catherine de Médicis. Paris, musée de Cluny. *Photo Lauros-Giraudon.*

A gauche. Sceau de Catherine de Médicis avec ses armoiries. Paris, Archives nationales. *Photo des Archives.*

Ci-dessus. Médaille talisman de Catherine de Médicis. Paris, Bibliothèque nationale, cabinet des Médailles. *Photo B.N.*

François Clouet :
Henri II enfant.
Chantilly, musée Condé.
Photo Giraudon.

François Clouet :
Henri II en 1550.
Paris, Bibliothèque nationale,
cabinet des Estampes. *Photo B.N.*

François Clouet :
le dauphin Henri II à cheval.
Houston, collection de Ménil.
Photo Giraudon.

Ecole française, XVIe siècle :
Henri II.
Chantilly, musée Condé.
Photo Giraudon.

François Clouet:
François II enfant.
Paris, Bibliothèque nationale,
cabinet des Estampes. *Photo B.N.*

D'après François Clouet:
Charles IX. Chantilly, musée Condé.
Photo Lauros-Giraudon.

A gauche. Atelier de Clouet:
Charles IX enfant.
Senlis, musée de la Vénerie.
Photo Giraudon.

A droite. François Clouet:
Charles IX.
Vienne, Kunsthistorisches Museum.
Photo Bulloz.

Ecole française, XVIᵉ siècle : Marguerite de Valois âgée de huit ans, dite plus tard "la reine Margot". Paris, Bibliothèque nationale, cabinet des Estampes. *Photo B.N.*

François Clouet : Elisabeth de Valois. Toledo, Museum of Art. *Photo Giraudon.*

Ecole française, XVIᵉ siècle : Henri III âgé de treize ans. Paris, Bibliothèque nationale, cabinet des Estampes. *Photo B.N.*

Ecole française, XVIᵉ siècle : Henri III. Paris, Bibliothèque nationale, cabinet des Estampes. *Photo B.N.*

Ecole française, XVIe siècle : Henri III à cheval. Chantilly, musée Condé.
Photo Giraudon.

François Clouet :
Hercule-François, duc d'Alençon.
Le peintre a beaucoup "arrangé"
ce portrait du fils d'Henri II
et de Catherine de Médicis.
Chantilly, musée Condé.
Photo Lauros-Giraudon.

Pierre Dumonstier
d'après Clouet :
François 1er.
Paris, Bibliothèque nationale,
cabinet des Estampes.
Photo B.N.

Ecole française, XVIe siècle :
François 1er à cheval.
Chantilly, musée Condé.
Photo Archives Ed. Arthaud.

D'après Jean Clouet :
Diane de Poitiers.
Paris, Bibliothèque nationale,
cabinet des Estampes.
Photo Giraudon.

Ecole française, XVIe siècle :
Henri de Lorraine, duc de Guise,
dit le Balafré
assassiné à Blois
par Henri III en 1588.
Chantilly, musée Condé.
Photo Giraudon.

Gabriel, comte de Montgomery.
Paris, Bibliothèque nationale,
cabinet des Estampes.
Photo B.N.

Ecole italienne, XVIᵉ siècle : l'amiral Gaspard de Coligny.
Paris, Bibliothèque du Protestantisme. *Photo Lauros-Giraudon.*

François Clouet : Jeanne d'Albret, reine de Navarre, mère d'Henri IV, en 1570. Chantilly, musée Condé. *Photo Giraudon.*

Ecole française, XVIe siècle : Michel de L'Hospital. Chantilly, musée Condé. *Photo Giraudon.*

Pierre Dumonstier : Henri de Navarre jeune, futur Henri IV. Paris, Bibliothèque nationale, cabinet des Estampes. *Photo B.N.*

Ecole française, XVIe siècle : Louis de Bourbon, prince de Condé, oncle d'Henri de Navarre, farouche ennemi de Catherine et amant de Mlle de Limeuil. Musée de Versailles. *Photo Giraudon.*

Ecole française, XVIe siècle : Marie Stuart. Paris, musée Carnavalet. *Photo Lauros-Giraudon.*

Lucas Cranach : Martin Luther en 1533. Nuremberg, Germanisches Nationalmuseum. *Photo du musée.*

Anonyme, XVIe siècle : Jean Calvin vers 1534. Genève, musée historique de la Réformation. *Photo du musée.*

Santi di Tito : Machiavel. Florence, Palais-Vieux. *Photo Alinari-Giraudon.*

Ci-dessus. Anonyme, XVIᵉ siècle :
Elisabeth 1ʳᵉ d'Angleterre,
"fiancée" d'Henri III
puis de son frère Alençon.
Londres, National Portrait Gallery.
Photo du musée.

Titien : Philippe II,
gendre de Catherine de Médicis.
Florence, palais Pitti.
Photo Anderson-Giraudon.

Palais du Louvre, aile Pierre Lescot,
œuvre de Jean Goujon.
Photo Jacques Verroust.

Portique d'entrée du château d'Anet. *Photo Jacques Verroust.*

Ci-dessus. L'hôtel de Soissons bâti par Jean Bullant : le "logis" construit par Catherine de Médicis pour s'éloigner de Saint-Germain-l'Auxerrois. Paris, Bibliothèque nationale, cabinet des Estampes. *Photo B.N.*

A gauche. Château d'Anet, chambre d'honneur dite de Diane de Poitiers. Photo Archives photographiques. © Spadem.

Ci-dessous. Le palais des Tuileries construit sous les ordres de Catherine de Médicis, par Jean Bullant et Philibert de l'Orme. Paris, Bibliothèque nationale, cabinet des Estampes. *Photo B.N.*

Le palais des Tournelles où mourut Henri II
et que Catherine fit raser ensuite.
Paris, Bibliothèque nationale, cabinet des Estampes.
Photo Giraudon.

Mort d'Henri II au palais des Tournelles, le 10 juillet 1559. Paris, Bibliothèque nationale, cabinet des Estampes. *Photo B.N.*

Exécution des conjurés d'Amboise, le 15 mars 1560. Paris, Bibliothèque nationale, cabinet des Estampes. *Photo B.N.*

Assassinat du duc François de Guise par Poltrot de Méré, le 18 février 1563. Paris, Bibliothèque nationale, cabinet des Estampes. *Photo B.N.*

Supplice de Poltrot de Méré, assassin du duc de Guise, en place de Grève, le 18 mars 1563. Paris, Bibliothèque nationale, cabinet des Estampes. *Photo B.N.*

Massacre de la Saint-Barthélemy, le 24 août 1572. Paris, Bibliothèque nationale, cabinet des Estampes. *Photo B.N.*

Entrée d'Henri III à Venise en 1574. Paris, Bibliothèque nationale, cabinet des Estampes. *Photo B.N.*

Ouvrage publié à Anvers en 1587,
relatant les cruautés des protestants à l'égard des catholiques.

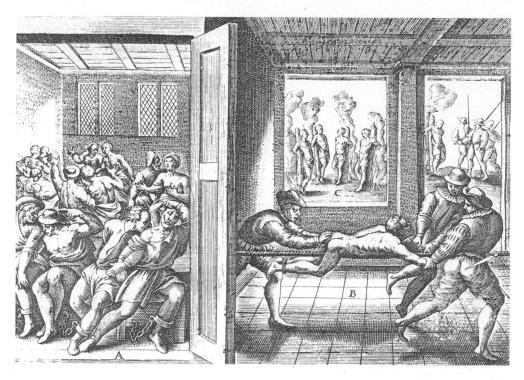

Massacre des huguenots à Orléans.
Paris, Bibliothèque nationale, cabinet des Estampes.
Photo B.N.

Assassinat, à Blois, en 1588,
du duc Henri de Guise, dit le Balafré.
Paris, Bibliothèque nationale, cabinet des Estampes.
Photo B.N.

Réunion de la Ligue à l'Hôtel de Ville en 1588.
Paris, Bibliothèque nationale, cabinet des Estampes.
Photo B.N.

Assassinat d'Henri III par Jacques Clément,
le 1er août 1589.
Paris, Bibliothèque nationale, cabinet des Estampes.
Photo B.N.

Le roi de Navarre, futur Henri IV,
quitte Saint-Cloud pour accompagner le corps d'Herri III.
Paris, Bibliothèque nationale, cabinet des Estampes.
Photo Roger-Viollet.

l'horreur à son comble : ils confectionnaient des colliers d'oreilles arrachées, des baguettes de tambour avec les os des religieuses écartelées. Jusqu'à 1568, les chefs protestants n'avaient pas donné — quelle que fût leur violence — dans ces monstruosités, sauf un, l'ami de Jeanne d'Albret, le baron des Adrets, en Dauphiné. Mais, à partir de cette date, le pire fut possible partout. Les soldats, fanatisés par les prédicateurs, n'écoutaient plus les ordres modérateurs de leurs chefs — si toutefois on leur en donnait.

Les représailles catholiques n'allaient pas tarder : le mal s'ajouta au mal. Et tous ces gens-là priaient Dieu, selon l'expression très sujette à caution de Théodore de Bèze « *de manier les armes d'une sainte manière* ». Effarant. Il y a un commandement de Dieu : « *Tu ne tueras point.* » C'est la seule sainte manière de se comporter. Mais que vient faire Dieu dans ces sortes d'affaires ?

Le pape lui-même, apprenant les représailles dont les catholiques s'étaient rendus coupables pour égaler les calvinistes, était indigné. Il appelait sur les protestants la justice du roi, demandait à Henri d'Anjou « *les pires peines de la loi* » contre le terrorisme calviniste mais il n'admettait pas que les catholiques, par des contre-massacres organisés, se rendissent semblables à leurs ennemis. Pieuse pensée ! Il savait très bien que la justice du roi en France pendant cette guerre était inopérante, que le clergé lui-même prêchait les représailles, bref, que sa pieuse pensée était aussi vaine et hypocrite que celle de Théodore de Bèze.

Sur l'état de la France à ce moment-là, un voyageur anglais écrivait : « *Le sort de la France est lamentable. Les plus misérables sont dépossédés de tout, les plus importants ne sont ni sûrs de leur vie, ni sûrs de vivre dans un lieu où le meurtre ne soit pas une cruauté... Chacun baigne dans le sang des autres et fait son habitude du mépris de la religion, de la justice et de tous les liens sacrés des institutions divines et humaines... Et à tous ces maux s'ajoute encore une incroyable obstination d'un côté comme de l'autre, chacun durcissant son cœur avec malice et furie, chacun espérant la complète extermination de l'autre*[1]. »

1. Cité par Hugh-Ross Williamson : *Catherine de Médicis*, Pygmalion.

Catherine prépare la guerre, c'est elle qui est blessée dans son amour maternel

Fin septembre 1568. Paris se livre à des dévotions exceptionnelles. On expose les reliques de saint Denis, on les promène dans les rues. Le roi dépose devant elles son sceptre et sa couronne : le peuple est sûr que le saint vénéré lui donnera la victoire car on part en guerre.

Toutefois, ce n'est pas Charles IX qui fera la guerre en personne, c'est son frère Henri qui est le chef de l'armée. Il a déjà rejoint Etampes avant de gagner le Poitou et l'Angoumois où sont concentrées les forces protestantes.

Catherine, bien sûr, accompagne son fils à Etampes, flanquée des cardinaux de Bourbon et de Guise. Elle ne laisse pas partir Henri sans lui donner ses derniers conseils : prévenir les jalousies et les intrigues de son entourage aussi redoutables que les forces de Coligny.

Le 19 octobre, de retour à Paris, elle assiste au grand conseil. Au cours de la séance, le roi lui-même vient lui apprendre la plus cruelle des nouvelles : sa fille adorée, Elisabeth, reine d'Espagne, est morte. Elle l'avait quittée, sans pouvoir se séparer d'elle, à Irun, en la baignant de larmes. Toute la cour était au courant depuis la veille, mais personne n'osait lui apprendre la nouvelle : Catherine relevait de maladie, elle était accablée par les affaires, très affectée par la nouvelle politique si contraire à sa nature. Chacun savait que le coup qu'on allait lui porter serait si dur qu'on redoutait l'effet qu'il aurait sur elle et sur l'entourage. Seul le roi pouvait s'en charger.

Le coup tomba. Catherine montra alors qu'elle était, elle, « *la reine noire* », vouée au deuil, cernée par la mort depuis le berceau : elle se dressa et fit face à sa vieille ennemie la Mort. Elle laissa ses conseillers pétrifiés. Elle sortit sans un mot, dans ses voiles funèbres toujours de circonstance et elle s'enferma dans son oratoire. Nul ne broncha dans le palais pendant le tête-à-tête de la reine mère avec sa fille, avec le néant et avec Dieu.

Une heure après, elle reparut au conseil, reprit son trône, aussi maîtresse d'elle-même qu'elle l'était d'ordinaire, et dit : « *Messieurs, Dieu m'a pris tous mes espoirs en ce monde, mais je sécherai mes larmes et je me consacrerai uniquement à la défense du roi, mon fils, et à celle de Dieu. Les huguenots ne vont pas manquer de se réjouir et de supposer que cette mort brisera nos liens d'amitié avec l'Espagne. Le roi Philippe va certainement se remarier. Je n'ai qu'un désir, c'est que ma fille Marguerite puisse prendre la place de sa sœur.* »

Inouï ! La reine, le souverain effectif du royaume et la marieuse n'avaient abdiqué qu'une heure devant la mort. Catherine sortait du déchirant tête-à-tête aussi sûre d'elle, de son devoir, de son destin royal tracé de toute éternité. Elle avait un combat à mener : elle était prête. En cette heure que l'Histoire a distraitement consignée, se révèlent pourtant la grandeur et la puissance d'âme de cette petite veuve étrangère et boulotte en qui s'incarnait le destin de la monarchie capétienne qui était près de capoter et qu'elle sauva.

Qu'on ne croie pas que cette grandeur souveraine ait manqué de sensibilité et d'humanité. On sait qu'elle fut aussi bonne mère que bonne épouse. Ses lettres à Elisabeth sont pleines de recommandations maternelles sur sa santé. Catherine se désolait depuis longtemps devant le régime alimentaire aberrant de sa fille. Le sien, on l'a vu, ne valait pas mieux, mais elle s'en souciait moins que de celui d'Elisabeth car celle-ci, en état de grossesse, se portait mal comme à chaque fois. Elle écrivait à son gendre pour lui demander d'user de son autorité sur son épouse afin que celle-ci ne fît que deux repas par jour — et quels repas ! comme ceux de sa mère — et surtout, entre les deux repas, de ne lui laisser manger que du pain ! On croit rêver. Bref, Elisabeth était obèse, ne faisait aucun exercice ; elle accoucha à quatre mois d'un enfant mort et mourut peu après.

Pendant ce drame, qui remontait à quinze jours quand son fils le lui apprit, Catherine s'était occupée de l'intendance de l'armée d'Henri d'Anjou avec plus de succès qu'autrefois, lorsqu'elle s'occupait de celle de son mari Henri II qui ne voyait jamais venir le ravitaillement envoyé.

Quant à son projet de marier la jolie Marguerite à Philippe II, elle dut déchanter sans tarder. La cour d'Espagne lui fit savoir en clair que le roi ne voulait pas renouveler une alliance matrimoniale avec la France. Elle aurait pu s'en aviser : la politique qu'elle avait suivie avec les réformés et la situation actuelle du royaume n'engageaient pas Philippe II à recommencer l'expérience. Mais Catherine ne doutait de rien, surtout pas d'elle, de ses enfants et de la couronne de France. Philippe était trop bien informé de ce qui se passait au royaume des lis pour y contracter mariage. S'il avait un désir, c'était plutôt celui d'y envoyer une armée et l'Inquisition et d'en extirper l'hérésie jusque dans ses racines. Or, Catherine redoutait autant cette « collaboration » que la guerre avec les réformés.

Toutefois, l'affaire du mariage manqué de Marguerite avec Philippe allait provoquer plus tard, en 1570, la conclusion de celui de Charles IX avec l'archiduchesse Elisabeth d'Autriche, cadette de l'empereur, tandis que Philippe II devait épouser l'aînée, Anne. Longtemps, néanmoins, Catherine s'entêta dans son projet. On lui fit comprendre fermement que sa fille Marguerite n'épouserait jamais le roi d'Espagne mais qu'éventuellement on pourrait la donner au roi du Portugal.

Le 24 octobre, le service funèbre de la reine d'Espagne fut célébré à Notre-Dame. Le roi, contre l'usage qui lui interdisait de paraître aux funérailles, était aux côtés de sa mère. Lui en violet, elle dans ses voiles noirs donnèrent à l'assistance le spectacle d'une douleur déchirante qui émut tout Paris.

Le danger rendait la capitale plus sensible. On percevait, et on ne se trompait pas, que la guerre présente n'était plus le simple affrontement de deux factions. Le plan était beaucoup mieux préparé que précédemment. En Picardie, le maréchal de Cossé attendait les troupes que lui envoyait le duc d'Albe. Sur la frontière de Lorraine, le duc d'Aumale attendait pour les refouler les reîtres du duc de Deux-Ponts et les lansquenets payés par la reine d'Angleterre pour se joindre aux forces de Coligny. Son armée devait être grossie de six mille mercenaires recrutés par Catherine. Le gros de l'armée protestante, commandée par Coligny, avait pris position au sud de la Loire. Celle du roi, sous les ordres d'Henri d'Anjou — et, effectivement, du maréchal de Tavannes — se trouvait à quelques lieues de l'armée de Coligny. L'une et l'autre attendaient les renforts qui devaient venir de l'Est.

Catherine, pour avoir l'œil à tout, installa la cour à Orléans. La partie qui allait se jouer n'était plus seulement française. Les Espagnols au nord, les princes allemands, le prince d'Orange, la reine d'Angleterre poussaient leurs pions. On savait que c'était du sort du catholicisme en France et de la monarchie que la guerre allait décider. L'effondrement du trône des lis signifierait un bouleversement des trônes d'Europe, une révision des frontières, une guerre civile généralisée. Cette guerre dite de religion était un conflit européen dont la France était le théâtre et faisait les frais.

Quelles étaient les armes de Catherine pour dominer un pareil conflit ? Elle devait s'appuyer sur un roi aboulique et versatile, sur une armée commandée par un prince de dix-sept ans sans expérience militaire et elle était entourée de féodaux enragés, prêts à tout saccager, à tout tuer, à tout incendier pour se repartager le royaume, se tailler des fiefs comme au XIe siècle. Ils seraient enfin les maîtres. Ils pourraient régner sur des cadavres et des ruines. Tels étaient les atouts de Catherine pour sortir ce malheureux pays du chaos sanglant où il était tombé. Il faut en ajouter un autre d'importance ; elle avait encore toute sa tête et savait s'en servir.

Elle s'en servit pour se dépêtrer des sordides marchandages auxquels elle dut faire face afin de se procurer l'argent nécessaire à la paie des soldats. Ce sont encore les villes de France, Paris en tête qui donnèrent le plus. Le pape prit de nouvelles hypothèques sur les biens du clergé français. Le cousin de Catherine, Cosme de Médicis, chipota sur la valeur réelle des bijoux qu'elle lui avait donnés en gage ; elle dut y ajouter ceux qu'elle avait reçus en héritage du triste Alexandre le More.

L'hiver approchait, il fut précoce. Les armées hésitaient à s'affronter en raison du froid et du verglas qui paralysaient la cavalerie. Le 22 décembre, à Loudun, le dispositif de bataille fut mis en place, pour rien. Tout mouvement des troupes était impossible : les chevaux glissaient des quatre fers et s'affalaient, la piétaille ne tenait pas debout. Condé d'une part et Henri de l'autre retirèrent leur armée sans coup férir.

Dans l'Est, les renforts venus d'Allemagne avec le prince

d'Orange purent passer et entrer en Champagne. La route du sud lui était ouverte. S'il réussissait à rejoindre Condé, l'équilibre des forces entre l'armée d'Henri d'Anjou et celles des rebelles était rompu en faveur des calvinistes. Déjà, autour de Catherine, on parlait de négocier la paix avant la catastrophe. Pour une fois, Catherine repoussa l'idée. Elle avait changé de politique et d'allié, elle était soutenue par le cardinal de Guise, elle était pour la guerre. Agacée par les conseils de modération et de défaitisme de certains membres du conseil, elle prit le large. Le 9 janvier 1569, elle s'installa à Chalon. Là, elle trouva le moyen de faire joindre le prince d'Orange et avec lui elle entama en secret une négociation à sa manière. Elle réussit à lui faire accepter de retourner en Allemagne avec son armée, elle lui payait ses frais d'aller et retour bien entendu, elle lui organisait ses étapes et lui fournissait le ravitaillement. L'intendance, elle connaissait. Le coup est stupéfiant, on n'avait jamais vu un chef d'Etat s'occuper de l'intendance d'une armée ennemie pour la voir déguerpir. Elle parvint donc à se débarrasser de cette armée en la renvoyant dans ses foyers avant qu'elle eût ravagé la Champagne et combattu celle du roi son fils. Par ce tour de force réalisé à l'insu de ses conseillers, l'équilibre des chances entre l'armée de Condé et celle du roi était maintenu et l'espoir d'une victoire était possible. Mais il y avait la note à payer au prince d'Orange : elle était exorbitante, insensée. Peu importe l'argent, le danger était écarté. Par une ironie du sort, Catherine avait, dans son affaire, donné à un prince protestant la plus grande partie de l'argent que le pape lui avait remis pour faire la guerre aux protestants ! Elle ne s'embarrassait pas de cette sorte de préjugé, l'essentiel était de vaincre.

De la Champagne, elle se rendit à Metz où une double affaire l'appelait. Elle voulait s'assurer que la retraite du prince d'Orange était bien effective ; ensuite, la marieuse qui ne s'endormait jamais attendit à Metz que la duchesse de Lorraine lui transmît la réponse finale de l'empereur pour le mariage de Charles IX. Comme il lui était impossible de rester inactive, elle inspecta et fit réparer les fortifications de Metz, visita les hôpitaux et, au cours d'une de ces visites, contracta probablement une maladie étrange qui la tint entre la vie et la mort du 4 mars au début mai 1569. Son fils

Charles IX, désemparé, ne bougeait pas de son chevet. Pendant qu'on la veillait comme une mourante, les armées d'Henri et de Condé étaient entrées en mouvement. Le 12 mars, l'armée royale accrocha une armée huguenote commandée par Coligny près de Jarnac. Ce nom revient souvent dans l'histoire de Catherine. La bataille s'engagea tout de suite. Coligny, incertain de son issue, rappela Condé parti en avant-garde. Celui-ci venait d'avoir une jambe brisée par une ruade, peu importe, il se jeta comme un furieux dans la mêlée, son cheval s'abattit. Condé à terre fut tué par Montesquiou, gentilhomme du duc d'Anjou, d'un coup de pistolet dans l'œil. Répétition de l'assassinat de Montmorency à Saint-Denis, auquel Montesquiou avait assisté. Condé à terre, pas plus que le connétable, n'aurait dû être abattu de la sorte, mais il y avait « *le précédent* » commis par un protestant. Il est vrai que Condé avait suscité tant de haines, trompé tant de gens avec cruauté que ce geste s'explique dans la fureur de la bataille. La suite s'explique moins. Henri d'Anjou n'aurait pas dû laisser insulter et profaner le cadavre qui fut hissé sur un âne et exposé deux jours à la risée et aux outrages divers. Mais on en vit bien d'autres dans l'un et l'autre camp.

La victoire resta à l'armée d'Henri d'Anjou. Ce fut un événement politique plus qu'une victoire décisive. L'armée catholique reconstituée venait de faire ses preuves sur le terrain face à l'armée protestante mieux entraînée et plus disciplinée. Depuis l'assassinat du duc de Guise, l'armée catholique ne s'était jamais aussi bien comportée. Cependant, elle laissa Coligny se retirer avec le gros de ses troupes et son artillerie intacte. Il alla s'enfermer dans Cognac et barra la route de La Rochelle. Le pays d'alentour lui était tout acquis.

Mais les trompettes de la renommée firent de Jarnac un triomphe pour Henri d'Anjou, sacré génie militaire, non seulement en France mais dans les capitales européennes. Cela prouve qu'on s'attendait si peu à ce succès de l'armée royale que la surprise qu'il provoqua en fit une merveille. Henri d'Anjou passa pour un aigle. Cela fit mentir partout la propagande protestante qui avait donné comme sûr l'effondrement de l'armée de Charles IX et de son frère. En fait de génie, le jeune Florentin eut surtout celui de s'installer avec une aisance remarquable dans une gloire toute neuve et d'oublier avec la même aisance que l'artisan de la victoire était le maréchal de Tavannes, le vrai commandant. Celui-ci laissa chanter les louanges du jeune prince sans manifester son amertume, tout en regrettant que sa vieille amie Catherine et le roi, imitant le duc d'Anjou, n'eussent même pas l'idée de prononcer son nom avec celui de la victoire qu'il leur avait donnée.

Pendant ces journées dramatiques, si importantes pour l'avenir, Catherine restait en proie à la fièvre et vivait dans une sorte d'inconscience un peu délirante. Elle avait toujours auprès d'elle son fils et sa fille Marguerite. Dans la nuit qui précéda la bataille de Jarnac, sa fille raconte dans ses *Mémoires* que sa mère... « *rêvant et étant assistée, autour de son lit, du roi Charles, mon frère, de ma sœur et de mon frère de Lorraine, de plusieurs membres du conseil et de force dames et princesses qui la tenant hors d'espérance* (de vie) *ne l'abandonnaient point, s'écrie, continuant ses rêveries, comme si elle eût vu la bataille de Jarnac : " Voyez-vous comme ils fuient ! Mon fils a la victoire. Hé ! mon Dieu, relevez mon fils, il est par terre. Voyez, voyez dans cette haie le prince de Condé est mort ! " *» La nouvelle de la victoire n'arriva au roi que plusieurs nuits plus tard. Le messager, M. de Losses, s'empressa aussitôt de la porter à la reine mère, comptant être accueilli par la joie et par une belle récompense, mais il fut rabroué. « *Eh ! vous êtes bien ennuyeux,* lui dit-elle, *de venir me réveiller pour cela car je le savais bien. N'avais-je déjà tout vu ?* » De tels faits ne pouvaient que l'enfoncer davantage dans sa croyance à l'occultisme, aux prémonitions, aux prophéties des astrologues. Nostradamus, mort depuis deux ans, n'avait-il pas prévu dans ses « *Centuries* » la fin de Condé causée par une blessure à l'œil comme dans le rêve de Catherine ?

> *Bossa (le bossu) sera esleu par le conseil*
> *Plus hideux monstre en terre n'appereux*
> *Le coup voulant crever l'œil*
> *Le traître au roi pour fidèle receu.*

Il semblait à Catherine qu'elle s'avançait dans la vie à travers mille embûches, dans les tortuosités de la politique, les complots, les trahisons, sur un chemin tracé d'avance et dont rien ne pouvait modifier le fatal déroulement. Cette croyance ne lui fit cependant jamais abdiquer sa volonté parce que, justement, cette volonté lui avait été donnée pour l'éclairer et pour éviter le pire dans le destin qui, de naissance, était le sien. Elle savait que les astrologues avaient prédit l'avènement des Bourbons sur le trône en la personne d'Henri de Navarre. Elle ne voulait pas de lui et elle agit de telle sorte que, croyant l'écarter, elle lui fraya la voie — celle de la fatalité astrale.

Sur le même sujet, Henri de Navarre, qui n'avait rien d'un Florentin ni d'un visionnaire, avait une tout autre façon de recevoir des prophéties — surtout celles le concernant. Il fit un jour cette réflexion sur les faiseurs d'horoscopes : « *A force de mensonges, les gens rencontrent parfois la vérité.* » Ce n'est pas du Nostradamus, mais, à coup sûr, c'est plutôt du Montaigne.

Catherine était nourrie de ces « *mensonges* » selon Henri de Navarre. Ruggieri la ravitaillait. Elle l'avait toujours eu en poste à la cour où il se livrait en toute sécurité à ses manigances de sorcellerie. Les mêmes cuisines chez Philippe II l'auraient fait griller dix fois. Catherine le rendait intouchable, elle le comblait de dons, il était aussi riche qu'un prince, elle lui fit même donner une riche abbaye en Bretagne. Une abbaye à un suppôt de Satan ! Un comble dans un temps où dix mille chrétiens en étripaient dix mille autres pour une question de présence réelle. L'époque était originale. Catherine aussi.

Madame Catherine mène en secret ses petites guerres

Après Jarnac, elle se rétablissait lentement. Toujours alitée, elle faisait mille projets. Elle aurait voulu qu'Henri d'Anjou poursuivît les protestants en retraite et couronnât sa victoire par l'écrasement de Coligny et la prise de La Rochelle. Elle était loin du compte : Henri était bloqué devant Cognac et l'aurait été bien plus sévèrement devant La Rochelle dont Coligny avait fait une place imprenable. Il fallut qu'elle s'y résignât.

Elle pensa alors à d'autres armes : l'assassinat des chefs protestants, Coligny, d'Andelot, La Rochefoucauld. Ce conseil lui fut donné par l'ambassadeur d'Espagne, Francès de Alvala : elle lui avoua qu'elle y pensait depuis les débuts de la guerre civile. Elle promit cinquante mille écus pour la tête de Coligny et trente mille pour celles des comparses. Ce projet n'avait rien d'exceptionnel au xvi⁰ siècle. (L'est-il devenu depuis ?) Nous connaissons celui-ci. Mais on en a prêté bien d'autres à la Florentine qui ne sont que des suspicions et même des fables dont le récit a fait la fortune de certains romanciers populaires ou même d'historiens imaginatifs. C'est ainsi que les pseudo-forfaits de Catherine ont été répandus comme des vérités.

Les sources scandaleuses des prétendus crimes et autres infamies dont Catherine se serait rendue coupable se trouvent dans un ouvrage du temps, *Discours merveilleux de la vie, actions et déportements de la reine Catherine de Médicis*, où, sans retenue ni nuances, elle apparaît, créature satanique comme on dit, « *capable de tout* » dans tous les domaines : meurtres variés, débauches et lubricités inouïes. Ce libelle et d'autres, d'origine protestante, se voyaient confirmés par des chefs et même par des princes réformés tels Wolfgang de Bavière qui s'apprêtait, au moment où elle était malade à Metz, à envahir la Bourgogne. Il répandit le bruit qu'elle était en train d'accoucher d'un enfant qu'elle aurait eu du cardinal de Lorraine. On ajoutait même que, depuis son veuvage, elle en aurait eu sept de la même source. On tenait du même coup à déshonorer la reine et le cardinal. En fait, le bon apôtre voulait justifier son entreprise : il lançait ses reîtres au pillage de la Bourgogne pour punir la reine de son inconduite.

Catherine ne répondit jamais à ces sortes d'attaques. Sa conduite, on le savait, était d'une austérité glaciale au milieu d'une cour totalement dissolue, mais ce n'était pas sur ces débordements que s'exerçait son autorité.

Les libelles firent preuve d'une imagination diabolique pour attribuer à la reine des crimes innombrables et raffinés. Il y avait le coup de la pomme empoisonnée qu'elle aurait envoyée à Condé. Le médecin du prince, méfiant, approcha le cadeau de son nez ; une enflure aussitôt le défigura. On jeta la pomme au chien ; à peine y eut-il mordu qu'il tomba raide mort. Les alchimistes florentins avaient bien du talent, les pamphlétaires encore plus. Il y avait aussi le coup des gants empoisonnés qui firent des ravages légendaires.

Ce qui est vrai et tout à fait conforme à ses croyances, c'est l'usage qu'elle fit de l'envoûtement pour se débarrasser de ses ennemis. Il ne semble pas que les résultats aient été à la hauteur de ses espérances ni des moyens mis en œuvre. Elle avait fait confectionner des figurines de Coligny, de Condé et autres sur lesquelles un sorcier italien « *travaillait* ». Comme ces personnages étaient hors du commun, le sorcier fit, à grands frais, venir d'Allemagne un aide capable de fondre, en bronze, les figurines de Coligny, d'Andelot et Condé. Sur ces figurines de précision articulées, où la place des organes était bien marquée, le sorcier devait agir avec la plus grande efficacité pour provoquer la mort du « modèle ». Francès de Alvala, le conseilleur de cette stratégie occulte, suivait de près ces travaux passionnants. Or, rien ne se passait. Les trois condamnés se portaient comme les plus fiers démons. Par chance, Condé fut tué à Jarnac. Vite, on trouva en cherchant bien que la figurine du prince portait une trace à la jambe. On en conclut que c'était celle du coup de pied du cheval. A vrai dire, on aurait dû découvrir un petit quelque chose à l'œil qui avait reçu le coup de pistolet mortel. Il semble que Catherine ait été un peu déçue par les figurines de bronze — mais non découragée.

Toutefois, d'Andelot mourut après Condé. Les uns dirent qu'il avait été empoisonné par Catherine. L'ambassadeur d'Angleterre lui-même répandit la nouvelle. Le frère, cardinal de Châtillon, qui vivait à Londres et n'avait rien vu ni entendu que les rumeurs de ses amis, assura que l'autopsie avait fourni la preuve de l'empoisonnement. L'autopsie pratiquée en France ne fut jamais connue du cardinal. Autre son de cloche : d'Andelot serait mort de ses blessures qui se seraient rouvertes sous l'effet des manipulations de l'envoûteur. L'ambassadeur d'Espagne tenait beaucoup à cette version qui prouvait la valeur de l'envoûtement qu'il avait préconisé.

Quant à Coligny, son sort était alors — selon les bruits répandus contre Catherine — affreux. Les manigances de ses sorciers auraient affligé l'amiral d'une enflure de tout le corps qui le menait droit au tombeau. Il aurait absorbé une potion fournie par « *le sinistre Italien* », l'empoisonneur attitré de Catherine. Cette fable fit tant de ravages dans les rangs protestants que Coligny, pour montrer sa bonne santé, fut obligé de se faire promener en litière au milieu de ses fidèles pour les rassurer. N'empêche que la légende de l'Italien empoisonneur se portait encore mieux que Coligny — elle n'a peut-être pas jeté encore ses derniers feux.

L'envoûteur se tira de son échec sur la personne de l'amiral en déclarant que « *les constellations* » de cet insigne personnage se plaçaient si haut dans le ciel qu'elles dépassaient ses moyens. Il proposa de nouvelles explorations où, semble-t-il, il se perdit.

La vraie guerre au grand jour avec quelques diversions dans l'ombre

Les troupes de Wolfgang, duc de Deux-Ponts, massées en Franche-Comté, envahirent comme prévu la Bourgogne, la ravagèrent sauvagement puis descendirent vers la Loire et le Centre. Catherine, encore dolente mais énergique, put quitter Metz le 14 avril 1569 avec son conseil et, après un arrêt à Verdun, alla se reposer dans sa chère maison de Saint-Maur. La situation, encore une fois, devenait grave. Coligny était remonté à la rencontre du duc de Deux-Ponts qui avait passé la Loire à La Charité. Les deux armées une fois réunies allaient-elles attaquer celle, plus faible, du duc d'Anjou ? Il avait bien reçu le reste des troupes du duc d'Aumale mais c'était peu de chose.

Catherine jugea sa présence nécessaire. Après sa maladie de quarante jours et avec sa cinquantaine alourdie, elle quitta Saint-Maur à cheval pour rejoindre l'armée. Elle la suivit jusque dans le Limousin. Elle passa la revue de l'armée royale à La Souterraine, le 6 juin. Curieuse manœuvre : les deux armées ennemies, sans s'accrocher, descendaient parallèlement vers Limoges. Catherine aurait bien voulu attaquer avant l'arrivée du duc de Deux-Ponts mais ses mercenaires refusèrent de marcher parce que le ravitaillement n'avait pas suivi : l'intendance de Catherine était encore en défaut. L'occasion était perdue, les reîtres de Wolfgang firent peu après leur jonction avec les huguenots qui avaient ainsi la supériorité. Toutefois, Wolfgang mourut subitement d'indigestion et de congestion. Catherine loua le Seigneur, dans une lettre à Charles IX, de l'avoir débarrassée d'un ennemi avant la bataille. Elle aurait pu remercier les Bourguignons à qui Wolfgang avait volé des centaines de bouteilles de vin dont il s'abreuvait copieusement. On dit que les vignerons avaient empoisonné leur vin.

La joie de Catherine était prématurée. Coligny prit la tête des deux armées confondues, secondé par le fils de Condé et par Henri de Navarre. L'affrontement eut lieu au sud de Limoges, non sans difficulté. Les armées cherchaient en vain dans ce pays montueux et cabossé un terrain plat pour s'entre-tuer selon les règles. Catherine, agacée par les marches et les contremarches, écrivait : « *Il n'y a pas plan pays quatre doigts.* » Elle n'aimait pas davantage les habitants, « *les plus taquins que je vis jamais* », ajoutait-elle. Certes, les Limousins n'avaient nulle envie de faire fête à ces gens vêtus de ferraille et pillards en diable, quel que fût leur parti.

Juste avant le combat, elle reçut les renforts d'Italie, qui lui arrivaient via Lyon, et ceux des Pays-Bas. L'armée de son fils pouvait affronter à égalité celle de Coligny, il avait même une certaine supériorité. Tranquillisée, Catherine remonta vers Orléans. L'accrochage eut lieu le 25 juin 1569, près du village de La Roche-l'Abeille. Les deux armées avaient fait bien du chemin avant de trouver un piètre champ de bataille pour un piètre résultat. Les forces considérables de l'une et de l'autre ne purent ou ne surent à aucun moment donner leur mesure. Elles se retirèrent quand la pluie tomba. En fait, Coligny s'en tira mieux que le duc d'Anjou car il courait fort le risque d'une défaite et le duc d'Anjou, qui avait l'avantage, n'en fit rien. Il laissa partir l'ennemi à peu près indemne. Il le retrouva bientôt en force.

Catherine ne resta pas à Orléans. Elle regagna Paris, le seul endroit où elle pouvait trouver ce qu'elle cherchait : de l'argent, et se livrer à sa guerre secrète sur laquelle elle comptait autant que sur ses mercenaires.

Pendant qu'elle portait ainsi tout le poids des affaires du royaume, Charles IX vivait dans un rêve, dans l'ivresse de l'amour : il venait de faire la découverte de Marie Touchet et d'un moment de bonheur. Jamais il ne fut aussi peu roi et jamais Catherine ne le fut plus absolument.

En juillet 1569, elle détacha vers Coligny un Allemand, avec mission d'administrer à l'amiral le poison qu'on lui confia. Ce messager et sa poudre n'ont rien de légendaire. Un mois après, l'Allemand était de retour et Coligny toujours vivant, mais un des proches de l'amiral fut arrêté, porteur d'une poudre blanche qu'il dit lui avoir été remise par le capitaine des gardes du duc d'Anjou. Il fut exécuté. L'amiral était sauf.

Elle essaya de l'atteindre autrement : elle fit confisquer tous les biens de l'amiral et ceux des chefs huguenots. Un procès pour crime de lèse-majesté fut intenté contre lui, tous ses biens furent vendus et lui fut condamné à être étranglé et pendu en place de Grève. Ce qui fut exécuté en effigie et en plusieurs exemplaires dans Paris pour la publicité du fait. Ce procès fut l'œuvre personnelle de Charles IX ; il y ajouta la mise à prix de la tête de Coligny : cinquante mille écus seraient versés à celui qui l'apporterait. Rarement un roi de France avait eu recours à une mesure pareille : la situation du rebelle était exceptionnelle. Toutefois, on se souvient du temps, qui n'était pas loin, où Charles IX appelait Coligny « *mon père* », l'écoutait avec admiration et était prêt à le suivre. Il ne l'avait peut-être pas tout à fait oublié et Marie Touchet, un jour, lui rafraîchira la mémoire.

Ces mesures n'intimidèrent pas l'amiral. Avec ses forces intactes, il poursuivait ses prises dans le Poitou. Il s'était emparé de Châtellerault, il lui fallait Poitiers : ville clef. Les fortifications étaient en mauvais état, la garnison se révélait bien insuffisante par rapport aux forces de Coligny qui disposait de vingt-cinq mille hommes. Le succès semblait promis. C'eût été catastrophique pour la cause royale. Catherine, pour l'éviter, se vit obligée d'accepter un renfort de quatre mille Espagnols venus des Pays-Bas.

C'est alors qu'un nouveau personnage entra en scène — ou, du moins, il ressuscita celui de son père —, le duc Henri de Guise, le fils du duc de Guise assassiné. C'était lui qui commandait, en toute connaissance des risques qu'il courait, la garnison de la ville assiégée. Il avait juré de venger son père et de tuer Coligny — il avait refusé à Moulins l'odieux baiser de réconciliation. C'était un jeune dieu de la guerre et de l'amour, d'un courage insensé, d'une force et d'une efficacité remarquables au combat, en plus intelligent et lettré comme les princes lorrains, séducteur en diable et ennemi irréductible. Tout cela au service d'une ambition et d'un orgueil sans limites. Coligny avait devant lui l'ennemi parfait. Il voyait se dresser sur les vieilles murailles de Poitiers cette incarnation superbe et terrible de la vengeance.

Ce nouveau héros qui faisait son entrée dans l'Histoire avait fait l'apprentissage du combat dans l'armée autrichienne, dès l'âge de seize ans, en repoussant les Turcs de Soliman le Magnifique qui faisaient, on le sait, une guerre cruelle et d'une violence hallucinante. Le jeune duc de vingt ans savait donc se battre et il aimait se battre. La haine le stimulait encore. Les troupes de Coligny firent une brèche dans les remparts et établirent un pont de bateaux sur la rivière qui coulait au pied des murailles et par où devaient s'engager les renforts. Ils pénétreraient dans la ville, la mettraient à sac, extermineraient la garnison et feraient de Poitiers un nouveau bastion protestant.

Henri de Guise, de nuit, ruina ce projet. Au cours d'une sortie insensée, il détruisit le pont de bateaux, en fit un barrage sur la rivière et inonda le camp des huguenots. Il eut le provocant humour d'informer par message Coligny qu'en tant qu'amiral de la mer il n'avait pas à exercer ses pouvoirs sur une île entourée d'eau douce. C'est ce qu'était Poitiers depuis qu'il avait fait monter le niveau du Clain. N'empêche que les forces de Guise n'auraient pu tenir longtemps. Il put avertir le duc d'Anjou de sa situation et lui demander de tenter une diversion pour attirer Coligny ailleurs. Henri d'Anjou attaqua Châtellerault. Coligny aussitôt se porta au secours de cette ville et leva le siège devant Poitiers.

La suite allait être encore plus favorable aux forces royales. Coligny se dirigea vers le sud afin de faire sa jonction avec l'armée de Montgomery qui revenait victorieux de la Navarre. Il faut dire que, pendant que Jeanne d'Albret avait fait de La Rochelle sa résidence et dirigeait les opérations politiques et militaires contre le roi, Catherine, en échange, avait envoyé une armée de faible importance occuper la Navarre. L'occupation se fit sans difficulté. C'est alors que Jeanne d'Albret chargea Montgomery de déloger les royalistes de son royaume. Il y réussit avec une cruauté qui laissa une trace bien fâcheuse dans les annales de l'époque. Lorsqu'il occupa Orthez le 18 août 1569, avec des forces importantes, le comte de Terrède se rendit sous promesse que Montgomery épargnerait toutes les vies. Ce qui fut promis, la garnison étant retenue prisonnière. Quatre jours plus tard, Montgomery fit une entrée de vainqueur dans Pau. Pour célébrer cette victoire, il fit venir les prisonniers d'Orthez et les fit tous massacrer de sang-froid. Ce massacre, qui horrifia la ville et dont le récit se répandit en France, eut lieu le 24 août 1569, jour où l'on fêtait saint Barthélemy. A l'époque, le massacre de Pau fut connu sous le nom de massacre de la Saint-Barthélemy. Il y a vraiment des fêtes à ne pas carillonner.

Le duc d'Anjou — conseillé par Tavannes — ne laissa pas le temps à Coligny de rencontrer Montgomery. L'armée huguenote se refaisait près de Moncontour, le 24 septembre 1569. L'armée royale s'était regroupée au nord de cette ville. Tavannes pressa le duc d'Anjou de brusquer l'attaque. Les troupes de Coligny, malgré une violente riposte, perdirent pied. Battu et bien battu, il laissa le champ libre et abandonna ses reîtres qui furent exterminés par les Suisses du roi. Bien plus que Jarnac, Moncontour fut une véritable victoire sur l'armée protestante.

Une fois de plus, personne ne se souvint du maréchal de Tavannes, mais Catherine n'eut garde d'oublier que le 3 octobre, date de Moncontour, était l'anniversaire de la mort de sa fille Elisabeth et que c'était à son intercession que la victoire était due.

Quoi qu'il en fût, l'armée royale et catholique venait de confirmer sa supériorité si longtemps mise en doute. Quant à Henri d'Anjou, il passa pour un génie militaire en France et dans toutes les cours européennes.

Coligny reprit la route du sud où il allait retrouver des forces nouvelles. Le 30 novembre, dans la place forte de Montauban,

Catherine lui envoya une visite : elle continuait sa guerre personnelle. Elle espérait bien que son messager y mettrait fin. C'était un
tueur du nom de Maurevert. Par erreur, il abattit Mouy, un des
premiers capitaines de Coligny, mais celui-ci échappa au pistolet
du spadassin qui lui-même échappa aux gardes de l'amiral.
Maurevert reparut bientôt à la cour où l'on ne sembla pas lui tenir
compte de son échec. Affaire à suivre.

Charles IX, qui bouillait de colère et de jalousie d'être tenu à
l'écart de la gloire militaire de son frère, avait rejoint l'armée et
avait pris le commandement avec Henri d'Anjou pour s'emparer
des villes protestantes de l'Angoumois. Il échoua devant toutes.
Alors Catherine fut bientôt reprise par sa manie des négociations
et, en février 1570, elle proposa la paix à Coligny alors qu'elle était
en position de force. Elle fit même des offres de concessions. Pour
toute réponse, Coligny recommença la guerre dans le Languedoc,
puis il remonta la vallée du Rhône. Aucune armée ne s'opposait à
lui. Ses échecs et les tentatives d'assassinat dont il avait été honoré
l'avaient rendu plus farouche et plus cruel que jamais. Son armée
se livra à des massacres de populations sans défense. Cet épisode
des guerres de religion fut l'un des plus sinistres et des plus
ignobles. Fort de cette traînée de ruines et de cadavres qu'il laissait
derrière lui, il réclama à la reine des droits accrus, la liberté totale
du culte dans tout le royaume, la restitution des biens confisqués
et, en plus, les places fortes de Calais et de Bordeaux. La reine
d'Angleterre pouvait pavoiser, elle disposerait de deux magnifiques têtes de pont pour ses débarquements. Le messager de
Coligny auprès du roi était son gendre, Téligny. Charles IX,
en écoutant ces insultantes revendications, fut saisi de cette
fureur irrépressible qui lui faisait perdre la raison. Le poignard
à la main, il se serait jeté sur Téligny si l'on ne s'était pas interposé.

Catherine laissait dire, elle voulait la paix et elle fit porter de
nouvelles propositions à Coligny : elle lui accordait La Rochelle,
Montauban et Sancerre. Il n'en voulut pas. Il était tombé malade à
Saint-Etienne mais il restait résolu à poursuivre la guerre — si on
peut appeler guerre l'incendie des villages, d'églises bourrées au
préalable de leurs paroissiens, de massacres et de tortures de

paysans, de moines et de religieuses. Il put même gagner La Charité-sur-Loire et menacer de remonter vers Paris [1].

Le maréchal de Tavannes et les Guises s'opposaient à la paix. Après Moncontour, ils auraient voulu poursuivre la guerre de mouvement et anéantir l'armée de Coligny en rase campagne. Mais on avait préféré lanterner devant des villes qui ne se rendaient pas et on avait ainsi permis à l'amiral de sauver son armée. Catherine était sourde à tout cela, elle voulait la paix, une paix de compromis comme elle en avait déjà signé sans succès.

Pendant ce temps, en Poitou, les protestants reprenaient peu à peu toutes leurs places : la victoire de Moncontour n'avait servi à rien.

Si Catherine se montrait de plus en plus pressée de traiter, c'était non seulement par amour de la paix mais pour obéir à un certain dépit que lui donnait l'attitude de Philippe II dans l'affaire des mariages. Non content de refuser Marguerite, il s'opposait à l'union de cette princesse avec le roi Sébastien de Portugal auquel Catherine avait pensé comme solution de remplacement. En outre, elle était piquée que Philippe II épousât l'aînée des archiduchesses et laissât la cadette à Charles IX. La marieuse et sa susceptibilité exigeaient une paix brusquée avec Coligny. Elle était ainsi sûre de déplaire à son ancien gendre.

Téligny fut le négociateur pour Coligny. Il arriva à Saint-Germain le 29 juillet. L'édit — qualifié de pacification — fut signé prestement le 8 août 1570. Il prit le nom de paix de Saint-Germain. On y retrouve les sempiternelles concessions sur la liberté de conscience et la liberté du culte avec les restrictions habituelles. La nouveauté était que les universités seraient ouvertes aux réformés. Quatre places de sûreté leur étaient accordées : La Rochelle, Montauban, La Charité et Cognac, pour deux ans seulement. En fait, ces places, ils les avaient déjà prises et ils les rendraient quand on serait capable de les reprendre. Deux bonnes affaires pour les réformés : amnistie générale pour crimes de guerre et rébellion et

---

1. Philippe Erlanger, dans *Henri III*, écrit : « Les atrocités commises pendant la campagne de 1570 obligent l'Histoire à le ranger (Coligny) parmi les pires vandales du siècle. »

restitution de tous les biens confisqués qui seront rendus à leurs propriétaires ainsi que les biens, dignités et bénéfices ecclésiastiques. Les cardinaux et évêques passés à la Réforme étaient réintégrés dans l'Eglise catholique avec leurs bénéfices. Coligny, par « sa guerre » terrifiante, avait tellement affolé le roi et Catherine qu'ils signèrent. Quitte à s'en dédire quand les choses iraient mieux. C'est dire que la prochaine guerre était déjà dans l'air.

Un Te Deum s'imposait. Il fut chanté à Notre-Dame, le 15 août, devant la famille royale et une énorme assistance. On avait eu juste le temps de faire disparaître des places et des rues de Paris les gibets où pendaient les effigies de Coligny et autres seigneurs de la guerre. Descendus de la potence, ces beaux messieurs pouvaient faire une brillante entrée à la cour. A vrai dire, le pays était tellement épuisé, terrorisé, ruiné que n'importe quelle paix lui eût paru bonne. Dans les provinces ravagées, le peuple enterra ses morts, releva tant bien que mal ses murs calcinés et reprit sa charrue et ses outils.

La paix de Catherine était encore une fois de mère marieuse. Elle avait glissé dans les conditions la promesse de mariage de sa fille Marguerite avec Henri de Navarre. Prévoyait-elle l'avenir ? Si Henri de Navarre devenait un jour roi de France, ce serait parce que ni Charles IX, ni Henri d'Anjou, ni François d'Alençon n'auraient eu d'héritier mâle. Ce cas, certes, paraissait fort improbable mais les astrologues n'avaient-ils pas vu Henri de Navarre sur le trône ? Elle avait simplement négligé de compter avec le caractère de sa fille qui n'était pas aussi malléable que celui de ses frères. Catherine allait bientôt avoir des démêlés avec les passions de cette intéressante et inquiétante princesse.

Un orage dans les cotillons fait trembler la famille royale

Il n'y a pas d'amours innocentes pour la fille d'un roi. Marguerite était très inflammable, elle avait déjà roussi son cotillon, on l'a vu, avec ses deux frères. Les successeurs ne manquèrent pas. Or, entre elle et ses frères-amants, il restait une sorte d'affection passionnée et jalouse qui s'aigrit assez vite et ressembla bientôt à de la haine, surtout chez Henri d'Anjou qui avait été le plus ardent. Il faisait espionner Marguerite par l'un de ses « mignons », le flamboyant Du Guast qui rendait compte à son maître de tous les écarts de Marguerite et nourrissait à plaisir la jalousie de ce frère très particulier. Or, le dernier en date des amants de Marguerite n'était pas un gentilhomme ordinaire : c'était le beau, l'intrépide, l'éblouissant duc de Guise. Pour le coup, il ne s'agissait plus d'un caprice : le rapport de Du Guast révélait que c'était une véritable passion. Chez Marguerite, ce genre d'exaltation la rendait capable de toutes les imprudences, de toutes les provocations. Et, chez Henri de Guise, l'ambition et la passion conjuguées pouvaient faire de lui l'époux de Marguerite. Henri vit tout de suite son rival assis à ses côtés sur les marches du trône. C'en était trop. Du Guast avait réussi à dénicher les deux amants dans une chambre abandonnée, perdue dans un lointain couloir du Louvre. Dès qu'il eut la certitude que Marguerite et Guise étaient au gîte, il courut avertir Henri. Celui-ci, fou de rage, voulut tirer vengeance à la fois de Guise et de sa sœur. Guise surtout excitait sa jalousie. Le Lorrain le dominait dans tous les domaines — sauf un, il n'était pas prince de sang. Mais sa popularité était immense tant à la cour, chez les seigneurs catholiques, que dans les rues de Paris. Charles IX, pour les mêmes raisons, haïssait également Henri de Guise. Henri d'Anjou fut réveillé par Du Guast à cinq heures du matin. Aussitôt que son favori l'eut informé de sa découverte, il alla en faire part à sa mère. Celle-ci, furieuse, fit appeler Charles IX. Cette intrigue amoureuse pouvait ruiner tous les projets de mariage que Catherine faisait pour sa fille : elle résolut de la briser.

Charles IX, éberlué par la nouvelle de ce que les historiens appellent poétiquement une « idylle », alors que les amants étaient couchés dans le même lit — et ce n'était pas la première fois —, Charles IX, donc, arriva en chemise dans la chambre de sa mère. Son frère lui donna tous les détails et lorsqu'il vit le roi entrer dans sa crise de fureur, il crut prudent de prendre le large. On fit chercher Marguerite. Celle-ci, déjà informée, parut dans ses voiles blancs, les cheveux dénoués, l'air de sortir d'un songe de première communiante (elle avait eu le temps de faire sauter Henri de Guise par la fenêtre). Le roi fit aussitôt garder la porte contre tout visiteur. Alors, à huis clos, Charles IX jeta sa sœur par terre et la roua de coups, aidé en cela par Catherine qu'on voit ici pour la première fois exercer des violences. La malheureuse Marguerite était en lambeaux, couverte d'ecchymoses, les cheveux arrachés. Catherine, sans témoins, fit de son mieux pour remettre sa fille en état de paraître en public, à l'heure de son lever. Lorsque les courtisans entrèrent dans la chambre de la reine, la mère et la fille étaient aussi dignes et aussi naturelles que la veille, la fille aussi respectueuse et aimante et la mère tout attendrie.

Du côté des Guises, l'affaire n'était pas moins grave. Henri, après avoir sauté de la fenêtre, avait enfourché un cheval et s'était précipité à Reims chez son oncle le cardinal, le cerveau de la famille. Celui-ci connaissait trop la cour, le roi, la reine mère et ses projets, la haine d'Henri d'Anjou pour son neveu et pour la maison de Lorraine pour avoir des illusions sur leur clémence. Les Guises et Henri avaient tout à craindre de la famille royale qui verrait dans l'attitude du duc de Guise une sorte de crime de lèse-majesté, non pas une amourette mais un complot du parti des Lorrains pour s'intégrer, par un mariage, à la famille royale. Cela fait, il n'eût plus manqué à Henri de Guise que de supplanter le roi et ses frères ! Cela n'était pas impossible, Henri avait l'étoffe d'un chef d'Etat, soutenu par tout le clergé, par l'opinion catholique et par sa popularité. Les Valois, à côté, paraissaient bien falots. C'est justement le sentiment de leur infériorité qui les rendait dangereux et cruels. Le cardinal savait tout cela. De plus, il était suspect lui aussi car il venait de s'opposer violemment à la paix de Saint-Germain et notamment au projet de mariage de Marguerite avec un prince protestant. De là à le soupçonner d'être d'accord avec son neveu Henri pour séduire Marguerite, il n'y avait qu'un pas. Catherine le franchit aussitôt.

De toute façon, la crainte de voir Henri de Guise sur le trône de France était vaine. Elle ne pouvait naître que dans une famille exténuée, incertaine de son pouvoir maintenu tant bien que mal par l'habileté de Catherine. Celle-ci croyait avec raison à la légitimité sacrée du pouvoir de ses enfants, mais elle y croyait dans

la peur — d'où ses soupçons insensés car le trône de France, à
défaut d'un héritier mâle et légitime des Valois, reviendrait par
force au seul prétendant légitime, descendant de Saint Louis,
Henri de Navarre. Les princes lorrains pouvaient se targuer de
descendre de Charlemagne, cela ne leur donnait aucun droit contre
l'héritier des Capétiens. Catherine et ses fils vivaient dans les
fantasmes de la peur.

Le cardinal était trop sage pour affronter le pouvoir royal. Il
écrivit à sa belle-sœur, la mère d'Henri : « *Votre fils est ici dans un
trouble profond que nous devons partager ensemble.* » Puis il engagea
son neveu à se préparer à un mariage immédiat qui mettrait fin à
toutes les conjectures. Des affaires de cœur il n'était plus question
— sauf chez Marguerite qui aimait éperdument Guise et en voulait
à mort à ceux qui les avaient séparés.

Le mariage ne traîna pas. Il fallait qu'il intervînt avant une
rupture avec la cour qui aurait pu dégénérer en une nouvelle
guerre civile. On proposa à Henri de Guise une veuve, Catherine
de Clèves (filleule de la reine mère, cela arrangeait bien les choses),
épouse du prince de Porcien, un réformé. Pour les Guises, cela
paraissait un peu bizarre. Mais la mariée l'était aussi : son livre
d'heures contenait diverses miniatures où, en lisant ses prières, elle
pouvait voir chacun de ses amants pendus à un crucifix. Cela dit,
elle était aimable, douce et charmante.

Le mariage fut un événement splendide. Il eut lieu le 3 octobre
1570 à l'hôtel de Guise, à Paris. Il donna le signal des fêtes qui
allaient se succéder après la paix de Saint-Germain. Il n'est pas
certain que la joie remplissait le cœur d'Henri de Guise ni celui de
Marguerite. La haine était partout, ce soir-là, dans le décor
fastueux où se déroulaient les festivités : le cardinal de Guise avait
même exposé sa collection de vases de cristal, d'or et d'argent.
Henri d'Anjou vint faire son compliment au nouveau marié avec
l'art et la délicatesse qu'il savait mettre en ses propos puis,
s'approchant de l'oreille du beau Lorrain, il lui murmura : « *Si à
l'avenir vous jetez le moindre regard sur ma sœur, je vous plante un
couteau dans les côtes.* » Curieuse formule, ce n'était pas celle d'un
gentilhomme français — plutôt italien. Enfin, s'il ne l'eût pas fait
de sa main, il avait assez d'amis dévoués pour le faire à sa place.

Catherine trôna très tard à cette fête. Elle avait, dit-on, l'air d'y prendre grand plaisir. Ce mariage lui rendait la libre disposition de sa fille pour de futures combinaisons matrimoniales. Elle y pourvoyait déjà en regardant danser ce bel intrus, le duc de Guise. De leur côté, les Guises se montraient satisfaits : ils avaient trouvé la parade, il n'y aurait pas de rupture. Néanmoins la haine subsisterait jusqu'à la mort de tous les protagonistes de cette « idylle » qui avait ému le trône.

La paix étant faite, Marguerite remise à la raison (en apparence) et les Guises à leur place, Catherine fit ses comptes. Ils étaient catastrophiques. Elle recourut aux emprunts habituels, vendit avec l'accord du pape une partie des biens du clergé. Avec cela, elle paya puis licencia son armée de mercenaires, remboursa les intérêts dus à ses créanciers les plus exigeants. Ceux-ci réglés, elle se trouva devant un déficit énorme. Alors, elle fit comme la tradition des Valois et son bon plaisir le lui conseillaient : elle dépensa somptueusement pour mettre la cour en fête. Et tant pis pour le déficit et pour les provinces en ruine !

Les mariages mirobolants peuvent-ils être politiques ?

Les protestants se réjouissaient à l'idée du mariage de leur prince Henri, roi de Navarre, avec Marguerite, sœur de Charles IX. La cause de la Réforme y gagnerait, elle aurait une voix dans la famille royale et dans le gouvernement. En revanche, Philippe II et le pape s'inquiétaient de cette alliance qui confirmait leurs soupçons : Catherine avait partie liée avec les calvinistes. Un autre projet matrimonial de la reine mère ne les inquiétait pas moins. Les protestants français avaient eu l'idée astucieuse de circonvenir Catherine en flattant sa passion de marieuse. Ils avaient fait en sorte de lui laisser croire qu'elle pourrait marier son fils Henri d'Anjou à la reine vierge Elisabeth. Celle-ci avait trente-sept ans, Henri dix-neuf, elle était protestante, Henri était catholique fervent et les intérêts de la France et de l'Angleterre s'opposaient. Pour la mère marieuse, tout cela était sans importance. Une bonne négociation réglerait tout. Les auteurs de ce beau projet étaient le « cardinal » Odet de Châtillon et le vidame de Chartres, deux têtes illustres du protestantisme français réfugiés à Londres. Coligny, en accord avec eux, poursuivait son projet d'une alliance avec l'Angleterre contre Philippe II.

Catherine se jeta, éblouie, sur cet appât. Son chéri serait (presque) roi d'Angleterre ! Un vrai miracle. Elle aurait dû se souvenir que ce mariage mirobolant n'était pas programmé par ses constellations astrales. Mais il correspondait si bien à sa passion maternelle qu'elle passa outre. Le cardinal et le vidame lui firent miroiter que cette alliance de l'Angleterre et de la France signifiait la défaite de Philippe II et la fin de la prépondérance des Habsbourg. Les Pays-Bas libérés reviendraient à Henri d'Anjou et, comme les Espagnols seraient aussi chassés d'Italie, le duché de Milan serait donné à son dernier rejeton, le duc d'Alençon. Pourquoi lésiner avec des promesses aussi vaines ? L'étrange est que Catherine goba tout ce verbiage.

Il fallait tout de même avoir l'avis de la reine Elisabeth. Comédie pour comédie, celle-ci joua sa partie. Elle reçut l'ambassadeur de Catherine, La Mothe-Fénelon, se fit gracieuse, minauda car elle savait l'objet de sa visite. L'ambassadeur avait eu la prudence de faire présenter la demande en mariage par le favori du moment, Leicester, qui servait au mieux la reine vierge. Elle fit remarquer qu'elle était bien vieille pour ce jeune prince mais elle ne refusa pas l'éventualité d'un mariage car elle était, disait-elle, tenue de donner des héritiers au trône d'Angleterre. Toutefois, la rusée ajouta qu'il y avait toujours des prétendants pour épouser son royaume sans être pressés d'épouser sa personne. La Mothe-Fénelon se récria en jurant que le duc d'Anjou était prêt à la prendre et à l'aimer telle qu'elle était.

L'ambassadeur promettait plus qu'Henri d'Anjou ne pouvait ni ne voulait tenir : on ne lui avait pas encore demandé son avis. Il le donna et il fut décourageant pour les chefs protestants et pour les rêveries de sa mère. Il ne cacha pas qu'Elisabeth le dégoûtait tant pour son physique que pour ce qu'on disait d'elle, de ses amants successifs, de ses amours bizarres et malsaines. Catherine ne manqua pas d'être déconcertée qu'un aussi beau mariage fût repoussé pour une simple répugnance physique. Si l'on essaie de comprendre l'attitude de cette mère abusive à l'égard de son fils préféré, on est bien obligé de penser que toute sa finesse et son intuition psychologiques ont été oblitérées par sa passion. Elle n'a pas compris qu'elle était en grande partie responsable des tendances homosexuelles d'Henri. Comment n'a-t-elle pas vu ou voulu voir qu'il manifestait pour les femmes une froideur et une indifférence certaines — sauf pour sa sœur, ce qui n'arrangeait rien ? Les remèdes que sa mère employa furent parfaitement inopérants : elle organisa à son intention des banquets servis par des femmes entièrement nues. Il se sentait à la fois indemne et ennuyé. En revanche, elle ne s'interrogeait pas elle-même sur sa propre jalousie à l'égard des jeunes seigneurs qui faisaient les délices de son fils, ni sur son besoin de leur nuire dans l'esprit d'Henri, leur généreux et adorable protecteur. Quand un favori prenait trop d'importance, la haine de Catherine devenait dangereuse. Ce fut le cas pour l'Espagnol Lignerolles qui entraîna le duc d'Anjou non dans des débauches mais une dévotion vertigineuse. Il obligeait son amant envoûté à entendre trois messes par jour, il l'astreignait à des jeûnes exténuants, à des pratiques ascétiques terribles, à des flagellations. Tant et si bien que le prince, déjà assez fragile, dépérissait, non de volupté mais de pénitence. Catherine, exaspérée, disait tout haut : « *Son visage est devenu blême et je préférerais le voir devenu huguenot plutôt que de mettre ainsi sa santé en danger.* » Devenir huguenot ! Le propos était hardi à cette époque mais la passion la rendait imprudente. Elle accusa Lignerolles d'être un espion de l'Espagne et, crime plus impardonnable, d'avoir voulu détacher d'elle son fils chéri, de l'avoir calomniée et haïe et d'être la cause de l'échec du mariage d'Henri avec la reine Elisabeth. Cela faisait beaucoup de crimes pour un seul « mignon ». On trouva Lignerolles assassiné dans une ruelle obscure près du Louvre. Nul ne rechercha l'assassin. Tout le monde savait qui l'avait armé et lui assurait l'impunité.

C'est là un des deux assassinats que l'on peut imputer avec certitude à Catherine. C'est le type même du crime passionnel. Le second sera un crime politique, ce sera l'assassinat de Coligny. Aucun des défenseurs de Catherine n'a pu la laver de ces deux

crimes. Même Michelet, qui la hait aveuglément, ne peut s'empêcher de constater que la mort de Lignerolles est le premier acte de
cruauté qu'elle a commis depuis son avènement. On est bien loin
des hécatombes dont la légende historico-romantique l'a rendue
coupable.

Mariage politique mais peu mirobolant

Le 23 novembre 1570, l'archiduchesse Elisabeth d'Autriche fit
son entrée à Mézières. Entourée d'une suite imposante de seigneurs allemands, elle venait, comme convenu par Catherine et
l'empereur, épouser Charles IX. La petite ville frontière vécut
plusieurs jours dans l'éblouissement. La reine mère avait voulu
donner à cette réception solennelle de la future reine de France
l'éclat des fêtes de la cour. La dépense fut considérable, l'empereur
s'en montra satisfait.

La jeune archiduchesse n'avait que son prénom de commun avec
Elisabeth d'Angleterre : celle-ci était un vautour, l'autre une
blanche colombe. Charles IX s'était rendu la veille à Mézières et il
assista, dissimulé dans la foule, à l'entrée de sa fiancée : il la trouva
belle. Elle l'était, avec un air de fraîcheur naïve et d'innocence
qu'on ne voyait pas souvent aux belles de la cour. Le portrait d'elle
qu'il avait reçu lui avait plu et il ne l'avait pas caché. Marie
Touchet, à Amboise, s'était crue perdue, elle pleurait de désespoir.
Cependant, Charles IX avait eu un mot désabusé devant tant de
candeur : « *Elle ne me donnera pas mal à la tête* », dit-il. L'autre
aussitôt sécha ses larmes.

Après une journée consacrée aux présentations officielles, le
mariage eut lieu le 26 novembre 1570, à l'église Notre-Dame de
Mézières. Jamais cette église ni le bon peuple de Mézières
n'avaient vu faste pareil. Catherine elle-même, pour la première
fois depuis son veuvage, quitta ses voiles de deuil et parut en
brocart et toile d'or chargée de perles et de diamants.

Elisabeth, éblouie par ce luxe, le fut encore plus par sa nuit de
noces et devint amoureuse de son mari. Elle l'aimait tellement,

avec tant de fougue et d'innocence, qu'à la cour elle l'embrassait à
pleine bouche en public pour l'amusement plutôt moqueur des
frères du roi et des seigneurs. Elle ne s'en apercevait même pas.

Les premiers feux passés, Charles IX revint à Marie Touchet
qu'il alla chercher à Orléans où on l'avait reléguée et il l'installa à la
cour près de lui. Quand Marie Touchet eut observé la jeune reine
un moment, elle dit : « *L'Allemande ne me fait pas peur.* » De fait,
la favorite était toute-puissante et elle le resta.

Charles IX était un personnage bien étrange et bien imprévisible. Jaloux de son frère d'Anjou en toute chose, il le vit un jour,
avec dépit, arborer des pendants d'oreilles formés d'énormes
perles. Lui-même ne voulut pas l'imiter mais, pour éclipser cette
nouvelle façon de briller et de lancer une mode, Charles IX choisit
cinquante gentilshommes de sa suite, leur fit percer les oreilles et
les obligea à porter des pendants.

Catherine observait sa bru et prévoyait que cette jeune femme
allait être déboussolée et choquée par les mœurs de la cour. Elle la
prit sous sa protection, la conseilla, la cajola avec l'aide de la
comtesse de Marck qui servait d'interprète car la jeune reine savait
très peu de français. La gentillesse de Charles IX l'aida beaucoup
mais, bientôt, elle le vit rarement dans l'intimité : ses chasses
frénétiques occupaient la plupart de ses journées et Marie Touchet
les nuits où il se sentait encore disponible. La reine Elisabeth, aussi
dévote qu'une nonne, vivait en prières, entendait deux messes par
jour et rabâchait les conjugaisons françaises. Elle était scandalisée
par le comportement des dames et des seigneurs de la cour pendant
les cérémonies religieuses. Lors d'une messe à la Sainte Chapelle,
elle frémit d'horreur en voyant les plus grandes dames recevoir la
communion en éclatant de rire. Fut-elle consolée et charmée par la
splendeur de son entrée officielle dans Paris en mars 1571 ? Sans
doute. En tout cas, Catherine le fut. Elle avait comme toujours fait
les choses en grand. Plus la monarchie s'affaiblissait, plus elle
donnait de somptuosité à ses fêtes. Si elle ne tenait pas par la force,
elle tenait par la publicité. Elle engloutit dans la réception de la
capitale le prix d'une armée de mercenaires. Ce fut délirant.
Ronsard écrivit les compliments et les devises inscrites sur les
monuments. Les plus grands artistes édifièrent des arcs de

triomphe, des statues allégoriques : on fêtait l'union de la France et de la Germanie. Les travaux durèrent trois mois pour construire ces chefs-d'œuvre qui durèrent trois jours. Mais, le jour de l'entrée, le 6 mars, quel théâtre !

Le roi et sa suite, rutilante et empanachée, tous les grands corps de l'Etat, tous les ordres religieux se rendirent en cortège à Notre-Dame après avoir traversé la ville de part en part dans un déploiement fabuleux de costumes, de fourrures, de joyaux. Le peuple assistait médusé, ravi, dompté. Catherine observait, satisfaite, cette forme coûteuse de pacification populaire. Le passage de la reine Elisabeth fut le clou de ces fêtes. D'abord, elle était jolie, digne et gracieuse, resplendissante en grand manteau d'hermine, en brocart blanc et or. Toute sa suite de dames était également en blanc et or. Ses deux beaux-frères, les ducs d'Anjou et d'Alençon, l'escortaient : ils s'étaient transformés en deux ostensoirs d'orfèvrerie, de diamants et de perles, ils en étaient cousus de la tête à la ceinture. La fête ne fut pas totalement réussie car aucun des princes et des chefs protestants n'y parut. Ils restèrent enfermés dans La Rochelle. La pacification n'était pas générale. Madame Catherine se promit d'y veiller. Pour le moment, elle tenait Paris.

Le 10 mars, au cours d'une séance solennelle du Parlement, Charles IX fit un discours : c'était l'exaltation du rôle de sa mère et l'affirmation de son indéfectible attachement filial : « *Après Dieu*, proclama-t-il, *la reine ma mère est celle à qui j'ai le plus d'obligations. Sa tendresse pour moi et pour mon peuple, son application, son zèle et sa prudence ont si bien conduit les affaires de cet Etat dans un temps où mon âge ne me permettait pas de m'y appliquer que toutes les tempêtes de la guerre civile n'ont pu entamer mon royaume.* »

C'était le sentiment d'un bon fils d'un optimisme un peu exagéré mais sincère, encore qu'il ne fît que réciter le texte dicté par sa mère. D'ailleurs, il était exact qu'elle avait conservé à son fils, dans une période dangereuse entre toutes, le royaume que lui avait laissé Henri II. Le discours s'adressait à Messieurs du Parlement mais, au-delà de leurs bonnets carrés, à tout ce qui avait un titre et un office dans le royaume et notamment à ces princes et chefs réformés qui boudaient les fêtes royales et complotaient dans leur place forte. Ils entendraient de loin mais clairement la voix du jeune roi qui affirmait que tout le pouvoir restait encore aux mains de la reine mère. Cela signifiait que la docilité du fils rendait la victoire des rebelles très incertaine.

Au même moment, loin du faste de la cour, Coligny, entouré de ses fidèles tout de noir vêtus, épousait son égérie dauphinoise, Mme d'Entremont. Ni cortège ni discours : des résolutions. Le frère de Coligny, l'illustre « cardinal » de Châtillon, mourut à Londres à la même époque. Il ne put emporter les immenses biens que Catherine lui avait rendus mais il laissa aussi une veuve, ce qui est plus original pour un cardinal.

La grande affaire du moment pour Madame Catherine n'était ni le mariage de l'amiral ni même la disparition de son ennemi le cardinal, c'était de détenir le pouvoir royal que son fils venait publiquement de lui remettre. Comme rien n'est moins sûr que les solennelles affirmations politiques, ce bon fils allait bientôt démentir ses bons sentiments.

Le roi faible s'affaiblit en se donnant un maître

Catherine s'aperçut bientôt que son fils était moins docile. Il laissait sans réponse certaines de ses propositions. Il s'ennuyait devant elle. Il ne disait pas non mais, déjà, il complotait contre la politique de prudence de Catherine. Elle restait fidèle à son horreur de toute guerre, de toute rupture, elle cajolait tantôt Philippe II, tantôt les protestants. Charles IX voulait briller par lui-même et la guerre lui paraissait le plus sûr et le plus glorieux moyen de s'affirmer comme un grand roi et de s'affranchir de la tutelle de sa mère qui lui pesait. Les conseillers ne manquaient pas autour de lui pour l'encourager dans cette voie. Le roi y trouverait la gloire et eux quelques profits. Telles étaient ses dispositions lorsqu'il reçut un envoyé du grand-duc de Toscane, Cosme de Médicis. Celui-ci avait à se plaindre de Philippe II et de l'empereur : ils refusaient de lui reconnaître le titre de grand-duc héréditaire que venait de lui conférer le pape. Cosme, soutenu en secret par le Saint-Père, se crut grand politique en cherchant des alliances chez les princes protestants et même chez les protestants français. _Bella combinazione_ des protestants faisant la guerre pour soutenir un Médicis commandité par le pape ! Cosme envoya à La Rochelle un négociateur du nom de Fregoso pour présenter à Coligny son belliqueux projet contre l'Espagne et l'Autriche. On l'écouta favorablement : une guerre contre les Habsbourg était toujours une bonne affaire pour les huguenots. On lui conseilla toutefois de réunir des forces un peu plus convaincantes que celle du grand-duc. Fregoso, fort de cet appui, se rendit à Paris afin d'obtenir l'alliance de Charles IX. Il proposa au roi cette alliance ridicule de la Toscane contre la puissance espagnole et l'empire des Habsbourg. Bien entendu, c'est à la France que reviendrait le dangereux honneur de vaincre l'Espagne et l'Empire — ou celui de se faire écraser.

Pour les protestants, le résultat avait moins d'importance que le fait d'affaiblir Philippe II dans les Pays-Bas. Ils étaient tout acquis à ce projet. Le Fregoso fit valoir à Charles IX des arguments fort tentants. Il lui représenta que l'Espagne s'épuisait dans la guerre qu'elle menait dans l'Andalousie mise à feu et à sang par la révolte des Morisques ; les Turcs harcelaient sa flotte, les corsaires français et anglais pillaient ses galions et les Flandres étaient une poudrière qui immobilisait une partie de l'armée de Philippe II. En outre, les ennemis de l'Espagne étaient nombreux, leur union les rendrait redoutables. Bref, la puissance invaincue de Philippe II allait être vaincue par l'initiative du grand-duc de Toscane et par les armées du roi de France qui serait alors le plus puissant d'Europe. Charles IX se laissait bercer par ce chant de sirène : on lui promit que les Pays-Bas seraient français, que les principautés italiennes dominées par l'Espagne reviendraient aux princes des lis. Charles IX se crut un nouvel Alexandre. D'ailleurs, Fregoso le lui garantit par contrat. Il écoutait ce conte avec la même foi que sa mère avait écouté les protestants lui vanter le mariage d'Henri d'Anjou avec Elisabeth Iʳᵉ. La crédulité de ces grands qui ne devraient jamais rien croire est stupéfiante. Des deux côtés, la chanson était sur une musique protestante. Toutefois le mariage, tout aussi trompeur que la guerre, présentait moins de danger.

Charles IX, subjugué, trop heureux d'affirmer sa volonté,

donna, à l'insu de sa mère, son accord à Fregoso. En lui demandant de le garder secret, il ajouta : « *La reine ma mère est trop timide.* » L'ambassadeur de Venise, qui se souciait peu du secret de ce roi sans force, dévoila l'absurde projet.

Tellement absurde et dangereux que Cosme, son instigateur, lorsqu'on l'informa de l'accord du roi de France, prit peur devant les conséquences. Ce bon Florentin sut voir toute la différence qu'il y avait entre laisser son Fregoso seriner de fausses promesses et lancer des armées plus ou moins disparates contre la terrible infanterie espagnole. Il entrevit la catastrophe : son grand-duché ne pèserait pas lourd au règlement de comptes. Le prudent et fallacieux Médicis ne voulut pas se satisfaire d'une promesse du roi, il demanda l'accord de Catherine, le seul valable. Elle ne lui donna ni accord ni avis parce qu'elle ne savait rien du projet et n'en voulait pas tenir compte.

Les alliés redoublèrent d'insistance. Le prince d'Orange, au nom des protestants allemands, français et flamands, vint en personne, et en secret, relancer Charles IX au château de Lumigny où nul ne pouvait soupçonner sa présence : il vivait caché dans la loge du portier. Le roi fut bientôt totalement convaincu par un argument aussi fallacieux que les autres mais éblouissant : il aurait l'alliance de l'Angleterre dès que son frère Henri d'Anjou aurait épousé Elisabeth. La preuve ? C'est que Catherine venait de reprendre les négociations avec la reine d'Angleterre, qu'elle était décidée à passer outre aux ridicules répugnances d'Henri d'Anjou et à conclure au plus vite ce mariage. Tous les espoirs étaient permis.

Sans le savoir, Catherine, en poussant au mariage, faisait donc le jeu des protestants avec la complicité de son fils infidèle. La reine mère, aussi entichée du mariage que Charles IX l'était de sa guerre, envoya à Londres ses négociateurs dûment chapitrés et porteurs d'un portrait du séduisant prince trop charmant auquel, pensait-on, la vieille vierge lubrique ne résisterait pas. Elisabeth joua son jeu bien mieux que ses partenaires : elle eut l'air de succomber, elle s'extasia sur le portrait et, pour atténuer la différence d'âge entre elle et son prétendant, elle n'hésita pas à retrancher plusieurs années à sa quarantaine. Elle ne trompa personne mais cette coquetterie parut de bon augure. Cependant tout échoua quand même ; s'apercevant qu'elle ne pouvait pas épouser un prince catholique, elle exigea qu'il changeât de religion pour entrer dans son lit. Henri d'Anjou, trop heureux, refusa net. Le roi son frère, par ce refus, voyait ses projets anéantis. Il fit au récalcitrant une scène d'une violence démentielle, il l'accusa d'avoir reçu de l'Eglise une fortune pour rester dans le parti catholique : « *C'est ce que vous appelez votre conscience !* » lui cria Charles IX. A vrai dire, Henri d'Anjou était profondément et même superstitieusement catholique mais, en l'occurrence, il se servait de sa « *conscience* » pour esquiver ce mariage répugnant.

Catherine pleura à chaudes larmes sur ce mariage rompu. Elle ne brusqua pas son fils adoré qui lui faisait tant de peine car lui aussi versait un pleur : les injures et les violences de son frère le peinaient. Ce n'étaient que larmes de convenance, elles séchèrent vite. En fait, il exultait car il venait d'échapper à la virago de Londres.

Catherine, mise au courant des projets de Cosme de Médicis, se ravisa. Elle ne désapprouva plus aussi nettement le projet de guerre mais elle recommanda à son cousin le grand-duc d'être sûr de l'appui du pape. Cela fait, ayant promis de soutenir le pape sans intention de faire la guerre, elle monnaya aussitôt ce bon engagement en demandant au Saint-Père une dispense pour le mariage de sa fille Marguerite avec le prince hérétique Henri de Navarre. D'un mariage rompu elle passait à un mariage nouveau. De surcroît, elle priait le pape de lui accorder sa compréhension pour le projet qu'elle avait de faire venir à la cour Coligny ; il ne devait point voir un relâchement de sa foi catholique dans cette avance au parti réformé, elle l'assurait au contraire qu'elle recherchait l'union de tous les Français pour faire la guerre à Philippe II comme le souhaitait le Saint-Père.

Toute l'affaire du mariage et du rapprochement avec Coligny ne tenait comme d'habitude qu'en promesses et bonnes paroles. Elle n'avait nulle envie de faire la guerre à l'Espagne pour le pape, ni même pour elle, mais elle tenait par-dessus tout à marier sa fille à Henri de Navarre, premier prince du sang et premier prince protestant, meilleure façon pour elle de faire la paix dans le royaume avec les réformés, si toutefois ceux-ci voulaient bien la lui accorder, car eux tenaient à leur guerre avec l'Espagne autant qu'elle au mariage et à la paix. Etait-ce conciliable ? Pour Catherine, rien a priori n'était inconciliable, il suffisait de négocier.

C'est ainsi que, le 12 septembre 1571, Coligny fit sa réapparition à la cour. On rejoua la vieille scène des retrouvailles — non sans avoir pris quelques précautions car l'amiral ne s'aventurait pas à la légère dans cette cour qui n'était à ses yeux qu'un fastueux coupe-gorge. Il avait beaucoup hésité avant d'accepter l'invitation de sa dangereuse commère, il ne cachait pas à ses familiers qu'il craignait pour sa vie. Les avertissements ne lui avaient pas manqué, mais Catherine lui donna tant d'assurances, il comptait lui-même retirer un si grand profit pour son parti de son influence sur le roi qu'il accepta de se rendre à Blois où se tenait la cour.

L'amiral, alors âgé de cinquante ans, était au faîte de sa puissance et de sa gloire. Il aurait pu continuer à narguer le trône et l'Eglise, à rallumer la guerre civile où bon lui semblait, à lever l'impôt sur des provinces occupées, sans sortir de La Rochelle d'où il exerçait son pouvoir parallèle. Son armée, formée de gentils-hommes calvinistes, idolâtrait son chef. De l'argent, il en avait : ses corsaires de La Rochelle lui apportaient l'or des galions de Philippe II. Les pillages des villes catholiques enrichissaient son armée. Tout autant que sa puissance militaire, la renommée qu'il s'était faite avec habileté, bien servie par ses propagandistes et ses pamphlétaires de talent, assurait son pouvoir politique non seulement en France mais dans les pays voisins : Allemagne, Angleterre, Pays-Bas où il comptait des alliés. Vénéré chez les huguenots, il était haï en dehors, mais il était craint. Son caractère hautain ne le rendait pas aimable mais respectable ; on parlait beaucoup de son honnêteté, qui est moins vraie que son intransigeance absolue en matière de religion et de politique. Rien de commun avec les fluctuations de Catherine. Sa force, en face des palinodies, des grimaces, des bassesses de cette cour de caméléons et de mœurs putassières, sa force qui, au fond, plaisait plus à beaucoup de Français même catholiques, que les souplesses florentines de la reine, résidait dans sa rigueur et dans sa continuité. C'était un chef, un homme d'Etat et un homme de guerre. Malheureusement, sa dureté, sa cruauté bien d'époque, son orgueil écrasant rappelaient trop les forfaits de l'ancienne féodalité à laquelle il appartenait et dont il avait récemment renouvelé les horribles exploits dans les provinces catholiques. La différence avec ses ennemis jurés, les Guises, qui avaient tout autant de défauts et à peu près les mêmes qualités, c'était qu'eux savaient rester brillants, séduisants et volontiers populaires. Enfin, si Coligny avait toujours tenu tête au pouvoir, il n'avait jamais vaincu la monarchie. Pour un chef illustre, c'est un illustre défaut. Sa mort fut son chef-d'œuvre, elle le fit entrer dans la gloire plus sûrement que son génie et ses hauts faits. La tragédie finale en lui conférant le martyre lui conféra aussi la sagesse qui lui manquait.

Tel était l'interlocuteur que Catherine tenait tellement à séduire. Jamais une négociation enjôleuse ne tourna plus mal.

Dans l'imbroglio des haines et des mensonges, une angoissante odeur de meurtre flotte à la cour

Si Coligny se rendit à Blois, ce fut davantage pour profiter des informations que venait de lui fournir Ludovic de Nassau, prince d'Orange, que pour obéir aux invitations charmeuses de Catherine. Le prince d'Orange, après son entrevue avec Charles IX, était si sûr de son accord qu'il poussa Coligny à tenter sa chance auprès de ce roi malléable qu'il sentait mûr pour partir en guerre contre Philippe II avec le soutien des protestants. Le prince fit même entrevoir à Coligny qu'au cas où la guerre serait décidée, comme l'avait promis le roi à Ludovic et à Cosme, Henri d'Anjou serait, en punition de son refus d'épouser Elisabeth, privé du commandement des armées royales : Coligny lui succéderait. Il commanderait ses magnifiques troupes calvinistes jointes aux forces du roi, à celles mêmes qu'Elisabeth lui enverrait ou lui paierait et à celles des princes protestants d'Allemagne. La guerre serait une véritable croisade protestante de l'Europe du Nord contre le catholicisme. Le protestantisme français et son prestigieux chef, Coligny, en sortiraient vainqueurs. A nous le pouvoir ! Ce beau plan s'élaborait à l'insu de Catherine mais elle n'était pas femme à rester longtemps dans l'ignorance.

Dès le début de la rencontre, elle crut qu'elle menait le jeu. Coligny se prêta à toutes les simagrées courtisanes de ses ennemis de la veille et parut faire cas des douceurs frelatées de Catherine. Ils s'embrassaient comme frère et sœur et elle lui dit : « *Nous nous connaissons depuis trop longtemps pour nous tromper.* » Il aurait pu lui répondre : « Nous n'avons jamais fait autre chose, il ne nous reste qu'à continuer. » Voilà où aurait été la vérité de ces vieux renards.

Quant à l'accueil de Charles IX, Coligny en faisait son affaire. Il se chargeait de l'enrober dans ses propres douceurs, tout aussi frelatées.

Outre ces bonnes paroles, « l'honnêteté » de Coligny s'accommoda fort bien des faveurs dont la cour paya son déplacement : il accepta sans dégoût une grosse part des bénéfices ecclésiastiques de son frère le cardinal, argent pourri et sans odeur qui venait de l'Eglise, plus cent mille livres pour remeubler son château et enfin une place au conseil du roi. Catherine ne lésina pas, elle paya d'avance la paix qu'elle espérait de l'amiral. Elle eut même la grâce d'inviter à la cour la nouvelle épouse de Coligny. Et, pour rassurer tout à fait son « vieil ami », son compère, elle fit exécuter séance tenante les catholiques de Rouen qui s'étaient livrés à des violences sur des réformés de Normandie. Cela fait, Coligny et son parti étaient mieux vus à la cour que les Guises et les catholiques.

Un petit nuage cependant. Quand on présenta Coligny à la jeune reine Elisabeth, celle-ci, qui n'était pas du genre *commediante*, eut un haut-le-corps et, quand le chef des réformés s'agenouilla devant elle et voulut lui baiser la main, elle recula horrifiée par ce contact avec un hérétique coupable de tant de crimes contre la religion. Elle ne comprenait pas qu'on pût recevoir avec tant d'honneurs un pareil personnage dans une cour qui se prétendait catholique. On glissa de part et d'autre sur l'incident. La pauvre petite reine n'avait pas la tête politique. On la renvoya à ses dévotions et on ne parla plus d'elle.

Si, il faut en parler au moins une fois : elle eut du roi une petite fille, Marie-Elisabeth, qui mourut à l'âge de cinq ans. Elle n'eut aucun rôle dans l'histoire mais elle nous permet de savoir comment on élevait les enfants royaux. Sa gouvernante, tante du célèbre Brantôme, nous raconte que cette fillette répétait souvent qu'elle descendait des deux plus grandes maisons de la chrétienté, celles de France et d'Autriche. Elle était même capable de nommer ses plus lointains ancêtres aussi bien que les hérauts du royaume. Un jour qu'elle était malade, son oncle Henri d'Anjou vint la voir. Elle fit semblant de dormir et resta tournée vers le mur malgré les appels répétés de son visiteur. Après le départ de celui-ci, elle se fit gronder : « *Pourquoi le recevrais-je aimablement*, dit-elle, *alors qu'il n'a pas fait prendre des nouvelles de ma santé, moi qui suis sa nièce et la fille de son frère aîné et qui ne déshonore pas sa famille* [1] ? » L'orgueil dynastique, le respect des préséances (« *la fille du frère aîné* ») étaient inculqués dès la première enfance avec le premier lait. Ensuite, ces princes croyaient vivre entre terre et ciel, ayant sous leurs pieds le reste des humains. Il faut dire que le sens et l'orgueil du devoir, le christianisme adoucissaient et (parfois) humanisaient la situation.

De cette rencontre Catherine attendait surtout que l'amiral favorisât le mariage de Marguerite avec Henri de Navarre. Quant à la guerre d'Espagne, elle n'en voulait pas mais elle amusait son compère par de vagues promesses. Or Coligny n'était pas homme à s'amuser ainsi. Elle se croyait irrésistible dans son numéro qui ne réussissait pas plus avec Coligny qu'avec Philippe II. Elle promit à l'amiral de s'occuper de la guerre seulement après le mariage. Elle fit bien de gagner du temps car le Fregoso reparut, porteur d'une nouvelle surprenante : son maître, Cosme de Médicis, renonçait à la guerre et se réconciliait avec l'empereur et avec Philippe II. Prudent, prudentissime Cosme ! Il donnait un excellent conseil à sa cousine Médicis : il lui recommandait de s'en tenir à la fidélité catholique et de s'attacher à convertir Coligny et Jeanne d'Albret à la vraie foi. Autant souhaiter que la Terre tournât dans l'autre sens. Il faisait gober sa palinodie avec cette pieuse recommandation.

Catherine n'était pas du tout gênée dans cet embrouillamini ; au

1. Williamson, *op. cit.*

contraire, elle pensait y bien démêler ses affaires. D'abord la menace de la guerre semblait écartée. Elle en profita pour calmer Charles IX qui se voyait déjà caracolant sur les champs de bataille. Il l'écoutait en silence, l'air buté. Autre événement bien fait pour apaiser les va-t'en-guerre contre Philippe II : l'extraordinaire victoire de Lépante remportée par don Juan d'Autriche, frère naturel de Philippe II, sur la flotte réputée invincible du sultan de Turquie. En cette année 1571, le roi d'Espagne était, par cette victoire, maître sur mer, en Méditerranée, comme il l'était sur terre en Europe. Il valait mieux y regarder à deux fois avant d'attaquer la plus puissante armée de l'époque.

Charles IX, non sans naïveté, laissa éclater sa joie en apprenant la victoire des chrétiens sur le Croissant. Il n'avait pas compris que « sa guerre », son rêve, devenait une folie irréalisable car la destruction de la flotte turque privait la France de son meilleur allié en Méditerranée. Sa réaction était si peu politique que l'ambassadeur de Venise lui fit comprendre, dans son intérêt, de modérer l'expression de sa joie ; lui-même était très réservé, étant donné l'esprit qui régnait dans l'entourage du roi, farouchement anti-espagnol sous l'influence de Coligny. Cette hostilité était telle que l'ambassadeur d'Espagne lui-même n'osait donner à la joie et à l'orgueil que lui inspirait la victoire de Lépante tout l'éclat qu'il lui aurait donnée en d'autres temps, assorti au besoin d'une bonne dose d'insolence. Depuis l'arrivée de Coligny, l'ambassadeur était accusé de comploter, de diffuser des libelles infâmes contre la reine, ses fils et leurs conseillers. C'était faux, les libelles existaient mais leur source était ailleurs. Le malheureux représentant de Philippe II, voyant la faveur incroyable dont jouissaient les seigneurs protestants, auteurs de toutes ces persécutions, crut qu'on allait l'assassiner. (Charles Quint, après tout, avait bien fait assassiner deux ambassadeurs de François Ier.) Lorsque Charles IX lui envoya protocolairement une délégation pour le féliciter et féliciter son roi de la victoire de Lépante, l'ambassadeur persécuté crut qu'on venait l'abattre. Saisi de peur, il s'enfuit aux Pays-Bas déguisé et masqué. Cela fit bien rire — un peu légèrement. L'Espagnol n'était pas si loin de la vérité quand il flairait dans cette cour pourrie et divisée par la haine une odeur angoissante de meurtre que l'on perçoit encore quatre siècles après.

Quoiqu'en fort mauvaise santé, Catherine, atteinte de sciatique, de bronchite et d'indigestions répétées, trafiquait toujours avec Londres pour faire épouser Elisabeth par l'un de ses fils. Elle était infatigable dans la poursuite de ses projets politiques — et matrimoniaux. Avec une persévérance de maquignon, elle crut que ce qui n'avait pas réussi avec Henri d'Anjou, elle le réussirait avec son dernier fils, François d'Alençon. On a déjà entrevu ce personnage, un nabot aussi repoussant au moral qu'au physique. L'ambassadeur d'Espagne, dans ses rapports, le traitait de « *petit voyou vicieux* ». L'âge ne le fit grandir ni en taille ni en vertu. L'étiquette espagnole resta valable jusqu'à sa mort.

Sa mère, pour préparer Elisabeth à « la surprise », la fit avertir que son nouveau prétendant « *n'était pas grand* » et que sa barbe « *commençait à pousser* ». Au fond, cette proposition de mariage est d'un comique effrayant. Elisabeth, imperturbable, voulut voir l'objet qu'on lui offrait. Deux monstres, de deux espèces différentes, allaient se trouver face à face. L'Histoire est un prodigieux metteur en scène. Ici encore Shakespeare est dans la coulisse.

Charles IX, comme toute la famille royale, approuva le projet de mariage : il détestait son frère. Mais qui pourrait bien vouloir de ce dangereux avorton ? Celui-ci trouva cependant une alliée, une amie, sa sœur Marguerite.

Après sa terrible déception amoureuse, elle avait pris sa mère, Charles IX et même Henri d'Anjou en haine — sauf son dernier frère, lui aussi rejeté par la famille. Elle s'intéressait à lui, le cajolait, l'entraînait dans les fêtes, lui témoignait en public mille marques de tendresse. Pour la première fois, ce malheureux se sentit aimé. Il rendit au centuple cet amour à sa sœur ; elle avait gagné, elle l'asservit, elle en fit l'instrument de ses intrigues. Il était doué pour, il savait mentir, trahir et comploter. Leur amitié était si passionnée qu'à la cour on parla bientôt d'inceste. Ce n'était qu'une rallonge aux premiers exploits de Marguerite.

Bref, voici le « *petit voyou* » prétendant à la main de la reine d'Angleterre. L'ambassadeur anglais, pour faciliter les choses et atténuer l'inconvénient de la petite taille du fiancé, eut la galanterie de rappeler qu'il y avait eu, dans l'Histoire, des précédents glorieux à cet inconvénient. Par exemple, le mariage de Pépin le Bref qui était si court sur pattes qu'il arrivait à peine à la ceinture de la reine Berthe, dite « aux grands pieds ». Il lui fit pourtant, sans autre difficulté, un fils de belle venue et de grand avenir : Charlemagne.

La référence parut satisfaisante. Quant à la différence d'âge, elle était scandaleuse. Le nabot avait seize ans, la fiancée vierge abordait la quarantaine ; à l'époque, c'était le seuil du troisième âge. Pour se donner du prestige, le jeune prétendant confia à Elisabeth qu'il avait l'intention de devenir le chef des protestants français et de s'allier avec elle en vue de la domination de l'Europe. Elle lui répondit froidement qu'il fallait d'abord qu'il cessât d'être catholique. Mais rien ne déconcertait l'ambition frénétique, désordonnée et aussi inintelligente que sauvage de ce petit monstre. Quand on pense que cette « chose » aurait pu un jour être roi de France !

Comme Elisabeth ne semblait pas pressée de s'engager par contrat (ni même oralement) avec le dernier candidat de Catherine, on signa cependant un traité — un de plus. Il n'avait rien de matrimonial mais était dirigé contre Philippe II : en cas d'attaque du roi d'Espagne, les deux pays formaient une alliance purement défensive. C'était un coup de sabre dans l'eau mais Charles IX en fut satisfait parce que Coligny l'était. Le traité comportait aussi des clauses commerciales beaucoup plus importantes et profitables que Charles IX négligea. C'est justement à cela que sa mère tenait comme prélude au mariage.

On apprit alors à la cour de France que le trône de Pologne venait d'être vacant. La succession à cette couronne, non héréditaire, était d'une extrême complication. A vrai dire, l'hérédité entrait parfois en ligne de compte mais la couronne était livrée à tous les aléas d'une élection. Chaque changement de monarque provoquait de terribles intrigues dans l'aristocratie polonaise qui laissaient toujours des germes de désaccord et d'insubordination au pouvoir royal contesté.

Catherine, devant ce trône vide, pensa aussitôt à son fils chéri.

Elle résolut de le marier à la Pologne puisqu'il refusait Elisabeth. Comme une mère de famille en mal de placement d'enfants, elle se fit instruire de la situation polonaise. Sachant que, pour être bien informée, il n'y avait rien de tel qu'un beau cadeau à ses meilleurs informateurs, elle offrit à l'un des électeurs principaux du roi de Pologne, le prince Sigismont Auguste, qu'un heureux hasard venait de rendre veuf, une épouse ravissante, la très belle, très noble et très expérimentée Renée de Rieux[1], demoiselle de Châteauneuf, descendante des ducs de Bretagne, ex-maîtresse d'Henri d'Anjou et d'un certain nombre de brillants seigneurs. Elle était libre : Henri venait de la délaisser, il s'était pris d'un amour éthéré pour Marie de Clèves. A cette passion de tête, à ce mirage sublime il se raccrochait inconsciemment pour échapper à ses autres mirages autrement plus réels, plus impérieux et plus inquiétants. Entre l'envoûtement d'un Lignerolles ou d'un Du Guast et la féerique Marie de Clèves Henri d'Anjou balançait non sans déchirement. Ce prétendant au trône de Pologne — par la volonté de sa mère — était un prince bien supérieur et bien plus complexe que ses contemporains et nombre d'historiens ne l'ont vu et jugé. Les apparences de ce prince florentin masquaient son intelligence et son sérieux politiques ; les fanfreluches dont il s'attifait firent oublier la conscience de son rôle et sa volonté d'assurer le pouvoir royal.

Comme il n'y avait pas de place pour lui en France, sa mère le voyait déjà roi de Pologne et grand roi portant la civilisation chez les Barbares. Au fond, c'était elle la plus visionnaire des deux — sa passion maternelle était aussi aveugle que les « mirages » de son fils préféré. Mais, connaissant la vertu des longues et persévérantes négociations bien entretenues par des promesses et surtout par d'abondantes et immédiates distributions d'or dans le noble corps électoral, elle attendit avec confiance que la couronne de Pologne échût à Henri d'Anjou. Elle envoya son meilleur diplomate, l'évêque de Valence, Monluc, lesté d'écus d'or et de harangues fleuries.

1. Philippe Erlanger, dans *Henri III,* en a fait le meilleur portrait.

Tout en laissant mûrir la couronne des lointains Sarmates, elle activa le mariage de Marguerite avec Henri de Navarre, lui aussi roi, roi de Navarre. L'affaire n'était pas facile : elle avait contre elle le pape, le roi d'Espagne et tout le monde catholique français — sauf une voix, celle du cardinal de Bourbon, parce que Henri était son neveu et que, hérétique ou non, l'intérêt familial primait toute autre considération. On voit combien l'esprit féodal, à la fin du xvie siècle, au milieu des passions religieuses déchaînées, était encore vivace.

Catherine n'avait pas pour autant l'appui des protestants. Il lui manquait surtout celui de la mère du prétendant, Jeanne d'Albret. La dame était coriace, plus farouche encore que Coligny : elle refusa absolument de se rendre à la cour. Ce refus inquiétait Catherine au plus haut point. Elle s'imagina qu'en dépit des assurances qu'elle lui prodiguait la reine de Navarre craignait pour sa vie. C'est dire que l'assassinat était alors une hantise. Comme Catherine insistait, dans chacune de ses lettres, pour apaiser les craintes de Jeanne d'Albret, celle-ci finit par lui répondre en se moquant d'elle : « *Pardonnez-moi si j'ai eu envie de rire car vous voulez me rassurer d'une peur que je n'ai jamais eue et que je ne pense pas comme on dit que vous mangeassiez les petits enfants.* » Catherine n'avait donc pas encore, même auprès d'une ennemie, si mauvaise réputation.

Finalement, Jeanne d'Albret se décida à venir à la cour. Ce n'étaient pas les assassins de Catherine qui la mettaient en danger, c'était la maladie. A quarante-trois ans, la reine de Navarre n'avait plus de force que dans l'esprit et le caractère, mais, là elle en avait pour dix. Elle souffrait, disait-on, d'un « catarrhe », toussait, crachait, traînait une incurable faiblesse, était toujours frissonnante de fièvre. Aujourd'hui, cela s'appelle tuberculose. Elle fit pour se rendre à Paris, entourée de ses suivantes, un voyage extrêmement pénible. C'était si loin, le Béarn ! On lui avait construit un énorme char, fermé, capitonné, enveloppé de toile goudronnée, une caisse aussi vaste et lourde qu'un wagon. Au milieu de celle-ci on avait installé un poêle à bois dont la fumée s'échappait par un tuyau qui sortait du couvercle de la machine

roulante que traînaient à grand-peine huit chevaux dans des
chemins défoncés. La reine de Navarre vivait là-dedans étendue
sur des matelas et des coussins, cahotée parmi ses dames et ses
conseillers, dont Ludovic de Nassau, le subtil et infatigable
ambassadeur de la Réforme. Dans sa maladie et son inconfort, la
politique gardait tous ses droits. Elle fut ainsi secouée pendant
trois semaines au risque de verser, d'être écrasée par sa maison
roulante et brûlée par l'incendie que pouvait provoquer ce poêle
plein de feu au milieu des coussins et des draperies. Tel avait été,
lors de son grand périple, le confort royal de Catherine pendant
deux ans.

Jeanne d'Albret fit halte à Chenonceaux le 15 février 1572, tout
aussi malade qu'elle était partie et tout aussi résolue à ne rien céder
à Catherine. Celle-ci l'y attendait et, selon son habitude, se fit tout
miel tout sucre devant une statue de marbre. Son italianisme ne la
servit pas du tout. Elle eut tôt fait de le comprendre. Pour changer
de conversation, elles changèrent de résidence. Les reines se
transportèrent à Blois. La cour s'y reconstitua en son entier. Le
voyage et le déménagement font, au xvie siècle, partie de la
politique.

Dès les premiers entretiens, Jeanne d'Albret ne s'embarrassa pas
de vains discours, elle opposa deux objections majeures au
mariage. Quel culte suivraient les deux époux? Et le mariage
serait-il célébré à l'église catholique? La mère d'Henri de Navarre
prenait conseil non seulement de pasteurs calvinistes mais, ce qui
est plus curieux, de l'ambassadeur d'Angleterre. Qu'avait à faire la
cour d'Angleterre dans le mariage de deux princes français? Cela
signifie l'extrême dépendance du protestantisme français à l'égard
de la reine Elisabeth. Au xvie siècle, ce genre de compromission
était mieux toléré que de nos jours. Le nationalisme jacobin ne
sévissait pas. Notre étonnement et notre réprobation n'auraient été
compris ni par Coligny ni par Catherine de Médicis. Celle-ci,
d'ailleurs, laissa faire, elle ne s'intéressait qu'à une chose : le
mariage au plus tôt et, par-dessus le marché, elle obtiendrait de
l'ambassadeur d'Angleterre la signature de son traité de commerce. En ayant l'air de céder, elle arrivait à ses fins. Pour elle,
c'était cela gouverner.

Jeanne d'Albret, de la plus mauvaise grâce du monde, signa quand même le contrat le 12 avril 1572. Elle sermonna durement son fils qui allait vivre dans cette cour qu'elle haïssait et méprisait. Quelle différence avec les assemblées de pasteurs à La Rochelle : tout le monde y était de noir vêtu, blême et guindé. Elle craignait que son fils ne succombât au charme pervers de cette cour papiste où son père, Antoine de Bourbon, s'était perdu dans le stupre, avait renié Calvin et retrouvé le pape. Tout ce luxe, ces femmes offertes, ces fêtes, ces spectacles n'étaient, disait-elle « *qu'un piège pour vous débaucher en votre vie et votre religion, c'est leur but, ils ne le cèlent pas* ». Elle ne se trompait guère, Catherine adorait tendre cette sorte de piège. Bien qu'elle donnât force conseils à son fils, Jeanne d'Albret fut elle-même séduite par la grâce et l'intelligence de sa future bru, la Marguerite inflammable. Ce succès fut sans doute le plus extraordinaire qu'aient remporté les talents d'enjôleuse de Marguerite. Ce qui frappa surtout l'austère Jeanne d'Albret était l'influence de Marguerite sur sa mère et ses frères et sa manière de les manœuvrer. Ah ! si elle avait su, la farouche puritaine, ce qui se cachait sous ce visage d'ange, l'aurait-elle mise dans le lit de son fils ? Elle fit même à celui-ci de belles recommandations pour qu'il sût plaire à « cet ange » : elle l'engagea à soigner sa tenue et sa coiffure qui était trop à la mode de Nérac. Elle aurait pu surtout l'engager à prendre des bains : il puait à six pas. En sortant de table, en plus de son fumet personnel, il soufflait sur les gens de la cour un parfum d'ail redoutable. Avec ça, le meilleur compagnon du monde. Mais, pour la belle et raffinée Marguerite qui sortait des bras d'un Apollon blond et parfumé, Henri de Guise, qu'elle aimait plus que jamais, cet Henri de Navarre était un repoussoir et ce mariage un supplice. Aussi haïssait-elle tout en bloc, ceux qui le lui imposaient : sa mère, ses frères Charles IX et Henri d'Anjou, sa belle-mère et, bien entendu, « l'objet », Henri de Navarre, qui n'y était pour rien et était aussi manœuvré qu'elle en cette affaire.

La famille royale et la cour tout entière étaient loin de vivre dans la joie qui précède les mariages heureux. Marguerite frémissait d'horreur en pensant que la date fatale se rapprochait. Tous les comparses et leurs tenants supputaient les avantages et les risques à attendre de cette union qui n'était vraiment voulue que par Catherine. Mais, comme toujours à l'approche des catastrophes, la cour s'étourdissait dans des fêtes somptueuses sous l'œil faussement indifférent de la reine. Elle observait, impassible et comme isolée en ses voiles funèbres, ces bals qui dégénéraient en orgies — parfois en rixes. Pour tenir cette noblesse, il n'y avait que cela ou les complots ou la guerre. Alors, vive les bacchanales pour avoir la paix ! Elle eut les bacchanales et la guerre civile, la pire de toutes.

Un royaume n'a qu'un roi. Si un second s'érige, la reine le tue

Devant l'incroyable faveur dont jouissaient Coligny et son entourage, les Guises refusaient de paraître à la cour. Le roi, désormais, appartenait à un parti unique. Catherine voyait ce déséquilibre du pouvoir avec une immense appréhension. Elle aurait été si heureuse de rassembler autour de Charles IX tous les partis, tous les Français. Qu'importe que les uns écoutent la messe et d'autres le prêche d'un pasteur, ils étaient à ses yeux aussi bons sujets les uns que les autres [1]. Son rêve eût été de rééditer à la faveur du mariage l'union des Guises et de Coligny — la scène du baiser de Moulins. Cela ne réussit pas deux fois ; à vrai dire, cela ne réussit jamais. Pour lors, le pouvoir était entre les mains de l'amiral Coligny, elle-même en était exclue. Tout le malheur vint de là.

Tout se passait au Louvre dans l'appartement du roi qui y était chambré par « son père spirituel ». Alors qu'au même moment, dans certaines provinces, on pourchassait les huguenots, à Paris Coligny avait pris rang de prince du sang : il entrait et sortait de l'appartement royal quand il voulait, il faisait chasser les familiers catholiques qui lui déplaisaient, il se montrait méprisant, arro-

---

1. Richelieu, cardinal, grand ministre, ne pensait pas différemment. Au moment du siège de La Rochelle, il dit qu'il ne reprochait pas aux protestants leur religion mais leur rébellion : « Ils sont aussi bons sujets qu'hommes de France mais, quand ils sont morveux, je les mouche. »

gant, exigeant sur tout, même sur les repas qu'on lui servait. Il laissait danser la cour catholique, il avait d'autres soucis : il préparait sa guerre contre l'Espagne.

Il eut la contrariété d'apprendre que le duc d'Albe avait réussi à obtenir d'Elisabeth un traité de commerce avantageux pour les Pays-Bas espagnols. Il aurait dû savoir que, lorsque Elisabeth faisait des affaires, elle n'y mêlait pas la religion. Elle fit mieux encore, elle fit sortir des ports anglais où elle s'était réfugiée la flotte des Orangistes soulevés contre Philippe II. Or, il se trouve que cette flotte se dirigea vers la Hollande et, profitant d'une absence des Espagnols, prit pied sur la côte et, par chance et surprise, put s'emparer de Flessinghe en mars 1572. Ces nouvelles furent présentées à Charles IX comme le début d'une guerre victorieuse. C'était pour lui le moment ou jamais d'ouvrir les hostilités contre le duc d'Albe. Il se rallia sans autre information à cette offensive contre les Pays-Bas. Il se garda bien d'en informer sa mère. Il donna tous pouvoirs à Ludovic de Nassau, prince d'Orange, et l'armée protestante française, commandée par le valeureux La Noue, s'empara sans coup férir de Valenciennes mal défendue, le duc d'Albe ne s'attendant pas à cette attaque brusquée. La riposte ne tarda guère. L'armée espagnole surgit à Valenciennes et délogea les huguenots qui allèrent se retrancher dans Mons où les Espagnols les enfermèrent. L'échec de Coligny était flagrant : Catherine l'apprit quand tout le monde en fut informé. Le coup fourré était trop cruel pour elle et trop dangereux pour le royaume. Elle fut épouvantée d'apprendre que tout avait été décidé avec l'assentiment de son fils. Elle exigea de lui des explications.

Elle eut le dépit d'apprendre que ce malheureux avait donné des ordres écrits aux protestants, de sorte que leur attaque pourrait être considérée comme celle d'une armée royale et une offensive de la France contre l'Espagne. Elle détestait l'Espagne au moins autant que Coligny mais c'est la paix, on le sait, qu'elle mettait au-dessus de tout. Elle s'employa à atténuer la faute de son fils en exigeant de lui une désapprobation écrite de l'incursion des huguenots dans les Pays-Bas. Elle remit cette note à l'ambassadeur d'Autriche pour l'empereur qui se chargea d'apaiser son gendre Philippe II.

Coligny n'était pas apaisé pour si peu : il était si sûr de diriger la volonté du roi qu'il leva une armée de quatre mille hommes et l'envoya délivrer Mons. Il s'apprêtait à faire mieux encore. Comme un vrai chef d'Etat, doublant le roi légitime, il mobilisa plusieurs corps d'armée et les mit sur pied de guerre. C'était provoquer l'Espagne dans les pires conditions pour la France isolée et intérieurement déchirée, incapable d'affronter la puissance militaire de Philippe II. Le traité avec l'Angleterre n'était pas signé et Elisabeth n'y mettait aucun empressement. Quel intérêt avait-elle à seconder les Français dans leur folle entreprise, qu'ils fussent protestants ou non ? Elle avait son traité de commerce avec les Pays-Bas espagnols, cela lui suffisait. Quant à Coligny, qu'il chevauche ou qu'il complote, cela n'intéressait pas pour le moment la reine Elisabeth.

Elle ne se trompait pas plus que Catherine sur la folie de Coligny. Les faits donnèrent une cruelle leçon au fanatique amiral et à l'étourneau Charles IX. L'armée huguenote fut écrasée à Quiévrain, en juillet 1572, par les Espagnols et les ordres écrits de Charles IX trouvés sur les prisonniers ne laissèrent aucun doute à Philippe II sur la responsabilité du roi de France qui avait ordonné l'expédition.

Coligny profitait de cela : le roi était son otage. Plus les Espagnols seraient déchaînés contre Charles IX, plus l'amiral était sûr d'avoir sa guerre. Catherine, affolée, supplia son fils de tout désavouer, de rompre avec l'armée protestante. En pure perte. Il ne répondit rien et, dès qu'elle eut le dos tourné, il alla de nouveau s'en remettre à Coligny. Comme toujours mère poule, Catherine eut le tort de quitter Paris pour se rendre au chevet de sa fille, la duchesse de Lorraine, malade à Châlons où elle avait été obligée de s'arrêter en venant à Paris assister aux noces de sa sœur Marguerite avec le roi de Navarre — car les intrigues guerrières de Coligny se mêlaient aux préparatifs difficiles de ce mariage dans une capitale tourmentée, en partie occupée par les protestants armés qui terrorisaient la population. A part Coligny, le roi n'avait plus de contact avec son peuple.

Pendant l'absence de Catherine, Coligny eut tôt fait d'imposer à Charles IX sa déclaration de guerre à Philippe II : l'irréparable allait s'ensuivre. La France envahie, l'armée espagnole ne serait pas arrêtée avant Paris. Les Italiens de Catherine veillaient, Gondi et Birague l'avertirent du coup ; elle rentra le jour même, la monarchie courait un danger mortel.

L'affrontement avec son fils fut dramatique. Elle défendait la politique de toute sa vie, le maintien de la couronne, la paix, l'unité nationale, la tolérance ou du moins un compromis entre les deux partis qui leur permettait de vivre et d'attendre au lieu de massacrer. Elle défendit tout cela contre ce fils qui trahissait lui-même sa propre cause ; elle n'avait en face d'elle qu'un pantin qui ne savait que lui rabâcher les leçons apprises par Coligny. Les faux rapports du protestant Duplessis-Mornay, très tendancieux et admirablement rédigés, persuadaient Charles IX que Philippe II ne pouvait gagner la guerre : toutes les circonstances, à l'en croire, étaient favorables aux huguenots. Or Elisabeth, au même moment, négociait avec le duc d'Albe aux Pays-Bas et soutenait en fait la politique de Philippe II. A aucun prix elle ne voulait voir les Français, même protestants, s'implanter aux Pays-Bas. De cela Coligny n'avait cure : il voulait la guerre et le pouvoir à n'importe quel prix.

Catherine disposait de meilleurs rapports que ceux de Coligny. Elle se fiait à ses fidèles légistes, admirablement informés, secrets, tels que Morvilliers dont les renseignements nourrissaient son génie politique : elle avait le flair inné des situations, éclairé de surplus par les comptes rendus de ses informateurs, et ses décisions étaient soutenues par le droit monarchique de la couronne capétienne. Toute l'histoire du siècle suivant confirmera les vues de Catherine sur l'hégémonie espagnole et la guerre civile en France. Coligny était la proie de son fanatisme, de son orgueil et de son intérêt. Les faits ne l'intéressaient pas. Ils se vengeront.

Catherine, suppliante, enjôleuse ou menaçante, fit l'impossible pour arracher son fils à l'emprise de l'amiral. Elle lui rappela l'agression de Meaux où Coligny avait attenté à sa vie et au trône. Le même personnage aujourd'hui poursuivait le même but ; la faiblesse que montrait le roi envers son ennemi mortel le livrait et livrait son royaume à l'anarchie, c'était la fin de sa propre dynastie écrasée par les armées espagnoles et vomie par le peuple de France qui la rendait responsable de tous ses maux, traître à sa religion et à la mission sacrée héritée des Capétiens. Rien n'entama l'obstination de Charles IX. Elle finit par le menacer de quitter le royaume et de se retirer à Florence s'il persistait dans son attitude suicidaire. Il lui répondit qu'il savait ce qu'il avait à faire. C'est justement ce qu'il ne sut jamais.

En d'autres temps, la menace de sa mère l'eût fait fondre en larmes et l'eût jeté dans ses bras. C'en était fini, la France avait changé de roi : Coligny régnait. Mais il ne régnait que sur un fantoche momentanément sacré contre la quasi-unanimité du royaume.

Au conseil suivant, Coligny fut seul de son avis. Tous les autres membres refusèrent la guerre. Le maréchal de Tavannes, valeureux guerrier dont la haine de l'Espagne ne pouvait être mise en doute, fut résolument pour la paix. Alors Coligny se leva, blême de rage, car la volonté du roi seule ne pouvait briser celle, unanime, de son conseil, que tous les corps de l'Etat suivraient. Peu importe, Coligny voulait avoir raison contre tous. Sa colère et son fanatisme le firent parler non comme un sujet du roi, même plus comme un Français, il parla en étranger et en ennemi de sa nation, comme un chef d'Etat venu d'ailleurs, égal et même supérieur au roi légitime, et il menaça ouvertement la monarchie et la France : « *Madame, le roi renonce à entrer dans une guerre, Dieu veuille qu'il ne lui en survienne pas une autre dont il ne serait pas en son pouvoir de se retirer.* » Evidemment, puisque cette guerre nouvelle, c'est lui, Coligny, qui la fomenterait à l'intérieur même du royaume, à l'intérieur des maisons royales, dans le Louvre même dont les appartements royaux étaient déjà occupés par les soldats huguenots. Quand, un siècle plus tôt, le duc de Bourgogne osait tenir ce langage à Louis XI, ce n'était qu'un dernier — et redoutable — résidu de la grande féodalité en fin de course. La menace de Coligny prononcée le 10 août 1572 était en retard sur l'histoire, elle n'en demeurait pas moins terrible car la monarchie de Charles IX n'avait pas l'énergie de celle de Louis XI. Coligny était si sûr de lui et de la soumission du roi qu'il réitéra sa menace à celui-ci qui ne réagit même pas. « *Je ne puis m'opposer à ce qu'a fait Votre Majesté,* lui dit-il, *mais j'ai l'assurance qu'elle aura l'occasion de s'en repentir.* »

Catherine et ses conseillers furent atterrés. Ils savaient que, dès lors, l'amiral était prêt à tout. C'était la guerre à mort, lui ou la royauté. C'est dans le silence qui suivit cette menace que l'idée du meurtre naquit en Catherine. Coligny venait de passer les bornes ; sa présence, son existence même devenaient intolérables. La monarchie était faible, certes, mais tant que Catherine avait droit de regard, droit d'intervenir par ses conseillers, par ses manœuvres secrètes, la monarchie existait. Sa propre vie se confondait avec celle du trône de ses enfants, la royauté vivrait à n'importe quel prix. Ce mois d'août 1572 était en France plein d'éclairs de sang.

Par amour de la paix, Catherine marie la haine calviniste au dégoût de sa fille

Paris se préparait à fêter les noces de Marguerite de Valois et d'Henri de Navarre. En d'autres circonstances, on aurait peut-être retardé cette union et les festivités qui allaient l'accompagner, en raison du deuil qui venait de frapper le roi de Navarre, car il était désormais roi à part entière : sa mère, Jeanne d'Albret, était morte, le 3 juin, d'un accès de fièvre. L'autopsie décela une pneumonie du poumon qui lui restait, l'autre était hors d'usage depuis longtemps. En somme, elle mourut d'une tuberculose pulmonaire avancée. Les protestants clamèrent aussitôt que Catherine l'avait empoisonnée ; on ressortit, avec toutes sortes de preuves imaginaires, le coup des gants imprégnés d'un poison subtil par un sinistre Italien aussi inconnu qu'efficace dans les libelles. Bref, le deuil de la cour fut réduit et la noce fut préparée. Henri de Navarre fit son entrée dans Paris à la tête de huit cents cavaliers de noir vêtus pour la circonstance mais bien armés. La capitale, d'ailleurs, assistait avec inquiétude à l'arrivée par petits groupes de nombreux gentilshommes calvinistes, gascons pour la plupart. Les tavernes, les rues étaient pleines de leurs fanfaronnades, de leurs éclats de voix, de leurs insolences et de leurs rixes. Ils exaspéraient les Parisiens. Leur roi, Henri, était le plus discret, mais leur chef Coligny et sa suite se comportaient en maîtres : ils traitaient Paris comme une ville papiste en passe d'être conquise.

La colère grondait sourdement dans la bourgeoisie et surtout dans le menu peuple, non seulement contre les occupants mais contre le roi, la reine mère, le duc d'Anjou, ses mascarades et ses mignons. La gloire du vainqueur de Jarnac et de Moncontour était fanée comme le prestige de la famille royale rendue responsable d'avoir livré la capitale, catholique fervente, à la faction hérétique.

Dans la chaleur orageuse, qui ne tenait pas seulement à la canicule de ce mois d'août, comment allaient se dérouler les noces les plus impopulaires du siècle ? La cour organisait ses bals, ses banquets, ses tournois. Coligny assemblait trois mille soldats à la frontière des Flandres. Il annonçait à Guillaume de Nassau qu'il le rejoindrait plus tard avec douze mille arquebusiers et trois mille cavaliers. Voilà la paix qui, selon lui, allait couronner le mariage du premier prince calviniste et de la sœur du roi. Pour l'amiral, cette guerre était le seul moyen d'éviter la guerre civile — c'était aussi le meilleur moyen de s'emparer du roi.

A Paris, l'air des rues était irrespirable. La ville était surpeuplée non seulement par l'afflux des protestants mais par de nombreux visiteurs attirés par les fêtes somptueuses du mariage. En outre, la disette qui régnait dans les campagnes environnantes avait fait refluer vers Paris d'innombrables affamés. Certains étaient hébergés dans les couvents et les églises, beaucoup d'autres croupissaient dans les rues, vivant d'aumônes ou de larcins. C'était un grouillement insensé d'une population incontrôlable parmi laquelle circulaient les rumeurs les plus affolantes. La haine était partout contre les protestants, contre la famille royale. La colère était entretenue par des prédicateurs populaires d'une violence et d'un fanatisme criminels, appelant au meurtre, soulevant la vindicte non seulement des masses populaires mais des classes moyennes exaspérées et se sentant, avec raison parfois, outragées dans leur religion, dans leur commerce, dans leurs droits de cité. Les chroniqueurs du temps ont souvent signalé cette exaspération populaire ou même populacière, les historiens ont peut-être négligé ces réactions viscérales de la foule au profit des considérations politiques et religieuses dont dissertaient les notables alors que la rue réagissait selon des impulsions irraisonnées et violentes. C'est dans cette fièvre que s'est développé, sans contrôle, l'instinct du meurtre pour le meurtre. Or, dans ce bouillonnement désespéré, brillait, parmi le peuple de Paris, une lueur d'espoir. La foule avait une vision, celle d'un sauveur, un envoyé providentiel, c'était le duc Henri de Guise. Le seul des grands qui défendait la vraie foi, qui défendait la capitale, le seul qui entraînait avec lui le peuple de Paris pour tenir tête à l'hérésie, pour se dresser contre une monarchie dépravée et contre l'impopulaire guerre d'Espagne dont personne ne voulait, ni au conseil du roi, ni dans les rues de la ville. Transfiguré par une popularité idolâtre, Henri de Guise apparaissait dans sa beauté rieuse et son courage comme l'archange vengeur de l'injustice et de la corruption. L'archange allait bientôt piétiner dans le sang.

En ce mois d'août 1572, chaque jour était lourd de malheur. Catherine voulait à tout prix expédier ce mariage et proclamer la réconciliation des calvinistes et de la famille royale catholique. (Ignorait-elle que les Habsbourg disaient qu'elle était athée ?) Elle pourvut à ces noces avec tout le faste habituel. Elle tremblait cependant car elle n'ignorait pas que cette union, qu'elle était seule à vouloir, allait être célébrée dans une atmosphère empoisonnée, le 18 août, à Notre-Dame. Erreur d'avoir choisi Notre-Dame, en plein Paris en effervescence. Cependant elle réussit, une fois encore, à fasciner et à neutraliser la foule par le décorum éblouissant de la cérémonie — pour la journée seulement. Ce mariage n'était même pas régulier, le pape n'avait pas envoyé les dispenses nécessaires en raison du degré de parenté rapprochée des deux conjoints : Henri était le petit-fils de Marguerite, sœur de François Ier, et sa femme, petite-fille de François Ier. Dispense deux fois nécessaire en raison de la religion d'Henri de Navarre, calviniste. Catherine passa outre. Elle recommanda même qu'on arrêtât à Lyon le messager du pape porteur des dispenses au cas où le Saint-Père eût envoyé un refus. C'est dire le cas qu'elle faisait de l'autorité pontificale. Bien que nombre de protestants honnissent cette union, et tout autant de catholiques, elle la voulait comme symbole de l'union autour du roi. Le symbole, le voici, on peut en juger selon le goût de l'époque : on vit le roi, Henri de Navarre, le duc d'Anjou et le petit Alençon tous quatre vêtus de satin rose brodé d'argent. Si la paix religieuse ne régnait pas sous ce chatoyant uniforme royal, c'était à désespérer de la politique et de la mise en scène. Henri d'Anjou n'avait pu s'empêcher de mettre une note originale dans ce costume : il portait un toquet de plumes couvert de trente perles inestimables. Marguerite, radieuse de beauté et aussi renfrognée que possible, était vêtue de pourpre, en manteau d'hermine et une traîne de huit aunes. Elle portait, dit-elle, « *tous les joyaux de la couronne* ». Catherine, pour ce mariage comme pour celui de Charles IX, avait quitté ses voiles de deuil et était en brocart pourpre foncé.

Curieuse cérémonie : seule Marguerite et sa famille catholique entrèrent dans la cathédrale. Les protestants, Coligny et le nouveau marié restèrent sur le parvis pendant la bénédiction. Coligny écrivait le même jour à sa femme : « *Pendant ce temps le roi de Navarre et moi nous nous promenions dehors.* » Le marié était donc absent de la cérémonie, il n'entendit même pas le « oui » sacramentel de son épouse. D'ailleurs, personne ne l'entendit parce que, lorsqu'on demanda à Marguerite si elle acceptait d'épouser Henri de Navarre, elle regardait si intensément son amant inoublié, le bel Henri de Guise, qu'elle ne répondit pas. Ce que voyant, son frère Charles IX, impatienté et brutal, lui donna un coup de poing sur la nuque. Elle baissa brusquement la tête. On se contenta de ce signe d'acceptation. Elle était dès lors reine de Navarre. L'Histoire, plus tard, en fit simplement la reine Margot.

Sur le parvis, les protestants faisaient semblant de ne pas entendre les injures que leur criait la foule. Coligny savait que sa vengeance allait venir et qu'il écraserait la canaille parisienne. Quand la cérémonie religieuse fut terminée, Coligny, le nouveau marié et leur suite entrèrent dans Notre-Dame chapeautés comme dans la rue. L'amiral aperçut les bannières qu'on lui avait prises à Jarnac et à Moncontour ; il ricana et dit à l'ambassadeur d'Angleterre : « *Dans peu de temps elles seront arrachées et remplacées par d'autres plus agréables à regarder.* » Il était alors absolument sûr de « sa guerre » et de sa victoire.

Dans le secret, Catherine et son fils Henri s'employaient à mettre fin aux projets de l'amiral. Il se méfiait d'eux mais pas assez cependant. Henri d'Anjou écrivait dans son journal, au même moment : « *Nous fûmes certains que l'amiral avait donné au roi mon frère certaines mauvaises opinions de nous (sa mère et lui) et nous décidâmes séance tenante de nous débarrasser de lui et de nous entendre avec Mme de Nemours, la seule personne à laquelle nous pouvions nous confier en ce projet à cause de la haine qu'elle lui porte.* »

C'est le premier aveu du projet d'assassiner Coligny, il est né de la complicité de la mère et du fils chéri. Sous le satin rose, symbole de l'union, tel était le secret que portait le duc d'Anjou avec autant de légèreté que ses trente perles.

Paris trouva le moyen de s'amuser pour quelques heures. On lui offrit des tournois. Ce seront les derniers de la sorte : la mode n'était plus à ces joutes violentes. On préféra par la suite les ballets et les feux d'artifice. La cour se déguisa. Le roi et ses frères s'habillèrent en amazones ; on vit ces valeureuses femmes guerrières combattre les Turcs et les vaincre. La foule applaudit : elle crut comprendre que le roi combattait les protestants. Le spectacle n'était peut-être pas du meilleur goût pour fêter le mariage des huguenots avec la monarchie catholique.

Catherine laissa se succéder les fêtes qu'elle avait programmées. Elle avait dès lors un autre programme qu'elle réglait minutieusement car son échec risquait d'être fatal à la monarchie, à elle-même, à ses enfants et à la France. Il fallait que Coligny fût assassiné sans bavure.

Une pluie de sang sur le royaume des lis

L'affaire n'était pas facile. On n'abat pas un amiral rompu à tous les complots, à tous les attentats comme un gibier ordinaire. Il jouissait de toutes les protections possibles et, en plus, son prestige le rendait presque invulnérable. La difficulté n'a jamais découragé Catherine. Son ingéniosité et la certitude absolue de son bon droit la rendaient très forte, mais pas imprudente. La prudence est une vertu de l'intelligence et une bonne recette de Machiavel. La mort de Coligny devait être une exécution capitale afin que la rébellion calviniste fût décapitée en la personne de son chef.

En aucune autre circonstance, le caractère de Catherine ne se révèle dans sa complexité, sa détermination et sa rouerie avec autant de clarté que dans le meurtre de l'amiral. Aucune cruauté ne l'inspire, pas même une satisfaction ; la solution sanglante s'est imposée à elle parce que c'était la seule : dans l'intérêt du bien public, Coligny devait disparaître. Il avait résisté à toutes les séductions du pouvoir, accepté les faveurs, les honneurs, l'argent du trône, et il s'était toujours rebellé. Or, c'est le pouvoir qui doit avoir le dernier mot. Si le roi du moment est incapable d'assumer la mission dont il est investi de naissance, et pour laquelle il a été sacré à Reims, Catherine le remplace. Elle se considère comme la dépositaire de ce pouvoir imprescriptible. Elle le sauvera, en bonne conscience, ayant le droit régalien pour elle. Tuer Coligny n'est pas un assassinat, c'est une mesure de salut public commandée par la raison d'Etat. Imbue des principes de ses légistes, elle avait même envisagé la possibilité d'un procès qui eût frappé Coligny dans les formes ; or, ce procès avait déjà eu lieu en 1569. Coligny avait été condamné comme rebelle pour crime de lèse-majesté et pour trahison, sa tête avait été mise à prix. Mais on sait que Catherine avait repris sa politique de conciliation et que, de remise en remise de peine, elle avait peu à peu rendu à l'amiral et à ses frères ce qu'on leur avait confisqué — en y ajoutant d'énormes compensations. Après quoi, la rébellion n'avait jamais été aussi puissante ; elle était même sur le point de triompher du roi. Donc, pas de procès. Le roi, d'ailleurs, n'aurait jamais accepté de faire juger son « père spirituel ». L'exécution du rebelle sera tout aussi légitime. On peut, avec Catherine, parler de salut public : l'expression est neuve mais elle fera fortune, en 1793, elle aura valeur de loi et entraînera les mêmes conséquences pour les ennemis du salut public. Cette procédure, en 1572, n'avait rien d'extraordinaire. Nous n'avons pas à y introduire nos lois modernes ni nos sentiments. Tous les chefs d'Etat de l'époque y ont recouru avec beaucoup plus de désinvolture que Catherine : auprès de Philippe II, d'Henri VIII, d'Elisabeth d'Angleterre et des empereurs germaniques, elle fait figure de timorée. De toute façon, la pitié n'a rien à voir dans cette affaire d'Etat. Le souverain est juge du bien public sans s'embarrasser de sentiments. Elle n'ignore pas le précepte de Machiavel réglant une fois pour toutes la question du meurtre légal : « *En faisant un petit nombre d'exemples de rigueur vous serez plus clément que ceux qui, par trop de pitié, laissent s'exercer des désordres d'où s'ensuivent les meurtres et les rapines ; car ces désordres blessent la société tout entière au lieu que les rigueurs ordonnées par le prince ne tombent que sur des particuliers.* »

Tout le secret du meurtre de l'amiral est là. La guerre qu'il allait déclencher eût fait des milliers de victimes, ravagé des provinces, suscité la guerre civile en plus de l'invasion, cette politique insensée eût « *blessé la société tout entière* » tandis que « *la rigueur ordonnée* » par Catherine « ne sacrifie qu'un particulier ». En l'occurrence, il s'appelle l'amiral de Coligny.

Ce n'est pas tout. Pour Catherine, le meurtre justifié n'était pas encore le meurtre accompli. Elle s'appliqua à bien ordonner le sacrifice. La première condition : le secret. Il fut absolu : Catherine et son fils Henri en décidèrent seuls. Charles IX ignora tout. Il fallait sauver sa couronne et peut-être sa vie malgré lui. Le plan de Catherine prévoyait non seulement la mort de l'amiral mais les retombées politiques qui pourraient s'ensuivre. Elles risquaient d'être dangereuses : les partisans de Coligny chercheraient à le venger et en trouveraient les moyens s'ils connaissaient les coupables. Elle jugea qu'il fallait à tout prix qu'elle et son fils fussent à l'abri de tout soupçon, non seulement pour échapper à la vengeance, mais pour que le soupçon se portât sur d'autres qui feraient les frais du meurtre de l'amiral. Qui donc pouvait se charger de l'exécution et en porter toute la responsabilité sinon les Guises ? C'est ainsi qu'on mit dans le secret la duchesse de Nemours, la veuve du duc François de Guise assassiné. Catherine connaissait la haine inextinguible des Lorrains contre Coligny ; celui-ci aurait été abattu depuis longtemps si Catherine, systématiquement, ne s'était opposée à cette vendetta qui aurait rallumé la guerre civile dans le royaume. Aujourd'hui, pour les besoins de sa politique, Catherine leva l'interdit. Elle fit comprendre à la duchesse de Nemours que Coligny lui était livré. Mme de Nemours, comme tous les Lorrains, comme son fils le duc Henri, attendait ce signe depuis l'assassinat de François. La duchesse se chargea de tout avec l'aide de son fils. Catherine ne mit qu'une condition : que son nom, celui du roi, celui d'Anjou ne fussent jamais prononcés. Moyennant quoi, la justice royale fermerait les yeux. Elle rendait ainsi à Coligny la politesse qu'il avait eue jadis en faisant arquebuser François de Guise dans le dos par Poltrot de Méré. Les Guises étaient sûrs d'être couverts par l'autorité royale. Le calcul de Catherine était clair : si les astucieux calvinistes de l'amiral recherchaient les coupables, ils trouveraient, non pas Catherine et Anjou, mais les Lorrains et c'est sur eux que s'exercerait le vengeance des réformés. Autre bonne affaire pour la couronne. Après avoir décapité la faction calviniste, la vengeance de celle-ci décapiterait la faction rivale. L'archange sauveur de la vraie foi, Guise, l'allié de Philippe II, périrait comme Coligny. Ce serait le triomphe du pouvoir et de la politique d'union nationale de Catherine, telle qu'elle l'entendait.

La seconde partie du plan resta longtemps secrète entre Catherine, son fils Anjou, qui haïssait les Lorrains, et quelques légistes qui justifièrent cette épuration. Ils montrèrent, textes à l'appui, qu'elle ne serait satisfaisante et juste que si elle exterminait d'abord les calvinistes et ensuite les ultras catholiques inféodés à Philippe II. C'est encore un de ces extraordinaires légistes royaux, soutiens inconditionnels du pouvoir, se perpétuant depuis les premiers Capétiens et notamment depuis Saint Louis, qui, soixante ans plus tard, étant secrétaire de Richelieu et étudiant les archives de la Saint-Barthélemy, découvrit et démontra que le massacre des calvinistes était resté inachevé et peu utile parce qu'il n'avait pas été complété par celui des princes lorains et autres factieux fanatiques de l'intransigeance papiste et espagnole. On voit quelle était la profondeur de la politique de Catherine. C'était elle, la Florentine, qui, dans le peuple divisé des Français, perpétuait dans son droit fil la tradition capétienne du rassemblement et de l'union contre la rébellion, d'où qu'elle vînt.

Cette seconde partie du programme resta longtemps ignorée. C'est une fois de plus le prodigieux génie intuitif de Balzac, dans son incomparable essai sur Catherine de Médicis, qui en a percé le secret avant que les preuves historiques en soient venues confirmer bien plus tard la véracité[1].

L'exécution ne fut pas digne de la programmation

Le dernier tournoi qui suivit le mariage eut lieu le 22 août. L'assassin de l'amiral avait été mis en place depuis la veille. Le duc de Guise aurait volontiers tué lui-même Coligny mais en duel. Il ne voulait pas se déshonorer par un assassinat. En revanche, il considérait que sa mère, la duchesse de Nemours, pouvait prétendre à l'honneur d'abattre de sa main celui qu'elle considérait comme le meurtrier de son mari. Elle refusa, non par scrupule, mais, quoique assez bonne tireuse, elle ne se sentait pas le coup d'œil assez sûr pour abattre l'amiral d'une seule balle. On recourut donc à un tueur professionnel. On choisit Maurevers, celui qui avait déjà essayé d'assassiner Coligny, s'était trompé de cible et avait tué Mouy, compagnon de l'amiral. Pourquoi avoir opté pour ce tueur malchanceux ? Catherine ne l'eût certainement pas désigné mais Maurevers n'était plus à son service, c'était une créature des Guises. Elle leur avait laissé la voie libre et s'abstint d'intervenir. Maurevers fut donc installé le 21 août dans la maison d'un ancien précepteur du duc de Guise située Cloître de Saint-Germain-l'Auxerrois. Cette maison avait même été précédemment habitée par la duchesse de Nemours. Elle présentait de grandes facilités pour le tueur car l'amiral passait chaque jour devant elle, soit en allant, soit en revenant du Louvre, car il habitait tout à côté, rue de Bethisy (aujourd'hui 144, rue de Rivoli). La maison était à double issue, ce qui permettait la fuite rapide de Maurevers. Cela ne l'empêchait pas d'être suspecte comme relevant des Guises : les soupçons ne manqueraient pas de se porter sur eux.

Le 22 août au matin, le conseil s'était réuni pour la première fois depuis le mariage. Vers dix heures, après la séance, l'amiral rentra

---

1. Notamment dans le savant et lumineux ouvrage d'Ivan Cloulas, *Catherine de Médicis*, Fayard.

chez lui. D'une fenêtre, Maurevers le tenait au bout de son arquebuse. Au moment où il tira, l'amiral se baissa pour rajuster sa chaussure. La balle, au lieu de le tuer, le blessa au bras gauche et lui arracha un doigt. Il était loin d'être mort ni même grièvement blessé. Il eut même, dit-on, le temps d'apercevoir l'assassin. Douteux. Mais les certitudes sur les vrais auteurs de l'arquebusade ne manquèrent pas : la maison d'où elle avait été tirée les avait aussitôt désignés. Coligny ramené chez lui, la nouvelle se répandit dans Paris comme une traînée de poudre. L'hôtel de Bethisy fut envahi de protestants en armes et défendu comme une forteresse. Quant à l'assassin, il avait fui et demeura introuvable, mais il avait laissé sur place son arquebuse encore fumante : elle fut reconnue. Elle appartenait à un garde du corps du duc d'Anjou. Fâcheux rapprochement pour le plan de Mme Catherine et de son fils Henri. Quant à la culpabilité de Guise, elle fut proclamée d'un seul cri, dans tout Paris, par les huguenots pour réclamer justice et vengeance, par la population pour exalter son idole. Coligny, sur son lit, avait toute sa connaissance et toute son autorité : il désigna les Guises et laissa planer une ombre de soupçon sur la reine mère et son second fils.

Pour Catherine, le danger n'était plus dans l'assassinat d'un particulier mais dans les conséquences politiques de cette mort ratée.

La colère de Charles IX annonça les pires représailles. Il était en train de jouer à la paume avec le gendre de l'amiral, Téligny, et Henri de Guise. En apprenant la nouvelle, il jeta sa raquette et hurla ses jurons habituels. Sa fureur était telle que, si on lui avait révélé sur l'heure que sa mère et son frère étaient les vrais instigateurs de l'attentat, il eût poignardé Henri, qu'il jalousait, et il eût relégué sa mère dans quelque couvent ou l'eût exilée à vie à Florence, comme elle avait eu l'imprudence de lui en donner l'idée.

Elle était à table quand on lui fit part de l'événement. Elle se leva sans mot dire et se retira, suivie de son fils d'Anjou. Les témoins pensèrent qu'elle était déjà au courant. Charles IX, profondément ému dans son affection pour l'amiral, envoya tout de suite Ambroise Paré au chevet du blessé. Le célèbre médecin réussit sans peine à extraire la balle du bras et à amputer le doigt qui ne tenait qu'à quelques lambeaux de peau.

L'après-midi, le roi décida de se rendre lui-même auprès de Coligny qui lui avait fait demander un entretien particulier. Catherine sentit le danger de cette rencontre. Charles IX allait, disait-il, réconforter l'amiral, l'assurer de son entière confiance et lui jurer que justice lui serait rendue, quels que fussent les coupables et aussi haut placés qu'ils pussent être. Le roi considérait que le coup porté à l'amiral était une injure à sa personne et un défi à l'autorité royale. Catherine et Henri d'Anjou frémirent. Ils décidèrent aussitôt d'accompagner le roi, de renchérir sur ses propos, d'activer la recherche des coupables et de hâter leur châtiment.

La scène qui se jouait dans la chambre de Coligny était dramatique. Ses protagonistes allaient déchirer la France et éclabousser son histoire d'une flaque de sang indélébile. Catherine et Henri, au chevet de leur victime, parurent les plus affligés, leurs larmes coulèrent, leurs menaces de vengeance se firent l'écho de celles du roi. Les protestants n'en croyaient ni leurs yeux ni leurs oreilles. Qui Catherine trompait-elle dans cette chambre ? Personne. Tous ceux qui étaient présents la haïssaient et la soupçonnaient de complicité. Coligny plus que quiconque. Cet attentat était tellement dans les mœurs du temps, il était tellement prévu et souhaité par les cours étrangères et par beaucoup de catholiques français, il était aussi tellement redouté par les calvinistes qu'il n'était en somme qu'un épisode de la guerre fratricide qui ensanglantait la France depuis près de vingt ans.

Charles IX se précipita vers le blessé et l'embrassa : « *Mon père,* lui dit-il, *vous avez la blessure et moi j'ai la peine. Je renonce à mon propre salut si je ne dois pas vous venger et qu'on ne l'oublie jamais.* » Il l'assura que l'enquête était déjà commencée et qu'on avait arrêté deux suspects dans la maison d'où le tueur avait tiré. Coligny lui répondit qu'il n'y avait pas d'autre coupable que M. de Guise. Le roi lui fit remarquer que cela ne se pouvait car Guise jouait à la paume avec lui au moment de l'attentat. Catherine intervint alors pour soutenir son rôle, elle poussa le soupçon dans le sens que Coligny indiquait. Cela s'accordait avec son plan. « *Le véritable assassin*, dit-elle, *n'est pas toujours celui qui tire.* » Ce disant, c'était elle qui tirait sur son complice, Henri de Guise. Comme, dans l'esprit de Coligny, la politique et ses calculs ne perdaient pas leurs droits, bien au contraire, car il se sentait plus puissant que jamais sur le roi, il lui rappela : « *La guerre des Flandres est commencée. Ne la désavouez pas. Sire, ne nous obligez pas à manquer de parole envers le prince d'Orange.* » Charles IX l'assura qu'il serait fait comme promis. Coligny, satisfait, pria alors le roi de lui accorder un moment d'entretien sans témoin. « *Le roi nous fit signe de nous retirer ma mère et moi*, écrit Henri d'Anjou, *ce que nous fîmes au milieu de la chambre pendant qu'ils échangeaient quelques mots.* » C'en était trop pour Catherine. Elle mit fin, en douceur, à cet aparté en reprenant son pouvoir maternel : « *Il nous faut laisser l'amiral se reposer, mon fils.* »

Il ne manquait à la scène qu'une réplique shakespearienne. C'est à Catherine que revint le dangereux honneur de la prononcer. Lorsque Ambroise Paré crut devoir lui présenter comme un trophée la balle qu'il venait de retirer du bras de Coligny, elle la prit, la soupesa dans sa main et, d'un air de satisfaction terrifiante, elle dit, en pesant ses mots, à l'amiral : « *Je suis fort aise que la balle ne soit point demeurée dans votre corps car je me souviens que, lorsque M. de Guise fut tué à Orléans, les médecins me dirent que, si la balle avait pu être enlevée bien qu'empoisonnée, il n'y aurait eu aucun danger de mort* [1]. » Pareil rappel en pareil moment avait quelque chose de si maléfique que toute la scène fut soudain plongée dans la tragédie. Telle une pythie funèbre, Catherine, avec ses mots empoisonnés — voilà où étaient ses vrais poisons et non dans des fioles —, avait évoqué et provoqué l'inéluctable : la mort. L'amiral blessé et tous ses assistants, Téligny, La Rochefoucauld, Montgomery, qui se trouvait là aussi, tous ces calvinistes gardes du corps étaient promis à la mort à bref délai. Elle se retira, toute noire. Elle les écrasait tous par sa prescience fatale de ce qui les attendait dans les quarante-huit heures, et pourtant rien n'était réglé.

A peine rentrée au Louvre, elle entreprit Charles IX, le harcelant de questions. Que lui avait dit secrètement l'amiral ? Elle

---

1. Williamson, *op. cit.*

s'en doutait mais elle voulait être sûre que le soupçon calviniste n'était à son sujet qu'un soupçon sans preuve. A la longue, à bout de force, Charles IX craqua : « *Mon Dieu, Madame*, cria-t-il, furieux, *puisque vous voulez le savoir, l'amiral a dit que dans vos mains mon pouvoir partait tout en pièces, que tout le mal pour moi et le royaume viendra de là. Voilà ce qu'il m'a dit*[1]. » Il jura et sortit, bouillant de colère contre elle. Elle avait compris : l'amiral triomphait, le roi lui appartenait. Elle se sentit perdue.

Dans sa fureur, Charles IX était capable de toutes les violences. Le duc de Guise vint lui demander la permission de quitter Paris. « *Allez où vous voulez, au diable si vous voulez. Je saurai bien vous retrouver si j'ai besoin de vous.* » La menace était claire mais peu cohérente : avec ce qu'il avait promis à Coligny, il aurait dû assigner Guise à résidence. En fait, Guise quitta Paris en plein jour puis y rentra de nuit et s'enferma dans l'hôtel de Lorraine, aussi gardé et fortifié que la demeure de Coligny. Guise était trop bien informé de ce qui se passait dans la population de la capitale, de l'autorité dont il disposait sur Paris enfiévré pour faire faux bond à ses fidèles. Les rues n'étaient que cris et rassemblements. Les bagarres se multipliaient. Depuis l'attentat contre Coligny, les boutiques se barricadaient. Le commerce était mort. La disette augmentait, les affamés formaient des bandes hagardes prêtes à tout. Les rues étaient déjà des coupe-gorge en plein jour. Au Louvre même, les seigneurs protestants cherchaient querelle aux gardes du roi. Dans les couloirs du palais, les seigneurs de la suite du roi de Navarre et de Condé provoquaient les catholiques. L'affrontement devenait inévitable.

Le temps des conciliations de Catherine était révolu, celui de la peur, conseillère du meurtre, lui succédait.

Catherine ne laissa rien paraître de son trouble. Au contraire, elle joua pour les princes du sang calvinistes, Navarre et Condé, le même jeu que pour le roi et Coligny : elle se montra révoltée par la hardiesse du tueur et jura d'aider la justice royale dans le châtiment des coupables. Elle n'espérait même pas les tromper mais elle gagnait du temps pour trouver la parade car la menace du roi, c'est

1. Williamson, *op. cit.*

sur elle et sur Henri qu'elle risquait de tomber. Le temps lui était compté, tout pouvait éclater dans les heures qui venaient. Si Maurevers était retrouvé, s'il parlait, si les Guises à leur tour, saisis par leurs implacables ennemis forts de l'autorité royale, avouaient n'avoir agi que sur ordre de la reine mère, elle était perdue. La vengeance de Charles IX aurait des conséquences irréparables. Il fallait avant tout reprendre en main le roi. Elle connaissait la faiblesse de Charles IX tout autant que son obstination absurde, elle connaissait aussi son propre prestige et l'amour de son fils. Elle avait surtout confiance dans son art de le manœuvrer.

Or, en tête-à-tête, ce jour-là, elle n'obtint rien de lui. Il répétait en rugissant qu'il ferait coûte que coûte justice des coupables. Il pensait aux Guises, peut-être aussi à son frère Henri. Il n'osait pas penser à sa mère, il la plaçait trop haut. Mais Coligny était assez puissant pour lui ouvrir les yeux. Cela aussi Catherine le savait.

Ayant échoué, elle s'adjoignit pour une seconde tentative ses fidèles et astucieux conseillers italiens : Nevers, Birague, les Gondi et le maréchal de Tavannes, le seul Français. Ils apportèrent au roi des arguments précis et des chiffres sur le complot que Coligny et son entourage préparaient contre le roi, la famille royale et le trône même des Valois. Le plan de la rébellion décisive leur avait été fourni par deux espions protestants, Bouchavannes et Gramont ; ils avaient assisté dans la chambre de Coligny au véritable conseil de guerre qui venait de s'y tenir. Ni l'amiral ni ses fidèles ne croyaient à la bonne foi du roi qui promettait de faire justice. Cette justice, ils voulaient la faire eux-mêmes. Les espions avaient noté les effectifs impressionnants des forces armées calvinistes aussi bien dans la capitale que dans ses abords immédiats. Celles-ci y entreraient sur l'heure, au premier signe. Le plan était d'assassiner d'abord le roi, sa mère, toute la famille royale et même Henri de Navarre jugé trop peu zélé pour la cause depuis son mariage et enclin à pactiser avec le pouvoir. Vrai ou non ? Tout n'était pas faux, Henri de Navarre était beaucoup plus souple que la plupart de ses coreligionnaires et le fanatisme religieux de sa mère, il ne l'avait pas hérité. Tout en étant sincèrement attaché au calvinisme, son attitude laissait espérer que la politique de rapprochement de Catherine avec le premier prince du sang aurait pu engendrer l'apaisement dans le royaume.

Néanmoins, la nouvelle de ce complot était si terrifiante que Catherine et ses conseillers pensèrent, en désespoir de cause, que, pour échapper au massacre, le meilleur moyen était de le devancer et de frapper les rebelles avant qu'ils ne frappent. Mais, pour brandir le glaive de la justice royale, l'accord du roi était indispensable. Or, Charles IX refusa avec son entêtement ordinaire de croire au complot. Catherine lui dit que ce n'était même plus un secret. La veille, au dîner de la reine, Pardaillan, gentilhomme protestant de Gascogne, lui avait claironné en face, devant la cour éberluée, que l'amiral et ses fidèles étaient résolus à faire eux-mêmes leur justice que le roi ne faisait pas. Une grande fête sanglante se préparait dans Paris. Charles IX refusa obstinément de l'admettre. Tout le savoir-faire de Catherine et de ses Italiens se heurtait à ce mur d'obstination : Coligny, aux yeux du roi, était intouchable. Ils sortirent accablés.

Catherine et ses conseillers allèrent se promener dans le nouveau jardin des Tuileries. Là, elle se sentait en paix, elle pouvait parler en toute confiance à ses Italiens dévoués corps et âme tandis qu'au Louvre les portes, les boiseries, les tapisseries avaient souvent des yeux et des oreilles. Son optimisme et son imagination trouvaient dans ce jardin une sorte de sérénité où naissaient des idées fécondes. Ce jardin, quoique récent, avait déjà son charme et sa magie. Son céramiste préféré avait créé dans ses fours des merveilles, il s'appelait Bernard Palissy. Il lui avait édifié dans son jardin des Tuileries des grottes étranges en faïences multicolores, peuplées d'animaux aquatiques et de reptiles, des êtres mi-réels, mi-rêvés, se glissant dans une végétation émaillée et chatoyante, sur laquelle ruisselait l'eau de sources cachées dans les anfractuosités de ces roches et dans la gueule de monstres marins aux écailles resplendissantes [1].

C'est dans ce jardin qu'elle prit la décision de jouer le tout pour le tout et d'emporter l'accord fatal de Charles IX. Sa solidarité avec ses chers Italiens est totale. Elle n'a plus d'autres soutiens qu'eux, mais eux ne tiennent que par elle. En cas de soulèvement

---

1. Ces grottes, détruites depuis, ont laissé quelques fragments qui ont été retrouvés récemment dans les fouilles de la cour du Louvre.

protestant, ils seront les premiers massacrés étant les plus haïs, les plus craints et les alliés les plus avisés de la reine et du trône. Ce sont eux qui ont convaincu la reine de l'existence du complot protestant, auquel ils opposent un autre complot. Il est simple mais de réalisation difficile : il faut massacrer tous les chefs protestants avant qu'ils ne prennent la tête du soulèvement. Catherine y a déjà pensé. Il ne manque que l'essentiel, l'ordre du roi. Etrange. En cette heure, le sort de la monarchie française est dans la main d'une reine italienne et de cinq conseillers italiens.

Plus déterminée que jamais, entourée de ses fidèles, elle reprend le chemin du Louvre et de l'appartement du roi. Elle tient en réserve une révélation fracassante après laquelle le roi ne pourra plus reculer sans renier sa mère et sa royauté. On reprend d'abord les arguments du complot. Un Italien, Petrucci, ami de Boucha-vannes, vient donner les chiffres des effectifs de l'armée calviniste, chiffres relevés dans les papiers mêmes de Coligny. Le roi éclate : « *Tout cela est mensonge. L'amiral m'aime comme si j'étais son fils. Jamais il ne me fera de mal.* » Néanmoins ces prévisions l'ont ébranlé. Sa mère lui rappelle le guet-apens de Meaux, comment Coligny a failli l'enlever, sa fuite devant les rebelles. « *Vous en avez pleuré de honte* », lui rappelle-t-elle. Furieux qu'on évoque ce souvenir, il crie : « *Mordieu, Madame, taisez-vous.* » Comment se tairait-elle ? Elle lui montre que sa vie et son trône sont menacés dans les heures qui viennent : « *Ne comprenez-vous pas pourquoi l'amiral essaie de vous détourner de moi ?* » Tavannes, alors, compare Coligny à un sanglier qui fonce sur le roi. Que ferait-il à la chasse ? Attendrait-il d'être décousu comme un mouton ? Charles IX se met à hurler : « *J'ai juré de le sauver, je ne veux pas qu'on y touche. Je ne veux pas. Je veux que justice soit faite. Mes troupes gardent la ville et l'enquête continuera jusqu'à ce qu'on trouve l'assassin de l'amiral.* » Il répète en forcené ce dont il n'est déjà plus sûr. Lui aussi a peur. Il a peur de la trahison qui est partout autour de lui. Il la pressent déjà chez son ami le plus sûr, Coligny.

Catherine, le sentant vacillant, lui porta le dernier coup qui allait l'écraser. Elle lui demanda qui il pensait trouver derrière le tireur à l'arquebuse. « *Mais, M. de Guise, bien sûr.* » « *Non*, dit-elle, *c'est moi qui suis derrière M. de Guise.* » Charles IX s'effondra : « *Vous ?*

Vous ? Pourquoi vous ? » « *Parce que j'ai donné à la France un roi incapable qui a plongé son royaume dans la ruine et je fais maintenant ce que je peux pour le redresser* [1]. »

Il fut saisi par une de ces crises de fureur qui n'étaient que des crises de faiblesse. Eperdu, tout en continuant de répéter qu'il vengerait l'amiral, il demanda ce qu'il fallait faire. Gondi lui dit qu'il fallait gagner les huguenots de vitesse, que dans deux jours ils seraient maîtres de Paris et exécuteraient qui bon leur semblerait, en commençant par le Louvre. Charles IX hors de lui, en hurlant, donna son accord : « *Tuez-les tous ! Tuez-les tous !* »

Cela ne signifiait pas qu'il fallait tuer tous les réformés. « *Tous* » signifiait tous les chefs du complot dont on venait de parler, l'amiral en tête. Cela représentait pour Catherine et ses conseillers l'exécution d'une vingtaine de chefs protestants. Il ne s'agissait pas d'un assassinat mais d'une exécution judiciaire au nom du roi. Lui seul, en vertu du droit régalien, pouvait légitimer ce massacre. Les légistes de Catherine y avaient pourvu. Elle n'avait pas hésité à s'accuser elle-même pour emporter la décision de son fils, pauvre roi désaxé entre ses deux tyrans, l'amiral et sa mère. Mais c'est à celle-ci qu'à bout de forces il avait cédé dans un cri de peur et de désespoir : « *Tuez-les tous !* » Les massacreurs avaient le champ libre.

Le moindre retard eût été fatal pour le trône des Valois. Un ambassadeur italien, Cunega, écrit : « *Si les souverains, après la blessure de l'amiral, avaient laissé passer deux jours, on eût exécuté contre eux ce qu'ils ont exécuté eux-mêmes.* » Catherine, en légitime défense, trouva le moyen de devancer ses tueurs. C'est ainsi que fut prise la décision fatale, conséquence d'un coup d'arquebuse manqué d'un tueur à gages. Rien de ce qui suivit n'avait été prémédité par la cour. Paris, le lendemain, transforma une opération de police en un immense carnage. C'était le dimanche 24 août 1572, fête de saint Barthélemy : plaie ouverte au flanc de la nation.

1. Pour cette scène, cf. Williamson, *op. cit.*

Une flaque de sang sur l'histoire de France et sur la réputation de Catherine

Ayant poussé son cri, Charles IX disparut. Catherine présida son conseil de guerre avec le plus grand calme. Qui allait-on tuer ? Qui allait-on épargner ? On compta les têtes. Les deux princes du sang huguenots, Henri de Navarre et Henri de Condé, étaient intouchables : le sang de France était sacré. Toutefois, un doute planait... Henri d'Anjou, amoureux fou de la princesse de Condé, Marie de Clèves, aurait volontiers opté pour le veuvage de sa dulcinée qu'il eût épousée si... L'amiral fut inscrit le premier sur la liste des condamnés. Ensuite, l'accord se fit sur les noms de Téligny, son gendre, de La Rochefoucauld, de Montgomery et de quelques autres. Catherine, pour sa part, exigea six noms. Au total, une vingtaine.

Ensuite, on désigna les exécuteurs. En tête, à tout seigneur tout honneur, on retint les services d'Henri de Guise, de son oncle, le duc d'Aumale (gendre de Diane), et du bâtard d'Angoulême (demi-frère du roi) : ils furent chargés de régler le sort de Coligny. Ils n'auraient qu'à l'achever dans son lit. Pour les autres « condamnés », chacun eut droit à ses exécuteurs particuliers. Ni les milices ni les Parisiens, bourgeois ou peuple, n'étaient concernés par l'exécution. Cet arrangement, au xvie siècle, n'avait rien de scandaleux ni d'extraordinaire. Il fut ordonné avec tout le sang-froid d'une opération de police, délicate certes, mais tout à fait normale. La grande appréhension de Catherine était oubliée. Le fameux « *Tuez-les tous !* » du roi lui avait rendu son pouvoir : elle régnait, la conscience tranquille. Un peu trop. Elle omit dans ses calculs un facteur considérable mais elle l'avait toujours sous-estimé : Paris. Elle convoqua toutefois, par précaution, le prévôt des marchands, Claude Marcel, et son adjoint Charron, catholiques militants, inféodés aux Guises, et qui avaient bien en main la population — du moins le croyaient-ils et le faisaient-ils croire. Ils persuadèrent avec facilité Catherine que l'exécution des chefs protestants comblerait les vœux du peuple, qu'il n'y avait pas à craindre de soulèvement sinon celui d'une enthousiaste approbation. Ils ne firent pas état de leurs arrière-pensées, ils avaient des projets plus ambitieux que l'exécution de vingt chefs protestants. Puisque le roi avait dit : « *Tuez-les tous !* », eh bien on tuerait tous les calvinistes, grands et petits. Le conseil, qui n'avait pas prévu ce débordement fanatique, chargea ces officiers municipaux qui commandaient les milices bourgeoises, troupes catholiques bénévoles fort excitées, de fermer les portes de Paris, d'armer les miliciens et d'enchaîner toutes les barques de la Seine afin que nul ne pût s'enfuir par cette voie. Chaque maison devait être gardée par un milicien portant une torche et un brassard blanc au bras gauche. Ces soldats de la milice catholique devraient, durant la nuit du samedi 23 août au dimanche 24, contrôler tous les passants dans les rues. Sciemment ou non, ces mesures mettaient en place des tueurs non accrédités par le roi et, croyant instituer un service d'ordre, elles organisaient un carnage général.

Charles IX réapparut. Il avait retrouvé son calme, il voulut commander. Il convoqua avant minuit Charron et Claude Marcel, responsables de l'ordre, pour qu'ils lui rendissent compte de leur mission. Ils l'assurèrent que la ville était parfaitement tranquille. En effet, le Louvre baignait dans l'air moite d'une lourde nuit d'été et dans un silence encore plus pesant. On y étouffait.

Dans le palais, sauf le roi, sa mère et leurs conseillers intimes, nul n'était au courant de ce qui allait arriver. Il était convenu que le signal du massacre serait donné, juste avant l'aube, par le beffroi de l'Hôtel de Ville. Dans les appartements royaux, personne ne dormit cette nuit-là, sauf Marguerite, la jeune reine de Navarre, la seule de sa famille, avec son cadet Alençon, à n'être pas dans le secret. Sa mère et Charles IX se méfiaient toujours d'elle et de son confident. Toutefois, elle dormit mal et elle raconte elle-même ce qui lui arriva ce soir-là. Elle était comme d'ordinaire au coucher de sa mère « *assise sur un coffre avec ma sœur la duchesse de Lorraine lorsque ma mère m'adressa la parole pour m'envoyer coucher. Comme je faisais ma révérence, ma sœur m'attrapa par la manche et me retint. Elle commença à pleurer en disant : " Ma sœur vous ne devez pas partir. " Ma mère en voyant cela appela ma sœur sévèrement, lui interdisant de me rien dire. J'appris par la suite que ma sœur avait dit qu'il était injuste de me renvoyer ainsi parce que, s'ils* (les huguenots) *découvraient quoi que ce soit, ils se vengeraient sur moi. Ma mère répondit que, si Dieu le voulait bien, il ne m'arriverait aucun malheur mais que dans tous les cas je devais aller par crainte d'éveiller leurs soupçons.* » Pour Catherine, les impératifs de sa politique passaient, ce soir-là, avant la vie de sa fille. Il est vrai qu'en d'autres occasions elle a sacrifié sa politique à son amour maternel — tout au moins à celui qu'elle portait à son fils Henri. En cette nuit de la Saint-Barthélemy, la vie de la jolie Marguerite aurait bien pu faire les frais de la politique de sa mère. Elle n'eut garde de l'oublier.

La suite du récit de Marguerite montre que « le complot » n'était pas une rêverie car ses exécuteurs étaient déjà en place. Lorsque la reine de Navarre entra dans la chambre conjugale où son mari Henri l'attendait, elle fut surprise et le note : « *Je trouvai son lit entouré de trente ou quarante huguenots qui m'étaient inconnus car je n'étais mariée que depuis quelques jours. Toute la nuit ils parlèrent de l'accident survenu à l'amiral et décidèrent que dès le lever du jour ils iraient demander justice au roi contre M. de Guise et que, si elle leur était refusée, ils s'en chargeraient eux-mêmes.* » Oubliaient-ils que, s'ils tentaient ce coup, tout Paris et ses milices se soulèveraient contre eux et que ce serait l'inévitable carnage ?

Avant minuit, certains réformés quittèrent le Louvre. La plupart habitaient rue Saint-Honoré, près de l'amiral ; d'autres, comme Montgomery, logeaient au faubourg Saint-Germain. Bien leur en prit. La Rochefoucauld, grand familier du roi, avait passé la soirée dans sa chambre. Il se leva, voyant l'heure, pour quitter Sa Majesté, mais Charles IX voulut retenir son ami et lui épargner le sort qui l'attendait. « *Ne partez pas, Foucauld, bavardons jusqu'à la fin de la nuit* », lui dit-il. La Rochefoucauld invoqua sa fatigue et préféra partir. Le roi essaya encore de le sauver : « *Restez*, insista-t-il, *et dormez avec mes valets de chambre.* » « *Merci*, lui répondit son ami, *leurs pieds sentent trop mauvais.* » Il salua et partit vers la mort. En chemin, il fit tout de même une halte galante chez la duchesse douairière de Condé, sa maîtresse.

Quoi que certains pamphlétaires aient pu écrire bien après cette nuit du 24 août, Charles IX n'était pas, ce soir-là, le fou furieux qu'on a voulu représenter. De toute la famille royale, il était même le plus calme. On a vu son attitude à l'égard de La Rochefoucauld.

D'autres preuves suivirent. En revanche, sa mère et Anjou furent soudain, vers minuit, saisis de peur. Sans doute, étant plus intelligents et plus politiques que Charles IX, entrevirent-ils la gravité de ce qu'ils avaient déclenché. Les conséquences leur parurent tout à coup si terribles qu'ils furent sur le point de tout décommander. Ils sentirent, trop tard, que Paris risquait d'éclater et que la haine de la capitale contre les protestants se doublait de la haine contre le roi, la reine mère, tous les Valois jugés complices et protecteurs des réformés, entourés en outre par une clique d'Italiens machiavéliques, catholiques certes mais surtout pilleurs du Trésor royal, magiciens de surcroît et distillateurs de trahisons. La haine populaire une fois déchaînée n'épargnerait personne, ni les hérétiques ni le pouvoir. Les milices bouillaient, elles aiguisaient leurs armes pour débarrasser Paris des réformés aussi bien que des Valois pourris. Guise, l'archange, remplacerait tout cela.

Catherine, dans un sursaut de peur et de lucidité, voulut, peu après minuit, annuler la fête sanglante. Son fils, Anjou, qui tremblait avec elle, nous l'a confirmé. Il se confia plus tard à son fidèle médecin et ami Miron qui l'avait accompagné en Pologne. Celui-ci a noté les confidences du prince. « *Nous considérions* (sa mère et lui) *les événements et la conséquence d'une si grande entreprise à laquelle, pour dire vrai, nous n'avions jusqu'alors guère pensé, nous entendîmes à l'instant tirer un coup de pistolet.* » Ce coup de feu inexpliqué, « *l'esprit de terreur* » qui les saisit en entendant ce signal prophétique dans le silence irrespirable d'une nuit où le crime rôdait de toutes parts leur firent prendre conscience du danger qui menaçait leur vie tout autant que celles des victimes qu'ils avaient désignées. Henri d'Anjou continue à parler de ce coup de feu. D'où venait-il ? « *On ne saurait dire, ni s'il a offensé quelqu'un. Bien sais-je que le son seulement nous blessa si avant dans l'esprit qu'il offensa nos sens et notre jugement, esprit de terreur et d'appréhension des grands désordres qui s'allaient commettre.* » Ils étaient tellement bouleversés qu'ils dépêchèrent immédiatement un messager au duc de Guise lui porter l'ordre de ne pas bouger de chez lui et de ne rien oser contre l'amiral. Nous sommes très loin du portrait qu'on a fabriqué d'une Catherine faisant allégrement massacrer les huguenots. Elle pensait non sans raison que, si Guise était consigné à domicile et si l'amiral était épargné, tous les autres assassinats seraient suspendus du même coup. Or, le destin, si souvent invoqué et sollicité par Madame Catherine, se joua de sa dernière décision : elle ne commandait plus aux événements. Lorsque le messager de la reine put joindre le duc de Guise, celui-ci lui répondit que le contre-ordre arrivait trop tard : Coligny était déjà assassiné et le massacre avait commencé. Pourquoi cette avance ? Nul ne le sait. C'est la cloche de l'Hôtel de Ville qui aurait dû donner le signal. Or, ce fut le tocsin de Saint-Germain-l'Auxerrois qui sonna avec une heure et demie d'avance. Les tueurs, en l'entendant, se jetèrent sur leurs victimes au moment même où la reine mère s'avisait qu'il ne fallait plus les tuer. Voilà à quoi a tenu le massacre généralisé contre la volonté de Catherine.

La tuerie débuta au Louvre où nombre de protestants logeaient. Ils furent poursuivis dans les appartements, les uns tués dans leur lit, d'autres dans les couloirs ; ceux qui crurent pouvoir s'enfuir dans la cour du Louvre étaient attendus à la porte de sortie par les hallebardiers qui les mettaient en pièces.

Dès que les premiers coups de tocsin résonnèrent, Guise et son escorte s'étaient mis en route vers la rue de Bethisy. La demeure de l'amiral était « défendue » par les gardes du duc d'Anjou. Sombre machination, ils étaient commandés par Cossein qui haïssait Coligny et Henri savait très bien de quoi ses gardes étaient capables. Ce sont eux qui ouvrirent aux hommes de main du duc de Guise. Quelques Suisses protestants qu'Henri de Navarre avait envoyés essayèrent de résister ; ils firent un barrage au pied de l'escalier avec des coffres et des meubles. Il fut vite enlevé. Les tueurs montèrent dans la chambre de l'amiral. En tête, un nommé Besme, de son nom Yannevitz, tchèque, tueur juré au service de Guise. Comme le jour était encore très faible, Besme voyait mal le visage de l'homme couché. Il lui demanda s'il était bien Coligny. « *Je le suis*, répondit l'amiral, *mais laissez-moi mourir de la main d'un gentilhomme et non d'une canaille de votre espèce.* » Sa fière et courageuse réponse oubliait qu'il n'appartenait pas à un gentilhomme d'achever un homme couché. Il reçut aussitôt de nombreux coups de poignard, plus sauvages qu'habiles. Impatients, Guise et d'Aumale attendaient dans la cour. Ils crièrent : « *Besme, as-tu fini ?* » « *C'est fait !* » cria l'assassin. Il jeta le corps par la fenêtre qui tomba aux pieds des Lorrains et de leur suite. Comme le visage avait été meurtri et ensanglanté dans sa chute. Guise descendit de cheval, fit essuyer le visage de son ennemi mort et dit : « *C'est bien lui.* » Son père était vengé.

La chambre et la maison furent pillées, les vêtements furent partagés entre les tueurs. Besme s'affubla du collier de l'amiral. Les papiers conservés et étudiés révélèrent l'étendue et la gravité du complot et des projets politiques de l'amiral. La monarchie devait être supprimée avec la personne de tous les Valois et même d'Henri de Navarre. La France devait être transformée en une sorte de « république » dont Coligny prendrait la tête. Rien à voir avec la démocratie : un pouvoir absolu succédait à un autre. Les Français se seraient-ils résignés à voir leurs églises détruites, à changer de religion, à obéir à des pasteurs ? Nul ne le sait. Catherine, elle, avait une façon très personnelle de considérer les changements de pouvoir. Ainsi, après la dure bataille de Dreux, dont on se souvient, les forces royales gagnèrent de justesse et de façon si précaire qu'on vint, un peu prématurément, lui annoncer que la bataille était perdue et que les protestants étaient les maîtres. « *Eh bien !* répondit-elle, *nous irons au prêche au lieu d'aller à la messe.* » Elle pensait sans doute que la religion pourrait changer mais que le pouvoir resterait dans la main du roi et dans la sienne. Elle était bien capable de s'en accommoder. Les Guises et le peuple catholique l'auraient-ils suivie ?

Au Louvre, Charles IX régla sans violence la situation d'Henri de Navarre et d'Henri de Condé. Leur vie était sauve mais il leur demanda, c'était un ordre menaçant, de se convertir sur l'heure et d'aller à la messe, sinon c'était la mort. Les deux Bourbons réagirent selon leur caractère. Le roi Henri de Navarre accepta la messe avec une complaisance qui rappelait davantage la souplesse de son père Antoine de Bourbon que l'intransigeance de sa mère, Jeanne d'Albret. Il faut dire qu'étant plus intelligent que son père et tout aussi politique que Madame Catherine, il savait qu'à cette heure la complaisance était la seule solution qui ménageât l'avenir. Or, lui, premier prince du sang, comptait sur l'avenir. Son cousin, le prince de Condé, petit coq de vingt ans, tenait de son père, l'irascible bossu, la même insolence et le même orgueil. Il regimba : « *Ma vie et mes biens sont entre vos mains*, dit-il au roi, *vous pouvez en faire ce que vous voulez, mais la crainte de la mort ne changera rien à ma foi.* » Cela dit, Charles IX n'avait aucune envie de le tuer, d'autant que Condé alla sagement à la messe tout comme son cousin Henri de Navarre. Le vague sourire qui s'était dessiné sur les lèvres et dans les yeux de Navarre était plus insolent que le cocorico du petit Condé et lourd d'arrière-pensées.

La Rochefoucauld fut assassiné chez lui par le frère du bouffon du roi, le nommé Chicot. Téligny fut arquebusé sur les toits où il avait cru trouver le salut. Quant à Montgomery, qui habitait rive gauche, il put s'enfuir de justesse et, bien que poursuivi par Guise et ses hommes jusqu'à Montfort-l'Amaury, il échappa à ses poursuivants grâce à un exceptionnel coursier espagnol. Il n'était pas perdu pour le parti réformé.

Dans le pire et le plus sanglant des drames, le comique ne perd pas ses droits. Au Louvre, un gentilhomme protestant blessé, saignant, poursuivi par ses assassins, se sentant perdu et près d'être achevé, se précipita dans la chambre de la jolie Marguerite, reine de Navarre, se jeta sur elle dans son lit, l'étreignit, l'embrassa comme un fou et ses tueurs qui l'avaient suivi, devant cette scène et l'affolement de Marguerite embrassée par cet inconnu ensanglanté, éclatèrent de rire. Revenue à elle, Marguerite les fit sortir ; désarmés par le rire, ils épargnèrent le malheureux Leran. C'était le nom de leur victime.

L'horreur déjà faisait rage dans Paris. La tuerie n'était plus seulement le fait des tueurs professionnels expédiant les vingt victimes désignées, c'étaient les milices et la populace qui se livraient, dans les rues et dans les maisons, à une véritable chasse à l'homme.

La première maison pillée, envahie par des hordes canailles, fut celle de l'amiral. On vola et on brisa, puis on s'empara du corps de l'amiral. L'un lui arracha ses vêtements, le dénuda, lui cracha dessus ; d'autres le mutilèrent, l'émasculèrent, lui arrachèrent un bras, le décapitèrent, le traînèrent dans les rues, le jetèrent dans la Seine. D'autres le repêchèrent. On l'attacha à une corde, on trimbala ce cadavre mutilé dans la ville sous les plus ignobles outrages de la foule, enfin on pendit par les pieds ce qui restait de l'amiral au gibet de Montfaucon.

La même ignominie se répéta pour d'autres victimes : celle-ci est exemplaire de l'explosion de sauvagerie qui ensanglanta Paris. On a reproché, non sans raison, aux Guises d'avoir laissé faire. Leur ennemi mort méritait le respect dû aux morts. Mais étaient-ils maîtres de ces créatures barbares qui sortent de leur repaire dans les jours d'émeute, sous n'importe quel régime, à n'importe quelle époque, dès que le pouvoir central fait défaut ? Quand les vannes des égouts sont ouvertes, la pourriture de la société s'écoule à pleines rues. Nul n'est maître des instincts effroyables d'une population incontrôlée, qui s'abandonne à son instinct de détruire, de tuer, de torturer et d'avilir ses victimes. On avait libéré cette foule affamée parce qu'on lui avait fait croire que le mot « huguenot » permettait de donner libre cours à sa criminelle bestialité. Le prévôt des marchands Marcel et son adjoint Charron portent avec certains prédicateurs effrénés une lourde responsabilité. Ils avaient ouvert les vannes. Ils étaient incapables de les refermer.

On tua donc non seulement les huguenots mais tous ceux qu'on avait envie de tuer, soit par plaisir, soit par intérêt. On tua le voisin qui gênait et celui qu'on voulait piller. On tua son créancier pour régler sa dette. On tua par rancune. On tua le juge qui avait fait perdre un procès et le plaideur qui avait gagné. On tua un insolent, un mari gênant, une femme infidèle, un père ou un parent dont on attendait l'héritage. La religion, premier motif du meurtre ? Sans doute, le premier jour et aux premières heures, les tueurs choisirent de préférence des protestants. Ensuite toute proie était bonne qui faisait de l'argent ou simplement du sang.

Le roi voulut arrêter ce carnage. Les ordres qu'il fit tenir au prévôt, aux échevins ne servirent à rien. Même la garde royale se laissa gagner par l'ivresse du meurtre et du pillage. Même les gardes du duc d'Anjou participèrent à la curée[1]. Ils avaient l'ordre d'arrêter les émeutiers, ils se joignirent à eux. Les riches maisons

---

1. Certains témoins relatent que les gardes d'Anjou pilliaient de préférence les joailleries et rapportaient à leur maître, grand amateur de perles, les plus belles qu'ils avaient ramassées dans le sang.

furent saccagées et, avant tout, celles des joailliers et des orfèvres qui étaient d'excellents catholiques. Le recensement des victimes sera révélateur. L'hérésie n'était presque plus le prétexte du crime. Un professeur de grec à l'université de Paris fut tué par un autre qui convoitait sa chaire. Les étudiants s'acharnèrent sur le corps de la victime de façon aussi ignoble qu'ils l'avaient fait sur le cadavre de Coligny. Ils massacrèrent plusieurs dizaines d'étudiants étrangers, catholiques pour la plupart... La Seine charriait les cadavres. Le maréchal de Tavannes, qui ne peut être soupçonné de sensiblerie ni de partialité en faveur des réformés, était outré par ce qu'il voyait : « *Dans les ruelles qui descendent vers la Seine coulent des torrents de sang comme s'il avait beaucoup plu.* » Et il ajoute : « *Le sang et la mort envahissent les rues de façon tellement horrible que Sa Majesté dans le Louvre a fort à faire pour se garder de la peur* [1]. » Ce témoignage en dit long sur l'état d'esprit du roi et de la famille royale. Le courage de Charles IX et même sa témérité avaient toujours frappé ses contemporains. Or, devant un peuple déchaîné, il tremble. Cela ne ressemble pas au portrait « bande dessinée » qu'une certaine propagande, pour ne pas dire Histoire, a fait circuler d'un Charles IX affolé et sanguinaire, arquebusant lui-même ses sujets d'une fenêtre du Louvre. Cette légende est absurde et ne repose sur aucun fait crédible. Mais cela fait « un tableau » saisissant qui a même figuré dans certains manuels scolaires de l'école primaire. D'une part, un roi ne « peut » de sa main tuer un de ses sujets. Charles IX n'ignorait pas cet interdit sacré. En outre, la fenêtre qu'on montrait et d'où il aurait tiré était située dans une partie du Louvre qui n'était pas construite au xvie siècle. Tant pis pour la légende.

Charles IX était inquiet et s'attendait au pire, mais la façon dont il traita ses cousins — ses ennemis —, Navarre et Condé, n'est pas d'un forcené ivre de sang. « *Mon frère et mon cousin,* leur dit-il, *ne vous effrayez pas et ne vous affligez pas de ce que vous entendez, si je vous ai mandés, c'est pour votre sûreté.* » Il voulait lui-même veiller à leur salut.

---

1. Williamson, *op. cit.*

Trois jours et trois nuits, les ordres royaux restèrent lettre morte, les massacreurs et les pilleurs étaient les maîtres. Un « miracle » survint le second jour, le lundi. Un bruit se répandit dans la foule, autant dans celle des terroristes que dans celle des terrorisés. Un buisson d'aubépine du cimetière des Innocents qui croissait aux pieds d'une statue de la Vierge et n'avait pas fleuri depuis des années venait soudain de se couvrir de fleurs dans cette saison inhabituelle. On crut que sa floraison, ordonnée par la Vierge, manifestait la volonté divine. On essaya d'interpréter ce message pour calmer la fureur populaire mais on obtint le résultat contraire. Le fanatisme d'une partie du clergé encourageait celui des tueurs et fit croire que cette floraison signifiait la satisfaction divine et ordonnait de poursuivre la tuerie. Les cloches sonnèrent de toutes parts, des processions s'organisèrent vers le buisson miraculeux, mille désordres nouveaux s'ajoutèrent à ceux qui ensanglantaient la ville. Il fallut faire garder militairement le cimetière qui eût été saccagé par des bandes d'idolâtres. On proclamait et on chantait que la religion catholique allait refleurir, que le royaume retrouverait la paix dans la vraie foi. Le roi lui-même vint au cimetière adorer le buisson et rendre grâces à Dieu. Sa mère et ses frères l'accompagnaient. On laissa, devant eux, approcher des malades de l'épine fleurie. Certains, dit-on, guérirent. Etait-ce la fin du carnage ? La procession royale semblait l'annoncer, du moins était-ce l'espoir du roi, mais les forcenés de la rue interprétèrent le miracle tout autrement. Le roi n'avait-il pas dit : « *Tuez-les tous* » ? L'épine miraculeuse disait : « Tuez-en encore tant qu'il en reste. » On tua donc de plus belle jusqu'au mardi 26 août.

Des fuyards avaient déjà porté la nouvelle du massacre dans les provinces. Le roi, craignant l'abominable contagion du terrorisme, envoya des ordres aux gouverneurs des provinces pour que « *personne ne prenne les armes mais que chacun reste tranquillement chez soi* ». Il ordonna aux gouverneurs de faire respecter l'édit qui garantissait la liberté du culte aux protestants et d'éviter toutes violences dont « *il aurait un grand regret* ». Telles étaient les intentions du roi, mais ses ordres ne passaient plus. L'autorité de

Charles IX n'était plus celle de François Ier. Les gouverneurs, grands seigneurs nostalgiques de la féodalité, obéirent quand ils voulurent ou quand ils purent car leurs provinces échappaient parfois à leur autorité. De toutes façon, cela ne ressemble pas à ce qu'ont soutenu certains auteurs qui accusent Charles IX — et sa mère du même coup — d'avoir donné l'ordre aux gouverneurs d'abattre les protestants de leur province. Certains lui eussent obéi volontiers qui s'abstinrent cependant, faute d'ordre royal. Toutefois, il n'est que trop vrai que la Saint-Barthélemy s'est propagée à toute une partie du royaume. La contagion du massacre a gagné peu à peu des provinces déjà contaminées, dont la plupart étaient éloignées de Paris, mal contrôlées et qui, il faut le dire, avaient souffert des exactions et des persécutions des protestants. Les massacres provinciaux s'échelonnèrent sur trois mois. C'est ce que Michelet définit fort bien : « *Il ne faut pas s'y tromper, la Saint-Barthélemy n'est pas une journée, c'est une saison.* » Les fruits ignobles de cette saison furent très inégalement répartis en France. Les provinces de l'Est, Champagne et Bourgogne, fortement tenues par les troupes des Guises, furent à peu près épargnées par les massacres, contrairement à ce que les ennemis des Lorrains auraient laissé croire. Ce qui signifie que les désordres se développèrent surtout dans les provinces où l'autorité était mal assurée et mal reçue par les populations. La basse Normandie, fermement contrôlée par Matignon, fut épargnée. En revanche, à Meaux, terre de la reine mère, à Troyes, à Orléans, à Bourges, Angers, Lyon et surtout Toulouse et Bordeaux, le carnage rivalisa d'horreur avec celui de Paris : on régla des comptes avec les seigneurs protestants et leurs troupes dont on avait souffert. Le Dauphiné, la Provence, l'Auvergne, bien gouvernés, furent exempts de tueries.

Le bilan des massacres ? On essaya de le faire quand les tueurs furent fatigués de tuer. L'entreprise ne fut pas facile et, à vrai dire, le décompte n'a jamais été parfaitement réalisé. Il faut se contenter d'approximations. Si l'on s'en était tenu aux listes d'hérétiques destinés à être abattus, listes établies par le prévôt des marchands et les chefs des milices, le décompte eût été possible, à condition que les tueurs eussent méthodiquement exécuté les ordres ; or, quoi que les pamphlétaires et les accusateurs de Catherine eussent prétendu, le massacre — sauf pour les illustres victimes de la liste royale — n'a pas été méthodique. Sans doute n'en a-t-il été que plus meurtrier et plus horrible. Les chiffres donnés varient selon que les statistiques sont catholiques ou calvinistes. Ils varient de dix mille à cent mille ! Ce dernier chiffre est le fruit des rêveries de l'archevêque de Paris, Mgr de Péréfixe, qui officiait sous Louis XIV, un siècle après l'événement. Il semble que les chiffres relevés par les protestants et déposés à Londres soient plus crédibles. Le nombre total des victimes de la « saison » sanglante serait pour le royaume de dix mille environ. Ce chiffre est donné également par Masson, l'historiographe de Charles IX. En réalité, il y aurait eu dix mille tués dans les provinces et deux mille à Paris. D'autres auteurs, des plus sérieux, arrivent à un chiffre total de quinze mille. Or, sur les deux mille à deux mille cinq cents victimes à Paris, les protestants ne purent identifier que sept cent quatre-vingt-sept victimes massacrées pour leur foi calviniste. Et les autres ? Qui étaient-ils ? Mystère. Il faut supposer ou bien qu'ils étaient de si humble extraction que nul n'a retenu leur nom, ou bien qu'ils ne figuraient pas sur les listes que les pasteurs tenaient avec soin de leurs fidèles. Dans ce cas, ces victimes anonymes — les plus nombreuses — de la saint-Barthélemy n'étaient pas protestantes.

Les massacres populaires réservent d'étranges surprises [1].

---

1. La Saint-Barthélemy s'est passée au XVIe siècle. Les siècles suivants ont connu de plus grands massacres qui n'ont pas reçu la même publicité. Sans parler d'autres pays, la France, en plein « Siècle des Lumières », a connu la Terreur, les boucheries de Lyon, de Toulon, les noyades de Nantes, enfin le génocide méthodiquement perpétré pendant des mois, en Vendée, afin d'exterminer les Chouans. Ce qui fut fait. Ce génocide franco-français peut passer pour un modèle du genre. La Saint-Barthélemy est enseignée comme le crime des crimes. Les autres sont signalés, avec un mot de regret, par bienséance, au passage. Parfois présentés comme une vieille erreur de parcours, leurs auteurs justifiés, parfois glorifiés. Il y a un panthéon des massacreurs dans la bonne presse. Quant au XXe siècle, c'est l'ère des massacres, nous le savons.

L'envers d'un carnage

Catherine n'attendit pas que la floraison de l'épine miraculeuse eût ranimé la fureur assassine de la foule pour comprendre que ce massacre était catastrophique pour elle, pour sa politique et même pour la monarchie. Seuls les Guises sortaient grandis de ce soulèvement populaire. Grandis dans les rues de Paris — pas dans leur propre esprit. Cette horrible saignée ne rassurait pas du tout les princes lorrains. La mort de Coligny les avait vengés, pour eux l'affaire s'arrêtait là, le reste était superflu. Henri de Guise ne tenait pas à être plébiscité par cette foule couverte de sang, par la lie de la capitale. Son ambition était demesurée certes, mais elle était féodale. Le trône ? Pourquoi pas ? Mais le trône conquis sur le Louvre et non pas érigé par le cloaque de Paris. Cependant, les événements avaient évolué de telle sorte que le duc de Guise passait pour être le chef de l'insurrection catholique : la voix populaire lui donnait le pouvoir.

Devant l'abominable spectacle des rues de Paris jonchées de cadavres, ce n'était ni la pitié ni l'horreur du crime qui troublaient Catherine, c'était le danger que courait le trône, celui de ses fils, celui que lui avaient légué son mari et son beau-père vénéré François Ier. Voilà ce qui était sa vraie religion. Que comptaient, auprès d'elle, quelques milliers de victimes ? L'Histoire, depuis l'Antiquité, est pleine de ces massacres, les cours étrangères en avaient vu bien d'autres et ne s'en portaient pas plus mal. Pour Catherine, comme pour tout prince de l'époque, la Saint-Barthélemy n'était qu'un dangereux écueil politique. Or, comme elle tenait seule le gouvernail, elle se devait de ne pas y fracasser la nef royale. Coligny n'avait plus aucune importance, les deux princes Bourbons et calvinistes, elle les tenait à merci : ils allaient à la messe sous bonne garde.

Le danger était ailleurs. Lorsque la populace ivre de sang et alourdie de ses pillages regagna, qui ses taudis, qui ses boutiques, qui ses études et bureaux, qui ses collèges, étudiants et professeurs mêlés, qui ses sacristies pour les prédicateurs aphones, Catherine se trouva face à face avec un double péril.

Le premier, le plus inquiétant à ses yeux tout au moins, était présent à Paris, il s'appelait Henri de Guise. Dans son esprit, il figurait l'usurpateur. Le second était extérieur et se préparait hors des frontières. Catherine savait très bien que le soulèvement de Paris avait démontré à l'Europe la faiblesse du pouvoir royal et diminué le prestige de la couronne. Rien de tel pour susciter dans les cours étrangères le mal des conquêtes. A ce danger, elle pourvoirait à temps, elle disposait pour cela d'un bataillon d'excellents diplomates. Le plus pressant était d'enrayer l'ambition, le prestige et la popularité des Guises. Elle avait toujours haï cette famille plus encore que les Châtillon-Coligny, peut-être en raison des services trop grands que les Lorrains lui avaient rendus dans des moments difficiles. Mais, si elle nourrissait contre les Châtillon une haine ou plutôt une crainte politique, elle ajoutait à la même crainte contre les Lorrains des rancunes passionnelles inguérissables. Elle ne leur avait jamais pardonné d'avoir été les soutiens et les alliés fervents de Diane de Poitiers. C'est le cardinal de Lorraine qui, fort de la stérilité de Catherine, avait prononcé le premier le mot fatal de *répudiation* et c'est encore un Lorrain, le duc d'Aumale, qui avait épousé la fille de Diane, c'est encore la nièce des Lorrains, Marie Stuart, qu'ils avaient faite reine de France et grâce à qui ses oncles avaient accaparé le pouvoir et écarté Catherine (« *cette fille de marchands* », selon le mot de Marie Stuart). Tout cela inoublié et impardonnable. Elle se demandait, angoissée, ce qu'elle allait faire aujourd'hui. Henri de Guise était l'idole de Paris, alors que son fils Charles IX, sans pouvoir, vivait prostré, accablé de doutes, caché dans le Louvre, dans une solitude hantée de fantômes ?

Or, en dépit des craintes de Catherine, lorsque Henri de Guise rentra à Paris après avoir perdu son temps à poursuivre Montgomery, il fut aussi effaré que le roi par l'état de la capitale. On l'acclamait, il pouvait tout, il ne fit rien. Certains historiens ont voulu faire croire qu'il avait participé en personne au carnage. Tout au contraire, il chercha à apaiser les bandes de tueurs. Il sauva dans son hôtel fortifié plus de cent huguenots poursuivis par les assassins. Il se garda bien de profiter de la situation alors qu'il était l'homme fort du moment. Catherine s'attendait à tout de sa

part. Pourquoi cette modération ? Devant l'ampleur des troubles et
le danger dont ils menaçaient l'ordre établi et la monarchie elle-
même, les grands firent sans doute quelques réflexions sur la
solidité de leur puissance devant un soulèvement populaire.
Plusieurs historiens ont cru décerner dans les guerres de religion et
notamment dans ces journées sanglantes d'août 1572 une préfiguration de 1793. Certes, le roi, les princes, les seigneurs étaient, et le
peuple aussi, persuadés que le pouvoir royal était sacré ; toutefois,
pendant les troubles de la Saint-Barthélemy, il apparut qu'il n'était
pas invulnérable. Or, Catherine était trop fine politique pour
ignorer que toute insurrection est sacrilège au regard du roi ; elle
doit être au plus tôt déviée ou brisée, sinon c'est l'insurrection qui
devient le pouvoir.

Cependant, elle se méprit un moment sur le duc de Guise parce
qu'elle se laissa aveugler par ses vieilles rancunes, par sa haine et
par celle que son fils chéri portait aussi à Henri de Guise. Elle avait
cru celui-ci plus violent, plus excessif, plus ambitieux et plus fort
politique. Il était réellement tout cela mais il ne l'était pas assez. Il
prit le temps de réfléchir avant d'agir. Plus grand seigneur
qu'aventurier, il laissa passer l'heure. Il eut de la situation du
royaume une vue si pessimiste qu'il attendit des jours meilleurs.
Les jours meilleurs ne furent pas pour lui mais pour le trône et
pour Catherine. A la place de Guise, elle n'eût pas hésité, elle
aurait pris le pouvoir avec la capitale pour complice. Elle fit mieux,
elle garda le pouvoir contre Paris qui la haïssait, ce Paris catholique
qu'elle avait trahi en avantageant les protestants dans ses édits et
ses colloques, en lui imposant les troupes du Béarnais et en mariant
sa fille à un prince hérétique. Tout cela était irraisonné et
ineffaçable pour le peuple de Paris.

Elle eut alors la suprême intelligence de mesurer les terribles
conséquences du massacre qu'elle n'avait pas su prévoir ni pu
maîtriser. Elle comprit que la grande vaincue de la Saint-
Barthélemy, c'était elle, c'est-à-dire la royauté. Elle n'avait même
pas anéanti la rébellion calviniste en supprimant quelques-uns de
ses chefs. Elle avait oublié la piétaille et la rue de Paris dont elle
avait toujours négligé l'importance. Elle en eut peur lorsqu'elle
crut que ce peuple parisien pouvait lui imposer le duc de Guise.

Une autre ignorance catastrophique pour elle et le royaume : celle de tout un peuple calviniste encadré, excité par ses pasteurs et maintenant intactes et irréductibles la foi réformiste et la haine absolue de la royauté coupable du massacre.

Cruel moment pour une souveraine qui avait horreur de la violence et du sang versé. C'était l'écroulement de toute sa politique antérieure faite de concessions, d'atermoiements, de promesses, de faiblesses qui, croyait-elle, désarmeraient ses ennemis. Quel échec dans sa recherche de la paix à tout prix ! Cette reine qui préféra toujours payer, négocier, remplacer la guerre par des contrats, des traités, des colloques, venait d'attacher son nom au plus sinistre massacre de son siècle. Désormais, ses ennemis purent la présenter comme une très méchante femme, une mégère satanique. Ils ne sauraient alors faire autrement que de lui attribuer la paternité d'un plan méthodique du carnage. C'est ce que l'on a cru et fait croire. Or, il paraît évident pour les historiens actuels, bien mieux informés par des découvertes plus approfondies, que la Saint-Barthélemy n'a pas obéi à un plan. Si l'on suit jour après jour et même heure après heure le déroulement des événements, il semble tout au contraire que cette tuerie fut une entreprise désordonnée et stupide. Si Catherine et ses subtils conseillers avaient formé un plan d'extermination, on peut leur faire l'honneur de croire qu'il aurait été conçu tout autrement. On sait que ses chers Italiens et elle-même étaient particulièrement doués pour concocter une affaire, soit financière, soit politique, soit policière. Si le massacre avait été prémédité et méthodique, il aurait dû éclater au même moment dans toutes les villes du royaume. Ce ne fut pas le cas. A Paris, où tous les exécutants se connaissaient, ils ne surent même pas s'accorder sur le signal et sur l'heure de l'assassinat de Coligny. Catherine elle-même et son fils Henri envoyèrent le contre-ordre alors que l'heure était passée. En outre, on avait fait arquebuser Coligny une première fois, deux jours avant, le 24 août : c'était avertir les autres du danger et les engager à fuir alors qu'un plan concentré eût tout prévu pour les garder rassemblés dans la ville. Beaucoup, d'ailleurs, quittèrent aussitôt Paris. Ainsi, à part Coligny et une dizaine de chefs huguenots, la plupart des chefs d'importance échappèrent et allèrent s'embusquer dans leurs provinces, prêts à reprendre les armes. Ce qu'ils firent un peu plus tard.

Catherine était donc perdante. Soit. Mais son optimisme invétéré s'élevait au-dessus de ces sanglantes horreurs, de tous remords et de toutes menaces. Pour elle, ce qu'elle appelait « *l'émotion de la capitale* » (c'est-à-dire *l'émeute*) n'était dans l'histoire de la couronne qu'une anecdote tragique sans doute, mais dépassée par la grandeur sacrée de sa mission de reine mère : maintenir la couronne sur la tête de son fils. Quant au sceptre, elle l'avait en main.

Sa situation et celle du roi étaient alors si critiques dans Paris aux yeux des observateurs étrangers que l'ambassadeur de Savoie, fidèle catholique comme son maître le duc, allié de Philippe II, ne put que déplorer les dangereuses conséquences de la Saint-Barthélemy et il lui dit qu'elle avait peut-être payé un peu cher l'assassinat des protestants. Impavide, elle lui répondit : « *Il valait mieux que cela tombe sur eux que sur nous. Ce qui a été fait n'était rien moins que nécessaire.* » Elle plaidait, non sans désinvolture, la légitime défense. Comme disent les Anglais, elle jugeait inutile de pleurer sur le lait versé, même si c'était le sang d'une partie de son peuple.

Bientôt elle ne plaida plus, elle tâcha au contraire de se glorifier de ce qu'en somme elle n'avait pas voulu et qu'elle avait même essayé, on s'en souvient, d'interdire (trop tard). Un souverain de sa stature, fidèle à l'évangile de Machiavel, devait non pas se repentir de ses fautes, surtout si ces fautes étaient des crimes, mais au contraire en tirer profit, de même qu'un fin chacal trouve toujours un bon morceau dans une charogne pourrie. Pas plus qu'il n'y a de victoire parfaite, il n'y a d'échec absolu. Catherine en fit la démonstration devant toutes les cours de l'Europe. Jamais son savoir-faire diplomatique ne mena jeu plus subtil. Jamais elle ne démêla une situation plus complexe et plus périlleuse pour le royaume. Elle le fit avec un calme, une sagesse et un cynisme étroitement mariés, en souveraine dont l'inébranlable pouvoir faisait face à tous les dangers et répondait à tous les soupçons. « Un grand roi[1] ! »

Le sang n'avait pas séché dans les rues de Paris qu'elle avait retrouvé ses soucis et ses plaisirs habituels. Cinq jours après le carnage, on lui apprit que son gendre, Philippe II (qui n'était pas encore informé), lui avait envoyé une pouliche de race arabe de toute beauté. On connaît la passion de Catherine pour les chevaux et pour l'équitation. Dès qu'elle sut la nouvelle, elle n'eut de cesse qu'elle n'eût organisé pour la pouliche un voyage royal des Pyrénées à Paris. La cavale de Philippe II l'enchanta, elle vint rejoindre dans les écuries du Louvre les cinq superbes étalons que son gendre lui avait expédiés en 1570. Selon la sensibilité des grands et de l'époque, il est à croire qu'elle n'était pas plus émue par la tuerie de la semaine passée que Philippe II ne l'était par les autodafés d'hérétiques qu'il organisait de façon plus méthodique et plus meurtrière. Mais ce n'est pas le nombre des victimes qui est spectaculaire, c'est l'exemple du supplice.

Dès que Catherine eut senti que la Saint-Barthélemy était un coup manqué, elle eut la prescience qu'il fallait la rayer de l'Histoire. Elle s'y employa tout en sachant, mieux que Macbeth, que les taches de sang sont indélébiles quand la politique et les historiens s'acharnent à entretenir leur éclatante horreur. Aussi, dès le lendemain du crime, elle essaya d'effacer le tableau. Elle savait qu'elle n'y réussirait pas mais elle espérait l'estomper, le brouiller, l'édulcorer[2]. Elle avait tout le talent voulu pour minimiser « l'incident ». Elle chargea donc ses ambassadeurs de

---

1. Cet éloge aurait été décerné à Madame Catherine par son gendre et son irréductible ennemi, Henri de Navarre. Celui-ci, devenu roi de France, fut un jour flatté par un de ces rampants qui vivent aux pieds des grands. Le courtisan, pour complaire à Henri IV, crut bon de médire de Catherine de Médicis. Le roi, furieux, lui coupa la parole : « Je vous interdis de dire du mal de Madame Catherine, c'était un grand roi. » Le mot a été repris plus tard, par Balzac notamment.
2. Voir appendice, page 793. Dans une nouvelle surprenante, Balzac évoque Catherine de Médicis et la fait parler de la Saint-Barthélemy. Le génie médiumnique de l'écrivain retrouve la pensée secrète de la reine, celle que certains documents, découverts après la mort de Balzac, ont révélée aux historiens du XXe siècle. On a l'impression que Balzac était lui-même habité par la pensée de son extraordinaire héroïne.

donner aux cours étrangères une première explication de « *l'émotion* » du 24 août. Il ne s'agissait, selon elle, que d'une simple, quoique violente, altercation entre deux maisons rivales, les princes lorrains et les Châtillon-Coligny. Pas question de guerre de religion. La preuve, disait-elle, c'est que le roi maintenait aux protestants la liberté du culte et les garanties qu'il leur avait précédemment accordées dans l'édit de pacification.

Ces explications firent long feu devant la durée et l'ampleur du carnage. Les ambassadeurs étrangers et les émissaires des diverses cours envoyèrent à leurs rois respectifs des informations tout à fait différentes sur ce qui venait de se passer à Paris et se poursuivait encore dans certaines provinces.

Au début, Henri de Guise avait accepté l'explication officielle mais, en voyant que, dans la version de Catherine, il devenait l'instigateur et l'auteur du massacre, il protesta. La reine dut trouver une nouvelle présentation de « sa vérité ». Au cours d'un lit de justice, on décida d'écarter Guise de l'affaire et on ne parla plus que du fameux complot de Coligny qui devait détruire la famille royale et abolir la monarchie. En somme, on expliqua aux cours étrangères que la Saint-Barthélemy n'était que la réaction légitime du trône à la rébellion et au crime de lèse-majesté.

Pour donner du corps, si l'on peut dire, à cette accusation, on saisit deux traîtres du parti rebelle qui avaient trempé dans le complot, les sieurs Briquemault et Cavaignes. Rescapés du massacre, ils furent exécutés, ce qui ne faisait que deux victimes supplémentaires, mais celles-ci étaient utiles à la campagne diplomatique de Catherine.

Dans les capitales étrangères, les choses évoluaient différemment. A Rome, les ambassadeurs de Catherine, croyant servir la cause de la cour de France auprès du Saint-Père, proclamèrent hâtivement que le massacre avait été concerté de longue date par Charles IX et sa mère afin d'exterminer les réformés. Catherine devenait ainsi le défenseur de l'Eglise et effaçait par ce coup de maître les soupçons qu'avait fait naître à Rome et à Madrid sa politique de bienveillance pour les calvinistes (et même sa complicité, pensait le duc d'Albe). Comme elle attendait beaucoup du pape, elle eut, en cette occasion sinistre, un geste très couleur du temps pour le convaincre de sa bonne foi et de sa foi tout court. Elle envoya à Grégoire XIII un trophée de sa croisade : c'était la tête de Coligny qu'elle avait fait embaumer. Genre de cadeau que les mœurs de l'époque appréciaient. Le maréchal de Cossé, on s'en souvient, n'avait-il pas envoyé à Catherine la tête salée du seigneur de Coqueville qui avait levé une armée contre les forces royales ? On ne sait si Catherine conserva ce cadeau, on ne sait pas davantage si le Vatican conserva la tête de Coligny. Le fait est rapporté par le superbe poète protestant Agrippa d'Aubigné ; l'information fut reprise par Brantôme. Ce sont deux sources brillantes mais peu sûres. Ce qui est sûr, c'est la satisfaction du pape en apprenant l'hécatombe. Il fit chanter un Te Deum, couvrit de fleurs le cardinal de Lorraine et l'ambassadeur de France qui brodaient de leur mieux les informations et il fonda un jubilé d'actions de grâces pour remercier Dieu du carnage de Paris. Dans leur zèle, les deux diplomates français propagèrent de la tuerie une version aussi inexacte que nuisible au roi de France qui était encensé pour avoir prémédité et organisé un massacre qu'il n'avait pas voulu. Rome était, c'est le cas de le dire, dans la jubilation et proclamait Charles IX champion du catholicisme. Cela ne dura guère.

Le nonce qui était à Paris et avait suivi d'heure en heure la genèse et le déroulement des événements envoya à Grégoire XIII des rapports bien mieux informés, et moins flatteurs que ceux du cardinal de Lorraine. Sa Sainteté apprit ainsi que Charles IX n'avait rien concocté ni décidé, que la religion réformée n'était pas la cause de l'assassinat de Coligny : celui-ci, purement politique et exécuté lamentablement, avait déclenché de façon imprévisible le massacre populaire. Le pape et ses cardinaux en tombèrent de haut. Comme le Saint-Père avait déjà envoyé à Paris un légat, Orsini, chargé de bénédictions pour Charles IX et sa mère, il lui fit donner l'ordre de s'arrêter en Avignon jusqu'à plus amples informations et de garder en réserve ses bénédictions et ses louanges. Comme tout se sait dans le secret diplomatique, Charles IX fut avisé de la manœuvre du pape. Furieux du rôle de soliveau qu'on lui attribuait, il refusa de recevoir le légat lorsque celui-ci se présenta, il refusa d'écouter ses compliments et les propositions que lui faisait le pape de former une ligue chrétienne contre les Turcs. Charles préférait l'alliance des infidèles aux bénédictions pontificales. Catherine, à côté du roi, approuvait ce qu'elle avait manigancé la veille.

Ainsi, du côté de la papauté, le bénéfice de la Saint-Barthélemy était nul pour la couronne de France. Que pouvait-on espérer de Philippe II ?

Comme le roi d'Espagne était plus catholique que le pape, comme il conseillait depuis longtemps à Catherine de massacrer les protestants au lieu de leur donner des libertés et des places fortes, elle espérait son soutien puisqu'elle avait, quoique avec retard, suivi en apparence les conseils de son terrible gendre. En fait, dès qu'il reçut la première nouvelle de son ambassadeur Cuniga lui apprenant que Catherine avait si radicalement exécuté ce qu'il désirait, Philippe II rayonna. Enfin la France pouvait devenir une alliée sûre ! Il reçut, plein d'allégresse, l'ambassadeur de France, Jean de Vivonne, seigneur de Saint-Gouard, et, fait unique dans sa vie, Philippe II éclata de rire. L'occasion de rire paraît curieuse. « *Il loua le fils d'avoir une telle mère et la mère d'avoir un tel fils.* » Sa joie était celle d'un souverain catholique qui croyait l'hérésie mortellement blessée chez son voisin déjà contaminé mais aussi celle du souverain des Pays-Bas débarrassé, en même temps que de Coligny, de la guerre que l'amiral était en train de préparer avec l'alliance du prince d'Orange et l'appui de Charles IX. C'est pourquoi Catherine fut, si l'on peut dire, en odeur de sainteté à Madrid. Pas pour longtemps. Philippe, tout à sa joie, fit lui aussi chanter un Te Deum. A peine le roi et la cour eurent-ils cessé de louer Catherine d'avoir su enfin entendre la voix du Ciel qu'un second rapport de Cuniga arriva.

Il ne donnait pas des troubles sanglants de Paris la version que lui avait dictée Catherine mais celle que le Tout-Paris diplomatique connaissait déjà et qui avait filtré à travers les portes et les murailles du Louvre. L'ambassadeur confirmait que la reine mère, contre la volonté du roi favorable à Coligny et aux protestants, avait fini par obtenir qu'on assassinât l'amiral ; toutefois, ne voulant pas en prendre la responsabilité, elle s'était arrangée pour la faire endosser par les Guises. Quant aux massacres qui s'en étaient suivis, les souverains n'en avaient jamais donné l'ordre ; ils en avaient été eux-mêmes terrifiés et auraient voulu les supprimer. Cela ne ressemblait en rien à une croisade antiprotestante.

Catherine se méfiait des rapports que les diplomates et les espions de l'étranger faisaient sur son rôle dans le massacre des hérétiques. Aussi se chargea-t-elle elle-même d'expliquer à son gendre, qui lui avait envoyé de si beaux coursiers, qu'elle avait agi pour sauver la couronne catholique et éviter à la France de sombrer dans l'hérésie comme l'Angleterre et nombre de principautés germaniques ; cela était un prodigieux avantage pour l'Espagne. Cette démonstration en entraînait une autre. En retour de ce bienfait, elle attendait de Philippe II un resserrement d'alliance et en plus une récompense. Non pas des étalons ni des pouliches, mais sa fille, l'infante Isabelle, fille d'Elisabeth défunte et petite-fille de Catherine. Elle voulait lui faire épouser Henri d'Anjou, toujours en instance de mariage. Etrange proposition faite quelques jours après le carnage. Catherine, dans son besoin irrésistible d' « arranger les choses », ne tenait compte ni des circonstances ni de l'humeur de Philippe II profondément déçu par les rapports de Cuniga, ni surtout du fait que l'infante Isabelle était la nièce d'Anjou et n'avait que huit ans. Peu importe ; la combinaison matrimoniale était une des spécialités de Catherine.

Pour les circonstances, aucun empêchement. Au XVIe siècle, les crimes de sang, en gros ou en détail, n'engendraient ni pitié ni remords — parfois la vengeance. Si le crime était réussi, le criminel avait droit à l'admiration qui allait naturellement à tout vainqueur. Si le crime était un échec, la victime était encensée et le criminel n'était qu'un vaincu. Malheur à lui : il avait tort. Catherine avait déjà compris que la Saint-Barthélemy était un échec qu'on ne lui pardonnerait pas. C'est pourquoi elle s'acharna à renverser les rôles, sans illusion sur le jugement que Philippe II et même le pape porteraient sur elle et sur sa politique. Elle cédait à son penchant florentin de séduire et d'amadouer l'ennemi en offrant à Philippe II ce mariage insensé de l'oncle et de la nièce car, en apprenant l'échec du massacre, le roi d'Espagne risquait de la traiter en vaincue et d'envahir la Picardie, la

Champagne ou le Languedoc. Un mariage, même incestueux, valait mieux qu'une guerre. Cependant, elle avait encore d'autres ennemis à amadouer.

Alors qu'elle n'avait pas réussi à circonvenir le pape et Philippe II, comment espérait-elle apaiser les pays protestants ? Cela paraissait impossible. En Suisse, en Allemagne, en Angleterre la nouvelle du massacre provoqua la consternation et la haine. Aux princes luthériens d'Allemagne elle fit prêcher par son ambassadeur Schomberg une version du drame qui était le contraire de celle qu'elle avait servie au pape. Elle les assura que le massacre n'avait aucune motivation religieuse ; au contraire, sa tolérance et sa bienveillance, que lui reprochaient le pape et le roi d'Espagne, demeuraient inchangées. N'avait-elle pas toujours entretenu les meilleurs relations avec les princes allemands ? (Elle oubliait les invasions des reîtres desdits princes qui avaient ravagé à plusieurs reprises la Champagne et la Bourgogne.) Elle se flattait de n'avoir sévi contre les réformés que lorsqu'ils s'étaient montrés rebelles au roi et non parce qu'ils étaient réformés. Ne venait-elle pas de marier sa propre fille Marguerite à Henri de Navarre ? Elle fit même des promesses au prince d'Orange, l'ami et l'allié de Coligny ; elle voulait bien lui continuer l'amitié que lui portait cet amiral assassiné sur son ordre la semaine précédente et dont elle venait d'envoyer la tête au pape. Il fallait pour négocier de la sorte un très grand savoir-faire. Il faut dire que ces princes allemands ne furent pas insensibles à son ultime argument que tout prince souverain sait entendre : elle n'avait sévi que contre des rebelles au pouvoir royal. Ils en convinrent et leurs scrupules religieux s'apaisèrent assez vite, d'autant qu'ils avaient l'assurance qu'ils continueraient à fournir, moyennant finance, des reîtres et des lansquenets à la couronne de France — et le roi payait bien, ce qui mérite considération. Plus question de Saint-Barthélemy : chaque souverain est maître en ses Etats.

Elisabeth d'Angleterre risquait d'être plus coriace. C'est ce que l'on crut comprendre en voyant ses atours et son maintien lors de l'audience qu'elle voulut bien accorder à l'ambassadeur de France après la tuerie du 24 août : Elisabeth, glaciale et muette, était en grand deuil. L'ambassadeur, La Mothe-Fénelon, en avait vu d'autres à la cour de Londres depuis le temps qu'il y proposait tantôt Henri d'Anjou, tantôt son nabot de frère comme maris à la reine Elisabeth. Ce jour-là, il comprit vite que la reine, ayant suffisamment marqué par ses voiles funèbres et son air revêche sa désapprobation pour le massacre des protestants, ne prendrait pas d'autres sanctions. On sait que la sympathie et la confiance de la reine pour Coligny, Condé et autres n'allaient pas jusqu'à prendre leur défense aux dépens de sa politique. Elle se servait d'eux et les aidait dans la mesure où leur rébellion contre le roi de France servait ses propres intérêts. Elle écouta donc, impassible, la version des faits que lui récita La Mothe-Fénelon et s'en contenta — pour le moment. L'ambassadeur, quelques semaines plus tard, lui proposa d'être la marraine de la fille de Charles IX, née un mois après la Saint-Barthélemy : Elisabeth accepta. Catherine estima qu'elle agissait en grande reine et elle s'y connaissait. Pour l'une comme pour l'autre, les rebelles au pouvoir royal, qu'ils fussent protestants ici et catholiques là, n'étaient que des rebelles. Elisabeth avait les catholiques, Catherine les protestants. Tant pis pour eux. Ainsi raisonnaient ces dames couronnées, car Machiavel avait franchi les frontières et même le Pas-de-Calais. Il savait nager.

Restait l'empereur, Maximilien de Habsbourg. Par un de ces coups fourrés grâce auxquels les Etats et les gouvernements se font la guerre en temps de paix, Charles IX et Catherine furent traités durement par le souverain le plus catholique du monde avec son proche parent le roi d'Espagne. En outre, Maximilien était le beau-père de Charles IX. Tandis que l'intérêt des princes luthériens était d'oublier la Saint-Barthélemy, l'intérêt de l'empereur catholique était au contraire de s'en faire une arme contre Catherine et Charles IX. Si l'on se souvient que Catherine intriguait et travaillait l'opinion polonaise pour faire élire son fils Henri d'Anjou roi de Pologne, on comprend la démarche de Maximilien car celui-ci avait formé le même projet pour son fils l'archiduc Albert de Habsbourg. Or, il y avait parmi les grands électeurs polonais un fort parti de protestants sur lesquels les massacres de Paris firent la plus mauvaise impression. Du coup, Henri d'Anjou devint odieux à ces électeurs luthériens. L'empereur avait donc

tout intérêt à ne pas féliciter Charles IX et Catherine. Contre eux,
il fit valoir, en Pologne, la tolérance dont il faisait preuve envers les
luthériens de ses Etats. Il laissa les couvents et les prêtres
d'Autriche encenser les auteurs du massacre et extérioriser leur
joie afin de rendre la Saint-Barthélemy et le candidat français
catholique encore plus odieux. Henri devenait indésirable comme
roi auprès des seigneurs luthériens. De la sorte, les voix perdues
par Henri d'Anjou pouvaient fort bien assurer l'élection de
l'archiduc au trône de Pologne. Tel est le secret de la « tolérance »
de Maximilien et de sa réprobation pour la Saint-Barthélemy alors
qu'en son cœur, farouchement catholique, non seulement il
approuvait le massacre mais, comme son parent Philippe II, le
trouvait insuffisant. (On se rappelle comment sa fille Elisabeth,
reine de France, avait reculé d'horreur devant l'hérétique Coligny
comme s'il eût été lépreux.) Ainsi, même l'empereur catholique ne
sut aucun gré à Catherine du massacre. C'était l'échec sur tous les
fronts diplomatiques.

Cependant, ces intrigues de cour n'étaient que peu de chose
auprès des mouvements d'opinion qui agitaient le peuple non
seulement en France mais en divers pays qui furent abreuvés de
libelles enflammés de haine contre le roi de France, plus encore
contre Catherine, « *nouvelle Jézabel* ». La haine était partout
contre le pape et toute la catholicité. Les protestants, en France et
ailleurs, avaient depuis longtemps, on le sait, une excellente
organisation pour leur propagande. Ils comptaient parmi leurs
fidèles des pamphlétaires remarquables tout autant pour leur
solide information, souvent tendancieuse et toujours habile, que
pour leur manière de la servir. Ces libelles protestants sont d'une
lecture attrayante. Peu après la Saint-Barthélemy, ils se déchaînèrent. L'actualité leur fournissait un sujet terrifiant. Ils étaient
capables non seulement d'en faire valoir toute l'horreur, mais aussi
d'enflammer les passions et de fournir à leurs lecteurs l'argumenta-
tion et le langage de la haine et de la vengeance. C'est ainsi que se
développa à travers toute l'Europe du Nord et en France une
campagne de haine qui laissa des traces profondes dans l'opinion et

dans l'Histoire. La Saint-Barthélemy se transforma bientôt en une sorte de symbole de l'oppression, de la cruauté, de la tyrannie et de l'injustice.

Que fit Catherine devant cette propagande ? Rien. Un gouvernement moderne s'alarmerait, chercherait une parade. Elle travaillait à remettre de l'ordre dans les relations extérieures et dans les affaires intérieures du royaume. Elle ne se souciait pas de ces papiers qui volaient par-dessus les frontières, pénétraient dans les foyers et changeaient les mentalités. Elle était si sûre d'elle qu'elle s'imaginait qu'en tenant les cours étrangères en respect et les grands seigneurs du royaume en état de soumission l'avenir du trône était assuré et son but atteint. Elle avait en main, on peut dire « en haine », les deux princes du sang protestants, Henri de Navarre, son gendre, et Condé. Ils étaient, nuit et jour, en garde à vue. Un fait montre combien cette situation la rassurait. Bien à tort, mais elle ne fut jamais encline à s'informer de l'opinion, même de ceux qu'elle croyait avoir soumis et qui n'avait nulle envie de l'être. Ainsi, le 29 septembre, un mois après le carnage, on célébrait à Notre-Dame la fête de l'ordre de saint Michel. Pendant la cérémonie, elle regardait, amusée et satisfaite, Henri de Navarre, tout nouveau catholique, s'incliner et se signer devant l'autel très dévotement. Catherine, se tournant vers les ambassadeurs pour leur montrer ce spectacle, éclata de rire. Il n'y avait pas de quoi. Sa satisfaction était à la fois impudente et imprudente. Si elle croyait pouvoir se réjouir de cette victoire, elle se trompait, sa victoire n'existait pas. Le roi de Navarre lui en administra la preuve à bref délai.

Elle oubliait le massacre et, Charles IX étant malade et sans volonté, elle administrait, gouvernait comme si de rien n'était. Elle enregistrait ses échecs mais elle agissait comme si elle eût été victorieuse — et, dans sa foi monarchique, elle l'était puisqu'elle était reine et nantie de tous les pouvoirs. Cependant le pays lui échappait. La Saint-Barthélemy, loin de rien régler, avait tout envenimé. Parce que les chefs protestants se terraient momentanément dans leur lointaine Gascogne, leur Saintonge et leur Languedoc, elle croyait avoir la paix. Belle erreur ! A celle-ci elle ajouta l'autre qui lui était coutumière, elle négligea le *minuto popolo*. Elle oubliait que ses ancêtres Médicis avaient fait du petit peuple de Florence le meilleur soutien de leur pouvoir. Elle ne voulut pas voir, après le carnage, que tout le peuple protestant était plus solidaire, plus pur, plus résolu que jamais. Elle avait confondu le calvinisme des grands seigneurs avec celui des pasteurs et de leurs humbles fidèles. Elle n'avait voulu connaître que le calvinisme politique, l'ambition des grands seigneurs réformés. Elle ne tint pas compte de la foi calviniste des fidèles croyants. C'était pourtant là qu'était la véritable réforme de l'Eglise et toute la force du renouveau de la foi, sa pureté, son désintéressement, sa vertu. Elle ignora ce peuple enflammé par sa croyance, tout aussi capable de la confesser sous la torture que de la défendre et de l'imposer par des cruautés et des destructions sans nom. Elle négligea ce peuple fanatique, saisi d'horreur et de haine, plus dangereux que jamais, en apprenant le massacre de la Saint-Barthélemy. Pour lui, la cause du pouvoir royal était une cause définitivement perdue. Aux yeux des vrais réformés, Catherine n'avait plus de pouvoir. Le roi avait trahi ses engagements, il ne méritait plus ni respect ni désobéissance. Le pacte séculaire était rompu non seulement avec Catherine mais avec la monarchie. Elle ne soupçonnait pas la profondeur de sa défaite. Il y avait désormais, en France, une part des Français qui ne se considéraient plus, en leur âme et conscience, comme sujets du roi. Pour le pouvoir royal, cette dissidence morale des réformés était infiniment plus grave que leur refus de l'autorité du pape. Cette rupture ne se cicatrisa par la suite que très superficiellement ; même l'habileté d'Henri IV et la sagesse de l'édit de Nantes ne l'effacèrent pas. La paix régna jusqu'à la mort du roi converti. La rébellion reprit sous Louis XIII et Richelieu. Enfin, l'écrasante erreur de la révocation de l'édit de Nantes ranima contre la royauté la haine allumée par Catherine. Cette haine resurgit, toute vive, au moment de la Révolution.

Voilà en quoi ce grand crime fut un échec catastrophique pour Madame Catherine. Elle ne l'avait pas voulu mais elle n'en avait mesuré ni toute l'horreur ni toutes les conséquences. La Saint-Barthélemy a ranimé toutes les haines et, loin d'avoir abattu la Réforme, elle lui a donné la palme du martyre, l'a épurée de ses chefs féodaux et a fait de ses pasteurs et de ses fidèles un peuple irréductible, sûr de sa foi, de sa cohésion, qui, deux siècles avant 1789, constituait déjà, dans les entrailles mêmes du royaume le plus royaliste du monde, un noyau républicain.

L'envers du massacre est, on le voit, riche de nouveautés.

Le carnage provoque une fulgurante résurrection du parti calviniste

Telle fut la première nouveauté que Catherine put constater après la Saint-Barthélemy. C'est La Rochelle qui lança le premier défi au pouvoir royal. La ville, forte de sa prospérité financière, de sa position maritime, de ses fortifications, de l'unanimité de ses habitants dans leur croyance et surtout dans l'intelligence de la farouche résolution de ses autorités, fit appel à l'Angleterre et entra carrément en dissidence. Elle se détacha si bien du royaume que son maire et ses pasteurs invoquèrent la protection d'Elisabeth sur leur ville, en reconnaissant en cette reine leur « *souveraine et princesse naturelle* », ajoutant même que ses droits sur l'Aquitaine étaient fondés et reconnus « *de toute éternité* ». Cette suggestion hardie avait été transmise à Elisabeth par Montgomery qui, après sa fuite réussie de Paris, s'était réfugié à Londres d'où il reprenait sa lutte contre la couronne de France.

Dans le Midi, d'autres villes protestantes se fermèrent à l'autorité de Charles IX. Elles s'administrèrent elles-mêmes et se tinrent prêtes à résister, du haut de leurs remparts, à toute force royale. Ce fut le cas de Montauban, Nîmes, Aubenas et même Sancerre. Fortes des libertés que Catherine leur avait accordées, elles lui fermèrent leurs portes. Cependant, la tête et le cœur de la dissidence huguenote était La Rochelle. Catherine décida de l'assiéger par terre et par mer et de la réduire par la famine, par les assauts d'une armée puissante et nombreuse, qui, aussitôt les remparts détruits par l'artillerie royale, prendrait la ville. Le plan était clair. La réalisation se heurta à ce que Catherine négligeait : la foi, l'intransigeance, l'incorruptibilité de la haine sacrée que lui vouaient les pasteurs de La Rochelle et une cinquantaine d'autres venus de divers coins de France se réfugier dans cette Mecque du calvinisme pour y prêcher et y faire une guerre à outrance à « *la nouvelle Jézabel* ». Ses conseillers italiens, tout comme elle-même, sous-estimèrent si bien la force de La Rochelle qu'ils ne surent rassembler pour la détruire qu'une armée dépourvue d'agressivité et de motivation. L'organisation de cette armée fut assez lamentable. Catherine, parce qu'elle n'aimait pas la guerre, ne la préparait pas avec soin. Elle ne faisait parler les armes qu'en dernier recours quand elle avait épuisé toutes celles de sa subtile diplomatie. Elle essaya même avec les pasteurs d'entamer des négociations : on la repoussa brutalement. Elle avait pourtant bien choisi son négociateur, La Noue, l'irréprochable huguenot, le chevalier parfait qui, aux yeux des Rochelais, n'en était pas moins un « traître » puisqu'il était resté royaliste et porteur d'un message infâme de la reine maudite. Catherine l'avait nommé gouverneur de La Rochelle. Ces titres mêmes le rendaient odieux aux Rochelais. Ceux-ci, dans l'esprit florentin de Catherine, auraient dû écouter les belles promesses de son envoyé et essayer d'en obtenir de plus substantielles avant de rentrer dans l'obéissance. Mais La Rochelle n'était pas Florence. Aussi ses habitants entrèrent-ils en fureur et giflèrent-ils ce huguenot royaliste porteur d'une parole impie car, dirent-ils, « *on ne traite pas avec des assassins* ». La Noue, découragé, regagna l'armée royale. Catherine délégua ensuite Biron, un modéré, un « politique » prêt à s'entendre et à s'allier : il avait sauvé la vie à nombre de protestants pendant la tuerie. Il se vit lui aussi renvoyé par les pasteurs. C'étaient eux qui tenaient la ville. Dès lors, la parole était aux armes.

La composition de l'armée royale semble un défi au bon sens. C'était une des faiblesses de Catherine : sous son règne, l'armée royale ne fut jamais bien organisée, sauf quand les Guises s'en étaient chargés, mais en ce moment elle ne leur demandait rien que de paraître le moins possible. Cette armée qui campait sous les murs de La Rochelle était commandée par Henri d'Anjou, autrement dit Monsieur. Il avait sous ses ordres son frère, le duc d'Alençon, une calamité. De surcroît, les deux princes Bourbons, Henri de Navarre et Condé. On imagine avec quelle répugnance ces deux huguenots allaient attaquer cette ville et leurs coreligionnaires. De tout cœur, ils auraient voulu passer de l'autre côté retrouver leurs amis, leur religion, leur liberté et le plaisir de se venger. En outre, dans cette armée disparate, les Montmorency, déjà gagnés au parti des « politiques », étaient plus disposés à s'entendre avec les protestants qu'à les combattre. Dans le ramassis des soldats, on trouvait même Maurevert, le tueur, qui refaisait surface dans cette eau trouble. Les conditions mêmes dans lesquelles vivait cette armée dans l'hiver de 1572-1573, en ce pays pourri d'humidité, complètement isolée, laissée dans l'inaction par une guerre de siège, minée par les épidémies, travaillée par les intrigues de ses chefs, faisaient qu'elle était loin d'une expédition héroïque promise à la victoire. Ce n'est pas Henri d'Anjou et son prestige fané de vainqueur de Jarnac et de Moncontour qui pouvait la rassembler avec autorité et l'entraîner dans l'enthousiasme à l'assaut de La Rochelle. Lui aussi avait son parti, celui de sa mère, qui l'opposait aux autres. Pendant les deux premiers mois, novembre et décembre, il se contenta de bombarder les remparts pour y ouvrir des brèches et la ville pour la terroriser. Sans résultat, La Rochelle tenait comme au premier jour.

L'armée royale tenait moins bien. Elle abritait un traître, un traître de haut niveau, non par sa taille mais par sa naissance et son titre. C'était Alençon, frère du roi. Rongé de jalousie à l'égard de Monsieur et même du roi, il n'avait qu'un désir, assurer leur défaite. Puis s'entendre avec les Rochelais, chasser d'Anjou et prendre sa place à la tête de l'armée royale. En attendant ce « triomphe », il se mit à rêver ou plutôt on le fit rêver, on le persuada qu'il pourrait prendre la place de Coligny comme chef suprême des huguenots en France. Ce n'est pas par hasard que ses associés l'avaient choisi. Ils se souvenaient qu'au moment de l'assassinat de Coligny, Alençon s'était exclamé : « *C'est une trahison.* » Les protestants notèrent le mot et, six mois plus tard, sur ce mot, ils établirent une réputation à ce prince inquiétant. Ils le firent circonvenir par les « politiques ». Ce sont donc les modérés qui, sans difficulté, endoctrinèrent cette princière nullité. Peu importe sa nullité personnelle, il était fils et frère du roi, le parti se donnait ainsi un chef prestigieux, un prince royal. Son nom était un drapeau fleurdelisé autour duquel pouvaient se rallier les modérés, une masse de gens lassés par la guerre civile qui n'avaient aucune haine contre les protestants et souhaitaient la paix dans la tolérance réciproque. Avec un fils de France à leur tête, ils étaient prêts à négocier, d'égal à égal, avec La Rochelle et tous les huguenots de France. Politiquement, la tactique se soutenait mais pas avec Alençon car, à part la fourberie, tout en lui était voué à l'échec.

Voilà à quoi s'occupaient les chefs de l'armée royale en ce triste hiver. Un seul homme eût été capable de rassembler les Français : La Noue. Au fond, Catherine et Michel de L'Hospital avaient eu le même programme. Mais le temps des bonnes résolutions était passé et, comme pour en signifier le deuil, Michel de L'Hospital mourut peu après le moment où La Noue se faisait gifler par les pasteurs. Le chancelier, sur son lit de mort, écrivit au roi une lettre admirable dans laquelle il le suppliait de faire la paix avec *tous* ses sujets, de faire preuve de tolérance, de charité et de s'en remettre à l'Evangile pour conduire son royaume vers la paix. Beaucoup de ceux qui avaient combattu ce « politique », les Guises notamment, apprirent que ce grand homme, soupçonné d'hérésie, était mort en fervent catholique après avoir défendu les protestants du temps qu'il était au pouvoir.

L'exemple est beau, il fut inutile comme celui de La Noue, protestant fidèle, se reconnaissant fidèle sujet du roi et servant dans son armée. C'était un héros et un sage mais pour les pasteurs il n'était qu'un traître, tout comme Michel de L'Hospital en fut un pour les catholiques fanatiques.

Comment Catherine, si pénétrante et si méfiante, put-elle avoir confiance dans cette armée bigarrée et traîtresse ? Etait-ce parce que son fils chéri la commandait ? C'est possible.

Alençon était conseillé par sa sœur Marguerite. Elle fait de lui ce qu'elle veut. Alençon va donc être l'agent de la trahison avec la complicité intelligente et prudente de Margot, de son époux Henri de Navarre, de Condé, des Montmorency autour desquels se sont ralliés les modérés. A Londres, ils ont une antenne d'importance, Montgomery : il commande la flotte qui doit venir ravitailler et renforcer La Rochelle. Alençon se croit en mesure de faire échouer le siège de La Rochelle et même de faire écraser l'armée royale. Alors il sera lieutenant général du royaume. Il alla jusqu'à proposer aux assiégés de faire une sortie au cours de laquelle Henri de Navarre, Condé et lui-même entraîneraient les troupes placées sous leur commandement à se joindre aux troupes rochelaises. Ces soldats, en majorité protestants, qui servaient sous les princes protestants, n'avaient qu'un désir, changer de camp et retourner leurs armes contre les troupes catholiques fidèles au roi et à Catherine. Ce plan était une trahison si insensée et tellement éclatante que les pasteurs rochelais n'y voulurent pas croire. Ils y virent un piège pour attirer leurs troupes hors des murailles afin de les exterminer en rase campagne. Après quoi, leur ville sainte serait à la merci de Madame Catherine et de son fils Henri d'Anjou.

Il fallait une grande force d'âme pour résister à de pareilles propositions et aux bombardements, aux horreurs du siège, à la famine et aux épidémies. La situation de cette malheureuse ville était effroyable. La famine surtout faisait des ravages. Les bateaux anglais ne pouvaient entrer dans le port et secourir les assiégés car la flotte royale maintenait un blocus infranchissable. Les Rochelais ne subsistaient qu'en mangeant des coquillages mais la dysenterie les décimait ; ils y ajoutaient les herbes prises dans les marais. La population, à bout de forces, demanda grâce et parla de se rendre : les pasteurs firent exécuter ceux qui parlèrent de capituler. Comme tous les événements de ce siècle qui touchent à l'histoire de Catherine, ce siège se vit parer d'explications astrologiques dont la superstition s'empara ; elle les embellit à sa façon en leur donnant une signification universelle d'origine divine. En novembre 1572, l'armée assiégeante pataugeant dans la boue et les assiégés dégustant leurs derniers chats et leurs derniers rats virent dans le ciel une étoile nouvelle dans la constellation de Cassiopée. C'était un signe, disait-on. Mais un signe de quoi ? Le signe était évident car cette étoile ne ressemblait à nulle autre, elle brillait de jour comme de nuit. Elle demeura visible jusqu'en 1574 puis, après avoir jeté un éclat diamantin, elle jaunit, s'affaiblit, rosit et disparut. Les astrologues proclamèrent que c'était la même étoile qui était apparue aux rois mages en route pour Bethléem. Annonçait-elle un nouveau Messie ? Les assiégés et les assiégeants se posaient la question comme tout le monde. Mais chacun lui donnait une réponse se rapportant à sa situation particulière. Les protestants croyaient que le nouveau Messie était envoyé pour juger les méchants et les bons et les catholiques pensaient de même. Ils ne différaient que sur la nature des bons et des méchants. Les huguenots se définissaient « peuple de Dieu » donc élus, et les catholiques combattant l'hérésie étaient sûrs d'être dans le bon chemin ; donc, chaque parti se croyait « le bon ». Chacun rendait grâce à ce signe céleste et y trouvait un bel encouragement pour étriper son frère avec plus d'ardeur.

Le duc d'Alençon quitta La Rochelle où nul ne voyait la fin du siège car la ville se défendait avec la même fureur et chaque assaut qui fut donné après les bombardements fut toujours repoussé avec pertes. L'autorité royale était tenue en échec par une seule ville affamée. Catherine n'aimait pas les guerres, surtout celles qui s'éternisent. Il y avait huit mois que ce siège durait, la guerre civile continuait en Languedoc. Le gouverneur Damville-Montmorency laissait faire — avec bienveillance. Catherine n'avait pas les moyens d'y envoyer une autre armée. Toutes ses forces étaient immobilisées à La Rochelle où elles se pourrissaient. Elle aurait volontiers entamé avec les pasteurs une bonne négociation pleine de finasseries, de bons sentiments, de concessions verbales plus ou moins reprises. Cela n'eût rien réglé définitivement mais Catherine aurait suspendu les hostilités, récupéré son fils et ses troupes, donné du pain aux Rochelais et rouvert leur port. A son point de vue, c'était la meilleure solution.

Son fils Alençon n'était pas de cet avis. Il vint à Paris pleurnicher dans la jupe de sa mère (il pleurait à volonté) pour se plaindre de son sort. Il voulait qu'on lui confiât le commandement de la flotte qui bloquait La Rochelle. Belle occasion pour faire ami-ami avec Montgomery et pour livrer la ville à la flotte anglaise. Après quoi, le nabot eût fait route pour Londres dont il était l'allié. Il y aurait retrouvé sa « fiancée », Elisabeth Iʳᵉ, et il se serait installé dans la guerre contre son frère Charles IX, sa mère et sa patrie. Catherine ne savait pas tout cela mais elle connaissait son dernier rejeton, son incapacité et sa perfidie. Elle lui refusa la flotte en prétextant qu'il était trop jeune. N'avait-il pas dix-huit ans ? Il se flatta de ce grand âge et se plaignit d'être plus mal servi que son frère Henri d'Anjou qu'elle avait fait lieutenant général alors qu'il n'avait pas dix-sept ans. Catherine ne céda pas. Alençon alla pleurer dans les bras de sa sœur Margot qui le consola. Rien n'était perdu, lui dit-elle, car elle était bien décidée à lui faire donner ce titre mirifique qui aurait fait d'Alençon une sorte de vice-roi. Dans ce cas, c'eût été elle, Margot, qui aurait exercé le pouvoir. On voit que les deux derniers enfants de Catherine n'étaient pas de tout repos.

Margot avait pour la servir dans ses tortueux desseins deux aventuriers, étonnants et bons à tout faire. Leurs noms appariés semblent inventés pour un conte à la fois grotesque et sinistre : La Molle et Coconas. Sinistres, ils l'étaient à la façon du siècle, c'est-à-dire avec du panache, de l'esprit, du cynisme, de la galanterie et un total mépris de la vie d'autrui agrémenté — car on est artiste en toute chose en ce temps — d'un talent certain pour la cruauté. Jusque-là, leur principal titre de gloire était d'avoir bien massacré pendant la Saint-Barthélemy, à tel point qu'un rapport particulier en fut fait à Catherine qui les détestait — mais, étant sous la protection de sa fille, la reine de Navarre, et d'Alençon, ces assassins parfumés étaient intouchables. Les huguenots les avaient en haine et on les comprend. La Molle était seigneur provençal, comte Boniface de Lérac de La Molle, personnage raffiné, bel homme, l'esprit orné, très soyeux et pommadé, très amoureux, expert en cet art comme en plusieurs autres et, quoiqu'il eût quarante ans, Margot avait fait de lui son amant. La reine Margot avait, on le voit, la main heureuse pour choisir ses serviteurs. Quant à son compère, le comte Coconas, italien d'origine, ayant pour prénom Annibal, il avait pour occupation parallèle d'être agent de renseignements de Philippe II. Une amitié indéfectible liait les deux hommes. Margot, après avoir mis l'un dans son lit, mit les deux dans la clientèle et l'amitié de son frère d'Alençon. Ebloui par ces deux champions, il devint le jouet de ces diaboliques comme eux l'étaient de sa sœur Margot. Pour parfaire cette association, Margot fit de Coconas, qui était esseulé, l'amant de la duchesse de Nevers, son amie.

Les desseins politiques de la reine de Navarre ne pouvaient réussir que si elle les faisait exécuter par un prince, le duc d'Alençon. Son rêve était d'écarter du trône son frère Henri d'Anjou et de faire de son « jouet » Alençon le successeur de Charles IX — car on commençait à penser à la succession. En dépit de sa jeunesse (il avait vingt-trois ans), Charles IX était voué à une mort prochaine. La tuberculose le minait et il semble qu'il ait tout fait pour hâter sa fin. Il avait repris ses chasses forcenées, ses sports sauvages, il s'amusait à fendre en deux un âne, d'un seul coup d'épée. Il faisait l'amour avec frénésie avec Marie Touchet, il s'essoufflait à mort dans les cors de chasse. Il vomissait le sang puis, accablé, il tombait pendant plusieurs jours dans un état de prostration, hanté de cauchemars, de fantasmes terrifiants : il perdait la raison dans des tourments préfigurant l'enfer. Il ne s'opposait plus en rien à sa mère, elle régnait absolument. A sa mort, c'est normalement son frère Henri d'Anjou qui devait lui succéder. Or, Margot en avait décidé autrement : ce serait le nabot qui régnerait et alors la vraie reine ce serait elle. Quant à sa mère, dangereuse tigresse, elle irait dans un de ces couvents où la lumière n'entre pas et d'où personne ne sort.

La Pologne offre un beau prétexte à Henri et à sa mère pour lever le siège de La Rochelle

Henri se morfondait devant les remparts de La Rochelle, ébréchés mais inexpugnables. Sa mère lui conseilla, encore une fois, de négocier et de transiger avec les assiégés. La Noue fut envoyé, au péril de sa vie, en négociateur. On le repoussa une nouvelle fois. Henri lança encore un assaut. Il échoua. Déjà, vingt-deux mille hommes de son armée, dont le maréchal de Tavannes et le duc d'Aumale, pertes cruelles pour les catholiques, avaient péri sous les murs de La Rochelle. Découragé, inquiet, ne sachant comment sortir de ce guêpier, Henri d'Anjou sentait la révolte gronder dans son armée. La partie était perdue pour le roi et pour lui-même. Il risquait à La Rochelle sa réputation et peut-être sa vie. Des tueurs étaient présents autour de lui.

Après huit mois de siège, de malheurs et d'humiliation, une sorte de miracle sauva le beau prince. Un courrier exténué mais rayonnant lui apporta, le 3 juin 1573, la nouvelle merveilleuse : Henri d'Anjou était élu roi de Pologne. Les négociations de sa mère à Cracovie avaient mieux réussi qu'à La Rochelle.

Elle y avait apporté tous ses soins. Elle avait délégué tous pouvoirs à l'évêque de Valence, Monluc, diplomate hors ligne, pour endoctriner les électeurs de la Diète polonaise. Bien que les Habsbourg la fissent accuser d' « intolérance », Catherine ne s'en souciait guère ; elle ne leur avait même pas fait répondre qu'ils « toléraient », eux, l'Inquisition et de brillants autodafés. En revanche, elle avait multiplié ses belles promesses aux Polonais. Elle leur avait promis de rétablir leurs relations avec le sultan qui était alors maître de la Hongrie et paralysait le commerce de la Pologne vers le sud. En outre, le Turc menaçait les frontières polonaises comme le tsar les menaçait de son côté. Catherine leur avait garanti son soutien d'autant plus volontiers qu'elle bloquait ainsi l'empereur qui ne pouvait communiquer par le sud avec l'Espagne. Cette élection d'un fils de France à Cracovie était un rude coup porté à la maison d'Autriche. Catherine, toujours optimiste pour le trône des lis, espérait bien en porter un autre à l'empereur, un coup fatal celui-ci, en mariant son nabot à Elisabeth d'Angleterre. L'Empire des Habsbourg serait alors encerclé. Malgré ses déboires avec les huguenots (on constata avec joie qu'Elisabeth les soutenait très peu), Catherine relança de plus belle ses négociations matrimoniales avec la reine d'Angleterre en faveur de son dernier fils. Son naturel la portait à accorder plus de confiance à un contrat de mariage qu'au siège de La Rochelle ou à une bataille rangée.

L'élection de son fils tant aimé lui donna une joie infinie : Henri, le plus beau, le plus florentin, le plus doué de la famille avait une couronne ! c'était son triomphe personnel et passionnel. Les avantages que le royaume retirait de l'affaire ne venaient qu'en second lieu, mais elle savait les faire valoir. En somme, sa passion, pour une fois, s'accordait avec l'intérêt du pays.

Elle écrivit, éperdue de bonheur, au nouveau roi de Pologne : « *Ne mettez jamais plus en vos lettres que je n'aurai jamais de plus affectionné serviteur car je veux que vous soyez un affectionné fils et, comme tel, que vous me reconnaissiez comme plus affectionnée mère qu'aient jamais eue enfants.* »

Cependant, toujours avisée, elle ne voulait pas que Monsieur, comme on appelait Henri, quittât brusquement La Rochelle. Elle lui fit adresser une lettre par Charles IX dont les termes ambigus furent bien compris par son fils : « *Le roi vous mande son intention au cas que vous auriez pris La Rochelle par force ou par composition...* » On lui donnait ainsi la permission d'en finir avant de partir, ou plutôt de fuir ce bourbier sanglant. Afin de faire une sortie convenable, Henri lança une dernière attaque préparée par lui en personne. Comme il inspectait les sapes près des remparts, il fut reconnu des assiégés qui l'arquebusèrent. Il fut effleuré au cou et au bras par les projectiles, sans blessure sérieuse. L'assaut de ses troupes connut un nouvel et dernier échec. Henri déguerpit le 26 juin 1573.

Catherine avait signé le 23 un vague traité qui ne dissimulait pas la retraite piteuse du prince et de l'armée royale dont Catherine récupéra les restes après avoir accordé aux assiégés la liberté générale de conscience (ils l'avaient depuis longtemps), la liberté du culte à La Rochelle, Nîmes et Montauban (ils l'avaient déjà). Tout cela fait à la hâte, avec le violent désir d'en finir avec cette guerre sans issue. Mais ce n'était pas une conclusion, à peine une trêve dont les protestants profitèrent ; après tout, ils sortaient vainqueurs de l'affrontement. Il faut s'entendre, ce sont les communautés protestantes, les villes protestantes qui bénéficièrent de la situation et non les grands seigneurs réformés, les anciens chefs des armées huguenotes avant la Saint-Barthélemy. Catherine dut constater que ses interlocuteurs calvinistes, après le siège de La Rochelle, avaient changé — leurs manières aussi. Finis les marchandages, on avait des exigences ! Plus de faveurs personnelles, mais des droits pour tout le peuple protestant. Eh oui ! La Saint-Barthélemy avait été un début de révolution. Les pasteurs, nullement impressionnés par la majesté royale, exigèrent des poursuites judiciaires contre les massacreurs du 24 août, la réhabilitation des victimes et la restitution des biens perdus ou volés, des offices et dignités à tous les protestants lésés ou à leur famille. Ce n'était pas tout. Les partisans exigèrent l'admission des huguenots à égalité avec les catholiques dans les écoles et universités, et l'entretien aux frais de l'Etat des pasteurs et du culte calviniste ; pour finir, les milices huguenotes chargées de défendre les places de sûreté — au besoin contre les forces royales — devaient être financées par le Trésor royal. Catherine, abasourdie, dit que, si Condé occupait Paris avec une armée de reîtres, ses exigences seraient moins excessives que celles des pasteurs. Elle piqua une colère, se déclara décidée à ne pas céder puis, comme toujours optimiste, elle atermoya.

Les huguenots ne restèrent pas inactifs devant cette passivité. Quelques mois après le traité de La Rochelle, une importante assemblée de pasteurs se réunit à Millau en décembre 1573, puis une seconde en juillet 1574. Les pasteurs avaient mis au point de nouvelles revendications. Ils réclamèrent l'autonomie municipale dans leurs villes. La Rochelle et Montauban devenaient indépendantes, elles se constituaient comme de petites républiques et se fédéraient avec les autres communautés protestantes du royaume. Un véritable séparatisme s'affirmait avec la ligue protestante. Une seconde nationalité se créait à l'intérieur du royaume catholique. L'unité du royaume capétien était menacée. Tel était le fruit amer de la Saint-Barthélemy.

Les catholiques s'alarmèrent. Ils n'allaient pas rester aussi passifs que la reine mère. En somme, politiquement, le parti des Guises et l'Eglise étaient les vaincus de la Saint-Barthélemy et de La Rochelle. Devant l'impuissance du pouvoir, on vit peu à peu apparaître, dans plusieurs villes de province et à Paris, les premiers noyaux d'une ligue catholique en réponse à la ligue protestante. Cette ligue avait déjà quelques adhérents dans la bourgeoisie mais elle n'était pas organisée et n'avait pas encore de chefs. Au début, ces groupements ne semblaient pas concertés, ils n'affectaient que quelques villes. Pour qu'ils devinssent importants, il fallait un « héros » à la tête de ce vaste mouvement de mécontentement.

Les chefs se trouvèrent spontanément dans la famille des Guises. Ainsi ce furent les catholiques ligués qui répondirent aux pasteurs à la place du pouvoir défaillant. On en verra bientôt les cruelles conséquences.

Toutes les conditions étaient réunies pour que la guerre civile reprît, plus implacable que jamais. Pour le malheur de tous, le royaume était désorganisé, mal administré, plongé dans la misère, le peuple était rançonné par des bandes de pillards impunis et, de plus, décimé par les épidémies.

Dans cette misère générale, Catherine avait donné la couronne de Pologne à son fils ; mais le Trésor était vide alors que cette couronne avait déjà coûté très cher et allait coûter encore plus cher pour satisfaire les exigences des Polonais et payer le faste du couronnement du duc d'Anjou qui avait le talent de répandre l'argent pour ses plaisirs, pour ceux de son entourage et souvent pour rien.

Le vrai prix, les vrais fastes, les vraies misères et les fausses gloires d'une couronne inutile

L'élection de Monsieur n'avait pas été facile mais ce genre de difficultés n'avait jamais découragé Catherine. Les concurrents de son fils étaient variés, certains peu dangereux comme le Suédois et le Prussien. Etant luthériens, ils ne pouvaient compter que sur les voix des électeurs protestants très minoritaires à la Diète. Le candidat le plus spectaculaire était le tsar Ivan le Terrible, mais la Moscovie dans son ensemble et son tsar en particulier inspiraient une telle terreur aux Polonais que cette candidature n'avait aucune chance. Restait l'archiduc Albert. Nous savons comment son frère l'empereur s'y était pris pour l'imposer à la Diète. Il avait des chances d'être élu. Les jésuites autrichiens avaient fait, à grand fracas, un tel éloge d'Henri d'Anjou en qualité de massacreur des protestants (ils affirmaient qu'il en avait fait abattre dix mille de sa propre autorité) qu'ils privaient ainsi le prince français des voix réformées qui, par représailles, risquaient de se porter sur l'archiduc. Monluc veillait ; il vivait depuis des mois dans la familiarité des électeurs polonais, il les connaissait bien, aussi donna-t-il à Charles IX un excellent conseil. Le roi, on le sait, détestait son frère qu'il jalousait maladivement, et il tenait à se débarrasser de sa présence en France. Monluc permit à Charles IX — et à Catherine — de donner à la Diète le dernier assaut qui enleva la couronne à l'archiduc et la mit sur la tête d'Henri d'Anjou. Cet assaut décisif prit la forme d'un envoi massif, quoique discret, de beaux écus d'or frappés de fleurs de lis couronnées : ils firent merveille auprès des électeurs tant protestants que catholiques. Il fut entendu que ce premier envoi serait suivi de quelques autres dès que Henri serait couronné à Cracovie. Le vote eut lieu le 9 mai 1573 et Henri fut proclamé roi le 11. Il devait jurer, avant tout autre serment, de respecter la liberté de religion dans son royaume. Charles IX, enchanté du résultat pour de tout autres raisons que sa mère, conseilla à son frère de se disposer à rejoindre au plus vite son royaume et, en quittant La Rochelle, d'emmener avec lui ses troupes gasconnes. Ce double départ pour les rives lointaines de la Vistule débarrassait Charles IX non seulement de son frère, mais d'une bande de gens d'armes plutôt turbulents. Les choses allèrent moins vite que ce pauvre roi le désirait.

Il ne fallait pas lésiner pour introniser Henri, Charles IX et sa mère étaient bien d'accord, elle pour la gloire de son chéri et de la monarchie des lis, Charles IX pour son prestige royal et pour fêter la joie de voir partir Henri. Catherine fêtait cette élection comme un succès personnel car elle avait seule tout manigancé depuis trois ans. L'idée lui en avait été donnée en 1571 par son nain favori, Krassowski, petit personnage futé et bien informé dont le frère était gardien d'un château royal en Pologne. C'est par lui que le nain avait appris que le roi Sigismond était mourant : il avait fait part de la nouvelle à Catherine et lui avait dit : « *Il y aura bientôt là, Madame, un royaume pour les Valois.* » On peut dire que l'idée venait de bien bas, mais elle avait grandi si vite dans l'amour maternel de Catherine que, trois ans plus tard, Henri était roi. Quand le messager de Monluc, qui avait crevé plusieurs chevaux pour apporter la nouvelle le plus vite possible à la reine mère, parvint à Paris, le nain Krassowski l'avait déjà reçue trois heures plus tôt. Il vint s'incliner devant la reine et lui dit : « *Je viens saluer la mère du roi de Pologne.* » Elle fondit en larmes de joie. On peut constater que la faveur de Catherine ne s'égarait pas sur des nains sans valeur.

Charles IX eut une des dernières joies de sa vie en pensant qu'il ne verrait plus ce frère trop brillant et trop aimé dont il sentait qu'il prendrait un jour sa place. Pour cela aussi, il ne pouvait le souffrir. Il voulut que ce départ fût l'occasion de fêtes splendides — qui allaient se traduire par une nouvelle hémorragie d'argent.

La première dépense somptueuse serait consacrée à la réception des seigneurs polonais et de leur suite qui allaient arriver à Paris en grande pompe pour prendre possession de leur roi. C'est bien le sens qu'ils entendaient donner à cette cérémonie, on le verra. Mais, avant de faire connaissance avec ces gens venus de si loin dont on savait peu de chose, on savait au moins qu'il fallait les éblouir pour leur montrer qu'on leur faisait un grand honneur en déléguant un prince de France au trône de la nation sarmate qu'on croyait à demi sauvage. Pour cela, il fallait beaucoup d'argent et les caisses, on l'a vu, étaient vides.

Catherine n'hésita pas. Une fois de plus, elle imposa l'Eglise. L'assemblée du clergé avait eu la malchance de se réunir à Fontainebleau juste en ce mauvais moment. Elle fut prise au piège et dut en passer sur-le-champ par toutes les exigences de la reine mère. La ponction était si importante que l'Eglise dut vendre une partie de ses biens fonciers. Les fidèles et impitoyables conseillers de Catherine éprouvèrent le besoin de justifier ce prélèvement en faisant valoir aux prélats consternés qu'on était en droit d'exiger d'eux cette contribution exceptionnelle en reconnaissance des services que la Saint-Barthélemy avait rendus à l'Eglise. Ce qui était faux, d'un cynisme et d'une hypocrisie révoltants. Mais l'Etat, en tout temps, a joui d'un privilège exorbitant, celui d'argumenter selon ses besoins, notamment en matière de fiscalité.

Peu importe le procédé, Catherine avait maintenant de quoi payer la fête.

En qualité de roi de Pologne, Henri d'Anjou logea au château de Madrid où il donna audience aux ambassadeurs des cours étrangères qui vinrent le complimenter. Ce fut son premier acte royal. Pour son apprentissage, il reçut un camouflet. Philippe II, le roi de Portugal et l'empereur interdirent à leurs ambassadeurs de paraître devant le roi de Pologne. C'était reconnaître qu'ils avaient perdu une manche et ils eurent la faiblesse de le manifester.

Il faut dire qu'Henri n'avait, en apprenant son élévation au trône de Pologne, éprouvé aucune joie, sauf un soulagement vite oublié : la nouvelle lui avait permis de quitter promptement La Rochelle. Restait le chagrin de quitter la France pour ce trône qu'il n'avait jamais désiré et qui maintenant lui faisait horreur. Il ne rêvait que du moyen d'échapper à cette fastidieuse royauté. Mais que pouvait-il contre la volonté et l'amour tyranniques de sa mère ? Et contre l'ordre haineux du roi, son frère, qui lui enjoignait de déguerpir au plus vite ? Quant à Margot et à Alençon, ils se réjouissaient ouvertement de voir disparaître ce rival gênant. Henri d'Anjou était donc condamné à être roi d'un pays qui lui était odieux.

De toutes les raisons qui lui faisaient regretter la France, la plus douloureuse et la plus inattendue — dans son cas — était l'amour éperdu qu'il avait conçu pour Marie de Clèves, épouse de cet avorton insupportable et peu doué, Condé. Même Jeanne d'Albret, sa parente et sa coreligionnaire, l'avait jugé durement. Elle écrivait à son fils Henri de Navarre, juste avant son mariage avec Margot : « *Si vous ne pouvez faire l'amour mieux que votre cousin Condé, mieux vaut pour vous y renoncer complètement.* » Tel était l'époux qui possédait cette adorable Marie que Monsieur avait divinisée. Bien entendu, il haïssait Condé qui le lui rendait bien, d'autant plus que le mari n'ignorait pas ce qu'on affirmait à la cour : que la « divinité » était la maîtresse d'Henri. A cette haine passionnelle de Condé pour son rival heureux, doué de toutes les séductions (ou presque), s'ajoutaient la jalousie politique et la haine religieuse car Henri d'Anjou était une vedette du parti catholique et royal alors que Condé, chef calviniste, rescapé de la Saint-Barthélemy, était quasiment prisonnier de Catherine, du roi et de Monsieur. Cet amoureux de Marie avait tout pour exciter et justifier la haine d'un mari trompé, persécuté par les Valois et mal loti par la nature.

L'amour d'Henri d'Anjou était d'autant plus fiévreux qu'il s'y cramponnait comme à une bouée de sauvetage. Il avait cru y trouver une échappatoire à ses penchants contre lesquels il essayait de lutter. A l'attrait de ses « mignons » il opposait cet amour qui semble nourri par l'imagination plus que par les sens. Il avait transformé Marie en créature de rêve et il s'attachait passionnément à sa création : là était son salut. Cependant, l'ambiguïté du personnage était telle qu'au moment où il souffrait cruellement d'être obligé de se séparer de Marie il s'attachait à de nouveaux « mignons » et renforçait sa cour particulière. Du Guast restait, si l'on peut dire, le chef de la sacrée cohorte qui venait de s'enrichir d'une recrue resplendissante en la personne de Jacques de Lévis, comte de Quélus, âgé de dix-sept ans. Monsieur en avait alors vingt-deux. Quel étrange commerce sentimental du nouveau roi de Pologne avec les divers objets de ses divers désirs ! Dans l'éblouissement causé par Quélus, il protestait de son amour délirant pour Marie auprès de la sœur de celle-ci, la duchesse de Guise, à qui il écrivait : « *Si vous êtes mon amie, je vous supplie de m'aider. Je suis fou d'amour pour elle* (Marie). *Je vous jure que mes yeux sont restés pleins de larmes pendant deux heures...* » C'est vrai, ces tigres et ces panthères de la Renaissance pleuraient d'abondance et ils étaient capables d'ordonner et d'exécuter avec le même naturel les supplices les plus horribles et de s'adonner aux caresses les plus tendres en se complaisant également dans les uns et dans les autres. La correspondance de Monsieur avec Marie, sans présenter ce caractère de cruauté, était cependant entachée d'une trace sanglante car Henri signait ses lettres passionnées avec du sang. Le curieux de l'affaire, c'est que ce sang visible au bas de ses tendres aveux n'était pas le sien ; il était fourni par le beau Quélus qui n'était troublé ni par cette fourniture ni par l'amour brûlant de son maître et amant pour la princesse de Condé. On comprend que, dans cette passionnante situation, Henri d'Anjou se soit posé la question : « Qu'irais-je faire sur le trône de Pologne ? »

Quels que fussent ses sentiments, les événements se précipitaient pour le pousser vers son nouveau destin.

La délégation polonaise arriva à la frontière le 2 août 1573. Monluc, qui connaissait tous les électeurs, les y reçut. Le 14, ils entraient à Metz après un voyage qui avait duré un mois — encore était-ce la meilleure saison. Le cortège comportait deux cent cinquante chars fermés, énormes roulottes polonaises plus vastes et plus lourdes que les coches de Catherine. Chaque char était traîné par huit chevaux montés par autant de palefreniers. Ils se présentèrent aux portes de Paris le 19 août. Les badauds parisiens crurent assister à l'arrivée d'un convoi des steppes de l'Asie centrale. L'entrée officielle eut lieu à la porte Saint-Martin. Le duc de Guise, les princes lorrains, le prévôt des marchands, les échevins accueillirent les visiteurs. Ils débitèrent leurs politesses sur un accompagnement martial ; douze cents arquebusiers lâchèrent une salve assourdissante. Si les Parisiens furent étonnés, les Polonais le furent aussi par l'aspect de la capitale car on avait confié le soin d'orner la ville à un décorateur qui avait de l'originalité et des « idées » ; il eut en particulier celle de badigeonner les maisons et les monuments de couleurs violentes, où dominait le rouge sang de bœuf, sur des verts, des jaunes et des bleus criards. Paris, ce jour-là, avait l'aspect d'être habité par un peuple de fous. Il est vrai que cette cérémonie se déroulait juste un an après la Saint-Barthélemy lorsque la ville était vraiment folle et vouée à un rouge qui, alors, n'était pas de sang de bœuf. A part cette bizarrerie, la réception fut réussie. Le peuple de Paris était étrangement calme, comme assoupi ; les misérables qui, en août 1572, surpeuplaient la ville avaient regagné leurs faméliques villages, les soldats protestants leur Gascogne et les autres croupissaient toujours à La Rochelle. Les Parisiens restaient entre eux, encore accablés par les souvenirs horribles du 24 août de l'année passée.

Les dignitaires du royaume de Pologne, évêques et grands seigneurs, composaient un extraordinaire cortège où brillaient au premier rang l'évêque de Posen et le grand maréchal de la cour, prince Radziwill, parmi plus de deux cents seigneurs en grand arroi, à la mode de leur pays. Le spectacle fascina les Parisiens, l'étrangeté des costumes suscita quelques moqueries mais la somptuosité et la nouveauté du décorum émerveillèrent la ville. Des devises et des inscriptions de bienvenue accueillaient, aux carrefours, les Polonais. Bien rares étaient parmi eux ceux qui lisaient le français, mais ceux qui le comprenaient pouvaient être à la fois étonnés et flattés par l'une d'elles : « *Nous admirons vos costumes et vos corps, Polonais, aussi beaux que ceux des demi-dieux.* » Véritablement, le grec enseigné au Collège de France avait déteint sur la propagande officielle ; il est vrai que l'auteur des slogans était le grand helléniste Dorat, familier de la beauté des dieux et demi-dieux de l'Olympe. Mais, réellement, les seigneurs polonais donnèrent aux Parisiens le plus beau spectacle. Tous de haute taille, ils s'avançaient dans la ville avec grande allure. Ils se paraient — quelle originalité ! — de longues barbes blondes mais ils avaient la nuque rasée, ce qu'on jugea déplaisant. Toutefois, leurs costumes époustouflaient le peuple et le bourgeois. Somptueux, d'un luxe lourd et barbare, théâtral et impressionnant, ils tombaient en plis raides des brocarts épais et brodés et ils s'ornaient de fourrures précieuses. Un défilé digne d'un opéra à l'échelle d'une ville. Les princiers personnages étaient coiffés de toques à aigrettes, surchargées de pierreries. Leurs bottes étaient déjà un spectacle : cloutées et brodées d'or et de soie. Leurs armes, aussi riches que des bijoux, effrayaient, notamment leurs cimeterres courbes, asiatiques, incrustés d'or et de pierreries. Etrange et captivante mise en scène, bien faite pour combler le goût des Parisiens pour tout spectacle et tout déploiement de luxe.

Henri d'Anjou, tel qu'on le connaît, aurait dû être séduit par cette extraordinaire présentation de costumes étincelants de pierres précieuses. Au contraire, il bouda la fête dont il était le héros malheureux. Pour lui, ce brillant décor signifiait l'exil.

Catherine avait, comme elle savait le faire, très bien réglé la réception au Louvre. Sur une estrade, elle avait dressé deux trônes, l'un surmonté par la couronne royale et les lis de France, l'autre par l'aigle de Pologne. Charles IX, pour l'occasion, parut en grand manteau d'hermine, sceptre en main, vraiment majestueux. Il avait tenu à se montrer devant ces étrangers dans toute la dignité royale. Le second trône était pour son frère Henri mais, en ce moment, on ne voyait qu'un roi, le vrai, Charles IX.

Catherine avait également prévu un arrangement en pensant au public qui ne pourrait assister à cette réception du Louvre ; or elle voulait que ce public absent fût cependant informé de la majestueuse solennité de cette scène. Pour cela, elle avait fait peindre sur les murs et sur les ponts de Paris les principaux personnages de la grandiose cérémonie : le roi Charles IX, en majesté, Henri en roi de Pologne couronné, et elle avait aussi ajouté son dernier fils, Alençon, qui n'était rien dans l'affaire ; il attendait, tête nue, qu'un ange qui voltigeait au-dessus y déposât... la couronne d'Angleterre ! On voit qu'à ses divers talents Mme Catherine joignait celui de la propagande. L'anticipation était bien téméraire mais elle traduisait l'impatience qu'avait la reine mère de marier l'avorton à Elisabeth Ire.

Au Louvre, les éminents électeurs polonais furent introduits, selon le plus rigoureux cérémonial, par le grand chambellan, Henri de Guise. Ils s'inclinèrent devant Charles IX et déposèrent à ses pieds un coffret de vermeil contenant la décision de la Diète faisant Henri d'Anjou roi de Pologne. Ils demandèrent au roi d'en informer Henri qui se tenait immobile à ses côtés. Charles IX lui remit le décret. Alors seulement Henri d'Anjou put s'asseoir sur le trône de Pologne jouxtant celui de son frère. Les trompettes et les tambours de la garde firent retentir leur concert éclatant : c'était une explosion triomphale, sauf pour le principal intéressé, Henri, qui se morfondait et le laissait voir.

Il faut dire que, si l'accoutrement et les manières des Polonais avaient surpris la cour, ceux-ci avaient été encore plus surpris en découvrant la personne de leur nouveau roi. Petit, fluet, extrêmement élégant ou plutôt très attifé, parfumé, fardé, ses cheveux frisés et surfrisés, saupoudrés de poudre violette, portant un toquet tout tremblant d'aigrettes rarissimes et de grappes de perles inestimables, il était, ainsi troussé, à la limite de ce que les Polonais jugeaient supportable, partageant sur ce point le sentiment du peuple de Paris comme le note avec aigreur le chroniqueur Pierre de L'Estoile. Pour les Polonais, puisque leur roi était ce qu'il était, ils le gardèrent quand même...

Ce nouveau roi et ses sujets se regardaient mais ne se parlaient pas car les Polonais ne parlaient que leur langue qui est impénétrable ; toutefois quelques-uns parlaient l'allemand mais tous savaient admirablement le latin. Malheureusement, Henri d'Anjou n'avait jamais donné à son célèbre précepteur Amyot aucune satisfaction dans l'étude de la langue de Virgile. Ce face à face muet et gêné accroissait encore le déplaisir d'Henri qui devinait déjà chez ses nouveaux sujets une certaine méfiance à son endroit et quelque rugosité d'appréciation.

Lors d'une autre réception, les Polonais vinrent vêtus de longues robes de drap d'or censées rappeler les toges des sénateurs romains. L'évêque de Posen fit prier le roi de Pologne de préparer son départ sans tarder pour Cracovie où il était attendu impatiemment dès le mois de septembre. Cette mise en demeure à peine déguisée mit un comble à l'amertume de Monsieur, d'autant qu'on ne lui cacha pas qu'on souhaitait sa présence non par affection mais parce qu'elle était indispensable pour défendre son royaume contre son terrible voisin, « *le Moscovite, son perpétuel ennemi* ». Henri se souciait peu du Moscovite qui, pour lui, vivait sur une autre planète. Son souci du moment était d'obtenir du pape l'annulation du mariage de Marie de Clèves et de Condé pour épouser ensuite son adorée. C'était un rêve dans un rêve. Il se sentait si malheureux qu'après la cérémonie il alla se jeter en pleurs dans les bras de sa mère, en la suppliant de renvoyer les Polonais en Pologne et de donner leur trône à qui en voudrait ; quant à lui, il ne voulait quitter ni sa mère, ni Marie, ni la France. Catherine en fut troublée. Attendrie, elle hésita. Fallait-il refuser cette couronne après avoir tant peiné et tant dépensé pour l'obtenir ? Un refus allait créer une sorte de scandale diplomatique dont bénéficieraient Philippe II et la maison d'Autriche. D'autre part, Charles IX était si malade, si affaibli qu'elle ne voyait pas partir sans appréhension son fils préféré à qui reviendrait la couronne de France. Lorsque Monsieur était rentré de La Rochelle et qu'il avait revu son frère après quelques mois d'absence, il l'avait trouvé tellement changé, amaigri, couperosé, sinistre qu'il avait murmuré : « *Il est mort.* » C'était dire que la couronne était à sa portée, et celle-ci l'intéressait davantage que celle des Sarmates. Perdre à la fois le trône de Saint Louis et Marie de Clèves pour un peuple turbulent et buveur, perdre les châteaux et les bords de la Loire pour les rives gelées de la Vistule, c'était pour le Florentin un suicide moral.

Toute réflexion faite, Madame Catherine parla en reine et exigea le départ de Monsieur pour Cracovie. Elle avait le cœur déchiré mais il fallait qu'Henri fût roi de Pologne. Les chagrins de Catherine n'avaient pas droit à la publicité : les fêtes succédaient aux fêtes, la reine et sa cour vivaient dans la liesse, les Polonais dans l'enchantement. Au cours de l'une d'elles, un des grands électeurs, Lastir, fit un discours en latin au roi Charles IX. Personne dans la famille royale ne put le comprendre ni surtout y répondre, sauf... la reine de Navarre, Margot. Elle éblouit la Pologne par sa beauté, son savoir et sa finesse. Elle fit la traduction du discours de Lastir pour le roi, sa mère et toute la cour, puis elle y répondit dans la même langue avec une aisance surprenante. Les robes de brocart d'or et les barbes polonaises furent ensorcelées par Marguerite, on lui répondit en latin qu'elle était « *le plus parfait objet du monde* » : elle en fit aussitôt la traduction afin que nul n'en ignorât.

Cette fête merveilleuse avait pour Catherine quelque chose d'unique. Le cadre en était prodigieux car, en la circonstance, elle inaugurait son palais neuf des Tuileries, celui qu'elle avait créé, dont elle avait contrôlé les plans, suivi la construction pierre à pierre, inspiré la décoration. Les Tuileries, c'était elle. Dans tous les autres châteaux, elle se sentait l'invitée des rois de France ; dans celui-ci, elle était chez elle et à Florence. La foule resplendissante des seigneurs et des dames admirèrent, entre autres merveilles, un énorme rocher d'argent dans les anfractuosités duquel nichaient des nymphes, chacune d'elles incarnant une province du royaume. Toutes étaient nues et aussi belles que des déesses. Le palais ruisselait de lumières, d'ors et de musique. Orlando, son musicien, avait composé une cantate sublime et larmoyante pour évoquer dans toute la beauté et la noblesse de l'art, au milieu de la fête, la douleur de la mère déchirée. Merveilleux subterfuge de l'artiste, conseillé par Catherine, qui déplorait le départ de son fils tout en charmant la cour et la Pologne. Une chanteuse et un castrat qu'elle avait fait venir d'Italie — ou du ciel — firent pâmer l'assistance. Mais le ravissement fut porté à son comble lorsqu'on entendit une musique inouïe jusqu'à ce jour. Etait-ce un son céleste ou plutôt une voix tirée d'un instrument divin qu'on entendait pour la première fois en France et qui venait d'Italie comme la chanteuse et le castrat ? C'était le violon. Catherine fit, ce soir-là, ce splendide cadeau à Paris. Elle lui en fit même un second. Elle avait appelé de Florence un des premiers corps de ballet qui existât. Les personnages allégoriques en costumes de rêve, la musique sur laquelle étaient réglés à la perfection les pas et les évolutions des danseurs formaient un spectacle d'une harmonie et d'une grâce saisissantes. Un éblouissement [1].

La Pologne était ivre sans avoir bu. La France payait tout.

Ce soir-là, Catherine triomphait, elle avait l'impression de tenir tout ce beau monde, les dangereux seigneurs du royaume ou d'ailleurs, sous le charme — et sous son autorité. Elle les avait rassemblés, amis et ennemis, dans ce palais qu'elle avait bâti, elle les avait enveloppés dans un luxe d'une beauté et d'une richesse inégalées, elle les tenait confondus et unis dans l'admiration et une sorte d'envoûtement heureux. Voilà ce qui, pour Madame Catherine, méritait de s'appeler *victoire*. Et non un carnage sur un champ de bataille. Ce genre de victoire coûtait très cher mais moins qu'une bataille rangée ; en outre, pendant ces fêtes, la violence était conjurée, l'on pouvait s'entendre et amorcer ces négociations qu'elle aimait tant. Sa joie et son orgueil maternels éclatent dans une lettre qu'elle écrivit alors à Elisabeth Ire pour se réjouir de la belle affaire qu'elle venait de réussir en donnant cette couronne de Pologne à son fils qui allait, disait-elle, régner sur ces magnifiques seigneurs « *ne se sentant rien que de toute courtoisie* ». Elle arrange un peu les choses car elle avait déjà des preuves que ces seigneurs à barbes et à moustaches n'étaient pas faciles à mener, mais « *le cœur de mère* » savait aussi qu'il fallait éblouir la reine d'Angleterre à laquelle elle désirait toujours éperdument marier son dernier fils. Elle essaya même, dans une autre lettre, d'aguicher Elisabeth car elle n'ignorait pas que son nabot était d'un placement difficile ; aussi affirmait-elle qu'il avait beaucoup changé (à part elle, personne n'oserait le prétendre). Il avait, à l'en croire, un début de barbe et de moustache et semblait même avoir grandi. La mère marieuse ajoutait : Cela « *arrange beaucoup ses imperfections* ».

---

1. Cf. *Quatre siècles de ballet à Paris*, par Béatrice de Andia. Délégation à l'action artistique de la Ville de Paris, 1985.

Elisabeth s'en contenterait-elle ? Catherine promit de lui envoyer le prétendant afin qu'elle jugeât sur pièce. Elle assurait la reine d'Angleterre qu'elle ne souhaitait rien tant au monde que d'unir son fils « *à la reine la plus grande, la plus intrépide que les yeux humains aient jamais contemplée* ». Après cela, c'était à Elisabeth de jouer — ou de rester muette.

Ce n'était pas seulement pour la gloire que pourrait donner aux Valois ce mariage insensé que Catherine tenait tellement à le réaliser. Elle y voyait aussi le meilleur moyen d'écarter de la cour, de Paris et de la France son misérable rejeton. Elle avait flairé le danger qu'il représentait. Depuis son enfance, il n'était qu'objet de désordres, de conflits. Maintenant il complotait avec les « politiques » et les protestants, les Montmorency, Navarre et Condé, et la nouvelle génération des huguenots dont, à La Rochelle, on avait pu mesurer la valeur et le courage. Elle avait en face d'elle une opposition incorruptible. Le pire, dans le cas du duc d'Alençon, fils de France, c'est qu'il s'avisât de revendiquer le trône à la mort de Charles IX, pendant qu'Henri, son aîné, serait en Pologne et pourrait être considéré comme écarté de la succession en raison de son absence après avoir accepté une couronne étrangère. Les arguments ne manqueraient pas aux conseillers d'Alençon. Ils étaient déjà prêts. Un professeur de droit, en exil à Genève, François Hotman, tenu pour un oracle par les pasteurs, venait de publier — était-ce un hasard ? — un ouvrage savant, *Franco Gallia*, lu avec passion par les huguenots. Il y démontrait que la monarchie capétienne était élective et non héréditaire et qu'en France les états généraux avaient le pouvoir de choisir le roi et celui de le révoquer. La démonstration arrivait au bon moment : la mort de Charles IX pouvant survenir d'un jour à l'autre et son frère Henri ayant choisi un autre trône et déserté le royaume, les comploteurs, unis autour de Marguerite et d'Alençon, auraient toutes facilités pour faire couronner le nabot dévoué à leur cause avant qu'un problématique retour d'Henri permît à celui-ci de prendre la couronne. Bien que premier héritier selon la loi dynastique, on le déclarait évincé par les circonstances et par les utiles arguments d'Hotman. A ces excellentes raisons s'en ajoutait une autre de première importance, l'excellente armée calviniste.

Voilà ce que Margot, Alençon et leurs amis préparaient. Curieux oubli dans leurs préparatifs : ils avaient omis Madame Catherine. Elle, tout au contraire, pensait beaucoup à eux et n'ignorait rien de leurs ambitions et de leurs violences toutes prêtes. Elle les désarma avant qu'ils eussent frappé.

Le 22 août 1573, Charles IX, en conseil, désigna lui-même son successeur. S'il n'avait pas d'enfant mâle, ce serait son frère, Henri d'Anjou, roi de Pologne, « *nonobstant qu'il fût lors absent et résident hors du royaume* ». La reine mère avait tout prévu. La décision fut prise solennellement en conseil, enregistrée, sans plus de bruit, entre deux fêtes polonaises. Il faut remarquer qu'Henri n'était encore qu'élu roi de Pologne et non couronné, alors qu'il était désigné d'avance comme roi en puissance, successeur de Charles IX. Telle fut la première réponse de Catherine aux comploteurs : elle était irréfutable. Henri, sa mère et le roi pouvaient dès lors palabrer en toute liberté avec les Polonais sans engager l'avenir d'Henri d'Anjou. Avant même qu'il fût parti, Catherine avait préparé son retour.

Les discussions avec les Polonais commencèrent quatre jours après la décision du roi en conseil, le 26 août 1573. Elles donnèrent à Henri un avant-goût de ce que serait son règne avec les Polonais.

Les représentants de la Diète, les grands électeurs du nouveau roi, ne parlèrent pas en sujets mais en maîtres. Le roi, dans ce pays, devait obéir. D'ailleurs, il ne serait considéré comme roi que lorsqu'il aurait juré de respecter toutes les conditions qu'exigeaient de lui ses électeurs. On l'avertit que, s'il violait un jour un seul des engagements pris sous serment, ses sujets, ipso facto, ne lui devraient plus obéissance. Toute décision prise par lui devait être approuvée par l'assemblée de la noblesse pour devenir exécutoire. Pareil régime paraissait insensé et humiliant à un fils de roi de France. Quand il connut les exigences de la Diète, il renâcla, mais on l'avertit aussitôt que le refus d'une seule exigence entraînait l'annulation de l'élection. Henri se sentait d'humeur à les refuser toutes en bloc et à renvoyer les barbes, les moustaches, les bonnets emplumés, les bottes brodées là d'où ils venaient. Mais Madame

Catherine veillait. Son fils était à la torture. L'évêque de Posen lui signifia la prescription fondamentale de cette étrange royauté dans laquelle « *le roi est impuissant à faire le mal et tout-puissant pour faire le bien* ». Belle maxime, surtout en latin. Mais qui dira où est le bien et le mal ? La Diète à coup sûr. Etait-elle si sûre de savoir en juger ? Bref, une dispute éclata entre Catherine et les Polonais qui, en plus, se chamaillèrent entre eux. Henri en profita pour déclarer qu'il ne jurerait pas tant que ses sujets n'étaient pas d'accord. Il s'attira aussitôt une sévère réplique de l'un d'eux, nommé Zborowski : « *Si non jurabis non regnabis.* » « *Si tu ne jures pas, tu ne régneras pas.* » La même menace lui fut répétée par l'un ou par l'autre, à longueur de séance, chaque fois qu'il osait émettre une objection. Ces dissensions insupportables durèrent une semaine. Henri fut obligé de jurer en détail, article après article, au cours des réunions, puis à la fin il jura en gros et à Notre-Dame le 10 septembre 1573. Sa mère ne l'avait pas laissé seul en face de ses « sujets », si l'on peut dire, elle lui avait adjoint ses meilleurs conseillers : Cheverny, Morvilliers et l'indispensable Birague. Henri avait auprès de lui son cher Villequier. Mais, pour jurer, il était seul et, pour régner, il le serait aussi.

Il jura donc qu'une étroite coopération militaire, navale et commerciale unirait la Pologne à la France. On y avait ajouté une clause que nous dirions culturelle : les universités des deux pays procéderaient à des échanges d'étudiants. Enfin, un chapitre spécial, le plus intéressant, le plus délicat : la France s'engageait à fournir une aide financière à la Pologne. Les versements substantiels se feraient automatiquement chaque année. On ajouta que les immenses biens du duc d'Anjou, prince apanagé de France, largement doté par sa mère, devenaient biens de la couronne de Pologne ! C'était scandaleux. Ce n'est pas tout : Charles IX, ravi de voir son frère déguerpir, promit en supplément aux Polonais de leur faire construire une flotte dans la Baltique.

Elle était ruineuse, la couronne que Catherine avait imposée à son fils : jamais personne n'avait payé aussi cher une place aussi inconfortable.

N'oublions pas la clause « charmante ». Elle déplaisait plus à Henri que toutes les autres réunies ; il devait s'engager à épouser la sœur du roi défunt, Sigismond Jagellon, l'unique descendante de cette illustre famille polonaise. La promise n'était ni un ange ni une déesse mais une très honnête princesse vieillie dans la tristesse et la vertu qui rêvait comme une folle de ce prince charmant qu'on allait lui servir sur le tard. Sur ce point tout au moins, il trouva (ses conseillers trouvèrent pour lui) un biais pour échapper au serment. Les bons légistes de sa mère objectèrent qu'il ne pouvait y avoir de serment pour ce mariage car les ambassadeurs polonais n'avaient pas le consentement de la dame Jagellon. D'autre part, l'expert financier de Catherine, Morvilliers, s'arrangea pour que la subvention française fût versée directement au roi de Pologne qui pourrait en disposer selon son plaisir. Après d'aussi heureuses dispositions, on pouvait augurer que le mariage d'Henri et de la princesse Jagellon était aussi incertain que le versement des écus français dans les coffres sans fond de l'administration polonaise.

Ces adoucissements n'étaient que peu de chose. Le grave pour Henri était de rejoindre son royaume. Les représentants de la Diète avaient espéré l'emmener afin de faire avec lui une entrée triomphale à Cracovie. Pas question pour Henri de se joindre à ses tortionnaires. Il les regarda partir avec soulagement le 23 septembre 1573. Toutefois, il leur promit d'être à Cracovie le 10 décembre, de sorte qu'on pourrait prévoir son couronnement pour le 17 janvier 1574. D'ici là, il espérait qu'un événement providentiel l'empêcherait de partir. Pour ce gentil prince, la Providence avait alors deux visages : le premier était la mort de son frère, le roi ; le second était l'éclatement d'une nouvelle guerre civile qui menaçait de tous côtés. Les protestants s'agitaient, leurs revendications étaient franchement agressives, le prince d'Orange les soutenait. Montgomery revenait d'Angleterre, débarquait en Normandie pour y ranimer la guerre. Henri pensait qu'étant chef de l'armée royale, si la guerre éclatait, sa présence devenait indispensable. Pendant qu'il rêvait, Catherine faisait ses comptes.

Comme d'habitude, ils étaient catastrophiques. En plus des dépenses somptuaires, en plus des versements aux Polonais, elle avait dû négocier — pas gratuitement — le libre passage de son fils à travers l'Allemagne pour se rendre en Pologne. Les princes luthériens allemands se firent prier pour l'accorder. Ils voyaient d'un mauvais œil ce prince catholique qu'on leur avait présenté comme un grand massacreur de protestants traverser leurs villes et leurs terres. Catherine eut quelque peine à les convaincre. Elle craignait tellement de ne pas y réussir qu'elle imagina, si la route d'Allemagne était fermée à Henri, un itinéraire maritime. Elle se rendit elle-même à Dieppe pour préparer l'embarquement du roi de Pologne et de sa suite pour les rives de la Baltique. A son retour, elle apprit que les princes s'étaient laissé fléchir : il fallait maintenant trouver les écus qu'on leur avait promis.

Ce qu'on appelait par un curieux abus de langage « *le don gratuit* » du clergé n'avait même pas suffi à couvrir les frais des fêtes et des cadeaux... Le roi, pour renflouer le Trésor, emprunta à la Ville de Paris et fit vendre tous les bois de haute futaie des possessions de son frère d'Anjou — car c'était lui et sa couronne polonaise qui avaient causé le déficit. Il envisagea même de faire un prélèvement exceptionnel d'un quart du revenu de tous ses sujets. Mais la mesure parut trop cruelle, on préféra se tirer du mauvais pas par divers emprunts [1].

Les frais payés, le consentement des luthériens aussi, Charles IX, voyant que ce frère ruineux était toujours là, entra dans une de ses effrayantes colères en exigeant le départ immédiat d'Henri. Il sentait la résistance de celui-ci et il ne pouvait plus le supporter ; il menaça de le faire conduire manu militari à la frontière. L'entourage, en silence, observait le roi. Après sa colère, il eut un flot de sang. Devant ce spectacle horrible, c'est à peine si ses frères dissimulaient leur joie : s'il mourait sur le coup, Henri échappait au trône de Pologne tandis qu'Alençon espérait qu'il l'évincerait et serait roi de France à sa place. Marguerite, sa sœur éblouissante, le lui avait promis. Il n'en doutait pas.

Néanmoins, Charles IX était le roi. Il avait ordonné, il fallut partir. Une fois de plus, la cour, avec armes et bagages, prit la route. Sans hâte. Elle s'arrêta à Monceaux chez Catherine et se dirigea vers Villers-Cotterêts. La reine y reçut une délégation de pasteurs qui lui présenta la liste des revendications fameuses qui

---

1. 25 % d'impôts sur le revenu paraissaient cruels. La cruauté fiscale, a, depuis, fait d'étonnants progrès.

lui parurent si exorbitantes et si insolentes qu'elle rompit la négociation. Et, encore bouillante de colère, elle allait prendre la route de Lorraine lorsqu'elle s'aperçut qu'on avait oublié, en partant, les cadeaux qu'Henri devait distribuer en cours de route aux princes luthériens car ses chariots et ses chevaux allaient fouler leurs terres. Catherine et Henri revinrent précipitamment à Paris. Elle emprunta cinq cent mille livres, acheta des joyaux et rejoignit la cour en panne.

A Vitry, nouvelle halte et nouveau retard imprévu, lourd de conséquences si... Charles IX fut atteint de petite vérole. Dans l'état où il était, on s'attendait au pire. Henri crut à sa chance, il se remit à espérer. La cour s'immobilisa. Charles IX, lucide, dut comprendre le calcul de ses frères, il ne put le supporter. Avec les forces qui lui restaient, il fit une nouvelle colère et, en vociférant parmi ses couettes imprégnées de sueur et de sang qui s'échappait de sa peau, il ordonna à Henri d'Anjou de décamper immédiatement pour la Pologne. Catherine lui donna l'assurance qu'il serait obéi sur l'heure et elle organisa, à sa façon maternelle et royale, la scène des adieux qui devaient être définitifs. Tous et toutes, autour du lit royal, versèrent des torrents de larmes, s'étreignirent en sanglotant. La tendresse coulait à flots ; Alençon crut devoir être le modèle de l'affliction. Quelle famille ! Quel talent théâtral ! Ils étaient capables, ayant Catherine comme meneur de jeu, de composer des scènes parfaitement réussies sur n'importe quel sujet et en costume d'apparat, bien entendu.

Puis on oublia le moribond couronné — sauf Catherine qui n'oubliait jamais rien ni personne, surtout pas son fils qu'elle aimait : la mère était toujours présente en elle. A Nancy, le duc de Lorraine et la duchesse Claude, sa fille bien-aimée, la reçurent avec affection. Le sentiment, ici, était sincère. Comme Claude venait de donner naissance à sa dernière fille, Christine, on la baptisa en présence des Polonais. L'évêque de Posen en fut le parrain et Catherine la marraine. Ces scènes de famille, plus que toutes autres, enchantaient Catherine ; dans celles-ci, son sentiment maternel et son instinct familial ajoutaient une certaine émotion qui laisse penser qu'il y avait alors, en elle, quelque chose qui était peut-être de la tendresse ou, tout au moins, qui y ressemblait fort.

Il faut croire que, dans cette cour bon enfant, régnait un climat sentimental car Henri d'Anjou, en apercevant une nièce du duc de Lorraine que personne ne remarquait, eut un éblouissement. C'était Louise de Vaudémont. Elle avait dix-neuf ans, elle était blonde, belle mais non pas éclatante ; une beauté angélique et modeste, presque inaperçue. A vrai dire, Louise était malheureuse dans sa famille, mal aimée ; on ne la sortait que rarement, elle vivait à demi cloîtrée. Henri fut frappé par la douceur et la grâce de cette princesse. Pendant les trois jours de halte à Nancy, il ne la quitta pas. Pour un moment, Louise éclipsa Marie de Clèves, mais ce ne fut qu'un moment qui, cependant, demeura inoublié.

Nul ne prêta grande attention à cette innocente idylle, sans lendemain. Louise n'était pas princesse royale, elle ne jouissait ni de grandes possessions ni d'un prestige politique. Pour le monde, elle ne faisait pas le poids. Mais elle jouissait d'un autre prestige que personne ne remarqua alors : son étonnante ressemblance avec Marie de Clèves.

Catherine et la cour se mirent en route pour la dernière étape. La séparation eut lieu à Blamont, ville frontière du duché de Lorraine, le 29 novembre 1573. Ce n'était pas une bonne saison pour se lancer dans un long voyage à travers des pays au climat plutôt rude. Toutefois, Monsieur avait fait en sorte de s'entourer de ses précieux fidèles : le duc de Nevers (un Italien, Gonzague de Mantoue), le duc de Mayenne, l'abbé de Noailles, enfin ses créatures : Pibrac, indispensable comme Villequier, Du Guast et surtout Miron, son médecin, son mentor, son confident, son ami véritable (il notait tout). Qu'aurait-il fait sans Miron avec sa fistule à l'œil et son abcès toujours ouvert dont le suintement sous son bras humectait le brocart ou le velours de sa manche ? Puis venait « la suite » : cinq cents personnes !

Encore une scène : celle des adieux. Les larmes, dans celle-ci, ne furent pas de comédie. L'orgueil de voir son fils couronné ne pouvait en cet instant atténuer la douleur de Catherine ; rien ne pouvait adoucir la cruauté de voir partir, peut-être pour toujours, l'objet de la seule passion de sa vie depuis la mort de son mari Henri II. Quant à Henri, en quittant sa mère, sa protectrice, sa force, sa vie, son avenir, et la France, il croyait tout perdre avant de s'enfoncer dans l'hiver d'un exil barbare.

Dans les bras l'un de l'autre, ils sanglotèrent comme on sanglotait alors, comme on ne sait plus le faire, même au théâtre, mais, en cette occasion, les sanglots jaillissaient de deux cœurs éperdus d'amour.

Son fils bien-aimé parti, Catherine retrouve la France mal aimante et comploteuse

Les larmes de la mère étaient à peine séchées que Catherine reprit le masque de la reine. Sa seconde passion, celle du pouvoir, ne lui permit pas de perdre son temps dans cette bourgade lorraine. Là où elle se trouvait, la monarchie gouvernait. Elle y rencontra le prince de Nassau, l'ami et l'allié de Coligny, ainsi que le fils du trop célèbre Jean Casimir, électeur palatin qui, avec ses reîtres, avait si bien ravagé et pillé la Champagne et la Bourgogne. Cela était du passé. Catherine les reçut sans rancune. L'intérêt du moment n'était pas au ressentiment ; tout au contraire, elle désirait faire amitié avec ces deux redoutables ennemis. Leurs entretiens furent secrets — secrets comme le sont les cachotteries diplomatiques, c'est-à-dire très provisoirement. Les espions de Philippe II en firent aussitôt des rapports à leur roi et c'est par eux que nous savons avec quelles souplesse et opportunité Catherine fit alliance (verbalement) avec les deux princes réformés et chefs de guerre. Elle les persuada qu'elle était en ce moment décidée, comme ils l'étaient eux-mêmes avec feu l'amiral de Coligny, à envahir les Pays-Bas espagnols avec leur concours. Afin de donner à cette étonnante proposition toute la crédibilité qui lui manquait aux yeux de ses interlocuteurs, elle versa trois cent mille écus à Nassau pour armer ses troupes. La méfiance résiste mal à ce genre d'argument. Elle fit mieux encore : elle lui promit dix mille hommes armés par ses soins. Ce revirement a de quoi surprendre quinze mois à peine après l'assassinat de Coligny et ce qui s'ensuivit. Mais le plus surpris dut être Philippe II. On peut comprendre la méfiance et l'hostilité du roi d'Espagne envers Catherine. Il faut dire qu'il avait envers la cour de France des procédés tout aussi tortueux.

Toutefois, nous pouvons nous poser la question : pourquoi ces promesses et cet engagement avec ce prince d'Orange, ennemi persévérant et dangereux qui, en ce moment même, organisait la prochaine guerre civile en France ? Pour une raison moins politique que passionnelle. Elle comptait sur la bienveillance de Nassau et de l'électeur palatin pour maintenir les princes luthé-riens d'Allemagne dans leur amicale protection à l'égard de son fils, le roi de Pologne, durant son voyage. Ainsi, de loin, elle continuait à veiller sur lui. Que lui importaient trois cent mille écus, les fausses promesses, la colère de Philippe II (elle ignorait qu'il savait) si son fils incomparable arrivait sain et sauf à Cracovie ? Enfin, même sur le plan politique, sa manœuvre n'était pas inutile : elle apaisait l'agressivité de Nassau et retardait ses menées auprès des huguenots français. Elle savait très bien que Nassau ne serait jamais son allié mais, pragmatique avant tout, elle faisait en sorte que les hostilités fussent remises à plus tard. Elle n'annulait pas le danger, elle n'avait aucune illusion, elle le repoussait car, en ce moment même, les huguenots, avec l'appui du duc d'Alençon et de Margot, menaçaient dangereusement le pouvoir royal. Une attaque et une invasion étrangères eussent été catastrophiques. C'est cela qu'elle avait voulu conjurer. Quant à l'attaque intérieure, elle allait se charger de la maîtriser, une fois de plus.

Sa famille, comme la France, était la terre d'élection des complots. Ils furent annoncés par un redoublement de violence des pamphlets qui circulaient contre Catherine. Le plus tendancieux, le plus haineux était *Le Discours merveilleux de la vie, actions et déportements de la reine Catherine de Médicis*. Elle y est chargée de tous les vices, de tous les crimes et de toutes les misères du royaume. On l'accuse même d'avoir dépravé son fils Charles IX pour faire de lui un jouet entre ses mains sataniques. Le duc d'Anjou est jugé complice de sa mère en tous ses crimes. L'odieux vainqueur de Jarnac et de Moncontour, l'instigateur de l'assassinat de Coligny — ce qui se rapprochait de la vérité — et de la Saint-Barthélemy est aussi haï que Catherine. Les Français faisaient alors une consommation étonnante de ces pamphlets qui pullulaient ; ils étaient imprimés dans plusieurs villes de France et les imprimeurs n'arrivaient pas à fournir à la demande. Les catholiques et leurs écrits, souvent en latin, n'étaient pas armés pour y répondre. Un autre de ces pamphlets incendiaires, *Discours véritable des rages exercées en France*, démontrait que le mal qui s'était abattu sur le royaume n'avait qu'une cause (et par conséquence un remède unique), c'est qu'il était gouverné par une femme, qui plus est étrangère. La loi salique écartant les femmes du trône, Catherine n'avait pas le droit d'exercer le pouvoir, sa présence sur le trône était une forfaiture. D'ailleurs, affirmait l'auteur, chaque fois qu'en France le pouvoir a été entre les mains d'une femme, le peuple a vécu sous le règne du malheur. Et d'en appeler à l'Histoire, aux funestes souvenirs de la régence de Blanche de Castille, puis d'Isabeau de Bavière et de remonter même aux temps mérovingiens et d'exhiber l'épouvantable Brunehaut pour souhaiter que Catherine finisse dans les mêmes supplices.

Cette campagne de presse n'était qu'une préparation à la guerre civile. On attisait la haine avant de passer aux actes.

L'initiative du complot revint au sémillant La Molle, c'est-à-dire à Margot et Alençon. Encore un complot ? dira-t-on. Non, c'est toujours le même, celui d'Amboise, celui de Meaux, celui où périt Coligny et que sa mort laissa inachevé. Toutefois, entre l'envergure d'un La Molle, même secondé par le spadassin Coconas, et celle de l'amiral, il y a un abîme. Alençon croyait qu'il était le chef, il n'était qu'un avorton entre les mains de ses complices. Ceux-ci avaient des alliés de poids : Montmorency, le fils du connétable, Thoré et son cousin Turenne. Ils n'avaient pas osé contracter et compromettre leur aîné, le maréchal de Montmorency, qui, sans être hostile aux protestants, était resté fidèle au roi. Il avait épousé Diane de France, la bâtarde d'Henri II. Derrière Alençon, se tenaient prudemment en éveil Henri de Navarre et sa femme Margot, aussi habiles à tirer les ficelles des marionnettes qu'à se garder des conséquences fâcheuses en cas d'échec. La tuerie d'Amboise restait un souvenir tenace. Pour cette fois, le roi était presque mourant, Henri d'Anjou était perdu sur les routes de Pologne, le moment semblait bien choisi pour s'emparer du pouvoir. Catherine était complètement isolée. A part ses conseillers intimes, elle n'avait plus de partisans ni d'autorité dans le royaume. Jamais, depuis la folie de Charles VI dans les plus noires années de la guerre de Cent Ans, la France ne s'était trouvée aussi désemparée. Si Philippe II avait voulu l'envahir, il n'aurait pas trouvé d'armée royale pour l'arrêter. En deux mois, il était à Paris, il occupait l'Artois, la Picardie, la Champagne et, au sud, la Provence et le Languedoc. Il ne bougea pas. Ce fut Alençon qui prit les armes, non contre l'Espagne mais contre sa mère. Il n'était qu'un fétu mais il se crut assez fort pour attaquer et pour prendre le château de Saint-Germain où résidaient le roi, Catherine, le gouvernement et la cour. Les conjurés choisirent la date du 23 février 1574, la veille du carême, c'est pourquoi l'affaire prit le nom de « complot des jours gras ». Un protestant, Chaumont-Vitry, commandait les troupes qui devaient s'emparer du roi, de la reine mère et de leurs fidèles. Un beau massacre en perspective. Chaumont-Vitry avait dissimulé ses hommes dans la forêt qui entoure le château. Même tactique qu'à Amboise. Dès que le château serait envahi, le duc d'Alençon, à la tête de l'armée protestante déclencherait un soulèvement général. Le roi et sa mère étant déchus ou morts, la royauté, en la personne d'Alençon, prenait parti pour le protestantisme sur le plan national et international. Autour d'eux, se joindraient tous les réformés, les « politiques » et la masse des opportunistes qui jouaient déjà Catherine perdante. Cela faisait beaucoup de monde pour venir au secours de la victoire des comploteurs. S'il y avait victoire.

Or, tout comme à Amboise, une erreur fit échouer le complot du Mardi gras. Chaumont-Vitry se présenta trop tôt devant le château ; la suite des conjurés ne suivant pas, la garde royale pouvait fort bien écraser Chaumont-Vitry. Alençon s'effraya et montra alors quelles étaient sa lâcheté et sa bassesse. On sait que sa mère le terrorisait depuis son enfance : il alla se jeter à ses pieds, implora sa grâce, moyennant quoi il avoua tout et dénonça tous ses complices. En vérité, lui n'était qu'un drapeau, les autres étaient les chefs. Il faut dire que sa chère sœur, Margot, avait déjà flairé l'échec car Chaumont-Vitry ne disposait que d'une troupe insuffisante pour s'emparer de Saint-Germain, bien défendu. Catherine était sur ses gardes. Cependant, la troupe des conjurés était aussi trop nombreuse et trop voyante pour réussir son coup par surprise. C'est pourquoi la digne fille de sa mère, pour prévenir un nouveau massacre d'Amboise, avait, de son côté, averti Catherine de ce qui se tramait. Quand on voit agir les enfants de cette famille, on croit vraiment retrouver les Atrides. Alençon, ayant appris que sa mère était informée, se crut perdu, c'est ce qui le poussa, pour se sauver, à vendre tous ses amis, car Catherine lui avait promis qu'il finirait comme Don Carlos, le fils rebelle de Philippe II, qui fut à peu près muré vivant dans une oubliette. Le traître alla ensuite se traîner aux pieds de Charles IX qu'il arrosa de ses larmes. Celui-ci, exsangue, perdant son sang par d'étranges suintements cutanés, écouta, méprisant et écœuré, ce frère détesté et, sans un mot, le laissa aller : gracié par dégoût.

Henri de Navarre dut lui aussi comparaître devant la reine mère. Il s'en tira plus noblement. Il n'était pas innocent mais il était d'une autre trempe. Il avoua, sans bassesse, qu'il n'avait vu dans le complot qu'un moyen de retrouver sa liberté, ce qui est naturel chez tout prisonnier, mais qu'il n'avait aucune intention de rébellion contre le roi. Catherine se contenta de l'explication, non parce qu'elle en était dupe mais parce qu'elle avait été touchée par le « loyalisme » de Margot, autre dénonciatrice venue spontanément l'avertir de l'imminence du complot. Son mari en profita.

Quant à Condé, il fut lui aussi pardonné — par force car il était absent. On voulut croire qu'il n'avait pas pris part au complot. On l'avait nommé gouverneur de Picardie mais il n'attendit pas d'être gracié, il prit la fuite. Il se réfugia en Allemagne, reprit sa religion et organisa avec Ludovic de Nassau et le prince de Sedan la revanche contre Catherine et la royauté catholique. De sorte qu'après la conspiration manquée — par un pur hasard — Catherine avait toujours indemnes en face d'elle les vraies têtes de la rébellion.

Le danger était repoussé, non conjuré. Les villes protestantes, toutes les communautés et leurs pasteurs étaient en ébullition. La cour déménagea prestement et alla se mettre en sûreté à Paris ou plutôt à Vincennes qui était une forteresse. C'est dire la grande peur de la cour. Lamentable déménagement : Charles IX n'avait qu'un souffle de vie, tout lui était douleur ; quand on l'embarqua dans une litière entourée de gardes et que la pénible machine s'ébranla, cahin-caha, vers Vincennes, il murmura : « *Que ne me laisse-t-on mourir en paix, tout ceci ne m'est plus rien.* »

Derrière les murailles et les tours de Vincennes, le roi, la reine, la cour vivaient comme des prisonniers en compagnie de deux prisonniers privilégiés : Navarre et Alençon, sous la surveillance étroite des gardes de Catherine qui veillait elle-même à leur séquestration.

Nouvelle alerte : Montgomery soulevait les villes de Normandie contre le roi et pillait les campagnes.

Les deux compères d'Alençon, La Molle et Coconas, avaient échappé aux recherches de Catherine. Ces deux-là n'étaient pas princes de sang et ils ne pouvaient compter sur un pardon de Catherine qui les tenait depuis longtemps pour ce qu'ils étaient, des candidats à la décapitation. Ils avaient des protections : le premier était l'amant de la reine Margot et le second de la duchesse de Nevers. Ces deux femmes étaient folles d'amour pour eux : ils complotaient, assassinaient à ravir et faisaient l'amour de même. On voit que les liens des conjurés n'étaient pas uniquement de nature politique et religieuse. Ces princesses, malgré le danger, continuaient à voir clandestinement leurs amants. Tout en faisant l'amour, Margot et La Molle préparaient le projet de faire évader de Vincennes Alençon et Navarre. C'était difficile mais les deux sbires n'en étaient pas incapables. Leur situation, en cas de succès, aurait été piquante, sans toutefois laisser d'être tragique : Henri de Navarre aurait alors dû sa liberté à La Molle à qui il devait déjà d'être cocu. En somme, La Molle était un personnage irremplaçable, il faisait le bonheur des deux conjoints. Si Navarre et Alençon sortaient de Vincennes et prenaient ouvertement la tête des armées huguenotes et des renforts qui leur viendraient de l'étranger, le sort de

Catherine et de la monarchie des Valois, dans l'état actuel du royaume, était réglé. Or, c'est Catherine qui régla le sort de La Molle et de Coconas.

Ils furent arrêtés, jugés et exécutés immédiatement. Leurs deux têtes, si chères à ces princesses comploteuses, sautèrent sur le billot en place de Grève. Leurs maîtresses éplorées assistaient, d'une fenêtre bien placée, à l'opération. Comme elles étaient sentimentales et douées de pouvoirs étendus, elles eurent dans leur douleur le privilège insigne de recevoir des mains du bourreau les têtes tranchées de leurs amants qu'elles baisèrent dans leur sang et qu'elles conservèrent quelque temps dans le sel. Puis elles eurent d'autres occupations.

La Molle et Coconas n'étaient que des comparses. Leur disparition ne réglait rien. La peur régnait à la cour. On crut que les réformés préparaient une « *Saint-Barthélemy des catholiques* ». Seule, Catherine, fidèle et confiante en son destin, restait impassible et intraitable. En plus des deux princes qu'elle tenait prisonniers, elle fit arrêter les dignitaires qui, de près ou de loin, avaient trempé dans le complot, notamment le maréchal de Montmorency. Mauvaise prise : c'était le seul de sa famille à rester loyal serviteur du trône. Il paya pour ses frères, mais son arrestation et celle du maréchal de Cossé, apparenté aux Montmorency, furent aussi impopulaires du côté catholique que du côté protestant. Les huguenots grondèrent parce que le maréchal, par solidarité familiale, leur était plutôt favorable. Les catholiques, de leur côté, s'indignèrent car le maréchal était un des leurs et non sans mérite, car il restait fidèle contre l'opinion de tous ses frères. Catherine avait frappé à côté. Du coup, Montmorency-Damville, gouverneur du Languedoc, frère du maréchal, prit ouvertement le parti des huguenots : Montpellier devint une place fermée au roi et le Languedoc suivit dans la dissidence.

Tout cela était très grave mais ce que Catherine avait appris au moment de l'arrestation et de l'instruction rondement menée de La Molle et Coconas l'avait plus bouleversée que la rébellion de Damville. La Molle avoua qu'après la prise de Saint-Germain les conjurés avaient projeté d'incendier Paris, mais que la population était si attachée à sa ville et de conviction si violemment catholique que la difficulté parut insurmontable ; ils reculèrent. Les instructeurs, en perquisitionnant au domicile de La Molle, firent une découverte encore plus stupéfiante pour Catherine : ils lui apportèrent une figurine de cire semblable à celles dont se servait Ruggieri, son astrologue et alchimiste attitré. La présence de cette figurine ensorcelée bouleversa davantage la Florentine que toutes les ramifications politiques et incendiaires du complot. Elle fit aussitôt saisir Ruggieri. Qui donc représentait la statuette ? Tout portait à croire que c'était le roi que les incantations maléfiques faisaient mourir impitoyablement. Si c'était vrai, Ruggieri et ses complices devenaient des régicides, avec toutes les suites que cela entraînait et leur cortège d'horribles supplices et de tortures inimaginables. La Molle jura avec Ruggieri qu'il ne s'agissait que d'une représentation de la reine Margot ; Ruggieri exerçait ses incantations sur elle pour qu'elle aimât son amant La Molle. Catherine et toute la cour savaient que les sorcelleries de Ruggieri étaient parfaitement superflues pour jeter Margot dans le lit de La Molle ou réciproquement. La reine mère était trop au fait de ces pratiques magiques, pour se satisfaire de ces explications lénifiantes. Elle donna l'ordre terrifiant au procureur chargé de Ruggieri « *d'exercer sur lui toutes les pressions convenables* » — on devine ce que cela signifie — pour obtenir ses aveux complets et surtout, dans le cas où il aurait déjà jeté un sort sur le roi, pour l'obliger à défaire le sortilège néfaste à Sa Majesté. Il fallait le contraindre mais non pas le tuer.

Tout cela n'apaisait pas l'angoisse de Catherine. Comment, se demandait-elle, les misérables étaient-ils parvenus à circonvenir Ruggieri, son confident tout-puissant auprès d'elle depuis la mort de Nostradamus ? Voilà ce qui lui était le plus douloureux, ce qui l'atteignait dans sa foi véritable : l'astrologie. L'homme initié qui avait toute sa confiance l'avait trahie. C'est lui qui avait fixé la date la plus favorable à l'évasion des princes de Vincennes, machinée par La Molle et Coconas : cette évasion devait se dérouler, avec plein succès, le 8 avril. C'est la mort dans l'âme qu'elle fit arrêter Ruggieri car, dans son ignominie même, le traître gardait son incompréhensible prestige de mage. Sa tête aurait dû sauter avec celle des deux complices, mais cela était au-dessus des forces de Catherine ou plutôt, étant donné sa croyance, au-delà de son pouvoir.

On condamna Ruggieri aux galères. Il n'y souffrit pas beaucoup, il n'est même pas sûr qu'il y entra. Elle le réinstalla à ses côtés, le combla de dons et elle vécut, grâce à lui, dans la certitude que, si le trône de son fils était menacé, il resterait inébranlable, que ses fils régneraient sous sa propre autorité juqu'à son dernier jour, comme l'oracle de Chaumont et Nostradamus l'avaient lu dans les astres. On n'envoie pas aux galères un homme qui vous insuffle une pareille foi dans le destin.

Le 25 mai 1574, elle marqua un point. L'insaisissable, l'intrépide, le terrible Montgomery fut saisi au siège de Domfront par le maréchal de Matignon. Il était temps pour la Normandie où il avait déjà fait des ravages. Dès qu'elle reçut cette nouvelle, elle alla l'annoncer comme une victoire à son fils qui se mourait. Il eut la force de répondre : « *Je suis si près de la mort que toutes choses humaines ne me sont rien. Punissez-le comme vous voudrez.* »

Montgomery fut décapité en place de Grève. Il périt noblement avec, selon son ordinaire, un courage quelque peu méprisant pour la foule. Catherine eut-elle, en voyant sauter cette tête, le plaisir de se venger enfin de l'homme qui, bien involontairement, avait tué son mari Henri II ? C'est possible, plusieurs chroniqueurs l'affirment ; toutefois, ni un mot, ni un sourire, ni un éclair de joie dans le regard n'ont été notés pour donner un semblant de preuve à cette affirmation. Il faut dire que le masque de Mme Catherine avait plusieurs épaisseurs et son regard une parfaite opacité. Cela fait partie du métier.

Un roi remplace un roi, seule Catherine est inamovible

Le dimanche de Pentecôte, 30 mai 1574, Charles s'éteignit enfin. Il était âgé de vingt-quatre ans. Contrairement aux récits de sa mort que les huguenots firent circuler, il ne mourut pas torturé de remords, hurlant de peur, accroché à sa nourrice huguenote, proclamant sa culpabilité et implorant sa grâce comme un damné. Sa fin fut paisible, il n'avait plus de forces, même pour souffrir ; cependant sa mère estima qu'il en avait encore assez pour signer une ordonnance qui instituait la reine mère régente du royaume avec l'accord du duc d'Alençon, du roi de Navarre et des pairs de France. D'où tenait-elle cet accord ? Ayant signé, Charles se confessa sans faire d'allusions à la Saint-Barthélemy, comme si les choses s'étaient déroulées hors de sa volonté. Son confesseur se contenta de l'intention qu'avait eue le roi de sauver son royaume de l'hérésie ; quant aux conséquences meurtrières de la bonne intention, il n'en fut pas question. Il reçut l'absolution, communia et demanda à Dieu de le recevoir parmi les siens ; il demanda aussi à l'évêque d'Auxerre de dire la messe dans sa chambre. Il s'endormit et rendit l'âme en murmurant : « *Ah ! ma mère.* » Catherine, dont il tenait la main, n'était alors qu'une mère bouleversée en entendant les derniers mots de tendresse de son fils.

Elle ne demeura accablée qu'un moment, se précipita sur son écritoire et envoya un bref message qu'elle confia à Chémerault pour le porter en diligence à son fils Henri dont la vie allait être toute changée. Ce message n'arriva pas le premier, l'empereur fit parvenir au roi de Pologne un billet de sa main, le 17 juin, lui annonçant la nouvelle. Chémerault, mort de fatigue, se laissa glisser de cheval et remit le message de Catherine une heure après celui de l'empereur. C'était lui qui avait pourtant battu le record de vitesse : il avait mis dix-sept jours et déjoué sur la route les embûches des espions des princes luthériens. Le lendemain de la mort du roi, l'émotion passée, la régente reprit la plume et écrivit à Henri la plus belle, la plus tendre, la plus clairvoyante lettre qu'une mère et une reine ait jamais écrite à son fils au moment où celui-ci devenait roi de France, un roi qui n'avait pas d'égal (elle l'appelait « *mes chers yeux* » dans le langage de la passion maternelle). Elle confia cette longue lettre exceptionnelle à M. de Neuvy, avec mission de brûler les étapes afin que le roi revînt immédiatement à Paris.

« *Monsieur mon fils, je vous envoyai hier en grande diligence Chémerault pour vous apporter une piteuse nouvelle pour moi pour*

avoir vu tant mourir de mes enfants. Je prie Dieu qu'il m'envoie la mort avant que j'en voie plus car je suis désespérée d'avoir vu un tel spectacle et l'amitié qu'il m'a montrée à la fin ne pouvant me laisser et me pria que je vous envoyasse en toute diligence quérir et, en attendant que vous fussiez arrivé, il me priait que je prisse l'administration du royaume et que je fisse bonne justice des prisonniers qu'il savait être la cause de tout le mal du royaume... (Cette introduction mi-sentimentale mi-politique fait allusion à l'ordonnance qui l'instituait régente incontestable.) *Après cela, il me pria de l'embrasser, ce qui faillit me faire crever. Jamais homme ne mourut avec plus d'entendement.* »
Selon la reine mère, le roi a demandé à son frère Alençon, à son beau-frère Navarre, au capitaine des gardes et à d'autres d'être soumis à la régente et de la bien servir en attendant le retour du roi de Pologne auquel ils seront aussi dévoués qu'ils l'ont été envers lui-même. Catherine voulait tout aplanir et réconcilier les frères ennemis, elle évoque de bons sentiments qui n'ont jamais existé. Alençon, Navarre, Margot et Condé n'ont jamais été de bons serviteurs de Charles IX et ne le seront pas davantage du futur Henri III. Emportée par son optimisme, elle assure même que le mourant n'a jamais cessé de faire l'éloge de ce frère bien-aimé qui ne lui a jamais causé de peine et lui a rendu de grands services. Nous savons que les deux frères se haïssaient et qu'au moment du départ Charles IX laissa éclater sa haine. Pour Catherine, ce couplet sur les bons sentiments fait partie du rôle de bonne mère qu'elle doit jouer. Ce devoir envers la famille accompli, elle en vient à ce qui l'intéresse avant tout, à sa passion, sa consolation, son bonheur : le retour de l'enfant adoré. « *Je ne trouve d'autre consolation que de vous voir bientôt ici comme votre royaume en a besoin et en bonne santé car si je vous venais à perdre, je me ferais enterrer avec vous toute ma vie car je ne pourrais supporter ce mal.* » Quel aveu d'amour ! Le souci de la sécurité du voyageur lui dicte aussitôt des recommandations maternelles : « *Ceci me fait vous prier de bien regarder votre chemin que vous tiendrez et si vous passez par chez l'empereur* (et non chez les princes luthériens qui, n'ayant pas été payés pour le retour, ne sont plus sûrs) *et de là en Italie que je pense être le plus sûr pour vous.* » Elle insiste pour qu'il prépare son départ le plus tôt possible et avec grand soin et ménagements pour les

Polonais. Elle prévoit des difficultés qui furent bien plus grandes encore qu'elle ne le craignait. « *Prenez garde qu'ils ne veuillent vous retenir jusqu'à ce qu'ils aient ordre à leur fait et ne le faites pas...* » En clair : n'attendez pas des Polonais la permission de partir, partez sans permission « *car nous avons besoin de vous ici* ». Les bons conseils de cette reine mère dont toute la force tenait dans la diplomatie ne manquent pas : puisque Henri évite la route d'Allemagne, il ne doit pas laisser croire aux princes qu'il néglige leur amitié ou doute de leur bienveillance, bien qu'ils aient divers sujets de se plaindre du roi de France comme le roi en a encore plus de se méfier d'eux. L'occasion paraît bonne à Catherine de leur donner à croire le contraire : ...« *envoyez quelque gentilhomme pour visiter les princes et leur faire votre excuse que la hâte que vous avez eue de venir vous a fait prendre l'autre chemin, néanmoins les remerciez du bon traitement* (rémunéré) *que vous avez reçu à votre passage et les priez qu'ils vous veuillent être amis comme vous leur voulez être...* » Cette diplomatie, moins coûteuse que celle des cadeaux, est bien dans la manière de Catherine. C'est « une bonne manière » qui fait sourire car l'excuse qu'elle propose est une plaisanterie : Henri doit dire que la hâte de retourner en France lui fait prendre l'autre route, ce qui signifie qu'il prend le chemin le plus long parce qu'il est pressé.

« *Avec cela je meurs d'ennui de vous revoir car rien ne peut me faire consoler...* » La passion se mêle à la politique. Toutefois Catherine n'oublie pas qu'elle est régente, c'est elle le souverain responsable du trône. Les deuils, les effusions de douleur ou d'amour n'obscurcissent pas son sens de l'intérêt dynastique. Si elle désire plus que tout récupérer ce fils, elle ne veut pas pour cela perdre le royaume de Pologne. Elle est loin d'imaginer l'inconfort, les difficultés, les humiliations insupportables qu'a subis Henri pendant les huit mois qu'a duré son règne en Pologne. En réalité, il n'avait jamais régné au sens où un prince français entendait ce mot. Il n'avait jamais réussi à imposer sa volonté, la Diète avait systématiquement rejeté ses ordres. Même sa pension était rognée, sa table était de plus en plus mal servie, ses serviteurs français étaient traités, logés comme des serfs, ses gentilshommes bouillaient de rage ; dans les discussions, ils étaient prêts à mettre la main à l'épée, ce qui eût été un sanglant scandale, avec toutes les suites politiques que l'on imagine. Henri, Catherine et la France auraient eu l'Europe contre eux : l'empereur, le pape, Philippe II du côté catholique et tous les princes protestants, trop heureux de foncer sur Paris. A vrai dire, l'orgueil dynastique de Catherine et sa façon de croire que tout finit par s'arranger avec de la patience et quelque habileté l'avaient aveuglée sur son fils : il n'était pas fait pour régner en Pologne. Ce mariage avec la Pologne du plus florentin de ses enfants, artiste, astucieux, raffiné, dissimulé, capricieux, prodigue, méprisant pour ces barbes, ces moustaches et ces beuveries, ce mariage était un non-sens si caractérisé qu'on peut dire qu'en signant l'acte d'intronisation on avait en même temps signé le divorce.

Catherine voit les choses « en roi », pour qui les petits dégoûts de son fils chéri n'entrent pas en ligne de compte ; ces inconvénients de la royauté, on les efface et on règne. Elle a une longue expérience des dégoûts et elle règne. Elle les a tous digérés depuis le jour de son mariage à Marseille. Malgré l'amour qu'elle porte à son fils, elle ne s'occupe pas de ses « malheurs » polonais. Il est roi avant tout, qu'il soit malheureux de l'être est secondaire. Cela ne constitue pas un empêchement à ce qu'il continue à être roi de Pologne afin de conserver ce trône pour la famille. Elle lui donne le mode d'emploi : « *Si vous pouviez laisser quelqu'un là où vous êtes et que ce royaume de Pologne vous demeurât ou à votre frère, je le désirerais fort, vous pourriez dire que vous leur enverrez votre frère ou le second enfant que vous aurez et qu'en attendant, ils se gouvernent entre eux en élisant un Français pour assister à tout ce qu'ils feraient... »*

C'est là un des plus beaux exemples de l'optimisme de Catherine. Elle poursuit son but, écarte toutes les objections et d'abord l'opposition de ses partenaires. Garder ce royaume tenait du rêve ; elle eut encore bien de la chance d'avoir récupéré son fils. Elle ne se doutait pas du tour de force qu'Henri, aidé de ses fidèles, allait réaliser pour échapper à ses « sujets ». Quand elle propose de conserver ce trône pour le frère ou encore pour le second fils d'Henri qui n'en eut jamais un premier, c'est du délire. Après le départ — ou l'évasion d'Henri —, personne en Pologne n'aurait accepté de faire un second essai avec un frère ou un fils d'Henri d'Anjou. Son règne avait été un fiasco. La Pologne ne méritait tout de même pas d'avoir pour roi un Alençon : la seconde épreuve eût été pire que la première. Ne doutant de rien, Catherine ajoute : « *Je crois qu'ils en seraient bien aise car ils seraient roi eux-mêmes.* » En plus, elle se moque de ces bonnets de fourrure.

Cela réglé, elle revient à son fils et le conseille admirablement, en mère intelligente et clairvoyante. Elle connaît ses faiblesses, elle les pardonne et même elles lui paraissent aimables. Mais, maintenant qu'il est roi de France, ces faiblesses peuvent avoir de graves conséquences, pour lui d'abord. Il faudrait citer toute la lettre. Elle le met en garde, avec la manière souple et douce qui est la sienne : « *Aimez vos serviteurs et faites-leur du bien mais que leurs partialités ne soient pas des vôtres pour l'honneur de Dieu.* » Vieille sagesse qu'un jeune homme sentimental oublie : n'épousez jamais les querelles de vos serviteurs, quelle que soit la bienveillance que vous leur témoignez, faites-leur du bien, mais pas exagérément, cela nuit à leur dévouement. Elle connaît ses emballements dans la générosité ; aussi ne doit-il pas distribuer des récompenses sur le coup de l'enthousiasme et de l'amitié : « *Je vous prie de ne rien donner avant que vous soyez ici car vous saurez ceux qui vous ont servi ou non : je vous les nommerai et vous les montrerai à votre venue.* » C'est elle qui supervisera la distribution des faveurs. Lui risquait de se laisser prendre aux charmes de la flatterie et de la grâce des solliciteurs. Afin de bien récompenser ceux qui auront bien servi, elle ajoute : « *Je vous garderai tout ce qui vaquera de bénéfices et d'offices, nous les mettrons à la taxe car il n'y a pas un écu pour faire ce qui vous est nécessaire pour conserver votre royaume...* » Le Trésor est à sec, la première des mesures à prendre dès son retour sera de le remplir en vendant les charges et les offices afin de remettre en état ce royaume qu'elle lui conserve de son mieux pour qu'il le trouve « *tout entier et en repos afin que vous n'ayez à faire que ce que vous croirez bon pour votre grandeur et pour vous donner un peu de plaisir après tant d'ennuis et de peines.* » Elle le traite en roi, elle sert ce fils adoré comme la première de ses sujettes, elle lui parle avec ce respect et cette soumission qui sont dues au souverain. Qu'il soit son mari Henri II ou son fils Henri III, il incarne d'abord à ses yeux la majesté royale. Ce sentiment sacré se mêle chez elle à la tendresse passionnée mais, pour violente que soit celle-ci, elle ne domine jamais la religion du pouvoir monarchique. Elle écrit à son fils : « *L'expérience que vous avez acquise par votre voyage est telle que je m'assure qu'il n'y eut jamais un roi plus sage que vous...* » C'est le style qu'elle employait dernièrement avec Elisabeth Ire. Ayant brûlé cet encens, elle redevient maternelle, tendre pour tâcher d'éveiller la tendresse de son fils en rappelant les épreuves qu'elle a subies, son dévouement et son amour. « *... depuis votre département, ai eu ennui sur ennui* (ennui signifie douleur et malheur) *aussi je pense que votre retour m'apportera joie et contentement sur contentement et que je n'aurai plus de mal ni de fâcherie que je prie Dieu qu'ainsi soit pour vous que je vous puisse voir en bonne santé et bientôt*

« *Du bois de Vincennes ce dernier mai 1574*

« *Votre bonne et affectionnée mère, s'il y a jamais au monde.*

Catherine. »

Au fond, l'espoir du prompt retour d'Henri et la certitude qu'elle allait gouverner en totale communion d'esprit avec son enfant chéri (c'est-à-dire qu'elle disposerait de tout le pouvoir) la consolaient assez vite de la mort de Charles IX. Elle bouillait d'impatience, elle se demandait combien de temps il lui faudrait encore attendre cet être merveilleux. Ne lui arriverait-il rien de fâcheux en route ? Ah ! quel bonheur de régner avec lui ! Le cœur de cette mère abusive commettait une erreur, alors que chez elle l'esprit n'en commettait pas souvent. Elle ne se doutait pas que, pendant l'absence d'Henri, elle jouissait d'un pouvoir sans contrôle comme elle n'en connaîtrait plus jamais de semblable. Elle voulait la présence du nouveau roi qui allait lui donner le plaisir de l'embrasser, de l'admirer, de le conseiller, mais elle ne se doutait pas qu'il lui donnerait aussi le cruel déplaisir de l'écarter du pouvoir. Telle fut l'amère surprise des retrouvailles. En attendant, on vit d'espoir.

*Comment un prince de la Renaissance s'enfuit d'un royaume d'occasion
pour récupérer le sien*

Dès qu'il eut reçu la lettre de sa mère, Henri fut transporté
d'amour pour elle, pour la France, pour sa couronne et pour Marie
de Clèves. Un désir fou le saisit de s'enfuir de Pologne et de
retrouver au plus vite tout ce qu'il aimait. Le séjour à Cracovie lui
était devenu insupportable, il y serait mort de tristesse, de colère,
d'humiliation. Il vivait à demi séquestré, surveillé, soupçonné (pas
à tort) de velléité d'indépendance vis-à-vis de la Diète et d'un vilain
penchant pour le pouvoir personnel contre celui de ces dignitaires
qu'il vomissait. Son départ ressemble à une évasion. Il fut combiné
de même. Elle réussit de justesse. Rocambolesque et dramatique à
la fois, cette chevauchée éperdue dans les forêts et les marécages
eut lieu les 18 et 19 juin 1574. Ses familiers, dévoués jusqu'à la
mort, le sauvèrent, son courage était digne du leur. Le danger fut
réel, la comédie aussi. Le romanesque de la vie au xvi siècle est un
sujet d'étonnement toujours renouvelé.

Henri se garda bien de laisser croire aux Polonais qu'il désirait
partir. Au contraire, il fut plus aimable que jamais, il fit même une
visite presque sentimentale à sa fiancée Jagellon dont les quarante-
huit ans frémirent de bonheur en le voyant. Le soir où, avec ses
fidèles, ils avaient décidé de s'enfuir, se pressaient autour de lui
Villequier, Du Guast, le beau Quélus, Pibrac, Miron, l'abbé de
Noailles. Ils donnèrent un festin superbe aux plus hauts dignitaires
de la Diète. Il leur fit servir des masses de viandes épicées et des
flots de vins et d'alcools. Au bout de quelques heures, tous les
convives s'effondrèrent, ivres morts. Henri s'éclipsa, regagna sa
chambre comme pour y dormir. Ses fidèles l'y rejoignirent,
s'habillèrent en chasseurs, se grimèrent. Henri mit un bandeau
noir sur un œil. Ils n'oublièrent pas de vider le coffre de fer
enchaîné au lit royal et contenant les joyaux de la couronne de
Pologne et ceux d'Henri. Il emporta tout car en voyage on a besoin
de distribuer quelques cadeaux dans les passages difficiles. Ses
mignons se bourrèrent les poches de perles et de diamants. Cette
fuite ne brilla pas par sa dignité. François Ier ne se serait jamais

abaissé à cette turlupinade ni à une rupture d'engagement accomplie dans de pareilles circonstances. Mais Henri III n'était pas le roi chevalier. Des chevaux les attendaient et ce fut la fuite folle. Ils furent repérés et signalés aux cavaliers tatars qu'on avait lancés à leur poursuite sur des chevaux bien meilleurs que les leurs. Le malheur voulut que les chevaux de Pibrac et de Quélus crèvent sous eux, ils tombèrent aux mains des Polonais. Henri et les autres prirent le large. Dès lors, tout l'avenir d'Henri dépendait de la résistance des chevaux. Un pont de bois sur un ruisseau fut franchi juste avant la frontière. Du Guast et Villequier le démolirent pour retarder la cavalerie qui les harcelait. Les minutes que le comte Tenczinski perdit à franchir le ruisseau permirent à Henri d'atteindre, dans un effort désespéré, la frontière de l'empereur Maximilien : les cavaliers tatars étaient sur eux. Le cheval d'Henri III s'effondra en touchant les terres d'Empire. Le comte Tenczinski aurait pu, sans témoin, se saisir du roi. Au lieu de cela, il le supplia de revenir. Agenouillé aux pieds du fuyard, il fut si pressant, si attendrissant, si respectueux qu'Henri en fut ému. La séance devint aussitôt un grand spectacle en plein air. Les larmes du comte, ses adjurations sublimes ne pouvaient laisser Henri insensible. Le danger étant passé, la scène à faire le séduisait comme aux beaux jours de France, car les jours qui s'ouvraient devant lui étaient rayonnants, la lettre de sa mère l'avait grisé, sa fuite réussie faisait de lui le roi du « plus beau royaume sous le ciel », il allait retrouver le vrai pouvoir royal, les chasses et les fêtes dans ses châteaux enchanteurs, sa cour, les femmes les plus femmes qui soient au monde, les poètes, les ballets, les artistes italiens et, enfin l'incomparable Marie de Clèves qui, toujours amoureuse, l'attendait. Il répondit au comte polonais : « *J'ai fait trop de chemin pour retourner.* » Il ajouta, pour dorer la pilule : « *Je ne renonce pas au trône de Pologne et je pars pour revenir par la suite.* » Rien n'était plus faux mais il fallait consoler ce noble homme qui avait tant couru et si bien pleuré pour rien. Tenczinski jouait plus sincèrement. Toujours dans les larmes, il le crut et lui jura fidélité et, pour sceller son serment, il recourut à l'antique usage de sa race : il s'ouvrit une veine du bras et il but le sang. Le roi ne pouvait moins faire que de lui laisser un présent, mais il n'avait rien sur lui, ses mignons s'étaient chargés de toute la joaillerie. Il arracha une aiguillette de son justaucorps et la donna au comte, cadeau dérisoire pour immortaliser cette cérémonie où les personnages en présence avaient un pied en Autriche, l'autre en Pologne mais ne se pouvaient toucher. Un des mignons trouva facilement dans ses doublures un superbe diamant; il le tendit au roi qui l'offrit au comte. La pierre était bien digne d'un roi magnifique et du serment sanglant du noble Tenczinski qui repartit avec son diamant mais sans son roi. L'histoire ne précise pas si le diamant provenait du Trésor polonais. Si tel était le cas, c'est un bel exemple de retour aux sources.

Puis ce fut le voyage vers la France, plus paisible, pas plus digne que l'évasion, mais il eut plus d'éclat.

Vienne et l'empereur Maximilien lui firent un accueil délirant. La population était plus enthousiaste encore que Maximilien, toujours coincé dans ses calculs politiques. Chauffés par leurs prêtres, les Viennois voyaient en ce beau prince le vainqueur des protestants à Jarnac et à Moncontour; Henri leur paraissait un « *héros* » de la Saint-Barthélemy. Il était aussi le premier souverain de France qui visitait Vienne depuis Charlemagne. Enfin l'archiduchesse Elisabeth, fille de Maximilien, était reine de France, veuve de Charles IX. Ce qui faisait un sujet de conversation avec l'empereur et un sujet d'ennui pour Henri car les bons sentiments et les bons conseils de son hôte ne l'intéressaient pas, et c'est regrettable. Il l'engagea à faire preuve de plus de tolérance envers ses sujets calvinistes afin d'instaurer dans son royaume la paix intérieure, comme celle qui régnait dans les Etats de l'Empire où catholiques et luthériens étaient égaux devant le pouvoir souverain. Les luthériens pratiquaient leur religion sans contrainte. Henri, on le sait déjà, était d'une dévotion mystique teintée de superstitions, en quoi il ressemblait bien à sa mère, sauf que Catherine ne mêlait pas les prêches et la messe aux pratiques de Ruggieri et de Nostradamus. Il écoutait l'empereur sans lui répondre. Il aurait pu lui dire que son parent, le Habsbourg d'Espagne, avait donné à ses frères et à sa mère des conseils tout à

fait contraires, qui préconisaient aussi la paix mais par l'extermination des hérétiques. Au demeurant, l'empereur lui parut
plus ennuyeux que malveillant, bien que les grâces qu'il
déployait pour son hôte ne fussent pas désintéressées ; Maximilien espérait circonvenir aimablement Henri pour lui faire épouser sa fille, la veuve Elisabeth. Il parlait à un sourd : l'image de
Marie de Clèves faisait barrage à toute autre proposition de
mariage.

En revanche, Henri III fut sensible à l'accueil vraiment idolâtri-
que de la foule parce que, en plus de son héroïsme et de son
catholicisme triomphants, en plus de sa double royauté, celle de la
Pologne mais surtout celle du prestigieux royaume de France, ce
jeune roi était beau et il l'était avec grâce, avec élégance. Les
Viennois n'avaient jamais vu un souverain qui ressemblât si
parfaitement à l'image de rêve que le peuple se fait d'un roi,
personnage quelque peu irréel. Il est vrai qu'Henri, après son
escapade, apparut sous son meilleur jour, sans ses fards ni ses
fanfreluches, dans l'éclat de ses vingt-trois ans et de la joie qui
rayonnait de toute sa personne et l'embellissait. Il séduisit le
peuple de Vienne comme il savait séduire par la finesse de ses
traits, sa prestance, l'élégance de ses gestes, la douceur de sa voix
et de son sourire et une sorte de charme indéfinissable, peut-être
inquiétant à la réflexion, mais la foule viennoise ne réfléchissait pas
plus que la plupart de ceux qui, mis en sa présence, se laissaient
gagner par sa séduction. Quant à nous, nous ne pouvons que
l'imaginer car, selon les témoignages de ses contemporains, ce
« *charme* » si particulier n'a jamais pu être saisi ni fixé par aucun de
ses portraitistes. Voici ce qu'écrivait un gentilhomme de sa cour à
un ministre anglais [1] : « *Il a ce malheur que tous ses portraits lui font
tort et que Jamet lui-même n'a pas donné cet admirable je ne sais quoi
qu'il a reçu de la nature. Ses yeux, cet agrément qu'il a autour de la
bouche quand il parle, cette douceur avec laquelle il surprend ceux qui
ont l'honneur de le voir en particulier, ne se représentent ni par la
plume, ni par le pinceau.* » L'auteur de ces lignes a certainement eu
cet honneur. Il n'est pas moins enthousiaste lorsqu'il évoque

---

1. Cité par Ph. Erlanger : *Henri III*.

Henri III en représentation royale car à « *l'admirable je ne sais quoi* » se joignait « *une belle majesté dans son port et dans ses actions qu'il ne fallait pas demander où était le roi quand on se trouvait auprès de lui* ». Ce dernier éloge est moins convaincant car il avait déjà servi pour presque tous les rois ses prédécesseurs ; cette louange faisait partie du lot de flatteries que les courtisans se transmettaient de règne en règne : même Louis XI et Charles VII, dont le port n'avait rien de majestueux et qui avaient petite mine dans leurs atours de gros drap, en furent gratifiés. La louange fut sincère et véritable pour François Ier : quand il paraissait où que ce fût, même dans les broussailles, les inconnus disaient : « C'est le roi. » Pour ce qui concerne Henri, à sa grâce et à sa majesté naturelles il surajoutait toute la joaillerie que l'on sait et, par l'éclat et la valeur des pierreries et des perles qu'il trimbalait sur sa toque et à ses oreilles, à son cou, à ses mains, on pouvait aussi dire en le voyant : « C'est le roi. »

Lors de son passage à Vienne, malgré les mois pénibles qu'il venait de passer, sa santé, toujours chancelante, était pourtant meilleure. Son médecin Miron lui imposait un régime plus raisonnable que celui de Madame Catherine. Il mangeait peu : deux repas par jour, surveillés. Pas de vin pur, de l'eau rougie. Pour un roi de France, c'était la diète. L'hiver l'accablait mais l'été le remettait d'aplomb. Toutefois, sa fistule à l'œil et son abcès suppuraient en toutes saisons — plus une plaie suintante qui apparut à un pied et qu'on ne put jamais cicatriser, même par une médication originale : on le pria d'enfoncer son pied malade dans la gorge d'un bœuf qu'on venait juste de saigner. La plaie suppura quand même.

Pour le moment, il ne pensait pas à ces misères : il voulait partir, retrouver son royaume, sa mère et Marie, mais auparavant il voulait connaître l'Italie ; un attrait irrésistible l'emporta vers Venise qui lui révéla la patrie selon son cœur.

Dans le vertige de Venise, Henri oublie qu'il est roi

Il ne pénétra pas dans le pays de ses ancêtres Médicis à la tête d'une armée, comme les rois de France avaient l'habitude de le faire depuis Charles VIII, Louis XII, François Ier et son père Henri II. Son rêve était de voyager incognito et de se mêler, le plus intimement possible, à la vie de la superbe république sans voir ni son doge ni ses sénateurs. Rêve impossible : sa réception à Venise était déjà organisée grandiosement. Il eut, pour lui, le spectacle sublime d'une fête comme en nul endroit du monde on n'en pouvait donner de plus éclatante, de plus somptueuse, réglée comme un de ces ballets majestueux que l'Italie du XVIe siècle était en train d'enseigner aux nations qui se croyaient civilisées et n'étaient qu'en passe de l'être. Toute cette magnificence restait miraculeusement aimable et d'une douce gaieté. Henri était doué pour apprécier et pour partager cet art de vivre ; il le partagea tout de suite parce que le charme de Venise était déjà en lui, de naissance. Il reconnut sa civilisation et en fut enivré. Venise, ses eaux, ses palais, sa lumière et tout son peuple étaient déjà prêts à fournir un décor et une figuration inégalables à ses fantasmes. Les patriciens mettaient à sa disposition leurs palais pour le recevoir, les églises exposaient leurs trésors et les nobles familles réunirent un bataillon formé de leurs plus beaux fils pour servir leur hôte royal pendant son séjour.

Les festivités commencèrent à dix lieues avant Venise. Un sénateur lui offrit un carrosse doré, véritable pièce d'orfèvrerie, entouré d'une garde de trois mille hommes d'armes plus chamarrés qu'un maréchal de France au sacre du roi. Les peuples des campagnes s'étaient massés le long de la route et l'acclamaient avec une vivacité et une joie qui l'enchantaient, cependant que, de village en village, le cortège se gonflait. Toute une population, bientôt, escorta le carrosse ; le désordre s'ensuivit : cette masse humaine, en traversant Mestre dans la plus grande confusion, faillit étouffer les nobles sénateurs qui s'étaient portés au-devant du roi. Celui-ci, de sa cage d'or, put voir le fils d'un sénateur se battre avec un autre gentilhomme et le tuer sur place. Le spectacle ne manquait pas de couleur, il y avait même celle du sang sur la soie.

Il reçut la visite du duc souverain de Ferrare, son cousin, petit-fils du roi Louis XII dont la fille avait épousé le duc de Ferrare, grand-père du duc présent. Celui-ci fit à Henri III une cour obséquieuse et enveloppante. Il ne le quitta plus. Il s'institua le guide très très personnel d'Henri dans le dédale enchanté des plaisirs de Venise. L'intrigant rêvait de succéder à Henri sur le trône de Pologne. Tel était le secret de ses complaisances compromettantes qu'Henri ne repoussa pas.

Sa mère lui avait fait envoyer trente mille écus pour qu'il pût se distraire selon sa manière qui était dispendieuse, afin de tenir son rang de roi magnifique, mais c'était surtout une marque de tendresse maternelle. Les banquiers italiens Strozzi, Guadagni, Carnescchi lui firent parvenir l'argent. De son côté, il emprunta dix mille écus. Et ce qu'il avait emporté de Pologne sous forme de bijoux et de pierreries ? Plus question. La lumière de Venise a la redoutable propriété de dissoudre l'or et les diamants des étrangers. La prodigalité d'Henri III, sa générosité étaient de son temps proverbiales. A Venise, il ne fit pas mentir sa réputation : en dix jours, son trésor fut dilapidé. On sait qu'il acheta pour mille écus de parfums et qu'il distribua treize mille écus à qui bon lui semblait. Il laissa après lui un sillage d'or qu'on évalua à quarante-trois mille écus et dix-neuf mille écus de dettes qu'il ne remboursa que des années plus tard. Environ cent soixante-cinq millions de nos francs. Quant à ses sorties secrètes et nocturnes, nul n'en tint de comptabilité mais, après son passage, certaines célébrités putassières purent se retirer, leur fortune était faite. Ses pourboires aux gondoliers faisaient vaciller les gondoles.

Le séjour fut d'une beauté fabuleuse. Les fêtes de jour et de nuit se succédaient. Le doge, les sénateurs, les patriciens, le peuple entier étaient en effervescence et entouraient Henri d'une sorte d'adoration qui l'enivrait. Même les verriers de Murano vinrent en cortège et en gondoles sous ses fenêtres souffler du verre pour lui seul : il leur donna des lettres de noblesse — ils devinrent gentilshommes verriers comme en France. Cette république revêtue de soie et d'or l'encensait telle une divinité. Il vivait un rêve paradisiaque. Comme elle était loin, la Pologne ! Et la France aussi. Dans cette ivresse, il eut pourtant une pensée pour sa mère. « *Que la reine ma mère n'est-elle ici*, dit-il, *pour prendre part des honneurs qui me sont dus et qu'à elle seule je dois.* » Cette bonne pensée ne resta qu'une pensée, il ne lui écrivit pas une seule fois pendant ce voyage qui s'éternisait alors qu'elle se mourait d'inquiétude.

Pour lui, tout était révélation et enchantement, non seulement les incursions dans les repaires des voluptés vénitiennes, mais le spectacle des mœurs et des arts d'une société teintée d'orientalisme, s'épanouissant dans une morale plus élégante que rigide, pratiquant une politique ondoyante dans la manière, mais au fond persévérante, calculatrice et intransigeante pour ses intérêts, affichant un goût pour la volupté mais cachant un goût encore plus affirmé pour l'argent qui, au fond, était aussi une volupté et sans doute la plus grande de toute cette aristocratie de marchands et de banquiers à qui il plaisait de surcroît d'être artistes.

A Venise, en plus de cette ville ensorcelante, Henri découvrit aussi le bonheur. Il ne l'avait jamais connu qu'empoisonné et il ne le connaîtra plus jamais. A cette découverte il en joignit une autre, peut-être plus importante encore : il découvrit sa propre personnalité, ses dons intellectuels et artistiques et aussi nombre de ses faiblesses qui, à Venise, ressemblaient à des bonheurs. Pour un roi, cela ne va pas sans inconvénient, ni même sans danger.

Le danger se montra, mais il n'était pas capable de l'apercevoir, lorsque son oncle, le duc Philibert de Savoie, vint le voir à Venise. Philibert de Savoie, on s'en souvient, avait épousé Marguerite de France, sœur d'Henri II et grande amie de Catherine. Le duc de Savoie ne possédait pas de grands Etats mais lui était un grand homme d'Etat et un allié fidèle de Philippe II. Henri aurait dû être sur ses gardes. Aux qualités d'intelligence et de fermeté le duc de Savoie ajoutait un aimable savoir-faire. Lorsqu'il arriva à Venise, le 20 juillet 1574 — il n'avait pas fait pour rien ce déplacement —, il félicita son neveu et, en toute amitié, le prit en main. Dans l'état extatique où était Henri, ce fut vite fait. Au cours de leurs entretiens, ils ne prirent aucune décision mais Philibert prépara gentiment le nouveau roi de France à céder sans réticence aux revendications qu'il lui présenterait un peu plus tard.

De son côté, le doge, en fin connaisseur, eut vite découvert la vraie nature d'Henri III. Entre deux fêtes et deux éblouissements, il glissa quelques propos politiques. Il savait qu'il serait entendu car ce roi en fanfreluches avait l'oreille fine et l'intérêt en éveil. Il lui confia qu'en aidant Philippe II à écraser la flotte turque à Lépante Venise avait contribué à donner à l'Espagne la maîtrise absolue en Méditerranée. Or, cela était contraire aux intérêts de Venise qui préférait à la domination du roi catholique l'antagonisme des deux adversaires ; entre les deux, il y avait une place pour la flotte vénitienne — la meilleure — car, pendant que le Turc et l'Espagnol se battaient, Venise commerçait, notamment avec l'Orient musulman. Le doge rappela à Henri que la politique de la France depuis François Ier était favorable au sultan, il lui montra que son intérêt était de persévérer et de rendre à la Sublime Porte son importance afin d'abaisser celle de Philippe II, dangereuse pour la France comme elle était nuisible à Venise. Il assura le roi qu'en cas de conflit avec son ennemi il pouvait compter sur la flotte et les crédits de la République. Henri III enregistra la proposition en vue de l'avenir. Pour le moment, il ne s'engageait en rien, sauf dans les plaisirs.

Sa mère, inquiète de son retard et plus encore des mauvaises nouvelles qui lui revenaient de diverses provinces de France, le rappelait avec insistance. Il avait négligé ces appels pressants et même angoissés. Henri n'était plus roi, il était vénitien. Mais il fallait en finir. Dans une sorte d'état second, encore enivré de plaisirs, il prit le chemin du retour, mais, tant qu'il resta en Italie, l'illusion du bonheur persista. Tout le long de la route, il fut accompagné par des acclamations. Padoue l'émerveilla. Toutefois, sur le conseil de certains de ses favoris plus inquiets que lui sur ce qui l'attendait en France, il négligea Ferrare et Mantoue qui lui avaient préparé un accueil triomphal. Ses « mignons » connaissaient par les lettres de Madame Catherine — auxquelles il ne répondit pas — la gravité de la situation et ne la lui cachaient pas. Il ne s'en souciait guère dans l'immense joie qu'il eut, en traversant la Lombardie, d'être rejoint par ses fidèles perdus en route, Bellegarde, Pibrac et Quélus, qui avaient été pris et relâchés par les Polonais. Bellegarde rapportait dans ses doublures les pierreries de son maître qu'il avait réussi à sauver. Les deux autres ne rapportaient que leur bonne mine et leur dévouement. Henri III délirait de bonheur. Les rescapés surent tirer parti de cet aimable délire. Bellegarde se fit nommer sur l'heure maréchal de France. Effarant. Cette folie ne tenait aucun compte des recommandations de sa mère qui l'adjoignait de n'attribuer des récompenses qu'à son retour et en sa présence. Si mal était fait, il allait progresser sans tarder.

En Savoie, le manège des favoris n'échappa pas au duc Philibert. Il les imita et continua à flatter Henri III comme il l'avait fait à Venise, l'enivrant de promesses que le roi prenait pour argent comptant. Il était alors « drogué » par le bonheur italien. Ville-quier (agent secret de Catherine auprès de son fils) et Du Guast, qui avaient l'œil, avertirent Catherine du danger que le Savoyard faisait courir aux intérêts du royaume. Trop tard, Catherine se trouvait loin, les courriers étaient trop lents, elle était impuissante bien qu'elle eût dépêché aussitôt le fidèle et avisé Cheverny à Turin pour essayer de reprendre ce que le roi aurait pu accorder à Philibert. Elle-même se mit aussitôt en route, bouillant d'impa-tience et d'inquiétude : elle ne pouvait plus attendre son fils à Paris. Elle partit en espérant le rencontrer à Lyon où il ferait halte. Elle pourrait embrasser son fils, ses « *chers yeux* » bien sûr, elle en mourait d'envie, mais elle voulait aussi enrayer, s'il en était temps, les folies dont elle le savait capable. Elle ne se trompait pas.

Après les flatteries du duc, Henri III succomba — car ce fut une chute — sous les cajoleries de sa tante Marguerite. Chute agréable dans l'affection et les souvenirs d'enfance d'une fille de Fran-çois Ier, digne de son père, dont l'intelligence, le charme et la culture faisaient l'admiration des cours de l'Europe. On se souvient qu'elle était liée à Catherine par une profonde amitié. Elle joua de tous ces atouts : Henri III était pris. Elle obtint de lui ce qu'elle voulut, c'est-à-dire ce que son mari convoitait depuis longtemps : la restitution des dernières possessions françaises en Italie, celles qu'Henri II (qui avait pourtant tellement cédé à l'Espagne au traité de Cateau-Cambrésis) n'avait jamais voulu lâcher. Eh bien, son fils Henri les donna, comme on offre des dragées dans un mouvement de gentillesse élégant et désinvolte, sur le ton de : « Mais prenez donc la forteresse de Pignerol qui est la clé de la Lombardie, prenez aussi Savigliano et même La Pérouse si cela vous fait plaisir. Je regrette de n'avoir rien d'autre à vous offrir, c'est tout ce qui me reste de l'héritage italien de mon père et de mon grand-père. » Voilà le roi que la France avait pour la défendre. Ses pères ont dû tressaillir de colère et de honte dans leurs tombeaux.

Sa chère tante Marguerite avait enlevé les trois places fortes avec une phrase ; elle lui avait dit, avec le sourire le plus convaincant, que cet abandon était le meilleur moyen d'établir la paix entre la Savoie et la France car, avait-elle ajouté, « *il n'y a pas de place forte au monde qui vaille l'amitié d'une nation loyale pour la nation voisine.* » Elle s'en portait garant.

Après ce beau geste, Marguerite eût certainement tenu ce qu'elle avait promis. Cependant, l'amitié et l'alliance de la Savoie restaient acquises à Philippe II.

Quand Cheverny arriva à Turin, il ne put que constater cette catastrophe. Il allait bientôt assister à la seconde.

Marguerite, toujours pleine de bonne volonté pour le royaume où elle était née, eut, en tant que tête politique autant que littéraire, l'idée de contribuer à rétablir la paix entre les catholiques et les protestants de France. Sans douter de rien, elle prit l'initiative de faire venir à Turin Damville, gouverneur du Languedoc et chef des « politiques », aussi appelés « malcontents », pour établir avec lui un plan de rapprochement entre les frères ennemis. N'était-il pas le mieux placé pour cela, étant, comme on dira plus tard, « *le juste milieu* » entre les factions adverses ? Le juste milieu, c'est le zéro entre les deux plateaux d'une balance. A une autre époque, on l'appela aussi *le Marais*, sans doute parce que les uns s'y envasent et les autres y pêchent.

Malheureusement, il y eut une fausse manœuvre dans le projet de Marguerite. Catherine, sachant que Bellegarde tenait Henri III sous sa coupe et que le nouveau maréchal était acheté par le duc de Savoie, avait tout à craindre de ce qui serait décidé sous l'influence du « maréchal des mignons ». Pour le contrecarrer, elle donna pour consigne à Cheverny de ne rien accepter de ce que le Savoyard et Bellegarde auraient mijoté. Pour les forteresses, c'était

déjà fait. Quant à Damville, quand il arriva, il se heurta à un mur.
Il demanda la libération de son frère, le gouverneur de Paris. Ce
fut : non. Il demanda la liberté totale du culte calviniste sur toute
l'étendue du royaume. Ce fut : non. Henri III, mis en garde par
Cheverny, croyait entendre la voix de sa mère et il devint
intraitable. Selon son naturel, cela ne le priva pas d'embrasser
Damville et de le couvrir de compliments, mais celui-ci était
profondément déçu et ulcéré. Il se prétendit messager de paix alors
qu'on le traitait en ennemi — ce qu'il était. Il partit résolu à la
rébellion armée contre le roi.

On reprocha à Henri III — c'est-à-dire à Catherine — son
intransigeance. On les accusa d'avoir provoqué la nouvelle guerre
civile qui allait éclater. Il faut dire que leur intransigeance ne
changea rien à ce qui était déjà prêt en Languedoc. Leur tolérance
eût été inutile car Damville, en arrivant à Turin, était aussi décidé
à ouvrir les hostilités qu'il le fut en partant : nous savons
aujourd'hui, ce que Catherine ignorait alors, que le « juste milieu »
avait en poche un traité d'alliance avec les armées calvinistes et que
sa fourberie dans la négociation n'avait d'égale que celle de ses
interlocuteurs.

Pour ses débuts, Henri III, livré à lui-même, était perdant sur
tous les tableaux. Le duc de Savoie craignait à juste titre que
Madame Catherine et le conseil ne missent opposition à la
reddition des trois forteresses ; aussi accompagna-t-il Henri III sur
la route de Lyon où celui-ci allait rencontrer sa mère et retomber
sous son autorité. Le duc n'eut de cesse qu'il n'eût obtenu
d'Henri III un engagement formel, irrévocable. Contre toutes les
mises en garde que sa mère lui avait faites, Henri III le donna au
duc. Il croyait, dans sa rêverie italienne, accomplir une œuvre de
paix grandiose, d'une royale générosité, étant persuadé que la
parole de sa tante Marguerite était la meilleure des garanties. Or,
celle-ci mourut subitement peu après qu'il eut signé son engagement. Plus de garantie ! Il avait perdu la paix et ses forteresses. Il
perdait aussi une parente affectueuse qui, peut-être, aurait été une
alliée. A la place de son fils, Catherine eût su garder l'amitié,
l'alliée et les places fortes.

Henri III devait, par force, sortir de son rêve italien en entrant en France. Il allait devoir rendre des comptes à sa mère et cela lui était désagréable. Celle-ci, quoique débordante d'amour, allait lui apparaître comme la statue du devoir et de l'austérité chargée du fardeau du pouvoir. Voici qui et comment était Catherine lorsque son fils, transformé par son voyage, la retrouva.

Qui êtes-vous, sombre Majesté, en ce mois de septembre 1574 sur les routes du Dauphiné?

Madame Catherine avait alors cinquante-cinq ans. Au XVIᵉ siècle, c'était la vieillesse, sauf pour elle. Ne trouvant pas le roi à Lyon et ne tenant plus en place, elle repartit aussitôt au-devant de lui à travers le Dauphiné. Elle nous paraît de plus en plus empâtée mais aussi énergique. Le masque est lourd mais, à part le double menton et les gros plis du cou, l'expression n'a pas changé. Le regard est lent, appuyé, ténébreux, la bouche épaisse et impérieuse; cependant elle a gardé la séduction de sa voix douce, ni élevée ni grinçante, même dans l'animation. Ses ordres n'étaient jamais cassants; c'étaient plutôt des ordres affables, convaincants et insidieux auxquels le regard ajoutait quelque chose d'irréfutable. Elle chevauchait à plaisir et continua jusqu'à soixante ans passés, toujours prête à prendre la route ou à courre le cerf. Elle adorait, comme en sa jeunesse, la chasse sous toutes ses formes. Elle tirait remarquablement, soit à l'arme à feu, soit à l'arbalète. Si elle s'était chargée d'abattre elle-même Coligny au lieu de confier la tâche à ce tueur en solde de Maurevert, elle ne l'eût pas manqué. Elle tirait à l'arbalète soit des cailloux, soit des boulettes de plomb. Une de ses arbalètes, faite pour elle, existe encore, elle est en ébène damasquinée d'or et se trouve au musée de l'Armée.

Un autre de ses sports d'élection était la goinfrerie. Elle pouvait ingurgiter des quantités incroyables des nourritures les plus riches, les plus cuisinées. Le chroniqueur Pierre de L'Estoile raconte un fait qui fut connu de tout Paris : elle manqua crever d'indigestion pour avoir mangé des platées « *de culs d'artichauts et de crêtes et de rognons de coqs* ».

Cela ne l'empêchait pas d'être douée de talents plus précieux, l'un dominant tous les autres : l'amour du travail doublé par une capacité d'abattre diverses besognes sans souffler. Elle étonnait non seulement son entourage mais tous les ambassadeurs étrangers. Il n'en est aucun qui ait omis de signaler dans ses rapports cette extraordinaire puissance de travail. En sortant d'un festin, elle était capable de dicter vingt lettres sans désemparer sur divers sujets. Des grands projets politiques, elle descendait sans déchoir et même avec talent aux ouvrages de dames. Dans un cercle de brodeuses dont les papotages ne lui paraissaient pas plus indignes d'elle que le jeu savant de leurs aiguilles, elle les égalait et même les surpassait. Brantôme écrit : « *Elle passait fort son temps après dînées à besogner ses ouvrages de soye où elle était toute parfaite qu'il est possible.* » Son adresse et son goût pour ces travaux étaient tels qu'elle fit venir un dessinateur de broderies de Venise qui lui dédia son ouvrage contenant tous ses modèles, sous le titre : *Singuliers et nouveaux pour traits pour toutes sortes d'ouvrages de lingerie*. Voilà un des talents de Catherine qu'on n'évoque guère quand on se plaît à la dépeindre surtout en reine sanglante.

Cependant, parmi les divers aspects de cette personnalité complexe, le personnage dominant, c'est celui de la reine de France. Durant toute sa vie, toute son activité, depuis son mariage, depuis la fascination que François Ier exerça sur elle, a consisté en toutes circonstances, même les plus bouleversantes, à incarner la royauté et à célébrer religieusement et somptueusement le culte monarchique.

Ce culte, elle l'a d'abord imposé à ses enfants. Elle les a fait vivre dès leur première enfance dans l'orgueil de leur race et dans l'étiquette à laquelle elle s'est soumise elle-même, sans défaillir une minute, tout au long de sa vie. Le lever, le coucher, l'ordonnance des repas, les déplacements, les places des uns par rapport aux autres, tout était réglé et surveillé. Elle tenait tellement à cet ordre, expression visible de sa majesté, qu'elle modifia les plans de certaines de ses résidences afin que la vie du souverain, des princes, des dignitaires et des courtisans pût s'y dérouler dans un cadre conforme à l'étiquette. Nous la verrons truelle en main.

Le roi, dès son lever, entre en scène. Un des plus grands

seigneurs du royaume lui présente sa chemise. Chaque pièce de son vêtement suit dans l'ordre prescrit. Les portes de la chambre sont alors ouvertes. Le spectacle devient public — public sélectionné, il va sans dire. Les princes d'abord, les gentilshommes dits de la chambre, puis les maîtres d'hôtel, tous choisis dans la haute noblesse, enfin la cohorte des courtisans plus ou moins accrédités mais connus du roi. Sa Majesté est tenue, par l'usage capétien, de parler à cet entourage. Ceux à qui il ne dit rien ce jour-là l'écoutent, le regardent, leur tour viendra : ils sont ravis. Cette entrée dans le saint des saints leur fait croire qu'ils ont atteint le sommet de la pyramide humaine : au-dessus d'eux, voici le roi et Dieu seul les surmonte ; au-dessous, une masse anonyme.

En sortant de sa chambre, Sa Majesté, entourée de sa cour murmurante de compliments, comme la reine des abeilles de son essaim, doit assister à un conseil restreint. Le vrai travail commence. Les courtisans le regardent disparaître. Il va célébrer à huis clos le mystère de la toute-puissance. Il lit les rapports et les dépêches des ambassadeurs et tranche. A dix heures, suspension des affaires terrestres : le roi entend la messe. Puis il va prendre l'air, se promène un moment très mesuré car, à onze heures, il dîne assez rapidement, sauf les jours de grandes cérémonies. Il ne dispose après le repas que d'une heure pour voir la reine et la reine mère en leurs appartements dont on ouvre bientôt les portes ; les courtisans affluent, toute intimité est impossible. Tout le monde veut parler à Leurs Majestés, mais des conversations particulières se nouent, les nouvelles, les potins politiques et d'alcôve volent de bouche à oreille. La réunion, dans ce brouhaha de conversations, a un air de familiarité très agréable. Cette heure de liberté et de familiarité est voulue. Catherine sait — François Ier le lui a répété — que cela plaît aux Français. Le roi, ayant écouté l'un et l'autre, adressé quelques mots gracieux à droite et à gauche, reçu quelques billets de doléance, a enfin le droit « *de se retirer dans son privé* ». Pas longtemps car à trois heures il passe sur une autre scène. Il faut, qu'il lui plaise ou non, qu'il se livre soit à des jeux de grand air, soit à des chevauchées, soit à la paume s'il pleut. Ses seigneurs les plus proches l'attendent. Puis vient le grand final de la journée royale : le souper (nous dirions le dîner) avec tous les princes de la famille. Vaste cérémonie que ce repas sacré pour tous les rois de France, réglé comme un ballet auquel la procession des plats ressemble. Il est souvent suivi d'un concert ou d'un bal.

Au Louvre et dans tout château où le roi réside, dès que le jour baisse, c'est l'énorme corvée des allumeurs de flambeaux de cire fine. Il y en a des milliers répartis dans les salles, dans les interminables et ténébreux couloirs, dans les escaliers coupe-gorge des vieux châteaux.

Au coucher, le roi se retire en cortège dans sa chambre, assisté des mêmes personnages qu'à son lever. Il est déshabillé en leur présence. Au moment où Sa Majesté se couche, la vie du Louvre est interrompue. Dernière cérémonie de la journée : toutes les portes sont fermées et on apporte au roi les clefs du palais qu'il place sous son chevet. Dès lors, la journée royale est finie. Tout le palais doit dormir ou faire semblant. Seules les patrouilles de police vont et viennent dans les couloirs, le long des portes. Nul ne peut circuler ni séjourner dans les couloirs, aucune réunion ne peut se tenir. Le roi dort, tout dort. Souvenir des temps capétiens où tout château était une forteresse présumée en état de siège. Il faut croire que, dans le siècle de la Saint-Barthélemy, les mêmes précautions étaient toujours de saison.

L'ordre était connu, encore fallait-il le faire respecter. Les moindres manquements n'échappaient pas à Madame Catherine et attiraient sur les coupables des sanctions et des disgrâces aussi redoutables que s'ils eussent commis un sacrilège. A ses yeux, c'en était un à l'égard de l'intouchable royauté des Valois.

Pour célébrer ce culte, rien n'était pour elle ni trop beau ni trop cher. On connaît la splendeur des fêtes de la cour en sa présence ; elle surpassait tout ce qu'on pouvait imaginer dans les autres cours d'Europe. Le rôle de ces fêtes dépasse de loin le divertissement d'un soir. Les innovations que Catherine présenta sont devenues partie intégrante de la civilisation occidentale en architecture, en peinture, en sculpture, en musique, en ballets, en costumes, en joyaux et même en cuisine. Tout cela, elle l'a exposé, étalé aux yeux du monde avec un plaisir évident, poussée qu'elle était par son italianisme, par sa fidélité à l'esprit de François Ier et, il faut bien le dire, grâce à l'argent de ce pays des lis toujours en déficit et toujours inépuisable.

En grande prêtresse de la religion de la monarchie, elle n'admettait auprès du trône que ceux qui brillaient de mille feux pour la gloire du monarque. Pour l'approcher, il fallait étinceler, d'où cette prodigalité insensée qu'elle encourageait pour les costumes et les bijoux. A cet éclat elle aimait que s'ajoutât celui de l'esprit, de la culture, des arts. On faisait des vers comme on tirait l'épée. On savait même les mettre en musique et on les chantait. De ces fêtes, les yeux et l'esprit devaient revenir éblouis. Catherine était persuadée que la cour de France étant la plus brillante du monde, le roi de France en était le souverain le plus prestigieux — même après la défaite de Saint-Quentin.

Il y a dans ce faste quelque chose d'italien et de théâtral qui a pu atteindre au sublime dans son genre, qui a sûrement ébloui mais qui a aussi choqué certains Français par ce qu'il avait de ruineux et d'artificiel, mais, pour Catherine, le théâtre était tout à fait naturel. En tout cas, ces spectacles très concertés et parfaitement réussis comportaient une arrière-pensée politique évidente. Ils étaient pour elle un instrument du pouvoir. N'étaient-ils pas, avec sa parole de miel, sa bienveillance fleurie et prometteuse (et ses informations), le meilleur moyen de gouverner de Madame Catherine ?

Ces fêtes réglées comme les nouveaux ballets n'atteignaient leur perfection que dans le respect de l'étiquette. Tout exigeante et sévère qu'elle fût, Catherine dut cependant tolérer bien des manquements car elle avait affaire à des Gaulois. En général, les gens de cour se pliaient d'assez bonne grâce au décorum magnifique que leur imposait la reine. Leur vanité trouvait son compte aux représentations, au luxe, à la parade en grands atours, aux honneurs. Cependant le naturel parfois reprenait le dessus, ils bousculaient le luxe pour se rouler dans la luxure. Parfois suivait la bagarre, poignards sortis. Ainsi s'expliquent ces fins de bals qui tournaient en orgies quand on s'était bien tenu pendant six ou huit heures. La gaieté la plus licencieuse éclatait, aussi irrépressible qu'une explosion de naturel. Malgré sa pudeur, Catherine ne parvint jamais à les maintenir jusqu'au bout dans les convenances.

Sagement, elle faisait semblant de ne pas voir et se retirait avec la famille royale et les vieux dignitaires dès que l'explosion menaçait. Les Gaulois avaient alors le champ libre.

Elle poussa plus loin encore la sagesse, on en a vu des exemples. Ne pouvant extirper la débauche, elle l'exploita. Elle jeta à bon escient les dames dans les bras des guerriers. Elle retirait de ce commerce galant certaines confidences d'alcôve fort utiles à sa politique. Elle se servait, en cette année 1574, de la belle Charlotte de Sauves dont les yeux de violette avaient ensorcelé son gendre et son prisonnier, Henri, roi de Navarre. Elle le tenait ainsi sous une surveillance aussi douce qu'efficace et savait à peu près tous ses projets.

Néanmoins, ces avantages ne lui firent jamais aimer la débauche, ni sans doute le plaisir, sauf celui qu'elle avait connu avec son mari. Mais elle était trop avisée pour afficher dans cette cour bordelière une franche réprobation de cette liberté des mœurs. Son cher fils Henri aurait eu à se plaindre. Elle se gardait bien de sévir, même en paroles. Sur ce point encore, François Ier l'avait instruite. En ce domaine, un bon principe : « Glissez mortel n'appuyez pas. » Elle appliqua cette prudente recommandation et sut « glisser » sur l'incident qui survint un jour à l'une de ses suivantes. A l'occasion d'un voyage, le service d'ordre jugea bon de visiter les malles de ces dames. On extirpa de l'un des bagages, et devant tout le monde, plusieurs beaux modèles de sexes virils en état de marche. La dame de la malle se trouva mal. Catherine éclata de rire. Manière de ne donner aucune importance à une découverte qui lui déplaisait profondément mais qui, n'infligeant aucune déviation à sa ligne politique, ne méritait aucun éclat — sauf l'éclat de rire.

Catherine réussissait même, quand il le fallait, à se donner des airs de gaieté. A l'armée, les artilleurs avaient baptisé leur plus grosse pièce « *la reine mère* ». Elle sut en rire publiquement et trouva que son embonpoint était honoré par l'artillerie. Elle savait rire, dit-on, aux grosses farces italiennes jouées par des Italiens, elle trouvait à ces plaisanteries épicées un parfum « du pays » qui lui rappelait son enfance et l'amusait. « *Elle en riait tout son saoul comme un autre* », dit un témoin. Pourquoi pas ? Mais cela devait surprendre tous ceux qui la connaissaient dans « sa majesté » et qui, la voyant rire tout son saoul, la voyaient peu après reprendre son masque funèbre.

Lorsqu'elle se trouvait avec des familiers jeunes et gais, elle aimait donner des conseils sur un ton plaisant. Elle en donnait en particulier à ses fils Charles et Henri. Elle les engageait à avoir des enfants au plus vite ; pour cela, disait-elle, rien ne valait d'être gai. A l'en croire, le rire aurait été le principe fécondateur : « *Voyez combien Dieu m'a donné d'enfants pour n'être point mélancholyque.* » Curieux conseil, venant d'elle. Nous savons que les débuts de son mariage et même la suite furent loin d'être gais et, en outre, que ses grossesses répétées, quand elles lui vinrent, ne furent pas l'effet du rire mais plutôt de la gymnastique que son honnête chirurgien conseilla à son mari et à elle et qu'ils exécutèrent magistralement.

Un trait de son caractère qui a frappé tous ceux qui l'ont approchée était sa curiosité d'esprit pour toutes choses. Toutes les nouveautés de son temps l'attiraient. Aussi s'initia-t-elle à « la drogue » que les voyageurs aux « Terres nouvelles » rapportèrent en Europe. Les premiers découvreurs avaient remarqué que, à Cuba notamment, les Indiens tenaient dans leur bouche une sorte de tube formé de feuilles séchées et roulées qui se consumaient lentement et dont ils aspiraient la fumée. Au dire des témoins, cela guérissait de divers maux tout en procurant une légère ivresse. On appelait ces feuilles *petun* au Brésil et *tobaco* à Cuba. Un maître des requêtes, Jean Nicot, au cours d'un voyage au Portugal où il fut ambassadeur, reçut des graines de cette plante étrange. Il les sema en France, cueillit les feuilles et les offrit à Catherine. Elle les essaya aussitôt mais ne les fuma pas ; elle les fit piler finement et prisa cette poudre de tabac, souveraine contre les maux de tête, disait-on. A l'imitation de Sa Majesté, toute la cour prisa. Ce que fit la cour fut imité par la ville et ensuite par le peuple. C'est ainsi que Catherine introduisit sans le vouloir l'usage du tabac, comme elle avait introduit celui de monter en amazone, de manger avec une fourchette, de déguster la frangipane, entre autres douceurs et cuisines à la façon de Ruggieri. On fit de ces dernières grand mystère et mille suppositions sans fondement alors que nul ne lui reproche le tabac dont la monstrueuse carrière d'empoisonneur connaît la fortune que l'on sait.

Hors des nouveautés italiennes ou américaines et l'apparat royal, Catherine adorait les fêtes et les réunions familiales. On connaît son amour maternel et son attachement en quelque sorte tribal à toute sa parenté. Ses petits-enfants hantent ses rêves. Ils font sa joie quand elle peut les voir, elle souffre d'en être séparée, elle s'enquiert d'eux sans cesse auprès de son ex-gendre Philippe II. Pour elle, ces infants d'Espagne inaccessibles sont avant tout les petits de sa fille Elisabeth. Si elle pouvait les reprendre, elle les tiendrait pressés contre elle. C'est ce qu'elle fit avec sa petite-fille Christine de Lorraine qui vécut en pemanence avec elle. De même, elle surveille de près et pourvoit à tous les besoins du fils bâtard de Charles IX et de Marie Fouchet. Mais, lorsque ses enfants sont réunis, tous doivent, le roi d'abord, se plier à l'étiquette ; la tendresse de la mère s'efface devant la majesté du roi et la sienne propre. Ainsi, ses enfants viennent à son lever, à son coucher, à sa table, en priorité bien sûr, mais ils obéissent au rite comme les seigneurs, les grands dignitaires, les cardinaux, les ambassadeurs. Madame Catherine règne sur la France mais, en premier lieu, elle règne sur ses enfants. Ceux-ci l'aiment (sauf Alençon, un ratage), mais tous la craignent.

Elle a toutes sortes de dons, on a vu l'usage qu'elle a su en faire. Elle ne peut vivre sans musique et sans poésie. Ronsard est son grand poète. Elle le pensionne. Elle sait ses *Sonnets* par cœur. Elle les chantait naguère, comme elle avait, vingt ans plus tôt, chanté les *Psaumes* de Marot avec les deux merveilleuses Marguerite, celle de Navarre et celle de France, duchesse de Savoie. Après 1570, on ne les chantait plus, c'étaient les couplets égrillards de Clément Janequin qui étaient à la mode. Catherine ne les chanta pas, les paroles lui déplaisaient, mais elle les écouta parce que la musique la charmait. Elle préférait cent fois *Les Amours* de Ronsard qui furent mis en musique et dont la vogue était immense. On les chantait partout dans toutes les maisons, la poésie adorable circulait de bouche à oreille. Cette poésie chantée faisait oublier à Catherine ses malheurs et ses ennemis. Son fils Charles IX, on s'en souvient, avait, entre deux crises, un vrai talent de poète et de musicien. Elle en tirait une joie et un orgueil infinis. Sur le conseil de sa mère, il créa l'Académie de musique et de poésie.

Avec de telles dispositions, comment n'aurait-elle pas aimé la danse, elle qui donna à la cour la révélation des ballets italiens ? Elle l'aimait aussi pour son propre compte car elle dansait « *avec grâce et majesté* », dit Brantôme, jamais à court de compliments pour les personnes royales. On veut bien croire que Catherine avait le sens du rythme et des attitudes et surtout la dignité plutôt lourde de la reine endeuillée, mais il est difficile de penser qu'elle avait la grâce de ses nymphes professionnelles de l'escadron volant et qu'elle pouvait danser sans ridicule la même figure d'un ballet auprès de Mlle de Sauves, de Mlle de Rouhet, de Mlles de Rieux ou de Limeuil. A vrai dire, la reine mère pouvait danser sans dommage parce que les rois et les reines ne sont — par définition — jamais ridicules et, s'ils le sont, leur ridicule devient une mode. On connaît l'anecdote du roi d'Espagne qui boitait et dansait en claudiquant : tous les courtisans en faisaient autant, sauf un qui ne boitait pas. Le roi lui demanda pourquoi : « Sire, parce que je boite des deux pieds. »

Les ballets de la cour étaient suivis de festins puis de nouvelles danses plus libres qui permettaient tous les rapprochements et tous les épanchements. Catherine, on l'a dit, se retirait dès les premières figures de ces danses, elle en connaissait trop bien le dénouement.

Madame Catherine avait aussi un certain talent d'écrivain, disons d'épistolière, talent d'abord remarquable par son abondance. La correspondance connue de Catherine est, à la chose écrite, un monument comparable à une pyramide d'Egypte. Elle a laissé des dizaines de milliers de lettres, à vrai dire d'un accès plutôt escarpé. Elle écrit vraiment à la diable, comme elle prononçait, ce qui ne facilite pas le déchiffrage phonétique. Elle ignore l'e muet, prononcé é. Elle écrit *u* pour *ou* ou inversement. Elle parle ses lettres et n'écrit pas au fil de la plume mais de la langue sur n'importe quel sujet : politique, condoléances ou amitié... Si l'on arrive, en lisant à haute voix, à retrouver le sens du grimoire, on sent qu'il a été conçu avec chaleur et, n'en doutons pas, rapidité. Elle écrit comme elle vit, à la vitesse de l'improvisation. Cette grosse femme qui se donne l'air apathique est pleine de vivacité et d'une sensibilité très fine et très susceptible. On devine mieux tout cela dans ses lettres que sur son visage. Dommage qu'il faille tant de peine pour la lire, car ses lettres, à première vue, sont presque aussi indéchiffrables que son masque. Voici quelques lignes d'elle que l'imprimerie rend lisibles tout en ayant respecté l'orthographe : « *Sy vous ne luy fayte santir et aubeir* (obéir) *je vous supplie de me donner congé que je m'en elle* (aille) *en Auvergne et je auré des jeans* (gens) *et de bien aveques moy pour quant tous vous auront trey* (trahi) *et désobéi vous venir trouver si bien accompagnée pour vous fayre haubeir* (obéir) *et chatier lors cet* (ces) *petis faiseurs de meslées.* » (Lettre à son fils Henri, décembre 1575.) Il y a souvent bien pire. Elle ne l'ignorait pas. Quand elle pensait que son texte était par trop obscur, elle le faisait transcrire (ou traduire ?) en clair et elle envoyait aussi l'original, donnant ainsi la preuve de l'authenticité de la transcription.

On parle toujours du « masque » de Catherine. Il était épais parce qu'il avait beaucoup à cacher. Elle affichait un calme « *politique et royal* » en toute occasion mais ce calme dissimulait une âme tourmentée : on se souvient de l'angoisse incurable qui l'habitait dès sa première enfance vécue dans les tragédies. Oui, cette reine intrépide que son armée a vue s'avancer sous la mitraille devant les remparts de Rouen, qui affrontait impassible ses ennemis mortels était une femme ravagée par la peur, par les pires appréhensions. C'est probablement cette constante tension intérieure qui lui donnait sa troublante réceptivité à des visions prémonitoires. Elle fut ainsi réveillée dans les transes par la vision « *d'une grande flamme qui la faisait s'écrier : Dieu garde mes enfants !* ». Elle ne s'y trompait pas, la mort d'un de ses enfants survenait peu après. Nous en avons, au passage, signalé plusieurs autres. Il est vrai que tout le monde, alors, était plus ou moins initié et plus ou moins imprégné de cette sorte de croyance et, en quelque sorte, prédisposé à recevoir ces visions ou simplement à croire à elles. Ce que nous appelons phénomènes parapsychiques.

Il était admis qu'on pouvait les provoquer mais cela était interdit par la religion (sauf pour les papes). Il était admis aussi que certaines personnes étaient gratifiées de naissance d'un pouvoir de « *divination divine* ». Cela n'était plus un péché mais un don de Dieu. De même, l'établissement d'un horoscope n'était pas impie parce qu'il procédait de l'interprétation des astres qui sont des lumières disposées par Dieu dans le ciel pour notre instruction — quand nous sommes capables de lire leur message. Catherine, du haut de la colonne qu'elle venait de construire, faisait lire le message céleste par Ruggieri, le traître, magnifiquement réintégré dans la faveur de la reine.

Ces prédictions, le plus souvent calamiteuses, la maintenaient dans un état d'anxiété permanent. Cependant, sa volonté n'en fut jamais affaiblie et jamais l'espoir de surmonter tous les malheurs et de perpétuer la monarchie des Valois n'en fut affecté. N'empêche que la crainte de la guerre, de l'assassinat, de la banqueroute, de la mort de ses enfants était toujours présente et torturante. Elle avait peur des « *signes* ». Elle était incapable d'entreprendre quoi que ce soit le vendredi, jour où son mari, selon l'avertissement des « *signes* », avait été tué. Elle faisait appel à tous les moyens connus de son temps, aux astrologues de tous les pays pour connaître et pour conjurer le mauvais sort. Elle fit fabriquer une médaille chargée de figures symboliques dont le déchiffrage est extrêmement difficile et sur certains points impossible. Cette médaille porte gravés des personnages, des objets, des caractères, des signes cabalistiques. On distingue, sur une face, un roi barbu sur un trône, tenant un sceptre, une femme nue, à tête d'oiseau (égyptienne ?), avec un miroir, un aigle entre les jambes du roi et des inscriptions indéchiffrables. On croit deviner un H couronné (son mari Henri II ?). Sur l'autre face, c'est un autre rébus : une femme nue ayant un cœur dans une main et un peigne dans l'autre (certains y voit un symbole de pureté) et divers génies cabalistiques. Se sentait-elle protégée ainsi que ses enfants par ce talisman très savant qui était célèbre à l'époque ? Elle en possédait bien d'autres qu'elle avait fait venir d'Italie ; ils étaient d'origine antique et sans doute orientale. Elle portait sur elle ces amulettes, comme en portent les Méditerranéens et les Orientaux pour écarter d'eux les dangers, les haines, les malheurs, de même que certains musulmans portent sur leur poitrine des fragments du Coran, confiants dans la puissance magique d'un texte divin.

Et la dévotion ? Elle n'y manque pas, elle a été formée au cérémonial catholique, elle s'y tient. Les rites, à ses yeux, comportent aussi leur part de magie. Elle ne néglige ni messe ni vêpres. Elle voit d'un bon œil ceux qui, autour d'elle, pratiquent régulièrement. La messe fait partie du culte monarchique selon Catherine de Médicis. Mais, nous le savons, sa religion n'a rien de mystique. La reine n'a pas la foi qui illumine une âme ni une vie. La foi qui la bouleverse est tout autre, elle a pour prêtre Nostradamus, Ruggieri et quelques sous-diacres occasionnels à odeur de soufre. Brantôme écrit à propos de sa dévotion : « *Elle était bonne chrétienne et fort dévote, faisant souvent ses Pâques et ne faillait tous les jours au service divin à ses messes, à ses vêpres qu'elle rendait fort agréables par les bons chantres de la chapelle qu'elle avait été heureuse de recouvrer les plus exquis.* » Bien sûr, elle est assidue aux offices mais croit-elle plus à la prière qu'au talent des chantres et à la beauté de la musique ? Comme la dévotion fait partie de sa fonction royale, elle l'a ornée de son mieux, en artiste dans l'âme qu'elle est : elle a recruté les chantres à voix d'anges pour sa chapelle. Quant à l'Eucharistie, c'est un sujet de discussion plus politique que religieux, important dans l'Etat mais moins important que l'astrologie dans sa vie intérieure.

Nous vous savions marieuse, négociatrice, voyageuse. Vous voici, Madame, bâtisseuse

Pour célébrer son culte royal, il lui fallait des temples dignes du trône, c'est-à-dire des palais. Les Capétiens n'avaient légué que des forteresses. François Ier fut le grand bâtisseur royal, Catherine poursuivit magnifiquement cette œuvre qui a orné la France pour des siècles des chefs-d'œuvre de la Renaissance.

On sait avec quel amour et quel talent elle fit construire les Tuileries par Philibert de l'Orme puis, à la mort de celui-ci, par le génial Bullant, architecte des Montmorency qui avait fait ses preuves à Ecouen. Elle poursuivit aussi la construction du nouveau Louvre, appelé Logis du Roi, qui avait été commencé par Henri II. Elle le termina. La reine Elisabeth l'habita après Marie Stuart. Catherine s'était réservé le rez-de-chaussée. Ce Louvre neuf était alors le plus beau palais d'Europe et le cadre le plus somptueux pour les fêtes. En outre, Catherine avait prévu ce que serait le Louvre de l'avenir, elle avait amorcé la construction d'une longue galerie établie sur les anciens remparts de Charles V, le long de la Seine, qu'on appelait déjà la galerie du bord de l'eau. Elle devait rejoindre les Tuileries. C'est Henri IV qui l'acheva.

Quel que fût son plaisir d'habiter le Louvre neuf et surtout les Tuileries qui étaient sa chose, elle s'aperçut, au moment des troubles qui précédèrent la Saint-Barthélemy, que ce château était très vulnérable et à la merci d'une insurrection ou d'une attaque en règle des huguenots. Elle s'y trouvait, on s'en souvient, peu de temps après le massacre, avec ses conseillers, les Gondi et les Birague, lorsque le château fut cerné par une foule de protestants dont elle entendit très nettement les insultes et certaines menaces qui n'étaient pas vaines.

A ce sentiment d'insécurité vint s'ajouter une autre crainte. Elle reçut d'une ou d'un de ses voyants la prédiction qu'elle périrait près de Saint-Germain. Pour elle, cela devint une obsession car le Louvre, comme les Tuileries, se trouvait sur la paroisse de Saint-Germain-l'Auxerrois. Le danger la guettait de même au château de Saint-Germain où elle n'alla que rarement, avec la plus grande répugnance. Pour échapper à cette fatale prédiction, elle se fit construire au cœur de Paris, dans l'enceinte facile à défendre des fortes murailles de la capitale, une nouvelle demeure. Cette résidence, sans rapport avec Saint-Germain, se situait néanmoins à proximité du Louvre et des Tuileries, à côté de Saint-Eustache, sur l'emplacement de l'ancienne halle aux grains. Comme la densité des constructions dans le vieux Paris était telle qu'on ne pouvait y trouver aucun emplacement vacant pour y construire, sinon un palais, tout au moins un manoir digne de la reine mère, avec dépendances et un jardin auquel elle tenait par-dessus tout, elle acheta l'hôtel du seigneur des Mortiers. Ensuite, peu à peu, elle acquit, tantôt à droite, tantôt à gauche, des maisons voisines qui lui permirent d'agrandir son lot. Ce ne fut pas chose aussi facile qu'un agent immobilier moderne le croit parce que, au xviᵉ siècle, le roi, pas plus que quiconque, n'avait le droit d'exproprier un particulier, même en l'indemnisant royalement. Le droit de propriété était sacré, inviolable, même par la volonté royale. Le pouvoir absolu était moins absolu que les lois actuelles (le droit d'expropriation date de 1837). Ainsi le Louvre était cerné de ruelles infectes, de maisons en torchis habitées par une faune peu recommandable dont les déchets et le bruit, auquel s'ajoutait celui de très honnêtes et laborieux artisans, faisaient au palais des rois un rempart puant et bruyant des plus désagréables. Mais, étant « sacré », il subsista jusqu'à la Révolution et même plus tard.

Catherine commença les travaux de sa nouvelle demeure en 1570. Elle était fort exiguë et le jardin aussi. Elle profita d'un remaniement urbain du quartier Saint-Eustache pour acquérir plusieurs parcelles qu'elle réunit. Cela faisait déjà un assez beau domaine. Elle le compléta le plus heureusement du monde par une habile transaction immobilière avec le pape en personne. Il faut dire que son domaine voisinait avec le couvent des Filles repenties, vénérable construction où avaient habité Blanche de Castille, les ducs d'Anjou, de Valois et enfin d'Orléans dont le dernier fut Louis XII. Devenu roi de France, Louis fit don de son antique logis à des religieuses qui sauvaient les filles perdues. Catherine obtint de Sa Sainteté la permission de transférer les filles retrouvées et leurs salvatrices dans un autre couvent plus approprié. Elle fit valoir les meilleures raisons car, disait-elle, la proximité du Louvre, avec les nombreux gardes, suisses, français, écossais et autres, les palefreniers, les serviteurs, les visiteurs de province ou de l'étranger, rejetait dans la débauche la plupart des filles qui échappaient aux bons soins des bonnes sœurs. C'est ainsi que, pour la vertu de ces malheureuses, Catherine obtint le vieux couvent qu'elle fit raser. Elle se trouva alors tout à fait au large pour construire un véritable château et un grand jardin bien dessiné comme elle les aimait. Il faut reconnaître que l'ancienne chapelle échappa aux démolisseurs.

Tout cela prit du temps et beaucoup d'argent. Les Tuileries

surtout furent ruineuses. Si bien que le bruit de ces prodigalités finit par émouvoir le public. Ronsard lui-même, qui n'est pas suspect d'hérésie ni religieuse ni monarchique, écoutant les vives protestations des paysans contre cette manie bâtisseuse de la reine mère qui asséchait le Trésor, envoya, non à Catherine même, mais au sieur Moreau, l'un de ses proches conseillers financiers, la supplique versifiée que voici :

> *Il ne faut plus que la reine bâtisse*
> *Ni que sa chaux nos trésors appetisse*
> *Peintres, maçons, engraveurs, entailleurs*
> *Sucent l'épargne avec leurs piperies.*
> *Mais que nous sert son lieu des Tuileries ?*
> *De rien, Moreau, ce n'est que vanité ;*
> *Devant cent ans sera inhabité*
> *Il n'y aura ni fenêtres, ni salle*
> *Le tout entier, corniche ni ovale.*

Ovale désigne le superbe escalier ovale en pierre qui s'élevait en spirale et tenait en l'air comme par magie, un chef-d'œuvre et même un miracle de l'art. On peut dire que Ronsard a fait mieux en poésie, ces vers sont aussi plats que l'ovale est aérien et ses prédictions de petit épargnant sur l'inutilité future des Tuileries sont pitoyables. Le palais de Catherine a hébergé tous les régimes après la royauté, Napoléon Ier, la Restauration, Louis-Philippe, Napoléon III et, si la Commune ne les avait pas incendiées en 1871, il y a de grandes chances que la IIIe République, la IVe et la Ve y eussent logé leurs présidents — bien mieux qu'à l'Elysée.

Catherine ne s'embarrassa pas des vers de Ronsard. Elle fit travailler pendant plusieurs années à son « Logis de la Reine », comme on appelait à Paris son nouveau manoir. Il s'agrandissait sans cesse de corps de bâtiments qui s'ajoutaient les uns aux autres. Toutefois, l'art des architectes, la continuité de l'inspiration de Catherine donnaient à l'ensemble une belle harmonie. Au XVIIe siècle, cette résidence vraiment royale, comme tout ce qu'inspira Catherine, prit l'appellation d'hôtel de Soissons, du nom des comtes de Soissons, branche cadette des Bourbons. Elle a été détruite au XVIIIe siècle et on ne parlerait plus d'elle s'il n'en subsistait, par miracle, un vestige étonnant, la fameuse colonne de l'Horoscope construite par Bullant, l'architecte des Tuileries. Ce monument fut alors pour les Parisiens une nouveauté aussi extraordinaire que le fut la tour Eiffel, mais elle ne souleva pas les mêmes polémiques que la tour métallique parce que sa nouveauté était celle des arts de la Renaissance, et elle répondait aux aspirations des Français, qui avaient rompu avec le « gothique ». Elle étonnait sans choquer. Cependant, elle intrigua beaucoup, non par son aspect, mais par sa mystérieuse destination : belle, oui, suspecte également. En somme, elle n'était une nouveauté que pour les Gaulois, elle rappelait, comme toute l'architecture de la Renaissance, la Rome antique où s'élevaient des colonnes monumentales. Paris, par la suite, en connut plusieurs autres, la colonne Vendôme, celle de la Bastille. Peu après la colonne de Catherine, on en édifia une autre de même style, une merveille du genre, malheureusement peu connue et peu accessible, la tour du phare de Cordouan, un chef-d'œuvre de la Renaissance.

Aujourd'hui la tour de Catherine, extérieurement dégradée, survit seule à ce qui fut le royal logis de la reine. Elle a été bien mal traitée. Il subsiste sur ses flancs quelques sculptures, à peine déchiffrables, les fameuses initiales H et C entrelacées. La tour est en partie prise dans la masse circulaire de ce qui fut la halle aux grains et qui est la Bourse du Commerce. Cette incommode et humiliante situation l'a peut-être sauvée de la destruction. Au XVIᵉ siècle, elle dominait le quartier et même la ville ; aujourd'hui, elle étouffe dans des murs étrangers et elle s'aplatit auprès des maisons modernes trop hautes pour elle. Et, pourtant, elle reste un témoin touchant.

A l'intérieur du fût de pierre qui la constitue, un escalier en vrille permet d'atteindre la plate-forme supérieure d'où l'on découvrait non seulement Paris mais tout le ciel de Paris dans son immensité. Cette plate-forme était l'observatoire des astrologues de la reine. A l'intérieur de la tour, à divers niveaux, s'ouvraient des portes encore visibles dont certaines donnaient accès aux appartements et d'autres à des réduits servant peut-être de laboratoires aux astrologues et aux alchimistes que Catherine avait en quelque sorte sous la main. La tour se trouvait donc en étroite communication avec le logis royal. Au-dessus de la plate-forme, on avait aménagé une sorte de dôme en feuilles de plomb sous lequel deux ou trois personnes pouvaient se tenir et se livrer à des relevés sur la position des astres à telle date, à telle heure. Des lucarnes pratiquées dans le dôme offraient à l'observateur l'ensemble du ciel ; en outre, un dispositif assez sophistiqué d'une de ces lunettes permettait de communiquer par un système de signaux avec le Louvre. Cette tour n'était donc pas seulement un ornement architectural, mais une pièce nécessaire à une résidence royale. Le génie de l'architecte et les conseils de Catherine avaient fait de la nécessité une œuvre d'art. Elle n'était pas une pièce rapportée à ce château, mais elle s'y intégrait le plus harmonieusement du monde.

La disposition des appartements à l'intérieur de ce vaste palais est très révélatrice des goûts et du caractère de la reine. Elle avait une conception très personnelle de la façon dont on devait habiter un palais quand on est roi ou reine, père ou mère de princes royaux et frères d'autres. Ce qu'elle réalisa dans cette demeure entièrement conçue par elle, elle avait déjà essayé de l'obtenir dans les anciennes résidences royales mais elle n'avait pu y réussir partout ni pleinement, car ses projets se heurtaient souvent à des murailles de deux mètres d'épaisseur qui ne montraient aucune souplesse pour se plier aux désirs de Catherine. Ici, comme à Monceaux, à Saint-Maur, à Chenonceaux et aux Tuileries, les appartements étaient conçus sur un même modèle qui n'avantageait ni l'un ni l'autre de ses enfants et permettait à chacun de vivre assez indépendant (sauf l'étiquette !). Pour réaliser cette séparation, elle trouva la solution originale : les galeries. Elles permettaient d'aller d'un logis à l'autre, même à distance. Elle adorait ces vastes salles, largement éclairées par de hautes fenêtres et se prêtant à une décoration fastueuse. Cela comblait aussi son goût des grandes fêtes, des réunions éblouissantes de centaines de personnes vêtues de soies et d'or. Ces superbes représentations enchantaient la noblesse française, éblouissaient les étrangers et n'étaient pour elle, en définitive, que l'introduction — ou la conclusion — d'une affaire politique. Elle avait aussi ajouté à son jardin une salle de jeu de paume.

A l'intérieur de ce logis vraiment royal, elle avait aménagé, outre ses chères galeries, de nombreux cabinets où l'on pouvait, à l'écart du bruit des fêtes et des oreilles indiscrètes, trouver le calme favorable aux entretiens particuliers avec un ambassadeur, un ministre, un agent plus ou moins secret ou telle des dames d'honneur, fidèles informatrices. En tête à tête, même avec un ennemi, préalablement enrobé dans le luxe et la beauté, elle se faisait forte de le rendre non pas ami et allié mais neutre et patient. Si ces galeries et ces cabinets n'avaient été conçus que pour leur utilité, ils auraient été indignes de la Florentine, reine de France mais nourrie à la beauté de son incomparable patrie. Ces galeries et ces cabinets étaient d'une richesse si rare, contenaient des œuvres d'art si prestigieuses qu'on ne peut aujourd'hui les imaginer que dans un rêve. L'inventaire extrêmement précis, volumineux, interminable qui a été dressé, à la mort de Catherine, de toutes les merveilles qu'elle avait accumulées ne nous laisse rien ignorer de ses goûts, disons de son goût sublime pour les arts et le savoir. Ses contemporains ont pu admirer et se recueillir religieusement devant nombre de livres rarissimes, de manuscrits antiques provenant de sa propre famille par l'héritage qu'elle fit de son brouillon cousin, Strozzi, qu'elle aimait. Ce trésor entra dans la bibliothèque du roi et de là — ce qu'il en resta — passa à la Bibliothèque nationale. Elle possédait également des tableaux italiens, continuant en cela l'œuvre de François Ier mais avec moins de succès. Elle eut quelques échecs dans sa recherche de sculptures antiques. En revanche, sa collection de tapisseries était en nombre et en beauté, la plus prodigieuse du monde. La plupart restaient pliées mais celles qui couvraient les murs des galeries et les appartements transportaient ceux qui les admiraient dans un monde de féerie. La plus fameuse série des tapisseries de Catherine, dite des *Fêtes des Valois*, se trouve aujourd'hui à Florence ; elle la donna à sa tendre petite-fille, Christine de Lorraine, lorsqu'elle maria celle-ci au grand-duc de Toscane, Ferdinand de Médicis. Elle possédait tous les portraits de tous les membres de sa parenté, et souvent le même était peint à des âges différents. Elle pouvait ainsi satisfaire son sentiment de la famille, voir et revoir à satiété les Médicis, les Valois, les Habsbourg, les

Lorraine auxquels son sang était mêlé. Elle pouvait en compter sous ses yeux, peints et encadrés, plusieurs centaines.

Personne au monde n'avait réuni une aussi riche collection d'émaux de Limoges depuis le xiiie siècle jusqu'à elle qui, de son vivant, en commanda d'inégalables. Tout ce qui présentait une beauté, une rareté lourde de signification historique ou religieuse la passionnait ; les objets d'Orient, les pierres dures, les tissages de Damas, les soieries, etc. Elle avait même dans son grand cabinet, où elle travaillait, trois crocodiles naturalisés pendus aux poutres du plafond. Ses merveilles en cristal de roche sont aujourd'hui galerie d'Apollon au Louvre.

Quant à ses autres demeures, on se souvient de Saint-Maur, charmant séjour mais trop exigu d'où elle avait pris le départ pour le « *grand périple de France* ». Elle le fit agrandir et embellir, puis meubler au goût du jour. Comme elle savait qu'on ne pourrait jamais en faire une résidence vraiment royale, elle modéra — le fait est rare — les frais d'aménagement. Elle fut moins économe pour son logis de Saint-Eustache où elle engloutit plusieurs milliards de nos francs. Il est difficile de convertir en monnaie actuelle les sommes dépensées entre 1570 et 1585 ; on peut cependant évaluer l'achat des terrains, les prix des démolitions, les constructions, les matériaux de choix, pierre et bois, les architectes, et tout ce qui n'en finit pas pendant quinze ans, à au moins quinze milliards. Quant aux œuvres d'art, leur estimation crèverait le plafond des salles de ventes.

Son amour pour Chenonceaux lui aurait fait faire des folies si elle avait exécuté les plans de Philibert de l'Orme. Il y a lieu de le regretter si l'on en juge d'après les dessins laissés par Androuet du Cerceau. C'eût été, sur le Cher, la merveille des merveilles de la Renaissance française. Le Trésor ne pouvait subvenir à ces nouvelles constructions. Elle se contenta d'aménager les abords du château, les jardins s'agrandirent, se peuplèrent de statues, des perspectives vraiment royales s'enfoncèrent dans les forêts et des eaux captées au loin les animèrent de leurs jeux. Enfin, elle fit construire sur le Cher, en 1581, la galerie magnifique qui se mire dans l'eau d'une rive à l'autre. C'est encore un chef-d'œuvre de noblesse et de grâce. Elle fit apporter des marbres antiques pour la décorer. Elle retrouvait sa patrie dans la brume légère du Cher et, par son système de galeries, elle sentit toutes ses dames prêtes à la servir au premier appel. Elle voulut faire mieux encore pour compenser ses dépenses, elle tâcha de tirer du domaine de Chenonceaux des revenus. Elle se fit vigneronne tourangelle par vignerons interposés. Elle replanta sur ses coteaux des cépages choisis, elle en fit venir de Champagne. Puis l'Italienne se souvint que les mûriers nourrissent les vers à soie, elle créa des plantations de mûriers pour avoir de la soie et cela réussit. Les dépendances du magnifique château furent transformées en magnaneries, la soie fut filée sur place mais Catherine la fit tisser à Orléans qui fabriqua le « drap de soie » de la reine. Nous savions que Catherine était fort habile pour étudier un plan d'architecte et non moins habile pour discuter un devis, mais nous savons maintenant qu'elle ne l'était pas moins pour évaluer le coût d'une exploitation agricole et d'une fabrique de tissu de soie.

Un indéniable goût funèbre régnait encore dans la société du XVIᵉ siècle. Catherine, italienne, l'éprouvait plus que quiconque. Elle en tira parti. Rien ne lui parut plus édifiant dans le culte royal que les rites funéraires. Le roi gisant devait paraître aux yeux de son peuple plus grand et plus majestueux que le roi vivant ; la mort exaltait la foi monarchique. Catherine n'était pas femme à négliger une alliée pareille. Aussi fit-elle construire pour son mari Henri II (et pour elle) un tombeau d'une splendeur qu'aucun roi de France n'eut jamais, ni avant ni après elle.

Elle commença par l'urne contenant le cœur d'Henri II et qui, à sa mort, enfermerait aussi le sien. Elle fit exécuter le monument qui devait receler ce royal viscère par Germain Pilon. Il n'écouta pas la mort, il écouta son génie et sa jeunesse et il fit un chef-d'œuvre qui n'a rien de funéraire. Ce sont trois nymphes se donnant la main et dansant, enlevées par un mouvement d'une légèreté aérienne. Ces trois nymphes arrivaient visiblement d'Athènes sur les ailes de l'Amour. Elles ne semblent pas du tout accordées à ce qu'on attendait d'elles dans l'église du couvent des Célestins où se trouvait le cœur du roi défunt. Les moines, en les voyant — touchés sans doute par la grâce de la Renaissance — n'eurent garde de les renvoyer mais ils les baptisèrent subito presto

Vertus théologales. Elles purent ainsi porter sur leurs têtes gracieuses et dans ce lieu sacré l'urne qui, un jour, contiendrait le cœur des deux époux. Catherine célébrait ainsi l'amour conjugal et royal.

La sépulture d'Henri II fut construite à Saint-Denis. Le Primatice en dressa les plans : Catherine voulut du grandiose. Pierre Lescot et Bullant poursuivirent les travaux considérables de cet ensemble monumental. La colonnade en cercle supportant la coupole mesurait trente mètres de diamètre ! Cette coupole abritait le tombeau proprement dit, celui qui nous reste. Colonnade et coupole furent démolies au XVIIIe siècle : la pierre se délitait et le tout menaçait ruine.

Sur le tombeau, on voit Henri II mort, étendu, dans la force de l'âge et une quasi-nudité, représenté avec un réalisme si magistral que cette statue sent le cadavre. Catherine, en épouse parfaite, voulut reposer au côté de son mari et être sculptée dans le même appareil. Elle demanda au sculpteur de la représenter également en cadavre. L'artiste la fit tellement cadavérique qu'elle refusa cette image effrayante d'elle-même. Elle se tourna vers Germain Pilon qui avait le ciseau moins mortuaire. Il ne la représenta pas toutefois en nymphe, mais en la très confortable maturité d'une quarantaine avancée. Le suaire qui l'enveloppe à demi est gracieusement (si l'on peut ainsi dire d'un cadavre) tiré — ou retiré — sur sa demi-nudité. Elle se regarda, réfléchit et accepta la statue. C'est celle que l'on voit encore. Mais Henri II, dans sa nudité terrible de cadavre, avec le beau visage de *Christ au tombeau* que l'artiste italien lui a donné, est bien plus impressionnant.

Elle a voulu transmettre une seconde figuration de son ménage à la postérité. On les voit tous deux côte à côte, vivants et en prières, au-dessus du tombeau où ils gisent morts. Le sculpteur les a très fidèlement représentés, on les dirait moulés sur le vif. Madame Catherine exigea encore plus. Si on l'avait écoutée, la basilique Saint-Denis n'aurait été peuplée que des derniers Valois. Il fit donc fondre un lit de bronze, tapissé de fleurs de lis, sur lequel elle et son époux reposent, statufiés, en marbre blanc, revêtus de leur manteau de sacre. Ils ont les yeux ouverts. L'artiste a reproduit tous les détails vestimentaires, les ornements du sacre, les bijoux.

Il a surtout fixé leurs traits avec une fidélité sans complaisance. A Catherine, en marbre blanc, il ne manque que son teint jaunâtre : c'est l'image la plus parlante qu'on ait d'elle ; son cou gras, sa bouche épaisse, ses yeux saillants, rien n'est épargné, elle n'est vraiment pas flattée. Or, cette image, quoique cruelle, elle l'a acceptée et authentifiée parce qu'elle était l'image de la vie. L'autre, épouvantable, était la mort, et c'est la mort qu'elle avait repoussée plutôt que son image. Il y avait en Catherine assez de grandeur pour faire cette distinction.

Tout ce faste funèbre, on s'en doute, n'avait aucun rapport avec la foi ; elle a soigné le décor du culte royal, non celui de la religion. En regard de cette exaltation ruineuse de la mort du roi, on peut constater qu'elle n'a fait aucune fondation pieuse pour l'âme de ses propres parents. Elle ne commanda certaines réparations, à Rome, aux tombeaux des papes Médicis que parce qu'ils étaient papes et Médicis. Elle attendit patiemment 1582 et 1584 pour se souvenir de façon généreuse des Murates, ces religieuses qui l'avaient si bien choyée lorsqu'elle était enfant, et leur faire des donations qui étaient inspirées par une affectueuse reconnaissance plus que par la dévotion. Encore que cette reconnaissance paraisse un peu tardive car Catherine avait alors plus de soixante ans et les services rendus dataient d'un demi-siècle.

Cette somptuosité dans l'exaltation du trône au moment même où il était tellement menacé, où son autorité et ses forces étaient si mal reconnues, eut quand même une influence favorable sur ce que nous appelons l'opinion. Un roi et une reine mère si resplendissants ne pouvaient être tout à fait « faibles ». L'éclat de tant de luxe, de tant d'or, de tant d'art et d'intelligence faisait illusion à leurs ennemis comme à leurs alliés. Catherine, qui n'avait aucune disposition guerrière, était supérieurement douée pour la publicité. Le remarquable, c'est que les Bourbons qui la haïssaient et qui lui succédèrent sur le trône reprirent cette politique de prestige qui finit dans la splendeur et l'incurie de Versailles après avoir ébloui le royaume et l'étranger. La France fut gagnée par cette contagion du luxe et de l'art car Catherine n'a pas légué à ses successeurs et à la France que des fanfreluches, mais des monuments d'une rayonnante beauté et un art de la vie de cour qui a imprégné cette nation d'un incorrigible goût du beau et du noble. Cependant, lorsqu'elle rencontra son fils Henri III dans la bourgade dauphinoise de Bourgoin, les problèmes politiques qu'elle avait à lui soumettre n'étaient ni beaux ni nobles.

Surprises douces-amères des retrouvailles

Pendant la longue absence d'Henri, Catherine avait nourri au plus profond de son cœur une généreuse ambition. Elle avait rêvé de présenter à son fils, lors de son retour, un royaume pacifié et uni dans la fidélité à son roi. De la sorte, rêvait-elle, Henri III n'aurait eu qu'à se laisser vivre, à cultiver ses goûts artistiques et autres et à expédier les affaires courantes sur lesquelles son irremplaçable mère aurait, pour lui épargner toute peine, gardé la haute main. Madame Catherine se croyait irremplaçable. C'était la seule chose au monde dont elle fût sûre et c'était la plus incertaine.

Sur la situation du royaume, elle était plus clairvoyante. Elle savait que deux dangers menaçaient le trône. Le premier se préparait à domicile en quelque sorte, sur les marches mêmes du trône. L'autre menaçait les provinces du royaume et son unité.

L'insécurité du pouvoir était entretenue par la reine de Navarre, avec la complicité de son frère Alençon et de son mari Henri de Navarre. Le projet de Margot était, on le sait, d'installer Alençon sur le trône. Mais il fallait pour cela le faire évader au plus vite en profitant de l'absence d'Henri III. L'évasion était difficile car la reine mère se méfiait terriblement et ses prisonniers n'étaient jamais perdus de vue. En outre, sa fille lui était aussi suspecte que son dernier fils. C'est Margot qui imagina de faire évader l'un des deux : son frère ou son mari — en l'habillant en femme avec les vêtements de l'une de ses dames. Ainsi accoutré, il monterait en carrosse avec Margot et partirait de Vincennes pour la liberté — et les complots. Lequel des deux s'enfuirait ? Ils se disputaient âprement la place quand Catherine entra brusquement : elle était derrière la porte et n'ignorait plus rien de leurs projets. Elle les fit immédiatement transférer au Louvre dans son propre carrosse et sous sa surveillance personnelle. Dès lors, ils n'eurent plus le droit de sortir sans un ordre signé de sa main qu'elle ne leur signa jamais. Elle fit murer les fenêtres donnant sur la Seine. Toutes les portes eurent une garde d'archers et de Suisses. Enfin, dernière précaution, elle avait un passe-partout qui lui permettait de s'introduire à l'improviste dans les appartements, ce qu'elle ne manqua pas de faire de jour comme de nuit.

Ce danger momentanément conjuré, restait l'autre.

La rébellion surgissait de toutes parts dans le royaume. Le danger le plus menaçant provenait du troisième parti, celui des « politiques » ou des « malcontents ». Nous l'avons déjà entrevu dans la personne de Montmorency-Damville et dans ses agissements : Damville, potentat du Languedoc, la plus vaste province de France et aussi la plus éloignée de Paris, province à velléités séparatistes, encouragées ou bien tolérées par ses gouverneurs Montmorency, trop grands et trop puissants seigneurs pour être dociles. Ces gouverneurs savaient que, pour être maître dans ce proconsulat, il fallait être allié avec la principale force qui, en 1574, n'était pas le roi, mais le parti calviniste. Damville avait déjà fait son choix.

En Normandie, depuis la disparition de Montgomery, la paix régnait — provisoirement. Dans le Nord et l'Est aussi sous l'influence des Guises. Mais, ailleurs, la guerre civile se ranimait. Le Dauphiné s'installait dans l'insoumission sous les ordres d'un grand chef, Lesdiguières. En Gascogne, La Noue, sans ouvrir les hostilités, entretenait toute la province sur pied de guerre. La Rochelle et ses pasteurs et leur argent alimentaient la révolte en Angoumois et en Poitou. Cependant, rien n'inquiétait plus Catherine que le Languedoc. Damville n'avait aucune conviction religieuse. Bien que les Montmorency fussent étiquetés catholiques, ils penchaient tantôt pour le pouvoir royal et tantôt contre en s'alliant aux calvinistes. Selon leur intérêt du moment et le parti le plus fort. Catherine, en l'absence du roi, dans la désorganisation de son armée, dans l'impopularité quasi générale de sa personne et de celle de son fils Henri, n'inspirait aucune confiance à l'avisé Damville. C'est pourquoi il se fit l'allié plus ou moins camouflé des calvinistes. Sait-on jamais ? Mais il croyait avoir fait le bon choix sur le parti dont il était l'un des chefs : les « malcontents ». Ceux-ci recrutaient de plus en plus d'adeptes attirés par l'attitude pacifiste de ces bons « politiques » qui prêchaient la paix et la réconciliation entre les catholiques intransigeants et les protestants qui l'étaient aussi. Ils voulaient la paix à tout prix. Cette masse silencieuse, hostile au pouvoir, renforçait le jeu des meneurs dont Damville était le représentant le plus ambitieux et le plus habile. Il n'avait d'ailleurs pas caché à Catherine que, s'il s'alliait aux forces armées calvinistes de sa province, il interdirait le Languedoc au pouvoir royal. Ce chantage n'était pas imaginaire. Catherine se souvenait de l'hostilité que le Languedoc lui avait manifestée lors de son fameux voyage, bien que le royaume, alors, fût en pleine paix. Que serait-ce si la guerre civile éclatait ? Cependant, toujours disposée à écarter le pire, elle ne put croire que ce Montmorency « catholique » lui ferait la guerre allié aux calvinistes.

En outre, Condé, à Sedan, préparait avec Nassau et les princes luthériens une nouvelle invasion de la Champagne et de la Bourgogne. Que faire quand l'armée royale est en grande partie licenciée, cependant que le roi s'amuse à Venise ? Quand on s'appelle Catherine de Médicis, on négocie, comme d'habitude. Elle fit promesses sur promesses à ses ennemis pour retarder leur soulèvement. Elle offrit soixante-dix mille livres à La Noue pour lui acheter une prolongation de la paix de deux mois. Pas davantage : juillet et août 1574. Elle profita de ce répit pour recruter des mercenaires suisses afin que son fils ait au moins cette armée pour faire face à ses ennemis. C'est tout ce qu'elle peut faire en attendant de lui remettre le pouvoir.

Lorsque, à Lyon, elle entendit le coup de canon qui annonçait que le roi venait de franchir la frontière de son royaume, elle ne put attendre plus longtemps, elle se mit en route dans sa lourde litière. Elle envoya au-devant d'elle, au grand galop, son fils Alençon et le roi Henri de Navarre (sous bonne escorte, n'oublions pas qu'ils étaient prisonniers mais il était protocolaire que le roi, après une absence, fût reçu par deux princes du sang en reprenant pied dans son royaume). Les trois princes se rejoignirent à Pont-de-Beauvoisin. Henri III leur demanda aussitôt où était sa mère. Alençon lui dit qu'elle l'attendait à Lyon alors qu'elle s'avançait déjà vers eux et qu'elle avait alerté tout le royaume, car, dès que son fils entrerait en France, le canon devait tonner et, se répercutant de ville en village, annoncer la nouvelle dans tout le pays. C'est ainsi qu'elle fut avisée à Lyon qu'Henri venait de franchir la frontière de Savoie. Henri III ne leur cacha pas qu'il aurait préféré voir sa mère avant eux : « *J'aurais mieux aimé que vous attendiez que je l'ai embrassée* », leur dit-il. Il oubliait le protocole, Catherine jamais. Il eût souhaité les voir à Lyon parmi les autres princes et les grands du royaume, dans l'ombre de la reine mère et dans la sienne. Henri n'avait pas oublié les complots d'Alençon qui en voulait à sa vie pour lui prendre le trône. Catherine avait prévu cette méfiance d'Henri III, aussi avait-elle bien recommandé à son dernier fils de manifester une soumission absolue. Le nabot se précipita donc aux genoux de son frère avant de lui baiser les mains en humble sujet. Cela fait, c'est ce que le roi attendait, la rencontre devenait pour ces Médicis le sujet d'une nouvelle scène à faire. Ils la firent. Henri III y apporta toute sa grâce de simulateur-né et l'autre sa perfidie larmoyante. Tous les trois se jetèrent dans les bras les uns des autres, s'embrassèrent en se prodiguant compliments et serments d'amitié. Henri III ne résistait pas à la griserie des gestes, des paroles, à la théâtralité du thème qu'ils mettaient en scène : *Frères ennemis se réconciliant dans le pardon des offenses passées et inaugurant l'amitié la plus fraternelle.* Henri III, dans sa lancée, fit avec eux ce qu'il venait de faire avec le duc de Savoie : il leur rendit leur liberté, leurs biens sous séquestres, leurs titres et leurs fonctions à la cour et à l'armée. Alençon et Navarre répondirent par les plus obséquieuses et les plus chaleureuses protestations de dévouement en mettant leurs erreurs passées sur le compte du feu roi Charles IX qui les avait injustement traités. « *Nous n'avons maintenant*, dit Alençon, *d'autres désirs que de vivre et mourir en fidèles sujets.* »

L'avenir jugera de leur loyalisme et de la clémence du roi. Dans le cœur des uns et des autres, la haine et l'ambition demeuraient inchangées — surtout entre les deux frères. Henri III n'avait pour la crasse et l'odeur du Béarnais qu'une répulsion physique mais il était enclin à apprécier, à distance, son intelligence, sa gaieté et sa conversation pleine de saillies.

En dépit des embrassades, Henri III ne goûta guère cette première rencontre avec son royaume bien que, en contemplant la campagne dauphinoise, il se fût écrié qu'il n'y avait rien de plus beau au monde que la France.

Pendant que Catherine attendait à Lyon en compagnie de son vieil ami le duc de Nemours, elle ne perdit pas son temps. Elle fit rassembler les troupes locales et les inspecta. Elle réunit aussi les célèbres banquiers italiens de la cité, qui étaient de vieilles connaissances, et elle prépara avec eux un emprunt — encore un ! Des troupes et de l'argent, la guerre n'était pas loin. Puis elle alla visiter l'atelier du célèbre portraitiste Corneille de Lyon. Elle y revit l'ancien portrait d'elle que le peintre avait fait lors d'un voyage où Catherine accompagnait son époux Henri II et au cours duquel Diane avait paru plus reine que Catherine. Elle se retrouva, dans ce petit portrait minutieux et vivant, vêtue à la mode d'alors ; elle était encore svelte et fraîche, elle se savait lourde et flétrie. Nemours lui dit : « *Voilà, Madame, un bien bon portrait.* » Elle en fut heureuse et lui répondit : « *Vous pouvez mieux que quiconque ici juger qu'autrefois j'étais bien ainsi.* » Léger moment d'émotion, ils se souvenaient l'un et l'autre d'avoir été jeunes en même temps.

La rencontre à Bourgoin de la mère et du fils fut, au dire de l'ambassadeur d'Espagne, pathétique : ils restèrent embrassés, dans les larmes, pendant une heure. Sans souci du protocole, ce fils qui n'avait pas écrit une seule fois à sa mère se jeta dans ses bras et dit à haute voix : « *Madame ma très chère mère, à qui je dois la vie, je vous dois aussi maintenant ma liberté et ma couronne.* » Le flot de larmes passé, la scène des retrouvailles finit par où elle aurait dû protocolairement commencer : Henri s'agenouilla devant la reine, sa mère, et lui baisa les mains. En cette occasion, ils ne suivirent pas le protocole mais l'ordre de l'amour maternel, aussi puissant que l'autre.

Il demanda aussitôt après où était Marie de Clèves. Que n'était-elle du cortège à la place de ces fripons de princes et de sa sœur Margot ? Catherine lui dit que Marie se trouvait sur le point d'accoucher, pareil voyage lui était interdit. Amère déception après la joie.

Ces retrouvailles furent, certes, attendrissantes, mais beaucoup

plus pour la mère que pour le fils. Les témoignages sur le nouveau roi au débarqué sont, pour l'historien, moins touchants
que l'émotion de Catherine ; ils nous éclairent néanmoins sur ce
personnage que nous avons déjà connu mais auquel le voyage,
l'expérience du pouvoir polonais et surtout l'air vénitien ont
apporté quelques changements. Ils ont été bientôt ressentis par son
entourage. Sa mère, peut-être, ne voulut pas les voir. Elle les verra
sans trop tarder. Cependant, il y eut dans cet émouvant retour
quelque chose d'indéfinissable, une nouveauté ambiguë. Etait-ce
parce qu'Henri paraissait maintenant en roi de France ? Etait-ce
parce qu'il portait l'ambiguïté en tout ce qu'il approchait, même
dans son amour filial qui aurait dû être absolument limpide ? A
vrai dire, le roi, dès son arrivée, produisit une impression
déplorable sur les conseillers et sur la cour.

Il ne se comporta pas comme le premier gentilhomme de
France, mais comme un satrape oriental, capricieux, tyrannique,
imprévisible, mêlant sans raison les gracieusetés superflues à des
attitudes de despote qu'on ne lui connaissait pas et qui, d'abord,
parurent contraires à son naturel affable, sans doute affecté mais
l'affectation chez lui était déjà un naturel. On eut l'impression qu'il
jouait un rôle insupportable. Il se vengea des serviteurs qui avaient
fidèlement servi Charles IX : il les renvoya brutalement et les
remplaça par ses créatures, sans aucune considération pour leurs
aptitudes et leurs mérites. Il inaugurait le règne du caprice. Un de
ses contemporains, homme de savoir, de grand mérite et de
probité, Jacques-Auguste de Thou, dont le témoignage sur son
époque est ce que nous possédons de plus précieux, fut effaré par
le comportement d'Henri III à son arrivée. Il demanda à Simon
Dubois, lieutenant général du roi en Limousin : « *Que pensez-vous
du nouveau roi ?* » « *Rien de bon*, répondit Dubois, *c'est avec un
profond chagrin que je vous le dis mais les événements ne me donneront
que trop tôt raison.* » Voilà ce qui se murmurait à la cour et parmi les
notables et qui allait se répandre dans le public.

Quant à l'opinion des historiens sur le « nouveau-roi », elle est
sévère. Jean Héritier [1] écrit qu'Henri III fit « *sa rentrée sur la scène*

1. J. Héritier : *Catherine de Médicis*, Fayard, 1959.

de l'histoire de France dans le personnage d'un roi bouffe ». A vrai dire, il ne fait pas rire, les caprices d'un roi font plutôt peur. Il le qualifie ailleurs de « *dégénéré supérieur* », cela traduit bien les inconséquences de son comportement, de son caractère ; mais son intelligence, qui est réelle, est plus constante et mieux contrôlée que ses impulsions.

Les ambassadeurs étrangers, eux, n'hésitent pas à le traiter d'androgyne « *allant non seulement de Paris à Cracovie mais de Sodome à Gomorrhe* ».

Madame Catherine ne semble pas s'être formalisée de ces mauvais bruits — elle ne s'en formalisait pas davantage lorsqu'ils circulaient sur son propre compte. Elle ne les ignorait pas car elle savait tout, surtout ce qu'on lui cachait. Elle ne voulait voir que les qualités et la séduction que les courtisans admiraient en son fils. Quant à ses faiblesses et à ses vices, si elle ne les avoua jamais, elle fit l'impossible pour les atténuer, pour en réparer les conséquences fâcheuses. Cela aussi c'était de l'amour. Cependant l'ambiguïté et les excès d'Henri III étonnèrent et exaspérèrent aussi souvent ses contemporains qu'ils déconcertent les historiens.

Et maintenant qui sera roi ? La mère et le fils, la mère sans le fils ou le fils sans sa mère ?

Les larmes à peine séchées, le cortège reprit la route le jour même. Le lendemain, 6 septembre 1574, le roi fit son entrée à Lyon. Elle eut beau être aussi bien organisée que sa mère l'avait voulue, elle fut manquée. Madame Catherine et Henri III furent exposés en grande pompe au peuple de Lyon dans un char tendu de velours noir sur lequel les brocarts d'or, les aigrettes et les joyaux du roi resplendissaient. Les maisons étaient couvertes de tapis, des guirlandes fleurissaient les rues et des arcs de triomphe en papier proclamaient le triomphe en pur papier de Sa Majesté voyageuse. La foule, peu nombreuse et avare d'acclamations, ne laissait aucune illusion sur la popularité et la gloire du nouveau roi. Autre raison de la tiédeur de cet accueil, la propagande antiroyale des Guises. Ceux-ci, estimant que la couronne avait mal défendu et même desservi le catholicisme par ses scandales et ses palinodies, se targuaient d'être, et eux seuls, les champions de l'Eglise catholique. Ils ne cachaient pas qu'ils le seraient au besoin contre la politique royale. C'est pourquoi leurs agents circulaient dans la foule et répandaient les bruits les plus pernicieux sur le nouveau roi. C'était facile et les gens étaient tout disposés à les écouter et à les propager. On ricanait en voyant ce carrosse noir. Quelle idée funèbre ! On insultait le char et ses occupants — à voix basse. On critiquait tout : le roi trop frêle, ses petits chiens à longs poils parfumés tenus dans ses bras et publiquement bichonnés. C'était de la provocation ou de l'inconscience. On trouvait tout mal en sa personne, même son joli visage, même la beauté de son sourire. On répétait que ce mannequin ainsi attifé n'était plus, depuis son séjour en Pologne, qu'un Asiate pervers. La renommée brillante et fausse qui avait fait de lui un foudre de guerre après la victoire de Jarnac et de Moncontour était bien morte. Le mépris et même la haine de son peuple se dressaient contre lui dès le premier jour de son arrivée. Cette hydre allait le poursuivre jusqu'à la mort : elle le tuerait. Quel souverain pourrait espérer réussir son règne après de si cruels débuts ?

Sa mère, toujours en extase devant ses qualités qui étaient réelles mais qu'elle savait barrées par ses faiblesses congénitales, disait : « *Il peut tout mais qu'il le veuille.* » Le malheur, c'est qu'il voulait tantôt ceci et tantôt le contraire et jamais pendant longtemps. Or, il se trouva immédiatement confronté aux difficultés du pouvoir.

Le premier accrochage et le premier échec de son règne eurent lieu à propos de la cession insensée des territoires au duc de Savoie. Celui-ci était si étonné de les avoir obtenus si facilement qu'il ne lâcha pas Henri III sur le chemin du retour avant d'avoir reçu une régularisation légale de la donation par lettres patentes dressées par les légistes de la couronne. Il se méfiait, non sans raison, de ces intraitables conseillers qui n'obéissaient pas du tout aux mêmes fantasmes que leur souverain. Henri promit solennellement à Philibert de Savoie qu'il aurait satisfaction. Dès que la nouvelle fut connue, le chancelier de Birague réunit le conseil et s'opposa à la donation des trois places fortes. Le duc de Nevers (autre Italien de

Mantoue), en qualité de gouverneur des possessions françaises en Italie, refusa de reconnaître l'abandon de ces possessions. Il faut dire qu'Henri III avait oublié de donner le marquisat de Saluces, dernier vestige de l'héritage de François Ier. Etrange affaire ; ce sont deux Italiens, Birague et Mantoue-Nevers, qui défendirent les places bradées par un roi de France (en réalité très italien lui-même).

Autre bizarrerie, celle-ci venant de l'attitude de Catherine, en ce cas déconcertante et tout à fait nouvelle. En toute autre circonstance, elle eût été inflexible et eût soutenu à fond l'avis de Birague et de Nevers, ne fût-ce qu'en souvenir de son mari Henri II. Or, elle céda au caprice de son fils. Elle céda pour ne pas le contrarier ; elle sentit qu'il ne reviendrait jamais sur sa promesse stupide. En d'autres temps, avec Charles IX, elle eût passé outre. Aujourd'hui, tout est changé. Sa reculade est stupéfiante. Elle écrivit elle-même à Philibert que la donation était maintenue et confirmée par lettres patentes. Voilà un virage dans la conduite de la reine mère. Elle laissa s'accomplir cet abandon lamentable, elle l'approuva alors qu'elle le jugeait catastrophique et indigne d'un roi parce qu'elle refusa le risque d'une rupture avec son chéri. Pour la première fois, elle avait eu peur de brusquer un de ses enfants. En pliant devant Henri III, elle reconnaissait qu'il était plus roi qu'elle. Le déchirement, que sur le moment on n'aperçut pas, dut être cruel à cette mère qui régnait depuis la mort d'Henri II, en 1559, non seulement sur la France mais d'abord sur ses enfants. Ainsi s'inaugura le nouveau régime des relations entre le fils roi et sa mère très peu reine.

Catherine eut en même temps un autre déplaisir sentimental, celui de constater que l'absence et le retour de ses « *chers yeux* » n'avaient rien changé à la haine que se vouaient ses enfants. Henri III, à Lyon, voulut aussitôt tirer vengeance de sa sœur Margot. Il n'ignorait pas qu'elle l'avait desservi pendant son séjour en Pologne, qu'elle complotait toujours contre lui pour servir son frère Alençon. Il crut jouer un mauvais tour à sa sœur en informant Navarre que sa femme était, ce jour-là, sortie en carrosse pour se rendre chez son amant. Le roi de Navarre ne prenait pas ces choses-là au tragique. Cependant, puisqu'on l'avertissait publiquement, il fallait bien qu'il fît quelque chose... mais il ne savait trop quoi. Henri III se tourna vers sa mère dont il connaissait la sévérité pour ce genre de faute dans la famille royale ; aussi espérait-il un châtiment exemplaire pour la pécheresse. Il avertit donc Catherine que sa fille Marguerite avait un amant chez qui elle avait passé l'après-midi. Quand Margot comparut devant sa mère, celle-ci « *jeta feu et flammes et dit tout ce qu'une colère outrée et démesurée peut jeter dehors* ». On se souvient que, lors de « *l'idylle* » de Margot avec Henri de Guise, elle avait été rouée de coups. Mais aujourd'hui Margot avait un bon alibi : elle avait visité l'abbaye aux Dames de Saint-Pierre qui est interdite aux hommes. La preuve étant faite, Catherine rengaina sa colère[1]. Puis ce fut au tour de sa fille de jeter feu et flammes contre ses dénonciateurs et ses accusateurs. Catherine, pour l'apaiser et détourner les soupçons, lui dit qu'un valet l'avait mal informée et qu'elle allait « *le chasser comme un mauvais homme* ». Margot ne se contenta pas de ces fausses explications, elle voulut voir le roi et obtint de lui ses regrets qu'on ait pu lui faire accroire cette calomnie. Henri III regretta avec toute la grâce fleurie qu'on lui connaît et sa sœur fit semblant de se calmer parce qu'il était le roi. Mais sa haine ancienne ne lui pardonna jamais cette nouvelle perfidie. Il n'eut pas à attendre longtemps pour en être convaincu. Henri III, croyant la querelle apaisée, joua sa petite comédie de l'attendrissement. Catherine l'adorait dans ce rôle ; elle assistait, ravie, à cette réconciliation empoisonnée. Henri profita de ce moment favorable pour demander à sa sœur, avec toutes les délicatesses qui avaient été le charme de leur adolescence, de recevoir en amitié son favori Du Guast qu'elle haïssait à mort. Il la supplia de faire la paix avec son superbe spadassin, comme eux-mêmes venaient de la faire ensemble. Margot ne put refuser de recevoir Du Guast ; la prière du roi était un ordre. A vrai dire, il était insensé de mettre en tête à tête, sur commande, deux fauves qui n'avaient d'autre désir que de s'égorger. Lorsque Du Guast se présenta devant Margot, elle le renvoya en protestant de lui être « *sa plus cruelle ennemie jusqu'à sa*

---

1. La vérité est plus simple. Margot était réellement avec son amant connu, Charles de Balzac d'Entraigues (c'est à cette famille éteinte que Balzac prit son nom) ; Margot n'était pas au couvent mais dans la maison d'en face.

mort ». Comme elle était aussi douée pour la haine que pour l'amour, elle tint parole.

Cette réconciliation manquée était un nouvel échec pour Catherine.

Henri aurait volontiers couru à Paris au chevet de Marie mais, le Languedoc s'étant révolté, la cour se fixa à Lyon pour être plus proche du théâtre des opérations. Dans sa passion, il considérait Marie comme sa femme. Son désir de la faire divorcer du prince de Condé était plus grand que celui de soumettre le Languedoc. Catherine le pressait de se marier — mais pas avec Marie de Clèves ! — afin de donner au plus tôt des héritiers à la couronne. Elle ne se méfiait pas de la profondeur de l'amour qui liait son fils à la princesse de Condé. A ses yeux, ce n'était là qu'une lubie d'enfant gâté. Or, chez Henri, les lubies et fantasmes prennent souvent plus de réalité que les faits. On voit combien cette femme intelligente, si perspicace en d'autres domaines, était aveuglée par sa passion maternelle qui lui fit commettre bien des bévues. De son côté, Henri III s'aveuglait lui-même sur sa propre passion qu'il dissimulait à sa mère avec tout son art de tromper, qui tenait de la perfection. Mais c'est lui qu'il trompait avant tout. Comment pouvait-il espérer que le pape lui accorderait la dissolution du mariage de Condé et de sa femme enceinte, alors que Rome s'était obstinée à refuser de dissoudre le mariage d'Henri VIII d'Angleterre, même au prix d'un schisme irréparable ? Pour donner le change, il laissa croire à Catherine qu'il accepterait d'épouser une princesse de Suède. Aussitôt la mère marieuse, croyant avoir un parti convenable pour son fils et croyant aussi qu'elle avait là un moyen de reprendre de l'influence sur lui, entreprit les travaux d'approche. Elle était bernée : Henri n'était disposé à aucun mariage, sauf avec Marie. Il n'était pas plus disposé à rester soumis aux volontés de la reine mère comme ses frères et lui-même l'avaient été avant son départ en Pologne. Tout cela était supérieurement dissimulé, mais il était bien résolu à n'en faire désormais qu'à sa tête. Toutefois, l'amour et l'admiration qu'il avait pour sa mère étaient inchangés et, quoique décidé à gouverner seul, il ne renonça pas à se priver de ses conseils — mais de ses conseils seulement dont il userait ou n'userait pas selon son bon plaisir.

Henri III était cependant trop intelligent dans ses heures de clairvoyance pour ignorer qu'il n'y avait pas en lui la force d'exercer tout le pouvoir qui lui était échu et qui le dépassait, contre ses ennemis de l'extérieur et d'abord ceux de l'intérieur dont les pires étaient dans sa propre famille. Il lui fallait « un second », non pas un ministre tout-puissant mais un maître personnel, sans titre, un mentor dominateur en qui il aurait toute confiance et qu'il tiendrait dans une dépendance absolue. Surtout pas un grand seigneur, c'eût été sa perte, il les connaissait trop les Montmorency, les Guises, les La Rochefoucauld... Il ne voulait même pas un des savants et fidèles conseillers de Madame Catherine : ils n'étaient pas assez reluisants et séduisants pour lui et, à travers ces gens-là, c'eût été encore l'influence de sa mère qui se serait exercée sur lui. En réalité, Henri III ne se fiait à personne sauf à ses compagnons intimes, ceux qui l'avaient suivi en Pologne. Eux seuls lui avaient donné, dans l'adversité, dans les dangers et les plaisirs, des preuves irréfutables de leur absolu attachement. Pour mentor gouvernemental, il eût volontiers choisi Bellegarde, « son maréchal improvisé », mais celui-ci s'était trop compromis avec Philibert de Savoie — peut-être avec Philippe II — et son avidité d'argent était trop scandaleuse. Le champion incontesté de la sacrée cohorte restait toujours Du Guast[1]. Il le fit capitaine des gardes, lui confiant sa personne, ses résidences et tous pouvoirs sur ceux qui approchaient le roi. Catherine fit mine d'approuver ce qu'elle ne pouvait empêcher. D'ailleurs, Du Guast n'était pas hostile à la reine mère.

La monarchie en France, à ce moment-là, était attelée à trois : le roi, le favori, la reine mère, avec cette particularité que le roi voulait être le maître absolu.

Dès la première réunion du conseil, à Lyon, Henri III montra sa volonté ; il présida — et de haut. Cette attitude n'était en somme

1. Louis de Bérenger, seigneur du Guast, appartenant à la très noble famille dauphinoise des Bérenger, apparentés aux dauphins de Viennois. Cette famille se perpétua jusqu'à nos jours dans le superbe château de Sassenage, près de Grenoble.

que celle que lui avait dictée Catherine lorsqu'elle avait envoyé Cheverny à Turin, chargé de ses instructions. Son souci était qu'il se comportât en roi dès son arrivée et s'imposât à la cour, aux ministres, au conseil. « *Avant tout et tout de suite vous devez montrer que vous êtes le maître*[1]. » Il obéit à sa mère un peu au-delà de ce qu'elle avait prescrit. Elle lui avait commandé de se réserver le droit absolu de décision après les délibérations du conseil. Il exerça ce droit même contre les avis de sa mère tout aussi bien que contre ceux des secrétaires d'Etat. Ceux-ci se permettaient des initiatives déjà sous le règne de Charles IX. Ce roi, à la fin de sa triste vie, se débarrassait sur les membres du conseil du soin d'expédier les affaires sans son autorisation. Désormais, ils ne pourraient rien traiter sans la signature du roi. Le conseil des finances, que Catherine avait elle-même créé à sa convenance pour l'avoir en main, s'était peu à peu émancipé et réglait les impôts, les pensions, les dépenses sans en référer au roi : il fut supprimé. Toutes les questions relevant des finances seraient dès lors examinées en conseil chaque matin, sous l'œil d'Henri. L'après-midi serait consacré à l'examen des requêtes diverses. Pour mieux concentrer l'autorité, le nombre des membres du conseil fut réduit à huit. Leur choix est révélateur. Henri III n'était pas aveugle en administration, loin de là : il sut conserver quelques vieux fidèles de Catherine, Birague en tête, Cheverny, Morvilliers et, pour les affaires étrangères, Monluc. Les piliers du trône restaient en place — mais sans liberté de décision. Enfin, il y avait les nouveaux venus, les créatures d'Henri III, les « mignons » de Pologne : l'honnête Pibrac et Bellièvre dont il fit un docile surintendant des Finances. Hors du conseil, il nomma les autres à des postes de première importance ; Villequier prit à Gondi-Retz la place de premier gentilhomme de la chambre (Retz garda le titre sans les attributions). Avec sa nouvelle administration, Henri III trancha aussitôt dans les affaires.

La première concernait la guerre. Fallait-il traiter avec Damville et les réformés ou briser la rébellion ? On sait que Catherine et lui étaient braqués contre Damville. C'est Catherine qui encourageait

---

1. Williamson, *op. cit.*

son fils dans l'intransigeance. Cependant, des voix pacifistes leur conseillèrent de libérer les deux maréchaux si malencontreusement emprisonnés, Montmorency et Cossé. Refus du roi. Des princes luthériens d'Allemagne vinrent exprès à Lyon prêcher l'apaisement. C'était une rare et belle occasion à saisir. Henri et même Catherine, pour une fois, ne voulurent pas céder. Le landgrave de Hesse et l'électeur palatin auraient volontiers opté pour la paix bien que Condé, qu'ils hébergeaient à Heidelberg, toujours boutefeu contre la France, les excitât à la guerre et leur eût promis, en échange de leur intervention, de leur donner les Trois Evêchés Metz, Toul et Verdun, sans parler d'énormes indemnités prélevées sur le royaume. Ce prince Bourbon bradait et ruinait son propre pays. Catherine et son fils renvoyèrent les luthériens. Dramatique entêtement. La situation, pour eux, se présentait alors en ces termes : « *Le roi ne peut faire la paix parce que les exigences des rebelles sont trop importantes et il ne peut faire la guerre parce qu'il n'a pas le sou.* »

Pourquoi Catherine, en cette occasion, opta-t-elle pour la guerre ? C'était renier toute sa politique et son propre caractère. Sans doute Damville avait tout fait pour rendre l'affrontement inévitable mais Catherine, dans le passé, avait déjoué d'autres menaces aussi redoutables. Il faut en convenir, c'est encore sa passion pour son fils qui l'aveugla. Elle croyait au génie militaire du « mignon des mignons »; elle croyait à l'incroyable victoire d'une armée sous le prestigieux commandement d'Henri. Quelle erreur ! Il n'aimait pas la guerre, ne savait pas la faire et son armée était sans force ni cohésion. Les rebelles connaissaient tout cela, d'où leur arrogance ; et Henri n'avait plus le brave et astucieux maréchal de Tavannes pour lui faire gagner de nouveaux Jarnac et Moncontour. Cependant, il fallait faire la guerre.

Comme d'habitude, on n'avait pas d'argent. Henri III disposait des mercenaires suisses recrutés par sa mère, plus les troupes disparates commandées par le duc de Montpensier — le Bourbon resté fidèle à la couronne. C'était insuffisant et le roi n'avait même pas de quoi subvenir aux frais de sa mise en campagne. Catherine appliqua sa recette : le clergé paierait. Elle avait déjà obtenu du pape, le 24 août 1574, jour anniversaire de la Saint-Barthélemy, une bulle lui permettant de vendre les biens de l'Eglise jusqu'à concurrence de un million de livres. C'était ruineux ! Quelques mois plus tard, elle jugea le sacrifice insuffisant : elle exigea cinq cent mille livres de plus, le 15 janvier 1575. Après quoi, elle fit instituer par le roi une taxe supplémentaire prélevée sur le clergé. Enfin, pour qu'on pût apprécier tout son art de pressurer les biens et les personnes de l'Eglise, elle demanda au pape de lui accorder un prêt personnel. Grégoire XIII, sans refuser ouvertement, prit un biais astucieux pour récupérer sur-le-champ l'argent qu'il lui avançait : il proposa à Catherine de lui acheter par ce moyen les droits qu'elle revendiquait sur le superbe palais Madame. Il lui offrit trente mille livres. Dès lors, c'est lui qui revendiqua la propriété du palais. Pour faire le généreux dans ce maquignonnage, il offrit par-dessus le marché de fournir trois mille fantassins pontificaux, chamarrés comme à l'opéra, pour exterminer les troupes de Damville. Le roi refusa les fantassins : il connaissait leur promptitude à fuir les champs de bataille. Il accepta, en revanche, cent mille écus pour recruter des mercenaires suisses dont il était sûr.

Damville lança un véritable ultimatum au roi qui présageait l'ouverture des hostilités : il accusait la couronne des crimes de la Saint-Barthélemy, de la violation des édits de tolérance, de l'internement des deux maréchaux, de la captivité d'Henri de Navarre et du duc d'Alençon à la brillante personnalité, à la fidélité et loyauté duquel on refusait la lieutenance générale du royaume qui lui revenait de droit. Enfin, selon la démagogie bien connue de ces sortes de manifestes, il exprimait avec indignation sa compassion pour la misère du peuple dont le roi était seul responsable. On sait que les Montmorency et autres comparses se souciaient comme d'une guigne de la misère du peuple. Leurs troupes et celles des reîtres, leurs alliés, Condé en tête, allaient sous peu ravager des provinces entières. Mais le petit couplet moral et sentimental avait un succès certain dans le parti des « malcontents ». Enfin Damville n'avait pas oublié sa sortie contre les « étrangers », c'est-à-dire les Italiens de l'entourage de Catherine qui ruinaient la France (et ne laissaient que des miettes aux grands féodaux). Cela aussi enflammait le zèle des « malcontents » et des huguenots. Damville, en

outre, appelait le peuple à prendre les armes. Il parlait en maître de
sa province. Il agit en souverain en convoquant les états du
Languedoc à se réunir à Montpellier. Seul le roi avait le pouvoir de
le faire. Le pire, pour le prestige de la couronne, était l'appui
populaire que recevait le mouvement lancé par Damville. Les
pamphlétaires se déchaînèrent contre le pouvoir royal. C'était déjà
une habitude. Mais, en cette occasion, plusieurs auteurs dépourvus de violence et d'irrespect adressèrent au roi des remontrances
sévères. L'un d'eux, au moins, avocat toulousain, mérite d'être
évoqué, ne serait-ce que pour la grâce de son nom, Innocent
Gentillet. Il n'était ni l'un ni l'autre mais perspicace et agressif. Il
demandait une refonte complète de l'Etat en accord avec le peuple,
catholiques et protestants réunis. On se croirait en 1789. Certains
pamphlétaires, démagogues politiciens roués, réclamaient des
réformes dont la stupidité laisse pantois. Ainsi celui qui fait appel
aux Guises pour qu'ils se joignent aux « malcontents » et aux
calvinistes afin de chasser du trône la race honnie des Valois, en
raison des droits (?) que les Lorrains avaient en qualité de
descendants de Charlemagne et d'héritiers légitimes évincés par les
usurpateurs capétiens. Il ajoutait même que les Guises seraient
d'excellents rois qui laisseraient « *les consciences libres mais aussi
tout exercice de leur religion sain, sauf et libre par toute la France* ».
Ces bonnes gens essayaient de recruter de tous bords mais ils
avaient déjà oublié de quelle façon les Guises avaient traité Coligny
et sa suite et « *tout exercice libre et sauf* » du calvinisme.

Pour contrer Damville, Henri III, le 4 novembre 1574, lança à
son tour la même convocation des états à Avignon et non en
Languedoc, province qui lui était interdite. A vrai dire, la route de
Lyon à Avignon n'était pas plus sûre pour lui. Il envoya ses armées
au-devant pour frayer la voie et envahir le Languedoc. Le vieux
Montpensier, à leur tête, mit ses fidèles sentiments et son
incapacité au service du roi. On le remplaça vite par l'occasionnel
« maréchal » de Bellegarde, chargé de défendre le convoi royal au
cas où il serait attaqué en route. Pour plus de sûreté, il fut décidé
que Sa Majesté et la cour se rendraient à Avignon en bateau en
descendant le Rhône, le 16 novembre. Cette navigation même
n'était pas de tout repos. Le gros bateau du roi était chargé

d'artillerie et escorté de barques plus légères où s'entassaient des fantassins ; d'autres suivaient, porteuses des bagages et des serviteurs. La flottille se laissa glisser vers Avignon dans l'appréhension d'une attaque ou d'un naufrage. Une seule barque se perdit corps et biens dans les dangereux tourbillons de Pont-Saint-Esprit. Elle contenait les bagages de la reine Margot et ses serviteurs. Quant au reste, il aborda le quai d'Avignon sans autre dommage. Telles étaient les conditions dans lesquelles le roi voyageait à l'intérieur de son royaume, tel était l'état de l'autorité royale en 1574.

On s'estima heureux d'être arrivé sans combattre. Cela rendit quelque espoir à la cour, d'autant qu'on apprit au roi que son armée, en Languedoc, s'était emparée de Pézenas où se trouvait la fille de Damville. Catherine et ses conseillers se félicitèrent d'avoir pris la manière forte à l'égard des rebelles. On croyait déjà à la soumission de Damville et on ne jurait que par la poursuite de la guerre. On criait victoire.

Les états d'âme de Sa Majesté vinrent tout bouleverser.

Une lettre survint qui changea le caractère du roi et tout le programme

Le 30 octobre 1574, avant la réunion du conseil, Catherine parcourait les lettres devant son fils qui les lisait après elle. Il s'étonna qu'au lieu de lui donner le papier qu'elle venait de lire elle le jetât sur la pile de ceux qui avaient déjà été examinés en conseil comme s'il s'agissait d'une affaire réglée. Toujours méfiant, le roi trouva le procédé inhabituel, il s'empara du message écarté, le parcourut, pâlit, vacilla et s'effondra inanimé : il venait d'apprendre la mort de Marie de Clèves, décédée pendant son accouchement. Henri ne sortit de son évanouissement qu'après un quart d'heure de soins et resta enfermé pendant trois jours dans un état d'hébétude.

Catherine était moins affectée que lui par ce dénouement. Elle avait appris quelques semaines plus tôt, en interceptant une lettre de son fils, les projets matrimoniaux qu'il faisait avec Marie et qu'il cachait à sa mère. Elle en fut scandalisée et blessée. Scandalisée par cette union inégale pour un roi de France (oubliait-elle le scandale de son propre mariage avec Henri d'Orléans ?) et blessée dans son amour passionné pour Henri car, marié et amoureux fou de sa femme, il aurait complètement échappé à sa mère. Marie aurait usurpé dans les affaires de l'Etat la place que Catherine y tenait depuis la fin d'Henri II. Pour elle, la disparition de Marie réglait au mieux la situation.

Il n'en fut pas de même pour Henri. Quand il sortit de sa prostration, il se livra à la douleur la plus violente, la plus démonstrative, la plus incontrôlée, la plus incompatible avec la dignité royale. Les cris, les gesticulations, les coups dont il se frappait, se jetant la tête contre les murs, stupéfiaient la cour sans l'apitoyer. Croyait-il édifier le monde par la profondeur de son amour ? Il s'abaissa en se donnant en spectacle, car c'était bien un spectacle qu'il trouva le moyen d'improviser sur une douleur au demeurant profondément sincère mais, chez cet histrion-né, la sincérité même s'exprimait en grimaces.

Henri était beaucoup plus désemparé que ne le croyait sa mère. Elle ne se doutait pas qu'il ne surmonterait jamais son désespoir, que la disparition de Marie et de cet amour rédempteur allait le laisser désarmé et livré à ses démons intérieurs. Désormais, le garde-fou s'effondrait, il allait tomber en chute libre dans ses débauches, devenir la proie des fantasmes qui lui faisaient peur car, devant eux, il se sentait vaincu d'avance.

Catherine, aveuglée par l'intérêt de la couronne et par son amour maternel, ne comprit pas le désarroi de son fils. Elle passa sans la voir à côté de la tragédie que vivait l'être qu'elle aimait le plus au monde. C'est là une de ses insuffisances.

Cependant un curieux personnage dont elle se méfiait et qu'elle écartait par jalousie, parce qu'il avait pris trop d'influence sur Henri III, avait compris avant elle la vraie nature du roi et son désespoir actuel. Il s'agit d'un père jésuite (était-il vraiment de l'ordre ? il y a un doute) nommé Auger. Confesseur du roi, il l'avait, dans la coulisse, complètement envoûté. Tandis que Catherine refusait de voir les défauts et les vices de son fils ou essayait de les combattre quand ils s'opposaient à ses projets, le confesseur, au contraire, les flattait et même les exaltait, jusqu'à l'extravagance. Il comblait ainsi les vœux de l'histrion couronné qui croyait s'accomplir en s'enfonçant dans ses travers et ses vices avec les bénédictions du père Auger. L'astuce de cet aventurier qui avait débuté comme marmiton avant de prendre la robe fut d'orienter les simagrées d'Henri III vers la dévotion et de faire de ses comédies mystico-sentimentales un spectacle religieux et public pour éblouir les foules. Henri III ne résista plus à ses propres tentations. Sa douleur devint une sorte de jouissance : il ordonna un deuil total pour la cour. Lui en tête, tout son entourage se voua à la mort. Ils se vêtirent de velours et de satin noirs, les toques ornées de plumes de corbeau, les pourpoints scintillants de jais. Les services funèbres se succédaient d'églises en églises dans le plus grand apparat. Lui-même réglait les cérémonies et le décor. Il passait son temps à rechercher avec des maîtres tailleurs de nouveaux arrangements vestimentaires plus royalement mortuaires de jour en jour, en drapant sur des mannequins des aunes de velours. Il se fit l'habilleur de la cour qui, ainsi drapée de noir, lui fournissait une figuration superbe lorsqu'il célébrait en grande pompe le culte funèbre de Marie. Son chef-d'œuvre dans ce genre sinistre stupéfia son monde le jour où il parut dans un costume de velours noir brodé sur toute sa surface de centaines de têtes de mort en fil d'argent. De sa toque à ses souliers toute sa personne était l'image de la mort.

En Avignon, le spectacle prit de l'ampleur. L'ancien Etat pontifical contenait à foison églises et couvents. Tous les ordres ou presque y étaient représentés. Le roi put ainsi, chaque jour, varier le lieu de sa folle dévotion, changer en quelque sorte de scène et de décor pour sa représentation dont le scénario liturgique seul demeurait inchangé. Cette ville l'inspira. Il innova dans la mise en scène, soutenu en cela par son confesseur Auger. Celui-ci souffla aux moines de diverses confréries d'organiser des processions diurnes et même nocturnes en l'honneur du roi et de sa douleur. Henri III fut fasciné par ces lents cortèges de moines chantant l'office des morts à la lueur des torches, sous les yeux d'une foule extasiée, ronronnant ses prières. Ses pénitents poussèrent si loin leur pénitence que certains se flagellèrent en public. Pareil spectacle dans la nuit, dans la lueur rougoyante des cierges, bouleversa le roi. Il n'y tint plus, il voulut participer à ces processions troublantes. Il s'affilia aux pénitents noirs et prit la tête de la procession. Il ordonna qu'on fît sonner les cloches de la ville la plus carillonnante de France et tonner les canons de son artillerie. En artiste du spectacle, il ajoutait à la vision déjà étrange le dramatique vacarme des cloches et du canon. Tant et si bien qu'il rendit folles la ville et les confréries auxquelles s'étaient joints les seigneurs et les dames de la cour et même Catherine qui, pour plaire à son fils, s'affilia aux Pénitents bleus.

Comme Noël approchait, il voulut que la procession de cette nuit-là réunît tous les ordres et emplît les rues de leur piétinement, de leurs psalmodies et de leurs flammes mouvantes. Ce serait le summum de sa dévotion à Marie de Clèves. Nu sous un sarrau de toile grossière, une cagoule sur la tête, un cierge à la main, le roi marchait en tête du cortège. Toute la cour, sur son ordre, le suivait dans le même appareil. Les seigneurs et les dames de tout âge, à demi nus dans cette nuit glacée où papillonnaient des flocons de neige, furent peu à peu gagnés par une sorte d'ivresse lorsque les moines commencèrent à se flageller. Bientôt la contagion gagna les figurants, les chants et les cris se mêlèrent aux invocations, les jeunes seigneurs se flagellaient entre eux avec une sorte de furie. Le spectacle tenait plus d'une bacchanale que d'une procession. Jamais la dévotion ne parut plus émouvante à ce roi. Il était bouleversé au plus profond de lui-même, halluciné par ces lanières ensanglantées frappant des torses nus. Tout ce qui pouvait le troubler et le ravir était réuni : le cabotinage, le mysticisme et la sensualité sado-masochiste la plus évidente. Il vécut sans doute à Avignon, en cette nuit de Noël, des heures d'une volupté incomparable. Le père Auger n'avait pas perdu son temps.

La bacchanale fit cependant une victime de choix : le cardinal de Lorraine. Le vieux et sagace conseiller de Catherine, qui avait suivi bien malgré lui cette procession, en mourut. Il évita les flagellations mais il succomba au froid ; il ne dut pas être le seul. Il rendit l'âme le surlendemain, le 26 décembre 1574. Catherine en fut très affectée. « *Nous avons perdu l'un des plus grands hommes et l'une des intelligences les plus glorieuses que la France ait jamais vues* », dit la reine mère. Elle avait eu parfois à s'opposer aux vues du cardinal, notamment sous le ministère du chancelier de L'Hospital, mais elle voyait en lui un grand serviteur du trône. D'un autre côté, Michelet apporte un tout autre témoignage ; il évoque la joie populaire à la mort du cardinal : « *...ce dignitaire de l'Eglise qui, à cinquante ans, gardait la peau satinée de sa nièce Marie Stuart comme on le voit dans les portraits, voulut faire aussi le jeune homme, prit froid et n'en releva point. On en rit fort. Une tempête qui éclata à sa mort fit dire que les diables fêtaient l'âme du cardinal.* » Et l'objectivité de Michelet aussi. Ce témoignage est d'un pamphlétaire. Il ridiculise le cardinal parce qu'il a la peau satinée comme sa nièce. Et alors ? Les Lorrains et les Stuart étaient du nord de l'Europe, est-ce un vice de n'être pas noiraud ? Le cardinal, dit Michelet, voulait faire le jeune homme. Pas du tout ! Il alla en service commandé à cette mascarade qui lui fut fatale. Si l'on voulait juger de la dévotion du Lorrain, on pourrait plutôt dire qu'elle n'était pas du tout ostentatoire. « *On en rit fort.* » Où ? Chez Damville et les calvinistes sans doute, mais ce n'était pas toute la France. Quant à la tempête qui fête la mort du cardinal, elle rappelle l'orage qui éclata sur la France à la mort de Roland à Roncevaux. Michelet veut peut-être plaisanter en faisant ce rapprochement mais c'est de la « légende dédorée ». Est-ce encore de l'histoire ?

Quant à la mascarade, elle est sinistre. Henri s'y est révélé un prince de la mort. Ses extravagances ont parfois fait rire, un peu légèrement. Le macabre travesti ne joue pas avec le fantasme indéracinable qui est en lui : la mort ; il en est la proie. Il la farde, l'attife, la fait danser. Cela a pu amuser les badauds, mais la mort est la plus forte, elle va chevaucher autour de lui. Ne pouvant la fuir, il l'apprivoise. Il va, au cours de son règne, lui offrir les plus jeunes et les plus belles victimes de son royaume. Toute l'horrible tragédie de sa vie est déjà dans la mascarade sacrilège d'Avignon. A l'accointance visible de la volupté et de la mort qui est en lui, il a donné le masque du théâtre. Mais ses fards puent le cadavre.

Tel était l'enfant chéri de Catherine, mais elle ne voulut jamais le voir dans sa vérité.

La session des états s'ouvrit le 22 décembre 1574 dans l'église des Chartreux, à Villeneuve-lès-Avignon. Henri III y remporta une victoire. Son discours lui rallia tous les représentants. La chose n'était pas facile. Ces messieurs ne s'étaient pas réunis dans l'enthousiasme, or, l'éloquence et la manière du roi les retournèrent complètement. Henri III fut certainement l'homme d'Etat le plus brillant de son siècle pour l'éloquence. Doué d'une culture superficielle mais vaste et bien assimilée, d'une intelligence prompte et subtile, sa parole était nourrie de savoir, éblouissante de clarté et l'artiste qu'il était faisait chatoyer son style. Cet acteur, en ce jour, avait pour scène le trône et pour public les représentants du Languedoc. En jouant de sa voix, qu'il avait belle, émouvante, de ses mimiques gracieuses, il subjugua l'assemblée qui lui vota tous les impôts qu'il lui avait demandés.

Malheureusement, Damville et les huguenots n'étaient pas sensibles aux charmes de l'éloquence royale. Ils se tenaient retranchés dans une petite place forte à deux pas d'Avignon, Livron, d'où ils sortaient pour ravager le Comtat. Or, les forces royales ne purent jamais les déloger de ces murailles d'où ils narguaient Sa Majesté. C'était pour le trône un échec lamentable et, de surplus, ridicule, car du haut des remparts les rebelles insultaient dans les termes les plus grossiers le roi et sa mère qui s'étaient approchés. Toute leur suite et tout Avignon purent entendre.

En outre, Damville s'empara d'Aigues-Mortes et même de Saint-Gilles qui était à portée de voix d'Avignon, ce qui permit à la cour d'entendre de nouvelles injures et de voir la bannière royale flottant sur les remparts de Saint-Gilles jetée à bas et remplacée par celle de Montmorency. Pour Henri III, il n'y eut pas de plus cruelle humiliation. Pour Catherine non plus mais, nous le savons de longue date, les humiliations n'ont jamais abattu la fille des Médicis. Elle envisageait déjà le moyen d'écraser Damville. Bien différente en cela d'Henri III qui ne pensait qu'à fuir les malheurs qui fondaient sur sa personne et sa couronne. Il les fuyait dans les fantasmagories mystico-théâtrales. En se travestissant, il croyait être « un autre » et échapper au malheur. Pour le roi d'un pays déchiré, c'était justement le comble du malheur.

Le roi préfère la fuite. Catherine, en secret, négocie avec les rebelles

Catherine n'attendit pas la catastrophe que lui préparait la guerre du Languedoc. Pendant que le roi costumait sa douleur, elle prit contact avec Damville. Elle était prête à céder beaucoup pour ne pas tout perdre et, même si elle perdait des villes et une part de ses provinces, elle gardait l'essentiel, la prépondérance de l'autorité royale et le droit imprescriptible de reprendre un jour prochain ce qui avait été momentanément arraché à la couronne de Saint Louis.

Elle se heurta à l'insolence de Damville. Il ne voulut rien entendre, disait-il, sans l'avis de son chef, le prince de Condé, alors en Allemagne en train de préparer une armée pour envahir le royaume. Damville attendait la victoire des reîtres à l'est pour confirmer la sienne au midi. C'était, à la jonction de deux armées, la fin des Valois.

Cependant Catherine gardait toujours prisonnier et en réserve son dernier fils, Alençon, désormais Monsieur. Il était tout dévoué aux rebelles et espérait en être le chef suprême dès qu'il serait libre. Damville tenait tellement à avoir le frère du roi comme étendard qu'il envoya deux espions à Avignon pour faire évader le nabot traître. Ils furent arrêtés par les services de Catherine, « questionnés » et occis. Damville fit fortifier plusieurs villes de « sa province ». Il était si sûr de lui et de la population qu'il réunit à Nîmes, le 10 janvier 1575, les huguenots et les « *catholiques paisibles* ». Cette assemblée décida d'organiser le Languedoc et quelques provinces voisines du Midi en un Etat quasiment indépendant et administré comme une république. Afin que les mots ne perdent pas tout leur sens, la « *république* » languedocienne serait sous l'autorité immédiate de Damville, lui-même soumis à celle du prince de Condé. Ce pacte d'union, comme on l'appela, bien qu'il sanctionnât la désunion du royaume, montre à quel point l'autorité royale s'était dégradée depuis la mort d'Henri II.

Henri III, au sortir de ses envoûtantes processions, s'empressa d'approuver le pacte et se déclara prêt à recevoir les cahiers de doléances qui ne feraient que confirmer la dissidence du Languedoc et la défaite de la royauté. Puis il ne voulut plus entendre parler de ces tristes affaires. Pour s'en débarrasser, il prit courageusement le départ. Façon de refuser sa capitulation languedocienne. Catherine eût volontiers tenu la place et continué à parlementer avec Damville, à ergoter, à faire preuve d'autorité verbale, même si elle n'était pas obéie. Mais, le roi ayant ordonné, la cour de France, une fois de plus, plia bagages et reprit sa pérégrination vers Paris.

Henri avait un but très précis : il voulait se marier selon son goût et non selon le goût de sa mère. Catherine eut donc le déplaisir de voir Henri refuser la Suédoise qu'elle lui avait préparée et lui imposer Louise de Vaudémont, la petite-nièce des Guises. Catherine ne manquait pas de raisons pour s'opposer à ce mariage. Louise était de la branche cadette des ducs de Lorraine, donc inapte à la couronne, de santé fragile, peu capable de donner des héritiers. Henri ne voulut rien entendre. Il désirait épouser, disait-il, cette « *princesse de mon pays, belle, agréable, que je saurai aimer et en qui j'aurai totale confiance* ». Et cela était vrai. Catherine, selon son procédé, céda à ce qu'elle ne pouvait arrêter, en faisant croire qu'elle-même avait décidé ce mariage. A la réflexion, plusieurs des griefs qu'elle avait s'évanouirent. Elle avait craint que cette parente des Lorrains, devenue reine, ne renforçât outre mesure leur terrible ambition. Or, leur influence venait de s'affaiblir par la mort du célèbre cardinal. De plus, Catherine, très affectée par la disparition de son conseiller, s'aperçut que, depuis la Saint-Barthélemy, les Guises se tenaient en retrait et, sans eux, elle se trouvait bien seule en face des « politiques » et des protestants unis. Elle repensa aux services que les Lorrains avaient rendus à la couronne du temps de son mari et même après et elle écarta ses suspicions sans toutefois les oublier. Enfin, chez elle cela compte, elle avait reçu « *un signe* » qu'elle jugea favorable à l'influence des Lorrains. Lorsque le cardinal mourut à Avignon, le soir du 26 décembre, elle était à table. Elle aperçut tout à coup, dans un coin de la salle mal éclairée, le cardinal en pleine lumière. Saisie, elle demanda du vin pour se réconforter mais, comme elle tremblait, elle laissa choir son verre et dit à ses commensaux : « *Monsieur le cardinal est là-bas, il me regarde, il est mort. Il vient de passer devant moi en regagnant, je l'espère, le paradis*[1]. » Cette apparition la convainquit qu'elle avait l'appui des Lorrains. Ce fut, avec le mariage, le début d'un rapprochement entre elle et eux. Ce qui ne manquera pas d'avoir dans un proche avenir de grandes conséquences pour le trône et pour la maison des Guises. De toute façon, ce rapprochement était — annoncé ou non par l'au-delà — inévitable parce que la couronne n'avait plus en France d'autres soutiens qu'eux.

La caravane royale fit plusieurs haltes et, selon la coutume, Catherine étala le faste de la cour à défaut de ses victoires. A Dijon, surprise ! Henri III se trouva confronté à une délégation polonaise qui lui demanda quand il avait l'intention de revenir sur le trône de Pologne. Le roi les encouragea aimablement à attendre encore car il allait se marier et, dès qu'il aurait un héritier pour le trône de France, il accourrait à Cracovie vers ses chers et inoubliables Polonais. Un fils ? Quel fils ? La belle diplomatie que voilà, il argue d'un mythe pour appuyer une fausse promesse. Jamais Henri n'eut envie de revoir les bords de la Vistule.

Sur la route qui le conduisait vers Paris puis à Reims pour se faire couronner, il éprouva une violente contrariété : il apprit qu'il était en danger, que son frère Alençon avait manigancé une attaque contre le cortège pour se saisir de la personne du roi. Cette attaque devait avoir lieu en Bourgogne, alors en partie occupée par des troupes huguenotes. L'attaque échoua. C'est le sort réservé à tout ce qu'a entrepris ce prince minable. Le piquant, c'est que l'échec provenait d'Henri de Navarre, lui aussi prisonnier de la cour : il s'opposa à cette imbécillité. Dès lors, la haine entre Henri III et son frère devint mortelle. Livrés à eux-mêmes, ils se seraient entre-égorgés avec furie. Catherine était là pour voiler d'indulgence et d'hypocrisie cette criminelle rivalité qui faisait de chacun des frères un Caïn en puissance.

Dès l'arrivée à Reims, les choses se précipitèrent. Le 13 février 1575, Henri III fut sacré et, le 15, il fut marié. Le sacre donna lieu

---

1. Williamson, *op. cit.*

aux rites séculaires et aux cérémonies qui les accompagnaient. Henri III s'y prêta, on le devine, de son mieux mais ils dépassèrent ses forces physiques. Il fut épuisé par le cérémonial qui durait cinq heures ; à jeun, toujours debout ou agenouillé et une fois à plat ventre, il devait changer sept fois de costume — et quels harnachements d'un poids écrasant ! Ce fut encore un cardinal de Guise, neveu du défunt, qui officia. Henri III était au bord d'une défaillance. Quand le cardinal-archevêque-duc de Reims lui posa la lourde couronne de Charlemagne sur le front, le roi flancha, la couronne glissa, faillit tomber et le blessa. Triste présage ! Mais quelle idée d'aller mettre la couronne de l'empereur d'Occident sur la tête de ce Médicis en bout de race ! Les bruits les plus désobligeants se répandirent : le sacre était sans valeur, l'huile sainte était trouble et le nouveau roi n'avait pas guéri les écrouelles. Vrai ou non, Henri faisait un mauvais départ.

A peine remis du sacre, il fut repris par sa passion d'habilleur et composa lui-même les resplendissants atours de Louise de Vaudémont, les siens et même ceux de ses amis préférés. Ce n'était pas une petite affaire si l'on observe comment les costumes de cour sous son règne étaient taillés, cousus et ornés. Chaque vêtement de cérémonie était une œuvre d'art, aussi travaillée et aussi coûteuse que les plus beaux joyaux. Plus d'un seigneur a été radicalement ruiné pour paraître à la cour dans un arroi digne de ce qu'il voulait être ou paraître. Henri III se livra à sa passion avec une telle fièvre que, dans les brocarts et les perles, il oublia tout, même l'heure du mariage. Louise de Vaudémont resta debout comme un mannequin pendant des heures pour les essayages que le roi exécutait lui-même. Il poussa le souci de présenter la reine comme sa création jusqu'à la coiffer de ses propres mains. Il la frisa et la surfrisa si bien que la messe du mariage dut être reportée à la fin de l'après-midi. C'est le cardinal de Bourbon qui la célébra.

La nouvelle reine avait toutes les vertus mais aucun talent — notamment celui de retenir son mari dans son lit. Ce qui lui valut d'être aimée avec la douce ferveur qu'on voue à une icône, même par Catherine sa belle-mère, totalement rassurée sur l'influence que sa belle-fille aurait pu avoir sur la politique.

Quinze jours après ce mariage, Catherine fut frappée par une cruelle nouvelle : sa fille Claude, duchesse de Lorraine, mourait à vingt-six ans. Le coup abattit Catherine. Elle s'alita, tremblante de fièvre et de douleur. Philippe II, son ancien gendre, lui adressa ses condoléances ; elle lui répondit, brisée de douleur et d'humilité devant les cruels décrets de Dieu qui, de la sorte, la rappelait à l'ordre du commun des mortels : « *Je suis tenue de penser que Dieu ne veut pas que je sois ruinée par les honneurs et la grandeur de ce monde... qui peut-être pourraient me faire oublier l'honneur que je Lui dois.* »

Pendant qu'elle priait et qu'elle s'abîmait dans sa douleur, Henri III, sans vergogne, se lançait dans une folie de bals et de chasses avec ses mignons. Sur le rapport qu'on lui en fit, Catherine pleura autant sur l'insensibilité, l'impudeur de son fils chéri que sur la mort de sa fille. Ce fils lui échappait non seulement dans les plaisirs mais dans son rôle de roi. Ce prince qui était intellectuellement capable de gouverner, d'étudier les affaires et même de les résoudre, de proposer des réformes administratives se désintéressait maintenant des séances du conseil, il fuyait les conseillers de sa mère, il ne voyait que ses fidèles mignons. Son vrai conseil, c'est eux qui le formaient. Il n'était d'ailleurs pas toujours mauvais bien que férocement impopulaire. En tout cas, c'est lui que le roi écoutait et non l'autre. Paris fut vite au courant. On apprit qu'au lieu de s'occuper des affaires il s'était remis au latin. « *Il décline* », disait-on.

Plus encore que ce refus de gouverner avec elle, ce qui chagrinait Catherine, c'était la haine qui séparait ses deux fils. La mère abusive en avait des cauchemars et, sur ce point comme sur d'autres, sa passion maternelle lui fit commettre une grave erreur. On s'étonne que cette femme supérieurement perspicace, on disait même « *diaboliquement* » perspicace, qui s'était fait une réputation de « *voyance* » auprès de certains, ait été devant ses enfants aussi bornée qu'une mère poule. Elle s'était mis dans l'idée que, loin de se haïr, ses deux fils s'aimaient au fond comme de bons frères doivent s'aimer, unis dans l'amour d'une excellente mère ; elle se persuadait qu'ils s'opposaient parce qu'ils ne se connaissaient pas assez. Elle se fit forte de les révéler l'un à l'autre en les obligeant à se fréquenter souvent, familièrement, au lieu d'user de mauvais procédés réciproques. En particulier, le roi étant le maître, elle lui conseilla de ne pas importuner son cadet par une surveillance vexante, de le traiter en prisonnier libre, comme un frère fidèle. Elle était dans l'erreur complète. C'est justement parce qu'ils se connaissaient trop qu'ils s'appréciaient à leur juste valeur et qu'ils se jalousaient à mort, chacun jugeant que l'autre était de trop en France.

Mais les deuils, les mariages, les haines familiales ne faisaient pas toute l'histoire de Catherine. En plus de ses monstres domestiques, elle avait ceux de la politique.

Catherine aux prises avec les traîtres qu'elle a enfantés

Le 11 avril 1575, elle fut bien obligée de sortir de son chagrin pour répondre aux revendications menaçantes des rebelles. Leurs délégués s'étaient rendus à Bâle auprès de Condé, toujours sur pied de guerre, afin de prendre ses ordres. Leurs exigences bien rédigées, article par article, répétaient ce que l'on sait, dominées par un mot d'ordre impérieux, l'intransigeance, et par une revendication nouvelle : la réunion des états généraux à bref délai — d'où peut sortir n'importe quoi, même une révolution. Catherine ne s'insurgea pas, elle repoussa en douceur l'échéance en priant les délégués de Damville de rentrer dans leurs lointains Languedocs pour mettre au point leurs revendications, qu'elle ne rejetait pas, avec leurs chefs locaux et leurs pasteurs. Cette manœuvre lui fut dictée par une nouvelle intéressante : Damville était gravement malade. Elle en conclut qu'il était mort. Elle espérait ainsi reprendre les négociations à zéro avec des délégués désorganisés et désunis. C'était sa vieille tactique : gagner du temps. On insinua même qu'en cette heureuse disposition d'esprit où la « mort » de Damville l'avait mise elle aurait tenté de se débarrasser des deux maréchaux qu'elle tenait prisonniers en les faisant étrangler dans leur prison. On alla même, pour embellir ce crime, jusqu'à supposer qu'elle avait envoyé le célèbre médecin Miron visiter les prisonniers sous prétexte qu'ils souffraient d'un mal de gorge, ce qui eût très bien camouflé la strangulation à laquelle ces « malades » auraient succombé le lendemain. Voilà encore un des « crimes » prêtés à Catherine. La rumeur en fit une réalité. Les maréchaux se portaient bien, nous en aurons bientôt la preuve. N'empêche que la réputation de Catherine a tout autant souffert de cette « invention » que si le crime eût été réellement perpétré.

Damville se retrouva aussi vivant que les « victimes » de Catherine et ses délégués revinrent à Paris, plus résolus que jamais à mettre le roi — c'est-à-dire Catherine — à genoux. Cependant, Henri III et sa mère avaient à domicile des ennemis encore plus virulents.

Un nouveau parti existait à la cour, un parti armé, une avant-garde de l'armée de Condé et de Damville dont le pavillon était Alençon et la tête sa sœur Margot. Comme toujours avec celle-ci, il faut chercher l'homme. Elle avait eu La Molle, maintenant l'homme était Bussy d'Amboise, même carrure, même amateur d'armes, de tueries, un spadassin de grande classe, extrêmement dangereux. Henri III en avait peur. Sa sœur le savait et jouait de cet avantage. Ce jeu n'était pas sans danger ni pour les joueurs, ni hélas ! pour le royaume. Margot s'était entourée de quelques assassins de marque groupés autour de Bussy : Fervaques, La Châtre, Marchaumont et le beau Simier qui, à la cour d'Angleterre, avait fait un temps les délices d'Elisabeth. Celui-là n'était pas du genre « grenouille » comme Alençon mais plutôt du genre léopard, cher à la couronne d'Angleterre. Henri III, de son côté, disposait d'une garde intime composée de ses très redoutables mignons, experts dans l'art de manier l'épée et la dague et d'un courage absolument fascinant. La cour, entre ces deux partis, vivait dans un climat de haine. Provocations, insultes, médisances empoisonnées, coups fourrés étaient le programme quotidien. Henri III, bien semblable à sa sœur Margot, participait à ces provocations et à ces médisances qui pouvaient devenir crimi-nelles. Chacun d'ailleurs, dans cette cour, portait sous la soie du justaucorps une cotte de mailles : un coup de dague entre deux portes était vite donné, une rixe dans la rue, sans raison apparente, laissait des morts sur le pavé. Henri de Navarre, toujours captif de cette cour coupe-gorge, écrit : « *Nous sommes presque toujours prêts à nous couper la gorge. Nous portons dague, jaque de mailles et bien souvent la cuirasse sous la cape...* » Et il ajoute : « *Le roi est aussi menacé que moi et il m'aime beaucoup plus que jamais.* » Tout cela est vrai. Le roi était menacé par son frère et il avait de l'amitié pour le Béarnais. Plusieurs années plus tard, cette amitié aura des conséquences politiques importantes et séparera encore plus Henri III de Catherine qui, toujours aveuglée par sa passion maternelle, ne put jamais admettre qu'Henri de Navarre devînt un jour l'héritier du trône.

On se souvient que Margot avait juré la perte de Du Guast. Celui-ci s'était promis d'abattre Margot. Il apprit au roi et à Catherine que Bussy d'Amboise était l'amant de la reine de Navarre. Comme Catherine avait été trompée une fois, elle refusa d'écouter Du Guast. Celui-ci, avec l'accord du roi, régla l'affaire à sa façon. A la tête de plusieurs assassins qui ne l'étaient pas plus que ceux qu'ils devaient assassiner, il attaqua Bussy et sa suite. Celui-ci, qui n'était pas une victime facile, échappa aux tueurs. Comme on ne pouvait recommencer l'attentat, Bussy fut prié, dans des termes fort menaçants, de quitter la cour. Il comprit que cet ordre venait de si haut qu'il obéit. Quelle erreur du pouvoir ! Bussy alla dans le Midi se mettre à la tête de troupes rebelles. Le roi avait un ennemi de plus.

Margot redoubla de haine contre Henri III et Du Guast. Ceux-ci ne désarmaient pas : ils convainquirent Henri de Navarre que sa femme entretenait des relations lesbiennes avec la fille du maréchal de Matignon. Le Béarnais supportait les écarts de sa femme avec les spadassins mais non avec Lesbos. On chassa la fille du maréchal loin de Paris. Margot se vengea.

Henri III s'amusait de ces vexations. Il prenait plaisir à piquer au vif son frère et sa sœur. Il poussait les mignons à insulter Alençon, à se moquer de lui en public, à refuser de le saluer. Du Guast était passé maître dans l'insolence et la provocation. Catherine, de son côté, avait confié à l'irrésistible Charlotte de Sauves la mission d'être aimée du roi de Navarre et de recueillir ses confidences. Cette liaison allait au mieux pour le plaisir du Béarnais et l'information de la reine mère, quand le nabot se prit lui aussi d'amour pour la même Charlotte. Sa jalousie envers Henri de Navarre le rendit forcené. Stupidité parfaite : Henri était son allié, leur sort commun de prisonniers et leur intérêt politique les rendaient solidaires. Catherine observait et espérait que la sottise de son dernier fils allait séparer les deux princes ennemis du roi. Mais sa fille Margot veillait. Pour empêcher la rupture entre son mari et son frère, elle leur promit à tous deux de les faire évader. La liberté valait mieux que Mme de Sauves. Alençon s'enfuirait le premier et le Béarnais ensuite. Après les avoir réconciliés, elle tint promesse, elle rendit la liberté à son frère. Ce ne fut pas difficile, on verra pourquoi. Le 15 septembre 1575, elle prépara à Alençon un rendez-vous qualifié de galant, dans une maison à double issue. Il s'y rendit sans empêchement, entra d'un côté, un coche l'attendait de l'autre, il quitta Paris, sauta à cheval et gagna la ville de Dreux. Là, il était en sécurité : Dreux faisait partie de son apanage, le roi même ne pouvait l'y poursuivre et l'arrêter. On peut trouver curieuse cette façon de garder un prisonnier et de lui ménager dans le royaume des possessions intouchables. C'était ainsi : le Moyen Age se survivait encore.

Cette évasion provoqua une scène violente entre le roi et sa mère. Il la rendit responsable de la fuite de Monsieur parce qu'elle avait refusé d'écouter ses avis et ceux de Du Guast qui se méfiait des intrigues de Margot et réclamait une surveillance accrue des princes prisonniers tandis qu'elle prêchait la douceur. Elle rêvait, on le sait, de rapprocher les frères ennemis. En donnant plus de libertés à Monsieur, elle croyait qu'il en serait reconnaissant à son frère et que leur réconciliation s'ensuivrait. Elle avait perdu. Du Guast avait raison. Elle fut blessée par son erreur et plus encore parce que le parti des mignons était gagnant.

La fuite de Monsieur eut deux conséquences graves. L'une ne frappa que Catherine : Henri III lui retira les dépêches, c'est-à-dire qu'elle n'eut plus le droit de les ouvrir et de les lire en premier. Elle garda sa place au conseil avec les égards qui lui étaient dus mais elle ne fut en quelque sorte qu'un ministre parmi d'autres. On prenait son avis, on le suivait ou on ne le suivait pas.

On peut imaginer sa douleur et sa mortification. Son masque resta le même et sa volonté de régner aussi, obéissant à un destin que rien au monde ne pouvait modifier.

L'autre conséquence était bien plus grave pour le royaume. Alençon allait prendre la tête de la guerre contre le roi et sa mère. Sa nullité n'apportait rien aux rebelles mais, étant frère du roi et premier héritier de la couronne, sa seule présence « légitimait » en quelque sorte la rébellion. Les provinces dissidentes avaient un roi à l'égal du roi.

Catherine prit peur. Condé était prêt à envahir la Champagne et la Bourgogne, il allait foncer avec les mercenaires de Jean Casimir. Tout l'est du royaume allait être ravagé par ce fléau. Deux jours après que son fils félon eut pris la fuite, elle était si affolée qu'elle eut l'idée de le faire poursuivre, enlever de force et ramener prisonnier. Le danger lui faisait perdre la tête. Le procédé était trop contraire à son caractère pour qu'elle s'y tînt. Elle revint à la manière douce : c'est elle, en personne, plus en qualité de mère que de reine, qui irait à la recherche du fugitif, elle lui parlerait, elle le bercerait de promesses, elle le ramènerait dans l'obéissance et la fidélité — et même, pourquoi pas, dans l'affection du roi et de sa mère. Voilà sa force, cette confiance aveugle dans ses talents de négociatrice. Elle partit donc. D'étape en étape, elle finit par rejoindre Alençon à Chambord, après dix jours de poursuites exténuantes. Elle le tenait, elle ne le lâcha plus. Elle lui accorda tout ce qu'il voulut, pour ses amis les « politiques », pour les huguenots, des places de sûreté, de l'argent, la libération immédiate des deux maréchaux embastillés qui ne lui coûtait rien mais flattait l'orgueil du nabot : il pourrait se vanter que sa mère et le roi avaient cédé devant lui. Elle était prête à toutes les concessions pour que Condé n'envahît pas la France avec ses reîtres.

Elle fut si heureuse du sursis obtenu qu'elle écrivit à Damville qu'elle attendait ses représentants pour signer la paix, ce qui laissait croire qu'elle acceptait d'avance toutes leurs conditions.

Condé n'avait pas attendu le. résultat de ces négociations : l'avant-garde de son armée, commandée par le frère de Damville, Thoré-Montmorency, était déjà en France avec les Allemands. Par bonheur pour la cause royale, dans l'Est les Guises veillaient. Et, une fois encore, un Guise, le duc Henri, arrêta les envahisseurs à Dormans le 10 octobre 1575. Au cours de la bataille, Henri de Guise reçut à la joue une blessure semblable à celle de son père et il porta désormais, comme lui, le surnom de Balafré. Ce n'est qu'un détail mais, dans la vision que le peuple se fait de ses héros, cette balafre accrut le prestige de l'idole de Paris et des catholiques et, en contrepartie, décupla la jalousie morbide d'Henri III pour ce héros populaire qui éclipsait son pâle pouvoir royal.

Catherine eut une autre chance : le maréchal de Montmorency qu'elle venait de libérer se mit si honnêtement au service de la couronne qu'en sa qualité d'aîné de Damville et de victime de Catherine il obtint de Monsieur la signature d'une paix provisoire à Champigny. Le loyalisme de Montmorency montre quelle erreur avait faite Catherine en l'emprisonnant. Un curieux principe de Machiavel, qu'elle appliqua trop rigoureusement, incite les princes à favoriser leurs opposants plus volontiers que leurs serviteurs, sous prétexte que les concessions amadouent les ennemis alors que, pour les amis, c'est perdre son temps puisqu'on est déjà assuré de leur dévouement. Beaucoup de chefs d'Etat ont pu constater que l'efficacité du précepte est très contestable mais certains lui obéissent encore.

De toute façon, son redoutable rejeton se voyait attribuer des villes de sécurité, dont Angoulême et La Charité. Et, pour remercier Condé de lui envoyer une armée de reîtres, elle lui offrit Mézières et ajouta cinq cent mille livres pour Jean Casimir qui les avait fournis. En somme, elle fut sauvée par ceux dont elle se méfiait et tenait à l'écart, les Guises. Cette politique de faiblesse lui était imposée par l'instabilité morale du roi et par la ruine du Trésor. Elle avait au moins l'avantage d'avoir provisoirement retardé la guerre civile, mais ce pauvre bienfait fut lui-même remis en question par l'opposition qui s'éleva violemment contre sa capitulation devant les rebelles. Plusieurs gouverneurs de provinces refusèrent de livrer aux protestants les villes qu'elle leur avait données. Henri III lui-même s'opposa au paiement des cinq cent mille livres promises par sa mère à l'électeur palatin à seule fin qu'il gardât ses reîtres de l'autre côté du Rhin. C'est ainsi que son fragile arrangement pacifique fut anéanti par le refus d'Henri III de signer ce à quoi elle s'était engagée. Elle en fut navrée : « *Mon fils, j'ai pitié de vous, je voudrais qu'il m'en coûtât la vie et avoir parlé à vous une heure, encore que vous me fissiez le froid, car je vous aime tant que je crois que ma vie en serait plus courte de six ans de la peine que j'ai de vous voir ainsi servi*[1]. »

Fini le temps où Charles IX signait tout ce qu'elle lui présentait et fini le temps où son fils chéri ne lui « *faisait pas le froid* ». Cependant, le temps d'aimer l'ingrat ne finirait jamais, ni la douleur d'être écartée, ni celle de le voir mal conseillé. Elle souffrait que les mignons fussent mieux écoutés qu'elle, en particulier Du Guast qui poussait le roi à une politique de force contre les rebelles. Elle s'était, une fois, débarrassée de Ligneroles, elle ne pouvait répéter le coup : Du Guast était fort et elle était plus faible.

Au demeurant, la trêve que Monsieur n'avait consentie que pour sept mois n'avait pas plus de valeur que son signataire. Dans cette famille dont la devise pourrait être *commediante, tragediante,* on est en droit de s'attendre à toutes les fourberies de la part du plus vil de ses représentants, Alençon, dit Monsieur. Pour rompre ses engagements, tout en gardant ce qu'on lui avait donné, il déclara, le 9 janvier 1576, qu'il avait été victime d'un empoisonnement ordonné par Henri III, façon d'annoncer qu'il n'était plus tenu à rien envers le roi. Avec Catherine, nous nous sommes souvent crus à Florence, avec le nabot nous sommes dans un égout napolitain. Sa mère en tomba malade à Châtellerault. Selon son bon principe, elle avait profité de sa course après le fugitif pour visiter quelques villes et y réchauffer la foi monarchique. Tout n'était que déception pour elle. Soit qu'Alençon n'eût donné aucun ordre pour instituer la trêve, soit qu'il n'eût aucune autorité sur ses alliés, Condé et l'électeur Jean Casimir, ceux-ci entrèrent en France avec une armée considérable, le 9 février 1576. Le pire était arrivé. Le roi ne pouvait opposer à l'invasion aucune troupe. Les reîtres, fin février, étaient déjà installés en Bourbonnais d'où, après avoir fait bombance et tout ravagé, ils comptaient, l'hiver fini, rejoindre les troupes de Damville dans le Midi. Ainsi, de la

---

1. Ivan Cloulas, *Catherine de Médicis,* Fayard.

Champagne au Languedoc, le pays eût été ruiné et l'autorité royale anéantie sur la moitié du royaume. De nouvelles épreuves attendaient Catherine et le roi.

Un roi humilié

Depuis le départ de Monsieur, leur principale ennemie, au Louvre, était Marguerite de Navarre. Les avantages obtenus par son frère et les « politiques » ne l'avaient pas satisfaite, elle était impatiente d'assister à l'écrasement d'Henri III et de sa mère. Or, ceux-ci avaient un allié terrible pour elle, Du Guast. Il poussait le roi à résister et il était de taille à barrer la route aux ambitions de Marguerite et d'Alençon par les moyens les plus expéditifs. Elle décida de prendre les devants.

Du Guast, comme Henri III, était toujours entouré d'une garde aussi avertie que courageuse. Le favori était plutôt du genre tueur que du genre victime. Il ne pouvait être abattu que par traîtrise. C'était la spécialité de Margot. Elle apprit que Du Guast se rendait en secret dans une maison où il prenait, seul, des bains de vapeur pour soigner certaine maladie de peau. Après cette médication, il avait l'habitude de dormir quelques heures. Le secret absolu de cette retraite le protégeait — sauf de la haine de Marguerite. Elle trouva un tueur déjà célèbre, le baron de Witteaux, qui se tenait caché, pour échapper aux poursuites, dans le couvent des Grands Augustins. Marguerite, ayant des intelligences dans la place, obtint de rencontrer le plus secrètement du monde le bretteur. La chapelle parut le lieu le plus indiqué pour cette innocente entrevue. Margot était enfouie sous des voiles de deuil, car c'était la Toussaint. Nul ne pouvait reconnaître la sœur du roi. Elle fit à Witteaux sa proposition : abattre Du Guast. Le tueur refusa : le gibier et son protecteur lui parurent trop dangereux ; la vengeance du roi serait horrible et nul ne pourrait y échapper. Marguerite savait parler aux spadassins de bonne naissance et de bonne mine. Elle joua de sa voix, de ses voiles, de son regard, de son parfum et de tout ce qu'elle laissait entrevoir et espérer, perversement suggéré et retiré dans la pénombre de cette chapelle. L'argent n'intéressait pas Witteaux. Il finit par céder en exigeant une récompense prodigieuse et immédiate : il tuerait Du Guast mais il voulait posséder la reine de Navarre, la sœur incestueuse de deux rois, la maîtresse de plusieurs amants couverts de sang et il la voulait sur-le-champ. C'est ainsi que le tueur se paya à même les dalles de pierre de la chapelle, tout embrouillé dans les voiles noirs et les souvenirs sanglants de la royale putain. Le lendemain, Du Guast fut transpercé de quatre coups d'épée et mourut sur son lit de repos en sortie de bain. Margot ajouta ce fleuron à sa couronne tragique. Henri III était encore perdant, noyé dans la douleur.

Henri de Navarre, las de sa détention alors que Monsieur avait déjà recouvré sa liberté et que tout le royaume en prenait à son aise avec le pouvoir royal, décida de prendre la fuite. Le 4 février 1576, au cours d'une partie de chasse à courre à Senlis, il s'écarta dans la forêt et s'enfuit dans une chevauchée éperdue jusqu'à Alençon où il avait des amitiés huguenotes. Ayant repris son souffle, il se trouva confronté à tous les problèmes qui se posaient à lui, premier prince du sang, chef des réformés de France et de cette « république » politique et huguenote à la place de son cousin Condé. Le curieux de son cas c'est que, pour le moment, il était catholique et l'on est étonné de le voir hésiter longuement à abjurer son catholicisme de commande pour réintégrer son calvinisme de naissance. A quoi pensait-il ? Il n'avait que vingt-trois ans mais il nourrissait déjà des vues d'avenir dans lesquelles l'avenir des Valois ne pesait pas lourd et celui du Bourbon qu'il était prenait toute son importance. Après réflexion, il accepta d'abjurer. Il le fit sans cérémonie ni publicité en assistant au baptême d'un petit huguenot. Puis, au lieu de foncer, comme tout le monde s'y attendait, vers les armées rebelles et d'en prendre le commandement, il regagna sagement son royaume de Navarre, s'occupa de son administration, y instaura un régime de tolérance que sa mère avait supprimé, il observa et réfléchit : il faisait son apprentissage. A vrai dire, le plus difficile pour lui fut de contenir ses propres partisans. Il eut autant de mal à se faire obéir des huguenots que Catherine en avait à maîtriser les ultras catholiques. Des deux bords, les va-t'en-guerre ne rêvaient que de massacres. Son alliance forcée avec Monsieur et Condé ne disait rien qui vaille à Navarre. Il fallait qu'il y eût en lui beaucoup de perspicacité et de sagesse pour résister à la tentation de partir en guerre contre le roi tellement affaibli que tout laissait croire à la victoire des rebelles. Ceux-ci étaient les plus forts. Monsieur passa en revue une armée de trente mille hommes bien armés et en parfaite condition. Quand le roi demanda des crédits pour lever sa propre armée, le Parlement et les particuliers ne répondirent pas à son appel. Cette absence de réponse répondait mieux qu'un discours au « roi des Mignons » et des processions ridicules et offensantes. Paris, ville catholique et royaliste, ne voulait pas d'un catholicisme théâtral ni d'un roi travesti en pénitent, car Henri III avait renouvelé à Paris ses exhibitions d'Avignon. Le peuple l'avait mal pris. Le chroniqueur L'Estoile n'a pas tari de moqueries venimeuses et d'injures qu'il recueillait dans les rues et les boutiques. C'est dans son *Journal* qu'il nous restitue la rumeur méprisante et haineuse de la capitale pour son roi flagellant, encagoulé, nu-pieds, traînant dans les rues en robe de serpillière, entouré de moines et de ses mignons déguisés comme lui. Paris aimait ses rois dans leur fabuleux cortège au retour du sacre, la royauté était alors resplendissante et sacrée. Pour celui-ci : point d'honneur et point d'argent. Au fond de ce sentiment populaire on pressent un autre sentiment inexprimé, c'est que le trône était vide. La place était à prendre. Par qui ? C'est là le point.

Pour le moment beaucoup souhaitaient la mort d'Henri III — et ce n'étaient pas les huguenots, bien au contraire, c'étaient des catholiques outrés d'indignation.

Il faut dire que l'impopularité de ce roi avait aussi d'autres causes : il eut surtout le tort d'attenter à la bourse de ses sujets, notamment de ceux qui se tenaient habilement en marge de l'impôt. C'est une politique impardonnable. On sait que ce roi à fantasmes avait des heures et des jours de pleine raison, de réflexion très pertinente et d'application aux affaires. Cela, le public ne le voyait pas mais il en ressentit les effets. Le roi n'imita pas sa mère qui, dans ses moments de détresse financière, n'avait qu'une recette : prélever sur les biens du clergé. Henri III innova de façon très moderne : il institua un impôt régulier, bien réparti sur l'ensemble des Français aisés, frappant à la fois le capital et le revenu. Ce fut une abomination : il était non seulement sodomite mais en plus socialiste. Le peuple, dépourvu de biens et de revenus, échappait au prélèvement en vertu du vieux dicton : « *Où il n'y a rien le diable perd ses droits.* » En revanche, les riches bourgeois, gens de finances, gens de robe, commerçants opulents et même le haut clergé durent payer. La noblesse s'en tira car l'exemption d'impôt était son premier privilège — elle avait d'autres charges — et, si on avait touché à celui-là, la société monarchique s'effondrait, la noblesse étant, par définition, le soutien et le défenseur du trône. D'ailleurs, à part quelques dizaines de familles de très grande noblesse immensément riches, le second ordre de l'Etat n'avait pas d'argent, sauf des terres et des pierres. Le scandale n'eût pas été payant tandis qu'avec la riche bourgeoisie le Trésor eut du rendement. Mais le roi tua la poule aux œufs d'or, il se ferma tout crédit et, comme ses finances ne vivaient guère que d'emprunts, les riches ne voulurent plus lui prêter.

Henri III recevait humiliation sur humiliation. La fuite d'Henri de Navarre et l'assassinat de Du Guast l'avaient bouleversé. Il voulut se venger sur sa sœur Margot, instigatrice de ces mauvais tours. Dans sa fureur, il se saisit d'elle. Elle crut sa dernière heure venue et elle écrit : « *S'il n'eût été retenu par la reine ma mère, sa colère, je crois, lui eût fait exécuter contre moi quelque cruauté* [1]. » Cela est bien probable, on aurait retrouvé Margot étranglée ou pas retrouvée du tout. Mais elle était utile à Madame sa mère qui sut faire valoir à Henri III que, s'il supprimait sa sœur, son frère Alençon deviendrait intraitable tandis qu'en la gardant comme otage on pouvait encore obtenir de lui quelques adoucissements à sa haine et à ses exigences. Etranges transactions familiales entre frères et sœur sous le patronage d'une mère qui adore ses enfants.

C'est dans cet esprit qu'elle s'embarqua de nouveau pour aller au-devant des rebelles poursuivre ses éternelles négociations. Eux avaient une armée, elle avait les forces de sa conviction, de ses astuces et de son droit régalien. En face de trente mille hommes sur

---

1. Ivan Cloulas, *op. cit.*

pied de guerre, elle arriva, toujours en noir, entourée d'un escadron de femmes merveilleuses, tous leurs charmes à l'étalage, plus une demi-douzaine de conseillers avec leur écritoire et leur science secrète et efficace pour trousser d'excellents contrats. Charlotte de Sauves était l'étoile la plus brillante de cette constellation. Les autres resplendissaient aussi ; il y avait même Mme de Villequier, la femme du plus ancien des mignons. Il avait délégué son épouse qu'il poignarda un peu plus tard parce qu'elle avait un amant. Bizarre comportement. Il avait, sous les ordres du roi, payé de sa personne pour soutenir le trône mais il ne tolérait pas que sa femme en fît autant sous les ordres de la reine mère. Le roi lui était si reconnaissant de ses bons services passés et présents qu'il ne lui fit aucune observation sur l'assassinat de sa femme (encore que celle-ci fût enceinte) et aucune mesure ne fut prise contre lui. L'amitié et la fidélité d'Henri III étaient totales pour ses mignons. La réciproque était si vraie qu'elle se manifesta de façon bouleversante en diverses circonstances tragiques.

De sa rencontre avec les rebelles Catherine rapporta divers « arrangements ». Ils furent signés un peu plus tard sous le nom de traité de Beaulieu-lès-Loches où elle se rendit. Monsieur voulut signer la paix chez lui car il était seigneur du comté de Loches, c'est donc le roi qui vint en demandeur. Catherine habitait à Loches l'ancienne maison d'Agnès Sorel que Charles VII avait donnée à sa favorite. Cette maison existe encore, rue du Puy-Mourier. Ce logis était non seulement royal en quelque sorte mais aussi magique, ce qui ne passa pas inaperçu à Catherine. On avait gravé sur le mur un mystérieux « carré magique » composé des mots suivants : SATOR — AREPO — TENET — OPERA — ROTAS. Ce carré se trouve également dans la tour de Louis XI, à Chinon, et on l'a aussi relevé à Pompéi. Catherine était en pays de connaissance : ce « signe », paraît-il, est protecteur [1]. Il ne fut guère efficace pour la royauté au cours des négociations qui eurent lieu à l'abbaye de Beaulieu. Dès que le traité fut signé, le 6 mai 1576, il fit pleurer les catholiques et les rendit enragés. Henri III

1. Dr Jean Raust, *Loches au cours des siècles*, 1981.

sortit de la séance de signature parfaitement humilié par les rebelles et par son frère et déconsidéré par les royalistes fidèles.

Que contenait-il donc de si accablant, ce traité dont l'Histoire, sans doute à tort, a fait peu de cas ? Toujours en préambule, les mêmes assurances sur la liberté de conscience et enfin le libre exercice du culte réformé « *en tous lieux de notre royaume* » sauf Paris et les lieux où séjournerait la cour. C'était une concession nouvelle et d'importance. Autre curiosité, le culte catholique devrait être rétabli là où il avait été interdit. Il y avait donc en France des lieux d'où le catholicisme était banni ? On avait pensé à tout, même à prohiber les pamphlets diffamatoires de l'un et l'autre partis. Les huguenots eurent le droit d'avoir leurs cimetières, de construire des temples, d'entrer dans les universités et les collèges sans formalités. Les tribunaux comprendraient des chambres mi-parties, composées d'un nombre égal de juges de chaque religion. Enfin des particularités : les protestants restaient soumis à la dîme payée au clergé et devaient chômer les fêtes comme les catholiques. On trouve même une disposition du traité ne concernant que les catholiques : le mariage des prêtres et des religieuses était reconnu et leurs enfants avec. On croit mal lire. Et le concile de Trente, Majesté ? Le roi de France est maître chez lui. Le siècle est plein de surprises.

Ce début était inspiré par une pensée pacificatrice. Mais il y avait la suite. Le négociateur rebelle, en face de Catherine, était le duc d'Alençon, Monsieur. Ce Monsieur-là avait ses exigences personnelles d'où les idées de tolérance, de respect de la religion réformée et de paix étaient totalement exclues. Monsieur faisait ses affaires et, du même coup, celles de tous les seigneurs qui avaient misé sur son succès : ils le voyaient déjà roi ! Donc, les Damville, Condé, Navarre, Orange et autres rebelles étaient blanchis de toutes leurs actions contre le roi et rétablis dans leurs biens et leurs prérogatives. En revanche, le roi battait sa coulpe devant eux : il condamnait tous « *les désordres et excès* » commis à Paris « *le jour de la Saint-Barthélemy et les jours ensuivant en autres villes et endroits de notre royaume* ». Pour donner du poids à ces regrets, il annulait toutes les mesures prises par la justice contre ses sujets pour faits de religion et ce, depuis la mort d'Henri II. Il exemptait d'impôts les veuves et les enfants des victimes. Une réhabilitation particulière et officielle était réservée à l'amiral de Coligny, assortie d'une restitution de tous ses biens. Il n'était pas le seul. Montgomery, La Molle et même Coconas, d'illustre mémoire, étaient réhabilités. L'amour-propre du roi comme le Trésor étaient mis à rude épreuve dans ce traité où il affirmait solennellement tenir en affection parfaite (et combien sincère !) Condé, Damville, leurs séides et mêmes les reîtres ! Cela n'était que mots difficiles à signer sans doute, et ils ne seraient restés que des mots s'ils n'avaient été accompagnés de donations considérables. Le roi garantissait à Condé, Damville et autres « *amis affectionnés* » la propriété de tout ce qu'ils avaient « *saisi dans les recettes royales* » (perceptions et bureaux du Trésor), les œuvres d'art volées dans les églises, les amendes prélevées de force sur les villes et villages conquis par eux ; enfin, le roi leur donnait quittance pour les impôts qu'ils avaient indûment perçus dans les provinces qu'ils occupaient militairement.

Ayant bu le calice jusqu'à la lie, Henri III n'en fut pas quitte pour autant. Il dut s'engager à réunir à Blois, avant six mois, les états généraux. Les rebelles, étant en force, espéraient se faire de bonnes élections. Le roi serait écrasé. Il s'en doutait. On comprend que la signature d'un tel ultimatum ait arraché des larmes à Henri III. Pas à Catherine, qui se faisait toujours une idée optimiste de la grande dévaluation que subissaient les promesses entre le moment où elles étaient faites et celui où l'on devait les tenir (ou ne pas les tenir du tout). C'est dans cet hiatus entre ce qui est promis et ce qui est dû qu'elle avait installé son gouvernement.

Comme Henri III se refusait à signer, encouragé par Henri de Guise, Catherine emporta la décision et dit à son fils. « *Acceptez, mon fils, acceptez ! Ces articles que je vous demande de confirmer se détruiront eux-mêmes, la France se soulèvera contre les prétentions de ces hérétiques. La guerre recommencera mais cette fois votre frère ne sera pas avec eux et nous dicterons une véritable paix* [1]. »

Pour ne pas s'arrêter en si beau chemin, le roi dut encore signer les clauses particulières à son frère, le vrai gagnant de la partie,

---

1. Williamson, *op. cit.*

Monsieur, ainsi qu'à ses amis. Henri de Navarre recevait le gouvernement de Guyenne de sorte que, des Pyrénées à l'Angoumois, il était le maître. Damville fut confirmé dans son gouvernement du Languedoc. Ainsi tout le sud du royaume, du Rhône à la Gironde, passait sous l'autorité des rebelles. Condé, en plus de Mézières, recevait Péronne, ville forte, clé de la Picardie et de la route de Paris pour une armée venant des Pays-Bas. Quant à Monsieur, il avait la part du lion. Il recevait l'Anjou dont il porterait désormais le titre de duc, la Touraine et le Berry, trois riches provinces soudées, au centre de la France, véritable royaume au cœur du royaume de Henri III. Cette politique insensée, hors du temps, faisait du nabot un fossile féodal ; on ressuscitait Charles le Téméraire dont on croyait que Louis XI avait tari l'espèce. Il y a là encore un aveuglement de Catherine. Elle est trop mère pour être reine comme le fut Elisabeth d'Angleterre. Elle traite son dernier fils en fils d'Henri II, en roi, fils de roi ; encore éblouie par son mariage avec un Capétien, elle voit dans ce nabot le sang de Saint Louis, une royauté en puissance capable de barrer le chemin du trône à Henri de Navarre. Pour garder ce rejeton sous son autorité maternelle, elle a fait de lui un monstre politique. Toute la puissance qu'elle lui a donnée, il va la retourner contre elle. Voilà pourquoi ce traité a pris dans l'Histoire le nom de paix de Monsieur — par dérision.

Tous les grands feudataires, sauf les Guises qui ne participaient pas à la curée, ont profité de ce dépouillement de l'autorité, de cette distribution de provinces et de l'argent du roi. On n'en voit point qui aient pensé à cette fameuse « république » huguenote qu'ils avaient brandie comme un épouvantail. La « république » gérée par eux n'était qu'un fief féodal, le Languedoc échappait au roi mais pas aux Montmorency.

Un autre bénéficiaire du dépouillement royal fut Jean Casimir, électeur palatin et fournisseur de reîtres pour l'armée de Condé. Condé lui avait promis qu'il serait payé par le roi et le pillage de la France ! C'est donc Henri III qui dut s'engager à rétribuer les armées levées pour ravager son royaume. Jean Casimir, à la tête de ses reîtres, se tenait prêt à envahir ce royaume. Se sentant le plus fort, il exigea le versement de douze millions de livres. Somme vertigineuse qui dépassait le budget royal. Henri III n'avait aucun moyen de payer : il signa quand même afin que Casimir restât au-delà du Rhin. Il faut ajouter, pour assombrir le tableau, que la détresse financière du roi était aussi celle de son peuple. La France vivait alors non seulement une crise politique très grave mais une crise agricole et économique exceptionnelle. On sait déjà que l'effondrement du pouvoir d'achat des monnaies avait bouleversé, au cours du siècle, toute l'économie. En 1576, la pénurie de céréales mit un comble à la misère publique. Le prix du blé avait été multiplié par six en moins d'un an : cela signifie la mort par famine d'un cinquième de la population et la sous-alimentation du reste. A qui le roi pouvait-il demander des impôts ? C'est dans ces conditions que l'électeur palatin exigeait ses douze millions.

Henri III lui donna quelques avances. Il emprunta petitement de droite à gauche, l'autre palpa ces acomptes ridicules et s'impatienta. Au lieu de lui donner les trois évêchés que Condé lui avait promis, on lui offrit, pour le calmer, le duché d'Etampes, le duché de Château-Thierry et de nombreux fiefs en Bourgogne. On croit rêver en assistant à cette braderie sinistre car, derrière ces chipotages, il y a de misérables populations affamées et écrasées par la soldatesque. Henri III engagea ses bijoux auprès des banquiers de Florence. Les sommes qu'il en retira parurent si dérisoires à l'électeur qu'il donna l'ordre d'envahir la Champagne et la Bourgogne au moment où le Palatinat et la Rhénanie se soulevaient contre l'autorité sauvage de l'électeur. Ses reîtres durent alors s'employer à écraser ses propres sujets au lieu de ravager la France. Jean Casimir, dépité, se saisit du secrétaire des Finances du roi que nous connaissons, le seigneur de Bellièvre, et le garda en otage. Nouvelle source de revenu pour l'électeur qui le revendit à son maître contre argent comptant.

Telles furent les dernières clauses infâmes de ce traité qu'Henri III signa dans les larmes le 17 mai 1576. Il interdit qu'on chantât le Te Deum que l'usage imposait après la signature de tout traité de paix.

Et pourtant tout n'était pas mauvais dans cette trêve. Certes, la dignité du roi en sortait plutôt chiffonnée (elle l'était déjà par son comportement), et même carrément bafouée, mais que cela ne nous fasse pas négliger les clauses positives concernant les libertés reconnues aux protestants : la tolérance avait fait de grands progrès, la condition des protestants français s'était améliorée. Cela, Catherine l'avait prévu de longue date ; ces « libertés » préparaient dans son esprit la cohabitation pacifique des deux religions qu'elle avait essayé de réaliser avec Michel de L'Hospital. Après Beaulieu, les immenses concessions faites aux rebelles lui permettaient de croire qu'elle avait assuré la paix. Le prix en était exorbitant. Qu'importe le prix, on sait qu'aux yeux de Catherine toute guerre est infiniment plus ruineuse qu'une paix, même achetée à prix d'or et assortie d'humiliations diverses. De toute façon, le roi était dans l'impossibilité de faire la guerre. Elle estima que, vaincu pour vaincu, il valait mieux l'être avant d'être ravagé par les reîtres qu'après.

Le calcul est cynique mais pratique.

Voilà l'acquis de ce triste traité de Beaulieu. Il est ce qu'il est mais il existe. Dommage que les clauses disons « féodales » aient occulté pour certains historiens du passé le rayon d'espérance qui brillait dans les intentions de Catherine. Ses concessions aux réformés sont inspirées par une tolérance qui n'avait jamais été affichée avec cette force. N'était-ce pas l'annonce encore timide d'un temps où, les lois et les mœurs évoluant sous l'autorité et la protection d'un souverain vraiment roi de tous les Français, la liberté et la paix religieuse régneraient en France ? Il y a quelque chose de nouveau dans les concessions accordées par Catherine et une sorte de préfiguration de l'édit de Nantes. Mais ce temps-là n'était pas encore venu. Et, d'ailleurs, que peut-on espérer d'une trêve payée si honteusement à son principal bénéficiaire, Monsieur, nouveau duc d'Anjou ? On peut en attendre la traîtrise et la guerre.

Pour mettre un comble aux humiliations d'Henri III, les Polonais, fatigués d'attendre l'héritier de leur roi fugitif — héritier que personne n'attendait plus, pas même son père et pour cause —, les Polonais venaient de se donner un nouveau roi. Et voilà Henri III qui, en apprenant cette « offense », pousse les hauts cris auprès du pape et demande la restitution de son royaume. Cela relève plutôt de la *commedia*. L'affaire fut traitée comme telle et n'alla pas plus loin. Toutefois, en ce cas, comme en bien d'autres, Henri était voué à l'échec, à la guigne et la France le fut avec lui tant qu'il resta son roi. Catherine était non seulement la reine noire, mais une mère noire car toute sa progéniture n'a brillé que par ses tares et ses malheurs.

Sauf Catherine, personne ne croit à la paix

La détresse du royaume et de son roi permet à Jean Casimir de s'offrir une entrée triomphale à Heidelberg. Les écus d'or si péniblement rassemblés par Catherine furent livrés à domicile par le trésorier du roi, Mollé, qui les transporta dans des chariots. L'électeur, non satisfait de cet acompte, demanda en otage les fils des seigneurs des Cars, de Saint-Sulpice et de Piennes. Ceux-ci, pris de panique, se refusèrent à laisser leurs fils entre les mains de l'électeur ; ils consentirent néanmoins à les confier au duc de Lorraine en arguant que leurs enfants vivraient ainsi dans un milieu catholique. En réalité, ce n'est pas du luthérianisme qu'ils avaient peur mais de la folie de Jean Casimir. Celle-ci s'étala à Heidelberg où il entra comme un César de mi-carême, mais en plus dangereux. L'or, les joyaux, les pierreries de la couronne de France brillaient aux yeux du peuple sidéré dans des chariots découverts. Le César caracolait tout empanaché. Il ne lui manquait que les trois enfants otages attachés au chariot. Toutefois, il gardait leurs pères. Comme les versements suivants se firent attendre, il se saisit aussi de Bellièvre comme nous l'avons dit.

Catherine et son fils avaient eu beucoup de mal à rassembler cet or. Ils avaient frappé à toutes les portes. Le beau-père d'Henri III, le comte de Vaudémont, lui avança la plus grosse part de sa fortune. Le duc de Lorraine offrit un million de livres ; les Guises, bien que déçus par le traité, participèrent à l'emprunt de détresse. Le cardinal, le plus riche, versa plus d'un million. On accepta même l'opulente vaisselle d'argent du duc de Guise. Mais on eut aussi recours à de déplorables contributions : un financier offrit un million et demi de livres contre remise par le roi de mille titres de noblesse signés en blanc qu'il se chargeait de revendre — pour en tirer le double.

Enfin, la Providence tenait toujours en réserve, pour le Trésor ruiné, la fortune de l'Eglise. Une fois de plus, elle fut pompée. Cette fois, le roi se saisit surtout de biens immobiliers, mais il ne put pratiquer la ponction calamiteuse sans l'approbation du Saint-Siège car les biens immobiliers n'auraient pas trouvé d'acquéreurs s'ils avaient été « saisis » par le roi. En ce cas, l'Eglise, un jour ou l'autre, pouvait en revendiquer la propriété. Avec l'autorisation pontificale, la saisie devenait légale et rapporta au roi plus de quatre millions. En tous temps, cela s'appelle une confiscation.

Par chance, la guerre étrangère ne menaça pas la France pendant cette cruelle épreuve. Si Philippe II avait attaqué sur n'importe quelle frontière, il était sûr de sa victoire. Il ne le fit pas parce qu'il était dans l'incapacité de le faire. Quoi qu'en laisse croire la belle histoire des galions chargés de l'or des Aztèques et des Incas, la situation financière du roi d'Espagne était aussi mauvaise, sinon pire, que celle du roi de France. En 1575, en rupture de paiement, Philippe II avait décrété la banqueroute et suspendu tous les paiements de la couronne, notamment la solde de ses armées. Son immense Empire disparate était d'un entretien ruineux, il maintenait des troupes dans toutes ses possessions. Celle des Pays-Bas était un gouffre pour ses finances. Lorsque cette armée ne fut plus payée, affamée et pillarde, elle saccagea le pays qu'elle devait défendre et mis Anvers à feu et à sang. C'est le secret de la paix sur les frontières du royaume d'Henri III. En revanche, il avait la guerre en permanence à l'intérieur.

Les concessions faites aux rebelles, loin de créer l'apaisement, soulevèrent l'indignation des catholiques. M. d'Humières, gouverneur de Péronne, refusa de livrer sa ville à Condé et à sa troupe calviniste. Toute la noblesse du pays et les habitants se joignirent à lui. Pas de reîtres à Péronne ! Catherine fut obligée d'en convenir. Elle offrit Saint-Jean-d'Angély, ville calviniste, en échange à Condé qui accepta mais n'oublia pas l'affront. Ayant apaisé celui-ci, elle essaya de calmer l'autre Bourbon, Henri de Navarre, dont elle craignait qu'il ne s'alliât à son cousin. Comme l'écrivait sa fille Margot : « *La seule chose qui intéresse ma mère est de se débarrasser des Allemands et de détacher mon frère (Monsieur) des huguenots.* » Ce qui intéressait aussi Catherine, remarquable chef de gouvernement et chef de famille, c'était d'utiliser Margot afin de se concilier son mari, le Béarnais. Elle n'eut de cesse qu'elle ne les eût raccordés, mais elle n'y réussit pas tout de suite car ni l'un ni l'autre ne se souciaient de se retrouver, comme elle le voulait. Un jour, elle parvint à ses fins.

La résistance de M. d'Humières à Péronne servit en quelque sorte de révélateur à un phénomène politique : une réaction catholique (que nous dirions « de masse ») qui ne s'était pas encore manifestée. Cette réaction existait déjà depuis plusieurs années sans cohésion, sans chef. Elle répondait à un besoin d'autodéfense contre l'hérésie et le séparatisme. Son impréparation même prouve qu'elle correspondait à une aspiration « partie de la base », selon le jargon politique actuel, et non à une mobilisation décrétée par des chefs rassemblant des troupes sous l'autorité de meneurs plus ou moins prestigieux. En fait, cette « Union des catholiques » n'était qu'une réponse à la menace de l' « Union des protestants », née dans le Languedoc et dans sa « république ». Elle prit le nom de *Ligue* afin de montrer la résolution de toutes les « unions » locales de faire front commun contre l'hérésie, pour le catholicisme, unique religion du royaume, et contre la politique du roi qui livrait ses propres villes aux réformés.

On attribue souvent aux Guises la responsabilité de cette Ligue. C'est une erreur. Les associations de militants catholiques existaient déjà dans plusieurs provinces dix ans avant qu'Henri de Guise n'en prît la tête. Tout au contraire, devant ces associations provinciales, il se tint sur la réserve et observa longtemps les progrès de cette Sainte Ligue avant de rassembler tous les ligueurs de Paris et du royaume sous son autorité. Il ne l'imposa pas, on le força plutôt et il n'accepta ce commandement qu'avec prudence. Il estimait d'ailleurs, au début, que le recrutement était un peu trop « populaire » pour un prince de sa valeur. Il oublia vite cet inconvénient dès qu'il fut certain que les ligueurs, unis sous son commandement, allaient constituer une force politique et militaire redoutable. Le roi, désormais, avait, parallèlement à son pouvoir et à ses armées, un second pouvoir en armes. Ces ligueurs, qui se proclamèrent défenseurs de la religion et de la royauté, lui firent très peur parce que ces prétendus alliés étaient plus convaincus que lui, disons plus fanatiques puisque c'est le terme utilisé par les fanatiques de l'autre parti.

La crainte du roi était nourrie par sa jalousie et par sa haine du duc de Guise et entretenue par les rapports de police concernant les rumeurs qui circulaient dans Paris et dans les rangs des milices de la Ligue sur les ambitions du prince lorrain. On sait que les Guises, depuis longtemps, se considéraient comme descendants de Charlemagne : la sœur du duc, la duchesse de Montpensier, la plus violente et la plus intelligente « guisarde », disait non seulement que les Lorrains descendaient de Charlemagne mais qu'ils en étaient les héritiers. D'accord en cela, d'ailleurs, avec tout Paris où étaient répandus des feuillets injurieux contre « *la race des Capets* » tandis qu'on exaltait « *les rejetons de Charlemagne qui étaient verdoyants aimant la vertu* ». D'autres alléguaient les vertus mérovingiennes, prônaient l'heureux temps du roi Clovis et la belle organisation du royaume en provinces jouissant de toutes sortes « *de prééminences, franchises et libertés* ». Evidemment, puisque l'autorité du roi Clovis était reconnue sur son seul domaine et que tout ce qu'on appelle « provinces » était des royaumes aussi indépendants que le sien. Néanmoins, ces billevesées décentralisatrices avaient un parfum certain de féodalité. Peu importe, toute propagande a ses secrets et même ses mystères.

Pour être moins chimériques, les projets de la duchesse de Montpensier n'en étaient que plus provocants. Elle portait toujours à la ceinture une paire de ciseaux d'or avec lesquels, disait-elle, elle tondrait un de ces jours et de sa main Henri III avant de le destituer, de le faire moine et de le cloîtrer. Cela réjouissait beaucoup les Parisiens. Ils se voyaient déjà assistant à la tonsure du roi qu'on appelait « *sa troisième couronne* ». La propagande de la Ligue promettait en outre de supprimer les impôts parce qu'ils avaient été inventés, disait-on, par les premiers Capétiens. Rien n'est plus faux ni moins réalisable, mais cette promesse a toujours du succès sur le public.

Les ligueurs, en traitant les Valois pour ce qu'ils étaient, ne se trompaient pas beaucoup mais l'erreur était de faire croire que la race de Capet était finie. Ils oubliaient les Bourbons, tout aussi capétiens que les Valois et même tout aussi « verdoyants » que les Guises, en la personne d'Henri de Navarre, premier prince du sang. Ils le verront bien.

Jusqu'alors les catholiques et le roi, qu'ils soutenaient en principe, n'avaient jamais mobilisé une force populaire organisée et cohérente contre les forces protestantes qui, elles, étaient bien structurées, solidaires, bien commandées et fortement motivées par leur foi minoritaire. En outre, elles étaient soutenues à la fois par la reine d'Angleterre, qui ne se cachait pas d'intervenir dans les guerres civiles, et par les reîtres allemands. Désormais la Ligue va les imiter. Elle sera une armée mieux entretenue que l'armée royale toujours sans crédits disponibles. Enfin — la catastrophe —, la Ligue, à son tour, fera appel à l'étranger et le duc de Guise trouvera auprès de Philippe II les soutiens politiques et militaires que jamais Catherine ne voulut accepter. La guerre civile a encore de beaux jours devant elle. Comment Catherine va-t-elle manœuvrer entre ces forces ennemies qui déchirent le royaume, anéantissent encore une fois son œuvre pacificatrice ? Elle montra de nouveau son savoir-faire dès la réunion des états généraux.

Les états généraux sont catholiques mais ils refusent de payer la guerre contre les protestants

Ils se réunirent à Blois le 6 décembre 1576 au lieu du 16 novembre parce que la salle des états n'avait pas été aménagée. A défaut d'autorité, Henri III, imitant sa mère, tenait au faste. Il fit son entrée devant l'assemblée, les trois ordres debout, précédé par les massiers en robe fleurdelisée portant la masse sur l'épaule ; les chambellans, le grand écuyer et le chancelier de France suivaient ; enfin parut le roi sous un dais d'or, en grand manteau violet fleurdelisé et vêtu de satin blanc. Ensuite venaient les reines : Louise, Catherine et Marguerite de Navarre, puis Monsieur et les princes du sang. Selon un protocole datant de Saint Louis, chacun prit place en grande cérémonie. Le roi sur la plus

haute estrade, avec sa mère et son frère à sa droite et la reine
Louise à sa gauche. Sur une estrade inférieure, siégeaient le
chancelier et les conseillers, les pairs ecclésiastiques et laïcs du
royaume. Au ras du sol, en prolongement de l'estrade où brillaient
les divinités, les députés de la noblesse et du clergé étaient mêlés,
dans leurs atours chatoyants ; au fond, les députés du Tiers, dans
leurs pourpoints de drap sombre, formaient une masse silencieuse.
Elle parlera tout à l'heure et très nettement. La séance fut déclarée
ouverte. On se croirait au théâtre, sauf qu'ici le principal
personnage, ce jour-là, était le public du fond de la salle.

Le travail souterrain de la Ligue et des jésuites avait déjà porté
ses fruits : les représentants de cette assemblée étaient presque
tous catholiques alors que les protestants avaient exigé cette
réunion en croyant qu'ils y enverraient une forte représentation
des leurs. Henri III perçut immédiatement ce changement et crut
habile de capter cette force nouvelle en se rangeant à ses côtés. Ne
pouvant la maîtriser du haut de son trône, il descendit dans ses
rangs et se déclara ligueur. Sa mère en fut stupéfaite et navrée.
Jamais un roi, par essence, ne doit appartenir à quelque parti que
ce soit. Elle ne put relever cette erreur sur le moment mais elle n'en
pensa pas moins.

En sous-main, elle menait une autre politique, la sienne, la
bonne, celle de la pacification, celle du trône au-dessus des partis.
Elle confia à ses amis le duc de Nevers et Villequier son chagrin de
voir son fils s'inféoder à la Ligue : « *Il n'aurait jamais dû se
prononcer d'une manière si absolue.* » Mais Henri n'en faisait qu'à sa
tête et sa tête était pleine des conseils de ses mignons et de ses
propres impulsions. Catherine fondit en larmes, un jour, devant sa
douce belle-fille, Louise de Vaudémont, en lui confiant son
chagrin de voir le roi l'écarter de ce pouvoir qu'il exerçait si
dangereusement. Elle trouvait aussi qu'Henri III était d'une
dévotion excessive dans laquelle il entraînait la cour, ce qu'elle
jugeait déplorable. Son système, à elle, était au contraire d'entretenir la cour dans la gaieté, les plaisirs et même quelque licence.
Henri III lui paraissait trop soumis aux jésuites. Aussi, pour
contrebalancer cette influence, elle fit jouer la comédie en plein
carême. Ce qui lui attira de vives remontrances d'un prédicateur.

Sa dévotion s'accommodait fort bien de ces incartades. Elle avait distingué, aux états généraux, un membre du Tiers, Jean Bodin, député du Vermandois, catholique modéré qui était un peu son porte-parole. Il préconisait non l'affrontement des religions mais la concertation par des voies pacifiques. Lorsqu'elle entendait les chefs ligueurs exiger que le roi prît, pour ramener les réformés, les mesures les plus violentes, cela la faisait trembler.

Henri III remporta aux états un succès personnel dû à sa belle éloquence : il obtint la rupture de la paix de Monsieur. Il était ainsi dégagé de ce qu'il avait signé dans les larmes. En outre, on vota la suppression dans le royaume de la religion réformée et le bannissement des pasteurs. Plus de liberté du culte. Ce succès déplorable débouchait sur une nouvelle guerre civile, la sixième. Elle ne dura que six mois, on aurait pu l'éviter.

Henri III était vraiment voué à l'échec. Non seulement il oubliait la nature même du pouvoir royal mais il n'avait ni la dignité ni la force de faire respecter son erreur. Il le vit aussitôt. Lorsqu'il demanda aux états de voter de nombreux crédits pour faire la guerre qu'il venait de rallumer, le refus fut total. L'assemblée du Tiers, au contraire, se plut à éplucher les comptes du Trésor royal. Les chiffres étaient catastrophiques, l'endettement avait triplé en quinze ans. Les députés repoussèrent le fameux impôt unique imaginé par le roi. Leur opposition dénotait un manque absolu de confiance. Ils exigèrent que, au lieu de créer de nouveaux impôts, la cour diminuât ses dépenses. C'est le seul secours qu'ils lui accordèrent.

Catherine, accablée par la politique désastreuse de son fils, toujours prête à reprendre l'offensive, eut le courage de haranguer elle-même les états généraux. Son idée était d'atténuer la prise de position du trône en faveur de la Ligue, au risque de passer pour une mauvaise catholique. Elle mit beaucoup de chaleur et de conviction dans sa protestation. Elle déclara que son catholicisme, qu'on avait mis en doute, était inattaquable mais tolérant ; elle prêcha la paix du royaume contre la guerre et remit la royauté au-dessus des divisions. Ni son fils ni les états ne l'écoutèrent. Le 1er janvier 1577, ils proclamèrent qu'il y aurait désormais dans le royaume une seule religion, le catholicisme romain. La provocation était extrêmement grave car c'est le roi lui-même qui décidait de faire la guerre à ses sujets. Jusqu'alors, un roi n'avait combattu ses propres sujets que lorsque ceux-ci s'étaient rebellés contre le trône. Henri III poussait ainsi Henri de Navarre, qui se tenait tranquille, à prendre la tête des armées protestantes au moment où Catherine tentait de le ramener vers le trône et vers sa femme dans une sorte de coexistence pacifique. Elle y serait parvenue car Henri de Navarre, aussi politique que sa belle-mère, avait compris où était son intérêt. Depuis sa reconversion au calvinisme, on avait remarqué qu'il le pratiquait fort peu et que ses relations avec les pasteurs étaient plutôt tendues. Plusieurs amis catholiques l'entouraient. Il avait au moins autant de difficultés avec les fanatiques ministres calvinistes que Catherine avec les ultras de la Ligue. La Rochelle ne voulut pas participer à la guerre. Condé intriguait en Allemagne et, comme il jalousait son cousin Navarre tout autant que Monsieur jalousait le roi, il ne le seconda pas. D'autre part, Catherine avait complètement retourné Monsieur. Celui-ci, gavé d'argent, de fiefs et de promesses, avait rompu avec les « politiques » et les protestants.

A Blois, le roi et la cour s'ennuyaient, l'attitude des états n'avait rien de réjouissant. Aussi, pour détendre l'atmosphère, Sa Majesté fit venir d'Italie une troupe de comédiens célèbres, les « Gelosi ». Catherine l'approuva. Elle préférait la comédie italienne à celle des processions de pénitents. Mais les comédiens n'arrivaient pas. Ils avaient été pris en otages par les calvinistes qui ne les relâchèrent que contre une belle rançon payée par le roi. Un peu de terrorisme complète le tableau d'époque. Henri III, ayant récupéré ses amuseurs, ne s'en attrista pas, il commençait à s'habituer aux humiliations. Lors de la première représentation, il donna même un bal au château de Blois, un bal dans sa manière où il parut en « reine de la fête », habillé en femme, en grand décolleté, la tête entourée d'énormes collets de dentelles rigides ; sur sa poitrine et ses épaules nues brillaient dix rangs de perles qui voisinaient, hélas ! avec l'abcès suppurant qu'il avait à l'aisselle. Poudré, fardé, constellé de mouches, il arborait une perruque, ornée d'une toque d'aigrettes chargée de merveilleux diamants. Si devant ce tableau les députés des états généraux n'étaient pas éblouis, c'est qu'ils étaient insensibles aux beaux-arts importés avec les Médicis.

Catherine, pendant ce temps, restait sur la brèche. Elle s'attachait à diviser les ennemis du trône. Le plus inquiétant pour elle était Damville parce qu'il était le plus intelligent et le plus habile en politique. En outre, il était Montmorency et le plus brillant de la famille. Si elle parvenait à le détacher des réformés, tout le parti des catholiques modérés, dits « politiques », se rangerait sous la bannière royale. Or, elle savait que Damville était vulnérable sur deux points : sa femme et son orgueil de grand féodal. Catherine avait ses armes. D'abord l'amitié de la princesse Antoinette de La Marck, illustre famille, farouchement catholique, épouse de Damville ; elle se mourait d'ennui en Languedoc et rêvait de retrouver la vie de la cour plutôt que celle que son mari lui faisait mener avec les ministres calvinistes. Elle était d'ailleurs soutenue par une très chère amie de Catherine, la duchesse d'Uzès, calviniste jadis fervente mais très attiédie, ce qui ne nuisait pas à l'amitié de ces trois femmes. Catherine se servit de ces bons sentiments. L'épouse de Damville, armée de sa grâce et des arguments fournis par Catherine et par la duchesse, prêcha si bien son mari qu'il se décida à mettre fin à son alliance avec les huguenots. La reine mère crut bon de consolider le repentir du rebelle par un magnifique cadeau qui flatterait son orgueil et accroîtrait sa fortune. Elle persuada Henri III, fort réticent, d'offrir à Damville le marquisat de Saluces. Le duc de Savoie se prêta à la négociation et Damville jura fidélité au roi (et à son marquisat). Le Languedoc était ainsi rallié, il serait bientôt soumis. Damville lui-même se chargea de le soumettre à la tête d'une armée royale.

Avec le duc d'Anjou Catherine opéra de même. On lui confia le commandement des armées royales. Le nabot, en foudre de guerre, se sentit tout disposé à passer au fil de l'épée les protestants, ses alliés et amis de la veille. Comme l'ignominie ne suffit pas à faire un chef de guerre, ce fut le duc de Nevers qui exerça en fait le commandement des armées catholiques. Car le roi avait enfin une armée. Catherine s'était occupée de son financement. Puisque les états avaient refusé tout crédit, elle fit la quête au nom de sa nouvelle croisade contre l'hérésie auprès du pape et des princes italiens. Elle en usa si bien qu'ils lui avancèrent de quoi acheter trois mille Suisses et armer quatre mille Français. Elle aurait voulu mieux faire. Aussi eut-elle l'idée originale de demander deux millions en or au roi du Maroc dont on disait qu'il en possédait une montagne. Cet or musulman au service du roi catholique pour lutter contre l'hérésie calviniste est une des curiosités de la politique de Catherine. A vrai dire, l'intention seule est curieuse car elle n'eut pas de suite, le roi du Maroc ne donna rien parce qu'il n'avait peut-être pas envie de faire pareil placement mais surtout parce que sa montagne d'or était un mirage.

Monsieur se distingua aussitôt par la prise de La Charité, place forte protestante. Dans sa joie, ce triste personnage allait faire massacrer les habitants qui naguère s'étaient mis sous sa protection. Le duc de Guise les sauva. On peut dire que le vrai vainqueur de la journée fut le chef de la Ligue. Quelle terrible leçon pour ce monstrueux prince héritier ! La leçon ne servit à rien. Au mois de juin suivant, il prit Issoire, autre place protestante attribuée et garantie par le roi. Pour le malheur de ses habitants, le duc de Guise n'était pas là. Trois mille personnes furent sacrifiées sous les yeux de Monsieur, plus qu'à la Saint-Barthélemy. Cette abomination est presque passée sous silence. En outre, c'était aussi une imbécillité. Comment ce fils de roi, frère du roi et son héritier jusqu'à nouvel ordre, a-t-il pu renouveler l'horreur de la Saint-Barthélemy et ajouter à son nom l'opprobre qui ne s'attachait jusqu'alors qu'à celui de sa mère, de Charles IX et de son frère ? Tant de bassesse dans l'inhumanité échappe au jugement.

Qu'en pensèrent Catherine et Henri III ? Rien de mal. En somme, ils ne virent pas le crime mais seulement les conséquences politiques qui leur étaient favorables. En effet, Monsieur, par le massacre d'Issoire, venait de s'aliéner définitivement les réformés : plus jamais cet assassin ne pourrait renouer une alliance avec eux et se servir d'eux contre sa mère et le roi. D'ailleurs, Henri III était déjà jaloux des « victoires », si l'on ose dire, de son frère. Comme ces victoires étaient celles de l'armée royale que le cadet offrait à son frère le roi, Madame Catherine sentit vibrer sa fibre maternelle, elle ne vit que le rapprochement fraternel. Enfin, ses deux fils étaient comme elle les avait rêvés, unis et affectueux. Pleine de joie, elle voulut solenniser cette réconciliation familiale et politique par une fête hors du commun. Festoyer, à la cour, c'était encore gouverner.

Festoyons en compagnie de Madame Catherine ; en cela aussi, elle révèle certaines profondeurs de son insaisissable secret. Une première fête fut donnée à Plessis-lès-Tours, le 15 mai. Ce fut le roi qui l'offrit à son frère, « *le vainqueur* » de La Charité. Henri III vivait alors sa période « travestie ». A Plessis, il voulut que tout le monde changeât de costume et de sexe : les femmes en hommes et les hommes en femmes et tous en vert. Le vert étant la couleur des fous. Ce fut en effet une nuit de folie. Catherine, impassible, contempla la fête. Au fond, elle les préférait en « fous », hommes et femmes, plutôt qu'en guerriers et en comploteurs. Ainsi, elle les avait bien en main.

L'étrangeté et le scandale de cette fête lui parurent si rassurants qu'elle voulut faire mieux encore pour plaire à ses fils, surtout à ses « *chers yeux* » car Henri lui échappait de plus en plus. Elle pensait, en lui offrant une nuit de débauche vertigineuse, se l'attacher davantage et surtout le détacher de ses mignons. Pour cela sa passion maternelle se fit artiste de l'orgie. Elle imagina donc une fête nocturne sur la terrasse de Chenonceaux qui est restée célèbre pour son luxe, sa beauté et surtout sa luxure. Elle créa sans doute, ce soir-là, la plus extraordinaire fête païenne qui fût donnée en Occident depuis la chute de Rome et de Byzance. Elle eut lieu le 9 juin 1577.

A la lueur de mille torches, le roi, en robe de cour de brocart, couvert de diamants, scintillait comme le présentoir ambulant des pierreries de la couronne. Les cheveux emperlés, couverts de poudre violette, le visage tellement fardé qu'il était méconnaissable, sorte de momie animée, le personnage était saisissant. A ses côtés, la reine Louise, modèle de grâce et de simplicité, et son nabot de frère, en singe habillé d'or. Madame Catherine, immuable dans son deuil éternel, les écrasait tous sous sa noire majesté. Dans son œil huileux, une lueur de joie : ce soir, elle tenait ses enfants sous son aile de corbeau, ses deux fils et même Marguerite de Navarre. Les cinq personnes royales prirent place à la table de

Sa Majesté. Les tables des invités entouraient ce centre solaire où le cœur et la tête du royaume étaient réunis. Le service était assuré par cent femmes nues choisies pour leur jeunesse et leur beauté, voilées de transparence, « *les cheveux épars,* dit Brantôme, *comme épousées* » et prêtes à des épousailles en tourbillons. Elles provoquaient ostensiblement les seigneurs. L'une, désignée par Catherine, vint s'offrir avec tant de grâce et d'insistance au roi travesti que toute l'assistance était suspendue à ce manège : le roi la suivrait-il ? Catherine attendait ce moment comme une victoire sur les mignons. Sa Majesté resta de glace. Les autres ne l'imitèrent pas. La nuit s'acheva en bacchanale : les nymphes et les dames qui se firent nymphes fuyaient dans les bosquets où tout seigneur se faisait satyre. Tout était permis, le reste aussi.

C'est ainsi que Catherine célébrait la paix qui régnait dans sa famille et à la cour. Elle paya deux cent mille livres cette nuit orgiaque, plus que le pape ne lui avait donné pour acheter ses Suisses. A ses yeux, ces flambées de folie étaient aussi nécessaires à la couronne que la guerre contre les rebelles.

Toutefois, en dehors de considérations politiques, on peut se demander comment Madame Catherine voyait ces débordements. Elle se tenait en marge mais c'était elle qui les avait organisés et avec quel soin.

Qu'en pensiez-vous, Madame la Voyeuse ? Tout sauf la réprobation. Qui pourrait oublier que vous êtes de ce sang Médicis qui charrie toute l'Histoire, que vous avez été nourrie, à Rome, aux lettres anciennes et aux mœurs païennes de cette même Rome plus qu'à la religion chrétienne ? Vous n'avez pas oublié certains récits de fêtes sublimes et démentielles dans la beauté des palais romains ou florentins qui se sont déroulées au cours des années fulgurantes de la Renaissance, peu avant votre naissance et même après. Vous vous souvenez encore très bien des prouesses de tous ordres de votre cousin adoré, Hippolyte, le merveilleux et inquiétant jouvenceau, cardinal à seize ans et déjà aussi canaille qu'un vieux pape Borgia. Vous êtes, Madame, un trésor de l'Histoire, un réceptacle de souvenirs prestigieux. On ne peut s'empêcher de penser que, sous votre masque gras, vous êtes une connaisseuse, sensible à tout ce qui est humain, beau, tragique et voluptueux. Comment n'auriez-vous pas vibré, au plus secret de vous-même, devant cette explosion de sensualité, dans la plus belle nuit du monde qui baignait Chenonceaux et ses jardins refaits pour vous, peuplés par vous de blanches statues, devant ces miroirs d'eau et ces eaux jaillissantes et ces bosquets où rougeoyaient les torches mourantes sur les corps à corps de l'amour ? Si vous aviez été insensible à tout cela, vous auriez fait mentir votre nom de Médicis, votre patrie et votre génie. Mais vous n'avez rien renié de vos origines et, si la morale est votre moindre souci, vous avez réussi à sublimer les égarements les plus fous et, en artiste que vous êtes, vous avez superbement mis la volupté au service de votre pouvoir.

La fête finie, la politique continue

Les armées royales étaient partout victorieuses. Damville avait reconquis le Languedoc, non sans mal, le fils de Coligny lui ayant tenu tête vigoureusement. Catherine décida d'arrêter la guerre. Henri de Navarre était du même avis parce qu'il savait que son parti allait au désastre. En revanche, les Guises, la Ligue, le pape, Philippe II ne comprirent pas que Catherine fît la paix avant d'être totalement victorieuse. Elle mena seule l'affaire avec son gendre le Béarnais et ils signèrent un traité à Bergerac, le 17 septembre 1577. On avait repris les clauses de la paix de Monsieur en atténuant les concessions faites aux calvinistes. Cela ne contenta personne sauf Catherine et Henri de Navarre et aussi Henri III qui voulut, pour prendre sa revanche sur son frère, que ce traité prît le nom de *paix du roi* et effaçât la *paix de Monsieur*. Il fut proclamé peu après par l'édit de Poitiers. Le culte réformé était localisé dans des villes déterminées, la liberté de conscience était de nouveau garantie ainsi que la liberté du culte dans des places concédées par le roi. En compensation, Catherine exigea que le culte catholique fût rétabli dans tous les lieux où les protestants majoritaires l'avaient interdit. Cette clause fit hurler les pasteurs.

Catherine profita des négociations pour obtenir du roi la dissolution de toutes les ligues ou associations, aussi bien celle des

Guises que celles des protestants. Elle replaça ainsi le roi au-dessus des partis, dans son vrai rôle de roi et non de partisan comme il l'avait fait à Blois. Henri de Navarre signa : il avait ce qu'il voulait, la fin des hostilités pour échapper à l'écrasement, pour garder ses domaines hors de la guerre et pour conserver son gouvernement de Guyenne. Il se réservait pour plus tard. Seul, Monsieur perdait la face, il ne retirait rien de ses abominables « victoires » et nul ne se soucia de lui.

Catherine avait une fois de plus écarté la guerre mais sa trêve était aussi fragile que toutes celles qu'elle avait déjà signées. Peu importe, la paix régnait.

Les observateurs étrangers appréciaient mieux que les Français l'œuvre de Catherine qui, disait-on, avait déjà atteint un grand âge — à cinquante-huit ans ! L'ambassadeur de Venise, Lipomano, faisait d'elle en cette année 1577 le portrait suivant : « *Quoique fort âgée, elle conserve encore une certaine fraîcheur, elle n'a presque aucune ride sur le visage qui est rond et plein* (à bien regarder ses portraits, la rondeur ressemble à une certaine bouffissure), *elle a la lèvre inférieure pendante comme tous ses enfants. Elle garde toujours ses habits de deuil et elle porte un voile noir qui lui tombe sur les épaules mais ne descend par sur son front... Les Français ne voulaient pas d'abord reconnaître son esprit, sa prudence mais, à présent, on la regarde comme quelque chose de surhumain. Dans les derniers troubles, elle imposa toujours sa médiation.* » C'est son pouvoir de négocier et de s'entremettre qui a surtout frappé les étrangers. Après qu'elle eut conclu la paix de Bergerac, il ajoute : « *N'ayant désormais aucun motif d'irriter les partis, elle tâche de les apaiser pour qu'on reconnaisse sa dextérité et sa prudence.* » Mettrait-elle quelque coquetterie à exercer son art de médiatrice avec autant de virtuosité ? « *Cette grande princesse a l'esprit aussi robuste que le corps. En s'habillant, en mangeant, je dirai presque en dormant, elle donne audience. Elle écoute tout le monde toujours d'un air gai* (c'est le conseil que lui avait donné François Ier). *Femme libérale, magnanime et forte, elle a l'air de vouloir vivre encore de longues années, ce qui serait à souhaiter pour le bien de la France et de toutes les nations chrétiennes.* »

Malheureusement le pouvoir royal n'était pas à la hauteur des bonnes intentions du traité de Bergerac qui demeura inapplicable dans plusieurs provinces. C'est dommage car les termes en étaient modérés et conciliants. Les « politiques » y virent un moyen d'établir la paix mais, depuis la défection de Damville, ils se trouvaient désorganisés. Il leur fallait un nouveau chef. Comme les grenouilles de la fable, ils pensèrent à un soliveau mais il était pourri, c'était Monsieur, nouvellement duc d'Anjou. Celui-ci, dès qu'il eut vent de ce projet, comprit qu'il pouvait de nouveau disposer d'un parti pour attaquer le roi et sa mère. Celle-ci en fut vite informée. Elle le calma en le persuadant qu'il avait mieux à faire et elle lui fit miroiter le mariage avec Elisabeth. Pour lui complaire, elle reprit les démarches en vue des fiançailles anglaises. On pourrait en rire car ces marchandages matrimoniaux sont grotesques mais, au fond, comme les interlocuteurs — ou plutôt les interlocutrices —, en raison de leur situation et de leur comportement, pouvaient engendrer soit l'entente, soit un conflit entre deux royaumes, leurs grimaces sont plutôt sinistres.

Les promesses de Catherine ne calmèrent pas son dernier rejeton. Il nourrissait déjà d'autres ambitions aussi stupides qu'elle ignorait mais qui allaient bientôt la désoler et l'effrayer. Monsieur se désintéressa des politiques ; il avait entrevu un royaume pour lui aux Pays-Bas.

Une fois de plus, les Pays-Bas s'étaient révoltés contre l'Espagne en 1576. Philippe II avait envoyé un nouveau gouverneur, don Juan d'Autriche, pour rétablir l'ordre. Alors, Guillaume d'Orange, commandant la révolte des Flamands du Nord, pensa trouver de l'aide contre l'Espagne auprès d'un prince français et même du roi de France. Il fit des offres à Monsieur qui se jeta sur l'appât. Il se voyait déjà roi des Pays-Bas libérés de l'Espagne par son génie et les armées que son frère lui confierait. Sa sœur Marguerite fut son ambassadrice. Elle partit pour les Flandres et sut par ses habiles et gracieuses manigances recruter quelques partisans dans l'aristocratie, mais cela ne faisait pas une armée capable de chasser les Espagnols et d'installer un trône pour le nabot. D'ailleurs, don Juan parut à la tête de l'infanterie invincible du roi d'Espagne et les Flamands furent écrasés à Gembloux, le 31 janvier 1578. Monsieur venait de s'échapper du Louvre où, nous le verrons, Henri III le gardait aux arrêts. Sa mère le poursuivit jusqu'à Angers, affolée par les mauvais coups qu'il était capable de faire contre son frère et la paix du royaume. Tandis qu'il promettait à sa mère, avec toute la fausseté dont il était capable, de ne rien tenter contre le roi, il faisait savoir aux Flamands battus qu'il était prêt à se mettre à leur tête pour reprendre la guerre et chasser les Espagnols. En réalité, les bourgeois flamands ne lui avaient rien demandé et ne voulaient pas de lui — comme on les comprend ! Elisabeth d'Angleterre, en revanche, leur offrit de l'argent pour reconstituer leur armée en accord avec son allié Jean Casimir, fournisseur de reîtres. Elle mettait à ce soutien une condition, c'est que les Flamands rompissent avec le duc d'Anjou. Pour que celui-ci fût bien informé de la situation, elle lui détacha un envoyé particulier chargé d'expliquer à sa « grenouille » qu'elle avait les moyens de mettre fin à son entreprise s'il persévérait malgré cet avis, puis elle se fit câline et lui promit de l'épouser s'il restait sage.

Cette nouvelle incartade de son frère exaspéra Henri III, dès qu'il en fut instruit. L'aventure était stupide. Catherine se désolait. De quel droit Monsieur se permettait-il d'avoir une politique étrangère ? Pourquoi provoquait-il la colère du roi et attirait-il sur la France une guerre avec l'Espagne ? Philippe II ne manquerait pas d'interpréter l'ambition du frère du roi comme celle du roi de France lui-même sur les Pays-Bas espagnols. Le cas s'était déjà produit. Or, Catherine redoutait depuis toujours cette guerre avec l'Espagne. Elle repartit aussitôt vers son fils d'Anjou « *pour l'empêcher de faire le fou* ». Qu'avait-il jamais fait d'autre ? Elle le rencontra à Bourgueil le 2 mai 1578. Elle lui montra ce qu'il y avait d'insensé dans son entreprise. Il n'avait aucune garantie de recevoir quoi que ce fût pour son intervention. Dans le cas où il se battrait pour le prince d'Orange et chasserait les Espagnols, il serait ensuite remercié et chassé à son tour. Les Flamands, ne lui ayant rien promis, ne lui devaient rien. Il fit semblant d'écouter sa mère, lui assura ce qu'elle voulut et elle, plus mère que politique, le crut. Pour le récompenser, elle lui offrit de magnifiques espérances pour nourrir son ambition. Elle lui proposa plusieurs mariages mirobolants — tout aussi hypocrites que celui d'Elisabeth, mais qui tous pouvaient faire de lui un prince régnant, ou presque. Elle lui offrit, au choix, une infante d'Espagne (sa nièce) ou une fille du grand-duc de Toscane (une Médicis) ou une fille du duc de Mantoue à laquelle on donnerait le marquisat de Saluces (la donation servait plusieurs fois) — enfin, au pis-aller, la sœur d'Henri de Navarre qui n'avait ni beauté, ni argent, ni terres. Si les promesses du fils étaient fausses, celles de sa mère l'étaient aussi.

Dès que Catherine eut regagné Paris le 9 juillet 1578, Monsieur prépara son intervention militaire aux Pays-Bas. Il réussit à former une armée de vingt mille hommes prêts à franchir la frontière des Flandres. Puis il envoya un ultimatum à son frère le roi : ou bien on lui donnait la lieutenance générale du royaume ou bien il envahissait les Pays-Bas et c'était la guerre avec l'Espagne. Henri III ne voulut pas céder. Il offrit cependant un cadeau à son frère pour l'apaiser : le marquisat de Saluces (ce marquisat devient comique), plus Avignon qui n'appartenait pas au roi mais au pape, qu'importe on lui demanderait d'en faire cadeau à Monsieur (autre comique), enfin un des beaux mariages déjà offerts par Madame Catherine. Le dérisoire de tout cela fit que l'irascible nabot prit la tête de son armée et envahit les Pays-Bas sans attendre la réponse du roi. Il entra à Mons le 11 juillet 1578. Catherine put ainsi mesurer la sincérité des promesses de son fils et des siennes.

On fit intervenir le pape pour apaiser Philippe II et le convaincre qu'Henri III n'était pour rien dans l'incartade de son frère qu'il désavouait officiellement. On fit supplier Monsieur de rentrer en France avec son armée. Peine perdue. Monsieur voulait sa couronne. Ces diverses démarches faites, Henri III se trouva si satisfait de n'avoir plus un frère pareil dans le royaume, où il aurait rallumé une nouvelle guerre civile, qu'il lui fit envoyer de l'argent en Flandres pour qu'il y guerroyât le plus longtemps possible. Comprenne qui pourra la politique du Valois.

Les mignons tiennent la scène, Catherine est en coulisse. Qui est le plus fort ?

Le roi avait ses mignons, le duc d'Anjou avait les siens. Il faut entendre ici leurs gardes du corps. Henri III, on le sait, aimait attiser les haines et les disputes, il poussait ses mignons à insulter ceux de son frère. Pendant les cérémonies du mariage de Saint-Luc, un de ses favoris auquel il offrit une fête splendide, ses amis provoquèrent publiquement ceux de Monsieur. L'injure était telle que celui-ci se leva, sortit, bouillant de colère, et se rendit auprès de sa mère. Elle le consola en l'envoyant à la chasse pendant quelques jours. En fait, elle prit l'incident au sérieux car Monsieur, humilié et haineux, était capable de faire encore un mauvais coup. Henri III, la fête finie, fut saisi des mêmes craintes et, tout comme son frère, il vint se plaindre, en pleine nuit, auprès de sa mère, arbitre et juge dans les cas graves. Elle sortit du lit et tous deux allèrent réveiller le duc d'Anjou. Henri III, qui le soupçonnait de toutes les trahisons, fouilla lui-même la chambre, jusque dans le lit, à la recherche de quelque papier compromettant. C'est dans les draps qu'il trouva une lettre d'amour de Mme de Sauves. Le papier n'était ni rare ni dangereux. Catherine, en chemise de nuit, assistait à ce déballage et calmait le roi. Elle le crut alors capable de tuer son frère. Monsieur le croyait aussi, il tremblait et trembla encore davantage quand le roi sortit en donnant l'ordre de garder Monsieur enfermé dans son appartement où personne ne devait entrer. Monsieur pensa qu'on viendrait l'étrangler au petit jour, hors de la présence de sa mère.

Le lendemain, autre *commedia*. Le roi était calmé, tout le monde prêchait la réconciliation. Le duc de Lorraine, ami de Catherine, se chargea de rapprocher les deux frères ennemis sous l'œil humide de leur mère. Ils s'embrassèrent dès qu'elle leur en eut donné l'ordre. C'est le genre de scène qu'elle aimait : elle y croyait. Bien à tort, car Monsieur y croyait si peu qu'il s'enfuit du Louvre le surlendemain des embrassades. Sa sœur Marguerite, toujours dévouée, lui permit de passer par son appartement et de sauter par la fenêtre. Son fidèle et terrifiant garde du corps, Bussy, l'accompagnait. Il courut dans son apanage d'Anjou, où il était libre et en sécurité. Lors de leur arrivée, l'évêque d'Angers leur offrit à souper princièrement. Il eut tout lieu de le regretter : les deux invités brisèrent la vaisselle et les meubles de l'évêque et partirent après le saccage comme deux forbans. Tel était Monsieur, frère du roi.

Sitôt que sa fuite fut connue, Catherine, épouvantée, se jeta à sa poursuite pour le calmer. Encore un voyage ! Ce ne fut pas le dernier, ni le plus pénible, ni le plus glorieux. La situation de la reine mère au Louvre était, on l'a déjà perçu, très différente de ce qu'elle avait été sous Charles IX. Désormais, se dressait en face d'elle une puissance nouvelle qui dénaturait celle du roi : les mignons, puisqu'il faut les appeler par leur nom.

Qui étaient-ils ? De très jeunes gens que le roi recrutait pour leur naissance, surtout pour leur beauté, leur courage, leurs prouesses dans l'art de jouer de l'épée, leur insolence spirituelle et cruelle. Le lien qui unissait Henri III à ses mignons ne peut se ramener à la trop claire et simple explication homosexuelle. L'homosexualité d'Henri III est évidente, la caricature qu'on en a faite l'a dénaturée et faussée. Ce qui s'est passé entre lui et ses favoris, c'est d'abord cela. Mais c'est aussi tout autre chose. Il exista entre lui et eux un phénomène irrationnel d'envoûtement et de fascination. Que les mignons se soient prêtés aux fantasmes du roi enivré de leur beauté et de leur force, cela est certain — tout au moins dans les débuts. Nous saurons pourquoi ce genre de relations se transforma. A vrai dire, ce roi, dans sa solitude, n'échappa au désespoir que grâce à l'affection illimitée de ses favoris. Tel qu'on les connaît, très virils, très aimés et très amoureux des femmes, ce n'est pas par inclination naturelle qu'ils se prêtèrent à l'amour d'Henri III. En réalité, ils succombèrent à la fascination de cet étrange personnage. D'abord parce qu'il était *le roi*. Pour ces jeunes nobles, le roi était sacré et devait être obéi en toutes choses. Cela dépasse l'entendement d'un citoyen d'une démocratie du xxe siècle, mais cela était. En outre, ils étaient très jeunes quand le roi les distinguait, dix-sept à dix-huit ans, encore adolescents, éblouis de leur faveur. Mais ce qui les conquit et les enchaîna, ce fut la tendresse, le dévouement et la fidélité inouïs du roi à leur endroit. Déjà prêts à l'adorer pour son prestige, ils se donnèrent à lui corps et âme pour cette tendresse qui ne s'exprima pas seulement par de secrètes effusions mais par une générosité fabuleuse. Ils étaient couverts d'or et de titres, ils vivaient au-dessus des lois, comme des fils de rois. Ils allaient dans les rues de Paris habillés de brocart, couverts de bijoux et surtout revêtus, comme d'une aura, de la toute-puissance royale. On ricanait de leurs costumes et de leurs manières — derrière leur dos. En réalité, ils faisaient peur et peut-être envie. C'est leur fortune et leur chance fantastiques qui les rendaient haïssables plus que leur vice. Ce n'est pas leur vice que Catherine leur reprochait, pour elle cela n'avait pas de sens ; elle déplorait de voir le pouvoir royal s'émietter sur ces têtes trop belles et souvent fort intelligentes. Pas toujours assez pour dominer leur fortune et leur orgueil. Ils adoraient scandaliser par arrogance et par mépris du commun. Ils affichaient leur insolence même à l'égard des plus hauts personnages, tel Monsieur. Pour provoquer le bourgeois, Saint-Mégrin, d'O, d'Arques, Gramont, La Valette, Saint-Luc, Maugiron et le beau Quélus s'exhibaient à travers Paris dans leurs tenues époustouflantes. Voici comment un témoin du temps les voyait avec les gens de la rue : « *Ces charmants mignons avec leurs visages peints portent des cheveux longs soigneusement frisés et refrisés artificiellement et tout droit au-dessus de leur petite toque comme les prostituées dans les bordels. Leur collerette plissée a un demi-pied de large et lorsque vous voyez leur tête émerger des plis vous croiriez voir la tête de saint Jean-Baptiste sur le plat de Salomé.* (Un témoin plus populaire dit qu'ils ressemblent à des têtes de veau qu'on voit sur des collerettes de papier à l'étal des bouchers, un autre, plus concis, ajoute « *à la fraise on connaît le veau* ».) *Ils s'habillent tous de la même façon avec de nombreuses couleurs et s'aspergent de poudre de violettes et autres senteurs odoriférantes qui aromatisent les rues, places et maisons où ils fréquentent.* »

Ce portrait des mignons est aussi celui du roi qu'ils imitaient. On devine de quelle nature fut la popularité du roi et des mignons quand, aux quolibets de la rue, vint s'ajouter un pamphlet, *L'Ile des hermaphrodites*. A vrai dire, les mignons n'étaient absolument pas hermaphrodites, mais la propagande affirme ce qu'elle veut, nul n'est tenu de la croire, surtout pas l'historien. Quant à Henri III, quel homme était-il à vingt-huit ans ? Un précoce vieillard. Il n'a plus de cheveux, il porte perruque et un bonnet de velours qu'il n'ôte jamais. Il a perdu ses dents. Son corps déjà fluet est amaigri, défaillant, il monte à peine à cheval et ne s'y tient pas longtemps. Il s'est fait construire une litière vitrée où cinq personnes peuvent prendre place autour de lui et de ses petits chiens qu'il cajole. Dans les rues, les passants voient ces cajoleries qui les exaspèrent. On lui a, de son temps, plus reproché ses carlins et ses manières que la Saint-Barthélemy. Tout en les tripotant, il s'entretient des affaires de l'Etat avec ses conseillers. Il ne porte plus la fraise tuyautée mais un col montant bordé de toile blanche : il porte le deuil de sa jeunesse, de sa beauté, du semblant de santé dont il a joui. Il semble qu'il n'a plus aucun désir sexuel ni aucun rapport de cette sorte avec son entourage. Il aime sa femme et elle l'entoure d'une véritable et tendre vénération. Elle est heureuse, elle l'adore tel qu'il est, les mignons la respectent et s'empressent devant elle ; ces jeunes tigres ronronnent à ses pieds. La dévotion et l'amour de son mari font le bonheur de sa vie. Lui, de son côté, devient de plus en plus dévot à la façon que l'on sait, sans manquer pour cela de tenir ses mignons en adoration. Deux d'entre eux seront faits ducs : Lavalette, duc d'Epernon, le baron d'Arques, duc de Joyeuse. Autant Joyeuse est aimé de la cour, autant Epernon s'est rendu détestable par son arrogance, ses fanfaronnades gasconnes et ses visées politiques. Il sut avec Henri III se faire servile et dévoué certes, jusqu'à la mort, mais ce sont les Maigrin, les Maugiron, les Saint-Luc, les Quélus qui mouraient. Lui, son duché, son titre d'amiral, ses monceaux d'or, son orgueil survécurent à tous les mignons et à leur roi pour faire le paon sous le règne d'Henri IV. Catherine fut effrayée par la faveur des mignons, surtout celle d'Epernon qui lui parut un danger pour la couronne. Elle voulut en faire l'observation à son fils, mal lui en prit. Henri III, furieux, lui cria : « *Morbleu ! Madame, je les mettrai si haut que si je meurs, vous-même n'arriverez pas à les abaisser.* » Il les appelait « *mes chers fils* ». Catherine fondit en larmes.

C'est Epernon qu'elle haïssait le plus car, outre son arrogance et sa cupidité, il jouait au conseiller politique. Et le roi l'écoutait. C'est lui qui excita la haine toujours présente d'Henri III contre les Guises au moment où Catherine jugeait nécessaire un rapprochement avec la Ligue catholique pour faire contrepoids aux protestants alliés à Monsieur. Elle retrouvait en Epernon un nouveau Ligneroles mais elle ne put rééditer contre celui-ci le coup qui l'avait débarrassée de l'autre.

Elle se plaignit de cette situation à ses intimes et notamment à son médecin florentin Cavriana, de meilleur conseil en politique qu'en médecine. Il lui répondit avec sagesse : « *Vous dites qu'Epernon est un obstacle à la réconciliation du roi et de M. de Guise. Mais, Madame, vous savez que si Epernon mourait* (par vos soins, par exemple) *un autre, puis encore un autre Epernon prendrait sa place.* » Elle écouta ce conseil.

Elle regarda son fils régner. Il régnait par à-coups. Il légiférait par caprice comme il se travestissait, comme il processionnait avec les flagellants. Quand il légiférait, il le faisait mieux qu'aucun autre roi, mais il était si déconsidéré qu'on ne lui en était pas reconnaissant ; au contraire, l'opinion publique trouvait même ridicule qu'il s'enfermât durant des semaines avec des hommes de loi pour réformer l'administration. C'est lui qui fit dépouiller les cahiers de doléances des états généraux pour recueillir les observations et les suggestions venues des délégués de toutes les provinces afin de constituer un énorme recueil des aspirations du royaume. Il pensait s'en inspirer pour établir des réformes. Cet énorme et salutaire travail dura des années. En remerciement, Paris le traita de « *roi de la basoche* » parce qu'il s'abaissait à travailler avec des robins de médiocre extraction. Le préférait-on habillé en femme au bal de la cour ? A vrai dire, il était tour à tour le roi et le travesti. Il perdait pied en lui-même, il s'enfonçait dans une personnalité et émergeait dans une autre.

Et Madame Catherine, qu'était-elle en tout cela ? Il aimait sa mère, c'est sûr. Aussi sûrement qu'il aimait sa femme. Mais Catherine, on l'a vu, n'était plus qu'un conseiller, il la traitait comme toute chose avec la même instabilité. Il la cajolait un jour puis la négligeait ; l'indifférence ne lui suffisant pas, il s'arrangeait pour torpiller par ses petites manœuvres les ordres qu'elle donnait et les hommes qu'elle plaçait. Mais jamais ouvertement, ni officiellement. Catherine ressentait tout cela avec douleur mais elle était Madame Catherine et elle réagissait supérieurement à sa demi-disgrâce. Elle ne se plaignit pas mais elle se cramponna à ce qui lui restait de pouvoir et elle demeura irremplaçable. Elle s'était fait une si haute idée de la royauté, elle avait une telle foi en celle de son fils qu'à ses yeux il était seul roi et elle sa première sujette, mais sa sujette. Elle devait lui obéir en tout, plier devant tout ce qu'il exigeait, le conseiller avec amour, certes, mais sans empiéter sur son autorité sacrée. Elle se mit à son service et nous allons la voir repartir dans un voyage interminable et dangereux pour sauver le royaume d'un roi sans autorité. En réalité, c'est elle qui, dans ces années où le sort de la couronne des Valois semblait désespéré, maintint la royauté. Le vrai roi de France, en 1578, était cette Florentine. Elle sut admirablement régner mais elle n'avait pas su faire de roi.

Le meilleur de la vie des mignons était dans les querelles. Ils les faisaient naître à plaisir par leur insolence. Privés de Monsieur et de sa suite, leurs provocations se tournèrent vers les gardes de la maison de Guise. Henri III les excitait, il détestait toujours le duc Henri. Avec ceux-ci la partie devint plus dure et l'affrontement plus violent, ce qui n'était pas pour leur déplaire ; toutefois, pour plusieurs d'entre eux, ce fut leur ultime querelle. Dès leurs premières insolences, la riposte vint. Entragues, Ribérac et Schomberg, hommes de Guise, provoquèrent en duel Quélus, Maugiron et Livarot le 27 avril 1578. Nous reparlerons de cette horrible tuerie. Quelques mois plus tard, un autre mignon, Saint-Maigrin, fut tué en pleine nuit dans la rue. On disait qu'il était l'amant de la duchesse de Guise. C'est beaucoup dire mais le comportement de Saint-Maigrin le faisait croire. Il faisait à la duchesse une cour si osée, si provocante qu'elle avait valeur d'injure pour les Guises. C'est tout ce qu'il désirait. Le duc de Guise ne réagit pas, on ne sait pourquoi. Peut-être savait-il à quoi s'en tenir. Cependant son frère, le duc de Mayenne, réagit à sa place et fit assassiner Saint-Maigrin le 27 juillet 1578. La sacrée cohorte du roi et son honneur étaient fort éprouvés. La cour de France ressemblait à une sanglante cour des miracles et pourtant jamais la civilisation n'avait été aussi brillante. Le comportement des mignons est bouleversant. Ces jeunes gentilshommes étaient parés de tous les dons du ciel et de la fortune et qu'en firent-ils ? Ils ne cherchaient qu'à tuer pour le plaisir de risquer la mort. C'est tout le sens du duel de Quélus, Maugiron et Livarot contre Entragues, Schomberg et Ribérac. Maugiron et Schomberg périrent sur-le-champ, Ribérac mourut le lendemain. Livarot survécut deux mois. Enfin Quélus fut percé de dix-neuf coups d'épée.

Chaque fois qu'une lame le transperçait, le plus fou et le plus beau gentilhomme de France s'écriait : « *Vive le roi !* » Il agonisa pendant un mois. Ces mignons vivaient dans une sorte de transe qui transfigurait leur vie. On l'emporta exsangue et souriant. Le roi s'installa à son chevet et l'assista comme son enfant. Quélus, dans une sorte de ravissement, murmurait en tenant la main d'Henri III : « *Ah ! mon roi ! Ah ! mon roi !* »

L'Estoile, qui a noté dans son *Journal* tous les bruits de Paris, écrit que Quélus trépassa sans parler de Dieu ni de sa mère. Son viatique fut : « *Ah ! mon roi !* » qui lui tenait lieu de tout. Henri III s'abîma dans la douleur. Il fit construire à ses héros des tombeaux magnifiques surmontés de leurs statues en marbre comme celles des divinités antiques. Il avait coupé leurs magnifiques cheveux et les portait toujours sur lui. Il mêlait ces reliques à ses prières quotidiennes. Le bilan, c'est que sur six duellistes cinq furent tués. Entragues survécut.

Il y a loin de cette mort aux ricanements qui, par bassesse de jugement et indigence d'information, rabaissent les mignons à des « folles » à bilboquets. Ce n'est pas un sujet à ricanements, c'est un des épisodes les plus tragiques de ce siècle qui en compte plus d'un.

Tout cela se passait hors de la présence de Catherine. On ne peut dire qu'elle a joué un rôle dans le recrutement des mignons. Peut-on affirmer cependant que le jeu fatal qu'a joué son fils chéri avec ses sigisbées envoûtés lui fut tout à fait étranger ? Catherine appartient à un monde en pleine mutation, à un siècle où toutes les croyances, toutes les machinations étaient emmêlées, à une famille qui est un *melting pot* invraisemblable de vices, de génie, de soleil et de sombres cavernes où les instincts obéissaient à des pulsions mystérieuses. Cette fascination hors du commun qui existait entre Henri III et ses favoris, ce « jusqu'à la mort » et même dans la mort a quelque chose d'inhumain, peut-être de surhumain, en tout cas d'impénétrable et qui, osons le dire, relève de l'ésotérisme. Il n'y a dans l'histoire de France aucun autre exemple d'une pareille emprise qui fondait ensemble les corps et les âmes d'hommes éperdus où chacun s'abandonnait et se livrait à la volupté de la mort. Rien de comparable avec les fidèles compagnons de Saint

Louis liés jusqu'à la mort à leur roi par leur serment chevaleresque et par leur vénération personnelle ; rien de comparable avec les adorateurs de Louis XIV qui se laissaient mourir « d'ennui » quand le roi ne les « voyait » plus, et rien de comparable avec les prodigieux fanatiques de Napoléon. Aucun de ces envoûtements n'était de la même nature ni de la même folie que celle des mignons du roi — le roi compris. Ici, nous culbutons dans un autre monde, dans un « ailleurs » où Madame Catherine avait ses entrées et qui, à travers elle, s'est infiltré chez son fils et dans son entourage.

« *En même temps, je vis apparaître un cheval pâle et celui qui était monté dessus s'appelait la mort et l'enfer le suivait.* » (*Apocalypse de saint Jean.* Chap. VI. Traduc. Le Maître de Saci.)

Pour lors, c'était Henri III le porteur du message fatal. Henri III, sous ses fards et ses aigrettes, était un prince de la mort dans laquelle il a entraîné ses coryphées. Ces jeunes d'un courage insensé furent les officiants non pas du plaisir mais d'un culte funèbre. Ils ont dansé la mort, en costume de théâtre, ils l'ont adorée, provoquée, ils l'ont tous trouvée à moins de vingt-cinq ans — sauf un, Epernon. Ils ont tué au petit bonheur pour le plaisir d'être tués. Leur gaieté n'éclate que lorsqu'ils transpercent la poitrine de leur adversaire ou sont transpercés par leur épée. Possédés par la fureur de mourir, ils n'ont qu'une idole, Henri III. Or celui-ci n'est qu'une incarnation dérisoire de la camarde, un squelette attifé pour un ballet macabre. Il mourra lui aussi comme ceux qu'il a sacrifiés, une lame dans le ventre. A bien considérer cette inexplicable aventure des mignons, ce fut une fable sinistre, un terrifiant et superbe ballet imaginé et réglé par une héroïne satanique de Shakespeare et qui ne pouvait se danser, avec trois siècles d'avance, que sur les ouragans et les rafales de Wagner qui déchirent les âmes et les transforment, non sur la musique des violes et des luths.

Dans cette tragédie, Catherine était-elle innocente ? Dans les faits, oui. Dans le mystère des esprits, tout est à revoir. Nous la connaissons. Rien de son siècle ni, à plus forte raison, rien de sa famille qu'elle couvait ne lui était étranger. Même ce qui paraît se jouer hors de son influence visible n'échappait pas à son influence occulte. Un rayonnement mystérieux émanait d'elle. Même si elle restait inactive et muette, elle agissait sur les pensées et surtout sur les émotions et les pulsions incontrôlées de ses proches. Nous avons déjà remarqué qu'elle insistait toujours pour parler en tête à tête avec ses interlocuteurs difficiles. Elle avait les moyens de les séduire ou de les circonvenir. Or, ce qui émanait d'elle était un maléfice. Le destin de Catherine est noir. Sa vie est un cortège de morts et de calamités sanglantes. Pourquoi la légende, injuste, lui a-t-elle prêté tant de crimes, d'empoisonnements, de guets-apens ? La légende est fausse, oui, mais la présomption et le soupçon sont bien réels. Ce n'est pas sans raison qu'elle a fait naître la légende de ses crimes imaginaires car elle portait un message funeste, une odeur de mort qui faisait croire qu' « *elle était capable de tout* », comme on dit. Ce message maléfique, elle l'avait reçu dès sa naissance entre les cadavres de son père et de sa mère et il venait de plus loin encore. Elle l'a transmis à ses enfants, notamment au plus brillant, au plus séduisant de tous, Henri III — encore que le nabot et sa folie pour Margot ne soient pas exempts du funeste héritage. Toutefois, Henri, le plus doué en ce pouvoir incantatoire, réunit cette cohorte de jeunes dieux envoûtés et voués à tuer et à mourir. Sur ce sujet, l'historien suppute, mais les astrologues de Catherine et elle-même en savaient plus long que nous. Il est difficile de faire état de secrets aussi bien gardés, cela ne les empêche pas d'exister ni d'être signalés. On est cependant en droit de se demander si, dans le climat de cette cour du dernier Valois, dans l'ombre des voiles noirs du deuil éternel de Catherine, Nostradamus et Ruggieri ne fourniraient pas une réponse meilleure que celle d'un citoyen d'une société rationaliste et matérialiste du XXe siècle. Le cas des mignons d'Henri III et de Catherine ne peut se comprendre et peut-être se résoudre qu'au-delà de nos machines à calculer, de nos ordinateurs, de nos Boeing long-courriers. Le monde occulte, incarné par la Médicis, installé en sa personne dans sa famille et à la cour, c'est celui de l'envoûtement où furent piégés les mignons. Elle paraît s'être tenue à l'écart, silencieuse et présente, mais elle « savait ».

Quant à nous, ces événements nous permettent de subodorer les profondeurs insondables de Madame Catherine mais non pas d'y pénétrer.

Comment Catherine transforma les déceptions et les dangers d'un nouveau périple en succès de la cause royale

Les mignons enterrés, Catherine avait d'autres soucis. Son fils rebelle, le duc d'Anjou, intriguait de nouveau et surtout les provinces du Midi menaçaient de se soulever. On sait que la paix de Bergerac n'était pas respectée, le Languedoc vivait en armes sous les ordres du fils de Coligny qui ne pardonnait pas à Damville sa défection et la Gascogne s'agitait dangereusement sous l'influence des pasteurs et des hobereaux toujours prêts à en découdre avec l'autorité royale. Catherine, à cinquante-neuf ans, fidèle à ses principes, reprit la route pour prêcher, en personne, la paix du roi à ceux qui n'en voulaient pas.

Toujours habile, elle sut trouver à cette expédition politique un prétexte charmant, d'ordre purement familial, et qui pourrait être touchant si l'on ne connaissait déjà trop les personnes de la famille. Madame Mère proclamait qu'elle partait pour la Gascogne afin de ramener sa fille Marguerite à son époux le roi Henri de Navarre dont elle vivait séparée dans les conditions de fidélité et de chasteté que l'on sait. Les époux étaient, paraît-il, désireux de se retrouver. A vrai dire, c'était Catherine qui voulait ressouder le ménage pour les besoins de sa politique et aussi pour satisfaire cet esprit de famille de style un peu *mamma* qu'on lui connaît. Les époux semblaient moins ravis qu'elle.

Elle n'entreprit pas son voyage sans préparation ni sans l'autorisation du roi, son fils. Elle tenait compte des rebuffades. Néanmoins, elle prit la précaution de laisser auprès de lui, pour le surveiller et freiner ses folies, le fidèle Bellièvre. Ses meilleurs serviteurs et ses plus anciens conseillers l'accompagnaient, tous avaient fait leurs preuves comme les ambassadeurs Monluc et Saint-Sulpice, le cardinal de Bourbon et le duc de Montpensier, Bourbons catholiques, et le conseiller Pinart. Parmi les dames de bon conseil, ses amies, Mme d'Uzès, Mme de Montpensier et l'indispensable escadron volant, avec Mme de Sauves comme étoile et quelques nouvelles recrues qui allaient faire des prouesses. Toutefois, son cortège ne présentait ni l'importance ni la splendeur de celui qui avait accompli le grand tour de France ; on peut même dire qu'il parut un peu étriqué à Madame Catherine mais on lui avait rogné les crédits.

Elle partit le 2 août 1578 et arriva à Bordeaux le 18 septembre. Elle fut déçue par son entrée qu'elle aurait voulue, comme toujours, fastueuse. Celle-ci ne manqua pas de magnificence mais elle lui sembla dépourvue d'intérêt parce que le roi Henri de Navarre s'abstint de paraître. C'était lui qu'elle voulait voir d'abord. Il aurait dû recevoir sa reine dans la capitale de la Guyenne dont il était gouverneur. Cette absence parut de mauvais augure. Le faste de la réception bordelaise n'avait plus de sens. Elle écrivit le soir même à Bellièvre une lettre pleine d'amertume : « *Je plaindrai infiniment ma peine d'être ici venue et de m'en retourner comme un navire désemparé et si Dieu me fait la grâce de faire ce que je désire, j'espère que ce royaume se sentirait de mon travail et que le repos y durerait...* »

Voilà défini le véritable but de son voyage et probablement celui de toute sa vie : faire le bien du royaume en le maintenant en paix. Elle appelle cela d'un très beau mot : « *mon travail* ». Louis XIV dira plus tard : « *mon métier de roi* ». Les grands rois se rencontrent.

En cette occasion, la défection du Béarnais, sans la décourager, la troubla. Elle chercha un sens caché à cette défection car elle avait toujours dans l'esprit la prophétie de Nostradamus :

> *Au chef du monde le grand Chyrem sera*
> *Plus outre après aymé, criant, redouté.*

Chyrem désigne Henri de Navarre, il sera roi aimé et redouté. Elle n'a pas oublié l'autre prophétie, celle de Chaumont : son fils Henri doit être le troisième et dernier roi de sa famille. Elle redoute l'échéance, elle abomine même l'héritier, « le grand Chyrem », mais elle est Madame Catherine, elle sait surmonter le malheur, elle se doit même d'utiliser le malheur qui menace sa race et, dans le cas où elle survivrait à Henri III, pourquoi ne se ménagerait-elle pas dès aujourd'hui une place éminente dans le futur règne ? Le pouvoir, c'est la vie. Voilà d'où viennent cet intérêt et même cet attachement de commande pour son gendre Navarre. Il n'y a rien d'insensé dans son calcul, Henri III peut mourir bientôt (ils meurent si facilement, ses enfants !). Lorsque Henri de Navarre et sa fille Margot seront sur le trône, Madame Catherine saura très bien se glisser dans le ménage royal. Il faut donc, pour cela, se concilier sans tarder le successeur des Valois. Elle pourra alors espérer avoir encore sa part de royauté. Catherine ne rêve jamais à côté de la seule question importante : le pouvoir. Quand on lit les chroniqueurs du temps qui la traitent de « vieille femme », on sourit car elle se conciliait l'avenir comme s'il lui appartenait.

Pour cette raison et pour bien d'autres plus urgentes, il lui fallait amadouer Navarre. Elle l'a manqué à Bordeaux, elle le rattrapera un peu plus loin, presque dans la banlieue, dans une bourgade de la vallée de la Garonne, un peu avant La Réole, un lieu nommé Casteras. La rencontre fut sans faste mais réconfortante. Elle apprit là pour quelle raison le roi de Navarre n'était pas venu à Bordeaux ; parce que son suppléant au gouvernement de Guyenne, le très ou trop grand seigneur de Biron, s'était installé dans la place et n'en voulait plus sortir. Catherine fut rassurée : il ne s'agissait que d'un conflit de personnes, elle en avait l'habitude. De l'argent, des promesses radoucirent Biron qui sortira tout glorieux de la place, plus riche et plus fort qu'il n'y était entré, et le roi de Navarre sera ainsi le gouverneur incontesté de la province et remerciera sa belle-mère. Margot, fine mouche, avait pris le parti de seconder sa mère dans ses manœuvres. Elle se montra désireuse de faire la paix avec son mari. Elle y trouvait un nouvel intérêt qui, pour une fois, ne servait pas celui de son frère, Monsieur. Bref, la reine mère et son gendre s'entendirent pour faire appliquer, tant par les catholiques que par les protestants, la paix de Bergerac dans toute la Gascogne.

Catherine, enchantée par ce début, reprit sa tournée. La prochaine conférence se tint à Agen, ville catholique. Elle fit (et le fit partout) accrocher un grand portrait du roi dans la salle de l'évêché où s'était réunie toute la noblesse du pays et prononça un beau discours sentimental et vibrant à l'éloge de son fils chéri, le roi. Elle exalta ses vertus militaires, ce qui plut à ces guerriers-nés (elle omit ses succès dans les bals travestis), mais elle n'oublia pas d'encenser le roi de Navarre et la reine, sa fille, ici présente. Elle flatta et émut ces gentilshommes gascons et sut les convaincre que tous, en leur assemblée et elle-même comme eux, étaient les fidèles sujets du roi de France. Elle parla le langage des sentiments qui débordaient de son cœur, elle fut convaincante, enthousiaste, elle eut un grand succès en se proclamant en faveur de la paix : « *Je suis résolue de n'épargner aucun moyen qui soit en moi, ni ma propre vie, m'estimant bien heureuse de l'employer pour un si bon œuvre si nécessaire pour le royaume.* »

Agen fut une étape heureuse. Margot l'assura que son mari soutenait sincèrement sa politique d'union et de paix. Cela lui fit grand bien. La suite du voyage ne fut pas souvent aussi brillante. Elle se heurta à de violentes oppositions. Des villes se fermèrent à son approche. Les ponts-levis des châteaux se levaient devant elle et lui refusaient le gîte. Elle allait camper plus loin dans des villages plus ou moins misérables. Elle s'y instruisait et enquêtait sur l'esprit des gens de la terre et elle ne dédaignait pas de les ramener au roi par sa bonne parole. Elle écrivait régulièrement à son fils, elle lui disait qu'elle avait de bons arguments pour pacifier ses sujets mais qu'il lui manquait le meilleur, l'argent. Elle regrettait que le Trésor ne mît pas à sa disposition des sommes qu'elle distribuerait aux bons endroits et au bon moment et qui feraient grand bien au prestige royal. Ces lettres s'adressaient moins à son fils qu'au roi son maître à qui elle rendait un compte exact du voyage et de ses travaux. Les conseils remarquables sur la politique n'y manquaient pas. Elle n'avait pas d'illusions sur l'état des provinces qu'elle visitait, la guerre civile couvait partout, elle en sentait le danger imminent. En rassemblant tout ce qu'elle pouvait de noblesse sous la bannière royale, elle faisait reculer la violence. Si elle n'avait pas fait, en Gascogne, ce voyage pacificateur, « *il se fût fait,* écrivait-elle à son fils, *des choses que je ne doute qu'aucuns imaginent qui nous eussent mis en danger d'approcher la ruine de Votre Etat.* »

Que faisait-il pendant que sa mère courait les mauvais chemins et affrontait ses ennemis pour lui conserver son royaume ? Jouait-il avec ses petits chiens, avec ses pénitents processionnaires, avec ses mignons ? Il semble au contraire qu'il ait pris alors son plaisir à légiférer sérieusement.

Elle se rendit à Toulouse où elle espérait bien conclure avec le roi de Navarre un accord définitif sous forme de traité car il était la tête du parti réformé de France. Mais le finaud, pour ne rien signer, n'alla pas à Toulouse. Il se souvenait très bien de ses relations passées avec Catherine pour n'être pas en défiance à l'égard de ses promesses. Nous savons qu'au moment où il négociait du bout des lèvres avec elle il cherchait des appuis à l'étranger contre le roi de France. Il flirtait secrètement avec Philippe II, entre autres, ce qui est étonnant pour un prince protestant, mais la politique ne s'offusque pas de ce que la morale réprouve. A Bordeaux, il s'était abstenu parce que Biron lui portait ombrage, à Toulouse il invoqua un furoncle à la fesse pour ne pas paraître. Catherine perdit patience et planta là le vicomte de Turenne que lui avait délégué Navarre pour ergoter sans résultat. On ne berne pas ainsi Madame Catherine. Elle refit ses malles et alla camper à Auch pour se rapprocher du Béarnais. Elle pensa que, de Pau à Auch, il ferait plus facilement le trajet. Il vint. Elle lui fit fête. Celui-ci s'enflamma pour l'escorte galante de sa belle-mère et en particulier pour une nouvelle recrue, une Grecque nommée Doyelle. Dès lors, Catherine fut persuadée qu'aucun furoncle ne le ferait repartir. Elle recréa aussitôt, avec l'aide de Margot, l'atmosphère de fête si favorable à ses négociations. On banquetait, on dansait, le plaisir primait la politique mais Catherine commandant les plaisirs, commandait aussi la politique. Henri de Navarre était prêt à céder, à signer l'accord quand, au cours d'une soirée enchanteresse, le 22 novembre, on l'avertit en secret que des troupes catholiques venaient de s'emparer de La Réole, ville protestante. L'enchantement fit place à la colère. Henri de Navarre s'échappa aussitôt pour rassembler des troupes et, par représailles, s'empara de la ville catholique de Fleurance, près d'Auch. Cette réponse sans ambiguïté navra Catherine car elle n'était pour rien dans la prise de La Réole : c'est un parti de catholiques enfiévrés qui, de son propre chef, avait fait le coup non seulement à l'insu de la reine mais contre sa politique. Néanmoins, Navarre le reçut comme une traîtrise de Catherine. Celle-ci s'empressa de désavouer les trublions et, pour apaiser son gendre et les protestants, elle s'empressa de rendre La Réole aux réformés par un décret du 4 décembre 1578.

La détente suivit, on put aborder les vrais problèmes mais l'atmosphère demeura empoisonnée. Rien ne vaut dans ces cas-là le changement d'air. Catherine et sa caravane se rendirent à Nérac, petite capitale d'Henri de Navarre au cœur de la Gascogne. Sa femme Margot y joua à la reine et au ménage reconstitué en attendant l'arrivée des représentants huguenots, car Catherine allait se trouver devant une véritable assemblée protestante. Les délégués ne mirent aucun empressement à se rendre à l'invitation de Nérac. La reine mère dut les attendre du 15 septembre 1578 au 3 février 1579. Dès qu'elle les tint réunis, elle leur appliqua son traitement habituel : la séduction. Elle s'aperçut aussitôt qu'ils n'étaient pas décidés à se laisser faire. Elle laissa les douceurs et les flatteries et donna aux débats un petit air « démocratique » qui réussit à créer un climat de libre expression qui plaisait aux protestants et qui ne lui déplaisait pas. Cela donna plus de hardiesse à ses interlocuteurs, tout étonnés de cette bienveillante attention à leur égard. Et alors, ils parlèrent... Ce furent des développements à n'en plus finir, circonstanciés et pointilleux. Ces pasteurs avaient un don de démonstration surprenant, ils pouvaient argumenter à l'infini sans reprendre souffle. Catherine fit preuve d'une patience égale à leur endurance. Mais ses conseillers succombèrent : Monluc, l'évêque de Valence, le plus remarquable diplomate du temps qui avait tenu tête à la faconde des Polonais et fait élire Henri, perdit connaissance pendant l'exposé interminable... d'un huguenot. D'autres, après plusieurs séances semblables, s'alitèrent à bout de forces. Le calvinisme marquait des points. Les pasteurs exigèrent tant et tant de villes que Catherine refusa. Ils insistèrent. Elle ne s'évanouit pas et resta ferme. Ils insistèrent encore. Alors elle leur fit les remontrances les plus cinglantes, elle leur reprocha leur mauvais esprit, leur hostilité entêtée, elle leur dit que c'était eux qui empêchaient la paix : « *Vous qui n'allez pas à la guerre et qui êtes cause de la mort de la noblesse de France, on devrait vous y faire aller et vous mettre au premier rang comme les Suisses, les gentilshommes font très mal de vous croire, s'ils pensent s'agrandir par ce bout-là car ils demeureront le cul par terre entre deux selles.* » L'éloquence de cette femme réputée aussi douce que retorse allait parfois droit au but. Mais l'obstination des pasteurs ne désarma pas, ils vinrent la relancer jusqu'à la salle pendant son souper. Là, elle explosa. Le cas est si rare qu'il faut le noter ainsi que la scène qu'on aurait dû peindre : elle les menaça de les faire tous pendre avec une telle conviction qu'ils sortirent à reculons en sentant déjà la corde autour de leur cou. C'est alors que Marguerite intervint (elle était reine de Navarre et Nérac relevait de sa royauté), elle se jeta aux pieds de sa mère en la suppliant d'épargner les récalcitrants. Les larmes de cette princesse, que nous savons insincère à faire peur, obtinrent la grâce des huguenots que Catherine n'avait pas l'intention de faire pendre mais de faire taire tout simplement.

Finalement, les récriminations étant calmées, Catherine fit quelques concessions, les huguenots en firent d'autres et Henri de Navarre, satisfait de l'arrangement, signa l'acte de réconciliation le 28 février 1579. Il n'apportait rien de nouveau mais il fut d'une grande importance parce qu'il se substituait à la guerre. C'est tout ce que désirait Catherine.

Dans ce climat de paix, elle demanda à Navarre — son nouvel allié — de faire pression sur le fils de Coligny pour qu'il cessât de harceler Damville et laissât la paix régner en Languedoc. Elle-même partit pour prêcher sur place la réconciliation entre les deux partis. Bien qu'elle redoutât cette province dont elle gardait un mauvais souvenir, sa première halte à Castelnaudary fut un succès. Mais, épuisée par un catarrhe persistant et par de très pénibles dérangements d'entrailles, elle fut obligée d'arrêter quelque temps son périple. Les fatigues du transport, les changements de gîtes, de nourritures, de climats, ses imprudences personnelles, sa gourmandise et les émotions que lui ménageaient ses discussions parfois violentes avaient détraqué sa santé. Elle crut que le moment de retrouver une vie plus réglée, à Paris, était venu. D'ailleurs, les nouvelles qu'elle recevait ne pouvaient que l'inquiéter. Son fils, le duc d'Anjou, poursuivait sa lamentable équipée aux Pays-Bas qui tournait mal pour lui. Elle aurait voulu le tirer de ce guêpier et de sa sottise mais le Languedoc et ses dangers s'imposèrent à elle ; elle se sentit tenue de poursuivre sa mission jusqu'en Provence. Ce n'est pas le pittoresque du pays, sa lumière méditerranéenne qui pouvaient la guérir de son inconfort. Il lui arriva de coucher sous la tente, en rase campagne, dans la plus grande insécurité. Elle ne disposait pour ses frais de voyage que d'une parcimonieuse attribution du Trésor qui lui était remise chaque mois. On la traitait comme un fonctionnaire en tournée d'inspection. Un seul bal aux Tuileries du temps de sa splendeur aurait payé dix ans de voyage dans de pareilles conditions. N'importe quel mignon était plus pensionné que la reine mère. Quelle différence entre ce voyage et celui où la reine avait présenté fastueusement son jeune fils Charles IX à la France éblouie ! Lors de cette incursion dans une province hostile, il lui arriva d'avoir peur. C'est elle-même qui le confia à sa chère amie, la duchesse d'Uzès, dans une lettre écrite de Béziers. Elle n'était pas du tout sûre de pouvoir arriver jusqu'au Rhône car il lui fallait passer à travers « *la peste ou la mer ou les Cévennes car il y a des oiseaux de rapine comme ceux qui vous ont volé vos chevaux* ». La duchesse était fixée, étant du pays [1]. Mais le courage et la confiance triomphaient de ces craintes : « *Je me fie à Dieu qui me fera toujours ce me semble sortir de tous les périls.* » Et elle se fiait aussi à son expérience. Elle avait réussi avant de quitter Nérac à raccorder définitivement (ou presque) sa fille et son gendre Navarre. Ce succès l'enchantait. « *C'est le meilleur ménage que l'on saurait désirer* », écrivait-elle sans rire. Que devaient être les autres ? Toujours optimiste, elle termine sa lettre dans la gaieté « *en priant Dieu de conserver son amie jusqu'à l'âge de cent quarante ans que nous puissions souper ensemble aux Tuileries sans chapeaux ni bonnets* ». Oui, en cheveux, sans façons, en toute liberté. Voilà dans ces jours dramatiques où était le vrai courage, dans ce sourire amical. Elle le montra encore plus crânement à Montpellier, en face de l'hostilité menaçante de la population huguenote et des hommes en armes qui occupaient la ville. Elle sentit sa vie en danger et sans doute l'était-elle lorsqu'elle défila avec sa mince

---

1. Il faut dire que la duchesse avait rompu avec le calvinisme. Elle avait été volée par « *les oiseaux de rapine* », désignant les huguenots que Catherine appelle aussi « *oiseaux de nuisance* ». Le chef calviniste auteur du vol était Chaumont-Guitry.

escorte entre deux rangées d'arquebusiers peu rassurants, elle garda le regard vif avec un demi-sourire de supériorité pour s'avancer en reine toute-puissante. Elle gagna la partie, son courage sidéra la foule et les notables et elle obtint d'eux le rétablissement du culte catholique dans cette ville où une seule église restait debout.

Elle passa en Provence. Le pays était à feu et à sang. Les paysans catholiques et huguenots unis s'étaient insurgés contre certains seigneurs cupides, injustes et cruels. Ceux-ci avaient fait venir des Corses, des Italiens et des Albanais qui se livraient à d'affreux massacres. Cette population révoltée portait le nom de Razats. Ces Razats ayant massacré le lieutenant général de Provence et sa famille, la répression avait été atroce. Telle était la situation devant laquelle Catherine se trouvait. Elle avait ses informations : certains seigneurs provençaux étaient odieux. Elle fit nommer comme gouverneur le prieur d'Angoulême, bâtard d'Henri II et de Lady Fleming, avec mission de maîtriser d'abord la noblesse, origine des troubles. Elle y réussit, ayant montré à ces tyrans de campagne la force royale à laquelle ils pensaient échapper. Car la véritable cause des excès de la noblesse résidait dans la faiblesse et même l'absence de l'autorité royale. Puis elle usa de persuasion et leur interdit tout port d'arme, tout rassemblement. Le Parlement d'Aix, sous son injonction, bannit toute ligue et association. Elle reçut les nobles, les chapitra, leur réapprit leur rôle de soutiens du trône. Ils plièrent. Elle fit de même avec les délégués des Razats qui promirent de rentrer chez eux à condition d'être protégés contre les abus de la noblesse. Elle leur promit que seul le gouverneur, prieur d'Angoulême, aurait une armée pour les protéger contre toute tyrannie. Les deux partis renoncèrent à la lutte. Elle avait rétabli la paix en Provence et découvert dans le prieur d'Angoulême un homme de devoir, de bon conseil et de loyauté. Elle se promit d'en faire un soutien du trône d'Henri III, son demi-frère.

Henri III, qui tenait alors son rôle de roi, fut touché par les exploits de sa mère ; il faisait publiquement son éloge et lui exprimait en ses rares lettres son admiration et sa gratitude. Mais ces bonnes dispositions ne duraient pas, il était trop soumis aux papotages, aux inimitiés et jalousies de ses proches qu'il partageait malgré les avis de sa mère. En cette occasion, il eût volontiers repoussé le prieur d'Angoulême en dépit — ou à cause — de ses qualités et des services rendus en Provence. Son demi-frère lui portait ombrage et il écouta les avis de ceux qui lui serinaient que Catherine avait commis un passe-droit en écartant le comte de la Suze, lieutenant général, qui n'avait pas su maîtriser la situation, et en le remplaçant par le prieur. Le comte de la Suze était une créature de Retz. Peu importe, Catherine maintint le prieur. La Suze, elle le savait, avait encouragé la féroce répression exercée par les nobles. Elle était dans son droit, mais elle connaissait trop les mœurs de la cour — qui étaient les siennes au demeurant — pour ignorer le moyen d'apaiser les mécontents. Elle fit donner des titres et de l'argent à Retz et à La Suze son protégé. Ils se tinrent cois. Le prieur resta en place et poursuivit son œuvre bienfaisante en Provence.

Catherine, néanmoins, ne manqua pas en cette circonstance de rappeler à son fils ses devoirs de roi : « *Ces passions particulières qui viennent de votre cour ruinent toutes vos affaires. J'aime tout le monde mais je n'aime rien quand on brouille nos affaires* [1]... » Elle avait du mérite car Retz, son cher Gondi, son fidèle Florentin, était un de ses plus sûrs soutiens mais, dans l'affaire du prieur, il avait cessé de l'être puisque, par intérêt personnel, il s'était élevé contre la décision royale.

En Dauphiné, les mêmes désordres ensanglantaient cette province. Comme en Provence, « les gens du commun » s'étaient soulevés contre le pouvoir royal mais ici la noblesse restait fidèle au roi. C'est pourquoi, changeant de tactique, elle s'appuya sur les seigneurs pour soumettre les révoltés qu'elle traitait de vilains noms — dans ses lettres seulement. Tout au contraire, dans les discours qu'elle faisait avec succès partout où elle passait, elle ne répandait que louanges apaisantes et protestations d'amour du roi pour ses sujets. Dans un beau mouvement d'éloquence, ces douceurs étaient néanmoins assorties de la menace des pires

---

1. Ivan Cloulas, *op. cit.*

châtiments pour ceux qui prendraient les armes. Ce n'étaient là que foudres verbales car elle n'avait pas d'armée pour châtier les rebelles et, d'autre part, elle croyait plus aux bonnes paroles qu'aux châtiments sanglants.

Elle ne vint pas à bout de la rébellion du Dauphiné avec des paroles car elle vit se dresser en face d'elle un personnage d'importance, un irréductible huguenot féodal, Lesdiguières, soutenu par un second peut-être pire, l'ex-favori du roi, le maréchal de Bellegarde, qui avait trahi son maître et son bienfaiteur. Catherine les appréciait à leur juste valeur et elle savait que le Dauphiné ne connaîtrait pas la paix tant que Lesdiguières et Bellegarde y feraient la loi, les armes à la main. C'est Lesdiguières qu'elle voulait gagner. Or, elle ne croyait pas que ses harangues et ses promesses pussent amener un tel homme à composition ; il fallait, s'imagina-t-elle, que le roi en personne vînt l'affronter et lui imposât son devoir de vassal fidèle et soumis. Elle appela donc Henri III à son secours. Henri III n'avait nulle envie de voyager, de renouer avec ces transports exténuants et avec ces discussions désagréables avec des seigneurs insolents ou des gens de peu. Il trouvait bon que sa mère se chargeât de ces corvées pour l'en décharger lui-même. C'était au-dessus de ses forces. Au Louvre, ni ses carlins ni ses mignons ne discutaient. Catherine insista tellement qu'il finit par accepter d'aller la rejoindre. Avec quelle conviction, une phrase de **sa** lettre l'exprime : « *Il nous faut résoudre d'aller à Lyon, la bonne femme le veut.* » Cependant, il resta sur place. Il lui écrivit un peu plus tard qu'il était au lit et « *trop fatigué pour avoir joué à la paume* ». Même dans ses meilleurs moments, ce bon fils ne l'était qu'à moitié.

A vrai dire, un autre mal plus sérieux que le jeu de paume le minait ; la fameuse otite purulente qui avait tué son frère aîné, François II, le terrassa le 19 septembre 1579. Cette nouvelle accabla sa mère, tous ses deuils lui revinrent à l'esprit, elle crut qu'Henri était en danger de mort. La mort était expéditive à l'époque dans son entourage. Cette douleur et l'amour qu'elle portait à ses « *chers yeux* » lui inspirèrent les mots mêmes de la passion : « *Croyez que c'est une extrême peine que d'être loin de ce qu'on aime comme je l'aime et, le savoir malade, c'est mourir à petit feu*[1]. » Le médecin Miron le tira d'affaire.

Elle n'eut donc pas le plaisir de voir venir son fils la seconder mais il put obtenir du duc de Savoie, toujours en accointance avec Bellegarde, qu'il amenât celui-ci à se soumettre moyennant une récompense royale. Les deux anciens complices s'entendirent et Bellegarde se soumit spectaculairement : le 17 octobre 1579, il s'agenouilla devant Catherine représentant son roi et lui jura obéissance et fidélité. Cette petite comédie accomplie, il reçut le prix convenu : c'était le marquisat de Saluces ! On croit rêver. D'ailleurs, pour Bellegarde, ce ne fut qu'un rêve car il mourut quelques semaines plus tard d'un « calcul ». Bien entendu, le bruit courut et fut soigneusement recueilli que Catherine l'avait empoisonné. Pure calomnie : sa maladie était connue depuis longtemps de son entourage, son ami le duc de Savoie savait qu'il était condamné, son ambassadeur à Paris l'avait annoncé un mois plus tôt.

Lesdiguières, sentant le vent tourner, avait mis bas les armes. Bien qu'à bout de forces, Catherine réussit encore à faire signer à ce redoutable personnage un engagement solennel à respecter la paix. Ce fut la fin du voyage.

Elle retrouva Henri III à Orléans. Il avait fait ce sacrifice pour venir au-devant de sa mère et la remercier ; elle y fut merveilleusement sensible, elle oublia ses peines et même les signes visibles de l'ingratitude de son adoré quand il voulut bien reconnaître par écrit combien d'obligation il avait « *à ladite dame du bien qu'elle a semé partout où elle est passée* ».

Il y avait dix-huit mois qu'elle courait les routes, tout le sud de la France était pacifié. Pour une fois, Paris avait été informé du succès qu'elle avait remporté sans armes, sans effusion de sang, même sans démonstrations militaires, par la seule force du prestige royal qu'elle incarnait mieux que quiconque en France, par la seule force de persuasion que lui donnait son amour du royaume, de son peuple et de la paix. Paris, convaincu de cette mission grandiose, lui fit un accueil triomphal — combien inattendu ! Ce fut là peut-

1. Ivan Cloulas, *op. cit.*

être sa plus grande victoire : elle avait conquis Paris. Elle s'était fait aimer et vénérer par cette ville qui la détestait depuis ses débuts. Le 14 novembre 1579, les notables et le peuple de la capitale se portèrent en cortège au-devant de Catherine à une lieue hors des portes, sur la route d'Orléans. L'ambassadeur de Venise écrivait « *que les Parisiens se repentent de ne pas l'avoir plus tôt appréciée* ».

La reine mère fait la paix, son fils le roi fait des lois, son fils nabot et quelques fanatiques protestants rallument la guerre

Pendant qu'elle pacifiait le Languedoc, Monsieur continuait ses « folies » aux Pays-Bas. Elle ne pouvait être partout. Dès son retour, elle dut s'employer à pacifier le petit monstre, ce qui était aussi malaisé que de calmer Lesdiguières et encore plus dangereux car la menace de Philippe II la terrifiait. Elle savait que le seul moyen de maîtriser Monsieur était de lui donner ce qu'il voulait : une couronne. Tous les projets précédents de Catherine, tant au Portugal qu'en Italie et aux Pays-Bas, étaient sans avenir. Il ne subsistait que le plus mirifique, le seul capable de régler le cas du nabot, le mariage avec Elisabeth d'Angleterre. Ce projet — ou ce rêve — reparaît dans les cas d'urgence un peu comme le marquisat de Saluces. Cette fois, malgré la fatigue de sa longue randonnée dans le Midi, Catherine décida d'aller elle-même à Londres plaider la cause de son dernier fils. Elle croyait toujours qu'en tête à tête personne ne résistait à ses astucieux arguments. Elle pensait bien rapporter de Londres le contrat signé. Voici, dans son orthographe originale, ce qu'elle écrivait à Mme d'Uzès au sujet de ses déplacements : « *Ma commère encore que notre heage soiet plus pour set repouser que pour faire voyage, si ese* (aussi est-ce) *qu'yl en fault encore faire un en Engletère.* » Et, pourtant, elle ne le fit pas ce voyage. Quel dommage ! Le face à face de ces deux reines, ces deux vieilles fées hors série, eût donné un curieux spectacle et un bec à bec inoubliable. Elle engagea vivement son fils à aller lui-même faire valoir auprès de la reine ses charmes et ses royales ambitions.

On a pu remarquer que Monsieur, qui lui donnait tant de souci et qu'elle servit un peu trop bien (on le lui reprochera bientôt), ne s'était même pas dérangé pour aller au-devant d'elle lors de son retour. Sa haine d'Henri III était telle qu'il ne supportait même plus de se trouver en sa présence. Ce fut donc Catherine qui alla vers lui pour essayer de le ramener à de meilleurs sentiments. Comme Henri de Navarre avec son furoncle, il avait mis son impossibilité de se rendre à la cour sur le compte d'un dérangement d'entrailles. Catherine n'obtint rien de ce fils rebelle, sauf la vraie promesse de ne pas prendre la tête d'un nouveau soulèvement des « politiques » et des protestants car elle le soupçonnait fort d'y penser.

Cependant il y avait eu, entre les deux frères ennemis, un instant de rapprochement. S'il ne changea rien à la politique du royaume, l'objet de cet accord éphémère est bien digne de cette famille des Atrides. Il s'agissait de Bussy d'Amboise, ce spadassin superbe et odieux fortement implanté dans la famille, mignon du duc d'Anjou et l'amant de sa sœur Margot. Son insolence n'épargnait même pas Henri III. Le jour des Rois, en 1578, il eut l'audace de se présenter à la cour suivi de douze pages vêtus de toile d'or et de brocart, lui-même en sarrau gris tel un boutiquier. Comme on s'étonnait, il dit, ayant préparé la réplique, qui désignait clairement les mignons du roi éclatants de soie et d'or : « *Quand les valets s'habillent comme des gentilshommes, il ne reste aux gentilshommes qu'à s'habiller en valets.* » Rapportée au roi, cette parole ne s'oublia pas.

Une autre fois, il parut aux portes du Louvre accompagné, à l'égal d'un prince du sang, par cinquante gentilshommes armés. Cette fois, Henri III eut un mot très dangereux pour le favori de son frère et l'amant de sa sœur. Il dit : « *C'est trop pour un Bussy.* » Tout le monde comprit qu'à plus ou moins bref délai son sort était réglé.

Sa faveur auprès de Monsieur était illimitée. Quand ce prince envahit les Pays-Bas, Bussy était son homme de guerre. Monsieur eut tout lieu de se repentir de lui avoir confié ce commandement. Bussy se fit battre par les Espagnols mais, non content de cela, il pilla et massacra les Flamands sur lesquels Monsieur espérait régner, si bien qu'il souleva tout le pays contre les Français et réussit même à retourner sa propre armée contre lui et contre Monsieur. Ce fut la fin de leur amitié : Monsieur chassa Bussy. Sur ce, Monsieur apprit que le roi son frère l'avait soutenu auprès d'Elisabeth : le mariage s'annonçait bien. On parlait même d'une visite du prétendant à sa prétendue fiancée à Londres.

Bussy, nullement troublé par sa disgrâce, préparait son retour dans la faveur de Monsieur et de sa sœur. Il écrivit au prince une lettre confidentielle où il se flattait d'avoir une maîtresse merveilleuse, l'épouse du seigneur de Monsoreau. Bussy ne se doutait pas du danger que présentait l'amitié refroidie du nabot. Lorsque celui-ci alla remercier Henri III de ses bons offices auprès d'Elisabeth, il laissa tomber aux pieds du roi la lettre de Bussy, pendant leurs embrassades. En somme, il lui livrait son ancien favori et se vengeait ainsi des folies de Bussy en Flandres — et aussi, sans doute, d'être l'amant de Margot dont il était jaloux étant lui-même son rival, incestueux peut-être, mais rival bafoué. Henri III fit porter la lettre à M. de Monsoreau qui prit ses dispositions. Lorsque Bussy vint se glisser dans la chambre de sa belle, il tomba percé de coups de plusieurs hommes de main.

Les chers enfants de Catherine sont aussi dangereux quand ils s'accordent que lorsqu'ils se battent.

Durant l'absence de sa mère, Henri III avait travaillé dans l'intérêt du royaume. Ce fut une période où il eut le vrai mérite de justifier son surnom de « *roi de la basoche* » qui est à son honneur. Pendant que sa mère tenait en paix le royaume, lui tâchait de l'administrer mieux qu'il ne l'était. Il renforçait l'autorité royale par des réformes intelligentes et justes. Il avait ainsi réalisé un projet auquel il tenait depuis plusieurs années, la création d'un nouvel ordre de chevalerie. Il existait déjà un ordre de Saint-Michel fondé par Louis XI mais il avait mal vieilli et s'était déprécié parce qu'on l'avait donné trop facilement à des chevaliers de petit mérite. Henri III voulut un ordre prestigieux, réunissant un nombre restreint de hauts et puissants seigneurs, liés personnellement au roi par serment chevaleresque. L'idée flattait certes son goût pour le faste, les grandioses cérémonies, mais elle était politiquement habile. Henri III, en jouant sur l'orgueil (et la vanité) des rares élus, se constituait une sorte de milice dont le dévouement indéfectible serait à la fois un puissant soutien du trône et une garantie de sa sécurité personnelle. Henri III avait bien besoin de l'un et de l'autre. Néanmoins, il eut quelques peines pour réaliser le beau projet — c'étaient des peines d'argent. Son ordre présentait un caractère religieux, le nom magnifique dont il l'avait doté en disait assez la nature : « *Ordre du Saint-Esprit.* » En foi de quoi, Son astucieuse Majesté s'était avisée de le faire subventionner par le Saint-Père car, pour donner du lustre et du profit aux nouveaux chevaliers, le roi voulut leur attribuer une dotation digne du trône, de la noblesse des récipiendaires et, bien sûr, du Saint-Esprit. Comme le Trésor était vide, le roi fit appel au pape. Celui-ci lui refusa le droit d'opérer encore une fois un prélèvement arbitraire sur les biens du clergé, même pour subventionner le Saint-Esprit. Catherine ayant rétabli la paix comme l'on sait — tout au moins en apparence —, Henri III se crut assez fort, malgré la désapprobation pontificale, pour obliger le clergé à verser une rente annuelle de deux cent mille écus à répartir entre les trois cents chevaliers qu'allait compter le nouvel ordre. Il fut institué en grande pompe le 31 décembre 1578. L'année d'après, de nouveaux chevaliers reçurent l'investiture : le cardinal de Bourbon, le duc de Guise et divers prélats amis de Catherine. Le pape ayant renouvelé son interdiction, l'Eglise se vit imposer, le 20 février 1589, lors de l'assemblée du clergé, après des débats très violents, un versement fixe annuel de un million trois cent mille livres. Un vrai pactole pour le Trésor, une sorte d'assurance contre la banqueroute.

Outre cet ordre, Henri III et ses légistes ont laissé à la royauté des réformes qui partaient d'un excellent esprit, mais leur application demeura bien incertaine ; elle exigeait du temps, des sanctions contre les officiers récalcitrants, en bref, l'obéissance des sujets du roi. Or, le pays souffrait alors de disette et de haine. Le roi, pour sa part, souffrait de l'impopularité et l'impuissance portait préjudice à ses ordres. Ce désarroi général parut beaucoup plus grave à Catherine qu'à l'entourage malsain de son fils et à son fils lui-même. Pendant qu'elle allait à la recherche de Monsieur pour le prêcher, elle ne manquait pas de s'informer dans les villes et les villages qu'elle traversait de l'esprit qui y régnait : il était partout déplorable. Il ne s'agissait plus de querelles religieuses mais de misère, d'exactions, de pillages et de violences. En Normandie, épargnée jusqu'alors par la guerre civile, c'était une révolte populaire qui couvait contre les impôts et la dureté des officiers royaux. Elle était prête à éclater. Catherine écrivit au roi une lettre pathétique, l'adjoignant de réunir d'urgence des fonds de secours pour les distribuer au peuple au lieu de le pressurer. Cessez, lui écrivait-elle, « *de fouler vos peuples car vous êtes à la veille d'une révolte générale et qui vous dira le contraire ne vous dit pas la vérité* ». Cet avis était destiné à ceux qui tenaient le roi cloîtré au Louvre alors qu'il aurait dû parcourir son royaume, ce qu'elle faisait justement parce qu'il ne le faisait pas.

Autre sujet de guerre et de troubles : Condé, l'irascisble petit prince, toujours prêt à rallumer la guerre civile, venait de s'emparer de La Fère. Comment l'en chasser ? Le roi n'avait plus d'armée digne de ce nom. Ce fut encore Catherine qui prit la route pour aller chapitrer le rebelle et le convaincre par belles et bonnes paroles d'évacuer La Fère et de respecter la paix de Bergerac. Il se moquait bien des traités, Condé. Son affaire, c'était la guerre. Elle le supplia de rejoindre Saint-Jean-d'Angély que le roi lui avait légitimement concédé. Il se moquait de Saint-Jean-d'Angély, il voulait une place près de la frontière pour passer facilement en Allemagne et pour en recevoir du renfort. Quand, à bout de patience, Catherine le menaça des forces royales, il se moqua de ses forces inexistantes et de l'inexistante autorité royale, du moins pour lui. Ce fut l'échec total. Condé repartit vers son ami Jean Casimir, le fournisseur de reîtres des armées protestantes. Une nouvelle guerre civile en France faisait bien l'affaire de l'électeur. La paix pour lui était la morte-saison. Il favorisait les protestants mais, à la rigueur, il ne refusait pas de vendre son matériel humain aux catholiques quand les protestants n'en achetaient pas. Il en vendit à Philippe II pour écraser les calvinistes des Pays-Bas. Une belle âme.

Voilà ce que Catherine avait en face d'elle pour faire la paix.

Désolée, sur le chemin du retour, la reine mère apprit les tristes

nouvelles venant du Midi : elle ne put que constater la faillite de
ses pénibles négociations, la guerre civile renaissait de divers côtés,
les huguenots non seulement ne restituaient pas les places qu'ils
occupaient abusivement mais ils s'emparèrent de plusieurs autres,
notamment de Mende, ville du roi. L'agression contre le pouvoir
était flagrante, Henri de Navarre exprima ses regrets, déclara
n'être pour rien dans cette provocation, etc. On connaît trop ce
langage sans valeur. En fait, il garda non seulement ce que, selon
les accords de Nérac, il aurait dû rendre mais il garda ce que ses
armées avaient pris depuis. Quand le roi lui envoya ses négociateurs, dont Montmorency, Henri de Navarre leur déclara tout net
qu'il ne rendrait rien. La guerre civile était déjà recommencée, la
responsabilité en revient totalement aux princes protestants et aux
plus fanatiques des pasteurs.

Ce sont les huguenots gascons qui forcèrent la main à Henri de
Navarre pour reprendre les armes. Ces pétulants gentilshommes
s'ennuyaient et s'appauvrissaient dans la paix. Pour eux, la guerre
était un sport et une source de revenus grâce au pillage des biens
catholiques. Henri de Navarre leur céda facilement. La cause ou
du moins le prétexte fut trouvé dans les ragots, insultes et mépris
où Henri III et ses mignons se complaisaient à l'égard d'Henri de
Navarre dont l'épouse Margot collectionnait les amants au su et au
vu de tout le monde, y compris de son mari complaisant... Les
gentilshommes gascons estimèrent qu'il y avait motif à guerroyer
pour venger l'honneur de leur prince. C'est de là que vint le nom
de « *guerre des amoureux* » qui fut donné à ce soulèvement qui
n'avait en réalité de motif ni religieux ni politique, sauf l'envie d'en
découdre avec les forces royales et catholiques. Catherine, en
apprenant cette réouverture des hostilités après les accords de
Nérac, fut scandalisée par l'injustice et l'imbécillité de cette
« *septième guerre civile* ». On a numéroté ces guerres pour les mettre
en fiches mais en réalité il n'y en a eu qu'une, toujours
recommencée, depuis 1562 jusqu'à la paix de Vervins avec
l'Espagne en 1598. Henri IV, roi de France, y mit fin. Catherine
oublia sa douceur diplomatique et elle fonça, la plume à la main,
contre son gendre. Il lui paraissait incroyable, écrivait-elle,
« *qu'étant sorti d'une si bonne race* », il acceptât d'être le chef d'une

bande de « *brigands, voleurs et malfaiteurs du royaume* ». Dans cette
lettre si vraie dans sa violence, datée du 21 avril 1580 à
Chenonceaux, elle retrouve bientôt le naturel que nous lui
connaissons et, la colère tombée, elle se fait apaisante. « *Ces fautes
ne sont pas des péchés*, écrit-elle benoîtement, *si l'on y met fin sans
tarder.* » Le pardon n'était pas loin. Elle l'adjure de « *remettre les
choses comme la raison le veut* », c'est-à-dire comme il en avait été
décidé à Nérac. En bref, la paix. Navarre ne l'écouta pas. Il avait
alors vingt-sept ans, il était encore très semblable à ses turbulents
vassaux de Gascogne. La guerre l'amusait encore plus que l'amour.
Ce qui sauva la France d'une guerre civile générale ne vint pas de la
sagesse du Béarnais mais de la majorité des huguenots du royaume
qui refusèrent de le suivre. Même les pasteurs de La Rochelle ne
virent pas motif à reprendre les armes en cette occasion. Le roi de
Navarre suivit donc son inclination et se donna le plaisir et la gloire
de prendre Cahors aux catholiques après un siège de quatre jours
mené selon toutes les règles de l'art. Il se révéla ce jour-là à tout le
monde, amis et ennemis, comme un véritable chef de guerre, une
puissance avec laquelle il faudrait compter. Toutefois, ce ne fut là
qu'un succès personnel et non une victoire du parti calviniste qui,
partout en France, demeura en paix. Dès les premières nouvelles
de Cahors, Catherine parla de paix. C'est sa spécialité. Mais elle
eut une initiative surprenante. Pour régler cette paix, elle investit
l'affreux Monsieur de tous les pouvoirs du roi pour traiter en son
nom avec les protestants. C'était une astuce de sa part, elle
employait ce vaurien pour le distraire de ses « folies » aux Pays-
Bas. Elle espérait qu'en l'intéressant au plus haut niveau à la
politique du roi, elle l'assagirait. Monsieur se rendit donc en
Guyenne et signa la paix au Fleix, près de Bergerac, le 26 décembre 1580. Il faut dire que sa mère l'avait flanqué de ses conseillers
Villeroy et Bellièvre, deux anges gardiens du trône. Cette paix
accordait aux protestants tout ce qu'ils avaient déjà. On ne leur fit
nul reproche pour leur rébellion. Henri de Navarre seul sortait
grandi de l'affaire mais la paix était rétablie une fois de plus et de
façon tout aussi précaire que précédemment.

Cette année 1580 finissait tristement, aussi bien pour la royauté que pour le royaume. En janvier et février, Catherine avait été malade. Elle s'occupait encore des affaires mais sur des rapports, de la paperasse et non en allant au-devant des conflits en confrontant et même en affrontant les protagonistes. C'est de son lit qu'elle dut organiser, par ordre du roi, les fêtes du carnaval et notamment le bal qu'il donna en l'honneur des cardinaux qu'il avait faits chevaliers du Saint-Esprit. C'est tout juste s'il n'exigea pas d'eux qu'ils dansassent à ses côtés devant le nonce scandalisé. Henri III dansait mais il était sans forces. Ce déclin de sa santé inquiétait sa mère et explique en partie tout le soin qu'elle apportait à ramener Monsieur près du trône, à l'initier aux affaires. N'était-il pas l'héritier ? La fameuse otite et ses autres abcès affaiblissaient le roi. Sa mère demanda elle-même au pape une dispense pour épargner les rigueurs du carême à son cher fils. Elle s'en tira comme pour les grandes affaires par un arrangement à l'amiable : en public, on servait au roi du poisson qu'il faisait semblant de manger et, en privé, il mangeait de la viande.

Si la santé du roi était altérée, celle de son peuple n'était pas meilleure. Paris et la France furent cette année-là ravagés par les épidémies. Paris fut atteinte en plein carnaval. On parla de « catarrhe ». Des douleurs s'emparaient du dos et de la poitrine, la fièvre survenait et, au bout de cinq à six jours, la plupart des malades mouraient. Comme les médecins, selon leur habitude, saignaient et purgeaient à qui mieux mieux, ils achevaient nombre de ceux qui auraient survécu sans ces médications. On s'en aperçut, et l'on remarqua que ceux qui guérissaient se tenaient au chaud, mangeaient peu et attendaient leur rétablissement. A défaut de remède, on trouva un nouveau nom à cette épidémie, on l'appela « coqueluche ». Elle fit sous ce vocable plusieurs milliers de victimes dans la seule ville de Paris et laissa les survivants fort affaiblis.

Un mois plus tard, parut la peste. Ce fut l'hécatombe dans des conditions de misère effroyable. Les hôpitaux regorgeaient, les mourants s'affaissaient dans les rues et dans les églises et contaminaient les autres. Tous les Parisiens qui purent trouver un asile hors de Paris fuirent la capitale, les riches dans leurs propriétés, les autres dans des villages et dans des fermes. La ville se vida sauf de ses misérables. Bientôt la campagne refusa les Parisiens porteurs d'infection. Le roi s'en fut d'abord à Fontenaibleau et Catherine s'installa à Saint-Maur. A Paris, la politique comme le commerce étaient au point mort.

Autre calamité, fort surprenante : un tremblement de terre jeta dans la terreur une partie de la Champagne, de la Picardie et de la Normandie. Il fut aussi ressenti à Paris. Dans ces provinces, quelques vieux murs s'écroulèrent à Château-Thierry, à Calais, à Rouen, à Beauvais. Des objets tombaient des étagères, quelques vitres se brisèrent. Etaient-ce les prémices de la fin du monde ? Non, sauf pour les victimes. Les autres persévéraient allégrement dans leurs occupations habituelles. Dans le Midi, les troupes d'Henri de Navarre s'étripaient avec celles du roi et massacraient les catholiques avec la meilleure conscience du monde. Le roi, plus pacifique, avait quitté Fontainebleau pour son délicieux petit château d'Ollainville où il se purgeait méthodiquement et rendait visite sur visite aux religieuses des couvents voisins. C'était la dernière en date de ses lubies. Il s'était entiché des voiles et des guimpes de ces saintes femmes. Néanmoins, ses entretiens en tête à tête avec certaines étaient si répétés et si prolongés que l'autorité ecclésiastique s'émut et procéda à une enquête. On leva, dit-on, le voile sur le secret de la confession, en cette occasion. Les conclusions furent rassurantes, il ne s'agissait dans ces entretiens que des pratiques de haute piété.

Cette année 1580 fut aussi celle des inondations terrifiantes. Le bétail, les récoltes et les manants même furent emportés par des rivières furieuses. Enfin, cette année sinistre eût été imparfaite si la comète n'eût traversé le ciel de ce malheureux pays. Elle fut très visible en novembre 1580, et ce présage de calamités mit un comble à la frayeur populaire. Cependant, il fallait vivre. Comme Madame Catherine avait envoyé le duc d'Anjou au Fleix signer la paix, la France fit comme la reine mère, elle reprit espoir. Les Parisiens fugitifs regagnèrent la ville, rouvrirent leur boutique, payèrent leurs impôts et les laboureurs reprirent leur charrue.

Catherine essaie d'apprivoiser le petit monstre et perd son temps

A la suite de ce traité du Fleix, la mère du duc d'Anjou était
ravie. Elle crut que son infernal rejeton était devenu un homme
d'Etat non seulement habile mais fidèle au roi. Quel besoin il y
avait en elle de s'aveugler lorsqu'il s'agissait de ses enfants ! Elle
crut sincèrement qu'elle allait le maintenir en cette bonne voie.
Pour cela, elle l'abreuva de conseils par d'innombrables lettres.
Quel dommage qu'il n'ait pu ni les comprendre ni les mettre en
pratique. Ces lettres forment un admirable recueil des plus sagaces
conseils politiques : elle le traite en héritier du trône, elle pense
former le roi de demain. Alors qu'au même moment le misérable
signait du Plessis-lès-Tours avec les insurgés des Pays-Bas un traité
qui engageait directement la France dans une guerre contre
l'Espagne aux côtés des Flamands révoltés. C'était provoquer une
guerre contre la formidable armée de Philippe II. Catherine avait
pourtant mis en garde ce fou contre un ennemi invincible à cette
époque non seulement en raison de sa puissance militaire mais en
raison de la scandaleuse impréparation du roi de France et surtout
parce que les Espagnols possédaient dans tout le royaume une
« cinquième colonne » organisée, un véritable parti espagnol
puissant et armé dont les Guises étaient devenus les chefs — et
d'une autre valeur qu'Henri III et que l'affreux rejeton, conquérant des Pays-Bas. Cette puissance de la Ligue catholique et des
Guises était la lamentable conséquence, facile à prévoir, de la
faiblesse du roi, des caprices de sa politique à l'égard des Guises. Il
les jalousait, les haïssait maladivement sans considération pour
l'intérêt du royaume. A force d'être contrés, tenus en méfiance,
souvent au profit des protestants et en dépit des services immenses
qu'ils avaient rendus à la couronne, ceux-ci, blessés et déçus,
avaient vite trouvé pour leur famille (n'oublions pas l'esprit féodal)
et pour le catholicisme qu'ils défendaient des appuis chez les
Espagnols qui avaient plus d'estime pour les princes lorrains que
pour les Valois-Médicis. Catherine n'ignorait pas cette connivence
de la Ligue et de Philippe II mais elle ne savait pas tout. Elle
s'imaginait, parce qu'elle avait des informateurs chez ses ennemis

— et elle en avait quelques-uns d'excellents car elle aimait ses services secrets — qu'elle n'ignorait rien de leurs projets. Elle ignorait le plus menaçant, le plus pernicieux pour le trône et l'intégrité du royaume, c'était le prodigieux réseau d'espions dont Philippe II disposait en France. Il était minutieusement informé de tout ce qui se tramait à la cour, au conseil et dans l'intimité du roi et de sa mère, tout aussi bien que de la situation dans les provinces. L'espionnage de Philippe II était secret, celui de Catherine était loin de l'être. Les bavardages des courtisans, les fuites des gens en place renseignaient le roi d'Espagne et les agents les plus « sûrs » de Catherine se révélèrent être les meilleurs espions des Espagnols. Cependant, sans savoir toute l'étendue du mal, elle en sentait la menace, aussi l'affaire des Pays-Bas lui paraissait-elle suicidaire. Son flair la trompait moins que ses espions. Elle se moquait de la manière de gouverner de Philippe II. Celui-ci ne bougeait pas de son cabinet de l'Escorial, il travaillait à pleines journées sur des rapports qui lui parvenaient des quatre coins de son Empire démesuré, du Pérou, des Pays-Bas, d'Italie, du Mexique et d'ailleurs. Il répondait à tout mais avec quelle lenteur, avec quelle méticulosité de bureaucrate et quelle méthode intransigeante. Jamais de contact humain. Des principes et des actes. Tout le contraire de Madame Catherine. Ni la sympathie ni les intérêts ne pouvaient rapprocher les deux monarchies. Elle en était bien consciente. Aussi écrivait-elle à son fils, qui se voyait en conquérant des Pays-Bas, qu'en cas de guerre avec l'Espagne la France n'aurait pas d'allié, ni les princes luthériens ni l'Angleterre. Elle le suppliait de mesurer le risque mortel encouru et « *de considérer quelles sont les intelligences qu'ont acquises les Espagnols en ce royaume par la continuation et entresuite de nos divisions lesquelles se rendent chaque jour plus dangereuses...* » Elle lui montrait l'absurdité criminelle d'une guerre avec l'Espagne que certains souhaitaient (comme lui qui non seulement la souhaitait mais la faisait). Selon ces fous, la guerre étrangère mettrait fin aux guerres civiles. Tout au contraire, elle soutenait avec sa prescience du danger qu'il faudrait s'attendre à ce que « *tels factieux auraient lors plus de moyens de nuire et accomplir leurs desseins, il n'y aurait rien aussi que fût plus dommageable aux affaires du roi* ». L'avenir lui donnera raison. Les « *factieux* », ce sont les Guises et la Ligue. Elle les soupçonnait, en cas de guerre étrangère, de prendre parti aux côtés du roi catholique et des Espagnols contre le roi de France indigne du trône de Saint Louis. Ils étaient sûrs de défendre ainsi la cause catholique, et, pourquoi pas ? de le remplacer sur le trône. Quel gâchis et quel désastre serait pareil conflit ! Elle se souvenait trop douloureusement des horribles défaites de Pavie — elle avait pu en mesurer les conséquences — et de Saint-Quentin. Et pourtant François Ier et Henri II étaient autrement armés, soutenus par un royaume plus uni et prospère que ne l'était leur fragile descendant Henri III que sa mère savait incapable de faire face à l'Espagne[1]. Que pouvait-il espérer d'une guerre pareille, ce prince débile et pervers ? Une victoire et la couronne des Pays-Bas ? Absurde. Même si, avec l'aide des insurgés flamands, il réussissait à s'implanter momentanément, le roi son frère ne pourrait l'y soutenir. « *Que pouvez-vous faire pour les Etats des Pays-Bas qui vous appellent ? Cet Etat* (la France) *étant ruiné et le roi sans moyens de vous pouvoir assister, vous ne leur apporteriez que charges et dépenses et* (la voici prophétique) *seriez en danger d'être congédié et renvoyé avec plus de honte et vitupère qu'ils ne s'efforcent de vous y appeler avec honneur.* » C'est exactement le sort que lui réservèrent les Flamands. Non seulement elle avertit son fils avec une magnifique sagesse mais elle s'exprime magnifiquement.

Monsieur n'a que faire de cette sagesse et de cette grandeur. Il se voit duc de Flandres, paré de cette couronne, de ce semblant de souveraineté pour épouser dignement la reine Elisabeth. Pourquoi pas ? Lors de sa visite à Londres, il avait plu. La reine le lui avait laissé croire. Ne l'avait-elle pas reçu dans sa chambre ? Il en sortit, paraît-il, tout émoustillé. Nous n'en savons pas davantage sur les pratiques amoureuses de la vieille vierge. En ce domaine, comme en politique, la reine se livrait à diverses manigances qui n'ont pas été divulguées mais, en langage gaulois, « elle ne faisait pas l'amour ». Catherine, au su de ces nouvelles, en fut tout aussi émoustillée que son fils. Elle crut qu'elle allait enfin le marier. Elle

---

1. Il faudra attendre presque un siècle pour que, après une guerre interminable, la France de Louis XIV et de Mazarin mette fin à la suprématie espagnole pourtant bien affaiblie, par le traité des Pyrénées, 1659.

croyait facilement ce qu'elle souhaitait, même cet impossible mariage. « *Ce mariage,* écrit-elle le 19 février 1580, *réussira et causera un grand bien non seulement à ce royaume et à celui de l'Angleterre mais aussi à toute la chrétienté.* » En prophète politique elle réussissait mieux qu'en *mama* marieuse.

Monsieur se moquait tellement des considérations de sa mère qu'en avril 1581 il prit le parti de gagner les Pays-Bas, de s'installer à Cambrai pour commencer à libérer son futur duché de la domination espagnole. Catherine, affolée, se précipita une fois de plus auprès de lui pour le retenir. Elle le rencontra dans son apanage d'Alençon. Il ne voulut rien entendre, il se rebella et répondit violemment à sa mère. Découragée, elle avertit Henri III du danger. Le roi, bouillant de haine, était décidé à écraser son frère et son armée avant qu'il eût pénétré en Flandres. On allait donc voir à l'intérieur du royaume l'armée royale combattre celle de son frère. Catherine vit s'effondrer toute son œuvre de paix. Ses ennemis du dehors et ceux du dedans pouvaient exulter. Le trône des Valois était perdu.

Que firent ces rejetons Médicis au lieu de s'entre-tuer ? Ils firent un arrangement. Henri III se couvrit auprès de Philippe II par des protestations d'amitié, par des assurances véhémentes qu'il n'était pour rien dans les folles entreprises de son frère qu'il désapprouvait et reniait. Puis, en sous-main, ayant reçu de sa mère la promesse que son frère ne mettrait aucun désordre à l'intérieur du royaume, il accorda à celui-ci la permission de guerroyer en Flandres — et même, il l'y aida en secret. Trop heureux de débarrasser la France de ce trublion.

Catherine fit encore une tentative pour le retenir, elle se rendit à La Fère. Trop tard, Monsieur avait déjà investi Cambrai, de funeste mémoire, où Henri II avait signé son cruel traité. Quand Monsieur eut pris cette ville, sa mère ne cacha pas une certaine satisfaction. Elle crut que le fils effaçait la honte du père. Elle se contentait parfois de bien peu car ce succès ne signifiait rien. La suite de la conquête et la rencontre avec l'armée espagnole l'inquiétaient plus que jamais. Or, elle s'imagina avoir trouvé une parade — bien entendu, une parade diplomatique à sa façon.

Elle espérait un certain répit car Philippe II se trouvait momentanément immobilisé au Portugal qu'il était en train d'annexer manu militari. Il ne pouvait sévir en Flandres. Cette annexion accroissait encore la puissance espagnole car, en s'emparant du Portugal, le roi d'Espagne s'emparait du même coup de l'immense empire colonial de ce royaume, notamment du Brésil. L'Angleterre s'inquiéta et cela l'incita à se rapprocher de la France encore plus menacée qu'elle par la puissance espagnole. Catherine trouva son compte dans ce rapprochement et elle reparla aussitôt du mariage sur lequel se fonderait l'alliance des deux pays contre Philippe II. Mais elle se heurta à l'empêchement insurmontable provenant des ambitions de Monsieur sur les Pays-Bas. Elisabeth voulait bien épouser « sa grenouille » dès qu'il aurait renoncé aux Pays-Bas et Monsieur voulait se marier tout de suite en gardant les Pays-Bas. Chacun se méfiait de l'autre et les deux avaient bien raison. Le mieux, pensa-t-on, était de remettre les fiancés en présence. Monsieur repartit pour Londres en novembre 1581 et y demeura jusqu'en février 1582. Nul engagement ne vint d'Elisabeth au sujet du contrat désiré. Certes, son cœur disait oui aux privautés de l'alcôve mais la reine d'Angleterre, le Parlement et le peuple disaient non au mariage. Monsieur repartit bredouille mais il fut couvert de larmes et de baisers par sa fiancée. Ces manifestations, loin d'attendrir les ministres d'Elisabeth, valurent à celle-ci de vives remontrances. La politique anglaise était si peu en accord avec les attendrissements de la reine que ses larmes étaient à peine sèches quand elle envoya en Hollande une flotte commandée par le favori de permanence à cette époque, Leicester, pour aider les insurgés contre toute ingérence étrangère, y compris, bien sûr, celle de Monsieur. Par un calcul pervers, Elisabeth l'autorisa à prendre place sur ses vaisseaux. Il débarqua en Hollande mais c'était pour s'en faire chasser.

Catherine poursuivit son idée par un tout autre chemin.

Le temps des illusions : Catherine candidate au trône du Portugal

Le mariage anglais lui parut enfin irréalisable ; or, il fallait marier à tout prix l'insupportable duc d'Anjou. Elle revint à son ancien projet, les fiançailles avec une infante. Comment monnayer le consentement de Philippe II, hostile à pareille alliance ? Le détour qu'elle prit est une curiosité qui mérite examen, non pour ce que l'argument vaut en soi, mais pour l'usage qu'en fit notre héroïne. Il révèle un trait profond de sa personnalité et l'un des mieux dissimulés.

Si l'on a oublié les amertumes et les vexations que connut Catherine en ses débuts à la cour de France et même plus tard, elle ne les oublia jamais. Sa naissance, disons insuffisante, fut une plaie toujours douloureuse durant toute sa vie. Dans l'hôtel qu'elle s'était fait construire, on se souvient qu'elle entassait des archives, elle en était férue ainsi que de généalogies. Non pas tellement celle des Médicis que celle de sa mère Madeleine de La Tour d'Auvergne. Par cette ascendance, Catherine pouvait se targuer — comme Diane de Poitiers ne l'ignorait pas — d'avoir une grand-mère Bourbon et de descendre des comtes de Boulogne. Tel était le rempart secret de Madame Catherine pour résister aux perfides et stupides insinuations de certains seigneurs sur sa naissance florentine dans une boutique. Elle ne pouvait constamment faire état de cette origine féodale, royale et française mais, à l'occasion...

Or, cette occasion se présenta — qui l'eût cru ? — au moment du « placement » impossible de son dernier fils et de la succession controversée au trône du Portugal. Les deux sujets semblaient n'avoir aucun rapport. Elle en trouva un.

Comment se présentait l'affaire portugaise ? Le dernier roi de ce pays, Sébastien, héros malheureux, avait été tué à la bataille de Ksar-el-Kébir, au Maroc, le 4 août 1578. Pas d'héritier. Son successeur était un vieux cardinal nommé Henri, sans espoir de famille. Philippe II, son dangereux voisin, avait aussitôt contesté le droit du cardinal à la succession. Etant fils d'Isabelle de Portugal mariée à Charles Quint, il se prétendit héritier du trône. D'autres firent état de leurs droits : le duc de Savoie et un fils Farnèse.

Aussitôt rejetés par Philippe II, ils n'insistèrent pas. Le duc d'Albe, à la tête de l'armée espagnole, entreprit la conquête du Portugal où s'était organisée une résistance aux Espagnols. Le pays, affaibli par sa défaite du Maroc et mal gouverné, fut une proie facile. Ainsi, sans sortir du bureau où il se tenait cloîtré avec ses papiers, Philippe II se trouva roi du Portugal par sa seule décision. Catherine, comme toute l'Europe, fut mise devant le fait accompli. Qui oserait, les armes à la main, rappeler au roi d'Espagne que l'annexion d'un Etat indépendant était contraire au droit des gens ? Ce fut Madame Catherine (sans armes), avec quelques bouts de parchemin, qui contesta à son ex-gendre l'annexion du royaume de Portugal parce qu'elle avait des droits sur ce trône et qu'elle les ferait valoir. Belle nouveauté ! Quels étaient ces droits ? Catherine avait découvert qu'une ancêtre de sa mère, Mahaut, comtesse de Boulogne, avait épousé le roi Alphonse de Portugal en 1235. Elle exultait de joie en étalant sa généalogie. Il faut dire qu'au passage elle avait arrangé un peu les choses. En effet, Mahaut avait été répudiée sans laisser de postérité et la seconde épouse d'Alphonse, Béatrice de Guzman, princesse (bâtarde) de Castille, avait été mère de plusieurs enfants. C'est sur ce point que Catherine, enfiévrée par cette affiliation, tripota sensiblement les faits tels qu'ils sont consignés dans les parchemins (aujourd'hui Fonds français des manuscrits, B.N.). La reine Mahaut répudiée sans enfants, Catherine lui en prêta. Ce sont ces enfants mythiques qui auraient eu, selon Catherine, priorité sur ceux de la seconde épouse. La preuve ? Catherine la fournit : c'est que le roi Alphonse se servait du sceau des comtes de Boulogne et qu'il s'attribuait même le titre de comte de Boulogne. En foi de quoi Catherine faisait proclamer que sa propre mère, étant la descendante de la maison de Boulogne, était héritière du trône de Portugal. Toutefois ces proclamations ne donnaient pas d'enfants à Mahaut de Boulogne. Ce qui changeait tout. L'entourage de Catherine fit semblant de croire à sa démonstration qui était plus enthousiaste que convaincante. Catherine, en étalant ses parchemins, se faisait d'abord plaisir à elle-même mais, selon son code moral, un souverain digne de cette élévation suprême ne devait avoir de plaisir que s'il était suivi d'un profit politique qui accroissait sa puissance et sa gloire. Or, elle avait justement trouvé dans son plaisir d'affirmer sa noble naissance le profit qui devait en revenir à la couronne de France. Sa revendication la servait de deux façons. D'abord, elle contrait Philippe II, ensuite elle se rapprochait de l'Angleterre. Plus elle affirmait ses droits sur le Portugal, plus Philippe serait enclin à lui faire des concessions pour qu'elle y renonçât. En somme, si elle se proclamait si hautement reine du Portugal, ce n'était pas pour régner sur ce pays mais pour qu'on la payât largement àfin qu'elle se tût. C'est de Philippe II qu'elle attendait la « compensation ». Celle qu'elle s'était fixée était une infante pour le duc d'Anjou. Difficile : Philippe était opposé à toute union avec un Valois. Elle ne se décourageait pas pour si peu. Toujours sûre de ses arguments, elle espérait bien les faire triompher. Le malheur de sa *combinazione*, c'est qu'elle reposait sur le néant, ses « droits » à la couronne de Portugal étaient inexistants. Philippe n'y répondit même pas. Qu'à cela ne tienne, elle suscita un autre prétendant, un Portugais qui, tant bien que mal, résista par les armes aux armées espagnoles. Il n'était pas de taille mais, tant qu'il tenait, il immobilisait les forces que le roi d'Espagne ne pouvait envoyer aux Pays-Bas contre son fils d'Anjou. Celui-ci avait l'illusion de tenir le roi d'Espagne en échec et sa mère, prise dans son rêve, le voyait déjà épousant la fille de Philippe II, laquelle lui apporterait en dot les Pays-Bas. L'optimisme bien connu de la reine mère réglait ainsi la situation : le roi d'Espagne garderait le Portugal sans contestation, Monsieur épouserait à la fois l'infante et les Pays-Bas et le roi de France serait débarrassé de cet odieux trublion. L'optimisme de Catherine s'appellera désormais illusions.

Philippe II ne se soucia pas de ces projets. Il avait le Portugal et il le gardait. Il savait que Catherine ne ferait pas une guerre de succession du Portugal. Quant au mariage d'une de ses filles avec Monsieur, il n'y donna aucune suite. Catherine eut beau brandir sa généalogie dans toutes les ambassades d'Europe, elle ne convainquit personne. Elle ne voulut pas renoncer et eut recours à un moyen qu'elle n'employa que rarement et avec répugnance, la force armée. Elle commit cette folie d'attaquer Philippe II, non sur terre mais sur mer. On sait qu'en tant que roi de Portugal il avait pris possession des « isles et des Indes » qui appartenaient à la couronne de Portugal. Catherine arma une flotte pour s'emparer des Açores, de Madère et des îles du Cap-Vert : c'était la route du Brésil, l'Eldorado. En outre, cette expédition l'amusait. Elle s'était toujours intéressée à ces terres lointaines pleines de nouveautés. Elle avait favorisé avec Coligny l'implantation de huguenots français en Caroline, on se souvient qu'ils avaient été tous massacrés par les Espagnols. Aujourd'hui, le Brésil la passionnait bien plus que le Portugal. C'était là-bas, pensait-elle, que se trouvait la richesse. Cependant, comme toujours, l'argent manquait pour armer la flotte et payer les mercenaires qu'on allait embarquer. L'expédition ne fut prête qu'en juin 1582. Elle en confia le commandement à son bon cousin Strozzi, fidèle et courageux. Le choix était rassurant à ceci près que Strozzi n'avait aucune expérience de la guerre navale ni même de la navigation. Il était colonel général de l'infanterie et avait été écarté de cette place pour la laisser au mignon, Epernon. Le pire était pour Catherine que la cour truffée d'espions de Philippe II tenait celui-ci au courant des préparatifs qu'elle faisait dans le plus grand secret. La plupart de ces espions étaient français, ils justifiaient leur trahison par l'écœurement à vrai dire sincère qu'ils éprouvaient devant la politique d'Henri III, les intrigues et les violences que son incohérence entretenait et surtout par sa faiblesse à l'égard des calvinistes et de Monsieur. Ces critiques s'étendaient bien sûr à Catherine qui passait pour l'inspiratrice de ses fils honnis. Il faut dire que « les vertueuses indignations » de ces serviteurs du roi d'Espagne étaient entretenues par l'or des galions. Grâce à eux, tous les préparatifs de l'expédition, sa destination, son but étaient aussi bien connus de Philippe II que de Catherine elle-même.

Un autre drame déchirait la cour et affaiblissait encore le pouvoir, le vrai, celui de Catherine : les nouveaux mignons avaient pris parti contre elle. On sait combien elle avait toujours été prudente et souvent élogieuse à l'égard des favoris. Quoi qu'elle pensât de leur rôle, elle ne manqua jamais de les louer ouvertement, elle engagea même le roi à leur confier des charges et des missions politiques. Mais ceux-là étaient morts. Les remplaçants étaient d'une autre trempe, la cupidité seule les inspirait ; comme leur fortune ne dépendait que du roi, ils s'opposaient à tout ce qui n'était pas leur maître — la reine mère en premier lieu. Ils réussirent à l'écarter un peu plus du pouvoir en persuadant Henri III que sa mère avait une préférence marquée pour Monsieur et soutenait les intrigues de celui-ci contre son frère. C'était bien joué. La haine du roi pour son cadet et les faiblesses visibles de Catherine pour son dernier rejeton rendirent plausibles les accusations du duc d'Epernon et des autres. Aucune insinuation ne pouvait être aussi pernicieuse dans l'esprit d'Henri III contre sa mère.

Le roi, sans l'informer, prit des décisions qui la laissèrent stupéfaite et la blessèrent dans son amour. Il fit épouser à son mignon Arques, duc de Joyeuse, la sœur de la reine et devint ainsi le beau-frère de son chéri. Il reprit le gouvernement de Bretagne à Montpensier, fidèle de Catherine, et le donna au duc de Mercœur, frère de sa femme. Il donna à Joyeuse le gouvernement de Normandie. Au duc d'Epernon celui des Trois Evêchés, clés de la frontière à l'Est, et celui du marquisat de Saluces dont tous les autres prétendants furent définitivement évincés. Voilà où résidait désormais le vrai pouvoir de la monarchie. Catherine était, elle aussi, évincée. On lui laisserait faire des démarches dont on tiendrait plus ou moins compte comme de ses conseils... A soixante-trois ans, cette blessure fut la plus cruelle depuis la mort de son mari vénéré. Elle perdait à la fois l'amour de son fils préféré et son pouvoir et, en outre, cette nouvelle recrudescence de la féodalité la faisait trembler pour le trône des lis. Elle les connaissait, ces grands feudataires : les rois précédents les avaient abattus, son fils les recréait pour le malheur du trône et du royaume. Comme on était dans un triste moment, Catherine, pour se consoler, se consacra à sa périlleuse expédition navale contre l'Espagne qui devait lui ouvrir la route de l'Eldorado. Il fallait prendre Madère d'où elle contrôlerait tout le trafic espagnol vers les Grandes Indes et d'où elle s'emparerait du Brésil. Elle était si sûre de sa flotte, du courage de Strozzi et de l'effet de surprise qui étonnerait Philippe II en apprenant la destruction de sa flotte et l'occupation des Isles, qu'elle donna, avant le départ, le titre de gouverneur du Brésil à Strozzi. Quelques années plus tôt, elle aurait été opposée à pareille entreprise qu'elle eût, dans sa belle lucidité d'alors, taxée de folie tout comme celle de Monsieur aux Pays-Bas.

La flotte de Catherine quitta Belle-Isle le 16 juin 1582, elle comptait cinquante-cinq vaisseaux. On dit bien « flotte de Catherine » et non flotte royale car Henri III, dans ses bons moments, était d'une intelligence politique remarquable : il tint à se tenir en marge du conflit qui opposait sa mère à Philippe II non en qualité de roi d'Espagne mais d'usurpateur du trône de Portugal ; Catherine, de son côté, n'agissait pas en qualité de reine mère, mais en héritière de Mahaut de Boulogne. Nuance. Après un mois de navigation, la flotte de Strozzi se trouva en vue des Açores et attaqua l'île Saint-Michel. Echec. Les Espagnols attendaient Strozzi. Le vainqueur de Lépante en personne, marquis de Santa Cruz, les commandait. C'était un marin connaissant la mer, les batailles navales et l'art des débarquements : il avait quarante vaisseaux et quarante-sept mille hommes. Le choc eut lieu le 26 juillet : un désastre total. Strozzi fut tué. Les Espagnols firent prisonniers les Français ni noyés ni tués mais, comme la guerre n'était pas déclarée, ils les traitèrent comme des pirates : ils égorgèrent les officiers et pendirent les autres.

Les Espagnols claironnèrent cette victoire. Henri III en fut blessé. Il voulut sa revanche et envoya une nouvelle flotte en 1583 qui reçut le même accueil et connut le même sort que la première. Ces défaites s'expliquent par l'impréparation du commandement, mais plus encore par le magnifique service de renseignements du roi d'Espagne. Catherine, accablée, en eut la preuve lors de la saisie du courrier de l'ambassadeur d'Espagne : tous ses projets étaient connus de la flotte ennemie. Chaque fois, elle s'était précipitée dans un piège longuement préparé et imparable. Pourquoi ces expéditions ruineuses, désastreuses et ces carnages ? Pour marier le nabot à une infante. Nous avons connu la reine sous un meilleur jour.

Des folies criminelles pour marier l'immariable nabot

Non abattue par ces échecs, Catherine résolut de récupérer aux Pays-Bas ce qu'elle avait perdu aux Açores. Elle changea complètement d'attitude, elle seconda désormais Monsieur dans la guerre des Flandres et elle obtint même pour cela l'appui du roi. Il ne l'accorda pas par amour pour son frère mais pour venger le désastre des Açores car les rodomontades des Espagnols et leurs cruautés l'avaient exaspéré.

Voici donc Catherine, après un spectaculaire revirement, armant des troupes pour les confier à Monsieur. Elle allait avoir affaire à forte partie. Philippe II avait nommé comme gouverneur des Pays-Bas et chef de l'armée un prince Farnèse, Maximilien, duc de Parme, doué d'une intelligence politique remarquable, soutenue par des talents militaires qui ne l'étaient pas moins. Sous pareil commandement, l'imbattable armée espagnole pouvait maintenir la domination de Philippe II contre toutes les menées de Catherine et de son rejeton même appuyés par les Flamands révoltés.

Cependant qu'elle armait des reîtres et des Français à la frontière des Pays-Bas, elle poursuivait à Madrid sa campagne matrimoniale pour obtenir la main d'une infante. Elle recommanda à son envoyé, le sieur Longlée, de sonder les intentions de Philippe II et, dès qu'il manifesterait le moindre désir de négocier avec elle, de le lui faire savoir : elle se tenait prête à traiter avec le roi, c'est-à-dire à suspendre toute intervention armée aux Pays-Bas et tout soutien aux révoltés en échange de la main d'une infante pour le duc d'Anjou. Afin de faciliter l'ouverture des négociations, elle crut utile de presser le sieur Longlée de multiplier les visites gracieuses aux jeunes infantes. Il avait pour cela un excellent prétexte car ces princesses étaient les petites-filles de Catherine. Ce sentimentalisme comme argument politique auprès d'un roi de la trempe de Philippe fait sourire. Vraiment, Catherine perdait pied. Comment pouvait-elle imaginer que Philippe II prendrait l'initiative et ferait lui-même des offres de mariage ? C'est pourtant ce qu'elle espérait car elle recommanda à Longlée de ne pas solliciter trop tôt afin de ne pas courir le risque d'essuyer un refus à une offre prématurée.

Si elle avait de la persévérance dans ses ambitions, elle aurait dû se souvenir que Philippe II en avait tout autant dans ses résolutions. Or, il avait déjà exprimé son refus total à ce mariage.

Ce ne sont pas les succès des Français aux Pays-Bas qui auraient pu le faire changer d'avis car l'aventure de Monsieur et de sa mère dans ces pays tourna aussi mal que celle des Açores. Le grave, c'est que la reine mère et le roi étaient maintenant impliqués dans ce nouveau désastre. Comment aurait-il pu en être autrement ? La France était un malheureux royaume désorganisé, déchiré par ses guerres intérieures, dont l'administration et les finances étaient livrées aux seigneurs plus avides et plus jaloux que jamais de leur faveur, dépourvus de tout sens civique et de toute formation politique. L'autorité royale s'en allait à vau-l'eau. Le seul pouvoir à peu près cohérent était la Ligue, ennemie du roi. Catherine, qui aurait pu sauver ce qui restait de l'autorité royale comme elle l'avait fait depuis la mort d'Henri II, Catherine elle-même, vivant dans une demi-disgrâce, s'aveuglait en outre sur le plus néfaste de ses fils et, pour le marier dignement, accumulait les erreurs et les défaites.

Elle s'engagea donc dans cette guerre que le duc d'Anjou menait en Flandres. Au début, fort de l'armée que lui avaient fournie le roi et sa mère, il s'empara de plusieurs villes et crut, ainsi que sa mère d'ailleurs, que la partie était gagnée et qu'il allait vivre sur le pays avec ses troupes comme les reîtres le faisaient en France. Mauvais calcul. Le misérable se rendit odieux à ce peuple qu'il traita comme un peuple conquis. Il oubliait qu'il n'avait été accueilli ni en vainqueur ni même en maître : les Flamands l'avaient utilisé pour se débarrasser des Espagnols haïs et non pour qu'il les remplaçât. Il se trouva, lui et son armée, tout aussi haï qu'eux. Il fit tout ce qu'il fallait pour mériter cette haine. D'une part, en qualité de prince catholique et français se targuant un peu trop de droits capétiens sur le comté de Flandres, il suscitait chez les Flamands protestants un phénomène de rejet et, d'autre part, il manquait de force et d'argent. Cela compte au regard d'un peuple qu'on prétend dominer. Quand il demanda aux villes qu'il occupait des subsides pour l'entretien de son armée et de sa maison princière, il essuya un refus. Il ne sut pas digérer sa colère. Sa situation était celle d'un envahisseur campant dans un pays hostile et non celle d'un libérateur des Espagnols. Cette situation lui parut intolérable et il pensa s'en tirer par un coup de force des plus malheureux. Il amena sournoisement une armée sous les murs d'Anvers. Les bourgeois, pleins de méfiance, refusèrent l'entrée de leur ville à ces soldats et levèrent leurs ponts-levis. Cependant, le duc d'Anjou et sa suite étaient reçus dans la ville, on ouvrait les portes lorsqu'il entrait ou sortait pour aller inspecter ses troupes. Il profita indignement de cette circonstance et, un jour, ses troupes se précipitèrent traîtreusement par la porte ouverte et envahirent Anvers. Cette soldatesque qui se morfondait sous les remparts se rua au pillage de cette riche cité. La population ne se laissa pas faire, le pont-levis promptement relevé tint en quelque sorte prisonniers de la ville les pillards assez peu nombreux qui y avaient pénétré. Ils furent arrêtés par des barricades et par des chaînes qui barraient les rues et, du haut des maisons, ils furent assommés par des projectiles divers ; un certain nombre furent massacrés et le reste fut fait prisonnier. Le coup avait dû être préparé car il se reproduisit dans plusieurs villes flamandes occupées par les troupes de Monsieur. Il ne réussit qu'à Dunkerque et à Dixmude. Dans toutes les autres il échoua, comme à Anvers. Ce jour de la Saint-Antoine, le 17 janvier 1583, le prestige (ou ce qu'il en restait) du duc d'Anjou fut anéanti par cette traîtrise. On disait que la Saint-Antoine était une réédition de la Saint-Barthélemy.

Catherine était-elle informée ? Consentante ? Rien ne permet de l'affirmer — ni de l'innocenter. Cependant, ce coup de force répondait à son désir d'en finir au plus tôt avec Philippe II en le mettant devant le fait accompli : les troupes de Monsieur auraient été maîtresses des Pays-Bas. Elle avait pu le croire car la même traîtrise avait réussi déjà une fois à Monsieur pour s'emparer de Cambrai. A vrai dire, la reine ne tenait pas à annexer les Pays-Bas, elle était assez avisée pour savoir que c'était impossible, mais, encore une fois, elle voulait menacer et inquiéter suffisamment le roi d'Espagne pour qu'il consentît enfin à marier une infante au duc d'Anjou. Moyennant quoi, il aurait la paix aux Pays-Bas.

Elle n'intimida pas Philippe II, elle ne fit que l'exaspérer par cette minable aventure d'Anvers. Elle avait encore assez de sens politique pour ne pas se leurrer sur cet échec et elle revint à ses vieilles tactiques, négocier au plus tôt pour se tirer sans dommage de ce mauvais pas.

Le fidèle, l'inusable Bellièvre fut envoyé aux Pays-Bas pour rencontrer les bourgeois représentants des villes et essayer de limiter les dégâts tout en gardant un semblant de présence française. Bellièvre, tout modéré et conciliant qu'il fût, ne put obtenir de ces bons bourgeois échaudés que l'occupation d'une seule ville, Dunkerque, et la restitution des prisonniers français. Ce fut tout ce que lui accorda le traité signé à Termonde, le 18 mars 1583, avec les états généraux de Flandres. Monsieur fut obligé de rendre toutes les villes et de licencier toute l'armée séjournant aux Pays-Bas. Le fiasco de ce prince fut parachevé le jour où il quitta Dunkerque, la seule ville qui lui restait, le 15 juin 1583. Celle-ci se rendit immédiatement aux Espagnols sans aucune violence de leur part. C'est assez dire le sentiment de haine et de mépris que ce prince félon avait laissé dans la population.

Ce n'était pas tout, plus de deux mille Français avaient été tués dans cette pitoyable expédition, les fils des plus grandes familles avaient péri pour rien, le fils du maréchal de Biron, celui du duc de Saint-Aignan, du comte de Châteauroux, le neveu du cardinal de Rambouillet et tant d'autres.

Le retour de Monsieur, triste héros de Catherine, fut lamentable. Un agent de renseignements espagnol le vit à Abbeville et fut frappé par son air de faiblesse « *tellement qu'à grand peine il chemine* ». L'aventure se terminait aussi mal que celle des Açores et le nabot n'était pas encore marié. Le marier ? En valait-il encore la peine ? Il était malade, très malade. Mais sa mère ne voyait pas plus son déplorable état de santé que sa nullité et sa bassesse. Son dernier fils était à bout de souffle mais avait-elle pour si peu renoncé à ses projets ? Il ne semble pas. Elle voulait croire encore que Monsieur finirait par se maintenir aux Pays-Bas, elle se tiendrait derrière lui, elle était capable de gouverner, d'apaiser, de séduire les Flamands, il suffisait que son fils s'implantât militairement aux Pays-Bas, elle subviendrait à tout le reste.

Tout cela n'était que rêverie. Etait-ce encore la reine intrépide et lucide que nous avons connue qui se leurrait ainsi ? Ne savait-elle pas que son fils n'avait jamais obéi à ses conseils, l'avait toujours trompée de fausses promesses, l'avait trahie comme il avait déjà trahi tout le monde et qu'il échappait à tout sauf à sa perversité imbécile ? Cela dit, Madame Catherine se disposait à reprendre sa campagne matrimoniale. Physiquement, Monsieur n'était plus qu'une loque mais, aux regards de sa mère, il était le fils du roi son mari, Henri II, le premier prince du royaume après le roi. Or, c'est le roi justement qui donna ses ordres au sujet de Monsieur son frère. Il lui interdit de donner suite à ses aventures aux Pays-Bas et ailleurs, de se livrer à tout recrutement de soldats, à tout rassemblement de troupes qui « *foulaient son peuple* ». Catherine avait rencontré Monsieur à Chaulnes le 22 juillet 1583, elle écrivit au roi pour le mettre au courant de son entretien : « *Je l'ai exhorté de se retirer de ses entreprises cause de la ruine de la France.* » Le roi avait engagé son frère à venir vivre sagement « *près de moi pour y tenir le lieu qui lui appartient et vivre en paix avec ses voisins* ». Catherine s'inclina, le roi avait commandé. Mais, en douceur, elle persévéra dans son projet de mariage avec l'infante. Elle fit répondre à Elisabeth, qui s'amusait de loin probablement à faire sauter la « grenouille » pour voir ce qu'en dirait la mère, qu'elle ne donnait pas suite à son projet de fiançailles. S'aperçut-elle que leur comédie était ridicule ? L'ambassadeur d'Angleterre Cobham s'ouvrit à Catherine des regrets de sa reine. La mère du prétendant lui répondit que, Henri III n'ayant pas d'héritier, il fallait que son frère en eût ; or, pour mener la chose à bien, le duc d'Anjou ne pouvait épouser qu'une femme plus jeune que la reine d'Angleterre laquelle, pour que nul n'en ignore, précisa Catherine, « *était trop âgée pour avoir enfants* ». Elle aurait pu s'en aviser plus tôt. Elle ajouta aimablement que si nous n'étions tenus par cette obligation, « *nous ne laisserions pas de souhaiter ledit mariage* ». Fin d'une idylle, poursuite de l'autre.

Sans désemparer, elle relança Longlée à l'assaut du roi d'Espagne, si l'on peut dire, pour obtenir son consentement. L'ambassadeur était chargé de convaincre le roi que le mariage réglerait tous les différends entre les deux royaumes et assurerait même la paix de toute la chrétienté. Elle donna six semaines à Philippe II pour répondre. Il n'en fit rien.

Un autre mariage se préparait plus sérieusement, celui du duc de Nassau, prince d'Orange, avec la fille de Coligny, veuve de Téligny assassiné en même temps que l'amiral. Cette union, qui avait l'approbation du roi de Navarre, consacrait l'alliance du protestantisme français avec les réformés des Pays-Bas et les luthériens d'Allemagne. La menace pour la paix intérieure du royaume était certaine. Le mariage se fit le 12 avril 1583.

L'Allemagne était en ébullition. L'archevêque de Cologne s'était converti au luthérianisme et avait épousé la comtesse de Landsfeld. Cette conversion bouleversa les catholiques allemands : ils perdaient la majorité pour l'élection à l'Empire. Le prochain empereur du Saint-Empire romain germanique risquait fort d'être hérétique. L'équilibre des forces entre l'Eglise et les réformés en Europe occidentale serait rompu.

En France, le Languedoc entrait de nouveau en dissidence et Henri de Navarre agissait désormais en chef politique et militaire du parti réformé, indépendamment du pouvoir royal. En accord avec Orange et les premiers luthériens, il forma une Ligue protestante contre Henri III et il s'apprêtait à demander à Elisabeth Iʳᵉ de se joindre à eux. La France était ainsi cernée par deux sortes d'ennemis : la puissance espagnole et la coalition protestante. Auprès de pareilles menaces, le mariage du nabot paraît une affaire bien légère. Cependant, on sait que pour Madame Catherine les affaires de famille se confondent parfois avec les affaires d'Etat.

La politique s'accommode aussi mal de la passion maternelle de Catherine que des caprices d'Henri III

A la cour, elle avait, on le sait, à faire face à la méfiance des mignons — surtout celle d'Epernon. Au moment où le Languedoc échappait de nouveau à l'autorité, elle suppliait Montmorency, son gouverneur, devenu chef de sa maison à la mort de son père en 1579, de faire l'impossible pour récupérer les villes tenues par les huguenots. En cas d'échec, disait-elle, le roi lui retirerait le gouvernement de cette province pour le donner au père du duc d'Epernon qui le convoitait. C'était fort maladroit de mettre un duc de Montmorency en face d'un tel marché. Il savait qu'Henri III le détestait, il n'avait rien de bon à en attendre. Tout cela était bien fait pour pousser ce grand féodal à s'entendre avec les huguenots, comme il l'avait déjà fait quand il s'appelait Damville. Il était ainsi plus sûr de garder le proconsulat du Languedoc dont il savait que, vainqueur ou non des huguenots, Henri III le déposséderait un jour pour plaire à Epernon. Quant à Epernon lui-même, le roi voulait le traiter aussi bien que Joyeuse en lui promettant de le marier à Christine de Lorraine, la petite-fille préférée de Catherine, et de lui donner le gouvernement de Guyenne — mais il faudrait en déloger Henri de Navarre qui ne se laisserait pas facilement déposséder.

Catherine reprit alors conscience des dangers imminents qui menaçaient la couronne. Elle fut affolée par les projets du roi, par le mariage du prince d'Orange, son alliance avec Navarre et par la rébellion du Languedoc. Elle revint à la sagesse politique. Pour cela, elle voulut attirer Henri de Navarre à la cour : elle pourrait connaître ses intentions, surveiller ses relations et surtout l'amadouer. Il ne se montra guère empressé de répondre à l'invitation. De son côté, Henri III, pour récupérer la Guyenne et la donner à Epernon, se fit conciliant avec son beau-frère et prodigua ses grâces à sa sœur, la reine de Navarre, pour qu'elle persuadât son mari que leur présence à la cour était indispensable et qu'ils seraient traités en roi et en reine et en frère et sœur. Les grâces du roi ? C'était de l'argent qu'il leur envoya pour payer royalement le voyage du ménage et même celui de la maîtresse en titre du Béarnais, Mlle de Montmorency, appelée familièrement Fosseuse, à la cour de Nérac. Henri de Navarre était très sérieusement épris de cette merveilleuse beauté. Margot laissait faire avec complaisance ; la complaisance était de rigueur dans ce ménage. Margot assista même à l'accouchement du petit bâtard que le Béarnais fit à Fosseuse. Les relations conjugales étaient si bonnes que Margot réussit à décider son époux à partir pour Paris. Il accepta à condition d'être accompagné par Fosseuse. Catherine accepta tout pourvu que son gendre et sa fille fussent près d'elle au Louvre, toujours prêts à l'écouter — et à lui répondre. Elle était même si pressée qu'elle vint à la rencontre du trio jusqu'à La Mothe-Saint-Héray, en Poitou. Que se passa-t-il ? Le roi de Navarre refusa d'aller plus loin. Quelle information avait-il reçue ? Quelle méfiance lui était venue de ses souvenirs de la Saint-Barthélemy et de sa captivité ? On ne sait. Cependant Catherine emmena à Paris sa fille Margot et Fosseuse avec elle. Pourquoi ? Le Béarnais aurait dû la garder. Comme elle était dame d'honneur de la reine de Navarre, elle suivit sa maîtresse.

Cependant, Catherine rentra à Paris dans un état de fureur contenue mais fureur quand même contre son gendre. Sous l'empire de la haine qu'il lui inspira alors, elle eut une réaction malheureuse. Elle chassa Fosseuse de la cour comme une fille de rien, une intrigante. Elle réagit comme aurait pu le faire Diane de Poitiers. Quelques années plus tôt, jamais Catherine de Médicis n'aurait eu cette violence. Elle avait oublié, ce jour-là, que toute sa vie avait été construite sur la souplesse.

Le Béarnais, en apprenant l'affront qui lui était fait, envoya à Catherine un gentilhomme de son pays, choisi parmi ce qu'il y avait de plus insolent. Celui-ci couvrit Margot de mille injures car c'est elle qu'Henri de Navarre rendait responsable du renvoi ignominieux de sa maîtresse. Quant à Catherine, elle fut brutalement avisée que plus jamais son gendre ne remettrait les pieds à la cour. C'était une déclaration de guerre.

Catherine ne laissa pas la menace sans réponse. Elle rappela à son gendre qu'il ne se comportait pas en roi : « *Vous n'êtes pas le premier mari jeune et non pas bien sage en belles choses mais je vous trouve le premier et le seul à tenir tel langage à sa femme après tel fait advenu.* » Après tout, on n'avait fait que renvoyer une maîtresse qui s'était incrustée dans le ménage, imposée par un mari impudique. Elle rappela au Béarnais qu'elle avait une meilleure expérience que lui de cette sorte de problèmes conjugaux et comment son mari, Henri II, en même circonstance, en avait usé avec son épouse : « *Quand Mme de Fleming fut grosse, il trouva très bon qu'on la renvoyât et ne m'en fit jamais semblant ni pire visage, ni mauvais langage.* » On a renvoyé sa maîtresse, de quoi se plaint-il ? Henri II avait trouvé très bon qu'on débarrassât la cour de la sienne. Et lui, le Béarnais, qui est-il ? Le sujet d'Henri II, l'époux de sa fille pour laquelle il doit avoir respect et considération. Après tout, elle est fille du roi de France et lui ne l'est pas. « *Ce n'est pas la façon de traiter les femmes de bien et de telle maison que de les injurier à l'appétit d'une putain publique* [1]. »

La réprimande est sévère et ne manque pas de hauteur ni de justesse dans l'esprit. En somme, elle lui dit : « Vous n'êtes pas encore digne d'être roi, il faut apprendre. » La leçon ne tomba pas dans l'oreille d'un sourd. Henri de Navarre fit son apprentissage de roi, il ne se rendit pas à la cour pour cela. Il se tint quelque temps en paix dans sa Gascogne.

Comme toujours, la conclusion de sa lettre était vouée à la conciliation. Elle attendait son gendre, disait-elle, « *comme mère qui vous aime et désire votre contentement* ». Mais elle ne lui cacha pas que c'est elle-même et non Margot qui avait agi pour le contentement des époux et la paix du ménage. Elle précisa bien qu'elle seule « *avait fait partir cette belle bête* ». Et voilà pour Fosseuse.

On aurait aussi à dire sur la façon bien à elle dont Catherine parlait du ménage. Ce n'était pas Margot qui avait désiré son époux : on n'a pas oublié son mariage, son consentement obtenu en recevant un coup de poing sur la nuque de son frère Charles IX. De son côté, Henri de Navarre n'était pas plus enthousiaste ; sa mère l'avait tellement mis en garde contre cette famille et cette cour pourries. Enfin, n'est-on pas en droit de sourire lorsque Catherine traite sa fille de « *femme de bien* » quand on connaît quelque peu les aventures de la reine Margot ? Pour ce qui est de Catherine de Montmorency, fille du baron de Fosseux, branche cadette de Montmorency, ce n'était pas une fille de rien, « *une putain publique* », comme l'écrit Catherine. On l'appelait Fosseuse parce que son père était Fosseux. Si putain il y a dans la famille, c'est Margot qui aurait pu se sentir concernée. Peu importe. La passion familiale de Catherine a ses excès comme toute passion ; on les voit ici mêlés aux justes réprimandes d'une reine qui parle en reine. Néanmoins, pour une fine diplomate, Catherine avait fait une énorme faute politique en se brouillant avec Henri de Navarre.

1. Ivan Cloulas, *op. cit.*

En 1583, la santé du roi déclina tellement que la peur s'installa à la cour. Catherine s'aperçut qu'il ne s'agissait pas d'une maladie véritable mais d'une profonde crise de « *mélancholye* ». Nous dirions que Sa Majesté faisait une dépression. Pour le roi d'un pays qui se trouvait dans la dramatique situation de la France à cette époque, cela pouvait tourner à la débâcle et à l'anarchie totale. D'ailleurs, le Trésor était vide encore une fois. Comment en eût-il été autrement ? Les impôts rentraient mal. Les largesses insensées du roi pour les mignons coûtaient plus qu'une guerre. Sait-on que le bal que donna Henri III lors du mariage du duc de Joyeuse coûta un million deux cent mille écus, soit trois millions six cent mille livres ? En relevant les comptes, le roi fut lui-même effrayé de l'énormité de sa folie et renonça, dit-on, à la renouveler. Il fallut plus de dix ans pour éteindre la dette. Au même moment, on désespérait de trouver six cent mille écus absolument nécessaires pour conserver l'alliance des cantons suisses fidèles pourvoyeurs d'excellents fantassins de l'armée royale.

Catherine profita à sa façon de la « *mélancholye* » de ses « *chers yeux* » pour reprendre sa place dans les affaires. C'est donc elle qui, loin d'être abattue par ses échecs aux Açores et en Flandres, reconstitua une armée royale qui n'eut pas le temps de faire ses preuves aux Pays-Bas. Elle commença une autre guerre mieux accordée à ses talents, celle des services secrets. Elle avait mesuré la puissance et l'efficacité de ceux de Philippe II. Elle obtint bientôt quelques résultats au cours de la misérable guerre de Monsieur aux Pays-Bas. Ses services découvrirent à Bruges une véritable conspiration des Espagnols contre la France dont le chef, Salcède, fut arrêté en août 1582 et transféré à Paris. Ses révélations sous la torture furent si effrayantes qu'on jugea bon de ne pas les publier, mais le cas parut si grave que le roi et sa mère assistèrent à l'exécution de l'espion. On arrêta également un Miguel Vaez, confident et conseiller de Don Antonio, prétendant au trône du Portugal et allié de Catherine : c'était un espion de Philippe II. Un autre encore, Cardona, fut simplement étranglé dans son cachot. Qu'avait-il avoué ? Rien alors ne transpira de leurs aveux. Catherine fit détruire les procès-verbaux. On sait néanmoins que Salcède avait fomenté aux Pays-Bas divers attentats pour assassiner Monsieur et Nassau. Il semble bien que Salcède était non seulement au service du roi d'Espagne mais à celui des Guises dont les intérêts étaient liés désormais contre les Valois et les calvinistes. Ce Salcède avait déjà un passé de faux monnayeur, il avait aussi espionné Strozzi au cours de l'expédition des Açores. Il avoua que, selon les plans arrêtés, la France serait attaquée au nord par les Guises et les Espagnols, en Dauphiné par la Savoie, au sud-ouest par les Espagnols. Henri III devait être saisi et mis en cage. Ayant avoué sous la torture, Salcède se rétracta mais on tint pour vrais ses aveux qui coïncidaient avec ce qu'on savait déjà. Henri III fut surtout choqué par la participation des Guises. Ces révélations ranimèrent la vieille haine contre Henri de Guise, cette jalousie qui le brûlait depuis son enfance. On en verra les conséquences.

Dès qu'il fut sorti de sa crise, Henri III revint à son grand projet de réforme administrative et fiscale. Il y tenait et cela lui fait honneur mais il était bien seul et sa réforme, pour juste qu'elle fût, avait besoin de l'accord et de l'appui de tous les corps d'Etat. Il réunit pour cela à Saint-Germain-en-Laye, le 18 novembre 1583, les princes, les seigneurs, les notables titulaires de grandes charges et les représentants de tous les corps d'Etat et, bien sûr, les prélats représentant l'Eglise. Catherine, à ce moment-là, était à La Fère auprès de Monsieur qui boudait dans le triste état que l'on sait. Elle voulait le ramener à la cour car Henri III tenait à la présence de son frère à ses côtés en cette circonstance où allait être décidée une véritable rénovation du royaume. Monsieur refusa parce que, dit Catherine, on lui avait fait croire que toutes les innovations édictées par le roi étaient dirigées contre lui.

On laissa donc le roi faire sa réforme et Catherine, sans jamais renoncer à ses projets, demanda à Monsieur de se maintenir coûte que coûte à Cambrai pour pouvoir, de cette place, faire des incursions dans les Pays-Bas et y ranimer la révolte contre les Espagnols en accord avec Nassau. C'était vraiment une idée fixe chez Catherine et, sur ce point, Monsieur se laissa convaincre et repartit pour Cambrai. Il n'y demeura qu'un mois. Puis il se retira à Château-Thierry et s'alita à bout de forces. Catherine vint l'y voir. Elle était tellement hantée par ses rêves de mariage espagnol et de reconquête des Flandres qu'elle ne s'aperçut pas que ce fils qu'elle voulait marier à une infante, même si pour cela il fallait mettre le feu à l'Europe, elle ne s'aperçut pas que son misérable rejeton n'était plus qu'un squelette, rongé de fièvre, crachant le sang. La tuberculose familiale faisait son œuvre afin d'accomplir la prophétie de Nostradamus. Le dernier fils ne serait jamais roi, ni marié, sauf sous peu avec la mort. Elle ne tenait plus compte de rien. Au lieu de soigner son fils ou tout au moins de le plaindre, elle le harcelait de questions pour qu'il avouât si, oui ou non, il avait fait le projet, comme ses espions l'en avaient informée, de vendre Cambrai aux Espagnols. Cette ultime trahison de son fils la bouleversait davantage que la maladie du félon : « *Je meurs de déplaisir et d'ennui quand j'y pense* », écrivait-elle. En cela elle retrouvait son sens politique car Philippe II, un jour ou l'autre, lui demanderait des comptes pour les expéditions armées aux Pays-Bas. Elle avait été désolée par la perte de Dunkerque, elle l'était encore plus par la menace que son fils faisait peser sur Cambrai qui était la seule place forte des Français en face d'une attaque de l'armée espagnole.

Le roi des mignons suspecte la vertu de sa sœur, le roi de Navarre se fait payer l'affront

Elle sembla sortir un moment du cauchemar où l'avaient plongée les affaires du duc d'Anjou et retrouva alors sa lucidité politique. Elle vit que le grand et imminent danger qu'il fallait conjurer, c'était Philippe II. Elle disposait de Bellièvre auquel elle adjoignit le très sûr et très intelligent La Mauvissière. En cas de conflit, elle ne pouvait compter que sur deux alliés probables : à l'intérieur, Henri de Navarre et les huguenots, à l'extérieur, Elisabeth d'Angleterre, braquée contre l'Espagne, mais c'était une alliée peu sûre.

Bellièvre partit pour le Béarn puisque le Béarnais ne voulait plus venir à Paris. Il était porteur de messages d'affection, d'offres d'alliance et de concessions. Le souvenir de Fosseuse ne rendait pas Henri de Navarre très accessible à ces bonnes intentions. C'est justement le moment que le roi choisit pour faire à sa sœur la reine de Navarre une scène insensée, un scandale public. Cette famille était vraiment vouée au malheur. Le bruit s'en répandit dans tout le royaume. Quand il parvint au roi de Navarre, il le rendit furieux une fois de plus contre Henri III et sa mère. A l'origine de cette querelle, il faut reconnaître qu'il y avait ce funeste aveuglement maternel de Catherine. Elle s'entêtait à faire vivre ensemble le roi et Margot qui se détestaient. Henri III, depuis sa jeunesse, ne supportait pas les amants de sa sœur et, moins que tous les autres, son propre frère, le duc d'Anjou. Or, Margot, on l'a vu, avait toujours soutenu le nabot, elle avait été l'instigatrice et l'organisatrice de ses complots, elle avait attisé la haine des deux frères. C'est une sorte de personnage de roman noir, « le mauvais génie », un adorable et combien séduisant mauvais génie. En outre, elle détestait les mignons du roi et ne le cachait pas, à la grande fureur de son frère. En retour, les mignons faisaient au roi des rapports scandaleux sur la conduite de sa sœur. Ce n'était un secret pour personne à Paris, on parlait ouvertement des amants de la reine de Navarre. Henri III enrageait tout en se délectant de ces ragots. Les mignons firent croire au roi que c'était Margot qui incitait son mari à ne pas rejoindre la cour et à rester hostile à la couronne et à la personne d'Henri III. Catherine, que nous avons connue en d'autres temps plus sévère pour les écarts de sa fille, se taisait sur ce sujet. Les reproches que lui avait faits le roi sur les échecs de ses entreprises aux Açores et aux Pays-Bas la rendaient prudente. Pour le moment, l'amant en titre de Margot était Champvallon, un très beau gentilhomme de la suite de son frère, le duc d'Anjou. Il remplaçait Bussy. On racontait même qu'elle avait eu de lui un bâtard, né en août.

A ce moment-là, Henri III s'était retiré au château de Madrid où il faisait une retraite pieuse tout en écoutant les médisances empoisonnées. La colère le saisit et, sans vérifier la valeur de ces accusations, il donna brutalement à sa sœur l'ordre de retourner chez son époux, le roi de Navarre. Non content de savourer ces commérages il voulut en faire profiter son favori, le duc de

Joyeuse, et lui en écrivit tout le détail. On devine que « le détail » en était extrêmement offensant, non seulement pour Margot, mais pour son mari et pour la famille royale. Or, le porteur de cette lettre fut assassiné en route et la lettre disparut. Henri III crut immédiatement que sa sœur avait commandé l'agression. Sa fureur ne connut plus de bornes. Il quitta ses dévotions. Selon certains témoins, il fit à sa sœur, en public, une scène épouvantable au cours d'un bal, le 7 août 1583, alors qu'elle faisait elle-même les honneurs de la fête en l'absence de la bonne reine Louise qui était aux eaux (elle allait de source thermale en source thermale pour essayer de se faire faire un enfant). Ce témoignage semble « arrangé » : on voit mal le roi faisant cet esclandre au milieu d'un bal. C'est pourtant ce que répandit la rumeur publique. On peut en douter. Une lettre de Catherine écrite le même jour relate bien une scène violente qui eut lieu au château de Madrid, dans l'intimité familiale, entre le roi et sa sœur en présence de leur mère et très probablement d'un certain nombre de personnages qui faisaient partie de « l'intimité » du roi et de sa mère. Ce sont eux qui formaient « le public » et qui ont parlé. Leurs paroles se sont envolées au grand air de la ville. Cette scène ne fut pas la plus scandaleuse de cette affaire de famille.

Henri III, après l'assassinat de son messager et la scène qu'il fit à sa sœur, était loin d'être apaisé. Margot était déjà partie avec sa suite pour le Béarn en toute hâte ; son frère la fit poursuivre et arrêter comme s'il s'agissait d'une criminelle. L'arrestation eut lieu à Palaiseau. Les archers fouillèrent les voitures et les bagages à la recherche de l'enfant qu'on la soupçonnait d'avoir fait récemment. Ils fouillèrent également les dames de sa suite, la comtesse de Duras et la duchesse de Béthune, et ils enfermèrent tout le monde dans une abbaye proche de Montargis comme des prisonniers de droit commun. La reine de Navarre en tomba de haut. Henri III se déplaça pour venir interroger lui-même sa sœur sur « *ses déportements* ». Comme elle ne lui apprit rien qu'il ne sût déjà, il lui permit de continuer sa route. Elle aurait pu lui rappeler leurs doux souvenirs de jeunesse et leurs débuts dans l'érotisme. Quant à Champvallon, il avait pu disparaître à temps et on ne parla plus de lui.

Mais on entendit parler le roi de Navarre. L'injure inouïe faite à sa femme appelait une réparation officielle. Il exigea que le roi lui présentât les preuves des accusations portées contre son épouse. Dans le cas où Henri III ne ferait pas lui-même, du haut du trône, une déclaration innocentant entièrement Marguerite, sa sœur, reine de Navarre, son mari la répudierait sur l'heure. Pareille répudiation était une catastrophe politique, une humiliation pour tous les Valois. Que faire ?

Catherine tomba malade. Elle n'en perdit pas tous ses moyens mais elle connut alors quelques mois extrêmement pénibles. Henri III, sa colère passée, se retrouva assez clairvoyant pour mesurer toute l'étendue de son erreur. Néanmoins, il ne voulut pas céder à l'ultimatum du Béarnais qui lui avait envoyé un de ses conseillers, un huguenot, le très remarquable Duplessis-Mornay qui avec le temps avait gagné en sagesse et en modération. Il eut la patience, pour négocier avec Henri III, de le suivre dans ses déplacements à Bourbon-Lancy — les eaux encore ! — puis à Lyon. Il n'obtint aucune promesse. Il ne rompit pas, il imitait Catherine. De son côté, on l'a vu, elle avait envoyé Bellièvre au roi de Navarre, mais pour obtenir de son gendre une alliance défensive contre l'Espagne. Le moment était peu favorable. Elle écrivit lettre sur lettre au Béarnais. Si sa santé le lui eût permis, elle aurait pris la route du Béarn. Pendant qu'Henri III faisait attendre la fameuse déclaration réparatrice de l'honneur du roi de Béarn, celui-ci réparait, de façon très habile, non seulement son honneur mais ses intérêts. Se jugeant offensé, il menaça d'appeler à son aide Elisabeth d'Angleterre et les princes luthériens. C'est exactement ce que Catherine voulait éviter et, pour qu'il ne donnât pas suite à ses menaces, elle lui laissa prendre Mont-de-Marsan ; il obtint même que toutes les troupes royales qui campaient et surveillaient la région déguerpissent. Enfin, il reçut la déclaration qui rendait son épouse aussi irréprochable que lorsque sa mère la qualifiait de « femme de bien ».

Le Béarnais alla la récupérer aux bords de la Garonne, à Port-Sainte-Marie, excellent patronage pour cette épouse si pure. C'était le 13 avril 1584. En plus, le finaud garda Mont-de-

Marsan et divers autres avantages. Les colères du roi des mignons coûtaient aussi cher que ses plaisirs.

Une grande et noble voix huguenote domine la cruelle situation du royaume

Dans l'affaire de Margot et du roi, il est curieux de voir Catherine se tenir dans une certaine réserve. Elle n'eut garde de faire des remontrances au roi car elle se serait vu reprocher le soutien qu'elle avait accordé à Monsieur contre l'avis des mignons. Il faut reconnaître qu'ils s'étaient montrés plus clairvoyants qu'elle dans les malheureuses entreprises qu'elle avait soutenues et qu'ils avaient déconseillées. Devant le roi et les mignons, elle se sentait un peu vaincue. D'ailleurs, devant son fils adoré, n'avait-elle pas toujours été en état de faiblesse ?

Au lieu de lui reprocher son esclandre avec sa sœur et sa rupture avec Henri de Navarre au moment où elle cherchait son alliance, elle excusait son cher fils et vantait son naturel affectueux et si sensible que, disait-elle, lorsqu'on le blesse, « *il est si franc qu'il ne peut dissimuler le mécontentement* ». Franc ? C'est bien la dernière qualité qu'on ait reconnue, en dehors de sa mère, à ce prince de la dissimulation.

Catherine chargea Bellièvre d'une délicate mission dont elle seule aurait dû se charger. Si son envoyé ne pouvait contraindre le Béarnais à faire la paix avec le roi et avec elle-même, il devait absolument convaincre la reine Margot de vivre désormais en épouse digne et fidèle, même si son mari ne l'était pas. Dans ce petit sermon, Catherine se donnait elle-même pour modèle d'une épouse dont le mari avait eu des maîtresses. Cette épouse modèle devait le supporter, comme elle avait fait, sans jamais croire que cela lui donnait le droit d'avoir des amants ni même celui de faire des remontrances au roi son mari. Toutefois, elle ne devait pas supporter que son mari fît l'amour aux dames de l'entourage de sa femme car, disait-elle, si elle s'y oppose fermement, le roi de Navarre comprendra qu'elle est une épouse honnête, il l'en estimera et la respectera davantage et, pour ne pas l'offenser, il ira faire l'amour hors de ses appartements. Elle concluait : « *Il ne saurait le trouver que très bon.* » On est en droit de se demander si Bellièvre pouvait réciter, sans rire, ce couplet sur l'honnêteté des adultères royaux. Un qui a dû bien rire, si Bellièvre lui a débité les maximes de Catherine, c'est Henri de Navarre. On l'entend d'ici.

Si elle donnait des occasions de rire à son gendre, personne ne lui en donnait à elle. Au cours de sa brouille avec son gendre, savait-elle que le danger de voir envahir le royaume, selon le plan de Salcède, était plus grand que jamais ? Probablement pas. Elle pressentait la guerre, mais elle ignorait encore une des ramifications les plus inquiétantes des plans de Philippe II contre la France. La voici.

Le roi de Navarre, roi hérétique, chef des hérétiques français, allié de Nassau ennemi des Espagnols aux Pays-Bas, bref le prince le plus détestable par définition pour le roi catholique d'Espagne, était l'objet de la très bienveillante attention de ce roi et d'offres alléchantes. Le calcul de Philippe II n'était pas absurde. Quelles que fussent, à ses yeux, les « tares » du Béarnais, il représentait déjà le futur roi de France. L'Espagnol savait très bien que le duc d'Anjou se mourait à Château-Thierry et que la reine Louise n'aurait jamais d'enfant : le trône appartiendrait un jour à son voisin pyrénéen, le roi de Navarre. Pourquoi ne pas essayer de s'entendre ? D'où les ouvertures bien calculées du roi vers le prince hérétique mais non dépourvu d'avenir.

Henri de Navarre n'était pas aussi rustique qu'il lui plaisait de le laisser croire et la preuve de sa supériorité d'esprit se manifeste dans le choix qu'il fit de ses conseillers et de ses amis : gens de valeur, hautement respectables, très informés et d'un loyalisme absolu. Parmi eux, nous avons déjà nommé Duplessis-Mornay. C'est lui qui fut contacté par les envoyés de Philippe II. Ils avaient bien choisi. Duplessis-Mornay choisit également bien son second, Maximilien de Béthune, qui fera carrière dans l'Histoire sous le nom de duc de Sully. Ces hommes, protestants dans l'âme, étaient aussi profondément français et liés à la monarchie, celle qui renaissait, pas celle des Valois qui se mourait, mais elle était quand même la monarchie des lis qui allait revivre en la personne d'Henri de Bourbon, fils de Saint Louis, présentement roi de Navarre mais à leurs yeux déjà roi de France. Ils le traitaient comme tel et travaillaient pour son royaume.

Ce sont ces deux hommes qui transmirent à Henri de Navarre les propositions du roi d'Espagne. Les voici : le Béarnais devait soulever tous les protestants du Midi contre Henri III. Le roi d'Espagne financerait cette guerre ; à la fin, le roi de Navarre se verrait, en récompense, attribuer les provinces du Sud-Ouest et le Languedoc pour se constituer un vaste royaume indépendant au sud de la France. C'était exactement l'opposé de toute la politique des Capétiens qui était offert à leur descendant et héritier direct, le reniement de la tradition monarchique et de la politique défendue par Catherine. Or, Duplessis-Mornay, parfaitement conscient de l'énormité des ambitions de Philippe II, alla informer Henri III de ce qui menaçait son royaume. Le roi ne pensait pas tout à fait à la même hauteur mais il crut bon de récompenser ce zélé serviteur et lui offrit deux cent mille écus pour Henri de Navarre et ses bons conseillers. Le Florentin, étonné, entendit la réponse suivante de Duplessis-Mornay : « *Que son maître* (Navarre) *et lui ne désiraient aucune récompense, qu'ils avaient seulement voulu prouver que l'on pouvait être tout ensemble bon huguenot et bon Français* [1]. »

Quelle bouffée d'air pur ! Tout soudain on respire. Enfin, une démarche qui n'est ni marchandage ni trahison, mais l'expression de la loyauté. Pouvons-nous espérer que nous allons sortir d'une histoire où les intérêts, le fanatisme et les pressions ont perverti tout sentiment humain, toutes les croyances et donné tous les droits à la fourberie et à la violence ? Pas sûr, mais une lueur d'espoir vient briller car on découvre qu'il existait des hommes de devoir et de vertu annonciateurs de la France nouvelle. Écoutons Duplessis-Mornay s'adressant à son roi et ami de Navarre :

« *Songez qu'à partir de cette époque la France entière et l'Europe même vont avoir les yeux fixés sur Votre Majesté. C'est à vous, Sire, à composer tellement votre vie et vos actions que non seulement le public*

1. Cité par J. Héritier, *Catherine de Médicis*, Librairie académique Perrin.

n'y trouve rien à reprendre, mais encore tout à louer. J'entends, Sire, que le roi y reconnaisse une révérence envers lui ; les princes une fraternité ; les parlements un amour de la Justice ; la noblesse une magnanimité ; le peuple un soin de son soulagement ; vos ennemis, clémence et facilité ; tous en général un naturel débonnaire, éloigné de la perfidie, de dissimulation, de vengeance et d'animosité, vertus à la vérité qui ne vous sont pas acquises mais naturelles... Il convient maintenant que vous fassiez l'amour à la France. »

Quel sublime programme pour un roi qui attend son heure ! Et quel incomparable conseiller avait Henri de Navarre ! C'est le plus extraordinaire agent de publicité qu'un prétendant ait jamais eu pour sa sagacité et sa hauteur de vue, pour la noblesse et l'humanité du programme, enfin pour l'éblouissante et émouvante formule finale : « *Faites l'amour à la France !* » Le trait est inoubliable et prophétique. D'ailleurs, Duplessis-Mornay trace de ce roi idéal un portrait qui, à la virgule près, sera repris plusieurs siècles après par les historiens pour présenter Henri IV aux écoliers : « *... un naturel débonnaire, éloigné de perfidie, de dissimulation, de vengeance et d'animosité, vertus à la vérité qui ne vous sont pas acquises mais naturelles.* » Eh ! oui, le beau naturel du bon roi Henri entrait ici, déjà, dans la légende. C'est pourquoi nous avons ressenti, en écoutant Duplessis-Mornay, ce premier frémissement d'espoir. Comme l'histoire Fosseuse nous paraît poussiéreuse maintenant ! Comme les arrangements diplomatiques, les séductions verbales et les distributions de fiefs aux rebelles et d'écus d'or aux experts du double jeu, et comme toute cette habileté qui a tant de fois permis à Catherine de sortir d'un désastre en attendant le suivant nous semblent appartenir à une autre époque, disons le mot qui lui fait horreur, à une autre dynastie. La sienne agonisait. La France devait-elle lui survivre ? Oui, bien sûr, mais au prix d'un bain de sang. Pas tout de suite, les Valois avaient encore quelques tours dans leur sac et quelques jours de sursis. Catherine va les occuper de son mieux, mais le jeu désormais va la dépasser. Peu lui importe, le jeu continuait.

Les Valois enterrent leur dernier rejeton et Catherine et le roi ressuscitent la grande politique

Malgré les vilenies de Monsieur, elle le défendait encore. Henri III voulait le dépouiller de tous ses biens et le tenir au Louvre en résidence forcée ou dans un château royal sous surveillance armée. Elle réussit encore une fois à réunir les deux frères. Le roi consentit, pour plaire à sa mère, à surseoir à son projet et Monsieur à paraître au Louvre. Au fond, elle tremblait encore car Monsieur n'avait peut-être pas renoncé à vendre Cambrai aux Espagnols. Elle se sentait moralement responsable de l'intégrité du royaume, elle était persuadée qu'elle aurait à en rendre compte à son mari Henri II et à François Ier.

Elle était encore malade quand Monsieur quitta Château-Thierry pour se rendre au Louvre. Mais il refusa d'y habiter. Il logea chez sa mère, dans le superbe hôtel qu'elle s'était fait construire. Les deux frères se rencontrèrent et se réconcilièrent en présence de leur mère ; les paroles de miel coulèrent à flots, les embrassades chaleureuses se répétèrent. Tout ce que Catherine aimait le plus au monde. Voici ce qu'elle écrivit ensuite à son fidèle Bellièvre : « *Je ne vous dirai point l'aise que j'ai eu de voir venir mon fils dans les bras du roi... si vous eussiez vu la façon de tous deux vous eussiez pleuré comme moi de joie.* » Au fond, elle est sincère, elle aime tellement ses enfants qu'elle ne veut pas voir qu'ils se haïssent et, dans sa joie de la réconciliation, le départ immédiat de Monsieur pour Château-Thierry ne l'étonne pas. Il repart parce qu'il ne tient plus debout. Il est exsangue, sans souffle et sans forces. Toujours à sa joie, elle écrit : « *Il s'en est retourné à Château-Thierry où la fièvre tierce l'a repris depuis qui est une maladie générale en ces quartiers de deçà mais Dieu merci, personne n'en meurt... Je prie Dieu... etc.* » Il y a peu d'exemples d'un pareil aveuglement maternel.

Huit jours après, on lui apprit qu'il était mourant. Elle sortit de son lit et courut à Château-Thierry. Malgré les avis reçus et l'état du moribond, elle le jugea bien mieux et s'en fut vers son petit château de Monceaux. Elle n'y resta pas et regagna Saint-Maur.

Elle-même était très fatiguée. Une bonne nouvelle, d'ordre familial, lui rendit ses forces : elle apprit que sa fille Margot avait fait la paix avec son mari le Béarnais. L'artisan de la réconciliation était Bellièvre. Elle lui exprima aussitôt sa joie et sa reconnaissance : « *Après Dieu vous m'avez rendu la santé d'avoir par votre prudence remis ma fille avec son mari.* »

Fin avril, sa joie est menacée. Elle se plaint de n'avoir jamais connu de joies durables. Dès qu'elle éprouvait une satisfaction, dit-elle, un malheur survenait pour l'anéantir. Et pourtant, elle a toujours voulu croire au bien et au succès. Ainsi, parce que ses fils s'étaient embrassés et que la paix régnait dans le ménage de sa fille, elle était persuadée que la paix régnait dans tout le royaume.

Les joies de l'amour maternel consolaient parfois Catherine de ses malheurs politiques mais, quand ses enfants étaient frappés, son cœur était irrémédiablement déchiré. C'est ce qui arriva quand on l'avertit que le duc d'Anjou allait de plus en plus mal. Quoique souffrante elle-même, elle partit aussitôt pour Château-Thierry. Elle se refusa encore à le voir tel qu'il était. Il y avait en elle une disposition invincible à repousser les malheurs, même imminents, une volonté d'être supérieure et réfractaire au mal. « *Je l'ai vu,* écrivait-elle, *hier au soir et l'ai trouvé en bon état selon le mal qu'il a et la nuit, il est encore mieux.* » C'est aberrant. Veut-elle seulement savoir de quel mal souffre son fils ? Non. Elle ajoutait dans la même lettre à Bellièvre : « *Il guérira, Dieu aura pitié de moi qui en ait tant perdu* (d'enfants) *qu'il voudra que je n'en vois plus mourir.* » C'est touchant. Mais Dieu avait sans doute dicté la prophétie de Nostradamus car son dernier fils devait forcément mourir sans régner. C'était écrit dans les astres. Ainsi, le duc d'Anjou mourut à Château-Thierry, le 10 juin 1584, au cours d'une hémoptysie. Il était déjà momifié. Il n'avait pas trente ans, un âge avancé pour la progéniture de Catherine. Le triste personnage, en mourant, fit sans doute la première bonne action de sa triste vie.

Catherine se lamenta, non sans dignité : « *Je vois tout mourir devant moi,* dit-elle, *encore qu'il se faille conformer à la volonté de Dieu et que tout est à lui il ne fait que nous prêter...* » Elle se raccrocha bientôt à l'espoir de vivre et de régner (c'est la même chose pour elle) et cette espérance de vie, c'était Henri III, son dernier fils :

« *...un seul qui me reste, encore qu'il soit, Dieu merci, très sain* (il y aurait à dire sur sa santé ce qui laisse encore à sa mère la possibilité de s'illusionner), *sur les enfants comme j'espère en Dieu qu'il aura ce me serait une grande consolation.* » Dans cet espoir, elle revint bientôt aux affaires de l'Etat et à ses hautes vues politiques où l'on retrouve la grande reine d'antan. Elle surmonte à la fois sa douleur et sa vieille animosité contre Henri de Navarre qui s'affirmait de plus en plus comme l'héritier de la couronne. Elle recommanda à sa fille Margot de tout faire pour réconcilier le roi de Navarre et son frère Henri III. Le salut du royaume résidait dans cette alliance, elle réussit à convaincre Henri III de cette nécessité. Celui-ci, échappant pour un moment à ses fantasmes, retrouva toute son intelligence politique et envoya sans tarder son favori Epernon au roi de Navarre. Epernon était peut-être un bon choix parce qu'il était gascon et savait s'imposer, mais sa dureté n'avait rien de convaincant ; en outre, il était l'ennemi juré de Margot et le prétendant au gouvernement de Guyenne, prêt à en déposséder Navarre. Toutefois, la thèse du roi et de Catherine amorçait un si remarquable revirement de la politique royale qu'il fut écouté. Il faut dire que la démarche de Duplessis-Mornay et les divers entretiens qu'il avait eus avec Catherine avaient admirablement préparé le terrain. Dans cette entrevue, le roi de France traita d'égal à égal avec le roi de Navarre. C'était implicitement le traiter en héritier et ce fut si bien senti qu'Epernon supplia Henri de Navarre de retrouver sans tarder la religion catholique afin d'être reconnu par tous les Français. Henri de Navarre hésita. Cela aurait fait sa cinquième conversion ! C'était beaucoup. Elle eût paru comme une manœuvre politique et lui aurait aliéné tous les soutiens des huguenots français et des luthériens que lui amenait son cousin Condé. Il ne put renoncer à tout cela sans être sûr de ce qui l'attendait à la cour du Valois. Sur ce point, Henri III était allé plus vite que Navarre au-devant de l'avenir. Si l'accord total des deux rois avait pu être conclu par la conversion d'Henri de Navarre, la France eût échappé à dix ans de la plus atroce guerre civile, aggravée par l'intrusion des armées étrangères dans le royaume.

La mort du duc d'Anjou contribua à servir la nouvelle politique et Henri III n'était pas homme à laisser passer une si belle occasion de mettre en scène des funérailles spectaculaires. Le corps du défunt fut ramené à Paris le 21 juin 1584 pour être inhumé à Saint-Denis. Le cercueil fut d'abord déposé dans une chapelle du faubourg Saint-Jacques et c'est là qu'eut lieu la levée du corps devant le roi et sa mère qui jetèrent l'eau bénite. Catherine était enveloppée de ses voiles de deuil mais Henri III avait fait le grand jeu. Il était revêtu d'un manteau violet de six mètres de long sous le poids duquel il aurait succombé si huit gentilshommes de belle prestance et vêtus de la même couleur n'avaient porté la traîne de Sa Majesté, suivis de hallebardiers et d'archers en grand deuil. Les Suisses de la garde, sur leurs tambours voilés de crêpe, faisaient entendre un roulement lugubre. Puis venaient tous les grands personnages de la cour et les prélats en violet. Les dames, en leurs atours funèbres, ne sortirent pas de leurs coches. Le cortège mit une journée pour atteindre Notre-Dame. La nef était comble ; tous les corps de l'Etat, tous les ambassadeurs, les chevaliers des Ordres du roi, les échevins, les corporations, toute la société du temps s'empilait par couches hiérarchiques dans un ordre immuable et défila devant la dépouille du prince. On ne le transporta à Saint-Denis que plusieurs jours plus tard. Le trajet n'en finissait pas. Il fut enfin inhumé dans le fameux monument à coupole que Catherine avait fait construire.

Pourquoi ce faste pour ce misérable rejeton ? Parce qu'on enterrait, sans le dire, la dynastie des Valois. Le peuple, sans se poser tant de questions, ne fut pas dupe de la sinistre comédie. La rumeur publique n'avait qu'une idée. Après *celui* qui règne, qui sera roi ? Navarre ? La loi salique le désignait, on le savait dans les boutiques et dans la rue aussi bien qu'au Parlement. Mais le peuple de Paris ne pouvait supporter cette solution. Un roi hérétique, jamais. Il fermera les églises comme en Angleterre et chez les princes luthériens, il nous obligera, disait-on, à aller au temple. Voilà ce que murmurait la foule derrière le cercueil du duc d'Anjou. Le roi dans son manteau théâtral et Catherine dans ses crêpes étaient accompagnés d'une rumeur inquiète et haineuse.

On voit combien Catherine et son fils, en accord pour une fois, étaient clairvoyants en essayant à tout prix de faire la paix avec le roi de Navarre et en lui demandant de réintégrer la religion catholique qui était celle de 95 % de son peuple.

Pendant ces événements, la fameuse assemblée des notables poursuivait à huis clos ses immenses et sages travaux sous la direction des légistes royaux selon les ordres du roi. Lorsqu'on découvre son talent de législateur et la justesse de ses réformes, on est en droit de se demander si leur auteur est bien le même personnage qui brillait dans les bals travestis et se livrait aux exhibitions sadomasochistes des processions de flagellants. Henri III avait pensé aux moyens financiers susceptibles d'amortir la dette royale, à la révision des droits de douane et de l'impôt sur le sel. Il pensa à uniformiser les taxes, à simplifier le recouvrement des impôts en supprimant les fonctionnaires intermédiaires qui multipliaient les chances de prévarication. Il protégea les industries nationales comme celle du drap, il interdit l'achat à l'étranger des objets de luxe, la soie notamment. On sait que Catherine, pour l'exemple, avait un élevage de vers à soie à Chenonceaux. Enfin il demanda qu'on installât en France des haras pour la reproduction et l'élevage de chevaux de race qu'on achetait alors à l'étranger. Afin de garantir l'honnêteté des agents royaux chargés de prélever les taxes ou d'administrer les entreprises d'Etat, il institua une chambre spéciale pour juger les malversations. Les mesures prises furent si efficaces qu'on put envisager, dès 1586, un budget en équilibre. Et le roi promit même, en mars 1585, une diminution de la taille. Un miracle aussi rare que la comète ! La vérité était que ce royaume était riche, foncièrement riche dès que la paix intérieure régnait ; dès que la loi était respectée, la vie redevenait facile, l'argent abondant et les denrées aussi. Mais ce miracle n'est durable que dans un pays pacifié où le profit de chacun est garanti par l'ordre et la justice et où le roi sait modérer ses prodigalités. Ni le royaume ni le roi ne présentaient alors de telles qualités.

On ne saurait passer sous silence qu'avant de se séparer l'assemblée fut le théâtre de violents affrontements entre une partie de ses membres et les prélats représentant l'Eglise, surtout les biens ecclésiastiques. Pour combler l'éternel déficit du Trésor, on sait depuis longtemps avec quelle autorité Catherine et le roi ponctionnaient sans ménagement la fortune de l'Eglise de France. L'assemblée de Saint-Germain se montra encore plus radicale à l'égard des biens ecclésiastiques. Les légistes en firent l'évaluation : cette fortune était d'une énormité prodigieuse. Devant cette fantastique richesse, les conseillers royaux, les financiers, les juristes firent bloc pour attaquer cette fortune et la remettre en circulation. La majorité de l'assemblée se déclara pour la saisie par le roi de tous les biens de l'Eglise. Cette « *royalisation* » (nous prononçons nationalisation) ferait du roi le plus riche souverain du monde, il pourrait sur-le-champ soulager l'énorme masse des miséreux que l'assemblée évalua à seize millions sur vingt-deux millions de sujets du roi de France. Le débat tourna court mais la menace demeura en suspens, elle ne deviendra effective que deux siècles plus tard, en 1789. L'assemblée de Saint-Germain anticipait notablement sur le cours de l'Histoire [1].

Dès la mort du duc d'Anjou, le prince de Parme, gouverneur des Pays-Bas, réclama Cambrai qui appartenait au roi d'Espagne. Catherine lui envoya un ambassadeur et on négocia. Pour apaiser le gouverneur, elle lui offrit de lui rendre tous les prisonniers espagnols détenus en France. Ce qui fut fait et elle garda Cambrai. Le prince de Parme insista, elle le rassura en refusant de recevoir les envoyés des villes flamandes qui voulaient reprendre leur révolte avec le soutien des Français. Elle tranquillisa ainsi les Espagnols et continua à occuper Cambrai le plus pacifiquement du monde — jusqu'au jour où le roi aurait besoin de l'armer contre Philippe II. Pour consolider cette occupation, elle accorda divers privilèges aux habitants qui furent aussi enchantés de l'administration française exercée par Catherine qu'ils avaient été horrifiés par

1. La même proposition de loi en vue de séculariser et de nationaliser les biens ecclésiastiques fut faite à l'Assemblée constituante le 2 novembre 1789. Elle fut l'œuvre d'un évêque original, Mgr de Talleyrand-Périgord, évêque d'Autun. Quant au vibrant discours préparé par lui et prononcé par Mirabeau, il emporta le vote de l'Assemblée en faveur de la nationalisation des biens de l'Eglise. Les séquelles de cette affaire soulevée en 1584 se perpétuèrent jusqu'en 1905 (séparation de l'Eglise et de l'Etat). Fin.

les brutalités du duc d'Anjou. Sans bouger un soldat, elle avait gardé Cambrai et s'était assurée de sa fidélité.

Elle reçut toutefois un cruel affront du roi d'Espagne. Cette infante qui lui avait été refusée si durement, Philippe II la maria au duc de Savoie. L'affront était double : non seulement il avait refusé la demande pour le duc d'Anjou, mais il fit épouser sa fille par le duc de Savoie auquel Catherine destinait sa petite-fille, Christine de Lorraine. Un vrai crève-cœur pour la *mamma*. Mais, comme elle trouvait en toute déception un sujet de consolation, elle se promit de voir souvent cette nouvelle duchesse de Savoie, qui était aussi sa petite-fille, car à Madrid elle était trop loin, ne voyageait jamais, les infantes vivant quasiment cloîtrées. Aussi écrivit-elle au duc de Savoie une belle et bonne lettre de félicitations... « *Puissiez-vous avoir beaux enfants qui plaise à Dieu avant que je ne meurs je les puisse voir.* » La bonne grand-mère triomphait où la souveraine avait perdu. Ses gentillesses, hélas ! n'avaient pas cours dans les transactions politiques entre le roi et son cousin Navarre, c'est-à-dire entre une monarchie catholique et un prince héritier calviniste.

Riposte de la Ligue catholique au rapprochement du roi avec l'hérétique de Navarre

L'écart était grand, dans ce siècle fanatisé, entre Navarre, prince attaché à son hérésie et à ses alliances étrangères, et un roi catholique régnant sur un peuple qui le trouvait insuffisamment catholique ou, ce qui était pire, d'un catholicisme de mauvais aloi. Au regard de la faction catholique intransigeante, il n'appartenait pas à ce souverain discrédité de s'allier avec le prétendant hérétique. Leur rapprochement fut jugé comme une traîtrise et un parjure. La riposte de l'orthodoxie fut immédiate et radicale. C'était de nouveau l'aventure, le déchirement du royaume, la guerre et la folie sanguinaire en perspective.

Il ne faut pas croire que l'indignation vînt d'abord des chefs de la Ligue. Elle existait déjà, on l'a vu. Les Guises et autres meneurs furent poussés par le bouillonnement populaire et, en quelque sorte, portés à agir par cette fièvre des villes qui exigeait d'eux qu'ils fussent fidèles à l'idée que la foule se faisait de ses héros. Or, au xvie siècle, un héros était en cuirasse et l'épée brandie. Il va sans dire que cette rumeur grondante était non pas celle des villages et des bourgades mais surtout celle de Paris et de quelques grandes villes. Nous avons déjà perçu cette rumeur dans la foule qui accompagnait les funérailles du duc d'Anjou et qui nous est rapportée par les chroniqueurs de l'époque. Le Valois était insulté publiquement.

La première revendication du parti ligueur était radicale : le roi devait renoncer à pactiser avec Navarre. En second lieu, il devait l'exclure de la succession au trône. Inepte : les droits d'Henri de Bourbon, roi de Navarre, étaient indiscutables et parfaitement conformes à la loi salique qui, depuis 1316, fixait l'ordre de succession au trône de Hugues Capet et de Saint Louis. Cette prétention de la Ligue était en soi une forme de rébellion à la monarchie séculaire et sacrée de la France.

Néanmoins, la rage était la plus forte. Devant l'éventualité d'avoir un jour un roi calviniste, toutes les ligues catholiques se reformèrent. Dès janvier 1585, à Paris, les chefs de section décrétèrent que, pour s'opposer à ce monarque hérétique, l'insurrection armée était légitime. On justifia, si l'on peut dire, ce devoir sacré d'étriper son concitoyen et son frère chrétien en faisant courir le bruit que le roi, en accord avec Navarre, allait organiser une nouvelle Saint-Barthélemy à Paris, mais celle-ci massacrerait les catholiques. La preuve ? Le roi n'avait-il pas déjà versé deux cent mille écus à Duplessis-Mornay pour payer les tueurs de Parisiens catholiques ? Telle était l'interprétation qu'on donnait, pour affoler le peuple, au versement fait par le roi en récompense du loyalisme des huguenots.

A Paris, la Ligue s'organisa militairement. On fit le recensement de toutes les recrues possibles. Les chefs de section furent désignés dans chaque quartier. On sait que les Guises étaient de meilleurs organisateurs et de meilleurs tacticiens que les chefs de l'armée royale. La troupe ainsi réunie n'était pas un ramassis de populace comme on pourrait le croire, elle se recrutait dans un milieu de boutiquiers, d'artisans, d'employés, de petit personnel des universités, des tribunaux : la classe moyenne, dirions-nous. Ils n'avaient rien de pillards, c'étaient des gens convaincus de la vérité absolue de la religion catholique et de l'origine sacrée et catholique du pouvoir royal. Qui touche à l'un touche à l'autre et ruine la société humaine fondée sur le sacrement.

Les chefs étaient d'origines diverses. Au sommet, bien sûr, se trouvaient les princes lorrains et, en premier, le duc Henri de Guise. Mais l'état-major était plus varié. On y comptait par exemple un certain Hotman, homonyme du pamphlétaire qui avait démontré l'illégitimité des Capétiens et de la monarchie française ; ce Hotman, chef de la Ligue, ici nommé, n'était que le cousin du premier. Après un essai dans le calvinisme, il avait retrouvé la religion catholique. On y rencontrait même un ancien pasteur de Genève, fort savant, appelé Launay. Il avait à la fois abandonné Genève, le calvinisme et sa femme pour se réfugier au sein de l'Eglise catholique. Elle avait fait de lui un chanoine et lui s'était fait un chef de la Ligue pour trucider ses anciens coreligionnaires.

Cette ligue parisienne bien structurée voulut se raccorder à toutes les ligues des villes de France de sorte que le royaume entier fût pris dans un réseau de toutes les sections de la Ligue. Une seule tête : le duc de Guise. Cette excellente mobilisation était très dangereuse pour le pouvoir royal. Les officiers et fonctionnaires royaux étaient en quelque sorte doublés par les sectateurs de la Ligue qui noyautaient l'administration royale et la paralysaient.

Henri III était, comme sa mère, fort bien renseigné sur les menées des ligueurs et sur leurs ambitions. Sa colère et sa haine le poussèrent à prendre quelques mesures administratives contre les abus de la Ligue qui auraient pu être efficaces contre une conjuration de moindre importance. Il changea les chefs de sa milice dont il n'était pas sûr, il fit verrouiller les portes de Paris (l'ennemi était dedans !), il multiplia les contrôles des voyageurs étrangers. Il ne diminua en rien les risques d'insurrection et, lorsqu'il reçut les derniers résultats de l'enquête qu'il avait ordonnée, il apprit avec stupeur que ses ennemis n'étaient pas seulement les membres ouvertement affiliés à la Ligue mais que la ville entière était complice d'Henri de Guise et liée à lui par la haine et le mépris du roi. Cette impopularité était si manifeste que les prédicateurs osaient tonner en chaire contre les simagrées prétendues religieuses d'Henri III. Au Louvre même, le personnel domestique avait été surpris dans les sous-sols du palais, en train de se livrer à une vaste mascarade singeant le roi, ses mignons, ses flagellants au cours d'une procession grotesque et insultante. On leur fit donner le fouet, la réputation du roi ne s'en porta pas mieux. Enfin, on soutint publiquement dans les réunions de ligueurs qu'un régicide était encore le meilleur moyen de mettre de l'ordre dans le royaume.

Cette exaspération contre les réformés n'était pas particulière à la France. Tous les pays où les catholiques étaient persécutés par les réformés, l'Angleterre, les Pays-Bas, l'Allemagne, virent se développer une sorte de terrorisme contre les souverains ou les chefs protestants. En février 1584, la reine Elisabeth échappa par miracle à son assassin Parry agissant pour les catholiques anglais exilés en France à Reims. Le 10 juillet suivant, Guillaume d'Orange, l'allié d'Henri de Navarre, le chef des luthériens des Pays-Bas, fut assassiné à Delft. Il est vraisemblable que ce terrorisme organisé était soutenu par Philippe II. La disparition du prince d'Orange arrangeait bien ses affaires aux Pays-Bas. Devant cette menace européenne qui renforçait encore en France la Ligue catholique alliée à Philippe II, les souverains protestants formèrent une alliance anticatholique dont le premier objectif était de fournir autant de mercenaires qu'il en faudrait aux huguenots français pour écraser la Ligue. Ainsi la France allait devenir le champ de bataille de l'Europe, les huguenots auraient des armées de reîtres et la Ligue l'armée espagnole.

Contre la Ligue, Henri III et Catherine font des avances au roi des calvinistes

Henri III flaira l'immensité du danger. Il crut que le meilleur moyen de désarmer les huguenots de Navarre et les luthériens d'Allemagne était de supprimer la Ligue qui leur faisait peur — et à lui aussi. Il décréta donc, le 11 novembre 1584, que tous les membres de la Ligue qui chercheraient à recruter de nouveaux adeptes se rendraient coupables du crime de lèse-majesté et seraient jugés comme tels, c'est-à-dire promis à la torture et à l'écartèlement. Il avait raison sur le fond puisque dans les sections de ligueurs on faisait l'éloge du régicide. Mais, dans la situation où se trouvait le roi, la question n'était plus de savoir s'il avait raison mais s'il avait le pouvoir de faire appliquer son décret. La réponse était non. La preuve en est que Guise ne se cacha même pas pour conclure en son château de Joinville, avec les envoyés du roi d'Espagne, un véritable traité d'alliance, de puissance à puissance. Jamais Catherine, même dans ses heures de désarroi, ne consentit à la moindre alliance, ni même à un soutien militaire passager du roi d'Espagne. Ce traité fut signé le 31 décembre 1584, publié — quelle audace ! — et présenté quinze jours plus tard à tous les chefs de la Ligue réunis en ce même château de Joinville. Le but affirmé de l'alliance était l'extirpation absolue de l'hérésie de France et des Pays-Bas. La Ligue et Philippe II étaient donc entièrement solidaires.

Il faut tout de même noter une différence essentielle entre les deux contractants. Philippe II était souverain des Pays-Bas, il s'engageait donc de plein droit à agir en ses Etats tandis qu'Henri de Guise n'était pas roi de France. Cependant il traitait le royaume en souverain de fait : preuve lamentable et déjà entrevue que le trône d'Henri III était alors quasiment vacant.

Pour combler cette vacance tragique, les signataires du traité de Joinville avaient déjà trouvé un successeur acceptable par les catholiques, l'oncle d'Henri de Navarre, le cardinal de Bourbon. Pis-aller s'il en fut : ce cardinal était sans autorité et voué, par destination, à n'avoir pas de postérité.

Le pape, informé de cette alliance de Joinville, fut enchanté qu'on extirpât l'hérésie de France. Toutefois, devant la détermination violente des contractants, il s'opposa à ce qu'on assassinât Henri III. Personne n'avait évoqué ce cas mais le Saint-Père connaissait son monde et il lui parut que cette solution ridicule était implicitement incluse dans les accords de Joinville. Il est naturel qu'il y ait pensé, le poignard était alors dans l'ordre naturel des choses.

Autre grave sujet d'inquiétude pour le roi et pour Catherine : la nouvelle milice saisit sur la Seine un bateau chargé d'armures et d'arquebuses destinées aux ligueurs de M. de Guise. Que faisait-on du décret royal ? Nul ne s'en souciait.

Il n'était pas le seul avec sa mère à se nourrir parfois d'illusions. Celle qu'entretenait en ce moment son cousin et héritier Henri de Navarre peut paraître invraisemblable venant d'un prince des plus avisés et des moins naïfs, mais cette illusion est confirmée par les lettres et les propos de l'entourage du Béarnais devant qui il s'exprimait librement. Il s'imaginait donc qu'il réussirait à être roi d'un pays foncièrement catholique tout en restant protestant. Il s'engageait, très sincèrement semble-t-il, à garantir à ses sujets catholiques une totale liberté de conscience et de culte. Il pensait que sa parole suffirait. On a vu qu'il avait autour de lui des conseillers de grande valeur et de haute conscience tout à fait capables d'appliquer cette tolérance et de garantir la liberté religieuse. Mais, si quelques politiques étaient enclins à le croire, l'immense majorité des Français connaissait trop bien le fanatisme des pasteurs, les méthodes de Coligny à l'égard des populations catholiques et l'intolérance absolue de Jeanne d'Albret à l'égard des catholiques de son royaume. La confiance ne régnait pas et Henri de Navarre calviniste ne régnerait pas davantage. En outre, étant hérétique, il ne pourrait pas être sacré. Or, sans le sacrement, son pouvoir ne serait pas reconnu. D'ailleurs, un principe réglait la question une fois pour toutes : « *Cujus regio, ejus religio.* » Il fallait en passer par là en France comme ailleurs : le peuple doit avoir la même religion que son souverain, ou, si l'on préfère, le roi impose sa religion à son peuple. En Angleterre, chez les princes luthériens, le peuple avait dû se plier à la religion du souverain. Aussi considérait-on les assurances de liberté religieuse et de tolérance comme de vaines promesses avant la soumission forcée.

Cependant, il était dans le caractère du Béarnais de pactiser, comme le souhaitait Catherine, avec les catholiques sur une « tolérance » de fait, sinon de droit imprescriptible, une sorte d' « arrangement » toujours révocable. C'était beaucoup demander à la crédulité de ses adversaires. Mais il s'entêta dans son illusion parce qu'il savait que les Français étaient si fatigués par les guerres civiles et si exaspérés par l'imbuvable Henri III qu'ils

étaient prêts à accepter son successeur tel qu'il était, c'est-à-dire
avec son hérésie, à seule fin qu'il leur apportât la paix et une
administration respectable. C'était mal connaître l'état d'esprit des
Français ; si, dans l'ensemble, le peuple n'avait pas de haine
personnelle, tout au contraire, pour le Béarnais, ce peuple
catholique dans l'âme croyait dur comme fer qu'un roi hérétique
ferait de lui, par force, un peuple d'hérétiques. C'était le rejet
absolu.

Enfin, le problème politique et celui de la succession se
compliquent pour nous de sentiments qui nous échappent et qui au
xvi\ siècle avaient force de loi. Pour nous, le sentiment monarchique a disparu, nous n'avons plus conscience des liens qui
unissaient le roi à ses sujets et réciproquement. Ainsi, Henri de
Navarre, héritier présomptif depuis la mort de Monsieur, était
devenu le *premier sujet* du roi Henri III mais son *sujet ;* à ce titre, il
était tenu, jusqu'à la mort de *son roi*, à le défendre contre ses
ennemis, la Ligue et l'Espagne. Il se trouve que les ennemis
d'Henri III étaient aussi ceux du Béarnais. Ainsi, malgré l'hérésie
de Navarre, il se dégageait de l'enchevêtrement des relations
dynastiques, religieuses et politiques, assez peu accessibles à notre
sensibilité actuelle, une sorte de solidarité entre Henri III et Henri
de Navarre. Catherine n'avait de cesse de mettre en valeur cette
solidarité pour le plus grand profit de la couronne et de la paix
intérieure. Cependant, le problème de la succession restait insoluble tant que le roi de Navarre passerait pour une sorte d'usurpateur
hérétique aux yeux des catholiques qui ne pouvaient reconnaître
pour roi que l'autre Bourbon, le cardinal, catholique bon teint
celui-là.

Henri de Navarre y voyait aussi clair que Catherine. En offrant
comme il comptait le faire son alliance à Henri III, pouvait-il
espérer convaincre les catholiques de son bon droit au trône de
France ? Etre l'allié d'Henri III, était-ce une si bonne référence aux
yeux des catholiques ? Pas sûr. Même Catherine lui fit savoir qu'il
prenait ses rêves et ses compromis pour des réalités : les compromis n'étaient plus de saison. Venant d'elle, le conseil est original.
Elle lui dit fermement que, s'il voulait régner, il fallait qu'il se fît
catholique. Il ne voulut pas comprendre.

Au lieu de cela, il chercha des alliés à l'étranger. Ses intentions n'étaient donc pas très pacifiques. L'ambassadeur de Catherine, La Mauvissière, suivit à la trace l'envoyé d'Henri de Navarre à Londres et en Allemagne, le Gascon Ségur-Pardaillan. En Allemagne, il recrutait des mercenaires. La reine avait alors un bon service de renseignements. Elle obtint copie des engagements pris en Allemagne par l'envoyé de son gendre. Les Guises, de leur côté, étaient tenus au courant car ils bénéficiaient des renseignements du roi d'Espagne sur le projet établi par Ségur-Pardaillan d'unir calvinistes et luthériens pour, comme l'écrivait Catherine, « *troubler la chrétienté et si possible rallumer le feu qui a été éteint dans ce royaume* ».

Il se peut que Navarre n'ait voulu prendre que des dispositions défensives face aux provocations de la Ligue, mais les chefs de la Ligue publièrent les preuves de la duplicité du prétendu héritier du trône de France qui s'employait à rameuter contre son pays les reîtres luthériens. Tout cela provoqua dans le pays une nouvelle vague de méfiance contre Henri III et sa mère : on les soupçonnait fort de vouloir s'allier avec le roi de Navarre dans le moment où celui-ci préparait une invasion du royaume. Cette colère populaire accrut encore le prestige du duc de Guise aux dépens de l'autorité royale et de la confiance qu'on aurait pu accorder au Béarnais.

Dans la France écartelée, Catherine seule incarne en vain la grande politique royale et nationale

Pour Catherine et pour son fils, l'ennemi, à ce moment-là, n'était pas le Béarnais mais Henri de Guise. On entendait toujours rabâcher la vieille rengaine dans les réunions de la Ligue : Henri de Guise est l'héritier de Charlemagne, donc le meilleur héritier au trône de France. Rien n'était plus exaspérant que cette prétention pour Henri III. De l'exaspération à la haine et à la peur il n'y a pas grande différence, il suspectait derrière chaque porte un assassin. En plus de ses mignons, maintenant plus politiques que bretteurs, il s'entoura d'une garde particulière, dite des quarante-cinq : des hommes recrutés surtout en Gascogne et triés sur le volet du meurtre, de vraies machines à tuer. Ces hommes de main n'ont rien de commun avec la défunte cohorte des Quélus, des Maugiron. Leur capitaine, Montpezat, avait reçu le surnom éloquent d' « homme de proie ». Cette initiative d'Henri III dénonce sa faiblesse de caractère, son inaptitude à être roi : il n'a pas d'armée, il est pris entre deux forces rivales qui lui sont également hostiles et il espère se maintenir sur le trône de Saint Louis et de François Ier avec quarante-cinq assassins comme gardes du corps. C'est toute la solution qu'il a trouvée à sa déchéance. Il sauvait momentanément sa misérable vie mais non sa couronne qui était à la merci de l'un ou de l'autre de ses ennemis. Guise dominait en Champagne, en Picardie, en Normandie, en Bretagne, en Bourgogne, à Lyon, et sa capitale était Paris. Navarre, de son côté, dominait dans le Midi, Béarn, Gascogne, Guyenne, Languedoc, Poitou, une partie de l'Auvergne et du Dauphiné.

Henri de Guise eût été invincible s'il n'avait dispersé ses ambitions. Tous ces grands fauves avaient leurs petites rêveries. Celui-ci rêvait aussi de récupérer l'Ecosse, le royaume de Marie Stuart, toujours prisonnière d'Elisabeth. Il fallait pour cela débarquer en Angleterre et rééditer le coup de Guillaume de Normandie et abattre Elisabeth. Allait-il commencer par la France ou par l'Angleterre ? Son « maître » Philippe II, qui le payait, se chargea lui-même du second programme. Guise n'était payé que pour anéantir l'hérésie en France, destituer le roi et faire disparaître Navarre. Les sommes reçues par la Ligue étaient considérables. Guise ne les trouvait pas suffisantes. Philippe, non sans ergoter, les augmenta mais ses exigences augmentèrent d'autant et réduisirent le fier Lorrain à une soumission complète. Celui-ci n'était que le plus prestigieux mercenaire du roi d'Espagne. Il s'était vendu mais, en outre, il avait livré le royaume, en cas de conflit, aux forces espagnoles. La France, dès lors, pouvait, d'un jour à l'autre, devenir une province de l'Empire de Philippe II et connaître un statut d'occupation analogue à celui des Pays-Bas. Verrait-on Henri de Guise gouverneur du royaume des lis pour Sa Majesté catholique Philippe II, roi d'Espagne ? Tout semblait prêt pour cette calamité.

Les guerres civiles, les factions suscitées par une idéologie fanatique, quelle qu'elle soit, étaient et sont encore un pourrissoir d'hommes. Le caractère, l'honneur, l'humanité des factieux, tout est souillé par leur passion partisane. C'est ce qu'il advint à ces admirables Guises qui, bien que toujours bardés de leurs défauts féodaux, avaient néanmoins depuis François I⁰ʳ fait preuve de grandeur dans le courage, dans le savoir et dans l'intelligence et nettement surclassé la progéniture de Catherine, indigne du trône.

Catherine savait tout et ne pouvait rien. Toutefois, elle pouvait encore parler, écrire et enrober sa propre peur de dignité et de nobles sentiments. Elle vit le cardinal de Bourbon, le rival de son fils au trône, quitter la cour où rien d'important ne se décidait désormais et regagner Rouen, son archevêché, pour mieux tenir son rôle de prétendant. Dans son proche château de Gaillon, il joua au futur roi de France. Ce ridicule, hélas ! n'était pas du tout comique. La guerre civile était tapie derrière ces images car Henri de Guise soutenait de toutes ses forces armées la prétention du cardinal. Il fortifiait les villes de Champagne, chacune était bourrée de troupes qui marcheraient sur Paris au premier commandement. Et Paris s'ouvrirait de toutes ses portes à l'armée de son héros. Elle n'attendait que cela : lui appartenir. Pour le moment, c'est le duc de Guise qui « faisait l'amour à la France », tout au moins à Paris et à la France au nord de la Loire.

Catherine n'avait aucune haine personnelle pour Henri de Guise, elle avait l'esprit libre pour le juger et, dans le passé, elle l'avait traité soit comme un allié dans certains cas, soit comme un adversaire dans d'autres, toujours prête à adapter son attitude selon l'intérêt de la couronne. Elle se souvenait très bien des services que les Guises avaient rendus, elle connaissait leur valeur et leur puissance. Elle était, au fond, attachée sentimentalement à Henri, elle avait aimé sa mère qu'elle avait soutenue avec tendresse au moment de l'assassinat de son mari. Enfin, Henri avait été élevé avec ses enfants, il était né le même jour que Charles IX. Pour la *mamma*, ces choses-là, même noyées dans la politique, l'attendrissaient toujours. Aussi écrivait-elle très sincèrement au « factieux » : « *Mon neveu, je suis autant marrie qu'ébahie des mauvais bruits qui courent et avis que nous avons de quelques nouveaux remuements dont on veut vous attribuer la cause.* » Elle fait semblait de n'être sensible qu'à des « *bruits* » alors qu'elle a les renseignements les plus précis sur les concentrations d'armées en Champagne ; elle fait semblant de n'y pas croire. Tout cela pour éveiller un regret, un repentir, peut-être un apaisement que n'eût pas obtenus la colère.

Cette diplomatie était bien usée. Elle n'y renonça pas. Au contraire, elle essayait de resserrer les liens de parenté avec ses petits-enfants, de créer un climat sentimental dans lequel les duretés de la politique s'atténueraient. Elle avait, avec son gendre le duc Charles de Lorraine, les rapports les plus affectueux : celui-ci lui avait confié sa filleule, Catherine, qui vivait avec sa grand-mère à Paris. Tous les membres de la famille de Lorraine étaient aimés d'elle, la reine Louise de Vaudémont en premier lieu. Elle avait aussi une grande affection pour son unique petit-fils, le bâtard de Charles IX : on l'a vue en Provence seconder et encourager le prieur d'Angoulême qu'elle fit comte d'Auvergne en souvenir de sa mère, Madeleine de la Tour d'Auvergne. Quelle différence avec son cher fils Henri III qui, en dehors de ses favoris, nourrissait pour son entourage et sa parenté des jalousies et des haines morbides. « *La reine noire* », il ne faut pas l'oublier, avait un cœur peu expansif peut-être, mais rempli d'affection. Les secrets prétendus impénétrables de sa politique s'expliquent souvent par des faiblesses sentimentales que, selon une tradition plus romanesque qu'historique, on ne voulut pas lui reconnaître : on l'avait décrétée dure, impitoyable et sans scrupule[1]. Il lui arriva de l'être quand la couronne était en danger. Toutefois, hors de ces extrêmes, elle restait, comme dans son enfance, douce et sensible. Mais, quand on règne, il n'est pas recommandé de toujours faire état de tels sentiments.

Elle avait soixante-six ans, elle sentait le poids de l'âge et celui des malheurs qui avaient décimé sa famille. Aussi ce vieux cœur s'attachait-il de plus en plus à ses petits-enfants. Elle pensait beaucoup aux infantes, filles d'Elisabeth, qu'elle n'avait jamais

---

1. Aujourd'hui ce romanesque démoniaque et romantique est démystifié par les recherches des historiens Cloulas, Mariéjol, Héritier, Williamson, dont les travaux ont mis en lumière le caractère sentimental de Catherine et ses vertus.

vues. En revanche, elle avait élevé en grande partie, et pour son bonheur, ses petites-filles de Lorraine. C'est pourquoi tous les Lorrains jouissaient d'un préjugé favorable à ses yeux, les Guises comme les autres. N'étaient-ils pas princes lorrains ? Savait-elle que même son cher duc de Lorraine pactisait avec Henri de Guise en dépit de l'affection qu'il portait à sa belle-mère ? Certainement. Quand on lui disait qu'Henri de Guise trahissait au profit du roi d'Espagne, elle le déplorait mais elle ne haïssait pas son beau neveu. Comment avait-elle agi avec son ignoble fils Anjou, traître et fourbe s'il en fut jamais ? Elle l'avait aimé quand même et s'était efforcée de le ramener par l'affection : c'était son fils. Si on oublie cette disposition sentimentale, on ne comprend pas certains comportements politiques de Catherine. On invente alors comme Michelet les plus tortueuses, les plus démoniaques explications. En fait, c'est l'explication la plus naïve qui est la bonne, c'est la faiblesse d'une vieille mère qui « couvre » l'ignominie de son fils et fait semblant de ne pas croire à la trahison de Guise. Elle a vu mourir presque tous ses enfants et elle s'attache aveuglément à ceux qui survivent et à toute sa parenté. Politiquement, ce fut une erreur ; humainement, c'est attendrissant. C'est pourquoi, avec le duc de Guise, elle pensa traiter en usant de ses bons sentiments.

Négocions, négocions toujours, il en restera bien quelque chose — ou rien

Elle agit avec Guise comme elle avait fait avec son fils rebelle. Elle reprit la route pour parler en tête à tête ainsi qu'elle savait le faire, afin de le convaincre de renoncer à l'épreuve de force contre le roi. Henri III était si désemparé qu'il fit de nouveau appel à sa mère après l'avoir négligée et humiliée. Il lui donna tous pouvoirs pour la presser de partir afin de traiter avec le chef de la Ligue. Voici ce qu'il lui écrivit : « *Je me promets que vous saurez ménager le plus à mon honneur qu'il vous sera possible de quoi je vous supplie affectueusement et que comme je vous suis déjà fort obligé d'une infinité de biens que j'ai et de beaucoup de mauvais accidents et de ruines que vous avez heureusement détournés de ce pauvre royaume...* » Ce préambule bouleversa de tendresse la mère. Oubliant aussitôt sa maladie, elle remonta en litière et partit, afin de « *couper par une bonne pacification* (la spécialité de Catherine) *la racine des misères et calamités plus dangereuses et dommageables que les précédentes auxquelles nous sommes en danger de tomber* ».

Elle gagna Epernay. Bien que malade, sa confiance en elle, en son pouvoir lui donnait l'irremplaçable force de l'espérance. Première déception, Guise n'était pas à Epernay. Il rassemblait ses troupes tout près de là. Elle attendit. Autre déception lorsqu'elle lut le message que fit publier, de Péronne, le cardinal de Bourbon, le 31 mars 1585. Le « prétendant » y exprimait son mépris pour le roi, mais, dans un passage hostile, il s'adressait directement à Catherine et rendait publiquement hommage à « *Notre très honorée dame sans la sagesse et la providence de laquelle le royaume serait piéça* (depuis longtemps) *dissipé et perdu* ». Le cardinal faisait ensuite, comme tout bon « candidat », son propre éloge. Il rappelait les services rendus par lui à la monarchie incarnée par la noble dame « *que nous avons*, dit-il, *toujours honorée, servie et assistée en ses grandes affaires sans épargner nos vies, biens, amis et parents pour fortifier et la religion catholique* ». Cela était vrai et ne manqua pas d'émouvoir Catherine. Malheureusement, les cartes étaient changées et le jeu aussi : il ne s'agissait plus pour le cardinal de servir le roi mais de l'abattre pour le remplacer. Le cardinal demandait même à Catherine de soutenir cette cause. C'était hors du sens commun et celui du cardinal n'était pas des plus subtils. Jamais Catherine ne prendrait parti contre son fils. Cependant le drame de la couronne lui déchirait le cœur parce qu'il était aussi pour elle un drame sentimental.

Au fond, son « candidat » à la succession était dès lors, secrètement, son gendre, Henri de Navarre, mais elle ne pouvait le proclamer tant qu'il resterait hérétique. Or, ce secret était éventé, tous les Guises et toute la Ligue savaient qu'elle n'attendait que la conversion du Béarnais pour se déclarer.

Ce que le cardinal et tous les ligueurs savaient aussi, c'est que le duc de Guise venait de s'emparer de Dijon, qu'il gagnait des partisans partout et que le roi de France n'avait ni armée ni argent pour en recruter une et qu'il était ainsi presque acculé à s'allier à Henri de Navarre pour sauver la couronne de l'ambition des ligueurs. Il hésitait encore à sauter le pas. En attendant, à l'imitation de sa mère, il louvoya ; il dépêcha un messager au cardinal pour l'apaiser, pour essayer de le dissocier de la Ligue, tout au moins passagèrement. Catherine qui, mieux qu'aucun des protagonistes de ce drame, incarnait le royaume se sentait comme lui écartelée entre des forces ennemies qu'elle aurait voulu concilier. Il ne lui restait dans sa vieillesse que des bribes de pouvoir, quand son cher fils voulait bien les lui laisser dans les cas désespérés. Elle s'y cramponnait et en usait de son mieux, mais ce pouvoir devenu inutile faisait son tourment plutôt que sa joie. Elle ne retrouvait même plus l'ombre de l'amour que lui portait encore son fils quelques années plus tôt. Les mignons accaparaient tout, l'argent du Trésor et les sentiments de son fils. Elle recevait d'eux, d'Epernon en particulier, des humiliations qui lui rappelaient celles qu'elle avait subies en sa jeunesse quand elle n'était que l'épouse mal née et stérile du duc d'Orléans. Guise, maintenant, la faisait courir d'Epernay, où elle l'avait attendu en vain, à Château-Thierry d'où il venait de partir lorsqu'elle y arriva. Il lui avait pourtant fait dire qu'il l'y attendrait. Elle lui écrivait toujours affectueusement, sans se plaindre de pareils manquements. Elle retourna à Epernay « *Votre bonne tante* », écrivit-elle, vous y attendra et elle espère qu'il y apportera « *toute la bonne affection que vous nous devez* ». Mais la souplesse ne payait plus. Quand elle avait débuté à la cour, cette souplesse et son humilité lui avaient préparé l'avenir ; désormais, elle n'avait plus d'avenir et sa complaisance n'était plus que celle d'une vieillesse humiliée.

Finalement, Guise se rendit à l'invitation le 9 avril 1585, le jour de Pâques. Etrange entrevue. Seule Catherine était capable de provoquer une scène aussi troublante et pathétique avec ce prince désormais plus puissant que le roi. Dès qu'elle évoqua en termes sentimentaux la situation du roi de France et du royaume, ce prince héroïque et fort « *jeta des larmes montrant d'être fort attristé* ». Ce n'étaient pas les larmes fallacieuses des enfants de Catherine, qui ornaient les effusions du Louvre et les réconciliations à intentions criminelles. Celles de Guise n'en sont que plus troublantes. La suite ne le fut pas moins. Elle ne put, les larmes séchées, rien lui arracher, pas une promesse d'apaisement : tous ses engagements étaient pris. Mais le plus curieux, c'est qu'elle n'obtint rien sur les motifs qui inspiraient sa rébellion. Il se comporta comme un coupable qui refuse les aveux de peur de faiblir. Elle eut beau lui démontrer que, s'il croyait défendre la religion catholique par une nouvelle guerre civile, il se trompait, la guerre civile n'avantagerait que les ennemis de la France, ce fut en vain. Elle se montra admirable dans sa sagesse et son patriotisme. Quand elle vit que le sentiment était inopérant, elle usa d'un argument massue, un argument chiffré : elle lui apprit ce que ses informations lui avaient rapporté au cours des années passées, à savoir que le nombre des réformés s'accroissait en France pendant les guerres civiles et diminuait en période de paix. Donc le catholicisme était perdant dans la guerre et gagnant pendant les années où les deux communautés vivaient fraternellement[1]. Une fois encore, la grande, la noble politique du royaume, c'était elle qui l'incarnait et qui l'exprimait à des sourds. Elle insista sur le danger d'introduire des armées étrangères dans le pays. Il écouta sans desserrer les dents. A la fin, elle nota ce bref aveu : « *Je ne peux rien décider seul.* » Il avait donc un maître ? Oui, Philippe II. Sur ces mots, il sortit. Il semblait accablé par le grand et triste destin qu'il s'était préparé.

Elle fit un rapport complet au roi, son maître, de l'entretien. Elle le conclut par la sage recommandation d'un souverain aimant la paix, elle pressa son fils de faire « *toute diligence requise de l'amas de vos forces et de la provision d'argent et les autres choses nécessaires pour la guerre* ». Le plus clair de sa conclusion est dans ce dicton populaire qu'elle cite, affirmant que « *bâton porte paix* ». Donc armez-vous vite car « *il n'y a rien, ajoute-t-elle, qui aide tant à avoir la paix* ».

C'était la triste conclusion d'un entretien qui avait échoué. Son

---

1. L'argument de Catherine resta vrai jusqu'au XVIIᵉ siècle au moment de la révocation de l'édit de Nantes (1685). Le nombre des protestants en France était en continuelle régression depuis la fin des troubles et des persécutions. Ce qui est, s'il en était besoin, une condamnation supplémentaire de la révocation, non seulement pour sa cruauté mais pour son absurdité.

échec lui parut tout de suite évident. Son adversaire ne le savait pas mais, en réalité, l'avenir montra que le vrai perdant, c'était lui.

Henri III répondit au manifeste de Péronne sans montrer de colère. C'était au-dessus de ses moyens. Il disait au cardinal de Bourbon des choses justes ; il en était capable, mais, venant de lui, elles ne pouvaient plus convaincre personne. Il protestait de sa foi catholique, de son sincère désir de contenir les huguenots mais, disait-il, les états généraux lui avaient refusé les crédits pour combattre les hérétiques. Après avoir fait l'éloge de sa politique, il fit, cela prête à sourire, celui de sa personne. Il était, disait-il, « *en la fleur et force de son âge et en pleine santé et pareillement la reine sa femme* » dont il attendait une nombreuse lignée de sorte que le problème de la succession au trône ne se posait nullement, aussi recommandait-il aux ligueurs de déposer les armes. Il fit répandre ses protestations optimistes dans toutes les provinces mais rien ne pouvait plus lui rendre l'amour ni le respect de son peuple et surtout pas ce manifeste d'autosatisfaction.

Catherine, cependant, était sérieusement malade. Miron ne la quittait pas et la soignait pour une congestion pulmonaire. Elle souffrait du côté, toussait et crachait beaucoup. Malgré cela, sa tête restait clairvoyante et tout aussi préoccupée des agissements du duc de Guise, qu'elle faisait suivre dans ses déplacements. Miron écrivit au roi pour l'informer de l'état de santé de sa mère. Il avait jugé bon, disait-il, de lui « *tirer environ 8 onces de sang que lui et les autres médecins disent qu'il est mauvais* ». S'il l'avait si bien saignée, ajoutait-il, c'était « *pour garder que les poumons ne s'échauffent. Cela n'empêche pas qu'elle vaque toujours aux affaires de Votre Majesté* ».

Dans sa maladie, elle pensait si fort à la guerre qu'elle fut convaincue qu'il n'y avait qu'un moyen de l'éviter : l'alliance et l'union avec Navarre converti. Son courage était vraiment royal, n'importe qui eût flanché dans un pareil état de santé. Elle était alors torturée par des rhumatismes et par une douleur du côté gauche de la tête qui l'empêchait d'écrire et de se tenir debout. Alors elle dictait ses lettres. Elle essaya même de renouer l'interminable et stérile négociation avec les chefs de la Ligue. Elle exigeait d'être informée de tout et elle l'était mieux que le roi qui n'agissait que par foucades et retombait dans ses comédies et ses

déguisements. Elle ne prenait ses décisions qu'à la lecture de
rapports précis. Ainsi, on lui apprit que la Ligue allait recevoir le
cardinal de Bourbon à Reims. Cette réunion lui parut suspecte.
Elle ordonna, de son lit, qu'on fît promptement partir de Reims,
pour plus de sûreté, tous les fonds appartenant au Trésor, s'élevant
à six cent mille livres ; elle organisa dans le détail l'évacuation des
sacs d'argent, leur transport à dos de mulet, l'escorte armée qui
l'encadrerait jusqu'à Paris dans « *les chemins où il passe infinies
canailles qui commencent déjà fort à brigander* ». Pour une égrotante,
elle dominait encore la situation.

Outre la Ligue, le ménage de sa fille Margot lui causait mille
soucis. On sait combien les affaires familiales lui tiennent à cœur.
Henri de Navarre était de nouveau amoureux. La nouvelle élue
était la veuve, très belle, très fraîche et très bien née, du comte de
Guiche de Gramont. Fort imbue de ses mérites et de ses charmes,
elle avait décidé que sa beauté et sa noblesse lui ouvraient la voie
d'accès à la couronne dès que le roi de Navarre aurait répudié
Margot. Celle-ci était déjà traitée en demi-recluse par sa rivale
triomphante et son époux laissait faire. Catherine, informée des
nouveaux malheurs conjugaux de sa fille, chargea ses ambassadeurs les plus habiles de faire passer des fonds à la reine de Navarre
qui n'avait pas, écrivait Catherine, « *les moyens d'avoir de la
viande* » (aliments). La belle favorite est passée à la postérité sous
le nom charmant de « *belle Corisande* » mais son histoire et son
caractère ne semblent pas aussi poétiques que quelques historiens
et poètes du cru se sont plu à les célébrer. Quant à Margot, on la
connaît assez, elle n'était pas une mignonne à se laisser humilier et
mourir de faim parce que son mari avait une galanterie un peu
poussée. Afin de le rappeler à de plus justes sentiments, elle essaya
de le faire empoisonner par son secrétaire, puis de le faire abattre à
coups de feu. Henri échappa à la mort et sa femme échappa à son
autorité en s'enfuyant à Agen qui lui appartenait en propre. Mais
elle était sans ressources. Pour se venger, elle chercha à réunir une
troupe de ligueurs pour attaquer son mari. Catherine, on le voit,
n'était pas au bout de ses malheurs avec ce ménage si particulier
qu'elle avait naguère, dans un moment d'euphorie maternelle,
qualifié de meilleur ménage de France.

Elle se tenait toujours à Epernay pour être au centre des manœuvres de la Ligue qui se cantonnaient surtout en Champagne. Elle pouvait voir défiler les mercenaires de son beau neveu. A vrai dire, dans l'état où elle se trouvait, elle eût été bien mieux dans sa confortable maison de Paris mais elle voulait tenir les Guises sous sa surveillance.

C'est là qu'elle reçut, le 29 avril 1585, le cardinal de Bourbon, son vieil ami passé à l'ennemi, mais elle l'aimait encore et lui, dans son manifeste, avait, on s'en souvient, encensé Catherine. Il espérait d'elle qu'elle intercéderait auprès du roi pour qu'il cédât à toutes les exigences des Guises. Comme elle le sentait bien disposé, elle crut avoir barre sur lui, et le début de la rencontre raffermit cet espoir. Or, le cardinal n'était pas venu seul, il était flanqué du duc de Guise et du cardinal de Guise ; si le duc était l'épée, le cardinal était la tête de la Ligue. Ils ne voulaient pas confier leur politique à ce bon cardinal qui, dès l'abord, tomba dans les bras de Catherine et fondit en larmes. Cette politique ruisselante peut nous étonner d'autant plus qu'elle en prépare une autre d'une dureté impitoyable. Le cardinal avoua en sanglotant qu'il avait cédé bien malgré lui à des exhortations qui l'avaient poussé à prendre ce rôle de prétendant uniquement pour défendre la religion catholique, mais il regrettait, dit-il, « *de se voir embarqué dans ces choses-ci* », c'est-à-dire de prendre le parti de la guerre au roi et de s'affirmer comme héritier du trône.

Catherine l'écouta avec une joie bien compréhensible ; si le cardinal avait été seul, elle l'eût sur l'heure ramené dans le parti du roi, mais il y avait les deux Guises et ce sont eux surtout qu'elle aurait voulu convaincre qu'ils s'étaient engagés sur une mauvaise voie. Les Guises ne bronchaient pas, ils savaient qu'ils tenaient le cardinal et leur attitude montrait assez qu'ils étaient sûrs d'eux. Elle employa avec le duc une autre manière qu'avec le cardinal ; elle l'accusa de s'être encore emparé de plusieurs places appartenant au roi, dont Verdun. Il lui répondit qu'il l'avait fait dans l'intérêt de la religion catholique. Il est vrai qu'en tenant toutes les places de l'Est il empêchait les renforts allemands de rejoindre les forces que le Béarnais recrutait outre-Rhin. Toutefois, il offrit à Catherine et au roi une trêve au cours de laquelle il réunirait tous les chefs de la Ligue pour négocier avec Catherine une paix durable à condition que le roi s'engageât par une déclaration solennelle à extirper la religion réformée de tout le royaume. Il devait, en outre, reprendre toutes les places de sûreté concédées aux calvinistes, supprimer toutes garanties de liberté de conscience et du culte. Le duc savait trop bien, disait-il, où ces « tolérances » menaient le royaume : à la rébellion des protestants et à la ruine du catholicisme. Le duc accordait quinze jours au roi pour signifier cet ultimatum à Henri de Navarre et à ses coreligionnaires. Lorsque le roi aurait obéi, Guise ajouta, non sans raideur, qu'il consentirait à désarmer. Il parlait en maître. Catherine enregistra, atermoya, promit de s'entremettre et gagna quinze jours. C'était sa démarche habituelle.

Ce qui lui restait à faire après cette entrevue n'était pas plus facile que de manipuler les Guises. Elle devait convaincre son fils qu'il était aussi dangereux pour lui de s'allier à Henri de Navarre pour tenir tête à la Ligue que de s'allier à la Ligue qui le tiendrait en tutelle et finirait par le détrôner. La duchesse de Montpensier brandissait toujours ses ciseaux d'or et poussait farouchement son frère le duc de Guise à exterminer le Valois et sa cour de mignons.

Il faut reconnaître que, ces derniers temps et sous les injonctions de sa mère, le roi ne s'était pas contenté de sa garde des quarante-cinq, mais avait réussi à reconstituer une armée royale en recrutant des Suisses catholiques sous le commandement de valeureux officiers suisses auxquels s'ajoutèrent des fantassins et des cavaliers français de qualité. Cette armée était loin d'égaler celle de la Ligue mais elle pouvait la tenir à distance et rendre Guise plus circonspect. D'autre part, Henri de Navarre s'était alors laissé distancer. Il essayait, on l'a vu, de recruter des Allemands et des Suisses. C'est le comte de Coligny, fils de l'amiral, qui devait en prendre le commandement. Toutefois, les armées de Guise lui barraient la route à la frontière lorraine. Pour cette raison, Henri III, dans un conflit armé avec la Ligue, n'avait pas grand secours à attendre d'Henri de Navarre et des protestants.

Catherine, connaissant cette situation, conseilla à Henri III — qui l'écoutait parfois — de faire une déclaration solennelle devant le Parlement de Paris qui aurait l'air de donner satisfaction au duc de Guise sans toutefois rompre définitivement avec le roi de Navarre. Pour cela, le roi devait proclamer que la religion et le culte protestants étaient mis hors la loi : le Parlement et le peuple de Paris en seraient ravis. Le roi pourrait alors prendre la tête des armées catholiques. Il n'y aurait plus une armée royale et une armée de ligueurs plus ou moins rebelles, mais une armée unique sous le commandement du roi qui serait en mesure d'écraser les protestants. Ceux-ci éliminés, le roi regrouperait autour de la couronne catholique et triomphante toutes les forces armées, y compris celles de la Ligue qui n'aurait plus rien à lui reprocher. Il ne lui resterait alors qu'à exterminer tous les chefs ligueurs, toute la famille de Guise en tête et leurs conseillers. Alors, le roi des mignons régnerait enfin sur le royaume pacifié. Jolie cuisine selon la recette Machiavel.

Henri III suivit la première partie du programme. Il promulgua un édit qui interdisait dans le royaume toute autre religion que la catholique et romaine. Il y manquait cependant un point essentiel. Les Guises exigèrent qu'il fût inclus dans l'édit d'Henri III mais celui-ci ne voulut jamais consentir à proclamer que son successeur ne pourrait être qu'un prince catholique. Le petit Florentin avait Machiavel dans le sang : tout en se faisant aussi roi catholique que les Guises pouvaient le souhaiter, il ménageait les droits d'Henri de Navarre et ses ambitions. De la sorte, il tenait en réserve une certaine alliance avec son cousin, alliance qu'il espérait secrètement car il haïssait bien plus les Guises, d'une vieille haine recuite, que le Béarnais, qu'à vrai dire il ne haïssait pas du tout.

Dès la proclamation de l'édit, Catherine chanta victoire auprès des Guises et du cardinal à Epernay. Elle les assura que l'hérésie était définitivement bannie de France. Elle ne souffla mot de l'absence de déclaration sur la succession au trône. Le bon cardinal, n'y voyant pas plus loin que le bout de son nez bourbonien, exultait et se perdait en protestations de joie, si bien qu'on le fit taire pour entendre le duc de Guise exiger sèchement que les protestants évacuent immédiatement toutes les places de sûreté qu'ils détenaient. Catherine comprit que rien n'était réglé. Elle excellait, on le sait, à prendre des dispositions pacifiques, à repousser tout recours aux armes ; en l'occurrence, c'était déjà difficile, elle avait cru y réussir avec le coup de l'édit, mais si, en plus des bonnes promesses, ses adversaires exigeaient encore qu'elles fussent respectées et réalisées, alors, la politique devenait impossible — du moins celle qu'elle pratiquait.

Les Guises étaient d'une autre école. Les places que les protestants devaient évacuer, ils les voulaient pour eux. Catherine était abasourdie mais pas vaincue ; elle s'apprêta à renégocier ce qu'elle avait cru résoudre. Pour cela, elle dut se traîner avec ses bronchites et ses dérèglements d'entrailles dans un village appelé Sarry où elle ne trouva qu'un mauvais gîte où ses maux s'aggravèrent non seulement de l'inconfort mais de la dureté de ses interlocuteurs et de leurs exigences.

Ils réclamèrent un nouvel édit en bonne et due forme dont toutes clauses seraient bien précisées et conformes à ce qu'ils exigeaient du roi. D'abord, l'expulsion du royaume de tous les ministres de l'hérésie, puis la destitution de tous les officiers royaux (fonctionnaires) appartenant à la religion réformée et la confiscation de leurs biens, enfin la conversion obligatoire de tous les réformés avec mise en observation pendant trois ans. Il était prévu que les protestants se révolteraient contre ces mesures. Dans ce cas, on emploierait la force armée pour les réduire à l'obéissance. La Ligue s'en chargerait : ses soldats seraient employés à l'exécution de l'édit, elle paierait les frais de la répression, dont elle serait ensuite remboursée par le Trésor. Les biens de l'Eglise fourniraient pour cela l'argent nécessaire. Les villes principales du royaume et les places fortes seraient toutes attribuées aux Guises ou à leur parenté, les ducs d'Elbœuf, de Mayenne, d'Aumale...

Complètement accablée, Catherine revint à Epernay pour trouver du repos et du confort. Elle ne s'y endormit pas. Elle mit aussitôt le roi au courant du désastre qui se préparait mais, comme toujours, elle prévoyait la parade et elle fournissait à son fils tous les éléments d'une réponse royale à l'ultimatum des Guises. Elle fit en sorte qu'en grattant, sans les repousser, sur chacune de leurs exigences, elle évitât la rupture sans toutefois se soumettre ; elle préparait déjà une nouvelle négociation qui lui laissait espérer un délai d'exécution plus long et des conditions moins dures.

Henri III, mis au courant par le subtil Villequier, comprit très bien la manœuvre. Il ne refusa que quelques places qu'il voulait garder pour lui et, sans paraître contester les revendications des Guises ni même la publication d'un nouvel édit conforme à leurs désirs, il repoussa, en fait, l'ultimatum de façon très accommodante.

Les Guises avaient été trop souvent échaudés par ces mesures dilatoires pour y croire encore. Au vu de la réponse royale, ils entrèrent en fureur. Ils exigèrent l'exécution immédiate et totale de ce qu'ils avaient prescrit. Même le cardinal de Bourbon frappa sur la table. Il n'avait plus de larmes mais il ne manquait pas de menaces. Catherine demeura sans voix. Elle ne sut leur demander que vingt-quatre heures de réflexion. Inutile. Ils repartirent le lendemain, tout aussi enragés. Elle comprit qu'on l'avait bernée pendant un mois. Elle avait cru qu'elle amusait le tapis et gagnait du temps, c'étaient les Guises qui en avaient profité pour faire entrer des Suisses catholiques, pour renforcer leurs positions, occuper de nouvelles places fortes et accroître leurs exigences et leur autorité. En attendant que Dieu la vengeât, disait-elle « *de la moquerie qu'enfin ils me donnaient après m'avoir entretenue et abusée si longuement* ». Au demeurant, ils n'avaient fait que profiter de ses propres leçons diplomatiques.

D'Epernay, elle se rendit à Nemours où elle signa pour le roi le traité daté de cette ville, le 7 juillet 1585. La royauté abandonnait son pouvoir à la Ligue. Catherine renonçait à la politique de toute sa vie. Elle livrait aux ligueurs les protestants qu'elle avait protégés contre le fanatisme tout en contenant de façon rigoureuse leurs propres excès. Elle avait agi en roi, au-dessus de tous les partis — même au-dessus du sien. On lui a assez reproché, de son temps, sa faiblesse pour les réformés. Au XIXe siècle, on lui reprocha au contraire de les avoir exterminés. C'était une mode du temps. A Nemours, il n'y avait pas de mode, il n'y avait qu'une capitulation du trône. A vrai dire, si elle avait été seule à détenir le pouvoir, elle aurait réussi à affaiblir la Ligue et à la faire rentrer dans l'obéissance, mais elle était désarmée depuis quelques années par les fautes et les vices d'Henri III. C'est par lui et par son frère félon que la royauté des Valois fut trahie bien plus que par la Ligue. La Ligue ne s'était établie que sur la corruption et l'incurie du roi et de sa famille. Quel crève-cœur pour elle qui incarnait la royauté ! Et quelle inquiétude pour les sujets du roi qui n'étaient inféodés ni à la Ligue ni au calvinisme ! Ils étaient l'énorme majorité du royaume, ils ressentirent cette abdication du pouvoir royal comme un désastre national. Le chroniqueur L'Estoile, qui avait l'oreille du peuple de Paris, écrivait : « *Le pis en tout cela est que le roi allait à pied et la Ligue à cheval et que le sac de pénitent qu'il portait n'était à l'épreuve comme la cuirasse qu'ils portaient sur le dos.* » Tout est dit dans ce langage cinématographique : un roi sous sa serpillière est forcément vaincu par le chevalier en armure.

Autre sujet d'amertume pour Catherine. On lui fit l'honneur d'apposer la première sa signature au bas du traité, puis elle vit s'ajouter celle du cardinal de Bourbon, du duc de Guise, de son frère le cardinal de Guise, puis enfin, quelle douleur ! celle du duc de Lorraine, son gendre bien-aimé. Toute la famille de Lorraine avait fait bloc contre son fils. Il apparaissait que le zèle des Lorrains pour défendre le catholicisme ne cachait même plus leurs ambitions féodales et leurs visées sur le trône de France.

Paris n'a que faire des négociations, il répond par des barricades

Les réactions aux excès du traité de Nemours ne manquèrent pas. Elles ne vinrent pas du roi mais du Parlement qui fit grise mine pour l'enregistrer. Le roi, terrorisé par la Ligue, força le Parlement et recourut à la procédure du lit de justice. Le pape lui-même jugea inquiétantes les visées des Guises sur le trône qui, de Rome, étaient plus visibles que leur zèle catholique.

Henri de Navarre étant hors la loi en tant qu'hérétique allait donc se trouver exclu de la succession au trône. Cependant, le traité passé avec la Ligue ne pouvait abroger la loi salique qui le faisait héritier légitime envers et contre tous. « *Je suis tenu de m'opposer à la ruine de la couronne et Maison de France de tout mon pouvoir contre ceux qui la voudraient entreprendre* », écrit-il à Catherine. Il parlait en futur roi et c'était à elle qu'il adressait sa protestation car elle était « le roi ».

Henri III, dans un des moments de clairvoyance au cours desquels rien ne lui échappait de la situation, constata qu'il y avait en France un Etat ligueur, un Etat protestant et enfin un Etat royal qui était condamné à faire la guerre à l'un ou à l'autre des deux autres ou même aux deux. Or, il ne pouvait rien. Néanmoins, comme il était censé soutenir la Ligue depuis le traité, il obtint de Paris des crédits pour renforcer son armée. Mais il était sceptique sur l'issue de son alliance forcée et sur le résultat de la guerre qu'il devait faire aux protestants. Il eut ce mot pénétrant : « *J'ai bien peur qu'en voulant détruire le prêche nous mettions la messe en danger.* »

Le pape Sixte Quint crut bon d'excommunier Henri de Navarre par une bulle du 9 septembre 1585. Catherine, alors, réagit vivement, soutenue en cela par tous les corps de l'Etat. Quels que fussent les différends qui s'élevaient entre le roi de France et son cousin héritier présomptif, le pape n'avait nul droit d'ingérence. La vieille tradition gallicane s'insurgea car la loi salique, fondamentale en ce royaume, faisait de Navarre l'héritier du trône ; c'était un droit absolu. Le pape disait : il est hérétique. C'est tout juste si on ne lui répondit pas : cela ne vous regarde pas. La religion de Navarre était une affaire française, sujette à négociation comme tout le reste. Catherine fut outrée par cette ingérence et elle regretta plus que jamais la faiblesse du roi son fils qui s'attirait de telles vexations. Elle ne pouvait répondre avec violence mais devant ces exigences elle regrettait, disait-elle, de « *n'avoir des forces telles que je puisse les commander et non leur obéir* ». Depuis Nemours, elle ne savait que trop que le trône était incapable de s'imposer et, d'une voix désolée, elle disait : « *Je pense que nous passerons toujours par où on voudra, étant les plus faibles.* » Elle paraît amère, la résignation de la vieille lutteuse.

Henri de Navarre, assez mal armé en ce moment, faisait à la reine mère des ouvertures d'accommodements. Il laissait entendre qu'il ne s'entêtait dans la religion réformée que faute d'informations. Si l'on acceptait de réunir une sorte de concile pour examiner son cas, il était prêt à entendre des explications approfondies sur la religion romaine. Qui pourrait croire que ce bon prince manquait d'informations sur le catholicisme auquel il s'était converti cinq fois et déconverti de même ? Cela n'était pas le plus important de son envie de négocier. Ce qui le poussait, c'est qu'il savait qu'Henri III n'éprouvait pour la Ligue et les Guises que haine profonde et que Catherine était prête à lui faire des avances pour contrebalancer le pouvoir des Lorrains. N'avait-elle pas dit tout haut, après Nemours : « *Maintenant, il n'y a plus qu'une issue, il faut que le roi de Navarre se convertisse* » ? Sur ce point, l'union aurait pu se faire, mais Navarre amusait le tapis et refusait de se convertir. Catherine et Henri III n'attendaient que cela pour se jeter dans les bras du Béarnais, Catherine était sûre que la France suivrait. Elle parlait de cette conversion avec chaleur comme d'une fidélité que Navarre devait « *à Dieu et à la Patrie* ». C'est elle qui employait alors ce mot de patrie qui n'était guère habituel, mais il rayonnait d'espérance pour elle et éclairait toute sa politique.

Dans le moment même où ces tentatives si importantes et si fragiles en vue de l' « *union* » (encore un mot du vocabulaire de Catherine) se déroulaient, Henri III, complètement dépassé par les événements, s'abandonnait de plus belle à ses fantasmes. Il se fit construire un oratoire voilé de crêpe où étaient pendus des crânes et des ossements extraits des cimetières. Dans une sinistre cellule, il se livrait dans la lueur hallucinante des cierges à ses dévotions théâtrales, assisté de moines et de quelques favoris en mal de flagellations. Le vendredi de Sa Majesté était consacré à ce genre de dévotions sacrilèges. Le nonce, outré, en fit un rapport au pape. Sixte Quint dut intervenir auprès du confesseur du roi, le bien connu père Auger, pour qu'il mît en garde le roi contre de telles pratiques et lui rappelât que son devoir de roi était ailleurs.

Catherine que nous avons vue naguère furieuse et humiliée par l'ingérence du pape, nous la retrouvons en décembre, tout miel, tout sucre, aux pieds du Saint-Père auquel elle a envoyé l'évêque de Paris, son cher et fidèle Florentin Gondi, pour apporter à Sa Sainteté toutes les assurances de la fidélité, du dévouement, de la respectueuse humilité de la reine mère... Bref, c'était une demande d'argent. Catherine, depuis sa jeunesse, ne s'est jamais formalisée d'une humiliation devant plus fort qu'elle si un avantage certain l'en récompensait. Elle n'a pas changé et son Gondi était parfaitement bien choisi pour jouer la scène et empocher l'argent. Sur ce genre de souplesse, entre elle, son honorable rejeton et les Guises, la différence était grande.

Elle essaya de dissocier les chefs de la Ligue, mais elle se heurtait à un clan : les Lorrains étaient tous parents et d'une solidarité absolue. Elle eut toutefois une petite satisfaction sentimentale : elle apprit que son gendre Charles III de Lorraine n'avait pas signé ce traité de Nemours par animosité contre Henri III mais pour éviter à son duché d'être ravagé par les mercenaires que la Ligue faisait venir d'Allemagne. Le malheureux duché fut ravagé quand même mais ce fut par les mercenaires luthériens recrutés par Henri de Navarre.

Dans le Sud-Ouest, la guerre faisait rage en Périgord, Limousin et Quercy. Navarre était furieux, il négociait encore avec les « politiques » et avec les catholiques non affiliés à la Ligue. Ils étaient nombreux, même dans la noblesse et même dans le clergé. Cependant, le Béarnais disait des ligueurs qui avaient juré sa perte : « *Ils croient qu'on me prend au filet mais je leur veux passer à travers et sur le ventre.* »

Les forces royales étaient entre les mains d'Epernon en Dauphiné et de Joyeuse en Poitou et dans le Sud-Ouest. Henri III se désintéressait des événements. En plus de ses ridicules dévotions, c'est à cette époque qu'il souleva contre lui une nouvelle vague d'impopularité en s'affichant avec ses nouveaux mignons à bilboquets et à petits chiens que le peuple appelait « mignons de couchette ». Il passait son temps à découper les miniatures des vieux manuscrits et à les coller sur les murs. Lamentable déchéance d'un souverain au moment où, de toutes parts, la guerre, la terrifiante huitième guerre civile s'allumait dans son royaume dont les provinces s'en allaient à vau-l'eau.

Catherine prit une décision de chef d'Etat, elle résolut de rencontrer son gendre en tête à tête et de régler la question de la guerre qu'elle n'admettait pas. Hérétique ou non, le salut, c'était lui. Elle se rendit donc en Poitou pour le rencontrer. Henri III se flattait dans une lettre à un ambassadeur d'avoir donné lui-même l'ordre à sa mère de renouer avec le Béarnais. Elle s'installa à Chenonceaux d'où elle prépara l'entrevue par les soins d'un abbé italien, Gadaigne, mais tout cela était concerté avec Bellièvre, Birague et Villeroy. Etant assurée d'une rencontre, elle partit pour Saint-Maixent, en Poitou. Henri de Navarre condescendit à l'informer qu'il l'attendrait dans un château voisin de Cognac, à Saint-Brice, le 13 décembre 1586. L'entretien débuta par un échange de piques. Elle lui reprocha de l'avoir fait sortir de son lit pour courir les routes à sa recherche. Il lui répondit qu'elle l'empêchait de dormir depuis six mois. Elle se plaignit de toutes les peines dont elle souffrait à son âge. Il se moqua d'elle : « *Cette peine vous plaît, si vous étiez en repos vous ne sauriez vivre longtemps.* »

Ils se connaissaient bien l'un et l'autre, aussi rusés, aussi intransigeants. La discussion s'aigrit vite, les propos devinrent si vifs que la rupture était proche. Au fond, ils ne voulaient pas rompre. Ils remirent la suite de l'entretien au 17 décembre. Elle lui proposa une trêve d'un an moyennant la suspension du culte réformé pendant la même période en attendant la réunion des états généraux et, surtout, elle le supplia de revenir à la religion catholique. Son refus fut si brusque qu'elle sentit que la rupture et la guerre étaient inévitables.

A Paris, Henri III faisait un numéro de roi pacificateur sous les ordres de la Ligue : il prêchait la conversion immédiate de Navarre et de tous les réformés et il faisait même un éloge de sa mère. Nul ne l'écoutait.

Pendant ce temps, Navarre s'armait sérieusement. Le recrutement des mercenaires luthériens s'activait. Du temps qu'il discutait à Saint-Brice, son agent recruteur Ségur-Pardaillan passait un accord, le 11 janvier 1587, avec le sinistre Jean Casimir et le roi de Danemark pour faire envahir la Champagne et la Bourgogne. Navarre avait une bonne raison pour expliquer cela, c'était la réponse aux renforts que l'armée espagnole des Pays-Bas avait promis à la Ligue.

Henri III et Catherine étaient prisonniers de leurs engagements de Nemours. Ils s'en seraient volontiers dédits mais, à Paris, ils n'étaient plus les maîtres, ils régnaient sous contrôle des ligueurs. Le roi de Paris, c'était le duc de Guise ; dans le sud du royaume, Navarre était le maître. Lequel des deux triompherait dans la

nouvelle guerre ? Celui qui écraserait l'autre supplanterait aussi le
roi usé, et serait roi de France.

Catherine, malgré les rebuffades du Béarnais, était au fond du
cœur pour « le sang de France », comme on désignait l'héritier
légitime des Capétiens. Elle tenta une fois encore de le revoir, de se
le concilier. Elle obtint un nouveau rendez-vous près de Fontenay-
le-Comte. Mais le Béarnais la traita comme quantité négligeable :
elle l'attendit et il ne vint pas. Elle avait fait pour rien ce nouveau
voyage le 20 février 1587. Il craignait, disait-il, d'être enlevé. En
réalité, il voulait la guerre et régler la succession au trône par un
écrasement de la Ligue et du roi.

Au même moment, Elisabeth Ire, bien informée de l'état de
déliquescence où se trouvait la royauté des Valois, fit exécuter
Marie Stuart. Si le roi de France s'était appelé François Ier, elle y
eût regardé à deux fois car elle aurait pu s'attendre à des
représailles au sujet de l'Ecosse. Avec Henri III, elle pouvait tout
se permettre. Catherine ressentit la décapitation de la reine
d'Ecosse comme un véritable camouflet. « *Voilà ce que nous
apportent nos malheurs et nos troubles* », écrivait-elle à son ambassadeur.

Catherine plia bagages et, de Fontenay, regagna Chenonceaux le
13 mars 1587. Ses réflexions étaient des plus tristes : « *Il ne peut
advenir que mal et désolation à ce pauvre royaume* », écrivait-elle à
bout d'espérance, chose nouvelle dans sa vie. Néanmoins, il lui
suffit d'un seul jour de repos pour reprendre la route de Paris. Il
semble bien que son échec l'ait découragée tout autant en face des
Guises que devant son gendre. Ses démarches ne récoltaient que
des déboires. Elle retrouva son fils totalement effondré. Son amour
maternel tout autant que celui de la paix la poussa à partir pour
Reims, où campaient les Guises, en juin 1587. Elle tenta encore
une fois sa chance. Ce qu'elle n'avait pu obtenir du Béarnais, elle
essaya de l'arracher à Guise : une trêve aurait suffi à l'apaiser. Elle
eut le déplaisir de constater que les Guises lui tenaient le même
langage que le protestant : ils lui opposèrent un refus total. En fait,
les deux factions rivales voulaient la guerre avec la même haine. En
outre, les Guises la soupçonnèrent d'avoir des connivences avec
l'agent recruteur de Navarre pour permettre aux mercenaires

luthériens venus de l'Allemagne de le rejoindre. Ce soupçon, injustifié, rendit les Lorrains intraitables et bien déterminés à barrer la route aux renforts allemands.

Rentrée à Paris, Catherine, ayant ravalé sa déception, fit face à la nouvelle situation : il fallait préparer la guerre puisqu'on la lui imposait. On se souvint qu'elle avait fait ses premières armes en 1552 dans l'intendance de l'armée de son mari Henri II. Depuis, elle avait bien complété son expérience. Elle se remit donc, avec une sorte de bonne humeur, à équiper et à approvisionner Paris et les troupes qui devaient défendre la capitale. Se souvenant des principes du connétable de Montmorency, elle décréta qu'il fallait anéantir les récoltes, jeter les meules des moulins dans les rivières, entasser la farine et les grains dans quelques places fortes, bref, faire le désert devant les armées étrangères. On lui fit comprendre qu'elle s'y prenait un peu trop tôt et qu'elle ne réussirait qu'à affamer la population. Elle consentit à surseoir.

Son fils parut lui-même avoir un instant d'énergie, il parla de prendre la tête de son armée. Le mirage éblouit aussitôt Catherine, elle revit Henri en vainqueur de Jarnac et de Moncontour. En revanche, en affaires, elle était des plus réalistes ; elle eut tôt fait de débrouiller les activités financières suspectes de ses amis florentins, Gondi en tête, qui spéculaient et s'enrichissaient scandaleusement sur les fournitures de guerre. Elle les freina mais ne leur fit pas grand mal. Les malversations, les prévarications étaient si bien ancrées dans les habitudes et puis, ces Gondi, ces Birague étaient de si bons conseillers, si fidèles, si souples et, de surcroît, si bien disant en langue florentine.

Catastrophe soudaine : le 20 octobre 1587, l'armée royale rencontra l'armée du roi de Navarre à Coutras. Joyeuse, le nouveau duc, le mignon, le beau-frère du roi, l'avantageux, le charmant, le vain ornement de la cour, n'était pas plus chef de guerre que quoi que ce soit d'autre. Sauf ce qu'Henri III avait fait de lui : le commandant de deux mille cinq cents cavaliers et de cinq mille fantassins, sans plan, sans ordre de bataille. Il se fit écraser par Henri de Navarre. Joyeuse fut tué les armes à la main ; il se battit jusqu'au bout et mourut en seigneur. On ne peut le traiter de vaincu, il n'en savait pas plus. Le vaincu sans honneur était son maître Henri III. La victoire de Navarre fut totale : il n'eut que quarante tués. Il aurait pu anéantir l'armée royale et ne laisser aucun survivant. Il arrêta le carnage et laissa fuir ceux qui le pouvaient encore. Quelle idée le futur roi de France avait-il en tête ? En tout cas, ce n'était pas par mansuétude qu'il avait épargné les survivants.

Autres défaites du roi, c'est ainsi qu'il faut traduire deux victoires des Guises. C'est le duc de Guise qui anéantit à deux reprises, coup sur coup, l'armée des reîtres luthériens qui traversaient et ravageaient le royaume pour aller rejoindre Navarre. Ils furent défaits et obligés de revenir chez eux : une fois à Vimory, le 26 octobre, et la seconde fois à Auneau, le 24 novembre 1587. Lors de cette dernière bataille, Guise fit un carnage des mercenaires. S'il avait commandé à Coutras, la victoire eût changé de camp. Mais Henri III confiait ses armées, son Trésor et ses plus belles provinces à Joyeuse et à Epernon. Il se trouvait vaincu au sud et au nord car sa jalousie était telle qu'il eût souhaité que Guise fût écrasé par les reîtres.

Le patriotisme de Catherine était tout autre. La victoire de Guise contre les ravageurs la combla de joie, elle s'écria : « *Un miracle, la défaite d'une armée de trente mille hommes avec si peu de pertes.* » C'était vrai, l'armée de la Ligue était intacte. Paris exultait — sauf Epernon. Sa jalousie criminelle lui fit tenter un coup incroyable : il essaya de détacher les reîtres de l'armée de Guise, de les réunir avec les débris de l'armée vaincue et de reconstituer une armée pour reprendre la guerre en Champagne. Voilà à qui Henri III donnait tous pouvoirs. A Paris, Epernon était jugé pour ce qu'il valait ; pendant la guerre il n'avait rien fait sauf intriguer à la cour. Un petit libelle circulait dans la ville avec un gros titre : *Hauts faits de Guerre d'Epernon*. On ouvrait, la page était blanche, avec un mot : RIEN.

Cette haine du roi pour Henri de Guise, excitée au plus haut point par Epernon, effrayait Catherine. L'armée royale étant détruite à Coutras, il fallait donc momentanément conserver l'alliance avec la Ligue. Pour lors, le danger, c'était l'invasion étrangère, Henri de Navarre et ses protestants. Pour l'avenir, Madame Catherine y pourvoira...

L'arrogance de la Ligue s'en accrut d'autant. Henri III, poussé par Epernon, agit à contre-courant : il céda, pour se venger, à son déplorable penchant de répandre des calomnies injurieuses, indignes d'un souverain. Publiquement il couvrit d'insultes Henri de Guise. La rue, en l'apprenant, entra en fureur contre l'insulteur de son héros. La capitale, que les victoires de Guise avaient enthousiasmée, se trouva soudain bouillonnante de colère contre le roi et son favori. Catherine sentit avec angoisse ces nouveaux troubles. Elle n'avait pas tort : c'est dans cette atmosphère de haine que naquit un complot qui devait éclater le 24 avril 1588, un dimanche. Les conjurés devaient s'emparer du Louvre, Epernon serait arrêté et jugé — par un tribunal populaire sans doute, son sort était clair —, le roi serait arrêté et emprisonné, la reine mère deviendrait régente et gouvernerait avec Henri de Guise fait lieutenant général du royaume. Le roi fut informé par un de ses ·fidèles, Jean Poulain, qui s'était infiltré dans la Ligue. Dans un mouvement d'énergie, il fit entrer une partie de ses troupes dans Paris et arrêter les coupables. Ce complot, monté par quelques chefs de la Ligue parisienne, l'avait été à l'insu de Guise. Or, le roi était persuadé que celui-ci en était l'instigateur comme il en aurait été le bénéficiaire.

La Ligue, au même moment, exigea du roi l'exécution intégrale du traité de Nemours, l'exil d'Epernon, le respect de tous les décrets du concile de Trente par l'Eglise de France, l'introduction de l'Inquisition en France (chose que Catherine avait toujours refusée au pape et à Philippe II et dont les protestants ne lui furent jamais reconnaissants), enfin la mise hors la loi de tous les sujets hérétiques, Navarre compris.

Henri III, ne sachant sur qui déverser sa fureur, rendit sa mère responsable des échecs de ses négociations. Il lui en fit le reproche. Ce misérable personnage oubliait son écrasante responsabilité dans les malheurs qui accablaient son royaume. On imagine la douleur de cette mère passionnée dont l'amour n'osait plus s'exprimer que par un dévouement, une soumission incroyables à cet être détraqué qui restait pour elle son roi et avait tous les droits sur elle. Même celui de la faire souffrir injustement.

Dans une crise de fureur comme en ont ces êtres incontrôlés, il eut recours à une mesure de violence mégalomane pour se débarrasser du duc de Guise : il lui interdit d'entrer dans Paris — en fait, il aurait voulu le tuer. Dès que l'ordre fut connu, la ville entière fut contre. Ce malheureux roi n'avait plus le pouvoir d'être obéi, surtout dans Paris. Guise ne se laissa pas intimider, il rentra dans la capitale. Dès qu'il parut, le 9 mai 1588, ce fut du délire. La foule l'entoura, l'acclama, il ne pouvait avancer. C'était de l'hystérie. Les gens s'agenouillaient et l'exhortaient à les débarrasser du roi et d'Epernon. Guise était plutôt effrayé et en recul devant cette passion populaire si peu politique, si dangereuse aussi bien pour sa cause que pour celle du roi. Il essaya de calmer : « *Messieurs, c'est assez, c'est trop. Criez plutôt Vive le Roi !* » Personne ne l'entendait. Croyait-il que cette foule folle crierait « *Vive le Roi !* », un roi qui serait mis en pièces si on le lui livrait ? Tout cela n'avait plus l'ombre de raison. La folie gouvernait au Louvre et la folie gouvernait la rue. Guise n'appréciait pas ce genre de popularité. Il désapprouvait même sa sœur, la redoutable duchesse de Montpensier, qui fomentait des émeutes, payait des agitateurs, menaçait publiquement le roi de ses ciseaux d'or. Il répugnait à pactiser avec la canaille. Il était bien d'avis de déposer le roi mais pas à la faveur d'une émeute. La déposition était l'affaire de la noblesse, du haut clergé et du Parlement — pas de la rue.

On se souvient de son aveu à Epernay : « *Je ne peux rien décider seul.* » La décision au sujet de la couronne d'Henri III ne pouvait survenir tout de suite, sur un coup de tête de la capitale. Pour le moment, Philippe II était absorbé ailleurs. Il préparait un grand coup, une affaire internationale, l'expédition du siècle. Le roi d'Espagne déciderait du sort de la couronne des lis quand son *Invincible Armada,* qui allait bientôt appareiller, aurait pris la mer. La plus formidable flotte de guerre jamais lancée sur les océans débarquerait, si Dieu le voulait, son armée innombrable, son armée invaincue sur les côtes d'Angleterre. Philippe II écraserait Elisabeth et l'Angleterre, vengerait Marie Stuart, rétablirait le royaume d'Ecosse et le catholicisme partout. Après quoi, les pays luthériens et la France hérétique n'auraient plus qu'à s'aligner sur la politique espagnole.

En attendant, Guise devait gagner du temps : pas de soulève-ment à Paris, pas de rupture avec la couronne. Il ne se rendit pas au Louvre, il ne se rendit même pas chez lui à l'hôtel de Guise, il alla où se trouvait la tête de l'Etat — ou ce qu'il en restait —, il se rendit immédiatement chez Catherine de Médicis.

Elle était toujours dolente, ses bronchites l'accablaient, elle ne sortait plus. On l'informait des affaires mais, ce jour-là, elle ne l'était pas encore du retour du duc de Guise. Henri III avait dit qu'il ne devait pas rentrer dans Paris sous peine de mort. La rue déjà en savait plus que la reine mère. Celle-ci bavardait aimable-ment avec sa filleule Catherine, la sœur d'Henri de Guise, Mme de Montpensier. Un des nains ou des naines de Catherine, juché sur la fenêtre dominant l'entrée, leur annonça que le duc de Guise descendait de cheval devant la porte. La reine crut à une plaisanterie du nain. La menace du roi et d'Epernon n'était pas une plaisanterie. Si Guise avait commis la folie de rentrer dans Paris, Henri III était capable de le faire abattre. Or, le duc était rentré et se trouvait devant la reine et sa sœur ébahies. Catherine lui dit : « *Je vous salue de tout mon cœur mais ma joie aurait été plus grande si vous n'étiez pas venu du tout et n'aviez pas désobéi aux ordres du roi*[1]. »

Lorsque Henri III apprit la présence de Guise à Paris, il salua la nouvelle d'une tout autre façon que sa mère, il poussa un cri de haine : « *Par Dieu, il en mourra.* » Lorsque Catherine évoqua le danger qu'il courait, Guise répondit : « *J'ai une épée pour me défendre.* » Comme s'il s'agissait d'un duel chevaleresque et non d'un coupe-gorge. C'est justement ce que le roi préparait au Louvre dans son propre appartement. Les assassins désignés seraient cachés dans un petit cabinet donnant dans la pièce où le roi devait recevoir Guise, la porte resterait entrebâillée et, lorsque le roi accueillerait Guise par ces mots : « *Vous êtes un homme mort, Monsieur de Guise* », les assassins se jetteraient sur lui avant qu'il eût fait un geste de défense et le transperceraient de leurs épées et de leurs dagues. Telle était la réception qu'Henri III avait préparée au chef de la Ligue.

1. Williamson, *op. cit.*

Henri III venait de régler ce sanglant scénario lorsqu'un envoyé de sa mère se présenta. Catherine pensait à tout, même à ce qu'elle ne voyait pas dans le petit cabinet du Louvre. Au lieu d'envoyer Guise se faire égorger, elle fit au contraire demander à son fils de se rendre lui-même chez elle pour y rencontrer le duc de Guise. Cette proposition rendit le roi furieux. En aucune circonstance ce n'était au roi de se déplacer pour aller au-devant du duc de Guise, à plus forte raison dans les sentiments où il se trouvait alors contre le rebelle. Mais l'envoyé de Catherine, bien chapitré, fit valoir que la mère de Sa Majesté étant alitée depuis trois semaines ne pouvait se déplacer. Son fils répondit qu'elle n'avait qu'à rester couchée et qu'elle n'avait nul besoin d'accompagner Guise. En outre, il ajouta qu'il préférait le voir seul et sans tarder.

Cette réponse confirma Catherine dans ses craintes. Elle décida d'accompagner le duc au Louvre. Elle prit sa chaise à porteurs et alla au Louvre, le duc de Guise cheminant à pied, à ses côtés, son chapeau à la main. Les abords du Louvre étaient en remue-ménage ; des gardes, suisses, français et écossais, occupaient les portes. Cela était de mauvais augure, on s'attendait à quelque mauvais coup. La situation de Guise, seul, sans aucune escorte, parut inquiétante à Catherine. Elle lui glissa discrètement le conseil de se retirer du Louvre dès qu'il aurait salué le roi.

Henri III ne rendit même pas son salut au duc de Guise et il l'admonesta aussitôt. Il lui demanda pourquoi il était venu à Paris malgré l'ordre qu'il lui avait donné. Guise, toujours supérieur à la situation, lui répondit qu'il avait été informé que Sa Majesté, sur les conseils de M. d'Epernon (une pique), s'apprêtait à faire massacrer les catholiques de la capitale : « *Ma foi m'étant plus chère que ma vie, je suis venu mourir avec eux* », ajouta-t-il. Ce n'était pas faux : d'Epernon avait projeté d'abattre tous les chefs ligueurs et autant de leurs sympathisants qu'on le pourrait. Le roi nia mais il reprocha à Guise ses visées sur la couronne, crime de lèse-majesté. La voix s'éleva, la fureur grandit, il allait bientôt crier la phrase fatale qui libérerait les fauves tapis derrière la porte mal fermée. Catherine sentit qu'il allait se passer quelque chose d'irréparable. Elle alla vers son fils, l'entraîna à l'écart et lui demanda s'il avait toute sa raison. Henri III lui répondit qu'il était parfaitement lucide et qu'il aurait bien tort de ne pas profiter de l'occasion, son ennemi ayant été assez fou pour venir se livrer lui-même sans escorte. Catherine l'emmena près d'une fenêtre et lui montra la rue pleine d'une foule en délire, scandant le nom de son héros qu'elle attendait de voir paraître à une fenêtre. Catherine, à voix basse, tint à peu près ce langage à son fils : « Si vous avez toute votre raison, ne cherchez pas ailleurs les gardes du corps de M. de Guise, ce sont tous les Parisiens, regardez et sachez que, si M. de Guise ne sort pas vivant d'ici, votre vie et la mienne ne pèseront pas lourd. »

Henri III pâlit. Ce n'était pas la vue de la foule qui le bouleversa, c'était un pressentiment : il savait que sa mère avait la prescience de certains événements tragiques. Il crut qu'elle venait de recevoir un avertissement occulte contre lequel il ne fallait pas aller. Il recula mais, puisqu'il se sentait percé à jour, il ne put s'empêcher d'expliquer son projet et de le justifier : « *Comment puis-je rester roi de France tant qu'il sera roi de Paris?* » Catherine, toujours apaisante, l'assura que Guise n'avait aucune mauvaise intention contre le roi et qu'il voulait au contraire le servir et apaiser Paris. Guise avait demandé au roi d'appeler à Paris l'archevêque de Lyon, Mgr d'Espinac, homme de bon sens, modéré, mais ayant des préférences pour la Ligue ; il pourrait faire la liaison entre le roi auquel il était fidèle et les Guises. Henri III accepta d'Espinac mais il fit aussitôt venir d'Epernon qui se trouvait à Rouen (Henri III voulait lui donner le gouvernement de Normandie laissé vacant par la mort de Joyeuse). Catherine sentit le danger : elle voyait en Epernon un allié de Navarre, or elle jugeait que pour le moment la Ligue était moins redoutable pour le trône.

Le 10 mai 1588, eut lieu une nouvelle entrevue entre le roi et Guise à laquelle assistait Mgr d'Espinac. Le roi se rendit chez sa mère. Il fit semblant de ne pas voir Guise et ne lui rendit pas son salut. Néanmoins, celui-ci, poussé par Catherine qui voulait une réconciliation à tout prix, promit devant le roi d'apaiser la capitale et de faire amitié avec Epernon. Deux impossibilités. Guise en était si persuadé qu'en sortant il dit au sujet d'Epernon que « *par respect pour le maître il aimerait son chien* ». Après cela, qui pouvait espérer la paix entre le roi et Guise? D'ailleurs, Henri III n'avait pas renoncé à assassiner son rival. La peur le tenait. La peur, la plus mauvaise conseillère des rois impuissants, aidée par le pire des conseillers, Epernon, lui fit appeler pendant la nuit six mille Suisses, ses seules forces, qu'il installa dans Paris. Elles lui avaient été procurées par Navarre. Quel imbroglio! La trahison et le mensonge étaient partout. Au moment où, lié par force par le traité de Nemours, il était tenu de ménager la Ligue comme sa mère le lui conseillait, il faisait alliance avec les protestants. Qui, dans un trouble pareil, pouvait avoir confiance en qui?

On peut penser, comme on l'a dit, qu'il n'avait pas l'intention de déclencher une bataille de rues. Même chez ce roi, survivait l'antique interdit des Capétiens qui, une fois sacrés, n'avaient pas le droit de verser le sang français [1]. Toutefois, dans son inconséquence, il venait de commettre une très grave erreur. Il ne s'était pas soucié de Paris. Or, la ville jouissait, de temps immémorial, du privilège de se garder et de se défendre par ses propres moyens et sous sa propre autorité. Aussi, dès qu'au matin les Parisiens virent leur ville occupée par cette armée de mercenaires royaux (contre qui? sinon contre eux), ils eurent le sentiment que le Florentin avait violé leur liberté municipale. On se souvient du rôle provocateur qu'avait joué l'armée de Navarre à la veille de la Saint-Barthélemy. Henri III, avec ses Suisses, souleva la même indignation et la même violence. On appelait au massacre, pas celui des protestants, mais celui des maîtres du Louvre : le roi, d'Epernon, les mignons et autres parasites. Le soulèvement fut général. Les barricades, tactique chère à Paris en colère, s'élevèrent dans tous les quartiers. Henri III et son mignon venaient de provoquer une insurrection.

Catherine eut très peur de Paris. Elle supplia Guise de ne rien faire qui pourrait tourner au carnage. Elle avait des souvenirs, Madame Catherine, des carnages de Paris. Guise la rassura, il restait fidèle au roi. Mais allait-il apaiser cette foule déchaînée? Qui pourrait être maître de ce peuple en furie? Ils avaient tous peur. Le roi, un peu tard, se souvint qu'un roi a des devoirs sacrés : il donna l'ordre à ses gardes « *de ne tirer leurs épées seulement*

1. Le même interdit paralysa Louis XVI lors de l'attaque des Tuileries par le peuple de Paris. Il défendit à sa garde suisse de tirer sur ses sujets et il laissa massacrer ses fidèles.

à moitié, sous peine de la vie, espérant que la temporisation douceur et belles paroles accoiseraient la fureur des mutins et désarmeraient peu à peu ce sot peuple ». (*Journal* de L'Estoile.) Mais la faute avait été d'écouter Epernon, le pire des ennemis de la couronne.

Cependant, « les belles paroles » n'étaient pas parvenues au peuple qui avait commencé à massacrer les Suisses. Ce fut Guise, en personne, qui s'interposa pour mettre fin à cette horreur. Et l'on vit Catherine sortir du lit et aller en chaise à travers ces rues furieuses, se livrer à des démarches désespérées pour sauver la vie d'Henri III. Car c'était lui que la foule réclamait pour le mettre en pièces. Catherine franchissait cahin-caha les barricades. Les révoltés, devant elle, écartaient l'obstacle et la laissaient passer. Elle allait du Louvre à l'hôtel de Guise, renouvelant sans cesse à celui-ci ses supplications d'arrêter l'émeute. Lui seul conservait quelque autorité sur Paris. Il ne lui cacha pas que les révoltés ne l'écoutaient pas plus que des « *taureaux échauffés* ». Elle persévérait, on ne voyait plus que la vieille « reine noire » dans les rues, parmi les futailles, les pavés arrachés, les vieilles paillasses. Nul ne l'insulta. Au contraire, « *ce sot peuple* », selon L'Estoile, admirait son courage et son calme : elle était même souriante. Qui aurait pu la soupçonner de se livrer à une manœuvre calculée, bien dans sa manière, une manœuvre qui en étonnerait plus d'un quand on en connaîtrait le résultat ? Ce va-et-vient plein de périls avait un but, toujours le même, gagner du temps. Les révoltés occupaient les rues et occupaient le duc de Guise, ils étripaient même quelques Suisses et cernaient le Louvre. Mais personne ne savait ce qui se passait à l'intérieur — sauf Madame Catherine. Son rôle, au péril de sa vie, fut de se montrer au peuple, d'amuser Guise par ses supplications et ses promesses afin de donner à son fils Henri III le temps de préparer sa fuite et d'échapper à ce Paris infernal et probablement à la mort. Il y réussit. On lui trouva une issue au fond du jardin des Tuileries et le roi des processions put s'inventer un nouveau travesti couleur de murailles pour sauver sa vie — mais pas sa gloire. Il put emmener avec lui quelques conseillers sûrs, Bellièvre, Sillery, Villeroy, entre autres, et alla ainsi, à bride abattue, transporter à Chartres ce qu'il lui restait de pouvoir royal. Cependant, aussi peu que ce fût, il était toujours roi de France. Il quitta Paris pour n'y plus jamais revenir. C'était le vendredi 13 mai 1588.

En apprenant cette fuite, Guise eut un cri extraordinaire ; il comprit soudain que Catherine l'avait berné : « *Madame, me voilà mort. Tandis que Votre Majesté m'occupe ici, le roi s'en va pour me perdre.* » C'était l'exacte vérité. Guise n'était plus qu'en sursis.

Une union qui sent la haine et le crime

La fuite honteuse du roi ne le déshonorait plus, il l'était définitivement depuis longtemps. Mais l'étrange de cette conjoncture politique qui, à première vue, consacrait le prestige et la puissance du duc de Guise est qu'elle le plaçait au contraire dans la plus fausse et la plus inconfortable position. Certes, il s'opposait au roi et l'obligeait à suivre ses propres décisions mais il y avait un roi. Il fallait absolument qu'il y en eût un pour le forcer à gouverner comme la Ligue le voulait. Mais, sans roi, la Ligue restait sans pouvoir. Pour comprendre aujourd'hui l'embarras du chef de la Ligue, nous devons évoquer la foi monarchique qui dominait toute la vie politique de l'époque et était l'unique source du pouvoir. Le roi a fui et, apparemment sous la menace, il a abandonné sa capitale à Guise. Cadeau empoisonné car dès lors son vainqueur fait figure de sujet rebelle ; c'est un cas de lèse-majesté. Tous les soupçons répandus sur son compte se trouveront justifiés, il va paraître désormais certain qu'il a voulu s'emparer de la couronne à la faveur de l'insurrection. Encore un peu, on ajoutera qu'il a voulu faire assassiner le roi par la foule. C'est lui qui sera déshonoré et non le fuyard...

Guise le comprit très bien. De cette capitale enfiévrée, rugissante et qui lui était passionnément dévouée, il ne savait plus que faire. Après la Saint-Barthélemy, déjà, il s'était trouvé dans des circonstances analogues et il avait été plus embarrassé que glorieux de sa célébrité. Pour lors, afin de limiter les inconvénients de la situation, il publia un manifeste qui rétablissait l'ordre légitime et légal sous l'autorité royale incontestée : il se déclara solennellement sujet fidèle du roi, n'étant en rien responsable de sa fuite et se tenant toujours prêt à se mettre sous son pouvoir quand il plairait à Sa Majesté de revenir. Il exposait tout cela très nettement et d'un accent sincère en exprimant le regret « *qu'il n'ait pas plu au roi d'accepter son respect et sa fidèle obéissance* » (par exemple dans le traité de Nemours où le roi avait fait figure de subalterne, mais les formes de la soumission étaient alors respectées tandis qu'en fuyant Henri III rompait le jeu entre le pouvoir et l'opposition). Guise tenait tellement à sortir de cette situation impossible qu'il parla au roi, en sujet soumis : « *J'ai pris la Bastille, l'Arsenal et les autres places importantes, j'ai scellé les coffres du Trésor pour pouvoir les remettre aux mains de Sa Majesté lorsqu'elle sera d'humeur pacifique ce que nous espérons pouvoir lui donner grâce à nos prières à Dieu et à l'intercession de Sa Sainteté le pape et de tous les princes chrétiens* [1]. » Il sauva du pillage les biens de la couronne comme il avait sauvé les Suisses du massacre.

Il est vrai que, dès que Paris fut débarrassé de la présence du roi et se sentit entre les mains de son héros, nul ne pensa à attaquer le Louvre, l'Arsenal ou le Trésor. La ville retrouva aussitôt la paix. Cependant, la situation restait absolument anormale et sans avenir. Paris devait avoir son roi et le roi devait avoir Paris. Tant que ce mariage indissoluble ne serait pas de nouveau réalisé, la France ne connaîtrait pas la paix. C'est Henri IV qui devait, en 1594, résoudre le problème, après combien de sanglantes épreuves.

Catherine, dans cet imbroglio, s'inventa une solution bien particulière — une solution qui tenait du rêve. Puisque, à la mort d'Henri III, le trône serait vacant du fait qu'Henri de Navarre, excommunié et hérétique, ne pouvait en hériter, que d'autre part les Guises ne pouvaient ni légitimement ni légalement prétendre à la couronne et que le cardinal de Bourbon ne serait jamais qu'un prétendant postiche, elle fit sortir de son cerveau un nouvel héritier qui comblait son ambition et son affection familiales. Il s'agissait de son petit-fils, le marquis de Pont-à-Mousson, enfant de Charles III de Lorraine et de sa fille Claude, décédée. Le marquis de Pont-à-Mousson étant par sa mère le petit-fils d'Henri II,

---

1. Williamson, *op. cit.*

roi de France, Catherine le voyait déjà succédant à Henri III. Rien
n'était plus chimérique. En France, la loi salique excluait de la
succession les descendants par les femmes. Elle crut, grâce à ses
bons légistes, trouver un accommodement : il n'y en avait pas.
Henri de Navarre seul était l'incontestable héritier. Comment cette
femme si clairvoyante, si bien rompue aux affaires, pouvait-elle
parfois se bercer de telles illusions[1] ? Ces divagations aussi font
partie de son personnage. Elle se sentait alors, en dépit de son
« catarrhe » persistant, promise à une longue vieillesse. Elle se
voyait préceptrice du jeune Pont-à-Mousson, élevé par elle à la
cour, formé par elle au pouvoir avec toute la tendresse et la
subtilité dont elle était capable. Elle tiendrait ainsi le jeune roi sous
son aile et ne désespérait pas de tenir encore un jour le gouvernement. Un rêve ! Un vrai rêve éveillé, stupéfiant chez cette femme
qui, même en dormant, ne rêvait que d'affaires bien réelles.

Ce rêve ne l'empêchait pas de faire face à la réalité présente. En
l'absence du roi, elle était toujours régente, elle maintenait les
droits de la couronne. Sa belle-fille, Louise de Vaudémont, restait
à ses côtés. Louise ne faisait rien et ne disait rien, elle priait et
souriait, mais sa seule présence était un atout pour Catherine, un
gage de paix, car la reine, princesse lorraine, cousine des Guises,
était pour cela aimée de Paris. Elle apaisait la foule car elle n'était
pas de la race des Valois. Catherine avait aussi près d'elle le
cardinal de Bourbon. Dans la bagarre, il s'était laïcisé pour être
plus près de son personnage de prétendu prétendant. Il rassurait,
lui aussi. Bien que toujours malade, Catherine ne pouvait rester en
place. Il fallait qu'à tout prix elle réconciliât le roi et le duc de
Guise. Cette rupture lui était intolérable. « *Jamais*, disait-elle, *je ne
me vis en tel ennui* (malheur) *ni si peu de clarté pour en sortir.* » Elle y
parvint, encore une fois. Elle finit par rapprocher les deux
antagonistes. De la souplesse avant toute chose ! La Ligue étant
maîtresse de tout à Paris, il était vain de s'opposer à elle. Elle
décida de céder au plus fort parce que c'était la sagesse (selon

---

1. Cette véritable aberration parut si incroyable que certains historiens aussi
sérieux et aussi savants que Mariéjol n'ont pas voulu y croire. D'autres, et non des
moindres, y ont cru sur la foi de témoignages sûrs. Catherine nous avait déjà
donné des preuves de sa tendance à laisser divaguer ses affections familiales.

Machiavel) qui, disait-elle, consiste « *à plier à temps pour se conserver* ». C'est-à-dire pour conserver la vie et la couronne de son fils. Puisque Paris sans roi n'était plus la capitale de l'Etat, elle partit pour Chartres rejoindre le roi et l'Etat.

Son fils avait bien senti que le pouvoir lui échappait. Il dissimulait sa rage et son humiliation. S'il ne gardait pas toutes ses provinces, garderait-il ce à quoi il tenait plus qu'à tout, sa couronne ? Comme sa mère, il était prêt à se soumettre à toutes les exigences du plus fort pour rester roi. Le duc de Guise, qui avait accompagné Catherine, le trouva dans ces dispositions. On joua encore une fois la comédie de la réconciliation, préparée par Catherine tout comme le traité, dit pacte d'union, qu'on fit signer à Henri III le 1er juillet 1588. Le roi donnait à Guise à peu près tous les pouvoirs. Pour célébrer cette « union » qui sentait la haine et le crime, on fit chanter un Te Deum à Notre-Dame. Henri III refusa d'y assister, il ne voulait plus remettre les pieds à Paris. Cette ville et le Louvre lui donnaient maintenant la nausée.

Ce pacte d'union fut le dernier acte politique de Catherine, elle n'avait en vue que de remettre son fils en son pouvoir et à sa place de roi catholique de France. Il décida de réunir les états généraux à Blois le 15 septembre prochain. Le duc de Guise était lieutenant général du royaume, Navarre définitivement écarté de la succession et Epernon disgracié et chassé. Enfin Paris était pardonné de ses barricades. Voilà ce qu'Henri III signa avec une restriction mentale qui annulait tous ses engagements. Faible en maintes choses, il était très fort sur quelques autres comme la dissimulation, la jalousie et la subtilité. En son for intérieur, il rendit sa mère responsable de tous ses malheurs. Or, sans elle, il aurait été déjà destitué et son royaume morcelé. Il était incapable de le reconnaître, sa jalousie morbide l'aveuglait totalement ; il se promit d'écarter sa mère du pouvoir dès qu'il l'aurait recouvré pour lui-même. A l'égard de sa mère, son ressentiment se contentera de cette disgrâce. Guise, il voulait le tuer. Il a, au fond, toujours voulu le tuer depuis le jour où il découvrit que Guise était l'amant de sa sœur Margot et que celle-ci l'aimait. La même envie criminelle lui vint par la suite chaque fois que Guise remporta une victoire contre les ennemis du royaume.

Outre les guerres et l'anarchie intérieures, il fallait se préparer au danger venant de l'extérieur. La menace espagnole contre l'Angleterre se précisait. De toute façon, les conséquences pour la France seraient immenses. L'*Invincible Armada* s'approchait des côtes anglaises. Philippe II était alors à l'apogée de sa puissance. Son remarquable gouverneur des Pays-Bas, le duc de Parme, avait pacifié le pays. La France était neutralisée par la Ligue dont il avait fait son instrument. Catherine, mesurant les forces du roi d'Espagne, son habileté et celle de ses officiers, était persuadée qu'il allait sortir vainqueur de l'Angleterre et de toute l'Europe. Selon son principe, il fallait donc collaborer avec la Ligue, alliée du futur grand vainqueur. Pour cette fois, elle ne bénéficia pas de son don de double vue tandis que le roi fuyard, à Chartres, croyait dur comme fer à l'échec de l'*Invincible Armada*. Voyance ou non, l'avenir lui donna raison mais ce n'était pas une preuve de génie politique : il voulait croire ce qu'il désirait intensément. Il était encouragé dans son isolement par l'ambassadeur d'Angleterre qui l'avait suivi à Chartres et ne le quittait plus : il lui répétait que toute l'Angleterre était persuadée que la flotte espagnole serait anéantie avant le débarquement et que, dès lors, l'Espagne affaiblie ne serait plus pour la Ligue et le catholicisme qu'un allié négligeable. C'est exactement ce qu'Henri III aimait entendre et croire. Il était si sûr que la victoire de la Ligue était éphémère qu'il lui accorda tout avec une certaine désinvolture pour avoir la paix jusqu'à sa revanche qu'il croyait prochaine et qu'il rêvait écrasante. Il signa donc à Rouen, le 15 juillet 1588, le traité qui faisait de Guise une sorte de vice-roi. Lui-même était à peu près écarté du pouvoir. Que lui importait, il était persuadé qu'il n'aurait pas à supporter longtemps la présence du duc de Guise et des siens.

En fait, Henri III n'avait pas pu prévoir plus que quiconque la tempête qui fut la cause de l'échec final de la flotte espagnole déjà durement éprouvée par la flotte anglaise et sa tactique de la guerre navale bien supérieure à celle des Espagnols. Les dégâts commis par les brûlots anglais furent rendus irréparables par l'ouragan qui acheva le travail. Quelques débris de l'*Invincible* purent regagner Santander fin septembre. Mais la bataille était perdue depuis le 9 août 1588. Guise était désormais condamné.

Blois ou la vie de château dans un coupe-gorge

A Chartres, Henri III avait berné tout le monde, y compris sa mère. Il se livra devant elle à une écœurante comédie de réconciliation avec Guise : il le releva lorsque celui-ci mit genou à terre devant lui ; il l'embrassa, le retint à dîner, leva son verre en son honneur. Catherine était aux anges. Le duc put croire son pouvoir reconnu comme lui-même reconnaissait l'autorité royale. Mais, lorsqu'il fut question de regagner Paris ensemble, Henri III refusa. Il prit prétexte de la prochaine réunion des états généraux à Blois pour se rendre dans cette ville. Evidemment, c'était un ordre : où le roi va, la cour doit suivre. Et la cour suivit : Madame Catherine, le duc de Guise, lieutenant général du royaume, son frère le cardinal, son éminent conseiller, enfin le cardinal de Bourbon pour la figuration.

Henri de Guise, dès que la convocation des états généraux fut décidée, avait donné des ordres pour que dans tout le royaume on y déléguât le maximum de représentants de la Ligue. En fait, les ligueurs disposèrent d'une énorme majorité.

Henri III n'avait disgracié Epernon que sur le papier. Le favori avait conservé tous ses biens et ses titres et toute son influence sur la politique du roi, laquelle s'affirma dès leur arrivée à Blois. Mais, avant de partir, ils reçurent l'éclatante nouvelle de l'anéantissement de l'*Invincible Armada*. Henri III en fut merveilleusement conforté dans ses espoirs, il se sentit plein de force et le montra.

Dès le 8 septembre 1588, en conseil royal au château de Blois, par un brutal accès d'autorité, il chassa huit conseillers parmi les plus dévoués à sa mère, les véritables instruments du pouvoir de Catherine. Il les remplaça aussitôt par des hommes à lui, peu formés aux affaires mais qui lui étaient aussi dévoués que ses « quarante-cinq ». Ils étaient aux ordres d'Epernon qui les avait désignés. Ce fut la stupeur à la cour devant cette rupture avec la politique de la reine mère. La brutalité de l'acte royal n'était pas dépourvue d'habileté. Parmi les remplaçants, il prit d'Espinac, qui passait pour un homme des Guises, afin de camoufler le désaccord avec sa mère. Il s'arrangea pour faire croire qu'il n'avait pas voulu la désavouer mais mettre à l'écart certains conseillers qu'il soupçonnait d'être favorables à Henri de Navarre. Il trompait son monde car, tout au contraire, les nouveaux recrutés — sauf Espinac — étaient de farouches ennemis des Guises et partisans de l'alliance avec Navarre. Mais il n'a pas trompé tout le monde. Le subtil médecin italien Cavriana, devant ce changement, écrivait : « *Le jour du poignard viendra.* » S'il y voyait aussi clair, c'est parce que ce jour se rapprochait. Au fil des jours qui suivirent, la rumeur se répandit secrètement. L'ambassadeur d'Espagne la perçut et écrivit à son maître Philippe II : « *Le seul et vrai danger pour le duc de Guise serait d'être attaqué et tué dans le cabinet du roi.* » Pas sur un champ de bataille, car Henri III n'était pas le roi chevalier et l'ambassadeur le prenait pour un petit assassin. On peut reconnaître à ces messieurs un sens aigu de l'information.

Catherine reçut le choc du remaniement du conseil royal avec une immense douleur. Elle ne fut pas trompée par les perfides enjolivures, elle se sentit personnellement visée et touchée. « *Qu'un acte de cette nature ait été réalisé sans que rien ne lui en ait été dit la met hors d'elle-même* », écrivait l'ambassadeur de Venise. Elle en fut si bouleversée que son entourage observa le changement qui se fit en elle. Le procédé du roi scandalisa à peu près toute la cour. Le légat Morosini se permit d'interroger Sa Majesté sur pareil bouleversement. Henri III lui répondit sèchement qu'il avait trente-sept ans et voulait gouverner par lui-même pour arriver à un meilleur résultat. Trente-sept ans était déjà un bel âge pour un enfant de Catherine. Puisqu'il voulait régner par lui-même, il avait raison de se presser car le temps lui était mesuré selon la prédiction de Nostradamus. On peut remarquer qu'on semblait un peu oublier Nostradamus en ce moment dans la famille royale.

L'ouverture des états généraux eut lieu à Blois, le 16 octobre 1588, avec toute la pompe accoutumée. Henri III, dans ses atours, se sentait alors vraiment roi. Mais c'est surtout lorsqu'il prononça le discours d'ouverture qu'il fut saisi d'une ivresse de royauté. Il prit la peine d'encenser sa mère — ou de l'enterrer sous les louanges après le congé qu'il lui avait si durement imposé. Le panégyrique était bien fait, dans la belle manière qu'Henri III a toujours en ses discours et notamment pour parler de sa mère. Les députés furent bien servis, la louange qu'il fit était si émouvante qu'elle leur laissa tout ignorer de la disgrâce définitive de Madame Catherine. Mais écoutons plutôt l'homélie de ce bon fils :

« *Je ne peux passer sous silence la peine infinie que la reine ma mère a prise pour faire face aux maux qui affligent le royaume et je pense qu'à l'occasion de cette illustre assemblée, il est bon en mon nom et au nom de la nation de lui rendre grâces publiquement. Si j'ai quelque expérience, si j'ai reçu de bons principes ce que je possède de piété et par-dessus tout le zèle avec lequel je maintiens la foi catholique et la réforme du royaume, tout cela, je le lui dois.*

« *Que n'a-t-elle entrepris pour apaiser les troubles et pour établir partout le véritable culte de Dieu et la paix publique ! Son âge avancé l'a-t-elle incitée à se ménager ? N'a-t-elle pas à cet effet sacrifié sa santé ? C'est grâce à son exemple et à son enseignement que j'ai appris les soucis liés à tout gouvernement. J'ai convoqué les états généraux comme le plus sûr et le plus salutaire remède aux maux qui affligent mon peuple et ma mère m'a confirmé dans cette décision.* »

Irréprochable. Un homme politique moderne ne saurait mieux faire, ni même faire autrement : l'éloge touchant de sa mère puis le sien en découlant, enfin le coup d'encensoir à « *l'illustre assemblée* » devenue le plus sûr et salutaire recours du roi.

Catherine, sous le dais fleurdelisé, était à la droite du royal orateur. Hiératique, elle écoutait. Elle était blasée et fixée sur son sort. La suite du discours fut tout aussi remarquable, habile et prenante. Il tint le rôle d'un roi énergique, déterminé par sa seule volonté à faire triompher la religion. Ecoutons-le : « *Il n'y a pas de plus superbe monument que celui qui s'élève sur les ruines de l'hérésie.* » L'image bien exprimée avec sa voix de velours s'imprimait dans tous les esprits ; il n'oublia pas que « *l'illustre assemblée* » était surtout composée de ligueurs, farouchement anti-hérétiques. Il caressait sa majorité. Et, soudain, le voici en roi autoritaire qui se déclare décidé du haut de sa majesté « *à châtier toutes les ligues... visant à réunir hommes ou argent autrement que sous mon autorité et je déclare dès à présent pour l'avenir atteints et convaincus de lèse-majesté ceux qui s'en départiront ou y tremperont sans mon autorité* ».

Discours impressionnant. Il s'enchantait lui-même de ses dons d'histrion doué d'une réelle éloquence. L'assemblée l'écouta en quelque sorte sidérée. L'enchantement du début se terminait par une sorte de coup de cravache, tout le reste s'effaçait devant la menace impitoyable — non contre l'hérésie mais contre la Ligue catholique, c'est-à-dire contre les Guises.

Le duc de Guise sortit aussitôt de la séance et se précipita chez le cardinal de Bourbon. Le bonhomme était souffrant — moins que Catherine mais il gardait la chambre. Guise, troublé, lui fit part de la gravité de la menace royale proférée solennellement devant tous les représentants du royaume. Le prétendu prétendant n'avait pas d'avis sur la question. Il conseilla au duc d'aller plutôt prendre celui de Madame Catherine. On recourait toujours à elle, même dans sa disgrâce. Pour cette fois, elle se tint sur la réserve. Elle déclara à Guise qu'elle n'avait rien à dire car « *je suis loin de posséder l'influence que mon fils m'a prêtée dans son discours* ». Toutefois elle lui glissa : « *De même qu'il a trompé ses ministres peut-être a-t-il fait sembablement pour vous.* » Le « *peut-être* » était accompagné d'un de ces sourires qui valaient un avertissement : tout était à craindre pour les chefs de la Ligue.

Avec une prescience vraiment stupéfiante de la suite, encore imprévisible, elle demanda à Guise si le discours du roi était déjà imprimé. Le duc l'ignorait. Toujours souriante et mystérieuse : « On verra... »

Le roi ne tarda pas à voir les limites de son pouvoir : les imprimeurs refusèrent d'imprimer le discours royal. Le camouflet était si fort que, désarçonné, Henri III revint chez sa mère. Elle ne lui cacha pas que le refus des ouvriers lui était personnellement adressé. Elle lui suggéra d'aplanir ce « conflit social au niveau le plus élevé » (selon notre langage bien connu) en supprimant du texte certaines parties excessives que les imprimeurs (parisiens, catholiques et ligueurs) se refusaient à composer. Le reste, ajouta-t-elle, passerait aisément. Elle conclut ce petit conseil d'ordre privé qu'il avait bien voulu lui demander par un trait admirable d'ironie : « *Je serais tellement désolée que votre témoignage à mon égard soit perdu pour la postérité.* » C'était précisément cette partie que les imprimeurs tenaient à faire paraître, elle le savait si bien qu'elle avait prévu qu'ils refuseraient d'imprimer le reste. Dans la disgrâce et la maladie, elle restait égale à elle-même. Dans l'ombre où son fils l'avait reléguée, « le diamant noir » brillait toujours des mêmes feux et son cœur battait pour les mêmes causes.

Dans cette atmosphère irrespirable de Blois, le mensonge, la haine, la méfiance, l'anarchie rôdaient dans les couloirs du vieux château, dans les rangs de l'assemblée, dans les chapelles et, plus qu'ailleurs, de façon délétère, dans les appartements royaux. On les respirait dans les chuchotements des favoris, derrière les portes et les tapisseries et au plus près de la personne même du roi. Malgré tout cela, Catherine eut encore une occasion de sourire de tendresse.

Elle fut encore reprise par sa douce manie de marieuse, ce désir toujours aussi vif d'étendre sa famille, de voir se multiplier ses descendants sur les trônes d'Europe. Elle eut donc la joie de marier sa petite-fille Christine de Lorraine au jeune Ferdinand de Médicis, grand-duc héréditaire de Toscane. Le contrat fut signé au château de Blois, le 24 octobre 1588. Elle ressentit cette joie comme une apothéose de son sentiment maternel. Elle légua à Christine tous ses biens personnels en Toscane : cette nouvelle Médicis pourrait se réinstaller dans la tradition du superbe Laurent, grand-père de Catherine, et dans son palais de la via Larga. Catherine y ajouta deux cent mille écus d'or et l'incomparable suite de tapisseries de la cour des Valois qui sont toujours à Florence. Catherine dit à sa petite-fille rayonnante : « *Vous avez de la chance de partir vers un pays en paix, si vous restiez ici, vous verriez la ruine de mon pauvre royaume.* » Pour la signature du contrat, la reine mère donna un bal. Le mariage eut lieu à Florence, le 6 janvier suivant. Catherine était morte la veille, le 5 janvier.

Catherine prit froid de nouveau. Depuis des mois, elle allait de catarrhe en catarrhe. A Epernay, à Nemours, à Reims, à Paris, elle avait partout pris froid. A Blois, elle dut, on l'a vu, s'aliter. A son « froid » s'ajoutaient ses rhumatismes, ses douleurs diverses, son obésité, ses troubles digestifs... et les médecines qu'elle absorbait. Dix jours avant Noël, elle ne quitta plus son lit. Le nonce vint la voir. Dans le rapport qu'il laissa de sa visite, il note après l'énumération de tous les maux dont elle souffrait « *par-dessus tout cela soixante-dix années* ». C'était là sa plus grave maladie.

Dans sa faiblesse, elle nourrissait encore un projet politique, encore un bienfait pour son pauvre royaume. Son fils, parfois, venait l'entrenir des affaires — il n'en manquait pas. Un conflit avec le duc de Savoie qui s'était emparé de Saluces. Pas moyen de réagir militairement : les états qui écoutaient, ravis, ses discours lui refusèrent tout crédit. Ce fut Guise qui intercéda pour qu'on accordât quelques subsides au Trésor royal car le chef de la Ligue craignait que, dans sa détresse financière, Henri III ne fît brusquement alliance avec les protestants de Navarre pour punir les états généraux catholiques de leur dureté. A vrai dire, le roi se plaignait mais ne demandait aucun conseil à sa mère. Toutefois, elle se permit de lui en donner quand même. Son but, toujours le même, était de rapprocher le roi et Guise. Les rumeurs qui transpiraient effrayaient Catherine. Elle savait son fils capable du pire. Croyant atténuer par une demi-mesure le criminel projet qu'elle suspectait Henri de nourrir, elle lui proposa d'arrêter momentanément le duc de Guise et ses proches, simplement pour leur faire sentir la réalité du pouvoir royal. Ensuite viendrait la réconciliation du duc obéissant et du roi triomphant. Quelle dangereuse suggestion ! Si le roi faisait arrêter le duc de Guise, ce serait pour le tuer et non pour le mettre aux arrêts dans ses appartements. Toujours optimiste, elle voyait déjà une nouvelle scène de « réconciliation ». Elle la prêcha si bien que son fils, aussi doué qu'on le sait pour ce genre de grimaces, voulut bien s'y prêter avec le plaisir pervers de tromper et de pousser ses ennemis dans un piège. Il alla, dit-on, jusqu'à jurer sur l'hostie exposée à l'autel « *réconciliation et amitié parfaite avec le duc et oubli de toutes querelles passées. En outre, il déclara qu'il était résolu à abandonner les rênes du pouvoir au duc de Guise et à la reine mère pour ne plus se préoccuper lui-même que de prier* [1] ». Comment pouvait-on le croire ? C'est un des plus beaux exemples de dissimulation qu'on puisse imaginer — avec serment sacrilège à l'appui. Il poussa si loin cette dissimula-

---

1. Williamson, *op. cit.*

tion, que, pour donner du corps à son mensonge, il fit construire dans les combles du château une série de cellules de type monacal où, disait-il, il se retirerait du monde avec quelques capucins. La suite nous apprendra que ces cellules étaient destinées à loger ses « quarante-cinq » assassins pour lesquels il avait déjà prévu un travail de première importance.

A vrai dire, en ce siècle et dans cette cour, le mensonge du roi n'abusa pas tout le monde. On le trouva même si bien brodé qu'il fit peur à beaucoup. La rumeur de la mort du duc de Guise se glissait déjà parmi des familiers. Sa sœur la duchesse de Montpensier le supplia d'être sur ses gardes. Une lettre anonyme parvint au duc, l'avertissant que le roi mettait au point son assassinat. Il n'en voulut pas tenir compte. Il répondit à sa sœur : « *Etant qui je suis et où je me trouve, vous savez que si je vois la mort entrer par la porte je n'essaierai pas de me sauver par la fenêtre* [1]. » Il ajoutait qu'il n'avait pas peur du roi parce qu'il était trop poltron. Quelle erreur ! C'est sa lâcheté qui le rendait si dangereux. La duchesse de Montpensier alla supplier Catherine, toujours alitée, de sauver son frère : « *Aussi longtemps que je serai là*, lui dit-elle, *vous n'avez rien à craindre pour votre frère.* » C'est son optimisme, elle, qui la rendait dangereuse. Ne savait-elle pas qu'elle était désormais sans pouvoir ? Sa congestion pulmonaire déclarée, son état de faiblesse favorisaient les projets de son cher damoiseau. Il paraissait plein de désinvolture car, si sa mère avait été en bonne santé, elle eût disposé de son excellent réseau d'informations et aucun des préparatifs secrets du roi n'aurait été secret pour elle. Elle aurait pu alors trouver le moyen de sauver le duc de Guise et d'épargner un crime à son fils. Elle n'avait même plus la force d'aller dans les appartements du roi. Il avait donc tout loisir pour reproduire à Blois le dispositif qui, au Louvre, aurait parfaitement réussi si Catherine n'était pas intervenue. Ayant le champ libre, il se montra tel qu'il était.

Désormais, les choses se précipitèrent. Guise, aux états généraux, proposa de déclarer Epernon et son frère La Valette huguenots et hors la loi. Les états n'en tinrent pas compte mais

---

1. Williamson, *op. cit.*

Henri III devint furieux. Il réunit quelques intimes dans le secret, le 18 décembre. Tout ce qu'on pouvait reprocher à Guise et à sa maison fut relevé. Le 19 décembre, les mêmes seigneurs, dont le maréchal d'Aumont et le seigneur de Rambouillet, décidèrent la mort d'Henri de Guise et l'emprisonnement de son frère le cardinal, du cardinal de Bourbon et des autres membres de la famille, Nemours, d'Elbœuf... Le légat Morosini fit une démarche auprès du roi le même jour, il n'obtint rien. Il alla auprès de Catherine. Elle était si faible qu'elle ne put rien entreprendre malgré ses appréhensions. Selon certains historiens, une violente altercation aurait eu lieu le 22 décembre entre le roi et le duc de Guise. Une autre rumeur circula. Cette fois, c'était le roi qui était menacé d'être enlevé par Guise. Enfin, il existe un autre témoignage, tout aussi extraordinaire et sinistrement conforme au personnage qu'Henri III jouait sur le trône. Le 22 décembre, Henri III et le duc de Guise se seraient rencontrés dans la chambre de Catherine. Ils jouèrent devant elle la fameuse scène d'union et de paix telle qu'Henri III avait juré sur l'hostie de la réaliser. Il fut fidèle, et même au-delà, à son serment d'amitié, il fut gracieux, charmant, charmeur. Pourquoi pas ? Son ennemi était condamné à mourir depuis la veille, il n'était plus dangereux : il était déjà mort. Ils bavardèrent, ils croquèrent ensemble des sucreries et préparèrent ensemble les réjouissances de Noël, le surlendemain. Un chroniqueur rapporte ainsi les faits : « *Le roi fit au dit prince grandissimes démonstrations de bienveillances et privautés par petits discours de gaîté lui présentant de la dragée qu'il avait dans une boîte et réciproquement mangeant de celle que le prince avait.* » On a envie de conclure :

« *Deux vrais amis vivaient dans le château de Blois.* » (Fable)

Pourtant, plusieurs avertissements parvinrent ce même jour à Guise que le roi préparait sa mort. Le soir, il soupa avec la belle Mme de Sauves, elle lui promit de s'enquérir auprès de la reine mère des dernières rumeurs. Charlotte aurait dû savoir que la source des renseignements de Catherine était tarie. Elle retardait. Les événements furent à l'heure.

Le lendemain 23 décembre, le duc de Guise fut convoqué à huit heures dans l'appartement du roi pour assister à un conseil restreint. Il s'y rendit sans escorte ; seul son page le suivait. A la porte de l'appartement, on lui dit que la réunion se tenait non dans la chambre du roi mais dans le « cabinet vieux ». Pour accéder à ce cabinet, il fallait s'engager dans un passage obscur. C'est à l'entrée de ce passage que les assassins l'attendaient. L'un lui saisit la jambe et le renversa : un Guise debout était plus dangereux que par terre. Un des tueurs jeta son manteau sur l'épée du duc qu'il ne put dégainer, il fut aussitôt percé de coups. Une boucherie. Malgré ces coups, le duc avait réussi à tirer son épée : il put même se relever par un prodige de courage et il se défendit, mais il avait perdu tout son sang. Avec la force qui lui restait, il brisa le nez d'un tueur avec son drageoir et, se traînant, poussa la porte, entra. Le roi se tenait derrière. Il tituba, tomba aux pieds de son royal assassin en murmurant : « *Mon Dieu ayez pitié de moi.* » Puis « *Miserere mei, Deus* », et il mourut. Henri III se crut roi.

Très satisfait, il regarda le cadavre du plus grand seigneur de France et murmura : « *Je ne savais pas qu'il était aussi grand.* » Parce qu'il ne savait pas qu'il était lui-même si petit. Puis, revenant à ses soucis privilégiés, il se fit préparer comme pour une fête, vêtir de drap d'or, friser et farder et alla entendre la messe de ce jour de gloire. C'était la veille de Noël 1588.

Il s'arrêta dans la chambre de sa mère qui se trouvait juste en dessous de ses propres appartements. Elle lui demanda ce que signifiait le tapage qu'elle avait entendu au-dessus de sa tête. Elle se plaignit d'être moins bien que la veille, sa respiration était difficile, elle se sentait oppressée et angoissée. Il l'écoutait peu et lui répondit gaiement que, pour sa part, il ne s'était jamais senti mieux. « *Je suis enfin roi de France, je viens de tuer M. de Guise. Dieu m'a conseillé et je vais solennellement le remercier dans son église.* » Catherine, comme hébétée, ne sembla pas comprendre, le coup était trop fort pour elle en ce moment. Elle haleta et ne dit mot. Alors, il lui assena de nouveau l'horrible nouvelle : « *J'ai tué le roi de Paris et je suis enfin roi de France.* » Elle laissa un long temps de silence, puis tout son esprit, toute son expérience lui revinrent ; elle parla alors de très haut à son misérable chéri et dans une formule elle dit tout : « *Dieu veuille qu'il en soit comme vous l'espérez et que vous ne vous soyez pas vous-même nommé roi de Rien.* »

Il n'appartenait qu'à elle, sa mère et la reine, de lui délivrer son vrai titre : *Roi de Rien*. Quelle affreuse prophétie venant de cette mère enfin désabusée, sur son lit de mort, par l'ignominie de cet enfant qu'elle a aimé plus que tout au monde. Le célèbre médecin Cavriana, qui avait assisté à cette entrevue, a noté : « *Le roi s'en alla, ne paraissant nullement troublé, ni de visage, ni d'esprit, ce qui, à moi qui étais présent, parut vraiment merveilleux. Et je m'en fus tout songeur réfléchissant à la douceur que doit avoir la vengeance qui peut ainsi ranimer un esprit et éclairer un visage.* » Quel beau témoignage ! Henri III venait de se délester dans le sang de son ennemi de trente ans d'envie, de jalousie et de haine. Le crime l'avait fait sortir de l'enfer de la méchanceté. Il était léger, son visage rayonnait. Il ne se souciait absolument pas que le coup qu'il venait de porter à sa mère allait la pousser vers la mort !

Elle aurait eu ensuite un entretien avec un moine italien qui consigna ses paroles : « *Ah ! le malheureux ! Qu'a-t-il fait ? Priez pour lui qui en a plus besoin que jamais et que je vois précipiter à la ruine et je crains qu'il ne perde le corps, l'âme et le royaume.* » A vrai dire, elle était désemparée. C'est ce désarroi moral qui a frappé Cavriana, si bon observateur : « *Elle ne sait toutefois quels remèdes donner à tant de maux présents, ni comment aux maux à venir.* »

La solution ne dépendait plus d'elle, elle ne pouvait plus trouver de parade à ces calamités. Comment s'était-elle laissé surprendre par cet assassinat ? Pourtant, il était prévu, Nostradamus l'avait écrit dans les *Centuries* pour l'année 1588 :

> *Paris conjure un grand meurtre commettre*
> *Blois lui fera sortir son plein effet.*

Le premier vers évoque clairement l'assassinat manqué au Louvre. Le second évoque la réussite, « le plein effet » à Blois.

La colère du roi n'était pas encore apaisée, il avait d'autres victimes à sacrifier. Le jour de Noël, on vint apprendre à Catherine que la folie de son fils se poursuivait. Il venait de faire assassiner dans des circonstances atroces le cardinal de Guise, le plus intelligent et le plus dangereux des ligueurs, par six soldats sous les ordres d'un de ses tueurs chevronnés. Ils l'avaient tué à coups de hallebarde, ç'avait été une charcuterie ignoble. Les corps du cardinal et de son frère furent découpés et brûlés dans une cheminée du château afin qu'on ne pût leur donner de sépulture sur laquelle leurs fidèles se réuniraient et les prieraient comme des martyrs. De toute façon, pour un roi catholique « exhibition-niste », ce découpage et cette incinération semblent plutôt démo-niaques. D'ailleurs, en faisant massacrer un prêtre, prince de l'Eglise, Henri III méritait déjà l'excommunication.

Certains ont essayé de démontrer qu'Henri III aurait eu des scrupules et qu'il avait voulu donner à ces assassinats l'apparence de meurtres judiciaires sanctionnant le crime de lèse-majesté. Mais ce genre de scrupule légaliste n'aurait, en aucune façon, pu justifier le meurtre du cardinal dont la personne était sacrée — sauf pour les hérétiques. En vérité, il n'a eu de scrupule ni pour le laïc ni pour le prêtre, il a même choisi le jour de Noël pour tuer le cardinal. Le cas d'Henri III était probablement celui d'un malade ; ses heures de parfaite lucidité étaient traversées par des transes tantôt pseudo-mystiques, tantôt vraiment sanguinaires — déjà, dans son amour des mignons, la vue de leur sang et le spectacle de leur agonie semblent bien avoir été le summum de ses extases.

Un autre cardinal se trouvait encore prisonnier et se sentait promis au sort des deux premières victimes. C'était le cardinal de Bourbon, éperdu de frayeur. Catherine n'y tint plus. Celui-là, elle voulut le sauver coûte que coûte. Malgré les ordres des médecins qui, dans l'état où elle était, lui avaient interdit de sortir du lit et même de la chambre, elle se fit porter en chaise, le 1er janvier 1589, auprès du cardinal de Bourbon. Elle avait toujours eu de l'amitié pour lui ; lui, de son côté, avait toujours rendu justice à la reine mère. Leurs affrontements à Epernay et à Nemours n'avaient pas altéré leurs bons sentiments ; on se souvient comment ce bon cardinal inaugurait leurs discussions par des torrents de larmes. Dès qu'il la vit entrer, il se jeta dans ses bras et, selon le chroniqueur, « *lors, ils commencèrent à faire fontaine de leurs yeux* ». Nous sommes habitués à ces ruissellements. La suite est plus surprenante car le témoin s'arrête net : « *Et soudain la pauvre dame retourna dans sa chambre sans souper.* » « C'était bien de souper qu'alors il s'agissait », eût dit La Fontaine. Ce qui se passa après les larmes et après le départ soudain de Catherine, d'autres l'ont consigné. Le cardinal, d'implorant, se fit tout à coup accusateur. La scène, alors, devint insoutenable pour Catherine. Il lui dit tout ce dont elle était accusée : c'était elle qui avait trompé les Guises et les avait attirés dans ce guet-apens organisé de connivence avec son fils, c'était elle qui l'avait maintes fois trompé lui-même, c'était pour elle qu'il s'était rendu en toute confiance à Blois où, maintenant, il attendait ses assassins comme le cardinal de Guise. « *Voici bien de vos tours, Madame ! Vous nous avez amenés ici avec de belles paroles et les promesses de mille fausses sûretés et vous nous avez tous trompés.* » La voici complice et même organisatrice des assassinats ! Elle essaya de protester qu'elle ne savait rien des intentions de son fils, que, si elle les avait connues, elle aurait tout fait pour s'y opposer. Bourbon avait trop souffert, il était trop ébranlé par la peur pour l'entendre. Il répétait sans cesse : « *Vous nous avez tous trompés ! Vous nous avez tués.* » Elle ne put en supporter davantage : « *Partons !* » ordonna-t-elle à ses porteurs.

Ce nouveau coup, après celui que lui avait porté son fils, la frappa à mort. Cette horrible scène provoqua une rechute. Le lendemain, elle se sentit plus mal. Tout le château était moralement aussi malade qu'elle. Les catholiques amis ou partisans des Guises s'enfuirent. Tous les prêtres en firent autant après l'assassinat du cardinal.

A Paris, ce fut une révolution silencieuse, la capitale fut frappée au cœur. La révolte se manifesta surtout par la dévotion. Malgré le froid, les églises ne désemplissaient pas, des processions allaient d'une église à l'autre, les gens piétinaient nu-pieds dans le gel en portant torches et cierges et psalmodiant sans cesse. Soudain des cris de fureur jaillissaient, on voyait des pénitents jeter à terre leurs cierges et les piétiner en criant : « *Ainsi périsse la race des Valois.* » A quel horrible destin était voué par ses sujets ce roi « du plus beau royaume sous le ciel » ?

Catherine ressentait tout cela. Le lendemain de sa funeste visite au cardinal, le 2 janvier 1589, elle se fit porter à la messe malgré tous les avis contraires. Il faisait très froid. Elle rentra plus malade encore. Autour d'elle, ses derniers serviteurs étaient tous italiens.

Plus de Français. Ses fidèles avaient été chassés, ils se terraient. Les autres faisaient leur cour au vainqueur de la Noël sanglante. Tout n'était que ruines autour d'elle. Elle n'avait plus cette belle espérance qui la faisait rebondir après un échec. Dès lors, elle renonça à lutter et à vivre. Où était son œuvre ? l'unité du royaume, la dignité et la grandeur de la couronne que lui avaient léguée son mari Henri II ? Et son misérable fils, où en était-il, ce roi de Rien ? Il cherchait à se défendre, aidé de sa folie, contre Paris, contre les catholiques, contre les protestants, contre le pape et Philippe II. Il était, en face de tout ce qu'il avait dressé contre lui, tragiquement et ignominieusement seul, avec deux grands cadavres comme piédestal et la perversité d'Epernon pour conseillère.

Le 4 janvier, elle respirait avec peine. Son esprit restait lucide mais le souffle lui manquait pour parler. Que revoyait-elle dans ce halètement mortel, l'échec final de sa politique ou ce qui allait demeurer impérissable dans son œuvre, ce qu'elle avait créé en marge de ses négociations, de ses intrigues, bref en marge du pouvoir ? Oui, demeureront ces merveilles qu'elle avait acclimatées en France, et notamment les chefs-d'œuvre d'architecture de l'admirable bâtisseuse qu'elle fut : les Tuileries, Chenonceaux, l'hôtel dit de Soissons, les tombeaux de Saint-Denis, enfin ses collections, ses manuscrits antiques et tous les arts auxquels elle donna un élan qui se poursuivra après elle : la musique, le ballet, la cuisine même. Elle se survivra dans les créations posthumes réalisées à l'image des siennes qui s'appellent le Luxembourg, le palais Cardinal, tous les dômes de Paris conçus dans la lignée de ses propres monuments, et combien d'églises. Louis XIV prendra la suite après Richelieu et son compatriote Mazarin. Tous, à son imitation, apportèrent leur pierre à l'édification du grand Paris monarchique qu'elle avait imaginé et propulsé dans l'avenir.

Enfin, en dépit de tous les échecs présents et de l'indignité du roi, si le royaume n'était pas dépecé après vingt ans de guerre civile, c'était bien elle qui l'avait maintenu. Elle le léguait ruiné mais vivant. Il survivra entre les mains du successeur capétien qui reprendra magnifiquement la tradition royale, cet Henri de Navarre qu'elle détestait tout en sachant qu'il était le seul capable de mener à bien l'œuvre qu'elle n'avait pu réaliser. Elle avait l'intelligence, il lui a manqué la force. En son âme et conscience, c'est à lui qu'elle pensait, dans le secret de son cœur, pour ressusciter le royaume des lis et, sur son lit de mort, elle lui passait sans joie mais avec confiance le sceptre de Saint Louis.

Nostradamus avait bien vu le déroulement de sa destinée.

Elle se sentit si faible, ce matin du 5 janvier 1589, qu'elle voulut faire son testament. Elle était incapable d'écrire et elle dicta à grand-peine. Non que ses idées fussent confuses, au contraire, mais elle n'avait plus de voix. Elle fit écrire ses dernières volontés en présence du roi son fils. Elle ordonna d'être inhumée près de son mari, à Saint-Denis, où elle avait déjà, on le sait, superbement préparé sa place. C'était la seule chose à laquelle elle tenait. Pour la pompe funèbre, elle s'en désintéressa. Cela regardait son fils. Puis elle fit, selon l'usage, une distribution de legs et d'aumônes d'une générosité exceptionnelle. Ses serviteurs, ses nains et naines, les humbles desservants des cuisines reçurent des dotations, sans parler de ses conseillers, de ses gentilshommes, de ses chapelains et des fondations pieuses. Le malheur, c'est qu'elle laissait des dettes immenses, des impayés de tous côtés (la veuve du sculpteur Germain Pilon réclamait le dû de son mari, et tant d'autres avec elle !).

Ces générosités, en somme, étaient conformes à la tradition mais Catherine, dans toute sa clairvoyance, s'en écarta dans la suite de son testament. Sa principale héritière, on l'a vu déjà lors de la signature de son contrat de mariage, était Christine de Lorraine : outre ses biens et le palais de Florence, elle lui léguait ses bijoux et son hôtel de Paris. Christine devait se marier et devenir grande-duchesse de Toscane le lendemain de la signature du testament, c'est-à-dire le 6 janvier 1589. Catherine donna Chenonceaux à la reine, Louise de Vaudémont. Tous les biens qu'elle possédait en Auvergne venant de sa mère Madeleine de La Tour d'Auvergne furent légués au bâtard d'Henri II, le prieur d'Angoulême, fait comte d'Auvergne et possesseur des comtés de Clermont et d'Auvergne, des baronnies de La Tour et de La Chaise et du comté de Lanraguais.

Le remarquable, ce ne sont pas les pourvus, mais les oubliés. Pour sa fille Margot et pour Henri de Navarre : rien. Ils l'ont l'un et l'autre, chacun à sa manière, trop trompée et trop souvent déçue, narguée et même combattue.

Le testament fut lu par le roi et signé et contresigné par lui, par la reine Louise, les notaires et les exécuteurs testamentaires. Elle-même ne put signer, toute sa force était dans son regard et son intelligence. Elle put lire elle-même le texte, l'approuver avant qu'il fût scellé.

Puis elle réclama son confesseur. Il avait fait comme bien d'autres, il était parti. On chercha un remplaçant. Les médecins ne croyaient pas que sa fin fût proche, ils lui accordaient plusieurs jours de survie. On lui amena un prêtre qu'elle ne connaissait pas. Elle se confessa et il lui donna l'absolution. Elle lui demanda alors qui il était. Il lui dit qu'il était abbé de Chablis. Mais son nom ? Julien de Saint-Germain. Elle poussa un soupir et, sans paraître émue : « *Alors je suis perdue* », dit-elle. Selon la prédiction de Ruggieri, on le sait, elle devait mourir « *près de Saint-Germain* [1] ».

Son état empira aussitôt et elle s'éteignit à deux heures après midi. Son fils la prit dans ses bras. A peine avait-elle rendu le dernier soupir qu'il s'empara du fameux talisman qu'elle portait toujours et le passa prestement autour de son cou. Il crut peut-être qu'il héritait ainsi du don de double vue. S'il l'avait, il pouvait préparer son testament.

La désolation des proches de Catherine fut immense. Chacun se souvint alors de ce qu'elle avait été, de la place qu'elle avait tenue dans leur vie et dans le royaume. Henri III lui-même offrit le

---

1. Julien de Saint-Germain n'était pas seulement abbé mais évêque. Ce qui explique mieux sa présence au chevet de la reine. On sait peu de chose de lui, c'était une créature des Gondi, il fut préconisé évêque titulaire de Césarée par Grégoire XIII sur la prière de Pierro de Gondi, évêque de Paris, dont il fut coadjuteur. Il dut subir une vive opposition du chapitre pour son élévation jugée imméritée à l'épiscopat. Nonobstant, il fut sacré évêque par son protecteur et c'est revêtu de cette dignité qu'il administra les derniers sacrements à Madame Catherine.

spectacle de sa douleur. Un spectacle de plus mais peut-être le moins trompeur de tous ceux qu'il avait donnés depuis la mort de Quélus. Sincère ou non, nul ne put s'empêcher de penser que la disparition de « *la dite dame* », comme s'exprime un de ses familiers, était une nouvelle catastrophe pour le pays. Le nonce ne s'y est pas trompé. « *Il manquait ce seul coup pour mettre le comble aux malheurs de cet infortuné royaume* », écrit-il.

L'étrange destin posthume de Madame Catherine

Le 5 janvier est la veille de l'Epiphanie, fête des Rois Mages. On se souvient que ses ancêtres s'étaient en quelque sorte intégrés au cortège des rois d'Orient. Laurent le Magnifique s'était même fait représenter à cheval, jeune et beau, par Gozzoli dans la fresque que cet artiste peignit dans la chapelle du palais Médicis où on la voit encore. La magie est partout dans la vie de Catherine, même dans la date de sa mort.

Les derniers jours de « la reine noire » furent, on l'a vu, plus noirs que tous les voiles funèbres dont elle enveloppa sa vie. Elle mourut achevée par les crimes de son fils, dans un désespoir absolu. Elle avait tout perdu en perdant l'amour de ses « *chers yeux* ». Ce misérable chéri avait humilié et brisé sa mère : elle ne put y survivre. On pense alors à ces vers de Baudelaire sur la détresse des vieilles mères mourant dans une insondable douleur :

> *L'autre par sa patrie au malheur exercée*
> *L'autre par son enfant Madone transpercée*
> *Toutes auraient pu faire un fleuve avec leurs pleurs*[1].

Telle fut l'agonie que lui réserva l'être qu'elle avait le plus aimé au monde. Elle mourut, cette reine mère, hier toute-puissante, en sachant qu'elle n'était plus reine ni mère.

Devant un si cruel dénuement, peut-on encore juger ses faiblesses et ses aveuglements passagers ? La voici dépouillée de

---

1. *Les Fleurs du Mal*, Poème XCIV, « Les Petites Vieilles ».

tout, sauf de l'ombre de sa grandeur, mais cette ombre n'est déjà plus qu'un souvenir périssable.

Il restait cependant à son cadavre à subir les injures des hommes et de la plus lamentable désintégration. Elle n'échappa ni aux unes ni à l'autre et l'on sait que chez les rois rien n'est petit, même les outrages. « *Tu es poussière et tu retourneras en poussière.* » Pour Madame Catherine, le retour à la poussière originelle ne fut pas ordinaire.

Son cadavre était à peine refroidi que déjà circulaient les rumeurs d'un empoisonnement. Le poison était à la mode. Pour couper court à ces soupçons stupides, Henri III fit pratiquer une autopsie qui montra que la reine avait succombé à une pneumonie et à un abcès au cerveau qu'on trouva inondé de sang ce qui avait déclenché l'apoplexie finale. Hors cela, les autres organes furent déclarés sains et, si la pneumonie n'avait entraîné des conséquences fatales, les médecins assurèrent que la reine mère aurait pu vivre encore longtemps.

La coutume de l'époque voulait que les rois eussent après leur mort encore un mois de vie publique, leur corps étant exposé aux dévotions des populations. Toute la ville de Blois tint à profiter de l'aubaine et à défiler devant la dépouille mortelle de Madame Catherine, dûment exposée sur un lit d'apparat. Cela demanda quelques préparatifs. On fit d'abord embaumer le cadavre autopsié avec les moyens et le personnel dont on disposait à Blois ; on l'enferma dans un cercueil de plomb et celui-ci dans un cercueil de bois. Pour l'exposition publique, on fabriqua une sorte d'effigie ou de mannequin ressemblant à la reine, le visage étant un moulage de cire, funèbre à souhait. On l'habilla de défroques somptueuses qu'on dénicha dans de vieux coffres du château. C'est ainsi que Catherine, ou du moins le mannequin qui la représentait, fut offerte à la vénération des Blésois, revêtue de la robe qui avait déjà servi dans la même circonstance à la reine Anne de Bretagne sur son catafalque mortuaire. La monarchie avait plus d'économie dans sa garde-robe que dans son budget si l'on en croit ce fait rapporté par Brantôme.

Les funérailles eurent lieu le 4 février 1589 dans l'église Saint-Sauveur de Blois. On avait construit un caveau près de l'autel. On murmurait partout que le roi s'était désintéressé des funérailles. Il aurait sans doute satisfait son goût des spectacles grandioses si les funérailles avaient eu lieu à Paris et l'inhumation, après un cortège somptueux, à Saint-Denis. Mais la capitale était interdite au roi, et même au cercueil de Catherine. La haine de la capitale pour le roi assassin et pour tout ce qui touchait au Valois atteignait son paroxysme. La « poussière » de Catherine resta donc dans l'église de Blois en attendant des jours meilleurs.

La population de Blois, sans doute stimulée par l'exposition macabre, manifesta une grande douleur lors des obsèques. Mais l'oubli vint vite. Toutefois, la présence de la reine morte se manifesta bientôt dans l'église. Le corps putréfié de la reine mère répandit une puanteur telle que l'église devint infréquentable. Le cercueil de plomb ne valait rien et l'embaumement avait été fort mal cuisiné car, dit le docte magistrat Pasquier, « *la ville de Blois n'est pas fournie de drogues et épiceries pour cet effet* » (ni même de praticiens) ; aussi « *quelques jours après le commencement du mal sentir... on a été contraint de l'enterrer en pleine nuit et en pleine terre tout ainsi que le moindre de nous tous et même en un lieu de l'église où il n'a aucune apparence qu'elle soit* ». Même pas un nom sur la tombe de la reine qui avait régenté la France pendant trente ans ! Même pas la compagnie de son mari dans le somptueux mausolée qu'elle avait fait construire à Saint-Denis. Elle resta vingt ans à peu près anonyme et totalement oubliée dans la terre de cette église.

Et tout cela parce que Paris était en colère. Pourtant les Parisiens n'avaient pas de haine contre elle, on l'a vu lors de son retour de voyage dans le Midi et surtout pendant les barricades qu'elle franchissait avec le sourire. Cependant, il restait toujours contre elle les préventions des ultras catholiques qui ne lui pardonnaient pas sa bienveillance envers les hérétiques. Tout s'aggrava après l'assassinat du duc de Guise. Le bruit se répandit qu'elle avait été complice. Le récit de sa déplorable entrevue avec le cardinal de Bourbon courait les rues, les accusations de celui-ci contre Catherine étaient prises pour argent comptant. Le peuple, fou de fureur, ne parlait pas d'inhumation à Saint-Denis mais de jeter le corps de la reine mère à la voirie s'il entrait dans Paris. La bonne bourgeoisie, moins passionnée, n'était pas beaucoup plus chaleureuse.

Le concert de louanges et de reproches qui s'éleva à la mort de Catherine ne manque pas de disparate. Un bel hommage lui fut rendu par le poète Jodelle :

> *Quand je te vois sur toi porter toute la France*
> *Quand je vois que sur toi toute l'Europe a l'œil*
> *Quand je te vois souvent porter un double deuil*
> *Du temps et de Henri, quand je vois qu'on te charge*
> *T'aboyant des deux parts, je te plains fort en moi...*

Il était vrai que catholiques et protestants aboyaient ; ils mordaient également dans la réputation de Catherine et détruisaient son œuvre de paix. Son double deuil était celui de son mari et de la tolérance qu'elle avait tant voulue et qui mourait avec elle.

Et voici l'hommage de Pasquier sur sa pauvre tombe :

> *Ci-gît la Fleur de l'Etat de Florence*
> *Seule fermait à nos troubles la porte*
> *Enfin est morte en la veille des Rois*
> *Et par sa mort je crains, peuple français,*
> *Qu'avec la paix la royauté soit morte.*

Toutefois, l'hommage le plus considérable, le plus élevé et le plus beau lui fut rendu dans l'oraison funèbre que prononça l'archevêque de Bourges, primat d'Aquitaine. L'emphase inhérente à ce genre d'éloquence ne diminue pas la justesse des louanges : « *Il est mort la plus grande reine en toutes sortes de vertus qu'oncques apparut en France...* » Après ce pompeux début, il examine l'œuvre de la reine : « *Elle a toujours exposé sa personne, ses moyens et tout son entendement pour composer et pacifier les affaires, fait plusieurs voyages lointains par ce royaume au péril de sa vie. Encore en ce grand trouble naguère advenu en ce royaume, elle s'y est employée de sorte qu'il n'a pas tenu à elle que toutes les affaires n'aient été conduites à bonne fin.* » Ce prélat fait appel aux Ecritures et compare Catherine aux saintes femmes du Livre. Et il s'écrie, en découvrant en elle une vertu admirable : « *Elle a surpassé en patience cette Sara car sa vie a été un continuel exercice de patience.* »

Nous dirions volontiers qu'en son cas cette vertu qui consiste à supporter et à voir venir se traduit par intelligence ; elle a eu devant les inextricables problèmes de sa vie et des affaires politiques la subtile patience du joueur d'échecs qui observe, calcule, suppute, sans haine pour son adversaire, et trouve le coup qui peut le neutraliser. Telle fut Catherine en son cabinet et en ses colloques.

Cela dit, les injures ne manquèrent pas dans ce concert d'adieux. A Paris, tout le monde ne la jeta pas à la voirie mais, si certains prêtres célébrèrent à son intention des messes, disons des messes de bienséance sans plus, elles furent accompagnées de prédications fort peu miséricordieuses, comme celle-ci :

« La reine mère est morte, elle a fait dans sa vie beaucoup de bien et beaucoup de mal et on croit qu'elle en a fait encore plus du dernier que du premier. Je n'en doute point. Toute la question est de savoir si l'Eglise catholique priera pour elle car elle a été bien souvent du parti de l'hérésie mais à la fin, on disait qu'elle soutenait notre Sainte-Ligue et qu'elle n'avait pas consenti à la mort de notre bon duc. Sur quoi je vais vous dire, si vous voulez lui donner quelques Pater et quelques Ave par charité vous pouvez le faire, il lui servira de ce qu'il pourra ; sinon, cela n'est pas d'une grande importance et je vous le laisse à votre liberté. »

On ne saurait dire que ce sermon pèche par excès de douleur.

Hors l'Eglise, il y avait Paris qui avait son opinion. Le futé Pierre de L'Estoile nous la rapporte ; elle n'est pas véhémente mais pas chaleureuse pour autant :

« Le samedi 7 janvier arrivèrent à Paris les nouvelles de la mort de la reine mère du roi... Elle mangeait bien et se nourrissait bien et n'appréhendait pas bien fort les affaires, combien que, depuis trente ans que son mari était mort, elle en eût eu d'aussi grandes et importantes qu'oncques eut reine du monde. Elle mourut endettée de huit cent mille écus étant prodigue et par-delà libérale plus que prince ni princesse de la chrétienneté : ce qu'elle tenait de ceux de sa maison. »

Voilà ce qui reste de Catherine de Médicis : elle avait bon appétit, s'était occupée de grandes affaires et laissait des dettes. Il rappelle ensuite qu'elle mourut la veille de la fête des Rois, *« jour fatal à ceux de sa Maison, car Alexandre de Médicis fut tué ce jour et Laurent de Médicis et autres que l'histoire de Florence a remarqué »*.

Le même Pierre de L'Estoile, toujours à l'affût des nouvelles dont se nourrissait la malveillance des bourgeois de la ville, nous transmet ce petit poème en forme d'épitaphe qu'on dut trouver très appétissant :

> *La reine qui ci-gît fut un diable et un ange*
> *Toute pleine de blâme et pleine de louange*
> *Elle soutint l'Etat et l'Etat mit à bas ;*
> *Elle fit maints accords et pas moins de débats ;*
> *Elle enfanta trois rois et cinq guerres civiles ;*
> *Fit bâtir des châteaux et ruiner des villes*
> *Fit bien de bonnes lois et de mauvais édits*
> *Souhaite-lui, passant, Enfer et Paradis.*

Ce qui est le plus certain dans ce témoignage d'un auteur anonyme, c'est sa verve et son talent. « *Il n'est bon bec que de Paris.* »

Et Pasquier, qui assista à ses funérailles, les premières et les secondes, voici ce qu'il nous révèle sur le souvenir que le bon peuple de Blois conserva de la reine mère : « *Quant à Blois où elle était adorée et révérée comme la Junon de la Cour, elle n'eut pas plutôt rendu le dernier soupir qu'on n'en fit non plus compte partout que d'une chèvre morte.* »

Et pas mieux traitée.

Elle faillit ne jamais rejoindre son époux dans la couche funèbre qu'elle avait fait construire à Saint-Denis. Après son avènement, Henri IV ne se soucia pas plus de sa sépulture que d' « *une chèvre morte* ». Le coup du testament lui était sans doute resté sur le cœur. Il la laissa dans la terre où elle était. N'empêche qu'il porta sur elle un jugement de roi pour rappeler à l'ordre les courtisans qui dénigraient Madame Catherine : « *Mais, je vous prie, qu'eût pu faire une pauvre femme ayant par la mort de son mari quatre petits enfants sur les bras et deux familles, la nôtre et celle de Guise, qui pensaient d'envahir la couronne ? Fallait-il pas qu'elle jouât d'étranges person- nages pour tromper les uns et les autres et cependant garder comme elle l'a fait ses enfants qui ont successivement régné par la sagesse d'une femme si avisée ? Je m'étonne qu'elle n'ait pas fait encore pis.* » Jugement d'un ennemi et d'un connaisseur.

En 1610, à la mort d'Henri IV, la fille bâtarde qu'Henri II avait eue de la petite Piémontaise et qui avait fait la preuve que la semence royale était de qualité se souvint de Catherine. Elle avait du mérite car la reine ne l'avait jamais aimée. Henri II l'avait reconnue et, sous le nom de Diane de France, elle avait épousé le duc de Montmorency. Elle fut la seule à penser à rendre les honneurs dus à la mère des rois et c'est elle qui fit transporter, vingt ans après le misérable enterrement, les restes de Catherine à Saint-Denis dans le même tombeau qu'Henri II.

En 1793, les tombes royales furent violées par les révolutionnaires et tous les restes jetés à la fosse commune [1].

Ainsi finissent les gloires de ce monde. Cependant, la « reine noire » règne toujours sur l'histoire du siècle le plus éclatant, le plus bouillonnant de génie, de beauté, de nouveautés, le plus révolutionnaire et le plus passionné, aussi inventif dans les arts que dans l'injustice et dans la cruauté.

Les voiles noirs de Catherine ont tout abrité.

---

1. On a toujours eu besoin de mêler un peu de rêve à ces horribles réalités. On rêva donc sur les quelques restes de Catherine de Médicis. A l'époque du saccage des tombes royales, un fonctionnaire d'alors, Bruley, aurait emporté comme une relique une jambe de la reine. Est-ce parce qu'on disait à la cour qu'elle avait de belles jambes et de belles mains ? Brantôme l'a répété. C'était vrai en 1550. Mais on peut se demander s'il existe encore de belles jambes, ou même s'il existe une jambe, à un cadavre qui a pourri dans un mauvais cercueil, puis qui a continué à pourrir pendant vingt ans dans la terre et dont les débris ont attendu de 1610 à 1793 à Saint-Denis ? Il paraît que la jambe existe encore dans un musée de Pontoise (cité par I. Cloulas). C'est beaucoup demander à la crédulité des peuples.

APPENDICE I

La seconde mort de Catherine

Sept mois après la mort de sa mère, Henri III, ayant fait alliance avec Henri de Navarre, se trouvait avec son allié et héritier à Saint-Cloud, le 30 juillet 1589. Ils avaient réuni une immense armée de reîtres, ces reîtres qui avaient hanté tous les cauchemars de Catherine depuis depuis le sac de Rome, cauchemars revécus tout au long de sa vie lors des invasions de la Champagne et de la Bourgogne par le terrifiant Jean Casimir, par Condé et ses recrues allemandes. Combien de fois avait-elle pleuré sur les malheurs de son pauvre royaume comme elle avait pleuré sur ceux de Rome. L'horreur du crime qui allait se perpétrer à Paris, ce jour-là, c'est qu'il était commandé par le roi de France et par celui qui le serait bientôt. Elle avait dit à son fils qu'il serait « roi de Rien ». Pour en être plus sûr, il s'apprêtait à faire subir à Paris, dans les heures qui allaient suivre, le sort que Rome avait jadis connu, exécuté par les mêmes reîtres luthériens contre une ville catholique.

A l'aube de ce jour fatal, les deux Henri sont sur la terrasse de Saint-Cloud qui domine Paris. La belle lumière de ce grand jour d'été baigne la capitale étendue sous leurs yeux. Ces deux hommes de la Renaissance ne peuvent rester insensibles à ce spectacle. Paris leur apparaît comme un trésor compact, enfermé dans sa couronne de murailles hérissée de tours et de portes fortifiées. A l'intérieur, un déferlement de toitures à pignons, un nombre inouï d'églises et de couvents avec leurs flèches et leurs tours, les pointes des tourelles signalant les hôtels de la noblesse au milieu des humbles toits, à l'infini. Tout cela bourré de peuple, bourré de savants, bourré de richesses et d'œuvres d'art, Paris enfin, la plus vaste, la plus peuplée, la plus riche capitale d'Europe. Et, écrasant la ville entière de sa masse sacrée, Notre-Dame, reine de la capitale catholique qui va mourir pour sa foi.

Henri III, devant ce spectacle, eut un mot d'artiste, un mot florentin peut-être : « *C'est presque un crime*, dit-il, *de ruiner et de perdre une aussi belle ville. Néanmoins, il n'y a rien d'autre à faire, ainsi seulement la Ligue apprendra à obéir.* »

Jamais à lui, en tout cas.

Navarre ne put qu'acquiescer. Pour lui aussi, il fallait que *sa* capitale rentrât dans l'obéissance. En vérité, c'est lui qui saurait rentrer dans l'obéissance de Notre-Dame de Paris et de Notre-Dame de la Paix — en suivant le conseil de Catherine.

Mais, ce matin-là, tout ce que Catherine avait préparé allait être noyé dans le sang et par l'ordre de son fils. C'est alors qu'un moine demanda à voir le roi. Henri III le reçut. Le moine lui plongea un long couteau dans le ventre et le tua. C'était la réponse de Paris. Le siège fut levé. Les Valois étaient totalement et définitivement éliminés de l'Histoire. Catherine de Médicis était tuée avec son fils et toute sa progéniture.

APPENDICE II

Balzac : *Etudes philosophiques et Etudes analytiques*, Ed. Houssiaux, 1874, Paris, 2ᵉ vol.
— *Les deux rêves*, p. 65 et 59.

La scène se passe au cours d'un dîner à Paris, en 1786, chez un financier. Calonne, surintendant des Finances de Louis XVI, et quelques personnes de qualité, plus quelques autres sans qualité dont on ne sait même pas le nom, y assistent. Comment se sont-ils glissés dans cette maison ? Ce sont les mystères de Paris et ceux d'une société qui se suicide. Toutefois, il y a Beaumarchais et Mme de Genlis qui vont partout. Parmi les inconnus, on signale un avocat propret, pincé, poupin, « *qui a l'air*, dit Balzac, *d'avoir bu du verjus* ». L'autre est laid comme une chenille « *mais* (c'est la maîtresse qui parle) *il m'a rendu le plus immense service qu'une femme puisse recevoir d'un homme. Il m'a guérie de ces odieuses rougeurs qui ne couperosaient le teint et me faisaient ressembler à une paysanne* ». Plutôt la mort que d'assumer une telle ressemblance ! Elle l'invite à dîner.

— « *C'est un charlatan* », dit quelqu'un.
— « *Non, c'est le médecin des pages* (du roi) *il a beaucoup d'esprit, d'ailleurs il écrit...* »
— « *Si son style ressemble à sa figure...* »

C'est le médecin sans nom.

A cette époque, Cagliostro avait mis à la mode les communications avec l'au-delà. La maîtresse de maison, qui était une femme à la mode, soutint avoir vu, réellement vu, la reine Cléopâtre. Alors l'avocat glacé sortit de sa réserve.

— « *Je vous crois, Madame, moi, j'ai parlé à Catherine de Médicis.* »
— « *Et comment était la feue reine ?* » lui demanda Calonne.

L'avocat décrivit l'apparition qu'il avait eue : « *La reine ressemblait au portrait peint par Clouet qui est chez le roi.* » La séance où Catherine apparut était dirigée par Cagliostro en personne, lui-même fort surpris car il attendait l'apparition d'un autre personnage. On se contenta de celui-ci.

L'entretien de l'avocat froid avec Catherine fut politique. Cela ne parut pas enchanter la société, la gaudriole et les dames de l'escadron volant eussent mieux fait l'affaire. Mais l'avocat ne s'échauffait un peu que pour la politique.

— « *Ah ! Madame,* dit-il hardiment à Catherine de Médicis, *vous avez commis un bien grand crime.* »
— « *Lequel ?* » demanda-t-elle.
— « *Celui dont le signal fut donné par la cloche du palais le 24 août 1572.* »

Elle sourit dédaigneusement (dès lors Balzac et elle ne font qu'un).

— « *Vous nommez cela un crime, ce ne fut qu'un malheur. L'entreprise mal conduite ayant échoué, il n'en est pas resté pour la France, pour l'Europe, pour l'Église catholique, le bien que nous en attendions.* »

Elle développe, par la voix de Balzac, cette idée avec un cynisme de grande politique : « *On m'impute à crime la Saint-Barthélemy parce qu'elle n'a pas réussi. Si la Saint-Barthélemy avait exterminé l'hérésie, l'Histoire m'en eût fait gloire. Je serais restée jusque dans la postérité la plus reculée comme une belle image de la Providence.* »

Par un don miraculeux de pénétration, Balzac atteint les sources secrètes des desseins de Catherine. Il imagine sans se tromper, en le faisant dire à Catherine deux cent cinquante ans après sa mort, que Richelieu, Bossuet l'ont secrètement accusée d'avoir échoué. Voilà son crime, non dans la tuerie mais dans son imperfection. Elle reconnaît que son échec a coûté plus cher à l'humanité que le massacre inachevé parce qu'il a été suivi d'autres massacres qui eussent été inutiles si le sien avait été parfait. (Balzac et Catherine nous laissent sans voix.) Elle se défend. « *Pourquoi me reproche-t-on la Saint-Barthélemy alors qu'on élève des statues à Louis XIV qui a révoqué l'édit de Nantes et a causé plus de morts, de douleurs, de ruines que la Saint-Barthélemy ?* » « *Encore,* dit-elle, *Louis XIV avait la partie belle : les protestants de 1572 avaient des armées, des chefs de guerre et des chefs politiques et l'Allemagne pour eux.* » Tandis que les protestants de Catherine avaient des forces souvent plus puissantes que l'armée royale, les protestants de Louis XIV étaient désarmés et des sujets d'élite.

Tout cela prodigieusement vivifié par Balzac. Ce n'est plus un récit historique, c'est la vie qui surgit du tombeau.

L'avocat, horrifié par ces raisons, lui dit que « *trois générations condamnent et flétrissent* » son crime.

— « *Oui*, répond-elle, *après, mais de mon temps on a été moins sévère. On m'a accusée de cruauté, d'ambition... Je n'ai jamais été dominée par des sentiments de haine.* (Cet aveu est à retenir.) *J'étais calme et froide comme la raison même. J'ai condamné les huguenots sans pitié et sans emportement : ils étaient l'orange pourrie de ma corbeille. Reine d'Angleterre, j'eusse jugé de même les catholiques s'ils eussent été fâcheux.* » C'est un roi qui parle du pouvoir et non un moraliste, ni même un chrétien. Si les circonstances avaient donné le pouvoir aux protestants : « *Après tout, j'eusse été calviniste de bon cœur...* » lui fait dire Balzac. De bon cœur, pas sûr, mais fermement, oui, pour garder le pouvoir. (Henri de Navarre devint bien catholique irréprochable pour la même raison et tout le monde lui en fait gloire.)

Balzac la fait ensuite prophétiser, c'est la partie faible de son récit mais qui n'est pas faux. La Réforme, lui fait-il dire, n'était pas une question religieuse mais politique, c'est une « *révolution avortée au XVIe siècle* » et « *puisque je ne l'ai pas étouffée elle roulera sur le monde* ».

Balzac écrivait ce texte en 1836, il lui était facile de prévoir que la révolution éclaterait en 1789. Mais, pour l'intérêt de son lecteur, il prophétise encore mieux quand Catherine dit à son interlocuteur anonyme : « *C'est toi qui achèveras la révolution, toi qui m'écoutes.* » Ensuite, le regard jeté sur l'histoire de Catherine reprend de la hauteur. Catherine se voit dans le pire moment de sa vie, absolument seule au pouvoir. Pas un homme pour la soutenir : il y en eut un avant elle, Louis XI, et un après elle, Richelieu. « *Le premier venu trop tôt, l'autre trop tard* », dit-elle. Elle ajoute que l'humanité ne se transforme que dans des bains de sang..., que la tranquillité, la richesse d'une société se paient par des flots de sang pour s'établir et par d'autres pour se maintenir.

Elle disparaît sur ces derniers mots : « *Tu le sauras, toi qui dois être un des maçons de l'édifice.* » Et elle laisse stupéfait l'avocat froid.

« *Ce n'était qu'un rêve* », lui dit-on quand il eut achevé son récit. Et la compagnie se sépara. La maîtresse de maison, s'adressant à l'avocat encore rêveur d'avoir si bien écouté Catherine de Médicis, lui dit : « *Voulez-vous, monsieur de Robespierre, me faire le plaisir de mettre M. Marat chez lui, il est hors d'état de se soutenir.* »

BIBLIOGRAPHIE

Sources manuscrites

Bibliothèque nationale, Paris, fonds français; numéros 2749, pièce 99, 2988 (23), 3005 (107), 3016 (34), 3349 (32), 3457 (105), 3966, 15531, 17864, n.a. 1049, n.a. 6976, n.a. 7491 : pièces concernant le mariage de Catherine de Médicis.

— Mss Fr 4318 (115) : entrée à Paris de Catherine de Médicis en 1549.

— Mss Fr 3107 : sacre de Catherine de Médicis.

— Mss Fr 13764 : portrait de Catherine de Médicis.

— Mss Fr 2952 (215) et n.a. 9189 : garde-robe de Catherine de Médicis.

— Mss Fr 5045 (7) : liste des dames d'honneur de Catherine de Médicis.

— Mss Fr 15518 : état des biens de Catherine de Médicis.

— Mss Fr 23380 : joyaux de la couronne de Catherine de Médicis.

— Mss Fr 4895 (24) : devise de Catherine de Médicis.

— Mss Fr 5585 et 5685 : inventaire de la bibliothèque de Catherine de Médicis.

— Mss Fr 15590 : prière formule et figures mystiques de Catherine de Médicis.

— Mss Fr 883 (30) et 22564 : poésies de Catherine de Médicis.

— Mss Fr 13763 : intrigues de Catherine de Médicis.

— Mss Fr 17196 : union entre Catherine de Médicis, le cardinal de Bourbon et le duc de Guise.

— Mss Fr 3952 (291) : testament de Catherine de Médicis.

— Mss Fr 780 et 4052 (28) : généalogie de Catherine de Médicis.
— Mss Fr 20503-20545 et 20548-20555 : lettres de différents personnages et de Catherine de Médicis (1540-1600).

Bibliothèque nationale, Paris, fonds français; 15871-15883 : recueils de
pièces relatives à l'histoire politique, militaire, diplomatique (1558-
1566 et 1582-1600).
— Mss Fr 15890-15891 : papiers et correspondance de Pompone Ier de
Bellièvre (1566-1585).
— Mss Fr 15542-15574 : recueils de lettres (1553-1589).

Sources imprimées

I. Lettres de Catherine de Médicis

*Correspondance de Charles IX et Catherine de Médicis avec Gaspard de
Tavannes, lieutenant général du roi en Bourgogne*, Auxerre, Perriguet et
Rouillé, 1857, in-8°, 17 pages.
Correspondance et négociations de la reine Catherine, Paris, Imprimerie
nationale, 1873, in-4°, 680 pages.
Catherine de Médicis. Lettres éditées par Hector de la Ferrière-Percy, Paris,
1880-1895, 5 vol.
*Lettres de Catherine de Médicis, publiées par Hector de La Ferrière-Percy et
par le comte Baguenault de Puchesse*, Paris, Imprimerie nationale,
1880-1905, 9 vol. in-4°.
Lettres de Catherine de Médicis, publiées par Hector de la Ferrière-Percy,
tome II, introduction, Paris, Imprimerie nationale, 1885, in-4°,
112 pages.
*Lettres de Catherine de Médicis, publiées par Gustave Baguenault de
Puchesse*, tome X, supplément : 1537-1587, Paris, Imprimerie nationale, 1909, in-4°.
*Vingt-sept lettres inédites de Catherine de Médicis, publiées par Gustave
Baguenault de Puchesse*, Paris, Imprimerie nationale, 1919, in-8°,
32 pages.
Lettres de Catherine de Médicis, tome XI : Index général rédigé par
Gustave Baguenault de Puchesse, Eugène Lelong et Lucien Avray,
mis au point et publié par André Lesort, Paris, Imprimerie nationale,
1943, in-4°, XI-296 pages.

II. *Mémoires et correspondances*

Aubigné (Théodore Agrippa d') : *Mémoires*, Paris, Charpentier, 1854.

Brantôme (Pierre de Bourdeilles, sgr de) : *Œuvres complètes*, publiées par Ludovic Lalanne, Paris, Renouard, 1864-1882.

Duplessis-Mornay (Philippe de) : *Mémoires et correspondances*, publiés par A. de Fontenelle, Paris, Trentel et Wiertz, 1824.

Hurault (Philippe de Cheverny) : *Mémoires*, Petitot.

La Noue (François de) : *Correspondance précédée par la vie de ce grand capitaine*, par Kervyor de Volknersbeke, Gand, 58.

L'Estoile (Pierre de) : *Mémoires-journaux*, édités par Brunet, Librairie des Bibliophiles, Paris, 1875-1896.

L'Hospital (Michel de) : *Œuvres complètes*, par J. S. Dufey, Paris, Boulland, 1824-1825.

Michaud (Joseph-François) et Poujoulat (Jean-Joseph) : *Nouvelle collection de Mémoires pour servir à l'histoire de France*.
   Vol. VI *Mémoires de François, duc de Guise ;*
   Vol. X *Mémoires de Marguerite de Valois ;*
   Vol. VI *Mémoires de François de Lorraine.*

Monluc (Blaise de) : *Commentaires et lettres*, revus par A. de Ruble, Paris, Renouard, 1864-1872.

Pasquier (Etienne) : *Lettres historiques*, par Dorothy Thickett, Paris, Minard, 1966.

Saulx-Tavannes (Jean, maréchal de) : *Correspondance*, par Pengaud, Paris, Champion, 1877.

Villeroy (Nicolas de Nefville) : *Mémoires d'Etat*, Paris, Cuchet, 1709

III. *Études sur Catherine de Médicis*

Amphonse (H.) : *Michel de L'Hospital et la liberté de conscience au XVIe siècle*, Paris, 1900.

Baguenault de Puchesse (Gustave) : *Les Idées morales de Catherine de Médicis*, dans « Revue Historique », vol. 73, p. 64-70.

— *Jeanne d'Albret et Catherine de Médicis (1570-1572) : lettres inédites*, Paris, Daupley-Gouverneur, 1910, in-8°, 11 pages.

— *Catherine de Médicis et les conférences de Nérac*, dans « Revue des questions historiques », LXI (1897), p. 337-363.

— *Les Négociations de Catherine de Médicis à Paris après la journée des*

Barricades (mai-juin 1588), dans « Comptes rendus de l'Académie des sciences morales et politiques », t. LIX, séances du 14 mars 1903, et Orléans, Pigelet, 1903, 15 pages.

Bailly (A.) : *La Florence des Médicis*, Paris, Hachette, 1942.

Balzac (Honoré de) : *Catherine de Médicis, Comédie humaine, Etudes philosophiques et études analytiques*, Paris, Houssiaux, 1874.

Barthélémy (Edouard) : *Catherine de Médicis, le duc de Guise et le traité de Nemours*, dans « Revue des questions historiques », XXVII (1880), p. 464-495.

— *Catherine de Médicis à Epernay pour la négociation de la paix de Nemours conclue avec les Guises en 1585, d'après sa correspondance inédite conservée à la Bibliothèque nationale*, Paris, Champion, 1884, in-16, 92 pages.

Bouchot (Henri) : *Catherine de Médicis*, Paris, Boussord, 1899, in-fol., 181 pages et 49 planches.

Boulé (Alphonse) : *Catherine de Médicis et Coligny*, Paris, 1913.

Bourciez (Edouard) : *Les mœurs polies et la littérature de cour sous Henri II*, Paris, Hachette, 1886.

Braudel (Fernand) : *La Méditerranée et le monde méditerranéen à l'époque de Philippe II*, Paris, 1949.

Bremond d'Ars (Guy de) : *Les Conférences de Saint-Brice entre Henri de Navarre et Catherine de Médicis (1586-1587)*, 1884.

— *La Saint-Barthélemy et l'Espagne*, dans « Revue des questions historiques », XXXV, 1840.

Breton (Guy) : *Histoires d'amour de l'Histoire de France*, Paris, Gallimard.

Capefigue (J. B.-H. R.) : *Les Héroïnes de la Ligue et les mignons de Henri III*, Paris, Amyot, 1864.

— *Catherine de Médicis, mère des rois François II, Charles IX et Henri III*, Paris, Amyot, 1856, in-16 VIII-243 pages.

Castelnau (Jacques) : *Catherine de Médicis (1519-1589)*, Paris, Hachette, 1954, 224 pages.

Champion (Pierre-Honoré) ; *Catherine de Médicis présente à Charles IX son royaume*, Paris, Grasset, 1927.

Cloulas (Ivan) : *Laurent le Magnifique*, Paris, Fayard, 1982.

— *Catherine de Médicis*, Paris, Fayard, 1979.

Constant (Jean-Marie) : *Les Guises*, Paris, Hachette.

Crue (F. de) : *La Cour de France et la société au XVIe siècle*, Paris, 1888.

— *Le Parti des Politiques au lendemain de la Saint-Barthélemy*, Paris, La Molle et Coconas, 1892.

Darmesteter et A. Hatzfeld : *Le XVIe siècle en France*.

Defrance (Eugène), *Catherine de Médicis : ses astrologues et ses magiciens-envoûteurs : documents inédits sur la diplomatie et les sciences occultes du XVIe siècle*, Paris, Mercure de France, 1911, in-16, 311 pages, fig.

Delaborde (Jules) : *Gaspard de Coligny, amiral de France*, Paris, Sandoz et Fischbacher, 1879-1881.

Dodu (Gaston) : *Le Drame conjugal de Catherine de Médicis*, dans « Revue des études historiques », Paris, Picard, 1930.

Estienne (Henri) : *Discours merveilleux de la vie, actions et déportements de Catherine de Médicis...*, s.l., 1575, in-8°, 149 pages.

Erlanger (Philippe) : *Henri III*, nouvelle édition revue et augmentée, Paris, 1971, 448 pages.

— *Le Massacre de la Saint-Barthélemy*, Paris, 1960.

— *La Monarchie française de 1515 à 1715 du roi chevalier au Roi-Soleil*, Paris, Tallandier, 1971.

Henri-Robert : *Catherine de Médicis, reine de France*, Paris, dans « Historia », 1954, n° 97, p. 719-728.

Héritier (Jean) : *Catherine de Médicis*, Paris, Fayard, 1959, in-16, 628 pages.

Héron de Villefosse (René) : *Construction de Paris. L'italianisme vainqueur*, Paris, Grasset, 1938-1939.

Lacombe (Bernard-Mercier de) : *Les Débuts des guerres de religion (1559-1564) : Catherine de Médicis entre Guise et Condé*, Paris, Perrin, 1889, in-8°, VII-411 pages.

La Ferrière (Comte Hector de) : *Les Projets de mariage de la reine Elizabeth*, Paris, C. Lévy, 1882, in-18, 288 pages.

— *Trois amoureuses au XVIe siècle : Françoise de Rohan, Isabelle de Limeuil, la reine Margot*, Paris, C. Lévy, 1885, in-18, IV-339 pages.

— *Catherine de Médicis et les politiques*, dans « Revue des questions historiques », LVI (1894), p. 404-439.

Lavisse (Ernest) : *Histoire de France*, t. V et VI, Paris, Hachette.

Lefranc (A.) : *Vie quotidienne au temps de la Renaissance*, Paris, 1938.

Léonard (Emile G.) : *Histoire générale du protestantisme*, Paris, Presses Universitaires, 1961.

Léonardon (H.) : *Essai sur la politique française et l'intervention de Catherine de Médicis dans la question de la succession du Portugal*, thèse de l'Ecole nationale des Chartes, 1889.

Levis Mirepoix (duc de) : *François Ier*, Paris, 1931.

Marcks (Erich) : *Catherine de Médicis et l'assassinat du duc François de Guise*, dans « Bulletin de la Société d'histoire du protestantisme français », 1891, p. 144.

Maricourt (baron de) : *Les Valois*, Paris, 1939.

Mariéjol (Jean-Hippolyte) : *Catherine de Médicis*, Paris, Hachette, 1920, in-8°, XI-435 pages.

— *Catherine de Médicis*, Tallandier, Paris, 1919.

— *Vie de Catherine de Valois, reine de Navarre et de France*, Paris, 1922.

Martin (H.) : *Observations sur l'entrevue de Bayonne*, dans « Revue des questions historiques », CXVII, p. 137.

Mérimée (Prosper) : *Chronique du règne de Charles IX*.

Merki (C.) : *Catherine de Médicis : la cour, la vie et les mœurs*, dans « Revue d'histoire ecclésiastique », 1904.

Miquel (Pierre) : *Les Guerres de religion*, Paris, Club pour vous, 1980.

Picot (Emile) : *Les Italiens en France au XVIᵉ siècle*, Bordeaux, Feret, 1901-1918.

Romier (Lucien) : *Le Royaume de Catherine de Médicis. La France à la veille des guerres de religion*, Paris, Perrin, 1922, 2 vol. in-8°.

— *Les Protestants français à la veille des guerres civiles*, Paris, 1917, in-8°, 113 pages.

— *Les Origines des guerres de religion d'après des documents originaux inédits*, Paris, Perrin, 1913-1914, 2 vol. in-8°, portrait, cartes.

Ruble (Alphonse de) : *Jeanne d'Albret et la guerre civile*, Paris, Paul et Guillemin, 1897, in-8°.

— *Le Colloque de Poissy (septembre-octobre 1561)*, Paris, Champion, 1889, in-8°, II-36 pages.

Sauze (Charles) : *Les Conférences de la Mothe-Saint-Héray entre Henri de Navarre et Catherine de Médicis*, Paris, 1895.

Vaissières (Pierre) : *Récits du temps des troubles (XVIᵉ siècle). De quelques assassins*, Paris, 1912.

Weiss (N.) : *L'Intolérance de Jeanne d'Albret*, dans « Bulletin de la Société de l'histoire du protestantisme français », 40, p. 261-443.

— *Les Protestants parisiens entre 1564 et 1569*, dans « Bulletin de la Société de l'histoire du protestantisme français », 50, p. 617.

— *La Maison de Lorraine et la Réforme en France au XVIᵉ siècle*, dans « Bulletin de la Société de l'histoire du protestantisme français », 57, p. 316.

Williamson (Hugh-Ross) : *Catherine de Médicis*, Paris, Pygmalion.

Zeller (Berthold) : *Le Mouvement guisard en 1588 : Catherine de Médicis et la journée des barricades*, dans « Revue historique », XLI (1889), p. 253-276.

INDEX

TABLE

TABLE 823

TABLE 825

Achevé d'imprimer en avril 1986
sur presse CAMERON
dans les ateliers de la S.E.P.C.
à Saint-Amand-Montrond (Cher)

N° d'édit. : 10926. N° d'imp. 718-448.
Dépôt légal : mai 1986.

Imprimé en France